Чр '58

Bankmanagement

Joachim Süchting/Stephan Paul

Bankmanagement

4., vollständig neu konzipierte
und wesentlich erweiterte Auflage

Schäffer-Poeschel Verlag Stuttgart

Verfasser:
Dr. Joachim Süchting
Professor für Betriebswirtschaftslehre
Ruhr-Universität Bochum, Wissenschaftlicher Leiter des Instituts
für Kredit- und Finanzwirtschaft

Dr. Stephan Paul
Wissenschaftlicher Assistent am Lehrstuhl für Finanzierung und Kreditwirtschaft

1. Auflage 1982
2. Auflage 1987
3. Auflage 1992
4. Auflage 1998

Die Deutsche Bibliothek – CIP-Einheitsaufnahme

Süchting, Joachim:
Bankmanagement / Joachim Süchting.
– 4., vollst. überarb. und erw. Aufl.
– Stuttgart : Schäffer-Poeschel, 1998
  ISBN 3-7910-0596-0

Dieses Werk einschließlich aller seiner Teile ist urheberrechtlich geschützt. Jede Verwertung außerhalb der engen Grenzen des Urheberrechtsgesetzes ist ohne Zustimmung des Verlages unzulässig und strafbar. Das gilt insbesondere für Vervielfältigungen, Übersetzungen, Mikroverfilmungen und die Einspeicherung und Verarbeitung in elektronischen Systemen.

© 1998 Schäffer-Poeschel Verlag für Wirtschaft · Steuern · Recht GmbH & Co. KG
Satz: Johanna Boy, Brennberg
Druck und Bindung: Franz Spiegel Buch GmbH, Ulm
Printed in Germany

Schäffer-Poeschel Verlag Stuttgart
Ein Tochterunternehmen der Verlagsgruppe Handelsblatt

Vorwort zur 4. Auflage

Wenn im Vorwort zur 3. Auflage 1992 auch bereits davon die Rede war, daß sich der Wandel in der Kreditwirtschaft beschleunigt, so ließ sich damals doch nur ein Bruchteil der Strukturwandlungen erahnen, denen die Branche in den neunziger Jahren unterworfen war – und es noch immer ist. Für die vierte – erstmals gemeinsam erarbeitete – Auflage mußte das »Bankmanagement« daher neu konzipiert und in weiten Teilen auch vollständig neu geschrieben werden. Trotz des Bemühens um Aktualität haben wir aber die für die Durchdringung des Stoffs bewährten Korsettstangen beibehalten. Hierdurch soll das Verständnis für die Ursachen neuerer Entwicklungen in der kreditwirtschaftlichen Theorie und Praxis erleichtert und zugleich eine fundierte Basis für deren kritische Würdigung gelegt werden. Dabei ließ sich eine wesentliche Erweiterung des Buchumfangs nicht vermeiden.

Zunächst wurde das Kapitel A. über die Funktion der Bank ergänzt um eine Darstellung neuerer Ansätze zur Erklärung der Existenz von Banken. Die Aufgabe von Intermediären zwischen Geldanbietern und Geldnachfragern wird heute vor allem in der Lösung von Informationsproblemen auf Finanzmärkten gesehen, woraus sich wichtige Konsequenzen für die im weiteren Verlauf des Buches behandelten Fragestellungen ergeben.

Gegenüber den vorangegangenen Auflagen vorgezogen wurde das Kapitel über die Konkurrenzumgebung einer Bank unter Berücksichtigung der Zentralbankpolitik (B.), um diesen gesamtwirtschaftlichen Handlungsrahmen stärker von den im Kapitel C. zusammengefaßten Facetten ihrer Geschäftspolitik zu trennen. – Die Entwicklungslinien im deutschen Geschäftsbankensystem werden fortgeschrieben insbesondere um die zunehmende Verbriefung von Finanzgeschäften, mit der ein Bedeutungsverlust des Commercial Banking zugunsten des Investment Banking, teilweise sogar ein »Do-it-yourself-Banking« großer Industrie- und Handelsunternehmen einhergeht (Disintermediation). Neben der verstärkten Technisierung der Geschäftsabwicklung wird insbesondere die Internationalisierung der Wettbewerbsbeziehungen auch in der Kreditwirtschaft aufgegriffen, die eine intensivere Betrachtung der ausländischen Konkurrenzumgebung nahelegt. Dabei wird ausführlich auf die Ursachen, den Verlauf und die Lösungsstrategien der krisenhaften Entwicklungen eingegangen, die sich in der Mehrzahl der ausgewählten Bankensysteme zeigten. – Nach der Behandlung der Geld- und Kreditpolitik der Bundesbank ist der dieses Kapitel abschließende Teil dem Aufbau, der Strategie und dem Instrumentarium des künftigen Europäischen Systems der Zentralbanken gewidmet.

Das Kapitel C. zur Bankpolitik wird nun eingeleitet mit der Diskussion strategischer Basisentscheidungen. Diese betreffen zunächst die Entwicklung eines Zielsystems der Bank unter Berücksichtigung ihrer Stakeholder, die Planung der Erfolgspotentiale und die damit verbundene grundlegende Positionierung. Darauf fußend sind die Aufbau- und die Ablauforganisation der Bank zu gestalten, die beide durch den in einem separaten Abschnitt behandelten Lean Banking-Ansatz neue Impulse erhalten.

Der zweite Teil des Kapitels C. setzt sich mit dem rechtlichen Handlungsrahmen und den dadurch (mit-)bestimmten Entscheidungshilfen für das Bankmanagement auseinander.

Im Hinblick auf die Publizität wurden die Ausführungen zum Konzernabschluß der Bank erweitert, der mittlerweile bei Instituten entsprechender Größenordnung eine stärkere Beachtung als der Einzelabschluß findet. Da die Rechnungslegung darüber hinaus dem Transparenzdruck globaler Finanzmärkte unterworfen ist, war eine Auseinandersetzung mit der Publizität nach internationalen Standards erforderlich. – Im Anschluß an das externe wird das interne Rechnungswesen dargestellt, in dem die für das im folgenden behandelte Erlös- und Kostenmanagement erforderlichen Informationen gesammelt werden. Hier bot es sich an, die konventionellen Systeme der Kosten- und Erlösrechnung mit den in den letzten Jahren entwickelten Verfahren der Ergebnisermittlung im Finanz- und Betriebsbereich der Bank zu konfrontieren. Dabei wird insbesondere für die Erweiterungen der Marktzinsmethode durch das Barwertkonzept, die Kalkulation ausfallbedingter Risikokosten mit Hilfe der Optionspreistheorie sowie die Prozeßkostenrechnung der Frage nachgegangen, inwiefern diese Entwicklungen einen Fortschritt gegenüber etablierten Verfahren bedeuten.

Die bankaufsichtlichen Normen sind durch einen Umbruchprozeß gekennzeichnet, der bis in die letzte Produktionsphase des Buches angehalten hat. Hervorzuheben ist dabei die umfangreiche, durch hohe Komplexität gekennzeichnete Erfassung und Begrenzung von Marktpreisrisiken durch die (in wesentlichen Teilen) zum 1. Oktober 1998 in Kraft tretende 6. KWG-Novelle in Verbindung mit dem vollständig überarbeiteten Grundsatz I als dem Herzstück des Normengerüstes. Von besonderer Bedeutung ist auch die sich dabei abzeichnende Tendenz der teilweisen Substitution quantitativer Risikobegrenzungsnormen durch qualitative Vorschriften, die bestimmte Anforderungen an das Risikomanagement einer Bank stellen. Daher wird die Diskussion der bankaufsichtlichen Gegenüberstellung von Risikokomplexen und Risikoträgern mit der Darstellung der Verfahren des internen Risk Management verbunden.

Im abschließenden Teil der Bankpolitik über die Gestaltung der Absatzbeziehungen werden vor allem die Grundlagen des Bankmarketing eingehender behandelt. Auslöser hierfür war zum einen die veränderte Anschauung der (Bank-)Dienstleistung, die neben der Immaterialität des Leistungsergebnisses insbesondere die Bedeutung der Integrativität des Nachfragers im Hinblick auf den Erstellungsprozeß der Leistung und die hierfür erforderlichen Potentiale betont. Zum anderen wird der Kunde zunehmend als knappe Ressource einer Bank gesehen, deren Erhalt besondere Aufmerksamkeit zu schenken ist. Dies erklärt die gewachsene Bedeutung des Beziehungsmanagements, dessen Ziel es ist, Bankloyalität aufzubauen und zu fördern. Dieses Konzept des Relationship Banking schlägt sich auch bei der Behandlung der verschiedenen Dimensionen der Absatzpolitik nieder. Hier ergab sich darüber hinaus der größte Überarbeitungsbedarf bei der Darstellung der Vertriebswege, die durch den technischen Fortschritt ebenfalls tiefgreifenden Wandlungen unterworfen sind. Neu aufgenommen wurde im übrigen das marktorientierte Preis- und Kostenmanagement. Innerhalb der Kommunikationsdimension waren abschließend die Imageprobleme der Kreditwirtschaft aufzugreifen.

In dem langwierigen und aufwendigen Prozeß der Neubearbeitung erfuhren wir bei der Umsetzung unserer Manuskripte technische Unterstützung durch Frau cand. rer. oec. Susanne Dieling. Die Herren cand. rer. oec. Markus Loy und Dietmar Schölisch haben einen Großteil der Abbildungen und Tabellen neu angefertigt. Herr Dipl.-Ök. Andreas Horsch hat das Manuskript abschließend einer gründlichen Durchsicht unterzogen. Ihnen allen gebührt unser herzlicher Dank. Auch dem Team des Schäffer-Poeschel-Verlages danken wir für die notwendige Mischung aus Geduld und Beharrlichkeit.

Joachim Süchting
Stephan Paul

Vorwort zur 1. Auflage

Das Bankmanagement ist eine Bankbetriebslehre, deren Teile entscheidungsorientiert angeordnet sind: Angefangen von den Grundlagen für bankpolitische Entscheidungen (Organisation und Rechnungswesen, Teil B), über die Konkurrenzumgebung der Bank (in- und ausländische Bankensysteme einschließlich ihrer Zentralbanken, Teil C) bis hin zur Bankpolitik (unter Berücksichtigung der durch die Bankenaufsicht gesetzten Rahmenbedingungen und mit besonderer Betonung des Marketing, Teil D).

Als theoretische Grundkonzeption habe ich – im Unterschied zu den gängigen, im institutionellen Ansatz verhafteten Lehrbüchern – den funktionalen Ansatz gewählt (Teil A: Die Funktion der Bank). Seit der erstmaligen Beschäftigung damit vor nunmehr 15 Jahren [1] bin ich in der Auffassung bestärkt worden, daß der funktionale Ansatz das Verständnis für bankbetriebliche Eigenheiten und Problemstellungen am besten erschließt, ohne doch von den an den industriellen Verhältnissen ausgerichteten allgemeinen betriebswirtschaftlichen Grundlagen wegzuführen. Jede Industrieunternehmung übt mit der Verwaltung von Debitoren- und Kreditorenbeständen sowie der Abwicklung des Zahlungsverkehrs auch Bankfunktionen aus, nämlich in der Finanzabteilung. Deren Funktionen dienen jedoch, wie die anderer Verwaltungsabteilungen auch, der Unterstützung der industriellen Fertigung als dem eigentlichen Betriebszweck. Sie rücken erst in den Mittelpunkt der Betrachtung, wenn die Finanzabteilung aus dem industriellen Komplex ausgegliedert wird und als selbständiges Geldinstitut ihre Leistungen auch im Markt absetzen muß. Man sieht: Die Bank und ihre Funktionen sind insoweit nichts Besonderes, als sie sich in jeder Unternehmung identifizieren lassen. Sie erhalten indessen ein eigenes Gewicht, führen zu charakteristischen Schwerpunkten für betriebswirtschaftliche Problemstellungen und -lösungen im Betrieb und im Markt, wenn die Finanzabteilung zum selbständigen Geldinstitut avanciert, wenn dieses im Rahmen der volkswirtschaftlichen Arbeitsteilung zum zentralen Gegenstand der Betrachtung wird.

Im Gegensatz zu den Fertigungsstätten und Lagerhallen eines Industrieunternehmens wird bereits das äußere Bild der Aufbauorganisation einer Bank durch den »Bürobetrieb« geprägt, dessen Steuerung zwar nach allgemeinen ablauforganisatorischen Prinzipien erfolgt, unter denen aber doch die Maxime der Sicherheit eine für **Geld**institute typische, herausragende Bedeutung besitzt (B. I). In den Entscheidungs- und Publizitätsgrundlagen des Rechnungswesens dominieren das **Geld**vermögen und die damit zusammenhängenden Erfolgsquellen (B. II). Der Fähigkeit der **Geld**schöpfung verdanken in- und ausländische Bankensysteme (C. I), daß die Dispositionsbereiche in den Geschäftsbanken durch Zentralbanken, in der Bundesrepublik durch die Deutsche Bundesbank (C. II), begrenzt werden. Das gilt auch für die durch die Bankaufsichtsbehörden gesetzten Rahmenbedingungen, welche ein gesamtwirtschaftliches Kontrollinteresse am Funktionieren des Bankensystems im Hinblick auf die Sicherheit der **Geld**einlagen breiter Bevölkerungskreise dokumentieren (D. I, II). Die bankpolitischen

---

1 J. Süchting: Theorie und Politik des Banksortiments – Grundlagen einer Sortimentslehre der Bank, (unveröffentlichte) Habilitationsschrift, Frankfurt/M. 1967.

Entscheidungen selbst sind ihrem Wesen nach finanzpolitische Entscheidungen, wie sie sich auch für den Treasurer einer Industrieunternehmung in Kapitalstruktur-Modellen, solchen der Kassenhaltung und in Portfolio-Ansätzen darstellen lassen (D. III). Da jedoch bankpolitische Entscheidungen nicht auf innerbetriebliche Leistungen, sondern auf Absatzleistungen mit **Geld** im Mittelpunkt gerichtet sind, führen deren Merkmale zu spezifischen Marktwiderständen, die durch ein entsprechendes Bankmarketing zu überwinden sind (D. IV).

Der gewählte Aufbau des Buches erweist sich unter didaktischem Aspekt als zweckmäßig, wenn die Spezialisierung auf die Bankbetriebslehre nach Beendigung des Grundstudiums erfolgt. Dann können die Studierenden auf den im Rahmen der Allgemeinen Betriebswirtschaftslehre gebotenen Grundlagen der Organisation und des internen Rechnungswesens aufbauen, ehe sie mit den Positionen des Jahresabschlusses und mit einer Analyse der Geschäftsprofile wichtiger Gruppen der deutschen Kreditwirtschaft in die Bankgeschäfte eingeführt werden. [1] Auch dürfte die Durcharbeitung weiterer Teile des Buches insoweit erleichtert werden, als sich der Student während des Hauptstudiums im Hinblick auf das Kapitel über die Bundesbankpolitik auf volkswirtschaftliche Veranstaltungen zur Geld- und Kreditpolitik, bei der Beschäftigung mit den Bankmodellen auf betriebswirtschaftliche Vorlesungen zur Finanzierungstheorie der Unternehmung stützen kann.

Wie in meinem Buch »Finanzmanagement« [2], so habe ich auch im Bankmanagement Beiträge führender Vertreter aus der Kreditwirtschaft zur empirischen Fundierung meiner Ausführungen herangezogen, wo sich dies anbot. Es ist auch diesen Gastreferenten meines Kontaktseminars zu danken, wenn das Buch mein Anliegen erfüllen sollte, dem Studenten die Grenzen von Denkmodellen für praktische Entscheidungen vor Augen zu führen und dem interessierten Praktiker keine Verständigungshürden auf dem Weg zu einer möglichst umfassenden Sicht bankpolitischer Problemstellungen aufzurichten.

Meinen Assistenten, Herrn Dipl.-Ök. M. Bangert, Herrn Dipl.-Ök. F. Keine und Herrn Dipl.-Ök. A. Schwolgin bin ich für die kritische Durchsicht meiner Vorlagen einschließlich der Wiederholungsfragen zu Dank verbunden, ebenso Frau Susanne Mühlroth für das mühevolle Schreiben des Manuskriptes. Alle Genannten haben über Monate zur Fertigstellung des Buches beigetragen, für dessen Inhalt ich allein die Verantwortung trage.

Joachim Süchting

---

1 Bezüglich einer ausführlichen Behandlung der Bankgeschäfte sei verwiesen auf K. F. Hagenmüller: Der Bankbetrieb, Bände I und II, 5. Aufl., Wiesbaden 1987.
2 J. Süchting: Finanzmanagement. Theorie und Politik der Unternehmensfinanzierung, 6. Aufl., Wiesbaden 1995.

Inhaltsverzeichnis

Vorwort zur 4. Auflage V
Vorwort zur 1. Auflage VII

A. Die Funktion der Bank 1

I. Gesetzliche Definition und leistungsbezogener Funktionsbegriff 3

II. Neuere Erklärungsansätze der Bankenintermediation 12
    1. Transaktionskostenersparnisse im engeren Sinne:
       Die Frage nach Größen- und Verbundvorteilen 14
    2. Intermediation zur Lösung von Informationsproblemen auf Finanzmärkten 16

B. Die Konkurrenzumgebung unter Berücksichtigung der Zentralbankpolitik 27

I. Die Konkurrenzumgebung 30
    1. Die Struktur des deutschen Geschäftsbankensystems 30
    2. Entwicklungslinien im gesamten Geschäftsbankensystem 34
    3. Die Marktpositionen der Bankengruppen vor dem Hintergrund ihrer historischen Entwicklung 58
    4. Analyse gruppenspezifischer Geschäftsstrukturen 64
        a. Die Großbanken 64
        b. Die Sparkassen 68
        c. Die Kreditgenossenschaften 72
        d. Vergleich der Geschäftsprofile 75
    5. Ausländische Bankensysteme unter dem Gesichtspunkt des Zusammenwirkens der Zentralbank mit den Geschäftsbanken 77
        a. Vorbemerkung: Determinanten des Zusammenwirkens von Zentralbank- und Geschäftsbankensystem 79
            a. 1. Die Struktur des Geldvolumens 80
            a. 2. Die Struktur des Geschäftsbankensystems 82
            a. 3. Notenbankpolitische Maßnahmen 85
        b. Das Bankensystem in der Schweiz 86
        c. Das Bankensystem in Großbritannien 90
        d. Das Bankensystem in den USA 95
        e. Das Bankensystem in Japan 107
        f. Das Bankensystem in Frankreich 113
        g. Ehemals planwirtschaftliche Bankensysteme im Transformationsprozeß 117

		6. Die Diskussion um die deutsche Universalbank	121
		a. Komponenten des Einflußpotentials	122
		b. Mögliche Beeinträchtigung des Wettbewerbs	127
		c. Interessenkonflikte mit Kunden und Aktionären	130
		d. Reformvorschläge	134

II. Das Verhältnis zwischen Bundesbank und Geschäftsbanken in der Bundesrepublik Deutschland 140

    1. Die Interbankenverschuldung 141
    2. Die Struktur des Geldvolumens 142
    3. Die Geld- und Kreditpolitik der Bundesbank 145
        a. Ziele der Bundesbank 146
        b. Ansatzpunkte der Bundesbankpolitik 147
            b. 1. Die Zentralbankgeldmenge und M_3 147
            b. 2. Die Kreditvergabe der Geschäftsbanken 150
            b. 3. Die Liquiditätsreserven der Geschäftsbanken 154
            b. 4. Das Zinsniveau 174

III. Zur Ausgestaltung des Europäischen Systems der Zentralbanken 184

    1. Aufbau und Auftrag des ESZB 185
    2. Die Diskussion um die künftige Strategie und das Instrumentarium der Geldpolitik 187

C. Bankpolitik 197

I. Strategische Basisentscheidungen 200

    1. Die Entwicklung des Zielsystems der Bank vor dem Hintergrund unterschiedlicher Interessengruppen 200
    2. Die Planung der Erfolgspotentiale und die grundlegende Positionierung der Bank 210
        a. Strategische Planung 210
        b. Operative Planung 219
    3. Die Gestaltung der Bankorganisation 224
        a. Begriff und Aufgaben der Organisation 224
            a. 1. Organisation und Systemgestaltung 224
            a. 2. Aufbau- und Ablauforganisation 225
            a. 3. Organisation als Regelung von Beziehungen materieller, finanzieller und personeller Art 227
        b. Die Aufbauorganisation der Bank 232
            b. 1. Die Bedeutung des Verrichtungsprinzips in der Aufbauorganisation von Kreditinstituten 232
            b. 2. Die räumliche Dezentralisation der Bank 234
            b. 3. Die Dominanz des Objektprinzips in der Aufbauorganisation von Kreditinstituten – Sparten- versus Kundengruppenorientierung 237
            b. 4. Implikationen des Objektprinzips für das Rechnungswesen 247
            b. 5. Die Delegation von Verantwortung 251

  c. Die Ablauforganisation der Bank 255
    c. 1. Die Grundsätze der Sicherheit, Schnelligkeit und Wirtschaftlichkeit
      in der Ablauforganisation von Kreditinstituten 255
    c. 2. Die Überwachung durch die Interne Revision 264
    c. 3. Die zunehmende Technisierung in der Bankorganisation 269
  d. Ansätze forcierten organisatorischen Wandels – Lean Banking 282

II. **Der rechtliche Handlungsrahmen und die Entwicklung
von Entscheidungshilfen für das Bankmanagement** 293

 1. **Die Rechenschaftslegung im Rahmen der Publizität der Bank** 293
  a. Begriff und Aufgaben des Rechnungswesens 293
    a. 1. Das Rechnungswesen als System zur Gewinnung, Speicherung und Auswertung
      von Informationen 293
    a. 2. Gruppen von Informationsempfängern unter besonderer Berücksichtigung
      des Staates als Vertreter gesamtwirtschaftlicher Interessen 294
    a. 3. Das Rechnungswesen als Instrument der Entscheidungsfindung
      und Rechenschaftslegung 296
    a. 4. Die Auswirkungen der gesamtwirtschaftlichen Aufgaben von Kreditinstituten
      auf ihr Rechnungswesen 299
  b. Elemente des Jahresabschlusses von Aktienbanken 305
    b. 1. Die Bilanz 308
    b. 2. Die Gewinn- und Verlustrechnung 322
    b. 3. Anhang und Lagebericht 335
    b. 4. Der Konzernabschluß der Bank 338
    b. 5. Bankbilanzpolitik 346
  c. Zur Gleichwertigkeit der bankbetrieblichen Rechnungslegung 349
    c. 1. Argumente gegen Bewertungsprivilegien der Banken 351
    c. 2. Argumente für Bewertungsprivilegien der Banken 353
    c. 3. Das irrationale Einlegerverhalten 357
  d. Bankpublizität unter dem Transparenzdruck globaler Finanzmärkte 365

 2. **Die Gestaltung der Kosten- und Erlösrechnung der Bank** 381
  a. Grundlagen der Kosten- und Erlösrechnung in Kreditinstituten 382
  b. Fragestellungen des Bankmanagements im Rahmen der Rechenschaftslegung
    und Entscheidungsfindung 388
    b. 1. Wirtschaftlichkeitskontrolle durch Gegenüberstellung von Kosten
      und Leistungen 389
    b. 2. Geschäftspolitische Entscheidungshilfen durch Gegenüberstellung
      von Kosten und Erlösen 391
  c. Konventionelle Systeme einer Kosten- und Erlösrechnung der Bank 398
    c. 1. Die globale Erfolgsermittlung in der Gesamtbetriebskalkulation
      und Gesamtzinsspannenrechnung (1. Rechnungsstufe) 398
    c. 2. Die Verteilung der Kosten des Betriebsbereichs in der Kostenstellen-
      und Stückleistungsrechnung (2. Rechnungsstufe) 403
    c. 3. Formen differenzierter Erfolgsermittlung (3. Rechnungsstufe) 406
    c. 4. Die Integration eines Systems der Vollkosten- und Erlösrechnung
      mit der Deckungsbeitragsrechnung in einer Grundrechnung 412
  d. Neuere Verfahren der Ergebnisermittlung im Finanz- und Betriebsbereich 414
    d. 1. Das Grundmodell der Marktzinsmethode und seine Erweiterung
      im Barwertkonzept 415
    d. 2. Die Ermittlung ausfallbedingter Risikokosten 431
    d. 3. Die Standard-Einzelkostenrechnung und die Prozeßkostenrechnung
      im Rahmen der Ergebnisermittlung des Betriebsbereichs 438
    d. 4. Ermittlung des Gesamtbankergebnisses und Ableitung des Gewinnbedarfs 446

3. **Die Normen der Bankenaufsicht und die Systeme des internen Risikomanagements** 455
    a. Die Sonderstellung der Kreditwirtschaft in der Gesamtwirtschaft 455
        a. 1. Das Geschäftsbankensystem im Rahmen der monetären Konjunkturpolitik 456
        a. 2. Die Sicherung der Funktionsfähigkeit der Banken und der Einlegerschutz 458
        a. 3. Der Beitrag der Liquiditätstheorien zur Existenzsicherung der Bank 459
            α. Die goldene Bankregel 460
            β. Die Bodensatztheorie 461
            γ. Die Shiftability Theory 466
            δ. Die Maximalbelastungstheorie 469
    b. Entwicklung der bankaufsichtsrechtlichen Normen im Überblick 470
    c. Erfassung und Begrenzung der Liquiditätsrisiken durch Finanzierungsregeln? 474
        c. 1 Die Liquiditätsgrundsätze II und III 474
        c. 2. Die Kontrolle der Liquiditätsrisiken nach dem Konzept der Kassenhaltungstheorie 477
    d. Erfassung und Begrenzung der Adressenausfallrisiken in eigenkapitalbindenden Risikoklassen 482
        d. 1. Das Konzept des Grundsatzes I 482
        d. 2. Die Bestandteile des Risikoträgers Eigenkapital gemäß § 10 KWG und die »Schutzwirkung« von Einlagensicherungseinrichtungen als weiterer Risikoträger 486
            α. Stille Reserven und Eigenkapitalsurrogate 488
            β. Einlagensicherungseinrichtungen 490
        d. 3. Die Einordnung von Risikoaktiva in Risikoklassen gemäß Grundsatz I 496
        d. 4. Die Limitierung der Großkreditvergabe im § 13 KWG nach alter sowie neuer Fassung unter Berücksichtigung von Drittrangmitteln 509
        d. 5. Die Kontrolle von Adressenausfallrisiken auf konsolidierter Basis gemäß § 10a KWG 513
        d. 6. Zur internen Steuerung des Ausfallrisikos 522
    e. Erfassung und Begrenzung von Marktpreisrisiken unter besonderer Berücksichtigung von Zinsänderungsrisiken 531
        e. 1. Das Konzept der Limitierung des Grundsatzes Ia 531
        e. 2. Die Integration der Marktpreisrisiken in das System der Eigenkapitalunterlegung gemäß neuem Grundsatz I 537
        e. 3. Zinsänderungsrisiken 539
            α. Verfahren der Quantifizierung 539
            β. Die Berücksichtigung im neuen Grundsatz I 550
        e. 4. Aktienkursrisiken 554
        e. 5. Fremdwährungs- und Rohwarenrisiken 556
        e. 6. Die Zulassung »eigener Risikomodelle« – Beginn der »qualitativen« Bankenaufsicht? 559
    f. Externe und interne Kontrolle der gesamten Risikoposition von Kreditinstituten – Versuch einer Standortbestimmung 570

4. **Die Abbildung bankpolitischer Entscheidungen in Bankmodellen** 581
    a. Die Bedeutung der monetären Teilkapazitäten Eigenkapital und Liquidität 581
    b. Die Planung der Eigenkapitalmittel 585
        b. 1. Die Finanzierungsfunktion des Eigenkapitals 585
        b. 2. Die Einführung von Genußrechtskapital in die Kapitalstruktur 587
        b. 3. Planung des Eigenkapitals als Risikoträger mit Hilfe eines Lagerhaltungsansatzes 588
        b. 4. Zur Eigenkapitalallokation 591
    c. Die Planung der Liquiditätsreserven 593
        c. 1. Die Gelddisposition unter Beachtung der Mindestreserven 593
        c. 2. Liquiditätsplanung bei Unsicherheit 595
        c. 3. Die Berücksichtigung von Diversifikationseffekten 601
    d. Ansätze bankbetrieblicher Gesamtmodelle 603

		d. 1.	Die Strukturierung des Finanzbereichs unter Marktnebenbedingungen	603
		d. 2.	Monopolmodelle der Bankunternehmung	606
		d. 3.	Gesamtmodelle mit realen Produktionskosten	608
	e.	Bankspezifische Probleme der Modellbildung		609
		e. 1.	Die Bank als Finanzkomplex	610
		e. 2.	Das umfassende Leistungsangebot der Universalbank	611
		e. 3.	Die Bank als Absatzkomplex	612

III. Die Auflösung der Marktnebenbedingungen – Gestaltung der Absatzbeziehungen im Rahmen des Bankmarketing ... 617
- 1. Grundlagen des Bankmarketing ... 617
  - a. Die Entwicklung des Marketing-Ansatzes in der Kreditwirtschaft ... 617
  - b. Besonderheiten der Bankleistung und ihre Konsequenzen für das Kaufverhalten ... 619
  - c. Der Bankmitarbeiter als zentraler Präferenzenträger und die Theorie der Bankloyalität .. 626
  - d. Aufbau und Förderung der Bankloyalität durch Beziehungsmanagement ... 631
    - d. 1. Transaction versus Relationship Banking ... 631
    - d. 2. Chancen und Risiken von Investitionen in Geschäftsbeziehungen ... 633
    - d. 3. Erfolgsorientierte Beziehungspflege des Verkäufers ... 639
  - e. Das absatzpolitische Instrumentarium im Überblick ... 643
- 2. Die Marktforschung als Basis für den Einsatz des absatzpolitischen Instrumentariums ... 644
  - a. Der Vermögensstatus als Indikator der Nachfragefähigkeit ... 646
  - b. Die Analyse der Nachfragebereitschaft unter besonderer Berücksichtigung der Bankloyalität ... 648
- 3. Dimensionen der Absatzpolitik ... 657
  - a. Die Produktdimension: Sortiments- und Produktgestaltung ... 657
    - a. 1. Spezialbank und Universalbank ... 657
    - a. 2. Kosten- und erlösdeterminierte Maßnahmen einer Sortimentspolitik ... 660
    - a. 3. Produktmerkmale als Bauelemente der Produktgestaltung ... 661
    - a. 4. Produkt- und Serviceinnovationen ... 663
    - a. 5. Vom Universalangebot zum Allfinanzangebot? ... 666
  - b. Die Preisdimension ... 669
    - b. 1. Bestimmungsfaktoren des preisautonomen Bereichs unter Berücksichtigung unterschiedlicher Kundengruppen und ihrer Leistungsabnahme ... 669
    - b. 2. Die Preispolitik der »kleinen Mittel« ... 673
    - b. 3. Marktorientiertes Preis- und Kostenmanagement ... 674
    - b. 4. Die Berücksichtigung der gesamten Kundenbeziehung ... 679
    - b. 5. Ansatzpunkte einer rechtfertigungsfähigen Preispolitik ... 683
  - c. Die räumliche und zeitliche Dimension: Ausgestaltung des Vertriebssystems ... 689
    - c. 1. Die Vertriebssysteme der Banken im Wandel ... 689
    - c. 2. Die Nachfragerperspektive: Wahl des Vertriebswegs anhand der Einkaufswirtschaftlichkeit ... 692
    - c. 3. Zielgruppengerechte Ausgestaltung des Vertriebssystems durch den Anbieter ... 695
    - c. 4. Spezifische Vertriebsprobleme des Allfinanzkonzerns ... 705
    - c. 5. Elemente ausländischer Vertriebsformen ... 710
  - d. Die Kommunikationsdimension: Der persönliche und unpersönliche Kontakt ... 713
    - d. 1. Der persönliche Verkauf ... 717
    - d. 2. Werbung und Verkaufsförderung ... 717
    - d. 3. Öffentlichkeitsarbeit (Public Relations) im weiteren Sinne ... 721
  - e. Unternehmensidentität und -kultur ... 721
    - e. 1. Unternehmensphilosophie und CI-Strategie ... 722
    - e. 2. Kundenorientierte CI-Strategie ... 723
    - e. 3. Mitarbeiterorientierte CI-Strategie ... 724
    - e. 4. Kapitalgeberorientierte CI-Strategie ... 726
    - e. 5. Öffentlichkeitsarbeit (Public Relations) im engeren Sinne ... 727

Literaturverzeichnis 737

Verzeichnis der Abbildungen und Tabellen 780

Stichwortverzeichnis 787

A. Die Funktion der Bank

I. Gesetzliche Definition und leistungsbezogener Funktionsbegriff

Im Gesetz über das Kreditwesen (KWG)[1] ist mit der Aufzählung von elf Bankgeschäften in § 1 Abs. 1 definiert worden, welche Unternehmen als »Kreditinstitute« anzusehen sind.

Betreibt ein Unternehmen (gewerbsmäßig oder in einem Umfang, der einen in kaufmännischer Weise eingerichteten Geschäftsbetrieb erfordert) einzeln oder gemeinsam

- das Einlagengeschäft
- das Kreditgeschäft
- das Diskontgeschäft
- das Darlehenserwerbsgeschäft
- das Finanzkommissionsgeschäft[2]
- das Depotgeschäft
- das Investmentgeschäft
- das Garantiegeschäft
- das Girogeschäft
- das Emissionsgeschäft
- das Geldkarten- und Netzgeldgeschäft

so ist es ein Kreditinstitut.

Zweck dieses Buches ist es, die **Tätigkeiten der Kreditinstitute in einer arbeitsteiligen Wirtschaft zu erklären, um** – daraus abgeleitet – **bankpolitische Problemstellungen zu erkennen sowie Lösungsansätze für solche Problemstellungen aufzuzeigen.** Es ist deshalb zunächst zu fragen, welche *Funktionen* die Banken in einer Volkswirtschaft ausüben und ob diese Funktionen durch die Definition des KWG beschrieben werden können. Unter Funktionen sollen hier Tätigkeiten verstanden werden, die bestimmte Wirtschaftsgruppen (Funktionsträger) in einer Volkswirtschaft in der Urproduktion, der Weiterverarbeitung, der Distribution ausüben. Wird die Betrachtung solcher Tätigkeiten auf ihr Ergebnis, das Leistungsobjekt, ausgedehnt, so erhält man einen *leistungsbezogenen Funktionsbegriff*. Eine Zeche fördert Kohle, Stahl wird zu Blechen weiterverarbeitet, Lebensmittel werden über den Groß- und Einzelhandel vertrieben.

Stellt man auf diesen leistungsbezogenen Funktionsbegriff ab, so folgt daraus die Beobachtung, daß **Banken nicht im Wertestrom der Sachgüter und Dienstleistungen, sondern in dem diesem entgegengerichteten Geldstrom tätig** werden. In der naturalen Tauschwirtschaft, in der lediglich nichttypisierte Sachgüter einander »entgegenströmten«, konnte demnach für Banken kein Platz sein. Banken als Mittler zwischen Wirtschaftssub-

---

[1] Vom 10.7.1961 in der Fassung vom 22.10.1997, zuletzt geändert mit Wirkung vom 1.1.1998.
[2] Unter dem Finanzkommissionsgeschäft versteht man die Anschaffung und die Veräußerung von Finanzinstrumenten im eigenen Namen und für fremde Rechnung (verdeckte Stellvertretung).

jekten, die finanzielle Überschüsse bilden und daher Geldanlagebedarf haben, und anderen Wirtschaftseinheiten, deren finanzielle Defizite einen Bedarf zur Geldaufnahme auslösen, existieren erst, seitdem wir Geld- und Kreditwirtschaften kennen.

Aus dem Charakter der Banken als Geldinstitute ergeben sich für ihre Funktionsbestimmung zwei Folgerungen:

(1) Ihre *Leistungsobjekte* bestehen aus *Geld oder geldnahen Werten* (liquiden Mitteln) unterschiedlicher Formen und Qualitäten. Banken stehen inmitten von Prozessen, die liquide Mittel zum Gegenstand haben.

(2) Diese Leistungsobjekte sind Ausdruck der arbeitsteiligen Wirtschaft. Sie haben die Aufgabe, den kompliziert gewordenen Güteraustausch zu rationalisieren. Es sind ihrem Wesen nach Verteilungsvorgänge, die durch liquide Mittel als Objekte bankbetrieblicher Tätigkeit bewirkt werden. Da der Geldstrom selbst Tauschvorgänge repräsentiert, folgt, daß auch die in ihm operierenden Institutionen *distributive Tätigkeiten* ausüben.

Sollen Banken für die Ordnung im Geldstrom sorgen, so laufen die Bewegungen im Geldstrom ohne diese Institutionen offenbar nicht reibungslos ab. Eine Analyse des Geldstroms zeigt in der Tat, daß einen reibungslosen Ablauf störende *Friktionen* bestehen. Dabei handelt es sich um

– qualitative Friktionen
– räumliche Friktionen
– zeitliche Friktionen.

Die Tätigkeiten der Banken im Mittelalter stellen sich unter diesem Aspekt so dar: Um aus der Zersplitterung des Münzwesens resultierende *qualitative* Friktionen auszugleichen, wechselten Bankiers am banco (einem Wechseltisch) die Münzen verschiedener Münzsysteme. Um *räumliche* Friktionen im überregionalen Zahlungsverkehr auszugleichen, übergaben Bankiers reisenden Händlern Briefe an befreundete Korrespondenten, in denen diese zur Zahlung von Metallgeld an den Vorleger aufgefordert wurden (Wechselbriefe), während die Bankiers selbst die Rückzahlung aus den von den Reisenden hinterlegten Geldern vornahmen. Um *zeitliche* Friktionen auszugleichen, machten Bankiers – vor allem mit der Obrigkeit – Leihgeschäfte in Geldern, welche die Bürger aus Sicherheitsgründen und gegen Ausgabe von Depotscheinen oder Noten bei ihnen deponiert hatten.

In Anbetracht dieser bis heute zu verfolgenden elementaren Tätigkeiten kann die gesamtwirtschaftliche Funktion der Banken als **Liquiditätsausgleichsfunktion inmitten von qualitativen, räumlichen und zeitlichen Friktionen des Geldstromes** gekennzeichnet werden.

In der Literatur gibt es seit nahezu 150 Jahren verschiedene Versuche, die Banken unter Hervorhebung ihrer auf liquide Mittel bezogenen Tätigkeiten zu charakterisieren. Dabei sind folgende Entwicklungsstufen bis in die sechziger Jahre dieses Jahrhunderts zu erkennen:

(1) Die *Theorie der reinen Geldvermittlung* sieht die Bank als einen Handelsagenten in Bargeld. So formuliert Hübner: »Die Banken unterscheiden sich daher von anderen Handelsunternehmungen nur noch darin, daß ihre Waare der Credit ist, sie suchen sich so wohlfeil als möglich Credit zu verschaffen, durch Concession, durch Actienkapital, durch Privilegien, sie erkaufen ihn durch ihre Dienstleistung im Girogeschäfte, durch Herstellung von Banknoten, deren Transportfähigkeit größer als die der edlen Metalle ist, durch Zinsen auf Depositen. Sie verkaufen dagegen den Credit in Gestalt

von Vorschüssen auf Wechsel, Werthpapiere, Waaren und Grundstücke«[3]. – Diese Anschauung der Bank ist bis heute in der Zins-(Handels-)spannenbetrachtung wiederzufinden.

(2) Durch den Einbau der *Transformationslehre* wird die Bank zum Weiterverarbeiter. Nach Bernicken[4] kauft die Bank wie ein Fabrikant Rohstoffe ein, die in der Kasse eingelagert, im Betrieb umgeformt und schließlich in so veredelter Form am Markt angeboten werden. Aus dieser Einsicht heraus spricht er folgerichtig von einer Bank als »Kredit-Fabrik mit eigener Vertriebsorganisation« (S. 9). Dabei bezieht Bernicken die Transformation als produzierende Tätigkeit auf die Betrags- und Fristentransformation.[5] Letztere beinhaltet Bonitäts- sowie insbesondere Zinsänderungsrisiken.

(3) Die neuere Kredittheorie, die auf die *Kreditschöpfung* abstellt und die Einlagen als Reflex der Kreditaktivitäten begreift, sieht die Bank als »Urproduzenten« von Kredit. Diese Anschauung wurde von Hahn in Deutschland entwickelt[6] und später von Erich Schneider[7] und Mülhaupt[8] ausgebaut.

Da die genannten Theorien jedoch nur Teilaspekte der Banktätigkeit in den Vordergrund stellten (den Geldhandel, die Umformung von Einlagen in Kredite, die Krediterzeugung), wurden ausgangs der 1960er Jahre – unter Einbeziehung der Gedanken De Viti de Marcos aus dem Jahre 1898[9] – die Funktionen der Banken erstmals umfassender vor dem Hintergrund ihrer Liquiditätsausgleichsfunktion im Geldstrom erklärt.[10]

Nach De Viti de Marco beginnen die Bankgeschäfte historisch beim Depotgeschäft, dem das Bankgewerbe – als Ausdruck des Sicherheitsbedürfnisses der Kaufleute – seine Entstehung verdanke (S. 2). Die Kundendepots würden entweder ausgeliehen (investiertes Depot), oder die Bankiers übten die Geldverwahrung in reiner Form gegen Gebührenzahlung aus (brachliegendes Depot, S. 10). Auf der Basis des Depotgeschäftes habe sich die Durchführung von Zahlungen angeboten, die anfangs durch Umlagerung konkreter Geldbestände erfolgt sei. Als später im Zusammenhang mit der Rationalisierung des Zahlungsverkehrs die Geldsurrogate Wechsel und Scheck sowie das Giro (die Überweisung) eingeführt und damit Zahlungen auch bargeldlos abgewickelt worden seien, habe sich dem Kreditgeschäft die Möglichkeit der Loslösung von den Bargeldbeständen eröffnet. Damit drängte die Entwicklung notwendig aus der Geldbank zum Kreditzahlungssystem, das Edelmetall nur noch für den Ausgleich des (Abrechnungs-)Saldos und die Rückforderungen der Einleger (über den Bodensatz[11] hinaus) benötigte, seine Umsätze also entspre-

---

[3] O. Hübner: Die Banken, unveränderter Neudruck der Ausgabe Leipzig 1854, Frankfurt/M. 1968, S. 28. Ähnlich J. Riesser: Die deutschen Großbanken und ihre Konzentration, 4. Aufl., Jena 1912, S. 2.
[4] H. Bernicken: Bankbetriebslehre, Stuttgart 1926, S. 9f., 62.
[5] Auch E. Schmalenbach (Kapital, Kredit und Zins in betriebswirtschaftlicher Beleuchtung, 4. Aufl., Köln/Opladen 1961, S. 132-142) stellt vor dem Hintergrund des Mangels an langfristigem Kapital für nichtemissionsfähige Unternehmen vor allem auf die Notwendigkeit einer Überbrückung der Fristeninkongruenz ab. Ähnlich R. Stucken: Geld und Kredit, 2. Aufl., Tübingen 1957, S. 7ff.
[6] L. A. Hahn: Volkswirtschaftliche Theorie des Bankkredits, 3. Aufl., Tübingen 1930, S. 25f., 49-51.
[7] E. Schneider: Einführung in die Wirtschaftstheorie, III. Teil, Geld, Kredit, Volkseinkommen und Beschäftigung, 8. Aufl., Tübingen 1964, S. 15-67.
[8] L. Mülhaupt: Umsatz-, Kosten- und Gewinnplanung einer Kreditbank, in: ZfhF, N.F., 8. Jg., 1956, S. 7-74, hier S. 10.
[9] A. De Viti de Marco: Die Funktion der Bank, aus dem Italienischen übersetzt von Hans Fried, Wien 1935. Die Grundgedanken des Autors sind bereits enthalten in: La funzione della banca, Rom 1898.
[10] J. Süchting: Theorie und Politik des Banksortiments – Grundlagen einer Sortimentslehre der Bank, (unveröffentlichte) Habilitationsschrift, Frankfurt/M. 1967.
[11] Zum Bodensatz vgl. S. 459ff.

chend ausweiten konnte (S. 22ff.). Die Zusammengehörigkeit der Geschäfte umreißt De Viti de Marco dann mit diesen Worten: »...es ist klar, daß jede dieser Bankoperationen – wie die Geldaufbewahrung oder die Darlehensgewährung oder der Geldwechsel – für sich allein nicht die *eigentliche* Banktätigkeit darstellen... Die Bank besteht in der Zusammenfügung dieser und anderer Operationen..., die alle...der über ihnen stehenden Funktion der *Zahlung* verbunden und untergeordnet sind« (S. 53f.). – Nach De Viti de Marco sind also die konstituierenden Elemente der Bank das Depositum, die Zahlung und die (Umsatz-)Finanzierung. Die Abhängigkeiten sind deutlich: Um Zahlungen durchführen zu können, bedarf es des Depots. Um das Kreditpotential auszunutzen, ist der Zahlungsverkehr in einer entwickelten Form erforderlich. Es ist somit ein Komplex von Geschäften, aus denen die moderne Bank besteht.

Faßt man diese Gedanken De Viti de Marcos mit den vorangegangenen Überlegungen zur Überwindung unterschiedlicher Friktionen im Geldstrom durch die Banken zusammen, so kann man vier elementare Funktionen der Kreditinstitute unterscheiden:

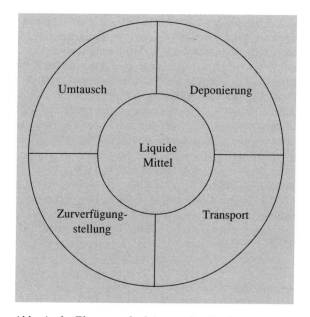

Abb. A. 1: Elementarfunktionen der Bank

(1) Die *Umtauschfunktion:* Es werden liquide Mittel unterschiedlicher Formen und/oder Qualitäten umgetauscht. Liquiditätsformen können als Barliquidität (Münzen), Buchliquidität (Debitoren), Briefliquidität (z.B. Handelswechsel) sowie gegebenenfalls auch Sachliquidität (etwa Goldbarren) auftreten. Die Qualitätsklasse der liquiden Mittel wird – mit Ausnahme der Sachliquidität – vor allem durch die Bonität der Schuldner bestimmt. So kann unterschieden werden zwischen Ansprüchen an Unternehmen (kaufmännisches Geld), an Geschäftsbanken (Bankengeld), an Zentralbanken (Zentralbankgeld) sowie Ansprüchen an den Internationalen Währungsfonds (internationale Ziehungsrechte).

Unter diesem Aspekt sind alle *Handelsgeschäfte* im Sorten-, Devisen-, Effekten- und Edelmetallbereich reine Umtauschoperationen, bei denen kurstragende liquide Mittel unterschiedlicher Form und Qualität im Austausch gegen Bankengeld erworben und veräußert werden. Häufig treten Umtauschoperationen nicht in reiner Form, sondern mit anderen Operationen gekoppelt auf. Wird z.B. ein Wechsel (Briefliquidität, kaufmännisches Geld) von einer Bank diskontiert (in Bankengeld getauscht), so ist diese Umtauschoperation bis zur Einlösung des Wechsels mit einer Finanzierungsoperation verbunden (Diskontkredit).

(2) Die *Depotfunktion*: Sie meint die sichere, gegebenenfalls für den Kunden ertragbringende *Aufbewahrung* liquider Mittel in der Zeit; dabei werden Barliquidität, Briefliquidität und Sachliquidität in konkreten Depots (Kassen, Tresoren, Schließfächern) aufbewahrt, während Buchliquidität als abstrakte Form von Ansprüchen allein auf Konten »gelagert« und verzeichnet wird. Reine Depotoperationen finden sich z.B. bei der Einlagerung von Wertpapieren gegen Gebühren. Dagegen ist etwa bei der Einzahlung von Bargeld auf ein Bankkonto die Deponierung mit einer Umtauschoperation gekoppelt, da Zentralbankgeld in Geschäftsbankengeld getauscht wird.

(3) Die *Transportfunktion*: Darunter wird die Bewegung liquider Mittel im Raum verstanden. Derartige Bewegungen treten ebenfalls in reiner Form oder mit Umtausch- und Finanzierungsoperationen gekoppelt auf. Werden effektive Wertpapierstücke von einem Depot durch *Versand* in ein anderes übertragen, so handelt es sich um eine reine Transportoperation. Entstehen im Bereich des Zahlungsverkehrs auf einem Überweisungsweg Buchforderungen gegen verschiedene Schuldner unterschiedlicher Qualität, so ist die Transportoperation mit einer Umtauschoperation verbunden. Eine Kopplung mit einer Umtausch- und einer Finanzierungsoperation liegt vor, wenn ein Scheck dem Einreicher »Eingang vorbehalten« gutgebracht und somit bis zur endgültigen Einlösung durch die Bank bevorschußt wird.

(4) Die *Finanzierungsfunktion*: Hier werden liquide Mittel über die Zeit *zur Verfügung gestellt*. Dies ist in der Regel Buchliquidität, kann aber auch Briefliquidität sein (z.B. beim Akzeptkredit). In diesem Zusammenhang ist zu sehen, daß beim Erwerb von Wertpapieren durch die Bank im Sekundärmarkt eine »anonyme« Form der Finanzierung (Offenmarktfinanzierung, open market lending) neben der üblichen, individuellen Finanzierung (Schalterfinanzierung, over the counter lending) vorkommt. Im ersten Fall ist die Finanzierung mit einem Umtausch von Briefliquidität in Buchliquidität verbunden; im zweiten wird die Finanzierung an eine Umtauschoperation gekoppelt sein, dann nämlich, wenn der Kreditnehmer z.B. mit der Abhebung von Bargeld seine Kreditlinie in Anspruch nimmt.

Aufgrund dieser Überlegungen ist nun konkreter zu definieren: **Banken sind Distributionsunternehmen, die zum Zweck des Ausgleichs von Friktionen im Geldstrom ein zusammengehöriges Bündel von Tätigkeiten übernehmen, dessen wesentliche Elemente der Umtausch, die Deponierung, der Transport und die Zurverfügungstellung von liquiden Mitteln für die Öffentlichkeit** darstellen.

Dieses Funktionenbündel macht deutlich, daß es die sogenannten Kreditinstitute des (auch) kurzfristigen Geschäfts sind, die hier als Banken definiert werden. Sie sind innerhalb der Struktur des deutschen Kreditwesens dadurch gekennzeichnet, daß sie Kontokorrentkonten als Basis für Kreditlinien und den Zahlungsverkehr anbieten, daß die in solchen Konten deponierten Sichteinlagen Geld sind und daß sie aus diesem Grunde das vordringliche Kontrollinteresse der Zentralbank genießen. *Prototyp der Bank ist die Universalbank in diesem Sinne.* Bei Institutionen, die nur eine oder einen Teil der genannten

Funktionen anbieten (Wechselstuben, Wertpapiersammelbanken, Realkreditinstitute, Kapitalanlagegesellschaften usw.), handelt es sich um Spezialbanken.

Nicht ganz eindeutig läßt sich der Begriff der »*liquiden Mittel*« abgrenzen. Darunter sind zunächst alle Bestandteile des Geldstromes zu verstehen, die geldnahe Titel verkörpern (Emissionen des Staates, der Unternehmen) oder die Geld sind (Emissionen der Zentralbanken, der Geschäftsbanken). Die Zweifel setzen bei der Sachliquidität an. Gold ist zum einen Sachgut, zum anderen aber auch internationales Reservemedium. Andere Edelmetalle wie Silber sind zwar weniger fungibel, aber doch liquiditätsnahe. Schließlich können in Notzeiten wie den Nachkriegsjahren knappe, weitgehend standardisierte Sachgüter, z.B. Zigaretten, Geldfunktion übernehmen. So wird man es letztlich der Konvention überlassen müssen, ob liquiditätsnahe Sachgüter noch als liquide Mittel angesehen werden sollen oder nicht.

Kehrt man nun zurück zur eingangs vorgestellten *Legaldefinition* des Kreditinstituts und betrachtet sie im Hinblick darauf, ob sie die Funktion der Bank hinreichend beschreibt, so ist diese Frage aus zwei Gründen zu verneinen:

Zum einen handelt es sich wohl um eine Aufzählung wichtiger Bankgeschäfte, aber doch nur derjenigen, welche im Interesse eines funktionsfähigen Kreditwesens und des Schutzes der Bankgläubiger seit der Bankenkrise zu Beginn der 30er Jahre als aufsichtsbedürftig angesehen werden. *Manche Geschäfte* sind gar *nicht berücksichtigt*, so z.B. das Eigengeschäft in Wertpapieren, der Devisen-, Edelmetall- und Derivatehandel für eigene Rechnung, das Factoring, das Leasing und die Anlageberatung. Unternehmen, die diese Geschäfte betreiben, werden in § 3 des KWG als »Finanzunternehmen« bezeichnet und damit unzweckmäßig von »Kreditinstituten« abgegrenzt, da doch auch deren Tätigkeiten auf finanzielle Mittel gerichtet sind. – In der ab 1. Januar 1998 geltenden Form behandelt das KWG als dritte Kategorie »Finanzdienstleistungsinstitute«. Hier werden Unternehmen eingereiht, deren Tätigkeiten etwa in der Anlage- und Abschlußvermittlung im Rahmen von Finanzgeschäften, der Verwaltung von Finanzportefeuilles, dem Eigenhandel für andere (offene Stellvertretung) sowie dem Sortengeschäft liegen (§ 1a). Ebenso wie die »Kreditinstitute« unterliegen sie den Anforderungen an die Eigenkapitalausstattung nach § 10 KWG (vgl. S. 515). Auch die für diese Unternehmensgruppe gewählte Bezeichnung ist nicht trennscharf, da »Kreditinstitute« ebenso Dienstleistungen erbringen.

Zum anderen ist der vom Gesetzgeber gewählten Reihenfolge der Bankgeschäfte *kein System* anzusehen, in das sich die aufgeführten, bisher nicht berücksichtigten sowie neu entstehende Geschäfte *funktional* einordnen ließen.

Diese Mängel können durchaus praktische Relevanz haben. So sind in der amerikanischen Bankengesetzgebung, einschließlich derjenigen die Bank Holding Companies betreffend, Kreditinstitute noch immer grundsätzlich auf das Wachstum im Bankensektor verwiesen, d.h. sie dürfen sich nur in sehr beschränktem Umfang im Nichtbankensektor betätigen (vgl. S. 97). Um das kontrollieren zu können, ist Voraussetzung, zwischen Bankgeschäften und Nicht-Bankgeschäften unterscheiden zu können. Eine solche Unterscheidung ist nur vom Verständnis der Funktion der Bank her möglich. Unter dem Aspekt der vier Elementarfunktionen fallen z.B. die Übernahme von Versicherungsrisiken, die Unternehmensberatung, das Angebot von EDV-Leistungen, die Vermittlung von Immobilien offensichtlich aus dem Katalog der Banktätigkeiten heraus, obwohl sie in den vergangenen Jahren eine wachsende Affinität zum Bankgeschäft erhalten haben und von Banken auch für sich reklamiert wurden, so daß ihre Zuordnung kontrovers blieb. Mit dem Hinweis darauf, daß Leistungen wie die genannten zunehmend von Banken angeboten werden, wenden sich Hagenmüller/Jacob gegen die hier vertretene Definition der Bank, die sie als offenes System sehen.[12] Dieser »neuartige(n) Sicht« (S. 9) ist entgegenzuhalten: Selbstverständlich kann die Sortimentsausweitung sogar einer Universalbank zweckmäßig sein, insbesondere dann, wenn es sich um Komplementärleistungen aus der Sicht der Kunden handelt, etwa Autokredite und Kfz-Versicherungen, Finanz- und allgemeine Unternehmensberatung, Immobilienfinanzierung und -vermittlung auf der Grundlage der in Datenbanken gespeicherten Informationen. Das darf indessen nicht den Blick dafür verstellen, daß auf diese Weise neben Bankleistungen (Autokredit, Finanzierungsberatung, Immobilienfinanzierung) bankfremde Leistungen (Kfz-Versicherung, umfassende Unternehmensberatung, Immobilienvermittlung) angeboten werden. Außer banktypischen Bestandteilen enthält das Sortiment auch bankfremde, ohne daß letztere konstitutiv für den Begriff Bank sind. Wollte man den Bankbegriff über die Branchengrenzen hinweg offenhalten, so müßte dies – zu Ende gedacht – dazu führen, daß man erst im Falle von Konglomeraten (Mischkonzernen) von einer Bank sprechen könnte (bereits der Bereich des Finanz-Konglomerates ist durch die Unternehmensberatung und die Immobilienvermittlung überschritten). Eine derartige »grenzenlose« Begriffsausweitung kann nicht hingenommen werden, da sich andernfalls der Interessengegenstand sowohl der wissenschaftlichen Untersuchung als auch dem Zugriff z.B. der Bankenaufsicht und Zentralbankpolitik entziehen würde.

In der Bundesrepublik gehören zu den Anbietern von »financial services« auch sogenannte near banks, wie Versicherungen und Kreditkartengesellschaften, sowie non banks, z.B. Warenhäuser. Zweifellos treten Versicherungen mit Hypothekarkrediten und Schuldscheindarlehen in Wettbewerb mit Kreditinstituten. Da sie indessen den Zahlungsverkehr nicht anbieten, sind sie nicht Prototyp der Bank in dem hier definierten Sinne. Kreditkartengesellschaften (nach § 3 KWG »Finanzunternehmen«) führen zwar den Zahlungsverkehr in besonderer Form durch, offerieren jedoch keine Geldanlagen. Sie sind deshalb als Spezialinstitute zu charakterisieren. Werden den privaten Haushalten in umfassender Form Finanzdienstleistungen aus allen Elementarfunktionen wie über die Mehrzahl der Automobilhersteller geboten, dann handelt es sich insoweit um (Universal-)Banken, die allerdings auch als der Bankenaufsicht unterliegende Tochtergesellschaft in eigener Rechtsform betrieben werden (z.B. Opel Bank GmbH).

Im Hinblick auf die Systematisierung der Bankgeschäfte orientiert sich der Sprachgebrauch der Praxis häufig noch immer am *Bilanzbild: Aktiv-, Passiv- und Dienstleistungsgeschäfte* sind die regelmäßig aufgeführten Hauptgruppen. Eine solche Einteilung (die durch die Bezeichnung »Finanzdienstleistungsinstitute« auch im KWG aufscheint) kann indessen zu Mißverständnissen führen.

Eine Gruppe von Geschäften nur deshalb als Aktivgeschäfte zu bezeichnen, weil resultierende Stichtagsergebnisse dieser Geschäfte als »Aktiva« oder Vermögensteile in die Bilanz eingehen, kann nicht überzeugen; entsprechendes gilt für Passivgeschäfte und Schulden. In Industrie und Handel spricht man nicht so farblos von Aktiv- und Passivgeschäften, obwohl man dies »bilanzformal« auch tun könnte, denn Debitoren und Lagervorräte werfen ein Licht auf den Geschäftsumfang an den Absatzmärkten, kurzfristige Bank- und Lieferantenverbindlichkeiten vermitteln eine Vorstellung von den Aktivitäten auf den Beschaffungsmärkten.

Die Deutung der Einteilung in Aktiv- und Passivgeschäfte nach der Initiative der Bank erweist sich schnell als falsch. Auf der linken Bilanzseite – so könnte vermutet werden – wird die Bank bei ihren Aktivgeschäften »aktiv«, während sie die Ergebnisse der auf der rechten Bilanzseite eingegangenen Verpflichtungsverhältnisse »passiv« hinnimmt. Es ist

---

12 K. F. Hagenmüller/A.-F. Jacob: Der Bankbetrieb, Bd. I, 5. Aufl., Wiesbaden 1987, S. 9ff.

aber offensichtlich, daß es angesichts der wachsenden Konkurrenz der Banken untereinander sowie mit Spezialbanken und anderen Finanzinstitutionen (Bausparkassen, Versicherungen usw.) gerade im Passivgeschäft zunehmender Anstrengungen bedarf, um die für Finanzierungen benötigten Mittel bereitzustellen. Das Kriterium der Initiative für die Einteilung der Geschäfte ist demnach irreführend.

Schließlich muß man für die dritte Gruppe von Geschäften angesichts ihrer Bezeichnung als Dienstleistungsgeschäfte die Frage aufwerfen, ob nur sie, nicht aber die Kreditvergabe und die Hereinnahme von Spareinlagen, Dienstleistungen sind.

Eine solche Gruppenbildung vermag demnach *über die Funktion der Bank* nichts auszusagen. Allenfalls beschreibt sie unter finanzwirtschaftlichem Aspekt die Stellung der Geschäfte zur Liquidität. Hinter der bilanzformalen Systematik steht der Grundgedanke, daß die Bank auf der linken Bilanzseite als Gläubigerin Liquidität verwendet, während sie auf der rechten Bilanzseite die Quellen der erhaltenen Liquidität zeigt, aus denen sie schuldet. Die bilanzindifferenten Dienstleistungsgeschäfte sind hinsichtlich des Gegenstandes der Geschäfte (z.B. Kauf von Effekten für Kunden) auch indifferent für die Liquidität der Bank (hinsichtlich der Herstellung und Aufrechterhaltung der Leistungsbereitschaft ist dagegen auch bei Dienstleistungsgeschäften Liquidität erforderlich).

Wenn auch die Einteilung in Aktiv-, Passiv- und Dienstleistungsgeschäfte über die Funktion der Bank nichts sagt, so hat sich diese Systematik für Zwecke vergleichend-analytischer Darstellungen doch als zweckmäßig erwiesen. Das zeigen anschaulich die Statistiken der Deutschen Bundesbank, mit deren Hilfe im Teil B die Konkurrenzumgebung der Einzelbank beschrieben werden soll.

Die die bisherigen Ausführungen zusammenfassende Darstellung A. 2 zeigt die Elementarfunktionen der (Universal-)Bank in einer anderen Anordnung als in Abbildung A. 1. Diese Anordnung bildet den Ausgangspunkt des Modells der Bank, das als Erklärungshilfe für die in den folgenden Kapiteln herauszuarbeitenden bankspezifischen Problemstellungen dienen soll. Ohne bereits an dieser Stelle einer Erläuterung der Modellbestandteile im einzelnen vorzugreifen, seien doch einige allgemeine Hinweise gegeben:

Die Elementarfunktionen stellen die Grobstruktur des Sortiments der Bank dar, in deren Rahmen sie mit Hilfe einer Reihe von Inputfaktoren Bankleistungen erstellt. Diese zeichnen sich durch verschiedene Merkmale aus, unter denen dem Geld als Objekt der Leistung eine hervorragende Bedeutung zukommt. Aus derartigen Merkmalen resultieren Marktwiderstände, die durch den Einsatz absatzpolitischer Instrumente überwunden werden sollen.

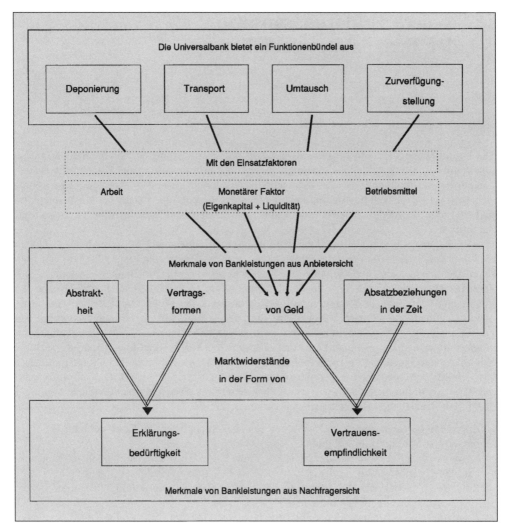

Abb. A. 2: Modell der Universalbank

II. Neuere Erklärungsansätze der Bankenintermediation

Die beschriebene *Liquiditätsausgleichsfunktion* muß nicht zwangsläufig von Banken ausgeübt werden. Grundsätzlich ist es möglich, daß die Marktakteure auf solche »Zwischenhändler« verzichten und die ihnen angebotenen Leistungen selbst erstellen.[13] So könnte sich etwa ein großes Industrieunternehmen Kapital beschaffen, indem es Wertpapiere direkt bei den Anlegern placiert und damit die Losgrößentransformation in Eigenregie durchführt.

Mit Anfängen in den 1970er Jahren wird durch die von den USA ausgehende »*Theory of Financial Intermediation*« die Frage nach der Existenzbegründung von Mittlern zwischen Geldnachfragern und Geldanlegern – und dabei speziell von Banken – verstärkt aufgegriffen. Wie die neuere Theorie der Unternehmung[14], so schlägt auch die Theorie der Finanzintermediation zur Erklärung im wesentlichen zwei Wege ein: Erstens wird argumentiert, Finanzintermediäre würden zur Einsparung von Kosten beitragen, die mit der Zusammenführung von Kapitalnehmern und -gebern verbunden seien. Darüber hinaus könnten Intermediäre zweitens Informationsprobleme lösen, die den Abschluß und die Kontrolle von Finanzverträgen behinderten.[15] Insofern setzen beide Erklärungsrichtungen letztlich bei den sog. »*Transaktionskosten*« an. Diese lassen sich definieren als Informations- bzw. Kommunikationskosten eines zwischen zwei Parteien geschlossenen Vertrages und fallen speziell bei Finanzkontrakten etwa an für ihre

- *Anbahnung*: Kapitalgeber und -nehmer müssen Suchkosten in Kauf nehmen, um den passenden Marktpartner zu finden.
- *Vereinbarung*: Über die Modalitäten des Finanzkontraktes wird verhandelt; es sind Abstimmungen notwendig.
- *Abwicklung*: Konkrete Durchführung des Leistungsaustauschs durch Übertragung bzw. Transformation von Finanzmitteln.
- *Kontrolle*: Es entstehen Kosten für die Überwachung der Einhaltung von Vertragsbestimmungen (etwa die Entwicklung und den Betrieb eines Systems zur Kontrolle des Zahlungseingangs).
- *Anpassung*: Zusatzkosten aufgrund nachträglicher Vertragsmodifikationen (z.B. Zahlungsaufschub).

---

[13] Vgl. E. F. Fama: Banking in the theory of finance, in: JoME, vol. 6, 1980, S. 39-57 und J. P. Krahnen: Kapitalmarkt und Kreditbank, Berlin 1985.
[14] Vgl. D. Schneider: Betriebswirtschaftslehre, Bd. 3: Theorie der Unternehmung, München/Wien 1997.
[15] Vgl. zu den Anfängen in der deutschen Literatur R. H. Schmidt: Ein neo-institutionalistischer Ansatz in der Finanzierungstheorie, in: E. Rühli/J.-P. Thommen (Hrsg.): Unternehmensführung aus finanz- und bankwirtschaftlicher Sicht, Stuttgart 1981, S. 135-154 sowie zum Überblick St. Paul: Bankenintermediation und Verbriefung – Neue Chancen und Risiken für Kreditinstitute durch Asset Backed Securities?, Wiesbaden 1994, Kapitel 2.

Transaktionskosten wurden erstmals 1976 von Benston/Smith als »raison d'être«[16] von Kreditinstituten bezeichnet. In ihrem »Transactions Cost Approach« behandelten sie bereits zwei Probleme: Erstens die Frage der Standardisierung und Kombination von Leistungen sowie der damit verbundenen Möglichkeit zur Erzielung von Größen- und Verbundvorteilen. Zum zweiten wurde die Fähigkeit eines Intermediärs angedeutet, die aus ungleicher (asymmetrischer) Informationsverteilung für die Partner von Finanzverträgen erwachsenden Gefahren zu begrenzen.

In der die Theorie der Finanzintermediation unverändert prägenden US-amerikanischen Literatur wird mittlerweile jedoch nur noch der erste Problemkreis unter der Bezeichnung »Transaktionskostenansatz« behandelt; der zweite – als bedeutender eingestufte – stellt den »Information-Theoretic Approach«[17] dar. Die sich anschließenden Ausführungen folgen zunächst dieser inzwischen üblichen Unterscheidung, auch wenn sie definitorische Probleme aufwirft, da sich doch in der Regel – wie oben dargestellt – gerade Informations- (und auch Kontroll-)kosten unter dem Begriff der Transaktionskosten subsumieren lassen. Die Unterschiede dürften wohl auf folgender Ebene liegen: Der Transaktionskostenansatz im engeren Sinne (1.) unterstellt einen *gleichen* Informationsstand der Marktteilnehmer. Informationen sind in der Realität jedoch nicht kostenlos erhältlich, so daß es in bezug auf die Beschaffung, Verarbeitung und Kontrolle dieser Ressource Wettbewerbsvorteile geben kann. Die in (2.) dargestellten Ansätze gehen dagegen von *ungleich* verteilter Information und den damit verbundenen Kosten aus, die sich durch die Einschaltung eines Intermediärs möglicherweise verringern lassen.

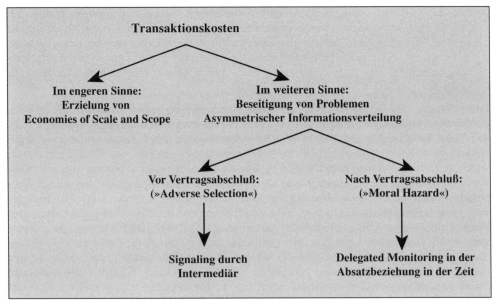

Abb. A. 3: Neuere Ansätze zur Erklärung der Existenz von Banken (Quelle: St. Paul: Bankenintermediation, a.a.O., S. 48)

---

[16] Vgl. G. J. Benston/C. W. Smith: A transactions cost approach to the theory of financial intermediation, in: JoF, vol. 31, 1976, S. 215-231.

[17] L. J. Mester: Traditional and nontraditional banking: An information-theoretic approach, in: JoBF, vol. 16, 1992, S. 545-566.

1. Transaktionskostenersparnisse im engeren Sinne: Die Frage nach Größen- und Verbundvorteilen

Im linken Erklärungsstrang der Abbildung, dem Transaktionskostenansatz im engeren Sinne, wird folgende Argumentationskette entwickelt: Auch mit der Eigentumsübertragung bei Finanztiteln und Zahlungsmitteln verbinden sich Faktoreinsatzkosten. Banken sind Institutionen, die sich auf den Umgang mit den für finanzielle Transaktionen erforderlichen Informationen spezialisiert haben. Dadurch gelingt es ihnen, Gläubiger und Schuldner zu geringeren Kosten als im Falle des direkten Kontaktes zusammenzuführen. Die Spezialisierungsvorteile können in sinkenden Stückkosten aufgrund der massenhaften Ausführung gleichartiger Leistungen oder in Kosteneinsparungen aus der gemeinsamen Produktion ähnlicher Leistungen im Verbund bestehen.

Ausgangspunkt dieser Überlegungen ist die Vorstellung von einem idealtypisch U-förmigen Verlauf der Stückkostenkurve. Sinkende Stückkosten bei wachsender Ausbringungsmenge werden auch als Skaleneffekte (*Economies of Scale*) bezeichnet, für die sich im wesentlichen zwei Ursachen nennen lassen:

– *Kostendegressionen*: Die mit der Produktionstechnologie verbundenen *fixen* Kosten können auf eine größere Zahl von Leistungen verteilt werden. Die maschinelle Bilanzanalyse im Rahmen von Kreditwürdigkeitsprüfungen etwa setzt EDV-Anlagen bestimmter Mindestverarbeitungskapazität voraus. Die Kosten der einzelnen Auswertung sinken mit der Zahl der untersuchten Jahresabschlüsse.
– *Lernkurveneffekte*: Übungsgewinne durch wiederholte Arbeitsverrichtungen können für Beschäftigte von Kreditinstituten wiederum am Beispiel der Bonitätsanalyse aufgezeigt werden: Mit steigender Zahl bearbeiteter Kreditanträge schälen sich kritische Faktoren in bezug auf die Kreditwürdigkeit heraus (Alter, Beruf usw.). Dies verkürzt den Prüfungsbedarf des Bearbeiters und ermöglicht darüber hinaus unter Umständen auch ein sichereres Urteil.

Der steigende Ast der Stückkostenkurve läßt sich hingegen damit erklären, daß ab einer bestimmten Ausbringungsmenge und der damit verbundenen Betriebsgröße der Organisations- und Kontrollaufwand mögliche Kostendegressionen oder Lernkurveneffekte übersteigt.

Zu Beginn des ersten Kapitels war bereits darauf hingewiesen worden, daß die Bank zur Wahrnehmung ihrer Liquiditätsausgleichsfunktion ein Leistungsbündel anbietet. Dieses besteht in deutschen Universalbanken aus (sich in der Bilanz niederschlagenden) Einlage- und Finanzierungsleistungen sowie bilanzindifferenten (z.B. Emissions-)Geschäften, wodurch sich positive Verbundwirkungen (*Economies of Scope*) erzielen lassen. So können zum einen technische Aggregate zur gemeinsamen Erstellung verschiedener Leistungen eingesetzt und damit besser ausgelastet werden (etwa ein Rechenzentrum); zum anderen bemüht sich auch das Personal, mit Hilfe des Cross Selling möglichst den gesamten Finanzdienstleistungsbedarf des Kunden zu decken. Die über den Nachfrager beim Absatz einer bestimmten Leistung gewonnenen Informationen (beispielsweise das Volumen des Wertpapierdepots betreffend) können für die Erstellung eines anderen Elements des Leistungsbündels wertvoll sein (Bestimmung des Kontokorrentrahmens).[18]

---

[18] Zu Economies of Scale and Scope vgl. E. Baltensperger/H. Milde: Theorie des Bankverhaltens, Berlin 1987 und U. F. Grosch: Modelle der Bankunternehmung, Tübingen 1989.

In den USA werden seit den 1950er Jahren umfangreiche empirische Studien über Economies of Scale, aber auch Economies of Scope durchgeführt. Sie beziehen sich zum einen auf Commercial Banks, die lediglich das Kredit- und Einlagengeschäft sowie den Zahlungsverkehr betreiben dürfen; der Wertpapierhandel und das Emissionsgeschäft sind weitgehend noch den Investment Banks vorbehalten. Zweitens wird auf Thrifts, also Sparinstitute, Bezug genommen, deren Geschäftsschwerpunkt auf der Wohnungsbaufinanzierung liegt. – Diese bis 1980 angefertigten Studien fanden überwiegend leicht steigende Skalenerträge und kamen somit zu dem Ergebnis der Überlegenheit größerer Einheiten in der Kreditwirtschaft; daneben wurden auch in geringem Umfang Verbundvorteile ermittelt. Allerdings waren diese Untersuchungen mit nicht unerheblichen methodischen Problemen behaftet.

Die später in den USA angefertigten Untersuchungen stellten ebenfalls steigende Economies of Scale für Banken mit einer Größenordnung bis zu 100 Mio. $ Einlagenvolumen (bzw. Bilanzsumme) fest. Bei Instituten mit mehr als 100 Mio. $ Depositen konnten keine positiven Skaleneffekte gemessen werden, teilweise fand man sogar Diseconomies of Scale. Für Banken oberhalb von einer Mrd. $ Bilanzsumme zeigten sich wiederum steigende Economies of Scale, wobei das Kostenoptimum mit zwischen 2 und 10 Mrd. $ nur sehr grob geschätzt werden konnte.[19]

Nimmt man zunächst diese Ergebnisse zusammen, so ergibt sich der angesprochene Kostenverlauf in Form eines »liegenden S«: Mit steigendem Bilanzvolumen nahmen die durchschnittlichen Gesamtkosten zunächst ab, stiegen dann an und sanken schließlich wieder. Die Effekte der Fixkostendegression werden somit – wie vermutet – ab einer bestimmten Bankgröße durch Kontrollkosten kompensiert. Hinzukommen mag auch der Verlust lokaler Marktvorteile: Mittelgroße Banken laufen Gefahr, die genaue Kenntnis der Kunden in ihrem Umfeld zu verlieren, ohne signifikante (z.B.) Einkaufsvorteile zu gewinnen. Diese können andererseits für die positiven Effekte in sehr großen Bankunternehmungen verantwortlich sein.

In einigen Untersuchungen wurden steigende Economies of Scale in den jeweiligen Instituts-Größenklassen im Zeitverlauf festgestellt. Die Ursache dieses Trends dürfte (neben dem inflationsbedingten, »automatischen« Bilanzsummenwachstum) wohl im technologischen Wandel liegen. Durch die zunehmend computerunterstützte Abwicklung des Bankgeschäfts sind spätestens seit Anfang der 1980er Jahre die fixen Sachkostenblöcke der Institute sämtlicher Größenordnungen stetig gestiegen. Auch für mittelgroße Banken ergibt sich daraus ein Zwang zum Geschäftswachstum, da ebenso wie für größere Institute bestimmte technische Mindestausstattungen und damit Mindestauslastungen erforderlich sind. Dieses gilt in gleicher Weise im Hinblick für das zunehmend höher qualifizierte – und damit teurere – Bankpersonal.

Die Frage nach der Existenz von Verbundvorteilen wurde zwar in der Mehrzahl der Studien aufgegriffen, jedoch nur selten positiv beantwortet. Einige Autoren fanden – meist bei besonders großen Banken – sogar Diseconomies of Scope. Derartige Ergebnisse werden allerdings stark von der Wahl der jeweiligen Schätzfunktionen beeinflußt.[20]

---

[19] Vgl. den umfangreichen Überblick über empirische Ergebnisse bei A. N. Berger/W. C. Hunter/St. G. Timme: The efficiency of financial institutions: A review and preview of research past, present, and future, in: JoBF, vol. 17, 1993, S. 227-292.

[20] Zu entsprechenden empirischen Studien über das Investment Banking vgl. L. J. Mester: a.a.O. und G. Jagtiani/A. Nathan/G. Sick: Scale economies and cost complementarities in commercial banks: on- and off-balance-sheet activities, in: JoBF, vol. 19, 1995, S. 1175-1189.

Auf europäischer und speziell deutscher Ebene sind bislang vergleichbare Untersuchungen zu diesen Problemkreisen nur vereinzelt anzutreffen. Zwar findet sich auch hier seit Beginn der 1970er Jahre eine ausführliche Beschäftigung mit dem möglichen Verlauf von Kostenfunktionen in Kreditinstituten; es mangelte jedoch an publizierten empirischen Überprüfungen. In den ausgehenden 1980er Jahren wurden in den Untersuchungen über möglicherweise notwendige Konzentrationen im Sektor der Genossenschaftsbanken sowie der öffentlich-rechtlichen Kreditinstitute aber stets die zu erzielenden Economies of Scale als wesentliches Argument für steigende Betriebsgrößen verwandt; empirische Belege für Economies of Scale im Sparkassensektor wurden aus dem in dieser Gruppe üblichen Betriebsvergleich abgeleitet.[21] Es zeigte sich – ebenso wie in neueren Arbeiten zu diesem Themengebiet für Genossenschaftsbanken[22] – ein leicht degressiver Verlauf der Personal- und Sachkosten mit zunehmender Unternehmensgröße. Daneben erscheint es plausibel, Economies of Scope in Deutschland vor dem Hintergrund des Universalbanksystems eine größere Bedeutung als in den Vereinigten Staaten beizumessen.

Auch bei vorsichtiger Bewertung geben diese Ergebnisse zusammengenommen einen ersten Erklärungshinweis für die Existenz von Kreditinstituten als Finanzintermediäre: Die Spezialisierung auf die Bearbeitung einer möglichst großen Zahl von Finanztransaktionen, um zu niedrigen Kostensätzen zu gelangen.

2. Intermediation zur Lösung von Informationsproblemen auf Finanzmärkten

Da menschliches Wissen ungleich verteilt ist, sehen sich potentielle Vertragspartner grundsätzlich mit zwei Problemen konfrontiert:

– Sie sind *vor* Vertragsabschluß unsicher über die Qualität der Produkte bzw. Leistungen, die ihr Gegenüber anbietet (»Hidden Information«).
– Sie müssen *nach* Eingehen des Kontraktes mit der Möglichkeit rechnen, daß die Gegenpartei sich ohne ihr Wissen vertragswidrig verhält oder zumindest einen eingeräumten Handlungsspielraum in egoistischer Weise ausnutzt (»Hidden Action«).[23]

Inwiefern kann diesen Grundproblemen asymmetrischer Informationsverteilung durch die Einschaltung von Intermediären begegnet werden?

Die *Qualitätsunsicherheit* ist dadurch gekennzeichnet, daß das Verhalten des Vertragspartners unbeeinflußbar festgelegt (exogen gegeben) ist und erst nach Vertragsschluß bekannt wird. Da die Marktparteien die Kosten der Informationsbeschaffung gegen die

---

21 Vgl. H. Keßler: Betriebsgrößen im Kreditgewerbe, in: bum, 21. Jg., 1992, Nr. 3, S. 5-17.
22 Vgl. H.-J. Tebroke: Größe und Fusionserfolg von Genossenschaftsbanken, Köln 1993, G. Lang/P. Welzel: Efficiency and technical progress in banking: Empirical results for a panel of German cooperative banks, in: JoBF, vol. 20, 1996, S. 1003-1023 und K. Klügel: Bankenaufsichtsrecht und Skalenerträge. Vergleich US-amerikanischer Commercial banks und deutscher Genossenschaftsbanken, Wiesbaden 1996.
23 Die Begriffe »Hidden Information« und »Hidden Action« entstammen K. J. Arrow: The economics of agency, in: J. W. Pratt/R. J. Zeckhauser (Eds.): Principals and agents: The structure of business, Boston 1985, S. 37-51.

Nachteile abwägen, die aus einer Entscheidung bei unvollständiger Information erwachsen, kann die Kenntnis der Marktgegenseite durch hohe Kosten des Aussiebens (Screening) und Beurteilens eingeschränkt sein.[24] Darüber hinaus ist aber auch der Fall denkbar, daß nur pauschale und damit zu ungenaue Informationen verfügbar sind, etwa wegen der Notwendigkeit des Vertragsschlusses zu einem Zeitpunkt, in dem sich die Marktpartner kaum einschätzen können. Wenn dann die durch den Marktmechanismus erzeugten Preise, in denen eine Qualitätsbewertung zum Ausdruck kommt, zu stark vereinheitlichen, Qualitätsunterschiede einebnen, so sehen sich die Anbieter überdurchschnittlicher Qualität benachteiligt und verlassen den Markt; es verbleiben folglich nur noch die Anbieter minderer Qualität. Damit hat eine Gegenauswahl bzw. Negativauslese (»*Adverse Selection*«) stattgefunden.[25]

Da mit dem Screening zum Teil hohe Kosten verbunden sind, bietet sich zur Überwindung der Informationsasymmetrie eher der Weg der Offenbarung bzw. Selbstdeklaration (*Signaling*) an. Screening und Signaling können als zwei Seiten einer Medaille betrachtet werden: Screening bezeichnet den Prozeß der Informationsgewinnung aus Sicht des schlechter Informierten, während Signaling die Informationsübertragung durch den besser Informierten meint.[26] Bei der Selbstdeklaration versuchen Anbieter guter Qualitäten, Kontrakte zu offerieren, aus denen für die uninformierte Gegenseite glaubhaft ein Qualitätsvorsprung hervorgeht. Für die Anbieter schlechter Qualitäten darf es dabei nicht profitabel sein, die guten zu imitieren.

Entwickelt wurde die Signaling-Theorie von Spence für den Arbeitsmarkt; dann hat sie Ross auf Finanzmärkte übertragen.[27] Den ersten Ansatz des Signalisierens mit Hilfe eines Finanzintermediärs entwickelten 1977 Leland/Pyle[28]. Sie gingen zunächst davon aus, daß die Manager einer Unternehmung den Kapitalmarkt durch die von ihnen gehaltenen Eigenkapitalanteile am eigenen Unternehmen informieren könnten. Positives Insiderwissen über den zukünftigen Unternehmenswert müßte sich in einem verstärkten Aktienkauf durch das Management niederschlagen. Gleichzeitig entstünden Signalkosten, da sich für sie die Möglichkeit zur Diversifikation ihres privaten Portefeuilles reduziere (direktes Signalisieren). Potentielle Kapitalgeber warten aber nicht nur passiv auf Signale des Managements, sondern werden ihrerseits aktiv, um Informationen zur Bestimmung des Unternehmenswertes zu erhalten. Hierbei können sich mehrere Kapitalgeber zu Finanzintermediären zusammenschließen und somit Einsparungen etwa bei den Such- und Analysekosten erzielen. Die auf diese Art gewonnenen Informationen über den Unternehmenswert verkaufen sie an andere Investoren, wobei der Grad ihrer Glaubwürdigkeit von dem Anteil abhängt, den sie an dem Finanzintermediär halten.

Campbell/Kracaw vertieften wenig später diese Argumentation im Hinblick auf die Einschaltung eines Intermediärs, den sie insbesondere in der Rolle einer Kapital-

---

[24] Vgl. dazu die frühen informationstheoretischen Basisarbeiten von G. J. Stigler: The economics of information, in: JoPE, vol. 69, 1961, S. 213-225 sowie speziell zum Screening J. E. Stiglitz: The theory of »screening«, education, and distribution of income, in: AER, vol. 65, 1975, S. 283-300.

[25] Vgl. G. A. Akerlof: The market for »lemons«: Quality uncertainty and the market mechanism, in: QJoE, vol. 84, 1970, S. 488-500.

[26] Vgl. M. Spence: Informational aspects of market structure: An introduction, in: QJoE, vol. 90, 1976, S. 591-597.

[27] Vgl. M. Spence: Job market signaling, in: QJoE, vol. 87, 1973, S. 355-374, und St. A. Ross: The theory of agencies: The principal´s problem, in: AER, vol. 63, 1973, S. 134-139.

[28] Vgl. H. E. Leland/D. H. Pyle: Informational asymmetries, financial structure, and financial intermediation, in: JoF, vol. 32, 1977, S. 371-387.

sammelstelle bzw. Bank sahen, die die ihr zufließenden Mittel zum Kauf von Wertpapieren verwendet.[29] Initiatoren des Signalprozesses sind diejenigen Unternehmen, die sich für unterbewertet halten. Sie treten daher an ein Kreditinstitut mit dem Auftrag heran, den »wahren« Unternehmenswert zu bestimmen; dabei wird der Intermediär ausgewählt, der am kostengünstigsten arbeitet. Die Bank gibt ihre Informationen an den Markt weiter (z.B. in Form von Wertpapieranalysen); allerdings wird von ihr eine eigene Investition in die Papiere verlangt, die sie als unterbewertet bezeichnet. So soll ein glaubwürdiges Signal geschaffen werden, da die Bank im Fall von Kursrückgängen bei den erworbenen Wertpapieren selbst Vermögensverluste hinnehmen müßte. – Campbell/Kracaw gestanden selbst ein, daß ihr Signalmodell dann zu Effizienzverlusten führt, wenn das kostengünstigste Analyseinstitut nicht über ausreichende Mittel verfügt, Wertpapiere in erforderlicher Höhe zu erwerben. Die Investitionsbedingung könnte unter diesen Umständen als Markteintrittsbarriere gegenüber leistungsfähigen Informationsverarbeitern wirken.

Zwar sind die dargestellten Signaling-Ansätze durchweg plausibel, allerdings nur schwer zu operationalisieren. So erscheint etwa eine genaue Bestimmung der von einer Unternehmung aufzuwendenden Signalkosten kaum möglich. Auch im Hinblick auf die Übermittlung der Unternehmensinformationen vom Intermediär zu den Kapitalmarktteilnehmern bleiben Fragen offen, denn im Gegensatz zu öffentlich placierten Aktienemissionen wird nur eine Minderzahl der Kreditprogramme publik gemacht.

Zu fragen ist statt dessen, *warum der Finanzmarkt Signalen des Intermediärs »Bank« eher vertraut* als solchen der Unternehmung selbst oder anderer Intermediäre. Dies leitet über zum zweiten Unterfall einer asymmetrischen Informationsverteilung, der Gefahr verborgener Handlungen *nach* Vertragsabschluß (»*Moral Hazard*«[30]). Im Gegensatz zum diskutierten Fall der Qualitätsunsicherheit ist das Verhalten der Vertragspartner dabei nicht exogen vorgegeben, sondern unterliegt der freien Willensbildung und läßt sich weder exante noch ex-post hinreichend qualifizieren.

Die sich mit Problemen der Delegation von Aufgaben beschäftigende Agency-Theory[31] stellt die Annahme des Moral Hazard in einen allgemeinen Zusammenhang. Ausgangspunkt der Theorie ist die Tatsache, daß in zahlreichen Vertragsbeziehungen ein Principal (z.B. der Eigentümer einer Unternehmung) eine Aufgabe an einen Agenten (Geschäftsführer der Gesellschaft) überträgt und ihn für dessen Arbeit entlohnt. Zwar erfährt der Principal das Ergebnis der Tätigkeiten des Agenten etwa aus dem Geschäftsabschluß; er kann jedoch aufgrund seines Informationsnachteils nicht feststellen, inwieweit dieses durch die Handlungen des Agenten oder durch exogene Einflüsse hervorgerufen wurde. Über Fleiß, Anstrengung und Sorgfalt des Agenten ist dem Principal demnach kein sicheres Urteil möglich.

Wie auf der Ebene Anteilseigner – Manager, so zeigen sich ebenfalls in der Beziehung zwischen Kapitalgeber (Principal) und -nehmer (Agent) Delegationsprobleme. Zwar enthält jeder Finanzierungsvertrag eine Regelung darüber, wie sich die unsicheren Erträge aus dem finanzierten Investitionsprogramm auf unterschiedliche Gruppen verteilen (etwa Eigen- und Fremdkapitalgeber, alte und neue Kapitalgeber, Manager – Eigentümer). Da dem Agent jedoch ebenso wie in Arbeitsverträgen Handlungsspielräume zugestanden werden

---

[29] Vgl. T. S. Campbell/W. A. Kracaw: Information production, market signalling, and the theory of financial intermediation, in: JoF, vol. 35, 1980, S. 863-882.

[30] Vgl. B. Holmström: Moral hazard and observability, in: Bell Journal of Economics, vol. 10, 1979, S. 74-91.

[31] Vgl. grundlegend M. C. Jensen/W. H. Meckling: Theory of the firm: Managerial behaviour, agency costs, and ownership structure, in: JoFE, vol. 3, 1976, S. 305-360.

müssen, taucht wiederum das Moral Hazard-Problem auf – hier in Form von Entscheidungen des Schuldners nach Kapitalüberlassung, die den Wert des auf ihn entfallenden Ertragsanteils erhöhen. So könte der Agent (z.B. der geschäftsführende Gesellschafter einer GmbH) etwa möglichst risikoreiche Investitionsprojekte verfolgen, weil ihm ein über die Zins- und Tilgungsleistungen hinausgehender Gewinn zustünde. Der Principal wäre demgegenüber an einer Risikominimierung interessiert. Er erhält höchstens den im vorhinein vereinbarten Zinssatz, muß allerdings eventuelle Verluste mittragen.

Zur Lösung der zwischen Kapitalgeber und -nehmer auftretenden Interessenkonflikte schlägt Diamond die Einschaltung eines Finanzintermediärs vor[32]; sein Ansatz wird vielfach als zentrale Begründung für den Intermediär »Bank« betrachtet. Er beschreibt den Fall einer Projektfinanzierung mit positivem Kapitalwert, die aufgrund ihres großen Volumens mehrerer Kapitalgeber bedarf und beleuchtet dabei die angesprochenen Delegationsprobleme zwischen den Fremdkapitalgebern (Principals) und dem Management (Agent) einer Unternehmung. Ein möglicher Schutz der Principals vor Falschinformationen durch die Unternehmensleitung (etwa mit Hilfe von vertraglichen Vereinbarungen) würde den Nachteil der Inflexibilität in sich bergen. Schon bei geringen Konjunkturschwankungen oder Veränderungen exogener Faktoren wie der Löhne sei es schwierig, bestimmte Bilanzstrukturkennziffern oder Normrenditen einzuhalten bzw. zu erreichen. Daher müsse stets ein Handlungsspielraum für die Manager verbleiben, woraus eine Kontrollaufgabe für die Fremdkapitalgeber resultiere.

Als mögliche Fremdkapitalgeber betrachtet Diamond zunächst die Käufer von Wertpapieren der Unternehmung. Diese hätten nur einen geringen Anreiz, etwa durch die intensive Auswertung der Wirtschaftspresse oder eigene Anfragen an das Unternehmen, dessen Management zu überwachen. Ein »Do it yourself-Monitoring« des Anlegers sei insbesondere dann zu teuer, wenn dieser nur einen relativ kleinen Anteil an der Emission der Unternehmung besitze. In diesem Zusammenhang taucht die Public Goods-Problematik auf: Wenn nur ein Investor die Unternehmung überwachen würde, so profitierten doch alle anderen ohne Gegenleistung hiervon (Trittbrettfahrer- bzw. Free Rider-Effekt). Da ein einzelner Anleger lediglich seinen persönlichen Nutzen (und nicht auch den der übrigen Marktteilnehmer) mit seinen Kosten konfrontiere, erscheine das Beobachten als zu kostspielig, so daß letztlich kein Investor zu Aufwendungen bereit sei und ein Kontrolldefizit entstehen könnte.

Unterstellt man Kosten für die Kontrolle der Unternehmung in Höhe von K (= Monitoring Costs pro Kapitalgeber), dann entstünden bei n benötigten Kapitalgebern auch n · K Überwachungskosten, die mit zunehmender Zahl der Kapitalgeber den Nutzen bzw. die Ersparnisse durch das Monitoring (S) übersteigen dürften. Diamond schlägt daher vor, zahlreiche kleinere Anleger könnten einen Finanzintermediär (Bank) beauftragen, für sie die Beobachtung der Unternehmung durchzuführen *(Delegated Monitoring)*. Sobald eine Bank Einlagen bündele und als Kredit vergebe, könne eher ein Anreiz zur Unternehmensüberwachung vermutet werden, da sie einen größeren Kapitalbetrag investiert habe als der Käufer weniger Wertpapiere. Durch die Einschaltung des Intermediärs wird jedoch zunächst das originäre Agency-Problem aus der Beziehung der Kapitalanleger und der Unternehmung durch ein derivatives (Kapitalanleger – Bank) abgelöst: Es entstehen Delegation Costs (D) für die Kontrolle des Intermediärs, da auch dieser in Konkurs gehen kann. Eine Intermediation ist daher nur dann sinnvoll, wenn

---

[32] Vgl. D. W. Diamond: Financial intermediation and delegated monitoring, in: RoES, vol. 51, 1984, S. 393-414.

(A. 1) $K + D < \min(S; n \cdot K)$,

also die Kosten einschließlich der für die Einschaltung des Intermediärs (K + D) unter den Opportunitätskosten bei Kontrollabstinenz (S) bzw. den Kosten des direkten Beobachtens ohne Intermediär (n x K) liegen.

Diamond hält die Delegation Costs aber mit dem Hinweis auf die *Diversifikationsmöglichkeit* der Kreditinstitute für vernachlässigbar. Eine Risikostreuung folge erstens aus den Vorschriften der Bankenaufsicht, zweitens tendierten Kreditinstitute zur Stabilisierung ihres Ertrages bereits von selbst dazu, ihr Investitionsportefeuille nicht zu stark auf einzelne Kreditnehmer, Kundengruppen, Regionen usw. zu konzentrieren. Finanziert würden demnach Projekte mit nicht vollständig positiv korrelierten Erträgen. Da es unwahrscheinlich sei, daß alle Kreditnehmer einer Bank zu einem Zeitpunkt ihren Zahlungsverpflichtungen nicht mehr nachkommen könnten, gehe die Konkurswahrscheinlichkeit des Intermediärs und damit die Höhe der Delegationskosten des »Monitoring the Monitor«[33] für den Einleger mit zunehmender Größe des Kreditbestands gegen Null, so daß die Bank ein kostengünstiger »Kontrollagent der Sparer« sei. Damit arbeitet Diamond Größenvorteile im Sinne von *Economies of Diversification* heraus, die sich auch empirisch belegen lassen. So wurde in einer Untersuchung über nordamerikanische Banken gezeigt, daß die Standardabweichung des Ertrages von Kreditinstituten mit zunehmendem Kreditbestand signifikant zurückgeht. Dieser Effekt ließ sich allerdings nur bis zu einer Portefeuillegröße von etwa einer Mrd. $ nachweisen[34], während sie der Argumentation von Diamond folgend unendlich sein müßte (maximale Diversifikation).

Für die Begründung von Finanzintermediären als Gruppe stellt die Arbeit von Diamond zwar einen wesentlichen Fortschritt dar, doch erscheint das Spezifikum insbesondere des Intermediärs »Bank« noch nicht hinreichend herausgearbeitet. Auch Versicherungsgesellschaften investieren im Vergleich zu einem Kleinanleger höhere Kapitalbeträge und besitzen daher ein größeres Interesse am Monitoring. Zugleich ist die Möglichkeit der Risikostreuung ihrer Investitionsprojekte zum Zwecke der Verminderung der Konkurswahrscheinlichkeit und damit der Delegationskosten gegeben. Ebenso wie bei einem Kreditinstitut könnte ein Geldanleger deshalb auch Ansprüche gegen eine Versicherungsgesellschaft erwerben.

Zur näheren Begründung der Bankenintermediation gingen zwei empirische Untersuchungen dem Underpricing-Phänomen bei Erstemissionen nach. Die Erklärung für die Unterbewertung von Unternehmen, deren Aktien neu an die Börse gebracht werden, basiert in der Regel auf der Qualitätsunsicherheit, die zur Bildung eines Durchschnittspreises führt. Die Kapitalmarktteilnehmer seien mit der finanziellen Historie einer Going Public-Unternehmung häufig noch wenig vertraut, könnten zudem deren zukünftige Erträge nur unzureichend einschätzen und daher kaum zwischen Over- und Underpriced-Emissionen unterscheiden. Das Management »guter« Unternehmungen müsse daher zur Sicherung der Placierung einen Emissionskurs wählen, der unter dem Preis bei vollständiger Information der Investoren über die Unternehmungsqualität liege. Tatsächlich konnten Slovin/Young und James/Wier zeigen, daß die Rendite des Erstaktionärs, gemessen als Differenz von Emissionskurs und Schlußkurs am ersten Handelstag, bezogen auf den Emissionskurs, signi-

---

[33] J. G. Haubrich: Financial intermediation: Delegated monitoring and long-term relationships, in: JoBF, vol. 13, 1989, S. 9-20, hier S. 15.
[34] Vgl. P. H. McAllister/D. McManus: Resolving the scale efficiency puzzle in banking, in: JoBF, vol. 17, 1993, S. 389-405.

fikant niedriger ausfiel, wenn ein Unternehmen Bankbeziehungen unterhielt.[35] Hiermit wird zwar zunächst lediglich ein statistischer, kein kausaler Zusammenhang beschrieben. Zu vermuten ist aber, daß sich durch die Einschaltung des Intermediärs die Unsicherheit der Aktionäre verminderte, da sie auf dessen Monitoring vertrauten, und die Unternehmung daher Emissionskurse durchsetzen konnte, die ihrem »wahren« Wert nahekamen.

Zwei weitere Studien gingen dem Einfluß von Kreditvereinbarungen zwischen Unternehmungen und Banken auf die Aktienkurse der betreffenden, bereits an der Börse etablierten Gesellschaften nach. James[36] untersuchte die Auswirkungen von Kreditvereinbarungen einerseits sowie der Ausgabe von Wertpapieren andererseits, indem er die Aktienkursveränderungen der jeweiligen Unternehmen am Publikationstag mit der Entwicklung eines repräsentativen Marktindex' konfrontierte. Danach schlug sich die Ankündigung von Kreditprogrammen signifikant positiv diejenige einer Wertpapieremission deutlich negativ im Kurs nieder. Der Aktienkurs sank dabei insbesondere dann, wenn aus den Veröffentlichungen der Unternehmung hervorging, daß mit dem Erlös der emittierten Wertpapiere Kredite zurückgeführt werden sollten. – Lummer/McConnell[37] vertieften die Untersuchung von James und kamen zu dem Ergebnis, daß die Börse lediglich bei Modifikationen bereits bestehender Kreditprogramme innerhalb einer etablierten Bankverbindung nennenswert reagierte: positiv bei eindeutig guten Nachrichten (wie z.B. gesunkenen Zins- bzw. Sicherheitsanforderungen), negativ auf entsprechend schlechte Mitteilungen (etwa eine Verminderung des ursprünglich zugesagten Kreditvolumens).

Die Ergebnisse der zuletzt genannten empirischen Studien legen den Schluß nahe, daß *die Einschaltung eines Kreditinstituts allein noch kein positives Signal* darstellt. Nach dem Vertragsabschluß muß sich der Intermediär erst einen Informationsvorsprung erarbeiten. Im Laufe der Kundenbeziehung wachsen aus dem Monitoring seine Kenntnisse über den Kreditnehmer. Daher werden vom Markt nur die *Folge*entscheidungen als Signal angesehen. Die Existenzbegründung von Finanzintermediären, speziell der Banken, ist daher um den bisher nicht betrachteten *Zeit*aspekt zu erweitern.

Die Betriebswirtschaftslehre untersucht seit Ende der 1970er Jahre verstärkt den Nutzen *mehr*periodiger Verträge.[38] In derartigen Beziehungen kann es einem Agenten gelingen, *Reputation*, also einen guten Ruf aufzubauen. Durch den langjährigen Umgang erhält der Principal ein genaueres Bild vom Beauftragten und kann daher seine kostenintensiven Monitoring-Aktivitäten reduzieren. Die Reputation eines Agenten »rechtfertigt und fördert eine gewisse Erwartung«[39] hinsichtlich seiner Handlungen im Sinne des Principals. Berechtigt ist diese Erwartung, da der Aufbau der Reputation – im Gegensatz zu anderen Wohlstandspositionen des Agenten, die sich als Pfand eignen (z.B. Sicherheiten) – nur

---

[35] Vgl. M. B. Slovin/J. E. Young: Bank lending and initial public offering, in: JoBF, vol. 14, 1990, S. 729-740 und Ch. James/P. Wier: Borrowing relationships, intermediation, and the cost of issuing public securities, in: JoFE, vol. 28, 1990, S. 149-171.
[36] Vgl. Ch. James: Some evidence on the uniqueness of bank loans, in: JoFE, vol. 19, 1987, S. 217-235.
[37] Vgl. S. L. Lummer/J. J. McConnell: Further evidence on the bank lending process and the capital market response to bank loan agreements, in: JoFE, vol. 25, 1989, S. 99-122.
[38] Vgl. exemplarisch P. Milgrom/J. Roberts: Predation, reputation, and entry deterrence, in: JoET, vol. 27, 1982, S. 280-312.
[39] K. Spremann: Investition und Finanzierung, 5. Aufl., München/Wien 1996, S. 710; vgl. weiterhin D. W. Diamond: Reputation acquisition in debt markets, in: JoPE, vol. 97, 1989, S. 828-862 sowie K. Spremann: Reputation, Garantie, Information, in: ZfB, 58. Jg., 1988, S. 613-629, hier S. 626, der den Aufbau eines guten Rufs mit der Bildung eines »abstrakten Kapitalstocks« vergleicht.

durch ein bestimmtes Verhalten gelingen konnte, dessen Fortsetzung auch für die Zukunft angenommen wird: durch vom Agenten bei früheren Gelegenheiten gezeigte Sorgfalt und damit Berechenbarkeit seines Arbeitsergebnisses. Zudem fördert sie dem Principal genehme Handlungen, da der Agent seinen guten Ruf nicht verspielen möchte, um nicht erneut Signalkosten für seine gute Qualität aufwenden zu müssen. Die Reputation wird somit zu einem wertvollen Aktivum für den Agenten.

Seit wenigen Jahren erst wird der Begriff der Reputation zunehmend auch im Rahmen von Kreditbeziehungen untersucht. Reputation kann ein Unternehmen in diesem Zusammenhang erwerben, wenn es stets seinen Zins- und Tilgungverpflichtungen nachkommt. Es erscheint allerdings fraglich, ob es zur Kennzeichnung dieses Sachverhaltes der »neuen« Vokabel der »Reputation« bedarf, zumal es sich lediglich um eine allgemeine Beschreibung dessen handelt, was mit Begriffen wie »Standing, Kreditwürdigkeit, Bonität« in bezug auf einen finanziell guten Ruf bereits gekennzeichnet wird.

Verfügt ein Unternehmen über eine Hausbank, so lassen sich der Aufbau und die Konsequenzen eines guten Rufs besonders plastisch demonstrieren. Im Gegensatz zu den angelsächsischen Ländern unterhalten deutsche Unternehmen häufig dauerhafte, enge Verbindungen zu einer Bank, mit der sie ein größeres Geschäftsvolumen als mit jedem anderen Kreditinstitut abwickeln. Diese Hausbank betreut das Finanzierungs-, Anlage-, Wertpapier- und Beteiligungsgeschäft der Gesellschaft und erhält damit allein durch die Zahl der Geschäftsvorfälle (über die gesetzlich vorgeschriebenen Informationen hinaus) einen tieferen Einblick in die Unternehmung als andere Fremdkapitalgeber. In der Regel wird ihr Zugang auch zu sensiblen, vertraulichen Informationen gewährt, die noch nicht an den Markt gelangen sollen (etwa technische Neuentwicklungen). Zwar sind »Long-Term Relationships« nicht immer »like marriage«[40], doch wird die Hausbank über die Dauer der Absatzbeziehung »familiar with ... financial histories«.[41] Durch langjährige, persönliche Kenntnis des Managements können die zuständigen Mitarbeiter der Bank besser beurteilen, ob dauerhaft schlechte Unternehmensergebnisse tatsächlich durch exogene Einflüsse oder Fehler der Unternehmensleitung bedingt sind. Ein guter Ruf hingegen schlägt sich z.B. in einem vergleichsweise niedrigeren Zinssatz bzw. höheren Kreditrahmen oder auch darin nieder, daß die Unternehmung Kredite mit geringeren Besicherungsanforderungen erhält und die Hausbank im Falle einer Unternehmenskrise eher zur Unterstützung bereit ist.

Anreize zu Fleiß, Sorgfalt und Anstrengung des Managements ergeben sich aus der Möglichkeit der Bank, die Kreditbeziehung aufzukündigen. Eine derartige Sanktion stellt dann eine ernste Drohung dar, wenn das Unternehmen »informationally captured« ist.[42] Das mit der Dauer der Geschäftsbeziehung gegenüber dem Partner erworbene Standing läßt sich unter Umständen nicht ähnlich problemlos wie ein materieller Sicherungsgegenstand in andere Kreditbeziehungen einbringen (Lock-in-Effekt). Die in langjährigem Umgang gewonnenen Erfahrungen stellen exklusive Informationen dar, so daß eine Unternehmung bei einem Wechsel eventuell Konditionen hinnehmen müßte, die ihrer Bonität nicht gerecht würden.[43]

---

[40] J. G. Haubrich: a.a.O., S. 18.
[41] E. F. Fama: Contract Costs and Financial Decisions, in: JoB, vol. 63, 1990, S. S71-S91, hier S. S85.
[42] St. A. Sharpe: Asymmetric information, bank lending, and implicit contracts: A stylized model of customer relationship, in: JoF, vol. 45, 1990, S. 1069-1087, hier S. 1070.
[43] Vgl. M. B. Slovin/M. E. Sushka/J. A. Polonchek: The value of bank durability: Borrowers as bank stakeholders, in: JoF, vol. 48, 1993, S. 247-266.

Ein Schutz vor unerwünschten Handlungen der Unternehmung wird daher in einem zunehmenden Wert des Standings gesehen. Hat etwa im Laufe der Kreditbeziehung der von der Gesellschaft bei einer Finanzierung im Durchschnitt zu zahlende Zinssatz abgenommen, so erhöhen sich c.p. aufgrund des niedrigeren Kalkulationszinses die Barwerte der zukünftigen Einzahlungsüberschüsse aus ihrem Investitionsprogramm. Die Gesellschaft wird daher mit steigender Bonität immer stärker davor zurückschrecken, ihre Kreditwürdigkeit zu gefährden. Hat sich allerdings ein guter Ruf auch bei anderen potentiellen Principalen verbreitet, kann die Reputation in dem Sinne »gemolken«[44] werden, daß sich eine Unternehmung aus der »informationellen Umklammerung« der Hausbank löst und den Wettbewerb möglicher Kapitalgeber ausnutzt.

Demnach ist auch auf die Bankenintermediation bezogen eine Art Lebenszyklus denkbar.[45] Bei der erstmaligen Suche einer Unternehmung nach Finanzierungsmitteln besteht bei potentiellen Kapitalgebern eine starke Qualitätsunsicherheit, zudem ist die Angst vor Moral Hazard besonders ausgeprägt. Daher schalten sie als Kontrollagenten eine Bank ein und beobachten deren Entscheidungen in den folgenden Perioden. Die Unternehmung wiederum wird versuchen, durch einen dauerhaften, vertrauensvollen Umgang einen guten Ruf aufzubauen, der auch an andere mögliche Kapitalgeber dringt. Gelingt dieses, so kann sich die Gesellschaft in späteren Jahren über den anonymen Wertpapiermarkt finanzieren, und das Delegated Monitoring verliert seine Bedeutung.

Der Kapitalgeber bringt dem Kapitalnehmer mit steigender Zahl der Perioden, in denen positive Erfahrungen gesammelt wurden, zunehmendes Vertrauen entgegen, dessen Wert aus Sicht des Finanzierten im Zeitverlauf steigt. Gleichzeitig nimmt die Notwendigkeit von Überwachungsmaßnahmen ab, so daß die Kontrollkosten sinken. Der von der Unternehmung selbst erkannte Wert des guten Rufs könnte demnach eventuelle Kontrolldefizite aufwiegen. Somit erscheint ein Intermediär »Bank« in der Rolle des Kontrollagenten für derartige Unternehmungen zwar überflüssig, dennoch wird er häufig von der Finanzierung der Gesellschaft nicht vollständig ausgeschlossen. Für den Fall, daß z.B. die Wertpapiermärkte aufgrund externer Einflüsse eine Emission der Gesellschaft nicht aufnehmen könnten, wäre es erforderlich, doch wieder auf Kreditinstitute zurückzugreifen. Im Sinne einer Versicherung wird deshalb der vertrauensvolle Umgang mit der Bank nicht gänzlich aufgegeben. Damit würde sich auch das in der Realität selbst bei großen, renommierten Unternehmungen anzutreffende Nebeneinander von Bank- und Kapitalmarktfinanzierung erklären.[46]

Die Nachfrager nach Finanzmitteln lassen sich aus diesen Überlegungen heraus auf einem Kontinuum nach dem Grad der mit ihnen verbundenen Informationsprobleme anordnen, so daß der Bereich der Intermediation näher bestimmt werden kann.[47]

---

[44] P. Nippel: Reputation auf Kreditmärkten: Ein spieltheoretischer Ansatz, in: ZfbF, 44. Jg., 1992, S. 990-1011, hier S. 991.
[45] Vgl. D. W. Diamond: Monitoring and reputation: The choice between bank loans and directly placed debt, in: JoPE, vol. 99, 1991, S. 689-721, hier S. 690.
[46] Vgl. in diesem Sinne auch J. K. Seward: Corporate financial policy and the theory of financial intermediation, in: JoF, vol. 45, 1990, S. 351-377.
[47] Vgl. ähnlich A. N. Berger/G. F. Udell: Securitization, risk, and the liquidity problem in banking, in: M. Klausner/L. J. White (Eds.): Structural change in banking, Homewood/Ill. 1993, S. 227-292.

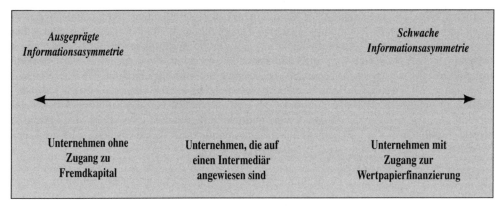

Abb. A. 4: Anordnung der Kapitalnachfrager entsprechend dem Grad der Informationsasymmetrie

Eine erste Gruppe von Unternehmen kann sich weder über Intermediäre noch den Kapitalmarkt Finanzmittel beschaffen, da die mit einer Gläubigerposition verbundenen Informationsrisiken als zu hoch eingeschätzt werden; somit ergibt sich für sie ein Zwang zur Selbstfinanzierung. Vice versa besteht für diejenigen Unternehmen ein Zugang zur Wertpapierfinanzierung, die über einen allgemein verbreiteten, guten Ruf verfügen. Es wird unterstellt, daß sich diese Schuldner aufgrund der dann schwächer ausgeprägten Informationsasymmetrie auch mit geringeren Kosten beobachten lassen und ihnen dadurch der direkte Kontakt mit den Geldanlegern (statt unter Bemühung eines Mittlers) ermöglicht wird. Lediglich Unternehmen mit Informationsproblemen im mittleren Bereich des Kontinuums sind auf die Einschaltung eines Intermediärs angewiesen; ein Monitoring durch den Kapitalmarkt ist nicht oder nur zu prohibitiv hohen Kosten möglich.

Fraglich ist, wonach sich der Grad der Informationsasymmetrie bestimmt. In Erweiterung der Studien von James und Lummer/McConnell berichteten Slovin/Johnson/Glasock[48], daß die Börsenreaktion auf die Einschaltung eines Intermediärs bei *kleineren* Unternehmen besonders ausgeprägt gewesen sei. Dieses Resultat erscheint aus zwei Gründen plausibel. Zum einen kann bei börsengehandelten Unternehmen zwar von einer weitgehend gleichen Publizität ausgegangen werden, doch fehlt häufig das Medium zur Verbreitung des guten Rufs, da die Wirtschaftspresse kleineren und mittleren Unternehmen eine deutlich geringere Beachtung schenkt. Zum zweiten konzentrieren kleinere und mittlere Unternehmen häufig ihre Finanztransaktionen auf eine Hausbank. Dieses Institut erlangt dann einen sehr weitgehenden Einblick in die finanzielle Situation der Kreditschuldner.

Weitere Untersuchungen in der Gruppe kleinerer Unternehmen belegen darüber hinaus den Einfluß des *Alters* eines Kreditnehmers, da die Kapitalkosten regelmäßig mit zunehmender »business history« sanken. Die Erklärung dürfte darin liegen, daß bei der Boni-

---

[48] Vgl. M. B. Slovin/S. A. Johnson/J. L. Glasock: Firm size and the information content of bank loan announcement, in: JoBF, vol. 16, 1992, S. 1057-1071 und weiterhin W. Neus: Zur Theorie der Finanzierung kleinerer Unternehmungen, Wiesbaden 1995.

tätsbewertung neu gegründeter Unternehmen die größten Unsicherheiten bestehen.[49] – Das Ausmaß der mit einem Unternehmen verbundenen Informationsprobleme kann neben seiner Größe und seinem Alter weiterhin durch die *Branche* bestimmt werden, sofern dort eine nur mit sehr spezifischem Know-how zu beurteilende »Produktionstechnologie« sowie häufige Veränderungen der Rahmenbedingungen durch den Gesetzgeber anzutreffen sind.

Da es unmöglich ist, für alle Zukunftslagen Regelungen zu vereinbaren, eignet sich ein Bankkredit umso eher zur Finanzierung, je größer die *Unsicherheiten hinsichtlich des zukünftigen Cash Flow* eines Unternehmens sind. Kreditkonditionen lassen sich in der Regel leichter an die veränderte wirtschaftliche Situation eines Schuldners anpassen als diejenigen einer Wertpapierfinanzierung. Zwar sind mit einem Kreditvertrag höhere Verwaltungskosten für die laufende Überwachung, andererseits aufgrund der regelmäßigeren, stärkeren Kontrolle aber auch niedrigere Ausfallverluste der Gläubiger verbunden. Je stabiler umgekehrt der Cash Flow einer Unternehmung, desto eher verlieren die Flexibilitäts- und Kontrollvorteile der Bankenintermediation an Bedeutung.

Die hier genannten Grobkriterien können wohl zur Eingrenzung der *in besonderem Maße* auf die Intermediationsleistungen der Kreditinstitute angewiesenen Unternehmen beitragen. Zugleich machen die eher allgemeinen Ausführungen aber deutlich, daß es noch umfangreicherer Untersuchungen bedarf, um die »Übertrittsschwellen« zur Intermediation auf der einen und zur Kapitalmarktfähigkeit auf der anderen Seite genauer zu bestimmen. – Insofern können auch die neueren Ansätze der Funktionserklärung von Banken unter Berücksichtigung informationsökonomischer Aspekte erst als ein weiterer Schritt auf dem Weg zu einer vollständigen Theorie angesehen werden.[50] Diese müßte zum einen die Rolle der Kreditinstitute noch schärfer von alternativen Finanzintermediären abgrenzen, zum anderen die mit ihrer Einschaltung verbundenen Vorteile empirisch untermauert quantifizieren. Dabei ist auch zu klären, ob von den Finanzmarktteilnehmern der Rückgriff auf bestimmte Institutionen (wie die Banken) oder die Vereinbarung spezifischer Kontraktformen positiv bewertet wird.[51]

---

[49] Vgl. M. A. Petersen/R. G. Rajan: The benefits of lending relationships. Evidence from small business data, in: JoF, vol. 49, 1994, S. 3-37 und A. N. Berger/G. F. Udell: Relationship lending and lines of credit in small firms finance, in: JoB, vol. 68, 1995, S. 351-381.
[50] Zu den Anforderungen an eine Theorie vgl. D. Schneider: Betriebswirtschaftslehre, Bd. 1; Grundlagen, München/Wien 1995, S. 167.
[51] Vgl. in diesem Sinne auch D. C. Preece/D. J. Mullineaux: Monitoring by financial intermediaries: Banks vs. nonbanks, in: Journal of Financial Services Research, vol. 8, 1994, S. 193-202, A. N. Berger/G. F. Udell: Relationship lending, a.a.O. und R. H. Schmidt/E. Terberger: Grundzüge der Investitions- und Finanzierungstheorie, 4. Aufl., Wiesbaden 1997, S. 460ff., vgl. weiterhin W. Kürsten: Finanzkontrakte und Risikoanreizproblem, Wiesbaden 1994, P. Nippel: Die Struktur von Kreditverträgen aus theoretischer Sicht, Wiesbaden 1994 und D. Neuberger: Kreditvergabe durch Banken, Tübingen 1994.

Literatur zu Teil A.

Bhattacharya, S./Thakor, A. V.: Contemporary banking theory, in: JoFI, vol. 3, 1993, S. 2-50.
Böhner, W.: Bankbetriebslehre, in: ZfB, 52. Jg., 1982, S. 871-892.
Breuer, W.: Finanzintermediation im Kapitalmarktgleichgewicht, Wiesbaden 1993.
Gurley, J. G./Shaw, E. S.: Money in the theory of finance, Washington D.C. 1960.
Greenbaum, St. J./Thakor, A. V.: Contemporary Financial Intermediation, Fort Worth u.a. 1995.
Haubrich, J. G.: Financial Intermediation: Delegated monitoring and long-term relationships, in: JoBF, vol. 13, 1989, S. 9-20.
Mülhaupt, L.: Einführung in die Betriebswirtschaftslehre der Banken, 3. Aufl., Wiesbaden 1980.
Scholtens, L. J.: On the foundations of financial intermediation: A review of the literature, in: KuK, 26. Jg., 1993, S. 112-140.
Stützel, W.: Bankpolitik – heute und morgen, Frankfurt/M. 1964.
De Viti de Marco, A.: Die Funktion der Bank; aus dem Italienischen übersetzt von Hans Fried, Wien 1935.

Kontrollfragen zu Teil A.

1. Wie erklären Sie sich, daß im Mittelalter Bankiers für die Durchführung (allein) der Depotfunktion Gebühren erhoben, während die Kreditinstitute heute dafür Zinsen zahlen?
2. Kann die »Universalbank« in der Vorstellung De Viti de Marcos über die »Kreditvermittlung« hinaus auch »Kreditschöpfung« betreiben?
3. Markieren Sie in den Zeilen 1, 2, 3, 4, ob die folgenden Geschäftsvorfälle der Umtauschfunktion (UF) und/oder Depotfunktion (DF) und/oder Transportfunktion (TF) und/oder Finanzierungsfunktion (FF) zuzuordnen sind:
   (1) Der Ankauf von auf US-Dollar lautenden Banknoten durch Hingabe von DM-Bargeld.
   (2) Die Aufbewahrung von Goldbarren in einem Safe.
   (3) Die Abbuchung von Prämienleistungen der Versicherten mit Hilfe des Lastschriftverfahrens durch eine Versicherungsunternehmung.
   (4) Die Diskontierung von Handelswechseln.

Funktion	UF	DF	TF	FF
1				
2				
3				
4				

4. Definieren Sie den Begriff »Bank«, indem Sie auf ihre ökonomischen Funktionen abstellen. Gehen Sie dabei in zwei Schritten vor und zeigen Sie die
   – bis in die 1960er Jahre
   – ab den 1970er Jahren
   entwickelten Existenzbegründungen für diesen Finanzintermediär auf.
5. Welche Parallelen sehen Sie zwischen der neueren Theorie der Unternehmung und den modernen Erklärungsansätzen der Bankenintermediation?

B. Die Konkurrenzumgebung unter Berücksichtigung der Zentralbankpolitik

Im folgenden Kapitel ist der *Rahmen* abzustecken, innerhalb dessen nur sich die *Geschäftspolitik einer Bank* bewegen kann. Dieser Rahmen wird zum einen durch die Wettbewerber, ihre Aktionen und Reaktionen auf eigene Maßnahmen der Bank bestimmt; angesichts der Internationalisierung der Wettbewerbsbeziehungen in der Kreditwirtschaft verdient die ausländische Konkurrenzumgebung in diesem Zusammenhang immer stärkere Beachtung. Zum anderen grenzen die Zentralbanken, in Randbereichen häufig selbst Konkurrenten der Geschäftsbanken, in Verfolgung ihrer hoheitlichen Aufgabe einer Kontrolle der Geldschöpfung das Entscheidungsfeld ein. Das erfordert es, auch die Geld- und Kreditpolitik der Notenbanken, insbesondere die der Deutschen Bundesbank sowie einer geplanten Europäischen Zentralbank, zu berücksichtigen, wenn es um die Darstellung der Rahmenbedingungen bankbetrieblicher Entscheidungen geht.

I. Die Konkurrenzumgebung

Unter dem Einfluß wirtschaftlicher, politischer, gesellschaftlicher und rechtlicher Entwicklungen haben sich im Laufe der Zeit verschiedene Arten von Kreditinstituten herausgebildet. Eine Unterteilung der deutschen Geschäftsbanken ist möglich nach den Kriterien Geschäftsstruktur (in Universal- und Spezialinstitute), geographischer Wirkungsbereich (in lokal, regional, überregional und international tätige Institute), einzelwirtschaftliche Zielsetzung (in erwerbswirtschaftlich, gemeinnützig und nach einem Förderauftrag ausgerichtete Institute) und − damit zusammenhängend − nach dem Kriterium der Rechtsform (in privatrechtliche, öffentlich-rechtliche, genossenschaftliche Institute).

Will man die wettbewerbliche Position der Bankengruppen analysieren, die Entwicklung ihrer Marktanteile aufzeigen, so ist es zweckmäßig, sich des bankstatistischen Materials der Deutschen Bundesbank zu bedienen. Diese verwendet bei der Unterteilung der Bankengruppen insbesondere die Merkmale der Rechtsform und der Geschäftsstruktur. In diesem Zusammenhang wird man sich darüber klar sein müssen, daß die Geschäftsstruktur zwar eine Darstellung der Entwicklung von Marktanteilen in einzelnen Geschäftsbereichen zuläßt. Damit ist indessen der wettbewerblich relevante Markt nur zum Teil erfaßt. Ob ein Privatbankier mit einer Genossenschaftsbank konkurriert oder nicht, hängt nicht nur davon ab, ob beide Kreditinstitute die gleiche Leistungsart wie z.B. Kontokorrentkredite anbieten. Sind nämlich die nachfragenden Kundengruppen insoweit verschieden, als der Privatbankier nur Großunternehmen, die Genossenschaftsbank hingegen mittelständische Gewerbebetriebe und private Haushalte bedient, dann besteht auf diesem Kreditmarkt zwischen den Instituten kein Wettbewerb. Deshalb ist bei einer vollständigen Beurteilung der Konkurrenzsituation zwischen Kreditinstituten im Rahmen ihres geographischen Wirkungsbereichs über die nach Geschäften unterteilten Märkte hinaus auch das Kriterium der Kundengruppe zu berücksichtigen.

1. Die Struktur des deutschen Geschäftsbankensystems

Wie Abbildung B. 1 (siehe S. 32) zeigt, kann − der Terminologie der Bundesbank folgend − innerhalb des Geschäftsbankensystems unterschieden werden

− im Bereich der Universalinstitute nach
  • Kreditbanken
  • Sparkassen und Girozentralen
  • Kreditgenossenschaften und Genossenschaftlichen Zentralbanken
− im Bereich der Spezialinstitute nach
  • Realkreditinstituten
  • Bausparkassen
  • Kreditinstituten mit Sonderaufgaben
− sowie − allerdings in der Monatlichen Bilanzstatistik nicht erfaßt − nach sonstigen Bankengruppen, wie insbesondere den Kapitalanlagegesellschaften.

Die *Universalinstitute* unterscheiden sich von den Spezialinstituten dadurch, daß sie die grundlegenden Definitionsanforderungen an die Bank erfüllen. Sie sind im Rahmen der vier Elementarfunktionen kredit- und geldschöpfend tätig. Die bedeutendsten Institute unter den privaten Kreditbanken sind die *Großbanken*. Dazu werden in der Statistik der Bundesbank und ganz allgemein die Deutsche Bank, die Dresdner Bank und die Commerzbank gezählt, obwohl – vom Umfang des Geschäftsvolumens her – z.B. die Westdeutsche Landesbank Girozentrale größer ist als die Commerzbank. Die Großbanken operieren in der Rechtsform der AG mit einem Filialnetz, das sich über das gesamte Bundesgebiet erstreckt.

Im Gegensatz dazu ist das Marktgebiet einer *Regionalbank* – wie der Name sagt – grundsätzlich auf eine bestimmte Region beschränkt. Dies schließt nicht aus, daß bedeutende Banken wie die vor einer Fusion stehenden Bayerische Hypotheken- und Wechsel-Bank und die Bayerische Vereinsbank inzwischen auch mit Stützpunkten außerhalb Süddeutschlands (u.a. in Berlin, Düsseldorf und Hamburg) vertreten sind; letztere hat sich mittlerweile zur fünftgrößten deutschen Bank entwickelt und verzichtet immer häufiger auf das Attribut »bayerisch«.[1] – Zu den sonstigen Kreditbanken gehören etwa die früher gewerkschaftseigene, heute im Besitz des Crédit Lyonnais befindliche BfG Bank (vormals Bank für Gemeinwirtschaft), die indessen wie die Großbanken mit einem über das gesamte Bundesgebiet reichenden Filialnetz ausgestattet ist.

Bei Konzentration auf die Kundengruppen der privaten Haushalte und der mittelständischen Unternehmen ist die regionale Verhaftung häufig besonders ausgeprägt (wie z.B. bei der National-Bank in Essen). Im Gegensatz dazu zählen andere Regionalbanken wie die Westfalenbank in Bochum auch Großunternehmen zur Kundschaft, die außerhalb ihres Regionalbereichs ihr Domizil haben. Dies zeigt, daß die regionale Beschränkung vor allem für den Markt der Privatkunden gilt, die bei der Abwicklung ihrer Bankgeschäfte ein in der Nähe befindliches Institut bevorzugen. Abhängig von der Struktur ihrer Kundschaft (private Haushalte und/oder Großindustrie) sind die Regionalbanken im Rahmen eines ausgebauten Filialnetzes (z.B. die Citibank Privatkunden, vormals KKB Bank) oder mit nur wenigen Filialen bzw. filiallos tätig. Als Rechtsform dominiert in dieser Bankengruppe die AG.

Diese Rechtsform unterscheidet sie von den *Privatbankiers,* die man auch heute noch als Unternehmer ansehen kann, welche unter Einsatz eigenen Kapitals und unter besonderer Herausstellung des persönlichen Moments Bankgeschäfte betreiben. Sal. Oppenheim jr. & Cie., Köln/Frankfurt a.M. ist z.B. ein Bankhaus, das als Personengesellschaft geführt wird. Die Rechtsform des Einzelkaufmanns ist seit der Novelle zum KWG von 1976 für Neugründungen nicht mehr erlaubt, da sie bei den heutigen Anforderungen an das Bankgeschäft unter kapitalmäßigem und personellem Aspekt als nicht hinreichend stabil angesehen wird.

Im Zuge einer stärkeren internationalen Wirtschaftsverflechtung nach dem Kriege haben sich in wachsendem Ausmaß auch *Zweigstellen ausländischer Banken,* insbesondere aus den USA, der EU und Japan, in den deutschen Finanz- und Handelszentren (vor allem in Frankfurt/M.) angesiedelt. Sie beginnen ihr Geschäft häufig auf der Basis traditioneller Verbindungen zu multinationalen Unternehmen in ihrer Heimat, die mit Stützpunkten auch in der Bundesrepublik vertreten sind, und versuchen von hier aus, das Geschäft auf deut-

---

[1] Vgl. o.V.: Bayerisch will die Vereinsbank nicht mehr sein, in: FAZ, Nr. 276 v. 27.11.1995, S. 28 sowie o.V.: Bayerische Bankenhochzeit mit »cleverer« Tauschaktion, in: BZ, Nr. 137 v. 22.7.1997, S. 6.

sche Unternehmen und Banken auszudehnen. In bestimmten Bereichen des Investment Banking zählen sie aufgrund der längeren Erfahrung im Umgang mit innovativen Finanzinstrumenten zu den Marktführern.[2]

Das Verbundsystem der öffentlich-rechtlichen *Sparkassen und Girozentralen* ist auf Arbeitsteilung ausgerichtet. Auf der ersten Stufe operieren Sparkassen, deren Zweigstellennetze und damit engerer Marktbereich auf das Gebiet ihres jeweiligen Gewährträgers (Gemeinde, Kreisverband) begrenzt ist (Regionalprinzip). In bezug auf den überregionalen Zahlungsverkehr und Geldausgleich, die Bedienung von Großkunden mit Krediten sowie bei besonders anspruchsvollen Geschäften etwa im Wertpapier- und Auslandsbereich arbeiten sie auf der zweiten Stufe mit den Girozentralen zusammen. Diese sind als Landesbanken gleichzeitig »Hausbanken« des jeweiligen Bundeslandes und haben ihrerseits in der – allerdings vergleichsweise weniger bedeutenden – Deutschen Girozentrale – Deutsche Kommunalbank, Frankfurt a.M., ihr Institut der dritten Stufe. Sieht man einmal von der unterschiedlichen Zielsetzung, der Selbständigkeit der öffentlich-rechtlichen Einheiten und damit der prinzipiell freien Willensbildung im Verbund ab, so gleicht diese Arbeitsteilung derjenigen im Verbund des hierarchisch aufgebauten Systems einer Großbank, das sich auf die Stufen der Zentrale, der Niederlassungen sowie der Filialen und Zweigstellen stützt.

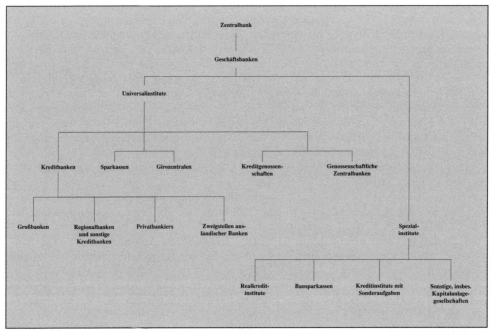

Abb. B. 1: Überblick über das Geschäftsbankensystem in der Bundesrepublik Deutschland

---

[2] Vgl. Verband der Auslandsbanken in Deutschland e.V.: Die Auslandsbanken in Deutschland 1996, Frankfurt/M. 1996.

Eine Arbeitsteilung wie bei den Sparkassen besteht auch im Verbund der zahlreichen *Kreditgenossenschaften mit ihren Zentralbanken* und der Deutschen Genossenschaftsbank (kurz DG Bank) in Frankfurt a.M. als Spitzeninstitut. Während die gewerblichen Genossenschaftsbanken (überwiegend als »Volksbank«) vor allem in den Städten domizilieren, findet man unter der Bezeichnung Raiffeisenbank oder Spar- und Darlehenskasse die ländlichen Genossenschaftsbanken, zum Teil als gemischte Waren- und Kreditgenossenschaften, bis hinein in die kleinsten Ortsgrößenklassen. Wegen der auch im Vergleich zu den Sparkassen im Durchschnitt kleineren Betriebseinheiten ist die Arbeitsteilung mit den regionalen Zentralbanken im überbetrieblichen Zahlungsverkehr, dem Geld- und Kapitalausgleich sowie den anspruchsvolleren Geschäftssparten eher noch straffer organisiert als im Sparkassenverbund. Als Spitzeninstitut der genossenschaftlichen Organisation hat die DG Bank, nicht zuletzt durch die Ausweitung ihrer Aktivitäten in das Ausland, eine (auch im Vergleich zur Deutschen Girozentrale) starke Position erhalten. – Im Zusammenhang mit Rationalisierungsüberlegungen, aber auch aus Sanierungsnotwendigkeiten heraus übertrugen einige Zentralbanken Ende der 80er Jahre ihr Geschäft auf die DG Bank. Im Zuge der Wiedervereinigung und der Übernahme der vormaligen Bank für Landwirtschaft und Nahrungsgüterwirtschaft der DDR wurde die DG Bank 1990 auch die Zentralbank für die Kreditgenossenschaften in den neuen Bundesländern. Unter dem Zwang zu weiteren Kosteneinsparungen könnte sich diese Tendenz, aus dem 3-stufigen Verbund einen 2-stufigen zu machen, fortsetzen.[3]

Die *Realkreditinstitute* sind *Spezialbanken,* welche als Hypothekenbanken in der Rechtsform der AG oder als öffentlich-rechtliche Grundkreditanstalten geführt werden. Sie sind auf die langfristige Finanzierung des Wohnungs- und gewerblichen Bauwesens sowie des Staates gegen Grundpfandrechte bzw. Kommunaldeckung spezialisiert und beschaffen sich die dafür erforderlichen Mittel, indem sie an den Kapitalmärkten Pfandbriefe und Kommunalobligationen zum Kauf anbieten. Führende private Hypothekenbanken befinden sich heute in den Beteiligungsportefeuilles der Großbanken (so ist u.a. die Europäische Hypothekenbank Tochter der Deutschen Bank, die Deutsche Hypothekenbank eine Tochter der Dresdner Bank, während die Rheinische Hypothekenbank zur Commerzbank gehört). Dagegen stehen die meisten öffentlich-rechtlichen Grundkreditanstalten den Spitzeninstituten des Sparkassensektors, den Landesbanken und Girozentralen, nahe.

---

[3] Vgl. zur kontroversen Diskussion dieser Frage grundsätzlich: J. Süchting: Wieviel Stufen im genossenschaftlichen Verbund?, in: ZfgK, 37. Jg., 1983, S. 793-796 sowie Bundesverband der Deutschen Volksbanken und Raiffeisenbanken (Hrsg.): Verbundstruktur für die Zukunft. Gemeinsam die Märkte von morgen gewinnen, o.O., 1989, H. Schierenbeck: Genossenschaftliches Zentralbanksystem: Chancen und Risiken der Zweistufigkeit, Wiesbaden 1988, J. Steiner/H. Bonus/H. Wagner: Dreistufigkeit im genossenschaftlichen Bankenverbund: Luxus oder Notwendigkeit?, Frankfurt/M. 1988 und B. Thiemann, DG Bank, Frankfurt/M., in seinem Referat »Genossenschaftliche Idee im Strukturwandel – Herausforderungen und Chancen für das Spitzeninstitut des genossenschaftlichen Finanzverbundes« am 26.1.1993 im Kontaktseminar an der Ruhr-Universität Bochum, in: SB Nr. 37, WS 1992/93, S. 54-57.
Auch im Sektor der öffentlich-rechtlichen Kreditinstitute ist es die Konzentration auf der 2. Ebene der Landesbanken, die unter ähnlichen Aspekten diskutiert wird. Vgl. hierzu Deutscher Sparkassen- und Giroverband (Hrsg.): Auf dem Weg nach Europa – Deutscher Sparkassentag 1989, Stuttgart 1989. Vgl. auch P. Wieandt, Landesbank Rheinland-Pfalz Girozentrale, Mainz, in seinem Referat »Zur Fusionsproblematik auf den verschiedenen Ebenen des Verbundes öffentlich-rechtlicher Kreditinstitute« am 21.11.1989 im Kontaktseminar an der Ruhr-Universität Bochum, in: SB Nr. 31, WS 1989/90, S. 28-31.

Auch für die privaten und öffentlich-rechtlichen *Bausparkassen,* die wie die Realkreditinstitute mit der Wohnungsbaufinanzierung befaßt sind, gelten die Vorschriften des KWG. Während bekannte private Bausparkassen wie die Bausparkasse der Freunde Wüstenrot eng mit Versicherungen oder – im Falle der Bausparkasse Schwäbisch Hall als Partner des kreditgenossenschaftlichen Verbundes – mit Universalbanken kooperieren, sind die öffentlich-rechtlichen (Landes-)Bausparkassen Abteilungen oder selbständige Einheiten bei den Landesbanken und Girozentralen.

Die *Kreditinstitute mit Sonderaufgaben* stellen einen heterogenen Kreis von Spezialbanken dar, welcher die in der Bezeichnung anklingende Gemeinsamkeit aufweist, gesamtwirtschaftlich als wichtig angesehene Förderaufgaben für bestimmte Sektoren und Geschäfte zu übernehmen. Sie sind sowohl in der privatrechtlichen Form der Kapitalgesellschaft (wie z.B. die IKB Deutsche Industriebank AG mit dem Schwerpunkt der Vergabe längerfristiger Kredite an nichtemissionsfähige Unternehmen sowie die Ausfuhrkredit-Gesellschaft mbH (AKA) für die Exportfinanzierung der deutschen Wirtschaft) als auch in öffentlich-rechtlicher Form organisiert (wie z.B. die Kreditanstalt für Wiederaufbau, KfW, deren Tätigkeiten ebenfalls auf die Exportfinanzierung sowie die Unterstützung u.a. von strukturkrisenbedrohten Wirtschaftszweigen konzentriert sind). Die KfW ist nicht Kreditinstitut im Sinne des KWG, obwohl sie einigen Vorschriften dieses Gesetzes unterliegt.

In der Gruppe »Kreditinstitute mit Sonderaufgaben« führt die Bundesbank seit 1992 auch die Deutsche Postbank AG mit, die bis Ende 1991 unter der Bezeichnung »Postgiro- und Postsparkassenämter« eine eigene Bankengruppe bildete. Die Postbank verliert im Rahmen ihrer Privatisierung jedoch zusehends den Charakter eines Spezialinstituts; nach der »Postreform II« wurde ihr zum 1.1.1995 die Vollbanklizenz erteilt.

Kapitalanlagegesellschaften (Investmentgesellschaften) sind Unternehmen, deren Geschäftsbetrieb darauf gerichtet ist, bei ihnen eingelegtes Geld im eigenen Namen für gemeinschaftliche Rechnung der Einleger nach dem Grundsatz der Risikomischung in Form von Geldmarkt-, Wertpapier-, Beteiligungs- oder Grundstückssondervermögen separat von dem eigenen Vermögen anzulegen und über die sich hieraus ergebenden Rechte der Einleger (Anteilinhaber) Urkunden (Anteilscheine) auszustellen (§ 1 des Gesetzes über Kapitalanlagegesellschaften in der Fassung vom 22.10.1997). Als Kreditinstitute sind die Investmentgesellschaften, in der Regel Tochtergesellschaften von Universalbanken in der Rechtsform der GmbH, den Bestimmungen des KWG unterworfen. Sie beruhen auf dem Prinzip, mit Hilfe der Risikomischung vor allem Kleinsparer in direkter Form (Publikumsfonds) oder indirekt (Spezialfonds für Versicherungen, Pensionskassen usw.) an risikoreichere Geldanlagen heranzuführen.

Nach diesem knappen Überblick über die Sektoren des deutschen Geschäftsbankensystems wird im folgenden Abschnitt zunächst die quantitative Entwicklung des gesamten Systems gezeigt; dann schließt sich eine Analyse der Marktanteile der einzelnen Bankengruppen vor dem Hintergrund ihrer historischen Entwicklung an.

2. Entwicklungslinien im gesamten Geschäftsbankensystem

In den Tabellen B. 1 und B. 2 ist die Entwicklung des deutschen Geschäftsbankensystems mit der Zahl der Institute, der Zahl der Zweigstellen und der Bewegung des Geschäftsvolumens über den Zeitraum 1970-1980 (70er Jahre), 1980-1990 (80er Jahre) sowie die jüngste Periode bis 1995 dargestellt.

Institutsgruppe(n)	Zahl der Institute								Zahl der inländischen Zweigstellen							
	1970		1980		1990 (3)		1995		1970		1980		1990 (3)		1995	
	absolut	%	absolut	%	absolut	%	absolut	%	absolut	%	absolut	%	absolut	%	absolut	%
Alle Institutsgruppen	8.284	100,00	5.166	100,00	4.565	100,00	3.785	100,00	31.680	100,00	38.733	100,00	43.553	100,00	48.207 (4)	100,00
Privatbankiers	163	1,97	83	1,61	83	1,82	64	1,69	296	0,93	275	0,71	308	0,71	256	0,53
Großbanken (1)	6	0,07	6	0,12	5	0,11	3	0,08	2.650	8,36	3.124	8,07	3.234	7,43	3.624	7,52
Regionalbanken	112	1,35	101	1,96	191	4,18	195	5,15	2.017	6,37	2.465	6,36	2.976	6,83	3.380	7,01
Zweigstellen ausl. Banken	24	0,29	56	1,08	60	1,31	69	1,82	23	0,07	50	0,13	34	0,08	45	0,09
Sparkassen	832	10,04	599	11,60	763	16,71	624	16,49	14.903	47,04	16.890	43,61	19.036	43,71	19.071	39,56
Girozentralen	12	0,14	12	0,23	11	0,24	13	0,34	353	1,11	313	0,81	311	0,71	433	0,90
Kreditgenossenschaften (2)	7.059	85,21	4.225	81,78	3.373	73,89	2.591	68,45	11.280	35,61	15.453	39,90	17.402	39,96	17.205	35,69
Genossenschaftl. Zentralbanken	13	0,16	10	0,19	4	0,09	4	0,11	105	0,33	39	0,10	33	0,08	43	0,09
Realkreditinstitute	46	0,56	38	0,74	35	0,77	35	0,92	25	0,08	31	0,08	58	0,13	290	0,60
Bausparkassen (5)	-	-	20	0,39	23	0,50	35	0,92	-	-	18	0,05	63	0,14	3.721	7,72
Kreditinstitute mit Sonderaufgaben	17	0,21	16	0,31	17	0,37	17	0,45	28	0,09	75	0,19	98	0,23	139	0,29

(1) Deutsche Bank AG, Dresdner Bank AG und Commerzbank AG mit ihren vor der Wiedervereinigung selbständigen Tochterinstituten in Berlin.
(2) Für Kreditgenossenschaften bis Ende 1985 nur Teilerhebung ohne Kleininstitute.
(3) Erstmals einschließlich ostdeutscher Kreditinstitute.
(4) Einschließlich Deutsche Postbank AG: 67.930.
(5) Ab 1992 gelten als Zweigstellen auch Vertretungen, Annahme- und Geschäftsvermittlungsstellen.

Tab. B. 1: *Entwicklung der Zahl der Institute und Zweigstellen im deutschen Geschäftsbankensystem (Quelle: Statistische Beihefte zu den Monatsberichten der Deutschen Bundesbank, Reihe 1 + MB, Statistischer Teil (III.), verschiedene Jahrgänge; eigene Berechnungen)*

Institutsgruppe(n)	Geschäftsvolumen (in Mrd. DM)											
	1970		1980		1990 (3)		1995					
							Inland		mit Ausland (4)			
	absolut	%	absolut	%	absolut	%	absolut	%	absolut	%		
Alle Institutsgruppen	805	100,00	2.282	100,00	5.172	100,00	7.142	100,00	7.678	100,00		
Privatbankiers	21	2,61	35	1,53	63	1,22	52	0,73	55	0,72		
Großbanken (1)	84	10,43	225	9,86	469	9,07	690	9,66	925	12,05		
Regionalbanken	99	12,30	250	10,96	801	15,49	922	12,91	987	12,85		
Zweigstellen ausl. Banken	12	1,49	44	1,93	76	1,47	106	1,48	106	1,38		
Sparkassen	188	23,35	519	22,74	1.081	20,90	1.435	20,09	}2.867	37,34		
Girozentralen	127	15,78	383	16,78	762	14,73	1.262	17,67				
Kreditgenossenschaften (2)	63	7,83	257	11,26	592	11,45	839	11,75	}1.086	14,14		
Genossenschaftl. Zentralbanken	31	3,85	101	4,43	217	4,20	228	3,19				
Realkreditinstitute	111	13,79	319	13,98	611	11,81	909	12,73	897	11,68		
Kreditinstitute mit Sonderaufgaben	69	8,57	149	6,53	500	9,67	697	9,76	705	9,18		

Institutsgruppe(n)	Veränderungen des inländischen Geschäftsvolumens		
	1970-1980 %	1980-1990 %	1990-1995 %
Alle Institutsgruppen	283,48	226,64	138,09
Privatbankiers	166,67	180,00	82,54
Großbanken (1)	267,86	208,44	147,12
Regionalbanken	252,53	320,40	115,11
Zweigstellen ausl. Banken	366,67	172,73	139,47
Sparkassen	276,06	208,29	132,75
Girozentralen	301,57	198,96	165,62
Kreditgenossenschaften (2)	407,94	230,35	141,72
Genossenschaftl. Zentralbanken	325,81	214,85	105,07
Realkreditinstitute	287,39	191,54	148,77
Kreditinstitute mit Sonderaufgaben	215,94	335,57	139,40

(1) Deutsche Bank AG, Dresdner Bank AG und Commerzbank AG.
(2) Für Kreditgenossenschaften bis Ende 1985 nur Teilerhebung ohne Kleininstitute.
(3) Erstmals einschließlich ostdeutscher Kreditinstitute.
(4) Ab Januar 1995 veröffentlicht; abweichende Erfassung eigener Schuldverschreibungen.

Tab. B. 2: *Entwicklung des Geschäftsvolumens im deutschen Geschäftsbankensystem (Quelle: Statistische Beihefte zu den Monatsberichten der Deutschen Bundesbank, Reihe 1, verschiedene Jahrgänge; eigene Berechnungen)*

Für die Auswahl des Zeitraumes 1970-1980 war die Überlegung maßgeblich, daß der Bankenstatistik seit Ende der 60er Jahre ein neues, einheitliches Schema der Jahresbilanz zugrunde liegt, so daß seit Beginn dieser Periode ausweisbedingte Störfaktoren entfallen.[4]

Außerdem hat L. Mülhaupt eine sorgfältige Untersuchung über »Strukturwandlungen im westdeutschen Bankwesen« (Wiesbaden 1971) vorgelegt, die im wesentlichen den Zeitraum bis 1968 abdeckt. Auf dieser Grundlage soll geprüft werden, ob die dort festgestellten Strukturwandlungen sich zwischen 1970 und der Mitte der 90er Jahre fortgesetzt haben oder nicht.

Für den Bereich des gesamten Geschäftsbankensystems hatte Mülhaupt insbesondere drei Entwicklungslinien gezeigt:

(1) die starke Expansion der Geschäftsvolumina
(2) die rückläufige Anzahl rechtlich selbständiger Kreditinstitute
(3) die Ausdehnung der Zweigstellennetze.

Wählt man wie üblich das Geschäftsvolumen (= Bilanzsumme zuzüglich (Eventual-)Verbindlichkeiten aus weitergegebenen Wechseln) als Maßstab für das *Wachstum,* so ist zu berücksichtigen, daß dieser zwar die Aktiv- bzw. Passivgeschäfte, nicht aber die (bilanzindifferenten) Dienstleistungsgeschäfte umfaßt.[5] Da der Bankensektor das Wachstum des Bruttosozialprodukts (BSP) finanziell alimentiert, ist eine Gegenüberstellung der Zunahme des nominellen BSP mit der Zunahme der Geschäftsvolumina bei allen Institutsgruppen gerechtfertigt (in beiden Größen ist das »künstliche«, inflationär bedingte Wachstum enthalten).

Für das in den 60er Jahren im Vergleich zur Verdoppelung des nominellen BSP auf mehr als das Dreifache gewachsene Geschäftsvolumen des Bankensektors könnten mehrere Faktoren verantwortlich sein:

– Die Zunahme der Interbankenverschuldung sowie die Ausweitung des Geschäftsbankensektor im gesamten finanziellen Sektor der Volkswirtschaft zu Lasten von Bausparkassen und Versicherungen.
– Die über die Führung von Sparkonten hinausreichende bankmäßige Erfassung von bisher nicht mit Kreditinstituten in Verbindung stehenden privaten Haushalten im Zuge der bargeldlosen Einkommenszahlung (Ausdehnung des Mengengeschäfts).
– Die finanzielle Partizipation an ausländischen Bruttosozialprodukten durch Expansion des internationalen Geschäfts.

---

[4] Andere Störfaktoren verbleiben. Hierzu zählt insbesondere der Umstand, daß das Geschäftsvolumen aller Kreditinstitute alljährlich durch Fusionen berichtspflichtiger mit nicht berichtspflichtigen Genossenschaftsbanken ausgeweitet wird. Außerdem haben sich im dargestellten Zeitraum beachtliche Verschiebungen unter den Bankengruppen auch durch spektakuläre Einzelfusionen ergeben, wie sie z.B. im Juli 1972 durch den Zusammenschluß der Bayerischen Gemeindebank-Girozentrale mit einer öffentlich-rechtlichen Grundkreditanstalt zur Bayerischen Landesbank stattfand. Vgl. zu solchen Störfaktoren im einzelnen Deutsche Bundesbank: Deutsches Geld- und Bankwesen in Zahlen 1876-1975, Frankfurt/M. 1976, S. 129ff. — Ein »Bruch« entsteht in den folgenden Tabellen dadurch, daß die Werte für 1990 erstmals die ostdeutschen Kreditinstitute enthalten.

[5] Unter Erfolgsgesichtspunkten ist damit die Basis für den Zinsüberschuß, nicht indessen für den Überschuß aus Provisionen gegeben (vgl. auch S. 347).

Da Bausparkassen und Versicherungen in der Dekade bis 1970 noch stärker gewachsen waren als der Geschäftsbankensektor[6] und die Expansion des internationalen Geschäfts noch in den Anfängen steckte, dürfte die wichtigste Wachstumsursache in dieser Periode das *Eindringen der Geschäftsbanken in die breiten Bevölkerungsschichten* gewesen sein.

Für die Anschlußperiode bis 1980 zeigt Tabelle B. 2, daß sich das Wachstumstempo der Kreditinstitute insgesamt angesichts einer erneuten nahezu Verdreifachung ihres Geschäftsvolumens kaum verlangsamt hat; dieses wuchs wiederum deutlich überproportional zur Zunahme des BSP.

Zu Verschiebungen von Gewicht zwischen den Bausparkassen, Versicherungen und Geschäftsbanken innerhalb des finanziellen Sektors ist es in der Untersuchungsperiode der 70er Jahre nicht gekommen.[7] Zieht man außerdem in Betracht, daß die bankmäßige Erfassung der Bevölkerung zum Ende der Vorperiode im wesentlichen abgeschlossen war, so dürfte das Wachstum des deutschen Geschäftsbankensektors vor allem mit der allmählichen *Verstärkung des internationalen Geschäfts* auch im Ausland selbst zu erklären sein.

Das Ausmaß der Kapitalverflechtungen unter den Geschäftsbanken als eine Form der *Konzentration* geht aus dem Tabellenmaterial nicht hervor. Deshalb soll Konzentration hier verstanden werden als eine bei gewachsenem Geschäftsvolumen rückläufige Zahl rechtlich selbständiger Unternehmenseinheiten. Der Konzentrationsprozeß im Sektor der Geschäftsbanken hat dazu geführt, daß sich die Zahl selbständiger Bankeinheiten in der Dekade bis 1969 um gut 25% verringerte, in den 70er Jahren sogar um rd. 40%.

Während Fusionen und Zweckverbandsbildungen im Sparkassensektor zunächst als Folge der Gebietsreform anzusehen waren, müssen Liquidationen und Zusammenschlüsse von privaten Banken, vor allem aber die zahlenmäßig am stärksten ins Gewicht fallenden Fusionsvorgänge im Bereich der Kreditgenossenschaften zur Schaffung leistungsfähiger Betriebsgrößen, auf Einflüsse des härteren Wettbewerbs zurückgeführt werden.

Sieht man von Prestigeüberlegungen ab, so dürften die Motive für eine Fusion ganz allgemein darauf gerichtet sein, die Ertragskraft zu stärken und/oder im Zeitverlauf zu stabilisieren. Im einzelnen können folgende Überlegungen eine Rolle spielen:

– Vergrößerung des Marktanteils durch *standortpolitische Maßnahmen* (Bank in Süddeutschland übernimmt Mehrheitsbeteiligung an Bank in Norddeutschland);
– *Rationalisierungsmaßnahmen* (Zusammenlegung von Stabsstellen und Zweigstellen in geographischen Überlappungsbereichen auf der Grundlage einer Fusion) zwischen einer Stadt- und einer Kreissparkasse;
– *sortimentspolitische Maßnahmen* (Übernahme einer Hypothekenbank durch eine Großbank);
– Erzielung von Synergieeffekten im *Konsortial- und Emissionsgeschäft* als Folge der durch einen Zusammenschluß zweier Privatbankiers erreichten Erhöhung der Placierungskraft;
– Vergrößerung der *Eigenkapitalbasis* (Volksbank A fusioniert mit Volksbank B, um den Unternehmenskunden mit – von der Eigenkapitalgröße abhängigen – höheren Kreditbeträgen zur Verfügung stehen zu können);

---

[6] Da zwischen führenden Geschäftsbanken und Instituten des Bauspar- und Versicherungswesens kapitalmäßige Verflechtungen bestehen, findet insoweit eine indirekte Teilnahme am Wachstum der anderen Sektoren statt.

[7] Vgl. dazu die Veröffentlichungen der Deutschen Bundesbank jeweils in den Monatsberichten Nr. 5, lfd. Jahrgänge.

- Verbesserung des internen *Geld- und Liquiditätsausgleichs* (Zusammenschluß eines durch Industriekundschaft mit starkem Kreditbedarf charakterisierten Instituts mit einer in der Privatkundschaft verhafteten, durch einen Einlagenüberhang gekennzeichneten Bank);
- Stärkung des *Vertrauens der Geldgeber* (z.B. auf dem Interbankenmarkt bei der Fusion von zwei Kreditinstituten).[8]

Abgesehen davon, daß der aus diesen oder ähnlichen Motiven zustande gekommene Zusammenschluß zu einer größeren Bankeinheit später auch durch mangelhafte Kooperation im Top-Management belastet sein mag, ist zu berücksichtigen, daß Fusionen auch mit Nachteilen verbunden sein können. Diese mögen in der nachlassenden Flexibilität, der stärkeren Anonymisierung der Beziehungen zu den Kunden sowie ganz allgemein in der Schwierigkeit bestehen, den Fusionsvorgang zwischen zwei Einheiten – ggf. mit unterschiedlichen Kulturen – organisatorisch schnell zu verkraften und zu einer schlagkräftigen Einheit am Markt mit unverwechselbarem Profil zusammenzuwachsen.

Dennoch hat der Zeitraumvergleich gezeigt, daß sich die Konzentration im Kreditgewerbe – parallel zu der Entwicklung in der Wirtschaft – fortgesetzt hat.

Der *Ausbau der Zweigstellensysteme* hat der Bundesrepublik mit weniger als 1.500 Einwohnern/Bankstelle nach Finanzzentren wie Luxemburg und der Schweiz, aber deutlich vor den USA, Japan und allen anderen westeuropäischen Ländern (mit Ausnahme Belgiens), die höchste Bankstellendichte gebracht. Dabei ist indessen nicht zu übersehen, daß die Expansion dieser dominierenden Form der Vertriebsnetze an die Grenzen der Wirtschaftlichkeit stößt. In den 60er Jahren hat die Zahl der Zweigstellen noch um gut 50% zugenommen. In der anschließenden Dekade betrug der Zuwachs (vgl. Tabelle B. 1) dagegen wenig mehr als 20%.[9]

In den 80er Jahren stagnierte die Zahl der *Zweigstellen* knapp unter 40.000, bevor sie – wiedervereinigungsbedingt – 1990 um rd. 5.000 anstieg. Seit 1993 zählt die Bundesbank auch Vertretungen, reine Annahme- und Vermittlungsstellen zu den Zweigstellen, weshalb ihre Zahl allein aus dem Bereich der Bausparkassen heraus um über 3.000 zunahm und sich damit insgesamt auf mehr als 49.000 erhöhte. Trotz dieses statistischen Sondereinflusses fällt auf, daß sich die schon zum Ende der mittleren Untersuchungsperiode erkennbare Tendenz der Ausdünnung der Zweigstellennetze fortsetzt: 1995 lag die Zahl der Zweigstellen bereits bei nur noch 48.207. Es häufen sich die Fälle, in denen Zweigstellen, da sie alljährlich Verluste bringen, geschlossen werden. Entsprechend wird es bei der Eröffnung neuer Zweigstellen zunehmend schwieriger, gegen die Anstrengungen der Konkurrenz in einer überschaubaren Zahl von Jahren den Kostendeckungspunkt zu erreichen.

Vor allem die technische Entwicklung mit neuen Formen der Selbstbedienung sowie den Vertriebsmöglichkeiten über das Telefon und den Personal Computer hat den Entschluß erleichtert, insbesondere kleine Zweigstellen, in denen Routineleistungen abgewickelt werden, zu schließen. Hinzu kommt, daß die Geschäftsbanken verstärkt auch mobile

---

[8] Vgl. dazu auch K. Wächter, Frankfurter Sparkasse, in seinem Referat »Chancen und Risiken einer Fusion von Kreditinstituten« am 10.5.1994 im Kontaktseminar an der Ruhr-Universität Bochum, in: SB Nr. 40, SS 1994, S. 51-56.

[9] Bei der Zunahme von Zweigstellen ist zu berücksichtigen, daß im Gefolge von Fusionen insbesondere im Sektor der Genossenschaftsbanken die übernommene Bank in der Regel als Zweigstelle weitergeführt wird, die neue Zweigstelle insoweit also nicht mit einer neuen Bankstelle gleichgesetzt werden kann.

Vertriebswege nutzen, vor allem die Vertriebssysteme von Versicherungen und Bausparkassen in Gestalt des Außendienstes.

Dies muß vor dem Hintergrund der Überschreitung der traditionellen Geschäftsgrenzen von Banken, Versicherungen und Bausparkassen gesehen werden, die sich in der Konkurrenz um die Geldvermögen der privaten Haushalte zunehmend bemühen, eine Mehrzahl von Finanzdienstleistungen unter einem Dach zu bieten (»Allfinanz«).

Allfinanzanbieter wollen ihren Kundenstamm sichern oder auch ausbauen, indem sie mit Blick auf das *Bequemlichkeitsbedürfnis der privaten Haushalte* diesen eine Vielzahl von Finanzdienstleistungen einschließlich Versicherungs- und Bausparverträgen anbieten. Unter Eingehung von vertraglichen und/oder finanziellen Bindungen werden Kooperationen, mit Minderheitsbeteiligungen unterlegte strategische Allianzen oder über Mehrheitsbeteiligungen beherrschte Konzerne geschaffen. Darüber hinaus gibt es Allfinanzkonzerne, die als »reinrassige« Lösungen durch Eigengründungen entstehen. So hat die Deutsche Bank eine Bausparkasse und eine Lebensversicherung gegründet, die Citibank Privatkunden AG eine Lebensversicherung, an der sich mittlerweile der Haftpflichtverband der Deutschen Industrie (HDI) beteiligt hat. Als Allfinanzkonzern dürfte die frühere Mehrheitsbeteiligung der Aachener und Münchener Beteiligungs-AG an der BfG (inzwischen – wie gesagt – im Besitz des Crédit Lyonnais) das wohl spektakulärste Beispiel gewesen sein. Die Dresdner Bank und die Allianz haben einen Exklusivvertrieb ausgewählter Produkte in bestimmten Regionen vereinbart. Die Commerzbank und die DBV Versicherungsgruppe arbeiten dagegen ohne eine regionale Beschränkung miteinander, ebenso wie die Bankgesellschaft Berlin und die Gothaer Versicherungsgruppe, die darüber hinaus ihre Kooperation mit Minderheitsbeteiligungen unterlegt haben. Schließlich bemüht man sich im Sektor der Sparkassen und der Kreditgenossenschaften um den forcierten Vertrieb von Leistungen der öffentlich-rechtlichen Versicherungen bzw. Bausparkassen und der Produkte von Schwäbisch Hall sowie der R+V-Versicherungen.[10]

Zwischen 1980 und der Mitte der 90er Jahre ist der Konzentrationsprozeß weiter fortgeschritten. Wenn die Zahl selbständiger Institute bis 1990 um 14% (ohne die hinzugekommenen Institute in Ostdeutschland sogar 20%) zurückging, so waren dafür vor allem Fusionen im Sektor der Genossenschaftsbanken verantwortlich, die auch durch Schwierigkeiten bei einzelnen Instituten erforderlich wurden. Außerdem war zu beobachten, daß sich auf regionaler Basis einzelne Sparkassen zusammenschlossen; dies geschah vor allem mit Blick auf den Wettbewerb durch die Großbankfilialen, denen gegenüber man vor Ort – also nicht unter Inanspruchnahme der Landesbank – mit einem leistungsfähigeren Angebot insbesondere im Wertpapier- und Auslandsgeschäft auftreten möchte. Die Fusionen in diesen beiden Sektoren erklären auch, daß sich die Zahl selbständiger Institute in der letzten Fünf-Jahre-Periode erneut um rd. 20% vermindert hat.

Das Wachstum des *Geschäftsvolumens* hat sich in den 80er Jahren abgeflacht, immerhin aber noch verdoppelt. Ursache dafür sind zum einen die rückläufigen Zuwachsraten des allgemeinen wirtschaftlichen Wachstums gegenüber den 60er und 70er Jahren. Darüber hinaus hat im Rahmen des gesamten finanziellen Sektors die Versicherungswirtschaft ihren Anteil an der Geldvermögensbildung der privaten Haushalte zwischen 1980 und 1990 um 10 Prozentpunkte von rd. 17 auf 27% steigern können, eine Verschiebung, die nicht nur zu Lasten der Bausparkassen, sondern insbesondere auch der Geschäftsbanken ging.[11]

---

[10] Zum Allfinanzkonzept vgl. weiter S. 664 ff.
[11] Vgl. Deutsche Bundesbank: Zur Vermögenssituation der privaten Haushalte in Deutschland, in: MB, 45. Jg., Nr. 10/1993, S. 19-32, insbes. S. 24.

Nach einem im wesentlichen durch die Wiedervereinigung ausgelösten Konjunkturhoch zu Beginn der 90er Jahre kam es in den Jahren 1992/93 zur stärksten Rezession der Nachkriegszeit. Insgesamt konnte die deutsche Kreditwirtschaft das Wachstumstempo der 80er Jahre beibehalten; zwischen 1990 und 1995 stieg das Geschäftsvolumen um 138%. Bei der Betrachtung des Wachstums darf nicht übersehen werden, daß im Geschäftsbankensektor vor allem die Großbanken und Landesbanken sowie führende Regionalbanken ihre Auslandsaktivitäten weiter verstärkt haben. Dies geschah im Zusammenhang mit der weltweiten Integration und Liberalisierung der Finanzmärkte (Globalisierung). Die Zahl der Auslandszweigstellen deutscher Kreditinstitute stieg zwischen 1980 und 1990 von rd. 100 auf 180 und nahm bis 1995 auf über 240 zu. Ein noch stärkeres Wachstum war bei den Auslandstöchtern (Beteiligungen von mindestens 50% an Kreditinstituten, Factoring- und Leasinggesellschaften) zu verzeichnen, deren Zahl von ebenfalls rd. 100 (1980) auf über 280 (1995) zunahm.[12] Wie Tab. B. 2 zeigt, wickeln die Auslandsfilialen und -töchter deutscher Bankkonzerne ein Geschäftsvolumen von über 500 Mrd. DM ab. Knapp die Hälfte hiervon entfällt auf die ausländischen Einheiten der Großbanken, durch deren Einbeziehung das Geschäftsvolumen um ein Drittel höher liegt.

Ende der 80er Jahre haben die bis dahin schon international ausgerichteten Institute unter den deutschen Geschäftsbanken ihre *Europastrategien* formuliert und die entsprechenden Maßnahmen zur Umsetzung forciert, um nicht im erweiterten europäischen Markt auf den Rang einer Regionalbank abzufallen. Dabei konzentrierten sich die Aktivitäten führender deutscher Kreditinstitute zunächst auf den Bereich des Commercial Banking. So erwarb die Deutsche Bank u.a. in Italien die Banca d´America e d´Italia (mittlerweile Deutsche Bank S.p.A., Mailand) und in Spanien den Banco Commercial Transatlantico sowie den Banco de Madrid (inzwischen fusioniert zur Deutsche Bank, S.A.E., Barcelona); beide Institute stützen sich auf große Filialnetze. Auch die WestLB verfolgte eine Akquisitionsstrategie, indem sie das Zweigstellennetz der Standard Chartered Bank übernahm.

Die Commerzbank dagegen vertiefte insbesondere ihre Beziehungen zu befreundeten Instituten der Europartners-Gruppe. Diese Kooperation von Banken aus Spanien, Frankreich, Italien und Deutschland erwies sich jedoch – speziell zwischen den Partnern Commerzbank/Crédit Lyonnais – aufgrund unterschiedlicher Unternehmensziele und -kulturen als sehr labil und wurde 1992 beendet. In der Folge hat auch die Commerzbank Institute aus den europäischen Nachbarstaaten entweder vollständig übernommen oder sich in nennenswertem Umfang an ihnen beteiligt (Caisse Central de Réescompte, Paris; Banco Central Hispanoamericano).

Auch die 1971 unter Beteiligung der Dresdner Bank gegründete ABECOR-Gruppe hat die in sie gesetzten Erwartungen nicht erfüllt. Statt der dort praktizierten, lediglich lockeren Kooperation mehrerer Institute versucht die Dresdner Bank in den letzten Jahren eine intensivere Zusammenarbeit mit dem »Hauptkooperationspartner«, der Banque Nationale de Paris. Die über Kapitalverflechtungen sowie die wechselseitige Berufung von Vorstandsmitgliedern in die jeweiligen Aufsichtsgremien verbundenen Banken betreiben u.a. eine Reihe gemeinsamer ausländischer Tochtergesellschaften.[13]

---

[12] Vgl. Deutsche Bundesbank: Statistische Beihefte zu den Monatsberichten, Reihe 1, November 1995, S. 104.
[13] Vgl. grundsätzliche Überlegungen hinsichtlich der Auslandsaktivitäten eines Kreditinstituts bei U. Weiss: Zur Europa-Strategie der deutschen Banken, in: J. Süchting/H.-M. Heitmüller (Hrsg.): Handbuch des Bankmarketing, 3. Aufl., Wiesbaden 1998 sowie H.-H. Friedl, Bayerische Hypotheken- und Wechsel-Bank AG, München: Chancen und Risiken der Beteiligungen einer Bank im In- und Ausland, Vortrag im Kontaktseminar an der Ruhr-Universität Bochum am 3.11.1992, in: SB Nr. 37, WS 1992/93, S. 29-33.

Neben den Groß- und bedeutenden Regionalbanken bereiten sich auch die Sparkassenorganisation sowie der Sektor der Genossenschaftsbanken auf einen einheitlichen europäischen Bankenmarkt vor. Dazu wurden in den vergangenen Jahren auf der Ebene der jeweiligen Verbände Kooperationsabkommen geschlossen, die zum einen die Begleitung meist mittelständischer Firmenkunden in das benachbarte Ausland erleichtern sollen. Zum anderen kann sich ein grenzüberschreitendes Privatkundengeschäft entwickeln, das es etwa deutschen Käufern von z.B. französischen Immobilien ermöglicht, die Finanzierung über ihre Haussparkasse abzuwickeln.

Mit Beginn der 90er Jahre erkannten die Kreditinstitute die Notwendigkeit, sich auch im Bereich des Investment Banking innerhalb Europas – insbesondere am Platz London – zu verstärken. So erwarben die Deutsche Bank 1989 mit Morgan Grenfell und die Dresdner Bank 1995 mit Kleinwort Benson namhafte britische Wertpapierhäuser.[14] Ein entsprechender Versuch der Commerzbank (bei Smith New Court, London) wurde von Merrill Lynch vereitelt.

Über die westlichen Nachbarstaaten hinaus ist infolge politischer Umbrüche nach dem Einreißen des »Eisernen Vorhangs« zur Mitte der 90er Jahre Osteuropa verstärkt in das Blickfeld der deutschen Kreditwirtschaft gerückt. Die Groß- und Regionalbanken sind mittlerweile an zahlreichen Plätzen (insbesondere Budapest, Moskau, Prag und Warschau) mit Repräsentanzen, Filialen oder sogar Niederlassungen vertreten.[15]

Da die Geschäfte gerade mit Großunternehmen, den Kapitalsammelstellen und auch vermögenden Privatkunden nicht allein auf Europa bezogen werden können, weiten zahlreiche deutsche Kreditinstitute ihre schon traditionelle Präsenz vor allem in den Vereinigten Staaten und zunehmend auch dem asiatischen Raum (neben Zentren wie Tokyo, Singapur und Hongkong inzwischen bereits in den Sonderwirtschaftszonen Chinas) forciert aus.[16] Speziell im Investment Banking ist der Trend zur Globalisierung besonders deutlich zu erkennen, werden durch Zukäufe bzw. Kooperationen gezielt »Brücken (ge)schlagen zwischen den Wirtschaftsräumen der Triade USA, Fernost und Europa«.[17]

Weiterhin muß berücksichtigt werden, daß die Bedeutung der großen Institute besonders im Auslandsgeschäft ohne die Berücksichtigung des Wachstums der in den Bilanzen nicht enthaltenen, vor allem für Absicherungszwecke eingesetzten Finanz-Swaps, -Termin- und -Optionsgeschäfte unterzeichnet wird. Die Tab. B. 3 zeigt das Wachstum der bedeutendsten außerbilanziellen Geschäfte deutscher Banken zwischen 1986 (Beginn einer differenzierteren Erfassung in der Bundesbankstatistik) und 1994. Das Nominalvolumen dieser Kontrakte, das jedoch nicht mit dem aufsichtsrechtlich relevanten Risikobetrag (vgl. S. 499) gleichzusetzen ist, übertrifft mittlerweile deutlich das Geschäftsvolumen aller Bankengrup-

---

[14] Vgl. H. Müller, Dresdner Bank AG, Frankfurt/M.: Der Prozeß der Übernahme eines britischen Bankhauses durch eine deutsche Großbank, Vortrag im Kontaktseminar an der Ruhr-Universität Bochum am 12.12.1995, in: SB Nr. 43, WS 1995/96, S. 44-48.

[15] Zu den strategischen Überlegungen in bezug auf Osteuropa vgl. E. Martini: Vertriebsstrategien im grenzüberschreitenden Bankgeschäft – Osteuropa, in: O. Betsch/R. Wiechers (Hrsg.): Handbuch Finanzvertrieb, Frankfurt/M. 1995, S. 937-960 und B. Königs: Plötzlich könnte der Vorhang wieder zu sein, in: HB, Nr. 2 v. 3. 1. 1995, S. 17.

[16] Vgl. T. Q. Nguyen-Khac: Wachstumsregion Asien – Potential für deutsche Banken, in: DBk, Nr. 8/1995, S. 470-475.

[17] Vgl. die entsprechende Begründung der Dresdner Bank für den Erwerb des US-amerikanischen Vermögensverwalters RCM in o.V.: Dresdner Bank globalisiert Asset Management, in: BZ, Nr. 242 v. 16. 12. 1995, S. 5.

pen. Besonders dynamisch wuchs das Off-balance-Sheet-Geschäft zu Beginn der 90er Jahre, als sich neben den von den Kreditinstituten traditionell angebotenen Devisentermingeschäften insbesondere Finanz-Swaps (und hierbei vor allem Zinskontrakte) etablieren konnten. In den einzelnen Bankengruppen nahm die Entwicklung dieser derivativen Geschäfte einen unterschiedlichen Verlauf. Ende der 80er Jahre bestand ein deutliches Gefälle zwischen deutschen Groß- und Regionalbanken sowie den Zweigniederlassungen ausländischer Banken einerseits und den übrigen Bereichen der Kreditwirtschaft andererseits. Ursächlich hierfür dürften die verschiedenen Kundenstrukturen sowie die differierende Ausstattung mit dem notwendigen, hochspezialisierten Fachpersonal gewesen sein. Inzwischen setzen über die Zentralinstitute hinaus auch Einzelinstitute des Sparkassen- und Genossenschaftssektors in verstärktem Maße derivative Geschäfte für den Eigenbedarf ein bzw. bieten diese ihren Kunden an.

	Traditionelle Devisentermingeschäfte	Swaps	Optionen	Futures	Forward Rate Agreements [1]	Summe
1986	811	53	3	-	2	869
1987	996	115	9	-	36	1.156
1988	1.275	203	18	-	112	1.608
1989	1.572	305	43	-	300	2.220
1990	1.632	483	299	40	290	2.744
1991	1.736	669	632	63	378	3.478
1992	2.398	1.107	1.010	113	703	5.331
1993	2.823	1.752	1.599	207	729	7.110
1994	3.299	2.502	1.674	303	1.010	8.788

Geschäfte der inländischen Kreditinstitute einschließlich Auslandsfilialen, aber ohne Auslandstöchter.
(1) Bis 1989 einschließlich Futures-Kontrakte.

Tab. B. 3: Wesentliche bilanzunwirksame Geschäfte deutscher Banken in Mrd. DM (Quelle: Deutsche Bundesbank: Bilanzunwirksame Geschäfte deutscher Banken, in: MB, 45. Jg., Nr. 10/1993, S. 47-69 und dies.: Geldpolitische Implikationen der zunehmenden Verwendung derivativer Finanzinstrumente, in: MB, 46. Jg., Nr. 11/1994, S. 41-57 sowie MB, verschiedene Jahrgänge; eigene Berechnungen)

Faßt man die Ergebnisse aus den Jahren 1970-1995 zusammen und stellt sie den von Mülhaupt gefundenen Entwicklungslinien gegenüber, so zeigt sich ein **vermindertes geschäftliches Wachstum bei noch andauerndem Konzentrationsprozeß und auslaufender Zweigstellenexpansion.**[18] Dabei verlagern sich die Aktivitäten der Geschäftsbanken zunehmend über die Sortiments- und Ländergrenzen hinweg sowohl in den Near-Bank-Bereich der Versicherungen und Bausparkassen als auch in andere, insbesondere europäische Länder. – **Ein wachsender Anteil der Aktivitäten wird nicht mehr in den Bilanzen widergespiegelt.**

---

[18] Nach Cartellieri ist dies auch eine Folge des globalen Overbanking in der Finanzwirtschaft, der »Stahlindustrie der 90er Jahre«. Vgl. U. Cartellieri, Deutsche Bank AG, Düsseldorf, in seinem Referat über »Aktuelle Perspektiven deutscher Banken im internationalen Wettbewerb« im Kontaktseminar an der Ruhr-Universität Bochum, in: SB Nr. 32, SS 1990, S. 36-39. Vgl. weiterhin L. L. Bryan: Breaking up the bank. Rethinking an industry under siege, Homewood/Ill. 1988, insbes. S. 37-51.

Zur Vervollständigung der Entwicklungslinien des Geschäftsbankensystems – und zugleich als Bezugsbasis für die Analyse der Gruppenspezifika in B. 3 – ist es erforderlich, über die Betrachtung der Geschäftsvolumina und Zweigstellen hinaus die während der letzten 25 Jahre erfolgten *Veränderungen in den Geschäftsstrukturen* zu analysieren. Im folgenden werden zunächst kurz die Entwicklungen der Bilanzpositionen in Tab. B. 4 und im Anschluß daran ein weiterer Globaltrend aufgezeigt.

Im Passivgeschäft aller Bankengruppen zeigt die Tabelle B. 4, daß am Ende des Untersuchungszeitraums die folgenden Quellen der Mittelherkunft das stärkste Gewicht besaßen:

– Einlagen und aufgenommene Kredite von Kreditinstituten
– Spareinlagen zusammen mit Sparbriefen
– Sicht- und Termineinlagen von Nichtbanken
– Schuldverschreibungen im Umlauf.

Bei den *Einlagen* und mit unterschiedlichen Fristen aufgenommenen *Krediten von Kreditinstituten* handelt es sich zum kleineren Teil um »working balances«, auf deren Grundlage der gegenseitige Zahlungsverkehr abgewickelt wird. Darüber hinaus kommt hier die kurz- und längerfristige Beanspruchung des Geld- und Kapitalmarktes zum Ausdruck. Diese Refinanzierung findet zum einen innerhalb der Verbundsysteme (insbesondere der Sparkassen und Girozentralen sowie der Kreditgenossenschaften und Zentralbanken), zum anderen aber auch unter Kreditinstituten statt, die in mehr oder weniger enger Beziehung zueinander stehen – angefangen von der Finanzierung einer Tochter- bei der Mutterbank, über die Aufnahme von zum Teil zweckgebundenen Globaldarlehen bei Kreditinstituten mit Sonderaufgaben, bis hin zur Geldbeschaffung unter Banken, für deren Zustandekommen minimale Zinsdifferenzen eine Rolle spielen.

Die Einlagen und aufgenommenen Kredite von Kreditinstituten als Refinanzierungsquelle haben, wie Tabelle B. 4 deutlich macht, ihre Bedeutung nur wenig verändert. Neben der Konzentration auf dem Wege über Bankbeteiligungen kommt darin auch die Kooperation mit ausländischen Banken zum Ausdruck. Der korrespondierende Posten im Aktivgeschäft sind die Kredite an (in- und ausländische) Kreditinstitute. Unter dem Aspekt der Effizienz der Notenbankpolitik dürfte eine Ausweitung der Interbankenverschuldung von der Zentralbank mit Skepsis verfolgt werden, da in dem Umfang, in dem Geschäftsbanken sich gegenseitig Verschuldungsmöglichkeiten einräumen (können), c. p. die Abhängigkeit von der Refinanzierung bei der Zentralbank zurückgeht (vgl. S. 79).

Auf dem Markt des *Kontensparens* und des Absatzes von *Sparbriefen* stehen die Geschäftsbanken mit den Versicherungen und Bausparkassen in Wettbewerb, obwohl es sich nicht um vollkommene »Substitutionsgüter« handelt, denn Versicherungssparer (Vorsorge u.a. für das Risiko des frühzeitigen Sterbefalles) und Bausparer (Ansparen des zweitstelligen Hypothekendarlehens) lassen sich von zum Teil unterschiedlichen Sparmotiven leiten. Unter den Sparmotiven der Kontensparer stehen das Sparen für Notfälle, die Alterssicherung sowie das Ansparen für den Erwerb von höherwertigen Konsumgütern im Vordergrund.[19]

Im Untersuchungszeitraum wird deutlich, daß der Anteil der Spareinlagen zurückgegangen ist und derjenige der Sparbriefe bis Anfang der 90er Jahre zugenommen hat. Der

---

[19] Zu entsprechenden Erhebungen vgl. Spiegel-Verlag (Hrsg.): Soll und Haben 4, Hamburg 1996, S. 70f. Vgl. auch grundsätzlich R. Polan: Kooperation und Wettbewerb zwischen Banken und Versicherungen, in: SB Nr. 23, WS 1985/86, S. 3-15.

Alle Bankengruppen (in Mio. DM)	1970 abs.	%	1980 abs.	%	1990 (1) abs.	%	1995 abs.	%
Aktiva								
Barreserve (Kasse u. Guthaben bei Zentralnotenbanken)	31.241	3,82	70.898	3,02	118.658	2,26	68.768	0,95
Kredite an Kreditinstitute ohne Bankschuldverschreibungen	159.844	19,55	486.790	20,70	1.431.819	27,30	1.661.279	23,01
Schatzwechsel und U.-Schätze	6.419	0,78	4.923	0,21	21.727	0,41	1.844	0,03
Wertpapiere einschl. Bankschuldverschreibungen	78.698	9,62	227.946	9,69	607.128	11,58	1.057.466	14,65
Wechseldiskontkredite	40.028	4,89	53.394	2,27	63.789	1,22	52.226	0,72
Buchkredite und Darlehen an Nichtbanken bis 1 Jahr	81.789	10,00	231.010	9,82	495.938	9,46	590.685	8,18
Buchkredite und Darlehen an Nichtbanken über 1 Jahr	349.136	42,69	1.134.781	48,26	2.179.171	41,56	3.272.052	45,32
Ausgleichs- und Deckungsforderungen	7.908	0,97	3.943	0,17	1.657	0,03	66.158	0,92
Treuhandkredite (2)	37.237	4,55	59.981	2,55	85.727	1,63	125.958	1,74
Eigene Schuldverschreibungen	2.099	0,26	4.909	0,21	12.500	0,24	33.793	0,47
Beteiligungen (3)	4.990	0,61	19.061	0,81	60.451	1,15	115.475	1,60
Sonstige Aktiva	18.432	2,25	53.624	2,28	165.277	3,15	174.857	2,42
Geschäftsvolumen	817.821	100,00	2.351.260	100,00	5.243.842	100,00	7.220.561	100,00
Passiva								
Einlagen und aufgenommene Kredite von Kreditinstituten	195.618	23,92	601.521	25,58	1.495.620	28,52	1.892.848	26,21
Sichteinlagen	72.960	8,92	178.938	7,61	436.051	8,32	522.106	7,23
Termineinlagen unter 4 Jahre	67.740	8,28	195.445	8,31	418.681	7,98	494.579	6,85
Termineinlagen über 4 Jahre	59.345	7,26	172.890	7,35	499.648	9,53	750.369	10,39
Spareinlagen	205.440	25,12	490.538	20,86	765.374	14,60	1.006.296	13,94
Sparbriefe	5.234	0,64	97.591	4,15	230.687	4,40	233.274	3,23
Treuhandkredite (2)	36.339	4,44	49.929	2,12	67.227	1,28	84.534	1,17
Inhaberschuldverschreibungen im Umlauf	118.748	14,52	413.594	17,59	900.311	17,17	1.537.294	21,29
Rückstellungen und Wertberichtigungen	7.707	0,94	21.997	0,94	58.328	1,11	109.350	1,51
Eigenkapital (4)	29.473	3,60	76.923	3,27	190.858	3,64	281.070	3,89
Genußrechtskapital	-	-	-	-	7.860	0,15	29.612	0,41
Nachrangige Verbindlichkeiten (5)	-	-	-	-	-	-	67.598	0,94
Sonstige Passiva	19.257	2,35	51.894	2,21	173.197	3,30	211.631	2,93
Geschäftsvolumen	817.861	100,00	2.351.260	100,00	5.243.842	100,00	7.220.561	100,00

(1) Erstmals einschließlich ostdeutscher Kreditinstitute.
(2) Bezeichnung bis November 1993: »Durchlaufende Kredite«.
(3) Einschließlich Anteile an verbundenen Unternehmen.
(4) Gezeichnetes Kapital, Rücklagen, Genußrechtskapital und Fonds für allgemeine Bankrisiken (ab 1993); das Genußrechtskapital wird für die Bankengruppen – im Gegensatz zur Gesamtstatistik – nicht getrennt ausgewiesen.
(5) Erstmals 1993 getrennt ausgewiesen.

Tab. B. 4: Aktiv- und Passivgeschäfte aller Bankengruppen von 1970-1995 (Quelle: Statistische Beihefte zu den Monatsberichten der Deutschen Bundesbank, Reihe 1, verschiedene Jahrgänge; eigene Berechnungen)

Rückgang bei den Spareinlagen ist eingetreten, obwohl die periodischen Zinsgutschriften einen gewissermaßen automatischen Zugang bedeuten. Offensichtlich sind zwischen diesen Sparformen Umschichtungen vorgenommen worden. Diese dürften mit dem gestiegenen Zinsbewußtsein der Sparer zusammenhängen, das auch die längerfristigen, höherverzinslichen Spareinlagen zu Lasten derjenigen mit kurzer Kündigungsfrist begünstigt hat. Insbesondere aber haben Sparbriefe und Sparobligationen (ebenso wie Bundesschatzbriefe) die Anlagelücke zwischen Kontensparen und Wertpapiersparen geschlossen. Trotz der für diesen Bereich feststellbaren Zinselastizität kann angenommen werden, daß dem konservativen Sparer der Übergang in die börsengehandelten festverzinslichen Wertpapiere weiterhin schwerfällt, weil er hier auf ein für ihn ungewohntes Kurs- und damit Renditerisiko trifft. Die Zunahme des Anteils der Sparbriefe auf rd. 3% des gesamten Mittelaufkommens konnte den Rückgang des Gewichts der Spareinlagen um über 10 Prozentpunkte zwischen 1970 und 1995 nicht kompensieren.

Während die *Sichteinlagen* von Privaten, Unternehmen und öffentlichen Stellen vor allem für die Abwicklung des Zahlungsverkehrs unterhalten werden, sind *Termineinlagen* nicht nur Ausdruck des Anlagebedürfnisses von Kapitalsammelstellen wie Versicherungen, sondern auch der Liquiditätslage zinsempfindlicher Unternehmen und öffentlicher Stellen. Dementsprechend ist ihre Höhe mit dem Konjunktur- und Zinszyklus erheblichen Schwankungen unterworfen. Optimistische Erwartungen und eine ausgeprägte Investitionsneigung führen zu Abzügen, pessimistische und eine mangelnde Investitionsbereitschaft zu Einzahlungen.

Nachdem bis zum Beginn des Untersuchungszeitraumes die Sichteinlagen ihren Anteil unter den Refinanzierungsquellen der Geschäftsbanken – nicht zuletzt aufgrund der Ausdehnung der bargeldlosen Lohn- und Gehaltszahlung – verstärken konnten, ist inzwischen eine leicht rückläufige Entwicklung festzustellen. Diese dürfte allenfalls indirekt damit zusammenhängen, daß die Geschäftsbanken für die Abwicklung des Zahlungsverkehrs bis heute mehrmals erhöhte Preise verlangt haben. Vor allem wird hierin eine »Rationalisierung« der Zahlungsabwicklung zum Ausdruck kommen, und zwar insofern, als nicht nur die Gelddisponenten in den Unternehmen und den öffentlichen Institutionen, sondern zunehmend auch Private mit Hilfe von Cash-Management-Systemen darauf achten, über die für die Abwicklung des Zahlungsverkehrs notwendige Höhe von Einlagen hinaus Überschußliquidität zu vermeiden, weil hierauf im allgemeinen keine oder nur geringe Zinsen (1/2 bis 1% p.a.) gezahlt werden. Deshalb bietet sich dann die Umdisposition in höher verzinsliche Anlageformen wie Spareinlagen oder Termineinlagen an – eine Maßnahme, die angesichts des Wettbewerbs unter den Banken von diesen auch durch entsprechende Umbuchungen aktiv unterstützt wird. Insbesondere Bankkunden mit einer aufgrund des Umfangs ihrer Geschäfte starken Verhandlungsposition können für Termineinlagen erhebliche Zinserträge realisieren. Über Termineinlagen mit Laufzeiten größer 4 Jahren und Inhaberschuldverschreibungen wird die langfristige Finanzierung dargestellt, die offensichtlich deutlich an Gewicht gewonnen hat.

Durch die Emission von *Inhaberschuldverschreibungen* beschaffen sich vor allem die folgenden Bankengruppen langfristige Finanzierungsmittel: die privaten und öffentlich-rechtlichen Realkreditinstitute, die Girozentralen, Kreditinstitute mit Sonderaufgaben (wie die KfW oder die Deutsche Ausgleichsbank) sowie unter den Regionalbanken die gemischten Hypothekenbanken. Für den Anstieg dieser Position im ersten Teil der Untersuchungsperiode dürfte mitverantwortlich sein, daß unter den Universalinstituten vor allem die Großbanken einen zunehmenden Teil ihrer Passivseite längerfristig »verbrieft« haben, um sich einen größeren Spielraum für das langfristige Kreditgeschäft zu schaffen (vgl. S. 51ff.).

Da infolge der steigenden Inflationsraten und Zinssätze (zuletzt im Anschluß an die Wiedervereinigung) die privaten Wertpapiersparer beim Erwerb von Pfandbriefen und Kommunalobligationen durch Kurseinbrüche erhebliche Enttäuschungen erlebt haben,[20] werden Inhaberschuldverschreibungen zunehmend von Kapitalsammelstellen, auch den Geschäftsbanken selbst, aufgenommen. So enthält die Aktivposition »Wertpapiere einschließlich Bankschuldverschreibungen« in erheblichem Umfange Material, das z.B. Sparkassen von ihren Girozentralen oder Großbanken von den mit ihnen verbundenen Hypothekenbanken übernommen haben. Da die Wertpapieranlage der Geschäftsbanken aber vor allem dann dotiert wird, wenn wie in rezessiven Konjunkturphasen eine ausreichende Kreditnachfrage nicht vorhanden ist, erhält die Emission von Inhaberschuldverschreibungen bei einer solchen Abnehmerstruktur ein zunehmend instabiles Moment.

Innerhalb dieser Position haben im Laufe der Zeit die Anleihen der Gebietskörperschaften zur Finanzierung öffentlicher Investitionen ihr Gewicht verstärkt. Im übrigen sorgten die inflationäre Entwicklung und damit einhergehend die stärkeren Zinsausschläge am Kapitalmarkt zu Beginn der 90er Jahre dafür, daß die Laufzeit solcher Papiere von früher bis zu 30 Jahren auf 5-10 Jahre und zeitweise darunter zurückgegangen ist. Damit hat auch der Wettbewerbsvorteil der Realkreditinstitute insbesondere gegenüber den Sparkassen, nämlich in der Wohnungsbaufinanzierung Hypothekendarlehen über die Dauer einer Generation zu einem festen Zins vergeben zu können, an Gewicht verloren. Es kommt hinzu, daß die Sparkassen ihrerseits mit der Ausgabe von Sparbriefen und Sparobligationen eine Basis schaffen, auf der sie feste Zinszusagen über längere Zeit machen können als bei der Refinanzierung allein durch Spareinlagen.

Während die Kreditinstitute zu Beginn dieses Jahrhunderts noch mit 1/3 bis 1/2 durch *Eigenkapital* finanziert waren, hat das Eigenkapital mit einem Anteil von rd. 1/25 seine Bedeutung für die Finanzierung inzwischen weitgehend verloren. Heute beruht die Funktion des Eigenkapitals vor allem auf der Verlustausgleichs- und Haftungsfunktion. Abgeleitet davon ist die sogenannte Repräsentationsfunktion, die bei Kreditinstituten mit einer relativ hohen Eigenkapitalquote das Standing sowohl im Inland als auch im Ausland begünstigt. Auch die Vorschriften der §§ 10, 12 und 13 KWG sowie die auf § 10 basierenden Grundsätze der Bankenaufsicht, welche das gesamte risikobehaftete Aktivgeschäft, mit Preisänderungsrisiken behaftete Positionen, die dauernden Anlagen und die Großkredite an das Eigenkapital binden, beruhen auf der Überlegung, die Beziehungen zwischen risikobehafteten Geschäften einerseits und dem Risikoträger Eigenkapital andererseits in einem »angemessenen« Rahmen zu halten.

Insbesondere in der ersten Dekade des Untersuchungszeitraums ist die Entwicklung der Eigenkapitalquote rückläufig gewesen, eine Erscheinung, die man ebenso bei den Unternehmen in der nationalen und internationalen Wirtschaft antreffen konnte. Letztlich spiegelte sich im Engpaßfaktor Eigenkapital die im Vergleich zur Ausdehnung der Geschäftsvolumina rückläufige Ertragskraft wider. Daraus folgten zum einen unzureichende Rücklagenzuweisungen. Zum anderen konnten börsenfähige Aktienbanken bei Kapitalerhöhungen nur noch (Emissionskurs-)Bedingungen durchsetzen, die eine skeptische Einschätzung der Anleger gegenüber den zukünftigen Ertragspotentialen der Aktienbanken ausdrückten. Unter diesen Umständen erklärt sich auch die intensive Diskussion von Eigenkapitalsurrogaten, wie insbesondere der Instrumente der nachrangigen Verbindlichkeiten und des Genuß-

---

[20] Vgl. J. Süchting: Sicherheit, Rendite, Liquidität – Kriterien für den Anlageerfolg, in: SB Nr. 37, WS 1992/93, S. 18-28, hier S. 19f.

scheinkapitals.[21] Diese beiden Formen des (im bankaufsichtlichen Sinne) »Ergänzungskapitals« betragen mittlerweile rd. 1/3 des »harten« Eigenkapitals, das zum Ende der Untersuchungsperiode eine steigende Tendenz aufweist. Dafür dürfte zum einen die geringere Expansion der Geschäftsvolumina verantwortlich sein. Zum anderen haben die Kreditinstitute verstärkte Anstrengungen zur Verbesserung der Eigenkapitalausstattung unternommen, nicht zuletzt im Hinblick auf die Anbindung des Eigenkapital-Grundsatzes I an die konsolidierte Bilanz eines Bankkonzerns und die Harmonisierung der Eigenkapitalanforderungen in der EU (Solvabilitätskoeffizient, vgl. S. 482). Darüber hinaus müssen sich die großen deutschen Kreditinstitute bei ihrer Kapitalbeschaffung in zunehmendem Maße international orientieren und dabei die führenden Rating-Agenturen von ihrer Bonität überzeugen.

Die in der Tabelle B. 4 ausgewiesene Eigenkapitalquote aller Kreditinstitute wird im übrigen von einigen Gruppen von Spezialinstituten über- bzw. untertroffen. Das dürfte vor allem darauf zurückzuführen sein, daß diese Institute mit ihrem spezialisierten, im Umfang begrenzten Geschäft – wie z.B. manche Privatbankiers – in ihrer Mittelbeschaffung auf den Geldmarkt angewiesen sind und dort eine möglichst gute Kreditwürdigkeit demonstrieren müssen. Andererseits kann davon ausgegangen werden, daß ein Aktivgeschäft, geprägt durch Objektsicherung in Form von Grundstücken und Gebäuden bei Hypothekendarlehen sowie die Bonität der öffentlichen Schuldner bei Kommunaldarlehen, vergleichsweise wenig risikobehaftet ist. Demgemäß kommen die privaten und öffentlich-rechtlichen Realkreditinstitute mit einer geringeren Eigenkapitalquote als die Gesamtheit der Banken aus. Dies entspricht auch der Anschauung des Gesetzgebers, der die Umlaufgrenzen für Pfandbriefe bzw. Kommunalobligationen an das Eigenkapital gebunden hat und hier insgesamt vom 60fachen ausgeht (§ 7 HypBkG).

Die *Treuhand-* (vormals durchlaufenden) *Kredite* entstammen überwiegend Förderprogrammen des Bundes und der Länder und werden über ihnen nahestehende Institute in das Bankensystem geschleust. Sie werden zwar von den empfangenden Kreditinstituten im eigenen Namen an die Kreditnehmer ausgereicht; das Bonitätsrisiko indessen tragen die öffentlichen Stellen.[22] Die weiterleitenden Banken haben als Treuhänder im Rahmen der Zurverfügungstellung, Verwaltung und Abwicklung der Kredite mit kaufmännischer Sorgfaltspflicht vorzugehen. Derartige durchlaufende Kredite erbringen für die betroffenen Banken dementsprechend keinen Zins, sondern nur eine Verwaltungsprovision, die den Arbeitsaufwand abgelten soll.

Bei mittlerweile insgesamt rückläufigem Anteil ist das Volumen an Treuhandkrediten bei allen denjenigen Instituten überdurchschnittlich hoch, die verstärkt in die staatlichen Förderprogramme eingeschaltet werden. Das sind zum einen die Kreditinstitute mit Sonderaufgaben, daneben – wie erwähnt – die öffentlich-rechtlichen Grundkreditanstalten im Zusammenhang mit der Förderung des sozialen Wohnungsbaus und die Girozentralen.

---

[21] Vgl. dazu S. 488 und weiterhin vgl. F. Philipp u.a.: Zur Bestimmung des »haftenden Eigenkapitals« von Kreditinstituten – Stellungnahme einer Professoren-Arbeitsgruppe zum Bericht der Studienkommission »Grundsatzfragen der Kreditwirtschaft«, Frankfurt/M. 1981. Vgl. außerdem J. Süchting: Nachrangige Verbindlichkeiten in der Kapitalstruktur deutscher Unternehmen?, in: M. Bierich/R. Schmidt (Hrsg.): Finanzierung deutscher Unternehmen heute, Stuttgart 1984, S. 107-116.

[22] Wird das Bonitätsrisiko voll oder zum Teil von den Banken übernommen, so erscheinen die Kredite in der Position »Verbindlichkeiten gegenüber Kreditinstituten«.

Die Position *Rückstellungen* und *Wertberichtigungen* enthält neben der Vorsorge für der Höhe und/oder dem Zeitpunkt nach ungewisse Verbindlichkeiten (aus Prozeß-, Pensionsverpflichtungen usw.) Korrekturposten zu den risikobehafteten Aktiva wie insbesondere Krediten, soweit diese nicht direkt (und damit unsichtbar) berichtigt worden sind. Derartige Korrekturposten sind nicht als Finanzierungsquelle anzusehen. Wenn auch auf niedrigem Niveau, so ist diese Position im Laufe der Untersuchungsperiode immerhin um 60% angestiegen.

Unter den Aktiva sind die wichtigsten Positionen für die Gesamtheit der Bankengruppen:

– Kredite an Kreditinstitute (ohne Bankschuldverschreibungen)
– Wertpapiere einschließlich Bankschuldverschreibungen
– kurzfristige Kredite, d.h. Wechseldiskontkredite und Buchkredite an Nichtbanken bis 1 Jahr
– Buchkredite an Nichtbanken über 1 Jahr.

Soweit die *Kredite an Banken*, unter denen vor allem die an ausländische Institute in den vergangenen Jahren zugenommen haben, nicht langfristiger Natur sind, sondern auf kurzfristigen Geldmarkttransaktionen beruhen, ist diese Position als Teil der Liquidität des Einzelinstituts zu sehen. Das gilt nicht für den Geschäftsbankensektor insgesamt, innerhalb dessen sich Kredite an Kreditinstitute und Einlagen von Kreditinstituten im Inland weitgehend ausgleichen und für den Liquidität vor allem aus den Dispositionen über öffentliche Kassen, aus Auslandstransaktionen und durch die Maßnahmen der Deutschen Bundesbank bezogen oder entzogen wird, wie in B. II. näher erläutert.

Die *Primärliquidität* besteht aus Kassenbeständen sowie Guthaben bei Zentralnotenbanken, insbesondere der Deutschen Bundesbank (Barreserve). Die Höhe der Barreserve wird zum einen bestimmt durch das Ausmaß der Unsicherheit, mit dem ein Kreditinstitut Auszahlungsanforderungen der Kundschaft erwartet. Diese ist dort wenig ausgeprägt, wo Spezialinstitute wie private Hypothekenbanken sowohl im Emissionsgeschäft als auch bei der Vergabe langfristiger Darlehen mit regelmäßiger Tilgung präzise Grundlagen für die Planung der Liquiditätsströme besitzen. Die Kreditbanken andererseits sehen sich in bezug auf die Beanspruchung zugesagter Kontokorrentkreditlinien und im Hinblick auf die Verfügung insbesondere über Termingelder einer starken Abhängigkeit von den häufig nicht voraussehbaren Liquiditätsdispositionen der Wirtschaft ausgesetzt. – Vor allem aber kommen in der Position der Barreserve die jeweiligen Mindestreserveeinforderungen durch die Deutsche Bundesbank zum Ausdruck. Mit der »Zwangseinsperrung« von Guthaben bei der Bundesbank sind insbesondere diejenigen Kreditinstitute belastet, deren Passivstruktur nicht durch die Emission langfristiger Wertpapiere, sondern durch kurzfristige Sicht- und Termineinlagen geprägt wird. Wegen des Geldcharakters dieser Positionen sind die darauf lastenden Mindestreservesätze am höchsten. Die Höhe dieser Sätze und die Volumina der Einlagenkategorien bestimmen den Umfang der Mindestreserven innerhalb der Barreserve. Die mehrmalige Senkung der Mindestreservesätze zwischen 1993 und 1995 dürfte daher für den Rückgang der Barreserve mitverantwortlich sein.

Kurzfristige Kredite an inländische Banken als Teil der *Sekundärliquidität* schwanken stark mit der Kreditnachfrage der Nichtbanken-Kundschaft. Ist diese ausgeprägt, so werden dem Geldmarkt weniger Mittel zugeführt (mit der Folge hier erhöhter Zinssätze). Bestehen dagegen in rezessiven Konjunkturphasen keine Investitionsneigung und Kreditaufnahmebereitschaft, so wird die Position verstärkt, d.h. der Geldmarkt ist flüssig (mit der Folge dort niedrigen Zinsniveaus). Im übrigen gelten hier die Ausführungen zur korrespondierenden Passivposition »Einlagen und aufgenommene Kredite von Kreditinstituten«.

Obwohl auch festverzinsliche *Wertpapiere* – zusammen mit Schatzwechseln und unverzinslichen Schatzanweisungen[23] – nicht nur als Ersatzanlage, sondern auch als Teil der Sekundärliquidität angesehen werden[24], ist zu berücksichtigen, daß ihre Liquidierung zum Zwecke z.B. der Befriedigung zusätzlicher Kreditnachfrage auf Schwierigkeiten stoßen kann. Diese beruhen auf der Möglichkeit der Realisierung von Verlusten, wenn in Zeiten einer Hochzinsphase und ausgeprägter Kreditnachfrage, in denen die Banken allgemein auf Reserven an Sekundärliquidität zurückgreifen müssen und dies nicht mehr durch Beleihung von Wertpapieren bei der Bundesbank tun können, solche Wertpapiere verstärkt an die Börse zum Verkauf gegeben werden, so daß ein starker Kursdruck entsteht. Unabhängig von den durch Konjunktur- und Zinszyklen bedingten Schwankungen haben die Wertpapier-Portefeuilles ihr Gewicht von knapp 10% (1970) auf rd. 15% (1995) verstärkt.

Unter die kurzfristigen Kredite werden hier *Wechseldiskontkredite* sowie *Buchkredite und Darlehen bis 1 Jahr* an Nichtbanken gefaßt. Bei den Buchkrediten ist der kurzfristige Charakter nicht eindeutig. Häufige (auch wegen der Unfähigkeit des Kreditnehmers zur Ablösung gegebene) Prolongationszusagen machen formal-rechtlich kurzfristige in vielen Fällen tatsächlich zu längerfristigen Krediten.

Der Wechselkredit ist der klassische, sich selbst liquidierende Handelskredit, mit dem vor allem der Lagerumschlag finanziert wird. Da die Betriebsstruktur der Unternehmen heute tendenziell durch eine Substitution des Faktors Arbeit durch Kapital (d.h. eine zunehmende Technisierung und Automatisierung) gekennzeichnet ist, die Lagerhaltung durch Just in time-Belieferungssysteme möglichst knapp gehalten wird, hat insbesondere das mit Hilfe längerfristiger Kredite finanzierte Investitionsvolumen zu Lasten der Vorrätefinanzierung an Bedeutung gewonnen. Dementsprechend rückläufig war der Anteil der kurzfristigen Wechselkredite. Obwohl der gute Handelswechsel infolge seiner Rediskontfähigkeit bei der Bundesbank als ertragbringende Position zwischen Sekundärliquidität und Kreditgeschäft beliebt ist, haben sich die Kreditinstitute diesem Strukturwandel nicht entziehen können. – Für die Erfassung der Buchkredite bis 1 Jahr ist die vereinbarte, nicht die Rest-Laufzeit maßgeblich. Hierunter fallen Barvorschüsse und Kontokorrentkredite an die Wirtschaft, Kredite insbesondere der öffentlich-rechtlichen Kreditinstitute an die Kommunen und Länder sowie Überziehungskredite auf Lohn- und Gehaltskonten der privaten Haushalte. Dieser Dispositionskredit, der bequeme »Kontokorrentkredit des kleinen Mannes«, hat zu Lasten der früher üblichen Kleinkredite an Bedeutung gewonnen.

Entsprechend dem Vordringen längerfristiger Positionen (Termineinlagen über 4 Jahre, Inhaberschuldverschreibungen im Umlauf) in der Refinanzierungsstruktur der Kreditinstitute hat sich auch das Gewicht der *Buchkredite und Darlehen* an Nichtbanken *über 1 Jahr* unter den Aktiva der Geschäftsbanken im Untersuchungszeitraum verstärkt.

Dies liegt zum einen an der erheblich gewachsenen Verschuldung der privaten Haushalte, die nicht nur kurzfristige Dispositionskredite, sondern Kredite mit immer höheren Beträgen und längeren Fristen bis in den Bereich der Hypothekendarlehen hinein nachfragen. Der Wunsch nach Finanzierung von Wohnungseigentum, -instandhaltung und -verbesserung machte sich nicht nur bei den traditionell in diesem Bereich tätigen Realkreditinsti-

---

[23] Die Rendite dieser sogenannten U.-Schätze liegt in der Differenz zwischen Übernahme- und Rückgabepreis.
[24] Zur Abgrenzung vgl. L. Mülhaupt: Strukturwandlungen im westdeutschen Bankwesen, a.a.O., S. 133f. Dividendenwerte (ganz gleich ob Handelsbestände, Restposten aus Emissionen oder Paketbesitz) werden im allgemeinen nicht zur Sekundärliquidität gerechnet.

tuten einschließlich der Bausparkassen und den Sparkassen bemerkbar, sondern auch bei den Großbanken, die in Arbeitsteilung mit ihren Hypothekenbanken insbesondere die kleineren Beträge und die kürzeren Fristen bedienen. Auch die Hypothekarfinanzierung im Bereich der Kreditgenossenschaften erfolgt heute nicht mehr nur über die Vermittlung von Darlehenswünschen an Verbundinstitute wie die Deutsche Genossenschafts-Hypothekenbank sowie die Bausparkasse Schwäbisch Hall, sondern wird auf einer den Sparkassen ähnlich gewordenen Refinanzierungsbasis mehr und mehr als Direktgeschäft betrieben.

Der zunehmende Bedarf der Wirtschaft nach längerfristigen Krediten geht einmal auf die bei gesunkenen Eigenkapitalquoten verstärkt vorgetragenen Wünsche nach langfristiger Finanzierung der Investitionen im Anlagevermögen zurück, daneben aber auch auf die aus dem außenwirtschaftlichen Bereich resultierenden Anforderungen ausländischer Abnehmer nach Zurverfügungstellung längerer Finanzierungsfristen für den Investitionsgüterimport. Von dieser Nachfrage werden nicht nur Kreditinstitute mit Sonderaufgaben wie die KfW und die AKA berührt, sondern vor allem die im Geschäft mit exportabhängigen Großunternehmen stehenden Großbanken und Landesbanken. Dies gilt auch für deren ausländische Tochtergesellschaften, wenn sich deutsche Großunternehmen an den Euromärkten verschulden, weil die dort geforderten Konditionen (aufgrund der Nichtbelastung der Einlagen der Eurobanken mit Mindestreserven und wegen der niedrigeren Gewinnsteuersätze) in der Regel günstiger sind als im Inland.

Angesichts der aufgezeigten Tendenz zur Verlagerung der Aktivitäten der Geschäftsbanken über Sortiments- und Ländergrenzen hinweg, sei es durch Übernahmen oder den Erwerb nennenswerter Anteile von in- und ausländischen Finanzintermediären, kann es nicht verwundern, daß sich das Gewicht der Position »Beteiligungen« im Untersuchungszeitraum mehr als verdoppelt hat.

Die Betrachtung der Veränderungen in den Geschäftsstrukturen aller Bankengruppen erlaubt es, in der **Verbriefung von Kreditbeziehungen (Securitization)** eine weitere bedeutende Entwicklungslinie des Geschäftsbankensystems zu sehen. Die folgende Tab. B. 5 zeigt noch einmal zusammengefaßt, daß der Anteil von Wertpapieren an den Aktiva und Passiva der Kreditinstitute seit Mitte der 70er Jahre deutlich um 5 bzw. 8 Prozentpunkte zugenommen und dadurch einen Teil der traditionellen Buchfinanzierungen ersetzt hat.

Gemessen am Geschäftsvolumen war das Gewicht der verbrieften Mittelaufnahmen Ende 1994 mit rd. 29% doppelt so groß wie das der verbrieften Kreditausreichungen von knapp 14%. Auf beiden Seiten der Bankbilanzen dominierte dabei der Bestand an *Kapitalmarktpapieren*, also Inhaber- bzw. Namensschuldverschreibungen sowie Sparbriefen mit einer Laufzeit von über einem Jahr. Die Zunahme der Wertpapiere im Rahmen der Refinanzierung der Kreditinstitute über den traditionell hohen Sockel in Form von Pfandbriefen und Kommunalobligationen hinaus hängt wesentlich mit dem gestiegenen ökonomischen Bildungsgrad breiter Bevölkerungsschichten und der damit einhergehenden Suche nach renditestärkeren und zugleich liquideren Alternativen gegenüber herkömmlichen Bankeinlagen zusammen. Zudem hatten die im wesentlichen in der Nachkriegszeit akkumulierten Vermögen erst zu Beginn der Betrachtungsperiode Größenordnungen erreicht, die den Übergang vom reinen »Notfallsparen« zu einer stärkeren Ertragsorientierung erlaubten – dies gilt in besonderem Maße für den finanziellen Dispositionsspielraum der in den letzten Jahren immer intensiver umworbenen »Generation der Erben«. Hielten die privaten Haushalte 1970 erst rd. 7% ihres Finanzvermögens in Form von Wertpapieren, so waren es 1994 bereits über 16%. – Die Verbriefung der Aktivseite ist vor allem darauf zurückzuführen, daß sich den Kreditinstituten durch die wachsende Kreditaufnahme der öffentlichen Hände, die zunehmend über Wertpapiere abgewickelt wurde (Anstieg des Anteils der verbrieften Schulden des Bundes von knapp 48% Ende 1980 auf 97% Ende

Jahresende	Aktiva		Passiva		Nachrichtlich: Geschäftsvolumen in Mrd. DM
	Geldmarktpapiere[1]	Kapitalmarktpapiere[2]	Geldmarktpapiere[3]	Kapitalmarktpapiere[4]	
1975	0,9	8,8	0,3	20,3	1 454,3
1980	0,2	9,3	0,6	24,5	2 351,3
1985	0,3	11,2	1,0	27,8	3 328,5
1990	0,4	10,8	0,3	26,1	5 243,8
1991	0,3	10,8	0,3	22,8	5 573,5
1992	0,2	11,4	0,4	27,7	5 950,8
1993	0,3	12,5	0,5	27,6	6 592,2
1994	0,1	13,6	0,5	28,4	6 952,3

Angaben in % des Geschäftsvolumens; ohne Wertpapiere der Auslandsfilialen. Die hier gewählte Fristigkeitseinteilung weicht von derjenigen der Monatsstatistik ab.
(1) Bestand an Schatzwechseln, unverzinslichen Schatzanweisungen und sonstigen Geldmarktpapieren
(2) Bestand an Schuldverschreibungen
(3) Begebene kurzfristige Inhaberschuldverschreibungen und Sparbriefe sowie Namensgeldmarktpapiere
(4) Begebene mittel- und langfristige Inhaberschuldverschreibungen und Sparbriefe sowie Namensschuldverschreibungen

Tab. B. 5: Bilanzwirksame Verbriefung in der deutschen Kreditwirtschaft (Modifiziert entnommen aus: Deutsche Bundesbank: Verbriefungstendenzen im deutschen Finanzsystem und ihre geldpolitische Bedeutung, in: MB, 47. Jg., Nr. 4/1995, S. 19-33, hier S. 25)

1994), attraktive Anlagemöglichkeiten im Vergleich zu tendenziell rückläufigen Margen im Firmenkundengeschäft boten.

Der Anteil der verbrieften kurzfristigen Instrumente in der Bilanz des Geschäftsbankensystems ist dagegen nach wie vor von untergeordneter Bedeutung. Mit der Abschaffung der Börsenumsatzsteuer und der Aufhebung der staatlichen Emissionsgenehmigung nach §§ 795, 808a BGB in den Jahren 1990/91 sowie der Zulassung von Geldmarktfonds im August 1994 wurden zwar entscheidende Hindernisse für die Begebung von *Geldmarktpapieren* in der Bundesrepublik beseitigt. Insbesondere die Mindestreservebelastung hat jedoch dazu geführt, daß Kreditinstitute von dem international weit verbreiteten Instrument der Commercial Papers, bei denen revolvierend kurzfristige Schuldverschreibungen begeben werden, bisher keinen Gebrauch gemacht haben (Passivseite). Entsprechend gering ist auch das Volumen umlaufender Geldmarktpapiere, in die im Rahmen der Anlagepolitik investiert werden könnte (Aktivseite), zumal auch die öffentlichen Hände in kaum nennenswertem Maße Kurzläufer emittiert haben (14 Mrd. DM Ende 1994) und sich die verbriefte Mittelaufnahme deutscher Unternehmen über die Begebung von Commercial Papers Ende 1994 bei nur 6 Mrd. DM bewegte (im Vergleich zu den allein von Kreditinstituten emittierten Kapitalmarktpapieren von annähernd 2 Bill. DM).

In den Bilanzen der Kreditinstitute spiegelt sich jedoch nur ein Teil des Verbriefungstrends wider. Die Securitization geht nämlich dann am Bankenapparat vorbei, wenn den Kapitalnachfragern (z.B. Industrieunternehmen) die Einschränkung der Finanzintermediation dadurch gelingt, daß sie ihre Wertpapiere möglichst direkt an die Kapitalgeber (private Haushalte) verkaufen.[25] Für die Vereinigten Staaten hat I. Walter eine solche Entwicklung prognostiziert, wobei er – vor dem institutionellen Hintergrund des dortigen Trennbankensystems (vgl. S. 95ff.) – zwei Stufen im Prozeß der Ausschaltung von Banken unterscheidet und daher von »doppelter« **Disintermediation** spricht.

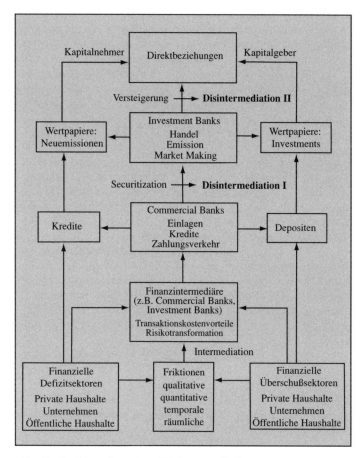

Abb. B. 2: Die »doppelte« Disintermediation
  (Modifiziert nach einem Vortrag von I. Walter: »On
  the stability of the US-Banking-System« am 28.5.1991
  im Kontaktseminar an der Ruhr-Universität Bochum)

---

[25] Zu einem weiteren Aspekt der Securitization, der Verbriefung von Forderungsportefeuilles, vgl. S. 526ff.

Wie bei der Frage nach der Funktion der Bank im ersten Kapitel erörtert, leben Finanzintermediäre wie Commercial Banks und Investment Banks davon, daß sie im Interesse finanzieller Überschuß- und Defizitsektoren der Volkswirtschaft qualitative, quantitative, räumliche und zeitliche Friktionen im Geldstrom überwinden helfen. Ihre Existenzberechtigung ist solange gegeben, wie sie bei der Ausübung dieser Funktionen Transaktionskostenvorteile realisieren und kostengünstig Risiken transformieren können. Commercial Banks tun dies vor allem mit Blick auf Einlagen- und Kreditgeschäfte sowie den Zahlungsverkehr. In dem Maße, in dem die Kunden ihre Finanzierungsbedürfnisse statt mit Buchkrediten über Wertpapieremissionen decken und die Geldanlage statt in Depositen in eben diesen Wertpapieren vornehmen (Securitization), werden Commercial Banks funktionslos und profitieren die Investment Banks (*Disintermediation I*). – Darüber hinaus ist durchaus denkbar, daß auch die in der Wertpapierfinanzierung tätigen Investment Banks einen Teil ihrer Existenzberechtigung einbüßen, wenn eines Tages Kapitalnehmer verstärkt dazu übergehen, ihre Wertpapieremissionen unter Umgehung der Bankenkonsortien (Privatplacierungen) und mit Hilfe von elektronischen Versteigerungen (Auktionen) direkt via »Do-it-yourself-Banking« bei den Kapitalgebern zu placieren (*Disintermediation II*).[26]

Mit Blick auf die *USA* lassen sich empirische Belege für den Weg zur *Disintermediation I* finden. Hatten die privaten Haushalte Ende der 70er Jahre noch dreimal soviel Geld in Form von Einlagen im Vergleich zu Wertpapieren angelegt, glich sich das Verhältnis Anfang der 90er Jahre aus.[27] – Die Securitization wird gleichfalls bei der Untersuchung der Finanzierungsseite der US-Unternehmen deutlich. Das anfangs der 70er Jahre noch nahezu gleichgewichtige Verhältnis von Wertpapier- zu Kreditfinanzierungen hat sich zugunsten verbriefter Formen verändert. Dabei stieg insbesondere der Anteil der kurzfristigen Commercial Papers (CP) an den gesamten kurzfristigen Krediten und Wertpapieren binnen 20 Jahren von 5 auf rd. 13%. Die Zusammenfassung von Unternehmen aller Größenordnungen führt jedoch zu einer Unterzeichnung des Bedeutungszuwachses der Wertpapierfinanzierung insgesamt und der CP im besonderen. Da die Nutzung verbriefter Instrumente nur für Unternehmungen ab einer gewissen Größenordnung ökonomisch ist, dürfte sich die Securitization bei Großunternehmen weit stärker ausgewirkt haben; sie decken schätzungsweise ein Drittel ihres gesamten Finanzierungsbedarfs durch CP.[28]

---

[26] Vgl. I. Walter, New York University Salomon Center, in seinem Referat »On the stability of the US-Banking-System« am 28.5.1991 im Kontaktseminar an der Ruhr-Universität Bochum, in: SB Nr. 34, SS 1991, S. 39-42. – Streng genommen kann auch dann noch nicht von einer vollständigen Disintermediation gesprochen werden, da insbesondere institutionelle Anleger wie Versicherungen und Investmentfonds – und damit Intermediäre – als Wertpapierkäufer auftreten, sich also zwischen (End-)Kapitalgeber und (End-)Kapitalnehmer schalten.

[27] Vgl. zur theoretischen und empirischen Untersuchung der Disintermediationstendenzen in den USA und der Bundesrepublik St. Paul: Bankenintermediation, a.a.O., S. 52-117. – Dieser Aspekt der Securitization führte jedoch nicht zu einer Netto-Disintermediation: Die Geldanlage bei allen Intermediären (neben Kreditinstituten, Investment-, Geldmarkt- und Pensionsfonds) stieg um 17 Prozentpunkte. Allerdings kam es zu einer Verlagerung der relativen Bedeutung zwischen ihnen, da Pensions-, Investment- und Geldmarktfonds (die wiederum das Gros ihrer Mittel in Wertpapieren anlegten) zu Lasten der Kreditinstitute an Gewicht gewannen, die Bankenintermediation also rückläufig war.

[28] Vgl. E. Löffler: Der Konzern als Finanzintermediär, Wiesbaden 1991, S. 55.

Fragt man nach den Ursachen dieser Entwicklung, so ist zunächst auf den hohen Regulierungsgrad des Finanzsystems in den USA hinzuweisen (vgl. ausführlich S. 97f.). Da die Habenzinsen der Banken bis Anfang der 80er Jahre gesetzlich fixiert waren, konnten Geldmarktfonds, die diese Regelungen umgingen, Anlegern deutlich höhere Zinsen zahlen als die Kreditinstitute, die daher unter massiven Einlagenabzügen litten. Die als Gegenmaßnahme gedachte Zinsfreigabe in der ersten Hälfte der 80er Jahre verteuerte die Refinanzierung der Banken, die einen Ausweg in zunächst überdurchschnittlich verzinsten Aktivgeschäften suchten. Gleichzeitig erhöhte jedoch die Liberalisierung gerade dieser Geschäfte die Wettbewerbsintensität in der Kreditwirtschaft. Der Konkurrenzkampf zwischen den Bankengruppen mit nunmehr ähnlicher gewordenen Sortimenten führte zur Inkaufnahme immer höherer Risiken. Die Kumulation der Schuldenkrise Lateinamerikas sowie das Platzen der aufgeblähten Preisblasen bei gewerblichen Immobilien und fremdfinanzierten Unternehmensübernahmen erschütterten im Verlauf des letzten Jahrzehnts die Ertragskraft der Kreditinstitute, zumal gegen das Gebot der Risikodiversifikation verstoßen worden war. Dieses führte zu einer Beeinträchtigung der Bonität weiter Teile der US-Kreditwirtschaft und zog letztlich die teilweise Substitution dieses Finanzintermediärs nach sich. Anstelle der traditionellen Bankfinanzierung wandten sich Großunternehmen erster Bonität den nationalen und internationalen Kapitalmärkten zu, um dort Wertpapiere bei Kapitalsammelstellen wie Versicherungen, Investmentfonds und Pensionskassen zu placieren; umgekehrt ersetzten diese mit solchen Engagements Teile ihrer bisherigen Anlage bei Kreditinstituten. – Nicht zuletzt wurde die Securitization beschleunigt durch die Beseitigung von nationalen Marktzutrittsschranken und einer damit erreichten Verbreiterung der Wertpapiermärkte sowie durch Fortschritte der Informations- und Kommunikationstechnologie, die die Märkte international miteinander vernetzten (Globalisierung) und die Transaktionskosten der Abwicklung von Finanzkontrakten auf den Wertpapiermärkten senkten.

Richtet man den Blick zurück auf *Deutschland*, so ist zunächst darauf hinzuweisen, daß es nach dem frühen Wegfall der administrativen Zinsbindung (1967) keine gravierenden Wettbewerbsbeschränkungen für Banken mehr gab, die Umgehungen der Regulierung durch Wertpapierfinanzierungen begünstigt hätten. Tiefgreifende Ertragseinbrüche des gesamten Sektors, die die Bonität der deutschen Kreditwirtschaft nachhaltig geschädigt hätten, waren ebenfalls nicht zu verzeichnen. Daher überrascht es nicht, daß die *Securitization hierzulande (noch) schwächer ausgeprägt* ist.

Auf die privaten Haushalte war zuvor bereits Bezug genommen worden. Wenn der Anteil der (direkten) Anlage in Wertpapieren an ihrem Finanzvermögen auch noch signifikant unter dem der Privaten in den USA liegt, so ist der Erosionsprozeß bei den Bankeinlagen doch nicht zu verkennen (1970: 50%, 1995: 38%). Ähnlich den USA gibt es auch in der Bundesrepublik eine *Verlagerung zu alternativen Finanzintermediären*. Während Pensionsfonds in Deutschland aufgrund einer umfangreicheren staatlichen Altersvorsorge noch keine große Rolle spielen, die betriebliche Alterssicherung auch in großem Maße durch Pensionsrückstellungen und Investitionen innerhalb der Unternehmungen, weniger durch Mittelanlagen am Kapitalmarkt finanziert wird, ist die (indirekte) Wertpapieranlage insbesondere bei Versicherungen (über 1/4 des Finanzvermögens) und auch bei in- und ausländischen Investmentfonds (rd. 15%) deutlich angestiegen.[29]

---

[29] Vgl. dazu auch Deutsche Bundesbank: Zur Vermögenssituation der privaten Haushalte in Deutschland, in: MB, 45. Jg., Nr. 10/1993, S. 19-32 sowie Arbeitskreis »Finanzierung« der Schmalenbach-Gesellschaft für Betriebswirtschaft e.V.: Betriebliche Altersversorgung mit Pensionsrückstellungen oder Pensionsfonds – Analyse unter finanzwirtschaftlichen Gesichtspunkten, in: DB, 51. Jg., 1998, S. 321-331.

Der Anteil von Bankdarlehen an den aufgenommenen Fremdmitteln der inländischen Produktionsunternehmen bewegt sich seit langem relativ konstant bei rd. 80%.[30] Die vorherrschenden Größenverhältnisse und Rechtsformen der deutschen Unternehmen stellen wichtige Ursachen für den geringeren Umfang verbriefter Kreditaufnahmen dar. Für kleinere und mittlere Unternehmen kommt die Inanspruchnahme der Wertpapiermärkte aufgrund der absolut geringen Größenordnungen ihres Kreditbedarfs nicht in Frage. Ebenfalls dürfte von Bedeutung sein, daß die Rechtsformen der deutschen Firmen das Entstehen von Kreditbeziehungen zu Banken begünstigt. Rund 85% der Unternehmen wurden 1992 als Einzelunternehmen oder Personengesellschaften (OHG oder KG) geführt, 14% waren GmbHs und nur 0,1% (in aller Regel Großunternehmen) Aktiengesellschaften. Für das Gros der Firmen wäre der Schritt auf den Wertpapiermarkt daher mit weitergehenden Offenlegungspflichten verbunden. Neben reinen Kostenerwägungen (etwa Emissions- und Rating-Gebühren) dürften somit häufig auch Vorbehalte der Firmeneigner gegenüber einer tiefergehenden öffentlichen Einsichtnahme in das Unternehmen zur Zurückhaltung bei der Nutzung verbriefter Instrumente beitragen.[31] – Eine den USA vergleichbare Tendenz zur Wertpapierfinanzierung geht dementsprechend aus dem Zahlenmaterial der Bundesbank nicht hervor, das jedoch ebenfalls keine Größenklassengliederung der Unternehmen enthält, so daß eine vermehrte Anleihebegebung durch Großunternehmen im Gesamtsample untergeht. Tatsächlich zeigt eine Auswertung der Jahresabschlüsse der zehn umsatzstärksten, börsennotierten deutschen Industrieunternehmen, daß der Anteil der Wertpapierverbindlichkeiten (und hierbei wiederum insbesondere der Commercial Papers) an der Fremdfinanzierung in der ersten Hälfte der 90er Jahre auf 17% und damit um 10 Prozentpunkte innerhalb einer Dekade angestiegen ist.[32]

Insgesamt ist der Weg zur Disintermediation I in der Bundesrepublik noch weiter als in den USA. Die Securitization zwingt die deutschen Kreditinstitute jedoch zu einer *Gewichtsverlagerung vom Commercial- zum Investment Banking unter dem Dach der deutschen Universalbank*; in der Gewinn- und Verlustrechnung zeigt sich dies – wenn auch nur grob – dadurch, daß der Anteil des Provisionsüberschusses an der Summe aus Zins- und Provisionsüberschuß im Untersuchungszeitraum von ca. 12% auf rd. 18% gestiegen ist.

In noch weiterer Ferne liegt die *Disintermediation II*, wobei sich bereits für die *USA* ein uneinheitliches Bild ergibt. Einerseits nahm das Gewicht von direkten Wertpapierbegebungen (also unter Ausschluß auch der Investment Banken) insbesondere im Bereich der Privatplacierungen deutlich zu. Die größten Lebensversicherer der Vereinigten Staaten haben eigene Tochtergesellschaften (oder zumindest separate Abteilungen) installiert, die die Beziehungen zu potentiellen Emittenten pflegen (»Direct Dealing Offices«). Über den Kreis der Versicherungsgesellschaften hinaus nehmen auch die bedeutenden Pensionsfonds am Direktplacierungsgeschäft mit steigender Intensität teil; die größte Institution, die Teachers Insurance and Annuity Association, kauft bereits 20 Prozent der privat placierten Wertpapiere ihres Portefeuilles direkt bei den Emittenten an.[33] Andererseits ist der Versuch der Einrichtung eines elektronischen Versteigerungssystems im Bereich der öffentlich

---

[30] Vgl. Deutsche Bundesbank: Verbriefungstendenzen, a.a.O., S. 21.
[31] Vgl. ebenda, S. 26.
[32] Vgl. St. Paul: Bankenintermediation, a.a.O., S. 88f.
[33] Vgl. J. Lewis: Cutting out the middle man, in: EM, 2/1990, S. 62-71 sowie o.V.: Shaking up america´s capital markets, in: The Economist v. 21.4.1990, S. 85.

placierten Unternehmensanleihen (»CapitaLink«) Anfang der 90er Jahre gescheitert. Es zeigte sich, daß allenfalls Emissionen erstklassiger Schuldner bzw. stark standardisierter Papiere auf diese Weise vertrieben werden können.

Auch die Euphorie gegenüber der Erstellung weiterer, zuvor von Investment Banks erbrachten Leistungen in eigenen »In-House Banks« läßt in den letzten Jahren nach. Ab Mitte der 80er Jahre hatte in zahlreichen internationalen Großunternehmen der Übergang zu einer offensiv vertretenen Profit-Center-Philosophie für den Finanzbereich eingesetzt, die insbesondere den Wettbewerb von In-House- mit Investment Banks propagierte.[34] Als eine der führenden In-House Banks galt die 1985 gegründete »ABB Financial Services« der schweizerisch-schwedischen Industriegruppe Asea Brown Boveri, die 1990 mit 180 Mio. $ rd. 15% (1989 sogar 20%) des Konzerngewinns erwirtschaftete, 80% davon durch den Verkauf selbsterstellter Leistungen an Gesellschaften außerhalb des Konzerns.[35] Doch mittlerweile scheint die Profit-Center-Orientierung des In-House Banking ihren Höhepunkt überschritten zu haben.[36] Dazu trugen insbesondere die Verluste bei, die renommierten Konzernen durch ihre Finanztöchter entstanden.[37]

Wenn das Betreiben von Konzernbanken bei einzelnen Industrieunternehmen in *Deutschland* auch eine bis in die Anfänge dieses Jahrhunderts zurückreichende Tradition besitzt, so geschieht die Zentralisierung und Auslagerung der Finanzierungsfunktion durch hiesige Unternehmen nach dem Eindruck der Bundesbank doch seit Beginn der 90er Jahre in einem zuvor »nicht beobachteten Umfang«.[38] Eine weitgehende *Loslösung vom Investment Banking* findet aber *lediglich in Teilbereichen bzw. Einzelfällen* statt, etwa wenn das Währungsmanagement mittels leistungsfähiger Standard-Software heute auch von mittelständischen Unternehmen selbständig abgewickelt wird, eine Mergers & Acquisitions-Abteilung wie diejenige des Henkel-Konzerns aufgrund ihres Know-how nach mehr als 170 Unternehmenskäufen in den letzten Jahren auch bei Großakquisitionen vollständig auf die Beratung durch Investment Banken verzichten kann[39], die Siemens AG 1993 als erstes deutsches Industrieunternehmen eine eigene Kapitalanlagegesellschaft gegründet hat, die einen Teil der Unternehmensliquidität in Spezialfonds verwaltet (Ende 1995: 20 Mrd. DM); vergleichbare Überlegungen bestehen auch bei anderen deutschen Großunternehmen.[40]

Betrachtet man zusammenfassend die ausgewählten Schlaglichter, so dürfte sich die **Verbriefungstendenz auch in Deutschland ausweiten**, eine damit einhergehende **Disintermediation aber in engen Grenzen** halten. Die von Engels provokativ gestellte Frage »Wozu braucht man noch Banken?«[41] wird dadurch beantwortet, daß heute nicht vorstellbar ist, wie private Haushalte und mittelständische Unternehmen den direkten Anschluß an

---

[34] Vgl. exemplarisch M. Love: The BP banking roadshow, in: EM, 2/1986, S. 32-34.
[35] Vgl. E. Ipsen: Asea Brown Boveri´s remarkable risk machine, in: II, 7/1991, S. 57-60.
[36] Vgl. dazu R. House: Second thoughts on the corporate bank, in: II, 10/1992, S. 119-125.
[37] Vgl. A. Littmann/W. Schmitz: Konzernfinanzen: Die Zeit der Zocker ist vorbei, in: WiWo, 46. Jg., 1992, Nr. 13, S. 136-143. – Nach einem Verkauf zahlreicher Aktivitäten klingt das neue Selbstverständnis beispielsweise der Asea-In-House Bank gegenüber früheren Äußerungen bescheiden: »Wir konzentrieren uns jetzt darauf, das Kerngeschäft von ABB zu unterstützen.« (ebenda, S. 136).
[38] Vgl. Deutsche Bundesbank: Ertragslage und Finanzierungsverhältnisse der westdeutschen Unternehmen im Jahre 1990, in: MB, 43. Jg., Nr. 11/1991, S. 15-29, hier S. 19.
[39] Vgl. S. Ulrich: Die neuen Bankiers, in: mm, 21. Jg., 1991, Nr. 3, S. 155-164.
[40] Vgl. o.V.: Siemens nimmt die Vermögensverwaltung in die eigenen Hände, in: FAZ, Nr. 10 v. 13.1.1993, S. 17.
[41] W. Engels: Wozu braucht man noch Banken?, in: bum, 22. Jg., 1993, Nr. 4, S. 17-22.

die Wertpapierfinanzierung herstellen können. Insoweit sollten die privaten Banken, Sparkassen und Kreditgenossenschaften auch künftig ihre Existenzgrundlage besonders in diesen Kundengruppen finden.

3. Die Marktpositionen der Bankengruppen vor dem Hintergrund ihrer historischen Entwicklung

Untersucht man die letzten 25 Jahre darauf hin, welche Bankengruppen Gewinne bei den Marktanteilen erzielen konnten bzw. Marktanteilsverluste hinnehmen mußten, so ergibt sich auf der Basis der Entwicklung der Geschäftsvolumina[42] das in Tabelle B. 2 gezeigte Bild (vgl. S. 36).

Unter den privaten Kreditbanken stellen die *Privatbankiers* die ältesten Bankhäuser mit auch heute noch bekannten Namen. Die Ursprünge der Tätigkeit von Privatbankiers im 17. und 18. Jahrhundert lagen in der Geldbeschaffung an Fürstenhöfen (Oppenheim, Rothschild), im Warenhandels- und Speditionsgeschäft (Trinkaus), an bedeutenden Handels- und Messeplätzen wie Frankfurt am Main (Gebrüder Bethmann), Berlin (Bleichröder), Hamburg (Warburg), Breslau (Eichborn). Wichtige Geschäftsgegenstände waren neben dem Münzwechsel und Wechseldiskont die Anleihefinanzierung der europäischen Herrscher.

Mit den durch die beginnende Industrialisierung und den Eisenbahnbau Mitte des 19. Jahrhunderts auftretenden Finanzierungserfordernissen sahen sich die Privatbankiers vor existentielle Probleme gestellt. Die um diese Zeit gegründeten großen Aktienbanken waren mit Depositenkassen auf die Mobilisierung der erforderlichen Finanzmittel hin organisiert und wurden zu den wichtigsten Wettbewerbern der privaten Bankhäuser. Bereits bis zur Jahrhundertwende kam es zu vielen Liquidationen und Fusionen. Doch sorgte gleichzeitig eine Reihe von Neugründungen dafür, daß es um 1900 noch 2.125 Privatbankiers gab.

In der Folgezeit verringerte sich die Zahl auf 1.221 (1913), 709 (1933) und etwa 300 im Jahre 1948 in den Grenzen Westdeutschlands. Der Grund für diesen Rückgang lag nicht nur darin, daß die Privatbankiers wegen ihrer beschränkten Kapitalkraft mit den bedeutenden Aktienbanken in Berlin und der Provinz nicht mehr mithalten konnten. Vielmehr zwangen auch die Inflation nach dem I. Weltkrieg, die Bankenkrise zu Beginn der 30er Jahre und die Arisierungspolitik durch den Nationalsozialismus manche Häuser, aufzugeben oder an die Konkurrenz zu verkaufen.[43]

Wie Tabelle B. 1 ausweist, hat sich die Zahl der Privatbankiers zwischen 1970 und 1995 mehr als halbiert. Die Konzentration in dieser Gruppe ist sicherlich auch Folge der Konzernierungsprozesse in der Wirtschaft, die manchen Privatbankier aus der Hauptbank-

---

[42] Wählt man wie hier als globalen Ausdruck für den Marktanteil das Geschäftsvolumen, so ist darauf hinzuweisen, daß das Einzelinstitut durch Geldmarktaktivitäten zum Jahresende ohne größere Anstrengungen und in nicht unerheblichem Ausmaße »Marktanteil produzieren« kann. Derartige Maßnahmen des Window Dressing dürften allerdings im Zeitvergleich an Gewicht verlieren (s. dazu auch S. 365ff.).

[43] Vgl. dazu auch Chr. Kopper: Zwischen Marktwirtschaft und Dirigismus: Bankpolitik im »Dritten Reich« 1933-1939, Bonn 1995 sowie K. Ulrich: Die wirtschaftliche Bedeutung der Privatbankiers in der Zwischenkriegszeit, Diss., Bochum 1995.

verbindung zur Nebenbankverbindung eines wachsenden Unternehmens werden ließen. Da sich die Privatbankhäuser nicht auf eine Verbundorganisation wie die Genossenschaftsbanken und die Sparkassen stützen können, wird die Refinanzierung bei vielen dieser Institute zu einem Engpaß. Ihre Kapitalkraft reicht in der Regel nicht aus, um über den Auf- und Ausbau von Zweigstellennetzen im Wettbewerb mit Sparkassen und Großbankfilialen eine stabile Einlagenbasis zu schaffen (eine Ausnahme bildet zum Beispiel das Karl Schmidt Bankgeschäft in Hof mit 125 Zweigstellen Ende 1995). So sind sie den Risiken extremer Liquiditätsknappheit an den Geld- und Kapitalmärkten wie 1973/74 und 1979-81 stärker ausgesetzt als die Angehörigen anderer Bankengruppen. Die Folge ist, daß auch renommierte Institute bei Aufrechterhaltung ihrer rechtlichen Selbständigkeit in jüngerer Zeit größere, kapitalkräftige Partner in den Kreis ihrer Gesellschafter aufgenommen haben (etwa Trinkaus & Burkhardt die britische Midland Bank, Merck, Finck & Co. die ebenfalls in Großbritannien beheimatete Barclays Bank).

Die genannten Schwierigkeiten machen es verständlich, daß die Privatbankiers auf einen Marktanteil von nur noch rd. 0,7% geschrumpft sind (vgl. Tabelle B. 2). Unabhängig davon gibt es unter ihnen Institute, die im Unterschied zum Durchschnitt ein erhebliches Wachstum aufweisen.[44] In diesem Zusammenhang muß auch noch einmal darauf verwiesen werden, daß die Bedeutung gerade dieser Gruppe von Kreditinstituten in erheblichem Umfang von den Dienstleistungsgeschäften etwa im Effektensektor bestimmt wird, die in dem gewählten Wachstumsmaßstab des Geschäftsvolumens nicht oder nur unvollständig ihren Ausdruck finden. Bei den Großinstituten wächst die Gefahr zunehmender Anonymisierung der Kundenbeziehungen. Deshalb werden Privatbankiers auch weiterhin dort »Marktnischen« finden, wo das Bedürfnis nach schneller Bedienung, nach individuellem und diskretem Service und wohl auch nach sozialer Differenzierung besonders ausgeprägt ist.[45] Vor diesem Hintergrund haben mehrere Groß- und Regionalbanken Anfang der 90er Jahre Privatbankhäuser erworben, um dort die Betreuung besonders anspruchsvoller Individualkunden anzusiedeln – so beteiligte sich etwa die Deutsche Bank bei Grunelius.

Eher noch heterogener zusammengesetzt als die Gruppe der Privatbankiers ist diejenige der *Regionalbanken und sonstigen Kreditbanken*. Deshalb ist es kaum möglich, ihre im Betrachtungszeitraum mit mehr als 10% gut behauptete Marktposition aus historischen Gemeinsamkeiten heraus zu erklären. Viele der im früheren Deutschen Reich bestehenden sogenannten Provinzbanken sind im Zuge der geographischen Expansion der Großbanken von diesen übernommen worden. Die Gemeinsamkeit der Regionalbanken liegt heute vor allem im Zuordnungskriterium der kapitalistischen Rechtsform, die sie im Bereich der privaten Kreditbanken von den Privatbankiers unterscheidet. Besonders atypische Großinstitute wie die BfG Bank AG können andererseits zu den Großbanken nicht »aufsteigen«, weil unter diese Gruppe nun einmal nur die drei sogenannten Großbanken gefaßt werden. So stellen die Regionalbanken ein Sammelbecken privater Universalinstitute dar, die sich entweder den Charakter von Privatbankiers mit Schwerpunkt im Firmenkundengeschäft und Investment Banking geben (wie die Westfalenbank und die BHF-Bank, Frankfurt a.M./ Berlin), die sich traditionell auf der Basis eines regional dichten Zweigstellennetzes allen

---

[44] Vgl. F.-J. Eichhorn: Die Privatbankiers in Franken — atypisch und erfolgreich, in: DBk, Nr. 6/ 1995, S. 372-375 und P. Werner: Privatbanken: Nicht zwei Herren, in: WiWo, 48. Jg., 1994, Nr. 25, S. 104-112.
[45] Vgl. C. Buspe: Privatbanken in Deutschland: Die letzten unabhängigen Geldinstitute konzentrieren sich auf profitable Nischen, in: HB, Nr. 168 v. 1.9.1993, S. 12.

Kundengruppen gegenüber anbieten (wie die beiden »gemischten«, d.h. mit einer bedeutenden Hypothekenabteilung ausgestatteten bayerischen Institute, die Bayerische Hypotheken- und Wechsel-Bank von 1835 sowie die Bayerische Vereinsbank) oder die schwergewichtig Auslandsinteressen verfolgen (wie die Deutsch-Südamerikanische Bank, Hamburg, und die Ost-West-Handelsbank, Frankfurt a.M.). Auch die rechtlich selbständigen Tochterinstitute ausländischer Banken befinden sich überwiegend in dieser Gruppe.

Zu Beginn der 70er Jahre des 19. Jahrhunderts entstanden die heutigen *Großbanken*. In einer Zeit fortschreitender politischer und ökonomischer Integration des Deutschen Reiches, die ihren Ausdruck 1875 auch in der Umwandlung der Preußischen Bank zur ersten deutschen Zentralbank, der Deutschen Reichsbank, fand, lagen ihre geschäftlichen Schwerpunkte ursprünglich – dem französischen Vorbild des Crédit Mobilier entsprechend – im industriellen Gründungs-, Beteiligungs- und Emissionsgeschäft. Um ihre Finanzierungskraft zu stärken, bauten sie später von Berlin aus über das gesamte Reichsgebiet Filialnetze auf, und zwar nicht nur auf dem Wege der Errichtung neuer Depositenkassen, sondern – wie erwähnt – auch durch Übernahme von Privatbankiers und Provinzbanken vor allem in den Industrierevieren der Ruhr, Schlesiens und an der Saar. Eine weitere Konzentrationswelle auch unter den großen Aktienbanken selbst erfolgte im Zusammenhang mit den im Gefolge der Weltwirtschafts- und Bankenkrise auftretenden Rentabilitäts- und Liquiditätsschwierigkeiten. Nach den spektakulären, zum Teil unter staatlichem Einfluß zustande gekommenen Fusionen dieser Zeit verblieben die drei heutigen Großbanken, die sich während des II. Weltkrieges auch in die anneklierten Gebiete hinein ausdehnten.

Nach ihrer vorübergehenden Dezentralisierung durch die Alliierten im Anschluß an die Besetzung Westdeutschlands 1945 zeigen die heutigen Zahlen, daß die drei Großbanken jede für sich ein dichtes Zweigstellennetz in der Bundesrepublik aufgebaut haben. Dabei muß berücksichtigt werden, daß sie sich angesichts einer im Inland bedrohten Marktstellung seit Beginn der 60er Jahre zielstrebig und erfolgreich um die traditionell den Sparkassen und Kreditgenossenschaften näherstehenden, in die Bankfähigkeit hineinwachsenden Arbeitnehmerhaushalte bemüht haben (Aufnahme des Mengengeschäfts). Damit verbunden war der Ausbau vor allem des Spareinlagengeschäfts.[46]

Umgekehrt drangen der Sparkassensektor sowie auch der Genossenschaftssektor, insbesondere über die Zentralinstitute der zweiten und dritten Stufe, in das industrielle Groß- und Auslandsgeschäft ein. Die Folge ist eine tendenzielle Angleichung der Kundengruppen und Geschäftsstrukturen. Wenn es den Großbanken dank der Öffnung den breiten Schichten der Bevölkerung gegenüber gelang, nach Schwankungen im Betrachtungszeitraum ihre Position bei einem Marktanteil von gut 9% zu konsolidieren (vgl. Tabelle B. 2), so ist wiederum darauf hinzuweisen, daß das in dieser Zeit ausgebaute ausländische Netz von Stützpunkten diese Position erheblich verstärkt.

Die ersten *Sparkassen* (Hamburg 1778, Oldenburg 1786, Kiel 1796) waren private Einrichtungen und verdankten ihre Entstehung humanitär-sozialen Zielen (dies kommt heute noch in ihrem gemeinnützigen Grundauftrag zum Ausdruck). Die armen Schichten der Bevölkerung sollten eine Möglichkeit erhalten, ihre Ersparnisse sicher anzulegen. Die Sparkassen setzten sich die Aufgabe, den Sparsinn dieser Kreise überhaupt erst anzuregen. Die durch Mobilisierung derartiger »Notgroschen« gewonnenen Mittel wurden in Anleihen, später auch in Personal- und Hypothekarkrediten angelegt. Zu Beginn des 19. Jahrhunderts

---

[46] Vgl. H. Wolf: Aufbau des Privatkundengeschäfts in den sechziger Jahren, in: DBk, Nr. 7/1993, S. 425-429.

wurde auf der Grundlage der Stein-Hardenbergschen Gemeindereform eine Vielzahl kommunaler Sparkassen, dann auch Kreissparkassen, gegründet, die nun auch Staats- und Gemeindekredite gaben. Nach der Jahrhundertwende weiteten die etwa 2700 Sparkassen im Reichsgebiet ihre Geschäftstätigkeit zunehmend aus. Eine wichtige Basis dafür war die ihnen 1908 verliehene sogenannte »passive Scheckfähigkeit«. Sie ermöglichte es, Schecks auf sich ziehen zu lassen, auf diese Weise die Voraussetzung für einen konkurrenzfähigen Zahlungsverkehr zu schaffen, der mit Hilfe der nun entstehenden Girozentralen auch überregional in effizienter Weise abgewickelt werden konnte, und im Zusammenhang damit den kurzfristigen Kontokorrentkredit einzuführen. Darüber hinaus verhalf die Zulassung als Zeichnungsstellen für Kriegsanleihen im I. Weltkrieg auch zum Eintritt in das Effekten- und Depotgeschäft. Auf der Grundlage der bei den Sparkassen bis heute dominierenden Spareinlagen (und -briefe) konnten das langfristige Hypothekardarlehensgeschäft sowie die Finanzierung der kommunalen Gewährträger ihre Bedeutung wahren.

Die in den Nachkriegsjahren zunehmende Konkurrenz der Sparkassen und Girozentralen mit den Großbanken und die damit verbundene Annäherung der Kundenkreise hat die Notwendigkeit mit sich gebracht, die Geschäftsstrukturen weiter in Richtung auf das Leistungsangebot der Universalbank auszuweiten. Die Bundesländer haben deshalb in den letzten Jahren ihre Sparkassengesetze überarbeitet und dabei das zuvor geltende Enumerationsprinzip zugunsten eines eingeschränkten Universalprinzips aufgegeben. Den Sparkassen ist damit der Betrieb aller banküblichen Geschäfte gestattet, sofern nicht auf der Basis der Sparkassengesetze erlassene Rechtsverordnungen oder die Satzung des jeweiligen Instituts dem entgegenstehen. Diese Liberalisierung ermöglichte in stärkerem Maße das Halten insbesondere von Aktien (Investmentanteilen) und Beteiligungen an Unternehmen auch außerhalb des Verbundes.[47] Auf der Ebene der Girozentralen und Landesbanken hat sich die Tendenz fortgesetzt, das Geschäft mit Industriebeteiligungen und die Präsenz in wichtigen Finanzzentren des Auslands auszuweiten.

Wie die Zahlen der Tabellen B. 1 und B. 2 ausweisen, verfügt die durch Zusammenlegungen im Zuge der Gemeindereform auf (vor der Wiedervereinigung) weniger als 600, mittlerweile 624 Institute reduzierte Sparkassenorganisation über das größte Geschäftsvolumen und dichteste Zweigstellennetz in der Bundesrepublik. Dabei kann indessen nicht übersehen werden, daß die Sparkassen, im Gegensatz zu den 60er Jahren, in den letzten 25 Jahren Mühe hatten, ihren Marktanteil zu behaupten. Dies ist nicht nur auf die erwähnte Konkurrenz der Großbanken mit ihren ausgedehnten Filialnetzen zurückzuführen, sondern vor allem auf den zunehmenden Wettbewerb, dem sich die Sparkassen mit den Kreditgenossenschaften in den Kundenkreisen der privaten Haushalte und gewerblichen Betriebe gegenübersehen.

Zeitlich etwa parallel zur Entstehung der Aktienbanken verbreiteten sich die gewerblichen und ländlichen *Kreditgenossenschaften* (Gründung der ersten gewerblichen Kreditgenossenschaft auf Initiative von Schulze-Delitzsch im Jahre 1850, der ersten ländlichen Kreditgenossenschaft 1862 durch Raiffeisen). Die nach dem Prinzip der Selbsthilfe und Solidarhaftung organisierten Personenvereinigungen hatten sich zum Ziel gesetzt, die empfindliche Kreditlücke kleinerer und mittlerer gewerblicher und landwirtschaftlicher Betriebe schließen zu helfen. Da die Privatbankiers stärker auf den Handel hin orientiert waren, die Aktienbanken die aufstrebende Industrie und das Verkehrswesen finanzierten und die Sparkassen ohne Sicherheiten keine Kredite geben durften, erhielten Handwerker und

---

[47] Vgl. H. Schleußer: Mehr Bewegungsfreiheit für die Sparkassen, in: BZ, Nr. 35 v. 19.2.1994, S. 15f.

Landwirte häufig nur zu Wucherzinsen Kredit. Bereits um die Jahrhundertwende gab es auf dem Gebiet des Deutschen Reiches 1.136 gewerbliche, zunächst Vorschußvereine und später Volksbanken genannte Kreditgenossenschaften sowie knapp 10.000 ländliche Spar- und Darlehenskassen. Ähnlich wie im Sparkassensektor kam es auch bei den Genossenschaftsbanken bald zum Aufbau regionaler und zentraler Verbände und Zentralkassen, die neben der Abwicklung des Zahlungsverkehrs und des Liquiditätsausgleichs innerhalb der Organisation Betreuungs- sowie Beratungsfunktionen und nach außen deren Interessenvertretung wahrnahmen. Eine Integration des ländlichen und gewerblichen Bereichs der Kreditgenossenschaften erwies sich auch während der für das Bankwesen kritischen Zeiten als schwierig; der Zusammenschluß zum »Bundesverband der deutschen Volksbanken und Raiffeisenbanken« gelang erst mit Wirkung vom 1.1.1972.

Trotz der infolge der vielen Fusionen stark gedrückten Anzahl von rd. 2.600 Kreditgenossenschaften im Jahre 1995 bilden diese – wie die Tabelle B. 1 ausweist – auch heute noch die zahlenmäßig größte Gruppe von Kreditinstituten in der Bundesrepublik. Zusammen mit ihren Zweigstellen verfügen sie über das nach den Sparkassen dichteste Bankstellennetz. Auch damit dürfte zusammenhängen, daß die Kreditgenossenschaften ihre Marktposition auf einen Anteil von derzeit knapp 12% verbessern konnten.[48]

Nach Imageuntersuchungen ist wichtiges Attraktionsmerkmal der Genossenschaftsbanken die noch gegebene Möglichkeit des persönlichen Kontakts zu Mitarbeitern und auch den Entscheidungsträgern der vergleichsweise überschaubaren Institute, ein Umstand, der von den Bankkunden in den Randlagen der Städte und auf dem Lande offenbar besonders geschätzt wird.[49] Dabei darf nicht übersehen werden, daß die kleine, örtliche Genossenschaftsbank in der General- bzw. Vertreterversammlung und über die Besetzung der Aufsichtsräte bessere Voraussetzungen besitzt, sich in der mittelständischen Kundschaft darzustellen als Sparkassen und Großbanken. Die kurzen und deshalb schnellen Entscheidungswege sowie die vergleichsweise kleinen Marktbereiche geben ihnen weiterhin in der Anpassungsfähigkeit z.B. der Konditionen an die örtlichen Verhältnisse Vorteile, wie sie Kreissparkassen und Großbankfilialen in ihren übergreifenden Einzugsbereichen nicht realisieren können.[50] Die Aufrechterhaltung dieser Beweglichkeit zusammen mit einem konkurrenzfähigen Leistungsangebot der Universalbank wäre indessen ohne den relativ straffen Verbund mit den Zentralbanken und der DG Bank nicht möglich.

Ähnlich den Kreditgenossenschaften waren auch die ersten öffentlich-rechtlichen *Realkreditinstitute* Kooperativen, die als Notgemeinschaften der adeligen Großgrundbesitzer diesen vor allem in Mittel- und Ostdeutschland zinsgünstige landwirtschaftliche Grundkredite gegen Ausgabe von Pfandbriefen bereitstellten. Derartige sogenannte Landschaften wurden zunächst als Zwangsvereinigungen gegründet (Schlesische Landschaft 1770, Pommersche Landschaft 1781). Später wurde die Mitgliedschaft auch nichtadligen Gutsbesitzern freigestellt. Nach dem Vorbild der Landschaften wurde in der zweiten Hälfte des 19. Jahrhunderts den Haus- und Grundstückseigentümern in den Städten die Möglichkeit eröffnet, durch die Inanspruchnahme von langfristigen Krediten bei öffentlich-rechtlichen

---

[48] Dabei ist zu berücksichtigen, daß ab 1986 auch die vorher nicht berichtspflichtigen, kleinen Kreditgenossenschaften in die Bankenstatistik einbezogen wurden.

[49] Vgl. W. Grüger: Strategische Maßnahmen zur Förderung des Image einer Bankengruppe am Beispiel der Kreditgenossenschaften, in: J. Süchting/E. van Hooven (Hrsg.): Handbuch des Bankmarketing, 2. Aufl., Wiesbaden 1991, S. 367-375, hier insbes. S. 370.

[50] Vgl. J. Süchting: Zuwachsraten im verteilten Markt, in: Perspektiven, Schriftenreihe der Westdeutschen Genossenschafts-Zentralbank, II/6/78.

Stadtschaften ihren Mittelbedarf zu decken. Dieser Aufgabe hatten sich zuvor bereits private Hypothekenbanken gewidmet, so z.B. die Frankfurter Hypothekenbank von 1862, Frankfurt a.M., und die Bayerische Hypotheken- und Wechsel-Bank in München, welche 1864 das Recht zur Emission von Pfandbriefen erhielt. Die seit 1900 auf der Grundlage des Hypothekenbankgesetzes tätigen Hypothekenbanken hatten einen maßgeblichen Anteil an der Finanzierung der schnell wachsenden Städte im Deutschen Reich. Krisen wie der I. Weltkrieg und die anschließende Inflation veranlaßten viele Institute, sich zu Gemeinschaften zusammenzuschließen und später auch zu fusionieren.

Die Finanzierung des Wohnungsbaus und gewerblicher Objekte (bis zu 3/5 des Grundstückswerts) gegen Ausgabe von Pfandbriefen wird heute von den 5 öffentlich-rechtlichen Grundkreditanstalten sowie vor allem den 30 privaten Hypothekenbanken einschließlich der beiden gemischten bayerischen Institute betrieben. Als Spezialinstitute wurden die Realkreditinstitute, nachdem die Phase des Wiederaufbaus abgeschlossen war, zunehmend von der Baukonjunktur abhängig. Angesichts der konjunkturellen Schwankungen sowie des Wettbewerbs im erststelligen Beleihungsraum, dem sie insbesondere mit den Sparkassen, aber auch mit den Versicherungen unterliegen, hatten sie Schwierigkeiten, ihre Marktposition zu behaupten. Das gilt vor allem für die öffentlich-rechtlichen Grundkreditanstalten auch deshalb, weil zweckgebundene Weiterleitungskredite zur staatlichen Förderung des Wohnungsbaus allmählich an Bedeutung verloren. Erst seitdem die Realkreditinstitute mit einem weiteren »Ertragsbein« immer stärker in die Finanzierung der öffentlichen Budgetdefizite (Kommunaldarlehen gegen Ausgabe von Kommunalobligationen) eingeschaltet wurden, stabilisierten sich ihre Marktanteile bei ca. 13%; unabhängig davon schwankt das Geschäft mit dem Zinszyklus, weil die Kreditnehmer in Hochzinsphasen keine vergleichsweise langfristigen Zinsbindungen eingehen wollen. Dabei ist daran zu erinnern, daß diese Bankengruppe nicht isoliert gesehen werden darf. An den bedeutenden privaten Hypothekenbanken sind die Großbanken mehrheitlich oder voll beteiligt; ein Großteil des Geschäfts der öffentlich-rechtlichen Realkreditinstitute liegt bei den Landesbanken und Girozentralen. Mittlerweile haben auch grenzüberschreitende Finanzierungen insbesondere in den EU-Raum an Bedeutung gewonnen.

Die Finanzierung des nachstelligen Beleihungsraumes im Wohnungsbau (bis zu 80%) erfolgt vor allem durch die ebenfalls auf den Realkredit spezialisierten *Bausparkassen* mit ihrem kollektiven Bauspar- und Darlehensgeschäft; (Zweck-)Sparer und Kreditnehmer sind dabei identisch. Die Wartefrist bis zur Auszahlung des Bauspardarlehens ist grundsätzlich abhängig von der eigenen Sparleistung und der Entwicklung des Sparaufkommens im »Kollektiv«. 1924 wurde die erste private Bausparkasse gegründet. Angesichts der Attraktivität der Bausparidee wurden einige Jahre später in der Sparkassenorganisation auch öffentlich-rechtliche Bausparkassen ins Leben gerufen. Die eindrucksvolle Entwicklung der Institute nach dem II. Weltkrieg muß nicht nur aus den Zwängen des Wiederaufbaus der Städte heraus gesehen, sondern auch vor dem Hintergrund einer bevorzugten steuerlichen Förderung des Bausparens durch den Staat verstanden werden. Auf den heute schwieriger gewordenen Märkten arbeiten alle 22 privaten und 13 öffentlichen Bausparkassen mit Instituten des erststelligen Realkredits zusammen, um eine möglichst hohe Fremdfinanzierung für den teurer gewordenen Bau oder Erwerb von Wohnungseigentum sowie dessen Instandhaltung darstellen zu können.

4. Analyse gruppenspezifischer Geschäftsstrukturen

Die Betrachtung der Gesamtheit aller Kreditinstitute zum Ende des vorletzten Abschnitts sollte über allgemeine Strukturwandlungen im Geschäft der Banken Aufschluß geben. Durch die nun folgende Gegenüberstellung mit den Geschäftsstrukturen der drei wichtigsten Gruppen der Universalbanken (Großbanken, Sparkassen und Kreditgenossenschaften) wird gezeigt werden, welche Abweichungen sich gruppenspezifisch vom Durchschnitt aller Kreditinstitute und damit unter den drei Bankengruppen ergeben.[51] Für die Auswahl dieser Gruppen war die Überlegung maßgebend, daß sie (im Gegensatz etwa zu den Privatbankiers, den Regionalbanken, den Kreditinstituten mit Sonderaufgaben) in sich relativ homogen sind und als Universalbanken untereinander im intensiven Wettbewerb stehen. Die nicht in den Mittelpunkt der Analyse gerückten Gruppen werden im Zusammenhang mit den einzelnen Teilmärkten angesprochen, auf denen sie als Konkurrenten besonderes Gewicht haben.

a. Die Großbanken

Konfrontiert man die Gruppe der Großbanken mit dem Durchschnitt aller Geschäftsbanken (Tab. B. 4), dann lassen sich die in Tabelle B. 6 sichtbar werdenden Merkmale in den Geschäftsstrukturen so charakterisieren:

(1) Ihre Position am Interbankenmarkt entspricht zwar in ihrem Gewicht etwa derjenigen aller Geschäftsbanken, hat sich indessen während der Untersuchungsperiode aus einer Mitte der 70er Jahre erreichten knappen Gläubigerposition in eine ausgeprägte Schuldnerposition zurückgebildet.
(2) Der Rückgang des Sparaufkommens (Kontensparen und Sparbriefe) fällt noch deutlicher aus als bei allen Bankengruppen; zuletzt wird nur noch ein Anteil von unter 15% (bei allen rd. 17%) am gesamten Mittelaufkommen erreicht.
(3) In erheblich größerem Umfang als beim Durchschnitt aller Banken erfolgt dagegen die Refinanzierung über Sicht- und kurzfristige Termineinlagen. Nach einer Halbierung ihres Gewichts im Laufe der Untersuchungsperiode sind es noch knapp 25% der Passiva, die auf diese Positionen entfallen.
(4) Obwohl die Großbanken als Emissionsinstitute traditionell nur bei Kapitalerhöhungen auftraten, wird deutlich, daß neben Sparbriefen die Ausgabe von Inhaberschuldverschreibungen im Zeitverlauf Bedeutung erlangt hat; insoweit ist hier wiederum die Verbriefung (und damit eine Verteuerung) der Passivseite zu sehen.
(5) Im Vergleich zum Durchschnitt aller Bankengruppen bewegt sich die Eigenkapitalquote der Großbanken im Untersuchungszeitraum auf einem überdurchschnittlichen Niveau; stärker als bei den Bankengruppen insgesamt wurde vom Instrument der nachrangigen Verbindlichkeiten Gebrauch gemacht.
(6) Zusammen mit den Beteiligungen erreichen die Anlagen in Wertpapieren einschließlich Bankschuldverschreibungen sowie Schatzwechseln und U.-Schätzen einen der Position bei allen Banken etwa vergleichbaren Umfang.

---

[51] Bei der Analyse gruppenspezifischer Eigenarten ist die jeweils betrachtete Gruppe im »Durchschnitt aller Kreditinstitute« enthalten. Da das Gewicht selbst der Sparkassen nur wenig über 20% an der Gesamtheit hinausgeht, wird ein Profilvergleich dadurch nicht wesentlich gestört.

Großbanken (in Mio. DM)	1970 abs.	%	1980 abs.	%	1990 (1) abs.	%	1995 abs.	%
Aktiva								
Barreserve (Kasse u. Guthaben bei Zentralnotenbanken)	7.314	8,75	15.272	6,78	20.012	4,27	9.019	1,30
Kredite an Kreditinstitute ohne Bankschuldverschreibungen	13.794	16,51	42.172	18,72	100.738	21,50	164.308	23,76
Schatzwechsel und U.-Schätze	1.200	1,44	1.132	0,50	2.003	0,43	96	0,01
Wertpapiere einschl. Bankschuldverschreibungen	7.512	8,99	18.747	8,32	38.582	8,23	85.706	12,39
Wechseldiskontkredite	10.671	12,77	11.880	5,27	18.867	4,03	15.059	2,18
Buchkredite und Darlehen an Nichtbanken bis 1 Jahr	15.965	19,10	34.860	15,47	90.886	19,40	124.866	18,06
Buchkredite und Darlehen an Nichtbanken über 1 Jahr	22.160	26,52	85.672	38,02	161.541	34,48	237.899	34,40
Ausgleichs- und Deckungsforderungen	1.003	1,20	580	0,26	224	0,05	175	0,03
Treuhandkredite (2)	133	0,16	355	0,16	3.033	0,65	4.382	0,63
Eigene Schuldverschreibungen	-	-	12	0,01	323	0,07	207	0,03
Beteiligungen (3)	1.212	1,45	6.116	2,71	25.326	5,41	37.600	5,44
Sonstige Aktiva	2.601	3,11	8.527	3,78	7.019	1,50	12.168	1,76
Geschäftsvolumen	83.565	100,00	225.325	100,00	468.554	100,00	691.485	100,00
Passiva								
Einlagen und aufgenommene Kredite von Kreditinstituten	17.181	20,56	59.620	26,46	125.035	26,69	257.265	37,20
Sichteinlagen	16.865	20,18	33.684	14,95	68.086	14,53	88.140	12,75
Termineinlagen unter 4 Jahre	21.700	25,97	44.005	19,53	74.108	15,82	78.725	11,38
Termineinlagen über 4 Jahre	263	0,31	2.237	0,99	28.522	6,09	31.747	4,59
Spareinlagen	20.205	24,18	45.306	20,11	70.034	14,95	86.367	12,49
Sparbriefe	48	0,06	9.821	4,36	12.061	2,57	10.427	1,51
Treuhandkredite (2)	71	0,08	297	0,13	2.492	0,53	4.090	0,59
Inhaberschuldverschreibungen im Umlauf	146	0,17	9.615	4,27	26.870	5,73	31.556	4,56
Rückstellungen und Wertberichtigungen	1.466	1,75	4.211	1,87	15.054	3,21	17.843	2,58
Eigenkapital (4)	3.375	4,04	10.440	4,63	31.303	6,68	49.105	7,10
Nachrangige Verbindlichkeiten (5)	-	-	-	-	-	-	11.579	1,67
Sonstige Passiva	2.245	2,69	6.089	2,70	14.989	3,20	24.641	3,56
Geschäftsvolumen	83.565	100,00	225.325	100,00	468.554	100,00	691.485	100,00

(1) Erstmals einschließlich ostdeutscher Kreditinstitute.
(2) Bezeichnung bis November 1993: "Durchlaufende Kredite".
(3) Einschließlich Anteile an verbundenen Unternehmen.
(4) Gezeichnetes Kapital, Rücklagen, Genußrechtskapital und Fonds für allgemeine Bankrisiken (ab 1993); das Genußrechtskapital wird für die Bankengruppen - im Gegensatz zur Gesamtstatistik - nicht getrennt ausgewiesen.
(5) Erstmals 1993 getrennt ausgewiesen.

Tab. B. 6: Aktiv- und Passivgeschäfte der Großbanken von 1970-1995 (Quelle: Statistische Beihefte zu den Monatsberichten der Deutschen Bundesbank, Reihe 1, verschiedene Jahrgänge; eigene Berechnungen)

(7) Entsprechend dem Rückgang der Sicht- und Termineinlagen haben sich auch die kurzfristigen Wechseldiskont- und Buchkredite stark zurückgebildet, liegen mit mehr als 20% der Aktiva aber immer noch erheblich über dem Durchschnitt.
(8) Unterdurchschnittlich dagegen sind die längerfristigen Buchkredite vertreten, obwohl sie im Untersuchungszeitraum einen bemerkenswerten Anstieg auf deutlich mehr als ein Drittel des Geschäftsvolumens erreicht haben.

Daß die Großbanken zwischenzeitlich in eine Gläubigerposition am *Geldmarkt* hineingewachsen waren, dürfte vor allem darauf beruhen, daß sie mit der Expansion ihrer Zweigstellennetze immer stärker in den Sektor der privaten Haushalte eingedrungen sind. Im Unterschied zu den Wirtschaftsunternehmen werden in diesem Sektor mit einem positiven Saldo zwischen Sparaufkommen und Verschuldung finanzielle Überschüsse gebildet, die dementsprechend auch den Großbanken (und ihrer Interbankenposition) zugute gekommen sind.

Allgemein läßt sich sagen, daß der Geldmarkt die Mittel an Zentralbankgeld bereitstellt oder aufnimmt, die über den Ausgleich der Zahlungstransaktionen innerhalb der Kundschaft hinaus zur Abdeckung oder Anlage für ein Institut verbleiben. Überschüssige Mittel können an andere Banken ausgeliehen oder für den Ankauf von Geldmarktpapieren (Schatzwechsel, U.-Schätze, Commercial Papers) verwandt, Lücken beim Ausgleich der Zahlungsverpflichtungen durch Kreditinanspruchnahme bei anderen Banken und Verkauf von Geldmarktpapieren gedeckt werden. Bei Betrachtung der Geldmarktaktivitäten der Großbanken ist daran zu erinnern, daß gerade sie nicht nur zu inländischen Kreditinstituten, sondern auch zu ausländischen in Verbindung stehen. Dies beruht auf ihrer führenden Stellung bei der Abwicklung des Auslandszahlungsverkehrs sowie im Auslandsgeschäft überhaupt. Die starke Einschaltung in den internationalen Zahlungsverkehr und das Devisengeschäft bringt Währungsrisiken mit sich, die z.B. durch den Abschluß von Devisentermin- oder anderen derivativen Finanzgeschäften abgesichert werden.

Es war bereits darauf hingewiesen worden, daß die gezielte Expansion der Großbanken in den Sektor der privaten Haushalte zu einer Umstrukturierung der Refinanzierung geführt hat. Tendenziell hat sich das Gewicht von den kurzfristigen *Sicht- und Termineinlagen* der Wirtschaft zunächst hin zu den längerfristigen Spareinlagen, dann zu Sparbriefen und ausgegebenen Schuldverschreibungen verschoben, eine Entwicklung, die das Refinanzierungsprofil der Großbanken dem der Sparkassen und auch Kreditgenossenschaften angenähert hat und die sie in die Lage versetzt, heute mehr längerfristige als kurzfristige Kredite zu vergeben. So wird – von der absoluten Höhe des *Sparaufkommens* her gesehen – die Deutsche Bank als Deutschlands größte Sparkasse bezeichnet. Auch die im größten Teil des Untersuchungszeitraums rückläufige Entwicklung der Sichteinlagen dürfte durch die Akquisition von Lohn- und Gehaltskonten abgemildert worden sein. Trotz dieser Verschiebung in den Kundenstrukturen erklärt sich nach wie vor aus der starken Verhaftung der Großbanken bei den Wirtschaftskonzernen, daß das mittels Scheck, Überweisung, Lastschrift sowie im beleglosen Datenträgeraustausch abgewickelte Zahlungsvolumen und damit die Position der Sichteinlagen vergleichsweise hoch liegen. Gerade diese Klientel besitzt renditeträchtigere Alternativen zu kurzfristigen Termineinlagen, wodurch sich der drastische Rückgang dieser Position erklärt.

Bei dem immer noch geringen Umfang der Inhaberschuldverschreibungen im Umlauf, vor allem *Bankobligationen*, ist die Arbeitsteilung mit den Hypothekenbanken zu berücksichtigen. So erfolgt die langfristige Refinanzierung im Konzern auch und vor allem mit Hilfe der den Großbanken verbundenen Hypothekenbanken; außerdem ist in Betracht zu ziehen, daß die Großbanken neben anderen privaten Kreditbanken an der IKB Deutsche

Industriebank AG beteiligt sind, deren geschäftlicher Schwerpunkt in der Investitionsfinanzierung insbesondere der mittelständischen Unternehmen auf der Basis der Ausgabe von Bankschuldverschreibungen liegt.

Das (über die stillen Reserven hinaus) sichtbare *Eigenkapital* der Großbanken setzt sich aus ihrem Grundkapital, den offenen Rücklagen sowie Genußrechtskapital zusammen. Die noch Ende der 80er Jahre als Richtgröße angesehene Eigenkapitalquote von 5% reicht mittlerweile im internationalen Geschäft nicht mehr aus. Sie lag Ende 1995 bereits über 7%; addiert man die nachrangigen Verbindlichkeiten, so erreicht diese Haftkapitalquote 9%. Bei der Aufrechterhaltung ihrer Eigenkapitalquoten haben die Großbanken infolge des Zugangs zum organisierten Kapitalmarkt Vorteile, über die z.B. die Girozentralen nicht verfügen. Sofern die einbehaltenen Gewinne zur Sicherung des Eigenkapitals nicht ausreichen, können sie mit Kapitalerhöhungen an die Börse gehen. (Dabei ist indessen zu berücksichtigen, daß die hier erzielbaren Erlöse in Form von Emissionsagien über den Verlauf der Tageskurse ebenfalls die Gewinnkraft widerspiegeln.) Landesbanken können ihre Haftkapitalbasis allenfalls durch Ausgabe von Genußscheinkapital bzw. nachrangigen Verbindlichkeiten stärken.

Die *Wertpapierbestände* der Großbanken enthalten vergleichsweise viele Dividendenwerte und Investmentzertifikate. Unter den Bankschuldverschreibungen schlagen sich in erheblichem Umfang die von Hypothekenbanken, insbesondere verbundenen Instituten, übernommenen Pfandbriefe und Kommunalobligationen nieder.

In der Position *Beteiligungen* werden traditionell die Beteiligungen an Kreditinstituten ausgewiesen. Darunter befinden sich nicht nur solche an Spezialinstituten wie Hypothekenbanken und Tochterbanken des Auslandsgeschäfts, sondern auch Beteiligungen an ausländischen Kreditinstituten, die mit dem Ausbau eines eigenen Stützpunktsystems im Ausland neben dem internationalen Filialsystem Bedeutung erlangt haben. Obwohl von den Banken nur für derartige Engagements eine Beteiligungsabsicht zugegeben wird, nicht aber für Beteiligungen an Industrie- und Handelsgesellschaften, sind letztere aufgrund eines Urteils des Bundesgerichtshofes vom 9. Februar 1987 ebenfalls als Beteiligungen auszuweisen oder im Portefeuille sogenannter Vorschaltgesellschaften zu suchen. Bankeigene Vorschaltgesellschaften dienen dem Zweck, Beteiligungs-, Wohnungsbau- und sonstige Immobilienvermögen zu verwalten. Darüber hinaus werden die Bestände an Dividendenwerten erhöht durch die im Zuge von Unternehmenssanierungen sowie zum Zwecke der Kurspflege übernommenen Aktien und Rückstände aus Emissionen. Schließlich ist zu berücksichtigen, daß Handelsbestände in börsengängigen Dividendenwerten gehalten werden. Angesichts der führenden Stellung der Großbanken im Effektenhandel resultieren derartige Bestände daraus, daß die Großbanken durch »Selbsteintritt« von ihren Kunden kaufen und an sie verkaufen, wenn Gegenorders an der Börse nicht verfügbar sind. Insbesondere zwischen 1980 und 1990 ist die Beteiligungsposition der Großbanken deutlich angestiegen. Wie im Zusammenhang mit der Diskussion um die »Macht der Banken« in B. I. 6. noch ausführlicher darzulegen ist, läßt sich diese Zunahme nicht auf eine Ausweitung der Beteiligungen an Industrie- und Handelsunternehmen zurückführen; ihre Ursache liegt vielmehr in dem bereits angesprochenen Trend der Verbindung deutscher Kreditinstitute mit Finanzintermediären im In- und Ausland.

Innerhalb der *Struktur des Kreditgeschäfts* ist festzustellen, daß die längerfristigen Buchkredite die kurzfristigen einschließlich der Wechseldiskontkredite inzwischen deutlich übertroffen haben. Darin kommt die Ausdehnung der Programmkredite und der Hypothekendarlehen an Private ebenso zum Ausdruck wie die Investitionsdarlehen einschließlich der Schuldscheindarlehen an die Wirtschaft und die öffentliche Hand. Bei den unter Buchkrediten bis 1 Jahr ausgewiesenen Kontokorrentkrediten ist daran zu erinnern, daß diese – unabhängig von den formaljuristisch festgelegten kurzen Fälligkeiten – ökonomisch häufig langfristigen Charakter besitzen. Vielfach werden sie im Zusammenhang mit der Lager- und Debitorenfinanzierung der Unternehmen in Anspruch genommen. Da solche Vermögenspositionen über die Konjunkturphasen erhebliche »Bodensätze« aufweisen, können die Kredite ohne Einschränkung der Betriebsbereitschaft des Kreditnehmers faktisch nicht gekündigt werden, es sei denn, es findet sich ein Zweitfinanzier oder die Gewinnentwicklung ist so gut, daß eine Ablösung aus eigenen Mitteln der Unternehmung möglich wird. Unter diesen Umständen ist davon auszugehen, daß ein Großteil der Kontokorrentkredite eingefroren und damit längerfristig ist (während sich – im Gegensatz dazu – Darlehen mit Tilgungsabrede wenigstens allmählich liquidieren). Angesichts dessen, daß die fristenmäßige Zuordnung der Kredite auf der Grundlage von Bilanzierungsvorschriften allein auf das Recht zur Kündigung abstellt, werden insoweit die tatsächlichen Gegebenheiten verzerrt wiedergegeben.

b. Die Sparkassen

Im Vergleich zum Durchschnitt aller Geschäftsbanken ergeben sich für die Sparkassen folgende Merkmale in der Geschäftsstruktur (siehe Tabelle B. 7):

(1) Bei unterdurchschnittlicher Repräsentanz am *Interbankenmarkt* ist nicht zu übersehen, daß ihre Gläubigerposition während der Untersuchungsperiode deutlich rückläufig war und sich ab Anfang der 80er Jahre in eine Schuldnerposition gekehrt hat, deren Ausprägung im Laufe der 90er Jahre zunahm. Die Geldmarktbeziehungen der Sparkassen sind auf die Girozentralen konzentriert. Die Disziplin des Sparkassenverbunds erweist sich auch und vor allem darin, daß Sparkassen mit Liquiditätsüberschüssen diese an die Girozentralen geben, damit sie von dort aus an nachfragende Sparkassen geleitet oder dem Aktivgeschäft der Girozentrale nutzbar gemacht werden. Mit dem Hineinwachsen von immer mehr Instituten in die Gruppe der Großsparkassen ist indessen festzustellen, daß sich »Bilanzmilliardäre« auch mit eigenen Aktivitäten an den Geld- und Kapitalmärkten vom Verbund emanzipieren.[52]

(2) Das Passivgeschäft der Sparkassen wird – ihrem Namen immer noch gerecht werdend – durch das Aufkommen an *Spareinlagen* und zunehmend auch *Sparbriefen* gestützt, wenn die Summe dieser beiden Positionen in der Untersuchungsperiode auch um mehr als 20 Prozentpunkte von über 65% auf unter 45% gesunken ist. Im vergleichsweise starken Anstieg der Sparbriefemissionen bis Anfang der 90er Jahre kommt das zunehmende Zinsbewußtsein der Sparer zum Ausdruck, die höherverzinsliche, nicht durch ein Kursrisiko belastete Anlagen bevorzugen, auch wenn diese in bezug auf die Disponibilität gegenüber Spareinlagen eingeschränkt sind. Das gilt verstärkt für Sparobligationen, die als Namenspapiere ausgegeben werden. Zur Mitte der 90er Jahre hat

---

[52] Infolge der Selbständigkeit der öffentlich-rechtlichen Einheiten und der Geldmarktaktivitäten besonders der Großsparkassen ist der Liquiditätsverbund immer wieder durch Auflösungserscheinungen bedroht. Deshalb wurde 1974 ein Gentlemen's Agreement zwischen Landesbanken und Sparkassen geschlossen, das die Sparkassen zur Anlage ihrer liquiden Mittel überwiegend bei der eigenen Girozentrale verpflichtet und ihnen andererseits Liquiditätshilfen in geldknappen Zeiten zusichert. So L. Trippen, Westdeutsche Landesbank Girozentrale, Münster, in seinem Referat über »Arbeitsteilung und Wettbewerb im Verbund der Sparkassen und Landesbanken« am 29.5.1979 im Kontaktseminar an der Ruhr-Universität Bochum, in: SB Nr. 10, SS 1979, S. 28-30.

Sparkassen (in Mio. DM)	1970 abs.	%	1980 abs.	%	1990 (1) abs.	%	1995 abs.	%
Aktiva								
Barreserve (Kasse u. Guthaben bei Zentralnotenbanken)	9.855	5,25	19.396	3,74	34.805	3,22	24.801	1,71
Kredite an Kreditinstitute ohne Bankschuldverschreibungen	21.162	11,28	47.497	9,15	149.550	13,84	99.899	6,89
Schatzwechsel und U.-Schätze	-	-	58	0,01	131	0,01	130	0,01
Wertpapiere einschl. Bankschuldverschreibungen	29.368	15,65	83.943	16,18	219.739	20,33	363.109	25,03
Wechseldiskontkredite	5.718	3,05	10.126	1,95	9.662	0,89	8.784	0,61
Buchkredite und Darlehen an Nichtbanken bis 1 Jahr	17.096	9,11	59.145	11,40	90.962	8,42	137.242	9,46
Buchkredite und Darlehen an Nichtbanken über 1 Jahr	90.342	48,15	270.926	52,21	498.569	46,13	738.206	50,89
Ausgleichs- und Deckungsforderungen	3.723	1,98	1.475	0,28	521	0,05	16.282	1,12
Treuhandkredite (2)	3.888	2,07	4.726	0,91	8.579	0,79	10.491	0,72
Eigene Schuldverschreibungen	-	-	-	-	111	0,01	1.453	0,10
Beteiligungen (3)	742	0,40	1.800	0,35	3.839	0,36	11.619	0,80
Sonstige Aktiva	5.714	3,05	19.867	3,83	64.387	5,96	38.693	2,67
Geschäftsvolumen	187.608	100,00	518.959	100,00	1.080.855	100,00	1.450.709	100,00
Passiva								
Einlagen und aufgenommene Kredite von Kreditinstituten	14.949	7,97	57.320	11,05	148.863	13,77	244.815	16,88
Sichteinlagen	23.920	12,75	59.796	11,52	147.146	13,61	183.022	12,62
Termineinlagen unter 4 Jahre	9.175	4,89	41.804	8,06	119.730	11,08	147.696	10,18
Termineinlagen über 4 Jahre	1.757	0,94	3.203	0,62	6.936	0,64	13.097	0,90
Spareinlagen	120.871	64,43	255.137	49,16	398.629	36,88	513.195	35,38
Sparbriefe	4.092	2,18	66.483	12,81	136.834	12,66	129.673	8,94
Treuhandkredite (2)	1.564	0,83	1.700	0,33	2.108	0,20	1.789	0,12
Inhaberschuldverschreibungen im Umlauf	-	-	558	0,11	40.537	3,75	86.208	5,94
Rückstellungen und Wertberichtigungen	1.979	1,05	5.430	1,05	11.108	1,03	11.790	0,81
Eigenkapital (4)	6.973	3,72	17.174	3,31	39.961	3,70	57.906	3,99
Nachrangige Verbindlichkeiten (5)	-	-	-	-	-	-	18.687	1,29
Sonstige Passiva	2.328	1,24	10.354	2,00	29.003	2,68	42.831	2,95
Geschäftsvolumen	187.608	100,00	518.959	100,00	1.080.855	100,00	1.450.709	100,00

(1) Erstmals einschließlich ostdeutscher Kreditinstitute.
(2) Bezeichnung bis November 1993: "Durchlaufende Kredite".
(3) Einschließlich Anteile an verbundenen Unternehmen.
(4) Gezeichnetes Kapital, Rücklagen, Genußrechtskapital und Fonds für allgemeine Bankrisiken (ab 1993); das Genußrechtskapital wird für die Bankengruppen - im Gegensatz zur Gesamtstatistik - nicht getrennt ausgewiesen.
(5) Erstmals 1993 getrennt ausgewiesen.

Tab. B. 7: Aktiv- und Passivgeschäfte der Sparkassen von 1970-1995 (Quelle: Statistische Beihefte zu den Monatsberichten der Deutschen Bundesbank, Reihe 1, verschiedene Jahrgänge; eigene Berechnungen)

das Gewicht der Sparbriefe abgenommen, statt dessen wurden in deutlich größerem Maße Inhaberschuldverschreibungen emittiert (Ende 1995 6% des gesamten Mittelaufkommens). Hierin kann eine Quelle für Konflikte im Verbundsystem liegen, zumal traditionell eine Arbeitsteilung mit den Girozentralen besteht, die sich mit derartigen Emissionen und mit langfristigen Termineinlagen in Form von Schuldscheindarlehen und Namensschuldverschreibungen (ohne Kursrisiko) die Möglichkeit für die Vergabe langfristiger Kredite zu festen Zinssätzen verschaffen.

(3) Zusammen mit den *Termineinlagen* machen die *Sichteinlagen* fast 1/4 der gesamten Refinanzierungsseite aus. Am Teilmarkt der kürzerfristigen Termineinlagen und der Sichteinlagen haben die Sparkassen ihre Position deutlich verbessern bzw. zumindest halten können, bei den Sichteinlagen nicht zuletzt deshalb, weil sie infolge ihrer Verwurzelung im Sektor der privaten Haushalte und aufgrund ihres dichten Zweigstellennetzes von der Ausbreitung der bargeldlosen Einkommenszahlung begünstigt worden sind. Im Hinblick auf die längerfristigen Termineinlagen haben die Sparkassen kaum aufgeholt und fallen nach wie vor sowohl gegenüber allen Bankengruppen als auch den Großbanken deutlich ab.

(4) Die *Eigenkapitalquote* der Sparkassen war zunächst rückläufig und hat sich erst in der zweiten Hälfte des Untersuchungszeitraums wieder verbessern können. Sie liegt in den letzten Jahren etwas oberhalb derjenigen beim Durchschnitt aller Kreditinstitute. In bezug auf die externe Beschaffung von Beteiligungskapital haben die Sparkassen keinen Zugang zur Börse, sondern sind vom Gewährträger abhängig.[53] Von dieser Seite aber sind nur in Notfällen Zuführungen von (sogenanntem Dotations-)Kapital zu erwarten. Deshalb ist eine Sparkasse bei der Eigenkapitalbildung im allgemeinen auf die Zuweisung von Gewinnen in die (sogenannte Sicherheits-)Rücklage angewiesen, wenn sie nicht von Genußrechten oder nachrangigen Verbindlichkeiten als Eigenkapitalsurrogat Gebrauch machen will; letztere nehmen ein etwas größeres Gewicht als bei der Gesamtheit der Banken ein. Zwar schließen die Sparkassengesetze der Länder bei diesen beiden Formen des Eigenkapitals Mitwirkungs- und Kontrollbefugnisse der Kapitalgeber sowie deren Beteiligung am Liquidationserlös der Sparkasse i.d.R. aus.[54] De facto besteht jedoch eine Einflußmöglichkeit dadurch, daß die Institute zumeist Prolongationen etwa des befristeten Genußrechtskapitals anstreben werden und damit ggfs. auf die privaten Kapitalgeber angewiesen sind.

Um die Möglichkeiten der Haftkapitalbeschaffung weiter zu verbessern, aber auch mit ordnungspolitischer Begründung wird in den letzten Jahren vermehrt eine Umwandlung öffentlich-rechtlicher Institute in Aktiengesellschaften und ihre anschließende (vollständige) Privatisierung gefordert. Tatsächlich kann die grundsätzliche Notwendigkeit einer staatlichen Beteiligung an diesem Sektor der Kreditwirtschaft aus marktwirtschaftlicher Perspektive bezweifelt werden, läßt sich speziell an der Beteiligungspolitik einiger Landesbanken vor dem Hintergrund ihrer öffentlichen Trägerschaft durchaus Kritik üben. Es sollte indessen nicht übersehen werden, daß diese ordnungspolitischen Argumente teilweise nur vordergründigen Charakter besitzen. Hinter den Privatisierungs-Plädoyers ste-

---

[53] Vgl. H. Keßler, Westfälisch-Lippischer Sparkassen- und Giroverband, Münster, in seinem Referat über »Strukturfragen der Sparkassenorganisation« am 26.4.1988 im Kontaktseminar an der Ruhr-Universität Bochum, in: SB Nr. 28, SS 1988, S. 21-23.

[54] Als erste Sparkasse in Deutschland hat das Institut Südliche Weinstraße in Landau seinen Mitarbeitern Ende 1995 »stille Vermögenseinlagen« angeboten. Das rheinland-pfälzische Sparkassenrecht erlaubt für diese Eigenkapitalform ein – allerdings unterproportionales – Stimmrecht; vgl. o.V.: Erste Sparkasse mit privaten Einlagen, in: HB, Nr. 235 v. 5.12.1995, S. 7.

hen häufig Wünsche zum einen der Kommunen, mit dem Verkauf von Sparkassen einen Beitrag zur Haushaltskonsolidierung zu erhalten, zum anderen von in- und ausländischen Konkurrenten, über eine dann leichtere Möglichkeit der Beteiligung an (oder sogar Übernahme von) Sparkassen Marktanteilsgewinne zu erzielen.[55] Käme es z.B. zu einer weiteren Konzentration in der Form, daß Großbanken Sparkassen aufkaufen würden, so müßte eine deutliche Beeinträchtigung des Wettbewerbs in den betroffenen Regionen befürchtet werden. Insbesondere für die privaten Haushalte fiele aus dem Kreis der Anbieteralternativen die Sparkasse als das Institut mit dem in der Regel größten Marktanteil und häufig profiliertem geschäftspolitischem Auftreten heraus. – Im übrigen hat ein oftmals vorgebrachter Kritikpunkt gegenüber der Rechtsform der Landesbanken inzwischen an Gewicht verloren. Eingewandt wurde, diese erhielten aufgrund ihres Status' als öffentlich-rechtliche Institute von den Rating-Agenturen erstklassige Bewertungen, wodurch sie sich günstiger als andere Banken refinanzieren könnten. Die Rating-Agenturen sind jedoch dazu übergegangen, die »potentiell schützende Hand des Staates«[56] nicht mehr zu honorieren, sondern auch eine Qualitätseinstufung ohne Berücksichtigung der Gewährträgerhaftung zu veröffentlichen.[57]

(5) Entsprechend der Refinanzierungsstruktur bilden die langfristigen Ausleihungen in Form vor allem von Hypothekendarlehen und Kommunalkrediten den Schwerpunkt im Aktivgeschäft und liegen mit einem Anteil von rd. 50% des Geschäftsvolumens über demjenigen der *längerfristigen Kredite* bei allen Bankengruppen. Insbesondere durch den weiteren Ausbau des Geschäfts mit den Kommunen will sich die Sparkassenorganisation zukünftig noch stärker gegenüber den anderen Sektoren der Kreditwirtschaft profilieren.[58]

(6) Mit rd. 9% der Aktiven haben die Sparkassen ihre Position im Teilmarkt der *kurzfristigen Kredite* bis 1 Jahr einschließlich der Wechseldiskontkredite etwa beim Anteil aller Bankengruppen halten können.

(7) Der überdurchschnittliche Bestand vor allem an *festverzinslichen Wertpapieren,* der im Untersuchungszeitraum entsprechend der Kreditnachfrage erheblichen Schwankungen unterworfen war (allein in der letzten Dekade: 1985: 19%, 1988: 23%, 1991: 20%, 1994: 26%), ist wie die zeitweilige Gläubigerstellung am Geldmarkt ein Zeichen dafür, daß die Sparkassen die Liquiditätsüberschüsse nicht voll in der eigenen Kundschaft untergebracht haben. Beide Positionen sind vor allem als Refinanzierungsstützen für die Girozentralen zu sehen.

(8) Nach der Überarbeitung der Sparkassengesetze der Länder (vgl. S. 204f.) ist es den Sparkassen seit Mitte der 90er Jahre erlaubt, einen wesentlich breiteren Katalog der Anlagemöglichkeiten als in den 80er Jahren zu nutzen. Hierzu zählen insbesondere *Investmentanteile, Dividendenwerte und Beteiligungen.* Letztere dürfen nicht mehr nur

---

[55] Vgl. zu dieser Diskussion W. Zügel, Landesgirokasse, Stuttgart, in seinem Referat »Ist die öffentlich-rechtliche Rechtsform für Sparkassen noch zeitgemäß?« am 13.1.1987 im Kontaktseminar an der Ruhr-Universität Bochum, in: SB Nr. 25, WS 1986/87, S. 39-43, B. Claussen: Teilprivatisierung kommunaler Sparkassen, Baden-Baden 1990, C.-Ch. Hedrich: Die Privatisierung der Sparkassen, Baden-Baden 1993, J. Steiner: Bankmacht und Wirtschaftsordnung, Frankfurt/M. 1994 sowie H. W. Sinn: Der Staat im Bankwesen, München 1997.

[56] L. Schuster: Rechtsformüberlegungen im Widerstreit der ökonomischen und politischen Vernunft, in: Spk, 112. Jg., 1995, S. 423-427, hier S. 424.

[57] Vgl. K. Böhmert: Wirbelwind Moody´s fegt durch die Bankenwelt, in: BZ, Nr. 250 v. 30.12.1995, S. 47f.

[58] Vgl. H. Köhler: Deutsche Sparkassenorganisation: Verantwortung in Gesellschaft und Region, in: Spk, 112. Jg., 1995, S. 253-260.

an bestimmten Institutionen des Verbundes (z.B. den Sparkassenverbänden, den Buchungszentralen und den Kapitalbeteiligungsgesellschaften), sondern auch an Unternehmen des privaten Rechts eingegangen werden, wobei für deren Umfang jedoch in den einzelnen Bundesländern unterschiedliche Höchstgrenzen zwischen 0,1% und 5% des haftenden Eigenkapitals gesetzt sind.[59] Derartige Einschränkungen für das Geschäft mit Beteiligungen bestehen bei Girozentralen nicht, so daß hier ein weiterer Aspekt der Arbeitsteilung im gesamten Sektor öffentlich-rechtlicher Kreditinstitute sichtbar wird. – Diese Arbeitsteilung gilt auch im Hinblick auf das kommerzielle Auslandsgeschäft sowie Auslandsfinanzierungen, die weitgehend mit Hilfe der Girozentralen abgewickelt werden. Gerade in diesem Bereich wird eine möglichst reibungslose Kooperation zwischen den Verbundpartnern angestrebt, um den zunehmend im Auslandsgeschäft tätigen mittelständischen Unternehmen ein umfassendes Sortiment bieten zu können und sie nicht an die Institute zu verlieren, welche wie die Großbanken auf diesem Gebiet als besonders leistungsfähig gelten.[60]

Beim Vergleich des *Geschäftsprofils* der *Sparkassen* mit demjenigen der *Großbanken* ist zusammenfassend festzustellen, daß trotz der in den Nachkriegsjahren erfolgten Angleichung der Sortimente auch heute noch charakteristische *Abweichungen* bestehen, die insbesondere

– im Umfang des Sparaufkommens
– entsprechend in der Langfristigkeit des Kreditgeschäfts
– und als Folge der unterschiedlichen Liquiditätsstrukturen in der Nettogläubigerposition am Geld- und Kapitalmarkt

zum Ausdruck kommen. Bei abweichenden Schwerpunkten in den Kundengruppen und Geschäften darf indessen nicht übersehen werden, daß der Sparkassenverbund als Ganzes, also unter Einschluß der Sekundärstufe, in allen Bereichen mit den Großbanken im Wettbewerb steht. Mit Blick darauf erfolgen heute zunehmend Übernahmen kleinerer Sparkassen durch große. Man geht davon aus, daß – betriebswirtschaftlich gesehen – nur von bestimmten Mindestgrößen ab ein Leistungsangebot insbesondere im Wertpapier- und Auslandsgeschäft dargestellt werden kann, das dem der Großbankfilialen gleichwertig ist.

c. Die Kreditgenossenschaften

Vergleicht man die Geschäftsstruktur der Kreditgenossenschaften mit derjenigen der Sparkassen, so stellen sich – ausgehend von der Seite der Mittelherkunft – überraschend viele Ähnlichkeiten heraus (siehe Tabelle B. 8).

(1) Der Anteil des aus Spareinlagen und Sparbriefen bestehenden *Sparaufkommens* hat sich ebenso wie bei den Sparkassen stark verringert und überschreitet nur noch knapp 40%. Damit bewegt sich das Sparergebnis jedoch noch immer weit oberhalb des Durchschnitts aller Bankengruppen.

---

[59] Vgl. I. Dette: Veränderungen im Sparkassenrecht einschließlich der Entwicklung in den neuen Bundesländern, in: Spk, 108. Jg., 1991, S. 566-572 und o.V.: Mehr Spielraum für WestLB und Sparkassen, in: BZ, Nr. 8 v. 13.1.1994, S. 3.

[60] Vgl. dazu auch M. Bodin, Norddeutsche Landesbank, Hannover, in seinem Referat »Erfolgspotentiale einer Landesbank« am 11.1.1994 im Kontaktseminar an der Ruhr-Universität Bochum, in: SB Nr. 39, WS 1993/94, S. 47-52.

Kreditgenossenschaften (in Mio. DM) (6)	1970 abs.	%	1980 abs.	%	1990 (1) abs.	%	1995 abs.	%
Aktiva								
Barreserve (Kasse u. Guthaben bei Zentralnotenbanken)	2.788	4,42	8.170	3,18	19.088	3,22	15.686	1,86
Kredite an Kreditinstitute ohne Bankschuldverschreibungen	10.275	16,30	38.050	14,81	110.119	18,60	100.053	11,84
Schatzwechsel und U.-Schätze	1	0,00	8	0,00	6	0,00	100	0,01
Wertpapiere einschl. Bankschuldverschreibungen	5.817	9,23	30.490	11,87	98.420	16,63	173.670	20,55
Wechseldiskontkredite	2.763	4,38	5.443	2,12	5.902	1,00	5.236	0,62
Buchkredite und Darlehen an Nichtbanken bis 1 Jahr	13.654	21,66	46.792	18,22	70.874	11,97	102.111	12,09
Buchkredite und Darlehen an Nichtbanken über 1 Jahr	23.505	37,28	116.268	45,26	257.514	43,51	404.766	47,91
Ausgleichs- und Deckungsforderungen	853	1,35	431	0,17	180	0,03	4.630	0,55
Treuhandkredite (2)	427	0,68	1.421	0,55	3.043	0,51	4.704	0,56
Eigene Schuldverschreibungen	-	-	-	-	95	0,02	559	0,07
Beteiligungen (3)	220	0,35	959	0,37	2.462	0,42	4.987	0,59
Sonstige Aktiva	2.739	4,34	8.840	3,44	24.186	4,09	28.421	3,36
Geschäftsvolumen	63.042	100,00	256.872	100,00	591.889	100,00	844.923	100,00
Passiva								
Einlagen und aufgenommene Kredite von Kreditinstituten	6.363	10,09	34.499	13,43	68.356	11,55	101.810	12,05
Sichteinlagen	10.259	16,27	33.295	12,96	82.853	14,00	109.468	12,96
Termineinlagen unter 4 Jahre	4.021	6,38	34.842	13,56	111.744	18,88	152.057	18,00
Termineinlagen über 4 Jahre	491	0,78	6.669	2,60	14.416	2,44	25.638	3,03
Spareinlagen	37.226	59,05	123.599	48,12	199.889	33,77	274.393	32,48
Sparbriefe	9	0,01	7.467	2,91	61.945	10,47	70.668	8,36
Treuhandkredite (2)	25	0,04	392	0,15	448	0,08	665	0,08
Inhaberschuldverschreibungen im Umlauf	-	-	35	0,01	13.078	2,21	42.199	4,99
Rückstellungen und Wertberichtigungen	552	0,88	2.138	0,83	5.238	0,88	6.967	0,82
Eigenkapital (4)	2.843	4,51	9.149	3,56	22.005	3,72	38.921	4,61
Nachrangige Verbindlichkeiten (5)	-		-		-		3.344	0,40
Sonstige Passiva	1.253	1,99	4.787	1,86	11.917	2,01	18.799	2,22
Geschäftsvolumen	63.042	100,00	256.872	100,00	591.889	100,00	844.929	100,00

(1) Erstmals einschließlich ostdeutscher Kreditinstitute.
(2) Bezeichnung bis November 1993: "Durchlaufende Kredite".
(3) Einschließlich Anteile an verbundenen Unternehmen.
(4) Gezeichnetes Kapital, Rücklagen, Genußrechtskapital und Fonds für allgemeine Bankrisiken (ab 1993); das Genußrechtskapital wird für die Bankengruppen - im Gegensatz zur Gesamtstatistik - nicht getrennt ausgewiesen.
(5) Erstmals 1993 getrennt ausgewiesen.
(6) Bis November 1985 nur Teilerhebungen ohne Kleininstitute.

Tab. B. 8: Aktiv- und Passivgeschäfte der Kreditgenossenschaften von 1970-1995 (Quelle: Statistische Beihefte zu den Monatsberichten der Deutschen Bundesbank, Reihe 1, verschiedene Jahrgänge; eigene Berechnungen)

(2) Deutlich über dem Wert für alle Bankengruppen liegt bei den Kreditgenossenschaften zudem das Gewicht der *Sicht- und Termineinlagen*, die mit rd. 1/3 des gesamten Mittelaufkommens auch die Großbanken übertreffen. Besonders auffällig ist der Anstieg der Termineinlagen unter 4 Jahren von 6,4% (1970) auf 18% (1995); offenbar wurde von den Kreditgenossenschaften in diesem Bereich ein aktiver Zinswettbewerb betrieben, der nicht nur der Erhaltung diente, sondern auch zur Ausdehnung der gesamten Einlagenbasis führte, während sich die Großbanken im Gegensatz dazu eher zurückhielten (Rückgang des Gewichts von 26% (1970) auf 11% 25 Jahre später).

(3) Wie bei den Sparkassen, hat sich auch bei den Kreditgenossenschaften trotz ihres dichten Zweigstellennetzes und der starken Verhaftung bei den privaten Haushalten, in Handel und Gewerbe eine Schuldnerposition am *Interbankenmarkt* herausgebildet, wenn diese auch noch schwächer als bei den öffentlich-rechtlichen Instituten ausgeprägt ist.

(4) Der Trend zur Securitization drückt sich auch darin aus, daß insbesondere die größeren, mit dem notwendigen Know-how ausgestatteten Kreditgenossenschaften in die Lage versetzt werden, *festverzinsliche Wertpapiere* in die Portefeuilles zu nehmen, die im allgemeinen eine höhere Rendite als die Geldanlagen bei den Zentralinstituten erbringen dürften. Der Anteil dieser Position hat sich im Untersuchungszeitraum verdoppelt und erreicht allmählich den der Sparkassen.

(5) Obgleich noch nicht ganz so stark ausgeprägt wie bei den Sparkassen, wird auch bei den Kreditgenossenschaften das Aktivgeschäft zunehmend von den längerfristigen *Krediten* dominiert. Der Anteil der kurzfristigen Kredite ist deutlich rückläufig.

(6) Die *Eigenkapitalquote* der Kreditgenossenschaften liegt trotz eines zwischenzeitlichen Rückgangs am Ende der Untersuchungsperiode deutlich über derjenigen bei den Sparkassen. Nimmt man hinzu, daß Mitglieder einer Genossenschaftsbank, außer der Auffüllung der Guthaben bis zur Höhe des übernommenen Geschäftsanteils, i.d.R. mit einem Haftsummenzuschlag für den Fall des Konkurses weitere Verpflichtungen übernehmen, so wird der Abstand noch deutlicher. Dem stehen zwar Anstaltslast und Gewährträgerhaftung bei den Sparkassen gegenüber, die aber – im Gegensatz zur Anerkennung des Haftsummenzuschlags der Kreditgenossenschaften bis zu 50% des Kernkapitals – bei der Berechnung der Wachstumsspielräume für das gesamte risikobehaftete Geschäft und das Großkreditgeschäft von der Bankenaufsicht nicht berücksichtigt werden (§ 10 Abs. 2a Nr. 4 und 2b Nr. 8 KWG). Das ist aus der Sache heraus nicht zu rechtfertigen, sondern nur aus wettbewerbspolitischen Gründen, um den öffentlich-rechtlichen Sektor in der deutschen Kreditwirtschaft nicht zu privilegieren. Während sich die Sparkassen bei der Bildung ihres (harten) Eigenkapitals auf die Gewinneinbehaltung stützen müssen, kann eine Genossenschaftsbank in ihrem allerdings beschränkten Einzugsbereich über die Mitgliederwerbung auch Beteiligungskapital von außen zuführen. Dabei ist indessen zu bedenken, daß ein kurzfristiges Kündigungsrecht der Mitglieder besteht (§ 65 GenG), so daß Geschäftsguthaben und -anteile per Saldo nicht nur zunehmen, sondern auch abnehmen können.[61] Voraussetzung für eine positive Entwicklung des extern beschafften Eigenkapitals dürfte vor allem die Attraktivität der gezahlten Dividenden vor dem Hintergrund der für Alternativanlagen am

---

[61] Dies gilt nicht für den Fall der Rechtsform der AG, in die (auch deshalb) die Volksbank Essen umgewandelt hat; vgl. P. Friebe, Volksbank Essen AG, in seinem Referat über »Betriebswirtschaftliche Überlegungen zur Umwandlung der Rechtsform einer Genossenschaftsbank« am 19.1.1988 im Kontaktseminar an der Ruhr-Universität Bochum, in: SB Nr. 27, WS 1987/88, S. 46-50.

Kapitalmarkt gebotenen Renditen sein. – Ein Beleg für die insgesamt bessere Möglichkeit der Eigenkapitalbeschaffung von Kreditgenossenschaften im Vergleich zu Sparkassen mag darin gesehen werden, daß erstere bisher in weitaus geringerem Maße auf das Eigenkapitalsurrogat der nachrangigen Verbindlichkeiten zurückgreifen mußten.

Mehr noch als die *Sparkassen* sind die in der Regel kleinen Betriebseinheiten der *Kreditgenossenschaften* auf die Unterstützung durch die *Verbundinstitute* angewiesen. In diesem Zusammenhang ist erneut darauf hinzuweisen, daß zwar die Zentralbanken wie die Girozentralen auch über den Geld- und Liquiditätsausgleich hinaus insbesondere im Wertpapier- und Auslandsgeschäft sowie bei der betriebswirtschaftlichen Beratung der Primärstufe assistieren, daß aber die DG Bank als Spitzeninstitut ein relativ größeres Gewicht besitzt als im Sparkassenverbund die Deutsche Girozentrale – Deutsche Kommunalbank.

d. Vergleich der Geschäftsprofile

Die Analyse gruppenspezifischer Geschäftsstrukturen hat deutlich werden lassen, daß sich die Sortimente der Großbanken, Sparkassen und Kreditgenossenschaften auf der Grundlage einer Angleichung der Kundenstrukturen ähnlicher geworden sind. Eine Folge dieser Entwicklung ist die Intensivierung des Wettbewerbs. Da es sich andererseits bei den Sortimentsveränderungen um zeitaufwendige Prozesse handelt, die in den Verbundsystemen der Sparkassen- und Genossenschaftsorganisation zudem arbeitsteilig vorangetrieben werden, sind deutliche Abweichungen unter den Geschäftsprofilen der analysierten Gruppen von Universalinstituten auch heute noch erkennbar (siehe Abbildung B. 3; die Trennung von Aktiv- und Passivseite verdeutlicht hierbei, daß keine Finanzierungszusammenhänge im Sinne einer Schichtenbilanz unterstellt werden).

Literatur zu den Abschnitten B. I. 1. bis 4.

Büschgen, H. E.: Die Großbanken, Frankfurt/M. 1983.
Deutsche Bundesbank: Deutsches Geld- und Bankwesen in Zahlen 1876-1975, Frankfurt/M. 1976.
Gall, L./Feldman, G. D./James, H./Holtfrerich, C.-L./Büschgen, H. E.: Die Deutsche Bank 1870 – 1995, 125 Jahre Deutsche Wirtschafts- und Finanzgeschichte, München 1995.
Goedecke, W./Kerl, V.: Die deutschen Hypothekenbanken, 3. Aufl., Frankfurt/M. 1990.
Grosjean, R. K.: Die deutsche Kreditwirtschaft, 2. Aufl., Frankfurt/M. 1988.
Kottmann, G.: Die Bewertung der Konzentration in der Kreditwirtschaft. Eine Analyse des Wertes der Konzentration unter zielpluralistischen Bedingungen, Frankfurt/M. 1974.
Langschied, J.: Der Sparkassenverbund, Wiesbaden 1993.
Meeder, C.: Die Bedeutung des deutschen Privatbankiers und seine Zukunftsaussichten, Frankfurt/M. 1989.
Münckner, H.-H.: Strukturfragen der deutschen Genossenschaften in den neunziger Jahren, Frankfurt/M. 1991.
Mura, J.: Entwicklungslinien der deutschen Sparkassengeschichte, Stuttgart 1987.
Neumann, R.: Der deutsche Privatbankier, Wiesbaden 1965.
Pohl, M.: Einführung in die deutsche Bankengeschichte, Frankfurt/M. 1976.
Pohl, M.: Entstehung und Entwicklung des Universalbanksystems. Konzentration und Krise als wichtige Faktoren, Frankfurt/M. 1986.
Riesser, J.: Die Deutschen Großbanken und ihre Konzentration, 4. Aufl., Jena 1912.
Schierenbeck, H./Hölscher, R.: BankAssurance: Institutionelle Grundlagen der Bank- und Versicherungsbetriebslehre, 4. Aufl., Stuttgart 1998.

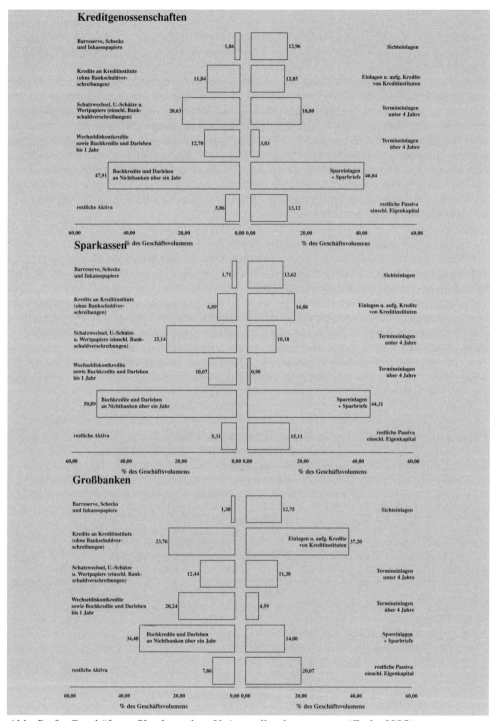

Abb. B. 3: Geschäftsprofile deutscher Universalbankengruppen (Ende 1995)

Weber, A.: Depositenbanken und Spekulationsbanken, 4. Aufl., München und Leipzig 1938.
Wissenschaftlicher Beirat des Instituts für bankhistorische Forschung e.V.: Deutsche Bankengeschichte, Bde. 1-3, Frankfurt/M. 1982 (Bd. 1 und 2) und 1983 (Bd. 3).
Wolf, H.: 30 Jahre Nachkriegsentwicklung im deutschen Bankwesen, Mainz 1980.

Kontrollfragen zu den Abschnitten B. I. 1. bis 4.

1. Warum kann man von der Entwicklung des Geschäftsvolumens einer Bank nicht auf eine entsprechende Entwicklung der gesamten Erträge schließen?
2. Nennen Sie einzelwirtschaftliche Motive für eine Fusion, indem Sie auf die möglichen Wirkungen für die verschiedenen Aufwands- und Ertragspositionen in der GuV des vereinigten Instituts abstellen.
3. Erläutern Sie, wo die für die Entstehung der
   - Privatbankiers
   - Großbanken
   - Sparkassen
   - Kreditgenossenschaften
   - Realkreditinstitute

   verantwortlichen Geschäftspotentiale lagen.
4. Sehen Sie in der Tendenz zur Verbriefung von Kreditbeziehungen eher Chancen oder eher Gefahren für die deutschen Universalbanken?
5. Welche Unterschiede bestehen zwischen den Verbundsystemen des öffentlich-rechtlichen sowie des genossenschaftlichen Bankensektors einerseits und dem »Verbundsystem« einer Großbank andererseits?
6. Nennen Sie fünf Bilanzposten, bei denen auch heute noch deutliche Unterschiede im Geschäftsprofil von Großbanken und Sparkassen erkennbar sind.

5. Ausländische Bankensysteme unter dem Gesichtspunkt des Zusammenwirkens der Zentralbank mit den Geschäftsbanken

Die Konkurrenzumgebung der Einzelbank – das haben die vorangegangenen Abschnitte gezeigt – kann heute nicht mehr auf das Inland beschränkt gesehen werden. Da es den Rahmen dieses Buches sprengen würde, alle ausländischen Bankensysteme darzustellen, wird eine Eingrenzung der Untersuchung auf diejenigen vorgenommen, in denen die deutschen Kreditinstitute – zunehmend aufgrund von Direktinvestitionen – besonders starke Aktivitäten entfalten. – Um nicht bei einer reinen Deskription stehenzubleiben, erfolgt die Behandlung der ausländischen Bankensysteme unter dem Aspekt des *Zusammenwirkens* der *Zentralbank mit den Geschäftsbanken*. Das bereitet zum einen das Verständnis für die Reaktion auch der deutschen Geschäftsbanken auf die Notenbankpolitik vor.

Zum anderen vermögen die Bestimmungsfaktoren für die Beziehung Geschäftsbanken – Zentralbank wichtige Hinweise auf den *Wettbewerb der Geschäftsbanken untereinander* zu geben. Einer dieser Bestimmungsfaktoren ist der Konzentrationsgrad; mit zunehmendem Konzentrationsgrad wird im allgemeinen eine Einschränkung des Wettbewerbs assoziiert.[62] Über den Grad der Konzentration hinaus müssen jedoch insbesondere Marktein- und -austrittsbarrieren untersucht werden, um einen Eindruck von der Markt*struktur* zu bekommen. Weiterhin sind das *Verhalten* der Marktteilnehmer und die Markt*ergebnisse* in die Betrachtung einzubeziehen, damit die Wettbewerbssituation beurteilt werden kann. Da sich die beiden letztgenannten Kriterien aber nur schwer quantifizieren lassen (etwa in bezug auf die Marktergebnisse: Wann ist das Preisniveau einzelner Bankleistungen »zu hoch«, sind die Gewinne der Kreditinstitute »angemessen«?), werden im folgenden Aussagen zum Wettbewerb der Geschäftsbanken in erster Linie anhand der Marktstruktur und hier wiederum des Konzentrationsgrades getroffen, auch wenn die Beziehungen zum Marktverhalten und Marktergebnis keinen Automatismen unterliegen.

Letztlich grenzt die Enge des durch die Zentralbank gesetzten Datenrahmens den Dispositionsbereich der Bankleitung und damit ihre Möglichkeit zur wettbewerblichen Entfaltung ein.

Die Zentralbank einer Volkswirtschaft operiert in einem komplizierten Geflecht von Beziehungen zu anderen Sektoren, die im allgemeinen

– den Staat
– das Ausland (internationale Zentral- und Geschäftsbankensysteme)
– Wirtschaft und Private (des Inlands)
– das nationale Geschäftsbankensystem

umfassen.

Das Handeln der Zentralbank ist nur aus der Gesamtheit ihrer Beziehungen zu den genannten Sektoren zu erklären; jede bilaterale Betrachtung ist unvollkommen. So prägt z.B. die Mitverantwortung des Zentralbanksystems für die staatliche Finanzierung über den Kapitalmarkt auch die Beziehungen zum Geschäftsbankensystem.

Im folgenden soll dennoch das Verhältnis Zentralbanksystem (ZBS) – nationales Geschäftsbankensystem (GBS) in den Vordergrund der Betrachtungen gestellt werden. Dafür sind diese Überlegungen maßgeblich:

(1) Der Ausschnitt ZBS-GBS aus der Gesamtheit der Beziehungen des ZBS stellt den in der Regel dominierenden Teil dar.
(2) ZBS und GBS stehen in einer wechselseitigen Beziehung, die durch die Notwendigkeit einer Transmission monetärer Impulse begründet wird (Geld- und Kreditpolitik als monetärer Teil der Konjunkturpolitik).

---

[62] Diese Ansicht wird im Prinzip auch von D. Stein (Wettbewerbspolitik und Geschäftsbankensystem, Bochum 1975, S. 176f.) vertreten. Er weist allerdings zu Recht darauf hin, daß die Konzentration nur als ein Indiz für eine wettbewerbsmindernde Wirkung gelten kann; vgl. in diesem Zusammenhang weiterhin G. Kottmann: a.a.O.

a. Vorbemerkung: Determinanten des Zusammenwirkens von Zentralbank- und Geschäftsbankensystem

Bestimmungsfaktoren des Zusammenwirkens zwischen ZBS und GBS sind u.a.

- die Struktur des Geldvolumens
- die Struktur des GBS
- zentralbankpolitische Maßnahmen.

In der *Struktur des Geldvolumens* (Bargeld/Giralgeld) kommen die Zahlungsgewohnheiten der Wirtschaftssubjekte zum Ausdruck. Da die Zentralbank das Bargeldmonopol in einer Volkswirtschaft besitzt, leuchtet ein, daß die Veränderung der Zahlungsgewohnheiten der Wirtschaftssubjekte weg von der Zahlung mit Bargeld und hin zur Zahlung mit Scheck, Kreditkarte, Überweisung, Lastschrift und der beleglosen Datenfernübertragung mit Hilfe der EDV eine verminderte Abhängigkeit der Wirtschaftssubjekte und Geschäftsbanken von diesem Bargeldmonopol und damit der Zentralbank bedeutet.

Die Struktur des GBS meint über die Anzahl der in einer Volkswirtschaft operierenden Kreditinstitute hinaus auch die verschiedenen Gruppen von Geschäftsbanken, ihre Geschäfts- und Konkurrenzbeziehungen untereinander. Die *Struktur* des GBS in diesem Sinne bestimmt die Fähigkeit und Neigung der *Geschäftsbanken*, sich gegenseitig bei der Abwicklung von Zahlungen Verrechnungsmöglichkeiten einzuräumen. Je größer der Umfang, in dem verrechnet wird, um so geringer sind die verbleibenden Salden, die in Zentralbankguthaben auszugleichen sind und zur Abhängigkeit vom ZBS führen.

Falls eine Abhängigkeit des GBS vom ZBS insoweit nicht gegeben ist, bestehen in den Volkswirtschaften Möglichkeiten, die Abhängigkeit des GBS über das *Notenbankinstrumentarium* zu erzwingen. Dabei bedarf es dieses Zwangs, wenn zwischen der gesamtwirtschaftlich ausgerichteten Zentralbankpolitik und der einzelwirtschaftlich orientierten Politik einer Geschäftsbank, die als Folge zentralbankpolitischer Maßnahmen insbesondere in restriktiven Phasen eine Beschneidung ihrer Geschäftsmöglichkeiten hinnehmen muß, ein natürlicher Widerspruch besteht.

In manchen Volkswirtschaften wird dieser Zwang über staatliche Anordnungen ausgeübt, dem sich die Geschäftsbanken zu beugen haben; das Modell der Zentralverwaltungswirtschaft ist dadurch gekennzeichnet, daß die Geschäftsbanken selbst staatlich sind und es somit eines solchen Zwangs gar nicht bedarf. In stärker marktwirtschaftlich organisierten Volkswirtschaften ist es dagegen das Bündel zentralbankpolitischer Maßnahmen, über das eine Synchronisation des Verhaltens der Geschäftsbanken im Sinne einer übergeordneten Zentralbankpolitik hergestellt wird.

Im folgenden soll die Bedeutung der Bestimmungsfaktoren für das Verhältnis zwischen ZBS und GBS auf der Grundlage bestimmter Kennziffern verdeutlicht werden. Diese Kennziffern geben eine erste Orientierung darüber, in welchem Ausmaß das GBS veranlaßt wird, die Ziele des ZBS zu verfolgen. Für die Beantwortung dieser Frage ist vorweg zu klären, wieweit das GBS bei der Gestaltung seiner Kreditaktivitäten vom ZBS abhängig ist. Dabei erklärt sich Abhängigkeit grundsätzlich als eine Funktion des Umfangs, in dem die Kreditaktivitäten (nicht aus eigenen Einlagen, sondern) fremdfinanziert werden. (Dies entspricht der Vorstellung, daß je höher der Fremdkapitalanteil einer Unternehmung in ihrer Kapitalstruktur wird, desto stärker ihre Abhängigkeit vom Fremdkapitalgeber bzw. um so geringer der Dispositionsbereich für eine eigenständige Willensbildung ist.)

Je nachdem, bei wem die Verschuldung erfolgt, können mit Hahl[63] zwei Fälle unterschieden werden:

(1) Der *vertikale Abhängigkeitsgrad* (A_v), der das Verhältnis Inanspruchnahme des ZBS seitens des GBS zur Inanspruchnahme des GBS seitens der Wirtschaft meint. Bezogen auf 100 Einheiten Kredit des GBS an die Wirtschaft kommt darin die Refinanzierungsquote des GBS beim ZBS zum Ausdruck.

(2) Der *horizontale Abhängigkeitsgrad* (A_h), der auf das Verhältnis Inanspruchnahme des GBS seitens des GBS zur Inanspruchnahme des GBS seitens der Wirtschaft abstellt. Wiederum bezogen auf die Vergabe von 100 Einheiten Kredit des GBS an die Wirtschaft kann man in diesem Zusammenhang vom Interbanken-Verschuldungsgrad sprechen.

Die möglichen Verschuldungsbeziehungen und damit Abhängigkeiten werden in Abbildung B. 4 dargestellt:

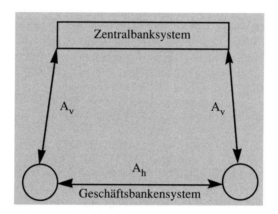

Abb. B. 4: Verschuldungsbeziehungen im Bankensystem

Es wird zunächst isoliert der Zusammenhang zwischen der Struktur des Geldvolumens und der Abhängigkeit des GBS vom ZBS betrachtet.

a. 1. Die Struktur des Geldvolumens

In bezug auf die Struktur des Geldvolumens können drei Fälle unterschieden werden:

(1) Extremfall reines Bargeldsystem
  Läuft in einem Bankensystem nur durch das ZBS ausgegebenes Bargeld um, dann ist der vertikale Abhängigkeitsgrad 100%. Das ZBS allein reguliert die Geldmenge; eine Geldschöpfung durch das GBS ist nicht möglich und das vertikale Verhältnis damit maximal straff.

---

[63] Die folgenden Überlegungen bauen auf der Konzeption von W. Hahl auf (Verhältnis zwischen Geschäftsbankensystem und Zentralbanksystem in verschiedenen Ländern, Meisenheim am Glan 1962, insbesondere S. 27ff.).

(2) Extremfall reines Giralgeldsystem
Läuft in einem Bankensystem nur Giralgeld des GBS um, d.h. werden die Zahlungstransaktionen nur auf der Grundlage von Sichteinlagen mit den Zahlungsinstrumenten Scheck, Kreditkarte, Überweisung oder Lastschrift bzw. beleglos durch Datenfernübertragung abgewickelt, dann ist der vertikale Abhängigkeitsgrad 0%. Das ZBS ist (ohne weiteres) nicht in der Lage, die Geldmenge zu beeinflussen. Ein vertikales Verhältnis existiert nicht bzw. es ist maximal weit.

(3) Realfall Mischgeldsystem
Da Geld des ZBS (GBS) die Beziehung zwischen ZBS und GBS strafft (lockert), ist in einem Mischgeldsystem das Verhältnis zwischen ZBS und GBS eine Funktion der Zusammensetzung des Geldvolumens. Im folgenden wird davon gesprochen, daß das Verhältnis straff (weit) ist, wenn der Anteil des Bargeldes (Giralgeldes) mehr als 50% des Gesamtgeldvolumens beträgt.

Dementsprechend läßt sich nach dem Anteil von Bar- bzw. Giralgeld die folgende idealtypische Spannungsreihe für das Verhältnis von ZBS und GBS auf der Basis der Struktur (allein!) des Geldvolumens erstellen:

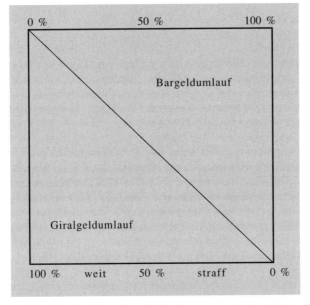

Abb. B. 5: Struktur des Geldvolumens und Verhältnis zwischen Geschäftsbanken- und Zentralbanksystem

In der Realität ist das **Verhältnis Bargeld/Giralgeld eine Funktion der Zahlungsgewohnheiten. Die weltweit zu beobachtenden Veränderungen dieser Gewohnheiten führen tendenziell zu einem weiter werdenden Verhältnis zwischen ZBS und GBS.** Dies ist besonders ausgeprägt überall dort der Fall, wo der Übergang von der Einkommensauszahlung in Bargeld (»Lohntüten«) zur bargeldlosen Einkommenszahlung im wesentlichen abgeschlossen ist. – Unabhängig von den kontroversen Ansichten über eine zweckmäßige Fassung der Geldmenge wird für die folgenden Aussagen das Geldvolumen in seiner engen Fassung (M_1) gewählt (vgl. S. 143), weil die Kernkomponenten dieser Größe international am wenigsten umstritten sind. Da außerdem untersucht werden soll, wie sich der Anteil des Bargeldes im Vergleich zum Buchgeld entwickelt hat – es in diesem Zusammenhang also weniger auf die Höhe des Anteils als auf seine Bewegung in der Zeit ankommt – ist die engere oder weitere Fassung des Buchgeldes auch von nachrangiger Bedeutung.

a. 2. Die Struktur des Geschäftsbankensystems

Maßgröße für die Struktur des GBS soll der Konzentrationsgrad sein. Darunter wird die Anzahl der Banken verstanden, die selbständig operieren, d.h. nicht aufgrund von finanziellen, personellen und sonstigen Bindungen einer fremden Willensbildung unterliegen. Hier können nicht alle Arten von Bindungen berücksichtigt werden, so daß vom statistischen Material her allein auf die Anzahl rechtlich selbständiger Institute abgestellt wird[64]: Je geringer die Anzahl der selbständigen Institute, desto höher der Konzentrationsgrad, je größer ihre Anzahl, um so stärker die Dezentralisation im GBS. – Bei der Untersuchung der Struktur des Geschäftsbankensystems soll die Struktur des Geldvolumens in die Betrachtung einbezogen werden. Dann lassen sich folgende Fälle unterscheiden:

(1) Extremfall total konzentriertes Geschäftsbankensystem (nur eine Geschäftsbank)
In einem solchen Bankensystem und bei Zahlungsgewohnheiten des Publikums, die ausschließlich durch Bargeldtransaktionen repräsentiert werden, ist der vertikale Abhängigkeitsgrad $A_v = 100\%$ und somit das Verhältnis zwischen ZBS und GBS maximal straff. Läuft andererseits in einem total konzentrierten GBS ausschließlich Giralgeld um, so ist $A_v = 0\%$ und somit das Verhältnis zwischen ZBS und GBS maximal weit. Alle Zahlungstransaktionen unter den Wirtschaftssubjekten können durch interne Verrechnung auf ihren Konten, die sie ohne Ausnahme bei derselben Bank unterhalten, abgewickelt werden. Ist indessen in einem total konzentrierten Bankensystem die Zusammensetzung des Geldvolumens sowohl durch Bar- als auch Giralgeld gekennzeichnet, so liegt der vertikale Abhängigkeitsgrad entsprechend dem Umfang, in dem die Geschäftsbank auf die Versorgung mit Bargeld angewiesen ist, zwischen 0 und 100%. Es zeigt sich im Ergebnis, daß in einem total konzentrierten GBS die Höhe des Abhängigkeitsgrades des GBS vom ZBS allein eine Funktion der Struktur des Geldvolumens ist.

(2) Realfall dezentrales Geschäftsbankensystem (zwei oder mehr Geschäftsbanken)
Läuft in einem dezentralen GBS nur Bargeld um, so bleibt der vertikale Abhängigkeitsgrad bei 100% und damit das Verhältnis zwischen ZBS und GBS maximal straff. Auch die Bereitschaft der Geschäftsbanken, sich untereinander Kredite einzuräumen, ändert daran nichts, da entsprechend den Zahlungsgewohnheiten des Publikums diese

---

[64] Wenn hier die Beteiligungen der Kreditinstitute untereinander außerhalb der Betrachtung bleiben, dann deshalb, weil es angesichts unterschiedlicher Geschäftsstrukturen eine repräsentative Beteiligungsquote, von der ab ein beherrschender Einfluß angenommen wird, nicht gibt. Das zeigen die Auseinandersetzungen um den Begriff der Beteiligung (ab 20% nach § 271 Abs. 1 HGB), des Konzerns (mehr als 50% der Stimmrechte nach § 290 Abs. 2 HGB) und auch die Konsolidierung bei Bankengruppen (von Tochterunternehmen und Minderheitsbeteiligungen, vgl. S. 513).

Kredite bar in Anspruch genommen werden und insoweit die gemeinsame Kreditexpansion von der Bargeldversorgung durch das ZBS abhängt. In einem dezentralisierten GBS bei Umlauf von ausschließlich Giralgeld und auch im Mischgeldsystem ist die Abhängigkeit zur Zentralbank dagegen nicht mehr allein durch die Geldkomponente bestimmt. Vielmehr ist auch die horizontale Abhängigkeit der Geschäftsbanken untereinander zu beachten. Sie entsteht dadurch, daß zwei oder mehr Geschäftsbanken zueinander in Kontakt treten und sich kreditmäßig verpflichten (Position in der Bundesbankstatistik: Verbindlichkeiten bzw. Forderungen gegenüber Kreditinstituten). Unter solchen Umständen können vertikale und horizontale Abhängigkeit substitutiv auftreten. Auf diese Weise kann es zu einer tendenziellen Loslösung der Geschäftsbanken vom ZBS kommen.

Die Bestimmungsgründe des horizontalen Abhängigkeitsgrades werden deutlich, wenn die Kreditaktivität bei einer Geschäftsbank mit der Folge von Giralgeldbewegungen betrachtet wird:

Setzt der Kunde der kreditaktiven Bank den Kreditbetrag zur Begleichung von Verbindlichkeiten bei einem Gläubiger ein, der ebenfalls Kunde dieser Bank ist, dann ergibt sich die Möglichkeit zur vollständigen internen Verrechnung. Sowohl der horizontale als auch der vertikale Abhängigkeitsgrad sind 0, das horizontale und das vertikale Verhältnis sind maximal weit (in bezug auf derartige Einzeltransaktionen typisch z.B. für eine Großbank).

Disponiert der Kunde der kreditaktiven Geschäftsbank indessen so, daß er einen vollständigen Abfluß der Kreditvaluta zu einer (oder mehreren) anderen Geschäftsbanken auslöst, dann kommt es für die Bestimmung des horizontalen Verhältnisses auf das Verhalten der den Betrag (die Beträge) empfangenden Geschäftsbank(en) an. Nur in dem Ausmaß, in dem diese bereit ist (sind), die Gutschrift für ihren Kunden mit einer Forderung auf einem Verrechnungskonto gegenüber der kreditgewährenden Bank zu alimentieren, entsteht eine horizontale Abhängigkeit. Besteht eine solche Bereitschaft nicht, wird vielmehr die Anschaffung von Zentralbankgeld verlangt (und die Gutschrift an den Kunden auf dieser Basis vorgenommen), dann erhöht sich der Einfluß des ZBS auf das GBS und damit der vertikale Abhängigkeitsgrad.

Ein weites horizontales Verhältnis ist nun um so wahrscheinlicher, je höher der Dezentralisationsgrad im GBS ist, je größer auch die räumlichen Entfernungen zwischen den Banken sind und je weniger ausgebildet sich die Organisation in Gruppen darstellt, weil dann die Voraussetzungen für engere Kontakte zwischen den vielen Bankeinheiten ungünstig sind. Eine solche Situation ist näherungsweise für die wenig organisierte Gruppe der Privatbankiers gegeben. Dagegen sind die Verbund- und Girosysteme der Sparkassen und Landesbanken sowie der Genossenschaftsbanken und ihrer Zentralbanken straff organisiert. Hier kann man deshalb von einer gegenseitigen Unterstützung durch Einräumung von Kreditfazilitäten ausgehen, so daß der horizontale Abhängigkeitsgrad zu Lasten des vertikalen ausgeprägt ist.

Der Fall eines dezentralen GBS auf der Basis des Mischgeldsystems ist in der Realität westlicher Industrieländer üblich; hier bestehen gleichzeitig ein horizontaler und vertikaler Abhängigkeitsgrad.

Will man den Begriff der Struktur des GBS nicht nur qualitativ beschreiben, so kann man – entsprechend der idealtypischen Spannungsreihe für die durch die Struktur des Geldvolumens bestimmte Abhängigkeit des GBS vom ZBS – eine idealtypische Spannungsreihe für die Konzentration im GBS erstellen. Hahl[65] benutzt dafür die Darstellungs-

---

[65] Vgl. W. Hahl: a.a.O., S. 118f.

methode der Lorenz-Kurve[66], in welcher der Konzentrationsgrad in der Verteilung des Einlagenvolumens auf die Institute zum Ausdruck kommt (Abbildung B. 6).

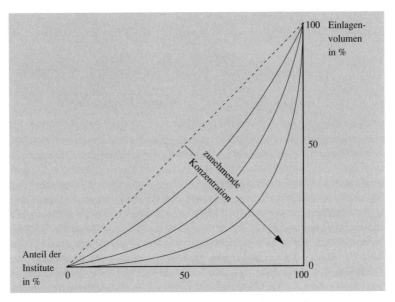

Abb. B. 6: Konzentration innerhalb eines Geschäftsbankensystems

Auch international ist die Gewohnheit verbreitet, den Konzentrationsgrad auf der Grundlage der Bankenstatistik durch den Vergleich der Anzahl rechtlich selbständiger Institute mit der Verteilung des von ihnen gehaltenen Einlagenvolumens zu messen.[67] Dabei taucht indessen das genannte Problem auf, daß nicht nur im Hinblick auf das Ausmaß des Wettbewerbs, sondern auch für die gegenseitige Bereitschaft der Geschäftsbanken, sich Kredite einzuräumen, schon mit der rechtlichen Selbständigkeit die Unabhängigkeit der Institute unterstellt wird. Es ist aber durchaus möglich und auch üblich, daß z.B. auf der Grundlage von Mehrheitsbeteiligungen Konzernverhältnisse für eine Vielzahl von Geschäftsbanken entstehen, bei denen man nicht mehr von ihrer wirtschaftlichen Selbständigkeit sprechen kann. Gibt es derartige Beherrschungsverhältnisse in einem Geschäftsbankensystem mit vielen Einheiten, so besteht trotz »statistisch« geringen Konzentrationsgrades tatsächlich eine stärkere Konzentration. Enge Bindungen für die Mitglieder einer Gruppe liegen auch vor, wenn angesichts eines gemeinsamen Grundauftrages (etwa genossenschaftlicher oder gemeinnütziger Art) auf kooperativer Basis Verbundsysteme mit zentralem Geld- und Liquiditätsausgleich vorhanden sind.

---

[66] Zu den Verfahren und Problemen der Konzentrationsmessung vgl. G. Aberle: Wettbewerbstheorie und Wettbewerbspolitik, 2. Aufl., Stuttgart u.a. 1992, S. 95-98 und I. Schmidt: Wettbewerbspolitik und Kartellrecht, 4. Aufl., Stuttgart u.a. 1993, S. 123-126.

[67] Einen entsprechenden Zusammenhang stellt etwa der sog. Herfindahl-Hirschman Index her, der in den USA zur Beurteilung der Konzentration in lokalen (Banken-)Märkten Verwendung findet – vgl. D. F. Amel/M. T. Howell: Trends in the Structure of Federally Insured Depository Institutions, 1984-1994, in: Board of Governors of the Federal Reserve System: FRB, vol. 82, 1996, S. 1-15.

a. 3. Notenbankpolitische Maßnahmen

Geht man davon aus, daß aus der Sicht der Zentralbank die *Struktur des Geldvolumens* (Zahlungsgewohnheiten des Publikums) sowie die Struktur des *Geschäftsbankensystems* (Konzentrationsgrad) Daten sind, so wäre damit ein »natürlicher« Abhängigkeitsgrad des GBS vom ZBS vorgegeben. Mit solchen Vorgaben kann sich das ZBS indessen nicht begnügen, da seine Aufgabe im Rahmen der monetären Konjunkturpolitik gerade in der Einwirkung auf das GBS, also in der Gestaltung dieser Abhängigkeit, liegt. Diesem Gestaltungszweck dient das notenbankpolitische Instrumentarium, das deshalb als weiterer Faktor der Bestimmung des Verhältnisses zwischen ZBS und GBS betrachtet werden muß.

Es mag sein, daß es der Zentralbank bei Verfolgung ihrer monetären Strategie leicht fällt, mit den Geschäftsbanken zu kooperieren. Dafür können verschiedene Gründe sprechen. So ist die Kooperation in einem System staatlicher Bankwirtschaft von vornherein angelegt. Vielleicht ist auch durch die Struktur des Geldvolumens und diejenige des GBS ein straffes vertikales Verhältnis vorgegeben, aufgrund dessen die Zentralbank ihre Ziele ohne weiteres durchsetzen kann. Unter solchen Umständen mögen dafür dann nur Willensbekundungen erforderlich sein (Moral Suasion). Besteht andererseits eine Verstaatlichung des Bankensystems nicht oder ist aufgrund der Zusammensetzung des Geldvolumens und der Struktur des GBS ein nur geringer vertikaler Abhängigkeitsgrad vorhanden, so kann es notwendig werden, daß die Zentralbank zur Durchsetzung ihrer Ziele die Geschäftsbanken eng an die Leine nehmen muß (Kreditplafondierung). Diese Beispiele machen deutlich, daß bei einer gegebenen Datenkonstellation zentralbankpolitische Ziele mit mehr oder weniger dirigistischen Maßnahmen durchsetzbar sind. Dementsprechend ist es sinnvoll, die notenbankpolitischen Maßnahmen in der *Reihenfolge* von den *mehr liberalen* hin zu den *mehr dirigistischen* wie folgt zu ordnen:

(1) Moral Suasion
(2) Offenmarktpolitik im weiteren Sinne
(3) Diskont- und Lombardpolitik, und zwar
    – qualitativ (d.h. im Hinblick auf die Anforderungen an die Diskont- bzw. Lombardfähigkeit von Wechsel- und Wertpapiermaterial),
    – quantitativ (d.h. im Hinblick auf die Festsetzung von Diskont- und Lombardsatz sowie die dauerhaften und die ad-hoc-Kontingente für den Rediskont und den Lombard),
(4) Mindestreservepolitik
(5) direkte Kreditbeschränkungen (Plafondierungen).

Die Anordnung der Instrumente reicht somit von marktwirtschaftskonformen Maßnahmen (wie Willensbekundungen und Appellen) sowie rentabilitätsmäßig begründeten Aufforderungen zur Kooperation (mit Hilfe von Renditeofferten einschließlich Kurssicherungshilfen) über die Erschwerung bzw. Erleichterung der Refinanzierungsmöglichkeiten bis hin zu Eingriffen, die im marktwirtschaftlichen System einen Fremdkörper darstellen (z.B eine autonome Blockierung von Liquidität und Kreditvergaben). Es wird deutlich, daß auch bei vorgegeben weitem vertikalen Verhältnis die Zentralbank insbesondere mit dem Einsatz eher dirigistischer Instrumente in der Lage ist, das Verhältnis zu straffen und die Geschäftsbanken in eine größere Abhängigkeit zu zwingen.

Im folgenden soll eine Reihe von ausländischen Bankensystemen daraufhin untersucht werden, wie das Verhältnis zwischen ZBS und GBS aufgrund der Strukturen des Geldvolumens und des Geschäftsbankensystems zu beurteilen ist und wie es durch den Einsatz des notenbankpolitischen Instrumentariums hoheitlich gestaltet wird. Dabei sind es die vorgegebenen, die »natürlichen« Determinanten des Verhältnisses, die Erklärungswert für den Einsatz des zentralbankpolitischen Instrumentariums besitzen. In diesem Zusammenhang genießen ein nur begrenztes geldpolitisches Interesse der Zentralbank diejenigen Bankengruppen, die in den folgenden Übersichten der Bankensysteme der Notenbank mit einer unterbrochenen Verbindungslinie unterstellt sind.

b. Das Bankensystem in der Schweiz

Die Struktur des schweizerischen Bankensystems ist in Abbildung B. 7 dargestellt:

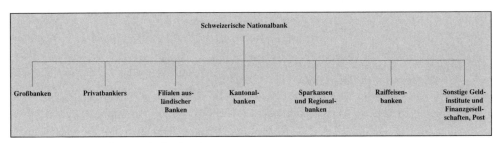

Abb. B. 7: Das schweizerische Bankensystem

Als Zentralbank fungiert die *Schweizerische Nationalbank,* die in der Rechtsform der AG organisiert ist. Das Aktienkapital befindet sich mehrheitlich im Besitz öffentlich-rechtlicher Körperschaften. Obwohl der Bund keine Aktien besitzt, ist sein Einfluß durch Gesetz gegeben. Die Generalversammlung der Aktionäre wählt nur die Minderheit der Mitglieder des Bankrates. Die Mehrheit wird vom Bundesrat (der Regierung) ernannt, der auch für die Bestellung der drei Mitglieder des Direktoriums zuständig ist. Für die Aufsicht über die Kreditinstitute zeichnet die Eidgenössische Bankenkommission verantwortlich.

Dem föderalistischen Aufbau des Landes entsprechend findet man eine Vielzahl von Banken mit regional eingeschränktem Marktbereich, insbesondere Kantonal-, Regionalbanken und Sparkassen. Unabhängig davon hat sich eine Reihe auch international wichtiger Bankplätze in Zürich und – mit deutlichem Abstand – Genf und Basel herausgebildet.

Mittlerweile existieren nur noch drei Schweizer *Großbanken*: die Schweizerische Kreditanstalt, die unter dem Dach der Credit Suisse Holding auch die Bank Leu AG (seit 1990) sowie die Schweizerische Volksbank (1993) vereinigt hat, die Schweizerische Bankgesellschaft und der Schweizerische Bankverein, die zur United Bank of Switzerland fusioniert werden.[68] Sie sind Universalbanken wie die deutschen Großbanken und konzentrieren über die Hälfte der Bilanzsumme aller Banken auf sich.[69] Unter Einbeziehung der in den letzten Jahren dynamisch gewachsenen Tätigkeiten im Ausland erhöhte sich ihre Bilanzsumme im übrigen auf rd. 50% der Bilanzsumme aller Geschäftsbanken. Wie in der

---

[68] Vgl. zu generellen Entwicklungstrends E. Kilgus: Strukturveränderungen im schweizerischen Bankwesen, in: Die Unternehmung, 48. Jg., 1994, S. 421-426 sowie o.V.: Schweizer Bankenlandschaft ist eine Baustelle, in: BZ, Nr. 250 v. 31.12.1996, S. 37.
[69] Die folgenden Zahlenangaben beziehen sich, falls nichts anderes erwähnt ist, auf das Jahr 1995.

Bundesrepublik auch, wird das Wachstum der Großbanken extern, d.h. durch Übernahme anderer Banken und den Erwerb von Bankbeteiligungen, unterstützt. Durch einige besonders spektakuläre Auslandsakquisitionen von Wertpapierhäusern, wie z.B. die Übernahme der First Boston durch die Credit Suisse sowie SG Warburg durch den Schweizerischen Bankverein, konnten die Schweizer Institute ihre traditionelle Stärke in bezug auf den Bereich des Investment Banking auch im internationalen Maßstab weiter ausbauen.

Ebenfalls vergleichbar den Verhältnissen in der Bundesrepublik ist die Anzahl der noch 17 *Privatbankiers;* sie ist in der Vergangenheit rückläufig gewesen. Ihr Marktanteil – gemessen an der Bilanzsumme aller Banken – liegt inzwischen bei ca. 0,6%. Dabei muß jedoch beachtet werden, daß die wirtschaftliche Bedeutung dieser von tätigen Bankiers mit eigener Haftung getragenen Häuser in der Bilanzsumme nur unzureichend zum Ausdruck kommt. Zum Teil empfehlen sie sich nicht einmal öffentlich zur Annahme fremder Gelder, sondern üben als Vermögensverwalter wohlhabender Personen und Institutionen Börsen- und sonstige Anlagegeschäfte in diskreter Form und unter Betonung des individuellen Service aus.

Der Bedeutung der Schweiz als internationaler Finanzplatz ist es zu danken, daß hier auch eine Reihe von Filialen *ausländischer Banken* (14) domiziliert; daneben gibt es 140 schweizerische Institute, die von ausländischen Kreditinstituten beherrscht werden. Zwischen der Bankwirtschaft der Bundesrepublik und derjenigen der Schweiz ist das früher ungeschriebene Gesetz durchbrochen worden, daß man nicht die unmittelbare wettbewerbliche Konfrontation mit der Gründung von Filialen in dem jeweils anderen Land sucht. Abgesehen davon, daß deutsche Kreditinstitute für bestimmte Zwecke (etwa der Forfaitierung oder der Vermögensverwaltung) seit längerem Finanzgesellschaften in der Schweiz unterhalten, sind dort seit Mitte der 80er Jahre die Großbanken unter ihrem Namen mit Tochtergesellschaften vertreten. Umgekehrt domizilieren auch der Schweizerische Bankverein, die Schweizerische Kreditanstalt und die Schweizerische Bankgesellschaft seit 1985 bzw. 1986 in der Bundesrepublik.

Typisch für die politische Struktur der Schweiz sind die 25 *Kantonalbanken* mit einem Marktanteil von gut 20%, die Hausbanken der jeweiligen Kantone. Sie haben insoweit öffentlich-rechtlichen Charakter, als bei den meisten von ihnen der Staat für die Verbindlichkeiten voll haftet; außerdem werden sie alle unter Mitwirkung der kantonalen Behörden verwaltet. Ursprünglich einseitig auf das Spar- und Hypothekargeschäft ausgerichtet, haben sie sich mehr und mehr zu Instituten mit Universalbankcharakter entwickelt, die stärker im kurzfristigen und auch im Emissionsgeschäft Fuß fassen konnten.[70]

Ähnliches gilt für die *Sparkassen* und *Regionalbanken,* eine heterogene Gruppe, die nach einer Strukturbereinigung anfangs der neunziger Jahre mittlerweile noch 127 Institute umfaßt (1990: 204). Die Einlagen der Sparkassen werden zum Teil öffentlich garantiert, zum Teil sind die Institute in der Rechtsform der Genossenschaft organisiert. Unabhängig davon, ob sie als Gemeindeinstitute oder Genossenschaften operieren, besitzen sie lediglich lokale Bedeutung. Unter den Regionalbanken findet man die Bodenkreditbanken, die den Schwerpunkt ihres Aktivgeschäfts im Hypothekarkreditbereich besitzen. Die Konzentration im schweizerischen Kreditwesen ist weitgehend zu Lasten der Gruppe der regionalen Institute gegangen, u.a. auch deshalb, weil sie nicht wie die Angehörigen der anderen Gruppen den Anschluß an das Auslandsgeschäft gefunden haben. Zur Behebung dieses Mankos sowie der Erzielung von Degressionseffekten insbesondere im Bereich der Daten-

---

[70] Vgl. W. Winter: Kantonalbankenszene im Umbruch, in: BZ, Nr. 233 vom 3.12.1994, S. 4.

verarbeitung haben 98 Institute im Jahre 1994 die RBA-Holding gegründet, unter deren Dach eine intensivere Zusammenarbeit in Form verschiedener Tochtergesellschaften stattfindet. – Insgesamt verfügt der Sektor der Sparkassen und Regionalbanken über einen Marktanteil von unter 6%.

Die vor allem in ländlichen Gebieten operierenden 1.034 *Raiffeisenbanken* (vor 1994 auch als »Darlehenskassen« bezeichnet) sind genossenschaftlich organisiert. Kredite geben sie nur an Mitglieder, die über die Kapitaleinlage hinaus einer beschränkten Nachschußpflicht unterliegen. Obwohl es sich um die zahlenmäßig größte Gruppe von Kreditinstituten handelt, vereinigt dieser Sektor nur knapp 4% Marktanteil auf sich (wiederum gemessen an der Bilanzsumme aller Banken).

Die überwiegend ausländisch beherrschten 71 *Finanzgesellschaften* widmen sich vor allem der längerfristigen Finanzierungstätigkeit, indem sie sich mit Beteiligungen, Finanzkrediten und sonstigen Kapitalanlagen bei Unternehmen engagieren.[71]

Insgesamt zeigt sich, daß das schweizerische Bankwesen viele gemeinsame Züge mit dem in der Bundesrepublik Deutschland aufweist. Das gilt auch für die *Post,* die ebenfalls am Zahlungsverkehr teilnimmt.

Selbst wenn man das externe Wachstum und damit die indirekte Konzentration außer Betracht läßt, kommt man zu der Feststellung, daß das schweizerische Bankensystem durch einen *hohen Konzentrationsgrad* gekennzeichnet ist; zwischen 1990 und 1995 sank die Zahl der Banken und Finanzgesellschaften von 631 auf 494.[72] Gemessen an der gesamten Bilanzsumme vereinigen die Großbanken – wie gesagt – die Hälfte des Marktes auf sich; nimmt man die Gruppe der Kantonalbanken hinzu, so entfallen gut 70% des Marktes auf 32 Institute: das sind 6,5% aller Kreditinstitute in der Schweiz.

Mißt man die *Struktur des Geldvolumens* (M_1) nach der Zusammensetzung in Bargeld und Sichteinlagen, so ergibt sich in der Schweiz ein *Trend* weg vom Bargeld und *hin zu den Sichteinlagen.* Letztere umfaßten 1995 mit einem Anteil von rund 80% mehr als 3/4 der Geldmenge.[73] Diese Komponente bringt eine zunehmende Weite des Verhältnisses zwischen Zentralbank und Geschäftsbanken zum Ausdruck; der vertikale Abhängigkeitsgrad wird aus dieser Sicht verringert.

Will man aus der Betrachtung der Zusammensetzung der Geldmenge und der Konzentration Schlußfolgerungen für das Verhältnis zur Schweizerischen Nationalbank ziehen, so sind indessen zwei weitere Faktoren zu berücksichtigen: Die Beurteilung des Verhältnisses zur Zentralbank angesichts des hohen Konzentrationsgrades muß zum einen beachten, daß die Bereitschaft zur übergreifenden, gegenseitigen Krediteinräumung durch die den deutschen Verhältnissen ähnliche Gruppeneinteilung eher behindert werden dürfte. Zum zweiten bestehen in der Ballung bedeutender Geschäftsbanken am wichtigsten Finanzplatz des Landes, Zürich, der gleichzeitig mit Bern der Sitz des Direktoriums der Schweizerischen Nationalbank ist, *Möglichkeiten der Kommunikation,* die für eine *Kooperation* zwischen Schweizerischer Nationalbank und den wichtigen Geschäftsbanken des Landes förderlich sind.

So dürfte die lokale Konzentration wichtiger Banken und Persönlichkeiten am internationalen Finanzplatz Zürich dazu beigetragen haben, daß auf **Moral Suasion beruhende**

---

[71] Seit 1995 werden die Finanzgesellschaften von der Schweizerischen Nationalbank nicht mehr als eigenständige Gruppe ausgewiesen.
[72] Vgl. dazu auch Ch. Brunner: Bankübernahmen in der Schweiz, Bern u.a. 1994; die Raiffeisenbanken gehen dabei als ein Verband ein.
[73] Vgl. Monatsberichte der Schweizerischen Nationalbank, Nr. 12/1995, S. 28.

Empfehlungen und Gentlemen's Agreements traditionell eine wichtige Rolle für die Gestaltung des Verhältnisses zwischen der Schweizerischen Nationalbank und den Geschäftsbanken spielten. In solchen Vereinbarungen verpflichteten sich die Geschäftsbanken etwa, auf freiwilliger Basis das Wachstum ihrer Kredite zu limitieren oder die Notenbank über beabsichtigte Emissionsvorhaben zu benachrichtigen.

Derartige Empfehlungen verloren indessen in dem Maße an Bedeutung, in dem die Schweiz innerhalb eines Systems fixer Wechselkurse durch ausländisches Kapital überschwemmt wurde und dementsprechend Gefahren insbesondere für die Preisstabilität auftraten. Deshalb machte man zunehmend von dem Instrument des befristeten Notrechts Gebrauch, so seit dem Jahre 1970, als aufgrund einer entsprechenden Bundeskompetenz gesetzlich fixierte Kreditbegrenzungen und Genehmigungspflichten für Neuemissionen eingesetzt wurden. Außerdem erhielt die Nationalbank die Ermächtigung zur Einforderung von Mindestreserven und zur Verschärfung des Instruments der Negativzinsen auf Ausländerkonten.

Solche Maßnahmen zeigten einen zunehmend reglementierenden Charakter des Instrumentariums zur Begrenzung der Geldmenge und der Stabilisierung des Preisniveaus, welches insbesondere aufgrund der Anschauung der Schweiz als eines internationalen Hortes der Stabilität außer Kontrolle zu geraten drohte. Nachdem die »natürlichen« Bestimmungsfaktoren der Beziehung zwischen Zentralbank und Geschäftsbanken, d.h. der allmähliche Übergang auf das Giralgeld sowie die zunehmende Konzentration im Geschäftsbankensektor, eher auf eine Lockerung des Verhältnisses hinwirkten, nachdem liberale Instrumente wie freiwillige Vereinbarungen und Moral Suasion zur Erreichung der gesamtwirtschaftlichen Ziele nicht mehr ausreichten, bediente man sich dirigistischer Instrumente, um die Geschäftsbanken auf den Kurs der Notenbank zu zwingen.

Mit dem weitgehenden Übergang zu freien Wechselkursen trat in der Schweiz 1979 ein neues Nationalbankgesetz in Kraft. Da freie Wechselkurse der Zentralbank eine größere Handlungsautonomie geben, konnte man es sich leisten, auf dirigistische Instrumente wie die behördlich angeordnete Begrenzung des Kreditvolumens der Geschäftsbanken (Kreditplafondierung) zu verzichten. Die Mindestreservepolitik wurde zwar in das neue Nationalbankgesetz aufgenommen; doch war es der erklärte Wille der Zentralbankleitung, das Instrument nur zurückhaltend einzusetzen (tatsächlich sind seit 1977 keine Mindestreserven mehr erhoben worden).[74] Dieser Haltung entsprach bereits das Vorgehen im Gesetzgebungsprozeß, in dem sich die Anhänger einer Basierung der Mindestreserven auf Einlagen (nach deutschem Muster) gegenüber denjenigen, die die Kreditvergabe unmittelbar belastende Aktivreserven befürworteten, durchsetzen konnten.

Da Diskont- und Lombardkredite nach Auffassung der Nationalbank vor allem zur Ultimofinanzierung dienen, nicht aber einer systematischen Erhöhung der Bankenliquidität zugute kommen sollten, liegt derzeit das Hauptgewicht bei der Steuerung der Bankenliquidität und Geldmenge in der Schweiz auf dem (liberalen) Instrument der Offenmarktpolitik im weitesten Sinne. Dazu gehören insbesondere der An- und Verkauf von Devisen im Zusammenhang mit Swap-Operationen, aber auch Transaktionen in schweizerischen Geldmarktpapieren.

---

[74] Vgl. K. Schildknecht: Steuerung der Bankenliquidität in der Schweiz, in: DBk, Nr. 4/1980, S. 154-159 sowie L. Schuster: Deregulierung im Schweizerischen Bankwesen, in: DBk, Nr. 2/1988, S. 75-80, hier insbes. S. 78.

Im Dezember 1992 haben sich die Schweizer gegen einen Beitritt ihres Landes zur Europäischen Währungsunion ausgesprochen. Wenn sich die Schweizerische Nationalbank mit dem Einsatz ihres Instrumentariums auch den anderen europäischen Staaten angenähert hat, so bleibt es ihr vor diesem Hintergrund doch möglich, weitgehend eigenständig zu operieren.

c. Das Bankensystem in Großbritannien

Die Struktur des britischen Bankensystems stellt sich wie in Abbildung B. 8 dar.

Mit dem Bank Charter Act von 1844 (bekannt als Peelsches Bankgesetz) wurde der *Bank of England* das Notenausgabemonopol in England und Wales übertragen. Nach dem II. Weltkrieg fand eine Verstaatlichung unter gleichzeitiger Entschädigung der Aktionäre statt. Bis zu einem möglichen Beitritt in die Europäische Währungsunion übt die Bank of England die Funktion einer Zentralbank in Großbritannien aus.

Das Direktorium (Court of Directors) der Bank of England wird von der Krone auf Empfehlung des Finanzministers ernannt. Das Issue Department wickelt neben der Aufsicht der Banken auf der Grundlage des Gesetzes von 1987 die Geschäfte an den Geld-, Effekten- und Devisenmärkten ab. Die grundlegenden geldpolitischen Entscheidungen fallen im Monetary Comittee. Die Bank of England verwaltet als Bank des Staates die Konten des Treasury (Schatzamt), gibt Kassenkredite und ist für den Verkauf staatlicher Schuldverschreibungen verantwortlich (Debt Management). – Das Treasury ist befugt, der Bank of England Weisungen zu geben, so daß diese formal als verlängerter Arm der Regierung anzusehen ist. Da man von offiziellen Direktiven bislang keinen Gebrauch machte, lediglich geldpolitische Vorschläge der Bank of England z.T. negativ beschied, ergibt sich de facto jedoch eine relative Unabhängigkeit der britischen Zentralbank.[75] Im Hinblick auf die Anforderungen des Maastrichter Vertrages wird diese Autonomie auch gesetzlich kodifiziert werden müssen.

Einen ersten Schritt in diese Richtung stellte die Übertragung des Timings bei der Realisierung geldpolitischer Beschlüsse auf die Bank of England dar.[76] Nach dem Labour-Wahlsieg im Mai 1997 übertrug der neue Schatzkanzler die »volle operative Unabhängigkeit« bei Zinsentscheidungen auf die Bank of England. Im neuformierten geldpolitischen Ausschuß (Monetary Policy Committee) besitzen die Vertreter der Notenbank die Majorität. Das Treasury behielt sich jedoch die Festlegung des Inflationsziels sowie die Wechselkurspolitik vor.[77]

Das britische Geschäftsbankensystem zeichnete sich traditionell durch Arbeitsteilung und damit eine weitreichende Spezialisierung aus. Bis vor wenigen Jahren wurde dieses System (zusammen mit dem der Vereinigten Staaten) dem *deutschen Universalbanksystem* als sogenanntes *Trennbanksystem* gegenübergestellt. Der Unterschied liegt im Kern darin,

---

[75] In einem von Reuters im Herbst 1995 verbreiteten Ranking der Zentralbanken nach dem Grad ihrer Unabhängigkeit belegte die Bank of England nur Platz 14 hinter der Bundesbank (Rang 1), der Schweizerischen Nationalbank (2), dem Federal Reserve in den USA (5) und auch der Banque de France (10); hinter ihr rangierte die Bank of Japan (17) – vgl. Deutsche Bundesbank (Hrsg.): Auszüge aus Presseartikeln, Nr. 60/1995 v. 6.9.1995, S. 7.

[76] Vgl. M. Lück: Die Politik der Bank of England: Whitehall entscheidet, in: ZfgK, 47. Jg., 1994, S. 312-317 sowie Th. Schmitt: Autonomie der Notenbank in London kein Thema, in: HB, Nr. 184 v. 22.9.1995, S. 39.

[77] Vgl. F. Dries: Die Old Lady emanzipiert sich, in: BZ, Nr. 86 v. 7.5.1997, S. 1.

daß bei den britischen Banken bzw. den amerikanischen Commercial Banks (vgl. S. 97) der *Erwerb von Aktien auf eigene Rechnung* und damit verbunden das Emissionsgeschäft, die Übernahme von Beteiligungen an Nichtbanken sowie der unmittelbare Zugang zur Börse grundsätzlich nicht üblich bzw. verboten waren.

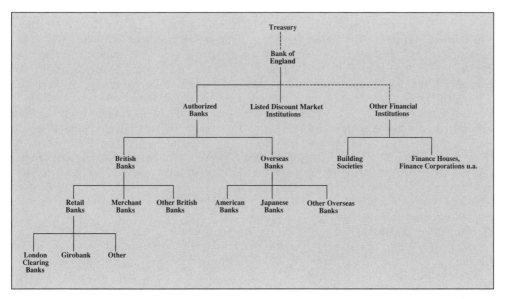

Abb. B. 8: Das Bankensystem in Großbritannien

Durch den mit Hilfe des Staates zur Unterstützung des Wettbewerbs unter den Kreditinstituten geförderten allmählichen Abbau der Spezialisierung (Deregulation) ist dieses grundlegende Unterscheidungsmerkmal inzwischen hinfällig geworden. Die Aufhebung des früher bestehenden Zinskartells, die Ausweitung der Sortimente der Geschäftsbanken, Diversifikationsbestrebungen auch ins Ausland hinein sowie die Konfrontation mit ausländischen Banken in London haben zu einer erheblichen Verschärfung des Wettbewerbs im britischen Bankensystem geführt. Vor allem aber ist es den Angehörigen aller Bankengruppen erlaubt, sich über Fusionen und Beteiligungen in neuen Geschäftsbereichen zu etablieren. Davon machen insbesondere die großen Retail Banks Gebrauch, und zwar durch den Aufkauf von Merchant Banks, von Stockbroker- und Jobberfirmen; über die auch das Investment Banking betreibenden Merchant Banks sind sie vor allem im Emissionsgeschäft, über die Brokerhäuser direkt an der Börse tätig. Damit sind seit dem Herbst 1986 auch in Großbritannien die Weichen in Richtung Universalbanksystem gestellt.

Die bedeutendste Gruppe unter den britischen Geschäftsbanken bilden die *Retail Banks,* die über landesweite Zweigstellennetze (auch) das Geschäft mit den privaten Haushalten durchführen und dem Clearing-System des Landes angeschlossen sind. Zu dieser Gruppe gehören die London Clearing Banks, die nach mehreren Fusionen nur noch aus vier Instituten, den sog. »big four«, bestehen: National Westminster Bank, Barclays Bank, Midland Bank (mittlerweile im Besitz der Hongkong & Shanghai Banking Corp.) und Lloyd's Bank. Die Clearing Banks sind traditionell auf das kurzfristige Einlagen- und Kreditgeschäft zusammen mit der Abwicklung des Zahlungsverkehrs für Unternehmens- und Privatkunden ausgerichtet. Neben der Mittelanlage in längerfristigen Staatsanleihen machen sich aber seit Jahren zunehmend Tendenzen bemerkbar, auch in das längerfristige Geschäft – und dies nicht nur über den Erwerb von Beteiligungen und die Gründung von Tochterbanken – einzudringen. Obwohl als Resultat drastischer Kostensenkungsprogramme[78] die Zahl ihrer Zweigstellen gegenüber dem Anfang der neunziger Jahre um ein Drittel reduziert wurde und nur noch rd. 10.000 beträgt, sind diese Institute unverändert stark im Sektor der privaten Haushalte verhaftet und haben – nicht zuletzt aus diesem Grunde – einen Anteil von mehr als 40% am gesamten Einlagenvolumen aller britischen Geschäftsbanken erreicht.[79] Während die Betätigung an der Börse erst 1986 möglich wurde, sind die Anlageberatung sowie die Verwahrung und Verwaltung von Wertpapieren für die Kundschaft seit jeher betrieben worden. Dieser Geschäftszweig besitzt im Rahmen der Vermögensverwaltung (Trust-Geschäft) gerade bei den Retail Banks durchaus Gewicht.[80] Die Lloyds Bank hat 1995 die TSB Bank übernommen und ist dadurch zum drittgrößten Finanzkonzern Großbritanniens avanciert. Die TSB bildet die Holding der vormals eigenständigen *Sparkassen* (Trustee Savings Banks) mit regional begrenztem Einzugsbereich. Diese Institute konzentrierten sich früher auf die Hereinnahme staatlich garantierter Einlagen mit längeren Laufzeiten, die insbesondere der Staatsfinanzierung nutzbar gemacht wurden. Nach der Aufhebung rechtlicher Beschränkungen im Jahre 1976 haben sich zwar einerseits ihre Geschäftsmöglichkeiten erweitert, andererseits konnten aber zahlreiche Institute dem Wettbewerb insbesondere mit den großen Retail Banks nicht mehr standhalten. Auch die Formierung der Holding, die 1986 an der Börse eingeführt wurde, brachte keine Lösung der Strukturprobleme des Sparkassensektors mit noch über 1.100 Zweigstellen, so daß die Übernahme durch die Lloyds Bank als »Konsolidierungs-Merger«[81] bezeichnet wurde.

Die Bank of England zählt zu den Retail Banks über die Londoner Clearer hinaus auch die schottischen und nordirischen Depositenbanken sowie neuerdings das zentrale Postgiroamt (*Girobank*).

Das Emissionsgeschäft (Issuing) auch in Aktien, andere langfristige Finanzierungen für Unternehmen und Staat, die Auflegung von Investmentfonds sowie allgemein das »financial engineering« (das ist der Anspruch, maßgeschneiderte Lösungen für Finanzprobleme zu finden) werden vor allem von den 22 *Merchant Banks* angeboten. Ursprung des Geschäfts dieser renommierten Gruppe von »Privatbankiers« war die Finanzierung des internationalen Warenverkehrs von Handelsunternehmen (merchants). Daraus ist das Akzeptkreditgeschäft gewachsen, ein Betätigungsfeld, das auch heute noch Bedeutung besitzt. Die mit dem Akzept einer Merchant Bank versehenen Wechsel werden zu Vorzugssätzen am Geldmarkt gehandelt und von der Bank of England zum Rediskont entgegengenommen. Trotz ihres relativ geringen Marktanteils am Bilanzvolumen aller Banken in Großbritannien von ca. 3% haben die Merchant Banks eine starke Position im Eurogeld- und -kapitalmarkt. Die Bedeutung der britischen Wertpapierhäuser und des Standortes London für das internationale Investment Banking läßt sich daran ablesen, daß so bekannte Institute wie Morgan Grenfell, Kleinwort Benson oder S.G. Warburg Akquisitionsobjekte ausländischer Bankkonzerne geworden sind, die sich auf den entsprechenden Geschäftsfeldern

---

[78] Vgl. D. Fairlamb: Britain´s incredible shrinking banks, in: II, vol. 18, 1993, no. 3, S. 37-46.
[79] Die folgenden Zahlenangaben beziehen sich, falls nichts anderes erwähnt ist, auf das Jahr 1995.
[80] Vgl. auch F. Dries: Der Big Bang war eine unvollendete Revolution, in: BZ, Nr. 205 v. 24.10.1996, S. 13.
[81] O.V.: Lloyds TSB Group wird führender britischer Clearer, in: BZ, Nr. 194 v. 10.10.1995, S. 7f.; vgl. weiterhin A. Josten: Ein Markstein in der Sparkassengeschichte Großbritanniens, in: Spk, 112. Jg., 1995, S. 580-581.

verstärken wollten; wenige Häuser wie Schroders oder Rothschild haben ihre Unabhängigkeit bewahrt.[82] Vor diesem Hintergrund kann die Einordnung der Gruppe insgesamt unter »British Banks« nur noch bedingt gerechtfertigt werden.

In ausländischem Besitz befinden sich die 335 *Overseas Banks*. Dies sind Institute aus den USA und Japan, aber auch vom europäischen Kontinent, die an der finanziellen Drehscheibe des wichtigen Finanzplatzes London und damit im Zentrum des Euromarktes vertreten sein wollen. – Dagegen sind unter den rd. 100 *Other British Banks* britische Institute, die traditionell in den früheren Kolonialgebieten der Krone operieren. – Insbesondere infolge des Wachstums der Euromärkte in den vergangenen 25 Jahren hat die Gruppe der Overseas Banks am stärksten expandiert und vereinigt mit einem Anteil von etwas unter 60% das größte Bilanzvolumen, allerdings unter Berücksichtigung der dominierenden, auf Fremdwährung lautenden Einlagen, auf sich.

Die Versorgung der Geschäftsbanken mit Liquidität und die Abschöpfung der Liquidität durch die Zentralbank vollzogen sich traditionell weniger im unmittelbaren Kontakt mit der Bank of England, sondern vor allem über die 7 *Discount Houses*. Insbesondere die Retail Banks legten dort Liquiditätsüberschüsse verzinslich an und verschuldeten sich im Bedarfsfalle bei den Discount Houses. Zur Deckung von Refinanzierungslücken wendeten sich diese wiederum an die Bank of England als den Lender of the Last Resort. Wegen ihres engen Kontakts zur Zentralbank nahmen die Diskonthäuser auch Emissionen in kurz- und langfristigen Staatspapieren auf und betätigten sich im Handel mit solchen Werten gegenüber den anderen Geschäftsbanken. Seit Februar 1997 haben die Discount Houses ihren exklusiven Status jedoch eingebüßt, da die Bank of England in ihre Geldmarktoperationen nun einen Kreis von mehreren hundert Marktteilnehmern einbezieht.

Nach einer Prüfung durch die Bank von England dürfen nur solche Institute die Firmenbezeichnung »Bank« bzw. »Banker« führen, die bestimmte Anforderungen an das Standing erfüllen und ein Mindestsortiment an Bankleistungen bieten. Zu dieser Gruppe der autorisierten Banken zählen ca. 490 in- und ausländische Institute. Einer besonderen Aufsicht unterliegen (noch) die *Building Societies*. Diese traditionsreichen, mittlerweile lediglich rd. 80 Bausparkassen besitzen das höchste Aufkommen an Spareinlagen überhaupt. Ihre Geschäftstätigkeit war – wie bei dem deutschen Pendant auch – auf Annahme von Spareinlagen und die Wohnungsbaufinanzierung konzentriert, ohne daß es sich hier jedoch um Verbundleistungen im Sinne des deutschen Bausparkollektivs handelte. Nachdem der Building Societies Act 1986 hierzu die entsprechenden Grundlagen geschaffen hatte, drängten auch die Bausparkassen in den Bereich der Konsumfinanzierung und den Zahlungsverkehr. Sie wurden damit im Geschäft mit der Privatkundschaft zum wichtigsten Wettbewerber der Retail Banks.[83] Dabei hat allerdings die Krise des Immobilienmarktes zu Beginn der neunziger Jahre ihre Ausgangsposition geschwächt. Wie in den USA (vgl. S. 100) führte der konjunkturelle Boom in den späten 80er Jahren (auch) zu einer spekulativen Blase der Immobilienpreise und verleitete zahlreiche Institute zu einer unvorsichtigen Kreditpolitik. Ab Mitte 1990 setzte die längste Rezession in der britischen Nachkriegsgeschichte ein, die neben einer sprunghaft ansteigenden Zahl von Unternehmensinsolvenzen und Privatkonkursen (mit der Folge von Forderungsausfällen bei den Kreditgebern) auch dazu führte, daß der Wert der als Sicherheiten dienenden Ein- und Mehrfamilienhäuser sowie Gewerbeimmobilien rapide abnahm.

---

[82] Vgl. F. Dries: Britische Merchantbanken werden zur Rarität, in: BZ, Nr. 250 v. 30.12.1995, S. 47.
[83] Vgl. F. Dries: Englands bekehrte Bausparkassen, in: BZ, Nr. 4 v. 8.1.1997, S. 1.

Für 1997 ist die Umwandlung von vier der zehn größten Building Societies von einem Verein auf Gegenseitigkeit in eine börsennotierte Bank geplant.

Ebenso wie zahlreiche Bausparkassen bemühen sich auch die als *Other Financial Institutions* eingruppierten *Finance Houses* um die Zuerkennung des Bankstatus' und damit die Ausweitung ihrer Geschäftsmöglichkeiten. Noch haben diese Institute ihren Schwerpunkt im Ratenkredit- und Leasinggeschäft. – In der Vergabe längerfristiger Kredite vor allem an mittelständische Unternehmen besteht die Aufgabe spezieller Finanzintermediäre, der *Finance Corporations*, die sich ihre Mittel vorwiegend durch die Emission von Schuldverschreibungen beschaffen.

Trotz der verbleibenden Spezialinstitute ist es insgesamt unverkennbar, daß die *britischen Kreditinstitute* immer stärker den Charakter von *Universalbanken* annehmen.

Verfolgt man die Entwicklung der Struktur des Geldvolumens nach Bargeld und Sichteinlagen (M_1), so zeigt sich für die Vergangenheit, daß auch in Großbritannien das *Giralgeld* laufend *an Gewicht gewonnen* und inzwischen einen Anteil von rd. 80% an der Geldmenge erreicht hat.[84] Darin kommt eine ebenfalls zunehmende Weitung des Verhältnisses zwischen Zentralbank und Geschäftsbanken zum Ausdruck. Der vertikale Abhängigkeitsgrad verringert sich unter diesem Aspekt.

Eine solche Weitung des vertikalen Verhältnisses könnte auch aus dem Konzentrationsgrad gefolgert werden. Dieser ist zwar, vor allem aufgrund des Eintritts von Overseas Banks in den Londoner Markt, geringer geworden, doch betätigen sich diese Institute hauptsächlich an den Euromärkten, weniger an der inländischen Kredit- und Geldschöpfung. Läßt man diese Gruppe bei der Betrachtung des Verhältnisses zwischen Zentralbank und Geschäftsbanken außer Betracht und beschränkt sich auf die »big four«, so ist die *Konzentration* mit einem Anteil von – wie erwähnt – rd. 40% der Einlagen bei diesen vier Instituten s*tark ausgeprägt*. Die lokale Konzentration dieser bedeutendsten Institute des Landes in London sowie die ursprüngliche Stellung der Bank of England als frei konkurrierende Geschäftsbank im Range eines primus inter pares (und erst später des Lender of the Last Resort) hat aber (ähnlich wie in der Schweiz) zu einer *engen Kooperation mit der Zentralbank* beigetragen.

So sind die **Beziehungen zu den Geschäftsbanken traditionell nicht auf der Grundlage von gesetzlichen Anordnungen, sondern von Empfehlungen und Agreements gestaltet worden.** Die engen Kontakte zur Bank of England werden noch heute über die Verbände, wie vor allem die British Bankers Association, gepflegt. Insbesondere durch die Internationalisierung und die Universalisierung des britischen Bankensystems sind die Verhältnisse inzwischen aber so komplex geworden, **daß auch die Bank of England ihre Aufsichtstätigkeit nunmehr stärker auf eine gesetzliche Grundlage, den Banking Act von 1987, stützt**. Dennoch konnten die spektakulären Schieflagen bei der Bank of Credit and Commerce International (BCCI, 1991) sowie Barings (1995) nicht verhindert werden.

Das wichtigste Instrument im Rahmen des notenbankpolitischen Instrumentariums ist die Offenmarktpolitik, welche die Bank of England – wie erwähnt – bis 1997 allein über die Discount Houses durchführte. Fast täglich greift sie mit Offenmarktoperationen glättend in das Geldmarktgeschehen ein. Durch den An- und Verkauf insbesondere von Schatzwechseln der zum Rediskont zugelassenen Institute (eligible banks for discount) werden nicht nur die Liquiditätsreserven der Geschäftsbanken, sondern auch die Zinssätze wie die London Interbank Offered Rate (LIBOR) in der gewünschten Weise beeinflußt.

---

[84] Bank of England: Quarterly Bulletin, vol. 35, no. 4, November 1995, Statistical annex1.

Im Jahre 1994 hat die Bank of England mit der Einführung eines neuen Systems von Wertpapierpensionsgeschäften einen vorsichtigen Schritt zur Modernisierung ihres Instrumentariums getan. Seither bietet sie zweimal monatlich ein Repogeschäft an, um die täglichen Geldmarktoperationen zumindest zu ergänzen und die hohe Volatilität der kurzfristigen Zinsen zu kontrollieren. – Demgegenüber hat die Diskontpolitik ihre alte Bedeutung verloren. Der Diskontsatz, mit dem vor allem psychologische Effekte erzielt werden sollten, wurde 1972 als »minimum lending rate« der Verzinsung der Schatzwechsel am Geldmarkt angepaßt und inzwischen ganz abgeschafft.

Seit den 50er Jahren kannten die britischen Geschäftsbanken Liquiditätskennziffern (liquidity ratios), die z.B. von den London Clearing Banks die Einhaltung einer Relation von ursprünglich 30% zwischen bestimmten liquiden Aktiva und dem Einlagenvolumen verlangten. Derartige Verpflichtungen, Liquiditätsrelationen einzuhalten, wurden später – neu definiert und zu ermäßigten Sätzen – auf alle Banken ausgedehnt, sind aber dann wieder aufgegeben worden. Erst zu Beginn der 70er Jahre wurde ein mindestreserveähnliches Instrument auch in Großbritannien bekannt, als nämlich die Zentralbank von den Geschäftsbanken »Special Deposits« einforderte. Allerdings wurden diese Mindestreserven verzinst. 1973 kam es darüber hinaus zur Einführung von unverzinslichen Mindestreserven. Sowohl verzinsliche als auch unverzinsliche Mindestreserven brauchen indessen heute nicht mehr unterhalten zu werden.

Dieser knappe Überblick macht deutlich, daß es der Bank of England nicht zuletzt aufgrund ihrer engen Kontakte zu den bedeutenden Instituten des Landes möglich ist, entgegen den durch die Strukturfaktoren des Geldvolumens und des Geschäftsbankensystems möglichen Wirkungen auch mit liberalen Mitteln eine Politik zu betreiben, die der jeweiligen gesamtwirtschaftlichen Zielsetzung entspricht. Vor diesem Hintergrund erklärt sich ihre Weigerung, die zukünftige Europäische Zentralbank mit den Instrumenten der Mindestreserve und der Rediskontkontingente auszustatten, die in Großbritannien keine Anwendung finden.

d. Das Bankensystem in den USA

Die Struktur des Bankensystems in den Vereinigten Staaten zeigt Abbildung B. 9.

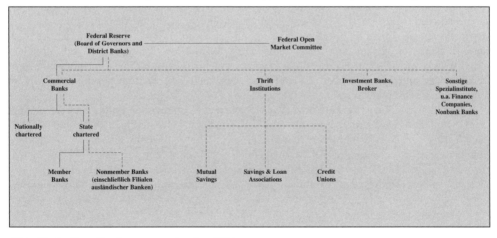

Abb. B. 9: Das Bankensystem in den USA

Mit dem *Federal Reserve Act* von 1913 wurde das amerikanische Zentralbanksystem gegründet. Es besteht aus dem Board of Governors in Washington sowie den 12 Federal Reserve Banks in einer entsprechenden Anzahl von Distrikten der Vereinigten Staaten. Dieser dezentrale Aufbau des Zentralbanksystems erinnert an die organisatorische Struktur der Deutschen Bundesbank, die mit der Trennung zwischen dem Direktorium in Frankfurt und den Hauptverwaltungen der regionalen Landeszentralbanken in der Tat am amerikanischen Beispiel orientiert ist. Neben der Kontrolle der (Federal Reserve) Member Banks hat der Board die Aufgabe, die Leitlinien für die Kredit- und Geldpolitik zu formulieren. In diesem Zusammenhang verdient das Federal Open Market Committee Beachtung, in dem Vertreter der Federal Reserve Banks sowie des Board insbesondere das wichtige Instrument der Offenmarktpolitik handhaben.

Während die 7 hauptamtlichen Mitglieder des Board für die lange Amtsdauer von 14 Jahren durch den Präsidenten ernannt und vom Senat bestätigt werden, kommt in der Zusammensetzung der Boards bei den 12 Federal Reserve District Banks das dezentrale Moment zur Geltung. Hier werden nämlich 6 der 9 Direktoren von den Member Banks des jeweiligen Distrikts gewählt – unter Beachtung einer ausgewogenen Präsenz von Industrie, Handel, Banken und Landwirtschaft –, während nur 3 Mitglieder durch den Board of Governors ernannt werden. Aufgabe der Federal Reserve District Banks ist es, die vom Board of Governors formulierte Geld- und Kreditpolitik in das Bankensystem zu überführen. So setzen sie z.B., orientiert an den Beschlüssen in Washington, die Diskontrate fest. Bezeichnenderweise geschieht dies angesichts des dezentralen Charakters aber in manchen Fällen auch mit zeitlicher Verzögerung. Die unmittelbare Aufsicht über die Member Banks wird ebenfalls durch die District Banks wahrgenommen.

Unter den knapp 11.000 *Commercial Banks* – die das Einlagengeschäft, den Zahlungsverkehr und das Kreditgeschäft betreiben und insoweit die wichtigste geldschöpfende Bankengruppe darstellen – sind rd. 40% Mitgliedsbanken im Federal Reserve System.[85] Zwangsmitglieder sind die rd. 3.500 National Banks, die unter einer Charter des Bundes operieren, während die Mitgliedschaft im Zentralbanksystem für die rd. 7.500 State Banks, die aufgrund der Zulassung eines Einzelstaates betrieben werden, freiwillig ist (Dual Banking System). Zu den Argumenten, die gegen oder für den Eintritt in das Federal Reserve System sprachen, gehörte auf der Nachteilsseite bisher der Zwang zur Mindestreservehaltung und die Unterwerfung unter diese Bankenaufsicht, auf der Vorteilsseite die Möglichkeit, am Zahlungssystem der Zentralbank teilnehmen und sich ihrer Refinanzierungsfazilitäten bedienen zu können. Allgemein kann davon ausgegangen werden, daß die Mehrzahl der bedeutenden Institute des Landes Mitglied im Federal Reserve System ist. – Nach dem Bankenreformgesetz von 1980 (Depository Institutions Deregulation and Monetary Control Act) müssen heute jedoch alle Banken und Sparinstitute (Thrift Institutions) Mindestreserven unterhalten, haben andererseits aber auch den Refinanzierungszugang zum sogenannten »Discount Window«.

Die Unterscheidung der amerikanischen Banken in Commercial Banks und Investment Banks geht auf das Bankgesetz von 1933 (*Glass-Steagall Act*) zurück. Aufgrund erheblicher Verluste im Wertpapiergeschäft während der Weltwirtschaftskrise wurden die damaligen Universalbanken vor die Alternative gestellt, sich entweder für das Effektengeschäft (das Emissionsgeschäft sowie den Effektenhandel an der Börse) zu entscheiden oder das Geschäft einer Handelsbank zu führen. Dies war die Geburtsstunde des amerikanischen

---

[85] Die folgenden Zahlenangaben beziehen sich, falls nichts anderes erwähnt ist, auf das Jahr 1995.

Trennbanksystems, mit der Aufteilung in die Commercial Banks einerseits sowie die von der Securities Exchange Commission (SEC) beaufsichtigten *Investment Banks* und – häufig damit verbunden – die *Broker Houses* andererseits (zusammen knapp 5.000). Während sich die Investmentbanken auf die langfristige Industriefinanzierung unter Einschluß des Emissionsgeschäfts konzentrieren, haben die Broker den unmittelbaren Zugang zur Börse und üben dort den Handel in Wertpapieren einschließlich Aktien aus.[86]

Dementsprechend sind die Commercial Banks grundsätzlich noch immer vom Wertpapierhandel und Emissionsgeschäft mit privaten Unternehmen ausgeschlossen. Insbesondere dürfen sie (mit wenigen Ausnahmen, die z.B. die Beteiligung an anderen Banken betreffen) keinen Anteilsbesitz halten. Andererseits ist es ihnen möglich, innerhalb eigener Organisationseinheiten (Trust-Divisions) die Vermögensverwaltung und damit zusammenhängend die Effektenberatung, die Verwahrung und Verwaltung von Wertpapieren durchzuführen; auch das Underwriting und der Handel von Emissionen sind gestattet, solange die hieraus erzielten Erträge 25% (bis 1997 10%) des gesamten Jahresertrags der Bank nicht überschreiten.

Die Commercial Banks werden von einer Mehrzahl von Aufsichtsbehörden kontrolliert, nämlich der Nationalen Bankenaufsicht (dem Comptroller of the Currency, insbesondere zuständig für die National Banks), der Aufsichtsbehörde eines Einzelstaates (für die von diesem lizensierten Banken), der Federal Reserve (zuständig insbesondere für die Mitgliedsbanken, das sind die National Banks sowie die State Member Banks) und der Federal Deposit Insurance Corporation (FDIC, die Aufsichtsfunktionen bei den mit jedem Kundenkonto bis zu 100.000 $ versicherten Banken ausübt). Obwohl unter diesen verschiedenen Aufsichtsbehörden eine Arbeitsteilung besteht, wird die einzelne Bank häufig von zwei Instanzen geprüft.

Eingeengt wurde der Handlungsspielraum der Commercial Banks über die Sortimentspolitik hinaus insbesondere in geographischer Hinsicht durch die Beschränkungen des Aufbaus von Zweigstellennetzen. Diese resultierten aus Befürchtungen gegenüber Konzentrationstendenzen und mündeten 1927 in den *McFadden Act*. Noch 1978 existierte in 11 Einzelstaaten das danach vorgeschriebene Unit Banking, d.h. die Eröffnung von Filialen war hier überhaupt verboten, so daß das Bankgeschäft nur aus einer Geschäftsstelle heraus betrieben werden konnte (z.B. in Illinois). 17 andere Einzelstaaten beschränkten die Eröffnung von Filialen auf bestimmte Gebiete (zumeist die Stadt oder den angrenzenden Kreis, die sogenannte County) und nur 22 Einzelstaaten (darunter Kalifornien) gestatteten die Eröffnung neuer Geschäftsstellen im Bereich des gesamten Einzelstaates. In keinem Fall konnten Commercial Banks Filialen außerhalb der Grenzen des Staates, in dem sie zugelassen waren, eröffnen. (Diese Beschränkung galt nicht für die sogenannten Edge Act Corporations, das sind Tochterbanken, über die indessen nur Auslandsoperationen getätigt werden durften.)

Als Ventil aus einer solchen räumlichen Beschränkung heraus suchten die Commercial Banks über *Holding Companies* ihren Wirkungskreis zu erweitern (*Interstate Banking*). Mit der Gründung einer Holding Company, deren Aufgabe es ist, eine Reihe von Banken in verschiedenen Gebieten zu erwerben und zu kontrollieren (Multi Bank Holding Company), sollten die Grenzen der Filialgesetzgebung überwunden werden. Allerdings hat der *Bank Holding Company Act* von 1956 solche Umgehungsmöglichkeiten eingeschränkt. –

---

[86] Vgl. grundlegend zum Trennbankensystem der USA: G. G. Kaufman: The U.S. Financial System. Money, Markets, and Institutions, 5th ed., Englewood Cliffs/N. J. 1992.

Derartige gesetzliche Restriktionen sind ebenfalls für die sogenannten One Bank Holding Companies eingeführt worden, mit denen die Commercial Banks Betätigungsmöglichkeiten auch in Nichtbankbereichen anstrebten. Mit Hilfe dieser Holdingkonstruktion wollte man über die Anteile an einer Bank hinaus nicht nur Beteiligungen an Investmentgesellschaften und Versicherungen, sondern auch an Industrie- und Handelsgesellschaften erwerben und sich somit in anderen Wirtschaftsbereichen engagieren. Nachdem diese Operationen bald als der Versuch erkannt wurden, aus dem Trennbanksystem heraus zum Universalbanksystem (nach deutschem Muster) zu gelangen, wurden die One Bank Holding Companies auf den Erwerb von Unternehmen mit Bank- oder bankähnlicher Tätigkeit, die keine Umgehung des Trennbanksystems bedeuten (wie z.B. Leasing- oder Factoring-Gesellschaften), zurückgeführt. – Inzwischen wird die Majorität der Banken und ihrer Einlagen von Holding Companies kontrolliert.[87] Die Holding-Lösungen waren jedoch mit erheblichen Duplizitätskosten verbunden, denn eine über den Sitzstaat hinausreichende Präsenz setzte – sofern überhaupt gestattet – voraus, daß unter dem Konzerndach selbständige Banken versammelt wurden, die jeweils eigenen Aufsichtsinstanzen unterlagen.

Ein weiterer Versuch, die geographische Fragmentierung zu beseitigen, bestand darin, das *Interstate Branching* (grenzüberschreitende Zweigstellenexpansion) auf Basis der *Reziprozität* auch bei Fusionen und Übernahmen durch Multi Bank Holding Companies zuzulassen. Commercial Banks aus Staat A durften danach nur dann Filialen im Staat B unterhalten, wenn vice versa Banken aus Staat B auch der Betrieb von Zweigstellen im Staat A erlaubt war. Oft bewegten sich die Multi Bank Holding Companies allerdings erst Jahre nach der Öffnung der Staatsgrenzen durch Reziprozität über diese hinweg, zumeist auch nur in die unmittelbare Nachbarschaft.[88]

Erst mit dem *Riegle-Neal Interstate Banking and Branching Efficiency Act* hat der Kongreß im Herbst *1994* eine durchgreifende Liberalisierung der Niederlassungspolitik eingeleitet.[89] Das Gesetz unterschied zwei Deregulierungsstufen: Ein Jahr nach Inkrafttreten durften Commercial Banks in den gesamten Vereinigten Staaten durch rechtlich selbständige Töchter das Interstate Banking betreiben, wobei keine Neugründungen, sondern lediglich Akquisitionen gestattet waren. Mit Wirkung vom 1. Juni 1997 wurde »angemessen kapitalisierten und gut geführten« Instituten auch die Möglichkeit zum Interstate Branching durch rechtlich unselbständige Filialen eröffnet. Dabei wurde allerdings das Interstate Banking für alle Staaten zwingend vorgeschrieben, während die Entscheidung über die Einführung des Interstate Branching den Einzelstaaten überlassen blieb – in der Hoffnung, daß diese zumindest mehrheitlich auf den eingeschlagenen Liberalisierungskurs einschwenken.[90] Dem stehen jedoch Bedenken von Verbraucherschutzverbänden gegenüber,

---

[87] Vgl. hierzu W. R. Keeton: Bank holding companies, cross-bank guarantees, and source of strength, in: Federal Reserve Bank of Kansas City: Economic Review, vol. 75, 1990, no. 3 (may/june), S. 54-67 sowie D. F. Amel/M. T. Howell: a.a.O., S. 5.

[88] Vgl. S. McLaughlin: The Impact of Interstate Banking and Branching Reform: Evidence from the States, in: Federal Reserve Bank of New York: Current Issues in Economics and Finance, vol. 1, 1995, no. 2 (may). – Insofern ist die Frage berechtigt, ob das Management der Bank Holding Companies die räumliche Diversifikation (und damit u.U. auch eine solche nach Branchen) durch Ausgleich der Verluste bei einer Einheit durch die Gewinne der anderen überhaupt angestrebt hat, zumal ja die Einlagengläubiger durch die FDIC entschädigt wurden.

[89] Vgl. E. J. Kane: De Jure Interstate Banking: Why Only Now?, in: JoMCB, vol. 28, 1996, S. 141-161.

[90] Vgl. W. Werner: Späte Reform der amerikanischen Filialgesetzgebung, in: DBk, Nr. 12/1994, S. 712-716 und H. Hirte/K. Otte: Die Rechtsentwicklungen im Bankrecht in den Vereinigten Staaten im Jahre 1995, in: ZBB, 8. Jg., 1996, S. 392-394.

die die Benachteiligung von einkommensschwachen Schichten und Kleinunternehmern durch »Banken-Multis« befürchten.[91] Empirische Untersuchungen zeigen allerdings, daß die Akquisition einer kleineren Bank durch eine Bank Holding Company nicht zu einem Rückgang der Vergabe von Krediten der untersten Größenklasse (kleiner 100.000 $) führten. Die übernehmenden Banken erkannten offenbar den Wettbewerbsvorteil kleinerer Institute aus dem Aufbau dauerhafter Kundenbeziehungen gerade in diesem Sektor.[92]

Die Commercial Banks erhielten mit der Deregulierung die Chance, nun ohne einen mehrfach zu unterhaltenden Verwaltungsapparat ihre geographische Diversifikation zu erhöhen und insofern mit ihren bereits in der Vergangenheit bundesweit tätigen (Nichtbanken-)Konkurrenten (z.B. Investmentgesellschaften, Kreditkartenunternehmen) mithalten zu können. Gerade die Behinderung einer ausreichenden Streuung des Kreditportefeuilles war – in Verbindung mit dem bereits angesprochenen Ausschluß vom Investment Banking – ursächlich für die *schwere Krise der Commercial Banks ausgangs der achtziger Jahre*. Das ab Mitte der 70er Jahre ungewohnt stark steigende Zinsniveau hatte den *Money Market Mutual Funds* (Geldmarktfonds) einen boomartigen Einlagenzuwachs beschert (von 1977 4 Mrd. $ auf 1982 232 Mrd. $), da diese – im Gegensatz zu Kreditinstituten – nicht an die staatlich festgelegten Zinsobergrenzen gebunden waren und Kundengelder daher marktgerecht verzinsen konnten. Nach Aufhebung dieser Restriktionen verteuerte sich die Passivseite der Commercial Banks erheblich: zu verzinsende Sichteinlagen, 1980 bei ihnen noch nicht existent, betrugen 1990 bereits 20% der Bilanzsumme. Eine Kompensation wurde in aufgrund ihres Risikos überdurchschnittlich hoch verzinslichen Geschäften auf insbesondere drei Gebieten gesucht, die in der Folge sämtlich zu dramatischen Verlusten führen sollten: (1) der Beteiligung an fremdfinanzierten Unternehmensübernahmen (High Leveraged Transactions), (2) der Finanzierung von Entwicklungsländern (Less Developed Countries) sowie (3) dem gewerblichen Realkreditgeschäft (Commercial Real Estate).[93]

(1) Das Engagement der Banken im Bereich der Unternehmensumstrukturierungen durch den kreditfinanzierten Aufkauf von Konzernen, ihre Zerschlagung und anschließende Neugruppierung resultierte aus dem Bemühen, in die Industriefinanzierung eingeschaltet zu bleiben – wenn man schon von der immer bedeutenderen Finanzierung über Wertpapiere ausgeschlossen war. Die 13 größten US-Bankholdings hatten Ende 1989 rd. 70% ihres gesamten Kreditportefeuilles in diesem Bereich investiert. Die Übernahmepreise der Unternehmen entfernten sich gegen Ende der Dekade jedoch immer weiter von den Cash Flows der aufgekauften Gesellschaften, so daß den eingegangenen Zins- und Tilgungsverpflichtungen vielfach nicht mehr nachgekommen werden konnte;

---

[91] Vgl. o.V.: Amerikanischer Kongreß erlaubt jetzt das »Interstate Banking«, in: HB, Nr. 145 v. 29./30.7.1994, S. 14.
[92] Vgl. P. E. Strahan/J. Weston: Small Business Lending and Bank Consolidation: Is there Cause for Concern?, in: Federal Reserve Bank of New York: Current Issues in Economics and Finance, vol. 2, 1996, no. 3 (march).
[93] Die in diesen drei Geschäftsfeldern vergebenen Kredite werden als »High Risk Loans« eingestuft und als hauptverantwortlich für die Krise der US-Finanzwirtschaft betrachtet – vgl. L. L. Bryan: Bankrupt. Reforming the Health and Profitability of our Banking System, New York 1991, S. 111ff. sowie zum folgenden St. Paul: Bankenintermediation, a.a.O., S. 55-78 und J. Bonn: Entwicklungslinien im US-amerikanischen und japanischen Bankensystem – Konsequenzen aus zwei Bankenkrisen, in: SB Nr. 43, WS 1995/96, S. 14-30.

1990 betrugen die Kreditausfälle der Commercial Banks im Durchschnitt 20% der von ihnen für High Leveraged Transactions zur Verfügung gestellten Mittel.[94]

(2) Da die US-Banken in ihrer Geschäftstätigkeit zwar im Inland, nicht jedoch auf den Auslandsmärkten beschränkt waren, bestand in der Beteiligung an der Finanzierung der Entwicklungsländer ein zweiter Ausweg aus ihrem regionalen »Käfig«. Durch die beiden Ölpreisschocks und die gleichzeitige Stagnation auf wichtigen Weltgütermärkten sowie die steigenden Verpflichtungen aus den meist variabel verzinslichen Krediten erhöhten sich die Zahlungsbilanzdefizite der Schuldner so weit, daß Anfang der achtziger Jahre eine Großzahl von Krediten auf der Aktivseite der Banken »eingefroren« war: Die Entwicklungsländer konnten weder Zins noch Tilgung leisten und ein Sekundärmarkt für derartige Kredite existierte noch nicht – mehrfache Zahlungsstundungen und schließlich ein hoher Abschreibungsbedarf waren die Folgen.

(3) Der auch aufgrund staatlicher Förderung ausgelöste Bauboom in den 80er Jahren, aber ebenso eine vielfach unkritische Kreditvergabe führten zu einer Verdreifachung des Volumens gewerblicher Realkredite der Commercial Banks zwischen 1982 und 1990; ihr Anteil am Gesamtkreditportefeuille verdoppelte sich in diesem Zeitraum von 10 auf 20%. Das resultierende »Overbuilding« ließ jedoch zugleich die Rate leerstehender Büroflächen in den amerikanischen Großstädten von 5 auf 20% ansteigen. Dementsprechend setzte ein Verfall der Preise für gewerbliche Immobilien ein: zwischen 1985 und 1989 um insgesamt 17%, seit Beginn der 90er Jahre um jährlich 5 bis 10%. Zahlreiche Kredite konnten daraufhin wegen Konkurses des Schuldners nicht mehr bedient werden; die Besicherung vieler Engagements verlor aufgrund der rückläufigen Preise stark an Wert. Durch die fehlenden Möglichkeiten der geographischen Streuung der Kreditbestände wurden die Banken von lokalen bzw. regionalen Rückgängen des Immobilienmarktes besonders getroffen.

Durchschnittlich machten die »High Risk Loans« aus den drei genannten Geschäftsfeldern bei allen Commercial Banks 1989/90 insgesamt 230% des Eigenkapitals aus; zu diesem Zeitpunkt kamen über 80% aller Problemengagements aus dem Bereich der gewerblichen Realkredite. Wie im folgenden auch anhand der Entwicklung bei den Savings and Loan Associations erkennbar, kann die Finanzierung gewerblicher Immobilien als »*the* problem« der US-Kreditwirtschaft in den 80er Jahren bezeichnet werden.[95]

Die Problemkredite der Commercial Banks nahmen von 1982 auf 1991 um 350% zu, während die Abschreibungen gar um 850% stiegen. Dementsprechend sanken im gleichen Zeitraum die Eigenkapitalrenditen um 43% und die Aktienkurse nahezu spiegelbildlich um mehr als 40%. Die Zahl der von den Aufsichtsbehörden als Problembanken eingestuften Institute stieg von 217 (1980) über 1.140 (1985) bis auf 1.575 (1987) an und ist seither wieder auf 247 (1994) zurückgegangen. Insolvenzbedingte Schließungen waren 1980 in 10, 1985 in 120 und 1989 in 206 Fällen notwendig. Befanden sich 1970 an der Bilanzsumme gemessen noch vier US-Banken unter den weltweit »Top 10« Instituten, so konnte sich dort seit 1988 keine amerikanische Bank mehr positionieren.[96]

---

[94] Vgl. L. L. Bryan: Bankrupt, a.a.O., S. 119. Im übrigen erlitt auch der rasch gewachsene Markt für Junk Bonds, Anleihen mit hohem Bonitätsrisiko und entsprechender Verzinsung, hierdurch einen scharfen Preiseinbruch, was selbst führende Investment Banken in Schieflagen brachte – oder wie im Fall von Drexel Burnham Lambert sogar zum Konkurs führte.

[95] L. L. Bryan: Bankrupt, a.a.O., S. 120. Damit zeigen sich Parallelen zu den Krisenursachen in dem bereits behandelten Bankensystem Großbritanniens, die auch bei der anschließenden Skizzierung der Entwicklung in Japan und Frankreich besonders deutlich hervortraten.

[96] Vgl. J. Bonn: Entwicklungstendenzen, a.a.O.

Die Ertragskrise der Banken führte zu einer Beeinträchtigung ihrer Bonität und beflügelte wiederum Großadressen erster Bonität, sich unter Ausschaltung der Banken zu refinanzieren. Gerade mittelgroße Unternehmen ersetzten einen zunehmenden Teil ihrer Bankkredite durch privat placierte Wertpapiere, so daß diese mittlerweile gut die Hälfte der bei Banken aufgenommenen Darlehen ausmachen.[97] Der Verstoß gegen das Gebot der Risikodiversifikation – im Kapitel A. als notwendige Bedingung für die Bankenintermediation genannt – zog letztlich die teilweise Substitution der Commercial Banks als Intermediär nach sich, die trotz der Erholung dieser Bankengruppe aufgrund der Niedrigzinsphase Mitte der 90er Jahre noch nicht abgeschlossen zu sein scheint. Dies verdeutlicht auch die folgende Tab. B. 9: Zwischen 1960 und 1995 ging der Anteil der Commercial Banks an den von den bedeutendsten Intermediären gehaltenen Finanzaktiva um über zehn Prozentpunkte zurück, wovon – im Gegensatz zur Bundesrepublik – weniger die Assekuranz, als vielmehr Investment- und Pensionsfonds profitierten.

	1960	1970	1980	1990	1995
Banken					
- Commercial Banks	38,6	38,5	37,2	30,4	27,9
- Savings and Loans and Mutual Savings	19,0	19,4	19,6	12,5	6,4
- Credit Unions	1,1	1,4	1,6	2,0	1,9
Investmentfonds					
- Aktien- und Rentenfonds	2,9	3,6	1,7	5,9	11,6
- Geldmarktfonds	0,0	0,0	1,9	4,6	4,6
Pensionsfonds					
- Privat	6,4	8,4	12,5	14,9	16,3
- Staatlich	3,3	4,6	4,9	6,7	8,6
Versicherungsgesellschaften					
- Lebensversicherer	19,6	15,3	11,5	12,5	12,9
- Sonstige	4,4	3,8	4,5	4,9	4,6
Finance Companies	4,7	4,9	5,1	5,6	5,1

Tab. B. 9: *Prozentuale Anteile der bedeutendsten Finanzintermediäre an den von ihnen insgesamt gehaltenen Finanzaktiva 1960-1995 (Quelle: F. R. Edwards/F. S. Mishkin: The Decline of Traditional Banking: Implications for Financial Stability and Regulatory Policy, in: Federal Reserve Bank of New York: Economic Policy Review, vol. 1, 1995, no. 7, S. 27-45, hier S. 29, sowie eigene Berechnungen nach Board of Governors of the Federal Reserve System: Flow of Funds Accounts, Z. 1, March 1996)*

Der Rückgang der Zahl selbständiger Commercial Banks zwischen 1980 und 1994 um ein Viertel erklärt sich zum einen durch die Übernahme insolvenzbedrohter Institute durch andere Bank Holding Companies; hinzu kommen zum anderen Bestrebungen nach Gewin-

---

[97] Vgl. M. S. Carey/St. D. Prowse/J. S. Rea/G. F. Udell: Recent Developments in the Market for Privatly Placed Debt, in: Board of Governors of the Federal Reserve System: FRB, vol. 79, 1993, S. 77-92.

nung von Marktanteilen sowie Erzielung von Größeneffekten und Kosteneinsparungen. Diese Merger-Aktivitäten haben sich in den 90er Jahren beschleunigt: Waren 1980 noch weniger als 200 Übernahmen mit einem Gesamtvolumen von 10 Mrd. $ akquirierten Aktiva zu verzeichnen, so wurden 1994 450 Banken mit insgesamt 110 Mrd. $ einem anderen Institut angegliedert. Dadurch stieg der Anteil der von den 100 größten Commercial Banks gehaltenen Assets von 50% (1980) auf über 70% (1994). Besonders spektakulär waren die 1995/96 aus den nun erweiterten Möglichkeiten der überregionalen Betätigung heraus motivierten Fusionen der beiden New Yorker Banken Chase Manhattan und Chemical Banking Corp. zu der mit mehr als 300 Mrd. $ Bilanzsumme größten amerikanischen Bank Holding Company, der kalifornischen Institute Wells Fargo & Co. und First Interstate Bancorp. zur siebt- und von NationsBank und Barnett Banks zur drittgrößten Bank.[98] Die Fusionswelle geht – konträr zur deutschen Entwicklung – mit einer größeren Zahl von Zweigstellen einher: zwischen 1980 und 1994 stieg deren Zahl per Saldo von 53.000 um 23% auf 65.000.[99] Insbesondere durch den technischen Fortschritt bedingten Schließungen von Stützpunkten (13.000) standen in diesem Zeitraum 28.000 neu eröffnete Filialen gegenüber – ein Ausdruck erweiterter geographischer Betätigungsmöglichkeiten.

Den geschilderten Begrenzungen der Geschäftstätigkeit wurden die in den USA operierenden *Auslandsbanken* durch den International Banking Act von 1978 nur zum Teil unterworfen.[100] So wird die Gleichstellung mit den amerikanischen Banken im Inland zugunsten der ausländischen Banken dort verletzt, wo diesen »Reziprozität« mit den Betätigungsmöglichkeiten amerikanischer Banken in ihrem Heimatland eingeräumt wird.

Der Interstate Banking and Branching Efficiency Act hat 1994 die Auslands- den US-Banken im Hinblick auf die geographische Ausbreitung prinzipiell gleichgestellt.[101] Zuvor durften die jenseits eines Einzelstaates eröffneten Filialen (z.B. die Niederlassung der Commerzbank in Houston, gegründet vor derjenigen in New York) Einlagen nur dann entgegennehmen, wenn diese aus internationalen Aktivitäten resultierten. Im übrigen wird jedoch der Besitzstand vor Wirksamwerden des Gesetzes von 1978 nicht angetastet. Dies gilt auch für diejenigen ausländischen Banken, die in den Vereinigten Staaten nicht nur Filialen mit dem Charakter einer Commercial Bank, sondern (wie die Dresdner Bank) auch Investment Banken (hier die ABD Securities Corporation) gegründet haben. – An der Kreditfinanzierung des gewerblichen und industriellen Bereichs besitzen die Auslandsbanken einen Anteil von 40%.[102]

Ausgehend von den großen Banken in New York, die weltweit geringeren Beschränkungen unterliegen als in den USA[103], wächst der Druck in Richtung auf eine weitere Deregulierung der Kreditinstitute. Typisch dafür ist der Drang der im Großkundengeschäft (wholesale business) tätigen Morgan Guaranty Trust ins Investment Banking. Tatsächlich

---

[98] Vgl. K. Grün: Fusionsfieber unter Amerikas Banken, in: BZ, Nr. 116 v. 21.6.1995, S. 4, o.V.: Kostendruck treibt die Fusionswelle bei Amerikas Banken, in: FAZ, Nr. 291 v. 14.12.1995, S. 23 und F. Dries: Die Superregionalbank NationsBank, in: BZ, Nr. 167 v. 2.9.1997, S. 4.

[99] Vgl. J. L. Yellen: Trends in Mergers and Banking Structure, Statement before the Congress, in: Board of Governors of the Federal Reserve System: FRB, vol. 81, 1995, S. 1093-1102.

[100] Vgl. S. J. Key/J. M. Brundy: Implementation of the International Banking Act, in: Board of Governors of the Federal Reserve System: FRB, vol. 65, 1979, S. 785-796.

[101] Vgl. W. J. McDonough: Remarks on Economic, Supervisory, and Regulatory Issues Facing Foreign Banks Operating in the United States, in: Federal Reserve Bank of New York: Economic Policy Review, vol. 1, 1995, no. 10, S. 1-5.

[102] Vgl. J. L. Yellen: a.a.O., S. 1095.

[103] Dies betrifft nicht die International Banking Facilities (IBF's) in New York, die 1981 als Reaktion auf die Wettbewerbsvorteile der liberalen Offshore-Plätze zugelassen wurden.

sah es 1995 zunächst so aus, als ob im Zuge der Liberalisierung des Finanzwesens sogar der Glass-Steagall Act fallen würde. Der Chairman des Board of Governors hatte sich massiv für eine Beseitigung von Sortimentsrestriktionen ausgesprochen, um das amerikanische Bankensystem leistungsfähiger auch für den internationalen Wettbewerb und über eine Diversifikation auf breiterer Basis stabiler zu machen.[104] Im Bankenausschuß des Repräsentantenhauses wurden unterschiedliche Reformvorschläge diskutiert, die das Ziel verband, das gemeinsame Betreiben von Commercial und Investment Banking sowie des Versicherungsgeschäftes unter einem Holding-Dach zu gestatten. Dabei sollte die Gewinn- und Verlustkompensation allerdings ab einer gewissen Höhe durch »fire walls« (Brandmauern) verhindert werden, um das »Ausbluten« z.B. einer Banktochter zu verhindern.[105] Aufgrund der starken Lobby der Versicherungswirtschaft wurden die Beratungen des Repräsentantenhauses im November 1995 vorläufig eingestellt.[106] Die amerikanische Bankenaufsichtsbehörde sowie die Notenbank, der die Aufsicht über die Bank-Holdings obliegt, haben daraufhin einen eigenständigen Versuch unternommen, die Trennbankvorschriften zu lockern. Seit Beginn des Jahres 1997 gestatten sie Commercial Banks auf der Basis einer einzelfallbezogenen Sondergenehmigung die Betätigung im Investment Banking, sofern die Geschäfte in separaten Tochtergesellschaften betrieben werden. Der Wertpapierzweig dieser Holding darf nicht mehr als 10% des Eigenkapitals binden und höchstens 25% zum Konzerngewinn beisteuern.[107] Bereits im April 1997 wurde die erste Akquisition einer renommierten Investment durch eine Commercial Bank angekündigt, in deren Rahmen die Bankers Trust New York Corp. mit Alex Brown das älteste amerikanische Wertpapierhandelshaus übernahm.[108] Vor diesem Hintergrund scheint es nur eine Frage der Zeit zu sein, wann zumindest die Separation von Commercial und Investment Banks vollständig aufgehoben und damit – wie in Großbritannien auch – der Weg *aus dem Trennbankensystem in Richtung deutscher Universalbank* freigemacht wird.

Diese Bestrebungen werden umso verständlicher, wenn man die Betrachtung über die Commercial Banking-Krise hinaus auf das Debakel der *Savings and Loan Associations* (Bausparbanken) ausweitet, die größte Gruppe unter den traditionell auf die Wohnungsbaufinanzierung spezialisierten *Thrift Institutions*. Wie die *Mutual Savings Banks* (Sparbanken) konzentrierten sich die Savings and Loans im Passivgeschäft auf die Hereinnahme von Spargeldern, die im Aktivgeschäft vorwiegend als Hypothekarkredite wieder hinausgelegt wurden; daneben erfolgte eine Investition in Staatsanleihen. – Während die rd. 300 genossenschaftlich organisierten Mutual Savings Banks vor allem im Norden der USA und den New England Staaten des Ostens domizilieren, finden sich die Savings and Loans in allen übrigen Teilen der Vereinigten Staaten.

---

[104] Vgl. A. Greenspan: Statement to the Congress, in: Board of Governors of the Federal Reserve System: FRB, vol. 81, 1995, S. 778-783.
[105] Vgl. K. Grün: Amerikas Trennbankensystem wackelt, in: BZ, Nr. 49 v. 10.3.1995, S. 4, M. Gruson: Neue Aussichten für Bankenreformgesetzgebung in den USA, in: ÖBA, 43. Jg., 1995, S. 306f. und G. Wilson: Getting beyond Glass-Steagall, in: The McKinsey Quarterly, no. 12/1995, S. 109-115. Zu früheren kritischen Untersuchungen vgl. G. J. Benston: The separation of commercial and investment banking. The Glass-Steagall Act revisited and reconsidered, Oxford 1990 sowie zu Reformüberlegungen stellvertretend J. R. Barth/R. D. Brumbaugh/R. E. Litan: The Future of American Banking, Armonk/London 1992.
[106] Vgl. o.V.: Gesetzesreform jetzt auf der langen Bank, in: HB, Nr. 114 v. 17.6.1996, S. 30.
[107] Vgl. o.V.: Neue Möglichkeiten für US-Banken, in: HB, Nr. 249 v. 24.12.1996, S. 21.
[108] Vgl. K. Grün: Bankers Trust setzt neue Maßstäbe, in: BZ, Nr. 67 v. 9.4.1997, S. 4 sowie V. Baas: Die Tage des Glass/Steagall-Act sind gezählt, in: DBk, Nr. 10/1997, S. 606-608.

Da die Savings and Loan Associations traditionell wohnungswirtschaftliche Festzinsdarlehen durch kurzfristig abrufbare Spar- und Termineinlagen refinanzierten, machte sich das Zinsänderungsrisiko im Laufe der 70er Jahre bei ihnen noch stärker bemerkbar als bei den zuvor beschriebenen Commercial Banks; ebenso wie diese litten sie unter den massiven Einlagenabzügen infolge des Wachstums der Geldmarktfonds. Als Anfang der 1980er Jahre die Mehrzahl der Institute tief in die Verlustzone geraten war und negative Eigenkapitalquoten aufwies, wurde durch das Bankenreformgesetz (1980) und den Garn-St. Germain Act (1982) eine Ausweitung der Sortimente bis hinein in den Zahlungsverkehr legitimiert. Viele Savings and Loans sind indessen mit dieser Liberalisierung nicht fertig geworden, da das Management nach Aufnahme z.B. des gewerblichen Immobiliengeschäfts und der Vergabe von Unternehmenskrediten offensichtlich die dafür erforderliche Qualifikation vermissen ließ. Fatal wirkte es sich daher aus, daß man gleichzeitig die bankaufsichtlichen Standards verminderte, regulatorische Nachsicht (»regulatory forbearance«) durch die Absenkung der Eigenkapitalanforderungen und der Kontrollintensität übte. Vor diesem Hintergrund nutzten zahlreiche Savings and Loans die erweiterten Spielräume auf der Aktivseite nicht zur Diversifikation, sondern verfolgten bewußt eine hochriskante, die durch den regional begrenzten Einzugsbereich bedingte Monostruktur der Institute weiter verstärkende Investitionspolitik. Damit verband sich die Hoffnung, die hierin enthaltenen Chancen realisieren und sich abzeichnende Insolvenzen abwenden zu können. Hinzu kamen kriminelle Verhaltensweisen der Leiter derartiger Regionalinstitute, die weder durch die nachlässigen, untereinander konkurrierenden Bankenaufsichtsbehörden, noch durch drohende Ansehensverluste der Manager infolge von Bankinsolvenzen vermindert werden konnten.[109]

Als Mitte der 80er Jahre konzentriert im Süden und mittleren Westen der USA die Energie-, Agrar- sowie vor allem die Immobilienpreise einbrachen und damit eine gleichzeitige Rezession in mehreren Branchen auslösten, drohte eine Insolvenz des gesamten Savings and Loan-Sektors. Auf dem Höhepunkt der Krise wurden mit dem Financial Institutions Reform, Recovery and Enforcement Act die geschäftspolitischen Entfaltungsmöglichkeiten wieder teilweise eingeschränkt, insbesondere aber die *Resolution Trust Corporation* als Auffanggesellschaft gegründet, um eine geordnete Abwicklung zu gewährleisten. Zwar haben sich in der Folge die ersten Schätzungen, hierfür seien Steuergelder in Höhe von 500 Mrd. $ erforderlich, nicht bewahrheitet. Bei Verkauf der letzten Savings and Loan Association aus ihrem zeitweise 745 Institute umfassenden Portefeuille neun Monate vor ihrer Auflösung im März 1995 waren bei der RTC jedoch nach Schließung von über 650 Banken rd. 200 Mrd. DM aufgelaufen – eines der größten finanziellen Desaster in den USA seit der Weltwirtschaftskrise.[110] Von den 1984 noch 3.414 Savings and Loans sind noch knapp 2.000 übrig geblieben.[111]

---

[109] Vgl. dazu A. S. Cebenoyan/E. S. Cooperman/C. A. Register: Deregulation, Reregulation, Equity Ownership, and S&Ls Risk Taking, in: FM, vol. 24, 1995, S. 63-76. Mittels einfacher Meßmethoden hätten die Bankaufsichtsbehörden schon frühzeitig recht präzise das enorme Ausmaß der Savings and Loans-Krise erkennen können, wie E. J. Kane/M.-T. Yu: Measuring the true profile of taxpayer losses in the S&L insurance mess, in: JoBF, vol. 19, 1995, S. 1459-1477, zeigen.

[110] Vgl. o.V.: Eine kostspielige Lektion für den Staat und die Finanzbranche, in: HB, Nr. 52 v. 14.3.1995, S. 30.

[111] J. Bonn: Entwicklungslinien: a.a.O.; vgl. weiterhin in diesem Zusammenhang C. Woerz: Die Deregulierung der US-amerikanischen Sparkassen, Baden-Baden 1994, K. Nölling: Die Krise der amerikanischen Sparinstitute, Berlin 1994, A. Josten: Schlußakt für die traditionellen Spar- und Hypothekenbanken in den USA?, in: Spk, 112. Jg., 1995, S. 577-579.

Einen Ausleseprozeß durchlief auch die Gruppe der rd. 12.000 *Credit Unions* (zehn Jahre zuvor noch 15.000 Institute). Bei diesen Banken handelt es sich um Kreditkooperativen, die sich unter einem »gemeinsamen Band« (z.B. Mitarbeiter einer Firma, Angehörige eines Berufszweigs, Lehrer einer Schule) als Selbsthilfeinstitutionen auf die Hereinnahme von Spar- und anderen Geldern zum Zwecke vorwiegend der Konsumkreditfinanzierung ausgerichtet haben; in den letzten Jahren werden auch andere Leistungen, wie etwa Scheckkonten, angeboten. Die stärksten Einlagenzuwächse konnten – wie bei den anderen Bankengruppen auch – von den kleineren sowie den sehr großen Credit Unions erzielt werden. In ihrer Bedeutung zurückgedrängt wurden die Institute der kleinsten, der mittleren und der großen Größenklasse.[112] Dies spricht einerseits für eine gewisse Mindestbetriebsgröße, die erst eine effiziente Kundenansprache erlaubt, andererseits aber für Probleme bei der Kundenbindung mit steigender Institutsgröße, die nur durch einen sehr hohen Marktanteil und entsprechende Größeneffekte kompensiert werden können.

Auf dem Markt der Konsumentenfinanzierung betätigen sich auch die *Finance Companies* (etwa der großen Automobilfirmen), die aber zugleich im Rahmen der Finanzierung von Gewerbe und Industrie eine immer größere Rolle spielen. Betrugen ihre Kredite in diesem Segment 1980 erst 30% derjenigen der übrigen Banken, so sind es mittlerweile über 60%. Die Expansion der Finance Companies wurde durch das Wachstum der Geldmarktfonds begünstigt, die auf liquide, kurzfristige Anlagemöglichkeiten angewiesen sind. Daher hat sich bei den Finance Companies eine Refinanzierungsstruktur herausgebildet, die zu fast 40% auf Commercial Papers basiert, welche von Geldmarktfonds erworben werden und durch deren Begebung Banken – wie erwähnt – aus der Finanzierung ausgeschaltet sind. Mitunter übernehmen Finance Companies auch die Rolle von In-House Banks, die eine breite Palette von Finanzdienstleistungen für die Tochtergesellschaften eines Konzerns, aber auch unternehmensexterne Kunden anbieten. Dies führt in bestimmten Geschäftsfeldern sogar zur Ausschaltung auch der Investment Banks und damit zur Disintermediation II (vgl. S. 54).[113]

Nonbank Banks sind z.B. von Versicherungsgesellschaften (Prudential Insurance) oder Warenhausketten (Sears, Roebuck & Co.) gegründete oder übernommene Kreditinstitute, die das kommerzielle Kreditgeschäft nicht betreiben, deshalb auch keinen Begrenzungen in der räumlichen Expansion unterliegen und die aus diesem Grunde inzwischen zu einem wichtigen Wettbewerber für die Commercial Banks geworden sind. Sears, Roebuck & Co. hat indessen sein Finanzgeschäft 1989 wieder aufgegeben, auch American Express trennte sich 1993 von Shearson. Diese Desinvestments fallen in die Zeit einer zurückhaltenderen Bewertung von (Finanz-)Konglomeraten.[114]

Die bisherigen Ausführungen untermauern den von einigen Autoren postulierten »decline of traditional banking«.[115] Die Ausprägungen des Einlagen- und Kreditgeschäftes der Vergangenheit haben an Bedeutung eingebüßt – und mit ihnen die Commercial Banks und Thrifts. Der Trend zum Wertpapier begünstigt die Investment Banks sowie Investment- und Pensionsfonds. Wenn daher auch unter dem Aspekt der Geld- und Kreditschöpfung

---

112 Vgl. D. F. Amel/M. T. Howell: a.a.O., hier S. 7.
113 Vgl. S. Becketti/Ch. Morris: Are Bank Loans Still Special?, in: Federal Reserve Bank of Kansas City: Economic Review, vol. 77, 1992, no. 3, S. 71-84 sowie E. M. Remolona/K. C. Wulfekuhler: Finance Companies, Bank Competition, and Niche Markets, in: Federal Reserve Bank of New York: Quarterly Review, vol. 17, 1992, no. 2, S. 25-38.
114 Vgl. P. S. Rose: The changing structure of American banking, New York 1987, S. 296f. sowie T. W. Koch: Bank Management, 3rd ed., Fort Worth u.a. 1995, S. 86-89.
115 F. R. Edwards/F. S. Mishkin: a.a.O., S. 27.

der Betrachtungswinkel erweitert werden muß[116], so bleiben für das Zentralbanksystem doch die Commercial Banks noch immer von besonderer Bedeutung.

Im Laufe der Zeit hat sich auch in den Vereinigten Staaten der Anteil des *Bargeldvolumens* innerhalb der Struktur des Geldvolumens auf einen im Vergleich zu den Sichteinlagen niedrigen Anteil *zurückgebildet*. Mit etwa 30% liegt er im Bereich der zuvor behandelten Länder.[117] Das dürfte nicht nur darauf zurückzuführen sein, daß in den USA – wie in Großbritannien auch – traditionell der Scheckverkehr eine starke Verbreitung aufweist. Vielmehr hat in den vergangenen Jahren der intensive Wettbewerb der Banken um Marktanteile im Kreditkartengeschäft zur Folge gehabt, daß auch von dieser Seite her eine Förderung des bargeldlosen Zahlungsverkehrs eingetreten ist. – Infolge der relativ geringen Bargeldquote ergibt sich – allein unter diesem Aspekt – ein eher weites Abhängigkeitsverhältnis des Geschäftsbanken- vom Zentralbanksystem.

Dies gilt nicht, wenn man den Konzentrationsgrad unter den Commercial Banks betrachtet. Das Gewicht der führenden Banken – ausgeprägt im Anteil der von ihnen gehaltenen Einlagen – ist geringer als in den vorher behandelten Ländern. So erreichten die 10 größten Commercial Banks 1995 nur knapp 19% des gesamten Einlagenvolumens dieser Gruppe. Zweifellos ist dieser vergleichsweise *geringere Konzentrationsgrad* auch darauf zurückzuführen, daß das traditionell durch das Prinzip des »Unit Banking« gekennzeichnete US-Bankensystem in der räumlichen Expansion bis Mitte der 90er Jahre behindert war. Eine Zusammenarbeit zwischen den Banken an den bedeutenden Plätzen des Landes (New York, San Francisco, Chicago, Houston) erfolgte vor allem auf der eher unverbindlichen Basis des Korrespondenzbankensystems. – Man muß allerdings berücksichtigen, daß die Konzentration im besonders dynamisch wachsenden Off-balance-sheet-Bereich – und hier speziell den Derivaten – weitaus größer ist. Die sechs in diesem Geschäftsfeld am stärksten engagierten Banken vereinigten 1995 über 90% der Kontrakte in derivativen Finanzinstrumenten auf sich.[118]

Da insoweit noch immer eine relativ große Dezentralisierung im Commercial Banking System festzustellen ist, ergibt sich von hierher eine stärkere Abhängigkeit des Geschäftsbankensystems vom Federal Reserve.

Infolge der föderalistischen Struktur des Bankensystems kommt unter den notenbankpolitischen Maßnahmen des Federal Reserve der Moral Suasion eher geringe Bedeutung zu. Als dezentrale Elemente sind in diesem Zusammenhang nicht nur die Verteilung der Banken im Lande, sondern auch die Einbeziehung von Vertretern der Wirtschaft in die Leitungsgremien der 12 Federal Reserve District Banks zu verstehen. – Auch unter diesem Blickwinkel dürfte zu sehen sein, daß die Diskontpolitik keine durchschlagende Wirkung hat. Vom Board of Governors angeordnete Variationen des Diskontsatzes werden – wie erwähnt – zum Teil erst mit zeitlicher Verzögerung in den einzelnen Distrikten der Federal Reserve Banks realisiert. Die Ausrichtung der Kreditkonditionen in den Commercial Banks erfolgt außerdem nicht unmittelbar an der Diskontrate, sondern an der sogenannten Prime Rate. Dies ist der offizielle Satz[119] für erste Adressen, der sich

---

[116] Vgl. H. Roth: Effects of financial deregulation on monetary policy, in: Federal Reserve Bank of Kansas City: Economic Review, March 1985, S. 17-29, C. S. Morris/G. H. Sellon: Bank Lending and Monetary Policy, Evidence on a Credit Channel, in: Federal Reserve Bank of Kansas City: Economic Review, vol. 80, 1995, no. 2, S. 59-75.
[117] Vgl. Board of Governors of the Federal Reserve System: FRB, vol. 81, 1995, no. 12, S. A 13.
[118] Vgl. F. R. Edwards/F. S. Mishkin: a.a.O., S. 35.
[119] Vgl. B. C. Gendreau: When is the prime rate second choice?, in: Federal Reserve Bank of Philadelphia: Business Review, May/June 1983, S. 13-21.

nach der allgemeinen Situation am Geldmarkt richtet. Unmittelbare Bedeutung besitzt der Diskontsatz insoweit nur für die Kosten der Refinanzierung bei der Zentralbank, die in Anspruch zu nehmen indessen traditionell als nicht fein gilt. Mit anderen Worten: Es konkurriert dann im Bankenverhalten die sogenannte Need-Philosophie, nach der die Zentralbankhilfe nur im Notfall in Anspruch genommen werden sollte, mit der Profit-Philosophie, die eine Refinanzierung von der Möglichkeit einer durch die Mittelanlage erzielbaren positiven Zinsmarge abhängig macht.[120]

Unter diesen Umständen ist das wichtigste Instrument zur Beeinflussung der Geldmenge die durch das Federal Open Market Committee festgelegte und durch die Federal Reserve Bank in New York ausgeführte Offenmarktpolitik. Da 1995 deutlich mehr als 20% der gesamten Aktiva bei den Commercial Banks aus festverzinslichen Wertpapieren, insbesondere kurzfristigen Staatspapieren bestanden, ist der Markt für derartige Transaktionen wohl ausreichend groß. Die Bereitschaft der Commercial Banks, sich durch Hingabe von Offenmarktpapieren (über den Verkauf oder in Form von Pensionsgeschäften – repurchase transactions) Zentralbankguthaben zu beschaffen, wird dadurch gestärkt, daß die dezentrale Struktur des Bankensystems die gegenseitige Einräumung von Verschuldungsmöglichkeiten nur in vergleichsweise geringem Umfang zuläßt.

Das Instrument der Mindestreserve ist zwar eine amerikanische Erfindung; von der Mindestreservepolitik wird aber erst dann Gebrauch gemacht, wenn fundamentale Ziele der Zentralbankpolitik mit Hilfe der Offenmarktpolitik nicht schnell genug erreicht werden: Gerade angesichts der Zusammensetzung der Boards der 12 Federal Reserve Banks ist leicht vorstellbar, daß die Erhöhung der Mindestreservelasten für die Commercial Banks auf wenig Gegenliebe stößt. – Eine Möglichkeit, einen Teilbereich ihrer Kreditvergabe zu beeinflussen, besteht in den sogenannten Margin Requirements. Dabei handelt es sich um die Höhe der Grenzen, bis zu denen die Banken Effektenkäufe beleihen dürfen.

Faßt man zusammen, so zeigt sich in den USA aufgrund der dezentralen Struktur des Geschäftsbankensystems ein *eher straffes Verhältnis zur Zentralbank*, das es dieser erlaubt, von Variationen der Mindestreservesätze selten Gebrauch zu machen und im übrigen die Kredit- und Geldmenge und damit auch die Zinssätze vor allem über das liberale Instrument der Offenmarktpolitik zu steuern.

e. Das Bankensystem in Japan

Die Struktur des Bankensystems in Japan zeigt Abbildung B. 10.

Die *Bank von Japan* wurde 1882 als Zentralbank gegründet und 1942 nach dem Gesetz über die Bank von Japan als AG reorganisiert. Das Aktienkapital wird überwiegend vom Staat gehalten. Wie bei anderen Zentralbanken auch besteht ihre Funktion in der Notenausgabe. Weiterhin fungiert sie als Bank der Banken und als Hausbank des Staates. Die Bank von Japan übt die Geld- und Kreditpolitik mit dem Ziel aus, insbesondere die Stabilität der Währung zu sichern.

Unter den sieben Mitgliedern des Board finden sich neben dem Gouverneur auch zwei Beauftragte des Finanzministeriums. Der Finanzminister besitzt darüber hinaus das Recht, Exekutivdirektoren zu ernennen und zu entlassen. Doch ist von diesen Rechten bisher kaum Gebrauch gemacht worden, weil das Finanzministerium und die Bank von Japan eng zusam-

---

[120] Vgl. H. Taylor: The discount window and money control, ebenda, S. 3-12, J. A. Clouse/P. Buenvenida/M. Luecke: Recent Developments in Discount Window Policy, in: Board of Governors of the Federal Reserve System: FRB, vol. 80, 1994, S. 965-972.

menarbeiten. Der starke Einfluß des Finanzministeriums zeigt sich darin, daß Veränderungen der Mindestreserveanforderungen oder von (mittlerweile nahezu vollständig abgeschafften) Zinsobergrenzen seiner Zustimmung bedürfen. Dieser Einfluß stößt jedoch auf zunehmende Kritik, als deren Ausfluß die Reformvorschläge anzusehen sind, in das Policy Board – das höchste Entscheidungsgremium der Zentralbank – in größerer Zahl Vertreter der Privatwirtschaft zu berufen und damit das Gewicht staatlicher Institutionen einzuschränken.

Das Bank- und Finanzsystem in Japan entspricht *traditionell* dem *Trennbanksystem* in Großbritannien, ist in der Zeit seit dem letzten Weltkrieg aber durch die Vereinigten Staaten stark beeinflußt worden. In dieser Phase ist es bis heute zu einer weitgehenden *Liberalisierung* des Systems gekommen, insbesondere zur Deregulierung des Devisen- und Kapitalverkehrs, zu einer schrittweisen, erst 1994 abgeschlossenen Freigabe der Zinssätze sowie zur Öffnung ursprünglich nicht erlaubter Geschäftsbereiche für die verschiedenen Gruppen von Bank- und Finanzinstitutionen (z.B. das lang- bzw. kurzfristige Kredit- und Refinanzierungsgeschäft betreffend). Ähnlich wie in den Vereinigten Staaten gab es mit der Aufteilung in die Wertpapierhäuser und die Commercial Banks ursprünglich eine strikte Trennung der eigentlichen Banken vom Börsen- und Emissionsgeschäft.[121] Schneller als dort ist man aber in den letzten Jahren auf dem Weg der Deregulation vorangeschritten. Seit Ende 1993 besitzen japanische Banken die Möglichkeit, sich – nach der Beantragung einer Einzellizenz – über Tochtergesellschaften im Wertpapier- und Trustgeschäft zu betätigen; vice versa können Wertpapiergesellschaften über Töchter in das kommerzielle Bankgeschäft eindringen. Zwischen den Commercial und den Investment Banking-Bereichen einer Holding müssen allerdings »fire walls« eingezogen sein, die z.B. die Wahrnehmung einer doppelten Führungsverantwortung durch einen Manager verhindern.[122] Trotz dieser Einschränkungen zeichnet sich ab, daß auch die japanischen Banken immer mehr den Charakter von *Universalinstituten* annehmen.

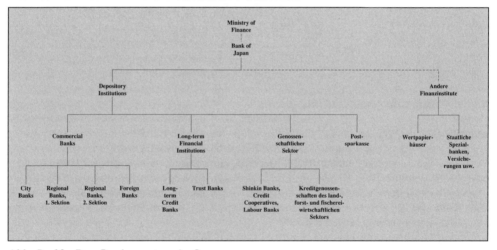

Abb. B. 10: Das Bankensystem in Japan

---

[121] Vgl. zum Überblick Y. Suzuki (Ed.): The Japanese financial system, Oxford 1987, K. Tatewaki: Banking and Finance in Japan, London/New York 1991, G. Wohlmannstetter: Finanzplatz Tokio, Frankfurt/M. 1991 sowie die Aufsatzsammlung von J. H. v. Stein (Hrsg.): Banken in Japan heute: Kulturelle Besonderheiten und Erfahrungen im japanischen Finanzwesen, Frankfurt/M. 1994.

[122] Vgl. zu dieser Entwicklung P. P. Baron: Liberalisierungsmaßnahmen im japanischen Finanzsystem, in: DBk, Nr. 12/1992, S. 696-700.

Grundlegend ist noch immer die Zweiteilung in Depositen annehmende Institute einschließlich der staatlichen Postsparkasse und solche, die sich auf andere Weise refinanzieren.

Die erste Gruppe umfaßt vor allem die eigentlichen Banken, die City Banks und die Regional Banks, die den amerikanischen Commercial Banks ähneln, sowie die Institute des langfristigen Geschäfts (Long-term Financial Institutions).

Zu den *City Banks* gehören international führende Institute wie die Dai-Ichi Kangyo, die Fuji Bank, Mitsubishi, Sakura, Sanwa und Sumitomo (die die Daiwa Bank übernommen hat). Durch die Fusion der Mitsubishi Bank mit der auf das Auslandsgeschäft spezialisierten Bank of Tokyo ist 1995 sogar das weltweit größte Kreditinstitut entstanden (damals gut eine Billion DM Bilanzsumme). Die City Banks sind traditionell die Banken der Industrie, operieren in den größten Städten des Landes und stützen sich auf landesweite Filialsysteme mit Hunderten von Zweigstellen. Die 10 Institute[123] halten einen Marktanteil von knapp 20% am Mittelaufkommen und gut 28% im Kreditgeschäft. Während sie früher durch das kurzfristige Geschäft charakterisiert waren, diversifizieren sie zunehmend in neue Geschäftsbereiche und Kundengruppen wie den Sektor der privaten Haushalte hinein. Viele von ihnen gehören als Hausbanken den großen Unternehmenskonglomeraten (*Keiretsu*), wie beispielsweise der Mitsubishi Corporation, an.[124]

Im Gegensatz zu den City Banks besitzen die 64 *Regionalbanken der 1. Sektion* – wie der Name sagt – typischerweise eine geographisch eingeschränkte Bedeutung. Bis auf wenige Großinstitute sind sie von mittlerer Größenordnung, stützen sich auf eine stabile Einlagenbasis in ihrer Region und halten dementsprechend eine starke Gläubigerposition an den Geld- und Kapitalmärkten. Ihr Marktanteil am Mittelaufkommen der Banken beträgt rd. 15%. – Als *Regionalbanken der 2. Sektion* werden die früheren Sogo Banks geführt. Bei den 68 Instituten handelt es sich um genossenschaftlich organisierte Banken, die traditionell auf die Mittelstandsfinanzierung ausgerichtet waren. Mittlerweile haben jedoch auch diese Institute ihren Kundenkreis über kleinere und mittlere Unternehmen hinaus erweitert und sich insofern den Regionalbanken der 1. Sektion angenähert. Die Bankengruppe verfügt über rd. 4.400 Zweigstellen und besitzt einen Marktanteil von etwa 6%.

In den engeren Kreis der Banken gehören außerdem 90 Filialen *ausländischer Banken*, die in ihrer Refinanzierung mangels eines Zweigstellennetzes auf den Geldmarkt angewiesen sind und die in ihrer Erfolgsentwicklung stark von dem jeweiligen Ausmaß der Kreditnachfrage japanischer Unternehmen abhängen, soweit sie von den einheimischen Instituten nicht befriedigt wird.[125] Ihr zu vernachlässigender Marktanteil macht deutlich, daß sie sich gegenüber japanischen Banken – obwohl diesen mittlerweile rechtlich gleichgestellt – allenfalls in Spezialbereichen profilieren und darüber hinaus als Ansprechpartner bei einem Markteintritt von Unternehmen ihres Heimatlandes fungieren können.

Während die Unterschiede heute nach und nach verschwinden, haben die ursprünglich auf *langfristige Kredite spezialisierten Banken* eine Komplementärfunktion zu den vorgenannten japanischen Gruppen eingenommen. Sie refinanzieren sich vorwiegend über die Ausgabe von Anleihen. Unter den drei Long-term Credit Banks mit einem Anteil am Mit-

---

[123] Die folgenden Zahlenangaben beziehen sich, falls nichts anderes erwähnt ist, auf das Jahr 1995. Vgl. dazu Federation of Bankers Associations of Japan (Zenginkyo): Japanese Banks '95, Tokyo 1995.

[124] Vgl. die gerade unter deutschem Blickwinkel interessante Beleuchtung des japanischen Hausbanksystems im Sammelband von M. Aoki/H. Patrick (Eds.): The Japanese Main Bank System, Oxford 1994.

[125] Dazu vgl. P. P. Baron: »Bubbles« bessern Auslandsbankenerträge auf, in: BZ, Nr. 142 v. 27.7.1991, S. 15.

telaufkommen der Banken von rd. 5% übt die renommierte Industrial Bank of Japan ebenfalls die Hausbankfunktion innerhalb einer Unternehmensgruppe aus. – Auch die 7 japanischen und 9 in ausländischem Besitz befindlichen *Trust Banks* mit einem entsprechenden Marktanteil von rd. 13% gehören dem Sektor von Instituten an, die vor allem das langfristige Kreditgeschäft betreiben. Wie der Name sagt, tun sie dies teilweise oder vollständig aus ihrer Funktion der Vermögensverwaltung heraus.

Charakteristisch für das japanische Bankensystem sind die zahlreichen genossenschaftlich organisierten Institute. Hierzu zählen (neben den erwähnten früheren Sogo Banks) die ebenfalls regional tätigen *Shinkin Banks*, die in ihrer Kreditvergabe auf die Finanzierung der Mitglieder, mittelständische Unternehmen und private Haushalte, ausgerichtet sind. Dabei darf indessen nicht übersehen werden, daß – wie in Deutschland auch – der ursprüngliche Gedanke einer Hilfe zur Selbsthilfe immer mehr ausgehöhlt und der Charakter einer Genossenschaft dementsprechend auf die bloß formalen Elemente beschränkt worden ist. Die auch in Japan anzutreffende Tendenz der Konzentration auf größere Betriebseinheiten hin hat die Zahl der Shinkin Banks auf noch 421 reduziert. Zentrales Institut für die Gruppe ist die Zenshinren Bank. – Die eigentlichen *Credit Cooperatives* stützen sich auf eine Kundenstruktur, in der die Kleinunternehmen und ihre Beschäftigten dominieren. Auch diese 371 Institute vergeben Kredite im wesentlichen an die Anteilseigner. – Schließlich gibt es die Gruppe der *Labour Banks,* die den Gewerkschaften, Konsumgenossenschaften und ihren Mitgliedern nahesteht. Die Kreditkooperativen sind im Dachverband der National Federation of Credit Cooperatives zusammengeschlossen, während die Labour Banks als Spitzeninstitut die Rokinren Bank besitzen.

Insgesamt halten die vorgenannten genossenschaftlichen Gruppen einen Anteil (nicht am Bankenmarkt, sondern) am Markt aller Finanzinstitutionen von knapp 10%.

Einen weiteren genossenschaftlichen Sektor im Finanzwesen Japans führt die Norinchukin Bank an, eine Zentralbank, die vor allem *Raiffeisenbanken* ähnliche Institute (auch mit Warengeschäft) im land- und forstwirtschaftlichen Sektor des Landes fördert. Wie im deutschen genossenschaftlichen Sektor gibt es außer den Primärinstituten und dem genannten Spitzeninstitut eine mittlere Stufe auf der Präfekturebene. Zahlenmäßig stellt der Sektor den größten im Finanzwesen dar. So operierten 1995 mehr als 2.600 Primärbanken, für die auf der zweiten Ebene 47 Institute den Liquiditätsausgleich herstellten. Hinzu kommen noch einmal rund 1.450 Genossenschaftsbanken, deren Mitglieder in der Fischereiwirtschaft tätig sind. Der Anteil des genossenschaftlichen Sektors, der für die Land- und Forst- sowie die Fischereiwirtschaft Bankgeschäfte durchführt, beträgt am gesamten Markt der Finanzinstitutionen rd. 13%.

Unter den staatlichen Spezialinstituten ragt die *Postsparkasse* als bedeutender Wettbewerber für die privaten Banken heraus. Die Einlagen bei der Post, die auch das Geschäft in Lebensversicherungen betreibt, machten Anfang 1995 rd. 18% des Mittelaufkommens aller Finanzinstitutionen aus und dienen der Finanzierung öffentlicher Projekte.

Bei den nicht Depositen annehmenden Instituten handelt es sich außer um Versicherungsgesellschaften um staatliche Spezialbanken (etwa für die Förderung des Außenhandels), Institute der Konsumentenfinanzierung sowie Baufinanzierungsgesellschaften, häufig Tochterinstitute der City Banks.

Unter den 282 *Wertpapierhäusern* finden sich mit Nomura, Nikko und Yamaishi führende Namen in der Welt. Sie üben die Funktionen amerikanischer Investment Banken sowie das Brokergeschäft aus, und dies inzwischen an den international wichtigsten Finanzplätzen. In der Gruppe befinden sich ebenfalls die wenigen Tochtergesellschaften ausländischer Häuser.

Auch im japanischen Bankensystem waren – allerdings etwas später als in den USA – dramatische *Krisenerscheinungen* zu beobachten, auf deren Skizzierung selbst in diesem kurzen Überblick nicht verzichtet werden kann.[126]

Angesichts des stark reglementierten inländischen Wettbewerbs verfolgten die bedeutenden japanischen Banken in den achtziger Jahren eine Internationalisierungsstrategie. Mit Hilfe ihrer aggressiven Preispolitik expandierten sie derart rasch, daß sie gegen Ende der Dekade in der Rangliste der größten Banken der Welt die Spitzengruppe bildeten. Ermöglicht wurde ihnen dieses Vorgehen zum einen dadurch, daß die bankaufsichtlichen Normen noch nicht international harmonisiert waren und sich daher aus niedrigeren Eigenkapitalquoten ein Kostenvorteil ergab. Zum anderen diente der japanische Aktienmarkt ausgangs der achtziger Jahre als nahezu unerschöpfliche Quelle für billiges Eigenkapital.[127] Ausgelöst durch eine anhaltende Niedrigzinspolitik und daraus resultierende Überliquidität kam es zu überhitztem Spekulationsverhalten auf den Märkten für Aktien und Immobilien. Von den scheinbar unbegrenzten Steigerungen der Aktienkurse profitierten die Banken über die preisgünstigen Kapitalerhöhungen hinaus auch in Form von stillen Neubewertungsreserven (= Ergänzungskapital) im Wertpapier-Portefeuille, woraus sich wieder neuer Expansionsspielraum ergab. Gleichzeitig führten ständig steigende Verkehrswerte von Immobilien – wie auch in anderen Ländern – zu einer unkritischen Kreditvergabe in diesem Bereich und einem Verstoß gegen das Gebot der Risikodiversifikation.

Auf beiden Märkten bildeten sich Bubbles, Preis- bzw. Kursblasen, die über längere Zeit zunehmend von fundamentalen Daten abhoben. Selbst rational handelnde Anleger investierten trotz aufgeblähter Bewertungen in Aktien und Immobilien, obwohl sie wußten, daß die Bubbles eines Tages platzen mußten.[128] Diese crashartigen Wertkorrekturen setzten an der Aktienbörse 1990/91 ein und führten zu einem Abschmelzen des (ergänzenden) Eigenkapitals der Banken; bis August 1992 hatte der Aktienmarkt 63% seines Wertes verloren, ein Tiefstand, der Mitte 1995 erneut getestet wurde. Auch auf dem Immobilienmarkt brachen die Preise ein (bis Mitte 1995 um 60-80%) und führten sowohl zu Wertverlusten in den Eigenbeständen der Banken als auch einem massiven Anstieg des Problemkreditvolumens bis auf knapp 800 Mrd. DM Ende 1995.[129]

In der für die »Japan AG«[130] typischen Art wurde die sich in der Folge ergebende schwerste Bankenkrise des Landes seit 1927 durch die Aufsichtsbehörden und weitere staatliche Institutionen zunächst bewußt kaschiert, später durch ein Kurieren an Symptomen verschleppt und damit letztlich eher verschärft.[131] So wurde etwa 1993 mit der Co-operative Credit Purchasing Company (CCPC) eine Gesellschaft zum Aufkauf von immo-

---

[126] Vgl. zum folgenden J. Bonn: Entwicklungslinien, a.a.O., S. 23-28 sowie als weiterer Überblick zur Bankenkrise J. B. Waterhouse: Japan´s banking crisis – towards a solution, James Capel Pacific Ltd. (Ed.), Tokyo 1995.

[127] Vgl. J. Süchting/J. Bonn: Überlegungen zur Aktienkursentwicklung und Eigenkapitalbeschaffung japanischer und deutscher Banken, in: SB Nr. 38, SS 1993, S. 42-71.

[128] Vgl. zur Theorie spekulativer Blasen: A. Gruber: Signale, Bubbles und rationale Anlagestrategien auf Kapitalmärkten, Wiesbaden 1988 sowie zum erwarteten Platzen der »Doppelblase« J. Süchting: Zur Funktionsfähigkeit des deutschen Kapitalmarktes, in: G. Bruns/K. Häuser (Hrsg.): Strukturwandel am deutschen Kapitalmarkt, Frankfurt/M. 1989, S. 155-171.

[129] Vgl. J. Süchting/J. Bonn: Zur Run-Apokalypse – das Beispiel Japans, in: SB Nr. 43, WS 1995/96, S. 33-38.

[130] Hierunter versteht man die Ausrichtung aller gesellschaftlichen und wirtschaftlichen Kräfte des Landes auf übergeordnete Ziele wie z.B. das ökonomische Wachstum.

[131] Vgl. dazu o.V.: Lehren aus Bankenkrisen in Japan und Paris – IWF: Zu nachsichtige Aufsicht verlängerte die Probleme, in: BZ, Nr. 161 v. 25.8.1995, S. 3.

bilienbesicherten Problemkrediten ins Leben gerufen. Im Austausch gegen ihre zweifelhaften Engagements erhielten die Banken nach Abzug eines unrealistisch niedrigen Disagios vollwertige Forderungen gegen die CCPC, so daß wohl von Bilanzkosmetik gesprochen werden kann. Derzeit wird nicht davon ausgegangen, daß die CCPC ihre Verbindlichkeiten – wie vorgesehen – ab 1998 bedienen kann.[132]

Trotz dieser Stützungsmaßnahmen kam es aufgrund der exorbitanten Verluste im Kreditgeschäft zur Schließung von einer großen Regionalbank, fünf Genossenschaftsbanken sowie eines kompletten Finanzmarktsegments, der Gruppe der sieben auf die Wohnungsbau- und allgemein die Immobilienfinanzierung spezialisierten Institute (»Jusen«). Allein bei letzteren hatte sich ein Problemkreditvolumen von 130 Mrd. DM aufgestaut; diese Lasten konnten von den Gründern dieser Institute, den City Banks, allein nicht getragen werden. Da man zudem »Schneeballeffekte«, also Übertragungen der Liquiditätsprobleme infolge von Abzügen besorgter Einleger bei Einzelinstituten[133] auf das gesamte Bankensystem befürchtete, kam man um den Einsatz öffentlicher Mittel in erheblichem Umfang nicht herum – so auch nach der spektakulären Pleite des Wertpapierhauses Yamaichi im November 1997.[134] – Es stellt sich jedoch die Frage, wie stark die für derartige »Solidaropfer« notwendige Bindekraft der Japan AG zukünftig noch ist, denn für die Sozialisierung von Verlusten gerade der Banken bringt die Öffentlichkeit in Japan immer weniger Verständnis auf.[135]

Beleuchtet man abschließend das Verhältnis der Kreditwirtschaft zur Zentralbank und stellt dabei allein auf die geldschöpfenden Institute ab, so gibt es unter den japanischen Banken eine starke Mittelkonzentration auf 20 Großbanken: Die 10 City Banks, 7 Trust und 3 Long-term Credit Banks vereinigten 1995 knapp 40% des Mittelaufkommens auf sich. Da weiterhin der bargeldlose Zahlungsverkehr auch mit Kreditkarten und Point of Sale-Systemen eine große Bedeutung erlangt hat (Anteil der Sichteinlagen an M_1 1995 rd. 70%),[136] könnte man erwarten, daß die Bank von Japan ihre Geld- und Kreditpolitik zunehmend mit dirigistischen Instrumenten betreibt.

Das Gegenteil scheint indessen der Fall zu sein, insbesondere aus dem Grunde, weil es – wie gesehen – eine **enge Kooperation von Finanzministerium und Zentralbank mit den Geschäftsbanken** gibt.

Während früher vor allem Kreditkontingente (window guidances) das Wachstum des Aktivgeschäfts insbesondere bei den City Banks in Grenzen hielten, wird heute das Gewicht der Geld- und Kreditpolitik weg davon sowie von den Mindestreserveanforderungen hin auf die Diskontpolitik und zunehmend auch auf Offenmarktoperationen gelegt. Im Rahmen der Diskontpolitik werden neben den Kosteneffekten die Signaleffekte der Diskontsatzpolitik besonders hervorgehoben. Die Offenmarktpolitik bedient sich mehr und mehr der Versteigerung von Staatspapieren.[137]

---

[132] Vgl. H. Becker: Japans Großbanken warten auf die Regierung, in: BZ, Nr. 58 v. 25.3.1997, S. 6.
[133] Runartig wurden etwa bei der genossenschaftlichen Cosmo Bank 1995 innerhalb von zwei Tagen 1,9 Mrd. DM abgezogen.
[134] Vgl. o.V.: Tokio legt Plan über »Jusen«-Liquidierung vor, in: BZ, Nr. 245 v. 21.12.1995, S. 5 und o.V.: Staat beschließt massive Staatshilfe, in: HB, Nr. 246 v. 20.12.1995, S. 3.
[135] Vgl. A. Gandow: Hilfen für marode Sparkassen treffen in Japan auf scharfe Kritik, in: HB, Nr. 32 v. 14.2.1995, S. 30, o.V.: Verteilungsschlüssel für Jusen-Last, in: BZ, Nr. 125 v. 3.7.1996, S. 4, R. Köhler: 20 japanische Banken hängen am Tropf der Regierung, in: SZ, Nr. 36 v. 13.2.1997, S. 24 und o.V.: Tokio plant »Lex Nippon Credit Bank«, in: BZ, Nr. 74 v. 18.4.1997, S. 17.
[136] Vgl. Bank of Japan Research and Statistics Department: Economic Statistics Monthly, November 1995, S. 14.
[137] Vgl. U. Thießen: Finanzsystem, Deregulierung und Geldpolitik in Japan, Baden-Baden 1991 und K. J. Singleton (Ed.): Japanese Monetary System, Chicago/London 1993.

f. Das Bankensystem in Frankreich

Die Struktur des französischen Bankensystems kann wie in Abb. B. 11 veranschaulicht werden:

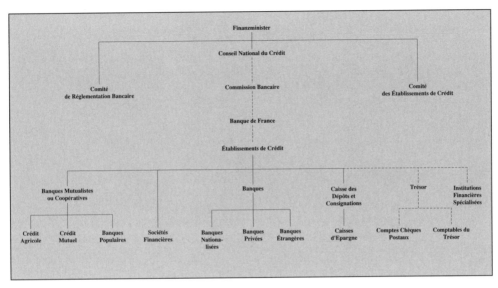

Abb. B. 11: Das Bankensystem in Frankreich

Eine straffe Bankenaufsicht und Kreditkontrolle sowie ein Übergewicht des öffentlichen Bankensektors demonstrierten den staatlichen Einfluß im französischen Bankenwesen, das ein wichtiges Instrument der Planification war.

Während bis zu den 30er Jahren dieses Jahrhunderts die Verhältnisse im französischen Bankwesen als liberal bezeichnet werden können, verstärkte der Staat danach seinen Einfluß. Ein erster Höhepunkt der staatlichen Intervention war die Nationalisierung der Banque de France und der vier größten Geschäftsbanken des Landes in den Jahren 1945/46 zusammen mit der Gründung des Conseil National du Crédit (Nationaler Kreditrat). Erst seit Mitte der 60er Jahre ließ sich eine Schwächung des staatlichen Dirigismus feststellen. Die seit dieser Zeit eingeleiteten Reformen zielten auf eine Stärkung der Wettbewerbsfähigkeit der französischen Banken auch dem Ausland gegenüber, um insbesondere Paris zu einem internationalen Finanzzentrum zu machen, sowie auf eine Entlastung des Staates von der Finanzierung der Wirtschaft. Mit der Übernahme der Regierung durch die Sozialisten setzte im Jahre 1982 eine zweite Phase der nahezu vollständigen Verstaatlichung der kommerziellen Banken ein, die zu Beginn der neunziger Jahre wiederum durch eine gegenläufige Entwicklung der Privatisierung abgelöst worden ist. Ursächlich für die erneute Entlassung der Kreditinstitute (etwa der Banque Nationale de Paris) aus dem Staatseinfluß war die (späte) Erkenntnis, daß insbesondere die überbordenden bürokratischen Strukturen in den Verwaltungsapparaten zu deutlichen Rentabilitätsrückständen der französischen Banken im Vergleich mit den Instituten fast aller Nachbarländer geführt hatten. Dies ist insofern eine Hypothek, als sich die Kreditinstitute aus Frankreich im weitgehend liberalisierten Finanzmarkt Europas nun verstärkt ausländischen Wettbewerbern stellen müssen.[138]

Die Spitze des gesamten Finanz- und Bankensektors bildet das *Finanzministerium*. Über zahlreiche Befugnisse (z.B. der personellen Besetzung der zentralen Institutionen wie der Position des Präsidenten des *Conseil National du Crédit*) verfügt der Finanzminister über einen dominierenden Einfluß auf das Bankensystem.

Die *Banque de France* besitzt als Zentralbank das Ausgabemonopol für Banknoten. Als Bank des Staates hat sie relativ eingeschränkte Aufgaben, da das französische Schatzamt *(Trésor)* über den Zahlungsverkehr der Post *(Comptes Chèques Postaux)* und das Angebot von Geldanlagen *(Comptables du Trésor)* selbst Bankfunktionen ausübt und durch die *Caisse des Dépôts et Consignations* über ein großes Aufkommen an Spareinlagen aus dem öffentlichen Sektor des Geldwesens verfügt. – Wesentlich größere Bedeutung kommt ihr für die Feineinstellung der Geld- und Kreditpolitik in dem bei ihr angesiedelten Conseil de la Politique Monétaire zu. Obwohl nach dem Reformgesetz über die Banque de France seit dem 1.1.1994 formal unabhängig, bleibt sie doch verpflichtet, die Geldpolitik im Rahmen der nationalen Wirtschaftspolitik zu gestalten.[139]

Seit dem Inkrafttreten des Bankgesetzes von 1984 werden die das Kreditgewerbe betreffenden Normen vom *Comité de Réglementation Bancaire* erlassen, Entscheidungen auf dieser Basis, z.B. über die Gründung eines Kreditinstituts, vom *Comité des Établissements de Crédit* getroffen.

Die Kontrolle der Bonität der Kreditinstitute *(Établissements de Crédit)* wird von der *Commission Bancaire* wahrgenommen, die sich – ähnlich wie die deutsche Bankenaufsicht – in diesem Zusammenhang der exekutiven Mithilfe der Banque de France bedient.

Aussagen über die Charakteristika der Gruppen von Kreditinstituten sind nicht einfach, da diese sich in einem erheblichen Wandel befinden. In der Tendenz haben die Reformen der zurückliegenden Jahre einschließlich derjenigen, die auf die Vereinheitlichung der Bankenaufsicht und die Vergrößerung des Anwendungsbereichs der Notenbankpolitik zielten, auch in Frankreich zu einer *Entwicklung weg von der Spezialisierung* und hin zu einer Ausweitung der Sortimente geführt.

Traditionell zum öffentlichen Sektor gehören die *Institutions Financières Spécialisées*, die – wie auch die deutschen Kreditinstitute mit Sonderaufgaben, aber gewichtiger – im öffentlichen Interesse liegende Funktionen wahrnehmen. Sie dienen der Regionalpolitik, der Förderung des Exports, bestimmten verstaatlichten Industriezweigen und dem Wohnungsbau.

Zu den Sparkassen *(Caisses d'Epargne)* zählen die Postsparkasse mit ihren zahlreichen Poststellen, vor allem aber die Sparkassen, deren Zahl zwischen 1983 und 1990 von 500 auf 200 sank und am Ende weiterer Fusionsbemühungen mittlerweile nur noch 35 beträgt.[140] Obwohl die Tendenz besteht, über den Zahlungsverkehr sowie Kommunal- und Konsumentenkredite zu einer Ausweitung des begrenzten Leistungsangebots zu gelangen, werden die aus den knapp 4.300 Zweigstellen gewonnenen Einlagen, mit denen die Sparkassen einen Anteil von 19% an den Einlagen aller Kreditinstitute besitzen, noch zum

---

[138] Vgl. J.-F. Théodore: Finanzplatz Paris mit völlig neuem Gesicht, in: BZ, Nr. 101 v. 28.5.1994, S. 22, J. Foshag: Frankreichs Banken in Rentabilitätsnöten, in: BZ, Nr. 187 v. 28.9.1995, S. 4 und ders.: Frankreichs Banken in Schwierigkeiten, in: BZ, Nr. 38 v. 23.2.1996, S. 4 sowie Ch. Hossfeld: Das französische Bankensystem im Jahr 1995, in: ZfgK, 50. Jg., 1997, S. 34-37.

[139] Vgl. M. Lück: Die Rechtsstellung der Banque de France, in: ZfgK, 47. Jg., 1994, S. 116-118 sowie J. Foshag: Banque de France im Kreuzfeuer, in: BZ, Nr. 3 v. 7.11.1997, S. 1.

[140] Falls nicht anders erwähnt, beziehen sich die Zahlenangaben auf das Jahr 1995.

größten Teil über das Dachinstitut, die Caisse des Dépôts et Consignations, dem Staat und dem Geldmarkt verfügbar gemacht.[141]

Die *Banques Mutualistes ou Coopératives* bilden den genossenschaftlichen Sektor im französischen Kreditwesen, der – unter Einbeziehung seiner zentralen Institute – ein breites Sortiment an Bankleistungen anbietet und 35% der Einlagen bei 17% der Bilanzsumme des gesamten Bankensystems auf sich vereinigt.

Den größten Teil dieses Sektors umfaßt das dreistufige System Crédit Agricole mit 69 (zu Beginn der neunziger Jahre noch fast doppelt sovielen) gruppenzugehörigen Instituten und rund 5.600 (ständigen) Zweigstellen, das der Finanzierung vor allem landwirtschaftlicher Betriebe und der Unternehmen des Nahrungsmittelsektors dient.

Weiterhin gehören zum genossenschaftlichen Sektor 32 regionale *Banques Populaires* mit über 1.600 Filialen, die sich auf die Finanzierung von Klein- und Mittelbetrieben in Industrie, Handel und Handwerk konzentrieren. Trotz ihres erheblichen Wachstums in den vergangenen Jahren spielen die rund 27 Selbsthilfeeinrichtungen mit ihren gut 3.000 (ständigen) Zweigstellen, die den *Crédit Mutuel* formen und an den deutschen Raiffeisenverbund erinnern, eine deutlich geringere Rolle.

Vor dem Hintergrund der großen Bedeutung des Sektors öffentlich-rechtlicher und auch genossenschaftlicher Kreditinstitute sowie neben zahlreichen Teilzahlungsbanken, Leasinggesellschaften und anderen Finanzierungsgesellschaften (*Sociétés Financières,* 1995 ca. 1.000) sind die rd. 400 »kommerziellen« Geschäftsbanken (Banques) mit einem Marktanteil von deutlich mehr als 50% zu sehen. Bis auf einige kleine (Banques Privées) und die ausländischen Banken (Banques Étrangères), die Paris in den vergangenen Jahrzehnten zu einem internationalen Finanzzentrum haben werden lassen, wurden die Institute dieser Gruppe – wie erwähnt – 1982 von der sozialistischen Regierung verstaatlicht, die Société Générale aber wieder privatisiert. Zwar stehen ihnen derzeit praktisch alle Betätigungsmöglichkeiten im Bankgeschäft offen, auch der Zugang zur Börse, wenn sie sich an Brokerhäusern beteiligen: die Banques sind insoweit Universalbanken. Dennoch weisen sie entsprechend ihren gewachsenen Strukturen auch heute noch unterschiedliche geschäftliche Schwerpunkte auf. Diese werden in den traditionellen Bezeichnungen deutlich:

Die Depositenbanken (*Banques des Dépôts*), welche die bei weitem größte Gruppe bilden, sind aus der Sammlung von Einlagen, der Abwicklung des Zahlungsverkehrs und der kurz- und mittelfristigen Kreditvergabe heraus gewachsen. Inzwischen ist eine Ausweitung in das längerfristige Geschäft, sei es auf direktem Wege oder über Beteiligungen, unverkennbar. Das gilt vor allem für die drei Großbanken, die führenden Institute des kommerziellen Bankensektors: Société Générale, Crédit Lyonnais, Banque National de Paris. Zusammen vereinigen die Großbanken mit ihren gut 6.000 Zweigstellen in Frankreich 45% der Einlagen der kommerziellen Banken auf sich. Die anderen Depositenbanken sind entweder von lokaler oder regionaler Bedeutung außerhalb der Metropole im Lande oder sie konzentrieren ihr Geschäft auf den Bereich der Hauptstadt. Mehrheitlich in Staatsbesitz befindet sich noch der Crédit Lyonnais, bei dem in den Jahren 1992 bis 1994 Verluste in Höhe von 20,7 Mrd. FF (rd. 6 Mrd. DM) entstanden – der bis dahin größte Fehlbetrag eines einzelnen europäischen Instituts. Ursächlich hierfür war zum einen der Versuch der

---

[141] Vgl. J.-Y. Gourvez: Französische Sparkassen verstärken ihre Präsenz im Kommunalgeschäft, in: Spk, 112. Jg., 1995, S. 570-572 sowie weiterhin zum Umbruch in diesem Sektor der Kreditwirtschaft G. Quioc: Neues Zeitalter für Frankreichs Sparkassen, in: BZ, Nr. 78 v. 24.4.1993, S. 18 und R. Barberye: Der dynamische Wandel des französischen Sparkassenwesens, in: Spk, 112. Jg., 1995, S. 557-559.

Regierung, über diese Beteiligung Industrie- und Regionalpolitik zu betreiben, wobei die üblichen Prüfungen der Kreditnehmerbonität sträflich vernachlässigt wurden. Zum anderen verfolgte das Management der Bank ausgangs der achtziger Jahre einen nahezu ungehemmten Expansionskurs, in dessen Folge sich die Kundenzahl des Instituts zwischen 1988 und 1993 verzehnfachte und seine Bilanzsumme über das Volumen des französischen Staatshaushalts hinaus anstieg. Es erfolgte dabei der massive Einstieg in Branchen, in denen der Bank offensichtlich das notwendige Know-how fehlte (etwa im amerikanischen Filmgeschäft) bzw. in den Immobilienbereich, der mit Beginn der 90er Jahre auch in Frankreich die schärfste Krise seit dem II. Weltkrieg durchlief: Alle Banken zusammen wiesen 1994 ein Volumen von 100 Mrd. DM an Immobiliendarlehen in ihren Büchern aus, wovon 60 Mrd. DM als zweifelhaft galten.

Zur Rettung des Crédit Lyonnais wurden – ähnlich den Maßnahmen in Japan – Aktiva in Höhe von rd. 40 Mrd. DM (davon 14 Mrd. DM Immobilienkredite) an eine Tochtergesellschaft ausgelagert (Consortium de Réalisation), die von dem Crédit Lyonnais allerdings nicht zu konsolidieren ist, da der Staat eine Verlustgarantie übernommen hat. Diese wurde von der Brüsseler Kommission – zusammen mit weiteren öffentlichen Hilfen – auf 15 Mrd. DM begrenzt. Darüber hinaus müssen im Sinne einer Konzentration auf Kernbereiche 90% des Industriebesitzes bis 1998 abgegeben und eine Privatisierung bis zum Jahre 2000 eingeleitet werden. Somit ist das Ende eines wesentlichen Teils des staatlichen Einflusses auf die Kreditwirtschaft absehbar.[142]

Die Beteiligungsbanken *(Banques d'affaires)* haben sich ursprünglich auf die längerfristige Unternehmensfinanzierung u.a. durch Übernahme von Beteiligungen sowie ganz allgemein auf das Geschäft mit der Industriekundschaft gestützt. Durch Konzentration und Umwandlungen hat sich ihre Zahl inzwischen besonders deutlich verringert. Bei den verbliebenen wurde zur Stärkung der Refinanzierungsbasis eine zum Teil durch Beteiligungen unterlegte, enge Kooperation mit den Depositenbanken eingegangen. Zu den bekanntesten Häusern gehören Lazard Frères & Cie, Banque Louis Dreyfus & Cie, Banque Worms.

Die Banken für den mittel- und langfristigen Kredit (alte Bezeichnung: *Banques de crédit à long et moyen terme*) geben – wie der Name sagt – vor allem längerfristige Kredite, die entsprechend refinanziert werden, zum Teil aus den Bankkonzernen heraus, denen diese Institute überwiegend angehören.

Betrachtet man die *Struktur des Geldvolumens* und seine Entwicklung in der Zeit, ist festzustellen, daß – wie in den anderen Ländern auch – die Bargeldquote sich in den vergangenen Jahren zurückgebildet hat, sie nähert sich einem Wert von nur noch 15%.[143] Unter diesem Aspekt kann ein weites Verhältnis, ein relativ geringer Abhängigkeitsgrad der Geschäftsbanken von der Banque de France konstatiert werden.

Das gilt auch, wenn man den *Konzentrationsgrad* im französischen Bankwesen in die Betrachtung einbezieht. Richtet man das Augenmerk auf den Crédit Agricole und auf diejenigen Universalinstitute, die im Sektor der kommerziellen Banken die Kombination von

---

[142] Vgl. zur Krise des Crédit Lyonnais und den Lösungsversuchen J. Foshag: Sträflicher Expansionsdrang des Crédit Lyonnais, in: BZ, Nr. 138 v. 21.7.1994, S. 4, ders.: Crédit Lyonnais hat die Schrumpfkur noch vor sich, in: BZ, Nr. 56 v. 21.3.1995, S. 4 und ders.: Kapitalhunger beim Crédit Lyonnais, in: BZ, Nr. 11 v. 17.1.1997, S. 4. — Umfangreiche Starthilfen erforderte auch die Rettung des Crédit Foncier de France, der 1996 durch die Krise des französischen Immobilienmarktes in eine Schieflage geraten war.

[143] Vgl. Banque de France: Bulletin de la Banque de France, Statistique Monétaires et Financières Annuelles 1994, Paris 1995, S. 29.

Einlagen-, Zahlungsverkehrs- und Kreditgeschäften durchführen, so entfallen rd. 63% des Kredit- und 83% des Einlagenvolumens auf die 10 größten Bankkonzerne einschließlich der drei Großbanken. Wenn auch die Tendenzen zur Erweiterung der Sortimente von Geldinstituten im öffentlichen Sektor nicht zu übersehen sind, so läßt dies doch auf einen im Bereich der Kredit- und Geldschöpfung relativ hohen Konzentrationsgrad schließen.

Die Voraussetzungen für ein weites Abhängigkeitsverhältnis von der Zentralbank haben indessen keinen Emanzipationseffekt im Geschäftsbankensystem zur Folge gehabt, und zwar deshalb nicht, weil der Sektor öffentlicher Institute dem Staatseinfluß unterliegt und sich auch Depositenbanken des kommerziellen Sektors teilweise noch im staatlichen Eigentum befinden. So dürfte davon auszugehen sein, daß Banque de France und Conseil National du Crédit eine vom Finanzminister als richtig erachtete Geld- und Kreditpolitik gegenüber den Geschäftsbanken auch durchsetzen können.

Die für die Zentralbankpolitik verantwortlichen Institutionen sind unter diesem Gesichtspunkt auf Moral Suasion nicht angewiesen. Direkte Eingriffe wirken schneller und sicherer.

Da im kurzfristigen Kreditgeschäft zwischen Wirtschaft und Banken Frankreichs seit jeher der Wechsel dominiert, hat traditionell die Verschuldung der Geschäftsbanken auf dieser Refinanzierungsgrundlage bei der Banque de France eine gegenüber der Interbankenverschuldung überragende Stellung. Daher rührte die Bedeutung der Diskontpolitik der Banque de France, die mit regelmäßig unter den Geldmarktsätzen liegenden Diskontsätzen zur Refinanzierung »einlud« und die Liquiditätsreserven so mit Hilfe einer Variation der Rediskontkontingente regulierte.

Inzwischen hat die Diskontpolitik – gemäß dem internationalen Trend – zugunsten der Offenmarktpolitik an Gewicht verloren, die vor allem über kurzfristige Wertpapierpensionsgeschäfte gesteuert wird.

Neben Offenmarktoperationen macht die Banque de France vom Instrument der Mindestreserve Gebrauch, ursprünglich konzipiert sowohl als Passiv- als auch als Aktivreserve, heute nur noch auf die Passiva basiert. Das System der Mindestreserve löste 1967 das der Liquiditätskoeffizienten ab, durch die eine bestimmte Relation von Anlagen in kurzfristigen öffentlichen Papieren (wie z.B. Schatzwechseln) zu den Einlagen gefordert wurde. Bezeichnender für die Gestaltung des Verhältnisses zu den Geschäftsbanken waren jedoch administrative Kontrollen in Form der Kreditplafondierung. Überschritt ein Kreditinstitut den ihm gesetzten Kreditrahmen, mußte es »Strafsätze« an Mindestreserven unterhalten. In der Kreditsteuerung wurden die Elemente der Planification am deutlichsten sichtbar.

Bis vor wenigen Jahren zeigte sich, daß von den Aufsichtsbehörden, den Eigentumsverhältnissen und auch dem Einsatz des zentralbankpolitischen Instrumentariums her erhebliche staatlich-dirigistische Einflüsse auf den Geschäftsbankensektor ausgingen. Seitdem jedoch nähert sich das ehemals straffe Verhältnis Geschäftsbanken – Zentralbank dem in den oben beschriebenen Ländern an. Der Ehrgeiz, eine wichtige Position unter den großen Finanzplätzen zu erlangen, hat eine zunehmende Liberalisierung mit sich gebracht.

g. Ehemals planwirtschaftliche Bankensysteme im Transformationsprozeß

Bis in die 80er Jahre hinein herrschte in den Staaten Osteuropas und Teilen Asiens (insbesondere in China) ein straffes System der Zentralverwaltungswirtschaft vor, in dem das Bankwesen als rein staatliches Instrument zur Durchsetzung der in den Produktionsplänen formulierten »gesellschaftlichen Interessen« dienen sollte. Der geldwirtschaftliche Bereich hatte im Sinne einer Röhre lediglich Durchleitfunktion, denn er mußte sich grundsätzlich an den Erfordernissen des güterwirtschaftlichen Sektors ausrichten. Da Preise und Beschäftigung angeordnet werden konnten, galten die staatlichen Anstrengungen einer möglichst kostengünstigen Erfüllung der Produktionsziele, wie sie in der Hierarchie der Zentral- und Teilpläne niedergelegt waren. Neben der Durchführung bankgeschäftlicher Aufgaben wirkten die Kreditinstitute beratend und kontrollierend auf die von ihnen betreuten Betriebe ein.[144]

Typischerweise war die Zentralbank als Befehlsempfänger staatlichen Lenkungsinstanzen unterstellt und trug daher auch häufig den Namen »Staatsbank«. Neben der Notenausgabe übte sie zugleich die Funktionen einer Geschäftsbank aus, indem sie im Kreditgeschäft die volkswirtschaftlich bedeutendsten Sektoren betreute und im Passivgeschäft die Spargelder der Bevölkerung »einsammelte«. Sofern neben ihr noch weitere Einzelbanken existierten, waren diese auf spezielle Geschäftsarten (z.B. Außenhandels- und langfristige Investitionsfinanzierung) oder Kundengruppen (etwa den Agrarsektor) ausgerichtet und unterlagen den Weisungen der Zentralbank.

Blickt man zunächst auf Osteuropa, so richteten sich die im Laufe der 70er und 80er Jahre von Ungarn und der Tschechoslowakei, später auch in Polen zunächst zögerlich eingeleiteten Modifikationen dieses Systems darauf, den Banken in sehr beschränktem Maße Handlungsspielräume bei der Kreditvergabe zuzugestehen und gleichzeitig Auslandsbanken den Markteintritt (z.B. über Minderheitsbeteiligungen) zu ermöglichen. Erst die politischen Umwälzungen in den Ländern des ehemaligen »Ostblocks« machten dann aber ausgangs der 80er Jahre den Weg frei für tiefgreifendere Veränderungen der Kreditwirtschaften.[145]

Unabhängig von den sich dabei ergebenden Konversionsproblemen für die Einzelinstitute (etwa: Wie wird eine Orientierung an den Wünschen der Kunden erreicht?) interessieren an dieser Stelle die Reformen der Kreditwirtschaften als Gesamtheit. In den Ländern mit Monobanksystem stand am Beginn der Neugestaltung die Trennung von Notenbank und Geschäftsbank(en), um von einem ein- zu einem zweistufigen Aufbau zu gelangen. Ebenso wie dort, wo dieses Prinzip zuvor schon verankert war, stellten sich die Fragen nach Zahl und Ausrichtung der Geschäftsbanken auf der zweiten Hierarchieebene. Im Hinblick auf beide Kriterien wurden in Osteuropa unterschiedliche Wege beschritten. In Ungarn etwa ließ die Regierung bis 1995 lediglich 43, in der Slowakei 38 Geschäftsbanken zu, während in der Russischen Föderation die Zahl der Banken rapide von sechs (1990) auf über 2.100 (1995) wuchs. Dabei ist indes zu beachten, daß dort dennoch erst 22.700 Einwohner auf eine Geschäftsstelle kommen (in Deutschland – wie gesagt – 1.500).[146] – In Polen und Tschechien erfolgte von Beginn des Reformprozesses an die Installation eines Universalbanksystems, wobei der regionale Betätigungsbereich der neuen Geschäfts-

---

[144] Vgl. W. Ehlert/K. Kolloch/W. Schließer/K. Tannert: Geldzirkulation und Kredit im Sozialismus, Berlin 1982, S. 123ff.

[145] Vgl. K.-H. Hartwig/H. J. Thieme (Hrsg.): Transformationsprozesse in sozialistischen Wirtschaftssystemen, Berlin u.a. 1991, D. M. Kemme/A. Rudka (Eds.): Monetary and Banking Reform in Postcommunist Economies, New York/Prag 1992, A. R. Prindl (Ed.): Banking and Finance in Eastern Europe, New York u.a. 1992, Euromoney: The 1996 Guide to Banking Services in Eastern Europe, London 1996, D. Gros/A. Steinherr: Winds of Change. Economic Transition in Central and Eastern Europe, London/New York 1995.

[146] Vgl. Th. Hickmann: Aktuelle Entwicklungen im russischen Bankwesen, in: Zfgk, 48. Jg., 1995, S. 88f.

banken teilweise beschränkt wurde; Ungarn lehnte sich dagegen mit der Trennung in Commercial und Investment Banks zunächst eher an das amerikanische Trennbankensystem an.[147] Hier wie in den übrigen Ländern Osteuropas zeigen sich zur Mitte der 90er Jahre jedoch bereits die auch vornehmlich in den USA festgestellten Bestrebungen im Hinblick auf eine Erweiterung der Sortimente.

Der Unabhängigkeitsgrad der »neuen« Zentralbanken ist unterschiedlich hoch. Während man sich vor allem in Tschechien stark am Vorbild der Deutschen Bundesbank orientierte, ist der staatliche Einfluß etwa in Rußland noch sehr stark ausgeprägt.

Nahezu parallel zur Gründung von Einzelinstituten wurden die regulatorischen Grundlagen ihrer Beaufsichtigung entwickelt, wobei man die in westlichen Ländern etablierten Institutionen und Normen weitgehend übernahm. Vor dem Hintergrund des von der Mehrzahl der osteuropäischen Staaten gewünschten Beitritts zur Europäischen Union ist es auch nicht denkbar, daß – etwa im zentralen Bereich der Eigenkapitalbelastungsregeln – dauerhaft auf einem niedrigeren Niveau gearbeitet wird.

Bei der Überführung der Staatsbank in rechtlich selbständige Einheiten wurden in zahlreichen Ländern die Forderungen gegenüber staatseigenen Kombinaten auf die Nachfolgebanken übertragen, statt – wie im Falle Ostdeutschlands – die Inlandsverbindlichkeiten der staatlichen Firmen in die Hände einer zentralen Verwaltungsgesellschaft (der Treuhandanstalt) zu überführen. Aufgrund der dramatischen Einbrüche in der Ertragslage der Staatsbetriebe nach der »Entlassung« auf den Weltmarkt konnte eine Vielzahl der Schuldner ihren Verpflichtungen nicht mehr nachkommen, so daß sich bei den Banken eine ähnliche »bad loans«-Problematik herausgebildet hat wie bei den US-amerikanischen Instituten im Laufe der 80er Jahre. In der Russischen Föderation beispielsweise führte vor allem das Ausmaß dieser Problemkredite dazu, daß 1995 und 1996 jeweils über 100 Kreditinstituten die Lizenz entzogen wurde; nur 38% der rd. 2.000 Banken gelten als finanziell gesund.[148]

Auch deshalb ist die Privatisierung der Geschäftsbanken selbst in den Staaten bisher nur langsam vorangekommen, die insofern zu den Vorreitern im Transformationsprozeß gehören, als sich der Staat möglichst rasch von seinen Beteiligungen trennen möchte. In mehreren osteuropäischen Ländern – so z.B. in Tschechien – wurde der Weg der (zumindest Teil-)Privatisierung großer Staatsbetriebe und Banken durch die Ausgabe von Vouchern oder Coupons an die Bevölkerung gewählt. Dabei handelte es sich um Investmentzertifikate, die einen Quoten- bzw. Bruchteilsanspruch an einem Gesamtportfolio zu privatisierender Vermögensrechte beinhalteten. Jeder Zertifikatsbesitzer hatte dann eine Grundsatzentscheidung darüber zu treffen, ob er die Strukturierung seines Portefeuilles selbst übernehmen oder dieses einem Privatisierungsfonds überlassen wollte. Seine mit dem Voucher verbrieften Investitionspunkte konnte er auf bestimmte Unternehmen einer Privatisierungswelle setzen (lassen) und auf diesem Wege in den Besitz von Aktien gelangen. Allerdings wählte ein Großteil der Bevölkerung die Anlage durch einen Fonds als Intermediär, was eine Scheu gegenüber der Aktie verrät.[149] In dieses Bild paßt auch, daß in Polen bis 1995 erst drei der neun neuen Geschäftsbanken in private Hände überführt wurden, wofür neben der Altschuldenproblematik vor allem die derzeit noch begrenzten Auf-

---

147 Vgl. H. Müller: Finanzmärkte im Transformationsprozeß, Stuttgart 1993.
148 Vgl. o.V.: Noch ein langer Weg für Rußlands Banken, in: BZ, Nr. 29 v. 12.2.1997, S. 6.
149 Vgl. J. Richard: Voucher-Privatisierung, in: DBW, 54. Jg., 1994, S. 555-558 und ders.: Privatisierung in Osteuropa am Beispiel der ehemaligen CSFR, in: SB Nr. 40, SS 1994, S. 28-39.

nahmemöglichkeiten der dortigen Börsen verantwortlich gemacht werden. – Einen weiteren Weg der Privatisierung stellt die Hereinnahme von Auslandsbeteiligungen dar; so sind in Ungarn Auslandsbanken bei 21 der 43 Geschäftsbanken Mitinhaber.

In der Russischen Föderation trennt sich der Staat noch zögerlicher von seinem Einfluß auf das Bankwesen; unverändert befinden sich sog. Ministerialbanken, die für einzelne Branchen zuständig sind, vollständig sowie die Sparkasse Rußlands, die 70% aller Einlagen auf sich vereinigt, zumindest teilweise in seinem Besitz.[150] Lange Zeit hatte man zudem eine Abschottungspolitik betrieben und erlaubt erst seit 1996 Zweigstellen ausländischer Kreditinstitute den Betrieb des Bankgeschäfts; zuvor war dies nur in sehr eingeschränktem Maße über Repräsentanzen möglich.

Obwohl das politische System in China noch kommunistischen Prinzipien folgt, wurde auch dort die Notwendigkeit zu Reformen des Bankwesens erkannt. 1984 erfolgte die Aufgabe des Monobanksystems durch die Gründung von vier »specialized banks«, denen (wie auch eventuellen Neugründungen) durch das 1995 verabschiedete Commercial Banking Law eine unabhängige Geschäftsführung eingeräumt werden soll.[151] Angesichts dessen, daß sich die Geschäftsbanken jedoch überwiegend noch in Staatsbesitz befinden, darf an der Verwirklichung dieses Postulats gezweifelt werden. So ist bisher auch die massive Kreditvergabe an defizitäre Staatsunternehmen weiterhin Praxis. Im Rahmen des staatlichen Kreditplans sind von den Banken zinsbegünstigte Darlehen (sog. »policy loans«) zu vergeben. Dies hat dazu geführt, daß rd. 40% aller Ausleihungen der vier großen Spezialbanken an staatliche Unternehmen als notleidend eingestuft werden müssen.[152]

Ebenfalls 1995 wurde der People's Bank of China formal der Status einer unabhängigen Zentralbank zugestanden. Da sie jedoch an verschiedenen Stellen des reformierten Notenbankgesetzes darauf verpflichtet wird, ihre Tätigkeit nach den Maximen des Staatsrates zu richten, kann von einer faktischen Autonomie noch keine Rede sein.[153]

Während einerseits der Gründungsboom im Bankgewerbe der ehemals planwirtschaftlichen Staaten abflaut, andererseits weitere Institutsschließungen zu befürchten sind, wird der ohnehin hohe *Konzentrationsgrad* wohl nur langsam sinken. In der Russischen Föderation vereinigen 28 große Institute (das entspricht etwa 1% aller Banken) über 60% des Geschäftsvolumens auf sich, in China besitzen vier Banken einen Marktanteil von gut 70%.[154] Etwas ausgewogener stellt sich die Lage in Ungarn dar, wo dieser Marktanteil von immerhin 22 Instituten, das sind die Hälfte aller Banken, gehalten wird.

Typisch für Zentralverwaltungswirtschaften war die hohe Bargeldquote, da etwa Lohnzahlungen ausschließlich bar abgewickelt wurden und Buchgeld nur für Verrechnungen im (staatlichen) Unternehmenssektor sowie zwischem diesem und dem Staat diente. In denjenigen Staaten, die vergleichsweise früh auf einen marktwirtschaftlichen Kurs einschwenkten, bewegt sich der *Anteil des Bargeldes am Geldmengenaggregat M_1* mittlerweile auf dem Niveau westlicher Staaten – z.B. in Tschechien mit gut 20% (1994) oder Slowenien

---

[150] Vgl. O. Naumtschenko: Das russische Banksystem im Wandel, in: ÖBA, 41. Jg., 1993, S. 277-281 und N. Babintseva/M. Litviakov/O. Savkevitch: Das Sparkassenwesen in Rußland und der ehemaligen UDSSR, in: Spk, 111. Jg., 1994, S. 346-354.

[151] Vgl. J. E. Weitzel: Reformen im chinesischen Banken- und Finanzsystem, in: DBk, Nr. 12/1995, S. 742-747.

[152] Vgl. o.V.: China: Institute an der Leine des Staates, in: HB, Nr. 71 v. 11.4.1996, S. 26.

[153] Vgl. J. H. v. Stein/D. Gruber: Das Bankensystem Chinas im Wandel der Reformen, in: Spk, 113. Jg., 1996, S. 123-126.

[154] Vgl. St. Christmann: Chinas Bankensystem auf Reformkurs, in: DSZ, Nr. 2 v. 9.1.1996, S. 2.

mit 25% (1995). Demgegenüber liegt er bei den Nachzüglern im Transformationsprozeß (etwa in China) noch über 40% (1993).[155]

Zusammenfassend läßt sich somit für die ehemals planwirtschaftlich ausgerichteten Staaten trotz aller aufgezeigten Unterschiede eine im Vergleich mit den zuvor behandelten Ländern *höhere Bargeldquote* sowie eine *stärkere Konzentration* in der Kreditwirtschaft feststellen, so daß das Verhältnis des Geschäftsbankensektors zur Zentralbank durch eine *größere Abhängigkeit* gekennzeichnet ist. Emanzipationstendenzen sind bei den unmittelbaren Nachbarn Deutschlands stärker ausgeprägt als im übrigen Osteuropa oder gar in China, wo die Zentralbanken zudem noch ein eher dirigistisches Instrumentarium einsetzen.

6. Die Diskussion um die deutsche Universalbank

Im Zuge der Behandlung ausgewählter ausländischer Bankensysteme ist hervorgehoben worden, daß der deutsche *Typ der Universalbank* in ausgeprägter Form früher nur in der Schweiz eine Parallele fand, insbesondere in den angelsächsischen Ländern aber mit dem *Typ der Trennbank* konfrontiert war. Die Unterscheidung zwischen diesen beiden Banktypen liegt nicht in der Breite des Sortiments, das gerade auch in den angelsächsischen Ländern eine ständige Ausweitung erfährt, sondern war in dem Umstand begründet, daß aufgrund ihrer Tradition britische Retail Banks und auf gesetzlicher Grundlage amerikanische Commercial Banks insbesondere vom Eigenbesitz und Handel in Aktien »getrennt« wurden, während die deutsche Universalbank diese Geschäfte seit jeher betreiben darf.

Die Einfügung solcher Geschäfte in das Sortiment bietet bestimmte betriebswirtschaftliche Vorteile (vgl. S. 655). An dieser Stelle geht es jedoch darum, unter gesamtwirtschaftlichem Aspekt die Kritik zu würdigen, der die deutsche Universalbank mit Blick auf die traditionelle angelsächsische Trennbank ausgesetzt ist. Dabei zielt die Kritik vor allem auf die Industriebeteiligungen, die indessen nicht von der deutschen Universalbank schlechthin, sondern nur von einigen finanzstarken Instituten wie den Großbanken, den öffentlichrechtlichen Landesbanken sowie wenigen großen Regionalbanken und Privatbankiers gehalten werden.

Diesen Kreditinstituten wird vorgeworfen, daß sie ein ungewöhnlich großes Einflußpotential bei Wirtschaftsunternehmen besäßen, das zur mißbräuchlichen Machtausübung führen könne.

Als *Bestandteile des Einflußpotentials* sind anzusehen:

(1) das Kreditgeschäft
(2) das Beteiligungsgeschäft
(3) die Aufsichtsratsmandate
(4) das Vollmachtstimmrecht.

---

[155] International Monetary Fund: International Statistics Yearbook 1995, Washington, D.C. 1995; entsprechende Zahlen insbesondere für Rußland sind bislang noch nicht verfügbar.

a. Komponenten des Einflußpotentials

Obwohl der *Kreditfinanzierung* im Gegensatz zur Beteiligungsfinanzierung gesetzlich begründete Mitspracherechte nicht anhaften, kann ökonomisch davon ausgegangen werden, daß ein Kreditgeber um so mehr Einfluß auf den Kreditnehmer ausüben kann, je mehr dieser auf ihn als Finanzierungsquelle angewiesen ist. Darüber hinaus mag der Einfluß einer kreditgebenden Bank auch in bestimmten Klauseln des Kreditvertrages vereinbart sein, die etwa vorschreiben, daß ohne Zustimmung der Bank umfangreiche Investitionen, eine Aufstockung der Verschuldung oder wichtige Veränderungen im Management der kreditnehmenden Unternehmung nicht vorgenommen werden dürfen.

Industriebeteiligungen tragen nur dann zum Einflußpotential bei, wenn sie nicht der bloßen Finanzanlage dienen. Von einem Anteilsbesitz ab 20% am gezeichneten Kapital einer Unternehmung besteht die (widerlegbare) Vermutung, daß es sich um eine Beteiligung handelt, weil Einfluß ausgeübt werden kann. Hier soll nicht weiter darauf eingegangen werden, daß Banken selbst eine solche Einflußnahme auf Beteiligungen bei anderen Kreditinstituten beschränkt wissen wollen, nicht zuletzt mit dem Argument, sie verfügten nur im eigenen Wirtschaftsbereich, nicht aber im Sektor der Industrie über den notwendigen Sachverstand. Allein bedeutsam ist, daß mit Sperrminoritäten von 25% ab – bei im Streubesitz befindlichen Gesellschaften und einer unvollständigen Präsenz in der Hauptversammlung gegebenenfalls schon mit sehr viel geringeren Anteilen – Einfluß ausgeübt werden kann, und sei es nur im Hinblick auf den Finanzsektor oder die Auswahl leitender Manager; dies sind Entscheidungsbereiche, in denen Kreditinstitute zweifellos die erforderliche Sachkompetenz besitzen.

Eine genaue Quantifizierung des Anteilsbesitzes war dadurch beeinträchtigt, daß eine Publizitätspflicht erst ab einer Beteiligungshöhe von 20% besteht (§ 285 Nr. 11 HGB). Nach einer vielbeachteten Entscheidung des Berliner Kammergerichts im Juni 1994 ist der Vorstand einer DAX-Aktiengesellschaft den Aktionären aber darüber hinaus dazu verpflichtet, auf ihr Verlangen Auskunft zu erteilen über Beteiligungen von 10% oder mehr am Gezeichneten Kapital anderer DAX-Gesellschaften, wenn diese Beteiligung einen Börsenwert von mindestens 100 Mio. DM besitzt. Zudem hat der Gesetzgeber im Zweiten Finanzmarktförderungsgesetz eine Informationspflicht bei Änderungen in der Eigentümerstruktur börsennotierter Aktiengesellschaften ab 5% vorgeschrieben (§ 21 Wertpapierhandelsgesetz). Von daher ist zukünftig mit mehr Transparenz auch im Beteiligungsbereich der Kreditinstitute zu rechnen.

Der Bundesverband deutscher Banken hat mehrfach den Anteilsbesitz der zehn größten privaten Banken an Nichtbanken erhoben, zuletzt 1995. Die folgende Tab. B. 10 zeigt, daß sich zwischen 1986 und 1994 die Zahl der Beteiligungen an allen Unternehmen erhöht hat, während sie bei börsennotierten Unternehmen rückläufig war. Stellt man auf das um Kapitalerhöhungen bzw. -herabsetzungen bereinigte Nominalkapital ab, so zeigt sich in beiden Fällen ein Rückgang, wobei die Beteiligungen zwischen 10 und 25% zu Lasten derjenigen zwischen 25 und 50% ausgeweitet wurden.[156]

---

[156] Vgl. Bundesverband deutscher Banken: »Macht der Banken«. Daten, Fakten, Argumente, Köln 1995, S. 24; zu weiteren empirischen Erhebungen vgl. J. Böhm: Der Einfluß der Banken auf Großunternehmen, Hamburg 1992, G. F. Engenhardt: Die Macht der Banken, Wiesbaden 1995, M. Hein (Hrsg.): Macht der Banken, Heft 21 des Instituts für Bank- und Finanzwirtschaft an der FU Berlin, 1995 sowie H. C. Sherman/F. R. Kaen: Die deutschen Banken und ihr Einfluß auf Unternehmensentscheidungen, in: ifo-Schnelldienst, 50. Jg., Nr. 23/1997, S. 3-20.

Wenn sich insofern auch ein leicht rückläufiger Anteilsbesitz belegen läßt, so ist doch die Relativierung durch den Bundesverband deutscher Banken nicht sachgerecht: »Der Anteilsbesitz der Banken wird somit weit überschätzt. ... An allen Kapitalgesellschaften in Deutschland hielten die zehn größten privaten Banken Ende 1994 nur einen Anteil von 0,4 Prozent.«[157] Wie aus Tab. B. 10 hervorgeht, konzentriert sich der Anteilsbesitz auf die wesentlich kleinere Grundgesamtheit der börsennotierten, bedeutenden Unternehmen (in Deutschland nur rd. 670), bei denen die Anteilsquote der Banken dann erheblich höher ausfällt.

	Ende 1986		Aug. 1989		Ende 1994		Veränderung 1989/86	1994/89
	1	2	3	4	5	6	7 = 3-1	8 = 5-3
	Anzahl	in %	Anzahl	in %	Anzahl	in %		
1. Alle Unternehmen								
Insgesamt	89	100	101	100	135	100	12	34
davon:								
– mehr als 10% bis 25%	47	53	63	62	77	57	16	14
– mehr als 25% bis 50%	33	37	29	29	43	32	-4	14
– mehr als 50%	9	10	9	9	15	11	0	6
2. Nur börsennotierte Unternehmen								
Insgesamt	46	100	38	100	30	100	-8	-8
davon:								
– mehr als 10% bis 25%	19	41	23	61	19	63	4	-4
– mehr als 25% bis 50%	23	50	12	32	8	27	-11	-4
– mehr als 50%	4	9	3	8	3	10	-1	0

	Bestände					Bestandsveränderung			
	Ende 1986	Aug. 1989	Aug. 1989*	Ende 1994	Ende 1994*	1989/1986	1989/1986*	1994/1989	1994/1989*
	1	2	3	4	5	6 = 2-1	7 = 3-1	8 = 4-2	9 = 5-2
1. Alle Unternehmen									
Insgesamt	1.748	1.676	1.596	2.004	1.567	-72	-152	328	-109
davon:									
– mehr als 10% bis 25%	430	713	648	1.632	1.292	283	218	919	579
– mehr als 25% bis 50%	1,277	919	904	343	246	-358	-373	-576	-673
– mehr als 50%	41	44	44	29	29	3	3	-15	-15
2. Nur börsennotierte Unternehmen									
Insgesamt	1.503	1.380	1.308	1.537	1.140	-123	-195	157	-240
davon:									
– mehr als 10% bis 25%	287	536	479	1.305	996	249	192	769	460
– mehr als 25% bis 50%	1.204	830	815	218	130	-374	-389	-612	-700
– mehr als 50%	12	14	14	14	14	2	2	0	0

* Bereinigt um Kapitalerhöhungen/-verringerungen

Tab. B. 10: Anteilsbesitz der zehn größten privaten Banken an Nichtbanken: Zahl der Fälle und anteiliges Nominalkapital in Mio. DM (Quelle: Bundesverband deutscher Banken: a.a.O., S. 24)

---

[157] Bundesverband deutscher Banken: a.a.O., S. 9.

Die *Mandate* von Vertretern der Kreditinstitute *in den Aufsichtsräten* von Industrieunternehmen kommen nicht nur über den Beteiligungsbesitz zustande. Zum einen tragen darüber hinaus die im Auftrag von Depotkunden wahrgenommenen Stimmrechte dazu bei, daß in den Hauptversammlungen Vorstandsmitglieder von Banken in die Aufsichtsräte gewählt werden. Zum anderen aber werden führende Bankenvertreter auch ohne eine solche Stimmenbasis ihrer Reputation und ihres Sachverstandes wegen in Hauptversammlungen zur Wahl in den Aufsichtsrat vorgeschlagen. Das Einflußpotential ergibt sich hier aus den gesetzlichen Rechten und Pflichten eines Aufsichtsratsmitglieds, etwa im Hinblick auf Bestellung und Abberufung von Mitgliedern des Vorstands, die Kontrolle seiner Geschäftsführung, die Zustimmungsbedürftigkeit wichtiger Geschäfte durch den Aufsichtsrat usw. Aus der Tab. B. 11 geht hervor, daß die privaten Banken 1993 seltener in den Aufsichtsräten vertreten waren als noch Mitte der 80er Jahre. Im übrigen wird ihre Zahl auf der Anteilseignerseite durch die Mandatsträger aus der Industrie bei weitem übertroffen. Immerhin kommt den privaten Banken jedoch in rund einem Viertel der Fälle, in denen sie Aufsichtsratsmitglieder stellen, der Vorsitz dieses Gremiums zu.

	1986	*1988*	*1993*	*Veränd. 1993 / 86*
Aufsichtsratssitze insgesamt	1466	1496	1561	95
– Angehörige privater Banken	114	104	99	-15
– Vertreter anderer Kreditinstitute und der Versicherungen	51	57	53	2
– Mandatsträger aus Industrie und sonst. Industrieunternehmen	368	385	427	59
– Politiker, Beamte	69	69	67	-2
– Sonstige Vertreter der Kapitalseite (Rechtsanwälte, Notare, Vertreter von Schutzvereinigungen)	147	152	155	8
– externe Gewerkschafter	197	187	211	14
darunter: DGB-Gewerkschaften	181	172	172	-9
– Sonstige Arbeitnehmervertreter	520	542	549	29
Unternehmen mit Aufsichtsräten	84	87	89	5
Aufsichtsräte mit Angehörigen privater Banken	59	62	52	-7
darunter:				
– mit Großaktionären (min. 25%) aus dem Nichtbankenbereich	46	47	40	-6
– Publikumsgesellschaften	8	18	26	18
– größerer Bankanteilsbesitz	6	3	7	1
– gehalten von mehreren Banken	2	1	2	0
– gehalten von einer Bank	4	2	5	1
– Aufsichtsräte mit Angehörigen mehrerer konkurrierender Banken	35	30	28	-7
– Aufsichtsratsvorsitz von Bankangehörigen	15	14	14	-1

Tab. B. 11: Mandate in den Aufsichtsräten der 100 größten deutschen Unternehmen 1993 (Quelle: Bundesverband deutscher Banken: a.a.O., S. 28)

Das *Vollmachtstimmrecht* (auch Depotstimmrecht genannt) gibt Aktionären, die ihr Stimmrecht in Hauptversammlungen nicht selbst ausüben können oder wollen, die Möglichkeit, die ihre Aktien verwahrenden Kreditinstitute oder andere (wie z.B. Aktionärsvereinigungen) gemäß § 135 AktG zur Ausübung des Stimmrechts schriftlich zu ermächtigen. Diese Vollmacht kann sich als Einzelvollmacht auf eine Hauptversammlung beziehen; sie mag aber auch als sogenannte Dauervollmacht (jederzeit widerruflich) für einen Zeitraum von längstens 15 Monaten gegeben werden und betrifft damit die Stimmrechtsausübung für alle in diese Periode fallenden Hauptversammlungen. Das schließt nicht aus, daß ein Aktionär zu den einzelnen Tagesordnungspunkten einer Hauptversammlung Weisungen erteilen kann, an die die bevollmächtigte Bank bei der Ausübung des Stimmrechts dann grundsätzlich auch gebunden ist. Werden derartige Weisungen nicht erteilt, so ist das bevollmächtigte Kreditinstitut allerdings befugt, im Sinne seiner dem Aktionär zuvor bekanntgemachten Vorschläge zu stimmen. – Das Einflußpotential aus dem durch die Banken ausgeübten Vollmachtstimmrecht ergibt sich nun aus dem Umstand, daß schätzungsweise 97% der auch aufgrund der staatlich geförderten Vermögensbildung zu Anteilseignern gewordenen Lohn- und Gehaltsempfänger ihre Stimmrechte nicht selbst ausüben, sondern damit – ohne Weisungen zu erteilen – die die Aktien verwahrenden Banken auf dem Wege der Dauervollmacht betrauen.[158]

Einer Untersuchung von Baums zufolge lag die Präsenz in den Hauptversammlungen der 24 größten in mehrheitlichem Streubesitz befindlichen Unternehmen 1992 bei nur 58% (Tab. B. 12). Die durchschnittliche Summe der Stimmrechtsanteile aller Banken zusammen mit den von ihnen abhängigen Investmentgesellschaften machte 84% aus, bezogen auf die in der Hauptversammlung vertretenen Stimmen. In 18 Fällen verfügten die Kreditinstitute über die 3/4-Mehrheit der Stimmen – u.a. in ihren eigenen Hauptversammlungen. Eine weitere Auswertung ergab, daß den Vorschlägen der Verwaltung der 24 Großunternehmen hinsichtlich Gewinnverwendung, Entlastung von Vorstand und Aufsichtsrat, Wahl des Abschlußprüfers und Wahl zum Aufsichtsrat jeweils mit über 99% zugestimmt wurde.[159]

Angesichts dessen, daß auch eine (z.B. liefernde) Industrieunternehmung bei einer (z.B. Kunden-)Unternehmung Einfluß auszuüben vermag, indem eine Beteiligung erworben, auf dieser Basis Aufsichtsratsmandate wahrgenommen und Lieferantenkredite gegeben werden, ist die Frage zu stellen, warum gerade Kreditinstitute im Hinblick auf ihre Einflußmöglichkeiten in den Mittelpunkt der Kritik gerückt werden. Die Antwort kann nur lauten, daß es die – auf einige finanzstarke Institute beschränkte – *Kumulation* der obigen *Einflußmöglichkeiten* ist, die Befürchtungen in bezug auf ein unangemessen starkes Einfluß- und Machtpotential erweckt. So hatte die vom Bundesministerium der Finanzen eingesetzte Studienkommission »Grundsatzfragen der Kreditwirtschaft« ermittelt, daß allein die Großbanken 1974/75 trotz eines Eigenbesitzes von nur rd. 6% am Grundkapital der untersuchten Aktiengesellschaften über mehr als 1/3 der Stimmen in deren Hauptversammlungen verfügten, etwa 10% der Mitglieder in den Aufsichtsräten (einschließlich derjenigen der Arbeitnehmer) und in jedem 3. Fall den Aufsichtsratsvorsitzenden stellten.[160]

Bei der Würdigung dieses Einflußpotentials kommt es indessen entscheidend darauf an, ob es mißbraucht wird oder nicht.[161] Nur der erste Fall kann Anlaß dazu ge-

---

[158] Vgl. M. Adams: Stellungnahme im Rahmen der Anhörung des Deutschen Bundestages »Die Macht der Banken«, in: ZBB, 6. Jg., 1994, S. 77-86, hier S. 80.
[159] Vgl. Th. Baums: Vollmachtstimmrechte der Banken – Ja oder Nein?, in: Die AG, 41. Jg., 1996, S. 11f. und 14f.
[160] Vgl. Bundesministerium der Finanzen (Hrsg.): Grundsatzfragen der Kreditwirtschaft. Bericht der Studienkommission. Schriftenreihe des Bundesministeriums der Finanzen, Heft 28, Bonn 1979, S. 467.
[161] So auch A. Herrhausen: Großbanken und Ordnungspolitik, in: DBk, Nr. 3/1988, S. 120-129, hier S. 125.

Unternehmen	HV-Präsenz [in %]	Eigenbesitz [in %]	abh. Investmentfonds [in %]	Vollmachtstimmen [in %]	Summe [in %]
Siemens	52,66		9,87	85,61	**95,48**
Volkswagen	38,27		8,89	35,16	**44,05**
Hoechst	71,39		10,74	87,72	**98,46**
BASF	50,39	0,09	13,61	81,01	**94,71**
Bayer	50,21		11,23	80,09	**91,32**
Thyssen	67,66	6,77	3,62	34,98	**45,37**
VEBA	53,40		12,62	78,23	**90,85**
Mannesmann	37,20		7,76	90,35	**98,11**
Deutsche Bank	46,79		12,41	82,32	**94,73**
MAN	72,09	8,67	12,69	26,84	**48,20**
Dresdner Bank	74,59		7,72	83,54	**91,26**
Preussag	69,00	40,65	4,51	54,30	**99,46**
Commerzbank	48,23		15,84	81,71	**97,55**
VIAG	69,68	10,92	7,43	30,75	**49,10**
Bayerische Vereinsbank	55,95		11,54	73,15	**84,69**
Degussa	73,26	13,65	8,65	38,35	**60,55**
AGIV	69,96	61,19	15,80	22,10	**99,09**
Bayerische Hypo	68,87	0,05	10,69	81,38	**92,12**
Linde	60,03	33,29	14,68	51,10	**99,07**
Deutsche Babcock	37,30	3,22	11,27	76,09	**90,58**
Schering	37,42		19,71	74,79	**94,50**
KHD	69,50	59,56	3,37	35,03	**97,96**
Bremer Vulkan	52,09		4,43	57,10	**61,53**
Strabag	67,10	74,45	3,62	21,21	**99,28**
Durchschnitt	**58,05**	**13,02**	**10,11**	**60,95**	**84,09**

Tab. B. 12: Stimmrechtsanteile der Kreditinstitute in den Hauptversammlungen der 24 größten deutschen Unternehmen in mehrheitlichem Streubesitz 1992 (Quelle: Th. Baums: a.a.O., S. 11f.)

ben, eine Reform des bestehenden Universalbanksystems zu erwägen. In diesem Zusammenhang geht es um drei *mögliche Mißbrauchstatbestände*.[162]

---

[162] Vgl. zum folgenden auch die Beleuchtung aus unterschiedlichen Blickwinkeln in der ausführlichen Dokumentation »Die Macht der Banken – Anhörung im Bundestag«, in: ZBB, 6. Jg., 1994, S. 69-101, Friedrich-Ebert-Stiftung (Hrsg.): Macht der Banken, Dokumentation der Tagung am 4.5.1995, Reihe »Wirtschaftspolitische Diskurse«, Bd. 78, Bonn 1995 und dies.: Aufsichtsräte und Banken, Dokumentation der Tagung am 1.10.1996, Bd. 99, Bonn 1996 sowie sehr pointiert E. Wenger: Kapitalmarktrecht als Resultat deformierter Anreizstrukturen, in: D. Sadowski/H. Czap/ H. Wächter (Hrsg.): Regulierung und Unternehmenspolitik, Wiesbaden 1996, S. 419-458.

Banken könnten ihren Einfluß mißbrauchen mit der Folge

(1) einer Einschränkung des Wettbewerbs auf den Gütermärkten
(2) einer Einschränkung des Wettbewerbs auf den Finanzmärkten
(3) einer Beeinträchtigung der Kunden- und Aktionärsinteressen.

b. Mögliche Beeinträchtigung des Wettbewerbs

Aus der folgenden Darstellung einer Bank-Industrie-Verflechtung bei drei Unternehmen auf dem Zementmarkt ergibt sich die Vermutung, daß die betrachtete Bank aufgrund von Hausbankfunktion, Beteiligungen und Aufsichtsratsmandaten ein Einflußpotential aufgebaut hat, mit dessen Hilfe es zu einer Abstimmung der Fertigungs- und Verkaufskapazitäten, zu einem die Konkurrenz einschränkenden Gebietskartell, gekommen ist.

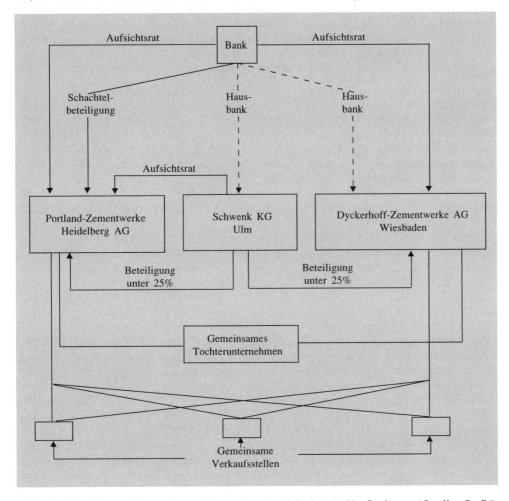

Abb. B. 12: Schematisierte Darstellung einer Bank-Industrie-Verflechtung (Quelle: B. Röper (Hrsg.): Wettbewerbsprobleme im Kreditgewerbe, Berlin 1976, S. 259)

Die Förderung derartiger Kartellierungs- und Konzentrationsvorgänge mag durchaus im einzelwirtschaftlichen Interesse der Bank liegen, soweit solche Konstruktionen die Ertragskraft ihrer Beteiligungen und die Sicherheit ihrer Kredite zu erhöhen in der Lage sind. Einschränkend muß indessen darauf hingewiesen werden, daß Kreditinstitute – wie andere Unternehmen auch – Konzentrationspläne zwar anstoßen können, daß es aber Aufgabe des Gesetzes gegen Wettbewerbsbeschränkungen (GWB) und des Kartellamtes ist, durch Eingreifen in Mißbrauchsfällen den *Leistungswettbewerb auf den Gütermärkten* zu erhalten.

Eine Einschränkung des *Wettbewerbs auf den Finanzmärkten* wird den Banken vorgeworfen, weil sie

- die (vermeintlich lukrativere) Kreditfinanzierung zuungunsten der (vermeintlich weniger lukrativen) Finanzierung über Aktienemissionen mit der Folge verschlechterter Kapitalstrukturen bei den Unternehmen forcierten;
- die unter ihrem Einfluß stehenden Aktiengesellschaften durch Gestaltung insbesondere der Kreditkonditionen im Wettbewerb entweder besser oder schlechter stellten als die Konkurrenz;
- über die Stabilisierung der Zusammensetzung von Emissionskonsortien dafür sorgten, daß sich die Kosten der Aktienfinanzierung verteuerten;
- mit ihrem Anteilsbesitz zur Enge der deutschen Aktienmärkte beitrügen.

Die behauptete *Vernachlässigung der Finanzierung über Aktienemissionen* dürfte vordergründig sein. Selbst wenn nicht ausgeschlossen werden kann, daß spezialisierte Investment Banks diesem Geschäftszweig mehr Aufmerksamkeit widmen würden, selbst wenn periodisch anfallende Zinsmargen aus Kreditgeschäften höhere Erträge bedeuten als einmalig anfallende Provisionen aus Aktienemissionen, so ist doch zu bedenken, daß die Verschlechterung der Kapitalstrukturen bei den Unternehmen auch die Gläubigerrisiken der Banken erhöht. Gerade daraus drohende Abschreibungen dürften deshalb auch ein wichtiger Grund dafür sein, daß führende Vertreter der Kreditwirtschaft sich bei jeder Gelegenheit für die Verbesserung der Eigenkapitalbasis in der Wirtschaft und im Zusammenhang damit auch für die Förderung der Aktie einsetzen. – Im übrigen ist es in Zeiten der Securitization und damit einhergehender Disintermediation (vgl. S. 51ff.), in denen große Unternehmen den direkten Kapitalmarktzugang besitzen, nur schwer vorstellbar, daß sich deren Vorstände Kredite von den Banken »aufdrängen« lassen.

Die *Kreditkonditionen* betreffen vor allem die Höhe der zugesagten Kreditlinien, die in Rechnung gestellten Zinssätze sowie die Kreditsicherheiten. – Eine Benachteiligung der Industriekunden in dieser Hinsicht durch ihre Hausbank erscheint dann ausgeschlossen, wenn es sich um bonitätsmäßig einwandfreie Unternehmen handelt. Unter diesen Umständen dürfte die Stellung des Vorstands stark genug sein, um auch gegen eine etwa versuchte Einflußnahme der Hausbank den Wettbewerb auf den Finanzmärkten zu seinen Gunsten zu nutzen. Umgekehrt wird gerade eine Hausbank bei bonitätsmäßig in Mitleidenschaft gezogenen Unternehmen häufig so eng mit ihrem Kunden verhaftet sein, daß sie ihr Engagement durchhalten, gegebenenfalls sogar ausweiten muß, ob sie nun will oder nicht. Hausbankfunktionen bei einer kranken Unternehmung auszuüben mag sich also mehr als Belastung denn als ein Privileg herausstellen, wie etwa die Fälle der Dresdner Bank bei der AEG Ende der 70er/Anfang der 80er Jahre sowie vor allem der Deutschen Bank 1994 bei der Metallgesellschaft gezeigt haben. – Die Einräumung von Vorzugskonditionen kommt nur gegenüber Unternehmen mit guter Bonität in Betracht. Aber auch in diesen Fällen wird eine Hausbank sich dazu allenfalls unter dem Zwang des Wettbewerbs auf den Finanzmärkten bereitfinden, ihren Kunden also nicht freiwillig zu Lasten der eigenen GuV-Rechnung besserstellen.

Die in der deutschen Kreditwirtschaft für die Übernahme und Placierung von Kapitalerhöhungen zur Verfügung stehenden *Emissionskonsortien* sind relativ starr zusammengesetzt, d.h. sie lassen wenig Platz für die Aufnahme neuer Institute und/oder die Veränderung der Konsortialquoten. Wie Tabelle B. 13a zeigt, blieb in einem Zeitraum von 10 Jahren über die Hälfte der Emissionskonsortien in ihrer Zusammensetzung unverändert.

Stabilität von Aktien-Emissionskonsortien									
Zahl der erfaßten Folgekonsortien bei Aktienemissionen	gesamt	davon mit keiner Veränderung der Mitglieder	Veränderung von						
			1 Mitglied	2 Mitgliedern	3 Mitgliedern	4 Mitgliedern	5 Mitgliedern	6-10 Mitgliedern	10 und mehr
absolut	175	91	32	17	8	4	3	11	9
%	100%	52,0%	18,3%	9,7%	4,6%	2,3%	1,7%	6,3%	5,1%

Tab. B. 13a: Veränderung in den Aktien-Emissionskonsortien (nur Kapitalerhöhungen gegen Bareinlage und Erstemissionen) der im DAX 100 enthaltenen Unternehmen (ohne Banken) gegenüber dem jeweils vorhergehenden Konsortium in den Jahren von 1986 bis 1995

Stabilität von DM-CP-Placierungskonsortien									
Zahl der erfaßten Programmaufstockungen bei CP-Programmen	gesamt	davon mit keiner Veränderung der Mitglieder	Veränderung von						
			1 Mitglied	2 Mitgliedern	3 Mitgliedern	4 Mitgliedern	5 Mitgliedern	6-10 Mitgliedern	10 und mehr
absolut	26	11	8	4	1	0	1	0	1
%	100%	42,3%	30,8%	15,4%	3,8%	0,0%	3,8%	0,0%	3,8%

Tab. B. 13b: Veränderungen in den DM-Commercial-Paper-Placierungkonsortien bei Aufstockungen der Programme in der Zeit von Januar 1991 bis Januar 1996 (Quelle: Unveröffentlichte Untersuchung des Geschäftsbereichs »Corporate Finance« der Dresdner Bank AG, Mai 1996)

Der darin zum Ausdruck kommende geringe Wettbewerb unter den Anbietern von Finanzierungsleistungen mit der Folge vergleichsweise hoher Emissionskosten für die Unternehmen kann auch nicht mit dem Gesetz gegen Wettbewerbsbeschränkungen kollidieren, da die Bildung derartiger Konsortien nicht nur vom Verbotsprinzip, sondern auch von der Mißbrauchsaufsicht ausgenommen ist (§ 102 Abs. 1 Satz 3 GWB). Die Kriterien, die über die Position einer Bank in einem Konsortium entscheiden, dürften vor allem in ihrem Know-how und der Placierungskraft zu sehen sein, über die das Institut in Form eines Zweigstellennetzes und/oder von Verbindungen zu Kapitalsammelstellen verfügt. Dabei muß die Placierungskraft nicht der Absatzbasis entsprechen, auf die sich ein Institut wie z.B. die DG Bank im Rahmen eines Verbundsystems stützen kann. Wenn nämlich die Primärbanken das Aktiensparen vernachlässigen zugunsten des Kontensparens, um das Geld der Anleger »im eigenen Haus zu halten«, so entspricht die tatsächliche Placierungskraft offensichtlich nicht der theoretisch denkbaren. Obwohl sich die starke Stellung vor allem der Großbanken in den Konsortien mit dem Know-how in ihren Emissionsabteilungen und der Vielzahl ihrer Zweigstellen erklären läßt, bleibt der Eindruck, daß es sich im Bereich des Aktienemissionsgeschäfts um einen Finanzmarkt mit eingeschränktem Wettbewerb handelt.[163] – Inzwischen wird indessen sichtbar, daß wie in einem Trennbanksystem spezialisierte Investment Banken auch deutsche Konsortialführer die Absatzmöglichkeiten aggressiver nutzen – selbst um den Preis von Ertragseinbußen und damit zugunsten sinkender Kosten des Emissionsgeschäfts bei den Unternehmen. Zudem ist im bestehenden System zu berücksichtigen, daß Börseneinführungen auf dem 1987 eingerichteten, mit geringeren Zulassungsanforderungen versehenen Geregelten Markt nicht mehr nur von Kreditinstituten vorgenommen werden müssen, sondern z.B. auch von Unternehmensbeteiligungsgesellschaften durchgeführt werden dürfen. Darüber hinaus läßt sich – allerdings auf dem Markt für neue Anleihen – verfolgen, daß potente Emittenten unter Umgehung des traditionellen Emissionskonsortiums ihre Absatzbasis verbreitern und durch Einholung von Höchstgeboten (Tenderverfahren) und Privatplacierungen zu Einsparungen bei den Emissionskosten kommen. Dies zeigt, daß Vertriebswege und -preise im Emissionsgeschäft nicht zementiert sein müssen. In dem erst seit Januar 1991 bestehenden Markt für DM-Commercial Paper ist die Stabilität der Placierungskonsortien etwas schwächer ausgeprägt; wie Tab. B. 13b zeigt, kam es immerhin bei deutlich mehr als der Hälfte der Emissionen zu Veränderungen von einem oder zwei Konsortialmitgliedern. – Größere Verschiebungen dürften sich zukünftig bei der Placierung von Aktien und Renten dann ergeben, wenn Großunternehmen durch »Globalemissionen« verstärkt ausländische Kapitalmärkte in Anspruch nehmen wollen. Dies bietet – wie etwa beim Börsengang der Telekom 1996 zu beobachten – Chancen für britische und amerikanische Investment Banken.

Der Vorwurf, das Universalbanksystem fördere die *Enge der Aktienmärkte* und damit instabile und zufallsbedingte Kursentwicklungen, zielt darauf, daß sich mehr als 40% des Aktienbesitzes – gehalten eben auch von den Banken selbst – in festen Händen befinden und damit nicht marktwirksam werden können. In diesem Zusammenhang ist allerdings die Frage zu stellen, ob es spezialisierten Investment Banken in der Bundesrepublik gelingen könnte, die Aktien wesentlich breiter im Publikum zu streuen. Angesichts der trotz des »Runs« auf die Telekom-Aktie 1996 immer noch zu beobachtenden Zurückhaltung großer Bevölkerungsschichten gegenüber dem Aktiensparen, die in der bis 1982 enttäuschenden Renditeentwicklung und späteren Schocks, wie jeweils im Herbst 1987, 1992 und 1997, im übrigen auch eine rationale Erklärung gefunden hat, dürfte damit ohne weiteres nicht zu rechnen sein.

c. Interessenkonflikte mit Kunden und Aktionären

Es wird den Banken vorgeworfen, sie mißbrauchten ihr Einflußpotential durch Verstoß gegen die Interessen von Kunden und Aktionären, indem sie

– Insiderinformationen aus dem Kreditgeschäft und der Tätigkeit in den Aufsichtsräten zugunsten des eigenen Anteilsbesitzes verwendeten, darüber hinaus auch bei der Bera-

---

[163] So bereits R. Selowsky, Klöckner-Humboldt-Deutz AG, Köln, in seinem Referat über »Bankkonditionen« am 7.6.1977 im Kontaktseminar an der Ruhr-Universität Bochum, in: SB Nr. 6, SS 1977, S. 26-30.

tung ihrer Effektenkunden den eigenen Anteilsbesitz und das eigene Kreditgeschäft vorrangig im Auge hätten;
– Mehrheitsbeteiligungen an (oder eigene) Kapitalanlagegesellschaften gegen die Interessen der Zertifikateinhaber als »Verschiebebahnhof« für ihren Anteilsbesitz verwendeten;
– bei der Ausübung des Vollmachtstimmrechtes nicht die Interessen der Kleinaktionäre wahrnähmen.

Über allgemein zugängliche Informationen hinaus können Banken aus dem Kreditgeschäft *Insiderinformationen* regelmäßig nur dann erhalten, wenn es sich um schwache kreditnehmende Gesellschaften handelt. Während diese sich dem Wunsch der Banken nicht verweigern können, sie z.B. an die internen Planungsunterlagen anzuschließen (insbesondere im Falle von Sanierungskonzeptionen), werden gute Kreditnehmer ihren Hausbanken in der Regel nicht mehr Informationen zur Verfügung stellen als den Aktionären auch.[164] – Wenn somit bei einer guten Unternehmung Informationsvorsprünge über das Kreditgeschäft im allgemeinen nicht erlangt werden können, so ist damit doch nicht ausgeschlossen, daß solche Informationsvorsprünge über ein von der Bank bei der Unternehmung gehaltenes Aufsichtsratsmandat erreicht werden können, obwohl § 116 in Verbindung mit § 93 AktG die Mitglieder des Aufsichtsrats grundsätzlich zur Verschwiegenheit verpflichtet.

Die Informationsvorsprünge von Bankenvertretern gegenüber dem Publikum, die aus ihrer Stellung als Insider resultieren, sind nicht ein Problem allein der Universalbank. Auch die Repräsentanten einer amerikanischen Investment Bank können über ihre Tätigkeit im Board of Directors von Kundenunternehmen Informationsvorsprünge realisieren, die sie zugunsten eigener Beteiligungen einsetzen, dem anlagesuchenden Kunden in ihren Broker-Abteilungen aber vorenthalten. Derartiger Mißbrauch ist sowohl in den Vereinigten Staaten als auch in der Bundesrepublik behauptet worden – so etwa 1962 im Fall des Bremer Holzhändlers Krages, dem die Dresdner Bank zu für ihn ungünstigen Kursen Aktienpakete der Gelsenkirchener Bergwerks-AG abgekauft haben soll, 1977 im Fall der Westdeutschen Landesbank, die sich angeblich aus ihrem Engagement bei der Beton- und Monierbau AG zurückzog, indem sie als Konsortialführerin gegen besseres Wissen für die Placierung einer Kapitalerhöhung der bald darauf in Konkurs gegangenen Unternehmung sorgte. Zur Vermeidung dieses Mißbrauchs sind die lange Zeit gültigen freiwilligen Insider-Richtlinien 1994 gesetzlich verankert worden (Abschnitt 3 des Wertpapierhandelsgesetzes). Aufsichtsratsmitgliedern als Primärinsidern drohen danach bei einer Weitergabe bzw. Nutzung von Insider-Informationen Geld- oder sogar Haftstrafen.[165]

Schon vor der Verabschiedung dieser Regelung hatten zahlreiche Kreditinstitute sog. *Compliance*-Stellen eingerichtet, um zu verhindern, daß unveröffentlichte, kursrelevante Informationen von Bankmitarbeitern unlauter ausgenutzt werden. Innerhalb von Vertraulichkeitssektoren, abgegrenzt durch in den einzelnen Geschäftsbereichen aufgebaute »chinese walls«, ist genau festgelegt, welcher Personenkreis Zugang zu bestimmten Informationen erhält. Sensible Daten sollen über einen möglichst eng abgegrenzten Bereich hinaus lediglich an das Compliance-Office weitergegeben werden, das die Einhaltung der Ver-

---

[164] Vgl. J. Süchting: Zum Finanzmarketing der Unternehmung, in: Führungsprobleme industrieller Unternehmungen, Festschrift für F. Thomée zum 60. Geburtstag, hrsg. von D. Hahn, Berlin 1980, S. 217-233. – In Ausnahmefällen werden von Unternehmen alle kreditgebenden Banken periodisch mit Planinformationen versorgt, auch im Vertrauen darauf, daß ein so aufgebauter Good Will selbst in Schwächeperioden der Unternehmung honoriert wird.
[165] Vgl. J. Süchting: Finanzmanagement. Theorie und Politik der Unternehmensfinanzierung, 6. Aufl., Wiesbaden 1995, S. 399-402.

traulichkeit überwacht und besonderen Fällen sogar die Mitarbeitergeschäfte und den Eigenhandel für einen gewissen Zeitraum einschränken kann.[166]

Bei der Frage, ob für eine Bank nicht mehr interessanter Eigenbesitz in die Sondervermögen von ihr *beherrschter Investmentgesellschaften* »abgeschoben« werden kann, sind zunächst die aus dem Gesetz über Kapitalanlagegesellschaften resultierenden Anlagegrenzen zu beachten. Danach darf eine Kapitalanlagegesellschaft für ein Sondervermögen nicht mehr als 10% des mit Stimmrechten ausgestatteten Aktienkapitals einer börsengehandelten Aktiengesellschaft erwerben (§ 8a Abs. 3 des KAGG); zugleich darf die Anlage in einer Gesellschaft 10% des Sondervermögens nicht überschreiten (§ 8a Abs. 1). Diese auf Risikoteilung gerichteten Bestimmungen grenzen die Möglichkeiten eines Mißbrauchs zunächst einmal ein. – Darüber hinaus aber haben die Anzeige- und Publizitätsvorschriften im Zusammenhang mit einem intensiven Wettbewerb der Gesellschaften sowie ihrer Fonds dazu geführt, daß deren Vermögensentwicklungen und -umschichtungen in kurzen Zeitabständen transparent gemacht und damit ihre Geschäftsleitungen unter Performance- sowie Rechtfertigungszwang gesetzt werden. Da zudem die Gesellschafterbanken bekannt sind, kann davon ausgegangen werden, daß eine Kollision der Interessen der Investmentkäufer mit den Eigeninteressen der Gesellschafterbanken durch die öffentliche Kontrolle der Wirtschaftspresse weitgehend vermieden wird. – Wo dies wie bei Spezialfonds (im Gegensatz zu Publikumsfonds) verwaltenden Kapitalanlagegesellschaften nicht der Fall ist, dürften das Gewicht und die finanzielle Potenz der Kunden (Versicherungsunternehmen, Pensionskassen usw.) dafür sorgen, daß allein die Kundeninteressen zur Geltung kommen. – Unabhängig davon ist es jedoch üblich, daß die aus den Sondervermögen der Kapitalanlagegesellschaften resultierenden Stimmrechte über die Institution des Vollmachtstimmrechts von den Gesellschaften, die für die verwalteten Sondervermögen Depotbankfunktion ausüben, wahrgenommen werden.

Diese Vollmachtstimmen vereinigen sich in den Hauptversammlungen von Industrieunternehmen mit den *Vollmachtstimmen* sonstiger Depotkunden einer Bank und geben ihr einen u.U. erheblich größeren Einfluß, als er allein aus dem eigenen Anteilsbesitz erwachsen würde (vgl. Tab. B. 12). Zwar dürften die Interessen der stimmrechtsausübenden Kreditinstitute und der von ihnen Vertretenen grundsätzlich und im Hinblick auf die Ertragskraft der Gesellschaft gleichgerichtet sein. Das schließt indessen unterschiedliche Interessenlagen in wichtigen Einzelfragen nicht aus, wie sie etwa in der Gewinnverteilung, angesichts einer beabsichtigten Fusion, der vorgeschlagenen Entlastung von Aufsichtsratsmitgliedern usw. bestehen mögen.

Obwohl gegen die formalrechtliche Gestaltung des Vollmachtstimmrechts kaum etwas einzuwenden ist, gründet sich das Unbehagen im Hinblick auf seine Wahrnehmung darauf, daß es auf der ökonomischen Unmündigkeit und Passivität weiter Kreise von Kleinaktionären basiert. Man könnte die Dauervollmacht abschaffen, mit dem Argument, das Risikopapier Aktie begreife das Risiko der (nicht ausgeübten) Einflußnahme ein. Wer sich der Möglichkeit einer Einflußnahme begebe, müsse eben auch das Risiko des Verfalls seiner Stimme, allgemein einer »Verödung« der Hauptversammlung, der Bildung von »Zufallsmehrheiten« in Kauf nehmen. – Eine andere Argumentation wendet sich indessen gegen die Abschaffung der Dauervollmacht, weist ihr im Gegenteil eine Schutzfunktion gerade für die ökonomisch unmündigen Kleinaktionäre zu. Wenn es als gesellschaftspolitisch wünschenswert und aus wirtschaftlichen Gründen für erforderlich gehalten werde, weite

---

[166] Vgl. U. Weiss: Compliance-Funktion in einer deutschen Universalbank, in: DBk, Nr. 3/1993, S. 136-139.

Kreise der Bezieher fester Einkommen zur Beteiligung am Produktivkapital und zur eigenkapitalmäßigen Abstützung der Wirtschaftsunternehmen heranzuziehen, dann könne man sie im Hinblick auf Verschiebungen von Machtverhältnissen in den Unternehmen nicht auf sich gestellt lassen; es bedürfe vielmehr gerade der Banken als kompetenter Sachwalter ihrer Interessen. Solche Argumente gewinnen dann an Glaubwürdigkeit, wenn Banken in Hauptversammlungen nicht mehr nur – wie früher üblich – im Sinne der Vorschläge der Verwaltung stimmen, sondern sich in begründeten Fällen auch dagegen wenden (beispielsweise könnte der Vorstand zur Abwehr ausländischer Interessen die Einführung von Höchststimmrechten erwägen, obwohl doch ausländische Kapitalgeber für die Verbesserung der Kapitalstruktur und damit eine Abstützung der Ertragsentwicklung zugunsten der Aktionäre sorgen mögen) bzw. sich zumindest einer Empfehlung an den Depotkunden enthalten und diesen ausdrücklich um Weisung bitten.[167]

Unabhängig von solchen widerstreitenden Argumenten ist im Hinblick auf die Ausübung von Vollmachtstimmrechten zu bedenken, daß es sich auch hier um kein universalbanktypisches Problem handelt. Sowohl den amerikanischen Commercial Banks (über ihre Trust Departments) als auch den Investment Banks ist es möglich, sich mit der Stimmrechtsausübung für Kunden beauftragen zu lassen. Ob diese bei fehlenden Weisungen dann im Interesse der vertretenen Kunden erfolgt oder nicht, ist prinzipiell eine Frage des Verantwortungsbewußtseins der Beauftragten.

In den vergangenen Jahren hat man in mehreren Studien versucht, einen Zusammenhang zwischen dem Einfluß der Banken und der Unternehmensperformance herzustellen, um damit den Schaden bzw. Nutzen quantifizieren zu können, den die »Machtausübung« der Kreditinstitute für die Aktionäre der betroffenen Gesellschaften mit sich bringt.[168] Besondere Beachtung fand dabei die Untersuchung von Perlitz/Seger, die die Jahresabschlußdaten der Jahre 1990 bis 1992 von 100 börsennotierten Industrieunternehmen auswerteten, die sie in stark und schwach bankbeeinflußte einteilten. Bei den 58 Unternehmen der ersten Gruppe war mindestens eines der folgenden Kriterien erfüllt: Stimmrechtsanteil aller Banken aus Aktienbesitz und Depotvertretungen in der Hauptversammlung 1990 größer 50%; Aufsichtsratsvorsitz bei einer Bank; Bankschulden mehr als 25% der Bilanzsumme. Diese »stark bankbeeinflußten« Unternehmen schnitten in jeder Hinsicht schlechter ab als die bankunabhängigeren; sie erzielten insbesondere deutlich geringere Renditen und ein nur halb so hohes Umsatzwachstum.[169] Damit ergab sich ein deutlicher Widerspruch zur ersten Studie dieser Art, in der Cable einen positiven Zusammenhang zwischen Bankeinfluß und Unternehmensperformance ermittelt hatte.[170] In weiteren Untersuchungen aus den Jahren 1994/95 wurde der Einfluß der Kreditinstitute stärker differenziert, z.B. nach Anteilsbesitz und Ausübung des Vollmachtstimmrechts. Dabei kam man zu dem Ergebnis, daß der Unternehmenserfolg (gemessen z.B. an der Eigenkapitalrendite oder dem Verhältnis Jahres-

---

[167] Dies wird beispielsweise von der Dresdner Bank bei »wichtigen Tagesordnungspunkten« auch praktiziert – so W. Röller, Vorsitzender des Aufsichtsrats der Dresdner Bank AG, in seinem Referat »Die Rolle der Bankenvertreter in den Aufsichtsräten von Industrieunternehmen« am 20.6.1995 im Kontaktseminar an der Ruhr-Universität Bochum, in: SB Nr. 42, SS 1995, S. 82-85, hier S. 85; siehe auch o.V.: Banken dringen auf Weisung für Daimler-Hauptversammlung, in: BZ, Nr. 86 v. 4.5.1996, S. 1.
[168] Vgl. zum Überblick: F. A. Schmid: Banken, Aktionärsstruktur und Unternehmenssteuerung, I + II, in: KuK, 29. Jg., 1996, S. 402-427 und 545-564.
[169] Vgl. M. Perlitz/F. Seger: The Role of Universal Banks in German Corporate Governance, in: Business & The Contemporary World, no. 4/1994, S. 49-62.
[170] Vgl. J. Cable: Capital Market Information and Industrial Performance. The Role of West German Banks, in: The Economic Journal, vol. 95, 1985, S. 118-132.

überschuß zu Bilanzsumme) mit steigendem Eigenbesitz der Banken zunimmt, mit dem Vollmachtstimmrecht jedoch negativ verbunden ist.[171] – Pfannschmidt ermittelte, daß bei den im Hinblick u.a. auf die Eigenkapital-, Gesamtkapital- und Umsatzrendite erfolgreichen Unternehmen in jedem zweiten Fall ein Bankvorstand Mitglied des Aufsichtsrates ist, in der Gruppe der schlechten Unternehmen nur in jedem achten Fall.[172]

Selbst wenn man sich darüber hinwegsetzen würde, daß das methodische Vorgehen z.B. durch die Datenauswahl, die Verwendung von Schätzgrößen usw. bei allen Untersuchungen mehr oder weniger anmerkungsbedürftig[173] ist, so stellen ihre Ergebnisse doch lediglich Korrelationen her, sind mithin keine Beweise für Kausalbeziehungen. Insofern erscheint es problematisch, auf dieser Basis fundierte Aussagen über eine mögliche Beeinträchtigung von Aktionärsinteressen abzuleiten.

d. Reformvorschläge

Die 1979 von der Bankenstrukturkommission[174] unterbreiteten Reformvorschläge sahen *keine Aufgabe des Universalbank- zugunsten des Trennbanksystems* vor. Ein solcher Systemwechsel würde auch in Widerspruch stehen zu der geschilderten Entwicklung in ausländischen Bankensystemen, die ebenfalls in Richtung der deutschen Universalbanken tendiert. Vor allem aber bietet die Trennbank offenbar nur geringe Vorteile, die etwa im Bereich einer Forcierung des Emissionsgeschäfts mit Aktien liegen könnten, während demgegenüber gravierende Probleme ungelöst blieben. Wer soll die aus einer deutschen Universalbank abgetrennten Investment- und Brokerbanken kaufen? Wie und zu welchen Kosten sollen derartige Institutionen ein leistungsfähiges Vertriebssystem aufbauen? Liegt die vom Gesetz über das Kreditwesen geforderte Funktionssicherung für die Banken nicht gerade in der Diversifikation, im beschäftigungs- und preispolitischen Ausgleich unter Einschluß des Wertpapiergeschäfts begründet (vgl. S. 658ff.)?

Unter Beibehaltung des Universalbanksystems verständigte sich die Mehrheit der Kommission u.a. auf verschiedene Maßnahmen, die auf eine *Reduzierung einzelner Einflußmöglichkeiten* der Banken hinauslaufen sollten; zu einer politischen Umsetzung kam es jedoch nicht. Erst nachdem die Diskussion um die »Macht der Banken« zur Mitte der 90er Jahre wieder aufflammte, legten zunächst die SPD-Bundestagsfraktion und im Anschluß daran das Bundesministerium der Justiz (BMJ) Gesetzesentwürfe vor, die die Reformvorschläge der Bankenstrukturkommission zum Teil aufgriffen.[175] Am 6.11.1997 hat

---

[171] Vgl. zum Überblick Th. Baums: a.a.O., S. 25f. und F. Seger: Banken, Erfolg und Finanzierung. Eine Analyse für deutsche Industrieunternehmen, Wiesbaden 1997, S. 224.

[172] Vgl. A. Pfannschmidt: Personelle Verflechtungen über Aufsichtsräte, Wiesbaden 1993, S. 270f.

[173] Vgl. etwa M. Lindner-Lehmann/D. Neuberger: Bankeneinfluß auf Industrieunternehmen – Kritik an der Studie von Perlitz und Seger, in: DBk, Nr. 11/1995, S. 690-692.

[174] Vgl. Bundesministerium der Finanzen (Hrsg.): Grundsatzfragen der Kreditwirtschaft. Bericht der Studienkommission, a.a.O.

[175] Vgl. SPD-Fraktion: Entwurf eines Gesetzes zur Verbesserung von Transparenz und Beschränkung von Machtkonzentrationen in der Wirtschaft vom 31.1.1995, Bundestagsdrucksache 13/367 mit Verweis auf das Sechste Hauptgutachten der Monopolkommission 1984/85 sowie Bundestagsdrucksache 10/5860 und Bundesministerium der Justiz: Gesetz zur Kontrolle und Transparenz im Unternehmensbereich (KonTraG), Referentenentwurf v. 26.11.1996, in: ZIP, 17. Jg., 1996, S. 2129-2139 und 2193-2198, sowie dessen kritische Diskussion bei C. Döhring: Placebo KonTraG, in: BZ, Nr. 41 v. 28.2.1997, S. 1. – Die Brisanz des Themas »Macht der Banken« läßt sich auch daran erkennen, daß es einen Schwerpunkt des 61. Deutschen Juristentages 1996 in Karlsruhe bildete – vgl. zur dortigen Diskussion C. P. Claussen: Aktienrechtsreform 1997, in: Die AG, 41. Jg., 1996, S. 481-494.

der »Entwurf eines Gesetzes zur Kontrolle und Transparenz im Unternehmensbereich (KonTraG)« das Bundeskabinett passiert (im folgenden KonTraG-E).[176]

- Nach Meinung der Kommissionsmehrheit sollten Banken unverändert *Beteiligungen* halten dürfen – allerdings höchstens im Umfang von 25% + 1 Aktie am Grundkapital der jeweiligen Gesellschaft (ohne Berücksichtigung von Wertpapier-Handelsbeständen). Ausnahmen von dieser Beteiligungsgrenze wurden vorgesehen für den Fall übergeordneter gesamtwirtschaftlicher Interessen, in Sanierungsfällen, falls der Anteilsbesitz als Kreditsicherheit dient, beim Aufbau und der Vermittlung von Aktienpaketen im Auftrage und für Rechnung Dritter, im Hinblick auf Beteiligungen an Versicherungsunternehmen und den Altbesitz, der im Rahmen bestimmter Übergangsfristen abgebaut werden sollte.
Die SPD hält dagegen eine Begrenzung auf nur 5% für erforderlich. Gleichzeitig soll nach ihren Vorstellungen das Schachtelprivileg schon für geringere Beteiligungsquoten gelten, so daß Anreize zum Abbau von Beteiligungen gegeben werden. Strittig ist, ob dabei erzielte Veräußerungserlöse steuerfrei oder zumindest -begünstigt sein sollen. – Im KonTraG-E finden diese Überlegungen keinen Niederschlag, sind Beteiligungsgrenzen nicht vorgesehen.
- Die Bankenstrukturkommission schlug vor, die *Dauervollmacht* beizubehalten, jedoch die Einholung von Einzelweisungen zwingend vorzuschreiben für Hauptversammlungsbeschlüsse, die eine qualifizierte Mehrheit erfordern und die insoweit ein besonderes Gewicht besitzen, sowie für die Wahl der Aufsichtsratsmitglieder und ihre Entlastung, wenn es sich um einen Vertreter der Vollmachtstimmen ausübenden Bank handelt.
Auch die SPD-Fraktion spricht sich für eine Beibehaltung des Depotstimmrechts aus, will die Blankovollmacht jedoch vollständig durch zwingende Einzelweisungen ersetzen. Erfolgen diese von seiten des Aktionärs nicht, so sollen dessen Stimmen durch einen »Stimmrechtsvertreter« abgegeben werden, wobei die Kandidaten für dieses Amt ihre Eignung als Abschlußprüfer nachweisen müssen.[177] Eine derartige Beschränkung des Personenkreises ist indes nicht unproblematisch, wenn wirklich ein funktionsfähiger »Markt für die Stimmrechtsvertretung«[178] etabliert werden soll. – Der KonTraG-E sieht daher lediglich vor, daß eine Gesellschaft ihre Aktionäre auf alternative Vertretungsmöglichkeiten (so z.B. auch durch eine Aktionärsvereinigung) hinweisen muß. Stimmen aufgrund einer Dauervollmacht sollen nur dann nicht ausgeübt werden dürfen, wenn die Bank ihre originären Stimmen aus einer Beteiligung von mehr als 5% des Grundkapitals der Gesellschaft in der Hauptversammlung abgibt; Einzelweisungen sind hiervon nicht berührt. Eine Bank muß Aktionäre, die sie auf einer Hauptversammlung vertreten will, darüber unterrichten, ob sie selbst an der Aktiengesellschaft beteiligt ist oder eigene Mitarbeiter in deren Aufsichtsrat entsandt hat.
- Die Bankenstrukturkommission hatte sich noch gegen eine Begrenzung der *Vertretung von Banken in Aufsichtsräten* ausgesprochen. Die Diskussion hierüber hat sich jedoch im Rahmen einer weitergehenden Kontroverse über die generelle Leistungsfähigkeit dieses Gesellschaftsorgans verschärft. Nach den in kurzen Abständen aufgetretenen spektakulären Konkursfällen bei der Metallgesellschaft AG, Schneider-Immobiliengruppe, Balsam AG und dem Bremer Vulkan wurde die Frage nach der geeigneten Form

---

176 Vgl. o.V.: Aktienrechtsreform im Überblick, in: BZ, Nr. 214 v. 7.11.1997, S. 3.
177 Vgl. hierzu auch die Vorschläge der Deutschen Schutzvereinigung für Wertpapierbesitz: o.V.: DSW – Vollmachtstimmrecht, in: BZ, Nr. 172 v. 9.9.1995, S. 1 und 4, SPD-Fraktion: a.a.O.
178 Th. Baums: a.a.O., S. 23.

der »Corporate Governance«, also der Leitung der Unternehmung und der Kontrolle der Unternehmensführung, immer nachdrücklicher gestellt.[179]

Der KontraG-E behält die bisherige Höchstzahl von Aufsichtsratsmandaten pro Person von 10 bei (SPD Forderung: Reduzierung auf 5), allerdings sollen Vorsitzmandate doppelt angerechnet werden. Bei Vorschlägen an die Aktionäre zur Wahl von neuen Aufsichtsratsmitgliedern müssen deren übrige Mandate und ihre hauptberufliche Tätigkeit angegeben werden. Die Geltendmachung von Schadenersatzansprüchen gegen Aufsichtsräte soll bereits ab einer Quote von 5% (statt bisher 10%) der Anteile oder 2 Mio. DM Grundkapital ermöglicht werden. – Die Vorschläge der SPD gehen hierüber noch deutlich hinaus, indem die Tätigkeit, Vergütung und Haftung der Aufsichtsratsmitglieder weit stärker als bisher im Detail gesetzlich festgelegt werden soll.[180]

So sinnvoll diese Vorschläge sind – man wird sich darüber im klaren sein müssen, daß auch eine umfangreichere, stärker formalisierte Kontrolle der Unternehmensleitung unter Einbindung einer größeren Zahl von Nichtbankenvertretern die beklagten Mißstände nicht vollständig beseitigen kann. Denn letztlich hängt die Wirksamkeit der Kontrolle von der Eignung und dem Engagement eines jeden Aufsichtsratsmitglieds ab, so daß den Reformvorschlägen ohne eine sorgfältigere Auswahl der Mandatsträger der Boden entzogen wird.[181]

Vergleicht man die jüngsten Entwürfe mit den Vorstellungen der Bankenstrukturkommission, so sind in den letzten 20 Jahren kaum Fortschritte im Hinblick auf ein theoretisch fundiertes, geschlossenes Regelungskonzept erkennbar. Die sich abzeichnenden, wohl eher marginalen Reformen in Einzelpunkten dürften daher in erster Linie damit zu erklären sein, daß die in den letzten Jahren vermehrt auftretende, allgemeine »Bankenschelte« in der Öffentlichkeit (vgl. weiter S. 726) Druck auf die politischen Entscheidungsträger ausübt. – Der Fortbestand der deutschen Universalbank scheint von hierher jedoch nicht gefährdet.

---

[179] Vgl. etwa W. Bernhardt: Keine Aufsicht und schlechter Rat? Zum Meinungsstreit um die deutschen Aufsichtsräte, in: ZfB, 64. Jg., 1994, S. 1341-1350.

[180] Vgl. zu weiteren Vorschlägen ausführlich M. Lutter: Grundsätze ordnungsmäßiger Aufsichtsratätigkeit, in: DB, 48. Jg., 1995, S. 1925f., A. v. Werder (Hrsg.): Grundsätze ordnungsmäßiger Unternehmungsführung (GoF), ZfbF-Sonderheft 36, Düsseldorf/Frankfurt/M. 1996 sowie unterschiedliche Meinungen in: Zeitgespräch: Versagen die Aufsichtsräte?, in: WD, 76. Jg., 1996, S. 167-180.

[181] So auch W. Röller: a.a.O., S. 85.

Literatur zu den Abschnitten B. I. 5. und 6.

Bank of England: Quarterly Bulletin, laufend.
Bank of Japan Research and Statistics Department: Economic Statistics Monthly, laufend.
Banque de France: Statistiques Monétaires et Financières, Paris 1995.
Benston, G. J.: An analysis of the causes of Savings and Loan Association failures, New York 1986.
Board of Governors of the Federal Reserve System: The Federal Reserve System, purposes and functions, 6th ed., Washington D.C. 1980.
Board of Governors of the Federal Reserve System: Federal Reserve Bulletin, laufend.
Bonn, J.: Bankenkrisen und Bankenregulierung, Wiesbaden 1998.
Bremeier, E./ Staudt, N.: Struktur des Bankenwesens in der Schweiz, 3. Aufl., Frankfurt/M. 1979.
Bryan, L. L.: Bankrupt. Reforming the Health and Profitability of our Banking System, New York 1991.
Büschgen, H. E./ Steinbrink, K.: Verstaatlichung der Banken? Forderungen und Argumente, Köln 1977.
Bundesministerium der Finanzen (Hrsg.): Grundsatzfragen der Kreditwirtschaft. Bericht der Studienkommission, Schriftenreihe des Bundesministeriums der Finanzen, Heft 28, Bonn 1979.
Caesar, R.: Der Handlungsspielraum von Notenbanken, Baden-Baden 1981.
Commission Bancaire: Rapport 1995, Paris 1995.
Conseil National du Crédit: Rapport annuel 1995, Paris 1995.
Düser, J. Th.: International strategies of Japanese banks. The European perspective, Oxford 1990.
Edwards, J./Fischer, K.: Banks, finance and investment in Germany, Cambridge 1994.
Ehlert, W./Kolloch, K./Schließer, W./Tannert, K.: Geldzirkulation und Kredit im Sozialismus, Berlin 1982.
Federal Reserve Bank of New York: U. S. monetary policy and financial markets, New York 1982.
Federation of Bankers Associations of Japan (Zenginkyo): The banking system in Japan, Tokyo 1989.
Federation of Bankers Associations of Japan (Zenginkyo): Japanese banks '95, Tokyo 1995.
Hein, M.: Struktur des Bankwesens in Großbritannien, 4. Aufl., Frankfurt/M. 1989.
Hirszowicz, C.: Schweizerische Bankpolitik, 4. Aufl., Bern 1996.
International Monetary Fund: International Statistics Yearbook 1995, Washington D.C. 1995.
Kaufman, G. G.: The U. S. financial system. Money, markets, and institutions, 5th ed., Englewood Cliffs/N. J. 1992.
Kaufman, G. G. (Ed.): Restructuring the American financial system, Boston/Dordrecht/London 1990.
Kilgus, E.: Strukturveränderungen im schweizerischen Bankwesen, in: Die Unternehmung, 48. Jg., 1994, S. 421-426.
Klein, D. K. R.: Die Bankensysteme der EG-Länder, Frankfurt/M. 1991.
Möschel, W.: Das Trennsystem in der US-amerikanischen Bankwirtschaft, Baden-Baden 1978.
Morschbach, M.: Struktur des Bankwesens in den USA, Frankfurt/M. 1981.
Müller, H.: Finanzmärkte im Transformationsprozeß, Stuttgart 1993.
o.V.: Die Macht der Banken – Anhörung im Bundestag, in: ZBB, 6. Jg., 1994, S. 69-101.
Pecchioli, R. M.: Bankenaufsicht in den OECD-Ländern: Entwicklungen und Probleme, Baden-Baden 1989.
Rose, P. S.: The changing structure of American banking, New York 1987.
Röper, B. (Hrsg.): Wettbewerbsprobleme im Kreditgewerbe, Berlin 1976.
Saunders, A./Walter, I.: Universal banking in the United States, New York u.a. 1994.
Schweizerische Nationalbank: Das schweizerische Bankwesen im Jahre 1995, Nr. 80, Zürich 1996.
Schweizerische Nationalbank: Monatsberichte, laufend.
Stein, J. H. v. (Hrsg.): Banken in Japan heute: Kulturelle Besonderheiten und Erfahrungen im japanischen Finanzwesen, Frankfurt/M. 1994.
Süchting, J.: Chancen und Risiken ausländischer Bausparinstitute, in: SB Nr. 22, SS 1985, S. 28-42.
Suzuki, Y. (Ed.): The Japanese financial system, Oxford 1987.
Walter, I. (Ed.): Deregulating Wall Street, New York 1985.

Kontrollfragen zu den Abschnitten B. I. 5. und 6.

1. Erläutern Sie (kurz!) mögliche Faktoren, die den Grad der Abhängigkeit des Geschäftsbankensystems vom Zentralbanksystem beeinflussen.
2. Begründen Sie, warum im Rahmen des notenbankpolitischen Instrumentariums der Schweizerischen Nationalbank traditionell die Moral Suasion eine große Rolle spielt, warum aber dennoch ein befristetes Notrecht eingeführt wurde, und nennen Sie die Bankengruppe, die im internationalen Kapitalverkehr eine besonders exponierte Stellung besitzt.
3. Welche Institute üben in den USA die Funktionen der britischen Merchant Banks aus?
4. Diskutieren Sie vor dem Hintergrund der aufgezeigten Entwicklungen in den ausländischen Bankensystemen, ob sich international eher ein Trend zum Universal- oder Trennbankensystem abzeichnet.
5. Können Sie gemeinsame Ursachen der Krisenerscheinungen im US-amerikanischen und japanischen Bankensystem identifizieren? Warum wurde die deutsche Kreditwirtschaft bisher von derartigen Krisen verschont?
6. Über welche Geschäfte und institutionellen Regelungen kommt das Macht- bzw. Einflußpotential insbesondere der Großbanken zustande? Gibt es nicht auch bei Großunternehmen der Industrie und der Assekuranz ein vergleichbares Einflußpotential?
7. Im Frühjahr 1977 und erneut 1984/85 legte die sogenannte Monopolkommission Gutachten vor, in denen empfohlen wurde, daß Kreditinstitute nur noch Beteiligungen von nicht mehr als 5% am Grundkapital von Nichtbanken-Gesellschaften halten sollten.
    Maßgeblich für diese Empfehlung war die Vermutung der Kommission, daß die Kreditinstitute auf der Basis höherer Beteiligungen ihren Einfluß in Richtung auf eine Einschränkung des Wettbewerbs auf den Gütermärkten (über Maßnahmen zur Förderung der Konzentration) und den Finanzmärkten (über Maßnahmen einer Bindung der Gesellschaft an die beteiligte Bank) ausüben würden.
    Behandeln Sie in diesem Zusammenhang die folgenden Teilaufgaben und -fragen zu den Beteiligungen von Kreditinstituten an Nichtbanken-Gesellschaften:
    a) Grenzen Sie die Gruppen von Kreditinstituten ein, die sich im Geschäft mit Beteiligungen betätigen.
    b) Wo in der Bilanz werden derartige Beteiligungen verbucht? Wie werden sie bewertet?
    c) Nennen Sie Motive für die Übernahme solcher Beteiligungen.
    d) Wie beurteilen Sie die Möglichkeit, mit Hilfe von Beteiligungen Diversifikationseffekte zu erzielen?
    e) Unabhängig vom Ergebnis Ihrer Überlegungen unter (d):
        Sollte der Bankvorstand Maßnahmen der Diversifikation nicht seinen Aktionären (und deren Gestaltung ihrer Anlagenportefeuilles) überlassen, anstatt sich zum Sachwalter der Risikopräferenzen der Aktionäre zu machen?
    f) Nach Auffassung der Monopolkommission hat die Beurteilung der Beteiligungen vor dem Hintergrund weiterer Einflußmöglichkeiten der Kreditinstitute bei den Gesellschaften zu erfolgen. Nennen Sie derartige Einflußmöglichkeiten.

g) Wie würde sich nach Ihrer Meinung die empfohlene Einschränkung der Beteiligungen von Kreditinstituten auf die Einflußmöglichkeiten unter (f) auswirken?
h) Würden Sie sich die folgende Vermutung zu eigen machen: Vertreter der Kreditinstitute versuchen, über ihren Einfluß in den Unternehmen den Wettbewerb auf den Güter- und Finanzmärkten einzuschränken?
i) Sehen Sie Interessenharmonie oder Interessenkonflikte zwischen den Vertretern der Arbeitnehmer und denjenigen von Kreditinstituten, wenn es um Maßnahmen zur Förderung des Zusammenschlusses von Gesellschaften geht?
j) Gibt es – unabhängig von dem durch die Monopolkommission untersuchten Sachverhalt – mögliche weitere Interessenkonflikte, die das Verbot oder die Einschränkung der Beteiligungen von Kreditinstituten nahelegen?
8. Nehmen Sie kritisch Stellung zu der Auffassung »Banken mißbrauchen ihr Einflußpotential, indem sie bei der Ausübung des Vollmachtstimmrechts nicht die Interessen der Kleinaktionäre wahrnehmen.«
9. Nennen Sie vergleichbare und unvergleichbare Merkmale im System der Federal Reserve und dem der Deutschen Bundesbank.
10. Zeigen Sie den Zusammenhang zwischen staatlichen Wettbewerbsbeschränkungen und den Konstruktionen der Multi Bank- sowie der One Bank Holding Company als Instrumenten zur Umgehung der staatlichen Beschränkungen des Wettbewerbs.
11. Im Rahmen der monetären Konjunkturpolitik beanspruchen vor allem diejenigen Bankengruppen das Kontrollinteresse der Zentralbank, die im kurzfristigen Bereich über die Kombination von Einlagengeschäft, Zahlungsverkehr und Kreditgeschäft Geldschöpfung betreiben können. Welche Bankengruppen des französischen Bankensystems erfüllen diese Voraussetzungen?
12. Welche Unterschiede und Gemeinsamkeiten lassen sich bei der Betrachtung des Auslands im Hinblick auf die Determinanten des Zusammenwirkens von Zentralbank und Geschäftsbankensystem erkennen?
13. Man mag dirigistische von weniger dirigistisch wirkenden Instrumenten der Zentralbank unter dem Aspekt trennen, in welchem Ausmaß sie die Dispositionsfreiheit der Bankleitungen einschränken. Sind dann Mindestreserven, Liquiditätskoeffizienten, Kreditplafonds vergleichsweise dirigistische oder liberale Instrumente? Wie kann man sie als Bilanzstrukturkennziffern fassen?

II. Das Verhältnis zwischen Bundesbank und Geschäftsbanken in der Bundesrepublik Deutschland

Im einführenden Kapitel über die Konkurrenzumgebung der Bank sind die Struktur des Geschäftsbankensystems in der Bundesrepublik, die Entwicklung der Marktanteile und die Geschäftspolitik in den einzelnen Bankengruppen im Hinblick auf die Intensität des Wettbewerbs untersucht worden. Nach der darauf folgenden Behandlung ausländischer Bankensysteme ist es zweckmäßig, die Darstellung des Verhältnisses zwischen der Zentralbank in der Bundesrepublik und den Geschäftsbanken in ein eigenes Kapitel aufzunehmen. Das ermöglicht es, die Gestaltung der Beziehungen zu den Geschäftsbanken durch die Bundesbank mit Hilfe ihres notenbankpolitischen Instrumentariums in der gebotenen Ausführlichkeit darzulegen.

Die Bundesbank als Nachfolgerin der früheren Reichsbank und – nach dem II. Weltkrieg – der Bank deutscher Länder hat ihren Sitz in Frankfurt a.M. Das Zentralbanksystem umfaßt darüber hinaus neun Landeszentralbanken als unselbständige Hauptverwaltungen der Bundesbank, denen wiederum ein Netz von Haupt- und Nebenstellen untergeordnet ist.

Der Zentralbankrat bestimmt die Geld- und Kreditpolitik. Ihm gehören einerseits die Mitglieder des Direktoriums, des Exekutivorgans, mit dem Präsidenten und Vizepräsidenten der Bundesbank sowie bis zu sechs weitere Direktoren an, zum anderen – und darin wird das föderalistische Element deutlich – die Vorstände der neun Landeszentralbanken, vertreten durch deren Präsidenten. Während die Mitglieder des Direktoriums vom Bundespräsidenten auf Vorschlag der Bundesregierung bestellt werden, ernennt der Bundespräsident die Präsidenten der Landeszentralbanken auf Vorschlag des Bundesrates (siehe Abbildung B. 13).

Gem. § 12 Satz 2 des Gesetzes über die Deutsche Bundesbank (BBankG) ist diese in ihren Entscheidungen »von Weisungen der Bundesregierung unabhängig«. Andererseits ist sie »verpflichtet, unter Wahrung ihrer Aufgabe die allgemeine Wirtschaftspolitik der Bundesregierung zu unterstützen« (§ 12 Satz 1 BBankG). Die aus solchen nicht widerspruchsfreien Formulierungen resultierenden Zweifel an der Unabhängigkeit der Bundesbank könnten dadurch verstärkt werden, daß in den vergangenen Jahren zunehmend Vertreter von Bundes- und Länderministerien in den Zentralbankrat Einzug gehalten haben.[182] Der Umstand jedoch, daß dessen Mitglieder grundsätzlich für die Dauer von acht Jahren ernannt werden, vor allem aber die bisher betriebene Politik selbst, lassen Zweifel an der

---

[182] Am 1.4.1996 waren unter den 16 Mitgliedern 7 ehemalige Minister, 2 frühere Staatssekretäre, 1 ehemaliger Ministerialrat und 1 früherer Oberbürgermeister.

Autonomie der Bundesbank kaum gerechtfertigt erscheinen.[183] Im folgenden ist – entsprechend der Behandlung der ausländischen Bankensysteme – zu untersuchen, wie das Verhältnis zwischen Geschäftsbanken und Bundesbank zu charakterisieren ist.

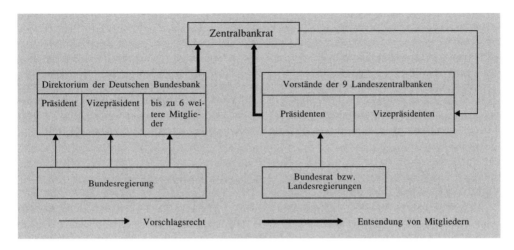

Abb. B. 13: *Struktur des Leitungsgremiums der Deutschen Bundesbank*

1. Die Interbankenverschuldung

Die Ausführungen über die Marktanteile der verschiedenen Gruppen von Geschäftsbanken (vgl. S. 64ff.) lassen erkennen, daß der Konzentrationsgrad im deutschen Geschäftsbankensystem weniger ausgeprägt ist als etwa in der Schweiz, in Großbritannien oder Frankreich. Das Bild ändert sich jedoch, wenn man die Verbundsysteme und Gironetze insbesondere der öffentlich-rechtlichen Institute und der Genossenschaftsbanken in die Betrachtung einbezieht. Innerhalb dieser Systeme, die einschließlich der Zentralinstitute knapp 40% bzw. 15% des Geschäftsvolumens der deutschen Universalinstitute halten, können die Mitglieder in der Regel mit den notwendigen Refinanzierungsfazilitäten rechnen. Deshalb ist verständlich, daß sich die *Interbankenverbindlichkeiten* seit Jahren auf einem hohen Niveau zwischen 20 und 30% der Geschäftsvolumina bewegen (vgl. S. 45). Das zeigt einen hohen horizontalen Abhängigkeitsgrad an, ist umgekehrt möglicherweise ein Indikator für die Emanzipation der Geschäftsbanken von der Zentralbank.

---

[183] Dieser weite Handlungsspielraum der Deutschen Bundesbank wurde auch als Vorbild für die Errichtung einer europäischen Zentralbank herangezogen. Vgl. hierzu die kritische Diskussion bei R. Caesar: Die »Autonomie« der Deutschen Bundesbank — Ein Modell für Europa?, in: R. H. Hasse/W. Schäfer (Hrsg.): Europäische Zentralbank. Europas Währungspolitik im Wandel, Göttingen 1990, S. 111-127 sowie W. Kösters/A. Belke/B.-J. Kruth: Monetäre Integration in Europa – Grundlagen, Entwicklungen und Perspektiven nach den Maastrichter Beschlüssen, in: Wirtschaftliche Grundbildung, Nr. 2/1992, S. 17-25, hier S. 23. Der hohe Stellenwert, den die Autonomie der Bundesbank in den Augen der Öffentlichkeit besitzt, wurde zuletzt bei der Auseinandersetzung um die Neubewertung der Goldreserven der Zentralbank im Mai 1997 deutlich.

Jahr	Kredite der Bundesbank an inländische Kreditinstitute in Mio. DM (1)	Kredite der inländischen Kreditinstitute an Nichtbanken in Mio. DM (2)	$A_V = (1) : (2)$ (3)
1980	57.554	1.542.852	0,03730
1985	105.325	2.151.321	0,04896
1990	208.524	3.042.495	0,06854
1995	213.100	4.726.400	0,04509

Tab. B. 14: Der vertikale Abhängigkeitsgrad (A_v) im deutschen Bankensystem (Quelle: Monatsberichte der Deutschen Bundesbank, verschiedene Jahrgänge; eigene Berechnungen; Werte ab 1990 einschließlich ostdeutscher Kreditinstiute)

In der Tat scheint eine solche Hypothese bei der Ausdehnung der Analyse auf den vertikalen Abhängigkeitsgrad gestützt zu werden:

Wie Tabelle B. 14 zeigt, schwankt die *Refinanzierung* der Geschäftsbanken *bei der Bundesbank*; sie lag jedoch stets noch unter 7% ihrer Kredite an Nichtbanken. Daraus könnte die geringe Abhängigkeit des Geschäftsbankensystems infolge der Möglichkeiten der Interbankenverschuldung[184] hergeleitet werden. Umgekehrt ist aber auch der Schluß auf eine starke Position der Bundesbank zulässig, denn die Refinanzierung bei ihr ist nicht nur eine Funktion der Nachfrage der Geschäftsbanken, sondern auch der Bereitschaft der Zentralbank, den Banken Liquidität zur Verfügung zu stellen. Zumindest für Zeiten einer restriktiven Geldpolitik wie 1973/74 und 1979-81 ist diese Folgerung erlaubt, da in jenen Phasen die Liquiditätsreserven des Geschäftsbankensystems durch die Bundesbank bei 0 gehalten wurden, obwohl daraus für einzelne Institute ernsthafte finanzielle Anspannungen resultierten.

2. Die Struktur des Geldvolumens

Wie eingangs betont, bereitet die Abgrenzung des Geldvolumens Schwierigkeiten. Zweifellos gehört dazu das Bargeld, nämlich von der Bundesbank emittierte Noten und von ihr in den Verkehr gebrachte Münzen, die von den Münzstätten des Bundes geprägt wurden. Noten und Münzen sind gesetzliche Zahlungsmittel[185], mit denen Schulden definitiv beglichen werden können.

Wegen der Bonität der Geschäftsbanken zählen zum Geldvolumen auch Sichteinlagen, die jederzeit in gesetzliche Zahlungsmittel getauscht bzw. über die jederzeit mit Scheck, Überweisung, Lastschrift usw. verfügt werden kann.

---

[184] In der Interbankenverschuldung ist der »über dem Strich« auszuweisende Refinanzierungsanteil bei der Bundesbank enthalten.

[185] Eine Einschränkung ergibt sich insoweit, als niemand – außer öffentlichen Stellen – verpflichtet ist, auf Pfennig lautende Münzen im Gesamtbetrag von mehr als DM 5,- und auf Deutsche Mark lautende Münzen im Gesamtbetrag von mehr als DM 20,- zu akzeptieren (§ 3 Währungsgesetz).

Ob in die Giralgeldmenge über die Sichteinlagen hinaus auch andere Einlagenkategorien, nämlich Termineinlagen und Spareinlagen, einbezogen werden sollten, ist schwer zu entscheiden. Spareinlagen dienen nicht dem Zahlungsverkehr, sondern der Vermögensanlage; Termineinlagen sind für die Dauer von 1 Monat und mehr festgelegt (Festgelder) bzw. mit entsprechenden Kündigungsfristen (Kündigungsgelder) ausgestattet. Stellt man eingedenk der Tauschfunktion des Geldes auf das Kriterium der jederzeitigen Verfügbarkeit für Zahlungen ab, so erhebt sich die Frage, ob Spar- und Termineinlagen bei Bedarf in Bargeld oder Sichteinlagen umgewandelt und Zahlungen dann bewirkt werden können. Obwohl die Kreditinstitute vor dem Ablauf einer Kündigungsfrist formalrechtlich dazu nicht verpflichtet sind, werden sie eine solche Umwandlung regelmäßig vornehmen. Faktisch ergibt sich damit die jederzeitige Verfügbarkeit. Die Umwandlung ist indessen mit (Opportunitäts-)Kosten in Form entgangener Erträge und von den Banken berechneter Vorschußzinsen verbunden.

Hier wird die Auffassung vertreten, daß **Geld ist, was (1) für Zwecke der Schuldentilgung zur Verfügung steht oder (2) jederzeit »verlustlos« in solche Schuldentilgungsmittel umgewandelt werden kann,** und zwar unter der Bedingung, daß von »verlustlos« nur solange zu sprechen ist, wie Verluste bzw. Kosten sich im Rahmen der Zinserträge halten. Würde man bei möglichen Umwandlungs- bzw. Liquidationsverlusten über diese Grenze hinausgehen, so bestünde die Gefahr einer Verwässerung des Geldbegriffes, da dann auch nicht ausgenutzte Kreditlinien, börsenfähige (und mit Kursrisiken behaftete) Wertpapiere, einem Factor zum Verkauf angebotene Debitoren usw. einbezogen werden könnten.

Angesichts der kontroversen Gelddefinitionen arbeitet die Bundesbank mit vier *Geldmengenbegriffen:*[186]

Geldmenge M_1	=	Bargeldumlauf (ohne Kassenbestände der Kreditinstitute) zuzüglich Sichteinlagen inländischer Nichtbanken (ohne diejenigen der öffentlichen Haushalte bei der Bundesbank)
Geldmenge M_2	=	M_1 zuzüglich Termineinlagen inländischer Nichtbanken mit Fristen bis zu 4 Jahren
Geldmenge M_3	=	M_2 zuzüglich Spareinlagen mit dreimonatiger Kündigungsfrist
Geldmenge M_3 erweitert	=	M_3 zuzüglich Euroeinlagen, kurzfristigen Bankschuldverschreibungen und Anteilen an in- und ausländischen Geldmarktfonds in Händen inländischer Nichtbanken (abzüglich der Bankeinlagen und kurzfristigen Bankschuldverschreibungen im Besitz inländischer Geldmarktfonds)

Die Komponenten M_2, M_3 und M_3 erweitert bilden zusammen das Quasigeld.

Bei dieser Abgrenzung fällt zunächst auf, daß die kontroversen Geldmengenkomponenten M_2 und M_3 von dem (auch international) gebräuchlichen Bestandteil M_1 durch die Bezeichnung »Quasigeld« unterschieden werden. – Weiterhin wird auf Geldbestände von

---

[186] Vgl. hier und zum folgenden Deutsche Bundesbank: Die Geldpolitik der Bundesbank, Frankfurt/M. 1995, S. 72ff.

Nichtbanken abgestellt: Die Kassenbestände der Kreditinstitute und ihre Sichteinlagen bei der Bundesbank sind also aus den Definitionen ausgeschlossen. Dies geschieht, weil das dem Güterangebot gegenüberstehende monetäre Potential der Wirtschaftssubjekte erfaßt werden soll, um die möglichen Auswirkungen auf die Geldwertstabilität analysieren zu können. Da nun aber die Kreditinstitute primär die Geldversorgung der Wirtschaftssubjekte vornehmen und nur in vernachlässigbarem Umfang selbst nachfragewirksam an den Gütermärkten auftreten, ist die Betonung der Nichtbanken gerechtfertigt. – Im Hinblick auf den Bargeldumlauf wird eine Trennung zwischen *Inland* und *Ausland* nicht vorgenommen, weil sich der Teil des im Ausland befindlichen Bargeldes statistisch nicht ermitteln läßt. Bei Einlagen von ausländischen Nichtbanken ist ihre Nichtberücksichtigung aber nur dann sinnvoll, wenn die Einlegermotive auf die Erzielung von Zins- und Kurserträgen gerichtet sind, eine kaufwirksame Nachfrage von dieser Seite also ausgeschlossen werden kann.[187] – Schließlich sind auch Sichteinlagen des Bundes bei der Bundesbank in den Geldmengendefinitionen nicht enthalten (wohl aber die der übrigen öffentlichen Haushalte).[188] Bis 1994 hatten Bund, Länder und Sondervermögen ihre flüssigen Mittel auf (unverzinslichen) Girokonten bei der Bundesbank zu unterhalten (ehemals § 17 des Gesetzes über die Deutsche Bundesbank). Diese Gelder konnten dann im Rahmen der sogenannten Einlagenpolitik als Instrument für die Steuerung der Geldmenge benutzt werden und deshalb nicht gleichzeitig Steuerungsobjekt sein. Nach der durch die Harmonisierung mit Blick auf die Europäische Währungsunion bedingten Beseitigung dieser Vorschrift begründet die Bundesbank die Nichtberücksichtigung der Einlagen des Bundes damit, daß diese »kaum in kausaler Beziehung zum gesamtwirtschaftlichen Ausgabenverhalten stehen.«[189]

Bis zum Ende der 60er Jahre wurden in die (Quasi-)Geldmenge nur *Termineinlagen* mit Laufzeiten bis zu 3 Monaten einbezogen, da man davon ausging, daß die Geldnähe dieser Einlagen sich in den kurzen Bindungsfristen dokumentiert. Entgegen normalen Verhältnissen, unter denen die für Termineinlagen gebotenen Zinssätze mit der Überlassungsdauer zunehmen, gab es dann aber Phasen extrem knapper Liquidität, in denen Kreditinstitute für kurzfristige Termineinlagen höhere Zinssätze zahlten als für längerfristige. Das führte bei zinsreagiblen Großeinlegern zu Umdispositionen aus dem langfristigen in den kurzfristigen Bereich der Termineinlagen und damit zu einer Aufblähung dieses monetären Aggregates, die mit dem Wachstum der Geldmenge wenig zu tun hatte. Die Folge war, daß der gesamte Block der Termineinlagen mit Bindungsfristen bis zu 4 Jahren im Jahr 1971 in die Quasigeldbestände eingeschlossen wurde. – Die Berechnung von »M_3 erweitert« trägt der Tatsache Rechnung, daß sich verstärkt im Laufe des letzten Jahrzehnts Finanzinnovationen entwickelt haben, die in einem engen Substitutionsverhältnis zu den Komponenten des in traditioneller Weise abgegrenzten Aggregats M_3 stehen und damit dessen Aussagekraft möglicherweise verzerren können. Schon seit Ende der 50er Jahre besteht der Euromarkt, unter dem man alle Einlagen- und Kreditgeschäfte in einer Währung außerhalb ihres Geltungsbereichs als gesetzliches Zahlungsmittel versteht. Die geographische Zuordnung erklärt sich vom Ursprungsort London her; »Euromärkte« haben sich mittlerweile aber auch in Asien, Amerika und auf den Cayman Islands etabliert. Aus Sicht

---

[187] Vgl. hierzu auch Deutsche Bundesbank: Zum Einfluß von Auslandstransaktionen auf Bankenliquidität, Geldmenge und Bankkredite, in: MB, 45. Jg., Nr. 1/1993, S. 19-42.
[188] Vgl. O. Issing: Einführung in die Geldtheorie, 10. Aufl., München 1995, S. 9.
[189] Vgl. Deutsche Bundesbank: Die Geldpolitik der Bundesbank, a.a.O., S. 74.

der Geldmengenabgrenzung bedeutsam sind die auf DM lautenden Termineinlagen inländischer Nichtbanken bei Eurobanken. – Kurzlaufende Bankschuldverschreibungen wurden in Deutschland vor allem in der ersten Hälfte der 80er Jahre ausgegeben, bevor die Einführung der Mindestreservepflicht auch für diese Papiere (1986) ihren Renditevorsprung gegenüber traditionellen Bankeinlagen einebnete. Bis dahin fanden Umschichtungen statt, die den Anstieg der Aggregate M_2 und M_3 unterzeichneten und daher zu einem unvollständigen Bild der tatsächlichen Liquiditätszunahme führten. – Zudem wurden – wie erwähnt – zum 1.8.1994 auch in der Bundesrepublik reine Geldmarktfonds zugelassen, deren Anteile aufgrund ihrer hohen Liquidität und marktorientierten Verzinsung ebenfalls ein enges Substitut zu den Termineinlagen darstellen – deshalb die Einbeziehung in »M_3 erweitert«.

Tabelle B. 15 weist die Entwicklung des *Anteils des Bargeldes* an der Geldmenge M_1 aus:

	1970	1980	1990	1995
Geldmenge M_1 (in Mrd. DM)	108,2	257,3	584,3	816,1
Bargeldvolumen (in Mrd. DM)	36,9	84,0	158,6	237,5
Bargeldquote in %	34,10	32,65	27,14	29,10

Tab. B. 15: Entwicklung der Bargeldquote an der Geldmenge M_1 in der Bundesrepublik Deutschland (Quelle: Monatsberichte der Deutschen Bundesbank, verschiedene Jahrgänge; eigene Berechnungen; Werte ab 1990 einschließlich Ostdeutschland)

Es zeigt sich hier wie international eine langfristig rückläufige Tendenz und – daraus folgend – ein eher weites Verhältnis der Geschäftsbanken zur Zentralbank. Nach der Wiedervereinigung war die Bargeldquote kurzfristig auf 30% angestiegen; seither geht sie jedoch wieder zurück.

3. Die Geld- und Kreditpolitik der Bundesbank

Im folgenden ist zu untersuchen, wie die Bundesbank den in Richtung Unabhängigkeit der Geschäftsbanken wirkenden Strukturkoeffizienten des Konzentrationsgrades (bzw. der Interbankenverschuldung) und der Zusammensetzung des Geldvolumens durch den Einsatz ihres Instrumentariums begegnet, d.h. wie sie das Verhältnis zu den Geschäftsbanken im Sinne ihrer Ziele gestalten kann. Nach einer kurzen Erläuterung dieser Ziele werden die Ansatzpunkte zur Beeinflussung der Bankenliquidität herausgearbeitet.

a. Ziele der Bundesbank

Nach § 3 BBankG regelt die Deutsche Bundesbank den Geldumlauf und die Kreditversorgung der Wirtschaft »mit dem Ziel, die Währung zu sichern«. Diese Formulierung ist mehrdeutig. Damit kann – und die über eine Mehrzahl von Konjunkturzyklen zu beobachtende Politik der Bundesbank legt diese Interpretation nahe – die Sicherung der Preisniveaustabilität gemeint sein. Andererseits ist durch die unscharfe Formulierung das Ziel der Sicherung des Außenwertes der Währung, einer ausgeglichenen Zahlungsbilanz also, nicht ausgeschlossen; tatsächlich gab es vor allem in der Phase erstmals defizitärer Leistungsbilanzen in der Bundesrepublik deutliche Anzeichen dafür, daß die Bundesbank sich auch von dieser Zielsetzung hat leiten lassen.[190] Angesichts dessen, daß – wie erwähnt – die Bundesbank darüber hinaus gem. § 12 BBankG verpflichtet ist, »unter Wahrung ihrer Aufgabe die allgemeine Wirtschaftspolitik der Bundesregierung zu unterstützen«, wird der Zielkatalog von hierher erweitert. Im Gesetz zur Förderung der Stabilität und des Wachstums der Wirtschaft von 1967 (Stabilitätsgesetz) sind als Ziele einer staatlichen Konjunkturpolitik gleichrangig neben der Stabilität des Preisniveaus ein hoher Beschäftigungsstand sowie außenwirtschaftliches Gleichgewicht bei stetigem und angemessenem Wirtschaftswachstum genannt.

Da dieser Zielkatalog nicht mit einem Teilbündel konjunkturpolitischer Maßnahmen, sondern effizient nur im Zusammenwirken von Finanzpolitik (Steuern, Konjunkturprogramme), Einkommenspolitik (Tarifabschlüsse) sowie Geld- und Kreditpolitik angesteuert werden kann, ist davon auszugehen, daß das »magische Zielviereck« des Stabilitätsgesetzes auch für die Bundesbank relevant ist.[191] Allerdings wird in diesem Rahmen der Sicherung der Preisniveaustabilität – und das nicht nur von der Bundesbank selbst[192] – ein herausragender Stellenwert beigemessen.[193]

Somit kann davon ausgegangen werden, daß die wichtigste Aufgabe der Bundesbank in der Bekämpfung inflationärer Entwicklungen liegt. Daß dabei der Geldpolitik eine entscheidende Rolle zukommt, ist eine Auffassung, die – nach der Vorherrschaft keynesianisch-orthodoxer Wirtschafts- und Fiskalpolitik[194] – durch die Arbeiten M. Friedmans[195] und die von den Monetaristen ausgelösten empirischen Untersuchungen wieder in den Vordergrund gerückt ist. Es dürfte einleuchten, daß zur Finanzierung der Ansprüche der einzelnen Interessengruppen (höhere Löhne der Arbeitnehmer im Rahmen des Produktivitätsfortschritts, steigende Investitionen der Unternehmen, zunehmende Ausgaben des Staa-

---

[190] So hat die Bundesbank in den ersten Monaten des Jahres 1980 erhebliche Währungsreserven zur Finanzierung des Leistungsbilanzdefizits eingesetzt. Um zinsbedingte Kapitalabflüsse zu vermeiden, wurde durch die Verteuerung der Refinanzierungskredite das inländische Zinsniveau trotz nachlassender Konjunktur angehoben.

[191] Vgl. C. Köhler: Geldwirtschaft, Bd. 1: Geldversorgung und Kreditpolitik, 2. Aufl., Berlin 1977, S. 374.

[192] Schon der frühere Präsident der Deutschen Bundesbank, Karl Blessing, bezeichnete die Sicherung der Preisniveaustabilität als die »vornehmste Aufgabe« der Bundesbank. Vgl. MB, 9. Jg., Nr. 10/1959, S. 6.

[193] Vgl. D. Duwendag/K.-H. Ketterer/W. Kösters/R. Pohl/D. B. Simmert: Geldtheorie und Geldpolitik, 4. Aufl., Köln 1993, S. 368.

[194] Vgl. J. M. Keynes: The general theory of employment, interest and money, London 1936, deutsche Übersetzung: Allgemeine Theorie der Beschäftigung, des Zinses und des Geldes, München, Leipzig 1936, Nachdruck Berlin 1955, sowie — hierauf aufbauend — insbesondere J. R. Hicks: Mr. Keynes and the »Classics«, A suggested interpretation, in: Econometrica, vol. 5, 1937, S. 147-159.

[195] M. Friedman: Die optimale Geldmenge und andere Essays, München 1970.

tes) der »Geldhahn« geöffnet sein muß. Verallgemeinert bedeutet dies, daß von der monetären Konjunkturpolitik entscheidende kontraktive und (möglicherweise auch) expansive Effekte ausgehen können.

Als Ausgangsposition für die monetäre Konjunkturpolitik soll eingedenk der freiheitlich-demokratischen Grundordnung in der Bundesrepublik die folgende Auffassung von F. A. Lutz[196] vorangestellt werden: »Das Grundprinzip aber, das für die Geldverfassung den Leitfaden abgeben muß, ist dies, daß Macht und Verantwortung über das Geld dem Staat oder seiner Zentralbank zufällt, daß aber die qualitative Kreditkontrolle Sache privater, dem Wettbewerb unterworfener Institute ist.« Anders formuliert: Hinsichtlich Ertragskraft und Bonität von Finanzierungsvorhaben besteht keine bessere Auslese als die durch den Leistungswettbewerb der Geschäftsbanken, die globale Geldumlaufsregelung zur Verfolgung gesamtwirtschaftlicher Ziele dagegen gehört in die Verantwortung der Bundesbank.

b. Ansatzpunkte der Bundesbankpolitik

Es ist offensichtlich, daß die Bundesbank das »magische Zielviereck« nicht unmittelbar beeinflussen kann. Sie vermag es nicht, Steigerungen des Preisniveaus zu limitieren, Arbeitslosen Beschäftigung zu geben, einen realen Zuwachs der Umsätze zu bewirken; allenfalls auf die Zahlungsbilanz kann sie mit Geld- und Kapitaltransaktionen in begrenztem Umfang Einfluß nehmen.

Unter diesen Umständen besteht das **Problem** darin, **Zwischenziele anzusteuern, deren Realisierung einen Beitrag zur Erreichung der genannten Oberziele verspricht.** Es ist deshalb zu fragen, welche dieser Zwischenziele als Ansatzpunkte für die Politik der Bundesbank gegenüber den Geschäftsbanken geeignet sind.

Empirische Untersuchungen belegen nach Ansicht der Bundesbank einen langfristig stabilen Zusammenhang zwischen Geldmengen- und Preisniveauentwicklung.[197]

Obwohl schon von daher unzweifelhaft ist, daß die Geldmenge – unabhängig von ihrer engen oder weiteren Fassung – Auswirkungen auf die Ziele der Wirtschaftspolitik hat, fällt sie als Ansatzpunkt für notenbankpolitische Maßnahmen aus, da die Bundesbank auf die Einlagen der Unternehmen und des Publikums bei den Geschäftsbanken *keinen unmittelbaren Zugriff* hat. Über Bargeldbestände und Sichteinlagen, genauso wie über Spar- und Termineinlagen, wird von den Wirtschaftssubjekten disponiert, und zwar – falls sie sich nicht im Einzelfall durch die Moral Suasion der Bundesbank beeindrucken lassen – unabhängig von den Wünschen der Notenbank.

b. 1. Die Zentralbankgeldmenge und M_3

Seit 1975 nennt die Bundesbank der Öffentlichkeit eine Zielgröße, zunächst in Gestalt der Zentralbankgeldmenge, deren Realisierung sie bei einer angenommenen Umlaufsgeschwindigkeit des Geldes für die Alimentierung des Wachstums des Produktionspotentials, unter Berücksichtigung der Kapazitätsausnutzung sowie einer von ihr als tolerierbar angesehe-

---

[196] F. A. Lutz: Das Grundproblem der Geldverfassung, Stuttgart 1936, S. 95.
[197] Vgl. Deutsche Bundesbank: Zum Zusammenhang von Geldmengen- und Preisniveauentwicklung in der Bundesrepublik Deutschland, in: MB, 42. Jg., Nr.1/1992, S. 20-29.

nen Preissteigerungsrate von in der Regel 2% für wünschenswert hält. Diese Zielgröße hatte große Publizitätswirkung gewonnen. Seit den Jahren 1979 und 1980 handelte es sich – nach einigen »Zielverfehlungen« der Bundesbank – um einen Zielkorridor (Zentralbankgeldmengenzuwachs, bezogen auf das 4. Quartal, verglichen mit dem entsprechenden Quartal des Vorjahres).

Die *Zentralbankgeldmenge*[198] umfaßte

– den *Bargeldumlauf* (ohne Kassenbestände der Kreditinstitute) sowie
– das *Mindestreservesoll auf Inländereinlagen,* das die Geschäftsbanken bei der Bundesbank unterhalten mußten; dabei wurden die mindestreservepflichtigen Sicht-, Termin- und Spareinlagen der relevanten Stichtage mit konstanten Mindestreservesätzen gewichtet.

Die Zusammenfassung von Geld- und Quasigeldbeständen entspricht dem monetären Aggregat M_3 (vgl. S. 143). Die Zentralbankgeldmenge unterschied sich von M_3 aber insoweit, als die einzelnen Komponenten – bis auf den Bargeldumlauf – mit den Mindestreservesätzen (vom Januar 1974: 16,61%; 12,44%; 8,12%) gewichtet, also nur mit dem Bruchteil von rd. 1/6, 1/8 bzw. 1/12 der absoluten Beträge berücksichtigt wurden. Die geringeren Gewichte wählte man, um der abnehmenden Geldnähe von Termin- und Spareinlagen in der Zielgröße Rechnung zu tragen.

Die Zentralbankgeldmenge war demnach als ein *komprimierter Reflex der Entwicklung des Geldvolumens* in seiner weitesten Fassung anzusehen.

Da sie dessen Entwicklung widerspiegeln sollte, war es folgerichtig, Änderungen der Mindestreservesätze und damit zumindest die direkt kreditpolitisch bedingten Verzerrungen der Zielgröße auszuschalten. Dies geschah durch Verwendung konstanter Mindestreservesätze.

Mängel der Zentralbankgeldmenge als Zielgröße lagen nicht so sehr darin, daß sie als Bestandsgröße keine Aussage über Veränderungen der Umlaufsgeschwindigkeit des Geldes macht, obwohl diese Komponente der kaufwirksamen Nachfrage ist; solche Veränderungen werden – wie erwähnt – als Schätzgrößen in die Vorgabe der Zielgröße bzw. des Zielkorridors eingebaut. Gravierender ist, daß die Liquiditätspräferenz der Wirtschaftssubjekte insbesondere an der Nahtstelle zwischen Bargeld und Sichteinlagen, die statistisch die gleiche »Geldqualität« (M_1) besitzen, zu falschen Interpretationen führen kann.

Nimmt nämlich – unabhängig vom langfristigen Trend einer rückläufigen Bargeldquote am Geldvolumen – der Bargeldanteil zu Lasten von Sichteinlagen vorübergehend um 100 Einheiten zu (weil z.B. Schwarzarbeit steuerunschädlich bar bezahlt wird, weil die Silberpreise haussieren usw.), so steigt die Zentralbankgeldmenge um 100 (abgehobenes Bargeld) ./. 16,61 (Gewicht der dafür aufgelösten Sichteinlagen). Tatsächlich hat sich aber das Geldvolumen M_1 durch die Transaktion nicht verändert. Der Rücktausch von Bargeld in Sichteinlagen führt umgekehrt zu einer Reduzierung der Zentralbankgeldmenge, obwohl das Volumen der jederzeit verfügbaren Zahlungsmittel davon unberührt geblieben ist.

Wie der Vergleich der Zentralbankgeldmenge mit der Geldmenge M_3 in der folgenden Abbildung B. 14 zeigt, bestand zwischen den beiden Aggregaten ein im großen und ganzen stabiler Zusammenhang. Insbesondere die »Überzeichnung« der Geldmengenentwicklung durch die Zentralbankgeldmenge im Jahre 1987 führte jedoch dazu, daß die Bundes-

---

[198] Unter der Zentralbankgeldmenge werden in der Fachsprache sonst neben dem Bargeldumlauf die bei der Zentralbank unterhaltenen Sichtguthaben verstanden, also das Geld, das die Geschäftsbanken nicht selbst schaffen können.

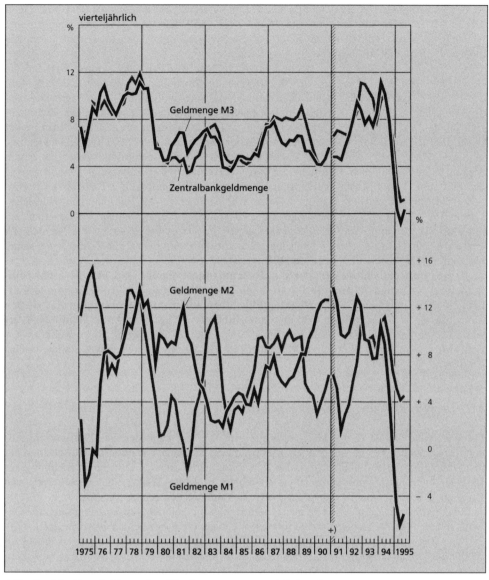

Abb. B. 14: Entwicklung der Wachstumsraten (auf Jahresbasis) der Zentralbankgeldmenge und der Geldmenge M_3 (Quelle: Deutsche Bundesbank: Die Geldpolitik der Bundesbank, a.a.O., S. 77)

bank auf die neue Zielgröße M_3 mit einem Korridor von 3-6% für 1988 überging.[199] Bei derartigen Überzeichnungen durch die Zentralbankgeldmenge erwies sich der im Vergleich

---

[199] Vgl. Deutsche Bundesbank: Methodische Anmerkungen zur geldpolitischen Zielgröße »M_3«, in: MB, 40. Jg., Nr. 3/1988, S. 18-21.

zu den Bankeinlagen übergewichtige Bargeldanteil als »Trendsetter«, während »die Geldmenge M_3 in ihrer Indikatoreigenschaft die von der Geldpolitik, von den Banken und Nichtbanken sowie vom Ausland ausgelösten monetären Impulse ›ausgewogener‹, ›gleichmäßiger‹ verarbeitet als die Zentralbankgeldmenge.«[200]

Unabhängig von der Frage nach dem »richtigen« Geldmengenaggregat war für die Bundesbank mit dem Übergang auf M_3 offenbar die Hoffnung auf weniger Zielverfehlungen in der Zukunft und damit auf eine national und international größere Glaubwürdigkeit der deutschen Geld- und Kreditpolitik verbunden. – Seit der Umstellung des Zwischenziels hielten sich bis 1995 Zielerreichungen und -verfehlungen die Waage – trotz einer Breite des Zielkorridors von 2%-Punkten. Allerdings wurde die Geldmengenentwicklung in dieser Phase auch durch eine Reihe von »Störfaktoren« beeinflußt, etwa das deficit spending der öffentlichen Haushalte im Zuge der deutschen Vereinigung, Veränderungen der Zins- und Vermögensbesteuerung und die durch sie ausgelösten, z.T. massiven Portfolioumschichtungen privater Haushalte sowie die Turbulenzen im Europäischen Währungssystem 1992 und 1993, die die Bundesbank zu Stützungskäufen fremder Valuten (und damit einer Ausdehnung der Geldmenge) zwangen. Im Dezember 1996 hat die Bundesbank letztmalig ein Geldmengenziel festgelegt. Der Zeithorizont reicht dabei über zwei Jahre bis zum vorgesehenen Eintritt in die Währungsunion.

Es ist offensichtlich, **daß früher die Zentralbankgeldmenge und nun M_3 wohl Indikator und Zwischenziel für die Bundesbank sowie Orientierungsgröße für die Öffentlichkeit sein mag, der Zentralbankpolitik aber nicht als Steuerungsgröße dienen kann, da sie – wie erwähnt – keinen unmittelbaren Zugriff auf die Geldmenge besitzt.** Dieser Einwand gilt definitionsgemäß auch für das Aggregat »M_3 erweitert«, das sich bisher weitgehend parallel zu M_3 entwickelt hat, langfristig aber etwas stärker wächst als dieses.

b. 2. Die Kreditvergabe der Geschäftsbanken

Die wichtigste Quelle der Geldschöpfung ist die Kreditvergabe der Geschäftsbanken. Aus der Inanspruchnahme der zugesagten Kredite durch Zahlungen resultieren Gutschriften für die Empfänger der Zahlungen, die sich dort (zum geringeren Teil) in einer Erhöhung der Bargeld- und Quasigeldbestände sowie (zu einem größeren Teil) in der Rückführung von Krediten und insbesondere einem Zuwachs an Sichteinlagen niederschlagen.

Rückgeführte Kredite erhöhen den Kreditspielraum bei den Zahlungsempfängern. Obwohl solche nicht ausgenutzten Kreditlinien nicht als Geld bezeichnet worden waren (vgl. S. 143), wird nun deutlich, daß sie über die Möglichkeit zu weiteren Zahlungen das Geldschöpfungspotential vergrößern. Führen die zu Lasten der Kreditzusagen ausgelösten Zahlungen zu einer Erhöhung der Sichteinlagen, so ist unmittelbar Geld geschaffen worden.

Wie unwichtig unter dem Aspekt der Geldschöpfung die Frage ist, ob die aus einer Kreditzusage geleistete Zahlung eine Kredittilgung oder eine Erhöhung der Sichteinlagen bewirkt, wird klar, wenn man sie auf die Buchungsmethode reduziert:

---

[200] D. Duwendag: Geldmengenpolitik: Eine schwierige Gratwanderung, in: WD, 68. Jg., 1988, S. 79-85, hier S. 83.

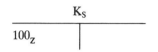

a) **deutsche Buchungsmethode**

KK_G (1000 Linie)	
400	100_Z

K_S

100_Z	

b) **englische Buchungsmethode**

K_G		E_G	
1000			600
			100_Z

Der Schuldner (S) leistet aus einem Kredit (K) eine Zahlung (Z) von 100. Der Gläubiger (G) verfügt über eine Kreditlinie von 1000, die bereits mit 400 ausgenutzt ist. Nach der deutschen Buchungsmethode a) ermäßigt sich die auf dem Kontokorrentkonto (KK) von G ausgewiesene Kreditinanspruchnahme durch die Zahlung von 100 auf (den Saldo von) 300, so daß der Verfügungsspielraum auf 700 steigt. Bei der englischen Buchungsmethode b) bleibt das Konto mit dem eingeräumten Kredit von 1000 (K_G) von der Transaktion unberührt. Diesem Konto standen ursprünglich 1000 Sichteinlagen auf dem Einlagenkonto (E_G) gegenüber, die inzwischen bis auf 600 abgebaut worden sind. Durch die Zahlung von 100 erhöht sich wie bei a) auch im Falle b) der Verfügungsspielraum auf 700 (Sichteinlagen).

Man sieht, daß es **für die Frage nach der Höhe des nachfragewirksamen Kaufkraftpotentials und damit für den Prozeß der Geldschöpfung nicht auf die Bezeichnung »Sichteinlage« oder »nicht ausgenutzte Kreditlinie« ankommt, sondern nur auf den Verfügungsspielraum für Zahlungen**; berührt wird durch die unterschiedliche Buchungsmethode allenfalls die Höhe der Zinslast für den Kunden, der bei der Nettomethode nur den Saldo, bei der Bruttomethode u.U. einen höheren Betrag verzinsen muß. Die Geldschöpfung aus der Kreditvergabe kann sich im Hause der Einzelbank und/oder im Geschäftsbankensystem vollziehen. Haben – unter Fortführung des obigen Beispiels – S und G Konten bei derselben Bank, so vollzieht sich der »**erste Akt**« der Geldschöpfung durch einfache Umbuchung in dieser Bank, andernfalls durch Gutschrift bei einem zweiten Kreditinstitut. – Darüber hinaus kommt es zu einem multiplen Geld- und Kreditschöpfungsprozeß.

Um dies deutlich zu machen, soll in Ausdehnung des obigen Buchungsbeispiels auf die Gesamtwirtschaft angenommen werden, nicht die Einzelbank, sondern das Geschäftsbankensystem sei aufgrund von – durch eine Mindestreservesenkung der Zentralbank freigewordenen – Liquiditätsreserven in die Lage versetzt worden, »**im ersten Schritt**« 1000 Einheiten Kredit zu vergeben, die auch voll für Zahlungen verwendet werden.

Die bei den adressierten Banken eintreffenden Gutschriften ermöglichen es diesen, »**im zweiten Schritt**« Kredite zu vergeben, aus denen durch Zahlungen wiederum Gutschriften resultieren, die »**im dritten Schritt**« Kredite induzieren usw. Die Geldtheorie hat die aus solchen Effekten resultierende maximale Kredit- und Geldschöpfungsmenge in Form einer unendlichen geometrischen Reihe formuliert, die im allgemeinen so geschrieben werden kann[201]:

---

[201] Vgl. z.B. in ähnlicher Form bei H.-J. Jarchow: Theorie und Politik des Geldes, I. Geldtheorie, 9. Aufl., Göttingen 1993, S. 117.

(B. 1) $\quad \Delta K = \Delta M = \dfrac{1}{1 - (1 - b)(1 - m)} \cdot L_o$

Dies bedeutet, daß die zusätzliche **Kreditschöpfung (K)** und damit die zusätzliche **Geldschöpfung (M)** ein Produkt ist aus den (aufgrund der Mindestreservesenkung freigesetzten) **überschüssigen Liquiditätsreserven (L_o)** und einem Multiplikator, welcher begrenzt wird durch den *Bargeldkoeffizienten* b (Zahlungsgewohnheiten der Wirtschaftssubjekte) und den *Mindestreservesatz* m (unter Berücksichtigung dessen die Geschäftsbanken für die im Zuge des Prozesses entstandenen Einlagen unverzinsliche Guthaben bei der Zentralbank unterhalten müssen). Der Prozeß der multiplikativen Ausweitung des Kredit- und Geldvolumens wird also limitiert durch die Notwendigkeit, Zentralbankgeld, das die Geschäftsbanken nicht selbst schaffen können, in zwei Formen zu halten: der Bargeldkomponente entsprechend den Anforderungen der Wirtschaftssubjekte und der Mindestreservekomponente entsprechend der Anforderung der Zentralbank. Anders formuliert: Das Geldvolumen kann insgesamt nicht über jene Grenze hinaus ausgedehnt werden, an der die überschüssigen Liquiditätsreserven des Geschäftsbankensystems in Zentralbankgeld verwandelt worden sind, das notwendig ist, um die Barabforderungen der Wirtschaftssubjekte und die Mindestreserveeinforderungen der Zentralbank zu erfüllen.

Dieser »mechanistisch« ablaufende Prozeß der multiplen Kredit- und Geldschöpfung bedarf an verschiedenen Stellen der Modifikation:

Zum einen weist Köhler zu Recht darauf hin, daß der Prozeß nicht nur durch

– Bargeldabforderungen und
– Mindestreserveeinforderungen

begrenzt wird, in die der Vorrat an Liquiditätsreserven verwandelt wird, sondern darüber hinaus durch eine von ihm so genannte

– Versickerungsrate.[202]

Dies ist der Anteil der Liquiditätsreserven, der in Zentralbankguthaben umgewandelt wird, weil öffentliche Haushalte Umdispositionen zwischen ihren Einlagen bei den Geschäftsbanken und denen bei der Bundesbank vornehmen und/oder Zentralbankinterventionen zu Ver- oder Ankäufen von Devisen führen. In beiden Fällen handelt es sich um Transaktionen, die über die Zentralbankguthaben der Geschäftsbanken verrechnet werden und die deshalb zu einer Be- oder Entlastung ihrer Liquiditätsreserven führen. – Will man die möglichen Begrenzungen des Kredit- und Geldschöpfungsprozesses entsprechend umfassend berücksichtigen, so ist obige Gleichung um die *Versickerungsrate* (v) zu erweitern:

(B. 2) $\quad \Delta K = \Delta M = \dfrac{1}{1 - (1 - b)(1 - m)(1 - v)} \cdot L_o$

Schließlich bleibt ganz offen, ob die Kreditgewährungsmöglichkeiten des Geschäftsbankensystems auch ausgenutzt werden und insofern den Kredit- und Geldschöpfungsprozeß

---

[202] Vgl. C. Köhler: a.a.O., S. 122ff. Köhler behandelt den Kredit- und Geldschöpfungsprozeß zunächst nur unter Berücksichtigung eines Reservesatzes und faßt dann die Bargeldabforderungen zusammen mit den obigen Komponenten unter die »Versickerungsrate«.

»in Gang halten«.[203] Nicht nur wäre denkbar, daß eine Veränderung der Liquiditätspräferenz bei den Geschäftsbanken dazu führt, höhere Bestände an Liquiditätsreserven zu halten. Vor allem – und dies wird in derartigen Gleichungen häufig übersehen – setzt die unendliche geometrische Reihe eine entsprechende Kreditnachfrage der Wirtschaftssubjekte voraus. Sind umgekehrt Absatzprobleme für Kredite gegeben, so bleibt den Geschäftsbanken gar nichts anderes übrig, als (zinsbringende) Liquiditätsreserven zu dotieren, gegebenenfalls in Form von festverzinslichen Wertpapieren im In- oder Ausland.[204]

Die moderne Geldangebotstheorie (Kreditmarkttheorie des Geldangebots) versucht daher, über Verhaltensannahmen der Notenbank, von Geschäftsbanken, privaten und öffentlichen Nichtbanken Kreditangebot und -nachfrage abzuleiten, um sodann im Rahmen eines Portfolioansatzes Marktzins und Geldmenge simultan zu bestimmen.[205] Trotz der dabei ebenfalls erforderlichen Vereinfachungen ergibt sich gegenüber der Mechanistik des traditionellen Kredit- und Geldschöpfungsmultiplikators ein deutlicher Fortschritt.[206] Wenn sich auf diesem Wege der Geldangebotsprozeß auch umfassender abbilden läßt, so kann doch kein Zweifel daran bestehen, daß die Kreditvergabe der Geschäftsbanken die wichtigste Quelle der Geldschöpfung darstellt. Insofern erhebt sich die Frage, ob nicht diese Größe zum Ansatzpunkt für die Notenbankpolitik gemacht werden sollte.

Unmittelbaren Einfluß kann die Bundesbank auf die Kreditvergabe der Geschäftsbanken nur dann nehmen, wenn sie sich des Instruments der Kreditplafondierung bedient.

Die (nicht als Gentlemen's Agreement, sondern administrativ konzipierte) Kreditplafondierung bedeutet eine behördlich angeordnete Limitierung der Kreditvergabe (basiert z.B. auf den Kreditbestand in einem Referenzjahr oder eine Kreditzuwachsrate im Vergleich zum Vorjahr). Bei richtiger Dosierung und der Vermeidung von Umgehungen (z.B. durch Kreditaufnahme von Unternehmen bei ausländischen Tochterbanken deutscher Institute) handelt es sich um ein effizientes Steuerungsinstrument. Andererseits ist folgendes zu bedenken: Kredite sind neben Wertpapieranlagen die wichtigsten (Finanz-)Investitionen der Banken. Eine Kreditplafondierung ist daher – selbst wenn sie globalen Charakter hat – nichts anderes als ein behördlich angeordneter Stop der Bankinvestitionen bzw. ihrer Zunahme. In dem Maße, in dem dieses Instrument differenziert gehandhabt wird, d.h. bestimmte als besonders ent- oder belastenswert angesehene Sektoren wie der Export oder die Bauindustrie mit unterschiedlichen Plafonds belegt werden, erhält die Kreditplafondierung zunehmend Züge der Kreditlenkung, wächst die Gefahr der Umgehung und die Notwendigkeit des Aufbaus eines komplexen Kontrollapparates, kurz: wird sie zu einer dirigistischen Maßnahme. In ihrem Gefolge stellen sich wettbewerbsverzerrende Effekte unter den Geschäftsbanken ein. Stark in den genannten Sektoren verwurzelte Institute werden bevorzugt oder benachteiligt, im Kreditgeschäft aktive gegenüber zurückhaltenden Banken besonders getroffen.

---

[203] Vgl. H. Rittershausen: Bankpolitik, Frankfurt/M. 1956, S. 96.
[204] Geschieht letzteres am Sekundärmarkt der deutschen Börse, so wird zwar nicht die Kreditschöpfung, wohl aber die Geldschöpfung dadurch berührt; bei Übernahmen von Wertpapieren im Rahmen des Emissionsgeschäfts (Primärmarkt) handelt es sich ökonomisch um eine Kreditvergabe, die durch die Prämisse mangelnder Kreditnachfrage hier aber ausgeschlossen wird.
[205] Vgl. grundlegend K. Brunner: A Schema for the Supply Theory of Money, in: International Economic Review, vol. 2, 1961, S. 79-109 sowie K. Brunner/A. H. Meltzer: Liquidity Trap for Money, Bank Credit and Interest, in: JoPE, vol. 76, 1968, S. 1-32.
[206] Vgl. O. Issing: Einführung in die Geldtheorie, a.a.O., S. 69-84.

Unabhängig davon, daß sich auch beim globalen Einsatz anderer notenbankpolitischer Instrumente derartige Struktureffekte nicht ausschließen lassen (vgl. S. 191), hat man wegen ihres extrem dirigistischen Charakters auf die Kreditplafondierung grundsätzlich verzichtet.[207] Wenn diese Form der direkten Kreditpolitik somit ausfällt, bleibt die Frage nach dem geeigneten Ansatzpunkt für die Bundesbankpolitik weiterhin offen.

b. 3. Die Liquiditätsreserven der Geschäftsbanken

Eine Unternehmung benötigt Liquiditätsreserven, um Realinvestitionen vornehmen zu können. Das gilt – wie oben im Zusammenhang mit dem Kredit- und Geldschöpfungsprozeß bereits deutlich gemacht wurde – auch für die Finanzinvestitionen einer Bank. Insofern könnte die Bundesbank eine indirekte Kredit- und Geldpolitik betreiben, wenn es ihr gelänge, die Liquiditätsreserven der Geschäftsbanken zu kontrollieren.

Grundsätzlich umfaßt die Liquiditätsreserve des einzelnen Kreditinstituts neben der Primärliquidität, nämlich den Kassenbeständen und den (freien) Guthaben bei »seiner« Bank, der Bundesbank, sowie den von dieser zugesagten Kreditlinien (Kontingenten) auch die Guthaben und Refinanzierungsmöglichkeiten bei anderen Geschäftsbanken (vgl. die Fassung der Sekundärreserven auf S. 49).

Gesamtwirtschaftlich gleichen sich Verbindlichkeiten und Forderungen zwischen Inlandsbanken aus, so daß sie für die Liquiditätsreserve des Geschäftsbankensystems als Basis der Kredit- und Geldschöpfung nicht berücksichtigt werden dürfen.

Guthaben bei ausländischen Banken werden nicht mehr zur gesamtwirtschaftlichen Liquiditätsreserve gezählt, nachdem 1973 der Übergang zu freien Wechselkursen erfolgte und diese Aktiva seitdem mit der Gefahr von Kursverlusten im Liquidationsfalle belastet sind, die – wie bei der Definition des Geldes, den Liquiditätsreserven der Nichtbanken (vgl. S. 143) – die Zinserträge überschreiten können oder Kurssicherungskosten verursachen.

Macht man sich jedoch klar, daß auch die Kreditlinien der Bundesbank als Bestandteil der Liquiditätsreserve Kosten verursachen – und zwar in Höhe des Diskont- oder Lombardsatzes –, so **besteht zwischen der Fassung der Liquiditätsreserve der Banken und der Liquiditätsreserve der Nichtbanken (Geld einschließlich Quasigeld) offensichtlich eine Inkonsistenz,** die begründet liegt

– zum einen in der Höhe möglicher Liquidationskosten;
– zum anderen in Kreditzusagen des »Lenders of the Last Resort«, die auf der Bankenebene berücksichtigt, auf der Nichtbankenebene aber ausgeschlossen werden.

Offiziell gehörten zum Zentralbankkonzept der *freien,* d.h. nicht durch Mindestreserven blockierten *Liquiditätsreserven* des Geschäftsbankensystems[208]

(1) *Überschußguthaben* der Banken *bei der Bundesbank;*
(2) auf der Basis bundesbankfähiger Wechsel ausschöpfbare *Rediskontkontingente* der Banken bei der Bundesbank;

---

[207] Eine Ausnahme bildete die Periode nach der Koreakrise im Jahre 1951, als die Bank deutscher Länder im Zuge scharfer Restriktionsmaßnahmen die Geschäftsbanken aufforderte, ihre Kreditvolumina um 1 Mrd. DM zurückzuführen.
[208] Vgl. Deutsche Bundesbank: Zentralbankgeldmenge und freie Liquiditätsreserven der Banken – Erläuterungen zur Liquiditätsrechnung der Bundesbank, in: MB, 26. Jg., Nr. 7/1974, S. 14-23.

(3) inländische *Geldmarktpapiere* im Besitz der Banken, soweit sie jederzeit von der Bundesbank zurückgenommen wurden.

In Analogie zur Gelddefinition für Nichtbanken entspricht (1) dem (Zentralbank-)Geld der Geschäftsbanken, (2) und (3) dem Quasigeld der Geschäftsbanken, das sind auf dieser Ebene Aktiva, die mit der jederzeitigen Umwandlungszusage der Bundesbank in (Zentralbank-)Geld versehen sind.

Inzwischen spricht man nicht mehr von den »freien« Liquiditätsreserven, und zwar insbesondere deshalb nicht, weil die Bundesbank sich gegenüber dem »quasi-automatischen« Zugang der Geschäftsbanken zu Zentralbankguthaben über die jederzeitige Übernahme von Geldmarktpapieren unabhängig machen wollte.[209]

Ob diese Liquiditätsreserven indessen »frei« im Sinne eines frei verfügbaren Fonds sind oder nicht: Sie werden doch zur Alimentierung des Wachstums der Geschäftsbanken benötigt.

Da der Kredit- und Geldschöpfungsprozeß Zentralbankguthaben verbraucht, hängt der Umfang der Kreditvergabe des Geschäftsbankensystems – unabhängig von der inzwischen modifizierten Konzeption der Bundesbank – doch von den verfügbaren Liquiditätsreserven ab. Dieser Grundgedanke zeigt sich auch im derzeitigen Konzept der Bundesbank für die Geldmengensteuerung. Es wird im folgenden erörtert anhand der Tabelle B. 16, die die Bundesbank seit Januar 1995 in ihren Monatsberichten veröffentlicht. Dem ersten Block über die Bestimmungsgrößen der Zentralbankguthaben der Banken – wachstumsbedingter Zentralbankgeldbedarf und laufende Transaktionen – werden im zweiten Block Maßnahmen und Geschäfte der Bundesbank mit tendenziell längerfristigen Liquiditätswirkungen gegenübergestellt. Der Saldo beider Blöcke ergibt die Veränderung der »**kurzfristigen Liquiditätslücke**« der Banken als *neuer, zentraler Steuerungsgröße*. Diese wird getrennt von der aus einem Bedarf gegebenenfalls resultierenden Mittelbereitstellung im dritten Block, den Wertpapierpensionsgeschäften, sehr kurzfristigen Ausgleichsoperationen und Lombardkrediten. – Damit spiegelt dieses Schema die tatsächliche Vorgehensweise der Zentralbank bei der Liquiditätsbedarfsrechnung und -bereitstellung wider. Auf Basis der geschätzten Liquiditätslücke und der daraus resultierenden Tagesstände der Banken an Zentralbankguthaben teilt die Bundesbank in erster Linie über Wertpapierpensionsgeschäfte zu (denn sie bilden in den letzten Jahren das dominierende Instrument der Notenbank) und entscheidet gegebenenfalls in zweiter Linie auch über den Einsatz von Feinsteuerungsinstrumenten.[210]

Die Liquiditätsreserven werden aus der Sicht der Bundesbank *beeinflußt* durch

– externe, das sind sogenannte *Marktfaktoren* sowie
– interne Faktoren, das sind die *notenbankpolitischen Maßnahmen*.

Die Marktfaktoren entsprechen dem ersten Block der Tabelle B. 16; in den Blöcken 2 und 3 finden sich die notenbankpolitischen Instrumente wieder. Die folgenden Ausführungen sollen neben dieser Systematik der Bundesbank zusätzlich durch die Abbildung B. 15 gestützt werden, die zum einen die Bestimmungsgründe und auch die Struktur der Liqui-

---

[209] Vgl. Deutsche Bundesbank: Die Deutsche Bundesbank. Geldpolitische Aufgaben und Instrumente, Sonderdruck Nr. 7, 5. Aufl., Frankfurt/M. 1989, S. 30f.
[210] Vgl. Deutsche Bundesbank: Die Geldmarktsteuerung der Deutschen Bundesbank, in: MB, 46. Jg., Nr. 5/1994, S. 61-75.

Position	1991	1992	1993	1994	1995
1. Bereitstellung (+) bzw. Absorption (–) von Zentralbankguthaben durch:					
• Veränderung der Bestände an Zentralbankgeld (Zunahme: –) davon:	– 20,2	– 38,7	– 21,5	– 15,0	– 9,8
– Bargeldumlauf	(– 13,4)	(– 24,1)	(– 14,2)	(– 13,5)	(– 10,2)
– Mindestreserve auf Inlandsverbindlichkeiten (zu jeweiligen Reservesätzen)[1]	(– 6,8)	(– 14,6)	(– 7,3)	(– 1,5)	(+ 0,4)
• Devisenbewegungen (ohne Devisenswapgeschäfte)	+ 1,1	+ 63,6	– 16,6	+ 6,3	+ 9,0
• Veränderung der Netto-Guthaben inländischer Nichtbanken bei der Bundesbank (einschl. § 17 – Verlagerungen von Bundesmitteln[2])	+ 9,2	+ 15,5	– 9,2	+ 6,4	+ 0,1
• Sonstige Einflüsse[6]	– 18,4	– 23,8	– 18,9	– 28,8	– 25,8
Summe 1	– 28,4	+ 16,6	– 66,2	– 31,1	– 27,6
2. Dauerhafte Mittelbereitstellung (+) bzw. -absorption (–) durch:					
• Änderung der Mindestreservesätze[3]	– 0,1	– 0,9	+ 32,6	+ 29,5	+ 19,5
• Änderung der Refinanzierungslinien	– 7,6	– 15,5	+ 0,1	– 0,1	0,0
• Rückgriff auf unausgenutzte Refinanzierungslinien (Abbau: +)	– 2,0	+ 2,0	– 4,2	+ 2,7	+ 0,3
• Offenmarktoperationen am Rentenmarkt und in Liquiditätspapieren	+ 1,5	+ 3,3	– 26,5	+ 11,9	+ 9,6
• Gewinnausschüttung an den Bund	+ 8,3	+ 14,5	+ 13,1	+ 18,3	+ 10,2
Summe 2	+ 0,1	+ 3,4	+ 15,0	+ 62,2	+ 39,7
3. Veränderung der kurzfristigen Liquiditätslücke der Banken (Summe 1 + 2, Zunahme: –)	– 28,3	+ 20,0	– 51,2	+ 31,1	+ 12,1
4. Deckung des verbleibenden Fehlbetrags (+) bzw. Absorption des Überschusses (–) durch:					
• Wertpapierpensionsgeschäfte	+ 29,8	– 16,0	+ 46,6	– 27,2	– 12,6
• Sehr kurzfristige Ausgleichsoperationen der Bundesbank[4]	+ 0,8	– 2,6	+ 3,6	– 3,2	0,0
• Veränderungen der Lombardkredite (Zunahme: +)	– 2,3	– 1,4	+ 1,1	– 0,7	+ 0,5
Nachrichtlich:[5]					
• Unausgenutzte Refinanzierungslinien	5,2	3,2	7,4	4,7	4,4
• Wertpapierpensionsgeschäfte	145,1	129,0	175,6	148,4	135,8
• Sehr kurzfristige Ausgleichsoperationen[4]	2,2	– 0,4	3,2	–	–
• Lombardkredite	1,9	0,5	1,5	0,8	1,3

1 Änderungen des Mindestreserve-Solls aufgrund von Neufestsetzungen der Reservesätze sind unter Position 2 erfaßt. – **2** Nach § 17 BBankG in der Fassung bis 15. Juli 1994. – **3** Einschl. wachstumsbedingter Veränderungen des Auslands-Solls. – **4** Schnelltender-, Devisenswap- und -pensionsgeschäfte, kurzfristige Schatzwechselabgaben sowie Verlagerungen von Bundesguthaben (nach § 17 BBankG in der Fassung bis 15. Juli 1994). – **5** Bestände jeweils im letzten Monat der Periode. – **6** Saldo der nicht im einzelnen aufgeführten Posten des Notenbankausweises; Veränderungen ergeben sich hauptsächlich aus den laufenden Ertragsbuchungen der Bundesbank (ohne separat ausgewiesene Gewinnausschüttungen an den Bund), im März 1994 im wesentlichen beeinflußt durch die Herabsetzung und im August 1995 durch die Aufhebung der Anrechenbarkeit der Kassenbestände der Kreditinstitute bei der Mindestreserveerfüllung.

Tab. B. 16: Zentralbankgeldbedarf der Banken und liquiditätspolitische Maßnahmen der Deutschen Bundesbank 1991-1995 in Mrd. DM (Ergänzt nach: Deutsche Bundesbank: Die Geldpolitik der Bundesbank, a.a.O., S. 95)

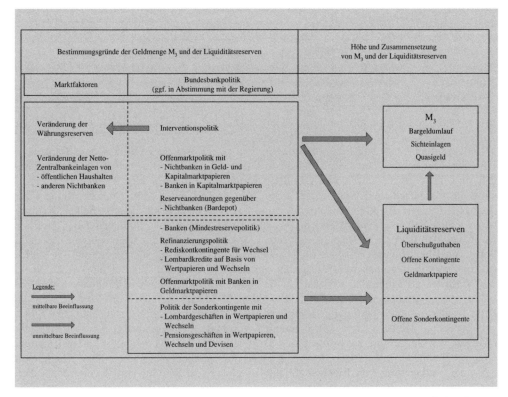

Abb. B. 15: Bestimmungsgründe der Höhe und Zusammensetzung von M_3 und der Liquiditätsreserven

ditätsreserven enthält, zum anderen innerhalb der notenbankpolitischen Maßnahmen mit Hilfe der gestrichelten Linie diejenigen Instrumente abtrennt, die ausschließlich auf die Geschäftsbanken gerichtet sind.

Im Hinblick auf die Marktfaktoren kann auf die im Rahmen der Begrenzung des Kredit- und Geldschöpfungsprozesses angesprochene »Versickerungsrate« Bezug genommen werden (vgl. S. 152), die – entsprechend der Richtung der Dispositionen vor allem der öffentlichen Haushalte und der Zentralbankinterventionen an den Devisenmärkten – eine Verringerung oder Erhöhung der Liquiditätsreserven der Geschäftsbanken bewirkt. Neben den öffentlichen Haushalten nehmen auch Unternehmen und private Haushalte – in der Bundesrepublik in vernachlässigbarem Umfange – Umdispositionen zwischen ihren Konten bei den Geschäftsbanken und der Bundesbank vor.

Soweit im Zuge der (I) Verringerung der Kredite oder der (II) Erhöhung der Einlagen bei der Bundesbank (BB) öffentliche Haushalte (ÖH) (I) Kredite bei den Geschäftsbanken (B) in Anspruch genommen oder (II) Guthaben dort aufgelöst haben, ergeben sich bilanzmäßig folgende Effekte:

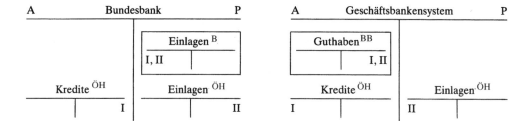

Es zeigt sich, daß durch die *Umdispositionen von Mitteln* der ÖH aus dem Bankensystem zur Bundesbank den Geschäftsbanken Guthaben bei der Bundesbank verlorengegangen sind, ganz gleich, ob sie den ÖH diese Mittel aus Einlagen oder Krediten zur Verfügung gestellt haben, und unabhängig davon, ob die ÖH diese Mittel zur Erhöhung ihrer Einlagen oder der Rückführung ihrer Kredite bei der Bundesbank benutzt haben. Kritisch ist in jedem Fall die Entwicklung der Konten Einlagen B (bzw. Guthaben BB), denn sie weist aus, daß dem Geschäftsbankensystem Liquiditätsreserven entzogen wurden, sei es in Form von Überschußreserven, sei es in anderen Formen, die zur Kompensation der Verluste an Zentralbankguthaben in Anspruch genommen werden mußten. Unter dem Aspekt des Verlustes an Liquiditätsreserven ist die staatliche Auflösung von Einlagen gegenüber seiner Verschuldung im Geschäftsbankensystem für dieses deshalb von Vorteil, weil im Falle (I) der gesamte Verfügungsbetrag, im Falle (II) aber nur der um die auf den Einlagen lastenden Mindestreserveverpflichtungen verminderte verlorengeht. Es braucht nicht im einzelnen ausgeführt zu werden, daß Dispositionen der ÖH in umgekehrter Richtung eine Erhöhung der Liquiditätsreserven des Geschäftsbankensystems bewirken. Dann wird bei einer Verlagerung von Einlagen (nicht bei einer Rückführung von Krediten) ein Teil des Zuwachses an Zentralbankguthaben wegen der Ausdehnung der mindestreservepflichtigen Verbindlichkeiten bei den Geschäftsbanken für diese blockiert.

Für im Hinblick auf die Liquiditätsreserven kontraktive Effekte der geschilderten Art sind z.B. Steuerzahlungen an bestimmten Terminen, für expansive Effekte Gehalts- und Pensionszahlungen der Länder verantwortlich.

Von den Dispositionen der Unternehmen und privaten Haushalte gehen die gleichen Effekte aus (wenn man davon absieht, daß diese Gruppen von Nichtbanken lediglich Einlagen bei der Bundesbank unterhalten, dort aber keine Kredite in Anspruch nehmen dürfen).

Einen weiteren Marktfaktor stellen *Veränderungen der Devisenreserven* dar. Die Abgabe von Devisen (Guthaben in Fremdwährung bei Banken im Ausland) durch die Bundesbank an die Geschäftsbanken zur Versorgung ihrer (Nichtbanken-)Kunden (NB), die Kaufaufträge zu Lasten ihrer (I) Kredit- oder (II) Einlagenkonten geben, hat folgende Bilanzeffekte:

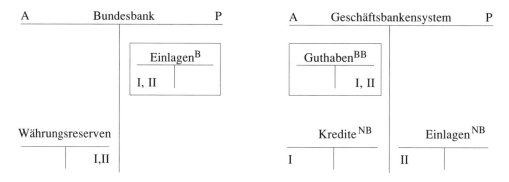

Unabhängig davon, ob die Nichtbanken (z.B. für Importe oder Auslandsreisen) Devisen bei den Geschäftsbanken auf dem Kreditwege oder zu Lasten ihrer Einlagen erwerben, müssen die Geschäftsbanken an die Bundesbank mit Zentralbankguthaben zahlen, wenn sie diese Devisen von ihr beziehen. Reduziert sich durch die Transaktion die Einlagenbasis der Nichtbanken, so wird allerdings der Verlust an Liquiditätsreserven durch die freigesetzten Mindestreserven verringert. Wirkt der Marktfaktor »*Veränderung der Währungsreserven*« in der geschilderten Richtung, so ergibt sich demnach ein kontraktiver Effekt für die Liquiditätsreserven des Geschäftsbankensystems (in umgekehrter Richtung ein expansiver).

In einem System fester Wechselkurse ist die Bundesbank zu deren Sicherung (oder der festgelegter Bandbreiten) gezwungen, an den Devisenmärkten zu intervenieren, d.h. ausländische Währungen anzukaufen oder zu verkaufen, falls der Markt die Paritätsgrenzen zu sprengen droht. Das galt im System von Bretton Woods bis 1973. Da die DM im internationalen Kaufkraftvergleich zunehmend unterbewertet wurde, erwiesen sich damals Exporte aus der Bundesrepublik als relativ preisgünstig, Importe hierher als relativ teuer. Die Folge waren hohe Überschüsse der Handelsbilanz, die zur Aufblähung der Devisenreserven und des inländischen Geldvolumens führten.

Eine tendenzielle Umkehr der Devisenströme versuchten die währungspolitischen Instanzen in jener Zeit mit

— einer Abwehr von Devisenimporten, z.B. durch
  - Verzinsungsverbote für Auslandseinlagen (gem. § 23 Abs. 1 Nr. 7 Außenwirtschaftsgesetz),
  - Belegung von Ausländereinlagen mit den Höchstsätzen für Mindestreserven,
  - Anrechnung der Kreditaufnahme deutscher Geschäftsbanken im Ausland auf ihre Rediskontkontingente;
— sowie einer Förderung von Devisenexporten, z.B. durch
  - Anrechnung der Geldmarktanlagen deutscher Geschäftsbanken im Ausland auf Ausländereinlagen im Inland und damit den Umfang der Mindestreservebelastung,
  - Swapsatzpolitik, d.h. Verbilligung der Kurssicherungskosten für Geldmarktanlagen deutscher Geschäftsbanken im Ausland, indem die Bundesbank günstigere Devisenterminkurse als der Markt für die Auflösung der Anlagen bot.

In diesem Maßnahmenkatalog zeigt die Diskriminierung der Ausländereinlagen, daß man in der Vergangenheit bereit war, angesichts einer drohenden Beschleunigung des Preisanstiegs im Inland eine Beschränkung des grundsätzlich liberalisierten internationalen Geld- und Kapitalverkehrs in Kauf zu nehmen. Um die »importierte Inflation« einzudämmen, gab die Bundesregierung[211] dem ständigen Aufwertungsdruck nach und veranlaßte – nach Abstimmung mit der Bundesbank – in immer kürzeren Zeitabständen Änderungen der DM/US-$-Parität. Diese »stufenweise« Aufwertung induzierte aber ihrerseits weitere Zuflüsse von Devisen, da ausländische Importeure Verbindlichkeiten vorzeitig tilgten und insbesondere ausländische Kapitalgeber nicht nur Zinserträge, sondern mit der nächsten Aufwertung der DM auch Kursgewinne erwarteten. – Trotz einer weiteren Beschränkung

---

[211] Eine gesetzliche Normierung der Befugnis zur Festlegung und Änderung der Währungsparität gibt es nicht. Weder im BBankG noch im Stabilitätsgesetz oder im Außenwirtschaftsgesetz findet man dazu nähere Handlungsanweisungen. Die Kompetenz fällt nach Auslegung des Art. 73 Grundgesetz der Bundesregierung zu. Weitere Rechtsgrundlagen ergeben sich aus dem IWF-Übereinkommen und den Vereinbarungen über das EWS.

der Devisenimporte (Genehmigungspflichten für den Kauf von deutschen Wertpapieren durch Ausländer, für im Ausland aufgenommene Kredite usw.) gem. § 23 Außenwirtschaftsgesetz gelang eine stärkere Absicherung der außenwirtschaftlichen Flanke letztlich erst mit der Suspendierung des Systems von Bretton Woods und dem Übergang zu – teilweise – freien Wechselkursen, da sich Angebot und Nachfrage in Devisen nun nicht mehr in einer »Zwangsräumung« des Marktes durch die Bundesbank, sondern in Preisverschiebungen der Währungen ausdrückten.

Gegenüber den aus der Zahlungsbilanz wirkenden Marktkräften ist die Bundesbank aber auch noch heute nur bedingt handlungsfähig. Zum einen besteht – wie erwähnt – eine Interventionspflicht nach wie vor im Rahmen des EWS. Zum anderen gibt es aber auch informelle Absprachen wie z.B. 1979 mit den amerikanischen Währungsbehörden, den US-$ zu stützen, nicht zuletzt im Interesse der deutschen Exportwirtschaft (und der hier Beschäftigten). Es ist klar, daß die Bundesbank auch mit derartigen *Interventionen* – in einem System des »schmutzigen« floating – Einfluß auf die Höhe der Währungsreserven und damit der Liquiditätsreserven der Geschäftsbanken nimmt.

Bei der Erläuterung des Prozesses der Kredit- und Geldschöpfung war neben den Marktfaktoren »Veränderung der Netto-Zentralbankeinlagen« insbesondere der öffentlichen Haushalte und »Veränderung der Währungsreserven«, der Versickerungsrate also, auch auf die Bargeldquote als ein die Liquiditätsreserven verbrauchender Faktor hingewiesen worden. Dabei handelt es sich – wie Tabelle B. 16 zeigte – ebenfalls um einen Marktfaktor, der von den Dispositionen der Wirtschaftssubjekte, nicht aber vom Willen der Bundesbank abhängig ist.[212]

Dennoch erscheint der Bargeldumlauf in der Abbildung B. 15 nicht auf der linken Seite unter den Bestimmungsfaktoren. Dies liegt daran, daß auf der rechten Seite die Liquiditätsreserven als Potential für die monetäre Expansion zusammen mit M_3 als Ergebnis der monetären Expansion aufgeführt sind. Der Bargeldumlauf aber ist eine Komponente der Geldmenge M_3. Isoliert man M_3 von den Liquiditätsreserven, so zeigt sich, daß ein Wachstum des Bargeldumlaufs zu Lasten der Liquiditätsreserven geht und der Bargeldumlauf somit (marktmäßiger) Bestimmungsfaktor der Liquiditätsreserven der Geschäftsbanken ist:

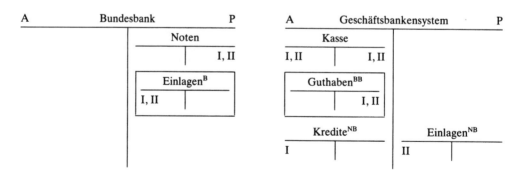

---

[212] Deshalb kann auch nicht davon gesprochen werden, daß Zentralbankgeld in der Fassung als »Geldbasis« (Bargeldumlauf und Zentralbankguthaben der Geschäftsbanken) in vollem Umfang Steuerungsgröße der Bundesbank ist.

Es mag zunächst erstaunen, daß auch die Bereitstellung bzw. Absorption von Zentralbankguthaben durch die *Mindestreserve* zum einen als *Marktfaktor* im obersten Block der Tabelle B. 16 auftaucht, die Wirkungen von Veränderungen der Mindestreservesätze jedoch zu den notenbankpolitischen Maßnahmen des zweiten Blocks gezählt werden (so auch Abbildung B. 15). Die Bundesbank begründet dies in folgender Weise:[213]

Haben sich die Kreditinstitute (etwa auf der Basis noch unausgenutzter Refinanzierungslinien) zur Expansion ihrer Aktiva entschlossen oder nutzen die Bankkunden die ihnen eingeräumten Darlehenszusagen aus, so wird der Geldschöpfungsprozeß zunächst auch ohne unmittelbares Zutun der Notenbank in Gang gesetzt. Damit entsteht – nachdem die zur Kredit- und Geldmengenexpansion führenden Entscheidungen von Wirtschaft und Banken bereits gefallen sind – unvermeidlich ein zusätzlicher Bedarf an Zentralbankgeld für das Bankensystem als Ganzes, da Bargeldumlauf und Mindestreserve-Soll zunehmen. Dieser Bedarf ist kurzfristig nahezu unelastisch: Zum einen regulieren die Banken normalerweise ihre laufende Mindestreserveposition ohne nennenswerte Überschußguthaben. Zum anderen sind sie innerhalb eines Kalendermonats kaum in der Lage, durch Umdispositionen im Aktiv- und Passivgeschäft mit der Nichtbankenkundschaft die Höhe ihres Reserve-Solls noch wesentlich zu beeinflussen. Dieses bemißt sich nämlich nach dem Durchschnitt der reservepflichtigen Verbindlichkeiten vom 16. des Vormonats bis zum 15. des laufenden Monats bzw. dem 23. und Ultimo des Vormonats sowie dem 7. und 15. des laufenden Monats und steht damit zur Monatsmitte bereits fest. Die Bundesbank kommt somit nicht umhin, auf ganz kurze Sicht den Zentralbankgeldbedarf der Kreditinstitute zu befriedigen und dabei zeitweilig unter Umständen mehr Zentralbankguthaben bereitzustellen, als dies der Zielpfad für das Geldmengenwachstum eigentlich zuließe. Während dieser Periode kann demnach von den notwendigen Mindestreservebeträgen als einem Marktfaktor gesprochen werden.

Im übrigen aber ist die *Veränderung der Mindestreservesätze interner Faktor* der Bundesbank und erster Bestandteil ihres Instrumentariums zur *dauerhaften* Mittelbereitstellung bzw. -absorption.

Unter die *Mindestreservepolitik* fallen reservepflichtige Verbindlichkeiten gegenüber Nichtbanken bis zu 4 Jahren. In diesem Rahmen sind die Sätze differenziert nach unterschiedlichen Einlagenkategorien; weitere Unterscheidungen nach – entsprechend dem Volumen der Sichteinlagen-Kategorie angeordneten – Progressionsstufen sowie nach Inlands- und Auslandsverbindlichkeiten sind 1994 entfallen.[214]

In den vergangenen Jahren haben auch deutsche Kreditinstitute – wie erwähnt – versucht, die Mindestreservebelastungen mit der Ausgabe kurzfristiger Bankschuldverschreibungen zu umgehen.[215] Dagegen ist die Bundesbank eingeschritten, als sie 1986 die Emission von auf DM lautenden (Termin-)Einlagenbescheinigungen (Certificates of Deposit) zwar zuließ, sie jedoch der Mindestreserve unterwarf; seitdem erstreckt sich die Mindest-

---

[213] Vgl. Deutsche Bundesbank: Die Geldpolitik der Bundesbank, a.a.O., S. 92f.
[214] Vgl. Deutsche Bundesbank: Zur Neugestaltung und Senkung der Mindestreserven, in: MB, 46. Jg., Nr. 2/1994, S. 13-17.
[215] Zu derartigen Umgehungsversuchen, insbesondere amerikanischer Banken, vgl. A. Schwolgin: Finanzielle Innovationen und Mindestreservepolitik — Reformvorschläge aufgrund amerikanischer und deutscher Entwicklungen, Frankfurt/M. 1986. Vgl. auch H.-J. Dudler: Geldmengenpolitik und Finanzinnovationen, in: KuK, 20. Jg., 1986, S. 472-495; St. Wende: Finanzinnovationen und Geldpolitik. Eine geldtheoretische Problemanalyse anhand ausgewählter Finanzinnovationen, Frankfurt/M. 1990; St. Zmarzly: Finanzinnovationen und Geldmengensteuerung, Köln 1990.

reservebelastung auf alle emittierten Inhaberschuldverschreibungen mit Laufzeiten unter 2 Jahren (sofern sie nicht von anderen Kreditinstituten gehalten werden).

Veränderungen der Mindestreservesätze durch die Bundesbank zielen unmittelbar auf eine Blockierung oder Freigabe von Zentralbankguthaben der Geschäftsbanken und damit ihrer Liquiditätsreserven. Mit diesem dirigistischen Instrument kann die Notenbank (bis zu den in § 16 Abs. 1 BBankG festgelegten Höchstsätzen von 10, 20, 30% für Spar-, Termin- bzw. Sichteinlagen) die Basis für die Kreditschöpfung der Banken unmittelbar kontrollieren, und zwar unabhängig davon, wie sich die durch die Struktur des Geldvolumens und des Bankensystems gegebenen Voraussetzungen für das Verhältnis zur Bundesbank entwickeln.

Unterstellt man, daß zum Zeitpunkt einer Erhöhung der Mindestreservesätze Überschußguthaben bei der Bundesbank kaum vorhanden sind – eine realistische Annahme, weil solche unverzinslichen Überschußguthaben vor allem aus (zum Teil unvermeidlichen) Dispositionsfehlern in den Banken entstehen –, dann müssen die Kreditinstitute die zusätzlich eingeforderten Zentralbankguthaben beschaffen. Während die Einzelbank sich zu diesem Zweck an den Geldmarkt wenden kann, ist das Geschäftsbankensystem als Ganzes auf die Inanspruchnahme der Bundesbank angewiesen:

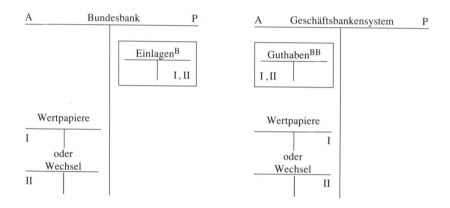

In dem obigen Buchungsbeispiel erfolgt die (angeordnete) Erhöhung der Zentralbankguthaben dadurch, daß die Geschäftsbanken Wertpapiere oder Wechsel an die Bundesbank in Pension geben und/oder ihr diese verkaufen. Innerhalb der Liquiditätsreserven findet bei einem Verkauf insoweit nur ein Umtausch von liquiden Aktiva (Wertpapiere bzw. Handelswechsel in Zentralbankguthaben) statt; die disponiblen Liquiditätsreserven verringern sich dennoch, weil die aus dem Umtausch gewonnenen zusätzlichen Zentralbankguthaben nicht verfügbar sind.[216]

Zwischen 1993 und 1995 ist die Mindestreservebelastung des Geschäftsbankensystems erheblich gesenkt worden, so daß für Sicht-, Termin- und Spareinlagen nur noch zwischen 1,5 und 2% der Verbindlichkeiten zinslos bei der Bundesbank zu unterhalten sind. Im Gegenzug wurde allerdings die Möglichkeit zur Anrechnung der Kassenbestände auf die Reserveverpflichtungen aufgehoben; insgesamt ergab sich ein Entlastungsvolumen von

---

[216] Zur Bilanzierung von Pensionsgeschäften vgl. S. 321f.

60 Mrd. DM.[217] Dazu hatte sich die Bundesbank durchgerungen, um in der internationalen Konkurrenz zu den liberalisierten Finanzplätzen (wie Luxemburg und London) die deutsche Wettbewerbsfähigkeit zu stärken. Die Entlastung erschien ihr andererseits auch vertretbar, weil die Verfolgung ihrer geldpolitischen Ziele zunehmend auf Instrumente der Feinsteuerung verlagert worden war (vgl. S. 173).

Vor diesem Hintergrund wird von der Wissenschaft seit langem auch die völlige Abschaffung des Instruments der Mindestreserve gefordert.[218] Dem hält die Bundesbank erstens entgegen, daß das Mindestreserve-Soll nur im Monatsdurchschnitt zu erfüllen ist, die Banken ihre Zentralbankguthaben mithin zugleich für Zahlungszwecke verwenden und kurzfristig abdisponieren können, soweit sie an anderen Tagen des Erfüllungszeitraums entsprechend höhere Guthaben vorweisen. Den zur Erfüllung des Mindestreserve-Solls unterhaltenen Guthaben komme somit der Charakter von »Arbeitsguthaben« zu. Dies trage – zweitens – dazu bei, daß die Mindestreservepflicht am Geldmarkt als »Liquiditätspuffer« wirke, der unvorhergesehene Schwankungen im Liquiditätsbedarf in der Regel ohne Eingriff der Bundesbank abfedere. Dadurch werde die Zinsentwicklung verstetigt und der Notenbank ein eher »interventionsarmes« Agieren ermöglicht. Eine weitere Überlegung kommt hinzu: Unter langfristigem Aspekt zeichnet sich die Möglichkeit einer weitgehenden Konzentration im Geschäftsbankensystem sowie der Abwicklung des Zahlungsverkehrs über elektronische Medien ab (vgl. S. 271). Das würde die Emanzipation der Geschäftsbanken von der Zentralbank und ihrer Geldversorgung bedeuten. Unter solchen Umständen aber kann die Bundesbank – will sie auf eine Kreditplafondierung verzichten – die Kreditinstitute nur über die Mindestreserve »an die Leine nehmen«. Die Banken würden im Kreditwachstum gebremst durch das Erfordernis, Teile ihrer Aktiva in Zentralbankguthaben zu unterhalten.[219] Die Mindestreserve sei daher das wesentliche Strukturelement der Zentralbankgeldnachfrage.

Reserveeinforderungen der Bundesbank können auch *gegenüber Nichtbanken* vorgenommen werden. Wie Banken, so wurde insbesondere Unternehmen mit der Einfügung der Bardepotpflicht in das Außenwirtschaftsgesetz (§ 6a) im Jahre 1971 vorgeschrieben, unverzinsliche Einlagen bei der Bundesbank für den Fall zu unterhalten, daß Kreditaufnahmen im Ausland erfolgten. Die Bardepotpflicht führt – wie bei der Mindestreservepflicht für die Banken – zu einer künstlichen Verteuerung der Auslandsfinanzierungen, da der zu zahlende Zinssatz auf den Gesamtkredit bezogen ist, während die Unternehmung nur mit der Valuta (= Gesamtkredit ./. Bardepot) arbeiten kann. Möglichkeiten, derartige Belastungen zu umgehen, suchten die Unternehmen, indem sie Transaktionen aus dem betroffenen Finanzvorhaben mit ausländischen Partnern auf den (nicht betroffenen) Waren- und Dienstleistungsverkehr verlagerten.

Durch die Anordnung von Bardepots verlieren (bei der Freigabe gewinnen) die Geschäftsbanken Liquiditätsreserven, wie das folgende Buchungsbeispiel zeigt:

---

217 Vgl. Deutsche Bundesbank: Überprüfung des Geldmengenziels und Neuordnung der Mindestreserve, in: MB, 47. Jg., Nr. 7/1995, S. 19-37.
218 Vgl. z.B. F. Reither: Mindestreserven und gesamtwirtschaftliche Steuerung, in: WD, 65. Jg., 1985, S. 503-515, hier S. 509.
219 Vgl. in diesem Zusammenhang auch: A. Rohde/D. B. Simmert: Mindestreserven: Ein überflüssiges Instrument der Geldpolitik?, in: WD, 66. Jg., 1986, S. 404-410.

A	Bundesbank	P		A	Geschäftsbankensystem	P
	Einlagen^B				Guthaben^{BB}	
	I, II				I, II	
	Bardepot^{NB}			Kredite^{NB}		Einlagen^{NB}
	I, II			I		II

Unternehmen, die mit der Aufnahme von Auslandskrediten Verfügungsspielräume auf ihren Konten bei inländischen Geschäftsbanken geschaffen haben, kommen der Reserveeinforderung der Bundesbank nach, indem sie zu Lasten ihrer (I) Kredit- oder (II) Einlagenkonten in Höhe des Bardepots Überweisungsaufträge an die Bundesbank geben. Diese Überweisungsaufträge werden über die Zentralbankguthaben (und damit unter Inanspruchnahme von Liquiditätsreserven) des Geschäftsbankensystems abgewickelt; bei der Bundesbank werden entsprechende Einlagen von Nichtbanken unverzinslich stillgelegt (Bardepot^{NB}).

Angesichts der weltweiten Bestrebungen um eine Liberalisierung des Kapitalverkehrs und eine einheitliche europäische Währung ist es ungewiß, ob dieses Instrument zukünftig noch einmal eingesetzt werden wird.

Zur »*Refinanzierungspolitik*« wird traditionell die Kreditgewährung der Bundesbank an die Kreditinstitute im Wege des Ankaufs von Wechseln (Rediskontkredit) und der Beleihung von Wertpapieren (Lombardkredit) gerechnet, obwohl sich Banken auch im Rahmen von Wertpapierpensionsgeschäften refinanzieren, die jedoch zur Offenmarktpolitik zählen.

Eine Re*diskont*ierung ist möglich, solange das entsprechende Kontingent eines Kreditinstituts hierfür »noch Platz« läßt. Diese Rediskontkontingente werden von der Bundesbank insbesondere auf das Eigenkapital eines Kreditinstituts sowie eine Komponente, die das Verhältnis kurz- und mittelfristiger Kredite/Geschäftsvolumen angibt, basiert.[220] Dadurch wird bei der Refinanzierung einer Bank ihrer Bonität und Kreditaktivität Rechnung getragen. Die tatsächliche Refinanzierungsmöglichkeit wird durch die jeweils engere von zwei Beschränkungen determiniert: den Bestand an bundesbankfähigen Handelswechseln (die innerhalb von drei Monaten fällig werden und die Unterschriften von mindestens drei als zahlungsfähig bekannten Verpflichteten tragen müssen) oder den Umfang des noch nicht ausgenutzten Rediskontkontingents. Angesichts dessen, daß die Wechselbestände des Geschäftsbankensystems in der Regel die Summe der Rediskontkontingente übertreffen, ist es zu rechtfertigen, wenn die Kontingente zum Bestandteil des zentralbankpolitischen Instrumentariums gemacht wurden. Dies hindert nicht, daß eine Einzelbank ihren Rediskontspielraum aus Mangel an Wechselmaterial nicht ausnutzen kann. Die Weitergabe von Wechseln im Geschäftsbankensystem ist für die Einzelbank dann als Refinanzierungsalternative zu sehen.[221]

Die Variation der Rediskontkontingente verändert den Refinanzierungsspielraum der Geschäftsbanken bei der Bundesbank und damit die Liquiditätsreserven. Insofern werden

---

[220] Vgl. Deutsche Bundesbank: Regelungen für die Bemessung von Rediskont-Kontingenten, in: MB, 27. Jg., Nr. 4/1975, S. 21-28.

[221] In Verbundsystemen wie dem der Genossenschaftsbanken kommt es auch zur Übertragung von Kontingenten durch kleine Primärinstitute auf die Zentralbanken der Sekundärebene, deren Liquiditätsausgleichsfunktion unter den angeschlossenen Kreditgenossenschaften auf diese Weise erleichtert wird.

diese mit der Kontingentpolitik der Bundesbank unmittelbar beeinflußt. Ob es in dem verfügbaren Rahmen zur Refinanzierung und damit zur Umschichtung zwischen Komponenten der Liquiditätsreserve kommt oder nicht, ist eine Frage der Dringlichkeit des Bedarfs an Zentralbankguthaben (Need Theory) oder der Zinskonstellation und damit des Verhaltens der Geschäftsbanken. Liegt der Diskontsatz der Bundesbank unter den Zinssätzen für die Anlage von Zentralbankguthaben oder unter denjenigen für die Inanspruchnahme anderer Refinanzierungsquellen, dann lohnt sich der Rediskont bei der Zentralbank (Profit Theory).

Wie mit der Variation der Rediskontkontingente, so wird auch mit dem *Lombardkredit* der Rahmen verändert, innerhalb dessen sich die Geschäftsbanken durch Verpfändung von – auf der Grundlage des Lombardverzeichnisses der Bundesbank als *lombardfähig* bezeichneten – Wertpapieren und Wechseln Zentralbankguthaben beschaffen können. Während aber die Inanspruchnahme der Rediskontkontingente – unabhängig vom Motiv im Einzelfall – grundsätzlich als legitim angesehen wird, soll der Rückgriff auf den (teureren) Lombardkredit der Bundesbank traditionsgemäß zur Überbrückung kurzfristiger Liquiditätsengpässe dienen. Die Gewährung von Lombardkredit zum Lombardsatz kann aus kreditpolitischen Gründen allgemein begrenzt oder ausgeweitet werden. So behält es sich die Bundesbank vor, den Lombardkredit nach Ankündigung als *Sonderlombard* zu einem entsprechenden Sonderlombardsatz einzuräumen. Dieser kann täglich geändert und die Bereitschaft zur Gewährung von Sonderlombardkrediten ebenso kurzfristig widerrufen werden.

Ungleich Rediskontgeschäften kommt es bei der Lombardierung von Wertpapieren nicht zu einem Aktivtausch in Zentralbankguthaben. Da die Lombardunterlage nur verpfändet wird, bleibt sie rechtliches und wirtschaftliches Eigentum der Geschäftsbank und somit auch in ihrer Bilanz. Dem Zugang an Zentralbankguthaben steht deshalb eine Zunahme der Verbindlichkeiten bei Kreditinstituten (hier der Bundesbank) gegenüber.

Die Refinanzierungspolitik wird in zwei unterschiedliche Kategorien der Tabelle B. 16 eingeordnet: Die Kontingente dienen der dauerhaften Liquiditätsbereitstellung (Block 2), wobei hier vor allem auf die sehr stabile Auslastung der in der Regel relativ preiswerten Rediskontkontingente Bezug genommen wird. Mit Hilfe des Lombards kann eher die kurzfristige Liquiditätslücke beeinflußt werden, weshalb sich dieses Instrument auch im dritten Block wiederfindet. Der Lombardsatz bildet eine Art Obergrenze für den Tagesgeldsatz, da in Zeiten ausgeglichener Liquiditätsausstattung der Banken normalerweise kein Institut bereit ist, am Geldmarkt höhere Zinsen zu akzeptieren, als es für eine ganz kurzfristige Inanspruchnahme des Lombardkredits bezahlen müßte. Ist dagegen die Liquiditätslage der Banken sehr angespannt und gleichzeitig der Lombardspielraum bereits in größerem Maße ausgenutzt, kann der Tagesgeldsatz ausnahmsweise über den Lombardsatz ansteigen.

Die folgende Tabelle B. 17 verdeutlicht, daß das noch bis zur Mitte der 80er Jahre dominierende Instrument der Diskontpolitik stark an Bedeutung eingebüßt hat. Der Anteil der Wechselrefinanzierung zur Zentralbankgeldbeschaffung an den gesamten Notenbankkrediten ist – aufgrund der veränderten Konzeption der Notenbank einerseits, der Verdrängung des Handelswechsels als relativ kompliziertes Finanzierungsinstrument andererseits – bis auf rd. 30% abgesunken und erfüllt damit nur noch die Funktion einer »Basisrefinanzierung«[222], spielt aber bei der laufenden Steuerung des Geldmarktes praktisch keine Rolle mehr. Der geringe Anteil der Lombardkredite zeigt an, daß es sich hierbei tatsächlich um ein Instrument zur Refinanzierung von Bedarfsspitzen handelt.

---

[222] Deutsche Bundesbank: Die Geldpolitik der Bundesbank, a.a.O., S. 108.

Anteile an der Gesamtrefinanzierung in Prozent			
Jahr	Wechselkredite[1]	Wertpapier-pensionsgeschäfte	Lombard- oder Sonderlombardkredit
1980	83,5	6,0	10,5
1981	86,6	6,9	6,5
1982	79,9	14,8	5,3
1983	83,9	8,0	8,1
1984	76,5	15,9	7,6
1985	64,0	34,7	1,3
1986	66,2	33,2	0,6
1987	66,7	33,0	0,3
1988	51,6	47,7	0,7
1989	39,0	59,9	1,1
1990	42,2	56,3	1,5
1991	37,9	61,1	1,0
1992	34,0	65,4	0,6
1993	27,7	71,8	0,5
1994	29,5	69,7	0,8

Ohne sehr kurzfristige Ausgleichsoperationen der Bundesbank. – [1] Kredite im Rahmen von Rediskont- und Refinanzierungskontingenten sowie von Sonderlinien, wie für AKA-Wechsel und Privatdiskonten.

Tab. B. 17: Refinanzierung der Kreditinstitute bei der Bundesbank 1980-1994 (Quelle: Deutsche Bundesbank: Die Geldpolitik der Bundesbank, a.a.O., S. 109)

Offenmarkttransaktionen führt die Bundesbank gem § 21 BBankG sowohl am Geld- als auch am Kapitalmarkt durch. Sind die Marktpartner Unternehmen und private Haushalte, mit denen sie Käufe oder Verkäufe in Wertpapieren tätigt, so laufen solche Transaktionen über deren Konten bei den Geschäftsbanken. Im Falle der Verkäufe der Papiere ergeben sich die gleichen kontraktiven Effekte für die Liquiditätsreserven wie bei der oben dargestellten Versorgung mit Noten. Demgegenüber spielen sich Ankäufe (bzw. Einlösungen bei Fälligkeit) mit expansiven Effekten so ab:

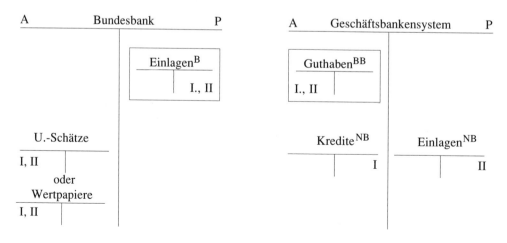

Die Vorschrift, nur »am offenen Markt« zu kaufen oder zu verkaufen, verbietet vor allem die Direktübernahme von Schuldtiteln durch die Notenbank aus der Hand des Emittenten. Bei einem derartigen unmittelbaren Erwerb würde es sich um eine Kreditgewährung handeln, zum Beispiel an einen öffentlichen Haushalt. – Die Bundesbank darf laut Notenbankgesetz allein »zu Marktsätzen« kaufen und verkaufen, also keine abseits vom Marktgeschehen liegenden Kurse für ihre Transaktionen wählen.

Die Bundesbank nimmt – sofern ihre Rentabilitätsanreize über die Gestaltung der Ankaufssätze gewirkt haben – Wertpapiere vor Fälligkeit in ihre Bestände. Wenn die verkaufenden Nichtbanken bei ihr kein Konto unterhalten, überweist sie den Gegenwert an die Geschäftsbanken (so daß deren Liquiditätsreserven sich erhöhen), die ihrerseits den Verkäufern, ihren Kunden, Gutschriften erteilen; dies führt entweder zur Erhöhung der Einlagen (mit der Folge der Ausweitung mindestreservepflichtiger Verbindlichkeiten und einer entsprechenden Reduzierung des Zuwachses an Liquiditätsreserven) oder zur Rückführung von Krediten der Nichtbanken. – Betreibt die Bundesbank Offenmarktoperationen mit den Geschäftsbanken als Partnern, so verursacht das bei Wertpapierabgaben der Kreditinstitute eine entsprechende Reduzierung ihrer Effektenbestände sowie eine Erhöhung ihrer Zentralbankguthaben, bei der Übernahme von Wertpapieren entgegengerichtete Effekte.

Offenmarktoperationen in Geldmarktpapieren stellen die traditionelle Form einer deutschen, auf den kurzfristigen Markt mit *Geschäftsbanken* gerichteten Offenmarktpolitik dar (§ 21 BBankG). Geldmarktpapiere, die von der Bundesbank im Rahmen solcher Offenmarktoperationen ausgegeben und, da marktreguliert, jederzeit zurückgenommen wurden, waren

— Schatzwechsel (mit Laufzeiten bis zu 90 Tagen) des Bundes;
— unverzinsliche Schatzanweisungen (»U.-Schätze« mit Laufzeiten von 3 bis 24 Monaten) des Bundes, der Bundesbahn und Bundespost;
— Privatdiskonten; das sind bonitätsmäßig erstklassige DM-Akzepte von zum Privatdiskontmarkt zugelassenen Banken, die der Außenhandelsfinanzierung dienen und mit dem Indossament der Privatdiskont-AG versehen sind.[223]

Durch die Gestaltung der Abgabe- und Ankaufssätze und damit der Höhe des Disagios setzte die Bundesbank Rentabilitätsanreize für die Geschäftsbanken, die Papiere zu Lasten bzw. zugunsten ihrer Zentralbankguthaben zu übernehmen oder abzugeben. Insoweit änderte sich durch die Offenmarktpolitik der Umfang der »freien Liquiditätsreserven« nicht, sondern nur ihre Struktur. – Die Verbuchung derartiger Operationen entspricht derjenigen beim Rediskont von Handelswechseln (vgl. S. 162).

Die Summe aus marktregulierten Geldmarktpapieren, offenen Rediskontkontingenten und Überschußguthaben (im System fester Wechselkurse bis 1973 auch Geldmarktanlagen der Geschäftsbanken im Ausland mit Laufzeiten bis zu einem Jahr) machte die freien Liquiditätsreserven des Geschäftsbankensystems aus. Wie jede Unternehmung, so wird auch eine Bank ihre Liquiditätsreserven entsprechend den Anforderungen aus der Aufrechterhaltung der Betriebsbereitschaft, vor allem aber zur Erfüllung erwarteter Einlagenabzüge und geplanter Finanzinvestitionen steuern müssen. Aus dieser Liquiditätsverantwortung heraus sind die Vorräte an Liquiditätsreserven, insbesondere die verfügbaren Refinanzierungsspielräume bei der Bundesbank sowie die Bestände an Geldmarktpapieren, zu disponieren.

---

[223] Solche Bankakzepte werden beim Verkauf an die Bundesbank – wie die übrigen Offenmarktpapiere auch – nicht auf die Rediskontkontingente angerechnet.

Es kann keinem Zweifel unterliegen, daß manche Kreditinstitute (auch bei Berücksichtigung der für die Einzelbank bestehenden Refinanzierungsmöglichkeiten am Geldmarkt) dieser einzelwirtschaftlichen Liquiditätsverantwortung nicht immer gerecht geworden sind, sie möglicherweise auf die nächsthöhere (Verbund-)Ebene oder gar die Bundesbank »delegiert« hatten.[224] Als zu Beginn der 70er Jahre, in einer Phase der Hochkonjunktur, die freien Liquiditätsreserven des Geschäftsbankensystems auf wenig über Null sanken, hatte dies nicht die (von der Bundesbank gewünschte und erwartete) Folge einer Rückführung oder mindestens Stagnation der Vergabe von Krediten, sondern deren Volumen expandierte in unvermindertem Ausmaße (siehe Abbildung B. 16).

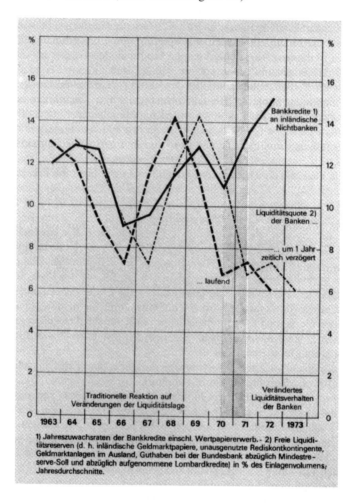

Abb. B. 16: Entwicklung der Kredite und Liquiditätsreserven des Bankensystems (Quelle: Geschäftsbericht der Deutschen Bundesbank für das Jahr 1972, S. 44)

---

[224] Vgl. J. Süchting: Das Kreditgeschäft der Banken unter dem Einfluß monetärer Konjunkturpolitik, in: ÖBA, 24. Jg., 1976, S. 40-53.

Ergebnis der überraschenden, entgegengerichteten Entwicklung von Krediten und freien Liquiditätsreserven waren Rekordzinssätze für Tagesgeld am Geldmarkt (bis zu 40% im Juli/August 1973) und für Termineinlagen bei den Banken (bis zu 16% für Dreimonatsgeld im August 1973). Die extreme Liquiditätsanspannung machte sich darüber hinaus in Verstößen gegen die von der Bankenaufsicht angeordneten Grundsätze über das Eigenkapital und die Liquidität sowie in der Nichterfüllung des Mindestreservesolls durch einzelne Institute bemerkbar. Schließlich kam es in dieser Zeit zu gravierenden Schwierigkeiten bei einigen Banken, die entweder ohne größere Publizität im Verbund oder durch Veränderungen in der Eigentümerstruktur bereinigt wurden.

Wenn die Kreditwirtschaft Kritik an ihrem veränderten Liquiditätsverhalten mit dem Hinweis zu begegnen suchte, die »normalerweise« nur um 50% ausgenutzten Kreditlinien der Großkunden seien in dieser Periode überraschend bis zur äußersten Grenze in Anspruch genommen worden und das Wachstum der Kredite sowie die Reduzierung der Liquiditätsreserven seien insofern lediglich »automatische« Folge der Vertragstreue der Banken gewesen, so entbehrt dieses Argument der Substanz. Bei der Verabredung von Kreditlinien ist in der Liquiditätsvorsorge auf den möglichen Fall einer vollen Inanspruchnahme abzustellen, zumal eine Bereitstellungsprovision – mit der Notwendigkeit des Vorhaltens von Liquidität begründet – in der Regel ebenfalls auf den zugesagten (nicht den in Anspruch genommenen) Kredit gefordert wird.

Das veränderte Liquiditätsverhalten der Banken veranlaßte auch die Bundesbank zu einer Veränderung ihrer Politik den Kreditinstituten gegenüber. Statt die freien Liquiditätsreserven bloß zu beschränken, reduzierte sie diese in Restriktionsphasen (1973/74 und 1979-1982) auf nahe Null und gab auf dem Weg der Feinsteuerung der Bankenliquidität nur dann Zentralbankguthaben in das System, wenn sie es für erforderlich hielt. **Die mangelhafte Liquiditätsvorsorge im Geschäftsbankensystem muß deshalb als eine Ursache dafür angesehen werden, daß der Möglichkeitsbereich der Banken für selbständige Dispositionen über ihre Liquiditätsvorräte erheblich eingeengt worden ist.** Sie werden heute sehr viel stärker an die Leine genommen als zuvor; Liquiditätsreserven für Finanzinvestitionen werden ihnen dosiert zugeteilt, wenn die »Obrigkeit« den Zeitpunkt dafür als geeignet ansieht. Von den »freien« Liquiditätsreserven ist seitdem nicht mehr die Rede. *Marktregulierten Geldmarktpapieren kam danach keine Bedeutung mehr zu, weil die Bundesbank sich nicht mehr unter Handlungszwang setzen lassen wollte.*

Der Handel in – nun nicht mehr marktregulierten – *Geldmarkt*papieren beschränkte sich lange Zeit im wesentlichen auf solche öffentlicher Stellen in Form von Schatzwechseln und unverzinslichen Schatzanweisungen (»U.-Schätze«) sowie bis Ende 1991 auch Privatdiskonten. Die Schatzpapiere werden abgezinst begeben, ihre Rendite errechnet sich aus der Differenz zwischen Abgabe- und Ankaufssatz, dem Disagio. Wie gesagt, beträgt die Laufzeit von Schatzwechseln bis zu 90 Tagen, während U.-Schätze mit einer Laufzeit zwischen drei Monaten und zwei Jahren ausgestattet sind. Je nach ihrer Zweckbestimmung unterscheidet die Bundesbank zwischen Finanzierungspapieren einerseits und Liquiditätspapieren andererseits.

Als »Finanzierungspapiere« werden Emissionen von Schatzwechseln und U.-Schätzen bezeichnet, die der kurzfristigen Kreditaufnahme öffentlicher Haushalte dienen. Bis 1996 waren ausschließlich U.-Schätze mit einer Laufzeit von mindestens einem Jahr üblich, da die Bundesbank mehrfach Bedenken gegenüber einer Begebung unterjähriger Papiere geäußert hatte. Sie begründete dies zum einen damit, daß eine zunehmende Kurzfristorientierung die Planungsunsicherheiten der Wirtschaftssubjekte erhöhe und sich zum anderen vermehrt Interessenkonflikte zwischen Geld- und Fiskalpolitik ergeben könnten. Um den deutschen Finanzmarkt mit ausländischen Plätzen gleichzustellen, gestattete sie dennoch ab

Juli 1996 die Ausgabe unverzinslicher Schatzanweisungen in einem festen, vierteljährlichen Turnus mit einer Standardlaufzeit von sechs Monaten (»Bu-Bills«). Sie begrenzte allerdings das umlaufende Volumen dieser Papiere auf 20 Mrd. DM. Im Tenderverfahren bietungsberechtigt sind Kreditinstitute mit einem Mindestauftrag von 1 Mio. DM; die Papiere werden nicht an der Börse notiert.[225]

Neben der aus der Kreditaufnahme öffentlicher Stellen resultierenden Schaffung von Geldmarktpapieren entstehen solche auch auf Initiative der Bundesbank. Um dieser unabhängig vom Finanzierungsbedarf der öffentlichen Hand die Möglichkeit zu bieten, Geldmarktpapiere im Rahmen der Offenmarktpolitik abzugeben, bestimmte § 42 BBankG (in seiner Fassung bis 1992), daß die Bundesbank den Bund ersuchen konnte, ihre aus der Währungsreform von 1948 stammenden Ausgleichsforderungen gegen den Bund in Höhe von rd. 8 Mrd. DM ganz oder teilweise in Schatzwechsel bzw. U.-Schätze umzuwandeln und auf diese Weise zu mobilisieren (»Mobilisierungspapiere«). Die Bundesbank war gegenüber dem Bund verpflichtet, alle Verbindlichkeiten aus diesen Titeln zu erfüllen; faktisch stellten sie damit Emissionen der Bundesbank und nicht des Bundes dar. Mit dem Stabilitätsgesetz von 1968 wurde das Bundesbankgesetz dahingehend ergänzt, daß der Bund, wenn Mobilisierungspapiere bis zum Betrag der Ausgleichsforderung in Umlauf gebracht worden waren, der Bundesbank auf Verlangen weitere Schatzwechsel und U.-Schätze bis zum Höchstbetrag von 8 Mrd. DM auszuhändigen hatte. Der Betrag dieser »Liquiditätspapiere« wurde 1992 auf 50 Mrd. DM erhöht, während die Begebung von Mobilisierungspapieren nicht mehr vorgesehen ist. Der Gegenwert der Liquiditätspapiere darf nur zu ihrer Einlösung bei oder vor Fälligkeit verwendet werden, stellt also keine Kreditgewährung an den Bund dar.

Im Vergleich zu den Geldmarktpapieren öffentlicher Emittenten ist der Markt für kurzfristige Titel von Schuldnern aus dem Unternehmenssektor relativ jung und beschränkt sich auf Commercial Papers, die seit 1991 ausgegeben werden dürfen. – Praktisch keine Rolle mehr spielen schließlich – wie erwähnt – die durch ihre Einbeziehung in die Mindestreserveregelungen unattraktiv gewordenen Geldmarktpapiere von Kreditinstituten in Form von Einlagenzertifikaten.

Von März 1993 bis zum Herbst 1994 bot die Bundesbank in größerem Umfang »Bundesbank-Liquiditäts-U.-Schätze (Bulis)« am Markt an, um die Geldhaltung inländischer Nichtbanken unmittelbar zu beeinflussen. Da dieses jedoch nicht gelang – die Papiere wurden überwiegend von Ausländern erworben – und die Bundesbank darüber hinaus zum damaligen Zeitpunkt noch nicht selbst Anlagemöglichkeiten für die erst später zugelassenen Geldmarktfonds bieten wollte, wurden die Buli-Auktionen wieder eingestellt.[226]

Die Bundesbank hat sogenannte »Outright-Offenmarktgeschäfte«, Termingeschäfte in *Kapitalmarkt*papieren, bisher nur sporadisch betrieben und sich dabei auf Käufe und Verkäufe von öffentlichen Anleihen beschränkt. Ihr Bestand an diesen Wertpapieren bewegte sich seit Mitte der achtziger Jahre in der Größenordnung von 4-6 Mrd. DM, wurde seit 1993 kontinuierlich abgebaut und lag 1995 bei weniger als 3 Mrd. DM. Mit dem Aufbau eines umfangreicheren Portefeuilles an langfristigen Staatspapieren hätte leicht der Verdacht der Finanzierung öffentlicher Haushaltsdefizite erweckt werden können.

---

[225] Vgl. o.V.: EWU motiviert Reform der Bundesemissionen, in: BZ, Nr. 112 v. 14.6.1996, S. 3 sowie L. Zeise: Die Agentin des Bundes, in: ebenda, S. 1.

[226] Vgl. K. Knappe: Die Bulis, ein neues, geldpolitisches Instrument, in: DBk, Nr. 10/1993, S. 587-589, o.V.: Bundesbank stellt Bulis ein, in: BZ, Nr. 160 v. 20.8.1994, S. 1 sowie Deutsche Bundesbank: Der verbriefte Geldmarkt in Deutschland, in: MB, 49. Jg., Nr. 10/1997, S. 45-60.

Wie auch aus Tabelle B. 16 hervorgeht, dienen Offenmarktoperationen am Rentenmarkt und in Liquiditätspapieren der dauerhaften Bereitstellung bzw. Absorption von Zentralbankgeld. Unter dem Aspekt der Geldmengensteuerung liegt das *Schwergewicht der Offenmarktpolitik* jedoch mittlerweile auf *Wertpapierpensionsgeschäften* (vgl. Abb. B. 17). Die Bundesbank erwirbt dabei von den Kreditinstituten lombardfähige Wertpapiere unter der Bedingung, daß die Verkäufer diese gleichzeitig per Termin zurückerwerben. Somit werden Zentralbankgelder nur für einen befristeten Zeitraum (i.d.R. zwei Wochen) zur Verfügung gestellt. Diese Geschäfte werden im sogenannten Tenderverfahren in zwei Formen ausgeschrieben: als Mengentender und als Zinstender.

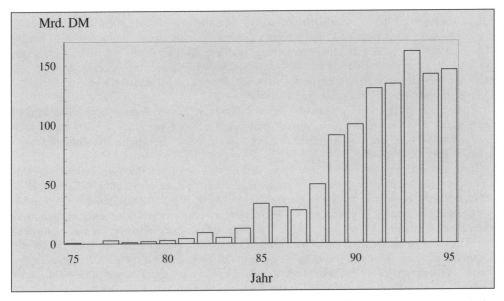

Abb. B. 17: Im Rahmen der Offenmarktpolitik getätigte Wertpapierpensionsgeschäfte 1975-1995 (Quelle: Monatsberichte der Deutschen Bundesbank, verschiedene Jahrgänge; eigene Berechnungen)

Beim *Mengentender* ersteigern die Geschäftsbanken Zentralbankguthaben, indem sie zu dem von der Bundesbank genannten Zinssatz und der von ihr vorgegebenen Laufzeit ihre Liquiditätswünsche quantifizieren. Abhängig von dem Umfang, in dem die Bundesbank eine Liquiditätsversorgung des Geschäftsbankensystems vornehmen will, teilt sie die Zentralbankguthaben voll oder – was die Regel ist – teilweise zu, d.h. sie repartiert über eine auf die Gebote der einzelnen Institute bezogene Zuteilungsquote.

Im Gegensatz zum Mengentender wird beim *Zinstender* die Dringlichkeit der Liquiditätsbedürfnisse bei den einzelnen Instituten sichtbar. Hier nannte die Bundesbank neben dem Termin, nach dem die Wertpapiere zurückgenommen werden müssen, einen Mindestzins als Orientierungshilfe. Inzwischen ist der Mindestzins entfallen, die Bundesbank zur sogenannten amerikanischen Methode übergegangen. Die Banken bieten individuelle Sätze. Entsprechend dem Umfang der von ihr beabsichtigten Liquiditätsversorgung teilt die Bundesbank dann in der Reihenfolge der Zinsofferten von den höchsten an zu. Dies kann bedeuten, daß Gebote zum niedrigsten Zinssatz nur zum Teil oder gar nicht mehr berücksichtigt werden. Um das nach Möglichkeit zu vermeiden, werden die Banken tendenziell höhere Sätze bieten, als sie dies beim Mengentender tun würden.

Liegt ein dringender Bedarf an Liquiditätsreserven vor und sind die Refinanzierungskosten marktgerecht, so kann die Bundesbank die Ausstattung der Geschäftsbanken mit Liquiditätsreserven auf diesem Wege sowohl hinsichtlich des Volumens als auch der Dauer recht genau kontrollieren.

Derartige Zuteilungen an Geschäftsbanken werden nicht mehr nur wie früher in Phasen ausgeprägter Liquiditätsknappheit und bei dementsprechend angespannten Geldmärkten vorgenommen, sondern sind inzwischen zu einem üblichen Instrument geworden. In Zeiten abgeschwächten Wirtschaftswachstums hingegen ist davon auszugehen, daß sich die Liquiditätsreserven der Geschäftsbanken wieder auffüllen, weil zum einen die Kreditnachfrage zu wenig absorbiert und zum anderen die Bundesbank daran interessiert sein dürfte, mit einer großzügigen Liquiditätsausstattung und niedrigem Zinsniveau Voraussetzungen für eine Erholung der Konjunktur zu schaffen. Die wichtigsten Instrumente der Bundesbank sind damit erläutert; zu ergänzen sind im Hinblick auf Tabelle B. 16 noch zwei liquiditätsbeeinflussende Maßnahmen:

Zum einen erfolgt eine dauerhafte Bereitstellung von Zentralbankgeld (zweiter Block) auch durch die Ausschüttung des *Bundesbankgewinns* (»Seignorage«) an den Bund nach § 27 BBankG – in der ersten Hälfte der 90er Jahre waren dies jährliche Volumina zwischen 8 und 18 Mrd. DM.

Zum zweiten reguliert die Bundesbank den Liquiditätsbedarf der Banken darüber hinaus durch sehr kurzfristige Ausgleichsoperationen. Hierzu zählen sogenannte *»Schnelltender« (dritter Block)*, bei denen lediglich am Geldmarkt aktive Kreditinstitute auf taggleich abzuwickelnde, nur wenige Tage laufende Wertpapierpensionsgeschäfte hin angesprochen werden. Hinzu kommen *Devisenpensionsgeschäfte*; die Bundesbank überträgt den Kreditinstituten dabei für befristete Zeit den Herausgabeanspruch auf Auslandsaktiva. Hinsichtlich der Liquiditätswirkung führt ein Devisenpensionsgeschäft zum selben Ergebnis wie ein Swapgeschäft, bei dem sie z.B. US-Dollar (mit Rückkaufvereinbarung) per Kasse an Kreditinstitute verkauft: Die Einlagen der Banken bei der Bundesbank nehmen ab – allerdings bleiben die Auslandsaktiva bei einem Pensionsgeschäft im Besitz der Bundesbank.

Faßt man die Ausführungen über die **Liquiditätsreserven** zusammen, so zeigt sich im Ergebnis, daß die **Bundesbank über ihre Beeinflussung und Zuteilung einen entscheidenden Hebel besitzt, die Kredit- und Geldschöpfung im Geschäftsbankensystem zu steuern.** Im System der Zielgrößen stellt sich die Steuergröße »Liquiditätsreserven« wie in Abbildung B. 18 dar.

Es wurde auch deutlich, daß die Bundesbank die Liquiditätsreserven nicht vollständig zu kontrollieren vermag.

Soweit diese Markteinflüssen unterliegen, nämlich

(1) Kassendispositionen insbesondere der öffentlichen Haushalte;
(2) Devisenbewegungen;
(3) Veränderungen des Bargeldumlaufs und der Einlagenstruktur der Wirtschaftssubjekte bei den Geschäftsbanken;
(4) den Mindestreserveanforderungen in sehr kurzer Frist,

kann die Bundesbank nur zum Teil an den Devisenmärkten (2) Einfluß nehmen.

Sie selbst ist in der Lage, kontraktive oder expansive Effekte im Hinblick auf die Liquiditätsreserven auszulösen, wenn sie das notenbankpolitische Instrumentarium einsetzt. Dies geschieht gegenüber Nichtbanken, insbesondere aber gegenüber den Banken.

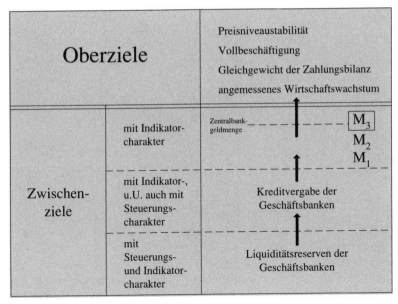

Abb. B. 18: Die Steuergröße »Liquiditätsreserven« im System der Zielgrößen

Die indirekte Kreditpolitik besteht darin, daß über die Liquiditätsreserven die Basis für die Kreditvergabe der Geschäftsbanken beeinflußt wird. Dabei werden als Instrumente der *Grobsteuerung* Veränderungen

(1) der Mindestreservesätze sowie der traditionellen »Leitsätze« Diskont und Lombard und
(2) der Kontingente der Rediskont- und gegebenenfalls auch der Lombardkredite

bezeichnet, als Mittel der *Feinsteuerung* die

(3) Veränderung der Liquiditätsreserven vor allem durch Offenmarktoperationen in Form von Wertpapierpensionsgeschäften;
(4) Einräumung von Sonderkontingenten für Lombardierungen sowie
(5) Schnelltender, Devisenswap- und -pensionsgeschäfte.

Die Unterteilung in Instrumente der Grob- und Feinsteuerung ist nicht eindeutig. Als Abgrenzungskriterien dienen die Häufigkeit der Nutzung eines Instruments, die davon abhängige Flexibilität und Signalwirkung einer Maßnahme.

Von Änderungen der Mindestreservesätze, der Leitzinsen und der Rediskontkontingente wird vergleichsweise selten Gebrauch gemacht, so daß sie kurzfristig kaum reversibel sind. Damit erhalten Variationen dieser Instrumente den Charakter von dauerhaften »Eckdaten« mit einer entsprechenden, auch im Ausland verfolgten Signalwirkung.

Umgekehrt sollen Offenmarktoperationen und Pensionsgeschäfte flexibel und »geräuschlos« wirken. Diese für die Bundesbank gerade im internationalen Zusammenhang häufig erwünschte Wirkung kann jedoch bei einseitiger Nutzung eines Instruments verpuffen. So hat die Bundesbank – wie erwähnt – die Liquiditätsversorgung des Geschäftsbankensystems in den vergangenen Jahren vor allem über Wertpapierpensionsgeschäfte mit

Laufzeiten bis zu 2 Monaten gesteuert. Bei Fälligkeit bot sie regelmäßig Anschlußgeschäfte, die auf eine dauerhafte Verschuldung der Geschäftsbanken hinausliefen. Deren dadurch ausgelöstes Denken in »Kontingenten« zusammen mit dem Umfang dieser Maßnahmen erhöhte auch die Aufmerksamkeit für Zinssätze, zu denen die Pensionsgeschäfte abgeschlossen wurden (Signalcharakter). Die Bundesbank selbst bezeichnet den Pensionssatz mittlerweile als »operativen Leitzins«.[227] Lombard- und Diskontsatz würden zwar die Grundlinie der Geldpolitik deutlich machen, allerdings häufig eher konstatierend angepaßt, während Richtungsänderungen zumeist von der Offenmarktpolitik ausgingen.

Unabhängig von der zeitweise einseitigen Nutzung einer zentralbankpolitischen Maßnahme ist grundsätzlich davon auszugehen, daß die Bundesbank das Instrumentarium der Grob- und Feinsteuerung koordiniert zum Einsatz bringt.

Während Variationen der Mindestreservesätze (1) administrativ vorgegeben werden und somit für die Banken Daten darstellen, sind die Refinanzierungspolitik (2) und noch mehr die Offenmarktoperationen (3-5) in ihrer Wirkung auch vom Verhalten der Banken abhängig. Das Verhalten beeinflußt die Bundesbank, indem sie über die von ihr gesetzten Konditionen eine Koordination der Geschäftspolitik der Banken mit ihrer Politik anstrebt. – Wichtiger Bestandteil dieser Konditionen sind die Zinssätze. Soweit die Bundesbank rein mengenmäßig Einfluß auf die Liquiditätsreserven nimmt (mit Reserveeinforderungen und der Setzung von Refinanzierungskontingenten), verändert sich mit deren Verknappung oder Auffüllung bereits das Zinsniveau insbesondere am Geldmarkt. Darüber hinaus vermag die Zinspolitik die beabsichtigten Effekte noch zu unterstützen.[228]

b. 4. Das Zinsniveau

Gelingt es der Bundesbank, das Zinsniveau insbesondere für Bankkredite zu beeinflussen, so verändert sie damit die Finanzierungskosten der Investoren. Bei restriktiver Politik geht es um eine Verteuerung der Finanzierungskosten mit der Absicht, die erwarteten Investitionsgewinne und die davon abhängige Kreditnachfrage einzuschränken; bei expansiver Politik soll die Verbilligung der Finanzierungskosten einen Anreiz auf die Kreditnachfrage und die Investitionstätigkeit ausüben.

Da die Bundesbank nicht unmittelbar im Kreditgeschäft mit *Nichtbanken* (Ausnahmen: öffentliche Haushalte) kontrahiert, kann sie deren *Zinslast nur mittelbar über eine Veränderung der Refinanzierungskosten der Geschäftsbanken beeinflussen*. Obwohl administrative Zinsbindungen zwischen den Zinssätzen der Bundesbank (Diskontsatz, Lombardsatz) und den Zinssätzen, die Geschäftsbanken ihren Kreditnehmern in Rechnung stellen, nicht bestehen, ist davon auszugehen, daß eine Veränderung der Refinanzierungskosten für die Geschäftsbanken – u.U. mit zeitlicher Verzögerung – an deren Kunden im kurzfristigen, zinsflexiblen Kreditgeschäft weitergegeben wird. Zum Teil benutzen die Banken in ihren Kreditverträgen sogar noch Diskontklauseln (Zinssatz für den Kunden: Diskontsatz der Bundesbank + x%). Derartige privatrechtliche Zinsbindungen werden gewählt, um in Zeiten steigenden Zinsniveaus den Kreditzins unter Verweis auf die Diskontsignale der ober-

---

[227] Vgl. Deutsche Bundesbank: Die Geldmarktsteuerung der Deutschen Bundesbank, a.a.O., S. 64.
[228] Vgl. dazu H. Remsperger: Geldpolitik – Kontrovers, in: W. Gebauer/B. Rudolph (Hrsg.): Finanzmärkte und Zentralbankpolitik, Frankfurt/M. 1995, S. 135-174, hier S. 136: »Auf der operativen Ebene dient also ein 'Zins-Regime' dem nachgelagerten Zwischenziel der Geldmengenbegrenzung«.

sten monetären Instanz insbesondere verhandlungsstarken Kunden gegenüber leichter heraufsetzen zu können; daß dieses geschäftspolitische Vorgehen für die Einzelbank auch seine problematische Seite hat, wird unten zu zeigen sein.

Eine Einzelbank wird sich kurzfristig Zentralbankguthaben beschaffen, indem sie

— am Geldmarkt der Banken Kredite mit bestimmten Fristen aufnimmt (z.B. Tagesgeld, Monatsgeld, Dreimonatsgeld, Halbjahres- oder Jahresgeld);
— Offenmarktoperationen in Form der Rückgabe von Geldmarktpapieren an die Bundesbank oder Pensionsgeschäfte mit ihr tätigt;
— die Refinanzierung der Zentralbank (Rediskont, Lombard im Rahmen von Normalkontingenten) in Anspruch nimmt.

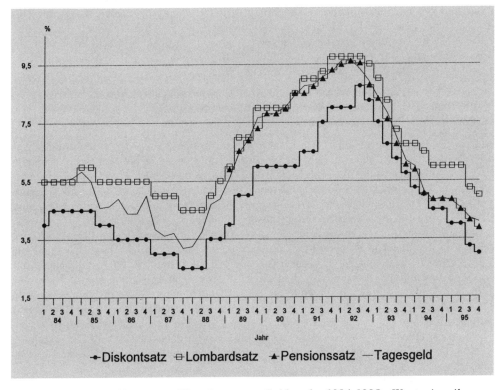

Abb. B. 19: *Entwicklung von Zinssätzen am Geldmarkt 1984-1995; Werte jeweils zum Quartalsende bzw. Durchschnittswerte für das Tagesgeld (Quelle: Monatsberichte der Deutschen Bundesbank, verschiedene Jahrgänge)*

Will die Bundesbank die Refinanzierungskosten der Geschäftsbanken und über diese die Zinskosten der Wirtschaftssubjekte beeinflussen, so wird sie mit ihrer Zinspolitik die Gesamtheit der genannten Refinanzierungsquellen im Auge halten müssen (siehe Abbildung B. 19).

Beabsichtigt die Bundesbank, Zentralbankguthaben aus dem Geschäftsbankensystem und das Zinsniveau am Geldmarkt nach oben zu ziehen, so wird sie die *Renditen* dort mit den Sätzen für *Offenmarktpapiere* überbieten. Wenn die Renditen der in den Markt gegebenen Geldmarktpapiere höher liegen als diejenigen von in der Laufzeit vergleichbaren Geldmarktkrediten, so werden die Banken die ertragreicheren Anlagen wählen, u.U. dadurch, daß sie sich die Mittel durch Geldaufnahme am Interbankenmarkt besorgen. Die Folge solcher Transaktionen ist eine Verengung des Geldmarktes und ein Ansteigen des Zinsniveaus dort bis zu den Renditen der Offenmarktpapiere. Aufgrund autonomer Zinsofferten besitzt die Bundesbank demnach die Möglichkeit, eine untere Barriere für die Zinsentwicklung am Geldmarkt aufzubauen.

Eine umgekehrte Tendenz mit expansiven Effekten für Zentralbankguthaben und sinkenden Zinsen wird nicht nur bei Reduzierung der Zinssätze für Pensionsgeschäfte (Mengentender) oder der Rücknahmesätze[229] für Geldmarktpapiere (von denen sich die Geschäftsbanken nun trennen werden), sondern auch dann in Gang kommen, wenn die *Diskont- und Lombardsätze* in die Geldmarktkonstellation eingepaßt werden. Liegt der Diskontsatz über dem Satz für Monats- oder Dreimonatsgeld, so wird der Kredit der Zentralbank nicht in Anspruch genommen, sondern vielmehr abgebaut werden. Wird aber der Diskontsatz unter die vergleichbaren Geldmarktsätze gesenkt, so gibt die Bundesbank einen Anreiz für diese Form der Refinanzierung, falls

– noch Platz in den Kontingenten und hinreichend bundesbankfähiges Material vorhanden ist;
– die Banken sich nicht – unabhängig von Kostenüberlegungen – eine Reserve für Notfälle in ihren Kontingenten halten wollen.

Bestehen weder mengenmäßige Beschränkungen noch eine Aversion, »in die Bundesbank zu gehen«, so erhöht sich im Zuge der Refinanzierung das Angebot von Zentralbankguthaben am Geldmarkt mit der Folge, daß der Zinssatz dort sinkt. Bleibt die Refinanzierungshilfe der Zentralbank zu unveränderten Konditionen bestehen, so wird sich die Zinskonstellation so einspielen, daß der Diskontsatz (gegebenenfalls der Lombardsatz) eine obere Barriere für die Zinssätze vergleichbarer Interbankkredite darstellt.

In Zinsanstiegsphasen bewegt sich der Satz von Pensionsgeschäften in Form von Zinstendern in der Regel in Richtung des Lombardsatzes. Wird dies nicht durch Übergang auf Mengentender oder rechtzeitige Lombardsatzerhöhungen verhindert, kann die Bundesbank in die »Lombardfalle« geraten. Die Banken greifen dabei in Erwartung steigender Zinsen in hohem Umfang auf Lombardkredite zurück, um die Mindestreserve im voraus zu erfüllen, solange es ihnen noch zum gegebenen Lombardsatz möglich ist. Die Bundesbank wird dadurch in Zugzwang gesetzt, denn erhöht sie den Lombardsatz nicht, wird das Pensionsinstrument ineffektiv. Die Refinanzierung erfolgt dann zunehmend über Lombardkredite, deren Zinssatz die »operative« Leitzinsfunktion übernimmt, womit eine Flexibilitätseinbuße verbunden ist.

Rückt der Pensionssatz dagegen in Zinssenkungsphasen an den Diskontsatz heran, kann sich die »Diskontfalle« auftun. Die Banken reduzieren in Erwartung eines bald sinkenden Diskontsatzes ihre Rediskontierungen bei der Bundesbank, da sie sich nicht für knapp drei Monate binden wollen. Sie bevorzugen statt dessen teurere, aber kürzerlaufende Pensionsgeschäfte oder nehmen sogar für einige Tage den Lombardkredit in Anspruch, wodurch es zu stärkeren Ausschlägen am Geldmarkt kommen kann.[230]

---

[229] Bei i.d.R. gleichzeitiger Rücknahme der Abgabesätze, um Arbitragegeschäfte der Geschäftsbanken auszuschalten.
[230] Vgl. zu diesen beiden Effekten Deutsche Bundesbank: Die Geldmarktsteuerung der Deutschen Bundesbank, a.a.O., S. 68.

Insgesamt bleibt festzuhalten, daß die Bundesbank in der Lage ist, eine auf die Auffüllung oder Reduzierung der Liquiditätsreserven der Geschäftsbanken gerichtete indirekte Kreditpolitik mit Maßnahmen der Senkung bzw. Erhöhung der Zinssätze für Offenmarktpapiere und pensionsfähiges Material sowie für die Refinanzierung der Kreditinstitute zu unterstützen. Nach (teilweiser) Freigabe der Wechselkurse ist sie bei einer Politik der Zinserhöhung auch nicht im gleichen Maße wie im System fester Wechselkurse der Gefahr zinsinduzierter Devisenzuströme ausgesetzt, so daß die angestrebte Verteuerung der Liquidität nicht mehr in dem Ausmaß wie in früheren Perioden durch Mengeneffekte konterkariert wird. Ein besonders plastisches Beispiel für das Zusammenspiel mehrerer Instrumente der Bundesbank bei hohen Liquiditätszuflüssen lieferte die Krise des Europäischen Währungssystems im Herbst 1992 (vgl. Abbildung B. 20).[231] Die Stützungsverpflichtungen im EWS zwangen die Bundesbank zwischen Ende August und Ende September zu Devisenkäufen (= Marktfaktor) in Höhe von insgesamt 93 Mrd. DM, davon allein 36 Mrd. DM am 23. September 1992. Zunächst versuchte sie, diese Liquiditätszuflüsse über eine Kürzung der Pensionsgeschäfte vom 9. und 16. September aufzufangen. Am 18. September, als die Interventionen vom 16. September liquiditätswirksam wurden, mußte sie die Liquidität dann jedoch durch hohe Schatzwechselabgaben und Devisenpensionsgeschäfte (Spitze 39 Mrd. DM) »stillegen«, um ein Absinken des Termingeldsatzes unter 9% zu verhindern. Am 1. Oktober fiel ein Pensionsgeschäft ganz aus, und das Pensionsvolumen sank von 147 Mrd. DM Anfang September auf 69 Mrd. DM. Nachdem sich die Lage im EWS wieder beruhigt hatte und zum 15. September Diskont- und Lombardsatz gesenkt worden waren, begannen Ende September sukzessive Devisenrückflüsse. Der Ausfall des ersten Oktober-Pensionsgeschäfts erwies sich als voreilig; die Bundesbank half mit zwei Schnelltendern und damals noch möglichen § 17-Verlagerungen von Geldern öffentlicher Haushalte in das Geschäftsbankensystem hinein aus. Später kehrte sie zu regulären Wertpapierpensionsgeschäften zurück, allerdings mit verkürzter Laufzeit und als Mengentender zu 8,9%. Parallel waren jedoch anschließend weitere § 17-Verlagerungen erforderlich, um die Devisenrückflüsse zu neutralisieren.

Gelingt es der Bundesbank, am *Geldmarkt* eine bestimmte *Zinsentwicklung* auszulösen, so wird diese sich auf die *Einlagen- und Kreditmärkte* der Geschäftsbanken fortpflanzen. Dabei werden zinsempfindliche Märkte wie der Markt für Termineinlagen und für den Wechselkredit schnell reagieren. Mit welcher zeitlichen Verzögerung und in welchem Ausmaß die Veränderung der Zinssätze auch die übrigen Einlagen- und Kreditmärkte erreicht, ist eine Frage (1) der Verhandlungsmacht und (2) der Zinsabrede mit den Kunden.

Da die Kunden im Mengengeschäft weniger Verhandlungsmacht besitzen als Großkunden der Industrie, der öffentlichen Hand und andere Finanzinstitutionen, werden die Banken Zinserhöhungen im Spargeschäft sowie Zinssenkungen bei den Konsumentenkrediten mit zeitlicher Verzögerung, umgekehrt Zinssenkungen bei den Spareinlagen sowie Zinserhöhungen für Konsumentenkredite möglichst umgehend weitergeben und auf diese Weise die Anpassungsprozesse zugunsten ihrer Zinsspanne zu beeinflussen versuchen. Beispielsweise nahmen die Banken die Zinsen für kurzfristige Festgelder unter 100.000 DM von 7,64% im August 1992 auf 3,65% im August 1994 zurück. Im gleichen Zeitraum gaben die Kontokorrentzinsen für Beträge unter 1 Mio. DM nur von 14,08 auf 11,25% nach.[232]

---

231 In Anlehnung an ebenda, S. 71f.
232 Vgl. H. Remsperger: Geldpolitik – Kontrovers, a.a.O., S. 140 sowie ähnliche empirische Belege bei H. Gischer: Wirkungsaussichten von Diskontpolitik im Geldmengenkonzept, in: Ch. Hipp u.a. (Hrsg.): Geld, Finanzwirtschaft, Banken und Versicherungen, Karlsruhe 1993, S. 173-192. Vgl. weiterhin: H. Remsperger: Monetäre Lockerungen und Kreditpolitik der Banken, in: WD, 73. Jg., 1993, S. 466-472.

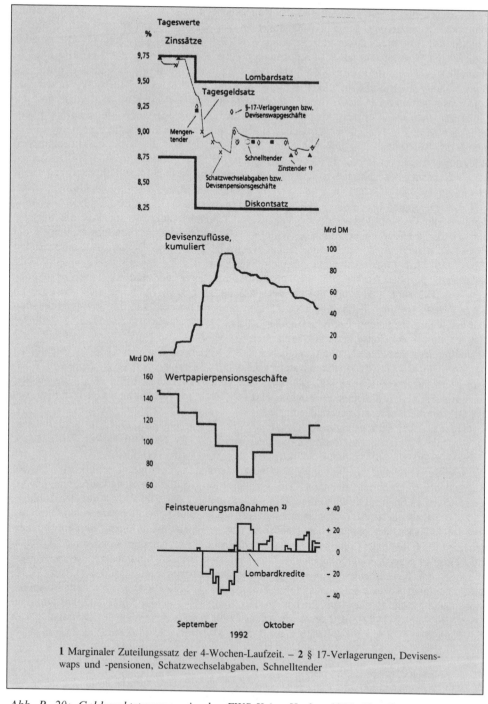

Abb. B. 20: *Geldmarktsteuerung in der EWS-Krise Herbst 1992 (Quelle: Deutsche Bundesbank: Die Geldmarktsteuerung der Deutschen Bundesbank, a.a.O., S. 71)*

Allerdings ist zu berücksichtigen, daß Verbraucherverbände, Gewerkschaften und Politiker als »Anwälte des kleinen Mannes« und mit Unterstützung der Medien derartige Bemühungen zunehmend erschweren. Im Wettbewerb um Unternehmen ist davon auszugehen, daß bei knapper Liquidität, ausgeprägtem Kreditbedarf und hohen Zinsen Normalkonditionen etwa bei Kontokorrentkrediten eher durchgesetzt werden können als in einer Phase reichlicher Liquidität, schwacher Kreditnachfrage und niedrigen Zinsniveaus, in der angesichts intensiven Wettbewerbs um Kreditnehmer mehr Vorzugskonditionen gewährt werden müssen; das kommt in einer größeren Streuung der Zinssätze zum Ausdruck (vgl. Abb. B. 21).

Die Zinsanpassungsprozesse treffen auf bestimmten Teilmärkten nur das Neugeschäft, wenn die Zinssätze im Altgeschäft über längere, noch in die Zukunft reichende Einlagen- und Kreditfristen festgeschrieben wurden. Der Verzicht auf Zinsgleitklauseln ist typisch etwa für den Teilmarkt der Sparbriefe und -obligationen, für Festzinsdarlehen an Unternehmen und die öffentliche Hand.

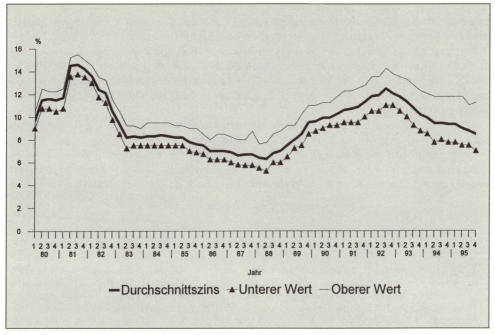

Abb. B. 21: *Durchschnittszinssätze und Streubreite der Zinssätze für Kontokorrentkredite von 1 Mio. DM bis unter 5 Mio. DM (Quelle: Monatsberichte der Deutschen Bundesbank, verschiedene Jahrgänge; eigene Berechnungen)*

In empirischen Untersuchungen wurde gezeigt, daß der Zusammenhang zwischen den Geldmarktsätzen und den kurzfristigen Kreditzinsen im Laufe der Zeit enger geworden ist. So lag der Zins für großvolumige Kontokorrentkredite im Zinszyklus 1974-1981 im Durchschnitt um 2,4 Prozentpunkte über dem Dreimonatssatz; die Standardabweichung von diesem Wert betrug damals noch 1,1 Prozentpunkte. Im Zinszyklus 1982-1992 machte der durchschnittliche Zinsspread 2,3 Prozentpunkte aus; die Standardabweichung ging auf

0,7 Prozentpunkte zurück. Dieser Befund könnte ein Indikator für ein höheres Maß an Wettbewerb sein.[233]

Damit ist die Frage aufgeworfen, ob auch die *Zinsbewegungen auf dem Kapitalmarkt*, insbesondere der Börse, durch die Zinspolitik der Bundesbank beeinflußt werden können. Derartige Einflußmöglichkeiten bestehen in der Tat, und zwar

– direkt, indem die Zentralbank im Zuge von Offenmarktoperationen am Kapitalmarkt als Käufer oder Verkäufer von festverzinslichen Wertpapieren auftritt;
– indirekt, indem Banken und Nichtbanken angesichts der durch die Zentralbank ausgelösten Veränderungen des Zinsniveaus an den Geld- (sowie den kurzfristigen Einlagen-) und Kreditmärkten ein neues Gleichgewicht in den Portefeuilles ihrer Vermögensanlagen und Finanzierungen anstreben.

Wenn sich die Renditen (Kapitalkosten) an den Märkten für kurze Fristen gegenüber dem Kapitalmarkt ermäßigen und sich ein gegebenes Zinsgefälle damit verstärkt, so besteht die Tendenz, daß Banken und Nichtbanken anlagesuchende Mittel von den kurzfristigen Märkten an den Kapitalmarkt verlagern bzw. Finanzbedarf an den kurzfristigen Märkten statt am Kapitalmarkt decken (Bei Verengung des Zinsgefälles kommt es zu gegenläufigen Bewegungen.). Aufgrund dieses verstärkten Mittelangebots sowie einer nachlassenden Mittelnachfrage am Kapitalmarkt ermäßigen sich die Zinssätze an der Börse. Da die Bundesbank es mit ihrer Politik der Rediskontkontingente und des Diskontsatzes in der Hand hat, die kurzfristigen Märkte weiter zu verflüssigen, ist generell mit einer Senkung des Zinsniveaus zu rechnen.[234]

Die Fortpflanzung der Zinstendenzen von den kurzfristigen auf die Kapitalmärkte und vice versa muß indessen nicht reibungslos funktionieren.

Zum einen wird die *Arbitrage* der Wirtschaftssubjekte an den Finanzmärkten durch Gesetze, Satzungen und Richtlinien, welche die Vermögensanlage und Finanzierungsusancen regeln, *gestört*. So müssen z.B. Hypothekenbanken nach dem Gesetz ihre Hypothekendar-

---

[233] Vgl. H. Remsperger: Geldpolitik – Kontrovers, a.a.O., S. 140 mit Verweis auf H. Hermann/W. Jahnke: The interest rate policy transmission process in Germany, in: Bank for International Settlements: National Differences in Interest Rate Transmission, Basel 1994, S. 107-133. Vgl. hierzu auch: Deutsche Bundesbank: Reaktionen der Geldmarkt- und kurzfristigen Bankzinsen auf Änderungen der Notenbanksätze, in: MB, 48. Jg., Nr. 10/1996, S. 33-48. Interessant ist in diesem Zusammenhang weiter folgender Erklärungsansatz: »Durch den Übergang zur Marktzinsmethode ... wirken sich zinspolitische Impulse der Bundesbank, die in Änderungen von Geldmarktsätzen ausgedrückt werden, schneller als früher in Zinsanpassungen für Bankkredite aller Laufzeiten aus.« (H. Sandte: Kurzfristige Zinssätze, Kreditkosten und Konjunktur, in: Spk, 111. Jg., 1994, S. 307-311, hier S. 310.) Zu beachten ist allerdings, daß die auf Basis der Marktzinsmethode gewonnenen Informationen dem Bankmanagement zwar die Notwendigkeit von z.B. Konditionensteigerungen verdeutlichen, jedoch nicht automatisch zu deren Durchsetzbarkeit im Kundengeschäft führen.

[234] Unter Umständen kann daher mit einer Zinssenkung auch eine Eindämmung der monetären Expansion erreicht werden. So hat die Bundesbank 1994 durch eine Senkung der Geldmarktzinsen den Abstand zwischen kurz- und langfristigen Zinsen vergrößert, um das Interesse an Kapitalmarktanlagen zu wecken und damit den damaligen »Liquiditätsstau« aufzulösen; vgl. Deutsche Bundesbank: Monetäre Entwicklung, in: MB, 46. Jg., Nr. 6/1994, S. 14f. und weitere grundsätzliche Überlegungen in diesem Zusammenhang bei O. Issing, Mitglied des Direktoriums der Deutschen Bundesbank, in seinem Referat »Geldpolitik und Kapitalmarkt« am 28.1.1992 im Kontaktseminar an der Ruhr-Universität Bochum, in: SB Nr. 35, WS 1991/92, S. 37-40.

lehen im wesentlichen fristenkongruent am Kapitalmarkt finanzieren (§ 9 Abs. 1 Buchstabe a Hypothekenbankgesetz), auch wenn die Konditionen an den kurzfristigen Märkten relativ attraktiver geworden sind. Umgekehrt sind z.B. Bausparkassen aus dem (Bau-)Zwecksparsystem heraus gezwungen, ihre Mittel in langfristigen Darlehen anzulegen, obwohl sich interessanter gewordene Anlagemöglichkeiten an den kurzfristigen Märkten bieten mögen. – Dies aber bedeutet, daß lang- und kurzfristige Kapital- bzw. Geldüberlassungsverhältnisse als Vermögensanlagen und Finanzierungsnotwendigkeiten von unterschiedlicher Qualität sind. Forschungs- und Entwicklungsinvestitionen in der Wirtschaft, deren Nutzen unsicher ist und deren Liquiditätsbeiträge sich gegebenenfalls erst langfristig einstellen, werden – wenn mit einer langfristigen Umschuldung nicht gerechnet werden kann – nicht kurzfristig finanziert, um keine finanziellen Anspannungen in der Unternehmung zu »riskieren«. An solchen Finanzierungsusancen vermögen auch zunehmende Zinsdifferenzen an den Finanzmärkten nichts zu ändern.

Ein arbitragestörender Mangel an Zinsempfindlichkeit ist zum anderen zumindest zeitweise für das Finanzierungsverhalten der öffentlichen Gebietskörperschaften, insbesondere des Bundes, festzustellen. Der Finanzminister hat vorrangig die Aufgabe, die Mittel für den öffentlichen Haushalt zu beschaffen. Dahinter treten wirtschaftspolitische und geldpolitische Erwägungen zurück.[235] Dies bedeutet, daß aus politischen Gründen für notwendig gehaltene Programme, etwa zwecks Förderung bestimmter Wirtschaftszweige (z.B. Werften, Bergbau) oder -regionen wie in den vormals zur DDR gehörigen Bundesländern, finanziell zu alimentieren sind. Ein so bedeutender Teilnehmer am Kapitalmarkt wie der Bund, der die Deckung seiner Defizite notfalls auch zinsunempfindlich finanziert, kann demnach mit seiner Nachfrage dafür sorgen, daß sich Zinssenkungstendenzen – selbst gegen den Willen der Zentralbank – nicht oder nicht in der wünschenswerten Schnelligkeit von den Geldmärkten auf die Kapitalmärkte übertragen.

Darüber hinaus erlaubt es die immer stärkere internationale Vernetzung der Finanzmärkte, zunächst auf ausländische Geldmärkte auszuweichen und erst dann den deutschen Kapitalmarkt in Anspruch zu nehmen.

Im übrigen ist anzunehmen, daß die Securitization und der zunehmende Einsatz derivativer Finanzinstrumente dazu beitragen können, die Grenzen zwischen zuvor stark segmentierten Märkten einzuebnen und damit die Fortpflanzungsgeschwindigkeit geldpolitischer Impulse zu erhöhen. Die Verbriefung schafft handelbare Kreditkontrakte und führt somit zu einer größeren Liquidität von Forderungsbeständen. Zugleich geht mit der Eigenschaft von Derivaten, Risiken abzuspalten und getrennt handelbar zu machen, eine bessere Austauschbarkeit der Finanzaktiva einher. So verwischt für einen Investor etwa der Unterschied zwischen einer durch einen Bund-Future-Kontrakt gesicherten Bundesanleihe und einer (ohnehin kursgesicherten) Bankeinlage mit vergleichbarer Fristigkeit. Beide Entwicklungen weiten die Möglichkeiten der Umschichtung von Finanzportefeuilles aus; die mit Derivaten verbundenen, relativ geringen Transaktionskosten geben zudem Anreize für eine schnellere Umsetzung von Erwartungsänderungen in Portfolioentscheidungen. Eine höhere Reaktions- und Anpassungsgeschwindigkeit auf den Finanzmärkten birgt jedoch die Gefahr, daß diese anfälliger für Stimmungsumschwünge werden und die Geldpolitik somit zu häufigeren Interventionen gezwungen ist. Immerhin erhöht sich mit den Derivaten aber

---

[235] So M. Lahnstein, Bundesfinanzminister, in seinem Referat »Zum Schulden-Management des Bundes« am 29.1.1980 im Kontaktseminar an der Ruhr-Universität Bochum, in: SB Nr. 11, WS 1979/80, S. 44-46.

auch die Möglichkeit der Bundesbank, sich frühzeitig über die Erwartungen der Finanzmarktteilnehmer zu informieren (etwa anhand der in Terminkontrakten enthaltenen Einschätzungen der Zukunft) und entsprechend zu disponieren.[236]

Im Ergebnis zeigt sich, daß **die Bundesbank das Zinsniveau zwar zu beeinflussen vermag, daß dieser Einfluß an den Geld- und Kapitalmärkten aber von unterschiedlicher Stärke ist.** – Offen ist nun noch die Frage, welche Zielbeiträge von Veränderungen des Zinsniveaus für die Erreichung der wirtschafts- und kreditpolitischen Oberziele zu erwarten sind. Diese Frage stellen heißt nichts anderes, als nach der *Zinsempfindlichkeit der Wirtschaftssubjekte im Hinblick auf ihr Investitionsverhalten* zu fragen.

Es kann inzwischen als empirisch gesichert gelten, daß in den marktwirtschaftlichen Bereichen unserer Volkswirtschaft die Investitions- und damit Kreditnachfragebereitschaft der Unternehmer eine Funktion der Gewinnerwartungen ist.[237] Damit ist zu prüfen, welchen Einfluß *Zinsänderungen* auf die erwarteten *Gewinne* der Unternehmen haben.

Der Blick voraus auf die Tabelle C. 7 (vgl. S. 301) zeigt, daß der Zinsanteil einschließlich zinsähnlicher Aufwendungen an den gesamten Aufwendungen 1994 im Durchschnitt westdeutscher Industrieunternehmen bei nur 1,6% lag. Eine Senkung des Zinsniveaus um 25%, wie man sie z.B. im ersten Halbjahr 1975 erleben konnte, vermag bei gleichen Kreditmengen und -strukturen die Kostensituation der Unternehmen nur um 0,4% zu entlasten. Bei Anteilen der Materialeinsatzkosten und der Personalkosten von demgegenüber rund 60 bzw. 20% ist leicht einzusehen, daß sehr viel stärkere Effekte auf die Gewinnentwicklung von der Preisentwicklung für die beschafften Materialien und den Tarifentscheidungen in den Lohnrunden ausgehen. Vor allem aber ist anzunehmen, daß der entscheidende Anstoß für Gewinnerwartungen und damit die Investitions- und Kreditaufnahmebereitschaft von den Absatzaussichten und Umsatzerlösen her kommt (die indessen wie z.B. in der Automobilindustrie durch die Zinsbelastung der privaten Haushalte beeinträchtigt werden mögen).

Wenn im Zusammenhang mit Zinssenkungen darauf hingewiesen wird, daß über den ermäßigten Kalkulationszins die Kapitalwerte für Realinvestitionen steigen, während Finanzinvestitionen in den Portefeuilles insbesondere der Wirtschaftsunternehmen an Attraktivität verlieren, so ist wiederum auf die Struktur des GuV- bzw. Finanzplans zu verweisen: *Der Kalkulationszins repräsentiert nur einen unbedeutenden Bestandteil im Aufwands-/Ertrags- bzw. Auszahlungen-/Einzahlungen-Zusammenhang* und beeinflußt dementsprechend das Ergebnis (den Ertragsüberschuß = Gewinn bzw. den Einzahlungsüberschuß) nur wenig; *er kann durch gegenläufige Effekte bei gewichtigeren Erfolgsfaktoren leicht kompensiert oder gar überkompensiert werden.*

Die geringe Zinsempfindlichkeit vieler Unternehmen gilt – für sich allein gesehen – umgekehrt auch dann, wenn über eine restriktive Politik die Investitionsbereitschaft gebremst werden soll. Zwar ist es richtig, daß Zinssätze zwischen 15 und 20% im Zusammenhang mit einer zunehmenden Zahl von Unternehmenszusammenbrüchen in der Re-

---

[236] Vgl. Deutsche Bundesbank: Verbriefungstendenzen im deutschen Finanzsystem und ihre geldpolitische Bedeutung, in: MB, 47. Jg., Nr. 4/1995, S. 19-33; dies.: Geldpolitische Implikationen der zunehmenden Verwendung derivativer Finanzinstrumente, in: MB, 46. Jg., Nr. 11/1994, S. 41-57; dies.: Zum Informationsgehalt von Derivaten für die Geld- und Währungspolitik, in: MB, 47. Jg., Nr. 11/1995, S. 17-33 sowie H. J. Thieme: Finanzinnovationen und Geldmengensteuerung, in: J. Siebke/H. J. Thieme (Hrsg.): Geldpolitik, Baden-Baden 1995, S. 93-132.

[237] Vgl. N. Irsch: Erträge, Eigenkapitalausstattung und Investitionsneigung, in: Konjunkturpolitik, 31. Jg., 1985, S. 319-335.

striktionsphase 1973/74 von den betroffenen Unternehmen und in der Öffentlichkeit als halsabschneidend gebrandmarkt wurden. Dabei müssen indes zwei Umstände berücksichtigt werden:

Erstens gilt dies vor allem für Wirtschaftssektoren, in denen die Zinskosten einen überdurchschnittlich hohen Anteil ausmachen (z.B. Bauwirtschaft, Vorratshaltung des Handels) und für die keine Kostenüberwälzungsspielräume mehr gegeben sind.

Zweitens ist – wie angedeutet – zu relativieren im Zusammenhang mit den gesamten Kostensteigerungen. Wenn drastische Zinserhöhungen nur knapp 1/2 von 100 Kosteneinheiten ausmachen, genausoviel also wie eine Tariflohnerhöhung von 2 1/2% oder Materialverteuerungen von nur 1%, dann zeigt das, daß es Tariflohnerhöhungen von 10% und Materialpreiserhöhungen von 20% sind, die Unternehmen ohne Kostenüberwälzungsspielräume den Garaus machen, nicht Zinserhöhungen; diese können allenfalls das Kostenwasser zum Überlaufen bringen.[238]

Aus diesen Überlegungen folgt:

1) In der **Rezession** kann die Bundesbank über eine expansive **Politik der ausreichenden Liquidität und der Zinssenkung wohl Voraussetzungen für einen Aufschwung** und die Belebung der Kreditnachfrage schaffen, den Aufschwung aber nicht auslösen; dafür sind Konjunkturförderungsprogramme der öffentlichen Hand geeigneter.

2) In der **Hochkonjunktur** vermag die Bundesbank durch eine restriktive Politik den Boom und das Kreditgeschäft zu **bremsen; dies indessen vor allem über die Liquiditätsverknappung, weniger über den damit zusammenhängenden Zinseffekt.**

---

[238] Diese Auffassung wird auch von der Bundesbank vertreten; vgl. MB, 33. Jg., Nr. 9/1981, S. 8. Vgl. weiter H. Dicke/P. Trapp: Hohe Zinsen: Bremse der Investitionstätigkeit?, in: DBk, Nr. 10/1984, S. 460-464 sowie Sachverständigenrat zur Begutachtung der gesamtwirtschaftlichen Entwicklung, Jahresgutachten 1993/94, Deutscher Bundestag, Drucksache 13/26.

III. Zur Ausgestaltung des Europäischen Systems der Zentralbanken

Am 7. Februar 1992 wurde der *Vertrag von Maastricht* unterzeichnet, der mit der Ablösung der Europäischen Gemeinschaft (EG) durch die Europäische Union (EU) eine umfassende Neuregelung der Rechtsgrundlagen für die Zusammenarbeit der Mitgliedstaaten vornahm. Die Staats- und Regierungschefs vereinbarten dabei auch einen dreistufigen Weg, auf dem die *Europäische Währungsunion (EWU)* erreicht und damit der Übergang von nationalen Währungen zu einer europäischen Einheitswährung gelingen soll. Während die erste Stufe hauptsächlich dem Abbau noch vorhandener Kapitalverkehrskontrollen diente, wird in der am 1. Januar 1994 begonnenen Stufe 2 vor allem das Ziel verfolgt, die Fiskal- und Geldpolitik der Mitgliedstaaten auf der Basis eines hohen Maßes an Preisstabilität einander anzunähern und damit entscheidende Voraussetzungen für den dauerhaften Erfolg der Währungsunion zu schaffen. Diesem Ziel sowie der technisch-organisatorischen Vorbereitung der EWU diente auch die Einrichtung des Europäischen Währungsinstituts (EWI) mit Sitz in Frankfurt am Main zu Beginn der zweiten Stufe. Darüber hinaus wurden zu diesem Zeitpunkt einige wesentliche Vorschriften des Maastrichter Vertrages zur Sicherung der Stabilitätspolitik in den Mitgliedstaaten wirksam. Hierzu zählen u.a. das Verbot der Finanzierung von Haushaltsdefiziten – sei es direkt durch die Notenbanken oder indirekt durch einen bevorrechtigten Zugang zu Finanzinstituten – und der Ausschluß der Haftung (»no bail-out«) der Gemeinschaft und ihrer Mitgliedstaaten für die öffentlichen Verbindlichkeiten anderer Gemeinschaftsländer. Weiterhin haben die Mitgliedstaaten sicherzustellen, daß die nationalen Notenbanken spätestens mit Beginn der letzten Etappe auf dem Weg zur EWU unabhängig werden.

Diese entscheidende, dritte Stufe soll am 1. Januar 1999 beginnen, wobei die Auswahl der Teilnehmerstaaten so früh wie möglich im Jahre 1998 von den Staats- und Regierungschefs nach einer Prüfung der Beitrittskandidaten im Hinblick auf die Erfüllung der sogenannten »Konvergenzkriterien« erfolgen muß. Darüber hinaus ist »rechtzeitig« die Europäische Zentralbank (EZB) zu errichten und ihr Instrumentarium festzulegen. Mit dem Starttermin werden dann die Umrechnungskurse zwischen den Währungen der teilnehmenden Länder und der Einheitswährung »Euro« endgültig fixiert, und die Verantwortung für die Geldpolitik geht auf das Europäische System der Zentralbanken (ESZB) über, das aus der EZB und den nationalen Notenbanken besteht. Am 1. Januar 2001 sollen die auf Euro lautenden Banknoten und Münzen ausgegeben werden, während die nationalen Geldzeichen am 30. Juni 2002 ihre Gültigkeit als gesetzliche Zahlungsmittel verlieren, womit die EWU vollendet ist.[239]

---

[239] Vgl. Deutsche Bundesbank: Die Beschlüsse von Maastricht zur Europäischen Wirtschafts- und Währungsunion, in: MB, 44. Jg., Nr. 2/1992, S. 45-56 und dies.: Szenarium für den Übergang auf die einheitliche europäische Währung, in: MB, 48. Jg., Nr. 1/1996, S. 55-63.

An dieser Stelle kann nicht untersucht werden, ob die Konvergenzkriterien (die sich auf die Preis-, Zins- und Wechselkursentwicklung sowie die öffentlichen Finanzen in den für die Währungsunion kandidierenden Ländern beziehen) geeignete Qualifikationsnachweise sind; ebenso müßig ist die Spekulation darüber, welche Staaten wann beitreten dürfen (und wollen).[240] Geht man davon aus, daß die Währungsunion nach Überwindung der ökonomischen, aber auch der politischen und rechtlichen Probleme[241] prinzipiell verwirklicht wird, so interessiert hier zwei Aspekte:

1. Welche Unterschiede bestehen hinsichtlich des Aufbaus und Auftrags zwischen dem künftigen ESZB und der Bundesbank?
2. Inwiefern werden die Strategie und das Instrumentarium der Geldpolitik verändert?

1. Aufbau und Auftrag des ESZB

Bereits beschlossen sind der föderative *Aufbau* des Europäischen Systems der Zentralbanken und die Organisation der EZB selbst, die zusammen das *Vorbild der Deutschen Bundesbank* erkennen lassen (vgl. die folgende Abbildung B. 22 sowie zuvor B. 13). Die Europäische Zentralbank wird ebenfalls in Frankfurt am Main errichtet; gleichzeitig stellt das EWI seine Arbeit ein. Die laufenden Geschäfte der EZB nimmt das Direktorium wahr, dem der Präsident, der Vizepräsident sowie vier weitere Mitglieder angehören, die von den Staats- und Regierungschefs »einvernehmlich« ernannt werden. Um ihre Unabhängigkeit gegenüber der Politik zu stärken, können sie während einer Amtsperiode von acht Jahren nicht abgelöst, danach nicht erneut berufen werden. Oberstes Entscheidungsgremium der Europäischen Zentralbank ist der EZB-Rat, dem die Mitglieder des EZB-Direktoriums sowie die nationalen Zentralbankpräsidenten derjenigen Länder angehören, die die Währungsunion bilden. Die gleichberechtigten Mitglieder des Rates legen die geldpolitischen Leitlinien der Gemeinschaft fest, wobei zur Beschlußfassung bis auf wenige Ausnahmen nur eine einfache Mehrheit erforderlich ist. Die Zentralbankpräsidenten der (Noch-)Nicht-Teilnehmer unter den Maastricht-Vertragsstaaten versammeln sich in einem »Erweiterten EZB-Rat«, dem neben einer beratenden Funktion auch die Aufgabe zufällt, sich mit Fragen des Verhältnisses der Zentralbanken der Nicht-Teilnehmerländer zur EZB zu befassen. Die nationalen Notenbanken sind für die operative Durchführung der Geldpolitik verantwortlich; ihre Rolle ist folglich mit der der heutigen Landeszentralbanken gegenüber der Bundesbank vergleichbar.

Im Gegensatz zur Bundesbank ist die *EZB explizit auf das Ziel der Preisniveaustabilität verpflichtet* (Art. 105 Abs. 1 des geänderten EWG-Vertrages). Ob sie diesem Auftrag hinreichend nachkommt, wird insbesondere davon abhängen, inwiefern sie sich neben ihrer verfassungsrechtlich abgesicherten formalen auch eine tatsächliche Unabhän-

---

[240] Vgl. B.-J. Kruth: Die Europäische Währungsunion – ausgewählte volkswirtschaftliche Konsequenzen und Auswirkungen auf Banken und Versicherungen, in: SB Nr. 44, SS 1996, S. 3-18.
[241] Vgl. M. Seidel, Ministerialrat, Bundesministerium für Wirtschaft, in seinem Referat »Rechtliche und politische Probleme beim Übergang in die Endstufe der Wirtschafts- und Währungsunion« am 4.6.1996 im Kontaktseminar an der Ruhr-Universität Bochum, in: ebenda, S. 44-49 und H. Köhler, Präsident des Deutschen Sparkassen- und Giroverbandes, Bonn, in seinem Referat »Europäische Wirtschafts- und Währungsunion — Perspektiven, Chancen und Risiken« am 18.2.1997 im Kontaktseminar an der Ruhr-Universität Bochum, in: SB 45, WS 1996/97, S. 50-54.

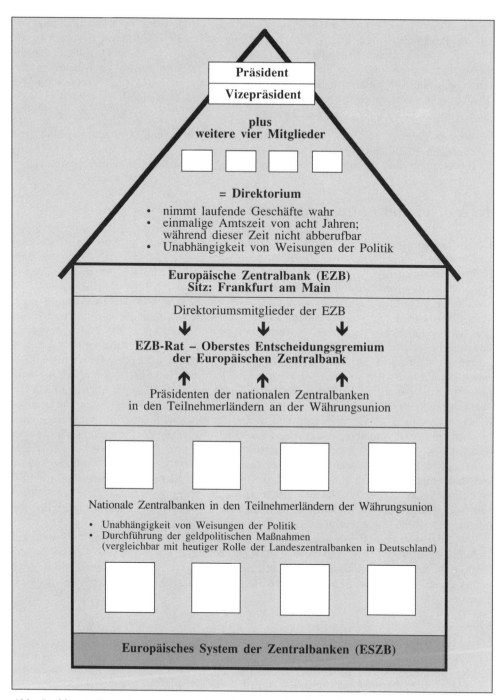

Abb. B. 22: Aufbau des Europäischen Systems der Zentralbanken (Quelle: Deutscher Sparkassen- und Giroverband: Die Europäische Wirtschafts- und Währungsunion, Management-Perspektiven Heft 48, Stuttgart 1996, S. 18)

gigkeit gegenüber Einflußversuchen aus dem politischen Bereich bewahren kann. Die Ökonomische Theorie der Politik geht davon aus, daß auch Entscheidungsträger in einer Hierarchie im Rahmen ihrer Möglichkeiten eine Strategie der Eigennutzmaximierung betreiben und nach Existenzerhaltung, Erhöhung ihres Prestige und ihres Einkommens trachten.[242] Für die Mitglieder des Zentralbankrats der Bundesbank bestanden in der Vergangenheit starke Anreize, einen strikt stabilitätsorientierten Kurs der Geldpolitik zu verfolgen. Aufgrund der nach zwei Währungsreformen ausgeprägten Aversion der bundesdeutschen Bevölkerung gegenüber einer Inflation konnten sie nämlich nur auf diese Weise ihren Dispositionsspielraum, ihr Ansehen und ihren Arbeitsplatz sichern.[243] Auf europäischer Ebene aber fehlt es an vergleichbar starken Stabilitätspräferenzen in den meisten anderen Mitgliedsländern. Für einen nationalen Zentralbankpräsidenten (= Mitglied des EZB-Rats) kann es daher durchaus rational sein, inflationäre Tendenzen zu tolerieren, wenn er damit seiner Regierung Wohlverhalten demonstrieren und so seine Wiederwahl sichern will. Da alternative Anreizmechanismen als Pendant zur deutschen Stabilitätsmentalität (wie z.B. die Verpflichtung zum Rücktritt der Mitglieder des EZB-Rats bei der Überschreitung einer bestimmten Inflationsrate oder die negative Bindung ihrer Gehälter an die Preissteigerung[244]) fehlen, kann nicht ausgeschlossen werden, daß die Inflation in der EU zukünftig das bisher in Deutschland gewohnte Maß überschreitet.

2. Die Diskussion um die künftige Strategie und das Instrumentarium der Geldpolitik

Im Januar 1997 hat das EWI einen »Handlungsrahmen« für die zukünftige Geldpolitik festgelegt.[245] Auch wenn der Europäische Zentralbankrat nach seiner Konstituierung hieran nicht gebunden ist, sind dadurch doch bereits Vorentscheidungen gefallen. In der Frage der künftigen geldpolitischen *Strategie* legt sich das EWI noch nicht fest. Erst auf der Basis umfangreicher Forschungsarbeiten könne entschieden werden, ob sich die EZB eher an der Geldmengenentwicklung orientieren oder unmittelbar ein Inflationsziel verfolgen solle.

Dieser Gegensatz mag zunächst künstlich anmuten, bezieht die Bundesbank doch die erwartete Inflationsrate bei der jährlichen Festlegung des Geldmengenziels in ihre Überlegungen ein (vgl. S. 147). Unterjährig bemißt sie ihren Erfolg allerdings primär an der Entwicklung der Geldmenge, während die Notenbanken z.B. in den USA, Großbritannien und Kanada – ohne Umweg über ein monetäres Zwischenziel – allein auf die Höhe der

---

242 Vgl. grundlegend W. W. Pommerehne/B. S. Frey (Hrsg.): Ökonomische Theorie der Politik, Berlin u.a. 1979, dort insbesondere W. A. Niskanen: Ein ökonomisches Modell der Bürokratie, ebenda, S. 349-368.
243 In seinem Referat »Ziele und Möglichkeiten deutscher Geldpolitik in Europa« am 25.1.1994 im Kontaktseminar an der Ruhr-Universität Bochum bezeichnete J. W. Gaddum, Vizepräsident der Deutschen Bundesbank, den breiten Grundkonsens der öffentlichen Meinung über den hohen Rang der Geldwertstabilität als für die Unabhängigkeit der Bundesbank »mindestens so bedeutsam wie die rechtliche Norm« (vgl. SB Nr. 39, WS 1993/94, S. 58-62, hier S. 58).
244 Vgl. W. Kösters: Europäische Zentralbank und Preisniveaustabilität, in: Hamburger Jahrbuch für Wirtschafts- und Gesellschaftspolitik, 36. Jg., 1991, S. 155-167.
245 Vgl. Europäisches Währungsinstitut: Die einheitliche Geldpolitik in Stufe 3, Festlegung eines Handlungsrahmens, Frankfurt/M. 1997.

Inflationsrate rekurrieren, womit sich auch die Aufmerksamkeit der Öffentlichkeit auf diese Größe konzentriert.[246]

Kritiker der Geldmengensteuerung weisen darauf hin, daß der für ihren Erfolg notwendige, möglichst genau prognostizierbare Zusammenhang zwischen der Geldmenge und der Inflationsrate in Deutschland im Laufe der letzten Jahre lockerer geworden sei; zudem zeigten sich erhebliche Unterschiede in den möglichen Mitgliedstaaten einer Europäischen Währungsunion.[247] – Die Gegner eines Preisziels hingegen halten die Orientierung an einer Größe für gefährlich, die die künftige Zentralbank nicht allein beeinflussen kann (vgl. S. 147). Zwar steigt ihr Handlungsspielraum dadurch, daß ein Teil der zuvor genannten Marktfaktoren durch den Wegfall der Interventionsverpflichtungen innerhalb der Währungsunion außer Kraft gesetzt wird. Unabhängig davon resultieren aber aus der Lohn- und der Fiskalpolitik weitreichende Konsequenzen für die Entwicklung der Inflationsrate, so daß die Notenbank nicht den Anschein einer Alleinverantwortung erwecken sollte. Darüber hinaus bestehe das Risiko einer unzureichenden Stabilitätsorientierung: Wenn die tatsächliche Inflationsrate unter dem Inflationsziel liege, werde leicht von der Öffentlichkeit eine expansive Geldpolitik gefordert, obwohl diese aufgrund von Wirkungsverzögerungen früherer monetärer Impulse schon nicht mehr angezeigt sei.

Es mehren sich daher die Stimmen, die ein »Zielduo« vorschlagen. In der Anfangsphase der EWU könne die Bundesbank ihr *Reputationskapital* nicht vollständig auf die EZB übertragen[248], der bisherige Glaubwürdigkeitstransfer von der Institution (Bundesbank) auf die Strategie (Geldmengenorientierung) funktioniere nicht mehr, so daß die deutsche Regelung auch nicht identisch übernommen werden solle. Statt dessen könnte sich die EZB zunächst ein mehrjähriges Inflationsziel setzen (z.B. den Durchschnitt des tolerierbaren Preisanstiegs etwa für 3 Jahre) und daraus ein einjähriges Geldmengenziel ableiten, das als kompatibel mit diesem Inflationsziel erachtet wird.[249] In der laufenden Berichterstattung würde die Zentralbank dann geldpolitische Entwicklungen aus einem umfangreicheren strategischen Ansatz heraus erläutern; Veröffentlichungen der aktuellen Inflationsrate oder der Wachstumsrate der Geldmenge würden – so die Erwartung – geringere Reaktionen an den Märkten auslösen, da sie sich gegenseitig relativierten: »Bildlich gesprochen kann man die Geldmenge aus der Hitze der Märkte befreien, indem man sie durch ein Preisziel und regelmäßig zu veröffentlichende Prognosen der Notenbank in den Schatten, aber nicht ins Abseits stellt. In diesem Schatten könnte die Geldmenge aber gleichwohl wichtige Funktionen übernehmen.«[250] Insbesondere müßte dann an der Geldmengenvorgabe festgehalten werden, wenn die im »Preisbericht« der Notenbank erwartete Inflationsrate unter das mittelfristige Preisziel fällt.

---

[246] Vgl. z.B. M. King: Do inflation targets work?, in: Bank of England: Quarterly Bulletin, vol. 35, 1995, S. 392ff.

[247] Vgl. L. S. Kole/E. E. Meade: German Monetary Targeting, A Retrospective View, in: Board of Governors of the Federal Reserve System: FRB, vol. 81, 1995, S. 927-931 sowie zur Gegenüberstellung der Entwicklung in Deutschland und Frankreich W. Filc: Geldmengenziel versus Inflationsziel in der Europäischen Währungsunion, in: WD, 76. Jg., 1996, S. 208-216.

[248] Vgl. J. W. Gaddum: a.a.O., S. 62.

[249] Vgl. W. Filc: a.a.O., S. 210 sowie P. Bofinger: Geldpolitik in der Europäischen Währungsunion, in: WD, 75. Jg., 1995, S. 679-688.

[250] O.V.: Inflationsziel oder Geldmengenorientierung: Duales Konzept für die EZB?, in: Wirtschaftsdienst der BHF-Bank, Nr. 1822 v. 8.6.1996, S. 3.

Das EWI hat einen Katalog von Anforderungen entwickelt, dem die zukünftigen *Instrumente* der EZB entsprechen müssen.[251] Dieser stützt sich zusammengefaßt auf vier Prinzipien:

1. Marktkonformität bzw. Wettbewerbsneutralität
   Weder einzelne Banken noch Finanzplätze oder -systeme dürfen bevorzugt oder benachteiligt werden.
2. Dezentralität gemäß dem Subsidiaritätsprinzip
   Die Geldpolitik soll solange von der jeweiligen nationalen Notenbank durchgeführt werden, wie dies nicht gegen eine der übrigen Anforderungen verstößt.
3. Einfachheit, Effizienz und Transparenz
   Die Instrumente der EZB müssen Wirtschaftlichkeitsüberlegungen genügen, zielgenau und für die Öffentlichkeit nachvollziehbar sein.
4. Harmonisierung und Kontinuität
   Unter Nutzung der bisherigen Infrastruktur und Erfahrungen der nationalen Notenbanken soll ein einheitlicher »Instrumenten-Set« entwickelt werden, um regulierungsbedingte Arbitragen zwischen verschiedenen Staaten, Finanzintermediären oder -dienstleistungen zu vermeiden.

Bereits festgelegt hat sich das EWI auf die Schaffung dauerhafter Fazilitäten, deren Inanspruchnahmen im alleinigen Ermessen der Kreditinstitute liegen. Eine *Kreditlinie zur Spitzenrefinanzierung* soll diejenigen Banken, die am Tagesschluß ein Liquiditätsdefizit aufweisen, ähnlich dem deutschen *Lombard* mit Liquidität oberhalb des Marktzinses versorgen. Eine *Einlagenfazilität* bietet Kreditinstituten mit einem Liquiditätsüberschuß am Tagesende eine Anlagemöglichkeit zu einem Satz, der unterhalb des Marktniveaus liegt. Insofern soll ein Korridor für die Marktzinsen gebildet, den Sätzen der Fazilitäten Signalfunktion für einen mittelfristigen Zeithorizont übertragen werden.

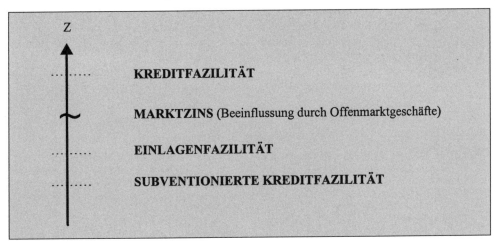

Abb. B. 23: Zum Instrumentarium der EZB

---

[251] Vgl. Europäisches Währungsinstitut: a.a.O., S. 15 sowie ähnliche Überlegungen bei L. Menkhoff: Geldpolitische Instrumente der Europäischen Zentralbank, Stuttgart 1995.

Einigkeit besteht weiterhin darüber, daß der *Offenmarktpolitik* auch im künftigen Instrumentarium der EZB die Hauptrolle zukommen soll, die sie aufgrund ihrer guten Dosierbarkeit und hohen Steuerungseffizienz sowie Marktkonformität de facto in den EU-Staaten bereits spielt. Um den Prinzipien der Wettbewerbsneutralität und Dezentralität zu entsprechen, sollte sie primär in Form von Wertpapierpensionsgeschäften mit einer Vielzahl von Banken (anstelle von Outright-Geschäften mit wenigen Clearing-Banks) und basierend auf einem breiten Katalog von Finanzaktiva durchgeführt sowie mittels nationaler Auktionen organisiert werden. Probleme könnten sich dann allerdings hinsichtlich des Zeitbedarfs und Aufwands der Maßnahmen ergeben (z.B. europaweite Tenderausschreibung und -abwicklung). Daher plant das EWI – neben wöchentlich aufgelegten Pensionsgeschäften mit einer Laufzeit von 14 Tagen als Hauptrefinanzierungsinstrument und einmal monatlich ausgeschriebenen Pensionsgeschäften mit einer Laufzeit von einem Vierteljahr – als weitere Komponente der Geldversorgung die Einrichtung eines Schnelltenders, für den jedoch nur einige wenige Banken angesprochen würden. Dabei wird allerdings deutlich, in welchem Spannungsverhältnis die Kriterien der Wettbewerbsneutralität und Dezentralität einerseits sowie der Effizienz andererseits stehen können.[252]

Wenn sich im Rahmen der sehr kurzfristigen Feinsteuerungsmaßnahmen der Bundesbank lediglich rd. 20, bei den routinemäßigen Pensionsgeschäften auch nur ca. 400 Institute regelmäßig beteiligen[253], so könnte dies daran liegen, daß kleinere Banken speziell beim Mengentender großen Unsicherheiten über das ihnen zugeteilte Volumen ausgesetzt sind und u.U. Schwierigkeiten besitzen, sich bei vorsorglicher Anmeldung von Überbedarf ggfs. von der übermäßigen Liquidität »zu entsorgen«[254]. Eine mögliche Abhilfe könnte darin bestehen, Bietungen bis zu einem bestimmten Volumen nicht zu repartieren, sondern voll zuzuteilen.[255]

Heftig umstritten ist, ob die Offenmarktpolitik durch weitere Instrumente ergänzt werden soll. Verfechter der *Diskontpolitik* (die in lediglich zwei EU-Staaten existiert) halten diese zur Grundfinanzierung der Kreditwirtschaft für besonders geeignet, da sie durch die Anbindung des Güterangebots an das Wechselvolumen »real verankert« sei und der Nichtbankenbereich einer Volkswirtschaft somit von Störungen des Finanzsektors abgeschirmt werden könne.[256] Sie fordern daher, eine subventionierte Kreditfazilität zur Verfügung zu stellen, die von den Banken durch Rediskontierung dauerhaft, allerdings nur im Rahmen bestimmter Kontingente in Anspruch genommen werden kann.

Wie bereits gezeigt wurde, spielt der Handelswechsel jedoch selbst in der Bundesrepublik nur noch eine untergeordnete Rolle für die Finanzierung der Wirtschaft; teil-

---

[252] Vgl. H. Remsperger, Bereichsleitung Volkswirtschaft und Kommunikation der BHF-Bank, Frankfurt/M., in seinem Vortrag »Die Politik der Deutschen Bundesbank aus der Sicht der Geschäftsbanken« am 24.1.1995 im Kontaktseminar an der Ruhr-Universität Bochum, in: SB Nr. 41, WS 1994/95, S. 72-76, hier S. 74.
[253] Vgl. L. Menkhoff: a.a.O., S. 32.
[254] Ebenda, S. 80.
[255] Vgl. H. Remsperger/U. Angenendt: Zum Instrumentarium des Europäischen Systems der Zentralbanken, in: Diskussionsbeiträge der BHF-Bank, Frankfurt/M. 1995, S. 22 sowie o.V.: Geldpolitische Instrumente in der EWU: Weiterhin Klärungsbedarf, in: Wirtschaftsdienst der BHF-Bank, Nr. 1851 v. 1.4.1997.
[256] Vgl. H. Hesse/B. Braasch: Zum »optimalen« Instrumentarium der Europäischen Zentralbank, in: B. Gahlen u.a. (Hrsg.): Europäische Integrationsprobleme aus wirtschaftswissenschaftlicher Sicht, Tübingen 1994, S. 161-183.

weise hat man den Eindruck, daß Wechselmaterial eigens für die Zwecke der Refinanzierung »künstlich« produziert würde.[257] Zudem ist zu fragen, ob denn einzelne Instrumente der EZB real verankert werden müssen, wenn die Geldpolitik insgesamt auf der Zwischen- oder Oberzielebene diese Anbindung z.B. durch die Berücksichtigung der erwarteten Zunahme des Bruttosozialprodukts bei der Festlegung des Geldmengenziels bereits geschaffen hat.[258] Im übrigen ließe sich ein stärkerer Bezug zur Realwirtschaft auch dadurch herstellen, daß im Rahmen der Offenmarktpolitik Handelswechsel, forderungsbesicherte Anleihen, Commercial Papers usw. in Pension gegeben werden könnten. Damit bestünde zugleich die Möglichkeit, das große Gewicht zu vermindern, das Staatstiteln hierbei noch immer zufällt.

Auch das Argument, durch die Bonitätsprüfungen im Rahmen der Diskontierung erhalte die Notenbank Informationen, die ihr anderweitig nicht zugingen und die es ihr ermöglichten, Risiken des Nichtbankensektors frühzeitig vor dem »Überschwappen« auf die Kreditwirtschaft zu erkennen[259], spricht nicht zwingend für die Notwendigkeit dieses Instruments im Rahmen der Geldpolitik. Statt dessen könnte überlegt werden, inwiefern sich die bisher automatisch zugegangenen Daten – sofern tatsächlich unverzichtbar – nicht durch bestimmte Ausgestaltungen des Meldewesens der EZB sammeln lassen. Allerdings taucht bei einem Wegfall der Diskontpolitik die Frage nach der Existenzberechtigung des Apparats der Landeszentralbanken auf.

Die Diskontpolitik ist zudem nur schwer mit dem Ziel der Wettbewerbsneutralität in Einklang zu bringen, da ein befriedigender Schlüssel für die Verteilung der Kontingente (von der EZB an die nationalen Notenbanken und von dort) auf die einzelnen Kreditinstitute nicht ableitbar sein wird.[260] Diese Kontingente zu versteigern wäre eine marktwirtschaftliche Lösung, widerspräche indessen dem Grundgedanken der standing facility, da die Banken dann nicht hinreichend sicher wären, über welchen Betrag sie verfügen könnten.

Letztlich ist zu berücksichtigen, daß mit einer subventionierten Kreditfazilität eine weitere Untergrenze für den Tagesgeldsatz geschaffen würde (vgl. Abb. B. 23), wobei die bereits vorgesehene Einlagenfazilität nicht nur als das technisch einfacher zu handhabende, sondern auch effizientere Instrument erscheint. Bei einem ungeplanten Anstieg der Bankenliquidität beispielsweise besteht für die Kreditinstitute die Möglichkeit, die gesamte überschüssige Liquidität sofort bei der Notenbank »abzuladen«, während die Banken im Rahmen der Diskontpolitik lediglich ihre Mittelaufnahmen bei der Notenbank reduzieren können.[261]

Kontrovers wird auch darüber diskutiert, ob und ggfs. in welcher Form die *Mindestreservepolitik* zum Instrumentarium der EZB gehören soll.[262] Die Bundesbank als Befürwor-

---

[257] Vgl. auch H.-J. Krupp: Zur Entwicklung geldpolitischer Instrumente im Europäischen Währungssystem unter besonderer Berücksichtigung der kleineren Geschäftsbanken, in: Deutsche Bundesbank (Hrsg.): Auszüge aus Presseartikeln, Nr. 33 v. 24.5.1996, S. 8-12, hier S. 10.
[258] Vgl. H. Remsperger/U. Angenendt: a.a.O., S. 18.
[259] Vgl. H.-J. Krupp: a.a.O., S. 11.
[260] Vgl. o.V.: Harmonisierung der europäischen Geldpolitik: Wird der Rediskont »ausgewechselt«?, in: Wirtschaftsdienst der BHF-Bank, Nr. 1792 v. 15.7.1995.
[261] Vgl. o.V.: Empfehlungen zum geldpolitischen Instrumentarium der Währungsunion, in: Wirtschaftsdienst der BHF-Bank, Nr. 1798 v. 30.9.1995, S. 2.
[262] Vgl. etwa Th. Polleit: Schlüsselfragen zur europäischen Mindestreserve, in: ZfgK, 49. Jg., 1996, S. 247-252 und K. Knappe: Instrumente für eine europäische Geldpolitik, in: DBk, Nr. 6/1996, S. 376-380.

ter verweist dabei auf deren Funktionen der Schaffung eines Grundbedarfs an Zentralbankgeld sowie der Zinsglättung am Geldmarkt durch die Nutzung der Mindestreserve-Guthaben als Liquiditätspuffer (vgl. S. 163). Dem wird entgegengehalten, daß die deutsche Mindestreserve aufgrund entgehender Zinserträge für die Banken wie eine Steuer wirke und daher den Wettbewerb zwischen Kreditinstituten und reservefreien Finanzintermediären sowie zwischen unterschiedlich belasteten Finanzplätzen inner- und außerhalb der Währungsunion verzerre.[263] Zudem könne nach einer Absenkung der Mindestreserve auf ein Niveau knapp oberhalb der Arbeitsguthaben der Banken auch überlegt werden, diese vollständig abzuschaffen.

Hält man die Mindestreserve für geldpolitisch unverändert erforderlich, will man jedoch zugleich dem Ziel der Wettbewerbsneutralität gerecht werden, so liegt der Kompromiß einer freiwilligen, verzinsten Mindestreserve nahe. Die Verzinsung dürfte sich eigentlich nur auf diejenigen Beträge beziehen, die über die von den Kreditinstituten benötigten Arbeitsguthaben hinausgehen, welche jedoch von Seiten der Notenbank kaum zu quantifizieren sind. Remsperger/Angenendt[264] schlagen daher ein System vor, bei dem der Zahlungsverkehr der Banken, der über die Notenbank läuft, von der Mindestreservepflicht getrennt wird. Die Kreditinstitute wickeln die Ein- und Auszahlungen über ein »Liquiditätskonto« ab, die Höhe der Arbeitsguthaben auf diesem Konto überläßt die Notenbank ihnen. Allerdings müssen die Kreditinstitute der Zentralbank vor jeder Periode jenen Reservebetrag nennen, den sie als Arbeitsguthaben unterhalten möchten. Nur dieser deklarierte Betrag wäre im Monatsdurchschnitt zu erfüllen und würde mit einem Satz unter Marktniveau verzinst. Sollte sich auf dem Liquiditätskonto der Banken ein höherer Betrag als der angemeldete einstellen, so entgehen ihnen Zinserträge; dies hätten sie durch einen größeren Deklarierungsbetrag vermeiden können. Sind die tatsächlichen working balances dagegen kleiner als der angegebene und damit auch zu erfüllende Betrag, entstehen den Banken Opportunitätskosten dadurch, daß sie sich am Geldmarkt oder über die Notenbank Zentralbankgeld beschaffen müssen, das sie bei der Notenbank unterverzinst zu halten haben. Damit bestünde für die Kreditinstitute ein ausreichendes Anreizsystem, um die Arbeitsguthaben für den Zahlungsverkehr realistisch anzugeben und Opportunitätskosten im Sinne einer Steuer zu vermeiden, wodurch die Notenbank den Zentralbankgeldbedarf der Banken relativ gut abschätzen könnte. Wettbewerbsverzerrungen im Einlagengeschäft wären nicht mehr zu befürchten, wobei allerdings höhere Anforderungen an die Reservedispositionen der Kreditinstitute gestellt werden. Zugleich übernimmt das Liquiditätskonto wiederum eine Pufferfunktion, da der angemeldete Betrag nur im Monatsdurchschnitt eingehalten werden muß.

Zusätzlich könnte ein Pflicht-Reservekonto eingerichtet werden, das mit einem Reservesatz von Null normalerweise inaktiv wäre. Bei strukturellen Veränderungen im Finanzsystem oder aber Situationen, in denen dringend ein liquiditätsabsorbierendes Instrument benötigt würde, ließe es sich kurzfristig über positive Reservesätze reaktivieren. Die Reservehaltung auf diesem Konto müßte allerdings täglich erfüllt werden, stünde für die Abwicklung des Zahlungsverkehrs nicht zur Verfügung und sollte aufgrund ihres Zwangscharakters marktmäßig verzinst werden.

---

[263] H. Remsperger/U. Angenendt, a.a.O., S. 9, weisen in diesem Zusammenhang allerdings darauf hin, daß gerade für eine neu zu errichtende Notenbank eigene Einnahmen eine wichtige Rolle zur Durchsetzung ihrer Autonomie spielen.

[264] Vgl. H. Remsperger/U. Angenendt: Freiwillige Reserven in der Europäischen Währungsunion, in: DBk, Nr. 7/1995, S. 401-406.

Unter Berücksichtigung der vom EWI genannten Anforderungen erscheint es daher konsequent, wenn die EZB

a) im Rahmen der Grobsteuerung die Lombardpolitik beibehält, auf die Diskontpolitik aber verzichtet;
b) sich unvermindert die Möglichkeit der Pflichtreserve offen hält, die zur Abwicklung des Zahlungsverkehrs erforderlichen Guthaben der Kreditinstitute aber als freiwillige, verzinsliche Reserven ausgestaltet;
c) sich im Rahmen der Feinsteuerung auf die Offenmarktpolitik in Form von Wertpapierpensionsgeschäften konzentriert.

Literatur zu den Abschnitten B. II. und B. III.

Deutsche Bundesbank: Die Deutsche Bundesbank. Geldpolitische Aufgaben und Instrumente. Sonderdruck Nr. 7, 5. Aufl., Frankfurt/M. 1989.
Deutsche Bundesbank: Die Geldpolitik der Bundesbank, Frankfurt/M. 1995.
Dickertmann, D./Siedenberg, A.: Instrumentarium der Geldpolitik, 5. Aufl., Düsseldorf 1993.
Dudler, H. J.: Geldpolitik und ihre theoretischen Grundlagen, Frankfurt/M. 1984.
Duwendag, D. u.a.: Geldtheorie und Geldpolitik. Eine problemorientierte Einführung mit einem Kompendium bankstatistischer Fachbegriffe, 4. Aufl., Köln 1993.
Eckermann, H.: Bankkreditmärkte und Transmission monetärer Impulse, Hamburg 1995.
Ehrlicher, W./Simmert, D. B. (Hrsg.): Wandlungen des geldpolitischen Instrumentariums der Deutschen Bundesbank, Beihefte zu Kredit und Kapital, Heft 10, Berlin 1988.
Fuhrmann, W.: Geld und Kredit. Prinzipien monetärer Makroökonomie, 3. Aufl., München 1994.
Gebauer, W./Rudolph, B. (Hrsg.): Finanzmärkte und Zentralbankpolitik, Frankfurt/M. 1995.
Gischer, H.: Kreditmärkte, Investitionsentscheidung und Grenzen der Geldpolitik, Baden-Baden 1988.
Hartmann, M.: Die Bestimmungsgründe der Zentralbankgeldbeschaffung und der freien Liquiditätsreserven der Kreditinstitute, Berlin 1980.
Issing, O.: Einführung in die Geldpolitik, 5. Aufl., München 1993.
Issing, O.: Einführung in die Geldtheorie, 10. Aufl., München 1995.
Jarchow, H.-J.: Theorie und Politik des Geldes, I.: Geldtheorie, 9. Aufl., Göttingen 1993; II: Geldmarkt, Bundesbank und geldpolitische Instrumente, 7. Aufl., Göttingen 1995.
Köhler, C.: Geldwirtschaft, Bd. 1: Geldversorgung und Kreditpolitik, 2. Aufl., Berlin 1977; Bd. 2: Zahlungsbilanz und Wechselkurs, Berlin 1979.
Menkhoff, L.: Geldpolitische Instrumente der Europäischen Zentralbank, Stuttgart 1995.
Mishkin, F. S.: The Economics of Money, Banking and Financial Markets, 3rd ed., Boston/Toronto 1992.
Luckett, D. G.: Money and banking, part 7: Central banking, 3rd ed., New York 1984.
Richter, R.: Geldtheorie, 2. Aufl., Berlin u.a. 1990.
Siebke, J./Thieme, H. J. (Hrsg.): Geldpolitik – Zwanzig Jahre Geldmengensteuerung in Deutschland, Baden-Baden 1995.
Thieme, H. J. (Hrsg.): Geldtheorie. Entwicklung, Stand und systemvergleichende Anwendung, 2. Aufl., Baden-Baden 1987.

Kontrollfragen zu den Abschnitten B. II. und B. III.

1. Die folgende Tabelle B. 18 (siehe S. 194) zeigt die Bilanz der Deutschen Bundesbank. Darin sind alle diejenigen Positionen markiert, die in dem Abschnitt über Ansatzpunkte der Bundesbankpolitik angesprochen worden sind. Derartige Hinweise wurden jedoch in der Regel allgemein gehalten und folgten nicht (genau) den Bezeichnungen der Bilanzpositionen. Ordnen Sie deshalb bei der Durcharbeitung dieses Abschnitts den entsprechenden Texthinweisen die markierten Bilanzpositionen zu.

Aktiva		DM	31.12.1994 Mio DM	Passiva		DM	31.12.1994 Mio DM
*1 Gold		13 687 518 821,70	13 688	*1 Banknotenumlauf		248 363 466 180,-	236 165
*2 Reserveposition im Internationalen Währungsfonds und Sonderziehungsrechte				*2 Einlagen von Kreditinstituten			(18 546)
2.1 Ziehungsrechte in der Reservetranche	7 468 707 428,79		(6 241)	2.1 auf Girokonten	49 669 141 700,38		(56 154)
2.2 Kredite aufgrund besonderer Kreditvereinbarungen	–		(1 726)	2.2 sonstige	17 757 343,91	49 686 899 044,29	(28) 56 182
2.3 Sonderziehungsrechte	2 868 619 765,95	10 337 327 194,74	7 967	3 Einlagen von öffentlichen Haushalten			
*3 Forderungen an das Europäische Währungsinstitut				*3.1 Bund	40 225 527,39		(41)
3.1 Guthaben in ECU 38 405 850 759,47				*3.2 Sondervermögen des Bundes	7 359 047,75		(9)
abzüglich: Unterschiedsbetrag zwischen ECU-Wert und Buchwert der eingebrachten Gold- und Dollarreserven 9 607 364 560,83		28 798 466 198,64		*3.3 Länder	78 526 158,-		(136)
				*3.4 andere öffentliche Einleger	37 992 974,46	164 103 707,60	(30) 216
3.2 sonstige Forderungen			(31 742)	*4 Einlagen von anderen inländischen Einlegern		707 386 216,49	711
		28 798 466 198,64	31 742	*5 Verbindlichkeiten aus abgegebenen Liquiditätspapieren		1 583 900 000,-	6 038
*4 Guthaben bei ausländischen Banken und Geldmarktanlagen im Ausland		68 463 925 549,45	60 188	*6 Verbindlichkeiten aus dem Auslandsgeschäft			(18 546)
*5 Sorten		19 730 763,24	20	6.1 Einlagen ausländischer Einleger	14 798 820 718,64		(5)
*6 Kredite und sonstige Forderungen an das Ausland				6.2 sonstige	7 490 264,13	14 806 310 982,77	18 551
6.1 Kredite im Rahmen des mittelfristigen EG-Zahlungsbilanzbeistands	–		(–)	*7 Ausgleichsposten für zugeteilte Sonderziehungsrechte		2 579 984 268,80	2 738
6.2 sonstige Kredite an ausländische Währungsbehörden	–		(2 152)	8 Rückstellungen			(2 753)
6.3 Kredite an die Weltbank	1 750 000 000,-		1 955	8.1 für Pensionsverpflichtungen	3 093 000 000,-		(7 257)
6.4 sonstige Forderungen an das Ausland	204 300 000,-	1 954 300 000,-	(208) 2 360	8.2 sonstige Rückstellungen	6 992 435 965,89	10 085 435 965,89	10 010
7 Kredite an inländische Kreditinstitute			(146 285)	9 Schwebende Verrechnungen		2 252 622 784,60	1 955
7.1 Im Offenmarktgeschäft mit Rücknahmevereinbarung angekaufte Wertpapiere	145 754 112 000,-			10 Sonstige Verbindlichkeiten		507 883 582,51	540
*7.2 Inlandswechsel	52 210 352 963,77		(52 108)	11 Rechnungsabgrenzungsposten		393 262 844,90	722
*7.3 Auslandswechsel	9 634 923 783,51		(9 546)	12 Grundkapital		290 000 000,-	290
*7.4 Lombardforderungen	5 532 916 800,-	213 132 305 547,28	(9 753) 217 692	13 Rücklagen			(11 217)
*8 Ausgleichsforderungen an den Bund und unverzinsliche Schuldverschreibung wegen Berlin		8 683 585 988,93	8 684	13.1 gesetzliche Rücklage	11 808 300 000,-		(290)
*9 Wertpapiere		884 129 812,60	3 173	13.2 sonstige Rücklagen	290 000 000,-	12 098 300 000,-	11 507
*10 Deutsche Scheidemünzen		2 090 634 847,29	2 126	14 Bilanzgewinn		10 927 914 356,50	10 858
*11 Postgiroguthaben		–	2 716			354 447 469 934,35	356 483
*12 Grundstücke und Gebäude		3 559 378 262,82	3 364				
13 Betriebs- und Geschäftsausstattung		202 780 148,-	214				
14 Sonstige Vermögensgegenstände		2 571 648 255,35	2 439				
15 Rechnungsabgrenzungsposten		61 738 544,31	110				
		354 447 469 934,35	356 483				

Tab. B. 18: Bilanz der Deutschen Bundesbank zum 31. Dezember 1995 (Quelle: Geschäftsbericht der Deutschen Bundesbank für das Jahr 1995, S. 156f.)

2. Arbeiten Sie ein Zielsystem für die Deutsche Bundesbank heraus, indem Sie – unter Hinweis auf die gesetzlichen Grundlagen – von den Oberzielen ausgehen und bei den Zwischenzielen solche mit Indikator- sowie Steuerungscharakter unterscheiden.
3. Diskutieren Sie die geldpolitischen Zielgrößen
   - Geldvolumen
   - Zentralbankgeldmenge
   - Kreditvergabe der Geschäftsbanken
   - ihre Liquiditätsreserven und
   - das Zinsniveau

   im Hinblick darauf, ob sie von der Bundesbank unmittelbar zu beeinflussen sind oder nicht.
4. Erläutern Sie, warum es nicht ganz exakt ist, die Zentralbankgeldmenge in der Anschauung der Bundesbank als komprimierten Reflex der Entwicklung des Geldvolumens in seiner weitesten Fassung (M_3) zu bezeichnen.
5. Die Bundesbank ist in den vergangenen Jahren von der Zentralbankgeldmenge als Indikator für das Wachstum des Geldvolumens zunehmend auf das Geldmengenaggregat M_3 übergegangen. Wie beurteilen Sie die Aussagefähigkeit der beiden Größen? Wodurch wurde die zusätzliche Beobachtung von »M_3 erweitert« motiviert?
6. Man kann dem Geld des Publikums auf einer höheren Ebene die Liquiditätsreserven der Geschäftsbanken als deren Geld gegenüberstellen. Sehen Sie Widersprüche in der offiziellen Fassung einerseits des Geldes (im Sinne von M_1, M_2, M_3) und andererseits der Liquiditätsreserven des Geschäftsbankensystems?
7. Voraussetzung für die Kredit- und Geldschöpfung des Geschäftsbankensystems sind Liquiditätsreserven (LR), die von der Bundesbank entsprechend ihren jeweils dominierenden Zielvorstellungen beeinflußt werden.
   a) Nennen Sie die Komponenten der LR des Geschäftsbankensystems.
   b) Erläutern Sie anhand der Tab. B. 16 (S. 156) die Ermittlung des Bedarfs der Kreditinstitute an Zentralbankgeld durch die Bundesbank.
   c) Zeigen Sie, wie über die Marktfaktoren
      I. Veränderungen der Zentralbankeinlagen öffentlicher Haushalte
      II. Veränderungen der Währungsreserven der Bundesbank
      III. Veränderungen des Bargeldumlaufs
      dem Geschäftsbankensystem LR entzogen oder zugeführt werden.
   d) Wie schätzen Sie für die Marktfaktoren II. und III. jeweils für sich den Nettoeffekt, d.h. die Wirkungsrichtung für das nächste Jahr? Begründen Sie ihre Prognose.
   e) Inwiefern besitzt auch die Veränderung der Mindestreserve-Guthaben den Charakter eines Marktfaktors?
   f) Nennen Sie die Maßnahmen der
      I. Grobsteuerung
      II. Feinsteuerung,
      mit denen die Bundesbank direkt die LR des Geschäftsbankensystems kontrolliert.
      Mit welchem Instrument wird derzeit vor allem die Steuerung der LR vollzogen? Skizzieren Sie kurz die Wirkungsweise dieses Instruments.

8. Macht es einen Unterschied für die Entwicklung der Liquiditätsreserven, ob das Publikum Zahlungen auf Konten bei der Bundesbank via Geschäftsbankensystem zu Lasten von Einlagen oder Kreditlinien tätigt?
9. Woraus besteht das Material, mit dem die Bundesbank Offenmarktoperationen am Geldmarkt und am Kapitalmarkt durchführt?
10. Warum bezeichnet man Sonderlombardaktionen im Gegensatz zur Variation von Rediskontkontingenten als Instrument der Feinsteuerung?
11. Es wird behauptet, die von den Kreditinstituten zu unterhaltenden Mindestreserven
    a) dienten der Liquiditätssicherung für die Kundeneinlagen,
    b) spiegelten den unterschiedlich geldnahen Charakter der Einlagenkategorien wider,
    c) seien für die Kreditinstitute blockierte Liquidität,
    d) dienten als Liquiditätspuffer,
    e) stellten einen Belastungsfaktor bei der Kalkulation ihrer Kreditpreise dar,
    f) hätten für sie den Charakter einer Steuer.
    Treffen diese Behauptungen zu?
12. Besteht zwischen der sogenannten Mengen- und der Zinspolitik der Bundesbank ein Zusammenhang?
13. Inwieweit vermag die Bundesbank durch Variation der Abgabe- bzw. Rücknahmesätze für Geldmarktpapiere und der Diskont- bzw. Lombardsätze unmittelbaren Einfluß auf das Zinsniveau am Interbankenmarkt zu nehmen?
14. Werden Tendenzen z.B. einer Zinssenkung am Geldmarkt zwangsläufig und reibungslos auf den Kapitalmarkt übertragen?
15. Wie beurteilen Sie die Möglichkeit, mit Hilfe einer auf Zinssenkung gerichteten Zentralbankpolitik einen Aufschwung der Konjunktur auszulösen?
16. Vergleichen Sie das zukünftige ESZB mit der deutschen Bundesbank im Hinblick auf
    a) den Aufbau;
    b) den Auftrag;
    c) das Instrumentarium.

C. Bankpolitik

Dieser Teil über die Bankpolitik wird mit der Behandlung strategischer Basisentscheidungen aufgenommen. Jede Strategie setzt ein *Zielsystem* voraus, das vor dem Hintergrund unterschiedlicher Interessengruppen zu entwickeln ist. Anschließend hat die Bankleitung unter Berücksichtigung der zukünftig auf die Zielerreichung einwirkenden Kräfte die *Erfolgspotentiale* des Kreditinstituts zu analysieren, worauf sich eine grundlegende *Positionierung* im Markt gründen kann. Damit wiederum wird eine Vorentscheidung über die Aufbau- und Ablauf*organisation* der Bank getroffen (»structure follows strategy«).

Das Bankmanagement handelt nicht im luftleeren Raum, sondern hat zahlreiche Restriktionen rechtlicher Art zu beachten. Diese betreffen zum einen die *Publizität* der Bank, indem die Gestaltungsmöglichkeiten bei der Rechenschaftslegung beschränkt werden. Zum anderen begrenzen die *Vorschriften der Bankenaufsicht* den Entscheidungsspielraum von Bankleitern. Noch handelt es sich dabei im Kern um Bilanzstrukturnormen in Form von Finanzierungs- und Eigenkapitalbelastungsregeln. Zunehmend stellt die Bankenaufsicht jedoch auch auf das eigene *Risk Management* der Kreditinstitute ab; deshalb werden die externe und die interne Sichtweise dieses für die Bankpolitik zentralen Themenkomplexes gemeinsam behandelt. Dem geht die Erörterung der Ausrichtung des *internen Rechnungswesens* voraus, das dem Bankmanagement als Informationsbasis für das Risiko-(und das später zu diskutierende Ertrags-)management dient.

Mit der Beleuchtung der aufsichtsrechtlichen Vorschriften ist zugleich die Grundlage gelegt für den Abschnitt über die Abbildung bankpolitischer Entscheidungen, denn die dort behandelten *Partialmodelle* setzen jeweils bei den insbesondere durch die Bilanzstrukturnormen determinierten Modellrestriktionen an. Die Versuche, zu einem Totalmodell der Bank durchzudringen, machen deutlich, daß sich die damit einhergehenden Schwierigkeiten aus den Funktionen der Universalbank heraus erklären lassen. Das Schwergewicht ihrer Probleme liegt im Markt, so daß abschließend die eingehende Beschäftigung mit dem *Marketing* der Kreditinstitute erforderlich ist.

Unter **Bankpolitik wird hier die Gesamtheit der Maßnahmen verstanden, die in einem Kreditinstitut ergriffen werden, um unter Beachtung von externen und internen Beschränkungen die gesetzten Ziele zu erreichen.**

Diese Definition der Bankpolitik wirft folgende Fragen auf:

(1) Welche *Ziele* werden in einem Kreditinstitut gesetzt und welche strategischen Basisentscheidungen sind vor ihrem Hintergrund zu treffen (C. I.)?

(2) Welche *Beschränkungen* externer und interner Art sind es, die die Bankleitung bei der Zielverfolgung zu beachten hat (C. II.)?

(3) Welche *Maßnahmen* können unter den gegebenen Beschränkungen zur Erreichung der Ziele getroffen werden (C. III.)?

I. Strategische Basisentscheidungen

1. Die Entwicklung des Zielsystems der Bank vor dem Hintergrund unterschiedlicher Interessengruppen

Im Wirtschaftssystem der sozialen Marktwirtschaft dominiert das erwerbswirtschaftliche Prinzip mit der daraus folgenden unternehmerischen Zielsetzung der Gewinnmaximierung. Es ist unmittelbar einsichtig, daß dieses Oberziel nicht absolut, sondern nur relativiert im Hinblick auf die bei unvollständiger Information erkennbaren Gewinnerzielungsmöglichkeiten sowie die nicht mit der perfekten Ratio des Homo Oeconomicus ausgestatteten Manager Gültigkeit haben kann. Bei den Managern eines Kreditinstituts handelt es sich wie in anderen Unternehmen auch um eine Hierarchie von mit Entscheidungsbefugnissen betrauten, durch übergeordnete Instanzen und Organe bestellte Personen – im Gegensatz zu dem Unternehmer als dem Willensbildungszentrum der klassischen Theorie. Daraus folgt, daß erstens multipersonale Entscheidungsprozesse im Hinblick auf das Oberziel zu koordinieren sind und zweitens dieses Oberziel nicht primär die egoistischen Vorstellungen der Manager widerspiegelt, sondern aus den Präferenzen derjenigen Gruppen abzuleiten ist, denen das Management Rechenschaft zu legen hat.

Damit stellt sich konkret die Frage, ob das Ziel der Gewinnmaximierung für die in den Aufsichtsräten der privaten Institute und Genossenschaftsbanken sowie in den Verwaltungsräten der Sparkassen vertretenen Gruppen der Eigentümer, Arbeitnehmer und der öffentlichen Hand als dominant angenommen werden kann. – Empirische Erhebungen deuten darauf hin, daß bei den privatwirtschaftlichen (Bank-)Aktiengesellschaften das Ziel der langfristigen Gewinnmaximierung im Vordergrund steht.[1]

Die langfristige Maximierung der Gewinne, etwa bis zum ökonomischen Horizont, reicht über Planungszeiträume wie ein Geschäftsjahr hinaus. Sonst wären Sozialinvestitionen und aufwendige Public Relations (PR)-Feldzüge zur Verbesserung des Image nicht erklärlich, die einerseits den kurzfristigen Gewinn schmälern, andererseits aber Voraussetzung für die Sicherung langfristiger Gewinne sind. (Damit nicht im Widerspruch steht das Ziel, die Selbständigkeit in den Vordergrund zu stellen, wenn z.B. ein Privatbankier dazu veranlaßt wird, auf günstige Refinanzierungsmöglichkeiten zu verzichten, die etwa mit der Aufnahme einer Aktienbank in den Gesellschafterkreis verbunden wären.)

Operational wird eine Zielfunktion der langfristigen Gewinnmaximierung durch Zufügung eines Systems von Nebenbedingungen, in denen z.B. Mindestgehälter berücksichtigt sowie Kostenbudgets für den Sozial- und PR-Bereich vorgegeben werden.

---

[1] Vgl. z.B. H. Schütt: Finanzierung und Finanzplanung deutscher Industrieunternehmungen. Eine empirische Untersuchung, Darmstadt 1979, S. 64. Insbesondere in konjunkturell schwierigen Situationen treten Sicherungsziele stärker in den Vordergrund. Vgl. W. Fritz/F. Förster/H. Raffée/G. Silberer: Unternehmensziele in Industrie und Handel, in: DBW, 45. Jg., 1985, S. 375-394.

Da Anzahl und Sicherheit der Arbeitsplätze vor allem von der langfristigen Gewinnentwicklung abhängig sind, kann davon ausgegangen werden, daß auch die Arbeitnehmervertreter in den Aufsichtsorganen deutscher Kreditinstitute sich auf diese Zielsetzung einigen können. Dies um so eher, als Überlegungen um langfristige Gewinnziele nicht nur auf ein Mehr an Gewinnen in der Zukunft gerichtet sind, sondern auch auf ihre Stabilisierung im Zeitverlauf. PR-, Sozial- und Ausbildungsinvestitionen sollen auch gegen das Risiko möglicher Gewinneinbrüche schützen helfen und haben unter diesem Aspekt Versicherungscharakter.

In den 90er Jahren wird an die Leitungen der (Bank-)Unternehmen zunehmend die Forderung herangetragen, den »Shareholder Value«, also den Wert des Aktionärsvermögens, als Zielgröße zu verfolgen.[2] Hintergrund hierfür ist, daß sich im Zuge der Globalisierung der angelsächsische Einfluß auf den Finanzmärkten verstärkt hat. Die international bewegten Finanzvolumina haben ein Vielfaches der Handelsvolumina erreicht. Dabei reagieren die Kapitalströme immer sensibler auf Rendite/Risiko-Differenzen. Effizienter gewordene Devisen- und Kapitalmärkte honorieren oder sanktionieren die Wirtschafts- und Sozialpolitik der Staaten genauso wie die Geschäftspolitik der Unternehmen mit der Folge einer Verbilligung bzw. Erhöhung der Beschaffungskosten für Kapital in in- und ausländischer Währung.

Die Disziplinierung staatlicher Haushalte und derjenigen von Unternehmen durch die Märkte ist Folge des Performance-Drucks, unter dem die für die Auslösung der Kapitalströme Verantwortlichen in den Zentral- und Geschäftsbanken sowie bei anderen institutionellen Anlegern wie Pensionsfonds und Versicherungen, Kapitalanlagegesellschaften usw. stehen. Von den Portfoliomanagern erwartet man die Erzielung von unter Berücksichtigung des eingegangenen Risikos angemessenen Renditen; danach werden sie bewertet und (überwiegend) entlohnt.

Mit Blick auf die Wirtschaft investieren die Portfoliomanager vor allem in diejenigen Unternehmen, in denen das Management bereit und in der Lage scheint, ihre mit Nachdruck vorgetragenen Rendite/Risiko-Vorstellungen zur Leitlinie der Geschäftspolitik zu machen.[3]

Der Shareholder Value besteht aus den zugeflossenen Dividenden und Kursgewinnen. Da man davon ausgehen kann, daß schon bei einem Besitz von wenigen Aktien der an laufenden Zahlungen interessierte Aktionär einen Teil seines Besitzes liquidieren kann, ist er auf Dividendenzahlungen nicht unbedingt angewiesen. Mit Blick auf den Shareholder Value kann sich das aktionärsorientierte Management demnach die *Kurswertmaximierung* zum Ziel setzen, sein Handeln daran ausrichten, daß die für die verschiedenen Geschäftsbereiche konzipierten und umzusetzenden Strategien einen möglichst günstigen Einfluß auf die Kursentwicklung nehmen. – Dies gilt für börsengehandelte Nichtbanken genauso wie für die Banken.

Nachdem sich nun auch in Deutschland das Management der großen börsengehandelten Gesellschaften mit einem Anteil ausländischer Aktionäre von häufig über 40 Prozent im-

---

[2] Vgl. dazu J. Süchting: Unternehmenssteuerung in Aktienbanken nach dem Shareholder-Value-Konzept, in: International Bankers Forum e.V. (Hrsg.): Die Banken auf dem Weg ins 21. Jahrhundert: Strategien und Konzepte, Wiesbaden 1996, S. 407-418.

[3] Eine solche insbesondere an ausländischen Anteilseignern orientierte Politik kommt auch in einer Hinwendung der deutschen Konzernrechnungslegung zu den International Accounting Standards (IAS) sowie in der Berichterstattung gegenüber Finanzanalysten und auf Road Shows zum Ausdruck: Im Mittelpunkt der Publizität stehen die Ertragskraft der Unternehmung und die auf sie wirkenden Einflußfaktoren (vgl. S. 365ff.).

mer mehr mit deren Renditeerwartungen konfrontiert sieht, wird vielfach behauptet, daß bei einer einseitigen Ausrichtung der Geschäftspolitik an den vermeintlich allein auf kurzfristige Performance gerichteten Interessen der Aktionäre (Shareholders) die weiteren in der Gesellschaft verhafteten, an dieser Einkommensquelle und ihrem Risiko partizipierenden Gruppen (Stakeholders) mit ihren Interessen auf der Strecke blieben[4]. Ergibt sich von daher ein Widerspruch zum Ziel der langfristigen Gewinnmaximierung? Diese Frage muß in den größeren Zusammenhang gestellt und differenziert beantwortet werden.

Es ist nicht zu bestreiten, daß es US-amerikanische Portfoliomanager gibt, die auch kurzfristig, z.B. auf ein Geschäftsjahr bezogen, einen möglichst hohen Nutzen aus ihren Investments erwarten. Überall dort jedoch, wo über Pension Funds, Life Insurance und Mutual Funds Altersvorsorge betrieben wird, ist es vor allem das Anlageziel, den Begünstigten eine langfristig stabile, möglichst gute Performance zu sichern. Anders wäre nicht zu erklären, warum Finanzanalysten aus den USA, die auch und gerade die Portfoliomanager mit Informationen versorgen, bei der Informationsbeschaffung über deutsche Gesellschaften Fragen nach Produktinnovationen (die einen entsprechenden Forschungs- und Entwicklungsaufwand voraussetzen) und geschäftsfeldbezogenen Strategien (die für die Umsetzung zunächst einmal vorbereitende Investitionen erfordern) in den Mittelpunkt stellen. Darin kommt langfristiges Nutzendenken zu Lasten der kurzfristigen Performance zum Ausdruck.[5]

Dementsprechend agieren die Unternehmensführer in Deutschland. Sie sehen sich traditionell – abgesehen von ihren eigenen Interessen – nicht einseitig als Vertreter der Anteilseigner, sondern als Leiter einer Koalition, der die Interessen aller an ihr beteiligten Gruppen, für die etwas »auf dem Spiel« (at the stake) steht, zum Ausgleich bringen, die Koalition somit stabilisieren und möglichst sicher in die Zukunft führen sollen. Diese auf den Interessenausgleich insbesondere mit den Mitarbeitern bedachte, die Unternehmenserhaltung absichernde Koalitions- und Geschäftspolitik hat das Ausland in der Vergangenheit nicht davon abgehalten, deutsche Aktien zu kaufen. Aber in den international gemischten Portefeuilles ausländischer institutioneller Investoren stellte Deutschland eben einen vergleichsweise risiko-(und rendite-)armen Aktienanteil, im Gegensatz etwa zu risiko- (und rendite-)reichen Unternehmen aus dem pazifischen Raum. Wer in Deutschland investierte, kaufte die »Rentenwerte« der internationalen Aktienmärkte. Unter diesem Aspekt fanden auch die Anteile von Gesellschaften mit einer Koalition aus Shareholders und Stakeholders Platz in den Portefeuilles internationaler Großanleger; es ergab sich kein Gegensatz zwischen Shareholder- und Stakeholder-Denken.[6]

Es läßt sich jedoch nicht bestreiten, daß angesichts der Krisenerscheinungen der deutschen Wirtschaft und der offensichtlichen Überkapazitäten auch in der Finanzindustrie der Performance-Druck der Anteilseigner auf die Banken in den letzten Jahren gewachsen ist. Ihre Leitungen beginnen dem zu folgen. Sie geben diesen Druck vor allem auf die Mitarbeiter und ihre sozialen Errungenschaften weiter (Abbildung C. 1). Sprach man in der Vergan-

---

[4] Vgl. o.V.: Shareholder Value und Aktienkultur – eine Umfrage bei den DAX-Werten, in: ZfgK, 49. Jg., 1996, S. 481- 495 sowie grundlegend zum Stakeholder-Ansatz B. Cornell/A. C. Shapiro: Corporate stakeholders and corporate finance, in: FM, vol. 15, 1987, S. 5-14.

[5] Vgl. auch E. Strutz: Wertmanagement von Banken, Bern u.a. 1993, S. 96.

[6] Vgl. J. Süchting: Finanzmanagement, a.a.O., S. 330f. sowie W. Freygang: Kapitalallokation in diversifizierten Unternehmen, Wiesbaden 1993, S. 63-76. – Dabei ist indessen zu berücksichtigen, daß unter den deutschen Umfeldbedingungen einer stabilitätsorientierten Zentralbankpolitik ausländische Shareholder zeitweise auch Währungsgewinne erzielten.

genheit noch von »Bankbeamten«, so müssen die Arbeitnehmer mittlerweile auch in der Kreditwirtschaft mit Freisetzungen rechnen. Im Rahmen der Debatte um den Standort Deutschland prangern führende Repräsentanten der Banken regelmäßig Defizite im Bereich der Steuerpolitik und der Arbeitszeitregelungen an und setzen damit die politischen Entscheidungsträger unter Druck.

Wenn somit die Interessen der Shareholder stärker an Gewicht gewinnen, so sagt dies nichts gegen die Philosophie einer Koalition auch mit anderen Stakeholders. Es handelt sich vielmehr um die Rückbesinnung auf die Rechte der Anteilseigner, die ihre Bereitschaft zur Kapitalhergabe bei den auf globalen Märkten vorfindbaren Alternativen zunehmend von der Erzielung konkurrenzfähiger Renditen abhängig machen. *Im internationalen Kontext reicht es nicht aus, daß die Eigenkapitalverzinsung einen positiven Wert annimmt, sie muß die Höhe der Kapitalkosten (= Renditeerwartungen der Kapitalgeber) erreichen.* Dies wird jedoch dadurch ermöglicht, daß nach einem Anpassungsprozeß zugunsten der Anteilseigner in einem neuen Gleichgewicht eine auf Interessenausgleich gerichtete (und in den Kursen honorierte) Koalitionspolitik fortgeführt werden kann. Die Ziele der langfristigen Gewinnmaximierung und der Kurswertmaximierung laufen dann zusammen.

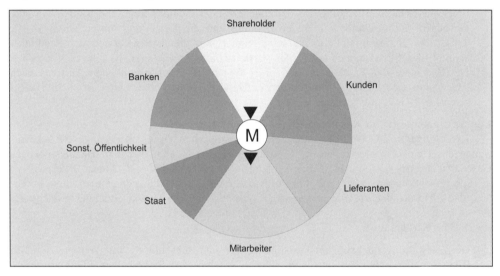

Abb. C. 1: Das Management (M) als Koalitionsführer unterschiedlicher Interessengruppen (Stakeholders) unter Performance-Druck (▼)

Angesichts der Ungewißheit der Zukunft müssen bei der Verfolgung dieser Ziele Vorkehrungen gegen den Eintritt unerwünschter Ereignisse getroffen werden. Derartige Sicherheitsvorkehrungen betreffen neben den oben erwähnten Investitionen gerade in den Kreditinstituten[7] vor allem *Sicherheitsreserven im Eigenkapital- und Liquiditätsbereich.*

Da sich Gewinn und Sicherheit als zwei einander entgegengerichtete Zielvorschriften nicht gleichzeitig extremieren lassen, muß bei der Formulierung des Oberziels offenbar ein Abwägen zwischen Gewinn und Sicherheit erfolgen.

---

[7] Die Heraushebung der Kreditinstitute in diesem Zusammenhang erklärt sich mit ihrer Sonderstellung in der Gesamtwirtschaft (dazu vgl. S. 455ff.).

Bei den *öffentlich-rechtlichen Sparkassen* und *Landesbanken* steht die Zielsetzung der langfristigen Gewinnmaximierung formal im Widerspruch zu entsprechenden gesetzlichen Grundaufträgen wie dem *Gemeinnützigkeitsprinzip* und darauf basierenden Satzungsbestimmungen, nach denen Institute dieser Bankengruppe zwar nach wirtschaftlichen Grundsätzen, aber nicht zwecks Gewinnerzielung zu führen sind:

Dies gilt zum einen für die Sparkassen selbst, wie folgender Ausschnitt aus dem am 1. Januar 1995 in Kraft getretenen, neuen Sparkassengesetz des Landes NRW zeigt:

»**§ 3 Unternehmenszweck, öffentlicher Auftrag**

(1) Die Sparkassen sind Wirtschaftsunternehmen der Gemeinden oder Gemeindeverbände mit der Aufgabe, der geld- und kreditwirtschaftlichen Versorgung der Bevölkerung und der Wirtschaft insbesondere des Geschäftsgebietes und ihres Gewährträgers zu dienen.

(2) Die Sparkassen stärken den Wettbewerb im Kreditgewerbe. Sie fördern den Sparsinn und die Vermögensbildung der Bevölkerung sowie das eigenverantwortliche Verhalten der Jugend in wirtschaftlichen Angelegenheiten. Die Sparkassen tragen zur Finanzierung der Schuldnerberatung in Verbraucher- oder Schuldnerberatungsstellen bei; die Gewährträger entscheiden über den Umfang und die Verteilung dieser Mittel an die Träger der Beratungsstellen. Die Kreditversorgung dient vornehmlich der Kreditausstattung des Mittelstandes sowie der wirtschaftlich schwächeren Bevölkerungskreise.

(3) Die Geschäfte der Sparkassen sind unter Beachtung ihres öffentlichen Auftrags nach kaufmännischen Grundsätzen zu führen. Die Erzielung von Gewinn ist nicht Hauptzweck des Geschäftsbetriebes.«

Das trifft ebenso zu für die nordrhein-westfälische Landesbank:

»Die Geschäfte der WestLB sind nach kaufmännischen Grundsätzen unter Berücksichtigung des Gemeinwohls zu führen. Die Erzielung von Gewinn ist nicht Hauptzweck des Geschäftsbetriebes.« (§ 6 Abs. 5 der Satzung in der Fassung vom 1. Januar 1995)

Andererseits lassen zwingende Vorschriften für die Verwendung der Überschüsse erkennen, daß nicht an eine zufällige, sondern an eine regelmäßige Gewinnerzielung gedacht ist:

»**§ 28 Jahresüberschuß**

(1) Der Verwaltungsrat kann bei Feststellung des Jahresabschlusses mit Wirkung für den Bilanzstichtag einen Teil aus dem Jahresüberschuß der Sicherheitsrücklage zuführen. Er kann ferner einen Teil aus dem Jahresüberschuß, der nicht mehr als die Hälfte des sich aus Absatz 2 ergebenden Betrages ausmacht, einer freien Rücklage zuführen.

(2) Die Vertretung des Gewährträgers beschließt nach Anhörung des Verwaltungsrates, daß von dem um einen Verlustvortrag aus dem Vorjahr geminderten Jahresüberschuß dem Gewährträger, der Sicherheitsrücklage oder einer freien Rücklage zugeführt wird
   a) bis zu 10 vom Hundert, wenn die nach § 10 Abs. 1 des Gesetzes über das Kreditwesen (Grundsatz I) ermittelten und gewichteten Risikoaktiva zu mehr als 7 vom Hundert durch die Sicherheitsrücklage gedeckt sind,
   b) bis zu 15 vom Hundert, wenn die nach § 10 Abs. 1 des Gesetzes über das Kreditwesen (Grundsatz I) ermittelten und gewichteten Risikoaktiva zu mehr als 8 vom Hundert durch die Sicherheitsrücklage gedeckt sind,

.
.
.

f) bis zu 35 vom Hundert, wenn die nach § 10 Abs. 1 des Gesetzes über das Kreditwesen (Grundsatz I) ermittelten und gewichteten Risikoaktiva zu mehr als 12 vom Hundert durch die Sicherheitsrücklage gedeckt sind.

(3) Der nicht nach Absatz 1 und 2 verwendete Teil des Jahresüberschusses ist der Sicherheitsrücklage zuzuführen ...«

(Quelle: Sparkassengesetz des Landes NRW in der Fassung vom 1.1.1995)

Dieser Widerspruch resultiert aus dem Versuch, die für die ersten Sparkassengründungen maßgebliche Idee der gemeinnützigen Förderung des Sparens zur Hebung der Wohlfahrt insbesondere der Angehörigen der unteren Einkommensklassen mit den Erfordernissen zu verbinden, die an die heute universal tätigen öffentlich-rechtlichen Institute im Rahmen wachsender Aufgaben gestellt werden. Dementsprechend formuliert H. Köhler, Präsident des Deutschen Sparkassen- und Giroverbandes: »Die moderne Sparkasse ist eine Art Bindeglied zwischen Wettbewerbsfähigkeit und Wirtschaftlichkeit auf der einen sowie Solidarität auf der anderen Seite«.[8]

Solche Aufgaben etwa der kommunalen Finanzierung können nicht von schrumpfenden, sondern nur von Instituten bewältigt werden, die am Wachstum der Branche partizipieren. Nach den Grundsätzen über das Eigenkapital der Kreditinstitute ist indessen das Wachstum einer Sparkasse wie das jeder anderen Bank auch an ein wachsendes Eigenkapital gebunden (vgl. S. 480). Betrachtet man die Entwicklung der Eigenkapitalquoten der wichtigsten Gruppen der deutschen Kreditinstitute über einen 20-Jahres-Zeitraum, so wird deutlich, daß der Eigenkapitalanteil insgesamt allmählich zurückging und ab der zweiten Hälfte der 80er Jahre wieder erhöht werden konnte.

Bankengruppen	Anteil des Kapitals am Geschäftsvolumen [1]										
	1975	1977	1979	1981	1983	1985	1987	1989	1991	1993	1995
Großbanken	4,7	4,6	4,5	5,0	5,1	5,6	6,4	6,6	6,5	7,0	7,2
Regional- und sonstige Kreditbanken	4,3	4,5	4,2	4,2	4,3	4,3	4,9	4,9	6,3	5,5	6,3
Privatbankiers	5,8	5,6	5,3	5,0	5,1	5,1	5,1	5,7	5,1	5,9	6,0
Girozentralen [2]	2,2	2,3	2,2	2,2	2,4	2,3	2,4	2,5	2,5	3,2	3,3
Sparkassen	3,1	3,2	3,3	3,4	3,5	3,7	3,8	3,8	3,7	3,8	3,9
Genossenschaftliche Zentralbanken [3]	2,7	3,2	3,2	3,0	3,0	3,7	3,5	3,7	3,6	3,8	3,8
Kreditgenossenschaften [4]	3,7	3,8	3,7	3,5	3,6	3,8	3,9	3,9	3,8	4,9	4,5
Realkreditinstitute	2,7	2,4	2,3	2,2	2,2	2,3	2,4	2,5	2,4	2,3	2,4
Kreditinstitute mit Sonderaufgaben	3,7	3,6	3,4	3,1	3,1	3,1	3,2	3,1	2,9	3,8	3,1
Alle Bankengruppen	3,4	3,4	3,3	3,3	3,3	3,5	3,7	3,8	3,9	4,0	4,2

1) Nach der Statistik der Bundesbank: Gezeichnetes Kapital, Rücklagen, Genußrechtskapital und (ab 1993) Fonds für allgemeine Bankrisiken
2) Einschl. Deutsche Girozentrale
3) Einschl. Deutsche Genossenschaftsbank
4) Für Kreditgenossenschaften ab Jahresende-Termin 1985 Vollerhebung, bis Ende 1985 Teilerhebung

Tab. C. 1: Entwicklung der Eigenkapitalquoten nach Bankengruppen (Quelle: Monatsberichte der Deutschen Bundesbank, Stat. Beihefte, Reihe 1, verschiedene Jahrgänge; eigene Berechnungen)

---

[8] Vgl. o.V.: Renaissance der Sparkassenidee, in: DSZ, Nr. 83 v. 25.10.1996, S. 1.

Das Eigenkapital kann intern durch Gewinnthesaurierung oder extern durch Kapitalerhöhung vergrößert werden. Den Sparkassen ist ungleich den Aktienbanken nicht die Möglichkeit der Kapitalerhöhung über den Markt gegeben. Eine (Teil-)Privatisierung der Sparkassen wirft erhebliche praktische Probleme auf und ist politisch kaum durchzusetzen. Genußrechtskapital, nachrangige Verbindlichkeiten und insbesondere Neubewertungsreserven in ihrer Eigenschaft als ergänzendes Eigenkapital gemäß § 10 KWG sind erst ansatzweise verbreitet; obwohl diese Formen des Haftkapitals regelmäßig nicht mit einem Stimmrecht ausgestattet sind, befürchten viele Sparkassen, daß die Kapitalgeber *faktisch* – etwa wenn es um die Ablösung fällig werdenden Genußrechtskapitals durch neues geht – Einflußmöglichkeiten neben den kommunalen Gewährträgern aufbauen. Diese sind regelmäßig aber auch nicht in der Lage, von sich aus das Eigenkapital zu erhöhen (in Form sogenannten Dotationskapitals, es sei denn, die Mittel dazu würden ihnen vorher als Darlehen von der Sparkasse zur Verfügung gestellt). Damit verlagert sich das Schwergewicht der Eigenkapitalvermehrung auf die Bildung von Rücklagen. Eine Sparkasse, die wachsen will, steht demnach unter dem Zwang der Gewinnerzielung und *Gewinneinbehaltung*, so daß diese Zielgröße – wie die Aufrechterhaltung der Liquidität – den *Charakter eines Sicherungsziels* erhält.[9]

Der Zwang zur Gewinnthesaurierung läßt es gerechtfertigt erscheinen, die langfristige Gewinnerzielung auch für die Geschäftspolitik einer Sparkasse als wichtiges Ziel anzunehmen. Mit Rücksicht auf den gemeinnützigen Charakter und daraus abgeleitete Satzungsziele mag man in der Formulierung der Geschäftsstrategie einer Sparkasse die Vergrößerung der Marktanteile in den Vordergrund rücken und die Erzielung eines Mindestgewinns »lediglich« in eine Nebenbedingung verweisen. Tatsächlich kommt es indessen nicht darauf an, welche Zielvariablen in die Zielfunktion und welche in die Nebenbedingungen eingehen.[10] Von entscheidender Bedeutung ist vielmehr das Anspruchsniveau, auf dem die Planziele festgelegt werden, denn die Höhe des Anspruchsniveaus diktiert die Anstrengungen bei der Zielverfolgung. So mag ein Oberziel – im Planungsprozeß formuliert als ein 7%-Wachstum des Bilanzvolumens zur Erweiterung des regionalen Marktanteils – allein schon aufgrund der Inflationierung der Bankbilanzen und mit dem bisherigen Kundenstamm zu erreichen sein. Ein um 20% zu erhöhender Mindestgewinn in einer Nebenbedingung wird jedoch die Kreativität und die Anstrengungen der Mitarbeiter des Instituts voll beanspruchen.

Die *Kreditgenossenschaften* stehen unter dem gesetzlichen Grundauftrag der *Förderung ihrer Mitglieder* insbesondere über günstige Konditionen.

Daraus ließe sich das Prinzip, allein die Kosten zu decken, ableiten. Da die Kreditgenossenschaften nicht über ein stabiles Basiskapital verfügen – die Mitglieder vielmehr kündigen und ihre Geschäftsguthaben abziehen können –, unterliegen indessen auch die Institute dieser Bankengruppe einem *Zwang zur Gewinnerzielung*. Um ausreichende Eigenkapitalkapazi-

---

[9] Der Deutsche Sparkassentag hat 1995 in Hannover in einer Grundsatzerklärung eine dementsprechende »Neuinterpretation des öffentlichen Auftrags« vorgenommen: »Sparkassen verbinden in ihrer Geschäftspolitik betriebswirtschaftliche Effizienz und solide Ertragskraft mit Verantwortung in Gesellschaft und Region«. – vgl. Deutscher Sparkassen- und Giroverband: Jahresbericht, Bonn 1995, S. 11-13.

[10] Die sogenannte Anspruchsanpassungstheorie (vgl. dazu R. Kolbeck: Bankbetriebliche Planung, Wiesbaden 1971, S. 81 ff.) vermag daher einen Gegensatz zur Maximierungsthese (des längerfristigen Gewinns) nicht zu begründen.

täten zu schaffen, sind einmal Rücklagen zu bilden; zum anderen ist es zu Zwecken der Werbung neuer Mitglieder erforderlich, hinreichend attraktive Dividenden zu bieten.

Nach dieser Zieldiskussion auch für die Gruppen der öffentlich-rechtlichen Institute und der Kreditgenossenschaften soll im folgenden vom Oberziel der langfristigen Gewinnmaximierung für eine Bank ausgegangen werden (siehe Abbildung C. 2).

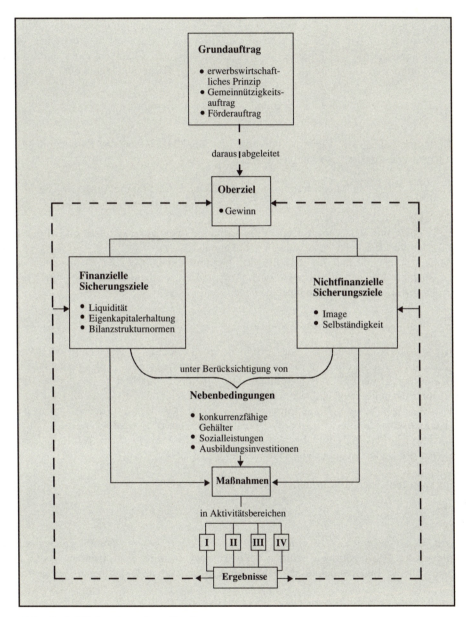

Abb. C. 2: Zielsystem einer Bank

Der Überblick über das deutsche Bankensystem hatte gezeigt, daß die Funktionen einer Universalbank – nämlich Liquidität zu deponieren, zu tauschen, zu transportieren sowie zur Verfügung zu stellen – sich in der Bilanz insbesondere darin niederschlagen, daß die Aktiven vor allem aus Finanzinvestitionen (und nicht aus Realinvestitionen wie im Industrieunternehmen) bestehen und die Passiven einen (im Vergleich zu Industrieunternehmen) geringen Eigenkapitalanteil aufweisen.

Die Dominanz der Finanzanlagen und des Fremdkapitals in der Bilanz der Bank als Ausdruck ihrer Funktionen hat zur Folge, daß die Erfolgsrechnung sowohl auf der Ertrags- als auch auf der Aufwandsseite durch Zinsen und zinsähnliche Positionen geprägt wird. Ein Investitions- und Finanzierungsprogramm mit dem Charakter eines durch Fremdkapital dominierten Finanzbudgets läßt sich in seinen Erfolgsabhängigkeiten zweckmäßig in folgender *Leverage-Formel*[11] zum Ausdruck bringen.

(C. 1) $$r_{EK} = r_{GK} + \frac{FK}{EK}(r_{GK} - z_{FK})$$

In der Formel ist r_{EK} die Eigenkapitalrendite der Bank. Hält man das Eigenkapital EK für die Planperiode konstant, so sind wegen

$r_{EK} = \frac{G}{EK} \times 100$ die Maximierung des Gewinns und die Maximierung der Eigenkapital-

rendite identisch.

z_{FK} ist der mit den verschiedenen Einlagenarten gewogene durchschnittliche Zinssatz für das aus den Einlagen bestehende Fremdkapital FK.

Dementsprechend muß die Rendite des Gesamtkapitals r_{GK} alle Erfolgskomponenten mit Ausnahme der isoliert ausgewiesenen Aufwandszinsen beinhalten. Um die Bedeutung auch der Ertragszinsen analysieren zu können, soll

(C. 2) $$r_{GK} = z_{GK} - k_{GK}$$

gesetzt werden. z_{GK} ist der mit den verschiedenen Anlagenarten gewichtete durchschnittliche Zinssatz (einschließlich zinsähnlicher Provisionen wie Kredit- und Überziehungsprovision), der durch die Bankaktiva verdient wird. Wenn demnach $z_{GK} - z_{FK}$ eine (Brutto-) Zinsspanne darstellt, muß k_{GK} der Saldo aus den verbleibenden Ertrags- und Aufwandspositionen (bezogen auf die Bilanzsumme GK) sein. Als Größe k_{GK} ergeben sich in der Regel Nettokosten, da die Erträge der (bilanzindifferenten) Dienstleistungsgeschäfte nicht ausreichen, die Personal- und Sachkosten des Betriebsbereichs zu decken. k_{GK} wird deshalb auch als Bedarfsspanne bezeichnet.

(C. 1) kann nun auch umformuliert werden zu

(C. 3) $$r_{EK} = z_{GK} - k_{GK} + \frac{FK}{EK}[(z_{GK} - z_{FK}) - k_{GK}].$$

Um die *Hebelwirkung des Fremdkapitals* (financial leverage) im Zusammenhang mit den dominierenden Zinspositionen deutlich herauszuarbeiten, wird im folgenden davon ausgegangen, daß die Bedarfsspanne als Saldo der Erträge und Aufwendungen des Betriebsbe-

---

[11] Vgl. J. Süchting: Finanzmanagement, a.a.O., S. 446.

reichs mit einem konstanten Prozentsatz an der zunehmenden Bilanzsumme wächst (und damit die Bruttozinsspanne belastet).

Nimmt man für z_{GK}, z_{FK} und FK/EK jeweils drei unterschiedliche Zustände an und prüft die Konsequenzen, die sich beim Eintritt derartig unterschiedlicher Zustände auf die Zielgröße der Eigenkapitalrendite ergeben, so erhält man z.B. Tabelle C. 2:

Erfolgsgrößen in % der Bilanzsumme															
	z_{FK} = 4	3	5	z_{FK} = 4	3	5	z_{FK} = 4	3	5	z_{FK} = 4	3	5	z_{FK} = 4	3	5
	$z_{GK} - z_{FK}$			$(z_{GK} - z_{FK}) - k_{GK}$ für k_{GK} = 1			$r_{EK} = z_{GK} - k_{GK} + \frac{FK}{EK}[(z_{GK} - z_{FK}) - k_{GK}]$								
							für $\frac{FK}{EK}$ = 30			für $\frac{FK}{EK}$ = 20			für $\frac{FK}{EK}$ = 40		
z_{GK}															
6	2	3	1	1	2	0	35	65	5	25	45	5	45	85	5
7	3	4	2	2	3	1	66	96	36	46	66	26	86	126	46
5	1	2	0	0	1	-1	4	34	-26	4	24	-16	4	44	-36

Tab. C. 2: *Financial Leverage*

Aus der Darstellung wird der Einfluß der kritischen Größen »Zinsspanne« und »Fremdkapital« auf die Eigenkapitalrendite deutlich. Eine Bank mit einem Eigenkapitalanteil von 3,23% an den Passiven (Kapitalstrukturmultiplikator FK/EK = 30) hat die Chance, bei einer Nettozinsspanne von 3% eine Eigenkapitalrendite von 96% vor Steuern zu erzielen. Im Gegensatz dazu ist die Bank mit einer Eigenkapitalquote von 2,44% (Kapitalstrukturmultiplikator FK/EK = 40) dem Risiko ausgesetzt, bei einer Nettozinsspanne von -1% rd. 1/3 (36%) des Eigenkapitals zu verlieren; das bedeutet – bei unveränderten Verhältnissen – Verzehr des gesamten Eigenkapitals (Überschuldungskonkurs) nach 2-3 Jahren.

Die Sensitivität einer Bank gegenüber dem (financial) Leverage-Risiko (oder Kapitalstrukturrisiko) **zeigt die Bedeutung, die eine ausreichende Eigenkapitalausstattung und/oder die Begrenzung der Risiken und damit eine Strategie besitzt, welche die Belastung der Zinsspanne durch solche Risiken in Grenzen hält.** Im Hinblick auf eine angemessene Relation zwischen dem Risikoträger Eigenkapital und den Risikoarten geht es innerhalb eines Währungsraumes vor allem um

– das Zinsänderungsrisiko und
– das Bonitätsrisiko.

Das *Zinsänderungsrisiko* wird z.B. dann schlagend, wenn es nicht gelingt, erhöhte Geldeinstandskosten auf Kreditnehmer weiterzuwälzen oder wenn festverzinsliche Wertpapiere zu niedrigen Zinssätzen eingekauft wurden und bei steigendem Zinsniveau Kursverluste realisiert oder Abschreibungen in entsprechender Höhe vorgenommen werden müssen.[12]

Das *Bonitätsrisiko* drückt sich in nicht rechtzeitig zurückgezahlten oder gar uneinbringlichen Krediten und zahlungsunfähig gewordenen Wertpapieremittenten aus; auch in diesen Fällen kommt es zu Abschreibungen als Ausdruck der Wertminderungen der betroffenen Vermögensteile. – Unterverzinsliche oder abgeschriebene Vermögenspositionen machen die Belastung der Zinsspanne aus, die als wichtiger Planungsbestandteil für das Gesamtrisiko eines Kreditinstituts in den Normen der Bankenaufsicht besondere Beachtung findet (vgl. C. II.).

---

[12] Die Berücksichtigung von Buchverlusten durch den Ansatz von Abschreibungen ist nur dann erforderlich, wenn die Rentenwerte in das Umlaufvermögen aufgenommen wurden (vgl. S. 327).

2. Die Planung der Erfolgspotentiale und die grundlegende Positionierung der Bank

Eingangs dieses Kapitels wurde darauf hingewiesen, daß für die Entwicklung einer Strategie nach der Zielformulierung die auf die Zielerreichung einwirkenden Kräfte vorausschauend einzuschätzen sind. Auf dieser Basis kann dann das grundsätzliche Handlungsprogramm der Bankleitung festgelegt werden. Diese systematische Vorbereitung der Zukunftsgestaltung wird auch als **Planung** bezeichnet.

Abgesehen von Neugründungen oder Änderungen der grundlegenden Struktur eines Kreditinstituts startet die *operative Planung* bei den bisherigen Markt- und Unternehmenskonstellationen und versucht, unter Einbeziehung aller erkennbaren Entwicklungen den zukünftigen Pfad der Bank festzulegen. Dies kann für die nähere Zukunft meist relativ präzise und detailliert erfolgen, während die längerfristigen Planungen mit größeren Unsicherheiten behaftet sind und daher Unschärfen aufweisen müssen. Charakteristisch ist somit die Extrapolation (Fortschreibung) der Entwicklungen in der Vergangenheit unter Berücksichtigung aller zum Planungszeitpunkt erkennbaren Veränderungen in der Zukunft; dies ist nur kurz-, allenfalls mittelfristig sinnvoll. – Demgegenüber besitzt die *strategische Planung* die Aufgabe einer globalen Analyse der Erfolgsquellen einer Bank sowie der Entwicklung langfristig (z.B. auf 10 Jahre) angelegter Konzepte der Zukunftssicherung – und damit der Schaffung und Sicherung der Erfolgspotentiale eines Kreditinstituts.

a. Strategische Planung

Aus diesem Grunde kann die strategische Fragestellung als »Machen wir *das* richtige?«, die operative Frage als »Machen wir *es* richtig?« formuliert werden[13]. Dabei sind die Entscheidungen über die strategische Positionierung einer Bank mit den operativen Festlegungen im Zusammenhang als sich ergänzende Bereiche zu sehen. Die strategische Planung erhält Impulse aus den allgemein formulierten Zielen und Leitsätzen der Unternehmensphilosophie und gibt ihrerseits Impulse an die operative Planung ab, die dann in ein Budgetierungssystem eingehen. Vice versa werden die Erfahrungen aus der Umsetzung der operativen Planung die laufende Überprüfung und gegebenenfalls Modifikation der Strategie mitbeeinflussen. Eine der Kernaufgaben des Controlling besteht deshalb darin, die strategische und die operative Planung zu einem Regelkreis zu verbinden (vgl. Abbildung C. 3).

In der *Unternehmensphilosophie* einer Bank werden die Wertziele (z.B. die aus dem erwerbswirtschaftlichen Prinzip abgeleitete Ertragsorientierung), die Sachziele (z.B. die Struktur des Leistungsangebots, etwa das Sortiment einer Universalbank) sowie die Sozial- (Führungsstil den Mitarbeitern gegenüber) und Imageziele (für das Erscheinungsbild in der Öffentlichkeit) festgelegt, wie dies etwa in Abbildung C. 4 zum Ausdruck kommt. Das zuvor definierte Ober- sowie das Sicherheitsziel erfahren hierdurch eine inhaltliche Ergänzung.

Die im Rahmen der strategischen Planung getroffenen Maßnahmen haben diese Ziele zu berücksichtigen. Häufig werden die Entwicklungen einzelner Teilbereiche der Bank von sehr unterschiedlichen internen und/oder externen Faktoren beeinflußt. Statt einer einheitlichen Betrachtungs- und Handlungsweise empfiehlt sich daher eine zumindest gedankliche Aufspaltung der Unternehmensaktivitäten.

---

[13] Vgl. W. H. Engelhardt/M. Kleinaltenkamp: Strategische Planung I, in: Reihe Technischer Vertrieb (Hrsg.: W. Plinke), Freie Universität Berlin 1993, S. 3.

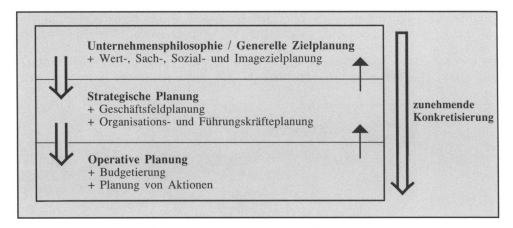

Abb. C. 3: Einordnung der strategischen Planung in die Gesamtplanung

Planungsgegenstand der strategischen Planung sind die sogenannten *strategischen Geschäftsfelder* (SGF). Darunter versteht man die wichtigsten Erfolgspotentiale einer Unternehmung, von deren Entwicklung ihr zukünftiges Schicksal abhängt. Ziel der strategischen Planung ist es dementsprechend, daß eine Bank sich nicht von einem SGF abhängig macht, sondern stets über ein »ausgeglichenes Portefeuille« verfügt, das die für ihre weitere Entwicklung notwendige Liquidität und die erforderlichen Gewinne generiert. Zu diesem Zweck werden die einzelnen Geschäftsfelder mit unterschiedlichen Strategien (= Bündel absatzpolitischer Maßnahmen) gesteuert.

SGFs sollen sich erstens dadurch auszeichnen, daß sie eine eigene Marktaufgabe besitzen, also am externen Markt mit absetzbaren (nicht lediglich Vor-Produkten) auftreten. Zweitens sollen sie vom Verhalten der angesprochenen Kunden her in sich möglichst homogen, untereinander aber weitgehend heterogen und damit abgrenzbar sein; somit werden auch eindeutige Wettbewerbsbeziehungen zu den Konkurrenten gefordert. Drittens haben die SGFs unter einer einheitlichen Leitung zu stehen. Dafür muß ihre Abgrenzung mit der Aufbauorganisation übereinstimmen (man spricht dann auch von Geschäftseinheiten), das erforderliche Management-Know-how für die Umsetzung der Strategien zur Verfügung stehen und das jeweilige Geschäftsfeld für Zwecke der Erfolgsplanung einen eigenen Abrechnungskreis innerhalb des Rechnungswesens bilden.

Die SGFs sind somit in ein Spannungsfeld eingebunden, das durch die Dimensionen Angebot – Nachfrage – Konkurrenz – Unternehmensorganisation beschrieben wird. Gleichwohl behilft man sich in Industrieunternehmen der Einfachheit halber regelmäßig mit einer Abgrenzung der Geschäftsfelder anhand von Produkten oder Produktgruppen.[14] Ein Beispiel dafür sind die Produktgruppen »Haushaltsgeräte« und »medizinische Technik« in einem Elektrokonzern. Die auf derartig heterogene Geschäftsfelder gerichteten Strategien müssen dann entsprechend differenziert werden, angefangen von der Grundlagenforschung und Produktentwicklung über die Gestaltung der Vertriebswege bis hin zur Werbung, die sich an ganz unterschiedliche Zielgruppen richtet.

---

[14] Vgl. W. H. Engelhardt/M. Kleinaltenkamp: Analyse der Erfolgspotentiale, in: M. Kleinaltenkamp/W. Plinke (Hrsg.): Technischer Vertrieb – Grundlagen, Berlin 1995, S. 195-285, hier S. 228ff.

In diesem Zusammenhang ergibt sich eine bedeutende Besonderheit für (Universal-)Banken, die dem Kunden die Inanspruchnahme aller Bankfunktionen aus einer Hand ermöglichen (vgl. den folgenden Ausschnitt aus dem Bankmodell, S. 213). **Eine Unterteilung der Geschäftsfelder nach Produktgruppen oder Sparten würde die wichtigen Absatz- und daraus resultierenden Erlösverbundwirkungen unberücksichtigt lassen.**

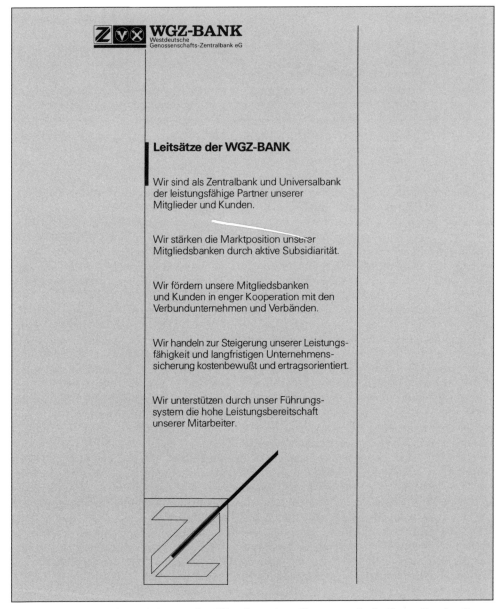

Abb. C. 4: Unternehmensleitsätze der Westdeutschen Genossenschafts-Zentralbank eG (Stand 1997)

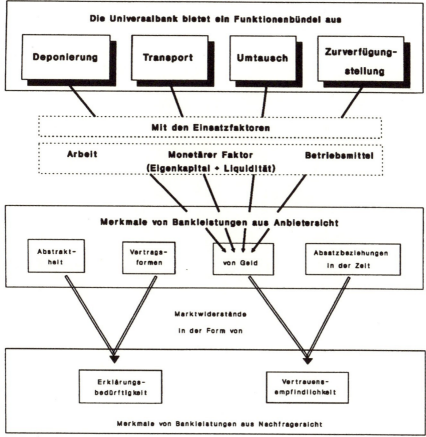

Ausschnitt aus dem Bankmodell

So spricht etwa ein Privatkunde, der mit den bisherigen Angeboten eines Kreditinstituts für die Geldanlage zufrieden war, die Bank auch im Hinblick auf eine bevorstehende Baufinanzierung an. Nachdem ein mittelständischer Unternehmer gute Erfahrungen mit dem Institut bei der Finanzierung einer neuen Werkshalle gemacht hat, legt er seither auch kurzfristige Liquiditätsüberschüsse in Geldmarktfonds der Bank an.

Aufgrund solcher und ähnlicher Verbundwirkungen, die ein gezieltes Cross-selling erlauben, sollten die unterschiedliche Marktsegmente widerspiegelnden Kundengruppen das oberste Abgrenzungskriterium für die strategischen Geschäftsfelder eines Kreditinstituts sein. Nur auf diese Weise lassen sich die Synergieeffekte eines breiten Sortiments erhalten.[15]

In einem nächsten Schritt müssen die Verbindungen zwischen den Kunden und den von ihnen aus dem Angebotsspektrum der Bank (potentiell) nachgefragten Leistungen hergestellt werden. Die folgende Abbildung C. 5 zeigt idealisiert solche Kombinationen aus

---

[15] Vgl. hierzu auch: J. Moormann: Strategische Planung in Geschäftsbanken: Ergebnis einer Umfrage, in: DBk, Nr. 6/1988, S. 309-315, hier S. 310.

Marktleistungen und Marktsegmenten, die dann als die wichtigsten Erfolgspotentiale die Grundlage der weiteren strategischen Planung bilden könnten. Wieweit man in Richtung auf eine zunehmende Einheitlichkeit der Bedürfnisse in möglichst homogene Kundengruppen unterteilen soll, von denen man dann auch weitgehend einheitliche Reaktionen auf den Einsatz absatzpolitischer Instrumente erwarten kann, ist eine Frage der Wirtschaftlichkeit.

Produkte	Sonstige Private	Vermögende Private inkl. Freiberufler	Mittelst. Industrie Umsatz 5–500 Mio.	Großindustrie Umsatz >500 Mio.	Versicherungen	Kreditinstitute	Frankreich	USA
Sparkonten	X	X	–	–	–	–	–	–
Teilzahlungskredit	X	(X)	–	–	–	–	–	–
Termineinlagen	–	X	X	X	X	X	X	X
Zahlungsverkehr	X	X	X	X	X	(X)	(X)	(X)
Depotgeschäft	(X)	X	(X)	(X)	X	–	(X)	(X)
Hypothekarkredit	X	X	X	X	–	–	–	–
Auslandsgeschäft (ohne Sortenhandel)	–	X	X	X	X	–	X	X
Geldhandel	–	–	–	X	X	X	X	X
Diskontkredit	–	–	X	X	–	–	(X)	(X)
Emissionsgeschäft	–	–	–	X	–	X	X	X
	SGF 1	SGF 2	SGF 3	SGF 4	SGF 5	SGF 6	SGF 7	SGF 8

X : Nachfrage gegeben
(X): Nachfrage eventuell gegeben
– : Nachfrage nicht gegeben

Abb. C. 5: Strategische Geschäftsfelder einer Bank

In der Abbildung sind die Geschäftsfelder der Bank im Ausland nach regionalen Kriterien eingeteilt. Dieses Vorgehen ist dann sinnvoll, wenn das Nachfrageverhalten in den ausländischen Regionen starke Unterschiede aufweist oder z.B. nur Firmenkunden angesprochen werden, so daß die Region und die Kundengruppe zusammenfallen. Die Beleuchtung der Auslandsaktivitäten im Kapitel B. hatte jedoch gezeigt, daß vor allem die deutschen Großbanken zumindest in Europa zunehmend auch das Privatkundengeschäft betreiben. Da die Bedürfnisse z.B. vermögender Privatkunden in Frankreich und Deutschland kaum auseinanderfallen dürften, sind zukünftig vermehrt über nationale Grenzen hinausreichende, sich nicht mehr an einer regionalen Einteilung orientierende strategische Geschäftsfelder denkbar.

Ist man sich über die wichtigen Erfolgspotentiale klargeworden, so geht es in einer Ist-Aufnahme zunächst um die Bewertung der Geschäftsfelder (hier SGF 1-4). Wie aus Abbildung C. 6 abzuleiten ist, kann eine solche Bewertung nach dem Deckungsbeitrag erfolgen: Das ist der Überschuß der Erlöse aus dem von einer Kundengruppe realisierten Geschäft über die dieser Bezugsgröße zurechenbaren Kosten (vgl. dazu S. 395).

Vor dem Hintergrund eines Ergebnisziels (ermittelt als anzustrebendes Nettoergebnis bzw. gewünschte Nettozinsspanne auf das Geschäftsvolumen) sind die Geschäftsfelder entsprechend ihrer Attraktivität geordnet. Die Attraktivität wird über den Quotienten Deckungsbeitrag/Geschäftsvolumen durch die Steigung der derzeitigen Ergebniskurve dargestellt. Es zeigt sich, daß das Geschäftsfeld 2 aufgrund seines großen Volumens und einer vergleichsweise hohen Rentabilität mehr als die gesamten Gemeinkosten deckt, während im Gegensatz dazu das relativ unbedeutende Geschäftsfeld 4 keinen positiven Ergebnisbeitrag, sondern nur einen Beitrag zum Wachstum des Geschäftsvolumens bringt. Es mag sich deshalb bereits an dieser Stelle die Frage stellen, ob es sinnvoll ist, eine Verbesserung der Situation im Geschäftsfeld 4 anzustreben, oder ob dieses Geschäftsfeld abgebaut und die dort gebundenen Ressourcen für bessere Verwendungen freigemacht werden sollen.

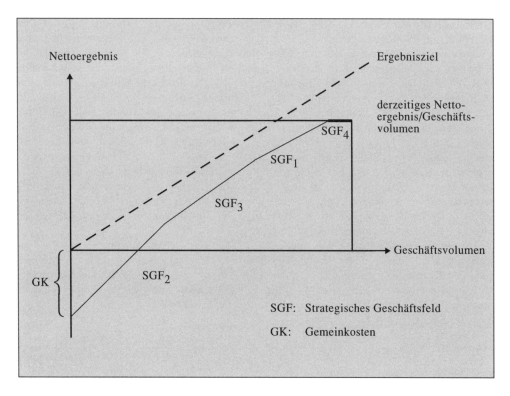

Abb. C. 6: Ist-Aufnahme der strategischen Geschäftsfeldkurve (Modifiziert entnommen aus: W. v. Schimmelmann: Strategische Geschäftsfeldkonzeption bei Banken, in: H.-J. Krümmel/B. Rudolph (Hrsg.): Strategische Bankplanung, Frankfurt/ M. 1983, S. 165-207, hier S. 176)

Um diese Frage zu beantworten, ist eine Erweiterung der eindimensional auf das Ertragskriterium gerichteten Betrachtungsweise der strategischen Geschäftsfeldkurve erforderlich. Als Ergänzung werden die Geschäftsfelder in eine sogenannte *Portfolio-Matrix* eingetragen. Sinn einer derartigen Portfolio-Analyse im Rahmen der strategischen Planung ist es, die Geschäftsfelder unter zwei für jede Unternehmung entscheidenden Aspekten zu beurteilen und einzuordnen: Zum einen im Hinblick auf die Chancen und Risiken, welche aus den Umweltkonstellationen für das Geschäftsfeld resultieren können, zum anderen unter dem Gesichtspunkt der Stärken und Schwächen der Unternehmung (Bank) in diesem Geschäftsfeld.[16] Aus der Vielzahl möglicher Kriterien, die für derartige Portfolio-Matrizen entwickelt worden sind, bieten sich auch für die Kreditinstitute die Achsenbezeichnungen »Marktattraktivität« (für die Umweltkonstellationen) sowie »Wettbewerbsstärke« an, welche die relative Stärke einer Bank (im Vergleich zu ihren wichtigsten Wettbewerbern) meint.

---

[16] Diese beiden Aspekte liegen auch der Konzeption des Buches von R. C. Aspinwall/R. A. Eisenbeis (Eds.): Handbook for banking strategy, New York 1985, zugrunde.

Sowohl für die derzeitige Bewertung im Ist-Portfolio als auch für die geplante Entwicklung im Soll-Portfolio sind die allgemeinen Merkmale »Marktattraktivität« und »Wettbewerbsstärke« weiter zu unterteilen. Für die Schätzung der Marktattraktivität der einzelnen Geschäftsfelder werden etwa folgende Kriterien herangezogen: Marktwachstum (z.B. Wachstum der disponiblen Einkommen privater Haushalte), Stabilität des Wachstums (Schwankungen der vorgenannten Größe), Konkurrenzverhältnisse (z.B. Eintritt ausländischer Banken in den Markt für private Haushalte), Loyalität der Kunden (oder Mobilität durch zunehmende Preistransparenz mit Hilfe des Internet). Kriterien der »Wettbewerbsstärke« der Bank können sein Marktanteil, Sortimentsbreite, Qualität der gebotenen Leistungen und des personalen Know-how, Attraktivität der Preise, Zweckmäßigkeit des Vertriebssystems, Profilierung über die Werbung und Öffentlichkeitsarbeit, Stand der Technik, Effizienz der Organisation und Tüchtigkeit des Managements. – Diese Kriterien und ihre Ausprägung im konkreten Fall werden über ein Punktbewertungs-(Scoring-)verfahren gleichnamig gemacht, so daß die Positionierung der Geschäftsfelder nach den Merkmalen »niedrig, mittel, hoch« möglich wird.

In diesem Zusammenhang wird man sich darüber klar werden müssen, ob man auf attraktiven Märkten die eigene Wettbewerbsposition verbessern, auf inattraktiven Märkten sich gegebenenfalls zurückziehen und im mittleren Bereich angesiedelte Geschäftsfelder halten oder ausbauen soll. Dies sind die grundsätzlichen strategischen Stoßrichtungen, über die bei der Entwicklung des Soll-Portfolios zu entscheiden ist.

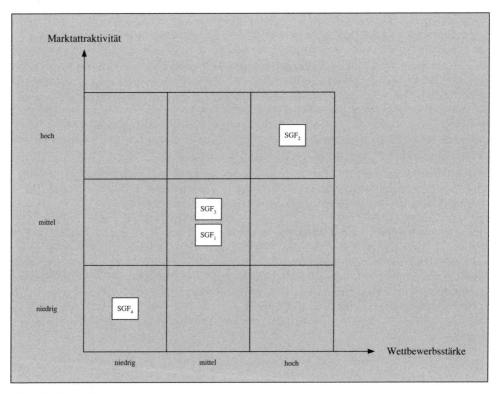

Abb. C. 7: Ist-Portfolio

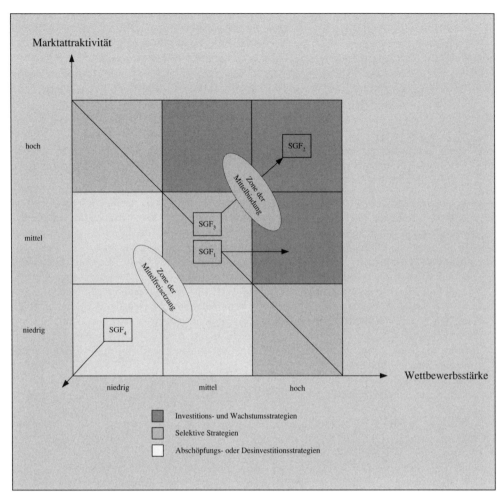

Abb. C. 8: Soll-Portfolio

Das Soll-Portfolio gibt im Vergleich zum Ist-Portfolio an, mit welcher Strategie die Bank versucht, die Geschäftsfelder innerhalb des Portfolios in eine angestrebte Richtung zu bewegen. Dafür kommen Investitions- (bzw. Wachstums-), Erhaltungs- und Abschöpfungs- bzw. Desinvestitionsstrategien in Frage. Bei der Auswahl solcher Strategien ist auch zu berücksichtigen, daß die Bank nur in begrenztem Maße über Ressourcen verfügt, die sie in neue Mitarbeiter, Vertriebswege, Werbebudgets investieren kann. Deshalb wird es in der Regel wenig sinnvoll sein, »auf allen Märkten zum Angriff zu blasen«, sondern das Soll-Portfolio soll gerade dazu dienen, Prioritäten zu setzen. Dazu gehört auch, daß man sich zu Rückzugs- bzw. Desinvestitionsstrategien durchringt, um in einem Geschäftsfeld wenig erfolgversprechende Mittel freizusetzen und damit die Möglichkeit für zusätzliche Marktinvestitionen in anderen Geschäftsfeldern zu erschließen. – Die methodische Kritik an den Portfolio-Ansätzen richtet sich insbesondere auf folgende Punkte:

– Die notwendige Abgrenzung der SGFs bereitet in der Praxis große Schwierigkeiten. Verbundwirkungen, die die zielgenaue Bearbeitung der Geschäftsfelder behindern, sind selbst bei einer so groben Unterteilung wie derjenigen in Privat- und Firmenkunden nicht auszuschalten. So mag sich eine Bank dazu entschließen, die Betreuung vermögender Privatkunden vollständig aufzugeben. Gerade in dieser Kundengruppe können sich aber Inhaber mittelständischer Firmen befinden, die aus Verärgerung über die Kündigung der privaten Geschäftsbeziehung auch die Firmenkontakte abbrechen.
– Die Auswahl der zur Bewertung der SGFs benutzten Teilkriterien der Marktattraktivität und der Wettbewerbsstärke sowie deren Gewichtung ist sehr umstritten; eine »objektive« Einordnung in das Portefeuille daher nicht möglich. In diesem Zusammenhang erscheint auch die Abgrenzung der einzelnen Matrixfelder (»hoch, mittel, niedrig«) mehr oder weniger willkürlich.
– Nicht auszuschließen ist auch ein gewisses »Lemminge-Verhalten«. Aufgrund der in jedem Institut isoliert ermittelten Marktattraktivität konzentrieren sich dabei zahlreiche Wettbewerber auf identische SGFs (z.B. die Anlageberatung vermögender Privatkunden). Der dadurch hervorgerufene Wettbewerbsdruck führt häufig zu einem ungeplanten Abschmelzen der Margen. Daher kann es im Einzelfall sinnvoll sein, gezielt den Ausbau eines allgemein als weniger attraktiv geltenden SGF zu betreiben, um sich als einer der verbleibenden Anbieter einen bedeutenden Marktanteil zu sichern.
– Vor dem Hintergrund dieser Probleme ist es gefährlich, allein aufgrund der Position eines SGF im Portfolio und unter Vernachlässigung weiterer Einflußgrößen quasi automatisch Norm-Strategien einzuschlagen. Die notwendige Verdichtung der Daten führt nämlich zu einer Informationsreduktion, so daß die Aussagekraft des Portfolios nicht ohne Vorbehalte zu sehen ist.
– Letztlich ergeben sich kaum Hinweise, wo möglicherweise neue, erfolgträchtige Geschäftsfelder liegen könnten und wie diese bearbeitet werden sollten.

Die **Systematik, Übersichtlichkeit und Logik** des Vorgehens sollte daher nicht über dessen **Scheingenauigkeit** hinwegtäuschen, die die **tatsächliche Komplexität übertüncht**. Der Erfolg dieser Technik hängt davon ab, über welche Informationen die Planenden verfügen und wie sie diese in den Prozeß einbringen. Zahlreiche, insbesondere kleinere Banken werden nur in beschränktem Maße über Know-how-Träger in sämtlichen der angesprochenen Fragen (etwa auch Soziologie) verfügen, so daß sie entweder auf meist kostspielige fremde Auskünfte zurückgreifen oder ihren Informationsinput für die Zukunftsbilder (Szenarien) zu Lasten ihrer Genauigkeit »abspecken« müssen.

Zusammenfassend läßt sich somit feststellen, daß der große **Vorteil** der Portfolio-Methode in ihrer **Anschaulichkeit** liegt. Durch einfache Visualisierung kann die Bankleitung schnell einen Eindruck von den wesentlichen Erfolgsfaktoren der Teilbereiche des Instituts gewinnen. Hierin liegt jedoch zugleich die größte **Gefahr** einer Anwendung des Ansatzes: Die **vermeintliche Transparenz** der Situation der Bank kann die Entscheider zu **vorschnellen Entschlüssen** verleiten.

Im Zusammenhang mit der Strategieentwicklung sind auch Entscheidungen über die Positionierung der Bank in den einzelnen SGFs zu treffen. Dreh- und Angelpunkt ist dabei die Bestimmung der **Art und Weise der Marktstimulierung**.[17] Hierunter wird die grundlegende Ausgestaltung der Leistungen verstanden, mit der die betreffenden Nachfragerbedürfnisse befriedigt werden sollen.

Dabei lassen sich prinzipiell zwei alternative strategische Vorgehensweisen unterscheiden:

- Die **Präferenzstrategie** ist durch den *Versuch* einer Bank gekennzeichnet, *primär den Nutzen der von ihr angebotenen Leistungen für die Kunden stetig zu erhöhen* und dadurch einen Wettbewerbsvorsprung zu erzielen. Vor allem durch den Einsatz sämtlicher nicht-preisbezogener Marketing-Instrumente soll so die Qualität des Angebots gesteigert und eine *nachhaltige Bindungswirkung* bei den Nachfragern erzielt werden.
- Die **Strategie der Kostenführerschaft** sucht den Wettbewerbsvorteil in der *Erbringung preisgünstiger Leistungen durch eine permanente Reduktion der Kosten*. Hierzu ist in der Regel der Absatz hoher Leistungsvolumina erforderlich, weshalb auch von *einer Preis-Mengen-Strategie* gesprochen wird.

Nach Entwicklung des Soll-Portfolios und entsprechender Strategien ist die strategische Planung abgeschlossen. Es geht dann darum, die Strategien in absatzpolitische Maßnahmen und Aktionen umzusetzen, d.h. sie in kurzfristigen Plänen vorzubereiten, sie durchzuführen und im Hinblick auf ihre Zielbeiträge zu kontrollieren.

Diesem Zweck dient die *Budgetrechnung* als Form der *operativen Planung*. Mit ihrer Erörterung wird fortgefahren, um den Planungszusammenhang nicht zu zerreißen.

b. Operative Planung

Ein Budget ist allgemein eine auf Vereinbarungen beruhende, gesamtbetrieblich abgestimmte und verbindliche Vorgabe von Sollgrößen, die für eine bestimmte Periode und einen genau abgegrenzten Verantwortungsbereich in Mengen- und/oder Werteinheiten festgelegt werden.[18]

Die Budgetrechnung soll ermöglichen,

(1) Daten und Informationen über die nähere Zukunft so darzustellen, daß an die Stelle von Entscheidungen nach dem Fingerspitzengefühl durch fundierte *Planungen* gesicherte Entscheidungen treten, welche die Investitionsrisiken einschränken,
(2) die aufgestellten Planziele fortlaufend zu *kontrollieren,* damit bei sich abzeichnenden ungünstigen Entwicklungen Gegenmaßnahmen schnell eingeleitet werden können,
(3) alle Instanzen in den Entscheidungsprozeß der Geschäftsleitung einzubeziehen und sie über getroffene Entscheidungen so zu informieren, daß eine *Unternehmenspolitik aus einem Guß* betrieben werden kann.

---

[17] Vgl. hierzu M. Kleinaltenkamp/S. Fließ: Entwicklung einer strategischen Marketing-Konzeption, in: M. Kleinaltenkamp/W. Plinke (Hrsg.): Technischer Vertrieb – Grundlagen, a.a.O., S. 947-1021, hier S. 991f. Über die Marktstimulierung hinaus sind Basisentscheidungen zu treffen über die Konkurrenzstrategie (individuell/angepaßt), den Strategiestil (aggressiv/defensiv) und die Strategiebeteiligten (Alleingang, Kooperation usw.).
[18] Vgl. Ch. v. Villiez: Budgetkontrolle und Abweichungsanalyse in Kreditinstituten, Frankfurt/M. 1989, S. 8.

Dementsprechend versteht man unter der Budgetrechnung die **Erarbeitung von Teilplänen, ihre Koordinierung zu einem Gesamtplan sowie die Kontrolle der Einhaltung des Gesamtplanes in einem organisierten Kommunikationssystem.**

Da somit informatorische Beziehungen in einem Planungssystem geregelt werden, handelt es sich um einen Teil des Rechnungswesens. Das Rechnungswesen ist nicht Gegenstand dieses Abschnitts, sondern erst von C. II. Hier geht es dementsprechend auch nicht um das Rechnungswesen mit seinen oben für die Budgetrechnung angesprochenen Zielen, sondern es geht um die *Organisation dieses Planungsprozesses,* der sich – im Falle einer 1-Jahres-Planung – jährlich wiederholt.

Wie Abbildung C. 9 im Zusammenhang mit den sich anschließenden Ausführungen zeigt, vollzieht sich die Organisation des Planungsprozesses auf der Grundlage des Leitungssystems einer Bank.

Gegenstand der Rechnung sind Leistungsmengen (Wertleistungen und Stückleistungen), Verbrauchsmengen (Arbeitsstunden, Raumfläche, Maschinen, Büromaterial) und die zugehörigen Preise (Zinsen, Provisionen, Gebühren sowie Gehälter, Mieten, Einkaufspreise). Die Budgetrechnung hat es mit Bilanzen, Erfolgsrechnungen und Leistungsstatistiken, die für die Zukunft fortzuschreiben sind, zu tun.

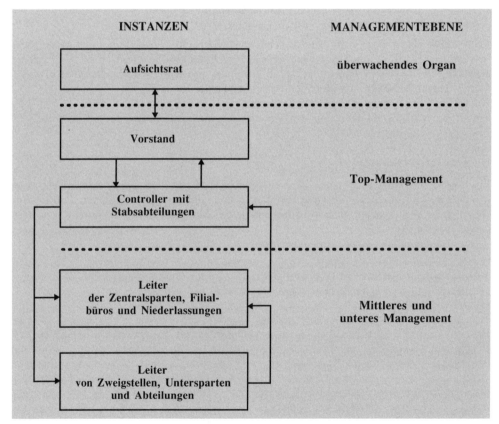

Abb. C. 9: Organisation der Budgeterstellung (Modifiziert entnommen aus J. Süchting: Die Budgetrechnung – ein modernes Führungsinstrument der Bankleitung, in: Bank-Betrieb, 7. Jg., 1967, S. S. 41-46, hier 43)

Leistungsmengen und Erlöse sowie Verbrauchsmengen und Kosten werden im ersten Stadium der Budgetrechnung für die kommende Periode vorausgeschätzt. Die Prognosen beginnen gewöhnlich schon vor Ablauf der ersten Hälfte eines Geschäftsjahres, beziehen sich auf das nächste Geschäftsjahr und unterteilen dies nach Quartalen, um saisonale Schwankungen berücksichtigen zu können.

Die *Teilpläne* werden dezentral in allen, auch den kleinsten Verantwortungsbereichen erstellt. Jeder Abteilungsleiter in den reinen Kostenstellen plant in seinem Teilplan die zu erwartenden Kosten, jeder Leiter einer mit dem Markt in Berührung tretenden Sparte oder Zweigstelle bezieht darüber hinaus auch die Erlöse in seine Schätzungen ein.

Grundlage der Planung von Kosten und Erlösen ist die erwartete Beschäftigung, welche repräsentiert wird im Absatzbereich durch die Marktleistungen, im Innenbereich durch die davon abhängigen innerbetrieblichen Leistungen.

Zweifellos wären Zweigstellenleiter und Abteilungsleiter überfordert, müßten sie diese oft schwierigen Schätzungen auf sich allein gestellt durchführen. Ihre eigenen Erfahrungen gründen sich regelmäßig auf

– die Werte vergangener Perioden und einen darin u.U. sichtbar werdenden Trend;
– ihre ständigen Kontakte mit der Kundschaft und die Besprechung ihrer Pläne.

Außerdem aber stehen bei der Aufstellung der Teilpläne diese Hilfsmittel zur Verfügung:

– Globale Richtlinien der Geschäftsleitung aus der strategischen Planung, in denen ihre Zielvorstellungen zum Ausdruck kommen (vgl. Abb. C. 3, S. 211),
– Konjunkturberichte der volkswirtschaftlichen Abteilung über die in der Gesamtwirtschaft und ihren wichtigsten Sektoren für die kommende Periode zu erwartende Entwicklung unter besonderer Berücksichtigung der Geldpolitik der Zentralbank,
– bei Neugründung von Zweigstellen und Aufnahme neuer Geschäfte Spezialanalysen einer Stabsabteilung über das Marktpotential und den zu erwartenden Marktanteil.

Aus diesen Informationsquellen wird erkennbar, daß es für den Leiter einer Zweigstelle darauf ankommt, vor dem Hintergrund der allgemeinen wirtschaftlichen Lage die lokale Situation deutlich zu machen, wie sie sich in der Eigenart seiner Kundschaft, der Position der Konkurrenz und in den von ihm geplanten Absatzanstrengungen ausdrückt. Dies sind die wesentlichen Komponenten, welche das Bild seines Teilplanes bestimmen.

Sind die Teilpläne in den Zweigstellen und Abteilungen ausgearbeitet worden, so werden sie – wie Abbildung C. 9 zeigt – zunächst auf der mittleren Managementebene mit Leitern von Niederlassungen und zentralen Abteilungen *abgestimmt*. Dabei sind die Instanzenwege einzuhalten, wie sie sich im Leitungssystem ausdrücken. Sinn der Besprechungen zwischen Vertretern der unteren und mittleren Managementebene ist es, übertrieben optimistische oder pessimistische Vorstellungen, wie sie kundennah entwickelt wurden, durch Vergleich mit anderen Teilplänen und unter Berücksichtigung der vorhandenen Ressourcen in den größeren Zusammenhang zu stellen und gegebenenfalls zu korrigieren.

Die auf einer ersten Stufe zusammengefaßten und überarbeiteten Teilpläne werden auf der oberen Managementebene vom *Controller*[19] zu einem Gesamtplan koordiniert.

Der Controller, entweder selbst Mitglied des Vorstands oder diesem direkt unterstellt, übt eine Filterfunktion zwischen Geschäftsleitung und Betrieb aus. Der Kern seiner Aufgabe besteht darin, die Zielvorstellungen der Geschäftsleitung mit den Möglichkeiten, die

---

[19] Zur Funktion des Controllers vgl. St. Paul/K.-J. Siewert: Bank-Controlling I: Ertragsmanagement in Kreditinstituten, 2. Aufl., Frankfurt/M. 1997, S. 13-34.

der Betrieb und der Markt bieten, in Übereinstimmung zu bringen *(Koordinations- und Kontrollfunktion).* Dabei steht er in der Regel außerhalb des Liniensystems, d.h. seine Tätigkeit ist mehr beratender als anordnender Art. Das gibt ihm die Möglichkeit, ohne Rücksicht auf Instanzenwege mit allen Stellen des Systems in Verbindung zu treten.

Der Controller legt den koordinierten Gesamtplan dem Vorstand vor. Dieser billigt ihn entweder und gibt ihn zur Kenntnis an den Aufsichtsrat; oder er kommt in Beratungen mit dem Controller zu neuen Zielvorstellungen, welche in veränderten Richtlinien ihren Niederschlag finden und den Planungsprozeß ein zweites Mal in Gang setzen.

Noch vor Ablauf des alten Geschäftsjahres muß gewährleistet sein, daß jeder Verantwortliche auf der unteren und mittleren Managementebene mit den endgültig gebilligten Teilplänen in die neue Periode hineingeht. Die geschilderte Kombination von zentralen und dezentralen Planungsimpulsen wird auch als *Bottom-up/Top-down* (sogenanntes Gegenstrom-)*Verfahren* bezeichnet.

Es war gesagt worden, daß die Sollziffern auf Quartalsbasis vorgegeben werden. Dagegen empfiehlt es sich, die entsprechenden Istziffern monatlich gegenüberzustellen. Auf diese Weise kann der Controller sich abzeichnende *Über- oder Unterdeckungen* frühzeitig erkennen und jenseits bestimmter Toleranzgrenzen *Reaktionen schnell veranlassen,* um unerwünschten Entwicklungen gegenzusteuern.

Abweichungen vom Plan lassen sich generell auf zwei Ursachen zurückführen:

(1) Es wurde besser oder schlechter gearbeitet als im Plan angenommen.
(2) Die Planungsannahmen sind überholt. Der Plan spiegelt die Realität nicht mehr wider.

Wird der Leiter einer Zweigstelle im Juli darüber informiert, daß er im Vergleich zu dem für das 1. Halbjahr gesteckten Gewinnziel deutlich, etwa um 10%, zurückgeblieben ist, so mag er auf Maßnahmen sinnen, um die Erfolgsbewegung noch in der laufenden Budgetperiode wieder in die gewünschte Richtung zu bringen.

Entsprechend den Schwachstellen wird er entweder die akquisitorischen Bemühungen auf bestimmten Teilmärkten verstärken, gegebenenfalls auch eine Korrektur der Preise vorzunehmen versuchen und/oder die Kostenarten auf Einsparungsmöglichkeiten überprüfen. Ohne die Budgetrechnung wäre ihm eine derart schnelle Reaktion nicht möglich.

Liegt die Abweichung vom Plan darin begründet, daß z.B. die verschärfte Restriktionspolitik der Zentralbank zu einer allgemeinen Geldverknappung geführt hat, wie sie bei Aufstellung des Budgets in diesem Maße nicht vorauszusehen war, so sind die Planungsgrundlagen falsch geworden. Den meisten Zweigstellen wird es nun nicht möglich sein, die vorgegebenen Einlagenvolumina zu erreichen. Unter solchen Umständen erfolgt eine globale Korrektur der Pläne. Die Geschäftsleitung wird zum Beispiel eine Ergänzungsrichtlinie herausgeben, die besagt, daß die Erreichung von 90% der durch die Liquiditätsverknappung betroffenen Positionen unter den veränderten Verhältnissen als ein befriedigendes Ergebnis angesehen werden kann.

Hier wird deutlich, daß bei einer allgemein ungünstigen Entwicklung im Markt auch die Geschäftsleitung noch während der Planperiode gezwungen sein kann, unrealistisch gewordene Zielvorstellungen zu modifizieren.[20]

Die Betrachtung des *Planungs- und Kontrollprozesses* hat gezeigt, daß es um *informatorische Beziehungen* geht, die die Budgetrechnung als Teil des Rechnungswesens enthält.

---

[20] Zu Umsetzungs- und Akzeptanzproblemen bei der Planung vgl. M. Schütte, Bayerische Hypotheken- und Wechsel-Bank AG, München, in seinem Referat: »Die Grundlagen einer Unternehmensplanung in einem Kreditinstitut« am 7.11.1989 im Kontaktseminar an der Ruhr-Universität Bochum, in: SB Nr. 31, WS 1989/90, S. 22-25.

Die Erstellung dieser Informationen, wie sie in den Sollziffern der Budgets und den Istziffern dann ihren Niederschlag finden, ist zu *organisieren*. Das geschieht unter Beteiligung aller Instanzen und des *Controllers* der Bank als zentralem Koordinator. Er informiert das Top-Management über Abweichungen einer Größenordnung, die Veranlassung zur Korrektur von Teilplänen sein können.

In diesem Punkt wurde der Diskussion der Gestaltung der Bankorganisation vorgegriffen, die als letzte der strategischen Basisentscheidungen Gegenstand des folgenden Abschnitts ist.

Kontrollfragen zu den Abschnitten C. I. 1. und 2.

Zielsystem, Strategie und Planung in Kreditinstituten

1. Ausgangspunkte für die strategische Planung sind die Unternehmensphilosophie bzw. die Unternehmensleitsätze
   a. Welche Ziele sollten in die Unternehmensphilosophie eingehen?
   b. Sehen Sie einen Unterschied zwischen den Zielen der langfristigen Gewinnmaximierung einerseits und der Maximierung des Shareholder Value andererseits?
   c. Bilden der Shareholder Value- und der Stakeholder Value-Ansatz Gegensätze?

2. Strategische Geschäftsfelder (SGF)
   a. Nach welchen Grundsätzen werden SGF gebildet?
   b. Worauf sollten sich dementsprechend SGF bei Kreditinstituten beziehen?
   c. Welcher Zusammenhang besteht zwischen SGF und der Aufbauorganisation einer Bank?

3. Portfolio-Matrix
   Die strategische Planung setzt die Positionierung der SGF in einer Portfolio-Matrix voraus.
   a. Nennen Sie zwei Oberkriterien und jeweils vier Unterkriterien, nach denen die Positionierung vorgenommen werden kann.
   b. Welche Personen aus welchen Organisationseinheiten (einer Großbank) würden Sie als Planungsträger für die Positionierung hinzuziehen?
   c. Worin sind die Vorzüge und Probleme eines derartigen Bewertungsprozesses zu sehen?

4. Strategie und Umsetzung
   a. Geben Sie aus der Realität je ein Beispiel für eine Wachstums- und eine Rückzugsstrategie bei bestimmten Kreditinstituten.
   b. Wie unterscheiden sich strategische und operative Planung voneinander?

3. Die Gestaltung der Bankorganisation

a. Begriff und Aufgaben der Organisation

In diesem Abschnitt a. werden Gemeinsamkeiten und Unterschiede in der Organisation von Industrie- und Handelsbetrieben einerseits sowie Kreditinstituten andererseits stärker herausgearbeitet, während in den beiden nachfolgenden Abschnitten b. und c. eine Konzentration auf die spezifischen Organisationsprobleme der Bank erfolgt. Die Ausführungen in d. stellen auf den forcierten organisatorischen Wandel ab.

a. 1. Organisation und Systemgestaltung

In den mechanischen Werkstätten eines Industrieunternehmens oder dem Schauraum eines Autohändlers werden Kurbelwellen bzw. Wagen der neuesten Modellreihe, also konkrete, vorzeigbare Produkte gefertigt bzw. verkauft. Im Unterschied dazu präsentieren sich die in der Zweigstelle einer Bank dem Besucher sichtbaren Handlungen als Tätigkeiten um in- und ausländische Noten und Münzen, Sparbücher, Scheckhefte, Überweisungsaufträge und sonstige Formulare, um Objekte also, die selbst Geld sind oder Geld repräsentieren.

Unabhängig von den unterschiedlichen Objekten, auf welche die Tätigkeiten gerichtet sind, gewinnt der Betrachter in allen Unternehmen den Eindruck, daß sich solche Tätigkeiten nach einer vorgegebenen *Ordnung* vollziehen.

Am Arbeitsplatz des Drehers wird im Laufe der zweiten Schicht an einer bestimmten Präzisionsmaschine ein bestimmtes Werkstück in einer bestimmten Zeit bis zu einer bestimmten Fertigungsreife gebracht. Im Schauraum des Autohändlers bemüht sich während der Geschäftszeit der Seniorverkäufer in seinem Büro, auf der Basis von Prospektmaterial zu den empfohlenen Preisen und innerhalb bestimmter Rabattgrenzen die noch im Lager stehenden Wagen an die Besucher zu verkaufen. An der Kasse einer Bankzweigstelle wickelt der Kassierer während der Schalteröffnungszeiten Auszahlungen auf der Grundlage der von den Kunden ausgefüllten Belege und nach Verbuchung über ein Kassenterminal ab.

Alle beschriebenen Arbeitsplätze lassen sich als Stationen ansehen, an denen Menschen und Sachmittel zusammenwirken, um bestimmte *Aufgaben* zu erfüllen. Dabei ist – entsprechend den unterschiedlichen Aufgaben – der Arbeitsplatz des Drehers stärker mit Sachmitteln (Drehbank und Werkzeugen) ausgestattet als derjenige des Autoverkäufers (Zimmereinrichtung, Personal Computer und Prospektmaterial) oder des Kassierers (Schalterbox und Kassenterminal). Der industrielle Arbeitsplatz ist »kapitalintensiver« als derjenige in der Bank.

Arbeitsplätze als Stationen von Menschen und Sachmitteln, an denen bestimmte Aufgaben erfüllt werden, bezeichnet man in der Systemtheorie als *Elemente* (des *Systems* Unternehmung).[21] Diese Elemente sind nun nicht isoliert voneinander angesiedelt. Vielmehr sind sie durch *Beziehungen* miteinander verknüpft, die dem Ganzen die auch dem von außen kommenden Betrachter wahrnehmbare Ordnung verleihen.

---

[21] Zum Systemansatz vgl. grundlegend H. Ulrich: Die Unternehmung als produktives soziales System, Bern/Stuttgart 1968 sowie als neueren Überblick W. Hill/R. Fehlbaum/P. Ulrich: Organisationslehre, 2 Bde., 4. bzw. 5. Aufl., Bern u.a. 1994 bzw. 1992.

Derartige Beziehungen bestehen z.B. darin, daß der Dreher das Werkstück nach Beendigung seiner Arbeit an die Abnahme (und nicht an eine andere Stelle) weiterleiten muß, daß der Autoverkäufer bei Inzahlungnahme eines Gebrauchtwagens den Verkaufsleiter informiert, daß der Kassierer, wenn er Auszahlungen leistet, den Kontostand des Kunden aus dem zentralen Rechenzentrum abruft.

In der Theorie der Unternehmung wird ein über die Verknüpfung von Mensch/Maschine-Elementen durch Beziehungen gekennzeichnetes Ordnungsgefüge als System bezeichnet. Wird das System aufgabenorientiert und auf Dauer entworfen, so spricht man von einer Organisation. – Eine **Bankorganisation** liegt demnach vor, wenn eine **Mehrzahl von Menschen und Maschinen zur Erfüllung von Bankaufgaben dauerhaft zusammenarbeitet, wobei die einzelnen Handlungen durch ein Regelsystem geordnet werden.**

Organisation wird aber nicht nur als Ordnungsgefüge im Sinne eines aufgabenorientierten Systems verstanden, sondern auch als *Tätigkeit,* als »Organisieren«.

Die Gesamtaufgabe eines Kreditinstituts besteht in der Erstellung und dem Absatz von Bankleistungen an Kunden. Damit das System der Bankunternehmung diese Gesamtaufgabe erfüllen kann, ist sie in Teilaufgaben zu zerlegen, die von den Elementen des Systems zu bewältigen sind. Banktypische Teilaufgaben sind z.B. die Einrichtung von Sparkonten für Privatkunden und der Verkauf von Kontokorrentkrediten an Unternehmenskunden. Für die Erfüllung derartiger Teilaufgaben sind Arbeitsprozesse erforderlich.

Werden derartige **Arbeitsprozesse verändert mit dem Ziel, sie effizienter zu gestalten,** so daß sich die Teilaufgaben in der Bank zuverlässiger, schneller oder kostengünstiger bewältigen lassen, dann ist auch dieses gestaltende Handeln Organisation – nun im Sinne einer Tätigkeit, des **Organisierens.**

Eine Aufgabe kann nach unterschiedlichen Kriterien zerlegt werden. Als wichtigste *Merkmale* dafür werden genannt die *Aufgabengliederung* nach

– Verrichtungen oder Tätigkeiten (Funktionen);
– Objekten (an denen die Verrichtungen vorgenommen werden);
– Regionen (innerhalb derer sich die Verrichtungen an Objekten vollziehen).

Die folgende Abbildung C. 10 zeigt eine mehrdimensionale Organisationsform, in der die genannten Gliederungskriterien gleichrangig zur Anwendung kommen.

Die Gesamtaufgabe der Unternehmung ist offenbar in der Weise zerlegt, daß für jedes der 3 Objekte A, B, C (z.B. Produkte) 5 betriebliche Verrichtungen (Grundfunktionen) in jeder der 3 Regionen (z.B. Bundesländer) eingerichtet worden sind. Angesichts dieser vielen Organisationseinheiten werden sofort Fragen aufgeworfen wie: Ist es wirtschaftlich, die Produktion für jedes Produkt isoliert und in jedem Bundesland durchzuführen? Lohnt sich also die Unterhaltung von 9 Fertigungsstätten? Welches Gliederungsprinzip soll dominieren? Sollen z.B. die Zuständigkeiten im Vorstand nach Funktionen (Mitglied X verantwortlich für den Bereich Fertigung), nach Objekten (Mitglied X verantwortlich für den Bereich Haushaltsgeräte) oder nach Regionen (Mitglied X verantwortlich für den Bereich Nordrhein-Westfalen) geregelt werden?

Derartige Fragen werden für Kreditinstitute im Abschnitt b. weiterbehandelt.

a. 2. Aufbau- und Ablauforganisation

Anknüpfend an die mehrdimensionale Organisationsform in Abbildung C. 10 kann diese als Aufbauorganisation angesehen werden. Unter einer **Aufbauorganisation** versteht man das **Rahmengefüge einer Unternehmung, in dem für die Erfüllung bestimmter Teil-**

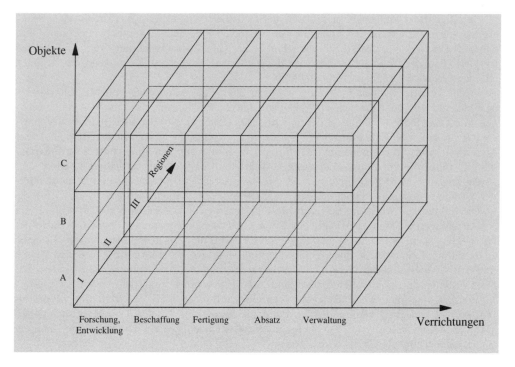

Abb. C. 10: Dreidimensionale Organisationsform

aufgaben Stellen gebildet werden, welche durch Beziehungen miteinander verbunden sind.

Mit der Gründung einer Bank wird erstmals eine derartige Rahmenordnung entworfen, durch die Teilaufgaben in Stäben (z.B. in der Rechtsabteilung) und in der Linie (z.B. in der Sparte Kreditgeschäft) zugewiesen, die Kompetenzen der Stelleninhaber auf der oberen, mittleren und unteren Managementebene geregelt und insofern Verantwortungsbereiche geschaffen werden, in denen dann die Arbeitsprozesse vorbereitet, durchgeführt und überwacht werden können.

Die einmal geschaffene Aufbauorganisation braucht nicht für alle Zeiten zementiert zu sein. So können – ausgelöst z.B. durch die technische Entwicklung oder durch Veränderungen auf den Absatzmärkten – Zweifel daran auftreten, ob die einmal gewählte Aufbauorganisation der Betriebsaufgabe noch auf bestmögliche Weise gerecht wird.

Das Schlagwort von der Divisionalisierung bringt zum Ausdruck, daß insbesondere industrielle Großunternehmen durch Umstrukturierung ihrer Aufbauorganisation in Richtung auf weitgehend selbständig an den Märkten operierende Teileinheiten (Divisions) mit Gewinnverantwortung (Profit Centers) den gestiegenen Anforderungen der Absatzmärkte besser zu begegnen hoffen. Mit gleicher Zielsetzung wurden und werden Veränderungen der Aufbauorganisation auch in der Kreditwirtschaft vorgenommen.

Man muß sich jedoch auch darüber klar sein, daß grundlegende Veränderungen der Aufbauorganisation nicht Jahr für Jahr erneut eingeleitet werden können. Die Neuordnung der Aufgaben und Stellenanforderungen, die darauf abgestellte Überprüfung der bisherigen Kompetenzen und Qualifikationen der Stelleninhaber, die Anpassung des Informationssystems zur Koordination der Aktivitäten auch neu geschaffener Abteilungen auf die Unternehmensziele hin – dies alles ist ein Prozeß, der nur unter erheblichem Zeitaufwand (oft über Jahre) und mit großen Mühen gegen den (offenen und verborgenen) Widerstand vieler Mitarbeiter, die sich als Opfer der Umorganisation fühlen, durchzusetzen ist. Im größeren Rahmen der Theorie der Organisationsentwicklung – verstanden als ein geplanter, langfristig angelegter und unternehmensumfassender Organisationsprozeß – haben dementsprechend verhaltenswissenschaftliche Erkenntnisse verstärkt Beachtung gefunden. Der »organisatorische Wandel« wird hier als ein Lernverfahren für Organisationen begriffen, das auch die Beeinflussung individueller Verhaltensmuster, Einstellungen und Fähigkeiten sowie der Organisationskultur umfaßt.[22]

Ist die Veränderung der Aufbauorganisation erfolgreich abgeschlossen, so muß sich die neue Ordnung einspielen und bewähren; sie darf nicht durch andere Ideen nach kurzer Zeit wiederum in Frage gestellt werden, will man nicht Verwirrung in die Beziehungen zu den Stammkunden hineintragen und das Klima im Betrieb belasten.[23]

Während die Aufbauorganisation die grundlegende Struktur des Systems Unternehmung darstellt, ist die **Strukturierung der sich in diesem System vollziehenden Arbeitsprozesse der Gegenstand der Ablauforganisation.**

Die räumliche und zeitliche Gestaltung des Arbeitsablaufs von der Planung bis zur Fertigstellung eines Brückenprojekts durch ein Bauunternehmen, die Übernahme und Placierung einer Aktienemission durch die Hausbank und andere Mitglieder des Emissionskonsortiums – das sind Aufgaben, aus denen eine Fülle von Teilaufgaben für Stelleninhaber in der Unternehmung resultiert, deren Zuweisung und koordinierende Ausrichtung auf die bestmögliche Erfüllung hin durch die Ablauforganisation geleistet werden muß.

a. 3. Organisation als Regelung von Beziehungen materieller, finanzieller und personeller Art

Fragt man nach den *Beziehungen*, welche die Systemelemente in der Aufbau- und Ablauforganisation miteinander verbinden und damit die Unternehmung erst funktionsfähig machen, so handelt es sich um Beziehungen

– materieller
– finanzieller und
– personeller

Art. Solche Beziehungen sind zu *regeln*.

In Ermangelung anderer *materieller* Güter ist es in der Bank neben Bargeld und Informationen in elektronischer Form Belegmaterial, dessen Durchfluß durch den Betrieb, zwischen den einzelnen Arbeitsplätzen, gegebenenfalls auch von und zu Zweigstellen und anderen Unternehmen (wie im Falle von Geldtransporten) Gegenstand organisatorischer Re-

---

[22] Vgl. hierzu W. Staehle: Management, 7. Aufl., München 1994, S. 849ff. sowie die dort angegebene Literatur. Vgl. darüber hinaus auch die Ausführungen zur Unternehmenskultur in C. III. 3. e.
[23] Vgl. dazu auch K. F. Hagenmüller: Organisation der marktorientierten Bank, in: bum, 5. Jg., Nr. 4/1976, S. 5-13.

gelung ist. Überweisungen und Schecks auf andere Bankinstitute, die von Kunden hereingegeben worden sind und die über das Gironetz der Deutschen Bundesbank versandt und verrechnet werden sollen, müssen z.B. nach Verbuchung bis 9.30 Uhr in die Abrechnung der Landeszentralbank befördert werden.

Unabhängig davon, daß der Belegfluß insbesondere bei regional dezentralisierten (Filial-)Banken organisatorische Probleme aufwirft, hat das Transportwesen bei Banken als Anbietern abstrakter Leistungen doch geringeres Gewicht als dort, wo in Industriebetrieben Sachgüter auf Fließbändern und in Kaufhäusern Waren eines umfangreichen Sortiments zwischen Lager und Abteilungen bewegt werden müssen. Hinzu kommt, daß es ein wichtiges Ziel der Bankorganisation ist, den Belegtransport durch den schnelleren Datentransport mit Hilfe der elektronischen Datenübertragung überflüssig zu machen (vgl. Abschnitt c.).

Ein Industriekonzern, der eine Reihe von Werken und Tochtergesellschaften umfaßt, wird entscheiden müssen, wie die *finanziellen* Beziehungen mit diesen Einheiten des Konzerns geregelt werden sollen. Die Werke und Tochtergesellschaften werden in regelmäßigen Abständen Vorschläge für Ersatz- und Erweiterungsinvestitionen machen, von denen sie glauben, daß sie für die Entwicklung ihrer Einheiten notwendig sind. Im Vorstand der Holding wird dann darüber befunden, wie die knappen finanziellen Mittel auf die Konzerneinheiten zu verteilen sind. Die Regelung derartiger finanzieller Beziehungen kann z.B. so erfolgen, daß die Konzerneinheiten Renditen für die von ihnen geplanten Investitionen glaubhaft machen müssen, die mindestens den Kostensatz (Mindestrendite), den der Vorstand für die von ihm zu verteilenden Finanzmittel setzt, erreichen, nach Möglichkeit noch übersteigen.

Wie der folgende Ausschnitt aus dem Bankmodell (vgl. S. 229) zeigt, hat die Regelung finanzieller Beziehungen in Banken besonderes Gewicht, da es sich entsprechend ihrer Funktion um auf den Geld- und Finanzverkehr spezialisierte Institutionen handelt. Das wird dort sehr deutlich, wo es um Filialbanken und die Notwendigkeit des Finanzmittelausgleichs zwischen Einlagenfilialen (Filialen, die aufgrund ihrer Kundenstruktur mehr Einlagen als Kredite und deshalb finanzielle Überschüsse aufweisen) und Kreditfilialen (Filialen, die aufgrund ihrer Kundenstruktur mehr Kredite als Einlagen und deshalb finanzielle Defizite aufweisen) geht. Der Zentrale mag unter diesen Umständen daran gelegen sein, die finanziellen Beziehungen im System so zu regeln, daß die Überschüsse der Einlagenfilialen an diejenigen Kreditfilialen im System gelenkt werden, wo sie den größten Nutzen stiften.

Die Regelung der *personellen* Beziehungen in der Unternehmung geschieht auf den Ebenen

– der Kompetenzen
– der Leitung
– der Kommunikation.

Um eine ihm zugewiesene Aufgabe erfüllen zu können, ist ein Mitarbeiter mit Kompetenzen auszustatten. Das war oben bereits deutlich gemacht worden am Beispiel des Automobilverkäufers, der im Rahmen bestimmter Nachlaßgrenzen selbständig Abschlüsse vornehmen kann, bei aus diesem Rahmen fallenden Gebrauchtwagengeschäften indessen die Zustimmung des Verkaufsleiters einholen muß, der über weitergehende Kompetenzen verfügt.

Ein entsprechendes System von Kompetenzen macht sich für den Kunden einer Bank besonders bemerkbar im Falle der Kreditkompetenzen, mit denen festgelegt wird, bei welcher Kreditart und bis zu welchem Betrag die verschiedenen Stellen des Leitungssystems

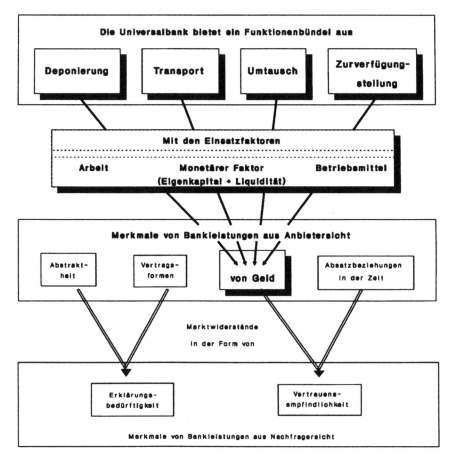

Ausschnitt aus dem Bankmodell

(Instanzen) im Kreditgeschäft Zusagen machen können. Sind viele Rückfragen bei höheren Instanzen erforderlich, weil die Verhandlungspartner der Kunden mit nur geringen Kompetenzen ausgestattet sind, so ist offensichtlich, daß die Kreditentscheidung verzögert wird, ein Umstand, der Wettbewerbsnachteile für eine Bank zur Folge haben kann.

Daraus darf indessen nicht abgeleitet werden, daß die Ausstattung von Zweigstellen- und Abteilungsleitern mit Kompetenzen, in denen jedes Kreditgeschäft seinen Platz hat, zum unbedingten Postulat erhoben werden sollte. Zum einen ergibt sich aus den der Finanzierungsfunktion innewohnenden banktypischen Risiken die Notwendigkeit ihrer zentralisierten Erfassung und Überprüfung. Die Delegation von Verantwortung durch Übertragung von Aufgaben mit den zugehörigen Kompetenzen an Mitarbeiter unterer Leitungsebenen – auch als wichtiges Instrument der Motivation im Rahmen der Mitarbeiterführung verstanden – findet zum anderen dort ihre Grenzen, wo die Qualifikation der Mitarbeiter nicht mehr ausreicht oder die Bereitschaft zur Übernahme von mehr Verantwortung fehlt.

Die Führung der Mitarbeiter wird durch ein **Leitungssystem** geregelt, **in dem festgelegt ist, wer wem Anweisungen erteilt** (und umgekehrt: wer wen zu fragen hat). Häufig hat die im Leitungssystem höherstehende Instanz auch die weitergehenden Kompetenzen (vgl. das oben gegebene Beispiel des Verkäufers und des Verkaufsleiters im Autohandel). Das muß indessen nicht so sein. In besonderen Fällen, wenn es etwa bei einem schwierigen Geschäft um die technische Überprüfung und die Festlegung eines Preises für den in Zahlung gegebenen Gebrauchtwagen geht, mag geregelt sein, daß der Verkaufsleiter ohne Zustimmung des in der Leitungshierarchie unter ihm angesiedelten Werkstattmeisters kein Angebot machen darf.

Hinweise auf die Stellung der Instanzen im Leitungssystem einer Bank gibt bereits ihr Geschäftsbericht, etwa in der Form

- Vorstandsmitglieder
- Chefsyndikus und Generalbevollmächtigte
- Direktoren der Zentrale
- Direktoren der Niederlassungs- bzw. Regionalbereiche.

Dabei ist zu berücksichtigen, daß nicht jeder höher im Rang stehende das Recht besitzt, jedem im Rang unter ihm stehenden Weisungen zu erteilen. Das ergibt sich aus der Art der Aufgaben, die die Instanzen zu erfüllen haben.

Angesichts der engen Verhaftungen einer großen Bank in allen Sektoren einer Volkswirtschaft trifft man häufig an, daß der Leiter des volkswirtschaftlichen Bereichs mit dem Rang eines Generalbevollmächtigten versehen ist. Dennoch kann er z.B. dem Leiter einer Niederlassung keine Weisungen im Hinblick auf die Führung des laufenden Geschäfts erteilen, da er auf diesem Gebiet über keine Erfahrungen verfügt. Er ist in einer Universalbank nicht »Universalbanker«, sondern als »Chef-Volkswirt« Spezialist und Leiter dieses dem Vorstand zugeordneten Stabsbereichs. Als solcher kann er den Stelleninhabern in der Linie des Geschäftsbereichs keine Weisungen erteilen, wohl aber gegebenenfalls bei den Niederlassungen bestehenden volkswirtschaftlichen Stabsstellen (siehe Abbildung C. 11).

Das Kommunikationssystem regelt Informationsbeziehungen zwischen den Stelleninhabern in der Unternehmung. Soweit Informationen »auf dem Dienstweg« ausgetauscht werden, liegt ein mit dem Leitungssystem deckungsgleiches Kommunikationssystem vor. Über solche Kommunikationswege werden in regelmäßigen und unregelmäßigen Abständen Richtlinien für die Behandlung gleichartiger, sich wiederholender Arbeitsprozesse (z.B. Erstellung von Statistiken für Verbände, von Plan- und Istwerten in der Leistungserstellung) und andere Informationen in (fern)schriftlicher und (fern)mündlicher Form ausgetauscht. Sind Eilentscheidungen erforderlich (wie im Extrem bei einem Raubüberfall), so wird man auf die zeitaufwendige Einhaltung des Dienstweges aber auch verzichten und unmittelbar den erreichbaren ranghöchsten Vorgesetzten und die Polizei informieren müssen.

Neben den die Instanzenwege berücksichtigenden Informationsbeziehungen sind durch das Kommunikationssystem ad hoc Informationsbeziehungen zu regeln. Für ein stark im Auslandsgeschäft tätiges Institut mag sich z.B. eine Gelegenheit bieten, in Großbritannien mit einer Mehrheitsbeteiligung an einer einheimischen Bank das internationale Vertriebssystem um einen Stützpunkt zu erweitern. Hier wird u.U. eine Konferenz organisiert werden, an der führende Vertreter aus dem Auslandsgeschäft und solche der Stabsbereiche Betriebswirtschaft (Analyse der britischen Bank), Personal (Entsendung geeigneter Persönlichkeiten in die Bank) und Organisation teilnehmen. Als Vorbereitung auf die Konferenz mag eine im Auslandsressort ausgearbeitete Empfehlung dienen, eine Information, die allen Teilnehmern an der Konferenz – und zwar unabhängig von ihrer Stellung in der Instanzenhierarchie – rechtzeitig und in der geeigneten Form zu übermitteln ist.

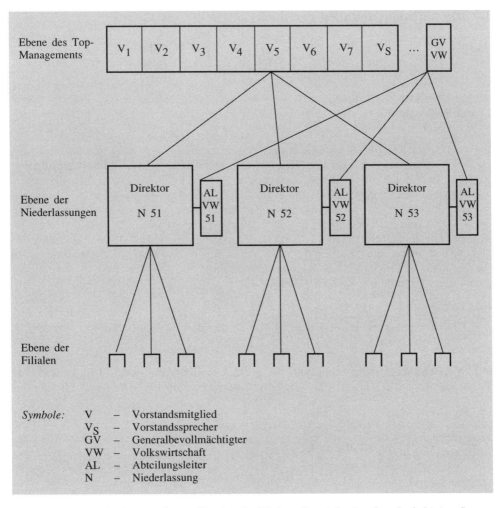

Abb. C. 11: *Eingliederung des volkswirtschaftlichen Bereichs in das Stab-Linien-System einer Bank*

Heute sind computergestützte Informationssysteme in den Kreditinstituten üblich. Dies betrifft einmal die Stabsabteilungen, in denen Programme entwickelt werden, auf deren Grundlage mit Hilfe der Rechenkapazitäten des Computers in kurzer Zeit »optimale« Entscheidungsempfehlungen für die Entscheidungsträger bereitgestellt werden (Operations Research, Wissenschaftliche Unternehmensführung). Aber auch im Geschäft ist es mit Hilfe von Computerterminals in jeder Abteilung oder Zweigstelle einer Bank möglich, die Kontoumsätze eines Kunden, eine Aufstellung seiner Depotbestände oder wichtige Kennziffern für die Unternehmensanalyse einer börsengehandelten Aktiengesellschaft im Rahmen der Effektenberatung aus dem Rechenzentrum abzurufen (vgl. Abschnitt c. 3.).

b. Die Aufbauorganisation der Bank

Anknüpfend an die dreidimensionale Organisationsform in Abbildung C. 10 wird in diesem Abschnitt untersucht, welche Merkmale in der Aufbauorganisation von Kreditinstituten dominieren. Wenn im folgenden

– das Verrichtungsprinzip
– das Regionalprinzip
– das Objektprinzip

auf ihre Eignung für die Strukturierung des Rahmengefüges einer Bank geprüft werden, so ist davon auszugehen, daß bei komplizierten »Bürobetrieben« wie Kreditinstituten mit zum Teil Tausenden von Mitarbeitern, landesweiten und auch internationalen Vertriebsnetzen nicht nur ein Gliederungsmerkmal in »Reinkultur« vorfindbar ist. Vielmehr werden mehrere Gliederungskriterien sichtbar werden, unter denen allerdings eines als das die Gesamtorganisation prägende dominiert. Die Zerlegung der Betriebsaufgabe nach den oben genannten Gliederungsprinzipien führt zur sogenannten horizontalen Dezentralisierung, im Unterschied zu der im Abschnitt b. 5. zu untersuchenden vertikalen Dezentralisation, die das Ausmaß der Delegation von Verantwortung und damit die Gliederung des Leitungssystems bzw. der Instanzenhierarchie meint.

b. 1. Die Bedeutung des Verrichtungsprinzips in der Aufbauorganisation von Kreditinstituten

Das **Verrichtungsprinzip** stellt auf die **Aufgabengliederung nach Tätigkeiten oder Funktionen** ab. Die danach strukturierte Aufbauorganisation hat in reiner Form z.B. dieses Aussehen:

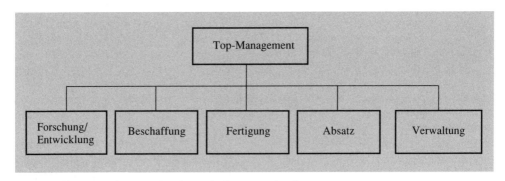

Abb. C. 12: Verrichtungsorientierte Aufbauorganisation

Eine derartige Organisationsform ist in der Mehrheit der (nicht divisionalisierten) Industrieunternehmen üblich. Das wird auch an den Zuständigkeiten der Mitglieder des Top-Managements für den Einkauf, den Verkauf, die Produktion usw. sichtbar. Diese Art der Aufgabenteilung ist eine Folge dessen, daß die Beherrschung der verschiedenen Verrichtungen sehr unterschiedliche Kenntnisse und Erfahrungen verlangt (die Heterogenität der aus dem Produktprogramm oder den Absatzgebieten resultierenden Anforderungen ist dagegen weniger ausgeprägt). Während man in Forschung und Entwicklung z.B. den Chemiker, in der Produktion den Ingenieur benötigt, werden im Einkauf Material- und Rechtskenntnisse, in Finanzierung und Rechnungswesen eine betriebswirtschaftliche Ausbildung, im Verkauf Marketing-Denken und Kontaktfreudigkeit verlangt.

Eine verrichtungsorientierte Aufbauorganisation ist in Kreditinstituten nicht üblich, und zwar aus den folgenden Gründen:

(1) Die abstrakten Dienstleistungen der Banken werden auf der Grundlage der Allgemeinen Geschäftsbedingungen der Kreditinstitute und in Kredit- und Anlageverträgen geformt. Modifizierte oder neue *Bankleistungen* werden demnach als *Vertragsformen* unter geeigneten Namen in den Markt eingeführt (Beispiele: Ausbildungssparplan, Dispositionskredit). Da derartige Erfindungen indessen weniger kosten- und zeitaufwendige *Forschungs- und Entwicklungsarbeiten* verlangen als in der Industrie, die Wettbewerber außerdem beim Erfolg der Neueinführung schnell nachziehen können, weil ein Patentschutz bisher nicht möglich ist[24], *entfällt* die Notwendigkeit der Bildung eines entsprechenden Tätigkeitsbereichs (das schließt nicht aus, daß in Großinstituten eine Stabsstelle »Neue Dienstleistungen« besteht, in der über die Verbesserung des Leistungsangebots nachgedacht wird).

(2) Da Bankleistungen wegen ihres abstrakten Charakters *nicht auf Vorrat gefertigt* werden, vielmehr Auftragsfertigung durch den Kunden vorliegt, verbinden sich Absatz und (zumindest Teilprozesse der) Produktion häufig in einer Person. Daraus folgt, daß sich *Absatz und Produktion* in der Person des Bankangestellten *nicht* immer sinnvoll voneinander *trennen* lassen (Beispiel: Effektenberater, der die Beratung des Kunden mit dem Ausfüllen eines Kaufauftrages für ein bestimmtes Wertpapier abschließt).

(3) Das *Passivgeschäft* kann zwar als Beschaffung von Liquidität über Einlagen von Nichtbanken und Banken gesehen werden. Da aber langfristig die Marktanstrengungen mit dem Einsatz der absatzpolitischen Instrumente gerade auf diesen »Beschaffungsmarkt für Liquidität« gerichtet sind, spricht nichts dagegen, statt dessen vom Verkauf von Geldanlagemöglichkeiten oder Einlagenkonten zu sprechen. Tatsächlich vollziehen sich die Absatzbemühungen einer Bank »rund um die Bilanz«, also Aktiva und Passiva betreffend. Unter diesen Umständen wird der Bereich der Beschaffung in seiner Bedeutung stark eingeschränkt, etwa auf den Einkauf von Gegenständen der Geschäftsausstattung und von Formularen.

Diese drei Sachverhalte kommen in dem folgenden Ausschnitt aus dem Bankmodell zum Ausdruck.

Unter solchen Umständen verbleiben neben dem Verwaltungsbereich ein Absatzbereich, in welchem die Kundenkontakte stattfinden (z.B. bei Geschäftsbesuchen durch den Filialleiter, an den Schaltern und in den Beratungszonen der Bank, durch die Außenorganisation), und ein Innen-/bzw. Fertigungsbereich, wo – abgeschnitten vom Kundenkontakt – in den sogenannten Abwicklungsabteilungen (Back-office) die Verbuchung und Weiterleitung von Zahlungsaufträgen, die Ausführung von Effektenorders, die Einholung von Auskünften usw. geschieht (siehe Abbildung C. 13).

Eine ausgeprägt verrichtungsorientierte Organisationsform ist in Kreditinstituten demnach nicht anzutreffen.

---

[24] Seit dem 29.1.1979 können nach einer Änderung des Warenzeichengesetzes allerdings auch für Dienstleistungen von Banken beim Patentamt Warenzeichen eingetragen werden. Da nur die Marke geschützt ist, war bislang eine zurückhaltende Nutzung dieser Möglichkeit zu beobachten.

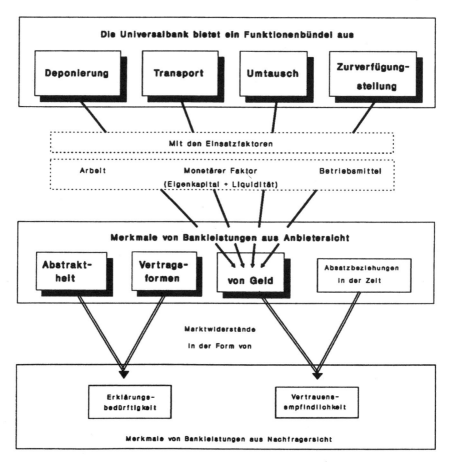

Ausschnitt aus dem Bankmodell

b. 2. Die räumliche Dezentralisation der Bank

Die horizontale Dezentralisierung einer Aufbauorganisation nach dem *Regionalprinzip* läßt sich z.B. auf die in Abbildung C. 14 gezeigte Grundstruktur zurückführen.

Man könnte meinen, eine derartige Organisationsform liege dort vor, wo – wie in manchen bedeutenden Privatbanken ohne Filialnetz – jedes Mitglied des Vorstands bestimmte Regionen innerhalb des Bundesgebietes betreut. Abgesehen jedoch davon, daß sich eine regionale Gliederung regelmäßig nicht weiter durch die Instanzenhierarchie hinunter verfolgen läßt, sind es nicht eigentlich die Regionen, die zur Abgrenzung der Zuständigkeiten unter den Mitgliedern des Vorstands führen. Vielmehr sind es bestimmte Kundenverbindungen, die ein Vorstandsmitglied im Laufe seiner Karriere bis zum Vertreter des Top-Management in regionalen Wirtschaftsschwerpunkten wie dem Ruhrgebiet oder dem Rhein-Main-Raum aufgebaut hat und die er nun weiter betreut. Nicht landsmannschaftli-

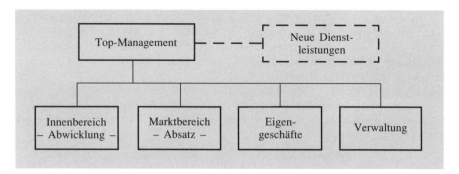

Abb. C. 13: Relikte einer verrichtungsorientierten Organisation der Bank (Modifiziert entnommen aus: R. Mankwald: Marketingorientierte Organisation bei Universalbanken, Frankfurt/M. 1975, S. 96)

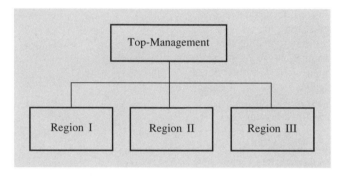

Abb. C. 14: Regionalorientierte Organisation der Bank

che und sonstige Eigenheiten derartiger Regionen bilden damit das dominierende Gliederungskriterium für die Betreuung von Firmenkunden, sondern die Kenntnisse über deren individuelle und Branchen-Probleme sowie persönliche Präferenzen bei den Vertretern der Geschäftsleitungen. – Werden einem Mitglied des Vorstands dann neue Kundenverbindungen aus derselben Region zugewiesen, so geschieht dies häufig aus der ökonomischen Überlegung heraus, Zeit und Kosten bei der Abwicklung der Kundenkontakte zu sparen.

Auch eine Filialgroßbank mit ihrem aus Niederlassungen, Filialen und Zweigstellen bestehenden Vertriebssystem ist nicht so gegliedert, um im Zuge der Aufgabenteilung über möglichst viele Spezialisten für regionale und kommunale Wirtschaftsräume zu verfügen[25], sondern einfach deshalb, um innerhalb des Bundesgebietes überall vertreten zu

---

[25] Ähnlich bei H. Slevogt: Nach Kundengruppen divisionalisierte Absatzorganisation für Universalbanken, in: ÖBA, 30. Jg., 1982, S. 20-30, hier S. 23.

sein. – Ein derartiges Vertriebssystem ist für die Bedienung der Unternehmenskunden mit Krediten und Anlagen nicht erforderlich; hier genügt – wie aus dem obigen Beispiel der Privatbank ersichtlich – der persönliche oder fernmündliche Kontakt zwischen den Geschäftsleitungen in den Hauptverwaltungen. Anders liegen die Verhältnisse dagegen in der Kundengruppe der privaten Haushalte.

Nach einer von Gruner + Jahr 1993 veröffentlichten Repräsentativerhebung antworteten auf die Frage, welche Kriterien bei der Wahl eines Kreditinstitutes »von entscheidender Bedeutung« seien oder »auch noch eine Rolle« spielten, die Befragten im Alter zwischen 14 und 64 Jahren wie folgt:

Qualifikationsmerkmale	in % der Befragten	
Genießt mein Vertrauen	95	
Niedrige Kontogebühren	95	
Geht auf meine persönliche Situation ein	94	
Seriöser, solider Ruf	94	
Örtliche Nähe zur Wohnung oder zum Arbeitsplatz	90	X
Kompetenz in Fragen der Geldanlage	90	
Bietet individuelle Beratung	90	
Keine/kurze Wartezeiten am Schalter	88	X
Gepflegte und freundliche Atmosphäre in den Zweigstellen	87	
Sie behandelt mich nicht von oben herab	84	
Bietet maßgeschneiderte Problemlösungen an	83	
Sympathische Bankangestellte	80	
Modernes Unternehmen/Institut	80	
Kompetenz in Fragen der wirtschaftlichen Entwicklung	78	
Überall in Deutschland vertreten	77	X
Bedient sich der modernsten Technologie	73	
Ist auf dem neuesten Stand der Bankserviceleistungen (z.B. Telefon-Banking)	71	
Die Bankangestellten kennen mich persönlich	71	
Kümmert sich um aktuelle gesellschaftliche Probleme	56	
Empfehlung von Freunden, Bekannten, Eltern oder anderen Verwandten	56	
Schickt mir regelmäßig interessante Informationen nach Hause	44	
Ist schon in meiner Kindheit/Jugend meine Sparbuch-Bank gewesen	44	
War bzw. ist bereits die Bank meiner Eltern	37	
Ist die Bank meines Arbeitgebers	25	
Andere Kriterien	2	

Tab. C. 3: Kriterien bei der Bank-Auswahl (Quelle: Gruner + Jahr AG & Co. (Hrsg.): MarkenProfile 5: Banken, Geldanlage, Bausparkassen, Hamburg 1993)

Faßt man die angekreuzten drei Qualifikationsmerkmale unter dem Kriterium »Bequemlichkeit bei der Leistungsabnahme in räumlicher und zeitlicher Hinsicht« zusammen, so wird deutlich, daß – selbst nach Abschluß der Expansion der Zweigstellennetze in der Kreditwirtschaft – der Bequemlichkeit eine hohe Bedeutung zugemessen wurde.

Daraus folgt, daß alle diejenigen Kreditinstitute, die sich die Aufgabe gestellt haben, möglichst viele Einlagen bei den privaten Haushalten zum Zwecke der Transformation in Industriekredite zu akquirieren (wie z.B. die Großbanken), oder deren gesetzlicher Auftrag die Förderung des Spargedankens enthält (wie z.B. bei den Sparkassen), darauf angewiesen sind, den privaten Haushalten räumlich »entgegenzukommen«.

Mit dem zu diesem Zweck vorgenommenen Aufbau eines Filialnetzes wächst gleichzeitig die Wahrscheinlichkeit, daß von Kunden disponierte Zahlungsaufträge an Empfänger geleitet werden können, die über ein Konto in derselben Bank verfügen. Bei solchen »Überträgen« im eigenen Haus oder (Filial-)Gironetz wird knappe Zentralbankliquidität nicht beansprucht (vgl. Teil B.).

Diesen Vorteilen liquiditätssparender Zahlungstransaktionen sowie einer (im Vergleich zum Geldmarkt) billigen Refinanzierung über Kundeneinlagen durch die räumliche Dezentralisation steht als Nachteil der Aufbau und die Unterhaltung eines im Hinblick auf Personal- und Sachkosten teueren Vertriebssystems gegenüber. Aus diesem Grunde kann nicht davon gesprochen werden, daß die räumlich dezentralisierte Bank der zentralisierten unter dem Gewinnaspekt von vornherein überlegen ist. Die Anstrengungen der deutschen Kreditwirtschaft zur Forcierung der elektronischen Vertriebswege (vgl. Kapitel C. III.) sind im Gegenteil darauf gerichtet, die Verbreitung in der Fläche einzuschränken.

Einer anderen Situation im Hinblick auf die Bedeutung des Regionalprinzips für die Aufbauorganisation sehen sich insbesondere die multinationalen Banken im Auslandsgeschäft gegenüber. In fremden Industrieländern, vor allem aber in den Entwicklungsländern und den Staatshandelsländern, sind – abgesehen von den wirtschaftlichen Ressourcen – die Unterschiede in den politischen und den Rechts-Systemen sowie in der Sprache und Mentalität der Bevölkerung so groß, daß auf den verschiedenen Ebenen des Managements Spezialisten benötigt werden, die sich in diesen Regionen auskennen. Dies schließt ein, daß der Auslandsbereich mit seinen Auslandsfilialen, Tochtergesellschaften und Beteiligungen bei einer Groß- oder Landesbank regelmäßig mit mindestens einem Vertreter im Vorstand repräsentiert sein sollte. Bei entsprechendem Gewicht des internationalen Geschäfts mag es sinnvoll sein, nach dem *Regionalprinzip das Auslands- vom Inlandsgeschäft zu trennen.* **Darüber hinaus ist eine regionalorientierte Gliederung im Inlandsgeschäft der Bank indessen nicht hinreichend tragfähig.**

b. 3. Die Dominanz des Objektprinzips in der Aufbauorganisation von Kreditinstituten – Sparten- versus Kundengruppenorientierung

Nachdem herausgearbeitet worden ist, daß dem Verrichtungsprinzip und dem Regionalprinzip nur in Ansätzen strukturbildende Bedeutung für die Aufbauorganisation einer Bank zukommen, verbleibt das *Objektprinzip* als Gliederungskriterium für die horizontale Dezentralisation, wie es in den Leistungsabteilungen der Abbildung C. 15 zum Ausdruck kommt.

Aus dieser Organisationsform können folgende Erkenntnisse gewonnen werden:
(1) Das Verrichtungsprinzip ist am meisten ausgeprägt im Verwaltungsbereich, der durch die Stabs- und Hilfsabteilungen gebildet wird.
(2) Das Verrichtungsprinzip findet sich angedeutet auch dort, wo bei den Leistungsabteilungen (hier beispielhaft nur für die Effektenabteilung) eine Trennung des Marktbereichs (Absatz) vom Innenbereich (Weiterbearbeitung) durch die Heraushebung der Abteilungen ohne Kundenkontakt (wie Depot, Kupon) vorgenommen worden ist.

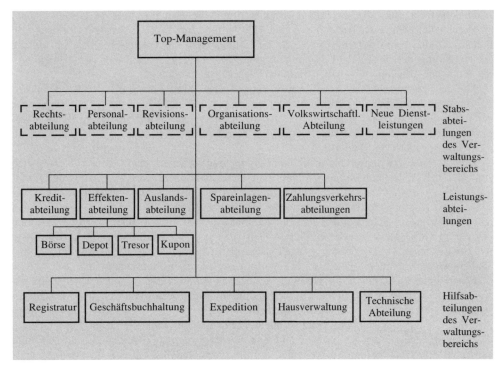

Abb. C. 15: *Objektorientierte Aufbauorganisation der Bank nach dem Spartenprinzip* (Modifiziert entnommen aus K. F. Hagenmüller: Der Bankbetrieb, Bd. 1, 3. Aufl., Wiesbaden 1970, S. 43)

(3) Bei den Leistungsabteilungen ist das Regionalprinzip in der Institutionalisierung der Auslandsabteilung realisiert.

(4) Die Einteilung der weiteren Leistungsabteilungen erfolgt nach dem Objektprinzip; dabei sind hier unter Objekten zunächst Leistungsgruppen oder *Geschäftssparten* zu verstehen (Kredite, Effekten, Spareinlagen, Zahlungsverkehrsleistungen).

Angesichts der hervorragenden Bedeutung des Marktbereichs in Kreditinstituten kann das Objektprinzip – da für die (Leistungs-)Abteilungen mit Kundenkontakt maßgeblich – als die obige Aufbauorganisation prägend angesehen werden. Ihm kam immer stärkere Bedeutung im Sinne einer Relativierung der in der Nachkriegszeit zunächst dominierenden regionalen Orientierung der Organisation zu, weil die heterogenen Ansprüche an die Mitarbeiter einer Bank, ihre Kenntnisse, Erfahrungen und ihre Ausbildung sich auf die Unterschiedlichkeit der Leistungen im Kredit-, Effekten-, Einlagen- und Zahlungsverkehrsgeschäft zurückführen lassen, die sie absetzen und für die Kunden weiterverarbeiten.

Der Vorteil der *Geschäftsspartenorganisation* liegt demnach vor allem darin, daß die Mitarbeiter als »Produktspezialisten« über Lerneffekte ein Qualifikationsniveau erreichen, das sie dem Kunden gegenüber als Experten für Finanzierungs- oder Geldanlageprobleme ausweist. Hinzu kommt, daß bei der Konzentration von Mitarbeitern und Sachmitteln auf die Bearbeitung ähnlicher Geschäftsvorfälle in den einzelnen Leistungsgruppen spezialisierte Massenfertigung ermöglicht wird, die über die Kostendegression günstige Stückkosten/Geschäftsvorfall zur Folge hat.

Nachdem die Verschärfung des Wettbewerbs zwischen den Kreditinstituten unter Einschluß auch der ausländischen zu der bankmäßigen Erfassung nahezu aller Wirtschaftssubjekte geführt hatte, wurden zunehmend Nachteile der spartenorientierten Aufbauorganisation insbesondere unter Marketingaspekten deutlich.

Ausgehend von der Vorstellung, daß die finanziellen Bedürfnisse bei verschiedenen Kundengruppen unterschiedlich sind, haben immer mehr Kreditinstitute eine Veränderung der etablierten geschäftsspartenorientierten Organisationsform vorgenommen. Aus Abbildung C. 16 geht hervor, daß z.B. individuelle Leistungen im Auslands- und Kreditgeschäft für die (Groß-)Industrie von hervorragender Bedeutung sind, während Lohn- und Gehaltsempfänger neben der Finanzierung und Vermittlung von Immobilien vor allem programmierte Leistungen des Mengengeschäfts abnehmen.

Diese Erkenntnis führt zu der Frage, ob bei der Zerlegung der Betriebsaufgabe nach dem Objektprinzip dafür nur die Leistungsgruppen relevant sind, oder ob nicht auch die unterschiedlichen Kundengruppen die Objekte für die Strukturierung der Aufbauorganisation abgeben können.

In der Konsequenz ergibt sich aus dieser Überlegung eine kundengruppenorientierte Organisationsform, wie sie sich in der Abbildung C. 17, S. 241, findet.

Der Vorteil für die Kundenbetreuung ist offensichtlich: Jeder Kunde bespricht seine Finanzprobleme mit nur einem Betreuer, der ihn im Finanzierungs- und Anlagebereich umfassend berät, während in der spartenorientierten Aufbauorganisation der Kunde bei der Abnahme unterschiedlicher Bankleistungen den Spezialisten A in der Sparabteilung, den Spezialisten B in der Baufinanzierung, den Spezialisten C im Auslandsgeschäft aufsuchen muß. (Der Zahlungsverkehr als wenig problembehaftet ist – z.B. in der Schalterhalle der Bank – für die Kundengruppen gemeinsam in einer sogenannten Schnellzone zu denken, während Finanzierungs- und Anlageprobleme für jede Kundengruppe isoliert in Beratungszonen bzw. Besprechungszimmern behandelt werden.)

Durch die Zuordnung des Kunden zu nur einem Betreuer – und unter der Voraussetzung, daß beide menschlich miteinander harmonieren – kann im Laufe der Geschäftsverbindung ein Vertrauensverhältnis aufgebaut werden, wie dies zu einer Mehrzahl von Bankangestellten bei im Einzelfall weniger Kontakten nicht möglich ist. **Während der Kundenbetreuer »seinen« Kunden mit der Zeit zunehmend besser kennenlernt, damit auch seine finanziellen Bedürfnisse als Ansatzpunkt für die Beratung und den Verkauf weiterer Bankleistungen, ist nicht auszuschließen, daß in der spartenorientierten Organisationsform ein interessanter Kunde von einer Mehrzahl untereinander konkurrierender Spartenspezialisten** (z.B. aus dem Spareinlagen- und dem Wertpapierbereich) **unkoordiniert und ohne sonderliche Rücksicht auf seine Bedürfnisse umworben wird.** Diese Vorteile im Hinblick auf den Aufbau eines überlegenen Informations- und akquisitorischen Potentials und damit einer stärkeren Bindung des Kunden an die Bank (Bankloyalität) sind unter Marketingaspekten überzeugend.

Die Realisierung einer kundengruppenorientierten Organisationsform setzt allerdings voraus, daß eine *Reihe von Problemen* befriedigend gelöst werden kann:

(1) Für den Aufbau eines Vertrauensverhältnisses zum Kunden ist Voraussetzung, daß der Kundenbetreuer die Kundenverbindung auch längere Zeit in der Hand hält. Starke *Fluktuation* oder die Nutzung der Stelle lediglich als Durchgangsstation für anspruchsvollere

Die Relevanz der Bankdienstleistungen für bestimmte Kundengruppen

Kundengruppe	Außenhandelsgeschäft	Kreditgeschäft	Mengengeschäft*)	Vermögensanlagegeschäft	Immobilienfinanzierungs- und -vermittlungsgeschäft
1. Industrie, Großhandel und Großunternehmen des Einzelhandels	■	■	▨	▨	▨
2. Bauunternehmen, Bauträger, Wohnungsbaugesellschaften usw.		▨	□		■
3. Handwerk und Einzelhandel		■	▨	▨	▨
4. Versicherungsgesellschaften, Pensionskassen	□		□	■	□
5. Vermögende Privatkunden u.a. freiberuflich Tätige		▨	▨	▨	▨
6. Lohn- und Gehaltsempfänger			■		▨

*) Unter Mengengeschäft werden alle programmierbaren Dienstleistungen verstanden; es handelt sich insbesondere um die Abwicklung des Zahlungsverkehrs, um die Kontoführung, um die programmierten Kredite und um die programmierten Angebote auf dem Anlagesektor.

■ = Primärnachfrage (diese Dienstleistung wird hauptsächlich nachgefragt)
▨ = Sekundärnachfrage (diese Dienstleistung wird relativ häufig nachgefragt)
□ = Tertiärnachfrage (diese Dienstleistung wird weniger häufig nachgefragt)

Abb. C. 16: Unterschiedliche Leistungsabnahmen der Kundengruppen (Quelle: H. Wielens: Fragen der Bankorganisation – Führt die verstärkte Marktorganisation der Universalbanken zur Divisionalisierung?, Frankfurt/M. 1977, S. 62)

Aufgaben können den erwünschten Effekt in Frage stellen.[26] – Als Ausweg bietet sich an, einen ständigen Vertreter frühzeitig in das Betreuungsverhältnis einzuführen.

(2) Angesichts grundsätzlich *beschränkter Lernkapazitäten* kann von einem Kundenbetreuer nicht erwartet werden, daß er sich bei Spezialisierung z.B. auf eine bestimmte Branche und ihre Probleme nicht nur über die gesamte Palette der von den Kunden dieser Branche nachgefragten Leistungen auskennt, sondern in diesem Rahmen auch jede Leistungsgruppe wie der Spartenspezialist beherrscht. – Deshalb geht man insoweit Kompromisse ein, als der Kundenbetreuer bei anspruchsvollen Problemen z.B. in der Ausfuhrfinanzierung oder bei Steuerfragen im Zusammenhang mit der Geldanlage in Immobilien einen Spezialisten aus der »2. Linie« des Innenbereichs heranzieht (vgl. Abbildung C. 17 im Hinblick auf die organisatorische Gliederung der Teilbanken).

(3) Damit ist gleichzeitig das Kostenproblem angesprochen: Wenn jeder Kundenbetreuer seiner Kundengruppe alle Leistungen anbietet, ist zwar anzunehmen, daß er in seiner Kapazität gleichmäßiger ausgelastet ist als die noch verbliebenen Spartenspezialisten (z.B. Effektenberater, deren Beschäftigung von der Börsenkonjunktur abhängt). Andererseits wird auf die mit der *Massenfertigung ähnlicher Leistungen* in einer bestimm-

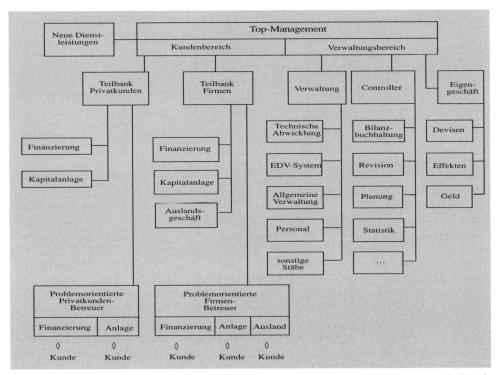

Abb. C. 17: Kundengruppenorientierte Organisationsform (Modifiziert entnommen aus R. Mankwald: Marketingorientierte Organisation bei Universalbanken, a.a.O., S. 212)

---

[26] So auch H.-H. Friedl, Westfalenbank AG, Bochum, in seinem Referat über »Die Finanzberatung mittelständischer Unternehmen durch eine Bank« am 12.11.1985 im Kontaktseminar an der Ruhr-Universität Bochum, in: SB Nr. 23, WS 1985/86, S. 35-37.

ten Geschäftssparte verbundenen Kostenvorteile *verzichtet*. – Deshalb ist in der gemeinsamen Nutzung der wenig problematischen Sparte Zahlungsverkehr durch mehrere Kundengruppen ein Kompromiß zu erkennen.

Bis zum Beginn der 1970er Jahre stand bei der Gestaltung der Aufbauorganisation das Bemühen um fachliche Spezialisierung im Vordergrund, so daß die Spartenorientierung überwog. Die 1970er und 1980er Jahre waren dagegen von der aufkommenden Kundengruppenorganisation geprägt, um annähernd homogene Kundenbedürfnisse umfassend durch nur eine Teilbank abdecken zu können. In diesem Zeitraum büßte die regionale Gliederungskomponente ihre vormalig dominierende Stellung ein, behielt aber häufig einen gleichberechtigten Rang in Form der sogenannten *Matrixorganisation* (Abb. C. 18).

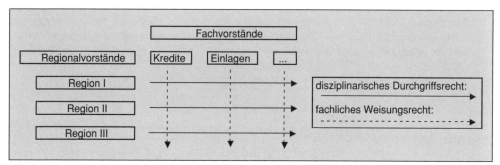

Abb. C. 18: Zweidimensionale Matrix

Dabei war die Sparten- bzw. Kundengruppenzugehörigkeit bei einzelnen Mitgliedern des Vorstands mit der Zuständigkeit für einen bestimmten regionalen Bereich verbunden. Diese Kombination hatte zur Folge, daß sich z.B. über die Frage, ob einem in Schwierigkeiten befindlichen Großunternehmen weiterhin Kredithilfe gegeben werden sollte, sowohl das für die Region als auch das im Fachressort bzw. in bezug auf die Kundengruppe verantwortliche Vorstandsmitglied auseinanderzusetzen hatten. Die letztliche Entscheidung oblag zumeist den auf die jeweiligen Objekte spezialisierten Vorständen, während das disziplinarische Durchgriffsrecht bei den Regionalvorständen verblieb.

In den 1990er Jahren zeigt sich ein Trend zur Abkehr von der Matrixorganisation durch die weitgehende Verselbständigung noch stärker auf Kundengruppen ausgerichteter Teilbanken mit eigener Gewinnverantwortung (*Divisionalisierung* im Sinne der Schaffung von Profit Centers). Die durch die Kompetenzkreuzungen bedingten Abstimmungsprobleme einer Matrixorganisation, der hierdurch erforderliche Kommunikationsaufwand sowie die mangelnde Eindeutigkeit der Ergebniszurechnung und -verantwortung führten zur Rückbesinnung auf klarere, vertikale Linienstrukturen. Es wird postuliert, daß die dezentralen Einheiten (Filialen, Gebietsstellen etc.) Weisungen nur noch von dem für die jeweilige Kundengruppe Verantwortlichen, nicht mehr von einem regionalen Entscheidungsträger erhalten sollen; Fach- und Linienverantwortung gehörten in eine Hand. – Einige wenige Zentralbereiche mit Querschnittsfunktionen (wie Controlling und Personal) werden in der Rolle von Klammern gesehen, um trotz der Selbständigkeit der Teilbanken eine Koordination des Gesamtinstituts zu ermöglichen.

Innerhalb der Filialorganisation als der Detailstruktur eines Kreditinstituts ist erstens das Bemühen um eine Verkürzung von Entscheidungswegen durch den Abbau von Filialnetzebenen erkennbar, so daß mehr Entscheidungen »vor Ort« im direkten Kundenkontakt getroffen werden können. Zweitens werden die dezentralen Einheiten im Hinblick auf die von ihnen verfolgten Betreuungskonzeptionen stärker als zuvor differenziert: Nicht mehr in jeder Filiale wird allen Kundengruppen die gesamte Produktpalette angeboten.

Hierbei handelt es sich jedoch nur um Tendenzaussagen – zum einen, weil die anfangs der 1990er Jahre in zahlreichen Instituten begonnenen Umstrukturierungen noch nicht abgeschlossen sind. Zum anderen finden die organisatorischen Veränderungen gerade der Großbanken in der Tages- und Fachpresse zwar breite Beachtung; fraglich ist aber, inwiefern sie tatsächlich Vorbildcharakter für Banken aus anderen Institutsgruppen besitzen (können). Dennoch sollen die angesprochenen Entwicklungen anhand von zwei ausgewählten Beispielen aus diesem Sektor veranschaulicht werden.

Die Deutsche Bank AG[27] hat 1996 einen »Konzernführungskreis« definiert, dem sowohl der Konzernvorstand als auch die sogenannten »Bereichsvorstände« angehören. Der Konzernvorstand soll von direkter operativer Verantwortung entlastet werden und sich in bezug auf die Geschäftsbereiche insbesondere um Fragen der Öffentlichkeitsarbeit, Personalentwicklung und strategischen Planung kümmern; eine Zuständigkeit für bestimmte Regionen besteht nicht mehr. Der Konzernführungskreis soll viermal jährlich tagen und – unabhängig von der unveränderten Gesamtverantwortung des Konzernvorstands im Sinne des Aktiengesetzes – die übergeordnete Strategie der Bank festlegen durch die Entwicklung von Grundsätzen der Unternehmenspolitik, Leitlinien der Konzernentwicklung und Entscheidungen über die Zuweisung von Ressourcen. – Operative und strategische Aufgaben werden durch diese Struktur zwar sachlich getrennt, aber auf einer gemeinsamen Führungsebene bewältigt.

	Konzernführungskreis				
Stabsbereiche	Unternehmensbereiche				Übersee-Regionen
Z.B.	Privat- und Geschäftskunden	Unternehmen und Institutionen	Investment Banking	Konzerndienste	Z.B.
- Konzernentwicklung - Treasury - Rechnungswesen und Controlling - Führungskräfte	- Filialvertrieb und Kundenservice - Neue Vertriebswege und Geschäftsverarbeitung - Marketing und Produktmanagement - Private Banking	- Mittelstand/Absatzfinanzierung - Konzerne/Kommunen - Financial Institutions - Gewerbliche Immobilien	- Global Markets - Equities - Investment Banking Division - Emerging Markets - Institutional Asset Management	- Personal - Orga + Betrieb - Information Technology	- Asien/Pazifik - Nordamerika

Abb. C. 19: Vorstandsgliederung auf Konzern- und Bereichsebene der Deutsche Bank AG

---

[27] Vgl. Deutsche Bank AG: Forum Flash, Mitarbeiterinformation vom 12.11.1996 sowie o.V.: Die Deutsche Bank ordnet ihren Vorstand neu, in: FAZ, Nr. 158 v. 10.7.1996, S. 17, o.V.: Bereichsvorstände haben das operative Sagen, in: BZ, Nr. 130 v. 10.7.1996, S. 3 und o.V.: Die Filiale ist nur noch für den Kundenservice da, in: BZ, Nr. 5 v. 9.1.1997, S. 4 sowie N. Hellmann: Auf dem Weg zu einer »neuen« Universalbank, in: BZ, Nr. 92 v. 16.5.1997, S. 6.

Die Bereichsvorstände sind verantwortlich für Stabsbereiche, Unternehmensbereiche oder die Übersee-Regionen Asien/Pazifik bzw. Nordamerika. Die letztere Zuordnung kann als Relikt der regional geprägten Aufbauorganisation angesehen werden; zugleich weist sie auf die Bedeutung dieser Märkte für eine Bank mit globalem Anspruch hin. – Daneben finden sich »Unternehmensbereiche«, die weltweit tätig und ergebnisverantwortlich, gleichwohl rechtlich unselbständig sind. Damit hat sich die Deutsche Bank gegen das bei zahlreichen Industrieunternehmen realisierte Holding-Modell entschieden, bei dem die einzelnen Teilbanken Tochtergesellschaften mit eigener Rechtspersönlichkeit sind. Die Unterteilung in die beiden Unternehmensbereiche »Privat- und Geschäftskunden« und »Unternehmen/Institutionen« spiegelt die verstärkte Kundengruppenorientierung wider. Allerdings wird zugleich mit dem Begriff »Investment Banking« im Geiste der Spartengliederung eine Leistungsgruppe als Bezeichnung gewählt. Unabhängig davon ist es bemerkenswert, daß dieser Bereich organisatorisch gleichberechtigt neben dem traditionellen Commercial Banking im Privat- und Firmenkundengeschäft steht. Hieraus geht eine forcierte strategische Ausrichtung auf Geschäfte »rund um das Wertpapier« hervor. Diese Schwerpunktsetzung ist auch darin erkennbar, daß die Deutsche Bank nach dem 1989 erfolgten Aufkauf der britischen Investment Bank Morgan Grenfell die Steuerung ihrer weltweiten Aktivitäten in diesem Bereich 1994 in London konzentriert hat und diesen Standort daher langfristig als »zweite Zentrale« ansieht.[28]

Fraglich ist, warum die »Konzerndienste« einen »Unternehmensbereich« darstellen, wo sie doch – etwa mit dem Personalressort – auf Funktionen bzw. Verrichtungen abstellen und insoweit eher als »Stabsbereiche« gelten könnten. Diese wiederum sind nicht mit den Stäben der Abb. C. 4 (dort als Beispiel »Neue Dienstleistungen«) gleichzusetzen, sondern bilden die Teilbanken verbindende, funktionale Stränge, deren Gewicht in der Vorstandsrepräsentanz zum Ausdruck kommt.

Diese Aufbauorganisation kann somit als ein Musterbeispiel für den oben gegebenen Hinweis angesehen werden, daß in der Realität selten nur ein Gliederungsprinzip in Reinkultur verwirklicht ist: Bei der Deutschen Bank finden sich sogar Elemente aus allen drei diskutierten Varianten.[29] Dieser »Mix« setzt sich bei der weiteren Untergliederung der Unternehmensbereiche fort. So wird in der Einheit »Unternehmen und Institutionen« differenziert zwischen Kundengruppen (wie Konzernen) auf der einen, Produkten (z.B. »Gewerbliche Immobilien«) auf der anderen Seite. Im Privatkundengeschäft (einschließlich kleiner Geschäftskunden) bildet die Deutsche Bank vier Ressorts, wobei zwei von ihnen Kundengruppenverantwortung tragen: Der Bereich »Filialvertrieb und Kundenservice« betreut alle über das inländische Filialnetz mit der Bank verbundenen Privatkunden – bis auf diejenigen mit Vermögenswerten von mindestens 3 Mio. DM, denen sich das »Private Banking« (mit dem Privatbankhaus Grunelius als »Nukleus«) widmet. Verrichtungsorientiert zielen die beiden übrigen Ressorts auf die Ausgestaltung neuer Vertriebswege und

---

[28] Vgl. o.V.: Deutsche Bank strukturiert das Auslandsgeschäft um, in: FAZ, Nr. 255 v. 2.11.1994, S. 18 sowie o.V.: Alle Berichtslinien führen nach London, in: BZ, Nr. 213 v. 4.11.1994, S. 3. Zum ähnlichen Vorgehen seines Hauses nach dem Aufkauf von Kleinwort Benson 1995 vgl. H. Müller, Dresdner Bank AG, Frankfurt/M., in dem Referat »Der Prozeß der Übernahme eines britischen Bankhauses durch eine deutsche Großbank« am 12.12.1995 im Kontaktseminar an der Ruhr-Universität Bochum, in: SB Nr. 43, WS 1995/96, S. 44-48.

[29] So auch bei der Dresdner Bank AG, die seit 1996 in ihrer Aufbauorganisation zwischen Privat- bzw. Firmenkundengeschäft im Inland, dem Auslandsgeschäft, Investment Banking und »Ressourcen« trennt; vgl. G. Kutscher: Vorstand der Großbank teilt seine Arbeit neu auf, in: BZ, Nr. 32 v. 14.2.1996, S. 37.

die Geschäftsverarbeitung zum einen, das »Marketing und Produktmanagement« auf der anderen Seite. Sieht man einmal davon ab, daß selbstverständlich auch die Vertriebswege- und Produktpolitik unter das Marketing als Oberbegriff subsumiert werden müssen (vgl. Kapitel C. III.), ist es doch erwähnenswert, daß damit im Sektor der Großbanken erstmals ein eigenständiges Vorstandsressort für die Absatzfunktion eingerichtet wurde – eine Annäherung an industrielle Usancen, auch wenn sich die Zuständigkeit zunächst nur auf den Privatkundenbereich erstreckt.

Die dezentrale Organisation besteht aus nur noch zwei Ebenen. Die vormals 16 Hauptfilialbezirke wurden zu 8 Regionen zusammengefaßt. Deren Leitungen betreuen Hauptfilialen und Filialen über die Vertriebssteuerung hinaus, indem sie die interne Be- und Verarbeitung von Geschäftsvorfällen sowie weitere Servicefunktionen in Back-office-Zentren konzentrieren und die nachgelagerten Einheiten auf diese Weise von administrativen Tätigkeiten entlasten. Hauptfilialen und Filialen sind von ihrer Absatzfunktion her identisch; ein Über-/Unterordnungsverhältnis besteht nicht mehr. Eine Differenzierung ergibt sich nur insofern, als in den Hauptfilialen mindestens ein Mitglied der Regionalleitung tätig ist.

Abschied wurde auch von der vormaligen Homogenität der Filialorganisation genommen; in den Hauptfilialen und Filialen sind nicht mehr automatisch alle Unternehmensbereiche in gleicher Form vertreten. Je nach Marktpotential werden allein die Privatkunden/ Geschäftskunden oder zudem Unternehmen/Institutionen angesprochen. Auch die Betreuung der erstgenannten Kundengruppe geschieht insofern differenziert, als nur an ausgewählten Standorten die Einheit »Anlagemanagement« für vermögende Privatkunden zur Verfügung steht. – Der Unternehmensbereich Unternehmen/Institutionen spricht global ausgerichtete Kunden aus den 8 Regionen heraus an, betreut Adressen mit internationalem Anspruch aus ca. 30-50 Stützpunkten heraus und stellt einen Ansprechpartner für lokale Kunden in 170 bis 230 Standorten dar. – Auch bei der Verankerung der Stabsbereiche in der Filialorganisation wird unterschieden: Während etwa der Bereich Recht an sechs Standorten präsent ist, unterhält der Bereich Revision in jeder Region ein Büro.

Die Bayerische Hypotheken- und Wechsel-Bank AG[30] ist 1993 von einer Matrixorganisation mit regionalem Schwerpunkt zu einer Aufbauorganisation mit fünf Kunden- und mehreren Fachressorts übergegangen (Abb. C. 20):

– Im Ressort »Privatkunden und Service« (PS) ist die Vertriebsunterstützung mit der Kundengruppenverantwortung kombiniert.
– Das Ressort »Geschäftskunden und Freie Berufe« (GK) übernimmt über die zielgruppenspezifischen Vertriebsaufgaben hinaus die gesamte Kreditbearbeitung – auch für das Ressort Privatkunden.
– Im Ressort »Vermögensanlage« (in dessen Bezeichnung wiederum die Spartenorientierung anklingt) werden vermögende Privatkunden, Selbständige und Firmeninhaber betreut.
– Das Ressort »Firmenkunden und Banken« ist für das in- und ausländische Geschäft (einschl. Investment Banking) mit Industrie- und Handelsunternehmen sowie Kreditinstituten verantwortlich.
– Das Ressort »Immobilienkunden« konzentriert sich auf Zielgruppen wie Bauträger und private Immobilienkäufer.
– Die Fachressorts unterstützen als Servicebereiche die Kundenressorts in Vertriebsaufgaben und üben bankübergreifende Steuerungs- und Koordinationsfunktionen aus.

---

[30] Vgl. Bayerische Hypotheken- und Wechsel-Bank: Unsere »neue« Hypo, München 1994 sowie F. Dries: Hypo-Bank baut die Organisationsstruktur um, in: BZ, Nr. 154 v. 14.8.1993, S. 5.

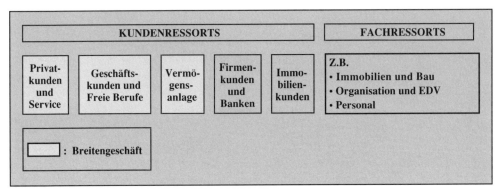

Abb. C. 20: Vorstandsgliederung der Bayerische Hypotheken- und Wechsel-Bank AG

Im sogenannten Breitengeschäft liegen die fachliche und regionale Zuständigkeit bei demselben Vorstandsmitglied. Wie vormals bei der Deutschen Bank werden die Kundenressorts »Firmenkunden und Banken« sowie »Immobilienkunden« von einem Fachvorstand geleitet, jedoch um Regionalvorstände ergänzt, welche in einer Kundenbetreuerfunktion die regionale Verantwortung für die jeweiligen Geschäftsbereiche übernommen haben. Das Institut selbst spricht daher von einer »reduzierten Matrix«.

Das Filialnetz der Hypo-Bank ist nach dem Modulkonzept aufgebaut, d.h. die fünf vorgenannten Ressorts (= Module) sind in Abhängigkeit vom Marktpotential in den einzelnen Filialen vertreten (Abb. C. 21). Dabei stellt das Kundenressort »Privatkunden und Service« die Basiseinheit in jeder der 500 Filialen dar, die 80% des Privatkundenbedarfs befriedigen soll; das Kundenressort »Vermögensanlage« ist dagegen nur in rund 200 Filialen (»Geschäftskunden und Freie Berufe« in 300 Filialen) präsent. Module der Ressorts »Immobilienkunden« sowie »Firmenkunden und Banken« sind nur selten im Filialbereich an-

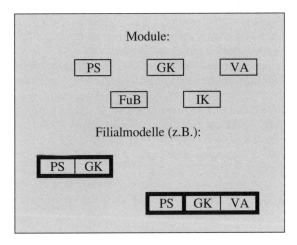

Abb. C. 21: Modularer Aufbau der Filialen

gesiedelt. – Als Konsequenz des Modulkonzepts wurde auch die Position des Filialleiters aufgegeben, der als Generalist für sämtliche Kundensegmente verantwortlich war. Die Filialleitung besteht statt dessen aus dem bzw. den Leiter(n) der jeweils vertretenen Module.[31]

Trotz der Überreste der Matrixorganisation in den hier beispielhaft genannten Instituten wird bei den dort durchgeführten Umstrukturierungen aber doch die Dominanz des Objektprinzips deutlich. Da in diesem Kapitel auch der Zusammenhang zwischen der Organisation und dem Rechnungswesen beleuchtet werden soll, ist nun zu fragen: Welche Konsequenzen haben Spartengliederung einerseits, Kundengruppenorientierung andererseits für die Gewinnermittlung der zunehmend stärker verselbständigten Teilbanken (Divisions)?

b. 4. Implikationen des Objektprinzips für das Rechnungswesen

Sollen die Divisionen als Profit Center geführt werden, so bedingt dies eine umfassende Gewinnverantwortung. **Voraussetzung dafür ist, daß der Leiter einer Teilbank** (wie in Abbildung C. 17) **die Kosten und Erlöse, die seinen Gewinn ausmachen, auch beeinflussen kann.** Das ist um so weniger der Fall, je mehr er gezwungen wird, Leistungen außerhalb seiner Teilbank aus der Gesamtbank abzunehmen, deren ihm zugerechnete Kosten (im Gegensatz zum eigenen Einkauf von Leistungen am Markt) für ihn (unbeeinflußbare) Daten sind. Für eine Organisationsform wie die in Abbildung C. 17 gilt dies im Hinblick auf die Leistungen und verrechneten Kosten aller Abteilungen des Verwaltungsbereichs. Eine umfassende Gewinnverantwortung würde die uneingeschränkte Selbständigkeit jeder Teilbank in der Weise voraussetzen, daß sie entweder über ein eigenes EDV-System, eigene Stäbe, auch eine eigene Personalabteilung usw. verfügte und/oder die entsprechenden Leistungen frei am Markt einkaufen könnte. – Die daraus folgende Duplizierung zentraler Abteilungen führt aber ohne Zweifel zu einer erheblichen *Aufblähung des Verwaltungsapparates* und seiner Kosten, eine Folge, die man durch Eingrenzung der Selbständigkeit der Teilbanken vermeiden will.[32]

Bei der Frage nach dem Ausmaß einer möglichen Delegation der Gewinnverantwortung spielt auch die *Allokation der Finanzmittel im System der Bank* eine wichtige Rolle. Dabei ist – unabhängig von der gewählten Form horizontaler Dezentralisation – davon auszugehen, daß aus Gründen der Kostenersparnis die Verteilung der Finanzmittel einer zentralen Geldstelle obliegt (vgl. Abbildung C. 22), die im Falle von Überschüssen im System diese am Geldmarkt anlegt, im Falle von Defiziten die Refinanzierung am Geldmarkt besorgt.

Unter diesen Umständen wird die Gewinnverantwortung für den Leiter einer Teilbank offenbar in dem Umfang beeinträchtigt, in dem er Liquiditätssalden (Mengenkomponente) an die Geldstelle abgibt bzw. sie von ihr aufnimmt, weil aus dem dafür zentral festgesetzten *Verrechnungszins* Zinserlöse bzw. Zinskosten resultieren, die er im Hinblick auf die Preiskomponente nicht beeinflussen kann.

---

[31] Vgl. o.V.: Ein Hauch von Kulturrevolution in der Hypo-Bank, in: SZ, Nr. 261 v. 11.3.1993, S. 26.
[32] Auch um das Image des Gesamtinstituts einheitlich zu gestalten, kann auf ein bestimmtes Ausmaß an Zentralisierung nicht verzichtet werden. So auch J. Terrahe, Commerzbank AG, Frankfurt/M., in seinem Referat über »Das marktorientierte Informationssystem einer Großbank« am 30.1.1979 im Kontaktseminar an der Ruhr-Universität Bochum, in: SB Nr. 9, WS 1978/79, S. 42f.

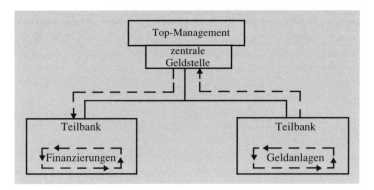

Abb. C. 22: Geldströme in der spartenorientierten Aufbauorganisation

Berücksichtigt man aus Gründen der Vereinfachung nur zwei divisionalisierte Teilbanken, so stellen sich die Geldströme (—) der *spartenorientierten Aufbauorganisation* so dar:

Der Leiter der Teilbank »Geldanlagen« kann aus der Kundschaft (sieht man von Gebühren und Provisionen ab) keine Erlöse hereinholen. Er zahlt zwar Zinsen (für Spar-, Termineinlagen, Emissionen der Bank), verfügt aber selbst über kein Aktivgeschäft und die Zinserlöse daraus. – Das Aktivgeschäft mit entsprechenden Zinserlösen betreibt die Teilbank »Finanzierungen«. Sie kann ihr Geschäft aber nur in dem Ausmaß selbst alimentieren, wie sie Tilgungen aus Krediten erhält; in diesem Umfang kommt es zu sogenannten intradivisionalen Geldströmen.[33] Aufbau und Wachstum eines Aktivgeschäfts sind ihr – da der externe Geldmarkt für sie verschlossen ist – nur soweit möglich, als ihr die Mittel der Teilbank »Geldanlagen« zugänglich gemacht werden (dies hat sogenannte interdivisionale Geldströme zur Folge). **Der interdivisionale Geldausgleich wird über die zentrale Geldstelle bewirkt.**

Es wird nun deutlich, daß durch die Setzung eines internen Verrechnungszinses für die an die zentrale Geldstelle gegebenen und von ihr genommenen Liquiditätssalden sowohl für den Leiter der Teilbank »Geldanlagen« als auch für den Leiter der Teilbank »Finanzierungen« interne Zinsgutschriften und Zinslastschriften entstehen, die im Hinblick auf die Preiskomponente von ihnen nicht beeinflußt werden können. Je gewichtiger diese Zinspositionen in der Erfolgsrechnung der Teilbanken zu Buche schlagen, um so fragwürdiger wird die Schaffung von Profit Centers, weil deren Leiter die Gewinnverantwortung insoweit nicht tragen können.

In der *kundengruppenorientierten Aufbauorganisation* sind die Geldströme anders verteilt (siehe Abbildung C. 23).

Auch in dieser Organisationsform treten interdivisionale Geldströme auf, denn ein Blick auf die gesamtwirtschaftlichen Finanzierungsrechnungen in den Monatsberichten der Deutschen Bundesbank zeigt, daß der Sektor der Unternehmen finanziell Defizitsektor und auf die Alimentierung durch den Überschußsektor der privaten Haushalte angewiesen ist (vgl. auch S. 647).

---

[33] Vgl. W. Plinke: Kapitalsteuerung in Filialbanken, Wiesbaden 1975.

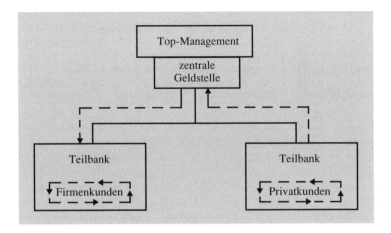

Abb. C. 23: *Geldströme in der kundengruppenorientierten Aufbauorganisation*

Ungeachtet dessen gibt es innerhalb der Kundengruppe Firmen eine Vielzahl von Unternehmen, die durch finanzielle Überschüsse und daraus resultierende Termineinlagen gekennzeichnet sind, wie auch umgekehrt unter den Privatkunden Haushalte aus einer finanziellen Defizitsituation heraus Konsumentenkredite nehmen.

Daraus folgt, daß in der **kundengruppenorientierten Organisationsform der Umfang intradivisionaler Geldströme zunimmt**; entsprechend geringer im Vergleich zur spartenorientierten Organisationsform wird der durch die zentrale Geldstelle zu steuernde Geldstrom.

Damit geht auch das Gewicht der über den internen Verrechnungszins entstehenden Störungen für einen aussagefähigen Gewinn der Teilbanken zurück. Die kundengruppenorientierte Aufbauorganisation bietet demnach **bessere Voraussetzungen als die spartenorientierte für die Führung von Divisionen im Sinne von Profit Centers.** – Um die selbst bei einer Gliederung nach Kundengruppen im System der Steuerung über Verrechnungszinsen[34] verbleibenden Verzerrungen der Erfolgsrechnung von Profit Centers vollständig auszuschalten, sind die deutschen Kreditinstitute inzwischen überwiegend zur sogenannten *Marktzinsmethode* übergegangen. Statt einer Verzinsung des Aktiv- bzw. Passiv*saldos* einer dezentralen Einheit wird deren Gewinn dabei aus den von ihnen abgeschlossenen *Einzel*geschäften errechnet, indem man den jeweiligen Kunden- mit einem adäquaten Marktzins konfrontiert (vgl. weiter S. 415ff.).

Die Überlegenheit der kundengruppenorientierten Aufbauorganisation tritt noch stärker hervor, wenn man aus dem Markt resultierende *Erlösverbundwirkungen* in die Betrachtung einbezieht, wie dies in dem folgenden Ausschnitt aus dem Bankmodell zum Ausdruck kommt.

---

[34] Vgl. zu dieser Methode K. Mertin, Deutsche Bank AG, Frankfurt/M., in seinem Referat »Die innerbetriebliche Zinsverrechnung als Führungsinstrument in einer Filial(groß)bank« am 19.11.1974 im Kontaktseminar an der Ruhr-Universität Bochum, in: SB Nr. 1, WS 1974/75, S. 34f.

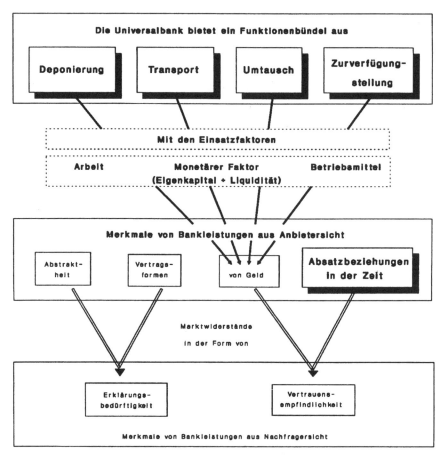

Ausschnitt aus dem Bankmodell

Es ist typisch für Bankkunden, daß sie im Rahmen von Absatz- (Konto)beziehungen in der Zeit Leistungsbündel abnehmen. So entschließt sich z.B. ein mittelständischer Unternehmer dazu, die Beratung der Bank X für die Anlage von Liquiditätsüberschüssen in Anspruch zu nehmen, weil er bei einer gewerblichen Finanzierung seines Unternehmens mit eben der Bank X in der Vergangenheit gute Erfahrungen gemacht hat. Nimmt man nun an, diese Bank sei nach dem Objektprinzip in Sparten organisiert, so wächst dem Leiter der Teilbank »Geldanlagen« Geschäft zu, nicht weil er erfolgreich akquiriert, sondern weil der Leiter der Teilbank »Finanzierungen« ein Vertrauensverhältnis zu dem mittelständischen Unternehmer aufgebaut hat, das nun der Teilbank »Geldanlagen« zugute kommt. Wollte man die resultierenden Erlöse in Form z.B. von Provisionen für Effektenorders verursachungsgemäß zuordnen, so müßten sie eigentlich der Teilbank »Finanzierungen« gutgeschrieben werden, ohne die sie gar nicht zustande gekommen wären.

Man sieht: **Derartige aus Nachfrageverbunden stammende Erlösverbunde stellen einen Störfaktor für die verursachungsgerechte Gewinnermittlung von spartenorientierten Teilbanken, damit einen möglichen Streitpunkt für ihre Leiter dar und setzen der Delegation der Gewinnverantwortung Grenzen.**

In der kundengruppenorientierten Aufbauorganisation dagegen können derartige Verzerrungen der Gewinne in den Teilbanken durch Nachfrage- und Erlösverbunde nicht auftreten, da ein Kundenbetreuer einer Teilbank die gesamte Kundenverbindung in der Hand hält und deshalb auch für alle daraus resultierenden Erfolgselemente verantwortlich gemacht werden kann. Hier zeigt sich erneut, daß **die kundengruppenorientierte Organisationsform der spartenorientierten vorzuziehen** ist, wenn im Rahmen der Führung von Teilbanken als Divisions die Verantwortung für einen größeren Bereich der Erfolgskomponenten an die Divisionsleiter delegiert werden soll.

b. 5. Die Delegation von Verantwortung

Im Zuge der bankbetrieblichen Aufgabenteilung werden durch Zuweisung von Kompetenzen Entscheidungen im Leitungssystem von oberen auf untere Managementebenen delegiert (vertikale Dezentralisation). Angesichts dessen, daß Bankleistungen als abstrakte Leistungen nicht auf Vorrat gefertigt werden können, ist es bei dem auf den Absatzmärkten der Kreditinstitute herrschenden Wettbewerb wichtig, daß aus Kundenkontakten resultierende Aufträge schnell erledigt werden. Deshalb sind, insbesondere in räumlich dezentralisierten Banken, Aufgaben und Kompetenzen möglichst weitgehend an die Entscheidungsträger in Filialen und Zweigstellen delegiert.

Eine wichtige Ausnahme bildet das Kreditgeschäft, in dem die Aggressivität des Verkäufers durch Risikoüberlegungen zu bremsen ist. Kompetenzen für Kreditabschlüsse und die damit zusammenhängenden Entscheidungen über die Besicherung können im Einzelfall nicht unbegrenzt delegiert werden. Abgesehen einmal davon, daß in Verhandlungen mit großen Unternehmen um hohe Beträge auch auf der Kundenseite häufig der Kontakt mit den in der Instanzenhierarchie der Bank entsprechend hoch angesiedelten Entscheidungsträgern gewünscht wird, ist die Vergabe individueller Großkredite vor dem Hintergrund knapper Eigenkapitalkapazitäten zu sehen.

Auch wenn die Voraussetzungen einer ausreichenden Qualifikation und Verantwortungsfreude bei den Vertretern der mittleren und unteren Managementebenen gegeben sind, kann die Vergabe von Großkrediten nicht allein ihren Wünschen und Möglichkeiten überlassen bleiben, da sonst eine *zentrale Risikosteuerung* insbesondere unter dem Aspekt der *Risikostreuung* unmöglich wäre.

Zur Risikostreuung im Kreditgeschäft wird eine Bank auch durch das Kreditwesengesetz gezwungen, indem der Umfang der Großkreditvergabe an den Risikoträger Eigenkapital gebunden ist (siehe Abbildung C. 24).

Um nicht den Verlust des Eigenkapitals durch den Ausfall weniger Großkredite zu riskieren, sollen grundsätzlich alle Geschäftsleiter über derartige Kredite Beschluß fassen (im Hinblick auf Ausnahmen von dieser Regelung vgl. § 13 Abs. 2 KWG). Über Großkredite wird demnach in Sitzungen des Gesamtvorstands und damit zentral entschieden werden müssen. Dies bedeutet, daß die entsprechenden Kreditanträge aus den Filialen und Niederlassungen mit den Stellungnahmen der Instanzen über die Linie an die Zentrale weiterzuleiten sind.

Daraus ergibt sich: **Trotz wettbewerblicher Nachteile gegenüber anderen Banken (wie z.B. einem filiallosen Privatbankhaus), die aufgrund ihrer Organisationsstruktur**

§ 13
Großkredite von Nichthandelsbuchinstituten

(1) Ein Institut, das nach § 2 Abs. 11 von den Vorschriften über das Handelsbuch freigestellt ist (Nichthandelsbuchinstitut), hat der Deutschen Bundesbank unverzüglich anzuzeigen, wenn seine Kredite an einen Kreditnehmer insgesamt 10 vom Hundert seines haftenden Eigenkapitals erreichen oder übersteigen (Großkredit). Die Rechtsverordnung nach § 24 Abs. 4 Satz 1 kann statt der unverzüglichen Anzeige nach Satz 1 regelmäßige Sammelanzeigen vorsehen. Die Deutsche Bundesbank leitet die Anzeigen mit ihrer Stellungnahme an das Bundesaufsichtsamt weiter; dieses kann auf die Weiterleitung bestimmter Anzeigen verzichten.

(2) Ein Nichthandelsbuchinstitut in der Rechtsform einer juristischen Person oder einer Personenhandelsgesellschaft darf unbeschadet der Wirksamkeit der Rechtsgeschäfte einen Großkredit nur auf Grund eines einstimmigen Beschlusses sämtlicher Geschäftsleiter gewähren. Der Beschluß soll vor der Kreditgewährung gefaßt werden. Ist dies im Einzelfall wegen der Eilbedürftigkeit des Geschäftes nicht möglich, ist der Beschluß unverzüglich nachzuholen. Der Beschluß ist aktenkundig zu machen. Ist der Großkredit ohne vorherigen einstimmigen Beschluß sämtlicher Geschäftsleiter gewährt worden und wird die Beschlußfassung nicht innerhalb eines Monats nach Gewährung des Kredits nachgeholt, hat das Nichthandelsbuchinstitut dies dem Bundesaufsichtsamt und der Deutschen Bundesbank anzuzeigen. Wird ein bereits gewährter Kredit durch Verringerung des haftenden Eigenkapitals zu einem Großkredit, darf das Nichthandelsbuchinstitut diesen Großkredit unbeschadet der Wirksamkeit des Rechtsgeschäftes nur auf Grund eines unverzüglich nachzuholenden einstimmigen Beschlusses sämtlicher Geschäftsleiter weitergewähren. Der Beschluß ist aktenkundig zu machen. Wird der Beschluß nicht innerhalb eines Monats, gerechnet von dem Zeitpunkt an, zu dem der Kredit zu einem Großkredit geworden ist, nachgeholt, hat das Nichthandelsbuchinstitut dies dem Bundesaufsichtsamt und der Deutschen Bundesbank anzuzeigen.

(3) Unbeschadet der Wirksamkeit der Rechtsgeschäfte darf ein Nichthandelsbuchinstitut ohne Zustimmung des Bundesaufsichtsamtes an einen Kreditnehmer nicht Kredite gewähren, die insgesamt 25 vom Hundert des haftenden Eigenkapitals des Nichthandelsbuchinstituts ... überschreiten.

Abb. C. 24: Ausschnitt aus der Gesetzlichen Großkreditregelung (Entnommen aus: Gesetz über das Kreditwesen in der Fassung vom 22.10.1997)

schneller entscheiden können, wird die Delegation von Entscheidungsbefugnissen bei Großkrediten nicht nur aus risikopolitischen Überlegungen in der Einzelbank, sondern auch durch die bankspezifische Gesetzgebung beeinflußt.

Konsequenzen für die Aufbau- und die Ablauforganisation einer Bank ergeben sich zudem aus den am 23. Oktober 1995 vom Bundesaufsichtsamt für das Kreditwesen erlassenen »Mindestanforderungen an das Betreiben von Handelsgeschäften der Kreditinstitute«, die von der deutschen Kreditwirtschaft bis zum 31. Dezember 1996 umzusetzen waren (vgl. auch S. 560).[35] Motiviert durch die intensive Diskussion um die möglichen Gefahren aus Finanzinnovationen – und zwar speziell Derivaten wie Optionen, Futures und Swaps – für einzelne Institute oder ganze Finanzsysteme, enthält diese Regelung Vorschriften zur Organisation und Durchführung des Risikomanagements bei Abschluß von Geschäften am Geldmarkt, in Wertpapieren, Devisen, Edelmetallen und derivativen Finanzinstrumenten. Für die Gestaltung der Aufbauorganisation ist dabei von besonderer Bedeutung, daß die vier Bereiche Handel, Abwicklung und Kontrolle, Rechnungswesen sowie Überwachung funktional klar zu trennen sind; zumindest der Handel ist von den anderen Bereichen auch organisatorisch bis in die Ebene der Geschäftsleitung hinein zu separieren.

Die Kreditinstitute müssen daher die Verantwortung für ihre Handelsaktivitäten auf ein (oder mehrere) Vorstandsmitglied(er) übertragen und die übrigen Aufgabenbereiche mindestens einem anderen Vorstand zuordnen. Dies hat bei zahlreichen Banken dazu geführt, daß die gesamten Handelstätigkeiten der Bank in einer zentralen Abteilung gebündelt und einem Vorstand unterstellt wurden. Abweichend davon haben einige größere Institute mit konsequenter Divisionalisierung und entsprechenden Handelstätigkeiten in mehreren Teilbanken (wie z.B. die WestLB) diese Dezentralität beibehalten; die Handelsverantwortlichen berichten weiterhin an den jeweiligen Divisionsvorstand. Dafür wurden die übrigen Bereiche Abwicklung und Kontrolle, Rechnungswesen, Überwachung außerhalb der Teilbanken zentralisiert und den zuständigen Vorstandsmitgliedern zugeordnet, die etwa für Konzernsteuerung oder Risikomanagement verantwortlich zeichnen.

Ist eine Funktionstrennung aus Gründen der Betriebsgröße nicht möglich oder wegen des geringen Umfangs der Handelsaktivitäten nicht verhältnismäßig, so muß die ordnungsgemäße Abwicklung der Geschäfte durch die unmittelbare Einschaltung der Geschäftsleitung gewährleistet sein. Konkret läßt sich dies zum einen verwirklichen, indem bestimmte Mitarbeiter für ausgewählte Tätigkeiten, für die sie nur einen Teil ihrer Arbeitszeit aufwenden müssen, anderen Vorstandsmitgliedern unterstellt werden und damit de facto mehreren Abteilungen angehören. Zum anderen kann ein Institut der funktionalen Trennung auf Vorstandsebene auch dadurch aus dem Wege gehen, daß über jedes Handelsgeschäft ein Beschluß vom Gesamtgremium getroffen wird.

Unabhängig von der Institutsgröße und der gewählten aufbauorganisatorischen Lösung betonen die Mindestanforderungen die Gesamtverantwortung der Geschäftsleitung für die ordnungsgemäße Organisation und Überwachung der Handelsgeschäfte. Ihre Mitglieder werden dieser Verantwortung nur dann gerecht, wenn sie den Risikogehalt dieser Geschäftstätigkeiten beurteilen können sowie die erforderlichen Maßnahmen zur Handhabung des Risikos treffen. Damit wird auch in bezug auf die – für fremde und für eigene Rechnung abgeschlossenen – Wertpapiergeschäfte deutlich, daß der **Delegation von Entscheidungsbefugnissen bankaufsichtsrechtliche Grenzen gesetzt** sind.

---

[35] Vgl. Deutsche Bundesbank: Mindestanforderungen an das Betreiben von Handelsgeschäften der Kreditinstitute, in: MB, 48. Jg., Nr. 3/1996, S. 55-64.

Kontrollfragen zu den Abschnitten C. I. 3. a. und b.

1. Nehmen Sie das Handelsgesetzbuch zur Hand und schlagen Sie nach den § 266 »Gliederung der Bilanz« sowie den § 275 »Gliederung der Gewinn- und Verlustrechnung«. Finden Sie die dort verzeichneten Positionen »B. Umlaufvermögen: 1. Vorräte: Roh-, Hilfs- und Betriebsstoffe, unfertige Erzeugnisse, fertige Erzeugnisse und Waren, geleistete Anzahlungen« sowie »2. Erhöhung oder Verminderung des Bestands an fertigen und unfertigen Erzeugnissen, 3. andere aktivierte Eigenleistungen« auch in der Bilanz und der Erfolgsrechnung von Banken?
2. Worin besteht der Unterschied zwischen horizontaler und vertikaler Dezentralisation in einer Aufbauorganisation?
3. Welche Merkmale für die Gliederung von Aufbauorganisationen kennen Sie? Wovon hängt die Dominanz des einen oder anderen Gliederungsprinzips im konkreten Fall grundsätzlich ab?
4. Welche Bedeutung haben die Funktionen Forschung und Entwicklung, Beschaffung, Produktion, Absatz und Verwaltung in Kreditinstituten?
5. Vergleichen Sie den Vertrieb von Bankprodukten über einen Makler mit dem Verkauf durch die Mitarbeiter der Bank in ihrer Geschäftsstelle. Welche Aufgaben des Absatzes und der Produktion könnten die in den jeweiligen Vertriebswegen Tätigen übernehmen?
6. Zeigen Sie, für welche Abteilungen bei der Strukturierung der Aufbauorganisation das Regionalprinzip Anwendung finden kann. Geben Sie eine Begründung.
7. Nennen Sie Vor- und Nachteile der räumlichen Dezentralisierung einer Bank.
8. Wie kann die Verbreitung der spartenorientierten Aufbauorganisation in der Kreditwirtschaft begründet werden?
9. Im Vorstand einer Filialgroßbank wird erwogen, von der produktgruppen- bzw. spartenorientierten auf eine kundengruppenorientierte Aufbauorganisation überzugehen. Eine in das Projekt einbezogene Unternehmensberatungsfirma macht den Vorschlag, die Dynamik des neuen Systems dadurch zu stärken, daß man die Organisationseinheiten als Profit Centers gestaltet; kundengruppenorientierte Teilbanken böten bessere Voraussetzungen für die Übertragung von Gewinnverantwortung als produktgruppenorientierte. – Welche Argumente lassen sich für und gegen diesen Vorschlag ins Feld führen?
10. Können Sie die Bedeutung eines Vertrauensverhältnisses zu einem Bankangestellten – wie es ja auch in der Tabelle C. 3, S. 236 zum Ausdruck kam – auf die gesamtwirtschaftlichen Aufgaben der Kreditinstitute und den Charakter ihrer Leistungen zurückführen?
11. Welche Vor- und Nachteile hat eine möglichst weitgehende Delegation von Kompetenzen im Kreditgeschäft einer Bank? Nennen Sie beispielhaft zwei Begrenzungen dieser Delegation durch bankaufsichtsrechtliche Vorschriften.

c. Die Ablauforganisation der Bank

Bankleistungen sind auf das Objekt Geld gerichtet. Daraus folgt eine besondere Vertrauensempfindlichkeit für Kreditinstitute. Geldanlegende und -einlegende Kunden achten nicht nur darauf, Zinserträge vergütet zu bekommen, sondern sie wollen ihr Geld auch sicher aufbewahrt wissen. Die Existenz des Kreditwesengesetzes und die Einlegerschutzeinrichtungen der Verbände der Kreditwirtschaft sind letztlich Folge dieser Vertrauensempfindlichkeit.

Dies ist der Hintergrund dafür, daß das *Prinzip der Sicherheit* bei den Banken auch dort eine hervorragende Rolle spielt, wo es um die Gestaltung der sich in der Aufbauorganisation vollziehenden Arbeitsprozesse – den Gegenstand der Ablauforganisation – geht.

*c. 1. Die Grundsätze der Sicherheit, Schnelligkeit und Wirtschaftlichkeit
in der Ablauforganisation von Kreditinstituten*

Sicherheitsvorkehrungen reichen in diesem Zusammenhang im Verwaltungsbereich von der Bewachung von Geldtransporten über die Beschaffung diebstahlsicherer Schränke für Personalakten bis hin zu Maßnahmen der Innenrevision, die fallweise und überraschend die Einhaltung allgemeingültiger Organisationsrichtlinien überprüft. Im Innenbereich geht es z.B. darum, in die heute weitgehend automatisierten Prozesse der Dateneingabe, -verarbeitung und -speicherung Kontrolleinrichtungen so einzubauen, daß Fehler unmittelbar bemerkt und korrigiert werden können. Individuell vereinbarte Codes bei Abhebungen von Sparbüchern und beim Zutritt zu Schließfächern, zentral vergebene persönliche Identifikationsnummern (PIN) bei Benutzung von Geldausgabeautomaten, Transaktionsnummern (TAN) für die Abwicklung der Bankgeschäfte via Personal Computer sowie die Aushändigung einer Scheckkarte zusammen mit dem Scheckheft sind Anzeichen dafür, wie man auch den Sicherheitsbedürfnissen der Kundschaft im Absatzbereich entgegenzukommen versucht.

Um die vielfältigen *Arbeitsprozesse* im Rahmen der Ablauforganisation zu *planen,* zu *steuern* und zu *kontrollieren,* setzt die Praxis zunehmend sogenannte »Service Blueprints« ein.[36] Die einzelnen Schritte der Leistungserstellung werden dabei unter Einbeziehung des Absatz- und des Innen- bzw. Verwaltungsbereichs von Dienstleistungsunternehmen strukturiert: Von den erarbeiteten »Blaupausen« können beliebig viele Kopien vorbildlicher Leistungen gezogen werden. Dies ist insbesondere bei häufig zu erbringenden Standardservices möglich, die sich hinsichtlich ihrer Erstellung stets gleichen (in Banken z.B. weite Bereiche des Zahlungsverkehrs), aber ebenso für standardisierbare Teile von Individualleistungen wie die Eingabe einer Wertpapierorder in die EDV als Element auch in der anspruchsvollen Vermögensbetreuung von Privatkunden.

Anhand des folgenden Beispiels für den Absatz eines Konsumentendarlehens[37] soll verdeutlicht werden, inwiefern das Blueprinting-Verfahren die grundsätzliche Ausrichtung der Ablauforganisation im Hinblick auf Sicherheit und zudem *Schnelligkeit und Wirtschaftlichkeit* verfolgt.

---

[36] Vgl. erstmals G. L. Shostak: How to design a service, in: European Journal of Marketing, vol. 16, 1982, S. 49-63.
[37] Vgl. G. Schmitz: Qualitätsmanagement im Privatkundengeschäft von Banken, Wiesbaden 1996, S. 120ff.

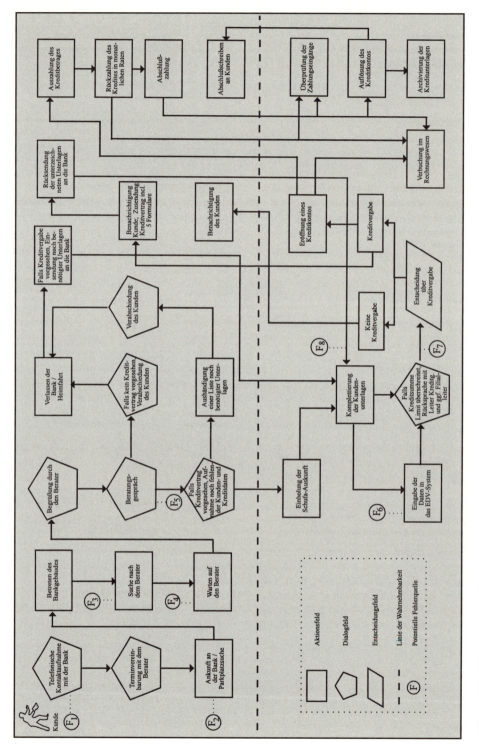

Abb. C. 25: Beispiel eines Ist-Blueprint für den Absatz eines Konsumentendarlehens (Quelle: G. Schmitz: a.a.O., S. 122)

Das Ist-Blueprint (Abb. C. 25) zeichnet den Weg der Leistungserstellung möglichst umfassend zunächst konsequent aus der Sicht des Nachfragers auf, bevor der Prozeß den Bereich des direkten Kundenkontakts verläßt und in das Back-office zur Weiterbearbeitung wechselt. Dieser Übergang bildet die »line of visibility« (- - -), die Linie der Wahrnehmbarkeit durch den Kunden.

Das Diagramm enthält neben den Schritten der Leistungserstellung auch die häufigen und besonders bedeutsamen, folgenschweren Fehlerquellen. F_5 soll auf die **Sicherheit**sproblematik im Zusammenhang mit der Wahrung des Datenschutzes hinweisen. Stehen die Beraterplätze in der Bank so dicht beieinander, daß der das Konsumentendarlehen nachfragende Kunde während des Verkaufsgesprächs unwillkürlich Einblicke in die Vermögenssituation des am Nebentisch sitzenden Nachfragers erhält, so wird das Prinzip der Sicherheit grob verletzt. Dies gilt ebenso, wenn der der Bank vom Kunden zur Kreditbesicherung übergebene Kfz-Brief »verschwindet«, weil die Dokumentenablage unzureichend organisiert ist (F_8).

F_1 bringt zum Ausdruck, daß Kunden bei der telefonischen Kontaktaufnahme mit dem Front-office oftmals viel zu lange auf die Entgegennahme des Telefonats warten müssen und dann zum Teil auch noch falsch verbunden werden, was zu großer Verärgerung führen kann. Dieser Unmut wird noch gesteigert, wenn sich der Nachfrager im Anschluß an eine nervenaufreibende Parkplatzsuche (F_2) erst mühsam nach seinem Berater durchfragen muß (F_3) und dieser ihn dann trotz einer Terminvereinbarung über eine Stunde warten läßt (F_4). Möglicherweise kommt das Verkaufsgespräch in dieser Situation überhaupt nicht mehr zustande, weil der Kunde die Bank aufgrund seines nächsten Termins verläßt und sich im zweiten Anlauf einem serviceorientierteren Institut zuwendet. **Da Bankleistungen wegen ihres abstrakten Charakters in der Regel in Tagesfertigung abzuwickeln sind, ist in Kreditinstituten auch das Prinzip der *Schnelligkeit* für die Ablauforganisation von hervorragender Bedeutung**, gegen das hier verstoßen wurde.

F_6 zeigt eine Fehlerquelle im Back-office auf: die falsche Eingabe der schlecht lesbaren Notizen des Beraters über das Kundengespräch (»Ich habe keine Zeit für ein sorgfältiges Ausfüllen der viel zu unübersichtlichen Formulare; ich soll schließlich Geschäft machen!«), durch das sich regelmäßig Nachbesserungserfordernisse ergeben, zeitraubende Rückfragen beim Kunden und damit auch Mehrkosten notwendig werden. Insofern verfolgt die Bank an dieser Stelle das Prinzip der *Wirtschaftlichkeit* nicht nachdrücklich genug.

Zur Ausschaltung oder mindestens Eindämmung solcher Fehlerquellen wird ein Soll-Blueprint erarbeitet (Abb. C. 26). Dieses kann gegenüber der Ist-Aufnahme in qualitativer Hinsicht modifiziert sein, indem man den Prozeß etwa um Ablaufstufen ergänzt oder »entschlackt« bzw. diese anders ausgestaltet werden. Darüber hinaus lassen sich die Schritte der Leistungserstellung mit Standardzeiten und in der Folge auch -kosten versehen, um damit eine Basis für die Steuerung und Kontrolle des Prozeßablaufs im Rahmen eines umfassenden *Qualitätsmanagements* der Bank (vgl. weiter C. III.) zu erhalten.

Aus dem Bestreben nach *Sicherheit* heraus enthält das Soll-Blueprint erstens einen Hinweis darauf, daß der Berater seinen Kunden in einen separaten Raum bittet, um dort dessen persönliche Daten aufzunehmen (Beseitigung der Fehlerquelle F_5). Zweitens sollen Sicherungsdokumente nicht mehr gemeinsam mit der Kreditakte, sondern separat unter Verschluß aufbewahrt werden (F_8).

Dem Prinzip der *Schnelligkeit* wird im Back-office gefolgt, indem überflüssige Arbeitsschritte (insbesondere Doppelarbeiten) und zu lange Liegezeiten von Vorgangsunterlagen (aufgrund bestehender Genehmigungsprozesse) beseitigt werden durch eine Verminderung der Prozeßkomplexität und eine Parallelisierung von Tätigkeiten. Je nach Qualifikation der

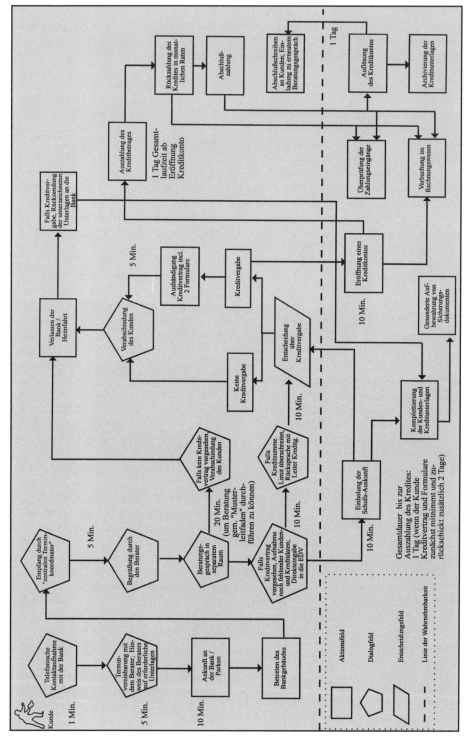

Abb. C. 26: Beispiel eines Soll-Blueprint für den Absatz eines Konsumentendarlehens (Quelle: G. Schmitz: a.a.O., S. 131)

Mitarbeiter lassen sich beispielsweise durch eine Modifizierung von Kompetenzregelungen unter Umständen zeitaufwendige und kostenintensive Kontrollstufen einsparen; im Soll-Blueprint kommt dies dadurch zum Ausdruck, daß bei der Kreditentscheidung (F_7) über den Berater hinaus nur noch ein Vorgesetzter eingebunden ist. An dieser Stelle läßt sich auch daran denken, die EDV verstärkt für Plausibilitätskontrollen im Rahmen der Bonitätsprüfung einzusetzen und dadurch schneller zu einer Entscheidung zu kommen. – Im Front-office könnten z.B. die Orientierungsprobleme und die Wartezeit des Kunden (F_3 und F_4) dadurch vermieden werden, daß ein Mitarbeiter zentral in der Geschäftsstelle positioniert wird, der dem Nachfrager bei der Suche nach dem richtigen und möglichst sofort verfügbaren Ansprechpartner behilflich ist.

Das letzte Beispiel macht deutlich, daß die Erhöhung der Schnelligkeit nicht automatisch mit einem höheren Grad an *Wirtschaftlichkeit* verknüpft sein muß, da bei der Einstellung eines Empfangs- und Terminmanagers c.p. zunächst einmal Mehrkosten anfallen. Dem dürften allerdings dann Mehrerlöse gegenüberstehen, wenn der Kunde dieses Entrée honoriert und dementsprechend aufgeschlossen in das Verkaufsgespräch geht. – Die Wirtschaftlichkeit läßt sich angesichts einer hohen Zahl von Prozeßstufen insbesondere durch die Reduktion von Schnittstellen erhöhen. Diese treten immer dann auf, wenn Teilprozesse von unterschiedlichen Stelleninhabern bearbeitet werden. So könnten z.B. die Kundendaten bereits während des Beratungsgesprächs in die EDV eingegeben werden, um Übertragungsfehler und Rückfragen (F_6) zu vermeiden. Dabei muß die Software benutzerfreundlich ausgestaltet sein, um nicht gegen das Prinzip der Schnelligkeit zu verstoßen. Ein Teil des vormals separierten Back- wird nun zum Front-office; die line of visibility verschiebt sich zum Kunden hin.

Bei der Verfolgung des Prinzips der Wirtschaftlichkeit stellt die Kapazitätsplanung eine zentrale Aufgabe dar. Da Banken ihre Leistungen in Tagesfertigung bereitstellen müssen, sind sie grundsätzlich gezwungen, ihre Personal- und Sachmittelkapazitäten an der erwarteten Spitzenbeschäftigung auszurichten (vgl. aber (1) unten), wenn sie nicht von vornherein auf einen Teil möglicher Erlöse verzichten wollen.

Die Kosten dieser Kapazitäten (Bereitschaftskosten) haben für die Planperiode fixen Charakter. **Vom Ausmaß der Beschäftigungsschwankungen hängt es deshalb ab, wie sich das Verhältnis Nutzkosten/Leerkosten im Fixkostenblock gestaltet.** Da starke Beschäftigungsschwankungen zu hohen Leerkosten und damit hohen Stückkosten/Geschäftsvorfall führen, besteht aus Wirtschaftlichkeitsüberlegungen heraus ein Interesse daran,

(1) entweder die Teilkapazität einer Abteilung in Grenzen zu halten, indem man Einfluß auf die Beschäftigungsschwankungen in Richtung auf ihre Nivellierung nimmt;

(2) und/oder bei unterschiedlichen Beschäftigungslagen in einzelnen Abteilungen durch Austausch von personellen und sachlichen Einsatzfaktoren die Gesamtkapazität zu beschränken;

(3) und/oder möglichst kostengünstige Anpassungsmaßnahmen an schwankende Beschäftigungslagen zu suchen.[38]

---

[38] Zum wirtschaftlichen Personaleinsatz gehört auch das Bestreben, über das vorhandene Personal – z.B. durch Telefonmarketing – mehr Nachfrage zu mobilisieren. Dazu vgl. J. Süchting: Strukturwandel erfordert flexible Personalpolitik, in: DBk, Nr. 7/1988, S. 358-365, insbes. S. 362 sowie M. Lund/G. Pfeufer-Kinnel: Leerkostenmanagement durch flexible Arbeitszeitmodelle, in: DBk, Nr. 2/1997, S. 76-79. Siehe darüber hinaus die Ausführungen zum Verkäufereinsatz im Abschnitt C. III.

Die Möglichkeiten zu (1) erscheinen begrenzt. Sie sind dort gegeben, wo es gelingt, durch Setzung attraktiver Preise z.B. Firmenkunden zum Wechsel von Überweisungsbelegen auf elektronische Medien zu bewegen.

Der Anwendungsbereich für Maßnahmen der Ablauforganisation zu (2) und (3) ist weiter. Er betrifft die Wirtschaftlichkeit über die Anpassungsfähigkeit insbesondere in den personellen Beziehungen zwischen den Abteilungen sowie innerhalb einer Abteilung und soll im folgenden für den *Absatz- und Innenbereich* behandelt werden.

Schwankungen der Beschäftigung treten in Kreditinstituten außer im Konjunktur- und Saisonverlauf in monatlichem (z.B. durch Gehalts- und Steuertermine), in wöchentlichem (z.B. durch Einzahlungen des Einzelhandels), vor allem aber im Tages-Rhythmus von Stunde zu Stunde auf.

Bei derartigen Beschäftigungsschwankungen, die an den Kassenschaltern 100% und mehr, gemessen am Durchschnitt, ausmachen können, stellt sich das Problem einer *kostengünstigen Anpassung* des Personals in dieser Abteilung an den unterschiedlichen Arbeitsanfall.[39]

Zur Lösung des ablauforganisatorischen Problems sind Wartezeitmodelle entwickelt worden, in denen die Bedienungskosten an den Schaltern den Opportunitätskosten gegenübergestellt werden, die entstehen, weil Kunden aufgrund zu langer Wartezeiten unzufrieden werden und mit ihren Geschäften zur Konkurrenz abwandern:

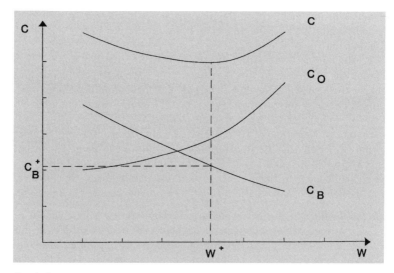

Symbole:
C – Gesamtkosten
C_B – Bedienungskosten
C_O – Opportunitätskosten (Erträge aus verlorenen Geschäften)
W – Wartezeit

Abb. C. 27: Wartezeitmodell für Bankschalter

---

[39] Vgl. auch: P. Sorg: Der kumulative Beschäftigungsgrad in Kreditinstituten, dargestellt am Beispiel des Kassenbereichs, in: ÖBA, 29. Jg., 1981, S. 118-133.

Je weniger Schalter besetzt werden, um so weniger Bedienungskosten fallen in dieser Abteilung an. Damit steigen aber auch die durchschnittlichen Wartezeiten der Kunden und damit die Gefahr, daß es zur Abwanderung unzufriedener Kunden, zum Verlust von Geschäften und Erlösen daraus, den Opportunitätskosten, kommt.

Die optimale Personalzuweisung auf die Schalter ergibt sich in diesem Modell im Minimum der Gesamtkosten bei Bedienungskosten C_B^+ und einer durchschnittlichen Wartezeit W^+.

Offensichtlich handelt es sich um ein abstraktes Modell, das vor allem das Problem aufzeigt, eine praktische Lösung aber kaum anbieten kann. Abgesehen einmal davon, daß sich bei den hier betroffenen kleinen Mitarbeiterzahlen nur ein Optimalbereich angeben läßt, bleiben folgende Fragen offen:

— Auch wenn man auf der Grundlage von Leistungsstatistiken und Zeitaufschreibungen die für den Planungstag und einzelne Planungsstunden erwartete Kundenzahl, die durchschnittlichen Bedienungszeiten und damit Wartezeiten schätzen kann: Bei welchen Wartezeiten liegen die Reizschwellen unterschiedlicher Kundenpersönlichkeiten, bei denen sie zur Konkurrenz abwandern?
— Welche Geschäfte werden dann verlorengehen? Wie ermittelt man die Erlöse daraus? Was sind also die Opportunitätskosten?

Dieser Ansatz wird in vielen Kreditinstituten seit langem in vereinfachter Form praktiziert.[40] Man minimiert die Schalterbesetzung und damit die Bedienungskosten unter der Nebenbedingung, daß eine maximale Wartezeit der Kunden von z.B. 10 Minuten auch bei extremem Kundenverkehr nicht überschritten werden darf (offenbar deshalb, weil man von da ab mit dem Auftreten von Opportunitätskosten rechnet).

Der zusätzliche Einsatz von Personal an den Schaltern oder der Abzug von Personal von den Schaltern entsprechend den dort auftretenden Beschäftigungsschwankungen setzen voraus, daß in anderen Abteilungen Personal nicht voll ausgelastet ist bzw. dort sinnvolle Aufgaben vorfindet. Diese Voraussetzungen sind nur gegeben, wenn die verschiedenen Abteilungen unterschiedliche Beschäftigungsverläufe aufweisen.

Das ist offenbar in der Realität der Fall, wie die *divergierenden Beschäftigungslagen in den Abteilungen* in einer Großbankfiliale im Jahresverlauf verdeutlichen.

Abbildung C. 28 zeigt, daß zum einen erhebliche Ausschläge vom Durchschnitt in der Beschäftigung einer Abteilung auftreten (im Reiseverkehr 110%) und zum anderen die Beschäftigungshoch- und -tiefpunkte zwischen den Abteilungen zum Teil auch zeitlich differieren.

Das in dieser Hinsicht anschauliche Beispiel der Abteilungen Reiseverkehr und Effekten (am Jahresende) läßt aber auch erkennen, daß unterschiedliche Beschäftigungslagen zwischen den Abteilungen wohl eine notwendige, aber keine hinreichende Bedingung für den Austausch von Personal sind. Hinzukommen muß nämlich nicht nur die *Bereitschaft, andere Aufgaben* zu übernehmen, sondern auch die *entsprechende Eignung;* diese aber kann im Beispiel kaum unterstellt werden.

Eine solche Eignung kann dagegen in Abteilungen mit weitgehenden Routinetätigkeiten wie in der Scheck- und der Wechselabteilung wohl angenommen werden. Andererseits weisen gerade diese Abteilungen gleiche Beschäftigungsverläufe gegen Jahresende und am Jahresbeginn auf (während im Beispiel ein Personalaustausch im September durchaus möglich wäre). Unter solchen Umständen hilft man sich auch damit, daß aus einer univer-

---

[40] Vgl. J. Dieter: Geplanter Schalterdienst, in: BBl, 17. Jg., 1968, S. 99-103.

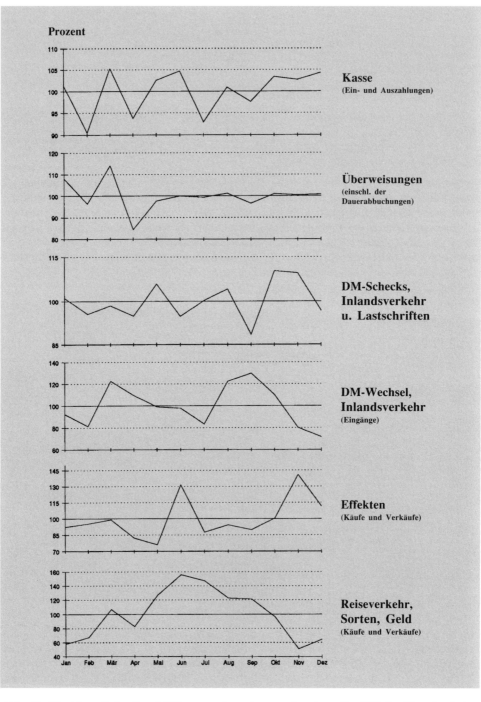

Abb. C. 28: Monatliche Beschäftigungsschwankungen in einer Bankfiliale (Durchschnittsauslastung jeweils 100%)

sal ausgebildeten Personalreserve (sogenannte flying group) »*Springer*« von Fall zu Fall in bestimmten Abteilungen eingesetzt werden, um dort Beschäftigungsspitzen aufzufangen. Eine andere Möglichkeit liegt im Einsatz von Teilzeitbeschäftigten oder Aushilfskräften z.B. am Ultimo. Die Kosten solcher Personalreserven dürften niedriger liegen, als wenn man die Kapazität jeder Abteilung auf ihre Spitzenbelastung ausrichten würde.

Im Rahmen der Kapazität *einer Abteilung* kommen für die *Leistungsanpassung* von Mitarbeitern und Maschinen an Veränderungen der Beschäftigung nach Gutenberg[41] Maßnahmen

- quantitativer und selektiver,
- zeitlicher,
- intensitätsmäßiger Art

in Betracht.

Dabei wird die Ablauforganisation diejenigen Anpassungsarten und Kombinationen von Anpassungsarten zu wählen versuchen, bei denen die variablen Kosten minimiert werden (an den Bereitschaftskosten ändert sich nichts). Ein bewußtes Abweichen vom Kostenoptimum ist vor allem aus Gründen der Tagfertigkeit und der sicheren Erledigung der Geschäftsvorfälle zu erwarten.

Eine *quantitative Anpassung* ist nur möglich, wenn bei der Planung der Kapazität auch Kapazitätsreserven berücksichtigt wurden. Solche Kapazitätsreserven sind bei Maschinen (Personal Computer, Frankiermaschinen) üblich und werden auch genutzt. Variable Kosten bestehen vor allem aus nutzungsbedingten Maschinenkosten wie dem Energieverbrauch. Bei der zusätzlichen Einbeziehung stilliegender Büromaschinen in den Arbeitsprozeß stellt sich das Problem der qualitativen Abstimmung von Mensch/Maschine-Elementen (wer arbeitet am besten an welcher Maschine).

Daraus erkennt man, daß es sich nicht mehr um eine rein quantitative Anpassung, sondern bereits um den Übergang zur *selektiven Anpassung* handelt. Unter Kostenaspekten ist in diesem Zusammenhang das Prinzip zu verfolgen, aus einer Reihe gleichartiger Aggregate jeweils die Maschine mit den niedrigsten variablen Kosten für den Einsatz auszuwählen. – Die quantitative Anpassung bei Mitarbeitern ist im Rahmen einer Abteilung nicht möglich, da Personal nicht »stillgelegt« und deshalb nicht aus einer Abteilungsreserve abgerufen bzw. dieser wieder zugeführt werden kann; Reservecharakter haben aus der Sicht der Abteilung nur Vertreter der flying group und andere Aushilfskräfte. Unter dem allein relevanten Aspekt der Gesamtkosten indessen ist wichtig, daß solche Aushilfskräfte zusätzliche variable Kosten verursachen.

Da der Einsatzfaktor Personal denjenigen der Maschinen in bezug auf die verursachten Kosten um ein Mehrfaches überwiegt, kommt aus diesen Gründen der quantitativen und selektiven Anpassung im Bankbetrieb nur geringe Bedeutung zu.

Auch die *zeitliche Anpassung* muß – im Gegensatz zum Industriebetrieb – in Kreditinstituten zunächst einmal im Rahmen des dort zumeist üblichen Einschichtbetriebs gesehen werden (eine Ausnahme besteht regelmäßig für das Rechenzentrum). Innerhalb dieser Grenzen läßt sich die Einsatzzeit des Personals wohl bei höherer Beschäftigung durch Überstunden, kaum aber bei einem Beschäftigungsrückgang variieren, weil Kurzarbeit insbesondere im Absatzbereich einen Vertrauensschwund zur Folge haben kann. Außerdem

---

[41] E. Gutenberg: Grundlagen der Betriebswirtschaftslehre, Bd. I: Die Produktion, 23. Aufl., Berlin 1979, S. 354ff.

ist zu berücksichtigen, daß die zeitliche Anpassung an eine hohe Beschäftigung teuer ist, nicht so sehr wegen der Maschinenkosten, die linear ansteigen dürften, sondern im Hinblick auf die wegen der Überstundenzuschläge progressiv zunehmenden Personalkosten.

Am wichtigsten ist für die Banken die *intensitätsmäßige Anpassung,* d.h. das schneller oder langsamer Arbeiten von Mensch und Maschine je nach Beschäftigungsanfall.

Das gilt weniger für die intensitätsmäßige Anpassung der Maschine nach oben, weil jenseits der Normalbeschäftigung durch mögliche Verschleißerscheinungen sowie steigenden Verbrauch an Formularen als Folge zunehmend auftretender Fehler die notwendigen Anforderungen an die Zuverlässigkeit nicht mehr eingehalten werden (so daß es dann zur quantitativen bzw. selektiven Anpassung kommt); daher ist bei Maschinen eher eine intensitätsmäßige Anpassung nach unten zu beobachten.

Bei den Mitarbeitern jedoch ist die Variation der Arbeitsgeschwindigkeit möglich. Die Grenzen nach oben liegen in physiologischen (Arbeitspausen) und psychologischen (Unzufriedenheit) Momenten. In Anbetracht dessen, daß in Kreditinstituten (noch) Zeitentlohnung vorherrscht, bleiben die Personalkosten auch bei stark erhöhter Beschäftigung konstant. Da die durch die intensitätsmäßige Anpassung entstehenden variablen Kosten im Vergleich zu den fixen ausgesprochen niedrig liegen, ergibt sich daraus, daß die Stückkosten/Geschäftsvorfall bei zusätzlicher Beschäftigung und dieser Art der Anpassung in erheblichen Intervallen sinken.

Zusammenfassend kann gesagt werden, daß **für die ablauforganisatorische Regelung der Arbeitsprozesse im Hinblick auf schwankende Beschäftigungslagen die intensitätsmäßige Anpassung von herausragender Bedeutung ist. Ihre Grenzen liegen weniger in der Leistungsfähigkeit des Personals als vielmehr im Prinzip der sicheren Erledigung der Geschäftsvorfälle.**

c. 2. Die Überwachung durch die Interne Revision

Zu Beginn der Behandlung der Ablauforganisation war hervorgehoben worden, daß dem *Grundsatz der Sicherheit* bei den im Geldstrom operierenden Kreditinstituten eine besondere Bedeutung zukommt.

Dem entspricht, daß Banken und Sparkassen nicht nur von Wirtschafts- bzw. Verbandsprüfern, sondern auch durch die (branchenspezifische) Bankaufsichtsbehörde, gegebenenfalls im Rahmen von Sonderprüfungen, geprüft werden. Als eine weitere Prüfungsinstanz fungiert innerhalb der Aufbauorganisation selbst die interne Revisionsabteilung oder Innenrevision.

Im Rahmen der Managementfunktionen Planung, Steuerung und Kontrolle ist die Interne Revision der letzteren, der *überwachenden* Funktion zuzuordnen. Im Unterschied zur laufenden Kontrolle wird sie jedoch in unregelmäßigen Abständen und überraschend tätig. Ihr Prüfungsbereich erstreckt sich auf das Gesamtsystem »Kreditinstitut« mit allen seinen Systemelementen.

Einen Überblick über die Bedeutung der einzelnen Aufgaben der Internen Revision gibt Abbildung C. 29.

Faßt man die dort genannten *Aufgaben* unabhängig von ihrer aktuellen Gewichtung zusammen, so zeigt sich, daß die Interne Revision

- der Sicherung, insbesondere der Geld- und geldnahen Vermögenswerte;
- der Überprüfung der die Buchhaltung und den Jahresabschluß betreffenden Unterlagen und aller Teile des internen Rechnungswesens;

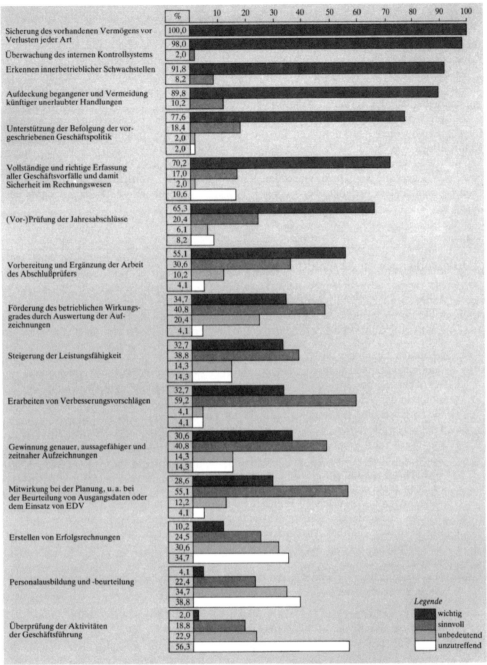

Abb. C. 29: *Aufgaben der Internen Revision. Ergebnis einer Teilerhebung bei 49 Universalbanken in der Bundesrepublik 1981 (Quelle: H. Griesche: Interne Revision bei Kreditinstituten – Ergebnisse einer empirischen Untersuchung bei ausgewählten Universalbanken in der Bundesrepublik Deutschland, in: Zeitschrift für Interne Revision, 19. Jg., 1984, S. 193-213, hier S. 206)*

– sowie allgemein mit ihren Anregungen einer verbesserten Betriebs- und Geschäftspolitik

dient.[42]

Die zuletzt genannten Anregungen zielen vor allem auf den Grundsatz der *Wirtschaftlichkeit*.

Da die Aufgaben der Internen Revision zu einem großen Teil die Sicherung der Funktionsfähigkeit und Ordnungsmäßigkeit des Kommunikationssystems betreffen, dieses sich heute aber weitgehend auf die EDV-Basis stützt, sind für die Angehörigen der Internen Revision EDV-Kenntnisse unerläßlich. Ein brisanter Tätigkeitsbereich liegt darin, daß sie nicht nur die Befolgung der Anweisungen der Geschäftsleitung überwachen, sondern als in der Regel an Weisungen des Controllers[43] gebundene Mitarbeiter auch unerlaubte Handlungen in der Geschäftsleitung selbst aufdecken sollen.

Dieser Konflikt macht deutlich, daß die **Interne Revision ihre Aufgaben nur wahrnehmen kann, wenn sie möglichst unabhängig operiert.** Deshalb bildet sie im Rahmen der Aufbauorganisation eine Stabsabteilung, die der Geschäftsleitung unmittelbar unterstellt ist (vgl. Abb. C. 15, S. 238).

Damit hat sie gegenüber anderen Organisationseinheiten des Kreditinstituts keine Weisungsbefugnis, kann aber – ohne an Instanzenwege gebunden zu sein – mit allen Stellen in Kontakt treten und über gegebenenfalls aufgedeckte Mißstände berichten. Von besonderer Bedeutung ist daher die Akzeptanz bei den Mitarbeitern, die in der Internen Revision einen Kooperationspartner sehen müssen. Vice versa hat die Revisionsabteilung offensiv im Haus zu kommunizieren, d.h. eine möglichst große Transparenz über die von ihr erbrachten Dienstleistungen herzustellen und konstruktive Kritik an der Qualität und den Kosten ihrer Arbeit als Verbesserungschance zu begreifen.[44]

Zusammenfassend ist die Innenrevision als Stabsstelle zu bezeichnen, die die Bankleitung in ihrer Überwachungsfunktion unterstützt und die ihre Überwachungshandlungen unabhängig und außerhalb der normalen Arbeitsabläufe vollzieht.

Entsprechend ihrer besonderen Bedeutung in Kreditinstituten hat das Bundesaufsichtsamt für das Kreditwesen zum einen bereits vor 20 Jahren allgemeine Anforderungen für die Ausgestaltung der Innenrevision erlassen (vgl. Kontrollfrage 7, S. 267). Auf dieser Grundlage kann die Zuverlässigkeit der Geschäftsleitung gemäß § 33 Abs. 1 Nr. 2 KWG geprüft, bei schwerwiegenden Verstößen u.U. die Abberufung des verantwortlichen Geschäftsleiters verlangt oder gar die Erlaubnis zur Ausübung von Bankgeschäften entzogen werden. Zum anderen wurden die Aufgaben der Revision 1995 in den neuen »Mindestanforderungen an das Betreiben von Handelsgeschäften der Kreditinstitute« (vgl. S. 560) im Hinblick auf die Kontrolle des Risikomanagements der Bank weiter spezifiziert. Daraus läßt sich einerseits ersehen, welche Bedeutung die Bankenaufsicht etwaigen Verlustgefahren aus dem Handel beimißt. Zugleich dürfte die Formulierung von Mindeststandards aber auch gerade für diesen Geschäftsbereich erforderlich gewesen sein, da die Revision hier

---

[42] Vgl. allgemein: R. Hofmann: Prüfungs-Handbuch: Praxisorientierter Leitfaden einer umfassenden Revisionskonzeption, 2. Aufl., Berlin 1994 und L. Theuvsen: Interne Revision: Konzept – Organisation – Effizienz, Wiesbaden 1994.
[43] Zum Controller vgl. S. 221f.
[44] Vgl. Gesellschaft zur Förderung der wissenschaftlichen Forschung über das Spar- und Girowesen (Hrsg.): Akzeptanz und Effizienz der Revision in der Sparkassenorganisation, Bonn 1993 und M. Haake: Im Spannungsfeld von Kosten und Effizienz, in: BBl, 44. Jg., 1995, S. 3-5.

im Laufe der letzten Jahre mit immer komplexeren Finanzinnovationen konfrontiert wurde. – Das BAKred gibt die wesentlichen Prüfungsfelder in bezug auf die Aufbauorganisation (die angesprochene Funktionstrennung) und Ablauforganisation des Handels (etwa die Funktionsweise von Risikoanalyse sowie Risikosteuerung und -kontrolle mit Hilfe eines Limitsystems, Veränderungen in den betreffenden EDV-Systemen usw.) vor, die jährlich von der Internen Revision zu untersuchen sind. Der hieraus hervorgehende Bericht ist sämtlichen Mitgliedern der Geschäftsleitung vorzulegen; das für den geprüften Bereich zuständige Vorstandsmitglied muß zu den aufgeführten Beanstandungen und Empfehlungen Stellung nehmen.

Kontrollfragen zu den Abschnitten c. 1. und c. 2.

1. Geben Sie jeweils ein Beispiel dafür, wie – vor dem Hintergrund der Vertrauensempfindlichkeit von Kreditinstituten und der Notwendigkeit, tagfertig zu produzieren – Arbeitsprozesse besonders sicher und besonders schnell organisiert werden.
2. Wenn der Gläubiger durch die Beschleunigung des Scheckeinzugs zu höheren Liquiditätsbeständen kommt, weil ihm die Schecks durch seine Bank früher gutgeschrieben werden können, wie wirkt sich das Verfahren dann auf die Liquiditätssituation der Schuldner aus? Werden sie das Verfahren akzeptieren? Wovon hängt die Durchsetzung der veränderten Zahlungsweise ab?
3. Zeigen Sie anhand konkreter Beispiele, inwiefern die Methode des Blueprinting für die Veränderung der Ablauforganisation nutzbar gemacht werden kann.
4. Wenn man davon ausgeht, daß die Beurteilung der Unternehmensentwicklung den Gegenstand sowohl der Kreditanalyse als auch der Wertpapieranalyse bildet, liegt es dann nicht nahe, Personal bei divergierender Beschäftigung zwischen diesen Abteilungen auszutauschen? Welches Problem könnte auftreten?
5. Welche Anpassungsformen an schwankende Beschäftigungslagen kennen Sie, und wie beurteilen Sie ihre Anwendbarkeit in Kreditinstituten? Wie definieren Sie die Beschäftigung für die Kreditabteilung, die Effektenabteilung und die Kassenschalter?
6. Diskutieren Sie mögliche Maßnahmen für einen wirtschaftlichen Personaleinsatz, die sich beziehen auf
   – eine Nivellierung der Nachfrage (und der davon abhängigen Beschäftigung),
   – eine Anpassung an die schwankende Nachfrage und
   – die Aus- und Weiterbildung der Mitarbeiter.
7. Inwieweit ergeben sich Konflikte, wenn Mitarbeiter der Innenrevision
   – zusätzliche Tätigkeiten in anderen Abteilungen der Banken übernehmen?
   – bei der Durchführung ihrer Tätigkeit weisungsgebunden vorgehen?
   Beantworten Sie die Fragen auf der Grundlage der folgenden Anforderungen der Bankenaufsicht:

Anforderungen für die Ausgestaltung der Innenrevision

Schreiben des Bundesaufsichtsamtes für das Kreditwesen an die Spitzenverbände der Kreditinstitute vom 28. Mai 1976 (I 4-3)

Hiermit gebe ich Ihnen die Anforderungen für die Ausgestaltung der Innenrevision bekannt:

1. Die Betriebsabläufe jedes Kreditinstituts müssen durch eine funktionsfähige Innenrevision überprüft werden. Voraussetzung der Funktionsfähigkeit der Innenrevision ist eine schriftlich fixierte Ordnung des gesamten Betriebes, die sich sowohl auf die Kompetenz der einzelnen Betriebsangehörigen als auch im erforderlichen Rahmen auf die Arbeitsabwicklung erstreckt und deren Einhaltung von der Innenrevision zu überprüfen ist.

3. Arbeitsweise und -umfang der Innenrevision müssen so beschaffen sein, daß die Prüfungsergebnisse über die Ordnungsmäßigkeit des Betriebsablaufes, aufgetretene Mängel sowie über Gefahren für das Kreditinstitut hinreichenden Aufschluß geben. Grundsätzlich sollten die in der Innenrevision beschäftigten Angestellten nicht mit Aufgaben betraut werden, die nicht im Rahmen der Innenrevision liegen. Auf keinen Fall dürfen diese Angestellten Aufgaben wahrnehmen, die mit der Prüfungstätigkeit nicht im Einklang stehen. Ebenso sollten Angestellte, die in anderen Abteilungen des Kreditinstituts beschäftigt sind, nicht zeitweise mit Aufgaben der Innenrevision betraut werden (Funktionstrennung).

4. Die Prüfungshandlungen der Innenrevision sollen sich auf die Betriebsabläufe aller Teilbereiche des Kreditinstituts erstrecken. Auch sind der Innenrevision die Weisungen der Geschäftsleitung an andere Abteilungen bekanntzugeben, soweit hierdurch offensichtlich ihre Aufgabe berührt wird.

6. Unbeschadet des Direktionsrechts der Geschäftsleitung soll bei der Aufstellung der Revisionsprogramme (Prüfungspläne) und bei der Durchführung der Prüfungshandlungen die Innenrevision ihre Aufgaben möglichst selbständig wahrnehmen.

8. Die Erledigung von Beanstandungen ist zu überwachen und aktenkundig zu machen. Wird den Beanstandungen nicht Rechnung getragen, so hat der Leiter der Innenrevision dem für das betreffende Sachgebiet zuständigen Geschäftsleiter schriftlich zu berichten.

Werden im Rahmen der Prüfungshandlungen schwerwiegende Feststellungen gegen Mitglieder der Geschäftsleitung bekannt, so ist der gesamten Geschäftsleitung unverzüglich schriftlich Bericht zu erstatten. Diese ist verpflichtet, den Bericht des Innenrevisors unverzüglich dem Vorsitzenden des Aufsichtsorgans zu unterbreiten, gegebenenfalls mit einer eigenen Stellungnahme.

9. Revisionsberichte und Arbeitspapiere der Innenrevision sind den Prüfern der externen Revision zur Verfügung zu stellen.

10. Der Abschlußprüfer hat im Prüfungsbericht darzulegen, ob die Ausgestaltung der Innenrevision des zu prüfenden Instituts den vorstehenden Anforderungen genügt.

(Quelle: F. Reischauer/J. Kleinhans u.a.: Kreditwesengesetz (KWG), Loseblattkommentar, 6. Lieferung, Berlin 1996, Nr. 475)

c. 3. Die zunehmende Technisierung in der Bankorganisation

Die Bedeutung der Organisation in Kreditinstituten kann nur vor dem Hintergrund der technischen Entwicklung gewürdigt werden. Seit der Gründung des Arbeitskreises »Automation« durch die Spitzenverbände der deutschen Kreditwirtschaft (1959) haben elektronische Datenverarbeitungsanlagen zunehmend die Organisation der Banken geprägt. Informationssysteme und Entscheidungsgrundlagen wurden verbessert, die Arbeitsabläufe auf der Basis immer leistungsfähigerer Computergenerationen zum Teil völlig umgestaltet.

Technisierung und Automatisierung waren zunächst aus dem Zwang zu einer wirtschaftlichen Abwicklung der Arbeitsabläufe heraus zu sehen; in den folgenden Phasen gewannen indessen über Rationalisierungsaspekte hinaus auch Gesichtspunkte einer Verbesserung des Kundenservice und damit Marketingüberlegungen an Bedeutung. Parallel dazu haben die mit den Speicherkapazitäten der EDV-Anlagen und der Kommunikation zwischen Datenbanken verbesserten Möglichkeiten der Datenbeschaffung und -verarbeitung zusammen mit der Entwicklung entsprechender Software-Programme die Qualität der Entscheidungsunterlagen für das Management erhöht (Management Support Systeme). Schließlich erlaubt die Informationstechnologie heute den unmittelbaren Anschluß an die wichtigen Börsen des In- und Auslands. Devisen- und Wertpapierkurse, Zinsen und Renditen können global, augenblicklich sowie – unter Nutzung der Auslandsstützpunkte in den verschiedenen Zeitzonen – rund um die Uhr abgerufen werden.[45]

Für die vergangenen vier Dekaden können die folgenden vier Entwicklungsstufen unterschieden werden:

(1) Der Einsatz von EDV-Anlagen zur Bewältigung des massenhaften Beleganfalls im Mengengeschäft;
(2) Verbesserung der innerbetrieblichen Kommunikation und Unterstützung des Kundenkontakts mit Hilfe von EDV-Systemen;
(3) die Selbstbedienung des Kunden mit Bankautomaten;
(4) Kommunikation mit den Kunden und den Mitarbeitern über elektronische Medien.

(1) Als sich Ende der 50er Jahre die Großbanken entschlossen, das *Mengengeschäft* mit der breiten Bevölkerung zum Zwecke der Stabilisierung ihrer Refinanzierungsbasis aufzunehmen und damit auch die Sparkassen und Kreditgenossenschaften zwangen, ihre Konkurrenzfähigkeit in diesem Bereich auszubauen, stellte sich das Problem der Bewältigung nun massenhaft auftretender Geschäftsvorfälle vor allem im Zahlungsverkehr (siehe Abbildung C. 30).

Der durch Steigerungsraten von mehr als 100% (1970/75) vor allem im Zahlungsverkehr ausgelöste zusätzliche Beleganfall, hier in Form von Überweisungen, aber auch als Schecks und Lastschriften, ließ sich in den Kreditinstituten manuell nicht mehr bewältigen. Nachdem zunächst die Belege in für die EDV-Bearbeitung geeignete Lochkarten umgeschrieben werden mußten, ging dann die Entwicklung dahin, die Originalbelege für die automatisierte Weiterverarbeitung zu nutzen. Mittlerweile wird der elektronische Zahlungsverkehr umfassend realisiert. Entsprechend unterscheidet man heute im Rahmen des beleggebundenen und beleglosen Zahlungsverkehrs zweckmäßig in:

– maschinell nicht lesbare Belege (wie sie im individuellen Zahlungsverkehr mit Privatkunden noch immer anfallen);

---

[45] Zu einem Überblick vgl. M. Endres: Entwicklungslinien der Bankorganisation, in: DBk, Nr. 1/1994, S. 4-9.

- nach Ausfüllen einer Codierzeile maschinell voll lesbare Belege (wie das für die EDV-Verarbeitung vorbereitete Scheck- und Lastschriftenmaterial);
- maschinell voll lesbare Belege (die geeignete Erfassungsgeräte wie Scanner voraussetzen);
- beleglose Datenträger (wie Magnetband, Magnetplatte, Diskette) sowie die Datenfernübertragung.[46]

Im Zuge der Rationalisierung des Zahlungsverkehrs hat in den 70er Jahren der beleglose Datenträgeraustausch mit Großunternehmen und -behörden, die massenweise Lohn-, Gehalts-, Pensions- und Rentenzahlungen auslösen, an Bedeutung gewonnen. Diese schnelle Form der Datenverarbeitung, die sich zwischen den Kreditinstituten und ihren Gironetzen in Form des Austausches z.B. von Magnetbändern fortsetzt, beschränkte sich zunächst auf den inländischen Zahlungsverkehr. Daneben wurde im Auslandszahlungsverkehr von den Kreditinstituten im Jahre 1973 die Society for Worldwide Interbank Financial Telecommunication (S.W.I.F.T.) gegründet, der mittlerweile rd. 4.000 Kreditinstitute in 95 Ländern angehören. Über das von dieser Gesellschaft betriebene Datenübertragungsnetz wird weltweit ein belegloser Datenaustausch abgewickelt. Die überbetriebliche Rationalisierung in der Kreditwirtschaft hat über den Zahlungsverkehr hinaus inzwischen auch den Wertpapierbereich einbezogen, indem über Börsendatenzentralen ein maschinelles Clearing der getätigten Börsengeschäfte vorgenommen wird.[47]

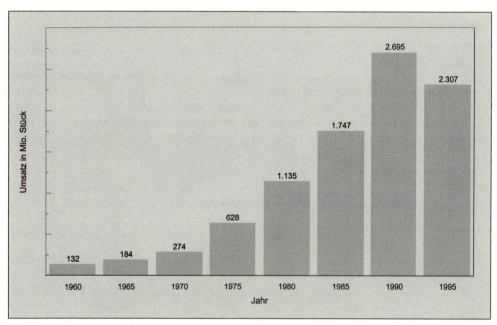

Abb. C. 30: Umsätze auf den Girokonten der Deutschen Bundesbank 1960-1995 (Quelle: Geschäftsberichte der Deutschen Bundesbank, verschiedene Jahrgänge; eigene Berechnungen)

---

[46] Vgl. Deutsche Bundesbank: Neuere Entwicklungen im unbaren Zahlungsverkehr der Deutschen Bundesbank, in: MB, 46. Jg., Nr. 8/1994, S. 47-63.
[47] Vgl. B. Schüller: Organisation und Technologie des Wertpapier- und Devisengeschäftes, in: J. H. v. Stein/J. Terrahe (Hrsg.): Handbuch Bankorganisation, 2. Aufl., Wiesbaden 1995, S. 453-484.

Im Jahre 1995 war die Anzahl der über die Bundesbank geleiteten Überweisungsaufträge erstmals deutlich rückläufig. Gerade im Massenzahlungsverkehr wurde dies – neben einer veränderten statistischen Erfassung – insbesondere durch den vermehrten bilateralen Austausch von Zahlungen zwischen den Kreditinstituten bzw. eine verstärkte Durchleitung im eigenen Netz hervorgerufen. Dennoch sind sowohl die Kreditinstitute als auch die Bundesbank angesichts der unverändert hohen Stückzahlen bestrebt, beleglose und damit kostengünstige Verfahren anzuwenden. Ein pretialer Anreiz zur Abkehr von beleggebundenen Zahlungen bestand darin, daß die Bundesbank den Geschäftsbanken seit 1991 für beleglose Datensätze deutlich geringere Gebühren belastete. Die Kreditwirtschaft selbst hat sich unterdessen verpflichtet, ab dem 1. Juni 1997 auch Überweisungsaufträge unter 1.000 DM nicht mehr beleghaft weiterzureichen. Im EZÜ-Verfahren werden damit zukünftig sämtliche beleggebundenen Überweisungsaufträge beim beauftragten Kreditinstitut in Datensätze umgewandelt, auf elektronischen Datenträgern gespeichert und im Rahmen des beleglosen Datenträgeraustausches mittels Datenfernübertragung zwischen den Kreditinstituten weitergeleitet und verrechnet. Der wesentliche Vorteil dieses Verfahrens für den Bankkunden liegt in der Übertragungsgeschwindigkeit, die dem Empfänger die Zahlungsgutschrift spätestens am nächsten Werktag garantiert. Damit dürften sich allerdings die sogenannten Wertstellungsgewinne der Kreditinstitute – hervorgerufen durch die zeitliche Differenz zwischen der wertmäßigen Belastung beim Auftraggeber und der Gutschrift beim Empfänger (vgl. S. 400f.) – verringern.

Der Beginn der Europäischen Währungsunion, voraussichtlich zum 1. Januar 1999, setzt ein EU-weit einheitliches Zahlungsverkehrssystem voraus. Zu diesem Zweck werden die nationalen Systeme unter der Bezeichnung TARGET (Transeuropäisches Automatisiertes Echtzeit-Brutto-Überweisungssystem) verknüpft und weiterentwickelt. TARGET soll zunächst Zahlungsverkehrsdienste anbieten, die in bezug auf die Abwicklungsgeschwindigkeit mindestens jenen entsprechen, die bisher auf einzelstaatlicher Ebene verbreitet sind, so daß inländische und grenzüberschreitende Zahlungen in Euro mit der gleichen Effizienz abgewickelt werden können. Durch die Verwendung des Echtzeit-Brutto-Verfahrens wird die Vermeidung von Systemkrisen angestrebt, da die Zahlungen einzeln ausgeführt werden, sobald auf dem Schuldnerkonto eine entsprechende Deckung festgestellt wurde. Dies ermöglicht eine frühe und endgültige Gutschrift, ist jedoch mit erheblichem technischen Aufwand verbunden.[48]

Dem kommt in bezug auf das Firmenkundengeschäft entgegen, daß die Tendenz zur Globalisierung im Waren- und Dienstleistungsverkehr die Bemühungen um internationale Kommunikationsstandards verstärkt hat. In den letzten Jahren wird zunehmend das EDIFACT-Format (Electronic Data Interchange for Administration, Commerce and Transport) für den branchen- und länderübergreifenden Austausch von strukturierten Geschäftsdokumenten angewandt.[49] Ziel ist es dabei, eine durchgehende Prozeßkette EDV-technisch abzubilden, die vom Beschaffungsmarkt über die Produktion, den Absatz einschließlich des Warentransports bis zur finanziellen Abwicklung reicht. Ein Lieferant soll dann – ohne manuelles Eingreifen oder die Neuerfassung von Daten – die bei ihm im EDIFACT-Standard eingegangene Bestellung in die Auftragsbestätigung umsetzen, der Fertigung die not-

---

[48] Vgl. hierzu auch das Sonderheft »Payment Systems Research and Public Policy: Risk, Efficiency, and Innovation« des JoMCB, vol. 28, 1996, no. 4, part 2.
[49] Vgl. B. Kerschner/M. Grebe: Edifact im Firmenkundengeschäft: Status quo und Zukunft, in: bum, 26. Jg., Nr. 11/1996, S. 32-36.

wendigen Daten übermitteln, die Warenbegleitdokumente und seine Rechnung erstellen sowie Zahlungsaufträge auslösen können. Aufgrund der damit verbundenen Rationalisierungspotentiale drängen immer mehr Großunternehmen ihre Zulieferer und Abnehmer sowie die mit ihnen zusammenarbeitenden Kreditinstitute zu einem Einsatz von EDIFACT im Zahlungsverkehr.[50]

Die geschilderte Entwicklung läßt erkennen, daß bei der auf EDV-Systemen basierten inner- und überbetrieblichen Rationalisierung in den Kreditinstituten auf die Mitarbeit der Kunden nicht verzichtet werden konnte. Diese kommt sowohl bei der Privatkundschaft in der Umstellung auf computergeeignete Formulare zum Ausdruck als auch bei Großunternehmen in der Speicherung der Daten auf Medien, die im beleglosen Datenträgeraustausch auf der nächsten Verarbeitungsstufe eines Kreditinstituts weiterverwendet werden können.

Auch bei der automatischen Textverarbeitung, die mit standardisierten Schriftpassagen im Bereich der Kundenkorrespondenz zu einem Ersatz von Personal- durch Sachkosten führte, wurde die technische Entwicklung in den Kreditinstituten für die Abnehmer der Bankleistungen erkennbar. Nur auf wenigen Gebieten wird die Kundschaft von der Rationalisierung nicht berührt, so etwa bei der Vereinfachung der Archivierung durch die Mikroverfilmung oder die optische Speicherung des Belegmaterials.

(2) In größerem Umfange ergaben sich Auswirkungen für die Qualität der Kundenbeziehungen jedoch erst in der zweiten Hälfte der 70er Jahre mit der *Terminalisierung von Arbeitsplätzen* in den Banken und Sparkassen. Über Online-Systeme (im Gegensatz zu herkömmlichen Systemen, bei denen der Transport des Belegmaterials vom Ort seines Anfalls zur Buchungszentrale erforderlich ist) wurden Arbeitsplätze sowohl im *innerbetrieblichen Bereich* als auch im *Kundenkontakt* bei Kassierern und Beratern direkt an das zentrale EDV-System angeschlossen. Die Terminals ermöglichen es, an den Kassenschaltern die durch den Kunden ausgelösten Zahlungstransaktionen über Tastaturen unmittelbar in Last- bzw. Gutschriften auf seinem Konto zu buchen und die erforderlichen Informationen über Kontostände abzurufen sowie an den Arbeitsplätzen der Kundenberater mit Hilfe zusätzlicher Terminals Informationsunterstützung etwa in Form von Depotzusammenstellungen, Wertpapierkursen, Renditevergleichen usw. zu geben.

Einen Eindruck von der hohen Geschwindigkeit, mit der die Terminalisierung vorangeschritten ist, geben die folgenden Zahlen aus der Sparkassenorganisation: Wurden 1973 erst 2.600 Terminals eingesetzt, so stieg deren Zahl bis 1985 auf 38.000 und hat sich zehn Jahre später mit rd. 190.000 fast verfünffacht. Dabei entfielen ca. 18% auf Kassen- und je rd. 40% auf Berater- und Back-office-Terminals.[51]

Das starke Wachstum der Gerätezahl wird auch durch das Vorgehen der meisten Kreditinstitute bzw. ihrer Rechenzentren mitbeeinflußt, die Datenverarbeitung über einen oder wenige Großrechner durch sogenannte Client-Server-Architekturen zu ersetzen. Diese basieren auf der Vernetzung einer leistungsstarken Einheit zur Datenbereitstellung mit verschiedenen Endgeräten, in der Regel PC's als Clients. Während bei Zentrallösungen ein Arbeitsplatzrechner bei einer Datenbankabfrage entweder den Großrechner dauerhaft bean-

---

[50] Vgl. für die USA P. Lunt: Banking without leaving the office, in: ABA, vol. 87, no. 7/1995, S. 50-56 und für Deutschland entsprechende Erfahrungen der WestLB bei o.V.: Die Filiale bleibt dominierender Absatzkanal, in: BZ, Nr. 211 v. 1.11.1996, S. 6.
[51] Fortgeschriebene Zahlen nach R. Nowak: Transaktions-, Informations- und Kommunikationssysteme, in: J. H. v. Stein/J. Terrahe: a.a.O., S. 311-336, hier S. 318.

sprucht oder sich den gesamten Datenbestand in das Netz kopiert, um diesen dann zu bearbeiten, wird bei einer Client-Server-Architektur nur jeweils ein Befehl vom Client an den Datenbankserver gesandt, der die Anfrage abarbeitet und lediglich seine Arbeitsergebnisse übermittelt. Damit sind so ausgestaltete Systeme in der Lage, insgesamt große Datenmengen in einer hohen Flexibilität zu bewältigen (z.B. im Wertpapiergeschäft bei der Übertragung von Marktdaten an die unterschiedlichen Informationsnutzer), da lediglich die für spezifische Problemstellungen benötigten Daten das Netz belasten. Allerdings sind in dezentralen Systemen wie diesen Fragen des Zugriffsschutzes, der Datensicherung und -konsistenz ungleich schwerer zu gewährleisten als in der klassischen Großrechnerwelt.[52]

Die computergestützte Beratung bezieht sich auf standardisierte Geldanlage- und Kreditformen, z.B. bei Sparplänen oder in der Baufinanzierung, und wird am Schalterterminal oder mit tragbaren PC's und der entsprechenden Software in der Wohnung und im Betrieb des Kunden durchgeführt.[53] Auch bei der Kreditentscheidung werden die Kompetenzträger in den Banken entlastet. Mit vollautomatisierten Kreditscoring-Systemen, die auf Basis der Diskriminanzanalyse arbeiten, werden seit vielen Jahren vor allem bei Spezialbanken im Konsumentenkreditgeschäft Kreditwürdigkeitsprüfungen vorgenommen. Inzwischen dringen ähnliche Systeme, obwohl wissenschaftlich umstritten, in den Unternehmenssektor vor.[54] Frühwarnindikatoren als Veränderungen bestimmter Kennziffern aus den Jahresabschlüssen sollen über die zunehmende Kreditwürdigkeit bzw. -unwürdigkeit Auskunft geben, und dies vor dem Hintergrund von Durchschnitts- und Eckwerten, die aufgrund der automatischen Bilanzanalyse einer Vielzahl von Unternehmen aus einer Branche generiert wurden. Darüber geht etwa die Sparkassenorganisation hinaus, indem sie in ein Scoring-System für die Unternehmensbewertung zusätzliche Erkenntnisse aus der Kontenführung und der Managementbeurteilung – also auch qualitative Daten – aufnimmt.[55]

Beim Einsatz von *Expertensystemen* nehmen Banken und Versicherungen eine Spitzenposition ein. Manche Kreditinstitute versprechen sich durch die neue Technologie eine Unterstützung beim Verkauf erklärungsbedürftiger Kredite und Geldanlagen. Aus der Wissensbasis soll das Know-how hochqualifizierter Mitarbeiter dezentral dem Personal in den Zweigstellen für Beratungszwecke verfügbar gemacht und damit multipliziert werden.[56] In diesem Zusammenhang sind noch zahlreiche Probleme zu lösen, so zum Beispiel die Integration neuer Programmiersprachen in die konventionellen DV-Systeme unter Vermeidung von Insellösungen. Dennoch wird heute schon davon gesprochen, daß Expertensysteme nach Entwicklung benutzerfreundlicher Dialog- und Erklärungskomponenten in den Bereich der Kundenselbstbedienung eingebaut werden könnten; dies scheint indessen noch in

---

52 Vgl. H.-D. Krönung: Die Bank der Zukunft, Wiesbaden 1996, S. 201f.
53 Zur computergestützten Beratung vgl. die Anwendungsbeispiele in D. Duclaux: Have bank, will travel, in: ABA, vol. 87, no. 6/1995, S. 63-66 sowie als Überblick die Beilage »Die Bank der Zukunft«, FAZ, Nr. 29 v. 4.2.1997.
54 Vgl. u.a. P. Weibel: Die Aussagefähigkeit von Kriterien zur Bonitätsbeurteilung im Kreditgeschäft der Banken, Bern 1973; G. Weinrich: Kreditwürdigkeitsprognosen — Steuerung des Kreditgeschäfts durch Risikoklassen, Wiesbaden 1978; G. Gebhardt: Insolvenzprognosen aus aktienrechtlichen Jahresabschlüssen, Wiesbaden 1980, M. Feidicker: Kreditwürdigkeitsprüfung – Entwicklung eines Bonitätsindikators, Düsseldorf 1992 und D. Hüls: Früherkennung insolvenzgefährdeter Unternehmen, Düsseldorf 1995.
55 Vgl. A. Reuter: Profundes Kredit-Rating für Firmenkunden, in: BBl, 43. Jg., 1994, S. 343-346.
56 Vgl. Th. Bagus: Wissensbasierte Bonitätsanalyse im Firmenkundengeschäft der Kreditinstitute, Frankfurt/M. u.a. 1993.

weiter Ferne, während es bereits Banken auch in Deutschland gibt, die zumindest zur Unterstützung der Beratung derartige Systeme einsetzen.[57]

Ebenfalls mit dem Ziel, wenigstens Entscheidungs*hilfen* zu erhalten, sind in den letzten Jahren *Neuronale Netze* von der Kreditwirtschaft getestet worden, mit denen die Umsetzung menschlicher in künstliche Intelligenz angestrebt wird. Dabei abstrahiert man von den tatsächlichen biologischen Nervenzellen und versucht, deren Funktionsweise in einem mathematischen Modell einzufangen sowie per Software auf einem Computer zu simulieren. Während für die Entwicklung eines Expertensystems das Know-how eines (oder mehrerer) Experten systematisch erfaßt und unter Beachtung auch möglichst sämtlicher Sonderfälle in »Wenn-dann-Regeln« abgebildet werden muß, wird ein Neuronales Netz »trainiert«: Für das zu bearbeitende Problem sind alle relevanten Beispielfälle zu sammeln, aus denen das Netz dann ein Problemlösungsverhalten entwickeln muß. Dieses richtet sich also nicht nach einem vom Menschen erstellten Verfahrenshandbuch, sondern wird »selbständig erlernt«. – Derzeit scheint die »Trefferquote« der Neuronalen Netze noch zu gering zu sein, um eine fundierte Entscheidungsgrundlage zu bilden. Dies gilt insbesondere dann, wenn die Zahl der in das System eingehenden Trainingsfälle gering oder deren Verlauf sehr heterogen ist. Das Netz hat dann Schwierigkeiten, Kausalitäten von Scheinzusammenhängen (»Noise«, Rauschen) zu trennen. Vice versa wurden die bisher besten Resultate beim Einsatz im Rahmen von Aktien- und Wechselkursprognosen erzielt, bei denen umfangreiche, gleichartige Datenreihen als Input zur Verfügung standen.[58]

Zweifellos können mit Hilfe der EDV Schnelligkeit und Zuverlässigkeit bei der Abwicklung der Geschäftsvorfälle erhöht und auch die Beratungen der Kunden verbessert werden. Ob bei einer umfangreichen Terminalisierung der Organisationseinheiten großer Filialbanken daneben Kostensenkungseffekte erzielt werden, läßt sich allgemeingültig kaum sagen. Der Berater soll z.B. entsprechend den Anlagebedürfnissen des Kunden Informationen beschaffen, verarbeiten und in kundengerechte Empfehlungen umsetzen. Dabei wird er durch ein zentrales EDV-System, in dem Informationen über den Kunden und das Spektrum möglicher Anlagen gespeichert sind, zwar unterstützt, aber keinesfalls ersetzt.[59] Personaleinsparungen werden sich allenfalls dort ergeben, wo die Aufbereitung der Daten in den zentralen Abteilungen bisher manuell und daher mit erheblich größerem Zeitaufwand vorgenommen wurde. Allgemein kann davon ausgegangen werden, daß infolge der Technisierung der Bankbetriebe die Zahl der im Kreditgewerbe Beschäftigten von derzeit rd. 760.000 entgegen der Zunahme in der Vergangenheit künftig allenfalls stagnieren wird. Dabei werden sich innerhalb der Belegschaften strukturelle Veränderungen zu

---

[57] Vgl. die Praxisbeispiele bei F. Bodendorf: Expertensysteme im Kreditgewerbe, in: W. Gerke/M. Steiner (Hrsg.): Handwörterbuch des Bank- und Finanzwesens, 2. Aufl., Stuttgart 1995, Sp. 542-551.

[58] Vgl. zur Darstellung und Bewertung H. Rehkugler/Th. Poddig: Neuronale Netze im Bankbetrieb, in: DBk, Nr. 7/1992, S. 413-419 sowie K. Erxleben/J. Baetge/M. Feidicker u.a.: Klassifikation von Unternehmen – ein Vergleich von Neuronalen Netzen und Diskriminanzanalyse, in: ZfB, 52. Jg., 1992, S. 1237-1262 und E. Heinke: Neuronale Netze und quantitative Verfahren, in: BI, 23. Jg., Nr. 2/1997, S. 47-51.

[59] So D. Köllhofer, Bayerische Vereinsbank AG, München, in seinem Referat über »Technischer Fortschritt und Kundenkontakt — die Frage nach dem Bankenwettbewerb der Zukunft« am 11.11.1980 im Kontaktseminar an der Ruhr-Universität Bochum, in: SB Nr. 13, WS 1980/81, S. 44f. sowie Th. R. Fischer: Zukunftsfilialen – Zwischen Technik und Berater, in: »Die Bank der Zukunft«, Sonderbeilage der FAZ, Nr. 29 v. 4.2.1997, S. B4.

Lasten der mit Routinetätigkeiten Befaßten und zugunsten der anspruchsvollere, insbesondere Beratungsaufgaben durchführenden Angestellten ergeben.[60] Die strukturellen Veränderungen schlagen sich auch in der Entwicklung der Beschäftigtenrelationen zum einen innerhalb des tariflichen Bereichs nieder, in dem binnen fünf Jahren der Anteil der in TG 9 eingestuften Mitarbeiter um insgesamt über drei Prozentpunkte anstieg (Tab. C. 4). Zum anderen zeigt die Tabelle, daß sich die in der Tarifgruppenbesetzung niederschlagende Qualifikationsstruktur der Beschäftigten in Ost- und Westdeutschland noch immer deutlich unterscheidet. Sind in Westdeutschland 25% der Mitarbeiter in TG 8 und 9 eingruppiert, so erreichen in Ostdeutschland lediglich 9% diese Vergütungsstufen.

		Tarifgruppen								
		1	2	3	4	5	6	7	8	9
West	1991	0,34	0,95	6,07	11,96	20,71	21,88	17,59	11,68	8,87
	1995	0,20	0,74	3,56	9,68	18,65	22,07	19,44	14,36	11,30
Ost	1991	0,26	3,22	22,17	30,06	22,70	13,65	5,05	1,88	1,01
	1995	0,05	0,22	3,12	16,48	30,51	24,10	16,36	6,37	2,79
Insges.	1991	0,33	1,14	7,41	13,47	20,88	21,19	16,54	10,82	8,22
	1995	0,19	0,70	3,50	10,24	19,63	22,24	19,18	13,70	10,60

Die Zahlen wurden freundlicherweise zur Verfügung gestellt von Herrn Dr. H.-D. Sauer, Arbeitgeberverband des privaten Bankgewerbes.

Tab. C. 4: Prozentuale Besetzung des Tarifbereichs in der deutschen Kreditwirtschaft

(3) In der Diskussion um die technische Fortentwicklung in den 80er Jahren verlagerte sich das Gewicht zunehmend von Rationalisierungszielen auf die Gestaltung des Kundenkontakts und damit auf Marketingüberlegungen. Dies wird über den Einsatz von automatischen Kassentresoren (AKT) hinaus bei Kontoauszugsdruckern und weiteren Formen der Kundenselbstbedienung sichtbar, die dem Bereich der sogenannten Electronic Banking-Produkte zugerechnet werden.

Wie in ausländischen Staaten, so werden auch in der deutschen Kreditwirtschaft seit Jahren *Geldausgabeautomaten* eingesetzt; ihre Zahl lag Ende 1995 bei über 35.000. Mit Hilfe einer Bedienungskarte, einer Identifikationsnummer und einer Tastatur ist es den Kunden möglich, Geld zu entnehmen, bei bestimmten Zusatzeinrichtungen auch Kontostände abzurufen, Mitteilungen und Wertbriefe einzugeben. Die Weiterentwicklung zu Multifunktionsgeräten (Automated Teller Machines, ATM) soll die Einzahlung und das Wechseln von Bargeld sowie einfache Beratungsleistungen umfassen. Es existieren bereits Prototypen, die sowohl die Handschrift als auch die Sprache des Benutzers erkennen und somit eine immer leichtere Bedienung ermöglichen. Da auf diese Weise die Abwicklung

---

[60] Vgl. E. Martini, Sprecher des Vorstands, Bayerische Hypotheken- und Wechsel-Bank AG, München, in seinem Vortrag am 13.5.1996 im Kontaktseminar an der Ruhr-Universität Bochum über »Die zukünftige Entwicklung der Beschäftigung in einer Filialbank«, in: SB Nr. 44, SS 1996, S. 40-44.

eines Teils der Bankgeschäfte auch jenseits der Schalteröffnungszeiten, »rund um die Uhr« und am Wochenende, ermöglicht wird, ist in der Installierung von Geldausgabeautomaten zunächst und vor allem eine Verbesserung der Kundenbedienung zu sehen. Andererseits ist davon auszugehen, daß es mit der Verlagerung von Beschäftigungsspitzen auf die Automaten zu einer Entlastung im Schalterverkehr kommt, so daß hier auch Bedienungspersonal freigesetzt wird. Da solche Investitionen in Geldausgabeautomaten mit erheblichen Kosten verbunden sind, haben sich regional Kreditinstitute auch zu »Pools« zusammengeschlossen, um die resultierenden Belastungen gemeinsam zu tragen.

Bei der Betonung des Kundenservice ist nicht zu übersehen, daß die Art der Bank-Kunde-Beziehung durch diese Form der Selbstbedienung verändert wird. Mit der Verlagerung des Barzahlungsverkehrs aus der Schalterzone entfällt eine Möglichkeit, den Kunden anzusprechen und auf andere Leistungen hinzuweisen. Das »Cross Selling« aber steht seit Jahren im Mittelpunkt der Marketingphilosophie von Banken und Sparkassen. Insofern stellt sich mit der Einführung von Geldausgabeautomaten immer dringlicher die Frage, wie die persönlichen Beziehungen zu den Kunden zukünftig gestaltet werden sollen.

Die Möglichkeit einer Unterbrechung der persönlichen Kundenkontakte wird auch in dem Maße zunehmen, in dem die Nutzung firmeneigener und von Kreditkartengesellschaften über Banken und Nichtbanken vertriebener Kreditkarten weiter wächst. Befanden sich 1987 erst 1,65 Mio. *Kreditkarten* im Umlauf, so überschritt ihre Zahl Ende 1997 bereits die 14-Mio.-Grenze. Dabei dominierten die Anbieter EUROCARD/MasterCard (7,9 Mio. Karten) und VISA (4,8 Mio.). Zusätzlich zur direkten Ausgabe von Kreditkarten an ihre Kunden bieten die Banken mit Partnern sogenannte Co-Branding-Karten an, die meist mit niedrigeren Jahresgebühren und/oder besonderen Zusatzleistungen ausgestattet sind – so etwa die Bahncard-Kreditkarte, bei der die Deutsche Bahn AG, die CITIBANK und VISA kooperieren.

Zum anderen verbreitet sich nach mehreren vergeblichen Anläufen in den 1980er Jahren nunmehr zunehmend das *Electronic-cash-Verfahren*, das bis 1990 die Bezeichnung »Point of Sale (POS)-Banking« trug. Dabei werden Dateneingabestationen für Zahlungen der Konsumenten dort installiert, wo eine Konzentration von Menschen und Zahlungstransaktionen auftritt, also in Einkaufszentren, Kaufhäusern, Tankstellen, an Verkehrsknotenpunkten wie U-Bahn-Stationen, Bahnhöfen und Flugplätzen. Die technische Durchführung erfolgt über Netzbetreiber, denen die Electronic-cash-Terminals des Handels angeschlossen sind. Die Kreditwirtschaft stellt die Kartenbasis zur Verfügung, übernimmt die Online-Autorisierung und gibt eine Zahlungsgarantie, wofür sie mit einem Mindest- und einem umsatzabhängigen Entgelt vergütet wird. Zwar lag die Zahl der Terminals Ende 1996 über 100.000 (50% mehr als 1995), doch ist die Akzeptanz insbesondere im Lebensmitteleinzelhandel noch gering. Hierfür sind die von Banken und Sparkassen berechneten Transaktionskosten sowie die laufenden Telekommunikationskosten verantwortlich[61]. Auch die Verbraucher haben bisher auf die hohe Zahl installierter Geräte noch nicht mit einer intensiven Nutzung reagiert: Jede der rd. 58 Mio. eurocheque- bzw. Bankkarten wird im Durchschnitt nur dreimal im Jahr bei diesem System eingesetzt, wobei der Umsatz 380 DM beträgt[62].

Seit 1993 besteht hierzu eine Alternative in Form der automatischen Generierung von Lastschriften durch den Händler aufgrund der Daten einer eurocheque-Karte und der Kundenunterschrift. Es entfallen die Eingabe der Geheimzahl, deren Prüfung sowie die

---

[61] Vgl. H. Berndt: Elektronisches Geld – Geld der Zukunft?, in: Spk, 112. Jg., 1995, S. 369-372.
[62] Vgl. o.V.: »Dukatenesel« electronic cash, in: HB, Nr. 30 v. 12.2.1997, S. 31.

Guthabenkontrolle, doch ist die Zahlung nicht garantiert, so daß der Händler das Risiko der Nichteinlösung der Lastschrift trägt (POZ = Point of Sale ohne Zahlungsgarantie). Dieses Risiko kann eingegrenzt werden durch einen Abgleich mit der zentralen Scheckkarten-Sperrdatei, wodurch das Verfahren seinen Kostenvorteil jedoch z.T. wieder einbüßt. Dennoch hat etwa die Handelsgruppe Rewe ihren Electronic-cash-Test beendet und das POZ-Verfahren eingeführt.

Noch im Stadium von Feldversuchen befindet sich dagegen die »elektronische Geldbörse« in Form einer vorausbezahlten Wertkarte mit einem Betrag von 400 DM (*Chip- bzw. Smartcard*). Angestrebt wird eine möglichst weitgehende Bargeldentlastung einerseits der privaten Haushalte bei der Begleichung insbesondere kleinerer Beträge im öffentlichen Nahverkehr, dem Telefonieren und Einkaufen, andererseits der Zahlungsempfänger im Hinblick auf die Transport- und Lagerkosten des Geldes. Das Aufladen der Karte (Prepayment) und die dann folgende Abwicklung der Zahlungsverkehrstransaktion Offline und ohne Eingabe der Geheimzahl, aber mit Garantie der Kreditinstitute, verspricht für den Handel wesentlich geringere Kosten als die bisherigen Verfahren des Electronic cash. Auch die technischen Voraussetzungen in bezug auf die Kartenbasis sind mittlerweile vorhanden, da sämtliche eurocheque-Karten seit 1997 einen entsprechend einsetzbaren Chip enthalten.

Derartige Formen der durch den Kunden ausgelösten Datenfernverarbeitung dürften den Zahlungsverkehr weiter aus den Kreditinstituten herausnehmen und damit langfristig den Weg bereiten von der »cashless society« zur »checkless society«. Auch mit dieser Entwicklung sind nicht nur Hoffnungen auf Kostenentlastungen in erheblichem Umfang verbunden, sondern unter anderem die Frage, ob der Zahlungsverkehr und damit eine wichtige Basis für die Erfassung und Vertiefung von Kundenbeziehungen künftig nicht an den Kreditinstituten vorbei, unter Umständen sogar in branchenfremde Institutionen des Einzelhandels übergeleitet werden wird.[63] Die Investitionen in die weitere Automation, insbesondere des Zahlungsverkehrs, verlangen zudem auch eine Vorstellung darüber, ob und in welcher Zeit die neuen Techniken im Hinblick auf Sicherheit und Bequemlichkeit von der Kundschaft akzeptiert werden.[64]

(4) Die erste Hälfte der *1990er Jahre* war geprägt von einem in dieser Größenordnung zuvor nicht prognostizierten Ausbau der *Kommunikation Bank – Kunde über elektronische Medien*. Während die Kreditinstitute zunächst die Möglichkeiten zur Abwicklung des Zahlungsverkehrs und in der Folge auch des Vertriebs stark standardisierter Bankleistungen über das *Telefon (bzw. -fax)* forcierten, stand spätestens ab 1995 das *Homebanking* mit Hilfe des *Personal Computers (PC)* im Mittelpunkt der fortschreitenden Techni-

---

[63] Vgl. J. Engelhardt: Das Hannover-Projekt – elektronisches Bezahlen in der Praxis, in: Spk, 113. Jg., 1996, S. 464-466 und T. Hakenberg: Elektronische Zahlungsverkehrssysteme im Wettstreit mit dem Bargeld, in: Spk, 113. Jg., 1996, S. 271-274. – Bill Gates, Gründer des Software-Weltmarktführers Microsoft, hat bereits die Einführung einer eigenen Geldkarte durch sein Unternehmen angekündigt – vgl. M. Borchert: Cyber Money – eine neue Währung?, in: Spk, 113. Jg., 1996, S. 41-43.

[64] Vgl. dazu W. Gerke/A. Oehler: Die Einstellung der Konsumenten zu POS-Banking, in: DBk, Nr. 2/1988, S. 62-67 und N. Albers: Zur Akzeptanz von POS-Banking, in: bum, 18. Jg., Nr. 1/1989, S. 13-16, A. Oehler: Die Akzeptanz der technikgestützten Selbstbedienung im Privatkundengeschäft von Universalbanken, Stuttgart 1990 sowie den Bericht über Erfahrungen mit der Chipkarte im Ausland bei D. Kuckelkorn: Elektronische Geldbörse: Von Großbritannien in die ganze Welt, in: Karten, 6. Jg., Nr. 1/1995, S. 22f., den entsprechenden Schwerpunkt im Heft 3 (August)/1996 der Zeitschrift »Karten« und P. Lunt: The smart cards are coming! But will they stay?, in: ABA, vol. 87, no. 9/1995, S. 46-54.

sierung.⁶⁵ Besonders bemerkenswert war dabei die Geschwindigkeit, mit der sich die privaten Haushalte der weltumspannenden, frei zugänglichen Verbindung von Computernetzwerken, dem »Internet«, zuwandten, in dem elektronisch Post (E-Mail) versandt, Dateien übertragen oder Informationssuchen in miteinander verknüpften Datenbanken (insbesondere World Wide Web, WWW) gestartet werden können. Dabei lassen sich über das WWW nicht nur Informationen verschiedenster Anbieter abrufen; durch die Eingabe von persönlichen Mitteilungen sind auch »Rechnerdialoge« technisch möglich. Erforderlich ist seitens des Anwenders lediglich ein Telefonanschluß, ein Modem sowie ein mit entsprechender Software ausgerüsteter, datenfernübertragungsfähiger PC. Die »Auffahrt zur Datenautobahn« wird ermöglicht über einen der zahlreichen Online-Provider, die die benötigte Software bereitstellen und den Zugang zum Netz ermöglichen. Nach den negativen Erfahrungen mit dem in den 1980er Jahren über sehr bescheidene Nutzerzahlen nicht hinausgekommenen »Bildschirmtext« der Post (1986: 100.000; 1990: 260.000 Anschlüsse) gänzlich unerwartet, stieg die Zahl allein der T-Online-Nutzer in Deutschland Ende 1996 auf 1,35 Mio. Weltweit nahmen zu diesem Zeitpunkt ca. 50 Mio. Menschen am Internet teil, wobei jeden Monat ca. 2 Mio. hinzukamen.

In den USA wurde diese Entwicklung zuerst als Chance für den Absatz auch von Bankdienstleistungen erkannt, zumal der typische Besitzer eines Internet-Anschlusses (in der Regel zwischen 20 und 40 Jahren alt) über eine tendenziell hohe Ausbildung und ein deutlich überdurchschnittliches Einkommen verfügt.⁶⁶ Gerade für diese Zielgruppe mit oft nur geringer Freizeit und schon berufsbedingt hoher Mobilität ist es von Bedeutung, aus ihrer Wohnung heraus oder von unterwegs mit nur geringem Zeitaufwand und ohne Parkplatzsuche Informationen über die Leistungsangebote der Bank abzurufen, Kontostände und Depotzusammenstellungen zu erfragen, Überweisungsaufträge und Wertpapierorders zu geben sowie andere Mitteilungen der Bank gegenüber zu machen. Dieses wird den Kunden im Rahmen des Homebanking nicht nur ortsunabhängig, sondern auch jenseits der Öffnungszeiten traditioneller Banken ermöglicht.

Als erstes Kreditinstitut mit Präsenz ausschließlich im Internet wurde im Oktober 1995 die Security First Network Bank gegründet. Der PC-Anwender »betritt« dieses Institut durch eine graphisch aufwendig gestaltete »virtuelle« Banklobby, die in der Realität nicht existiert. Hat er das elektronische Sicherheitspersonal durch Eingabe einer Geheimzahl passiert, kann er an dem künstlichen Bankschalter eine Nachricht hinterlassen, Informationen abfragen, Scheckvordrucke bestellen oder eine Überweisung auslösen. Sollte sich für ihn ein Grund zur Beschwerde ergeben, so empfängt ihn der – simulierte – Präsident der Bank in seinem Büro.⁶⁷ – Im Gegensatz zu diesem Institut gibt die ebenfalls nur im Internet erreichbare Mark Twain Bank ihren Kunden zusätzlich die Möglichkeit, real existierendes Geld in virtuelle Zahlungsmittel umzutauschen. Dazu werden dem Kunden spezielle Dateien zugesandt, mit denen auf bestimmten Web-Seiten gezahlt werden kann. Sicherheitshalber unterliegen diese Dateien einem Verfallsdatum, d.h. sie können nur eine gewisse Zeit als Zahlungsmittel genutzt werden. Sollte der Kunde sie nicht benötigen, so ist jederzeit ein Rücktausch in reales Geld möglich.⁶⁸

---

65 Zum Überblick dieser Entwicklung vgl. P. Lunt: What will dominate the home?, in: ABA, vol. 87, no. 6/1995, S. 36-45.
66 Vgl. ebenda.
67 Vgl. P. Lunt: Welcome to sfnb.com. The paradigm just shifted, in: ABA, vol. 87, no. 12/1995, S. 41f. und o.V.: Überweisungen per Mausklick, in: SZ, Nr. 124 v. 31.5.1996, S. 29.
68 Vgl. zu möglichen Konsequenzen dieses künstlichen Zahlungsmittels für die Geldpolitik M. Borchert: a.a.O. und P. Lunt: E-Cash becomes reality, via Mark Twain and Digicash, in: ABA, vol. 88, no. 12/1996, S. 62-66.

Wenn 1996 von den ca. 400 US-Banken mit Präsenz im Internet berichtet wurde, so ist allerdings zu beachten, daß davon nur 10% den Kunden die Gelegenheit geben, interaktiv Informationen nicht nur abzufragen, sondern auszutauschen und die Datenfernverarbeitung auszulösen.[69] Dies gilt ebenso für die Banken in der Bundesrepublik: Zwar sind mittlerweile bereits rd. 180 Institute mit einer eigenen Homepage im Internet vertreten, darunter auch kleinere Privatbankhäuser sowie Genossenschaftsbanken und Sparkassen mit zuvor lediglich lokalem Einzugsbereich; die Abwicklung von Bankgeschäften erlauben jedoch nur einige wenige Institute.[70] Speziell von den Großbanken wurden – zunächst für die Kommunikation lediglich über Telefon und Telefax – sogenannte *Direktbanken* in Form von Tochtergesellschaften gegründet, die sich jedoch der Dynamik des Internet nicht verschliessen konnten. Dagegen hat als eines der ersten Institute die Stadtsparkasse Dortmund das Online-Banking im Internet in Form einer Inhouse-Lösung konsequent umgesetzt. Auch hier waren die »S-Direkt«-Konten zunächst nur für Telefon- und Bankautomaten-Transaktionen konzipiert, doch wurde die Funktionalität bereits 1996 auf das Internet ausgeweitet. Zur Kontoeröffnung reicht eine einfache E-Mail an das Institut. Innerhalb eines Internet-Formulars kann angegeben werden, ob der Kunde die notwendigen Unterlagen (z.B. Geheim- und Transaktionsnummern) persönlich bei einer Geschäftsstelle seiner Wahl abholen möchte oder eine Zusendung per Einschreiben wünscht. Er hat dann die Auswahl zwischen drei Kontoarten: einem Girokonto für kleinere Beträge, einem Geldmarktkonto für höhere Beträge und damit auch bessere Konditionen sowie der Wertpapierverwaltung »DiscountDepot«. Wie bei normalen Konten auch können aktuelle und vergangene Salden abgefragt und mit einer Geheim- sowie einer nur ein einziges Mal gültigen Transaktionsnummer Überweisungen getätigt werden; über das DiscountDepot lassen sich Wertpapierkauf- und -verkaufsorders abwickeln. Den anderen im Internet vertretenen Banken vergleichbar besteht darüber hinaus eine reichhaltige Informationsauswahl über das Haus selbst sowie die von ihm angebotenen Leistungen.

Die bisherige Akzeptanz des Telefon-, insbesondere aber des PC-Banking ist beachtlich: Ende 1996 bestanden schon 2,35 Mio. online-geführte Bankkonten in Deutschland.[71] Die Scheu vor einem Einsatz des Computers auch in diesem Zusammenhang dürfte nicht zuletzt deshalb abgenommen haben, weil schon 60% der Bankkunden am Arbeitsplatz und/oder zu Hause mit einem PC arbeiten. Angesichts des immer günstigeren Preis/Leistungs-Verhältnisses der Computer wird diese Zahl in den nächsten Jahren noch deutlich zunehmen.[72] Zudem erleichtern die Kreditinstitute selbst ihren Kunden den Zugang zur Erledigung der Bankgeschäfte mit dem PC dadurch, daß sie Komplettpakete mit der für das private Cash-Management oder die Verwaltung des Anlagedepots über das Internet erforderlichen Software, dem Modem und einer Teilnahmeberechtigung für den Online-Service anbieten. Obgleich im Mittelpunkt der elektronischen Kommunikation derzeit ganz überwiegend standardisierte Dienstleistungen stehen, zeichnen sich durch diese Entwicklungen bereits erhebliche Konsequenzen für die Zweigstellenpolitik, die Werbung und die Preistransparenz unter den Banken und Sparkassen ab. Einerseits entfallen für die Kreditinstitute die Annahme und Bearbeitung von Belegmaterial sowie die damit zusammenhän-

---

[69] Vgl. D. Duclaux: The call of the web, in: ABA, vol. 88, no. 4/1996, S. 20-22.
[70] Vgl. zum Überblick WGZ-Bank (Hrsg.): Internet als Vertriebsweg für Bankdienstleistungen, Düsseldorf 1997 sowie K. Fleischer: Banking im Internet – vom Marketing zur Businessrealität, in: bum, 26. Jg., Nr. 10/1996, S. 33-37.
[71] Vgl. B. Eichwald: Präsenz vor Ort auch beim Electronic Banking ein Plus, in: BI, 23. Jg., Nr. 2/1997, S. 16-18, hier S. 17.
[72] Vgl. o.V.: Bald werden mehr PC als TV-Geräte verkauft, in: SZ, Nr. 166 v. 21.7.1994, S. 19.

genden Aufwendungen; insofern dürften sich erhebliche Rationalisierungsvorteile ergeben, die mit der Schließung insbesondere kleinerer, mit dem Absatz von Routineleistungen ausgefüllter Zweigstellen noch an Gewicht zunehmen können. Andererseits werden neue Strategien des Kundenkontakts entwickelt werden müssen, will man auf die persönliche Beziehungspflege im Wettbewerb nicht verzichten. Dies scheint umso dringlicher, als die weitverbreiteten Standard-Software-Programme für den privaten Zahlungsverkehr der einzelnen Bank kaum eine Differenzierung erlauben. Zudem sind die Möglichkeiten, sich durch die Gestaltung einer Homepage im Internet – in dem der Konkurrent nur noch einen »Mausklick« entfernt ist – abzuheben, ebenfalls sehr begrenzt.[73]

Unterdessen gibt es gleichwohl erste Bemühungen, auch komplexere, beratungsintensive Dienstleistungen elektronisch zu vertreiben. Hilfreich dabei ist, daß durch die zunehmende Digitalisierung der Übertragungskanäle die Basis für den Einsatz multimedialer Geräte, Kombinationen aus Informations- und Kommunikationstechnologien, geschaffen wurde, um Text, Bild und Sprache zu integrieren: Beispiele hierfür sind etwa das Bildtelefon sowie der interaktive, mit Spracherkennung versehene und u.U. auch mobile Fernseher bzw. PC.[74] Dennoch dürfte die Kernfrage lauten, ob der Kunde auch bei stark erklärungsbedürftigen und daher besonders vertrauensempfindlichen Leistungen bereit ist, auf den physischen Kontakt zu einem Ansprechpartner in der Bank zu verzichten und sich mit dessen Stimme bzw. Bild zu begnügen. Obwohl die Akzeptanz der Nachfrager noch nicht hinreichend empirisch untersucht wurde[75], scheint hier doch Skepsis angebracht zu sein.[76] Auch können Kreditinstitute im Gegensatz zu anderen Dienstleistern den persönlichen Kontakt nur schwer durch multimediale Simulationen substituieren. Während etwa Reiseveranstalter ihren Nachfragern über den PC einen Blick in das Hotel und auf den Strand ermöglichen und damit auch ohne ein Beratungsgespräch einen Eindruck von dem bevorstehenden Urlaub vermitteln können, lassen sich abstrakte Bankdienstleistungen kaum veranschaulichen.

Selbst die erwähnte erste reine Internetbank Security First Network hat Ende 1996 eine Niederlassung in Atlanta eröffnet und versucht auf diesem Wege, Aspekte des Vertriebs über elektronische Medien mit Vorteilen einer »brick and mortar«-Bank zu kombinieren (»Hybrid Banking«).[77] Dies stützt die Prognose, daß das Homebanking nicht als »Killer-Applikation« andere Vertriebs- und Kommunikationswege ersetzen, sondern lediglich ergänzen kann.[78] Die Kreditinstitute befinden sich dabei auf einer Gratwanderung: Einerseits

---

[73] Vgl. E. Reimann: Kundenbindung in der virtuellen Bankfiliale, in: bum, 26. Jg., Nr. 3/1996, S. 29-32.
[74] Vgl. M. Hies: Banken und Multimedia: schrittweise Annäherung, in: bum, 26. Jg., Nr. 3/1996, S. 25-28.
[75] Vgl. zu Ansätzen in dieser Richtung A. Bourgon: Möglichkeiten der Nutzung ausgewählter Telekommunikationstechniken für das Marketing von Kreditinstituten, veröffentlichte Diplomarbeit am Lehrstuhl für Finanzierung und Kreditwirtschaft an der Ruhr-Universität Bochum, 1995 und M. Schäfers: Die Bedeutung des persönlichen Kontaktes in der Kundenberatung der Kreditinstitute – Untersuchung des Kundenverhaltens vor dem Hintergrund alternativer Bild-/Telefonkontakte, unveröffentlichte Diplomarbeit, ebenda, 1996.
[76] In einer Infas-Studie nannten im Februar 1997 47% der Befragten die Furcht, nicht persönlich beraten zu werden, als Hinderungsgrund gegenüber einem Wechsel zu einer Direktbank – vgl. o.V.: Beratungsqualität für Direktbanken maßgebend, in: SZ, Nr. 34 v. 11.2.1997, S. 18 und S. 697.
[77] Vgl. B. K. Wayne/C. B. Wayne: Branches for a small planet, in: ABA, vol. 87, no. 8/1995, S. 43-45.
[78] So H. Nasko, Chairman of the Board, Forschungsinitiative JESSI (Joint European Submicron Sillicon), München, in seinem Vortrag über »Möglichkeiten der Nutzung von Datenautobahnen« am 23.1.1996 im Kontaktseminar an der Ruhr-Universität Bochum, in: SB Nr. 43, WS 1995/96, S. 49-53, hier S. 52.

müssen sie die elektronischen Vertriebswege weiter forcieren, um nicht durch zu teure Filialapparate ihren Transaktionskostenvorteil – und damit eine Intermediationsbedingung, vgl. Kapitel A. – zu verlieren. Andererseits sinken durch die zunehmende Nutzung dieses Kommunikationskanals die Markteintrittsbarrieren für Nichtbanken wie Softwarehäuser, Handelsketten usw. Die Konzeption, Implementierung und Bereitstellung eines reinen Informationssystems auf dem WWW kostet rd. 100.000 US-$; die monatlichen Betriebskosten werden mit ca. 10 – 25.000 US-$ veranschlagt. Für den Aufbau einer Internetbank mit Transaktionsmöglichkeit sind zwar ca. 1,5 Mio. US-$ erforderlich; die laufenden Kosten betragen rd. 100 – 300.000 US-$ – damit aber lediglich einen Bruchteil der Fixkosten eines ausgedehnten Filialsystems.[79] – Über die Zahl neuer Wettbewerber und die zuvor schon erwähnte größere Preistransparenz hinaus verbinden sich mit der zunehmenden Vernetzung auch insofern Nachteile für die Kreditinstitute, als diese Infrastruktur den direkten Kontakt zwischen Geldanleger und Geldnachfrager via PC unter Aussparung eines Intermediärs immer wahrscheinlicher werden läßt.

Für die Bankorganisation stellt sich im übrigen das Problem, auch im Umfeld des elektronischen Vertriebs dem Prinzip der Sicherheit Rechnung zu tragen, denn theoretisch könnte man von jedem der dem Internet angeschlossenen Rechner aus sämtliche sensiblen Daten (z.B. Kontonummer und Geheimzahl) eines anderen Teilnehmers lesen. Verhindert werden könnte dies durch eine Direktverbindung zwischen Kunden- und Bankrechner über das Telefon, die es physisch unmöglich macht, extern auf die Daten zuzugreifen. Dies zieht jedoch zum einen prohibitiv hohe Kosten nach sich, zum anderen widerspricht es dem Internet-Grundgedanken eines offenen Netzes. Statt dessen werden die Daten daher so verschickt, daß es logisch unmöglich wird, sie auf dem Weg zum Bestimmungsort zu lesen. Auf dem Homecomputer des Kunden werden sie zunächst verschlüsselt, dann in dieser »gescrambelten« Form versandt und schließlich auf dem Bankrechner vor ihrer Weiterverarbeitung wieder entschlüsselt (und vice versa). Noch ist die Diskussion nicht abgeschlossen, ob die in den USA entwickelten Verschlüsselungsverfahren dauerhaft ausreichenden Schutz gegenüber unbefugten Eindringlingen in die Datenübertragung («Hakkern«) gewährleisten. Sicherheitshalber können Kunden daher bei zahlreichen Banken diejenigen Beträge, die im Internet-Zahlungsverkehr transferiert werden dürfen, auf z.B. 2.000 DM pro Transaktion begrenzen.[80]

Das Electronic Banking an der Schnittstelle von Bankorganisation und Marketing wird im letzten Kapitel im Hinblick auf die Produkt-, Vertriebs- und Preispolitik weiterbehandelt. Zuvor sei jedoch noch die sich andeutende zweite Dimension der vierten Stufe bei der Technisierung der Bankorganisation erwähnt.

Die neuartigen Kommunikationsmöglichkeiten bieten *nicht nur* eine technische Basis für den *Kontakt Bank – Kunde*; *ebenso* ist es denkbar, daß *Mitarbeiter* in ihrer Wohnung bestimmte Aufgaben erfüllen und sich mit dem Arbeitgeber per PC austauschen. Diese *Telearbeit* verspricht ein höheres Maß an freier Zeiteinteilung und Selbständigkeit sowie daraus folgend auch höhere Motivation und Produktivität. Zugleich ließe sich ein Teil der Verkehrsströme reduzieren, die durch die An- und Abfahrten der Belegschaft eines Unter-

---

[79] Vgl. o.V.: Das Internet-Banking wird immer beliebter, in: BZ, Nr. 159 v. 20.8.1996, S. 4, B. Orr: How to get your bank on the www, in: ABA, vol. 88, no. 4/1996, S. 22 und WGZ-Bank (Hrsg.): Internet als Vertriebsweg für Bankdienstleistungen, a.a.O., S. 7.
[80] Vgl. J. Birkelbach: Homebanking: Neue Sicherheitskonzepte für das Internet vorgestellt – »Der Kunde ist jetzt das Hauptrisiko«, in: HB, Nr. 167 v. 29.8.1996, S. 40.

nehmens entstehen. Daher wurden sowohl auf europäischer als auch deutscher Ebene Mitte der 1990er Jahre umfangreiche Forschungsinitiativen ins Leben gerufen, um entsprechende Modellprojekte zu unterstützen.[81] In der deutschen Kreditwirtschaft sind indessen bisher nur wenige Telearbeitsplätze geschaffen worden. Die Bayerische Hypotheken- und Wechsel-Bank, die als eines der ersten Institute hierzulande bereits 1993 eine Projektgruppe zu diesem Thema einsetzte, verzeichnete 1997 unter ihren 15.000 Mitarbeitern lediglich 20 Beschäftigte mit einem Telearbeitsplatz.[82] Die Schweizerische Kreditanstalt, die allerdings bereits 1989 die Möglichkeit zur Telearbeit schuf, berichtet dagegen über 220 so gestaltete Arbeitsplätze, die aber ausschließlich in der DV-Entwicklung angesiedelt sind.[83] Aufgrund der Abstraktheit der Bankleistung und dem daraus folgenden Zwang zu taggleicher Fertigung ist es zur Zeit auch nur schwer vorstellbar, daß diese Arbeitsform über bestimmte Bereiche des Back-office hinaus Bedeutung erlangen könnte, da im Kundenkontakt die physische Präsenz des Bankverkäufers noch überwiegend erforderlich zu sein scheint. Erst die breite Akzeptanz des Vertriebs über das Telefon bzw. den PC – und damit ist die Zukunft der Telearbeit in Banken mit dem vorher Gesagten verknüpft – würde es erlauben, die Kunden vom heimischen Schreibtisch des jeweiligen Mitarbeiters aus anzusprechen. Unabhängig davon muß auch in diesem Zusammenhang die Sicherheitsproblematik beachtet werden, wenn der Mitarbeiter seine Arbeitsergebnisse an die Bank überspielt bzw. diese ihm Kundeninformationen per Datenübertragung zur Verfügung stellt.

d. Ansätze forcierten organisatorischen Wandels – Lean Banking

Der im Kapitel B. aufgezeigte internationale Trend der Deregulierung des Finanzwesens verbunden mit den zuletzt angesprochenen Fortschritten der Kommunikations- und Informationstechnologie, aber auch die aufgrund ihres zunehmenden ökonomischen Bildungsgrades kritischer gewordenen Verbraucher haben die Wettbewerbslandschaft für die deutschen Banken ab Mitte der 80er Jahre grundlegend verändert. Spätestens seit der beunruhigenden Prognose des ehemaligen Vorstandsmitglieds der Deutschen Bank AG, U. Cartellieri, Banken seien die »Stahlindustrie der 90er Jahre«, steht das Problem der Überkapazitäten der Branche deutlich vor Augen – und damit zum einen die Notwendigkeit zur Verbesserung der Kostensituation. Zum anderen setzte sich allmählich die Erkenntnis durch, daß angesichts der in Teilen des Marktes für Finanzdienstleistungen zu verzeichnenden Sättigungstendenzen einerseits, dem Markteintritt ausländischer und branchenfremder Anbieter mit weitgehend vergleichbaren Leistungsofferten andererseits eine Profilierungsmöglichkeit im härter gewordenen Wettbewerb primär über die Qualität gegeben ist.

Die Kreditwirtschaft vollzieht damit eine Entwicklung nach, die im industriellen Bereich bereits deutlich früher eingesetzt hat. Japanischen Unternehmen war es im Laufe der späten 70er und frühen 80er Jahre gelungen, westliche Organisationsformen und Technologien mit ihrer originären Wirtschaftsphilosophie zu verbinden und durch diese Symbiose in zahlreichen Schlüsselbranchen eine weltweit führende Stellung einzunehmen. So wurde

---

[81] Vgl. H. Nasko: Möglichkeiten der Nutzung von Datenautobahnen, a.a.O., S. 51.
[82] Vgl. M. Brückner: Hypobank stößt als Vorreiter der Telearbeit in Kreditinstituten an Grenzen, in: HB, Nr. 23 v. 3.2.1997, S. 26.
[83] Vgl. – auch als Überblick – R. Roßbach/C. Lersch/R. Styppa: Einsatzmöglichkeiten für Telearbeit in Kreditinstituten, in: Spk, 113. Jg., 1996, S. 310-312.

etwa in der Automobilindustrie die dominante Rolle japanischer Hersteller in bezug auf die Qualität und die Produktiviät besonders deutlich. Ausgehend von den USA unterzog man daraufhin die Kfz-Produzenten ausgangs der 80er/anfangs der 90er Jahre einem internationalen Vergleich im Hinblick auf die organisatorischen Voraussetzungen ihres Erfolges. Dort wurde das »Geheimnis« japanischer Unternehmen erstmals als »lean production« bezeichnet: »*Lean production ... ist schlank, weil sie von allem weniger einsetzt als die Massenfertigung – die Hälfte des Personals in der Fabrik, die Hälfte der Produktionsfläche, die Hälfte der Investition in Werkzeuge, die Hälfte der Zeit für die Entwicklung eines neuen Produktes.*«[84]

Während sich der Lean-Trend anfangs vor allem auf den Produktionsbereich bezog, entwickelte sich zunehmend ein umfassendes Management-Konzept, das alle Unternehmensbereiche einschloß und sich mittlerweile als ein allgemeines System von Aussagen zur Organisation und Führung von Unternehmen versteht. Die *wesentlichen Ziele* dieses *Lean-Management-Ansatzes* sind:

1. strikte Kundenorientierung als ein die gesamte Unternehmung durchgängig prägendes Prinzip. Die aus den Kundenerwartungen abgeleiteten Qualitätsstandards werden zum Maßstab für die Ausgestaltung der erstellten Leistungen sowie den Prozeß der Leistungserstellung und die dafür erforderlichen Potentiale – knapp formuliert: »Ausgangspunkt ist, was der Kunde will und nicht, was die Technik kann; das Passendste und nicht das Beste, die Sicht des Kunden und nicht das Urteil der Experten.«[85]

2. das Prinzip der Wirtschaftlichkeit. Da die Wettbewerbsposition auch wesentlich vom Absatzpreis abhängt, niedrigere Kosten wiederum größere Freiräume bei der Preisgestaltung eröffnen, wird ebenfalls das Ziel der Kostensenkung angestrebt. Dieses soll durch das Bemühen um einfache, aber intelligente Produktionsabläufe unter äußerst sparsamer Bewirtschaftung der Ressourcen erreicht werden.

3. die Verkürzung der Reaktionszeiten, um sich den immer rascher wandelnden Marktlagen anpassen und somit Erfolgspotentiale auf den relevanten Märkten ohne zu große time-lags ausschöpfen zu können. Dazu dienen z.B. kürzere Liefer- und Produktentwicklungszeiten oder die Beschleunigung von Produktionsprozessen. Da der Zeitfaktor zugleich für die Nachfrager von großer Bedeutung ist (etwa eine hohe Terminzuverlässigkeit), resultieren hier Überschneidungen zur Kundenorientierung.

Im Hinblick auf die Verwirklichung dieser Vorstellungen wird die besondere Bedeutung des Leistungspotentials der Mitarbeiter für den wirtschaftlichen Erfolg der Unternehmung betont. In einem sich verschärfenden Wettbewerb sei die notwendige Unternehmensflexibilität nur durch motivierte und eigenverantwortlich handelnde Mitarbeiter zu gewährleisten, die sich am Prinzip ständiger Verbesserung orientierten. In Japan wird diese Handlungsmaxime mit »Kaizen« (Kai = Wandel, Änderung; Zen = das Gute) umschrieben. Der permanente Wandel soll somit zu einer Konstante werden.[86]

Obwohl die Bezeichnung »Lean« vor allem auf Maßnahmen des Kostenmanagement hinweist, ist sie demnach eher im Sinne von »einfach«, als Aufruf zur Reduktion von

---

[84] J. P. Womack/D. P. Jones/D. Roos: Die zweite Revolution in der Automobilindustrie, Frankfurt/M. 1992, S. 19.
[85] D. Bösenberg/H. Metzen: Lean Management, Landsberg/Lech 1992, S. 94.
[86] Vgl. M. Hammer/J. Champy: Business Reengineering, Frankfurt/M. 1994, S. 36.

Komplexität und nicht allein zum Abbau von Kosten zu verstehen. Zusammengefaßt zeigt sich ein *Bemühen um die Verbesserung der Zielgrößen Qualität, Kosten und Zeit*[87]. Festzuhalten bleibt auch, daß diese Ziele als solche seit langem bekannt und (mehr oder weniger) handlungsleitend sind. Im Sinne einer »neuen Zielharmonie«[88] werden jedoch in allen Sektoren der Wirtschaft die Anstrengungen zur *gleichzeitigen und integrierten* Erfüllung dieser Ziele intensiviert, bisherige Organisationsstrukturen vor diesem Hintergrund mit ungewohnter Schonungslosigkeit in Frage gestellt.[89]

In diesen Zusammenhang ist auch das Konzept des *Reengineering* einzuordnen, das sich ebenfalls in den USA unter dem Eindruck der wachsenden japanischen Konkurrenz entwickelt hat. Das Überleben von Unternehmen läßt sich nach der Auffassung seiner Vertreter allein dann noch sicherstellen, wenn deren Wettbewerbsposition nicht mehr wie im üblichen Maße nur graduell verbessert wird. Die Realisierung der erforderlichen »Quantensprünge« der Veränderung erfordert vielmehr ein prinzipielles Umdenken und damit eine Abkehr von den traditionell bevorzugten Lösungsmustern: »*It involves nothing less than reinventing how the company does business.*«[90] Reengineering, so betonen die beiden amerikanischen Hauptprotagonisten, bezieht sich in erster Linie auf die Phase einer Umstrukturierung: »*Business Reengineering ist genaugenommen fundamentales Überdenken und radikales Redesign von Unternehmen oder wesentlichen Unternehmensprozessen. Das Resultat sind Verbesserungen um Größenordnungen in entscheidenden, heute wichtigen und meßbaren Leistungsgrößen in den Bereichen Kosten, Qualität, Service und Zeit*«.[91]

Damit wird das gemeinsame Anliegen von Lean Management und Reengineering deutlich, wobei ersteres das umfassendere, langfristiger ausgerichtete und auf die Einbeziehung der Mitarbeiter abstellende, zunächst an den vorhandenen Ressourcen und Techniken anknüpfende Management-Konzept, letzteres ein eher projektartiges und zugleich radikaleres Vorgehen ist, das in straffer Führung von der Unternehmensleitung im Sinne eines »Change Management« gesteuert wird.[92]

Von besonderer Bedeutung ist die Blickrichtung des Reengineering auf die Unternehmensprozesse. Hierunter wird ein »Bündel von Aktivitäten« verstanden, »für das ein oder mehrere verschiedene Inputs benötigt werden und das für den Kunden ein Ergebnis von Wert erzeugt.«[93]. Im Mittelpunkt der Betrachtung stehen demnach zusammenhängende Folgen von Tätigkeiten – und dieses funktions-, abteilungs- und hierarchieübergreifend. Das Prozeßredesign richtet sich nicht auf sämtliche dieser Prozesse, sondern nur auf wenige robuste sowie strategisch bedeutsame Kernprozesse (core processes), von denen angenommen wird: »Kaum ein Unternehmen besteht aus mehr als vielleicht zehn maßgebli-

---

[87] Vgl. U. Groth/A. Kammel: Lean Management, Wiesbaden 1994 und W. Pfeiffer/E. Weiß: Philosophie und Elemente des Lean Management, in: H. Corsten/Th. Will: Lean Production, Berlin u.a. 1993, S. 13-45.
[88] Vgl. Arbeitskreis »Organisation« der Schmalenbach Gesellschaft – Deutsche Gesellschaft für Betriebswirtschaft e.V.: Organisation im Umbruch: (Was) Kann man aus den bisherigen Erfahrungen lernen?, in: ZfbF, 48. Jg., 1996, S. 621-665, hier S. 627.
[89] Vgl. E. Frese/A. v. Werder: Organisation als strategischer Wettbewerbsfaktor – organisationstheoretische Analyse gegenwärtiger Umstrukturierungen, in: E. Frese/W. Maly (Hrsg.): Organisationsstrategien zur Sicherung der Wettbewerbsfähigkeit, Sonderheft 33/1994 der ZfbF, S. 1-27, L. Theuvsen: Business Reengineering – Möglichkeiten und Grenzen einer prozeßorientierten Gestaltung, in: ZfbF, 48. Jg., 1996, S. 65-82.
[90] T. R. V. Davis: Reengineering in action, in: Planning Review, vol. 22, 1993, S. 49-55, hier S. 49.
[91] M. Hammer/J. Champy: a.a.O., S. 48.
[92] Vgl. J. Champy: Reengineering Management, Homewood/Ill. 1995.
[93] M. Hammer/J. Champy: a.a.O., S. 52.

chen Unternehmensprozessen«,[94] wie z.B. Produktentwicklung (vom Entwurf bis zum Prototyp), Verkauf (von der Interessentenanfrage bis zum Auftrag), Auftragsabwicklung (von der Auftragserteilung bis zur Zahlung), Kundendienst (vom Auftrag bis zur Wartung). Das Reengineering ignoriert, was ist und konzentriert sich auf das, was sein sollte. Die Unternehmensprozesse sind in diesem Sinne so zu gestalten, als ob das Unternehmen »auf der grünen Wiese« völlig neu gegründet würde.

Beide Konzepte zeichnen sich durch ein umfangreiches Maßnahmenbündel zur Verwirklichung der anvisierten Ziele aus; das jeweils passend Erscheinende wird dann im Einzelfall ausgewählt, wobei ein übergeordneter konzeptioneller Gesamtzusammenhang häufig nur vage zu erkennen ist.

Dies gilt auch für das aus dem allgemeinen Lean-Management-Konzept heraus abgeleitete *»Lean Banking«*. Ebenso wie die Automobilindustrie wurden zu Beginn der 90er Jahre die Kreditwirtschaften ausgewählter Länder einem Vergleich durch (in erster Linie) Unternehmensberatungen unterzogen. Für die deutschen Banken zeigten diese Studien neben Defiziten bei der Erfüllung von Kundenanforderungen auch Produktivitätsrückstände, insbesondere gegenüber japanischen Kreditinstituten. Um diese aufzuholen, wird ein ganzer Strauß von Vorschlägen unterbreitet, der Banken »schlank« machen soll.[95] Nimmt man eine Verdichtung und Systematisierung vor, so zeigen sich drei Schwerpunkte:

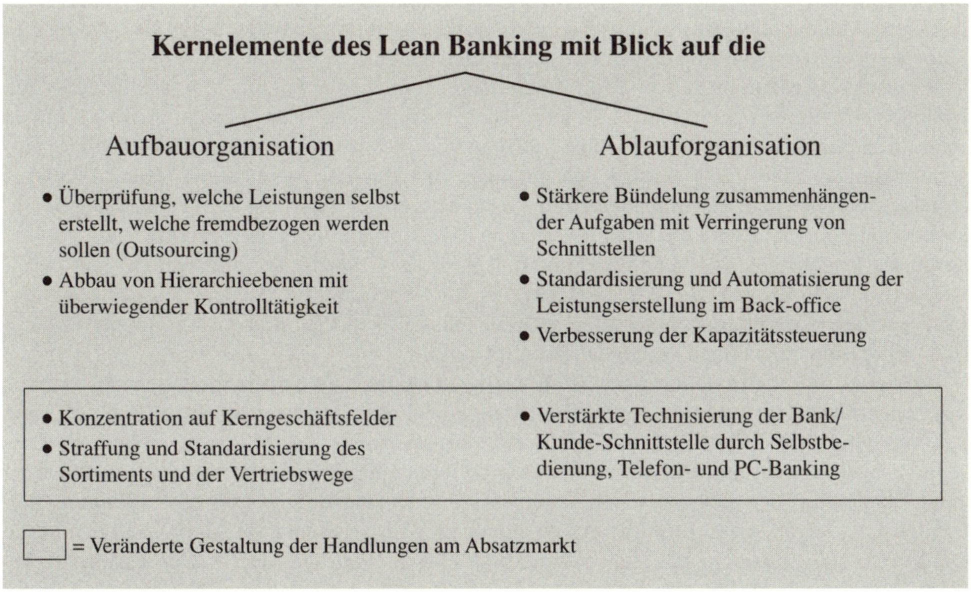

Kernelemente des Lean Banking mit Blick auf die

Aufbauorganisation

- Überprüfung, welche Leistungen selbst erstellt, welche fremdbezogen werden sollen (Outsourcing)
- Abbau von Hierarchieebenen mit überwiegender Kontrolltätigkeit

- Konzentration auf Kerngeschäftsfelder
- Straffung und Standardisierung des Sortiments und der Vertriebswege

Ablauforganisation

- Stärkere Bündelung zusammenhängender Aufgaben mit Verringerung von Schnittstellen
- Standardisierung und Automatisierung der Leistungserstellung im Back-office
- Verbesserung der Kapazitätssteuerung

- Verstärkte Technisierung der Bank/Kunde-Schnittstelle durch Selbstbedienung, Telefon- und PC-Banking

☐ = Veränderte Gestaltung der Handlungen am Absatzmarkt

Abb. C. 31: Kernelemente des Lean-Banking-Ansatzes

---

[94] Ebenda, S. 154f.
[95] Vgl. H. Bierer/H. Faßbender/Th. Rüdel: Auf dem Weg zur schlanken Bank, in: DBk, Nr. 9/1992, S. 500-506, C. Uhle: Lean Banking, Köln 1993, H. A. Wieck/G. Wünsche: Lean Banking für das Filialnetz, in: DBk, Nr. 8/1993, S. 442-446, H.-D. Krönung: Chancen und Risiken von Lean Banking, in: DBk, Nr. 6/1994, S. 324-329, M. Endres: Lean Management im Kreditgewerbe, in: W. Gerke/ M. Steiner (Hrsg.): Handwörterbuch des Bank- und Finanzwesens, 2. Aufl., Stuttgart 1995, Sp. 1349-1356 und A. Lineisen: Lean Banking. Die Anwendbarkeit des Lean Management bei deutschen Kreditinstituten, Wiesbaden 1995.

Wenn zum einen auf eine – im Rahmen der strategischen Planung vorgestellte – Konzentration auf Kerngeschäftsfelder, eine Straffung und Standardisierung des Sortiments und der Absatzkanäle sowie die stärkere Nutzung technischer Möglichkeiten im Vertrieb gedrungen wird, dann sollen damit die Handlungen an den Absatzmärkten zielführender ausgerichtet werden. Diese Bemühungen spielen deshalb im Marketing-Kapitel (C. III.) eine besondere Rolle. Zum anderen sind aber sowohl der Aufbau als auch die Prozeßgestaltung der Bank von den Vorschlägen betroffen, so daß die in diesem Kapitel diskutierte Gestaltung der Organisation angesprochen ist.

Vor der Behandlung einzelner Elemente in der Abbildung C. 31 sei erwähnt, daß es sich auch beim Lean Banking nicht um ein fest definiertes und abgeschlossen formuliertes Konzept handelt. Eher wird eine (mehr oder minder breite) Palette von Bausteinen präsentiert, deren Zusammenfügung zur Erfüllung der Ziele höherer Qualität, geringerer Kosten und verkürzter Reaktionen auf sich ändernde Marktanforderungen beitragen soll. Da die Wirtschaftlichkeit und Schnelligkeit bereits zuvor als zu verfolgende Prinzipien betont wurden, ist allein im Hinblick auf die Qualität eine Erweiterung des Zielkatalogs festzustellen, denn diese dürfte aus Sicht des Nachfragers mehr umfassen als nur die schon erwähnte Sicherheit (z.B. auch die Bequemlichkeit der Leistungsabnahme usw.). Der Neuigkeitswert des Lean-Banking-Ansatzes liegt somit wiederum in erster Linie im gemeinsamen, forcierten Verfolgen dieser Zielvorgaben. Dabei finden z.T. bereits seit langer Zeit bekannte Maßnahmen Anwendung, so daß auch die instrumentelle Seite des Konzeptes nicht als vollständig innovativ bezeichnet werden kann.

Besondere Beachtung hat in den letzten Jahren unter dem Stichwort »*Outsourcing*« die Make-or-Buy-Frage gefunden.[96] Durch eine Verringerung der Fertigungstiefe mittels Fremdbezug von außerhalb der Bank verfügbaren Ressourcen werden insbesondere Kostensenkungen angestrebt. Gemäß der eingangs des Buches vorgestellten Transaktionskostentheorie sollte eine Leistungserstellung dann ausgelagert werden, wenn eine externe Institution durch die Bündelung von Aufträgen Größen- und/oder Lerneffekte erzielen und damit kostengünstiger produzieren kann. Einsparungen können sich auch durch eine geringere Fixkostenbelastung der Bank ergeben, da im Gegensatz zur Eigenerstellung keine unausgelasteten Kapazitäten vorgehalten werden müssen, sondern Kosten nur für die tatsächlich bezogenen Leistungen (mengenabhängig) anfallen.

Geeignet für den Fremdbezug sind in der Kreditwirtschaft traditionelle Betriebsbereiche mit unterstützender Funktion, wie z.B. Reinigungsdienste, die Betriebsverpflegung, Teile der Werbung und Öffentlichkeitsarbeit, der Fuhrpark sowie die Mitarbeiterschulung. Derzeit verbinden sich die meisten Outsourcing-Überlegungen jedoch mit der Auslagerung (und Bündelung) der elektronischen Datenverarbeitung und den mit ihr in Verbindung stehenden Leistungen. Eine Buy-Lösung erscheint hier insbesondere für kleinere und mittlere Banken kostengünstiger, da sich nennenswerte Skalenerträge durch Degressionseffekte nach Praxisberichten erst ab einer Bilanzsumme von 50 bis 60 Mrd. DM einstellen.[97] So wurde in der Sparkassenorganisation eine Wertpapier-Service-Bank gegründet, nachdem Untersuchungen gezeigt hatten, daß 90% der Abwicklungstätigkeiten der Banken in die-

---

[96] Vgl. J. Moormann/D. Wölfing: Fertigungstiefe in Banken verringern, in: DBk, Nr. 12/1991, S. 677-680, H. Plenk/H. Prellinger: Outsourcing zwischen Tabu und Mode, in: DBk, Nr. 1/1992, S. 48-50 und A. Becker: Möglichkeiten und Grenzen des Outsourcing in der deutschen Kreditwirtschaft – eine Untersuchung unter besonderer Berücksichtigung des Zahlungsverkehrs, in: SB Nr. 41, WS 1994/95, S. 20-35.
[97] Vgl. H. Bierer/H. Faßbender/Th. Rüdel: a.a.O., S. 502.

sem Bereich ausgliederungsfähig sind.[98] Wie in diesem Sektor wurden auch in dem der Volks- und Raiffeisenbanken »Zahlungsverkehrsfabriken« errichtet, die sich den Instituten der Primärstufe als Spezialisten für die Back-office-Tätigkeiten präsentieren.[99] Die Erfahrungen der Praxis belegen, daß die Kosten des Zahlungsverkehrs durch ein DV-Outsourcing um 25-50% gesenkt werden können.[100]

Neben möglichen Kostenvorteilen sind bei der Make-or-Buy-Entscheidung jedoch auch eventuelle Risiken zu berücksichtigen. Kritisch wird dem Fremdbezug zum einen entgegengehalten, daß dieser ein starkes, in manchen Fällen nur schwer reversibles Abhängigkeitsverhältnis zum externen Dienstleister begründet, was zu einem Verlust von (z.B. Qualitäts-)Steuerungsmöglichkeiten führen oder die Position bei zukünftigen Preisverhandlungen schwächen könne. Dies hängt indessen von der Zahl der Anbieteralternativen und somit davon ab, wie spezifisch das Know-how der Leistungserstellung ist. Zum anderen bestehe die Gefahr, gegen das Prinzip der Sicherheit zu verstoßen, wenn Kundendaten in unbefugte Hände gelangen könnten; wohl deshalb wurden Outsourcing-Lösungen im Bereich des Zahlungsverkehrs zumeist in eigenen, besser zu kontrollierenden Tochtergesellschaften der Verbundsysteme organisiert.

Unabhängig davon stellt der abstrakte Charakter der Bankleistung eine natürliche Barriere für ein noch weiter gehendes Outsourcing in Banken dar, das sich – wie die genannten Beispiele andeuten – wohl kaum über den Back-office-Bereich hinaus bewegen wird. Würde auch im Kundenkontakt der Weg für – von der Bank unabhängige – Verkäufer eröffnet, so gäbe sie ihre Kernkompetenz auf und würde zum reinen Händler bzw. Makler von Finanzdienstleistungen degenerieren. Aufgrund der Vertrauensempfindlichkeit der Bankleistung und ihrer Ausgestaltung als Absatzbeziehung in der Zeit ist auch nicht mit einer »grenzenlosen Bank«[101] ohne eigene Leistungserstellung zu rechnen, bei der ein kleiner Stab von Mitarbeitern je nach Bedarf Leistungen innerhalb eines telekooperativen Netzwerkes von Lieferanten zukauft, ein konkreter Standort aber nicht mehr definiert werden kann.

Durch den zuvor geschilderten Zwang zur Kostensenkung ist insbesondere das Mittlere Management der Banken unter verstärkten Rechtfertigungsdruck geraten. Sofern die betroffenen Mitarbeiter nicht im Kontakt mit externen Kunden stehen, werden die von ihnen ausgeübten Planungs-, Koordinations- und Kontrolltätigkeiten nicht mehr per se als notwendig angesehen. Vielmehr fordern die internen Kunden des Middle Management, also Mitarbeiter auf dem Top bzw. Lower Level, dieses zunehmend auf, seine Existenzberechtigung – wenn auch häufig nicht in Form von am Markt erzielten Ergebnissen, so doch zumindest – durch Nutzeneffekte zu untermauern. Dabei wird von den Verfechtern des Lean-Banking-Konzepts speziell der Wert der Kontrolltätigkeiten in Frage gestellt. Zweifel an deren Nutzen werden durch Studien gestützt, nach denen die Kreditausfälle trotz zusätzlicher Kontrollstufen in der Genehmigungsphase anstiegen, was auf die zunehmend

---

[98] Vgl. o.V.: Die Filiale bleibt dominierender Absatzkanal, in: BZ, Nr. 211 v. 1.11.1996, S. 4.
[99] Vgl. D. Engelmann/H. Martens/C.-P. Söder: Erfahrungen mit Sparkassen-Technik-Zentren, in: BBl, 43. Jg., Nr. 6/1994, S. 274f. und o.V.: Zahlungsverkehrsfabriken für die Volksbanken, in: BZ, Nr. 243 v. 19.12.1995, S. 11 sowie zur Auslagerung der Abwicklungstätigkeiten im Wertpapiergeschäft o.V.: Wertpapier-Allianz unter Genossen, in: SZ, Nr. 77 v. 4.4.1997, S. 25.
[100] Vgl. ebenda und A. Hoffjan/St. Liske: Strategisches Kostenmanagement im Massengeschäft von Kreditinstituten, in: ÖBA, 43. Jg., 1995, S. 680-689.
[101] In Analogie zu A. Picot/R. Reichwald/R. T. Wigand: Die grenzenlose Unternehmung, 2. Aufl., Wiesbaden 1996.

unklare Verantwortung zurückgeführt wurde.[102] Durch eine zugleich die Motivation und Kreativität fördernde Ausweitung der Kompetenzen des Lower Management sowie eine intensivere Nutzung der modernen Informations- und Kommunikationstechniken durch das Top Management wird daher eine *Ausdünnung speziell der mittleren Hierarchieebene* für möglich gehalten.[103] Allerdings muß dieses Abschmelzen dort eine Grenze finden, wo die Einhaltung des für Kreditinstitute besonders bedeutsamen Prinzips der Sicherheit gefährdet ist.

Die neue Rolle des Middle Managers wird in der eines »Spielertrainers«[104] bzw. Coaches gesehen, der weniger selbst am »Spielgeschehen« teilnimmt, sondern vielmehr die ihm zugewiesenen Mitarbeiter in fachlicher und persönlicher Hinsicht betreut, Informationsmanagement betreibt, bei der Aufgabenkoordination behilflich ist und als Anlaufstelle für Mitarbeiterprobleme dient. Dies setzt eine Verschiebung im Qualifikationsprofil des Middle Managers voraus. Zu Lasten der fachlichen gewinnt zum ersten seine methodische Kompetenz (z.B. Moderations-, Gesprächsführungs- und Beratungstechniken) an Bedeutung. Zum zweiten muß die soziale Kompetenz verstärkt werden, die sich etwa in der Kooperations-, Konflikt- und Kritikfähigkeit niederschlägt und zu einem ausgewogenen Miteinander von Integration und Führung beitragen soll.[105] Dazu ist drittens »die Persönlichkeit«, also vor allem Integrität und Glaubwürdigkeit auf der einen, Flexibilität und Kreativität auf der anderen Seite gefragt.[106]

Ein Abbau von Hierarchieebenen ruft nach aller Erfahrung Widerstand hervor. Wandlungsbarrieren gegen derartige organisatorische Veränderungen bestehen insbesondere in der Angst, Besitzstände (wie Titel, Gehalt, zugeordnete Mitarbeiter usw.) zu verlieren sowie gewohnte Arbeitsabläufe aufgeben zu müssen (»Beharrungsvermögen«). Gerüchte über geplante Umstrukturierungen und die dadurch ausgelösten Befürchtungen und Proteste können Anstöße zur Umorganisation häufig bereits in der Anfangsphase stoppen. Die wichtigste Maßnahme zur Beseitigung derartiger Barrieren ist eine frühzeitige, möglichst detaillierte Kommunikation mit allen Hierarchieebenen. Dabei kommt es darauf an, nicht nur den vermeintlichen Nutzen für die Gesamtbank, sondern vor allem die spezifischen Vorteile aufzuzeigen, die die Umstrukturierung für die jeweils Betroffenen bietet; dies

---

[102] Vgl. H. Bierer/H. Fassbender/Th. Rüdel: a.a.O., S. 505.

[103] Vgl. R. Wunderer: Mittleres Management – leitend oder leidend?, Zürich 1990 und G. Fischer/S. Risch: Unter Beschuß, in: mm, 24. Jg., Nr. 8/1994, S. 112-119 sowie P. Walgenbach: Mittleres Management: Aufgaben – Funktionen – Arbeitsweisen, Wiesbaden 1994. – Bei größeren Entlassungen im Bereich des Lower Management erfordert es darüber hinaus auch die »Hygiene des Unternehmens, Führungsebenen zu kappen« – so K. Müller-Gebel, Mitglied des Vorstands der Commerzbank AG, Frankfurt/M., in seinem Vortrag »Das Management der Personalkosten in einer Großbank« am 23.11.1993 an der Ruhr-Universität Bochum, in: SB Nr. 39, WS 1993/94, S. 33-37, hier S. 37.

[104] M. Schütte, Mitglied des Vorstands der Bayerische Hypotheken- und Wechsel-Bank AG, München, in seinem Vortrag »Die Umsetzung einer neuen Organisationskonzeption in einer Filialbank« am 9.5.1995 im Kontaktseminar an der Ruhr-Universität Bochum, in: SB Nr. 42, SS 1995, S. 67-70, hier S. 69.

[105] Ein Beispiel für Kritikfähigkeit kann etwa in der Einführung von sog. »Personalspiegeln« gesehen werden, mit deren Hilfe die Führungskräfte der Hypo-Bank regelmäßig von ihren Mitarbeitern bewertet werden – vgl. M. Schütte: Die Umsetzung, a.a.O., S. 70.

[106] Vgl. dazu auch U. Weiss, Mitglied des Vorstands, Deutsche Bank AG, Frankfurt/M., in seinem Vortrag »Unternehmensstruktur, Prozeßorganisation und Mitarbeitermotivation in der Bank« am 7.5.1993 an der Ruhr-Universität Bochum aus Anlaß des 60. Geburtstages von J. Süchting, in: SB Nr. 38, SS 1993, S. 10-19.

kann etwa durch die Entwicklung von Musterkarrieren geschehen. Von Bedeutung ist auch die Definition von Teilzielen für den Prozeß der Umorganisation, um mit Hilfe von ersten Erfolgen eine breitere Akzeptanz zu erzielen.[107]

In bezug auf die Gestaltung der Aufbauorganisation wurde die Tendenz angesprochen, sich noch konsequenter als in der Vergangenheit an den Kundengruppen zu orientieren und damit (weitgehend) selbständige Teilbanken z.B. für das Privat- und Firmenkundengeschäft zu formen. Dabei droht jedoch die Gefahr unausgelasteter Kapazitäten durch Parallelinvestitionen z.B. in die technische Infrastruktur oder in das der Geschäftsabwicklung dienende Personal des Back-office. Ein Weg, dies zu vermeiden und statt dessen Größen- und Lerneffekte zu erzielen, besteht in der stärkeren *Bündelung gleichartiger oder eng zusammenhängender Aufgaben*. So müssen etwa die Informationssysteme nicht nur vertikal, sondern auch horizontal über alle Kundengruppen hinweg verbessert werden.[108] Neben einer einheitlichen, abgestimmten Hard- und Software-»Plattform« gehört hierzu auch die Zusammenführung aller unternehmensrelevanten Informationen in einem Datenpool, der auch als »Data-Warehouse« bezeichnet wird. Ziel ist es dabei, die Informationen nur einmal in eine zentrale Datenbank einzuspeisen, sie aber in vielfältigen Auswertungsdimensionen nutzen zu können: den jährlichen Deckungsbeitrag aus einer bestimmten Kundenverbindung etwa für die Profit-Center-Rechnung und zugleich verschiedene Marketing-Aktivitäten. Ähnlich einem Einkauf im Warenhaus soll es den Mitarbeitern dann möglich sein, sich je nach Bedarf aus den »Regalen« per Kopie Daten in den »Einkaufskorb« zu legen.[109] – Um nicht gegen das Sicherheitsprinzip zu verstoßen, ist es dabei allerdings erforderlich, die Zugriffsmöglichkeit der Nutzer in Abhängigkeit von ihrem Arbeitsbereich zu beschränken.

Mit der Bündelung inhaltlich zusammenhängender Tätigkeiten sollte die Verringerung der Zahl von Schnittstellen einhergehen, die bei jedem Wechsel des Aufgabenträgers entstehen und daher Abstimmungsprobleme mit sich bringen dürften. Eine stärkere Aufgabenintegration kann in der Regel den Prozeßablauf verkürzen und die Fehlerquote senken. Der Gestaltungsbereich der Kreditinstitute wird dabei jedoch teilweise durch den bankaufsichtsrechtlichen Rahmen beschränkt, etwa wenn – wie erwähnt – die »Mindestanforderungen an das Betreiben von Handelsgeschäften« den Wertpapierhandel und seine Abwicklung in einer gemeinsamen organisatorischen Einheit untersagen. Hier läßt sich insoweit kein Aufgabenbündel schnüren.

Aus dem Lean-Gedanken folgt weiterhin eine *stärkere Standardisierung und* (dadurch ermöglicht) *intensivere EDV-Unterstützung der Leistungserstellung im Back-office*. Mit Hilfe integrierter PC-Arbeitsplätze soll die Erfassung, Bearbeitung und Weiterleitung von Geschäftsvorfällen »ohne Medienbrüche«[110] gelingen und somit eine Vorgangsbeschleunigung erreicht werden. Im Idealfall läuft ein Prozeß dann nach dem Einscannen von Kundenformularen bis zur Archivierung papierlos ab. Der weitgehend elektronischen Prozeßsteuerung dienen hierauf basierende Systeme des Workflow Management. Dabei werden

---

[107] Vgl. hierzu sowie den sich verändernden Qualifikationsprofilen des Middle Management die Ergebnisse eines Praktiker-Arbeitskreises bei St. Paul: Neue Organisationsstrukturen und die Zukunft des Middle Management in der Kreditwirtschaft, in: SB Nr. 43, WS 1995/96, S. 3-13.
[108] Vgl. H.-D. Krönung, Generalbevollmächtigter der DG Bank, Frankfurt/M., in seinem Vortrag »Die Organisation der Bank im Wandel« am 3.12.1996 im Kontaktseminar an der Ruhr-Universität Bochum, in: SB Nr. 45, WS 1996/97, S. 36-40.
[109] Vgl. P. Gluchowski/R. Gabriel/P. Chamoni: Management Support Systeme, Berlin u.a. 1997, S. 267.
[110] M. Endres: Lean Management im Kreditgewerbe, a.a.O., Sp. 1351.

häufig wiederkehrende Abläufe durch die Software selbständig überwacht und gesteuert, indem das System aufgrund bestimmter Entscheidungsregeln z.B. festlegt, zu welchem Sachbearbeiter ein Vorgang zu welchem Zeitpunkt per elektronischer »Umlaufmappe« weitergeleitet wird. Automatische Erinnerungs- und Wiedervorlagefunktionen helfen, Verzögerungen zu vermeiden, und kontinuierliche Ablaufberichte informieren alle Beteiligten regelmäßig über den Bearbeitungsstand der Geschäftsvorfälle. Die Bearbeiter sollen dadurch von Routinetätigkeiten weitgehend entlastet werden oder zumindest einen Teil des Such- und Kommunikationsaufwandes einsparen können. Darüber hinaus lassen sich Teilaufgaben, die zuvor sequentiell erledigt wurden, vielfach parallel oder immerhin zeitlich überlappend ausführen. Neben diesen Wirtschaftlichkeitsaspekten trägt die Protokollierungsfunktion, die etwa von der Revision genutzt werden kann, zur Sicherheit des Prozeßablaufs bei – ebenso wie die vom System automatisch angestellten Plausibilitätskontrollen im Anschluß an einzelne Arbeitsschritte.[111]

Die Abstraktheit der Bankleistung – so war betont worden – führt zur Ausrichtung der Kapazität am Spitzenbedarf, womit zumeist Leerkosten verbunden sind. Die Einrichtung von Telefonarbeitsplätzen im Rahmen eines »Call Center« hat (neben weiteren, später zu diskutierenden Vertriebsaufgaben) die Funktion, die *Steuerung* des Niveaus und der Auslastung *der Kapazität* zu unterstützen. Eine Verringerung der Kapazität ist dann möglich, wenn die Kunden über das Telefon zumindest einfach strukturierte Informationen einholen oder etwa Formulare, Scheckvordrucke etc. bestellen können. Diese Services lassen sich dann von zentraler Stelle aus und u.U. vollständig technikgestützt erbringen, statt hierfür in der Filialorganisation Personal vorhalten zu müssen. – Zur gleichmäßigeren Mitarbeiterauslastung kann eine sog. »intelligente Warteschlange« im Call Center beitragen. Der Kunde wird dabei auch in Spitzenzeiten nicht von einem Besetztzeichen frustriert, sondern kann seine Wünsche zunächst mit Hilfe einer Sprachsteuerung (Voice Response) äußern. Das System verteilt die Anrufe dann in Abhängigkeit vom Themengebiet und der Dringlichkeit auf die zur Verfügung stehenden, jeweils freien Mitarbeiter.[112]

Insgesamt machen die genannten Beispiele deutlich, *wie mit dem Lean Banking-Konzept versucht wird, durch organisatorische Änderungen zu Verbesserungen im Hinblick auf die Zielgrößen*

- *Qualität* (etwa mit der Vermeidung von Bearbeitungsfehlern durch Schnittstellenreduktion),
- *Schnelligkeit* (z.B. der Kreditentscheidung durch weniger Kontrollstufen) *und*
- *Wirtschaftlichkeit* (so durch Abbau von Leerkosten mittels Outsourcing)

vorzustoßen, daß ihrer gemeinsamen Verfolgung allerdings auch Grenzen gesetzt sind.

---

[111] Vgl. D. Bartl/D. Karagiannis: Workflowsysteme steuern effektiv Arbeitsabläufe, in: BBl, 44. Jg., 1995, S. 357-359.
[112] Vgl. P. Lunt: When your bank is just a voice, in: ABA, vol. 88, no. 5/1996, S. 34-40.

Literatur zum Abschnitt C. I.

Arbeitskreis »Organisation« der Schmalenbach Gesellschaft – Deutsche Gesellschaft für Betriebswirtschaft e.V.: Organisation im Umbruch: (Was) Kann man aus den bisherigen Erfahrungen lernen?, in: ZfbF, 48. Jg., 1996, S. 621-665.
Bierer, H./Faßbender, H./Rüdel, Th.: Auf dem Weg zur schlanken Bank, in: DBk, Nr. 9/1992, S. 500-506.
Bleicher, K./Meyer, E.: Führung in der Unternehmung, Formen und Modelle, Reinbek bei Hamburg 1976.
Bühner, R.: Shareholder Value-Ansatz, in: DBW, 52. Jg., 1992, S. 418-419.
Bühner, R.: Betriebswirtschaftliche Organisationslehre, 7. Aufl., München/Wien 1994.
Büschgen, H. E.: Strategische Planung im marktorientierten Bankbetrieb, in: DBk, Nr. 6/1983, S. 260-271.
Butz, E.: Die Anpassung des technisch-organisatorischen Bereichs von Kreditinstituten. Ein Beitrag zu einer allgemeinen Theorie des Bankbetriebs, Wiesbaden 1969.
Endres, M.: Entwicklungslinien der Bankorganisation, in: DBk, Nr. 1/1994, S. 4-9.
Engelhardt, W. H./Kleinaltenkamp, M.: Analyse der Erfolgspotentiale, in: Kleinaltenkamp, M./Plinke, W. (Hrsg.): Technischer Vertrieb – Grundlagen, Berlin 1995, S. 195-285.
Frese, E.: Grundlagen der Organisation, 6. Aufl., Wiesbaden 1995.
Grochla, E.: Unternehmensorganisation, 9. Aufl., Opladen 1983.
Haferkorn, J.: Einsatz von Personal Computern in Kreditinstituten. Grundlagen und Fallstudien, Wiesbaden 1991.
Hagenmüller, K. F./Jacob, A.-F.: Der Bankbetrieb, Bd. I, 5. Aufl., Wiesbaden 1987.
Hahn, D.: Planung und Kontrolle, 4. Aufl., Wiesbaden 1994.
Hinterhuber, H. H.: Strategische Unternehmensführung, Bd. I und Bd. II, 6. Aufl., Berlin/New York 1996.
Horváth, P.: Controlling, 5. Aufl., München 1994.
Jensen, M. C./Meckling, W. H.: Specific and general knowledge, and organizational structure, in: JoACF, vol. 8, no. 2/1995, S. 4-18.
Kleinaltenkamp, M./Fließ, S.: Entwicklung einer strategischen Marketing-Konzeption, in: Kleinaltenkamp, M./Plinke, W. (Hrsg.): Technischer Vertrieb – Grundlagen, Berlin 1995, S. 947-1021.
Koch, Th. W.: Bank Management, 3rd ed., Fort Worth u.a. 1995, Chapter 2.
Kolbeck, R.: Bankbetriebliche Planung, Wiesbaden 1971.
Krönung, H.-D.: Die Bank der Zukunft, Wiesbaden 1996.
Krumnow, J.: Die Budgetrechnung als Lenkungsinstrument der Geschäftsleitung einer Universalbank, Wiesbaden 1974.
Lehner, F.: Planung und Einsatz neuer Bürotechnologien in Banken, in: ZfbF, 42. Jg., 1990, S. 317-333.
Lineisen, A.: Lean Banking. Die Anwendbarkeit des Lean Management bei deutschen Kreditinstituten, Wiesbaden 1995.
Mankwald, R.: Marketingorientierte Organisation bei Universalbanken, Frankfurt/M. 1975.
Meier, H.: Personalentwicklung in Banken, Wiesbaden 1992.
Müller, H.: Die Organisationsstruktur des Bankbetriebs. Ein situativ orientierter Gestaltungsansatz, München 1979.
Picot, A./Reichwald, R./Wigand, R. T.: Die grenzenlose Unternehmung, 2. Aufl., Wiesbaden 1996.
Plinke, W.: Kapitalsteuerung in Filialbanken, Wiesbaden 1975.
Priewasser, E.: Die Banken im Jahre 2009, Frankfurt/M. 1994.
Stein, J. H. v./Terrahe, J. (Hrsg.): Handbuch Bankorganisation, 2. Aufl., Wiesbaden 1995.
Süchting, J.: Beziehungen zwischen den gesamtwirtschaftlichen Aufgaben und der Betriebsorganisation von Kreditinstituten, in: ZfO, 47. Jg., 1978, S. 301-305.
Süchting, J.: Unternehmenssteuerung in Aktienbanken nach dem Shareholder-Value-Konzept, in: International Bankers Forum e.V. (Hrsg.): Die Banken auf dem Weg ins 21. Jahrhundert: Strategien und Konzepte, Wiesbaden 1996, S. 407-418.
Theuvsen, L.: Interne Revision: Konzept – Organisation – Effizienz, Wiesbaden 1994.
Villiez, Ch. v.: Budgetkontrolle und Abweichungsanalyse in Kreditinstituten, Frankfurt/M. 1989.

Walter, B.: Electronic Banking als Erweiterung des Vertriebssystems und Leistungsprogramms, in: Süchting, J./van Hooven, E. (Hrsg.): Handbuch des Bankmarketing, 2. Aufl., Wiesbaden 1991, S. 303-328.

Wielens, H.: Fragen der Bankorganisation – Führt die verstärkte Marktorganisation der Universalbanken zur Divisionalisierung?, Frankfurt/M. 1977.

Wünsche, G./Swoboda, U.: Die Bedeutung von Zielgruppen für die fokussierte Universalbank, in: DBk, Nr. 5/1994, S. 275-279.

Kontrollfragen zu den Abschnitten c. 3. und d.

1. In welchen Stufen hat sich die zunehmende Technisierung der Bankorganisation vollzogen?
2. Welche Vertriebsformen, die auch unter dem Oberbegriff der Selbstbedienung zusammengefaßt werden, gewinnen in der Kreditwirtschaft an Bedeutung? Welche Folgen haben diese Vertriebsformen für den Kontakt einer Bank zu ihren Kunden? Wie kann eine Bank den darin liegenden Gefahren begegnen?
3. Erörtern Sie anhand von drei unterschiedlichen Entscheidungen des Bankmanagements die Anwendungsmöglichkeiten von Expertensystemen und Neuronalen Netzen.
4. Geben Sie eine Definition des Begriffs »Internet-Banking« und wägen Sie die Chancen und Risiken für die Kreditinstitute gegeneinander ab.
5. Zum Lean Banking
    a) Ist das Lean Banking mehr als nur »alter Wein in neuen Schläuchen«?
    b) Welchen Bezug besitzt das Konzept zur Bankorganisation?
    c) Nennen Sie die zentralen Ziele und Gestaltungselemente des Konzepts und machen Sie anhand konkreter Beispiele deutlich, inwiefern sich die Ziele sowohl harmonisch als auch konfliktär zueinander verhalten können.

II. Der rechtliche Handlungsrahmen und die Entwicklung von Entscheidungshilfen für das Bankmanagement

1. Die Rechenschaftslegung im Rahmen der Publizität der Bank

Ein wesentliches Element der rechtlichen Rahmenbedingungen für das Handeln der Bankleitung stellen die Publizitätsvorschriften dar, denn sie beschränken den Gestaltungsspielraum des Managements im Hinblick auf die Rechnungslegung gegenüber den an der Bank interessierten Stakeholders. Vor der Behandlung des externen Rechnungswesens der Kreditinstitute (b. und c.) werden – wie bei der Beleuchtung der Organisation der Bank – einleitend Begriff und Aufgaben des Rechnungswesens allgemein umrissen und dann im Vergleich zu anderen Wirtschaftsbereichen die für Kreditinstitute charakteristischen Schwerpunkte herausgearbeitet (a.). – Komplettiert wird die Darstellung des bankbetrieblichen Rechnungswesens durch die Erörterung der Kosten- und Erlösrechnung im nächsten Hauptabschnitt (2.).

a. Begriff und Aufgaben des Rechnungswesens

Im Hinblick auf die von der Bankleitung zu treffenden strategischen Basisentscheidungen war mehrfach auf den Zusammenhang zwischen Organisation und Rechnungswesen hingewiesen worden. Im voraufgegangenen Abschnitt wurde die Budgetrechnung als ein Teil des Rechnungswesens (und das Rechnungswesen wiederum als Teil des Kommunikationssystems in der Unternehmung) verstanden (vgl. S. 220). Daraus kann gefolgert werden, daß das *Rechnungswesen im Informationszusammenhang* einer Unternehmung *anzusiedeln* ist. Die gemeinsame Erarbeitung von Sollwerten auf den verschiedenen Managementebenen bedeutet aus dieser Sicht die Bereitstellung von Informationen über die angestrebten Ergebnisse in den einzelnen Verantwortungsbereichen (Planinformationen). Bei der monatlichen Gegenüberstellung der erreichten Istwerte im Verlauf der Budgetperiode wird dann offensichtlich, wieweit die angestrebten Ergebnisse erreicht werden konnten, so daß von Kontrollinformationen gesprochen werden kann.

a. 1. Das Rechnungswesen als System zur Gewinnung, Speicherung und Auswertung von Informationen

Solche Kontrollinformationen zeigen, daß über das Rechnungswesen als Teil des Kommunikationssystems die *Instanzen im Leitungssystem* der Unternehmung informiert werden. Andererseits wird nicht nur im Unternehmen selbst, sondern auch gegenüber der *Öffentlichkeit* und ihren Teilsektoren (im Rahmen der Publizität) *informiert*.

Informationen müssen zunächst beschafft werden. In der Budgetrechnung geschieht dies, wenn z.B. Filialleiter – unterstützt durch Berichte der volkswirtschaftlichen Abteilung – zukünftige Marktanteile etwa im Hypothekarkreditgeschäft ihres Filialbereichs abschätzen und damit die Grundlage für die Vereinbarung von Sollwerten legen. Nach Abstimmung der Schätzgrößen aus den verschiedenen Filialbereichen und gegebenenfalls ihrer Korrektur durch den Controller werden die Planinformationen endgültig festgelegt und in der EDV gespeichert. Mit der laufenden Herausarbeitung der Abweichungen zwischen den Soll- und den tatsächlich erreichten Istgrößen geschieht eine Auswertung der Daten, auf deren Basis u.U. Kursänderungen in der Steuerung der absatzpolitischen Aktivitäten vorgenommen werden, so daß Aussicht besteht, eine enttäuschende Entwicklung in Teilbereichen des Geschäfts im Jahresverlauf wieder in die angestrebte Richtung zu bringen.

Führt man sich diesen Informationszusammenhang vor Augen, so kann man **das Rechnungswesen als System zur Gewinnung, Speicherung und Auswertung quantifizierbarer Informationen** bezeichnen.

Am Beispiel der Budgetrechnung ist bisher nur ein Teil der internen Seite des Rechnungswesens aufgezeigt worden, da lediglich Instanzen innerhalb der Unternehmung als Sender und Empfänger von Informationen angesprochen wurden.

a. 2. Gruppen von Informationsempfängern unter besonderer Berücksichtigung des Staates als Vertreter gesamtwirtschaftlicher Interessen

Sieht man von nicht-ökonomischen Motiven wie dem Streben nach Prestige, Macht und Selbstverwirklichung ab, so sind die Aktivitäten der Wirtschaftssubjekte darauf gerichtet, *Einkommen* zu erzielen. Darin sehen sie ihre Chance. Gleichzeitig beinhalten solche Aktivitäten die Gefahr, daß das gewünschte Einkommen nicht oder nicht in voller Höhe erzielt wird. Das ist das Risiko der Wirtschaftssubjekte, die demnach eine Position halten, welche sich als *Chance/Risiko-Kombination* beschreiben läßt.

Solche Chance/Risiko-Kombinationen werden an den Kapitalmärkten besonders deutlich: Der risikoscheue Geldanleger wird beim Kapitaleinsatz in der Form einer Spareinlage keinen hohen Zinsertrag verlangen können; dafür enthält seine Chance/Risiko-Position auch ein nur geringes Risiko, Verluste zu machen (Einlagensicherungseinrichtungen, vgl. S. 488). Wer sich aber mit einer Kommanditeinlage an einer Explorations-Gesellschaft beteiligt, die in Australien Ölquellen sucht, der repräsentiert den risikofreudigen Geldanleger: Er besitzt die Chance, eine deutlich höhere Rendite als der Sparer zu erzielen, falls es gelingt, auf hinreichend ergiebige Vorkommen zu stoßen. Andererseits unterliegt er im Gegensatz zu dem Sparer dem erheblichen Risiko, sein Kapital zum Teil oder ganz zu verlieren, wenn die Kommanditgesellschaft nicht fündig wird.

Es zeigt sich also: Hohe Einkommenschancen sind in der Regel mit hohen Risiken, geringe Einkommenschancen mit geringen Risiken verbunden. Es gibt Chance/Risiko-Positionen, die in unterschiedlicher Weise attraktiv sind, je nachdem, ob Wirtschaftssubjekte einer bestimmten Einkommensklasse zu den mehr risikoscheuen oder risikofreudigen Typen zählen.

Unabhängig davon, ob jemand zu den mehr risikofreudigen oder risikoscheuen Typen gehört, versucht er, über Informationen seine Chance/Risiko-Position zu verbessern.

In dem hier behandelten Zusammenhang des Rechnungswesens ist die **Unternehmung als Einkommensquelle für eine Reihe von Gruppen zu sehen, die daran interessiert sind, durch zusätzliche Informationen über das Unternehmen ihre Chancen zu erhöhen und ihre Risiken zu vermindern.**

Als *Interessengruppen* für Informationen über die Einkommensquelle »Unternehmung« kommen in Betracht

- die angestellten *Manager* im Hinblick auf ihr festes und erfolgsabhängiges Einkommen (z.B. Tantiemen),
- die Mehrzahl der *sonstigen Arbeitnehmer* im Hinblick auf ihre festen, gegebenenfalls aber auch variablen Einkommensbestandteile (z.B. Abschlußprovisionen),
- *Kunden* und *Lieferanten* im Hinblick auf ihre Einkommen, soweit sie mit Preisvorteilen von der Unternehmung kaufen oder an sie verkaufen wollen,
- *Anteilseigner* und *Gläubiger* im Hinblick auf das Einkommen aus der Kapitalhergabe (Dividenden, Kursgewinne, Zinsen),
- der Staat, z.B. in Gestalt des *Fiskus,* wenn er Steuereinnahmen aus der Unternehmung erhält,
- die *Öffentlichkeit allgemein,* der z.B. durch die Umweltbeeinflussung der Unternehmung Belastungen erwachsen können.

Alle diese Stakeholder haben die Chance, höhere Einkommen aus der Unternehmung zu ziehen, stehen aber auch vor dem Risiko, Einkommen (aus dem Verlust des Arbeitsplatzes, des Kapitals usw.) zu verlieren. Dies ist der Hintergrund für ihre Informationsansprüche.

Der Umstand, daß Kreditinstitute nicht im Güterstrom, sondern im Geldstrom tätig sind (indem sie sich anbieten, Geld auszuleihen, Geld anzulegen, umzutauschen und zu transportieren), hat dazu geführt, daß dem Wirtschaftsbereich der Banken eine Sonderstellung in den Volkswirtschaften eingeräumt wird. In der Bundesrepublik besteht über das fiskalische hinaus ein besonderes staatliches Interesse gerade an Kreditinstituten, weil sie

(1) im Rahmen der Kredit- und Geldversorgung als der Zentralbank beigefügtes System Hebel ihrer Politik sind und
(2) Einlagen von Millionen privater Haushalte verwalten.

Der Staat ist daher um die Funktionsfähigkeit der Kreditwirtschaft als Instrument monetärer Konjunkturpolitik und zum Zwecke des Einlegerschutzes besonders besorgt (vgl. S. 455ff.).

Dieses Interesse hat in einer bankspezifischen Gesetzgebung (insbesondere Gesetz über die Deutsche Bundesbank von 1957, Gesetz über das Kreditwesen von 1961) seinen Niederschlag gefunden und liefert die Begründung dafür, daß die *Deutsche Bundesbank und das Bundesaufsichtsamt für das Kreditwesen* als weitere Adressaten von Informationen aus dem Rechnungswesen der Kreditinstitute anzusehen sind.

Damit die *Deutsche Bundesbank* ihre vor allem *währungspolitischen Aufgaben* erfüllen kann, benötigt sie eine Informationsbasis über das ihr beigefügte Geschäftsbankensystem. § 18 des Bundesbankgesetzes berücksichtigt diese Notwendigkeit, indem er der Deutschen Bundesbank die Kompetenz für statistische Erhebungen gibt. In diesem Rahmen sind die Kreditinstitute ihr gegenüber verpflichtet,

- in regelmäßigen Abständen (wie z.B. mit der monatlichen Bilanzstatistik, der vierteljährlichen Kreditnehmerstatistik, der jährlichen Depotstatistik) sowie
- bei besonderen Gelegenheiten (wie z.B. über Schuldscheindarlehens- und Pensionsgeschäfte)

zu informieren.

Da die Deutsche Bundesbank mit den Landeszentralbanken sowie deren Haupt- und Nebenstellen über ein dichtes Geschäftsstellennetz verfügt, das für die Kontrolle der Geschäftsbanken eingesetzt wird, arbeitet sie mit dem Bundesaufsichtsamt für das Kreditwesen auch zum Zwecke der Bonitätsüberwachung der Kreditinstitute[1] eng zusammen.

Durch diese Zusammenarbeit, für die § 7 Abs. 1 KWG die Grundlage gibt, werden doppelte Kontrollen vermieden. So können gem. § 25 KWG bestimmte Informationen wie Monatsausweise der Kreditinstitute gegenüber der Bankenaufsicht durch monatliche Bilanzstatistiken für die Deutsche Bundesbank ersetzt werden.

Die Informationen der Banken gegenüber dem *Bankenaufsichtsamt*, das die *Kontrolle* ihrer *Bonität* zum Zwecke der Sicherung der Funktionsfähigkeit der Kreditwirtschaft und des Einlegerschutzes ausübt, beziehen sich vor allem auf die folgenden Sachverhalte:

- eine ausreichende *Eigenkapital- und Liquiditätsausstattung* (§ 10, § 10a und § 11 KWG);
- *Großkredite,* die an die Bundesbank zu melden sind, welche derartige Meldungen ihrerseits an die Bankenaufsicht weiterleitet, damit das Ausmaß der Konzentration von Risiken im Kreditgeschäft einer Bank und der Kreditinstitutsgruppe erkannt werden kann (§ 13 KWG);
- den Stand an *»Millionenkrediten«* (ab 3 Mio. DM), der in Abständen von 3 Monaten an die Deutsche Bundesbank zu geben ist, welche auf diese Weise die Funktion einer Evidenzzentrale im Hinblick auf die Verschuldung von Unternehmen erhält (§ 14 Abs. 1 KWG);
- *Organkredite*, das sind Kredite an Mitglieder der Verwaltung sowie weitere Angestellte und Gesellschafter, Personen und Institutionen, die in besonders engen Beziehungen zur berichtpflichtigen Bank stehen, damit mögliche Interessenkollisionen transparent werden (§ 15 KWG).

Im übrigen bestimmt § 26 KWG, daß alle Kreditinstitute der Deutschen Bundesbank und der Bankenaufsicht ihren *Jahresabschluß* einzureichen haben.

a. 3. Das Rechnungswesen als Instrument der Entscheidungsfindung und Rechenschaftslegung

Es ist nun zu fragen, welche Aufgaben das Rechnungswesen im Hinblick auf die Informationsansprüche der genannten Interessengruppen an ihre Einkommensquelle »Unternehmung« zu erfüllen hat.

Geht man vom *Management* aus, so sind von dieser Gruppe im Rahmen der Unternehmungsführung Entscheidungen zu treffen, Entscheidungen in Aktivitäten umzusetzen und ihre Ergebnisse zu überwachen. Entsprechend sind durch das *interne Rechnungswesen* Planungs-, Steuerungs- und Kontrollinformationen bereitzustellen, Grundlagen also, durch welche die Entscheidungen des Managements fundiert und überprüft werden.

Das Management kann nun aber nicht nach eigenem Gutdünken entscheiden, sondern es wird dies im Bewußtsein der notwendigen Rechenschaftslegung tun. Der Vorstand einer Aktiengesellschaft muß gegenüber seinem Kontrollorgan, dem Aufsichtsrat, die Manager

---

[1] So auch A. Härtl, Landeszentralbank in Hessen, Frankfurt/M., in seinem Referat über »Die Mitwirkung der Deutschen Bundesbank an der Bankenaufsicht« am 1.12.1981 im Kontaktseminar an der Ruhr-Universität Bochum, in: SB Nr. 15, WS 1981/82, S. 40f.

der unteren Instanzenebenen müssen gegenüber den oberen Instanzenebenen Rechenschaft ablegen. Die Rechenschaftslegung kann sich darauf beziehen, ob – und gegebenenfalls warum nicht – die den Instanzen im Leitungssystem mit der Delegation von Verantwortung übertragenen Aufgaben und Teilziele erfüllt wurden.

Faßt man die bisher beschriebenen Aufgaben zusammen, so läßt sich für die interne Interessengruppe des Managements sagen, daß das **Rechnungswesen Instrument der Entscheidungsfindung und Rechenschaftslegung** ist.[2]

Darauf richtet sich auch das Interesse der Majorität der *Arbeitnehmer* einer Unternehmung, die nicht dem Management zuzurechnen sind. Auf der Grundlage der Mitbestimmung hat der Betriebsrat als Vertreter der Gruppe der Arbeitnehmer ein legitimes Interesse an Informationen darüber, wie sich die Unternehmensentwicklung vollzieht. Durch das Schicksal der Unternehmung werden das Lohn- und Gehaltsniveau, das Arbeitsplatzrisiko und die Erreichung von Sozialzielen z.B. im Bereich der betrieblichen Altersversorgung beeinflußt. Da die Unternehmensentwicklung (auch) durch die Qualität der Entscheidungen des Managements bestimmt wird, richtet sich das Informationsinteresse des Betriebsrats auf die *Unterlagen* für solche *Managemententscheidungen* aus dem Rechnungswesen.

Die *außerhalb der Unternehmung stehenden Interessengruppen* sind vor allem auf Informationen aus dem externen Rechnungswesen angewiesen, um ihre Chance/Risiko-Position beurteilen und entsprechende Dispositionen treffen zu können.

Unter dem *externen Rechnungswesen* versteht man diejenigen Teile des betrieblichen Rechnungswesens, die außerhalb der Unternehmung stehenden Interessengruppen auf gesetzlicher oder freiwilliger Basis zugänglich gemacht werden und die deshalb auch als *Publizitätsinstrumente* der Unternehmung mit der Aufgabe der *Rechenschaftslegung* nach außen bezeichnet werden können.

So unterliegen nach dem Handelsgesetzbuch und dem Publizitätsgesetz Aktiengesellschaften, Gesellschaften mit beschränkter Haftung und andere Großunternehmen einer allgemeinen Veröffentlichungspflicht ihrer Jahresabschlüsse. Außerdem müssen einzelnen externen Gruppen wie dem Fiskus und im Falle der Kreditinstitute der Bundesbank Steuerbilanzen bzw. statistische Aufstellungen z.B. über Millionenkredite zugeleitet werden, Unterlagen, die ebenfalls als Bestandteile des externen Rechnungswesens anzusehen sind.

Bei den im Mittelpunkt stehenden Informationen aus Bilanzen und Erfolgsrechnungen handelt es sich um Daten, die zum Zeitpunkt der Veröffentlichung über ein abgelaufenes Geschäftsjahr informieren und die deshalb den Charakter von Vergangenheitsrechnungen besitzen. So soll die Bilanz die Vollständigkeit der Vermögens- und Schuldenpositionen an einem vergangenen Stichtag dokumentieren.

Man kann nun mit Recht die Frage stellen, ob derartige, auf der Basis von Finanzbuchhaltung und Statistiken erstellte Vergangenheitsrechnungen den Informationsbedürfnissen externer Interessengruppen genügen können. Für sie ist grundsätzlich das zukünftige Schicksal ihrer Einkommensquelle »Unternehmung« relevant, nicht das vergangene, weil allein durch die zukünftige Entwicklung ihre Chance/Risiko-Position als Geschäftspartner, Eigentümer, Gläubiger, Fiskus determiniert wird.

Für die Gruppe der Banken als Gläubiger könnte man demnach fragen, ob ihre Informationsansprüche (wie sie im § 18 KWG insbesondere in bezug auf die Anforderung des Jahresabschlusses eine gesetzliche Legitimation erfahren haben) sich nicht auch auf die

---

[2] Vgl. auch grundlegend D. Schneider: Betriebswirtschaftslehre, Bd. 2: Rechnungswesen, 2. Aufl., München/Wien 1997.

Planungs- und Kontrollrechnungen beziehen sollten, mit denen das Management die Unternehmung ja tatsächlich steuert. Für Eigentümer wie die Aktionärsgruppe könnte man fragen, ob nicht erwartete Zahlungsreihen und Erläuterungen bessere Anhaltspunkte für die Bewertung der Aktien als Einkommensquelle geben könnten als eine Vergangenheitsaufstellung der Vermögens- und Schuldenpositionen.[3]

Diese Fragen sind prinzipiell zu bejahen. Als entscheidende Einwände aber sind anzuführen, daß zum einen eine grundsätzlich nicht begrenzte Gestaltungsfreiheit für derartige interne Teile des Rechnungswesens besteht und zum anderen in die Zukunft gerichtete Planungsrechnungen zwangsläufig mit Unsicherheit belastet sind. Unter solchen Umständen sind derartige Informationen der Gefahr des Irrtums oder der bewußten Manipulation durch das Management ausgesetzt, das möglicherweise eine durch eigene Fehler ausgelöste ungünstige Entwicklung der Unternehmung verschleiern will.

Deshalb ist es verständlich, wenn von Wirtschaftsprüfern und Steuerberatern testierte Vergangenheitsrechnungen als Grundlage der Rechenschaftslegung gegenüber Eigen- und Fremdkapitalgebern, Geschäftspartnern und Fiskus einen höheren Grad an Glaubwürdigkeit genießen.

Das schließt indessen nicht aus, daß auch externe Interessengruppen auf der Basis von Vergangenheitsrechnungen versuchen werden, die Planungsüberlegungen des Managements kennenzulernen. Anhaltspunkte dafür gibt schon § 289 Abs. 2 HGB: Danach soll im Lagebericht über »Vorgänge von besonderer Bedeutung, die nach dem Schluß des Geschäftsjahres eingetreten sind«, sowie »die voraussichtliche Entwicklung der Kapitalgesellschaft« berichtet werden. In diesem Zusammenhang werden von den Berichtspflichtigen über die Aktualisierung der Unternehmenslage hinaus häufig auch Forschungs- und Rationalisierungsvorhaben in die Informationen einbezogen. – Fremdkapitalgebende Banken äußern darüber hinaus vielfach den Wunsch nach Einblick in Planungsunterlagen, wenn es um die Besprechung von Kreditanträgen geht. Ob derartigen Wünschen seitens der Unternehmen entsprochen wird oder nicht, hängt indessen nicht nur von der Auskunftsbereitschaft des Managements ab, sondern gerade im Falle mittelständischer Unternehmen auch davon, ob hier überhaupt aussagefähige Planungsunterlagen vorfindlich sind.

Besonders deutlich werden zukunftsbezogene Informationswünsche externer Interessengruppen dort, wo Wertpapieranalysten der Kreditinstitute in regelmäßigen oder unregelmäßigen Abständen die Finanzchefs börsengehandelter Gesellschaften interviewen, um über das publizierte Material hinaus Informationen auch aus dem internen Rechnungswesen zu erhalten, welche sie für die Bewertung der Unternehmung im Rahmen der Wertpapierberatung verwenden können.

Wenn das Management auf diesem Wege freiwillig Informationen aus dem internen Rechnungswesen zur Verfügung stellt, so geschieht dies gezielt in der Absicht, den Kurs der Aktien der Unternehmung positiv zu beeinflussen.

Die gezielte Beeinflussung von Aktienkursen durch die freiwillige Publikation von internen Informationen läßt erkennen, daß das Rechnungswesen nicht nur der defensiven Rechenschaftslegung dient, sondern auch aktiv Wirkungen erzielen. Das gilt selbst für die Teile des Rechnungswesens, die auf der Basis gesetzlicher Anforderungen zu publizieren sind. Da nämlich für den Jahresabschluß in bestimmten Grenzen Gestaltungsfreiheit vorliegt – z.B. im Hinblick auf Bewertungswahlrechte –, kann Bilanzpolitik durch das Management betrieben werden. Bilanzpolitik aber ist zielgerichtetes Handeln. Durch die Präsentation von Bilanzinhalten, -erläuterungen und die Darstellung der Lage der Gesellschaft im

---

[3] Vgl. A. Moxter: Bilanzlehre, Bd. I: Einführung in die Bilanztheorie, 3. Aufl., Wiesbaden 1984, S. 81ff.

Geschäftsbericht wird versucht, externe Interessengruppen und die Öffentlichkeit allgemein zu für die Unternehmung günstigen Reaktionen zu bewegen. Im weiteren Sinne kann **Bilanzpolitik** deshalb auch als **Marketing auf den Finanzmärkten** (Finanzmarketing) gedeutet werden.[4]

a. 5. Die Auswirkungen der gesamtwirtschaftlichen Aufgaben von Kreditinstituten auf ihr Rechnungswesen

Die Aktivitäten der Kreditinstitute im Geldstrom haben Auswirkungen auf ihr internes und externes Rechnungswesen, indem charakteristische Schwerpunkte gesetzt werden, die das bankbetriebliche vom industriellen Rechnungswesen unterscheiden. – Der Vergleich zwischen industriellem und bankbetrieblichem Rechnungswesen soll mit der Bilanz und der Erfolgsrechnung vorgenommen werden, weil diese Rechnungsteile einerseits der Publizität, andererseits aber auch traditionell als Grundlage der Kosten- und Erlösartenrechnung (im Fall der GuV-Rechnung, vgl. S. 398) und der Zinsspannenrechnung (im Fall der Bilanz, vgl. S. 401) im internen Rechnungswesen dienen.

Im folgenden werden auf der Grundlage der Tabellen C. 5 und C. 6 zunächst *Bilanzstrukturen* der von Industrieunternehmen dominierten Nichtbanken und Kreditinstituten analysiert.

I. Aktiva	in Prozent der Bilanzsumme	II. Passiva	in Prozent der Bilanzsumme
Sachanlagen	28,69	Eigenmittel	20,41
Finanzanlagen	12,16		
Vorräte	15,33		
Forderungen (insbesondere aus Lieferungen und Leistungen)	32,17	Pensionsrückstellungen	10,84
		Steuer- und andere Rückst.	15,28
Wertpapiere	3,66	Langfristige Verbindlichkeiten	13,93
Flüssige Mittel	5,06	Kurzfristige Verbindlichkeiten	39,12
Sonstige Aktiva	2,93	Sonstige Passiva	0,42
Bilanzsumme	100,00	Bilanzsumme	100,00

Tab. C. 5: Bilanzstrukturen westdeutscher Industrieunternehmen (Quelle: Deutsche Bundesbank: Ertragslage und Finanzierungsverhältnisse westdeutscher Unternehmen im Jahr 1995, in: MB, 48. Jg., Nr. 11/1996, S. 33-57, hier S. 50ff.; Jahresabschluß 1994)

---

[4] Vgl. J. Süchting: Zum Finanzmarketing der Unternehmung, in: Führungsprobleme industrieller Unternehmungen, Festschrift für Friedrich Thomée zum 60. Geburtstag, hrsg. von D. Hahn, Berlin 1980, S. 217-233, sowie J. Süchting: Finanzmarketing auf den Aktienmärkten, in: ZfgK, 39. Jg., 1986, S. 654-659; vgl. hierzu auch S. 724f.

I. Aktiva	in Prozent des Geschäftsvolumens[1]	II. Passiva	in Prozent des Geschäftsvolumens
Kassenbestand	0,38	Sichteinlagen von Kreditinstituten	6,53
Guthaben bei Zentralnotenbanken	0,89	Termineinlagen von Kreditinstituten	18,13
Guthaben bei Postgiroämtern	0,01	Sichteinlagen von Nichtbanken	8,07
Forderungen an Kreditinstitute	23,27	Termineinlagen von Nichtbanken	17,83
Schatzwechsel und unverzinsliche Schatzanweisungen	0,04	Spareinlagen und Sparbriefe	16,86
Anleihen und Schuldverschreibungen	13,75	Treuhandkredite	1,79
Forderungen an Kunden kurzfristig	8,15	Weitergegebene Wechsel	1,08
Forderungen an Kunden mittel- und langfristig	45,01	Inhaberschuldverschreibungen im Umlauf	20,54
Sonstige Forderungen	6,06	Rückstellungen	0,90
Beteiligungen	0,75	Sonstige Passiva	3,41
Sonstige Aktiva	1,29	Wertberichtigungen	0,65
Mobilisierungs- und Liquiditätspapiere sowie Schuldverschreibungen eigener Emissionen	0,40	Kapital und Rücklagen[2]	4,21
Geschäftsvolumen	100,00	Geschäftsvolumen	100,00

[1] Geschäftsvolumen in der Abgrenzung der Deutschen Bundesbank: Bilanzsumme zuzüglich Indossamentsverbindlichkeiten aus rediskontierten Wechseln, den Kreditnehmern abgerechnete eigene Ziehungen im Umlauf sowie aus dem Wechselbestand vor Verfall zum Einzug versandte Wechsel.

[2] In der Quelle nicht getrennt ausgewiesen. Bilanzgewinne sind in dieser Position offenbar enthalten.

Tab. C. 6: Bilanzstrukturen von Kreditinstituten (Quelle: Statistische Beihefte zu den Monatsberichten der Deutschen Bundesbank, Reihe 1, Bankenstatistik nach Bankengruppen, Nr. 8/1995, S. 6f. und S. 16ff.; alle Bankengruppen Ende 1994, 3727 berichtende Kreditinstitute)

In Industriebetrieben zeigt die Aktivseite der Bilanz das Kräftereservoir für die Produktion sowie das Ergebnis der Produktion. Sie weist vor allem Güter aus, die im Produktionsprozeß gebraucht (Sachanlagen) oder verbraucht und verkauft werden sollen (Vorräte); im einzelnen sind das

— Gebäude, Maschinen, Ausrüstungsgegenstände
— Roh-, Hilfs- und Betriebsstoffe
— halbfertige und fertige Erzeugnisse.

Bezeichnet man die Sachanlagen und Vorräte zusammen als *Sachvermögen*, so wird offensichtlich, daß dies den überwiegenden Teil der Aktiva ausmacht. Forderungen und flüssige

Mittel (Geldvermögen) haben demgegenüber in der Industriebilanz zweitrangige Bedeutung.

Andererseits repräsentieren die auf der Aktivseite der Bankbilanz (siehe Tabelle C. 6) ausgewiesenen, für den Leistungsprozeß erforderlichen sachlichen Betriebsmittel und Werkstoffe nur einen verschwindend geringen Anteil. Das *Geldvermögen,* in dem primär sich das Ergebnis der Leistungsfähigkeit dokumentiert, überwiegt bei weitem. Statt in Sachinvestitionen liegt der Schwerpunkt bei der Kapitalbindung in verbrieften und unverbrieften Forderungen (Finanzinvestitionen).

Auf der Passivseite der Industriebilanz macht das *Eigenkapital* $^1/_5$ des Gesamtkapitals aus. Davon abweichend liegt der Eigenkapitalanteil bei Kreditinstituten bei $^1/_{25}$; im übrigen wird ihre Passivseite von unverbrieften und verbrieften *Gläubigerpositionen* geprägt.

Diese Unterschiede in der Kapitalstruktur erklären sich (u.a.) daraus, daß die geringere Liquiditätsnähe des vor allem langfristig gebundenen Sachvermögens in der Industrie eine stärkere Abstützung durch Eigenkapital verlangt.

Zusammenfassend läßt sich demnach sagen, daß die **Struktur der Bankbilanz durch das Geldvermögen und damit die finanzielle Sphäre beherrscht wird, während das Sachvermögen und damit die Produktionssphäre die Industriebilanz dominiert.**

Dieses Ergebnis hat Konsequenzen auch für die *Erfolgsrechnungen* von Industrieunternehmen und Kreditinstituten, wie die Tabellen C. 7 und C. 8 zeigen.

Die auf die Gewinnung oder Verarbeitung von Sachgütern gerichtete Tätigkeit der Industriebetriebe führt bei den Aufwendungen zu einem entsprechend hohen *Materialaufwand* und auch zu relativ bedeutenden *Abschreibungen auf Sachanlagen;* Zinsaufwendungen und Abschreibungen auf Finanzanlagen fallen demgegenüber kaum ins Gewicht.

Aufwendungen	in Prozent des Gesamtaufwandes	Erträge	in Prozent des Gesamtertrages
Materialaufwand	49,29	Umsatzerlöse	92,96
Personalaufwand	24,69	Bestandsveränderungen incl. andere aktivierte	
Abschreibungen auf Sachanlagen	4,77	Eigenleistungen	0,79
		Zinserträge	0,98
Übrige Abschreibungen	0,55	Sonstige betriebliche Erträge	5,37
Zinsaufwendungen	1,61		
Steuern vom Einkommen und Ertrag	0,98		
Sonstige Steuern	2,85		
Sonstige betriebliche Aufwendungen	15,31		
Summe der Aufwendungen	100,00	Summe der Erträge	100,00

Tab. C. 7: Erfolgsstrukturen westdeutscher Industrieunternehmen (Quelle: Deutsche Bundesbank: Ertragslage und Finanzierungsverhältnisse westdeutscher Unternehmen im Jahr 1995, in: MB, 48. Jg., Nr. 11/1996, S. 33-57, hier S. 50ff.; Jahresabschluß 1994)

Aufwendungen	in Prozent des Gesamtaufwandes	Erträge	in Prozent des Gesamtertrages
Zinsen und zinsähnliche Aufwendungen	68,00	Zinserträge	91,30
Provisionsaufwendungen für Dienstleistungsgeschäfte	0,63	Provisionserträge aus Dienstleistungsgeschäften	5,80
Personalaufwand	11,61	Andere Erträge einschl. der Erträge aus der Auflösung von Rückstellungen im Kreditgeschäft	0,17
Andere Verwaltungsaufwendungen	6,12		
Abschreibungen und Wertberichtigungen auf Forderungen und Wertpapiere	6,22	Erträge aus der Auflösung von Sonderposten mit Rücklageanteil	0,07
Abschreibungen und Wertberichtigungen auf Beteiligungen	0,31	Erträge aus Warenverkehr oder Nebenbetrieben	0,12
Einstellungen in Sonderposten mit Rücklageanteil	0,13	Sonstige Erträge	2,54
Abgeführte Gewinne aufgrund einer Gewinngemeinschaft, eines Gewinnabführungs- und eines Teilgewinnabführungsvertrages	0,21		
Sonstige Aufwendungen	3,18		
Steuern vom Einkommen, vom Ertrag und vom Vermögen	3,59		
Summe der Aufwendungen	100,00	Summe der Erträge	100,00

Tab. C. 8: *Erfolgsstrukturen von Kreditinstituten (Quelle: Deutsche Bundesbank: Die Ertragslage der deutschen Kreditinstitute im Jahre 1994, in: MB, 47. Jg., Nr. 10/ 1995, S. 19-45; alle Bankengruppen Ende 1994, 3673 berichtende Kreditinstitute)*

Entsprechend der Dominanz der finanziellen Sphäre in den Banken besteht ihre gewichtigste Aufwandsposition dagegen in den für die Bedienung des Einlegerkapitals eingegangenen *Zinsaufwendungen;* auch die *Abschreibungen und Wertberichtigungen auf Forderungen, Wertpapiere und Beteiligungen* haben einen größeren Umfang.

Auf der Ertragsseite der GuV-Rechnung von Industrieunternehmen gehören wegen der Produktion konkreter Sachgüter *Eigenleistungen* und *Bestandsveränderungen* zu den nach der Gliederung für Kapitalgesellschaften gemäß § 275 Abs. 2 HGB vorgesehenen charakteristischen Positionen.

Da Bankleistungen als abstrakte Leistungen nicht lagerfähig sind, bestehen in der Bankerfolgsrechnung solche Positionen nicht. Entsprechend der Bedeutung des Geldvermögens haben hier die Erträge aus den verschiedenen Geldvermögenspositionen in Gestalt vor allem von *Zinserträgen* das überragende Gewicht.

Es ist somit festzuhalten, daß die **finanzielle Sphäre, in der sich die Leistungstätigkeit einer Bank vor allem vollzieht und die sich bilanziell als Geldvermögen nieder-**

schlägt, auf die Erfolgsrechnung, in der Zinsertrags- und Zinsaufwandspositionen dominieren, weiter wirkt.

Diese Dominanz der finanziellen Sphäre kommt auch in dem folgenden Ausschnitt aus dem Bankmodell zum Ausdruck.

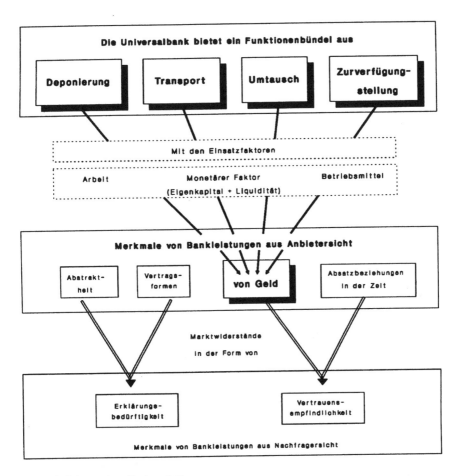

Ausschnitt aus dem Bankmodell

Kontrollfragen zu Abschnitt a.

1. Geben Sie eine Definition des Begriffs »Betriebliches Rechnungswesen«, indem Sie es als Teil des Kommunikationssystems der Unternehmung betrachten.
2. Welche beiden allgemeinen Aufgaben hat das betriebliche Rechnungswesen?
3. Nennen Sie Interessengruppen, deren Chance/Risiko-Position durch die Einkommensquelle »Unternehmung« beeinflußt wird. Stellen solche Interessengruppen auch Informationsansprüche an das Rechnungswesen von Kreditinstituten? Gibt es hier weitere Interessengruppen? Nennen Sie die wichtigsten Informationsquellen für die genannten Interessengruppen aus dem Rechnungswesen der Kreditinstitute.
4. Aktionäre und Bankgläubiger werden in der Regel als externe Interessengruppen an einer Unternehmung angesehen. Können Sie sich andere Eigentümer und Gläubiger vorstellen, die eher den internen Gruppen zuzurechnen wären?
5. In den Standardwerken über das Kreditgeschäft wird regelmäßig betont, daß die Kreditvergabe Vertrauen voraussetzt. Ein Vertrauensverhältnis sollte nun aber keine Einbahnstraße gegenüber dem Kreditnehmer sein, sondern auch auf seiten des Kreditnehmers gegenüber dem Kreditgeber bestehen. Warum trifft man dennoch bei vielen Unternehmern auf »Zugeknöpftheit« bei der Hergabe von Informationen an ihre kreditgebenden Banken?
6. Welcher Zusammenhang besteht zwischen einer positiven Beeinflussung des Kurses einer Aktiengesellschaft durch die Informationspolitik und einer kostengünstigen Beschaffung von Beteiligungskapital für eine AG?
7. Wie kann man beurteilen, ob eine Entscheidung gegenüber einer anderen die bessere oder schlechtere ist? Beantworten Sie die Frage, indem Sie je ein Beispiel für zwei unterschiedliche Management-Ebenen der Bank im Zusammenhang mit dem Planungs- und Kontrollprozeß der Budgetierung bilden.
8. Können Sie auf der Grundlage des Budgetierungssystems einer Bank auch deutlich machen, wie z.B. ein Zweigstellenleiter im Hinblick auf ihm übertragene Aufgaben Rechenschaft ablegen kann?
9. Welche Vor- und Nachteile haben Vergangenheitsrechnungen und Planungsrechnungen für externe Interessengruppen der Unternehmung?
10. Errechnen Sie auf der Grundlage der Tabellen C. 5 bis C. 8 den Anteil des Sachvermögens und der damit im Zusammenhang stehenden Aufwandspositionen sowie die relative Höhe des Geldvermögens und der damit im Zusammenhang stehenden Aufwandspositionen für
    a) Industrieunternehmen
    b) Kreditinstitute.

b. Elemente des Jahresabschlusses von Aktienbanken

Nach § 5 Abs. 1 Einkommensteuergesetz unterliegen Gewerbetreibende, die aufgrund handelsrechtlicher Vorschriften verpflichtet sind, Bücher zu führen und regelmäßig Abschlüsse zu erstellen, bei der Ansetzung des Betriebsvermögens zum Zwecke der steuerlichen Gewinnermittlung den handelsrechtlichen Grundsätzen ordnungsgemäßer Buchführung. Das hierin zum Ausdruck kommende Maßgeblichkeitsprinzip der Handels- für die Steuerbilanz hat die Aufgabe, als Generalklausel etwaige Lücken in den Sondervorschriften des Einkommensteuerrechts zu schließen. In diesem Zusammenhang ist aber auch auf die häufig praktizierte »umgekehrte Maßgeblichkeit« hinzuweisen. Da bestimmte Wertansätze (z.B. unter Berücksichtigung von Sonderabschreibungen) in der Steuerbilanz nur zugelassen sind, wenn sie gleichzeitig in der Handelsbilanz zur Anwendung kommen, der Bilanzierende andererseits an einer Ausnutzung möglicher Steuervorteile interessiert ist, wählt er in der Handelsbilanz u.U. nur deshalb bestimmte Wertansätze, um sie auch in der Steuerbilanz verwenden zu können.

Die zahlreichen Sondervorschriften steuerrechtlicher Art sowie das Maßgeblichkeitsprinzip der Handelsbilanz für die Steuerbilanz lassen es gerechtfertigt erscheinen, wenn die folgenden Ausführungen auf die *handelsrechtlichen Rechnungslegungsvorschriften* konzentriert werden.

Die Harmonisierung der Vorschriften über die Rechnungslegung der Unternehmen in der EU hat dazu geführt, daß auch Kreditinstitute grundsätzlich dem Bilanzrichtlinien-Gesetz von 1985 unterworfen wurden und eine entsprechende Anpassung an die 4. und 7. Richtlinie vornehmen mußten. § 330 HGB ermächtigt den Justizminister, von den allgemeinen abweichende Formblattvorschriften hinsichtlich der Gliederung des Jahresabschlusses einschließlich der Inhalte des Anhangs und des Lageberichts zu erlassen, »wenn der Geschäftszweig eine ... abweichende Gliederung ... erfordert. Die sich aus den abweichenden Vorschriften ergebenden Anforderungen ... sollen den Anforderungen gleichwertig sein, die sich für große Kapitalgesellschaften ... ergeben.«

Wie früher schon hat damit der Gesetzgeber die auch hier vertretene Auffassung bestätigt, daß sich aus den Charakteristika von Kreditinstituten entsprechende Auswirkungen auf ihr (externes) Rechnungswesen ergeben (vgl. S. 299). Unabhängig von der grundsätzlichen Gültigkeit des Bilanzrichtlinien-Gesetzes ist folgerichtig als lex specialis 1986 die Richtlinie des Rates über den Jahresabschluß und den konsolidierten Abschluß von Banken und anderen Finanzinstituten *(Bankbilanzrichtlinie)* verabschiedet worden, die (nicht nur ohne größenbezogene, sondern auch ohne rechtsformbezogene Erleichterungen) alle Kreditinstitute betrifft und Ende 1990 in nationales Recht transformiert wurde. Das resultierende Bankbilanzrichtlinie-Gesetz war erstmals für das Geschäftsjahr 1993 anzuwenden und enthielt nicht nur den Gliederungsraster für den Formblattgeber, sondern hat auch dazu geführt, daß die zuvor in den §§ 25f. KWG enthaltenen speziellen Vorschriften insbesondere über die Bewertung – zweckmäßigerweise – in das HGB (§§ 340ff., insbesondere 340e bis 340g) eingebracht worden sind. Weitergehende Erläuterungen zu einzelnen Positionen des Jahresabschlusses wurden mit der Ende 1992 erlassenen Verordnung über die Rechnungslegung der Kreditinstitute (RechKredV) gegeben.[5]

---

[5] Siehe zu einem Vergleich der seit 1993 mit den bis dahin gültigen Rechnungslegungsvorschriften die 3. Auflage dieses Buches, Stuttgart 1992, S. 133-161. – Die ausführlichste Kommentierung der ab 1993 anzuwendenden Normen findet sich bei J. Krumnow et al.: Rechnungslegung der Kreditinstitute. Kommentar zum Bankbilanzrichtlinie-Gesetz und zur RechKredV, Stuttgart 1994.

Jahresbilanz zum .....
der ....

Aktivseite				Passivseite			
	DM	DM	DM		DM	DM	DM
1. Barreserve				1. Verbindlichkeiten gegenüber Kreditinstituten			
a) Kassenbestand	.....			a) täglich fällig	.....		
b) Guthaben bei Zentralnotenbanken darunter: bei der Deutschen Bundesbank ..... DM	.....			b) mit vereinbarter Laufzeit oder Kündigungsfrist	.....	.....	
c) Guthaben bei Postgiroämtern	.....	.....		2. Verbindlichkeiten gegenüber Kunden			
2. Schuldtitel öffentlicher Stellen und Wechsel, die zur Refinanzierung bei Zentralnotenbanken zugelassen sind				a) Spareinlagen			
a) Schatzwechsel und unverzinsliche Schatzanweisungen sowie ähnliche Schuldtitel öffentlicher Stellen darunter: bei der Deutschen Bundesbank refinanzierbar ..... DM	.....			aa) mit vereinbarter Kündigungsfrist von drei Monaten	.....		
				ab) mit vereinbarter Kündigungsfrist von mehr als drei Monaten	.....	.....	
b) Wechsel darunter: bei der Deutschen Bundesbank refinanzierbar ..... DM	.....	.....		b) andere Verbindlichkeiten			
				ba) täglich fällig			
				bb) mit vereinbarter Laufzeit oder Kündigungsfrist	.....	.....	.....
3. Forderungen an Kreditinstitute				3. Verbriefte Verbindlichkeiten			
a) täglich fällig	.....			a) begebene Schuldverschreibungen	.....		
b) andere Forderungen	.....	.....		b) andere verbriefte Verbindlichkeiten darunter: Geldmarktpapiere ..... DM eigene Akzepte und Solawechsel im Umlauf ..... DM	.....	.....	
4. Forderungen an Kunden darunter: durch Grundpfandrechte gesichert ..... DM Kommunalkredite ..... DM		.....		4. Treuhandverbindlichkeiten darunter: Treuhandkredite ..... DM			.....
5. Schuldverschreibungen und andere festverzinsliche Wertpapiere				5. Sonstige Verbindlichkeiten			.....
a) Geldmarktpapiere				6. Rechnungsabgrenzungsposten			.....
aa) von öffentlichen Emittenten	.....			7. Rückstellungen			
ab) von anderen Emittenten	.....	.....		a) Rückstellungen für Pensionen und ähnliche Verpflichtungen	.....		
b) Anleihen und Schuldverschreibungen				b) Steuerrückstellungen	.....		
ba) von öffentlichen Emittenten	.....			c) andere Rückstellungen	.....	.....	
bb) von anderen Emittenten darunter: beleihbar bei der Deutschen Bundesbank ..... DM	.....	.....		8. Sonderposten mit Rücklageanteil			.....
				9. Nachrangige Verbindlichkeiten			.....
c) eigene Schuldverschreibungen Nennbetrag ..... DM	.....	.....		10. Genußrechtskapital darunter: vor Ablauf von zwei Jahren fällig ..... DM			.....
6. Aktien und andere nicht festverzinsliche Wertpapiere		.....		11. Fonds für allgemeine Bankrisiken			.....
7. Beteiligungen darunter: an Kreditinstituten ..... DM		.....		12. Eigenkapital			
				a) gezeichnetes Kapital	.....		
				b) Kapitalrücklage	.....		
				c) Gewinnrücklagen			
				ca) gesetzliche Rücklage	.....		
				cb) Rücklage für eigene Anteile	.....		
				cc) satzungsmäßige Rücklagen	.....		

Abb. C. 32: Formblatt für die Bilanz

noch Aktivseite | | | | noch Passivseite | | |
---|---|---|---|---|---|---|---
| | DM | DM | DM | | DM | DM | DM
8. Anteile an verbundenen Unternehmen | | | ..... | cd) andere Gewinnrücklagen | ..... | ..... |
darunter: | | | | d) Bilanzgewinn/Bilanzverlust | | ..... | .....
an Kreditinstituten ..... DM | | | | | | |
9. Treuhandvermögen | | | ..... | | | |
darunter: | | | | | | |
Treuhandkredite ..... DM | | | | | | |
10. Ausgleichsforderungen gegen die öffentliche Hand einschließlich Schuldverschreibungen aus deren Umtausch | | | ..... | | | |
11. Immaterielle Anlagewerte | | | ..... | | | |
12. Sachanlagen | | | ..... | | | |
13. Ausstehende Einlagen auf das gezeichnete Kapital | | | ..... | | | |
darunter: | | | | | | |
eingefordert ..... DM | | | | | | |
14. Eigene Aktien oder Anteile Nennbetrag ..... DM | | | ..... | | | |
15. Sonstige Vermögensgegenstände | | | ..... | | | |
16. Rechnungsabgrenzungsposten | | | ..... | | | |
17. Nicht durch Eigenkapital gedeckter Fehlbetrag | | | ..... | | | |
Summe der Aktiva | | | ..... | Summe der Passiva | | | .....

1. Eventualverbindlichkeiten
   a) Eventualverbindlichkeiten aus weitergegebenen abgerechneten Wechseln .....
   b) Verbindlichkeiten aus Bürgschaften und Gewährleistungsverträgen .....
   c) Haftung aus der Bestellung von Sicherheiten für fremde Verbindlichkeiten ....
2. Andere Verpflichtungen
   a) Rücknahmeverpflichtungen aus unechten Pensionsgeschäften .....
   b) Plazierungs- und Übernahmeverpflichtungen .....
   c) Unwiderrufliche Kreditzusagen ....

b. 1. Die Bilanz

In dem geltenden Formblatt (vgl. Abb. C. 32 auf den vorausgehenden zwei Seiten) wird der Versuch unternommen, eine *Gliederung* der Bilanzpositionen nach *Liquiditätsgesichtspunkten* durchzuführen, d.h. es erfolgt

- eine Gliederung der Aktivseite von den liquidesten (Barreserve) bis zu den illiquidesten Vermögensgegenständen (Sachanlagen);
- eine Gliederung der Passivseite nach der Gefahr eines Liquiditätsabzugs (von täglich fälligen Verbindlichkeiten gegenüber Kreditinstituten und Kunden bis hin zum gezeichneten Kapital und den Gewinnrücklagen).

Neben dem Liquiditätsgliederungsprinzip werden in dem Formblatt die *Interbankenbeziehungen* besonders herausgehoben. Durch die Abtrennung der Forderungen an Kreditinstitute von den Forderungen an Kunden soll über die Geldmarktposition eines Kreditinstituts informiert werden. Je nachdem, ob die Forderungen die Verbindlichkeiten oder die Verbindlichkeiten die Forderungen überwiegen, hält eine Bank zum Bilanzstichtag eine Gläubiger- oder Schuldnerposition am Geldmarkt.[6]

Im Hinblick auf die Darstellung der Unternehmungsliquidität enthält die Bilanz der Bank prinzipiell die gleichen Probleme wie alle anderen nach den gültigen Rechtsnormen erstellten Bilanzen. In bezug auf die Liquidierbarkeit der Anlagen und die Bedrohung der Liquidität durch Mittelabzüge der Einleger wird der *Informationsgehalt* der Bilanz dadurch *eingeschränkt,* daß

- die *natürlichen Liquidationsperioden der Bestände* nur *unvollkommen deutlich* werden, denn die Gliederung erfolgt relativ grob, stellt generell nicht auf Restlaufzeiten, sondern auf vereinbarte Fälligkeiten ab und berücksichtigt nicht die aus Prolongations- und Substitutionseffekten resultierenden Bodensätze in den Kredit- und Einlagenkategorien. Allein im Hinblick auf täglich fällige Verbindlichkeiten gegenüber Kreditinstituten (1a) und Kunden (2ba) sowie das Genußrechtskapital (10) wird auf Restlaufzeiten Bezug genommen.

Die *Ursprungslaufzeiten* vermögen wohl Hinweise auf die geschäftliche Struktur der Forderungen und Verbindlichkeiten zu geben, sagen indessen über die Liquidität kaum etwas aus. Insofern ist es als Fortschritt zu werten, wenn ab 1998 im Anhang *Restlaufzeiten* für folgende Kategorien ausgewiesen werden müssen:
- bis 3 Monate
- mehr als 3 Monate bis 1 Jahr
- mehr als 1 Jahr bis 5 Jahre
- mehr als 5 Jahre
- mit unbestimmter Laufzeit.

- die aufgrund geschäftspolitischer Entscheidungen erzielbare Liquidität infolge der *Marktfähigkeit* und der (z.B. von einer Zentralnotenbank aufgrund von Rediskont- und Lombardzusagen) künstlich verliehenen Liquidität von *Vermögenspositionen nicht hinreichend zum Ausdruck* kommt (Ausnahmen bilden die Aktivpositionen 2a) und b) sowie 5b), in denen eine Ausgliederung der bei der Deutschen Bundesbank beleihbaren bzw. rediskontierbaren Wertpapiere und Wechsel vorgenommen wird).

---

[6] Ob sich eine solche Gläubiger- oder Schuldnerposition aus der Kundenstruktur dieser Bank herleiten läßt oder nicht, kann indessen nur gesagt werden, wenn auch eine für das Geschäftsjahr repräsentative (z.B. Tagesdurchschnitts-)Bilanz einen (am Geldmarkt angelegten) Liquiditätsüberhang bzw. ein (am Geldmarkt abzudeckendes) Liquiditätsdefizit ausweist.

Im folgenden werden in der Reihenfolge des Formblattes Erläuterungen zu den einzelnen Positionen der Bilanz gegeben:

Aktiva

Position 1: Barreserve

Hier sind vor allem gesetzliche Zahlungsmittel einschließlich ausländischer Sorten (Noten und Münzen) sowie u.a. Postwertzeichen und Gerichtsgebührenmarken auszuweisen. Goldmünzen und Edelmetallbestände dagegen sind Teil der »Sonstigen Vermögensgegenstände« (Position 15). Zweitens werden in dieser Position die Guthaben in in- und ausländischer Währung bei Zentralnotenbanken erfaßt. Die Höhe des gesondert auszuweisenden, bei der Bundesbank gehaltenen Betrages richtet sich vor allem nach den Mindestreservevorschriften. Die Postgiroguthaben – drittens – dienen der Abwicklung des mit Hilfe des Gironetzes der Postbank zu bewältigenden Zahlungsverkehrs.

Position 2: Schuldtitel öffentlicher Stellen und Wechsel, die zur Refinanzierung bei Zentralnotenbanken zugelassen sind

In dieser Position werden zum einen Schatzwechsel und unverzinsliche Schatzanweisungen des Bundes (Mobilisierungs- und Liquiditätspapiere, die die Bundesbank im Rahmen ihrer Geldmarktregulierung ausgibt, vgl. S. 170) erfaßt, die die Bank als kurzfristige Anlage erworben hat. Zudem sind ähnliche Schuldtitel öffentlicher Stellen anzugeben, die unter Diskontabzug hereingenommen wurden und die zur Refinanzierung bei Zentralnotenbanken verwandt werden können.

Bei einer zusammenfassenden Darstellung des Bilanzausweises von Wechselgeschäften ist davon auszugehen, daß das Wechselgesetz zwei Grundformen des Wechsels, nämlich den »gezogenen« und den »eigenen« (Sola-)Wechsel, unterscheidet.

Der *gezogene Wechsel* beinhaltet die Anweisung des Ausstellers an den Bezogenen (Akzeptanten), zu einem festgelegten Zeitpunkt an den Wechselnehmer (Remittenten) oder dessen Order eine bestimmte Geldsumme zu zahlen. – Der eigene *(Sola-)Wechsel* enthält das Versprechen des Ausstellers, selbst an den genannten Wechselnehmer oder dessen Order zu einem festgelegten Termin eine bestimmte Geldsumme zu zahlen. Mit dem Wechsel können verschiedene wirtschaftliche Funktionen erfüllt werden: Neben der Zahlungsfunktion (nicht mit befreiender Wirkung, sondern an Zahlung statt) ist die wichtigste Funktion in der Kreditfunktion zu sehen. Durch die Akzeptleistung des Bezogenen wird die effektive Zahlung um die Laufzeit des Wechsels verschoben. Mit einer eventuellen Weitergabe des Wechsels entstehen zusätzliche Kreditbeziehungen, etwa in Form der Diskontierung des Wechsels durch den Wechselnehmer bei einer Bank (Diskontkredit) oder der Rediskontierung eben dieses Wechsels durch die Bank bei der Deutschen Bundesbank. – Unter dem Aspekt des Geldgebers stellen Ankauf und Inbestandhaltung von Wechseln eine Möglichkeit für die Anlage kurzfristig freier Mittel dar (Geldanlagefunktion). – Aufgrund der im Wechselgesetz verankerten wechselrechtlichen Strenge, die auf der Loslösung des Wechselgeschäfts von dem zugrundeliegenden Handelsgeschäft und der Haftung aller Wechselverpflichteten beruht, erfüllt der Wechsel eine Sicherungsfunktion.

Der Bezogene eines Wechsels kann nicht nur der Geschäftspartner eines Bankkunden, sondern auch die Bank dieses Kunden sein. Die auf diese Weise zustande kommende »Kreditleihe« der Bank (sie verleiht unmittelbar kein Geld, sondern nur ihren guten Namen) in Form des Akzeptkredits wird nur Kunden hervorragender Bonität gewährt.

Schließlich kann auch die Bank selbst aus Sicherungs- oder Refinanzierungsgründen einen Wechsel auf den Kunden ziehen (*Depotwechsel* und *Mobilisierungstratte*).

Wie die folgende zusammenfassende Übersicht C. 33 zeigt, ist bei dem Ausweis von Wechselbeziehungen in der Bilanz zusätzlich zu berücksichtigen, ob der Wechsel dem Kunden bereits abgerechnet und ob er weiterveräußert wurde (Zunahme der Barreserve).

Unter die Position 2b) fallen nur die dem Kunden abgerechneten, im Bestand befindlichen Wechsel, die zwar bundesbankfähig sind, aber (noch) nicht zum Diskont eingereicht wurden. Eine Ausnahme bilden Inkassowechsel, die wie sonstige Inkassopapiere (z.B. Reiseschecks, Lastschriftaufträge) und auch Schecks unter »Sonstige Vermögensgegenstände« (Position 16) erfaßt werden, »wenn sie innerhalb von dreißig Tagen ab Einreichung zur Vorlage bestimmt und dem Einreicher bis zum Bilanzstichtag unter Vorbehalt des Eingangs gutgeschrieben sind.«[7]

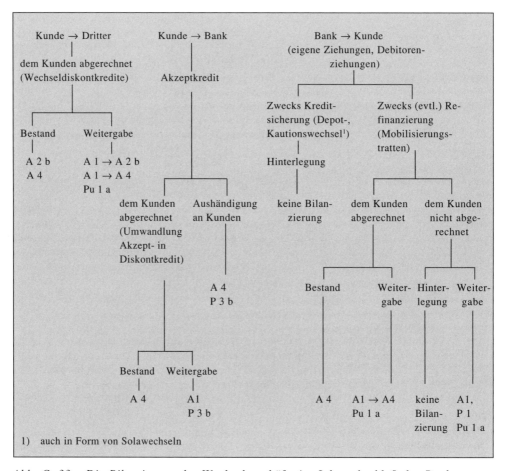

Abb. C. 33: *Die Bilanzierung des Wechselgeschäfts im Jahresabschluß der Bank*

---

[7] K. F. Hagenmüller/A.-F. Jacob: Der Bankbetrieb, Bd. III, a.a.O., S. 56.

Bundesbankfähige, d.h. bei der Deutschen Bundesbank zum Ankauf zugelassene *Wechsel,* müssen den folgenden Kriterien genügen:

- Der Wechsel muß »drei gute Unterschriften« ausweisen; zu den als zahlungsfähig erkannten Adressen zählen in der Regel Aussteller, Bezogener und Indossant(en).
- Die Restlaufzeit des Wechsels darf höchstens 3 Monate betragen.
- Der Wechsel soll ein »guter Handelswechsel« sein, d.h. ihm soll ein Warengeschäft und kein Finanzgeschäft zugrunde liegen.
- Der Wechsel muß an einem Bankplatz (Sitz einer Landeszentralbankstelle) zahlbar gestellt sein.

Nicht rediskontfähige Wechsel im Bestand sind unter Position 4 »Forderungen an Kunden« auszuweisen. Dies gilt auch für alle vom Kreditinstitut auf seine Kreditnehmer gezogenen Wechsel *(eigene Ziehungen, Debitorenziehungen),* sofern sie diesen abgerechnet worden sind, sowie Solawechsel, die vom Kunden ausgestellt und durch die Bank direkt vom Aussteller angekauft wurden. Nicht abgerechnete eigene Ziehungen und nicht abgerechnete Solawechsel der Kunden an die Order der Bank (Depotwechsel), die beim bilanzierenden Institut lediglich hinterlegt wurden, sind nicht zu bilanzieren.

Position 3: Forderungen an Kreditinstitute
Hier sind alle nicht in Wertpapieren verbrieften Forderungen an andere Kreditinstitute entsprechend der vereinbarten Laufzeit auszuweisen. Aus der Gegenüberstellung der »Forderungen an Kreditinstitute« und der »Verbindlichkeiten gegenüber Kreditinstituten« (Position 1 der Passivseite) läßt sich – wie oben erwähnt – ersehen, ob das betrachtete Institut zum Bilanzstichtag am Geldmarkt eine Nettogläubiger- oder -schuldnerposition eingenommen hatte.

Position 4: Forderungen an Kunden
Diese Position enthält die Forderungen an Nichtbanken. Wie bei der vorhergehenden Darstellung der Ansprüche gegenüber anderen Kreditinstituten ist eine Unterteilung nach Restlaufzeiten (bis auf den Ausweis täglich fälliger Forderungen) lediglich im Anhang erforderlich.

Anstelle einer tiefergehenden Differenzierung nach der Fristigkeit werden grundpfandrechtlich gesicherte Forderungen sowie solche an kommunale Schuldner hervorgehoben, da ihnen bonitätsmäßig eine besondere Qualität beigelegt wird.

Unter grundpfandrechtlich gesicherten Forderungen sind durch Hypotheken-, Grund- oder Rentenpfandrechte unterlegte zu verstehen, bei denen

- die Beleihung sich im Rahmen von maximal 60% des Beleihungswertes hält und
- die Beleihung auf inländische Grundstücke beschränkt ist.

Bei den Kommunaldarlehen handelt es sich um Direktdarlehen an öffentliche Körperschaften und um zu 100% kommunal verbürgte Darlehen (einschließlich der sogenannten 1b-Hypotheken).[8]

Neben den Buchforderungen werden in dieser Position alle Namensschuldverschreibungen sowie nicht börsenfähige Inhaberpapiere erfaßt (vgl. die folgende Position).

---

[8] Diese werden von den Hypothekenbanken gegen die Hinterlegung von Zusatzsicherheiten (i.d.R. Landesbürgschaften) gewährt, wenn die normale Beleihungsgrenze im erststelligen Beleihungsraum zur Finanzierung des Bauvorhabens nicht ausreicht.

Position 5: Schuldverschreibungen und andere festverzinsliche Wertpapiere
Die Behandlung dieser und der folgenden Positionen läßt es angebracht erscheinen, eine Definition der Wertpapiere und ihre bilanzielle Einordnung voranzustellen.

Eine umfassende Legaldefinition für Wertpapiere besteht nicht. Dennoch beziehen Literatur und Praxis üblicherweise Namenspapiere neben den Inhaber- und Orderpapieren in den Begriff »Wertpapiere« ein. In Übereinstimmung mit dieser Auffassung wurden in alten Formblättern »als Wertpapiere alle Urkunden erfaßt, in denen ein privates Recht in der Weise verbrieft wird, daß zur Ausübung des Rechts die Innehabung der Urkunde erforderlich ist«.[9] Demgegenüber erfolgt die Abgrenzung in der RechKredV mit dem Ziel, allein solche verbrieften Forderungen als Wertpapiere auszuweisen, die sich durch eine hohe Fungibilität bzw. Liquidität auszeichnen.

Als »natürliche« Wertpapiere gelten insbesondere Aktien, während ansonsten danach unterschieden wird, ob die Papiere börsenfähig bzw. -notiert sind (vgl. Abbildung C. 34).

Die Börsenfähigkeit wird dann als gegeben angesehen, wenn die Voraussetzungen für die Börsenzulassung erfüllt sind. Bei Schuldverschreibungen genügt es, daß alle Stücke einer Emission hinsichtlich Verzinsung, Laufzeitbeginn und Fälligkeit einheitlich ausgestattet sind. Als börsennotiert gelten solche Papiere, die an einer deutschen Börse zum amtlichen Handel oder zum geregelten Markt zugelassen sind, sowie Papiere, die an ausländischen Börsen zugelassen sind oder gehandelt werden.

Werden diese Kriterien nicht erfüllt – wie etwa von Namens- oder Rektaschuldverschreibungen –, so erfolgt eine Bilanzierung unter den Forderungspositionen 3 bzw. 4.

In der Aktivposition 5 werden börsenfähige Schuldverschreibungen sowie andere festverzinsliche Wertpapiere ausgewiesen. Dabei sind auch solche Papiere einzubeziehen, die zwar mit einem veränderlichen Zinssatz ausgestattet sind, bei denen dieser aber fest an einen Referenzzins wie z.B. FIBOR oder LIBOR gekoppelt ist. Zudem werden hier Nullkupon-Anleihen erfaßt.

Gesondert auszuweisen sind unter a) Geldmarktpapiere, die vom Gesetzgeber nicht näher definiert werden. Üblicherweise wird die Grenze zwischen Geldmarktpapieren und Anleihen des Kapitalmarktes im DM-Bereich bei Laufzeiten bis zwei Jahren gezogen.[10] Als ein Beispiel für Geldmarktpapiere nennt § 16 Abs. 1 RechKredV Commercial Paper (vgl. auch S. 52). Hierbei handelt es sich um Inhaberpapiere, die in der Regel von Nichtbanken mit überdurchschnittlicher Bonität in großer Stückelung und auf diskontierter Basis zur kurzfristigen Refinanzierung (üblicherweise 30 bis 270 Tage) genutzt werden. – Im Rahmen des »darunter«-Vermerks sind die »von öffentlichen Emittenten« begebenen Geldmarktpapiere zu nennen. Damit sind – wie bei »öffentlichen Stellen« (2a) – deutsche und ausländische öffentliche Haushalte, nicht aber öffentlich-rechtliche Kreditinstitute gemeint.

Diese Untergliederung findet sich auch in der Position 5b »Anleihen und Schuldverschreibungen«. Gängige Ausprägungen hierfür sind Optionsanleihen, Wandelanleihen und Pfandbriefe sowie Industrie-, Bank- und Kommunalobligationen. Auch Anleihen des Bundes, Schatzwechsel und unverzinsliche Schatzanweisungen werden hier erfaßt, sofern sie eine Restlaufzeit von mehr als zwei Jahren besitzen.

Unter 5c sind »Eigene Schuldverschreibungen« anzugeben. Hierbei handelt es sich um früher placierte, zwischenzeitlich (häufig zur Kurspflege) zurückgekaufte, festverzinsliche Papiere, bei denen die Möglichkeit einer Weiterveräußerung besteht.

---

[9] K. Hammer/W. Montag: Bilanzen der Kreditinstitute, 2. Aufl., Frankfurt/M. 1979, S. 15.
[10] Vgl. J. Krumnow et al.: a.a.O., S. 902.

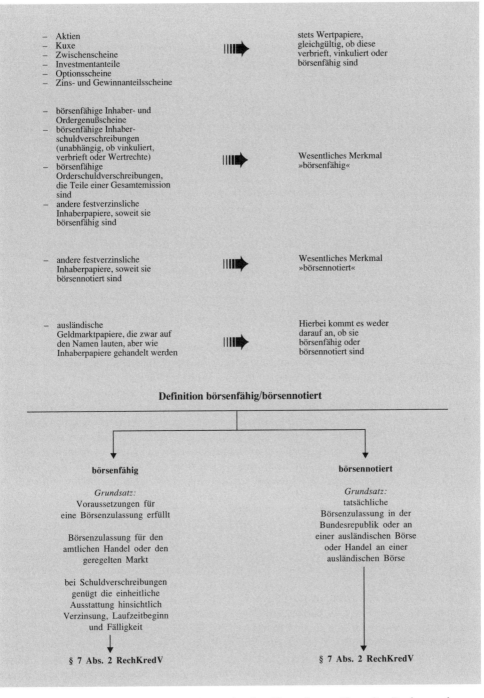

Abb. C. 34: Definition der »Wertpapiere« in der Verordnung über die Rechnungslegung der Kreditinstitute (Quelle: J. Krumnow et al.: a.a.O., S. 819f.)

Position 6: Aktien und andere nicht festverzinsliche Wertpapiere
In dieser Position sind erstens Aktien, Kuxe, Zwischenscheine, Investmentanteile und Optionsscheine auszuweisen. Hinzu treten zweitens als Inhaber- oder Orderpapiere ausgestaltete Genußscheine, sofern sie börsengängig sind. Drittens sind hier andere nicht festverzinsliche Wertpapiere zu bilanzieren, die börsennotiert sind, wie z.B. Bezugsrechte auf Aktien oder Partizipationsscheine.

Der Aktivposten 6 umfaßt den Bestand an Aktien von Gesellschaften, die nicht im Sinne der beiden folgenden Positionen als Beteiligung bzw. Anteile an verbundenen Unternehmen eingestuft werden. Diese Einordnung der Anteilsrechte ist vor allem im Hinblick auf die Bewertung von erheblicher Bedeutung. Während Beteiligungen und Anteile an verbundenen Unternehmen stets zum Anlagevermögen gezählt werden, können Wertpapiere sowohl Teil des Anlage- als auch des Umlaufvermögens sein, für die unterschiedliche Bewertungsregeln gelten.

Position 7: Beteiligungen und **Position 8: Anteile an verbundenen Unternehmen**
Beteiligungen sind Unternehmensanteile in verbriefter (Aktien) und unverbriefter Form (GmbH-Anteile, Geschäftsguthaben bei Genossenschaften, Beteiligungen als stiller Gesellschafter), die dazu bestimmt sind, dem eigenen Geschäftsbetrieb durch Herstellung einer dauerhaften Verbindung zu dienen (§ 271 HGB, vgl. Abb. C. 35). Im Zweifel gelten als Beteiligung Anteile von mehr als 20% des Nennkapitals einer Gesellschaft. Diese Beteiligungsvermutung ist jedoch widerlegbar, wobei aber die bloße Erklärung, keine Beteiligungsabsicht zu haben, nicht ausreicht.

Objektive Anhaltspunkte, die gegen eine Beteiligung sprechen können, liegen zum einen etwa dann vor, wenn Anteilsbesitz im Wege eines Pakethandels oder zur Rettung von Kreditforderungen nur vorübergehend, d.h. mit Weiterveräußerungsabsicht, übernommen wurde. Zum anderen wird traditionell von der Kreditwirtschaft argumentiert, die dem Geschäftszweck dienende Funktion fehle »branchenfremden« Gesellschaften, bei denen sich der Nutzen der Bank auf die erzielte Rendite beschränke. Folgt man dieser Argumentation, so werden Anteile an Industrie- und Handelsunternehmen nicht unter »Beteiligungen«, sondern als übrige Wertpapiere des Anlagevermögens (Position 6) bilanziert. Für die Aktivposition 7 kommen dann nur noch Anteile an anderen Kreditinstituten einschließlich Bausparkassen, Unternehmen der Finanzbranche (Factoring-, Leasing- und Kapitalanlage-Beteiligungsgesellschaften, Versicherungen) sowie Gesellschaften mit Bank-Hilfsfunktionen (Research, Datenverarbeitung) in Betracht.

Von Beteiligungen müssen *Anteile an verbundenen Unternehmen* unterschieden werden. Diese sind gemäß § 271 Abs. 2 HGB solche Mutter- oder Tochtergesellschaften, die in den Konzernabschluß (vgl. ausführlich S. 338) eines Mutterunternehmens nach den Vorschriften über die Vollkonsolidierung einbezogen werden. Ein Mutter/Tochter-Verhältnis ergibt sich entweder (§ 290 Abs. 1 HGB), wenn beide Gesellschaften durch eine einheitliche Leitung geführt werden; zusätzlich muß dabei die Beteiligungsdefinition erfüllt sein. Alternativ dazu wird in § 290 Abs. 2 im Falle eines Control-Verhältnisses auch ohne Vorliegen einer Beteiligung von einer Mutter/Tochter-Beziehung ausgegangen.

Innerhalb der Positionen 7 und 8 sind die an Kreditinstituten gehaltenen Anteile gesondert auszuweisen, offenbar um das Ausmaß der Verflechtungen im Kreditwesen transparenter zu machen. Motive für derartige Interbanken-Verknüpfungen resultieren z.B. aus standortpolitischen, liquiditäts- oder sortimentspolitischen Überlegungen (vgl. S. 38f.).

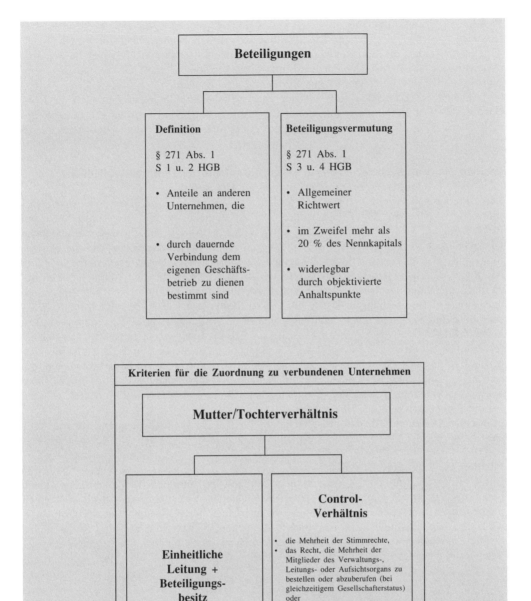

Abb. C. 35: Abgrenzung von »Beteiligungen« und »Anteilen an verbundenen Unternehmen« (Quelle: J. Krumnow et al.: a.a.O., S. 230 bzw. 246)

Position 9: Treuhandvermögen
Vermögensgegenstände, die ein Kreditinstitut im eigenen Namen, aber für fremde Rechnung hält, werden als Treuhandvermögen bezeichnet. Ein typisches Beispiel hierfür sind durchlaufende Kredite, bei denen die Mittel vom Kreditgeber (z.B. aus öffentlichen Kreditprogrammen des Bundes) voll zur Verfügung gestellt werden.

Dementsprechend finden sich auf der Passivseite Verbindlichkeiten in gleicher Höhe (Position 4). Die Haftung des bilanzierenden Instituts beschränkt sich auf die ordnungsgemäße Verwaltung der Ausleihungen und die Abführung der Zins- und Tilgungsleistungen an den Auftraggeber.

Position 10: Ausgleichsforderungen gegen die öffentliche Hand einschließlich Schuldverschreibungen aus deren Umtausch
Diese Forderungen waren ursprünglich Relikte der Währungsreform von 1948. Ausgleichsforderungen erhielten die Kreditinstitute im Zusammenhang mit der Umstellung von Reichsmark auf DM, um den aus der Abwertung von Aktiva und Passiva resultierenden Überschuß der Verbindlichkeiten über die Vermögenswerte auszugleichen und die Einstellung eines angemessenen DM-Eigenkapitals zu ermöglichen. Diese Forderungen sind in der Regel niedrig verzinslich und langfristig zu tilgen. Sie nehmen deshalb in ihrer Bedeutung allmählich ab. Hinzugetreten sind Forderungen von Geldinstituten und Außenhandelsbetrieben der ehemaligen DDR, die diesen 1990 gegen den »Ausgleichsfonds Währungsumstellung« – und damit letztlich gegen die öffentliche Hand – eingeräumt wurden, um fehlendes Vermögen zu ersetzen. Diese auf FIBOR-Basis zu verzinsenden Ausgleichsforderungen betreffen demzufolge lediglich Banken in den neuen Bundesländern. Sie können auf Antrag des Gläubigers bis zu einer Höhe von 75% in Schuldverschreibungen, die sich in den amtlichen Börsenhandel einführen lassen, umgewandelt werden. Obwohl diese Schuldverschreibungen dann den Wertpapierbegriff des § 7 RechKredV erfüllen, werden sie unter der Aktivposition 10 erfaßt.

Nicht unbedeutend ist, daß Ausgleichsforderungen als Sicherheitsleistung für die Refinanzierung bei der Deutschen Bundesbank verwendbar sind.

Position 11: Immaterielle Anlagewerte
Unter dieser Position dürfen entgeltlich erworbene, immaterielle Vermögensgegenstände bilanziert werden, die dem Anlagevermögen zuzurechnen sind. Hierzu zählen zum einen Konzessionen und Lizenzen, gewerbliche Schutzrechte sowie ähnliche Rechte und Werte, wobei für Kreditinstitute hier insbesondere die gekaufte EDV-Software eine Rolle spielen dürfte. Zum anderen erfaßt die Position den derivativen Geschäfts- oder Firmenwert, der beim Kauf eines anderen Unternehmens entsteht, wenn der Preis über der Differenz aus Vermögenswerten und Schulden liegt.

Position 12: Sachanlagen
Diese Aktivposition umfaßt sowohl die Grundstücke und Gebäude einer Bank als auch deren Betriebs- und Geschäftsausstattung.

Unter Grundstücke und Gebäude fallen auch solche, die ein Kreditinstitut im Zuge der Sicherheitenverwertung zwangsersteigert hat und bei denen die Absicht besteht, sie wieder zu verkaufen. – Das Gewicht der Betriebs- und Geschäftsausstattung innerhalb des Anlagevermögens hat mit zunehmender Technisierung und Automatisierung im Betriebsbereich an Bedeutung gewonnen.

Position 13: Ausstehende Einlagen auf das gezeichnete Kapital
Die von den hier auszuweisenden ausstehenden Einlagen bereits eingeforderten sind entsprechend § 272 Abs. 1 HGB zu vermerken (vgl. auch Position 12 auf der Passivseite).

Position 14: Eigene Aktien oder Anteile
Eigene Aktien dürfen gemäß § 71 AktG nur erworben werden,

– um einen schweren Schaden von der Gesellschaft abzuwenden
– um Belegschaftsaktien anzubieten
– um Aktionäre abzufinden
– wenn dies unentgeltlich geschieht
– durch Gesamtrechtsnachfolge
– um das Grundkapital herabzusetzen.

Die Summe der eigenen Aktien, die zu den genannten Zwecken erworben wird, darf aber 10% des Grundkapitals nicht überschreiten, da es sich im Prinzip um eine Teilstornierung des Grundkapitals durch Auszahlung der Aktionäre handelt. Für in Pfand genommene Aktien gilt nach dem Aktiengesetz die gleiche Regelung wie für den Erwerb von eigenen Aktien. Allerdings wird den Kreditinstituten im Rahmen der Höchstgrenze von 10% erlaubt, eigene Aktien z.B. im Zuge von Kreditgeschäften in Pfand zu nehmen, ohne daß einer der genannten Gründe vorliegt. Im Anhang sind nach § 160 Abs. 1 Nr. 2 AktG Angaben über die eigenen Aktien zu machen. – Im Rahmen der Diskussion um die Attraktivität des Finanzplatzes Deutschland wird derzeit diskutiert, diese Vorschrift in Anlehnung an internationale Usancen zu liberalisieren.

Position 15: Sonstige Vermögensgegenstände
Um die Aussagefähigkeit des Vermögensausweises nicht zu beeinträchtigen, sind diese Sammelposition und dementsprechend die hier einzufügenden Vermögenswerte, welche einer anderen Aktivposition nicht zugeordnet werden können (z.B. Goldmünzen), möglichst klein zu halten.

Unter diesen Posten sind Schecks, Inkassowechsel und sonstige Inkassopapiere (z.B. Reiseschecks, Lastschriftenaufträge) auszuweisen, »wenn sie innerhalb von dreißig Tagen ab Einreichung zur Vorlage bestimmt und dem Einreicher bis zum Bilanzstichtag unter Vorbehalt des Eingangs gutgeschrieben sind«.[11] Alle übrigen Wechsel und alle Inkassopapiere mit einer Laufzeit von mehr als 30 Tagen sind unter »Wechsel« bzw. »Forderungen« zu bilanzieren. Hier auszuweisende fällige Schuldverschreibungen, Zins- und Dividendenscheine sind solche Stücke, die bei Vorlage in einer Zahlstelle eingelöst worden wären.

Position 16: Rechnungsabgrenzungsposten
Gemäß § 250 Abs. 1 HGB sind unter dieser Position die sogenannten transitorischen Posten auszuweisen. Transitorische Posten sind solche Positionen, bei denen der Zahlungsvorgang in der alten, der entsprechende Aufwand (oder Ertrag bei passivischen Rechnungsabgrenzungsposten, Position 6) aber in der neuen Periode anfällt (z.B. vorausbezahlte Mieten). Außerdem dürfen in die Rechnungsabgrenzungsposten auch Ausgabedisagien und Rückzahlungsagien eingehen, die sich aus der Differenz von Ausgabe- und höherem Rückzahlungsbetrag z.B. bei emittierten Anleihen ergeben. Antizipative Posten, bei denen der Ertrag (bzw. Aufwand) in der alten Periode, der Zahlungsvorgang aber erst in der

---

[11] K. F. Hagenmüller/A.-F. Jacob: Der Bankbetrieb, Bd. III, a.a.O., S. 56.

neuen Periode liegt, sind unter Sonstige Vermögensgegenstände (bzw. Sonstige Verbindlichkeiten) einzustellen.

Position 17: Nicht durch Eigenkapital gedeckter Fehlbetrag
Für den Fall, daß das Eigenkapital durch Verluste aufgezehrt ist und die Passiv- die Aktivposten übersteigen, ist der entsprechende Fehlbetrag am Schluß der Bilanz auf der Aktivseite auszuweisen. Eine solche bilanzielle Überschuldung ist nicht mit der Überschuldung im Sinne des § 92 Abs. 2 Satz 2 AktG gleichzusetzen, die erst dann gegeben ist, wenn auch nach Einbeziehung sämtlicher stiller Reserven ein Passivüberhang verbleibt.

Passiva

Position 1: Verbindlichkeiten gegenüber Kreditinstituten und
Position 2: Verbindlichkeiten gegenüber Kunden
Wie schon durch die Abgrenzung auf der Aktivseite in den Positionen 4 und 5 werden die Interbankbeziehungen der Kreditinstitute auch auf der Passivseite gesondert ausgewiesen, um von daher einen ersten Einblick in ihre Refinanzierungsstruktur zu erhalten.

Im Hinblick auf die Fristigkeit der Verbindlichkeiten wird in den Positionen 1 und 2b sehr grob zwischen solchen mit täglicher Fälligkeit einerseits und vereinbarter Laufzeit bzw. Kündigungsfrist andererseits getrennt. Bei den Spareinlagen (2a) findet sich dagegen eine Unterscheidung anhand der bis Juli 1993 gültigen gesetzlichen Kündigungsfrist von drei Monaten. Nach § 21 Abs. 3 Satz 3 RechKredV können Banken Spareinlagen, für die ansonsten kennzeichnend ist, daß eine Urkunde ausgestellt wird und sie nicht für den Zahlungsverkehr einsetzbar sind, auch mit einer kürzeren Kündigungsfrist ausstatten. In diesem Fall dürfen sie allerdings nicht mehr in dieser Bilanzposition ausgewiesen werden. Eine Einordnung müßte dann unter den »anderen Verbindlichkeiten« (2b) erfolgen, zu denen darüber hinaus Sicht- und Termineinlagen sowie als Namensschuldverschreibungen ausgestaltete Sparbriefe zählen.

Position 3: Verbriefte Verbindlichkeiten
In dieser Position sind Inhaberschuldverschreibungen sowie Orderschuldverschreibungen, die Teile einer Gesamtemission sind, unabhängig von ihrer Börsenfähigkeit ausgewiesen – demnach auch die Kassen- und Sparkassenobligationen, sofern es sich nicht um Namensschuldverschreibungen handelt.

Ähnlich der Fassung auf der Aktivseite in Position 5 werden Geldmarktpapiere unter den »anderen verbrieften Verbindlichkeiten« (3b) gesondert ausgewiesen. Ein Beispiel hierfür sind die in der Bundesrepublik im Vergleich zu den USA weniger verbreiteten Certificates of Deposit (CD). Derartige Einlagenzertifikate entstehen durch die Verbriefung von Termineinlagen bei Banken und sind fungible, handelbare Inhaberpapiere, die jedoch nicht an der Börse notiert werden. Die Standardlaufzeiten dieser Papiere liegen zwischen drei und sechs Monaten.

Mit einem »darunter«-Vermerk werden in 3b auch »eigene Akzepte und Solawechsel im Umlauf« hervorgehoben.

In dieser Position sind sämtliche im Umlauf befindlichen Solawechsel und die noch nicht eingelösten, dem Akzeptkreditnehmer ausgehändigten eigenen Akzepte aufzuführen. Wechselrechtlich entsteht durch Akzeptierung seitens der Bank eine echte Verbindlichkeit, die die Passivierungspflicht zur Folge hat. Ökonomisch beinhaltet die Gewährung des Akzeptkredits lediglich eine Eventualverbindlichkeit für den Fall, daß der Akzeptkreditnehmer selbst oder ein Dritter, an den er den Wechsel weitergegeben hat, bei Fälligkeit den Wechsel präsentiert. Kauft die Bank von ihrem Kunden ihre eigenen Akzepte an und nimmt sie in den Bestand, so können daraus selbstverständlich keine Verbindlichkeiten resultieren, so daß sie in dieser Position auch nicht ausweispflichtig sind.

Position 4: Treuhandverbindlichkeiten
Hierbei handelt es sich um die für die Abbildung von durchgeleiteten Mitteln erforderliche Gegenposition zum Aktivposten 9.

Position 5: Sonstige Verbindlichkeiten
Elemente dieses Sammel- und Auffangpostens für alle Verbindlichkeiten, die sich keiner anderen Position zuordnen lassen, können etwa noch nicht ausbezahlte Löhne, Gehälter, Tantiemen u.ä. oder auch noch abzuführende Sozialbeiträge sein. Sofern die genannten Verpflichtungen bei der Bilanzaufstellung noch nicht genau quantifizierbar sind, ist eine Rückstellung (Position 7) zu bilden.

Position 6: Rechnungsabgrenzungsposten
Entsprechend der allgemeinen Regelung, nach der als Rechnungsabgrenzungsposten nur noch solche transitorischer Art aufgenommen werden dürfen (für die Passivseite sind dies Einnahmen der vergangenen Periode, die ertragsmäßig die neue Periode betreffen), gehören hierher z.B. den Kreditnehmern aus Teilfinanzierungsgeschäften berechnete Zinsen und Provisionen sowie erhaltene Mieten, soweit sie ertragsmäßig erst künftigen Rechnungsperioden gutzubringen sind.

Position 7: Rückstellungen
Unter Rückstellungen sind ungewisse Verbindlichkeiten in bezug auf die Höhe und/oder Fälligkeit und/oder den Eintritt des die Zahlung auslösenden Ereignisses zu verstehen. Neben den Pensionsrückstellungen (Unterposition a) sind unter b) Rückstellungen für Steuern zu bilden, deren Höhe noch nicht exakt bestimmbar ist sowie für latente Steuern. Das Problem der Abgrenzung latenter Ertragsteuern stellt sich, wenn Handels- und Steuerbilanzgewinn aufgrund unterschiedlicher Ermittlungsvorschriften voneinander abweichen und somit die aus dem steuerlichen Ergebnis resultierenden Ertragsteuerverbindlichkeiten in der Handelsbilanz in keinem sinnvollen und erklärbaren Zusammenhang zum veröffentlichten handelsrechtlichen Ergebnis stehen. – Die »anderen Rückstellungen« (Unterposten c) umfassen neben solchen für Prozeßrisiken, Schadensersatzleistungen usw. auch Pauschalwertberichtigungen für Indossamentsverbindlichkeiten aus weitergegebenen Wechseln und andere Eventualverbindlichkeiten wie solche aus Bürgschaften, Wechsel- und Scheckbürgschaften sowie Gewährleistungsverträgen. Diesen Pauschalwertberichtigungen wird deshalb Rückstellungscharakter beigemessen, weil ihnen Forderungen zugrunde liegen, die von Dritten dem Kreditinstitut gegenüber geltend gemacht werden können. Wird im Unterposten c) eine Rückstellung für einen drohenden Verlust aus einer unter dem Strich vermerkten Eventualverbindlichkeit oder einem Kreditrisiko gebildet, so ist der dortige Posten in Höhe des zurückgestellten Betrages zu kürzen.

Position 8: Sonderposten mit Rücklageanteil
In Anwendung der handelsrechtlichen Vorschriften (§ 273 HGB) sind hier die Beträge auszuweisen, die aufgrund steuerlicher Regelungen erst bei ihrer Auflösung zu versteuern sind, wie etwa Rücklagen zur Übertragung stiller Reserven auf andere Vermögensgegenstände (§ 6b Einkommensteuergesetz).

Position 9: Nachrangige Verbindlichkeiten

Bei dieser (u.U. verbrieften) Kapitalform erklären sich die Gläubiger bereit, im Falle des Konkurses der Bank mit ihren Ansprüchen hinter diejenigen der Einleger zurückzutreten; diesen gegenüber übernehmen sie demnach eine Haftungsfunktion.

Position 10: Genußrechtskapital

– darunter: vor Ablauf von 2 Jahren fällig.

Auch Genußrechtskapital stellt – wie nachrangige Verbindlichkeiten – eine Finanzierungsform zwischen Fremd- und Eigenkapital dar. Unabhängig von seinen vielfältigen Konstruktionen haben diese regelmäßig zwei gemeinsame Merkmale: Sie sind nicht mit einem Stimmrecht ausgestattet und haften gegenüber den Gläubigern.

Die in den letzten Jahren gestiegene Bedeutung der nachrangigen Verbindlichkeiten und des Genußrechtskapitals erklärt sich daraus, daß beide Kapitalformen auf das von seiten der Bankenaufsicht geforderte Eigenkapital angerechnet werden. Dieses setzt sich nach § 10 KWG aus dem Kern- und dem Ergänzungskapital zusammen. Die Risikoaktiva (vgl. S. 482ff.) einer Bank sind mit insgesamt 8% Eigenkapital zu unterlegen, das mindestens zur Hälfte aus Kernkapital bestehen muß; die Anrechnung von »Neubewertungsreserven« (vgl. S. 487) setzt ein Kernkapital von 4,4% voraus. Zu diesem »harten« Eigenkapital zählen die in den Passivpositionen 11 und 12 genannten Komponenten, die dem Kreditinstitut dauerhaft zur Verfügung stehen und sowohl Liquidations- als auch laufende Verluste auffangen können. Ihre Haftungsfunktion zumindest im Konkursfall einerseits, die begrenzte Laufzeit andererseits geben nachrangigen Verbindlichkeiten und Genußrechten die Qualität eines *Eigenkapitalsurrogates*, das unter folgenden Bedingungen zum »weichen« Ergänzungskapital gezählt wird: (1) Teilnahme auch an laufenden Verlusten, (2) Gesamtlaufzeit von mindestens 5 Jahren und (3) Restlaufzeit von mindestens 2 Jahren (woraus sich auch der »darunter«-Vermerk erklärt).

Position 11: Fonds für allgemeine Bankrisiken

Wie im Rahmen der Gewinn- und Verlustrechnung noch weiter auszuführen ist, räumt der Gesetzgeber den Kreditinstituten zur »Sicherung gegen die besonderen Risiken des Geschäftszweigs« (§ 340f HGB) umfangreiche *Bewertungsspielräume* in der Handelsbilanz ein. Die durch Unterbewertung ermöglichte *Reservenbildung* kann zum einen *still* geschehen, indem nach aktivischer Kürzung der Bilanzansätze bestimmter Vermögensgegenstände die entsprechenden Aufwendungen in der Gewinn- und Verlustrechnung mit anderen Erfolgskomponenten saldiert werden, so daß sie sich nicht mehr identifizieren lassen (§ 340f HGB).

Es können aber auch *offen* Reserven gelegt werden (nach § 340g HGB), indem Banken den Fonds für allgemeine Bankrisiken dotieren, was einen entsprechenden Vermerk über die Zuführung in der Gewinn- und Verlustrechnung voraussetzt. Damit schränkt das Bankmanagement zwar seine Möglichkeiten der den Externen verborgen bleibenden Gewinnglättung (bzw. des Verlustausgleichs) ein. Ihren Charme bezieht diese Bilanzposition aber daraus, daß sie erstens zum Kernkapital zählt, bankaufsichtsrechtlich anerkannte stille Reserven ansonsten aber nur Ergänzungskapital darstellen. Letztere dürfen – zweitens – auch nur bis zu einer bestimmten Höhe gebildet werden; eine solche Beschränkung besteht für die offene Form der Risikovorsorge nicht. Drittens kann das Management über diese Position bei der Gewinnermittlung frei disponieren, während die von ihrem Charakter her ähnlichen »anderen Gewinnrücklagen« (Position 12 cd) im Rahmen der Gewinnverwendung der Zustimmung der Hauptversammlung bedürfen.

Position 12: Eigenkapital

In dieser – wie erwähnt, nicht mit der bankaufsichtsrechtlichen Abgrenzung übereinstimmenden – Position ist zunächst das *Gezeichnete Kapital* auszuweisen. Es repräsentiert das Grundkapital gemäß § 152 Abs. 1 AktG und wird durch die Nennbeträge aller ausgegebenen Aktien bestimmt. Eingeforderte, aber noch nicht eingezahlte Beträge sind unter den Forderungen gesondert zu zeigen (Position 13 auf der Aktivseite).

Die wichtigsten Anlässe zur Dotierung einer *Kapitalrücklage* (12b) sind das Agio bei Aktienemissionen über pari und der Betrag, der bei der Ausgabe von Wandelschuldverschreibungen für Wandlungsrechte und Optionsrechte zum Erwerb von Anteilen erzielt wird.

Gewinnrücklagen (12c) wurden aus den Ergebnissen der abgelaufenen oder früherer Periode(n) gebildet.

Gesetzliche Rücklagen (ca) sind solche, die aufgrund des Aktiengesetzes zwingend vorgeschrieben sind und insbesondere dotiert werden durch die Einstellung von 5% des Jahresüberschusses, bis die gesetzliche Rücklage und die Kapitalrücklage zusammen 10% des Grundkapitals ausmachen.

Es ist eine *Rücklage für eigene Anteile* (cb) zu bilden, die aus vorhandenen und frei verfügbaren Gewinnrücklagen dotiert werden darf. Sie muß dem Betrag entsprechen, der auf der Aktivseite für eigene Anteile angesetzt wird (um eine Teilstornierung des Eigenkapitals durch den Erwerb eigener Anteile zu vermeiden).

Gesetzliche Rücklagen und Kapitalrücklagen dürfen nur zum Ausgleich eines Jahresfehlbetrages oder eines Verlustvortrages aufgelöst werden, und zwar nur dann, wenn nicht die anderen Positionen der Gewinnrücklagen hierfür zur Verfügung stehen.

Satzungsmäßige Rücklagen (cc) sind zu bilden, wenn in der Unternehmenssatzung oder einem Gesellschaftsvertrag die Dotierung einer solchen Rücklage ausdrücklich als bindende Verpflichtung (»Pflichtrücklage«) vorgeschrieben ist. – Die Position »andere Gewinnrücklagen« (cd) umfaßt diejenigen Beträge, die aus dem Jahresüberschuß frei eingestellt werden können und daher nicht gesondert auszuweisen sind; sie stellt somit einen Sammelposten dar.

Der *Bilanzgewinn* (d) ergibt sich schließlich nach Dotierung der Rücklagen und ist in der Regel auf die zu zahlende Dividende abgestellt. – Ein Bilanzverlust muß als Minusposten vermerkt werden.

Position 1 unter dem Bilanzstrich: Eventualverbindlichkeiten

Die Position 1a) verweist auf die eventuelle Inanspruchnahme aus weitergegebenen Wechseln aufgrund des Rückgriffsrechts auf das bilanzierende Institut im Falle der Nichteinlösung. – Verbindlichkeiten aus Bürgschaften können sich vor allem aus Avalkrediten sowie eröffneten und bestätigten Akkreditiven ergeben. – Bei Gewährleistungsverträgen sowie der Bestellung von Sicherheiten für fremde Verbindlichkeiten handelt es sich um bürgschaftsähnliche Instrumente, die in der Kreditwirtschaft von untergeordneter Bedeutung sind.

Position 2 unter dem Bilanzstrich: Andere Verpflichtungen

Der zunehmenden Bedeutung von *Pensionsgeschäften* wird dadurch Rechnung getragen, daß hieraus resultierende, eventuelle Rücknahmeverpflichtungen in dieser Position an erster Stelle anzugeben sind. Bei einem Pensionsgeschäft überträgt ein Kreditinstitut (Pensionsgeber) Vermögensgegenstände wie z.B. Wertpapiere, Wechsel oder Forderungen gegen Zahlung eines Betrages auf eine andere Partei (Pensionsnehmer). Dabei wird eine Rückübertragung zu einem bestimmten oder noch zu bestimmenden Zeitpunkt vereinbart.

Im Falle eines *echten* Pensionsgeschäfts hat der Pensionsnehmer die *Verpflichtung* zur Rückübertragung. Der verpensionierte Vermögensgegenstand ist dann über die Laufzeit des Geschäftes weiterhin durch den Pensionsgeber zu bilanzieren, der in Höhe des für die Übertragung erhaltenen Betrages eine Verbindlichkeit auszuweisen hat. Bei *unechten* Pensionsgeschäften besitzt der Pensionsnehmer ein Rückgabe*recht*; daher muß er den Vermögensgegenstand in seine Bilanz aufnehmen. Für den Pensionsgeber resultiert in diesem Fall eine unter dem Strich in Position 2a) auszuweisende Eventualverbindlichkeit, die – sofern sie für die Gesamttätigkeit des pensionsgebenden Kreditinstituts von wesentlicher Bedeutung ist – im Anhang näher erläutert werden muß.

Plazierungs- und Übernahmeverpflichtungen (2b) übernehmen Kreditinstitute besonders im Rahmen der Begebung von Euronote-Facilities (vgl. S. 500). Es kommt ihnen dabei insofern eine Garantiefunktion zu, als sie eventuell am Markt nicht (sofort) unterzubringende Papiere in den eigenen Bestand nehmen müssen. – »Unwiderrufliche Kreditzusagen« (2c) stellen dann Eventualverbindlichkeiten dar, wenn der Kreditnehmer vor der Auszahlung noch bestimmte Bedingungen erfüllen muß (z.B. die Bestellung einer Grundschuld als Bedingung für ein Hypothekardarlehen).

b. 2. Die Gewinn- und Verlustrechnung

Der Informationsgehalt der Erfolgsrechnung wird bestimmt zum einen durch ihre formale Struktur, zum anderen durch den materiellen Inhalt der einzelnen Erfolgspositionen. Im folgenden wird zunächst das formale Gliederungsschema der GuV-Rechnung behandelt, während der materielle Inhalt dieses Teils des externen Rechnungswesens unter dem Aspekt der Bewertung anschließend untersucht wird.

Die folgende Abbildung zeigt das seit 1993 gültige Formblatt in der *Kontoform*, die sich zunehmend gegenüber der Staffelform durchsetzt.

Im Hinblick auf die Struktur der Gewinn- und Verlustrechnung verdient besondere Beachtung, daß

(1) eine zumindest teilweise Trennung der Erfolgspositionen in den Finanz- und den Betriebsbereich erfolgt;
(2) eine tiefergehende Differenzierung innerhalb des weitaus bedeutenderen Finanzbereiches – etwa nach Geschäftsfeldern oder Sparten – nur ansatzweise vorzunehmen ist;
(3) Aufwendungen und Erträge zwar grundsätzlich unsaldiert auszuweisen sind, von diesem Bruttoprinzip jedoch in drei wichtigen Fällen abgewichen wird.

(1) Abgrenzung Finanz- und Betriebsbereich
Dem Betriebsbereich zuzuordnen sind die »Allgemeinen Verwaltungsaufwendungen« (A4), bei denen zwischen dem Personalaufwand (a) und dem Sachaufwand für die EDV, Miete usw. (»Andere Verwaltungsaufwendungen«, b)) getrennt wird. Ebenfalls aus dem Betriebsbereich heraus erklären sich die Wertkorrekturen bei immateriellen und Sachanlagen (A5) sowie die »Sonstigen betrieblichen Aufwendungen« (A6) wie beispielsweise Rückstellungen, die nicht das Kredit- oder Wertpapiergeschäft betreffen und Aufwendungen für nicht von dem Kreditinstitut genutzte Grundstücke und Gebäude. Parallel dazu sind »Sonstige betriebliche Erträge« (E8) auszuweisen. Auch die »Außerordentlichen Aufwendungen bzw. Erträge« (A11/E10) in Form z.B. von Sozialplanaufwendungen oder Erträgen aus dem Verkauf eines Zweigstellennetzes können dem Betriebsbereich zuzuordnen sein.[12] Die

---
[12] Vgl. J. Krumnow et al.: a.a.O., S. 50.

Gewinn- und Verlustrechnung
der ....
für die Zeit vom .... bis ....

Aufwendungen				Erträge		
	DM	DM	DM		DM	DM
1. Zinsaufwendungen			.....	1. Zinserträge aus		
2. Provisionsaufwendungen			.....	a) Kredit- und Geldmarktgeschäften	.....	
3. Nettoaufwand aus Finanzgeschäften			.....	b) festverzinslichen Wertpapieren und Schuldbuchforderungen	.....	.....
4. Allgemeine Verwaltungsaufwendungen				2. Laufende Erträge aus		
a) Personalaufwand				a) Aktien und anderen nicht festverzinslichen Wertpapieren	.....	
aa) Löhne und Gehälter	.....			b) Beteiligungen	.....	
ab) Soziale Abgaben und Aufwendungen für Altersversorgung und für Unterstützung	.....	.....		c) Anteilen an verbundenen Unternehmen	.....	.....
darunter: für Altersversorgung ..... DM				3. Erträge aus Gewinngemeinschaften, Gewinnabführungs- oder Teilgewinnabführungsverträgen		.....
b) andere Verwaltungsaufwendungen		.....	.....	4. Provisionserträge		.....
5. Abschreibungen und Wertberichtigungen auf immaterielle Anlagewerte und Sachanlagen			.....	5. Nettoertrag aus Finanzgeschäften		.....
6. Sonstige betriebliche Aufwendungen			.....	6. Erträge aus Zuschreibungen zu Forderungen und bestimmten Wertpapieren sowie aus der Auflösung von Rückstellungen im Kreditgeschäft		.....
7. Abschreibungen und Wertberichtigungen auf Forderungen und bestimmte Wertpapiere sowie Zuführungen zu Rückstellungen im Kreditgeschäft			.....	7. Erträge aus Zuschreibungen zu Beteiligungen, Anteilen an verbundenen Unternehmen und wie Anlagevermögen behandelten Wertpapieren		.....
8. Abschreibungen und Wertberichtigungen auf Beteiligungen, Anteile an verbundenen Unternehmen und wie Anlagevermögen behandelte Wertpapiere			.....	8. Sonstige betriebliche Erträge		.....
9. Aufwendungen aus Verlustübernahme			.....	9. Erträge aus der Auflösung von Sonderposten mit Rücklageanteil		.....
10. Einstellungen in Sonderposten mit Rücklageanteil			.....	10. Außerordentliche Erträge		.....
11. Außerordentliche Aufwendungen			.....	11. Erträge aus Verlustübernahme		.....
12. Steuern vom Einkommen und vom Ertrag			.....	12. Jahresfehlbetrag		.....
13. Sonstige Steuern, soweit nicht unter Posten 6 ausgewiesen			.....			
14. Auf Grund einer Gewinngemeinschaft, eines Gewinnabführungs- oder eines Teilgewinnabführungsvertrags abgeführte Gewinne			.....			
15. Jahresüberschuß			.....			
Summe der Aufwendungen			.....	Summe der Erträge		.....

Abb. C. 36: Formblatt für die Gewinn- und Verlustrechnung

noch Gewinn- und Verlustrechnung (Kontoform)		
	DM	DM
1. Jahresüberschuß/Jahresfehlbetrag		....
2. Gewinnvortrag/Verlustvortrag aus dem Vorjahr		....
		....
3. Entnahmen aus der Kapitalrücklage		....
		....
4. Entnahmen aus Gewinnrücklagen		
a) aus der gesetzlichen Rücklage	....	
b) aus der Rücklage für eigene Anteile	....	
c) aus satzungsmäßigen Rücklagen	....	
d) aus anderen Gewinnrücklagen	....	....
		....
5. Entnahmen aus Genußrechtskapital		....
		....
6. Einstellungen in die Gewinnrücklagen		
a) in die gesetzliche Rücklage	....	
b) in die Rücklage für eigene Anteile	....	
c) in satzungsmäßige Rücklagen	....	
d) in andere Gewinnrücklagen	....	....
		....
7. Wiederauffüllung des Genußrechtskapitals		....
8. Bilanzgewinn/Bilanzverlust		....

Abb. C. 36: Formblatt für die Gewinn- und Verlustrechnung

besonders nennenswerten Erträge des Betriebsbereichs jedoch – wie etwa Kontoführungsgebühren im Zahlungsverkehr – werden nicht isoliert, sondern mit Erträgen aus dem Finanzbereich (z.B. Avalprovisionen) unter den »Provisionserträgen« (E4) zusammengefaßt; spiegelbildlich ist ein Posten »Provisionsaufwendungen« (A2) auszuweisen.

(2) Erfolgsquellen des Finanzbereichs
Innerhalb des Finanzbereichs werden die »Zinserträge« der Kreditsparte getrennt von denjenigen aus der Anlage in festverzinslichen Wertpapieren genannt (E1a und b), während die »Zinsaufwendungen« (A1) nicht weiter zu differenzieren sind. Die mit der wenig trennscharfen Bezeichnung »Laufende Erträge« versehene Position E2 gibt die (über 1b) hinausgehenden Erträge aus den dauerhaften Finanzanlagen der Bank, insbesondere aus Anteilsrechten wieder, wobei die Unterteilung analog den Bilanzpositionen auf der Aktivseite geschieht. Die Provisionserträge (E4) bzw. -aufwendungen (A2) werden in je einer Position erfaßt, obwohl sie sowohl aus dem Kreditgeschäft (z.B. Bearbeitungsgebühren) als auch der Wertpapiersparte (etwa Provisionen aus dem Emissionsgeschäft) stammen können. – Auch bei den in den Aufwandsposten 7 und 8 sowie den Ertragspositionen 6 und 7 aufscheinenden Wertkorrekturen fehlt die Spartentrennung; dies soll im folgenden Punkt im Zusammenhang mit dem Verstoß gegen das Bruttoprinzip noch näher erörtert werden.

(3) Zur Durchbrechung des Bruttoprinzips
Eine erste Abweichung vom Grundsatz des Bruttoausweises stellt der mit den seit 1993 gültigen Formblättern neu geschaffene Posten *»Nettoaufwand aus Finanzgeschäften«* (A3) dar. Wiederum erscheint die Bezeichnung wenig geglückt, kann man doch sämtliche Geschäfte des Finanzintermediärs Bank als Finanzgeschäfte bezeichnen. Der Posten enthält Kursverluste und Abschreibungen auf die Wertpapiere des sog. *»Handelsbestandes«* sowie Verluste und Abschreibungen aus Geschäften mit Edelmetallen, Devisen und anderen Finanzinstrumenten (wie Finanz-Swaps, Futures und Optionen). Unter dem Handelsbestand wird eine von drei Komponenten des Wertpapierportefeuilles eines Kreditinstituts verstanden, nämlich der Teil für den nicht im Kundenauftrag betriebenen *Eigenhandel*. Die hier entstehenden Aufwendungen sind nach § 340c HGB zwingend und vollständig mit den aus diesen Geschäften resultierenden Erträgen zu verrechnen. Übersteigen die Erträge die Aufwendungen, so ist ein *»Nettoertrag aus Finanzgeschäften«* (E5) auszuweisen (vgl. Abb. C. 37).

Die Aufteilung auf die drei Wertpapierkategorien muß im Erwerbszeitpunkt erfolgen und eindeutig dokumentiert werden; für Externe ist sie nicht ersichtlich – es sei denn, das Kreditinstitut würde hierzu freiwillige Angaben (z.B. im Anhang) machen.

Wie bereits erwähnt, sind die Zinserträge aus den Handelspositionen nicht im Nettoergebnis aus Finanzgeschäften zu erfassen; dies ist indes nicht unproblematisch. So wird bei Erwerb eines unter pari notierenden Wertpapiers das spätestens bei Tilgung zu vereinnahmende (Zinselement) Disagio das Finanzergebnis zu Lasten eines vergleichsweise geringen Zinsertrages erhöhen. Eine isolierte Betrachtung der GuV-Position des Nettoergebnisses aus Finanzgeschäften gibt daher nicht vollständig über den Gesamterfolg des Eigenhandels Auskunft.[13]

Eine weitere Einschränkung des Bruttoprinzips und damit der Transparenz der Aufwands- und Ertragsquellen wird dadurch ermöglicht, daß Banken die Aufwandsposition 7 und die Ertragsposition 6 miteinander saldieren können. Diese Abweichung vom Bruttoausweis wiegt besonders schwer, da bereits innerhalb der jeweiligen Positionen eine Verrechnung zwischen dem Kredit- und Teilen des Wertpapiergeschäfts gestattet ist. Der Bankleitung wird mit dieser Vorschrift des § 340f Abs. 3 HGB die Möglichkeit zur *Überkreuzkompensation* durch die *spartenübergreifende Saldierung von Aufwendungen und Erträgen* – z.B. Abschreibungen auf Kredite gegen Erträge aus dem Abgang von Wertpapieren – eingeräumt. Hierfür stehen ausschließlich diejenigen Wertpapiere zur Verfügung, für die die wenig treffende Bezeichnung *»Liquiditätsreserve«* gewählt wurde, denn letztlich können sämtliche Wertpapiere dazu dienen, die Zahlungsbereitschaft aufrecht zu erhalten. Der Gesetzgeber definiert diese nur indirekt, da er sich in § 340f Abs. 1 HGB auf Wertpapiere bezieht, »die weder wie Anlagevermögen behandelt werden noch Teil des Handelsbestandes sind«. Die Abgrenzung zwischen dem Handelsbestand und der Liquiditätsreserve geschieht daher nach rein subjektiven Kriterien.[14]

Für die Liquiditätsreserve wird ein *Bewertungsergebnis* aus Kursgewinnen und -verlusten einerseits sowie Zu- und Abschreibungen (bzw. Wertberichtigungen) andererseits ermittelt. Dieses Bewertungsergebnis kann – allerdings nur vollständig – kompensiert werden mit demjenigen aus dem Kreditgeschäft, das sich im einzelnen aus diesen Positionen zusammensetzt: Den »Abschreibungen und Wertberichtigungen auf Forderungen sowie Zu-

---

[13] Vgl. auch die kritische Einschätzung des Aussagewerts bei S. Homölle/A. Pfingsten: Das Eigenhandelsergebnis in den Geschäftsberichten deutscher Kreditinstitute: Mehr Fragen als Antworten, Münster 1997.
[14] So auch J. Krumnow et al.: a.a.O., S. 341.

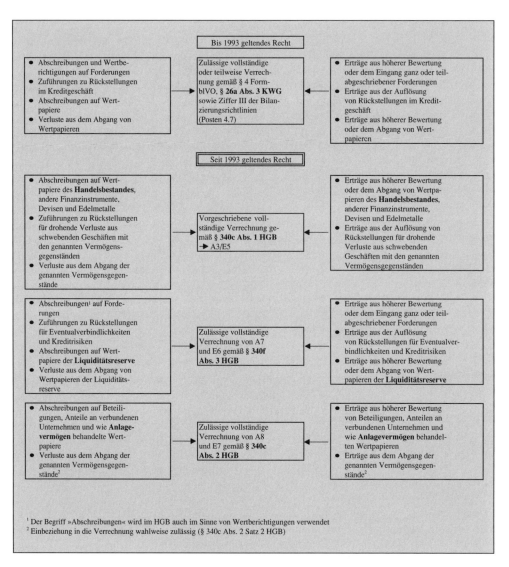

Abb. C. 37: Die Anwendung des Nettoprinzips in der GuV (in Anlehnung an: H.-H. Rixen: EG-Bankbilanzrichtlinie transformiert, in DBk, Nr. 11/1990, S. 638-642, hier S. 642)

führungen zu Rückstellungen im Kreditgeschäft« sowie den damit kompensierbaren »Erträgen aus Zuschreibungen zu Forderungen sowie aus der Auflösung von Rückstellungen im Kreditgeschäft«.

Schließlich ist auch eine Verrechnung der Abschreibungen auf Wertpapiere des Anlagevermögens – ebenso auf Beteiligungen und Anteile an verbundenen Unternehmen – mit Zuschreibungen auf solche Vermögenspositionen sowie Verlusten und Gewinnen aus ihrem Abgang möglich (Saldierung von A8 und E7 nach § 340c Abs. 2 HGB).

Die Abb. C. 37 stellt den drei genannten Formen des Nettoausweises nach §§ 340c, 340f HGB die bis 1993 gültige Regelung des *§ 26a KWG* gegenüber. Die seither vorzunehmende Unterteilung des Wertpapierbestandes ist deshalb von Bedeutung, weil sich von ihr die Bemessungsbasis für die Legung stiller Reserven ableitet.

Damit ist die *Bewertungsproblematik bei Kreditinstituten* angesprochen. Sie konzentriert sich vor allem auf

- die Bewertung von Forderungen aus dem Kreditgeschäft,
- die Bewertung von Effektenbeständen.

Demgegenüber hat die Bewertung des Sachanlagevermögens im Unterschied zu Industrieunternehmen eine eher geringe Bedeutung, während die für Industrie- und Handelsunternehmen so wichtige Bewertung des Vorratsvermögens ganz entfällt.

Die folgende Abb. C. 38 gibt einen Überblick über die Bewertungsvorschriften, wobei auch die hier nur punktuell behandelten Normen des Steuerrechts aufgeführt sind.

Bankbilanzen zeigen keine Trennung von Vermögenspositionen in Anlage- und Umlaufvermögen, obwohl unterschiedliche Bewertungsvorschriften für diese beiden Kategorien durchaus bestehen und im Anhang entsprechende Angaben zu den Finanz- und Sachanlagen gemacht werden müssen.

Aus der Definition des Anlagevermögens als Gesamtheit der Gegenstände, »die bestimmt sind, dauernd dem Geschäftsbetrieb zu dienen« (§ 247 Abs. 2 HGB), folgt als Umkehrschluß, daß – in Ermangelung einer solchen Absicht – alle Forderungen, zum überwiegenden Teil aber auch eigene Wertpapiere, als Umlaufvermögen anzusehen sind.

Mit Ausnahme von Beteiligungen und Anteilen an verbundenen Unternehmen können alle Kredite und Eigenbestände an Wertpapieren, unabhängig von ihrer Laufzeit, als Umlaufvermögen behandelt werden, in dem das strenge Niederstwertprinzip gilt. Davon wird – insbesondere aus Gründen einer vorsichtigen Bewertung – nach Möglichkeit auch Gebrauch gemacht. In ertragsarmen Zeiten jedoch werden Regulierungen des Gewinns auch durch sogenannte *Umwidmungen* vorgenommen. Dies bedeutet eine Umschichtung von Wertpapieren aus dem Umlauf- in das Anlagevermögen (gemildertes Niederstwertprinzip), indem sie ausdrücklich als Finanzanlagen deklariert werden.[15] Auf solchem Wege können Zwangsabschreibungen auf den gesunkenen Börsenpreis als Niederstwert vermieden und die Wertpapiere zu ihren Anschaffungswerten fortgeführt werden, so daß aus der Pflicht zur Niederstwertabschreibung faktisch ein Wahlrecht wird.

Zusätzlich zu den gesetzlich notwendigen bzw. zulässigen Wertberichtigungen auf bestimmte *Forderungen* (Einzelwertberichtigungen) besteht die Verpflichtung zur Bildung von globalen Wertberichtigungen auf Forderungsbestände.

Durch die Bildung von (steuerlich anerkannten) *Einzelwertberichtigungen* bzw. -abschreibungen soll den *akuten Risiken* hinsichtlich der Kapitalrückzahlung und der Zinszahlungen einzelner Engagements Rechnung getragen werden. Praktische Schwierigkeiten bezüglich der Einschätzung der Kapitalverluste, Zinsausfälle und der Liquidationswerte der Sicherheiten bedingen im Einklang mit dem Grundsatz der Vorsicht im allgemeinen eine reichliche Bemessung der Einzelwertberichtigungen, die damit auch eine Quelle stiller Rücklagen bilden können.

---

[15] Das Bundesaufsichtsamt erkennt die Zuordnung von Wertpapieren zum Anlagevermögen an, wenn »die Aufteilung von Wertpapieren in solche des Anlage- und des Umlaufvermögens buchhalterisch belegt ist, die zuständigen Organe hierüber beschlossen haben und diese Beschlüsse aktenkundig gemacht worden sind« (Rundschreiben 1/4/24 vom 15.11.1965, abgedruckt in: Wpg, 19. Jg., 1966, S. 161f.).

	Abnutzbares Anlagevermögen	Nicht abnutzbares Anlagevermögen	Umlaufvermögen	
Vermögenswerte	Gebäude, BGA	Grundstücke, Wertpapiere des Anlagevermögens, Beteiligungen	Wertpapiere des Umlaufvermögens, Devisen, Sorten, Edelmetalle	Forderungen an Kreditinstitute und an Kunden
Bewertungsgrundsatz	gemildertes Niederstwertprinzip		strenges Niederstwertprinzip	
Bewertungsansatz / Abschreibungspflichten	AHK (nach HGB): - planmäßige Abschreibungen (§ 253 II S 1 HGB) - außerplanmäßige Abschreibung bei voraussichtlich dauerhafter Wertminderung (§ 253 II S 3 HGB)	AHK (nach HGB)	AHK (nach HGB): - (außerplanmäßige) Abschreibung auf den niedrigeren Börsen- bzw. Marktpreis (§ 253 III S 1 HGB) bzw. den am Bilanzstichtag beizulegenden Wert (§ 253 III S 2 HGB)	Nominalwert: - Einzelwertberichtigungen (Ermessensspielraum) - Pauschalwertberichtigungen (frühere Sammelwertberichtigungen; z.T. steuerlich anerkannt)
Abschreibungswahlrechte / Vorsorgereserven nach § 340f HGB		- außerplanmäßige Abschreibungen bei voraussichtlich nicht dauerhafter Wertminderung nur bei Finanzanlagen (§ 253 II S 3 i.V.m. § 279 I S 2 HGB)	- Abschreibung nach § 340f HGB zur Legung weiterer stiller Reserven bei Wertpapieren der Liquiditätsreserve bis zu 4% des Bestandes möglich	- Abschreibung nach § 340f HGB zur Legung weiterer stiller Reserven bis 4% des Forderungsbestandes möglich
Wertaufholung	Grundsatz: Zuschreibungsgebot in der Handelsbilanz (§ 280 I HGB) tatsächlich: Zuschreibungswahlrecht in der Handelsbilanz nach § 280 II HGB i.V.m. § 6 I Nr. 1 S 4 und § 6 I Nr. 2 S 3 EStG			
Bewertung im Steuerrecht	AHK (nach EStG): - AfA nach § 7 I S 1-3 EStG	AHK (nach EStG)		
weitere Abschreibungsmöglichkeiten	- AfA nach § 7 I letzter Satz EStG (Pflicht bzw. Wahlrecht wie bei HGB) - Möglichkeit einer Teilwertabschreibung nach § 6 I EStG (beim Fallen der Wiederbeschaffungspreise bzw. einer Fehlmaßnahme)		- Pflicht einer Teilwertabschreibung nach § 6 I EStG beim Fallen der Wiederbeschaffungspreise bzw. einer Fehlmaßnahme)	
Wertaufholung	Zuschreibungswahlrecht in der Steuerbilanz nach § 6 I Nr. 1 S 4 und § 6 I Nr. 2 S 3 EStG			

Abb. C. 38: *Bewertungsvorschriften für Banken (Quelle: Studienwerk der Bankakademie, Allgemeine Bankbetriebslehre, Loseblattsammlung, Frankfurt/M., Stand November 1997, Teil 5: Jahresabschluß der Kreditinstitute, Kapitel 9.3, S. 2)*

Die Ungewißheit verstärkt sich bei *latenten Risiken,* die solchen Forderungen innewohnen, bei denen eine Gefährdung oder ein Verlust im einzelnen noch nicht erkennbar ist. Es liegt in der Natur der latenten Risiken, daß über ihren Eintritt noch weniger Hinweise gegeben werden können als bei den akuten Risiken. Latente Risiken sind u.a. abhängig von der allgemeinen wirtschaftlichen Entwicklung und den Konjunkturverläufen in einzelnen Branchen. – Dafür ist Vorsorge zu treffen, indem Wertberichtigungen auch auf die gesamten Forderungsbestände vorgenommen werden, die ebenfalls für die Legung stiller Reserven genutzt werden.

Soweit sich diese Wertberichtigungen an den individuellen Verhältnissen des bilanzierenden Instituts orientieren und einen Anhaltspunkt z.B. in den Verlusten der vergangenen Jahre finden, spricht man von steuerlich anerkannten *Pauschalwertberichtigungen.*

In einem Schreiben an die Kreditwirtschaft hat das Bundesministerium der Finanzen 1994 Höchstwerte für die steuerliche Anerkennung von Pauschalwertberichtigungen festgelegt, die von der Kreditwirtschaft wohl als »handelsrechtliche Mindestvorsorge«[16] angesehen werden. Die prozentuale Höhe der Pauschalwertberichtigungen bestimmt sich danach aus dem Verhältnis der beiden folgenden Größen, für die ein fünfjähriger Durchschnittswert zugrunde gelegt wird:

(C. 4) $$\frac{\text{Tatsächlicher Forderungsausfall}}{\text{Risikobehaftetes Kreditvolumen}}$$
(Verbrauch von Einzelwertberichtigungen + Direktabschreibungen – Eingang abgeschriebener Forderungen)

Mit Blick auf das latente Risiko dürfen über Pauschalwertberichtigungen hinaus gemäß § 340f HGB *globale Vorsorgereserven* gebildet werden, die Gewinnverwendung darstellen (daher auch zu versteuern sind) und unter Umständen den Charakter stiller Reserven besitzen können. Der Gesetzgeber hat den Kreditinstituten damit einen größeren Spielraum zur »geräuschlosen« Regulierung des Ergebnisausweises eingeräumt als Unternehmen anderer Branchen: »Kreditinstitute dürfen Forderungen an Kreditinstitute und Kunden, Schuldverschreibungen und andere festverzinsliche Wertpapiere sowie Aktien und andere nicht festverzinsliche Wertpapiere, die weder wie Anlagevermögen behandelt werden noch Teil des Handelsbestandes sind, mit einem niedrigeren als dem nach § 253 Abs. 1 Satz 1, Absatz 3 vorgeschriebenen oder zugelassenen Wert ansetzen, soweit dies nach vernünftiger kaufmännischer Beurteilung zur Sicherung gegen die besonderen Risiken des Geschäftszweigs der Kreditinstitute notwendig ist. Der Betrag der auf diese Weise gebildeten Vorsorgereserven darf vier vom Hundert des Gesamtbetrags der in Satz 1 bezeichneten Vermögensgegenstände, der sich bei deren Bewertung nach § 253 Abs. 1 Satz 1, Absatz 3 ergibt, nicht übersteigen.« – In dieser Regelung liegt ein erheblicher Ermessensspielraum für die Legung stiller Rücklagen in den dominierenden Vermögenspositionen. Dieser wurde gegenüber der bis 1993 gültigen Regelung im § 26a KWG insofern eingeschränkt, als für diese Form der globalen Willkürreserven zuvor sämtliche Wertpapiere des Umlaufvermögens (also Liquiditätsreserve *und* Handelsbestand) herangezogen werden konnten. **Für Kreditinstitute ergibt sich damit aber immer noch ein Bewertungsspielraum für die stille Risikovorsorge, der im wesentlichen von ihrer Ertragskraft begrenzt wird.** Denn wenn die Schätzungen zutreffen, nach denen die Summe aus Forderungen sowie Wertpapieren der Liquiditätsreserve im Durchschnitt der Kreditwirtschaft etwa 80% des Bilanzvolumens ausmachen, so beläuft sich der Höchstbetrag der Bewertungsreserven auf immerhin 3,2% der Bilanzsumme, was in etwa drei Vierteln des Eigenkapitals entspricht.[17]

---

[16] So J. Krumnow et al.: a.a.O., S. 404.
[17] Vgl. H. Bieg: Bankbetriebslehre in Übungen, München 1992, S. 321.

Die globale Risikovorsorge kann alternativ dazu auch ganz oder teilweise offen erfolgen, indem nach § 340g HGB ein »Fonds für allgemeine Bankrisiken« dotiert wird (vgl. auch S. 320). Wie die folgende Abb. C. 39 zeigt, besteht dabei keine Bindung an bestimmte Vermögensgegenstände; die Höhe der Zuführung unterliegt keiner Begrenzung, und der Fonds wird von der Bankenaufsicht als hartes Kernkapital eingestuft.

Vergleichskriterien	stille Vorsorgereserven	offene Vorsorgereserven
Vorschrift	§ 340 f HGB (Vorsorge für allgemeine Bankrisiken)	§ 340 g HGB (Sonderposten für allgemeine Bankrisiken)
Zweckbestimmung	Sicherung gegen die besonderen Risiken des Geschäftszweigs der Kreditinstitute	Sicherung gegen die besonderen Risiken des Geschäftszweigs der Kreditinstitute
Bildung	Abschreibungen auf bestimmte reservefähige Vermögensgegenstände über den nach § 253 Abs. 1 Satz 1, Abs. 3 HGB vorgeschriebenen oder zugelassenen Wert hinaus (Wahlrecht)	Zuführungen zu Lasten der Gewinn- und Verlustrechnung (Wahlrecht)
reservefähige Vermögensgegenstände	– Forderungen an Kreditinstitute – Forderungen an Kunden – Wertpapiere der Liquiditätsreserve	keine Bindung an bestimmte Vermögensgegenstände
Umfang	maximal 4% des Gesamtbetrages der nach den Vorschriften des § 253 Abs. 1 Satz 1, Abs. 3 HGB bewerteten reservefähigen Vermögensgegenstände	Höhe gesetzlich nicht begrenzt
Maßstab der Bemessung	nach vernünftiger kaufmännischer Beurteilung	nach vernünftiger kaufmännischer Beurteilung
Auflösung	Zuschreibungen zu den reservefähigen Vermögensgegenständen maximal in Höhe des Bestandes der seither gebildeten Vorsorgereserven (Wahlrecht)	Auflösungen zugunsten der Gewinn- und Verlustrechnung (Wahlrecht)
steuerrechtliche Anerkennung	nicht gegeben	nicht gegeben
bankenaufsichtsrechtlicher Charakter	Einstufung als Ergänzungskapital gemäß § 10 Abs. 4a Satz 1 Nr. 1 KWG	Einstufung als Kernkapital gemäß § 10 Abs. 4a Satz 1 Nr. 2 KWG
Erkennbarkeit – Bilanz	nicht gegeben, da eine direkte Verrechnung mit den reservefähigen Vermögensgegenständen vorgenommen wird	offener Ausweis auf der Passivseite als »Fonds für allgemeine Bankrisiken«
– GuV-Rechnung	Abschreibungen und Zuschreibungen dürfen im Rahmen der sog. Überkreuzkompensation mit anderen Posten verrechnet werden	gesonderter Ausweis der Zuführungen und Auflösungen
– Anhang und Lagebericht	keine Informationspflichten bzgl. der Bildung und Auflösung von stillen Vorsorgereserven sowie über evtl. vorgenommene Verrechnungen im Rahmen der Überkreuzkompensation	keine Informationspflichten (durch den gesonderten Ausweis in Bilanz und GuV-Rechnung ist bereits eine vollständige Transparenz gewährleistet)

Abb. C. 39: Stille und offene Vorsorgereserven im Vergleich (Nach G. Waschbusch: Die bankspezifische offene Risikovorsorge des § 340g HGB, in: DBk, Nr. 3/1994, S. 166-168, hier S. 167)

Der Gewinnausweis wird nicht allein durch Wertkorrekturen »nach unten« beeinflußt; auch das faktische Zuschreibungswahlrecht gibt den Banken – wie anderen Unternehmen auch – die Möglichkeit intertemporaler Ergebnisverschiebungen. Grundsätzlich besteht nach § 280 Abs. 1 HGB ein Wertaufholungsgebot, d.h. die Buchwerte sind um den Betrag der in früheren Jahren vorgenommenen außerplanmäßigen Abschreibungen zu erhöhen, falls die Gründe hierfür entfallen sind. Die Zuschreibung darf gemäß § 280 Abs. 2 HGB aber unterbleiben, da seit 1990 nach § 6 Abs. 1 EStG in der Steuerbilanz sowohl im Anlage- als auch Umlaufvermögen ein niedrigerer Wertansatz beibehalten werden kann. Dabei macht § 5 Abs. 1 EStG die Inanspruchnahme dieses Wahlrechts davon abhängig, daß auch in der Handelsbilanz keine Aufwertung erfolgt.

Das deutsche HGB sieht in § 340h *ausschließlich für Kreditinstitute* ausdrückliche gesetzliche Regeln zur *Fremdwährungsumrechnung* vor, die sich in allen anderen Branchen nach den allgemeinen GoB richtet. Damit wird der Tatsache Rechnung getragen, daß die Internationalisierung des Bankgeschäfts zu einem sprunghaften Anstieg von verbrieften und unverbrieften Forderungen und Verbindlichkeiten geführt hat, die nicht auf DM lauten. Eine unveränderte Anwendung des imparitätischen Einzelbewertungsprinzips führt angesichts des großen Umfangs von Geschäften in fremder Währung jedoch zu erheblichen Problemen. Denn auch wenn Kreditinstitute die Risiken aus solchen Positionen durch den Abschluß von gegenläufigen Geschäften sichern, wird diese geschlossene Position bilanziell nicht sichtbar: Bei der Einzelbewertung nach dem Vorsichtsprinzip muß nämlich für das Risiko aus der Grundposition eine Abschreibung bzw. Rückstellung gebildet werden, während der korrespondierende – unrealisierte – Ertrag des Sicherungsgeschäfts nicht verbucht werden darf. Bei getrennter Bewertung hat die Bank demnach einen Verlust auszuweisen, der wirtschaftlich nicht entstehen kann. Dies verstößt aber nicht nur gegen die Generalnorm des true and fair view, es ist auch mit Gläubigerschutzerwägungen nicht zu rechtfertigen.

In der Praxis wurde zur Lösung dieser Problematik die Konstruktion der sogenannten »Bewertungseinheit« entwickelt.[18] Von einer Einzelbewertung kann danach auf eine kompensierende Bewertung zweier Vermögensgegenstände übergegangen werden, wenn die eintretenden Aufwendungen und Erträge hinreichend konkretisiert, durch rechtlich bindende Verträge festgeschrieben sind und sich gleichartige Risiken durch exakt gegenläufige Positionen vollständig ausgleichen. Im internen Rechnungswesen muß die Zuordnung von Grund- und Sicherungsgeschäft ebenso wie die Absicht, die Sicherung zumindest über einen längeren Zeitraum durchzuhalten, eindeutig dokumentiert werden. Eine Verknüpfung von zwei negativ korrelierten Einzelgeschäften in gleicher Währung wird auch als *Mikro-Hedge* bezeichnet.

Diese engen Voraussetzungen schränken den Anwendungsbereich einer kompensierenden Bewertung allerdings auf die Fälle ein, in denen ein Grundgeschäft durch ein genau abgestimmtes und individuell zugeordnetes Hedge-Instrument gesichert wird. In der Praxis wesentlich häufiger anzutreffen sind dagegen *Makro-Hedges*, bei denen die globale, aus mehreren Einzelgeschäften zusammengesetzte Position einer Bank in einer bestimmten Währung mit einem oder mehreren entsprechenden Gegengeschäften abgesichert wird; auch hier bildet die Praxis Bewertungseinheiten.

Grundsätzlich sind zwei Möglichkeiten der Auswirkung auf die GuV denkbar: Zum einen kann bei Grund- und Sicherungsgeschäft(en) auf eine Korrektur der Buchwerte verzichtet werden, weil sich die auf den Marktpreis einwirkenden Risiken ganz oder teilweise kompensieren. Es ist aber auch eine Bewertung mit Marktpreisen möglich; ein Verlustaus-

---

[18] Vgl. J. Krumnow et al.: a.a.O., S. 362-387, H. Wiedmann: Die Bewertungseinheit im Handelsrecht, in: W. Ballwieser et al. (Hrsg.): Bilanzrecht und Kapitalmarkt, Festschrift für A. Moxter, Düsseldorf 1994, S. 1447-1476 und Th. K. Naumann: Bewertungseinheiten im Gewinnermittlungsrecht der Banken, Düsseldorf 1995.

weis (Abschreibung, Rückstellung) erfolgt bei dem (den) Grundgeschäft(en) nur insoweit, als keine rechnerische Deckung durch unrealisierte Gewinne des Sicherungsgeschäftes gegeben ist.

Der § 340h HGB schreibt konkret vor, daß Vermögensgegenstände, Schulden und schwebende (also beidseitig noch unerfüllte) Devisenkassageschäfte grundsätzlich zum Stichtagskurs zu bewerten sind. Davon wird bei denjenigen wie Anlagevermögen behandelten Vermögensgegenständen abgewichen, die nicht »besonders gedeckt« sind. Der Gesetzgeber erläutert diesen Begriff nicht näher; nach herrschender Meinung ist damit jedoch ein Mikro-Hedge gemeint. In diesem Fall müssen bei Bewertung die historischen Anschaffungskurse zugrundegelegt werden, was dem Grundgedanken des gemilderten Niederstwertprinzips entspricht. Für schwebende Devisentermingeschäfte ist der Stichtags-Terminkurs relevant (vgl. Abb. C. 40).

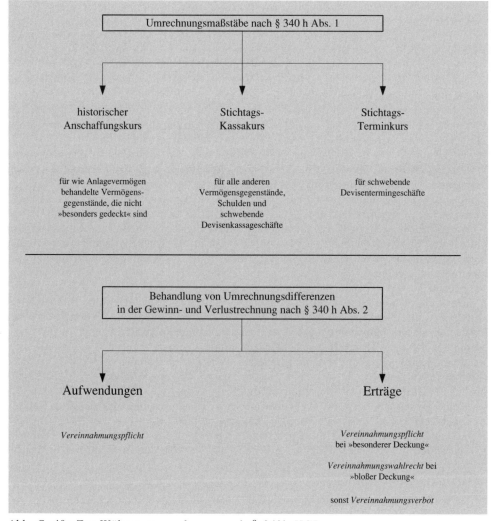

Abb. C. 40: Zur Währungsumrechnung nach § 340h HGB

In den beiden letztgenannten Fällen können sich negative Umrechnungsdifferenzen dann ergeben, wenn die Stichtagskurse der Aktiva (Passiva) unter (über) ihre Anschaffungskosten sinken (steigen). Die volle Berücksichtigung des entsprechenden Unterschiedsbetrages in der GuV entspricht ganz dem deutschen Vorsichtsprinzip. Darüber hinaus wird jedoch die in der Praxis entstandene, innovative Interpretation von Risikozusammenhängen in Form von Bewertungseinheiten insofern mitvollzogen, als in § 340h HGB eine Vereinnahmungspflicht für Erträge aus der Umrechnungsdifferenz bei besonderer Deckung bzw. ein Wahlrecht bei »bloßer Deckung« (= Makro-Hedge) verankert ist. *Die Ergebniserhöhung durch unrealisierte – aber eben festgeschriebene – Gewinne stellt eine sachgerechte Abkehr von einer rein mechanistischen Anwendung der imparitätischen Einzelbewertung dar.*[19]

Die erfolgswirksam zu vereinnahmenden Umrechnungsdifferenzen erscheinen in der GuV üblicherweise unter der Position »Nettoertrag (bzw. -aufwand) aus Finanzgeschäften«, werden also dem Handelsergebnis zugeordnet. Bei der Umrechnung von Terminbeständen ist bei Aufwandsüberhängen eine Rückstellung für drohende Verluste aus schwebenden Geschäften zu bilden; entstehende Ertragsüberschüsse sind unter »Sonstige Vermögensgegenstände« zu aktivieren.

Die sich bei der Bewertung von Fremdwährungspositionen stellenden Probleme treten ebenso auf im Bereich derivativer Finanzinstrumente wie Futures, Swaps und Optionen, die über Devisen hinaus insbesondere auf Aktien und Zinskontrakte als Underlyings bezogen sein können. Wenn ein Kreditinstitut beispielsweise einen Teil seines Aktienbestandes durch Verkaufsoptionen gegen Kursverluste absichert, dann sind nach dem Grundsatz der Einzelbewertung am Bilanzstichtag Aktien und Optionen trotzdem voneinander getrennt zu bewerten. Sinkt der Kurs der Aktien unter ihren Anschaffungspreis, so muß eine Wertkorrektur vorgenommen werden, auch wenn sich aus der Ausübung oder Glattstellung der Option eine Kompensation des Kursverlustes ergeben würde.

Die boomhafte Ausweitung des Derivate-Volumens (vgl. S. 43) ließ dessen bilanzielle Abbildung zu einem immer drängenderen Problem werden: Für die zumeist schwebenden Geschäfte ergab sich nach den traditionellen deutschen Bewertungsusancen ein erheblicher, wirtschaftlich nicht zu rechtfertigender Rückstellungsbedarf. Da explizite Bilanzierungs- und Bewertungsregeln für Derivate im HGB (mit Ausnahme von Devisentermingeschäften) fehlen, sind in den letzten Jahren verstärkte Bemühungen zu verzeichnen, die bereits für Fremdwährungsgeschäfte gefundenen Lösungen zu übertragen.[20] Dies erscheint – unter Beachtung der zuvor genannten Voraussetzungen für die Bildung von Bewertungseinheiten – unproblematisch in den Fällen, in denen Derivate einzelne bilanzielle oder außerbilanzielle Positionen absichern (Mikro-Hedge) oder als Schutz für Globalpositionen vor Preisänderungsrisiken (Makro-Hedge) eingesetzt werden. Unrealisierte Gewinne und

---

[19] Vgl. D. Burkhardt: Grundsätze ordnungsmäßiger Bilanzierung für Fremdwährungsgeschäfte, Düsseldorf 1988 und Th. K. Naumann: Fremdwährungsumrechnung in Bankbilanzen nach neuem Recht, Düsseldorf 1992.

[20] Vgl. R. Windmöller: Die bilanzielle Behandlung von Finanzinnovationen bei Banken, in: K. M. Burger (Hrsg.): Finanzinnovationen – Risiken und ihre Bewältigung, Stuttgart 1989, S. 95-105, A. Schwarze: Ausweis und Bewertung neuer Finanzierungsinstrumente in der Bankbilanz, Berlin 1989, M. Rübel: Devisen- und Zinstermingeschäfte in der Bankbilanz, Berlin 1990, J. Krumnow et al.: a.a.O., S. 438-517, J. Scheffler: Hedge-Accounting – Jahresabschlußrisiken in Banken, Wiesbaden 1994, M. Steiner/H.-J. Tebroke/M. Wallmeier: Konzepte der Rechnungslegung für Finanzderivate, in: WPg, 48. Jg., 1995, S. 533-544 und P. Scharpf: Finanzinnovationen im Jahresabschluß unter Prüfungsgesichtspunkten, in: BFuP, 47. Jg., 1995, S. 166-208.

Verluste aus den betreffenden Geschäften lassen sich dadurch zunächst still verrechnen, und nur der resultierende Gesamterfolg ist bilanziell zu berücksichtigen. Im Beispiel der Absicherung von Aktienbeständen durch Verkaufsoptionen könnte dann bei einem Verfall des Aktienkurses unter den Basispreis der Option eine Abschreibung unterbleiben.

Derivative Finanzinstrumente dienen jedoch nicht nur Sicherungszwecken, sondern auch der Ertragserzielung im Rahmen des *Eigenhandels*. Dabei halten die Kreditinstitute sowohl reine Derivate- als auch gemischte Handels-Portefeuilles, in denen Wertpapiere unterschiedlicher Gattungen mit einer Mehrzahl auf verschiedene Underlyings bezogener Derivate zusammengebunden sind. In beiden Fällen werden die Bestände häufig umgeschlagen, so daß die Bedingung der Durchhalteabsicht kaum zu erfüllen ist. Insbesondere im zweiten Fall erscheint darüber hinaus eine Zuordnung einzelner Geschäfte auch wenig sachgerecht, da diese nicht mit dem Ziel der gegenseitigen Absicherung getätigt wurden. Da jedoch ein »gewollter wirtschaftlicher Zusammenhang«[21] gegeben ist, wird für die Finanzinstrumente des Handelsbestandes, die aufgrund ihrer gleichartigen Risikostruktur in einem Portefeuille zusammengefaßt sind, die *Portfolio-Bewertung* vorgeschlagen[22], teilweise auch schon praktiziert.[23] Dieses Verfahren erfordert grundsätzlich eine Ermittlung des *Marktwertes* eines jeden einzelnen Geschäfts. Eventuelle Sicherungswirkungen werden durch die Kompensation realisierter und unrealisierter Gewinne und Verluste über alle Risikoarten hinweg dann gleichsam automatisch berücksichtigt, ohne daß es einer Zuordnung einzelner Geschäfte zueinander bedarf.

Für Handelsaktivitäten, bei denen sich eine Bank über einen längeren Zeitraum als Vertragspartner bindet, wird empfohlen, die zukünftig zu erwartenden Cash Flows aus den Geschäften z.B. eines Swap-Portfolios mit laufzeitgerechten Zinssätzen auf den Bewertungsstichtag zu diskontieren und damit unterschiedliche Laufzeiten gleichnamig zu machen. Sollte sich hieraus ein negativer *Barwert* ergeben, so wäre eine Rückstellung zu bilden; ein positiver Barwert dürfe dann vereinnahmt werden, wenn durch das interne Risiko-Management sichergestellt sei, daß dieser gegenüber dem (den) Marktrisiko (-risiken) ausreichend immunisiert sei. In diesem Fall wäre der Erfolg noch entsprechend der gewichteten Laufzeit des Portfolios zu periodisieren.

Ein solches Verfahren nimmt nicht nur vom Prinzip der Einzelbewertung vollständig Abschied, es löst sich auch von Nominalwerten (und kommt statt dessen dem bereits vorgestellten Ideal von Moxter, vgl. S. 298, nahe). Damit deckt es sich mit den Methoden der Performancemessung im Handelsbereich der Bank (so daß an dieser Stelle internes und externes Rechnungswesen kongruent sind) und kommt zugleich den jüngsten Vorschriften den Bankenaufsicht (vgl. S. 550ff.) entgegen. Darüber hinaus entspricht es fast vollständig dem in den USA vorgeschriebenen Vorgehen, nach dem die Finanzinstrumente des Handelsbestandes generell zu Marktwerten zu bilanzieren sind (»mark-to-market«).[24]

---

[21] Vgl. R. Prahl/Th. K. Naumann: Zur Bilanzierung von portfolio-orientierten Handelsaktivitäten der Kreditinstitute, in: WPg, 44. Jg., 1991, S. 729-739, hier S. 735.
[22] Vgl. dies.: Moderne Finanzinstrumente im Spannungsfeld zu traditionellen Rechnungslegungsvorschriften: Barwertansatz, Hedge-Accounting und Portfolio-Approach, in: WPg, 45. Jg., 1992, S. 709-719, J. Krumnow et al.: a.a.O., S. 446ff. und R. Walter: Portfolio-Bewertung im Risikocontrolling und im Jahresabschluß: die Abbildung derivativer Zinsinstrumente des Handelsbestandes, Wiesbaden 1995.
[23] Die Commerzbank AG etwa berichtete in ihrem Geschäftsbericht für das Jahr 1995, S. 60: »Bei der Berechnung der Handelsergebnisse werden die Bewertungsergebnisse pro Basisrisiko in vorher definierten und dokumentierten Portfolios miteinander verrechnet.«
[24] Vgl. A. Haller: Die Grundlagen der externen Rechnungslegung in den USA, 4. Aufl., Stuttgart 1994, S. 320ff.

Bedenkt man den in Abschnitt d. noch eingehender zu schildernden Einfluß der angloamerikanischen Rechnungslegungsvorschriften auf die deutschen Jahresabschlußnormen, so ist zu erwarten, daß sich für das Handelsgeschäft eine an Marktwerten orientierte Portfolio-Bewertung weiter verbreiten dürfte. Dies würde allerdings die Frage aufwerfen, ob der mark-to-market-Gedanke nicht auch auf die Bilanzierung anderer verbriefter Positionen und sogar die Buchforderungen übertragen werden müßte. Zwingend erforderlich – auch aus Gründen der Vergleichbarkeit der Bankjahresabschlüsse – erscheint deshalb eine baldige gesetzliche Kodifizierung, unter welchen Voraussetzungen und in welcher Weise eine Portfolio-Bewertung Verwendung finden darf.

b. 3. Anhang und Lagebericht

Gemäß § 264 Abs. 1 HGB haben Kapitalgesellschaften den Jahresabschluß (Bilanz und GuV-Rechnung) um einen Anhang zu erweitern und einen Lagebericht aufzustellen; diese Bestandteile finden sich regelmäßig in den Geschäftsberichten wieder. Den Inhalt des *Anhangs* regeln die §§ 284, 285 HGB, zu denen für Aktiengesellschaften der § 160 AktG hinzutritt; der Inhalt des *Lageberichts* wird durch § 289 HGB umrissen. – Das gilt grundsätzlich auch für Kreditinstitute.

Bereits vor Inkrafttreten des Bilanzrichtliniengesetzes waren die Aktienbanken von dem Vorläufer des Anhangs, dem *Erläuterungsbericht*, nach § 160 Abs. 2 AktG 1965 durch den damaligen § 26a Abs. 2 KWG zum Teil entbunden; diese Regelung findet ihre Fortsetzung im § 340f Abs. 4 HGB, in dem die gemäß § 284 HGB handelsrechtlich vorgeschriebenen Erläuterungen zu Bilanzierungs- und Bewertungsmethoden stark eingeschränkt, in bezug auf Vorsorgereserven sogar vollständig außer Kraft gesetzt werden.[25] Dies überrascht nicht, denn es wäre inkonsequent, im Rahmen der GuV-Rechnung Möglichkeiten zur Bildung und Auflösung stiller Reserven zu schaffen, gleichzeitig aber im Anhang eine Kommentierung der Bewegung dieser Vorsorgereserven zu verlangen.

Aufgrund der weitgehenden Befreiung von der Angabe über Bewertungs- und Abschreibungsmethoden im Anhang äußern sich Kreditinstitute in dieser Hinsicht zurückhaltend und allgemein etwa in der Weise, daß »erkennbare Einzelrisiken und das allgemeine Kreditrisiko ... durch aktivisch abgegrenzte Wertberichtigungen berücksichtigt (wurden)«[26] oder – im Hinblick auf Vorsorgereserven – »für die besonderen Risiken des Geschäftszweiges der Kreditinstitute ... zusätzlich Vorsorge getroffen (wurde)«.[27]

Weiterhin haben sie dort folgende *z.T. recht allgemeine Angaben* zu machen:

– der Name des Mutterinstituts, sofern ein Konzernabschluß aufgestellt wird;
– Verzeichnis der Mitglieder des Geschäftsführungsorgans und des Aufsichtsrats; dabei werden freiwillig i.d.R. auch die Beiratsmitglieder genannt;
– Gesamtbezüge der Mitglieder des Geschäftsführungsorgans, eines Aufsichtsrats, Beirats oder ähnlicher Einrichtungen einschließlich der Bezüge ehemaliger Mitglieder dieser Organe.

---

[25] Allein für den Fall, daß durch die Auflösung stiller Reserven ein Verlust in einen Gewinn »gedreht« wird, erkennt die Praxis eine Pflicht zur Anhangangabe an – vgl. Ausschuß für Bilanzierung des Bundesverbandes deutscher Banken: Bankbilanzrichtlinie-Gesetz, Köln 1993, S. 101.
[26] Geschäftsbericht der Volksbank Hamm eG 1995, S. 5.
[27] Anhang der Stadtsparkasse Wuppertal 1995, o.S.

Darüber hinaus sind *von besonderer Bedeutung für Banken* Informationen über:

- die im Zusammenhang mit der Bilanz behandelten Restlaufzeiten (spätestens ab 1998),
- nachrangige Verbindlichkeiten aus unverbrieften und verbrieften Vermögensgegenständen,
- Kredite an Mitglieder der Organe,
- die Aufteilung in börsennotierte und nicht börsennotierte Wertpapiere,
- den Betrag der nicht mit dem Niederstwert bewerteten börsenfähigen Wertpapiere,
- den Umfang des Leasinggeschäfts,
- den Gesamtumfang der Fremdwährungspositionen sowie in diesem Fall auch die Grundlagen der Umrechnung. Wie weit hier der Ermessensspielraum bei der Berichterstattung reicht, mögen die beiden folgenden Beispiele für eine informative Angabe einerseits, eine lapidare Information andererseits zeigen: »Als besonders gedeckte Positionen wurden nur Geschäfte behandelt, soweit sie sich betrags- und fristenkongruent gegenüberstanden und die Deckungsabsicht aktenkundig gemacht wurde.«[28] und »Aufwendungen und Erträge aus der Währungsumrechnung wurden entsprechend § 340h Abs. 2 HGB in der Gewinn- und Verlustrechnung berücksichtigt.«[29]
- die Stellung von Sicherheiten seitens der Bank,
- noch nicht abgewickelte Termingeschäfte,
- die Buchwerte von in Pension gegebenen Vermögensgegenständen, soweit weiterhin in der Bilanz ausgewiesen,
- stille Zwangsreserven (»Neubewertungsreserven«) im Wertpapier- und Immobilienbestand, soweit sie nach § 340c Abs. 3 dem haftenden Eigenkapital hinzugerechnet werden sollen (vgl. hierzu S. 487),
- die Gliederung der wichtigsten Erträge nach geographischen Märkten.
- Schließlich wird eine weitergehende Aufgliederung der sonstigen Aktiva und Passiva einerseits sowie der sonstigen betrieblichen Aufwendungen/sonstigen betrieblichen Erträge und der außerordentlichen Aufwendungen/außerordentlichen Erträge andererseits verlangt.[30]

Im Zusammenhang mit der Berichterstattung über schwebende Termingeschäfte beschränkt sich die Erläuterungspflicht nach § 36 RechKredV auf deren bloße Nennung sowie die Angabe, inwiefern es sich um Sicherungsgeschäfte handelt. Dem wird Genüge getan etwa mit folgender Formulierung: »Die am Bilanzstichtag noch nicht abgewickelten Termingeschäfte verteilen sich auf Devisentermingeschäfte, Devisenoptionsgeschäfte und Zinsterminkontrakte. Dabei handelt es sich ausschließlich um Deckungsgeschäfte.«[31]

Angesichts des international gehandelten Volumens *derivativer Finanzinstrumente* sowie der insbesondere in den USA für diesen Bereich deutlich weiterreichenden Veröffent-

---

[28] Anhang der Kreissparkasse Köln 1995, S. 1.
[29] Konzernabschluß der Deutsche Bank AG nach HGB 1995, S. 18.
[30] Vgl. grundlegend G. Waschbusch: Funktion, Inhalt und Aufbau des Anhangs von Kreditinstituten nach den neuen Rechnungslegungsvorschriften, in: DB, 46. Jg., 1993, S. 793-802 und J. Seitz: Die Verordnung über den Inhalt der Prüfungsberichte zu den Jahresabschlüssen und Zwischenabschlüssen der Kreditinstitute, in: WPg, 47. Jg., 1994, S. 489-499 sowie mit empirischen Ergebnissen H.-J. Böcking/I. Ernsting/V. Fitzner/H. Wagener/A. Freiling: Zur praktischen Umsetzung der Bankbilanzrichtlinie in den Jahresabschlüssen 1993 deutscher Kreditinstitute, in: WPg, 48. Jg., 1995, S. 461-467, M. Rohardt: Publizität von »zusätzlichen Angaben« im Jahresabschluß von Kreditinstituten vor dem Hintergrund einer Internationalisierung der Rechnungslegung, in: WPg, 49. Jg., 1996, S. 213-225.
[31] Beilage zum Jahresbericht 1995 der Stadtsparkasse Wuppertal, o.S.

lichungsvorschriften wuchs der Druck der Öffentlichkeit auf die Kreditwirtschaft, durch eine erweiterte Publizität zu mehr Transparenz beizutragen. In einem ersten Diskussionsbeitrag empfahl der Bundesverband deutscher Banken daher, den Geschäftsumfang und die Fristigkeit des Derivategeschäfts durch Angabe von nach Restlaufzeitbändern (unter 1 Jahr, 1 bis 5 Jahre, über 5 Jahren) gegliederten Kontraktvolumina je Produktart zu benennen. Daraus ergibt sich eine Unterteilung etwa nach zins-, währungs- und aktien-/indexbezogenen Geschäften einerseits sowie Swaps, Optionen, Futures andererseits. Zur Verdeutlichung des mit dem Einsatz dieser innovativen Finanzinstrumente verbundenen Adressenausfallrisikos wird darüber hinaus die Angabe des nach dem Verfahren des Grundsatzes I der Bankenaufsicht ermittelten potentiellen Eindeckungsaufwands angeraten.[32] Erschien dem Bundesverband in seiner ersten Stellungnahme die Offenlegung quantitativer Angaben zum Marktrisikopotential unter Hinweis auf das Fehlen einheitlicher Meßverfahren noch verfrüht, so griff er in seinem zweiten Diskussionsbeitrag die Vorschläge der Bank für internationalen Zahlungsausgleich auf.[33] Danach wird für externe Berichtszwecke ein Gleichklang mit der internen Risikoerfassung empfohlen und auf sog. »Value at Risk«-(VAR)-Berechnungen verwiesen (vgl. ausführlich S. 477). Bei dieser Methode handelt es sich um eine auf der Grundlage eines statistischen Konfidenzniveaus durchgeführte Schätzung der potentiellen negativen Veränderung des Marktwertes eines Handelsportfolios innerhalb einer festgelegten Haltedauer, berechnet auf der Basis vergangenheitsbezogener Daten. Um die Vergleichbarkeit der publizierten Angaben zu gewährleisten, schlägt der Bundesverband eine Haltedauer von mindestens 10 Tagen, eine historische Beobachtungsdauer von mindestens einem Jahr sowie ein Konfidenzniveau von 99% vor. Ein unter diesen Modellparametern angegebener VAR-Wert besagt, daß während einer Haltedauer von 10 Handelstagen ein höherer Verlust als das ausgewiesene Marktrisikopotential nur mit einer Wahrscheinlichkeit von 1% zu erwarten ist.

Diejenigen Banken, für die das Derivate-Geschäft eine nennenswerte Rolle spielt, nehmen hinsichtlich seiner Publizität eine Zweiteilung vor: Die der ersten Stellungnahme entsprechenden Angaben werden im Anhang, die auf mögliche Kapitalverluste abstellenden VAR-(oder auch Capital bzw. Money at Risk)-Informationen lediglich im Lagebericht genannt. Dies muß wohl vor dem Hintergrund gesehen werden, daß letzterer nicht prüfungspflichtig ist.

Im *Lagebericht* wird über gesamtwirtschaftliche Entwicklungen im In- und Ausland berichtet; dabei wird den geld- und kreditwirtschaftlichen Vorgängen – wie z.B. der Einführung des Euro – besondere Beachtung geschenkt. *Eine solche Berichterstattung, die den eigenen Geschäftsverlauf in die gesamtwirtschaftliche Entwicklung einlagert, erscheint durchaus gerechtfertigt, da die Entwicklungen in einzelnen Geschäftssparten des Kreditinstituts erst vor dem Hintergrund in- und ausländischer gesamtwirtschaftlicher und/oder branchenspezifischer Vorgänge verständlich werden.*

Zumeist wird an erster Stelle über die Entwicklung in den einzelnen *Geschäftsfeldern* berichtet, die in der Regel nach Kundengruppen gegliedert sind. Neben Erläuterungen zu den dort abgesetzten (vor allem) Kredit- und Einlagevolumina oder zur Zahl der Kundenkonten finden sich bei offensiv agierenden Instituten auch Angaben zu geschäftspolitischen Konzeptionen. Beispiele aus der jüngeren Vergangenheit sind etwa Informationen

---

32 Vgl. Ausschuß für Bilanzierung des Bundesverbandes deutscher Banken: Bilanzpublizität von Finanzderivaten, in: WPg, 48. Jg., 1995, S. 1-6.
33 Vgl. Ausschuß für Bilanzierung des Bundesverbandes deutscher Banken: Marktrisikopublizität, in: WPg, 49. Jg., 1996, S. 64-66.

- über ein neues Direktbankangebot oder den Ausbau der Vermögensverwaltung im *Privatkundengeschäft*;
- die Bündelung der Corporate Finance-Aktivitäten unter Betonung z.B. von M&A-Beratungen im *Firmenkundengeschäft*;
- neuartige Fondskonzepte des Asset Management oder die Entwicklung innovativer Finanzierungsinstrumente für Kommunen im *Geschäft mit institutionellen Kunden*.

Daran anschließend werden in der Regel die bei den großen deutschen Banken während des letzten Jahrzehnts stark ausgebauten *Auslandsaktivitäten* beleuchtet. – In den meisten Instituten folgen Ausführungen zum *Personalbereich*, in denen etwa auf die Tarifstruktur der Belegschaft sowie Aus- und Weiterbildungsmöglichkeiten eingegangen wird.

Ein besonderer Abschnitt dient der Darstellung der *Ertrags-, Vermögens- und Finanzlage*, die unter Hervorhebung der die Liquiditäts- und Gewinnsituation beeinflussenden Faktoren erläutert wird. Dabei gehen die Banken beispielsweise auf ein rückläufiges Eigenhandelsergebnis infolge eines »flauen« Börsenjahres oder einen gestiegenen Verwaltungsaufwand als Resultat von besonders hoch ausgefallenen Gehaltserhöhungen ein.

Mit Hilfe von Ausführungen über die Organisation und die verfolgten Konzepte des Risikomanagements möchten sich die Banken Reputation im Hinblick auf die Steuerung und Kontrolle von Ausfall- und Marktrisiken erwerben. Wie erwähnt, werden in diesen Zusammenhang auch Angaben über mögliche Kapitalverluste eingebettet.

Im Lagebericht soll auch auf bedeutende Vorgänge, die nach dem Schluß des Geschäftsjahres eingetreten sind, und die voraussichtliche Entwicklung der Bank eingegangen werden (§ 289 Abs. 2 HGB).

Im Laufe der vergangenen Jahrzehnte wurde der Geschäftsbericht der Banken – wie derjenige von anderen Unternehmen auch – zunehmend als *Public Relations-Instrument* entdeckt, das gegenüber verschiedenen Interessengruppen der Bank gezielt eingesetzt wird. So informieren Aktienbanken ausführlich über den Kursverlauf der Aktie während des abgelaufenen Geschäftsjahres, die Aktionärsstruktur und auch ihr Konzept zur Steigerung des Shareholder Value. Die über die Aktionäre hinausgehenden Gruppen der Öffentlichkeit sind angesprochen, wenn z.B. die Dresdner Bank unter der Überschrift »Über Soll und Haben hinaus« über ihr gesellschaftliches Engagement in Wissenschaft, Kultur und Sport informiert.[34]

b. 4. Der Konzernabschluß der Bank

Empfänger von Informationen, die auf das externe Rechnungswesen als Basis für Entscheidungen angewiesen sind, können allein aus Einzelabschlüssen nicht auf die Vermögens-, Finanz- und Ertragslage sowie das Risiko eines Unternehmens schließen, sobald eine kapital-, stimmrechtsmäßige oder vertragliche Verflechtung mit anderen Unternehmen vorliegt. Mit dem Konzernabschluß soll Transparenz über den Unternehmensverbund hergestellt werden; er besitzt im Gegensatz zum Einzelabschluß nicht die Aufgabe, einen als Gewinn zu verteilenden Betrag zu bestimmen, sondern eine reine *Informationsfunktion*. Angesichts des zunehmenden Gewichts der Auslandstätigkeiten deutscher Kreditinstitute kommt der Konzernrechnungslegung als umfassenderem Publizitätsinstrument zumindest bei

---

[34] Vgl. Geschäftsbericht 1995, S. 65-67. In der Vergangenheit waren in diesem Zusammenhang besonders auffällige Beispiele der Geschäftsbericht – Sozialbilanz – 1980 der Kölner Bank 1867 eG sowie Geschäftsbericht und Kreativitätsbilanz der 1985 in Schwierigkeiten geratenen Hammer Bank Spadaka eG.

Groß- und Landesbanken eine höhere Bedeutung als dem Einzelabschluß zu. Nach den seit 1993 gültigen Regelungen müssen in den Konzernabschluß nämlich über die inländischen hinaus auch die ausländischen Beteiligungen einbezogen werden *(Weltabschlußprinzip)*.

Von den im folgenden behandelten handelsrechtlichen Vorschriften zum Konzernabschluß ist trotz zahlreicher Parallelen die bankaufsichtsrechtliche Konsolidierung zu unterscheiden (vgl. S. 513ff.).

Wenn diese auch für die Mehrzahl der Kreditinstitute, die wie Sparkassen und Genossenschaftsbanken zumeist keine Beteiligungen halten, ohne Bedeutung ist, so fordert der Gesetzgeber mit den Vorschriften der §§ 10a und 13 KWG (Eigenkapitalausstattung und Großkreditregelung in der Kreditinstitutsgruppe) insbesondere von den großen privaten Banken und den Landesbanken, daß im Falle von Kreditinstitutsgruppen diese einen Gruppenabschluß vorzulegen haben, damit die Bankenaufsicht die Risiken aus dem Kreditgeschäft für ein Mutterinstitut besser beurteilen kann. Es wird demnach sowohl mit den Normen des KWG als auch denen des HGB eine verbesserte Information über die Lage eines Konzerns bzw. einer Kreditinstitutsgruppe angestrebt; die Zusammenfassungsverfahren unterscheiden sich jedoch.

Die Konzernrechnungslegung der Kreditinstitute richtet sich nach den allgemeinen Vorschriften der §§ 290-315 HGB sowie den bankspezifischen §§ 340i, 340j HGB. Grundsätzlich besteht nach § 340i eine rechtsform- und größenunabhängige Pflicht zur Aufstellung eines Konzernabschlusses. In Abhängigkeit von den Einflußmöglichkeiten der Konzernobergesellschaft auf die nachgeordneten Unternehmen werden vier Konsolidierungsstufen mit unterschiedlichen Einbeziehungsverfahren unterschieden.

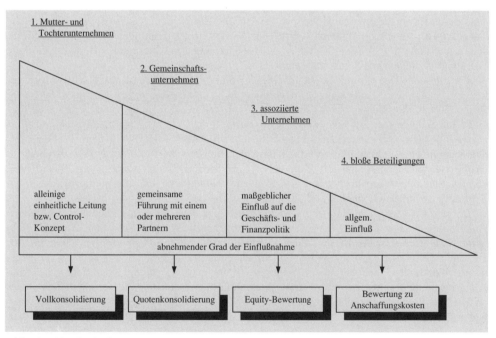

Abb. C. 41: Stufenkonzeption der Konzernrechnungslegung (Quelle: R. Prahl/Th. K. Naumann: Bankkonzernrechnungslegung nach neuem Recht: Grundsätzliche Konzepte, wichtige Vorschriften zum Übergang und ausgewählte Einzelfragen, in: WPg, 46. Jg., 1993, S. 235-246, hier S. 237)

Grundsätzlich ist für eine Einbeziehung in den Konzernabschluß nach § 290 Abs. 1 HGB maßgeblich, daß in einem Konzern die Unternehmen

- unter einheitlicher Leitung einer Kapitalgesellschaft *(Mutterunternehmen)* mit Sitz im Inland operieren und
- das Mutterunternehmen eine Beteiligung (im Zweifel ab einem Anteil von mehr als 20%) an dem unter einheitlicher Leitung stehenden Unternehmen *(Tochterunternehmen)* hält. Eine einheitliche Leitung drückt sich etwa aus in der Unterordnung der Einzelinteressen des Tochterunternehmens unter die Konzerninteressen, die Plankoordination durch die Konzernmutter, die Übernahme von originären Leitungsaufgaben sowie personelle Verflechtungen.

Ein Mutterunternehmen ist dem Control-Konzept des § 290 Abs. 2 HGB entsprechend auch ohne Beteiligungsverhältnis zur Aufstellung eines Konzernabschlusses und eines Lageberichts verpflichtet, wenn ihm alternativ

- die Mehrheit der Stimmrechte zusteht;
- als Gesellschafter die Möglichkeit gegeben ist, die Mehrheit der Mitglieder des Verwaltungs-, Leitungs- oder Aufsichtsratsorgans zu bestellen oder abzuberufen oder
- die Beherrschung durch Vertrag möglich ist (vgl. auch Abb. C. 35, S. 315).

In diesem Zusammenhang sind die für Kreditinstitute bedeutenden Anteile, welche für Rechnung anderer Personen oder als Sicherheiten gehalten werden, nicht einzubeziehen.

Stört die Einbeziehung eines Tochterunternehmens aufgrund seiner stark abweichenden Tätigkeit das »den tatsächlichen Verhältnissen entsprechende Bild der Vermögens-, Finanz- und Ertragslage« des Konzerns, so ist die Zusammenfassung zu unterlassen; die Zugehörigkeit zu einem anderen Sektor der Volkswirtschaft ist indessen kein Grund für den Ausschluß (§ 295 Abs. 1 und 2 HGB). Vielmehr sind hierunter z.B. ausgegliederte Sozialeinrichtungen wie Unterstützungskassen zu verstehen.

Vor diesem Hintergrund ist es für die Vertreter der Kreditwirtschaft schwieriger geworden, gegen die Einbeziehung dauernder Industriebeteiligungen, die über 50% des Grundkapitals ausmachen, zu argumentieren – hierauf weisen nicht näher begründete Formulierungen (wie dies sei »nicht wünschenswert«[35]) hin. Nicht zu verhindern ist eine Einbeziehung dann, wenn es sich im Sinne von § 340j Abs. 1 HGB bei dem Tochterunternehmen um eine unmittelbare Verlängerung der Banktätigkeit oder eine Hilfstätigkeit für das Mutterunternehmen handelt. Allein bei Industriebeteiligungen zwischen 20 und 50% können Banken, sofern nach ihren Angaben eine einheitliche Leitung nicht vorliegt, ihren Konzernabschluß auch ohne Eingliederung aufstellen.

Bei der *Vollkonsolidierung* treten an die Stelle der dem Mutterunternehmen gehörenden Anteile des Tochterunternehmens dessen Vermögensgegenstände, Schulden, Rechnungsabgrenzungsposten usw. In diesem Zusammenhang sind Forderungen und Verbindlichkeiten zwischen einbezogenen Unternehmen nicht zu berücksichtigen. Ebenso sind Zwischengewinne, die durch Lieferung und Leistung zu nicht marktgerechten Konditionen im Konzern entstanden sind, zu eliminieren.[36] Dadurch wird dem Grundsatz der *Fiktion der rechtlichen Einheit* entsprochen, der darauf abstellt, daß alle Konzernunternehmen so gesehen werden, als ob sie eine rechtliche Einheit bildeten. Die Konzernunternehmen erschei-

---

[35] J. Krumnow et al.: a.a.O., S. 592f.
[36] Zu Einzelheiten der Vollkonsolidierung vgl. z.B. W. Busse von Colbe/D. Ordelheide: Konzernabschlüsse, 6. Aufl., Wiesbaden 1993.

nen deshalb wie Profit Centers einer Unternehmung, deren (Verrechnungs-)Forderungen und Verbindlichkeiten im externen Rechnungswesen ebenfalls nicht enthalten sind. Eine Aufblähung der Bilanz, die über die Außenverhältnisse des Konzerns hinausgeht, wird so vermieden. Für Anteile, die nicht der Muttergesellschaft, sondern anderen Gesellschaftern gehören, ist ein Ausgleichsposten in entsprechender Höhe innerhalb des Eigenkapitals auszuweisen.

Entgegen der Regelung im Aktiengesetz 1965, das eine Maßgeblichkeit des Einzelabschlusses der Muttergesellschaft für den Konzernabschluß vorsah, leben als Ausfluß der Einheitstheorie nach geltendem Recht alle Bewertungswahlrechte im Konzernabschluß wieder auf (§ 308 Abs. 1 HGB), d.h. ihre Ausübung kann vom Mutterunternehmen neu entschieden werden.[37] Daher besteht die Möglichkeit einer losgelösten, eigenständigen Bilanzpolitik auf Konzernebene mit erheblichem Gestaltungsspielraum der Konzernleitung.[38]

Für den außenstehenden Informationsempfänger bedeutet dies, daß **der Einzelabschluß der Konzernmutter und der Konzernabschluß nicht mehr vergleichbar sind**, eine entsprechende Analyse erschwert und die Vermittlung eines tatsächlichen Bildes der Vermögens-, Finanz- und Ertragslage – wie sie das Gesetz selbst fordert – behindert wird. Zugleich ermöglicht das Wahlrecht den Kreditinstituten, die international stärker beachteten Konzernbilanzen entsprechend den an ausländischen Märkten geltenden Anforderungen besser anzupassen, da auf die für die Einzelbilanz geltende Maßgeblichkeit von Handels- und Steuerbilanz und ihre Steuerzahlungsfolgen keine Rücksicht genommen werden muß. – Durch den Verzicht auf die Angaben der Bewertungsmethoden wird der Anhang des Konzerns ähnlich eingeschränkt wie bei der Einzelbank. **Dies bedeutet, daß die Bewertungsprivilegien der Banken auch im Konzernrahmen fortbestehen.**

Das Verfahren der Vollkonsolidierung nach § 300 HGB beginnt mit der Kapitalkonsolidierung, bei der die im Einzelabschluß des Mutterunternehmens ausgewiesenen Beteiligungsbuchwerte für die Tochterunternehmen mit deren anteiligem Eigenkapital verrechnet werden. Im Rahmen der Erstkonsolidierung (vgl. Abb. C. 42a) kann die Buchwert- oder die Neubewertungsmethode angewandt werden, um das in die Verrechnung eingehende Eigenkapital zu ermitteln. Im folgenden Beispiel[39] erwirbt die Mutter (M) eine 80%ige Beteiligung an der Tochter (T) für 150; in den Aktiva von T sollen sich stille Reserven in Höhe von 50 befinden. Bei der Buchwertmethode ergibt sich eine Aufrechnungsdifferenz zwischen dem Beteiligungsbuchwert bei M und dem anteiligen (Buch-)Eigenkapital von T in Höhe von 70. Nach Abzug der anteiligen stillen Reserven (40) folgt daraus ein (derivativer) Geschäfts- oder Firmenwert von 30; dieser ist in der Konzernbilanz zu aktivieren oder erfolgsneutral mit den Konzernrücklagen zu verrechnen. Der Betrag der stillen Reserven wird einzelnen Positionen der vollständig aus der Bilanz der Tochter übernommenen Aktiva zugerechnet. Im Rahmen der Neubewertungsmethode findet zunächst dem Namen entsprechend eine Neubewertung aller Vermögensgegenstände und Schulden statt, woraus

---

[37] Abweichungen vom Einzelabschluß sind jedoch nach § 308 Abs. 1 HGB im Konzernanhang anzugeben und zu begründen.

[38] Vgl. auch G. Waschbusch: Die handelsrechtliche Jahresabschlußpolitik der Universalbanken, Stuttgart 1992, S. 39 und Ausschuß für Bilanzierung des Bundesverbandes deutscher Banken: Bankkonzernbilanzierung nach neuem Recht, in: WPg, 47. Jg., 1994, S. 11-20.

[39] Die folgenden Beispiele zur Vollkonsolidierung und Equity-Bewertung nach R. Nonnenmacher: Bilanzpolitik auf der Basis des Bankbilanzrichtlinie-Gesetzes, Manuskript des Vortrages im Rahmen der 2. Banken-Sommer-Akademie der Bankakademie, Bochum 1994. – Grundlegende Fragen des Konzernabschlusses behandeln W. Busse von Colbe/D. Ordelheide: a.a.O. und A. G. Coenenberg: Jahresabschluß und Jahresabschlußpolitik, 16. Aufl., Landsberg am Lech 1997.

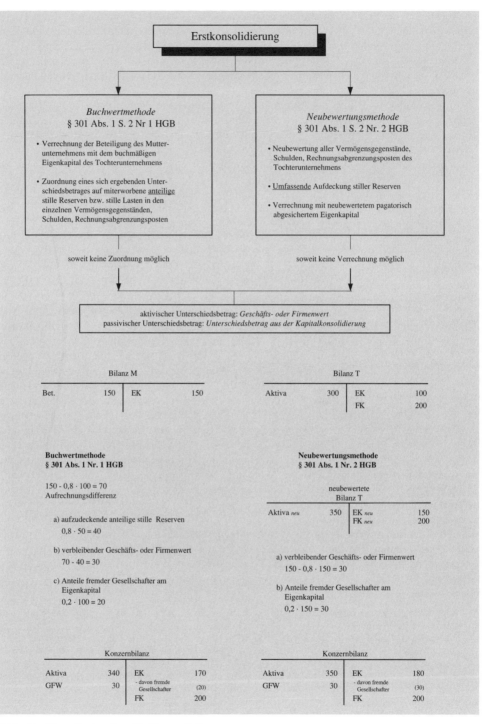

Abb. C. 42a: Erstmalige Vollkonsolidierung

Folgekonsolidierung

Bilanz M			
Bet.	150	EK - davon Gewinn	150 (0)

Bilanz M			
Aktiva	350	EK - davon Gewinn	150 (50)
		FK	200

spezifische Folgekonsolidierungsmaßnahmen

Fortentwicklung der stillen Reserven

- hier annahmegemäß keine Auflösung

Fortentwicklung des Geschäfts- oder Firmenwertes

- hier annahmegemäß Abschreibung zu 1/3
- Abschreibung zu Lasten des Konzernergebnisses
- bei der Buchwertmethode und der Neubewertungsmethode gleichermaßen $1/3 \cdot 30 = 10$

Buchwertmethode
§ 301 Abs. 1 Nr. 1 HGB

a) Konzerngewinn beläuft sich wegen der Abschreibung des GFW auf 40

b) Wegen des Eigenkapitalzuwachses bei T müssen die Anteile fremder Gesellschafter am Eigenkapital erhöht werden

$0,2 \cdot 50 = 10$

Neubewertungsmethode
§ 301 Abs. 1 Nr. 2 HGB

a) Konzerngewinn beläuft sich wegen der Abschreibung des GFW auf 40

b) Wegen des Eigenkapitalzuwachses bei T müssen die Anteile fremder Gesellschafter am Eigenkapital erhöht werden

$0,2 \cdot 50 = 10$

Konzernbilanz			
Aktiva	390	EK	210
GFW	20	- davon Gewinn	 (40)
		- davon fremde Gesellschafter	 (30)
		FK	200

Konzernbilanz			
Aktiva	400	EK	220
GFW	20	- davon Gewinn	 (40)
		- davon fremde Gesellschafter	 (40)
		FK	200

Abb. C. 42b: Vollkonsolidierung in der Folgeperiode

sich eine Ausgangsbilanz nach Aufdeckung sämtlicher – nicht nur der anteiligen – stillen Reserven ergibt. Die nach der (ansonsten gleichen) Verrechnung resultierende Konzernbilanz ist deshalb länger als im ersten Fall.

Bei der Folgekonsolidierung (vgl. Abb. C. 42b) werden die bei der erstmaligen Zusammenfassung aufgedeckten stillen Reserven (Lasten) sowie der aktivierte (passivierte) Unterschiedsbetrag weiter erfolgsneutral fortgeführt oder aber erfolgswirksam abgeschrieben bzw. aufgelöst. Die Fortsetzung des Eingangsbeispiels geht von einem im Folgejahr erzielten Konzerngewinn von 50 aus, der sich durch die Abschreibung des derivativen Firmenwertes auf 40 verringert. Die stillen Reserven sollen unverändert fortgeführt werden. Im übrigen laufen die Schritte der Zusammenfügung zur Konzernbilanz wie in Abb. 42a gezeigt ab.

Auf der zweiten Stufe des Konzerns befinden sich die *Gemeinschaftsunternehmen*, bei denen die Muttergesellschaft und mindestens ein weiteres Unternehmen eine gleichberechtigte gemeinsame Führung ausüben. Dabei kommt es nicht auf die Stimmrechts- oder Kapitalverhältnisse an; allein entscheidend ist die tatsächliche Ausübung der gemeinsamen Lenkung. Diese kann z.B. darin zum Ausdruck kommen, daß zentrale strategische Fragen des Gemeinschaftsunternehmens von den Gesellschafterunternehmen bestimmt werden.

Die einzige Besonderheit des für die Einbeziehung dieser Gruppe von Unternehmen wahlweise möglichen Verfahrens der *Quotenkonsolidierung* besteht darin, daß die Zusammenfassung entsprechend der dem Mutterunternehmen gehörenden Anteile am Kapital geschieht. – Gemeinschaftsunternehmen dürfen jedoch auch wie assoziierte Unternehmen konsolidiert werden.

Assoziierte Unternehmen sind auf der dritten Stufe des Konzerns einzubeziehen. Kennzeichnend für diese Gruppe von Gesellschaften ist, daß das den Konzernabschluß aufstellende Unternehmen einen »maßgeblichen Einfluß auf ihre Geschäfts- und Finanzpolitik« ausübt (§ 311 HGB). Dieser kann etwa anknüpfen an eine Vertretung im Geschäftsführungs- oder Aufsichtsorgan, wesentliche gegenseitige Geschäfte, den Austausch von Führungskräften oder die Einwirkung auf die Gewinnverwendung. Aus Operationalisierungsgründen gilt eine widerlegbare Assoziierungsvermutung, wenn der Konzern mindestens 20% der Stimmrechte besitzt.

Die bei der Konsolidierung assoziierter Unternehmen anzuwendende *Equity-Methode* ist dadurch charakterisiert, daß die Vermögensgegenstände, Schulden und schwebenden Geschäfte der einzubeziehenden Gesellschaften nicht in den Konzernabschluß übernommen werden, sondern lediglich eine Korrektur der Beteiligungsbuchwerte stattfindet. Zudem werden die in den Tochterunternehmen angefallenen Gewinne unmittelbar im Jahr der Entstehung und nicht erst bei Ausschüttung an das Mutterunternehmen berücksichtigt, die Thesaurierungspolitik ist mithin ohne Belang.

Für das folgende Beispiel (vgl. Abb. C. 43) sei der Erwerb einer Beteiligung von 30% an A für 100 angenommen; in den Aktiva von A sollen stille Reserven in Höhe von 50 enthalten sein. – Wiederum besteht die Wahl zwischen zwei Methoden für den Bilanzausweis. Bei der Buchwertmethode ist auf Konzernebene der Buchwert der Beteiligung an dem assoziierten Unternehmen zu zeigen. Ergibt sich eine Differenz zum anteiligen Eigenkapital, so muß dieser Unterschiedsbetrag in der Bilanz vermerkt oder im Anhang angegeben werden. Wird entsprechend der Kapitalanteils- (= Neubewertungs-)methode konsolidiert, dann enthält die Konzernbilanz einen Beteiligungsausweis lediglich in Höhe des anteiligen Eigenkapitals nach Neubewertung. Die Differenz zwischen diesem Betrag und dem Beteiligungsbuchwert wird als Geschäfts- oder Firmenwert ausgewiesen.

Für die Folgekonsolidierung sei angenommen, daß das assoziierte Unternehmen für das abgelaufene Geschäftsjahr eine Dividende in Höhe von insgesamt 10 ausschüttet und in

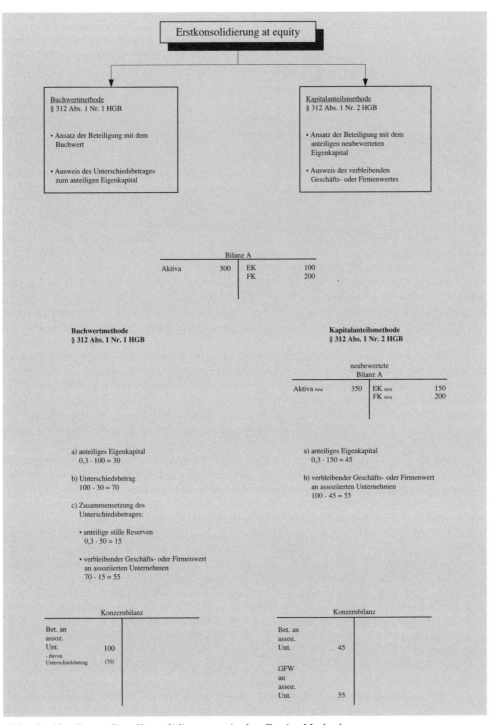

Abb. C. 43: Erstmalige Konsolidierung mit der Equity-Methode

der laufenden Periode einen Jahresüberschuß von insgesamt 20 erzielt. Die stillen Reserven sollen unverändert fortgeführt und der Geschäfts- oder Firmenwert auf die voraussichtliche Nutzungsdauer von 11 Jahren verteilt werden.

Vom alten Buchwert ist die bereits in der letzten Periode vom Konzern erfolgswirksam vereinnahmte anteilige Gewinnausschüttung (0,3 · 10) abzuziehen. Nach Addition des anteiligen aktuellen Jahresüberschusses (0,3 · 20) und Verminderung um die Abschreibung des Geschäfts- oder Firmenwertes (1/11 · 55) ergibt sich der neue Buchwert von 98. Der Bilanzausweis erfolgt in dieser Höhe bei der Buchwert- bzw. auf die Beteiligungsposition und den Geschäfts- oder Firmenwert aufgeteilt nach der Kapitalanteilsmethode.

Auf der vierten Stufe des Konzerns (vgl. wiederum Abb. C.41) werden bloße *Beteiligungen* zu ihren Anschaffungskosten in der Bilanz angesetzt und in den Folgeperioden ggfs. im Wert korrigiert.

Für die zwingend vorgeschriebenen Teile Konzern*anhang* und *-lagebericht* gelten mit den Vorschriften im Hinblick auf den Einzelabschluß vergleichbare Bestimmungen.

b. 5. Bankbilanzpolitik

Unter der **Bankbilanzpolitik sind alle Maßnahmen zu verstehen, deren Ziel es ist, den Jahresabschluß zu gestalten.** Bei der Rechenschaftslegung nach außen ergibt sich die Möglichkeit der Bilanzgestaltung im Rahmen des Freiheitsbereichs, den Gesetzgeber und die Grundsätze ordnungsmäßiger Buchführung und Bilanzierung für den Ausweis und die Bewertung lassen.

Im Bewußtsein der Öffentlichkeitswirkung des Jahresabschlusses wird eine Bank in diesem Rahmen ihre Bilanz so zu gestalten suchen, daß unter den externen Interessengruppen insbesondere Gläubiger und Aktionäre zu einem für die Bank vorteilhaften Verhalten veranlaßt werden (sogenanntes *Window Dressing*).

Von *Gläubigern* ist anzunehmen, daß sie das Bilanzbild besonders im Hinblick auf die Sicherheit und Liquidität eines Kreditinstituts auswerten. Bei Großgläubigern kann nicht ausgeschlossen werden, daß sie vom Ergebnis einer solchen Auswertung z.B. die Entscheidung abhängig machen, Termineinlagen in Millionenhöhe abzuziehen oder stehen zu lassen. – Neben Risikoüberlegungen sind *Aktionäre* dagegen stärker an der Rendite des von ihnen eingesetzten Kapitals interessiert. Vor dem Hintergrund der Zielgröße Eigenkapitalrentabilität richtet sich der Blick primär auf den Zähler dieser Größe, den Jahresüberschuß, als Basis für Thesaurierungen bzw. Dividenden.

Schließlich wird die bilanzierende Bank beachten müssen, daß sie von den genannten Interessengruppen im Vergleich zu Konkurrenzinstituten gesehen wird. Daraus ergibt sich neben den genannten Gestaltungszielen der *Sicherheit,* der *Liquidität* und des *Gewinns* der Wunsch, ein konkurrenzfähiges *Wachstum* im Jahresabschluß dokumentieren und damit die Ausweitung oder doch die Stabilisierung des Marktanteils deutlich machen zu können.

Unter dem Aspekt der *Sicherheit* werden im wesentlichen die *Risikobelastung der Aktiven* und die *Kapitalstruktur* betrachtet; da kaum Möglichkeiten bestehen, das aus den Aktiva resultierende Risiko zu erkennen, weil Wertberichtigungen und Abschreibungen direkt vorgenommen werden, dürfte der Schwerpunkt der Analyse durch externe Interessengruppen auf der Kapitalstruktur liegen. In diesem Zusammenhang kommt der Eigenkapitalquote einer Bank eine besondere Bedeutung zu.

Unter dem Aspekt der *Liquidität* werden externe Betrachter auf die Fristigkeitsstruktur der Forderungen und der Verbindlichkeiten, insbesondere auf Entsprechungen der Kapitalbindungs- und Kapitalüberlassungsfristen *(horizontale Finanzierungsregeln)* achten.

Die Gestaltung des *Gewinns* mit Blick auf eine möglichst hohe Eigenkapitalrentabilität erfolgt in dem dafür zur Verfügung stehenden Rahmen in der *GuV-Rechnung.*

Ansatzpunkte für die Beeinflussung des *Wachstums* ergeben sich über *einzelne Bilanzpositionen* und damit die gesamte *Bilanzsumme.* Dabei ist es ohne Schwierigkeiten möglich, die »Produktion« von einigen Wachstumsprozenten kurz vor dem Bilanzstichtag über den Geldmarkt z.B. in Form von Dreiecksgeschäften mit befreundeten Banken zu erreichen.

Offenbar hat eine bankeigentümliche Terminologie verhindert, daß das *Wachstum* wie in anderen Wirtschaftsbereichen auch *auf die Strömungsgröße Umsatz* als die wichtigste Ertragsposition *bezogen* wird. Wenn insbesondere kleinere Kreditinstitute hier und da Mehr-Umsätze in Milliarden-Höhe hervorheben, so sind regelmäßig die Umsätze auf den Konten der Kunden gemeint. Diese können zwar über die Beschäftigung Anhaltspunkte geben; für die Kennzeichnung der wirtschaftlichen Entwicklung der Bank sind sie dagegen ohne Aussagegehalt (zumal der größte Teil solcher »Umsätze« noch nicht einmal mit Umsatzprovision belegt sein dürfte und insofern für die eigene Erfolgsrechnung nicht ertragsrelevant wird).

Wenn über globale Wachstumsraten und Mehr-Umsätze berichtet wird, dann sollte auf die Zins- und Provisionserträge (Positionen 1 bis 3 der Ertragsseite der GuV) abgestellt werden, zumal in den Provisionserträgen auch das bilanzindifferente Dienstleistungsgeschäft seinen Niederschlag findet. Ein »Nettoertrag aus Finanzgeschäften« kann dagegen deshalb nicht in den Bankumsatz einbezogen werden, weil es sich um eine Saldogröße aus Erträgen und Aufwendungen handelt.

Bei allen bilanzpolitischen Maßnahmen ist darauf zu achten, welche Nebenwirkungen sich aus der Verfolgung von Ausweiszielen wie der Liquidität, der Sicherheit, der Rentabilität und des Wachstums ergeben. Da Maßnahmen, die den Liquiditätsausweis positiv beeinflussen sollen, häufig den Gewinn beeinträchtigen werden, sind die **Interdependenzen zwischen den Ausweiszielen zu beachten.**

Maßnahmen der Bilanzpolitik können kurzfristig

– vor Ablauf des Geschäftsjahres;
– durch Bewertungsoperationen aber auch nach Ablauf des Geschäftsjahres getroffen werden.

Im folgenden werden zunächst die *Maßnahmen* der Bilanzpolitik *vor Ablauf des Geschäftsjahres* betrachtet.

Im Bewußtsein dessen, daß Bilanzanalysen externer Interessengruppen stark durch das Denken in Bilanzstrukturen und Finanzierungsregeln geprägt werden, sind beim Anstreben eines *günstigen Liquiditätsbildes* z.B. diese Maßnahmen denkbar:

– Tauschoperationen im Bereich der Aktiva, z.B. Verkäufe von Wertpapieren, die Verbriefung von Forderungen durch Verkauf an eine Zweckgesellschaft, die diese Assets zur Besicherung von Wertpapieren benutzt, oder die Rediskontierung von Wechseln (so daß sich die Primärliquidität entsprechend vergrößert).
– Aufnahme längerfristiger Einlagen, etwa in Gestalt von Termineinlagen (so daß sich die unmittelbar verfügbare Primärliquidität auf Kosten langfristiger Verbindlichkeiten verbessert).
– Die Umwandlung von Buchdebitoren in Wechseldebitoren durch Debitorenziehungen (so daß sich die Mobilität solcher Forderungen erhöht).

Die Beispiele deuten an, daß über derartige Eigengeschäfte bzw. Absprachen mit einzelnen Kunden kurzfristig der gewünschte Erfolg realisiert werden kann, eine Möglichkeit, welche durch Ausdehnung etwa des Volumens an Spareinlagen nicht gegeben ist, da zu diesem Zweck die Eröffnung neuer Zweigstellen oder Werbefeldzüge erforderlich wären, beides Maßnahmen, die erst langfristig Liquiditätswirkungen zeigen würden. Die Beispiele lassen weiterhin erkennen, daß die Verschönerung des Bilanzbildes unter dem Gesichtspunkt der Liquidität etwas kostet (durch Zahlung von Zinsen bzw. entgehende Erträge).

Soll im Rahmen der Bilanzstruktur der *Eigenkapitalbereich* unter dem Aspekt der Sicherheit *gestärkt* werden, so käme dafür z.B. die möglichst frühzeitige Ankündigung einer in der Hauptversammlung zu beschließenden Kapitalerhöhung in Betracht. Diese könnte auch eine bedingte Kapitalerhöhung bei der Ausgabe von Wandelschuldverschreibungen sein. Zu beachten ist allerdings, daß sich eine solche Operation c.p. negativ auf die Zielgröße der Eigenkapitalrentabilität auswirkt.

Ein weiteres Ziel der Bilanzpolitik könnte es sein, zum Jahresende ein *günstigeres Gewinnbild* auszuweisen.

- Zu diesem Zweck können etwaige Buchgewinne bei Wertpapieren realisiert oder eigene Schuldverschreibungen unter pari zurückgekauft werden.
- Durch die Übertragung von Wertpapieren aus dem Umlauf- in das Anlagevermögen lassen sich Abschreibungen auf den Niederstwert vermeiden (vgl. S. 327).
- Werden Inhaberschuldverschreibungen auf den Namen umgeschrieben, so sind sie wie Forderungen zu bewerten und reagieren insoweit nicht auf Veränderungen der Marktpreise.
- Durch die Bildung von Bewertungseinheiten können unrealisierte, zu Abschreibungen oder Rückstellungen führende Verluste aus einem Grundgeschäft durch unrealisierte Gewinne aus einer Sicherungsposition ausgeglichen werden.

Andererseits kann Ziel der Bilanzpolitik sein, einen besonders guten Jahresgewinn nach außen optisch zu ermäßigen, da langfristig stabile Dividendenausschüttungen angestrebt und für die Zukunft mögliche Gewinneinbrüche befürchtet werden. Zudem will man u.U. keine überbordenden Gehaltsforderungen der Gewerkschaften provozieren. Die *Gewinnminderung* noch vor Ablauf des Jahres könnte z.B. durch folgende Aktionen angestrebt werden:

- Die Vereinbarung mit Großkunden, daß größere Kredite noch vor Jahresende ausgezahlt werden. Darin liegen zwar für die Zukunft mehr Erträge, aber zunächst müssen im Jahresabschluß Pauschalwertberichtigungen verkraftet werden, die – bei einem Satz von z.B. 1% – den anteiligen Jahres-Kreditzins übertreffen.
- Die Zuordnung von Wertpapieren zur Liquiditätsreserve nach § 340f HGB vergrößert die Basis zur Legung stiller Vorsorgereserven.
- Die Anschaffung geringwertiger Wirtschaftsgüter (die im Jahresabschluß steuermindernd voll abgeschrieben werden können).
- Das Vorziehen von aufwandverursachenden Reparaturen.

Dem Ausweis *günstiger Wachstumsraten* dienen alle Maßnahmen der Bilanzverlängerung wie z.B.

- die kurzfristige Hereinnahme möglichst hoher Einlagenbeträge durch das Angebot attraktiver Zinssätze;
- die Inanspruchnahme des Geldmarktes auf die gleiche Weise einschließlich
- des Abschlusses von Verträgen über Pensionsgeschäfte.

Es ist offensichtlich, daß alle diese Maßnahmen zunächst Zinskosten verursachen und den Gewinn damit negativ beeinflussen, wenn es in den wenigen Tagen oder Wochen bis zum Jahresschluß nicht gelingt, die hereingenommene Primärliquidität zinstragend anzulegen.

Die *Maßnahmen nach Ablauf des Geschäftsjahres* beziehen sich vor allem auf die Gestaltung des Gewinns durch Bewertungsoperationen, die sich auf die banktypische Manövriermasse der Forderungen und Wertpapiere konzentriert.

Im einzelnen können z.B. folgende Bewertungsoperationen vorgenommen werden:

– Reichliche oder sparsame Dotierung von Pensionsrückstellungen und Verbindlichkeiten aus Urlaubsansprüchen;
– reichliche Bemessung der (dann zu versteuernden) Vorsorgereserven für latente Risiken bei Forderungen oder teilweise Auflösung solcher versteuerter Wertberichtigungen;
– Abschreibungen oder Zuschreibungen insbesondere auf festverzinsliche Wertpapiere;
– sofortige Verrechnung von Disagiobeträgen bei Wertpapieremissionen oder Aktivierung unter Rechnungsabgrenzungsposten und Abschreibung über die Laufzeit.[40]

c. Zur Gleichwertigkeit der bankbetrieblichen Rechnungslegung

Die bisherigen Ausführungen dienten vor allem dazu, die handelsrechtlichen Rechnungslegungsvorschriften der Aktienbank in ihren Grundzügen darzustellen. Dabei wurde bewußt auf eine Verknüpfung einzelner institutioneller Vorschriften mit der wichtigen Frage nach der Berechtigung für eine Sonderregelung zur Bildung stiller Reserven verzichtet.

Diese Frage wurde vor der erstmaligen Einführung eines Formblatts für die GuV-Rechnung im Jahre 1967 unter dem Stichwort der Gleichwertigkeit der bankbetrieblichen Rechnungslegung in der Literatur eingehend diskutiert. Dabei spielte der Aspekt eine wichtige Rolle, **ob die Sonderstellung des Kreditgewerbes in der Volkswirtschaft**, die aus der monetären Konjunkturpolitik und dem Einlegerschutz abgeleitet wird, **auch eine Sonderstellung des bankbetrieblichen Jahresausweises im Vergleich zum Jahresabschluß von Unternehmen anderer Wirtschaftsbereiche begründen kann.**

Bereits mit dem Inkrafttreten des Aktiengesetzes von 1965 war – wie oben gezeigt – die Einfügung des § 26a in das KWG verbunden, der es den Banken erlaubte, Forderungen und Wertpapiere des Umlaufvermögens abweichend von § 155 AktG (nun § 253 Abs. 1 und 3 HGB) zu bewerten. Mit dem deutschen Bankbilanzrichtlinie-Gesetz wurde diese Regelung – wenn auch mit einer Betragsbegrenzung – in Form des § 340f HGB übernommen. Allerdings hat der deutsche Gesetzgeber bei der Umsetzung der europäischen Bankbilanzrichtlinie in diesem Punkt ein Mitgliedstaatenwahlrecht ausgenutzt, das 1998 von der EU-Kommission auf den Prüfstand gestellt wird. Selbst wenn es im Zuge dieser Überprüfung zu einer Beseitigung der Bewertungsprivilegien der Banken kommen sollte, so ist doch damit zu rechnen, daß den Kreditinstituten eine großzügige Übergangszeit bis zur Anwendung strengerer Vorschriften zugebilligt werden wird. Von daher erscheint es gerechtfertigt, den Problemkreis der stillen Reserven eingehend zu erörtern. Dem steht auch nicht entgegen, daß – wie im folgenden Abschnitt d. gezeigt wird – sich die großen Aktienbanken internationalen Bewertungsusancen annähern und damit freiwillig auf eine Ausnutzung ihrer Privilegien wenigstens teilweise verzichten. Bei aller Aufmerksamkeit, die diese Tendenz in der Öffentlichkeit berechtigterweise findet, darf nicht vergessen werden,

---

[40] Vgl. zur Bankbilanzpolitik auch G. Waschbusch: Die handelsrechtliche Jahresabschlußpolitik, a.a.O. sowie empirische Ergebnisse aus den USA bei L. Allen/A. Saunders: Bank window dressing: Theory and evidence, in: JoBF, vol. 16, 1992, S. 585-623.

daß die Sparkassen und Genossenschaftsbanken – und somit die Mehrzahl der deutschen Kreditinstitute – bei weitem nicht einem vergleichbaren Anpassungsdruck der ausländischen Finanzmärkte unterliegen, so daß sie ihre Gestaltungsspielräume im Rahmen der gesetzlichen Vorschriften weiter nutzen dürften.

Vor der Erörterung der durch die Sonderbewertungsvorschriften bedingten Konsequenzen für den materiellen Inhalt einzelner Erfolgs- und Bilanzpositionen ist das damit zusammenhängende Problem zu behandeln, wie weit ein Formblatt der GuV-Rechnung der Bank im Vergleich zu der auf Industrie- und Handelsbetriebe abgestellten handelsrechtlichen Gliederung für Kapitalgesellschaften (§ 266 HGB) als gleichwertig angesehen werden kann.

Diese Fragen können nur unter Bezugnahme auf die Aufgaben beantwortet werden, die das externe Rechnungswesen zu erfüllen hat.

Als Aufgabe der Rechenschaftslegung fordert § 264 Abs. 2 HGB, daß ein »den tatsächlichen Verhältnissen entsprechendes Bild der Vermögens-, Finanz- und Ertragslage« gegeben werden soll. Diese unter betriebswirtschaftlichem Aspekt nicht unproblematische Forderung ist vor dem Hintergrund der Informationsansprüche einzelner Interessengruppen an den Jahresabschluß zu beleuchten.

Dem kann man die allgemeine **These** voranstellen, **daß angesichts der existentiellen Identität, aber erfolgsmäßigen Relativität des Produktions- und des Finanzbereichs im Industrie- und im Bankbetrieb eine Gliederung der Bankerfolgsrechnung nur dann als gleichwertig angesehen werden kann, wenn die durch die banktypischen Einsatzfaktoren und Leistungen bedingten Erfolgsquellen einen den industrietypischen Verhältnissen entsprechenden Ausweis finden.**

Will man die *formale Ausweisfrage* beantworten, so ist es zweckmäßig, von einem Vergleich der betriebstypischen aufwandverursachenden Einsatzfaktoren und Ertragsquellen auszugehen.

Bei den aufwandverursachenden Einsatzfaktoren könnte man sich auf den Standpunkt stellen, daß der bankbetriebliche Ausweis der dominierenden Finanzaufwendungen weniger ausführlich ist (4 bzw. – bei einem Nettoaufwand aus Finanzgeschäften – 5 Positionen, vgl. S. 323) als der für betriebliche Aufwendungen in der Industrie (nach dem Gesamtkostenverfahren im Rahmen der Aufwendungen für Materialeinsatz, Personal, Abschreibungen und sonstige 8, nach dem Umsatzkostenverfahren aber ebenfalls nur 4 Positionen, nämlich Herstellungs-, Vertriebs-, allgemeine Verwaltungskosten und sonstige betriebliche Aufwendungen). Dadurch werden die Möglichkeiten zur stillen Bildung von Reserven im Kreditinstitut erleichtert.

Bei den Ertragsquellen dagegen wird in der GuV-Rechnung der Bank für den Finanzbereich – wie erwähnt (S. 322) – der Ansatz einer Spartengliederung offenbar, die mit 6 (bzw. bei Ausweis eines Nettoertrags aus Finanzgeschäften 7) Positionen erheblich weiter geht als der globale Posten Umsatzerlöse in der GuV-Rechnung eines industriellen Produktionsunternehmens; im Industriebetrieb müßten entsprechend die Erlöse in Produktgruppen aufgespalten werden (was gemäß § 285 Ziffer 4 HGB im Anhang verlangt wird).

Wägt man diese Mängel bzw. Vorzüge gegeneinander ab, so kann man im Hinblick auf die Ausweisregelung in der **GuV-Rechnung der Kreditinstitute die Ansicht vertreten, daß ihr Formblatt eine der industriellen Regelung etwa gleichwertige Struktur** aufweist.

Es bleibt zu prüfen, ob die *Sonderbewertungsvorschriften des § 340f HGB*, den *materiellen Inhalt* der Erfolgspositionen betreffend, zusammen mit ihren Konsequenzen für die Gliederung als *zweckgerecht* und damit *begründet* angesehen werden können.

c. 1. Argumente gegen Bewertungsprivilegien der Banken

Ehe man sich mit der Frage auseinandersetzt, ob die für die Beibehaltung der Bewertungsprivilegien von Banken im Vergleich zu Nichtbanken ins Feld geführten Argumente gerechtfertigt sind oder nicht, ist es zweckmäßig, sich die Nachteile einer derartigen Sonderbehandlung vor Augen zu führen. Erst vor diesem Hintergrund kann das Gewicht aller Argumente im Sinne einer Pro- und Contra-Abwägung gewürdigt werden.

Kreditinstitute sind nicht nur Einschränkungen des Handlungsspielraums (wie im Gesetz über die Deutsche Bundesbank und vor allem im Gesetz über das Kreditwesen) unterworfen; vielmehr gelten für sie auch Ausnahmeregelungen, die auf eine Erweiterung des Handlungsspielraums hinauslaufen, wie etwa die Befreiung vom Kartellverbotsprinzip im Gesetz gegen Wettbewerbsbeschränkungen und eben von den genannten Bewertungsvorschriften der §§ 253 und 279 HGB. Gesetzliche Sonderbehandlungen, wie sie u.a. auch der Versicherungswirtschaft, bestimmten Verkehrsträgern und Versorgungsunternehmen zuteilgeworden sind, werden je nach Temperament und Betrachtungsposition entweder zum Schutz der Funktionsfähigkeit eines für die Volkswirtschaft existentiell wichtigen Sektors für erforderlich gehalten oder als »Naturschutzpark« im Wettbewerb der freien Marktwirtschaft angeprangert. Unabhängig von solchen unterschiedlichen Betrachtungspositionen gilt, daß die Exklusivität eines Wirtschaftszweigs, wie sie für Kreditinstitute durch eine eigene Gewerbepolizei in Gestalt der Bankenaufsicht demonstriert wird, in den Grenzbereich zwischen freier und gelenkter Wirtschaft führt. So ist es nicht erstaunlich, daß Systemgegner mit ihren Forderungen nach Verstaatlichung bestimmter Wirtschaftszweige stets und vor allem auch auf die Kreditwirtschaft zielen.[41] Darin liegt die *Gefahr einer Staatsfürsorge* in Form der Sonderbehandlung eines Wirtschaftszweigs.

Vor diesem Hintergrund wird sich die Branche nach ihrer Bereitschaft fragen lassen müssen, ob sie die Forderung nach mehr Publizität, welche sie bei Wertpapieremittenten und bei ihren Kreditkunden grundsätzlich unterstützt, auch gegen sich selbst gelten lassen will. Ohne weiteres ist nicht nachzuvollziehen, daß sich die Banken im Hinblick auf den Anspruch auf Informationen über Kreditnehmer der Rückendeckung des Gesetzgebers im § 18 KWG versichern[42], während man den eigenen Kapitalgebern gegenüber auf der Grundlage von § 340f HGB Informationen zurückhält.

Mit der Ergebnisregulierung über die Legung und Auflösung stiller Reserven besitzt das Management eine Möglichkeit, nicht nur unverschuldete, sondern auch verschuldete Verluste zu verdecken und damit die Erfolgssituation eines Instituts den Kontrollinstanzen gegenüber günstiger darzustellen, als sie tatsächlich ist. Eine derartige Verschleierung auch eigener Fehler dürfte zwar von Wirtschaftsprüfern häufig aufgedeckt werden. Fachlich weniger versierte Mitglieder der Aufsichts- und Verwaltungsräte, die Vertreter der Arbeitnehmer in diesen Organen sowie die Medien als Informanten der Öffentlichkeit können aber in die Irre geleitet werden, wenn mit Hilfe der Auflösung stiller Reserven eine stabile Gewinnentwicklung vorgetäuscht wird, obwohl z.B. falsche Dispositionen bei der Strukturierung der Wertpapierbestände oder das Ausmaß eingegangener Zinsände-

---

[41] Vgl. zu entsprechenden Stellungnahmen bei H. E. Büschgen/K. Steinbrink: Verstaatlichung der Banken? Forderungen und Argumente, Köln 1977, insbesondere S. 53ff. und S. 72ff.

[42] »Ein Kreditinstitut darf einen Kredit von insgesamt mehr als 500.000 Deutsche Mark nur gewähren, wenn es sich von dem Kreditnehmer die wirtschaftlichen Verhältnisse, insbesondere durch Vorlage der Jahresabschlüsse, offenlegen läßt.« (§ 18 KWG). Vgl. dazu J. Süchting/D. Stahlschmidt: Wettbewerb mit Informationsanforderung?, in: ZfgK, 32. Jg., 1979, S. 1081-1086.

rungsrisiken die Ertragskraft erheblich belastet haben. Diese Beispiele machen deutlich, daß stille Reserven eine »*Manager-Schutz-Funktion*« ausüben können. Sind andererseits spektakuläre Fallissements die Quellen der Verluste, so dringen sie in der Regel auch nach draußen. Dann mag es geschehen, daß in der Phantasie der Öffentlichkeit der Umfang vorhandener stiller Reserven und damit die Möglichkeit des Ausgleichs spektakulärer Verluste überschätzt wird. »Sicher ist, daß ein hohes Eigenkapital mit ausgewiesenen Rücklagen eher geeignet ist, das Vertrauen in die Fähigkeit, Verluste aufzufangen, zu stärken, als ein Rätseln über nicht erkennbare Reserven.«[43] – In jedem Fall kann demnach der Gestaltungsspielraum beim Ergebnisausweis ein Moment der Unsicherheit in die Beurteilung der Bank und ihrer Leitung bringen, wie es in diesem Ausmaß bei Nichtbanken nicht besteht.

Stille Reserven *beeinträchtigen die Dispositionsgrundlage* für den Ein- und Austritt von Eigentümern insbesondere bei Aktienbanken. Eine solche Beeinträchtigung trifft weniger die Mitglieder von Genossenschaftsbanken, die – obwohl der Gesetzgeber bei der Novellierung des Genossenschaftsgesetzes im Jahre 1973 (§ 73 Abs. 2ff. GenG) die Möglichkeit dazu geschaffen hat – an der Entwicklung des inneren Wertes ihrer Institute (über die Dividendenzahlung hinaus) regelmäßig nicht partizipieren.

Aktionäre sind an möglichst ungeschminkten Informationen über ihre Gesellschaft sowie deren Gewinnkraft und damit an einer fundierten Basis für die Abschätzung der Renditen ihrer Anlagen interessiert. Unter diesem Aspekt birgt eine Manipulation des Erfolgsausweises die Gefahr, daß entweder auf der Chance-Seite das Dividenden- bzw. Kurserhöhungspotential oder auf der Risiko-Seite die Möglichkeit von Kursverlusten falsch eingeschätzt wird. Die Aktienrechtsreform von 1965 verfolgte demgegenüber gerade das Ziel, mit einer Einschränkung der Möglichkeiten zur Legung und Auflösung stiller Reserven den Aktionären eine verbesserte Informations- und damit Dispositionsbasis für ihre Transaktionen zu geben und auf diese Weise letztlich das Vertrauen in die Aktienbörse zu stärken.[44]

Bei Publikumsgesellschaften eingerichtete, der Beziehungspflege zu den Anteilseignern dienende *Investor Relations*-Abteilungen haben ebenfalls die Aufgabe, über die Gesellschaft, d.h. vor allem ihre Ertragsaussichten, zu informieren.[45]

Zusammengefaßt folgt: **Wer für die Aufrechterhaltung der Bewertungsprivilegien von Kreditinstituten plädiert, wird sich darüber klar sein müssen, daß er insoweit (1) der Kreditwirtschaft als Objekt staatlicher Fürsorge das Wort redet, (2) eine im Vergleich zu anderen Wirtschaftszweigen verminderte Effizienzkontrolle der Geschäfts-**

---

[43] W. Möschel: Das Wirtschaftsrecht der Banken, Frankfurt/M. 1972, S. 264.

[44] Von einer völligen Verkennung dieses Sachverhalts zeugt die Aussage: »Eine (mit Hilfe stiller Reserven nivellierte, die Verfasser) ruhige, auf längere Sicht echt fundierte Kursentwicklung liegt somit auch im rechtverstandenen Interesse des Bankaktionärs, der sein Geld solide anzulegen gedenkt.« H. Birck/H. Meyer: Die Bankbilanz, 3. Aufl., Teillieferung 3, Wiesbaden 1979, S. VII 63. Die hier und im folgenden aufgeführten Argumente von Birck/Meyer finden sich unverändert in der 5. Teillieferung, 3. Aufl., Wiesbaden 1989, insbes. S. 310ff. In dieser (und anderer) Hinsicht versucht J. Schneider (Zur Problematik der stillen Reserven bei Kreditinstituten, Diss. Würzburg 1984) eine Rechtfertigung der Position von Birck/Meyer.

[45] Angesichts dieser Aufgabenstellung erhebt sich die Frage, ob – vor dem Hintergrund der eingeschränkten Gewinnpublizität in der Kreditwirtschaft – z.B. die 1988 geschaffene »Investors Relations-Abteilung« der Deutschen Bank (vgl. o.V.: Deutsche Bank stärkt Aktionärsbeziehungen, in: BZ, Nr. 131 v. 13.7.1988, S. 5) diesen Zweck voll erfüllen kann. Zu Investor Relations in Publikumsgesellschaften allgemein vgl. R. Link: Aktienmarketing in deutschen Publikumsgesellschaften, Wiesbaden 1991.

leitungen von Banken hinzunehmen bereit ist und (3) **Bankeigentümer in bezug auf Gewinninformationen über ihre Gesellschaften weiterhin diskriminiert.**

c. 2. Argumente für Bewertungsprivilegien der Banken

Führt man sich diese Nachteile einer Exklusivbehandlung der Kreditwirtschaft in der Bewertungsfrage vor Augen, so müssen die Vorteile schon entsprechend gewichtig sein, wenn man die Beibehaltung der Bewertungsprivilegien rechtfertigen will.

Von Befürwortern der Bewertungsprivilegien wurde vorgebracht, die in den Kreditinstituten verfügbaren *stillen Reserven* seien so weit *abgebaut* worden, daß die Gesamtproblematik in der Diskussion überbewertet werde.[46]

In diesem Zusammenhang ist zunächst darauf hinzuweisen, daß die Möglichkeiten der Legung (und Auflösung) stiller Reserven bei den Kreditinstituten begrenzt sind, und zwar durch folgende Faktoren:

— Eine im Zeitverlauf schwankende Ertragskraft;
— die in diesem Rahmen bestehende Usance, möglichst konstante Dividenden(-sätze) auszuschütten sowie
— den Zwang, auch über die Dotierung der offenen Rücklagen eine Eigenkapitalquote am Geschäftsvolumen aufrechtzuerhalten, welche insbesondere die (durch §§ 10, 10a KWG und Grundsatz I limitierten) Wachstumsspielräume für die Kreditvergabe nicht gefährdet.

In der Schere zwischen instabiler Ertragskraft sowie den auf konstante Ausschüttungssätze gerichteten Erwartungen der Eigentümer einerseits und dem Zwang zur Ausdehnung der sichtbaren Eigenkapitalbasis andererseits hat sich in der Tat der Rahmen verengt, innerhalb dessen stille Reserven gelegt werden können. Bei manchen Instituten, welche die Dividenden zurücknehmen oder ganz ausfallen lassen mußten, ist anzunehmen, daß sich über die Jahre die Polster stiller Reserven verbraucht, nicht etwa aufgefüllt haben. Wenn deshalb Schätzungen in der Kreditwirtschaft dahin gingen, daß der Umfang stillen Eigenkapitals im Vergleich zum offen ausgewiesenen im Durchschnitt nur etwa 25% betragen hätte[47], so ist dies – abgesehen einmal davon, daß die Verhältnisse von Institut zu Institut sehr unterschiedlich sein dürften – glaubhaft und zeigt, daß der Möglichkeitsbereich des § 26a KWG im allgemeinen nicht ausgeschöpft werden konnte. Zum Stichtag 31.12.1992 beliefen sich die von der Bundesbank im Vorfeld der Umsetzung der EU-Eigenmittel- und Sovabilitätsrichtlinien erhobenen stillen Reserven (ebenfalls nach damaligem § 26a KWG) von Groß- und Regionalbanken auf insgesamt 3 Mrd. DM.[48]

---

[46] Vgl. H. Birck/H. Meyer: a.a.O., S. VII 72 und neuerdings J. Krumnow: Nuancen der Bankenpublizität in der EU-Bankbilanzrichtlinie und nationalen Umsetzung, in: ZfbF, 47. Jg., 1995, S. 891-898.
[47] So W. Starke, Deutscher Sparkassen- und Giroverband, Bonn, in seinem Referat am 4.11.1980 »Zu den Bewertungsspielräumen in den Bilanzen der Kreditinstitute« im Kontaktseminar an der Ruhr-Universität Bochum, in: SB Nr. 13, WS 1980/81, S. 41. L. Faißt (Zur stillen Risikovorsorge im Bankenbereich im Rahmen der EG-Rechtsangleichung, in: BBl, 29. Jg., 1980, S. 190-196, hier S. 193) bezifferte den Umfang der stillen Reserven bei 70 badischen Sparkassen für das Jahr 1974 auf durchschnittlich 15% des offenen Eigenkapitals.
[48] Vgl. J. Krumnow: Nuancen der Bankenpublizität in der EU-Bankbilanzrichtlinie, a.a.O., S. 895.

Wenn dies so ist, dann ergibt sich indessen folgende Überlegung: Genauso wie der geringer gewordene Umfang stiller Reserven herangezogen werden kann, um für die Beibehaltung der bisherigen Bewertungspraxis zu argumentieren (so groß ist das Verschleierungspotential ja gar nicht!), kann von ihrer Verringerung her auch eine Gleichstellung mit der übrigen Wirtschaft befürwortet werden. Wenn das Verschleierungspotential seine mögliche Bedeutung weitgehend verloren hat, so sollte man auch in der Lage sein, ganz darauf zu verzichten.[49] – **Das Argument vom Hinschwinden der Polster an stillen Reserven kann demnach sowohl auf den möglichen Schaden als auch den denkbaren Nutzen bezogen werden.** Es überzeugt nicht.

Die Geschäftsbanken dienen der Deutschen Bundesbank als Hebel für ihre monetäre Konjunkturpolitik. Diese gesamtwirtschaftliche Aufgabe erzwingt, daß die Notenbank die Geschäftsbanken mit einem Bündel zentralbankpolitischer Maßnahmen adressiert und – je nach Konjunkturphase – in Abhängigkeit davon ihre GuV-Rechnungen mehr oder weniger belastet. Um derartige im Konjunkturverlauf unterschiedlich starke Belastungen in den Erfolgsrechnungen still ausgleichen zu können, bedürfe es exklusiv für die Kreditwirtschaft des Instruments der stillen Reserven. »Kann ein bankpolitisches Zwischenziel vielleicht auch darin gesehen werden, solche *exogen verursachten Schwankungen* zu glätten?«[50]

In diesem Zusammenhang ist zunächst festzustellen, daß »letzter« Adressat bundesbankpolitischer Maßnahmen nicht das Geschäftsbankensystem ist, sondern der Realbereich der Wirtschaft und der privaten Haushalte. Das Geschäftsbankensystem dient lediglich als Transmissionsriemen, über den Verknappungen (Erleichterungen) in der Liquiditätsversorgung sowie Verteuerungen (Verbilligungen) der dafür zu zahlenden Preise in die Wirtschaft übertragen werden sollen. Insofern ist auch ein Teil der Erfolgsrechnung bei Wirtschaftsunternehmen zwar nicht unmittelbar, aber mittelbar über die Reaktionen der Geschäftsbanken auf die Bundesbankpolitik fremddeterminiert.

Allerdings muß auch gesehen werden, daß eine Verteuerung der Liquidität für die GuV-Rechnungen der Wirtschaftsunternehmen und der Banken eine unterschiedliche Bedeutung besitzt. Während die Zinsaufwandspositionen in den Erfolgsrechnungen der Industrie einen Anteil von rund 1,6% an den gesamten Aufwendungen kaum übersteigen, machen die Zinsaufwendungen an den Gesamtaufwendungen einer Bank zwischen 60% und 70% aus (vgl. S. 302). Veränderungen dieser Aufwandsposition schlagen dementsprechend bei den Kreditinstituten erheblich mehr durch als bei anderen Wirtschaftsunternehmen. Beschaffungskosten für Liquidität sind hier vergleichbar dem Material- und Wareneinsatz bei Nichtbanken.[51]

Dieser Vergleich aber macht auch deutlich: Wenn eine restriktive Politik der Bundesbank über die Geldmärkte auf die Einlagenmärkte durchschlägt und dort die Kosten für die Kreditinstitute erhöht, so stehen diese vor dem gleichen Problem der Weiterwälzung derartiger Kostenerhöhungen auf ihre (Kredit-)Kunden wie Lieferanten, bei denen sich die Einsatzgüter im Energiebereich, bei Rohstoffen und Importwaren verteuert haben. Ob die

---

[49] So auch mit überzeugender Argumentation W. Neus/M. Schaber: Nuancen oder grundsätzliche Erwägungen zu bankspezifischen Bewertungswahlrechten, in: ZfbF, 48. Jg., 1996, S. 389-393.

[50] W. D. Becker: Stille Reserven im Vorentwurf zur EG-Bilanzrichtlinie, in: ZfgK, 33. Jg., 1980, S. 430-436, hier S. 434, Hervorhebung durch die Verfasser.

[51] Vgl. Arbeitskreis »Finanzierung« der Schmalenbach-Gesellschaft – Deutsche Gesellschaft für Betriebswirtschaft e.V.: Deckungslücken im Finanzierungsgefüge einer Unternehmung – Frühwarninformationen zum Erkennen und Bewerten von offenen Positionen, in: ZfbF, 37. Jg., 1985, S. 835-866.

Weiterwälzung der gestiegenen Beschaffungspreise gelingt oder nicht, ist vor allem eine Frage des Wettbewerbs auf den Absatzmärkten für Liquidität wie für die Produkte der Nichtbanken. Gelingt sie, kann die Zins- bzw. Handelsspanne aufrechterhalten werden; das ist nicht nur einzelwirtschaftlich erwünscht, sondern auch im Interesse der Bundesbank.

Wer demnach der Meinung ist, daß eine **Weiterwälzung der von der Bundesbank gewünschten Kreditverteuerungen auf den definitiv gemeinten Nichtbanken-Sektor im Zuge der monetären Konjunkturpolitik nicht funktioniert, der muß bei einer Beschränkung der Konkurrenz im Kreditgewerbe** ansetzen, muß zu den Zinsverordnungen der Nachkriegsjahre zurückkehren. In diesem Zusammenhang für die Aufrechterhaltung von **Sonderbewertungsvorschriften** zu streiten, ist der **falsche** Kriegsschauplatz.

Dieses Ergebnis kann auch mit einer bankeigentümlichen Terminologie, die zur Interpretation der »besonderen Risiken des Geschäftszweigs« (§ 340f HGB) herangezogen wird, nicht in Frage gestellt werden. Bei den besonderen Risiken wird auf die Bonitäts- und Zinsänderungsrisiken verwiesen.[52] Dabei bedarf es keiner näheren Begründung, daß es sich bei solchen Risiken nicht um bankspezifische Risiken handelt. Wo immer Industrie- und Handelsunternehmen Rechnungen erteilen, resultieren Debitorenbestände und Bonitätsrisiken einschließlich Länderrisiken, können Forderungen auch ausfallen. Wo immer Industrie- und Handelsunternehmen Geldvermögensbestände halten, die verzinslich sind, also über die Debitoren hinaus auch Bankguthaben und festverzinsliche Wertpapiere, entsteht über die Laufzeit dieser Anlagen die Gefahr der Unterverzinslichkeit bei ansteigendem Zinsniveau und damit das Risiko aus Zinsänderungen. Der Unterschied liegt nur darin, daß derartige Geldvermögenspositionen bei Nichtbanken einen vergleichsweise geringen Teil, bei Banken dagegen den Hauptteil der Aktiva ausmachen (vgl. S. 300).

Wenn Birck die mit der Aktienrechtsform 1965 erfolgte Einschränkung der Möglichkeiten zur Legung stiller Reserven bei Nichtbanken mit dem Argument unterstützte, hier könnten sonst stille Reserven in Sachinvestitionen fehlinvestiert werden, während er gleichzeitig behauptete, daß dies bei Kreditinstituten angesichts des geringen Anteils des Sachvermögens an den Aktiva nicht zu befürchten sei[53], so ist dem entgegenzuhalten: Für die Fehlinvestition stiller Reserven ist nicht die Art der Investition – Sach- oder Finanzinvestition – relevant, sondern die Qualität der Investitionsplanung, die Konkurrenzumgebung, die Risikofreudigkeit des Investors. Wenn eine Investition in ein Kraftwerk im Iran steckenbleibt, so berührt das nicht nur den Anlagenbauer, der die kalkulierten Kosten- und Gewinnelemente nicht ersetzt bekommt, sondern auch die Bank, falls sie die Finanzierung in ihren Büchern hat. Abschreiben müssen beide (es sei denn, die Hermes-Kreditversicherungs AG und damit der Staat leisten Entschädigung). Ob angesichts der falschen Einschätzung wirtschaftlicher und politischer Entwicklungen das Risiko der Nichtkostendeckung im Sachvermögensbereich oder das Risiko des Kreditnehmerausfalls im Geldvermögensbereich schlagend wird, kann demnach für die Argumentation um stille Reserven keinen Unterschied machen.

Im Argumentenarsenal für stille Reserven bei Kreditinstituten spielt die Auffassung eine hervorragende Rolle, der Jahreserfolg von Banken weise im allgemeinen größere Schwankungen auf als der von Industrie- und Handelsunternehmen. Die »besonderen Risiken des Geschäftszweigs« (§ 340f HGB) werden dementsprechend auch von der Instabili-

---

52 Vgl. H. Birck/H. Meyer: a.a.O., S. VII 52ff.
53 Vgl. H. Birck: Stille Reserven im Jahresabschluß der Kreditinstitute, in: WPg, 17. Jg., 1964, S. 415-422, hier S. 418.

tät der Ergebnisse im Zeitablauf her gedeutet, so daß stille Reserven zu ihrer Nivellierung im Hinblick auf eine Aussagefähigkeit im »höheren Sinn«[54] eingesetzt werden müßten.[55] Diese These muß auf Skepsis stoßen, denn

– in der Regel streuen Banken ihre Kreditportefeuilles nach Branchen und Größenklassen, so daß unter der Annahme differierender Branchenstrukturen und -konjunkturen eher von einer weniger labilen Gewinnentwicklung bei Kreditinstituten als bei Unternehmen anderer Wirtschaftsbereiche ausgegangen werden kann;
– das Kreditgewerbe selbst verwendet im Zusammenhang mit der Diskussion um das Universalbanksystem das Argument, es könne auf das Wertpapiergeschäft nicht verzichtet werden, weil es in der Lage sei, Erfolgsschwankungen des Kreditgeschäfts auszugleichen; diese Anschauung ist auch empirisch bestätigt worden.[56]

In den 70er Jahren ist offensichtlich geworden, daß Zinsänderungsrisiken angesichts zunehmender »Inflationsschübe« und einer damit zusammenhängenden, auch international unstetig gewordenen Zinsentwicklung zu Anpassungsschwierigkeiten bei den Banken geführt haben. Wenn Einlagenpreise kurzfristig teurer werden können, wird es riskant, sich in einer Phase niedrigen Zinsniveaus bei Kreditengagements und solchen in festverzinslichen Wertpapieren auf längere Zeit im Zins festzulegen. Wenn Kreditpreise in kürzeren Abständen billiger werden können, wird es riskant, sich in einer Phase hohen Zinsniveaus bei der Geldbeschaffung dauerhaft im Zins zu binden. Gegen Verluste aus Zinsänderungsrisiken können unter solchen Umständen diese Instrumente schützen: Entweder die goldene Bankregel, nach der Geldbeschaffung und Geldausleihung zins- und fristenkongruent erfolgen sollen, das Instrument der Zinsgleitklausel, welches es erlaubt, die Preisänderung auf einer Bilanzseite zeitgleich auf die andere Bilanzseite weiterzugeben, Finanz-Swaps oder Termingeschäfte.[57]

Mit solchen Anpassungsschwierigkeiten befinden sich die Banken indessen in guter Gesellschaft. Insbesondere in der Bauwirtschaft und der Investitionsgüterindustrie, wo über viele Jahre Großanlagen bei laufendem Verbrauch von Einsatzgütern fertigzustellen sind, spielt die Abschätzung der Preisentwicklung dieser Ressourcen eine entscheidende Rolle für das Gelingen oder Nichtgelingen der Investition. Jeder Anbieter wird angesichts einer wenig überschaubaren Zukunft versuchen, Preisgleitklauseln durchzusetzen, wenn dies bei den herrschenden Konkurrenzverhältnissen möglich ist. Es wird deutlich, daß es sich bei Zins- und Preisgleitklauseln um prinzipiell die gleichen Instrumente handelt, nämlich um vertragliche Regelungen, mit denen das Risiko von Preisänderungen auf den Abnehmer

---

[54] H. Birck/H. Meyer: a.a.O., S. VII 69, im Original hervorgehoben.
[55] Vgl. ebenda, S. VII 52, 57f., 69.
[56] Vgl. W. Kehl: Die Universalbank – Diversifikation durch Kredit- und Effektengeschäfte, Wiesbaden 1978. Dies gilt umgekehrt auch aus der Sicht des Investment Banking, dessen Anfälligkeit gegenüber krisenhaften Entwicklungen sich im Oktober-Crash 1987 besonders deutlich gezeigt hat. Vgl. R.-E. Breuer, Deutsche Bank AG, Frankfurt/M., in seinem Referat »Erfahrungen aus dem Oktober-Crash 1987 auf den Aktienmärkten« am 31.5.1988 im Kontaktseminar an der Ruhr-Universität Bochum, in: SB Nr. 28, SS 1988, S. 26-29. Vgl. auch H. Konjetzky: Die Neustrukturierung des Finanzplatzes London durch den Big Bang, in: SB Nr. 27, WS 1987/88, S. 59-67, hier insbesondere S. 66f.
[57] Der Hinweis auf die genannten Instrumente soll auch deutlich machen, daß die Übernahme von Zinsänderungsrisiken und das Ausmaß ihrer Wirkungen entgegen anderer Ansicht (vgl. W. D. Becker/K. P. Hasenkamp: Bewertungs- und Gliederungsfragen für Bankbilanzen nach dem Vorschlag einer EG-Richtlinie über den Jahresabschluß von Banken, in: KuK, 13. Jg., 1980, S. 506-531, hier S. 516) durchaus etwas mit der Leistungsfähigkeit einer Bank zu tun haben, nicht nur bundesbankinduziertes »Schicksal« sind.

weitergewälzt werden soll. – Wer dementsprechend der Meinung ist, daß die Kreditwirtschaft im Gegensatz zur Bauwirtschaft oder dem Großanlagenexport derartige Risiken zu tragen nicht in der Lage ist, wird wiederum bei einer Veränderung der Konkurrenzsituation, nicht aber bei dem Hinweis auf »branchenspezifische« Risiken und der Notwendigkeit ihrer Bewältigung durch stille Reserven ansetzen müssen.

Das Ausmaß der Risiken kann an der Stabilität bzw. Instabilität der Gewinnentwicklung im Zeitverlauf deutlich gemacht werden. Empirische Untersuchungen haben ergeben, daß im Vergleich zu anderen Wirtschaftszweigen die Kreditwirtschaft keine »besonderen Risiken des Geschäftszweigs«, sondern eher **durchschnittliche Schwankungen der Ergebnisse im Zeitverlauf** aufweist.[58]

Eigenkapital besitzt bei Banken vor allem Verlustausgleichs- und Haftungsfunktionen. Unter diesem Aspekt ist prinzipiell unbeachtlich, ob Eigenkapitalbestandteile offen oder still verbucht werden, sofern sie im Bedarfsfalle zur Erfüllung der genannten Funktionen nur verfügbar gemacht werden können. – Führt man sich das vor Augen, so ist die Frage bisher nicht beantwortet, warum zur Nivellierung auch der »durchschnittlichen« Ergebnisschwankungen im Bankgewerbe stille Reserven eingesetzt werden sollen.

c. 3. Das irrationale Einlegerverhalten

Das Gesetz über das Kreditwesen steht unter dem gesamtwirtschaftlichen Ziel, den Schutz der Einleger und (damit) die Funktionsfähigkeit des Kreditgewerbes zu gewährleisten. Bankeinleger werden als »Gläubiger sui generis«, die in besonderem Maße sicherungsbedürftig sind, gesehen. Ungleich Aktionären wird den Inhabern von Spar- sowie Lohn- und Gehaltskonten unterstellt, daß ihnen mit Zusatzinformationen über die Ertragskraft ihrer Bank nicht mehr Sicherheit, sondern mehr Unsicherheit gegeben wird. Die Mehrheit ökonomisch unaufgeklärter, kleiner Bankeinleger – so die Argumentation – könne den Anblick selbst im positiven Bereich schwankender Ergebnisse gewissermaßen seelisch nicht verkraften. Damit würde es bei dem betroffenen Institut, objektiv unbegründet, zu massierten Einlagenabzügen kommen. Eine solche Vertrauenskrise bei einer Bank könne schnell auf das gesamte Gewerbe übergreifen. Durch den allgemeinen Banken-Run käme es zu einer Beeinträchtigung der Funktionsfähigkeit des Kreditgewerbes und letztlich der Wirtschaft überhaupt. Um derartige **irrationale Überreaktionen von Einlegern zu vermeiden und das Bankgewerbe zu stabilisieren, müsse den Kreditinstituten die Möglichkeit gegeben werden, eine Nivellierung der Erfolgsausweise mit dem Instrument der stillen Reserven vorzunehmen.**[59] – Dies ist das einzige, wirklich ernstzunehmende Argument in der Kontroverse, mit dem man sich wegen der möglicherweise schwerwiegenden Folgen sorgfältig auseinandersetzen muß.

---

[58] Vgl. J. Süchting: Scheinargumente in der Diskussion um stille Reserven bei Kreditinstituten, in: DBW, 41. Jg., 1981, S. 207-220, hier S. 212-215.

[59] »... kann bereits ein plötzlicher Rückgang des ausgewiesenen Gewinnes zu einer gewissen Beunruhigung in der Öffentlichkeit führen... Wenn bei den Banken in besonders schwierigen Jahren eine Kürzung der Zuweisung zu den offenen Rücklagen allenfalls noch hingenommen werden kann, so ist – vor allem für die einzelne Publikumsbank – eine Dividendenkürzung nahezu schon als eine geschäftliche Unmöglichkeit zu betrachten... Schwerwiegende Folgen können nicht nur bei einem Verlustausweis, sondern auch schon bei einer ausgeglichenen GuV oder sogar bei einem Gewinnausweis eintreten, wenn dieses Ergebnis durch Auflösung offener Rücklagen herbeigeführt, der Eintritt des Jahresverlustes also erkennbar wird.« (H. Birck/H. Meyer: a.a.O., S. VII 60, 63, 64).

In diesem Zusammenhang ist zunächst darauf hinzuweisen, daß in den vergangenen Jahrzehnten eine Reihe von institutionellen Voraussetzungen geschaffen wurde, die auch als Vertrauensstützen für das Einlegerpublikum gedacht sind. Darunter fallen nicht nur restriktivere Bestimmungen des KWG (u.a. Abschaffung der Rechtsform des Einzelkaufmanns für Banken, Vier-Augen-Prinzip in der Leitung von Kreditinstituten, Verbesserung der Eingriffsbefugnisse der Bankenaufsicht, Einschränkung des Engagements in risikobehafteten Devisen- und Edelmetallpositionen, Begrenzung der Kreditengagements auch im Bankkonzern), sondern vor allem der *Ausbau der Einlagensicherungseinrichtungen* bei den drei Gruppen private Kreditbanken, Kreditgenossenschaften und öffentlich-rechtliche Institute. Schließlich soll die von der gesamten Kreditwirtschaft zusammen mit der Deutschen Bundesbank gegründete *Liquiditätskonsortialbank* dafür sorgen, daß durch Schwierigkeiten bei einer Bank in Mitleidenschaft gezogene andere, an sich gesunde Institute liquiditätsmäßig gestützt werden (vgl. auch S. 493).[60]

Die Einlagensicherungseinrichtungen haben sich bewährt. In der Nachkriegszeit hat es weder im Sektor öffentlich-rechtlicher Institute noch im Sektor der Genossenschaftsbanken Zwangsliquidationen, geschweige denn Einlegerverluste, gegeben. Schwierigkeiten bei einzelnen Volksbanken wie der Hammer Bank Spadaka oder der Volksbank Oberhausen wurden über die Garantiefonds dieser Gruppe bereinigt. Im öffentlich-rechtlichen Sektor waren es die aus der Anstaltslast und der Gewährträgerhaftung verpflichteten öffentlichen Träger und wiederum die Solidargemeinschaft der im Stützungsfonds bzw. der Sicherungsreserve verbundenen Institute, welche ein Fallissement z.B. der Hessischen Landesbank verhinderten. Im Sektor der privaten Kreditbanken hat es zwar einzelne Ausfälle gegeben.[61] Solche Ausfälle von überwiegend kleinen Bankinstituten konnten aber entweder still bereinigt oder in ihren Auswirkungen doch isoliert werden. Selbst im Falle des Zusammenbruchs des Bankhauses Herstatt im Jahre 1974 und der Krise von Schröder, Münchmeyer, Hengst & Co. im Jahre 1984 ist es auch dank der genannten Sicherungseinrichtungen des Kreditgewerbes nicht zu den befürchteten Kettenreaktionen gekommen.[62]

In den Vereinigten Staaten sind stille Reserven in dem bei uns üblichen Umfang nicht zulässig. Auch hier sind Zwangsliquidationen einzelner Kreditinstitute eingetreten. Seit vielen Jahren gibt es stark divergierende Gewinnausweise selbst unter den führenden Banken des Landes. Als Anfang 1976 öffentlich wurde, daß wegen erheblicher Verluste in einzelnen Geschäftsbereichen international bekannte Institute wie u.a. die damalige First National City Bank und die Chase Manhattan Bank auf der sogenannten Problemliste der Bankaufsichtsbehörden erschienen, soll es zwar zu Einlagenabzügen einzelner Großkunden gekommen sein oder es konnte ihre Bereitschaft, Einlagen zu prolongieren, nur mit Zinszuschlägen gesichert werden; verstärkt galt dies angesichts der Verluste, die bei der filiallosen Continental Illinois Bank of Chicago offensichtlich geworden waren. Selbst nachdem sich die Schieflagen unter den Commercial Banks häuften (vgl. S. 99ff.), ist aber

---

[60] Je besser ein solches System funktioniert, um so höher können – so J. Guttentag/R. Herring: Disclosure policy and international banking, in: JoBF, vol. 10, 1986, S. 75-97 – die Anforderungen an die Bankenpublizität sein.
[61] Vgl. dazu F. Reischauer/J. Kleinhans: a.a.O., I. Bd., Einleitung Kza. 112, S. 11f.
[62] Vgl. W. D. Becker/K. P. Hasenkamp: a.a.O., S. 514, sowie eine am Lehrstuhl für Finanzierung und Kreditwirtschaft der Ruhr-Universität Bochum geschriebene Diplomarbeit von M. König: Gemeinsamkeiten und Besonderheiten von Bankinsolvenzen – eine Untersuchung am Beispiel der »Herstatt«- und »SMH«-Fallissements, 1984.

nicht die Rede davon, daß die Masse der Einleger das Vertrauen in ihre Bank verloren hätte.[63] Vielmehr scheint gerade die Existenz der staatlichen Federal Deposit Insurance Corporation, bei der Einlagen bis zu einer Höhe von $ 100.000 je Konto versichert sind, derartige Reaktionen verhindert zu haben.[64] – In Großbritannien fühlten sich 1978 die größten Institute des Landes, die sogenannten Clearing Banks, stark genug, von einer Politik der Ergebnisregulierung mit stillen Reserven abzugehen und ihre Jahreserfolge transparenter zu machen.[65]

Man braucht indessen nicht ins Ausland zu gehen, um Reaktionen der Einleger auf unterschiedliche Ergebnisse ihrer Banken zu beobachten. Auch Untersuchungen in der Bundesrepublik ausgangs der 70er Jahre geben entsprechende Ansatzpunkte.

Obwohl Sparkassen schon wegen der kommunalen Gewährträgerhaftung als sicher gelten können, wird die Aufrechterhaltung der Bewertungsprivilegien gerade auch aus diesem Sektor gefordert, u.a. mit dem Hinweis, daß insbesondere bei den kleineren, örtlich orientierten Kreditinstituten die »Sensibilität des ortsnahen Kundenkreises besonders geschärft« sei.[66]

Um eine Prüfung dieser These vorzunehmen, ist es zweckmäßig, die Einlagenentwicklung zweier Sparkassen aufzuzeigen, bei denen (trotz der Möglichkeit der Auflösung stiller Reserven!) so hohe Ausfälle eingetreten waren, daß ein Gewinn nicht mehr dargestellt werden konnte bzw. sogar ein Verlust ausgewiesen werden mußte:

Für beide Institute zeigt die Abbildung C. 44, daß sich trotz des Einbruchs in den Ergebnissen massierte Einlagenabzüge nicht ergeben haben. Es ist im Gegenteil ein Zuwachs bei den insgesamt den Instituten anvertrauten Mitteln eingetreten, sogar in den schlechten Jahren. Das gilt gerade in den Bereichen, wo man den angeblich irrational reagierenden Typ des Kleineinlegers vermuten könnte, nämlich bei den Spareinlagen mit (damals noch) gesetzlicher Kündigungsfrist und als Inhaber von Lohn- und Gehaltskonten in der Kategorie der Sichteinlagen (täglich fällige Einlagen gegenüber Kunden).

Teilweise rückläufige Bewegungen haben sich indessen bei den längerfristigen (sonstigen) Spareinlagen ergeben, für die höhere Zinssätze (Prämien) an entsprechend zinsempfindlichere und ökonomisch wohl aufgeklärtere Einleger gezahlt werden. Die Bewegungen in dieser Position müssen aber auch im Zusammenhang mit anderen höherverzinslichen Einlagenformen gesehen werden, nämlich den Termineinlagen (befristete Verbindlichkeiten gegenüber Kunden) mit mehr als 4 Jahren Laufzeit; darunter befinden sich auch Sparbriefe, die in den 70er Jahren zu Lasten der Spareinlagen erheblich an Gewicht gewonnen haben. Es ist zu vermuten, daß es zwischen diesen Einlagenkategorien – entsprechend der

---

[63] Das gilt nicht für die Schwierigkeiten bei vielen Savings and Loan Associations, die ihre Einlagen bei privaten Versicherungsunternehmen versichert hatten. Unter psychologischen Aspekten und im Hinblick auf den self fulfilling process eines Run auf eine S & L sind Bemerkungen interessant, die bei den Wartenden durch die Presse eingefangen wurden, wie z.B. »Intellectually, I think that taking my money out is a stupid move, but emotionally I am responding to what's happening here«. Oder: »I'm here, because everyone's here... if everyone else would leave, I would«. Vgl. S. Horowitz: Probe of S & L sparks depositors' concern, in: The Washington Post, May 11, 1985, S. A9.
[64] Vgl. G. G. Kaufman: The U.S. financial system – money, markets, and institutions, a.a.O., S. 187f.
[65] Vgl. o.V.: The case for hidden reserves, in: TB, vol. 129, no. 11/1979, S. 37-42, hier S. 38f.
[66] L. Faißt: a.a.O., S. 193.

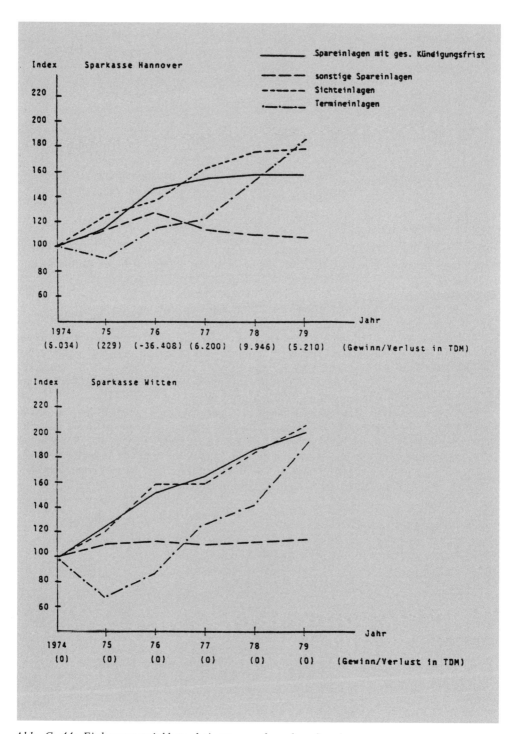

Abb. C. 44: Einlagenentwicklung bei ertragsschwachen Sparkassen

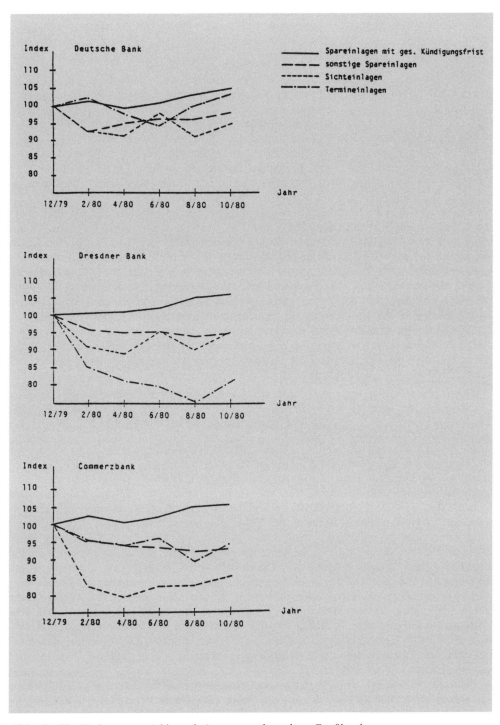

Abb. C. 45: Einlagenentwicklung bei ertragsschwachen Großbanken

allgemeinen Entwicklung und unabhängig von den Ergebniseinbrüchen bei den hier betrachteten Instituten – zu Umtauschoperationen gekommen ist. Bei den kürzerfristigen Termineinlagen dürfte die rückläufige Bewegung im Jahre 1975 auf den Übergang von der Hochzins- in die Niedrigzinsphase zurückzuführen sein.

Die Sensibilität gegenüber Zins- und Bonitätsveränderungen einer Bank ist am stärksten bei den professionellen Partnern am Geldmarkt ausgeprägt (Verbindlichkeiten gegenüber Kreditinstituten, die durch die Einlagensicherungseinrichtungen nicht geschützt sind). Dies gilt indessen bei Sparkassen nur insoweit, als es sich um Banken außerhalb des Verbundsystems handelt, während Landesbanken in schwierigen Zeiten gerade Hilfe leisten sollen. Im übrigen ist von außen nicht zu erkennen, ob sich nicht dem Verbund angehörende Banken aufgrund der Ergebniseinbrüche zurückgezogen haben, oder – und diese Erklärung liegt ebenfalls nahe – ob das Institut selbst die in der Regel teuren Bankverbindlichkeiten abgebaut hat, um seine Erfolgsrechnung zu entlasten.

Im privatwirtschaftlichen Bereich des Kreditgewerbes ist bekannt, daß die drei deutschen Großbanken in den Jahren 1979 und 1980 (trotz der Möglichkeit der Auflösung stiller Reserven!) eine stark divergierende Ergebnisentwicklung erkennen ließen. Im Laufe des gesamten Jahres 1980 verdichteten sich die in der Wirtschaftspresse geäußerten Vermutungen zur Gewißheit, daß für dieses Geschäftsjahr die Deutsche Bank ihren Dividendensatz mindestens halten, die Dresdner Bank ihn deutlich zurücknehmen und die Commerzbank ihre Dividende sogar ganz ausfallen lassen würde. – Vor diesem Hintergrund ist es aufschlußreich, die Entwicklung der Einlagenpositionen bei den Großbanken während des Jahres 1980 in den Zweimonatsbilanzen nachzuzeichnen.

Die Abbildung C. 45 zeigt wie bei den Sparkassen, daß der vom hier relevanten Einlegertyp her interessanteste Bereich, die Spareinlagen mit (zu dieser Zeit noch) gesetzlicher Kündigungsfrist, bei allen drei Instituten leicht zugenommen hat (am stärksten bei der Commerzbank!). Demgegenüber war die Bewegung bei den Spareinlagen mit längeren Kündigungsfristen rückläufig; das machte sich am meisten bei der Commerzbank bemerkbar. Insgesamt aber blieb der Gesamtblock an Spareinlagen bei allen drei Instituten in der Betrachtungsperiode nahezu unverändert.

Im Bereich der (täglich fälligen) Sichteinlagen indessen scheinen die Einleger auf die im Vergleich zur Deutschen Bank negativen Ergebnisdifferenzen reagiert zu haben, weniger bei der Dresdner Bank, wohl aber bei der Commerzbank. Interpretiert man dies unter der realistischen Annahme, daß vor allem Unternehmen für den Rückgang der Sichteinlagen bei der Commerzbank gesorgt haben dürften, so sieht man sich im Bereich der höherverzinslichen Einlagen mit Laufzeiten bis zu 4 Jahren und darüber hinaus jedoch mit einer gegenläufigen Entwicklung konfrontiert. Hier hat die Dresdner Bank einen erheblichen Rückgang der Bestände zu verzeichnen (vermutlich wegen weniger attraktiver Zinsofferten), während die Commerzbank im längerfristigen Bereich sogar Zuwachsraten aufwies. Da die gewichtigsten Termineinleger Unternehmen, Kapitalsammelstellen wie Versicherungen und öffentliche Kassen sind, kann offensichtlich nicht davon gesprochen werden, daß diese Einlegerkreise der ertragsschwächsten Bank das Vertrauen entzogen hätten. – Ähnlich ist die Entwicklung am Interbankenmarkt verlaufen, wo die Commerzbank gleichfalls bei den täglich fälligen Geldern verlor, ihre Stellung bei den längerfristigen Bankeinlagen gegenüber der Dresdner Bank aber gut behaupten konnte.

Faßt man zusammen, so ergibt sich – in Übereinstimmung mit der Analyse der beiden Sparkassen –, daß **der kleine, ökonomisch wenig aufgeklärte Privateinleger auf negative Erfolgsentwicklungen seiner Bank kaum reagiert haben dürfte.** Allenfalls haben Gelddisponenten in Großunternehmen, Kapitalsammelstellen und Banken Einlagen zu anderen Banken umgeschichtet, dies insbesondere dann, wenn ihnen attraktive Zinssätze nicht geboten wurden.[67]

Mit diesem Ergebnis wird die Auffassung von Becker/Hasenkamp bestätigt, die der Run-Hypothese heute kaum mehr einen Realitätsgehalt zusprechen und stille Reserven deshalb nicht mit »apokalyptischen Visionen« begründen wollen. Ihre Begründung zielt vielmehr auf »inländische und internationale Unternehmen, andere Banken, öffentliche Stellen und (vermögende, die Verf.) Privatpersonen«, die sich »gewissermaßen …leise… zurückziehen«.[68]

Es ist indessen sehr fraglich, ob man solchen in der Regel gut informierten Großeinlegern gegenüber aufgetretene Verlustfälle mit Hilfe des Jahresabschlusses und des Instruments der stillen Reserven verheimlichen kann.

Im übrigen kommt es nicht darauf an, den Zusammenbruch eines Kreditinstituts um jeden Preis (auch den zunehmender Staatsfürsorge) zu vermeiden, sondern die Wirkungen eines solchen Zusammenbruchs zu isolieren und damit einen allgemeinen Banken-Run zu verhindern. – Die sichtbar gewordenen empirischen Anhaltspunkte verstärken schon früher geäußerte Vermutungen[69], daß es dafür des Instruments der stillen Reserven nicht bedarf.

Die seit langem geführte Diskussion über die Zweckmäßigkeit der stillen Vorsorgereserven hat sich im Vorfeld der Überprüfung des § 340f HGB durch die EU-Kommission 1998 verstärkt.[70] Der Bundesverband deutscher Banken hat in diesem Zusammenhang ein umfangreiches *Gutachten* verbreitet, in dem *Ballwieser/Kuhner* dem Einfluß von Rechnungslegungsvorschriften auf die wirtschaftliche Stabilität eines Landes nachgehen.[71] Dabei argumentieren die Verfasser auf mehreren Stabilitätsebenen, für Nichtbanken und Banken, unter deutschen und US-amerikanischen Verhältnissen. Versucht man trotz dieses komplexen Vorgehens einen Saldo im Hinblick auf die ökonomische Beurteilung stiller Reserven zu ziehen, so zeigt sich, daß die hier vertretene Argumentationslinie zunächst bestätigt wird.

Ballwieser/Kuhner bewerten *stille Reserven grundsätzlich negativ*, weil

– auf dieser Basis ein Anreiz für ein risikofreudiges, die Kapitalgeber als Principals schädigendes Verhalten der Bankmanager (Agents) gegeben ist (S. 38, 82, 121, 125, 127).

---

[67] In einem Arbeitskreis mit Vertretern aus privaten Banken, Kreditgenossenschaften und Sparkassen wurde einvernehmlich darauf hingewiesen, daß der Bankenmarkt auf starke Schwankungen in den Jahresergebnissen sensibel reagieren kann. Vgl. G. Wünsche: Zur Aussagefähigkeit der Jahresabschlüsse von Kreditinstituten, in: SB Nr. 10, SS 1979, S. 10-18, hier S. 14.

[68] W. D. Becker/K. P. Hasenkamp: a.a.O., S. 514f. Guttentag/Herring ziehen es dann auch vor, von einem »walk« anstatt von einem »run« zu sprechen, a.a.O., S. 77, Fußnote 3.

[69] Vgl. J. Süchting: Gleichgewichtigkeit der Bankenpublizität?, in: BZ, Nr. 59 v. 24.3.1979, S. 14 und 16. Anderer Meinung D. Köllhofer: Stille Reserven nach § 26a KWG in Bankbilanzen: Fragen und Versuch einer Beantwortung, in: DBk, Nr. 11/1986, S. 552-559 – dazu vgl. auch J. Süchting: Bankeinleger sind nicht so dumm, in: BZ, Nr. 102 v. 30.5.1987, S. 17 sowie D. Köllhofer: Der Einfluß des Bankbilanzrichtlinie-Gesetzes auf die bilanzpolitischen Spielräume der Banken, in: W. Ballwieser et al. (Hrsg.): Bilanzrecht und Kapitalmarkt, Festschrift für A. Moxter, Düsseldorf 1994, S. 740-768.

[70] Vgl. G. Emmerich/P. Reus: Zur Vorsorge für »allgemeine Bankrisiken«. Handelsrechtliche Gestaltungswahlrechte und ökonomische Implikationen, IFGB-Studien Nr. 2, Universität Göttingen 1995, J. Krumnow: Nuancen der Bankenpublizität, a.a.O. und W. Neus/M. Schaber: a.a.O.

[71] Vgl. W. Ballwieser/Ch. Kuhner: Rechnungslegungsvorschriften und wirtschaftliche Stabilität, Köln 1994.

– die Finanzmärkte und damit die Anteilseigner verzerrte Signale erhalten, was ordnungspolitisch problematisch ist (S. 113, 125, 127; mangelnde Allokationseffizienz des Kapitalmarktes). Keller konnte in einer empirischen Untersuchung zeigen, daß die Jahresabschlüsse von Banken für die Aktienmärkte – wohl in Erkenntnis ihres geringen Aussagewertes – eine schwächere Signalfunktion besitzen als die Abschlüsse von Nichtbanken.[72]

– mit dem Streben nach Stabilität und – infolge seiner allgemeinen Akzeptanz – nach Konformität der Abschlüsse der Eindruck einer uniformierten Bankenlandschaft entsteht und damit bei einem eventuellen Run auf eine Bank die Gefahr von Kettenreaktionen der Einleger (Panik) erwächst, nach dem Motto: Eine Bank ist so schlecht wie die andere (Homogenitätsthese S. 37, 39, 113, 122).

Trotz dieser Nachteile plädieren die Verfasser dann aber dafür, stille Reserven bei Banken nicht »mit Bausch und Bogen zu verwerfen« (S. 123). Angesichts dessen, daß die Einlagensicherungseinrichtungen, da nicht perfekt, keinen 100%-Vertrauensschutz gewährleisteten (S. 123), das Einlegerverhalten im Krisenfall unsicher (rational und/oder irrational) sein könnte (S. 119f.[73]), benötige man, um dem zu begegnen, entsprechende Gestaltungsspielräume im Jahresabschluß (S. 124). Mit Hilfe der stillen Reserven könnten schlechte Nachrichten im Jahresabschluß unterdrückt bzw. es könnte überhaupt noch ein positives Ergebnis dargestellt und auf diese Weise Vertrauen wiederhergestellt (S. 34f.), Einleger könnten »bei der Stange gehalten« werden (S. 119, 127). Das Bewertungsprivileg stelle »im Zusammenspiel mit allen anderen Vorkehrungen« einen »*zusätzlichen Schutzwall*« dar (S. 124), auf den nicht verzichtet werden solle.

Dabei fragen sich die Verfasser jedoch selbst, *ob* für eine Entwarnung im Jahresabschluß und ein anschließendes Krisenmanagement *noch Zeit bleibt* (S. 34, 122), *denn ein einmal ausgelöster Run ist ein sehr kurzfristiges Phänomen. Dann ist aber eher unwahrscheinlich, daß man* – selbst bei quartalsweisen Zwischenberichten – *den Abschluß noch erlebt*, der eine Entwarnung für die Öffentlichkeit geben könnte. *Insofern ist auch dieses neuere Gutachten für die Befürworter stiller Reserven keine überzeugende Argumentationshilfe.*

Nach Ansicht von Krumnow steht »die deutsche Rechnungslegung als Ausdruck eines bestimmten gesellschaftsrechtlichen Selbstverständnisses ... international im Abseits, ist jedoch nicht überholt.«[74] Das Bewertungsprivileg deutscher Banken steht international ebenfalls im Abseits. Bei dem Versuch zu rechtfertigen, daß es nicht überholt ist, dürfte die deutsche Kreditwirtschaft 1998 einen schweren Stand haben.[75] Denn selbst wenn man für Vorsorgereserven plädiert, stellt sich die Frage, warum diese nicht offen dargestellt wer-

---

[72] Vgl. E. Keller: Entscheidungswirkungen von Bankbilanzen am Aktienmarkt. Eine empirische Untersuchung, Heidelberg 1992; vgl. in diesem Zusammenhang auch die Überlegungen, wie ein Signaling und Reputationsaufbau durch Bankjahresabschlüsse erfolgen *könnte* von G. Zemke: Bankjahresabschluß als Informationssystem. Ein Beitrag zur informationsgerechten Gestaltung des Jahresabschlusses von Aktienbanken, Göttingen 1995.

[73] Vgl. in diesem Zusammenhang auch D. W. Diamond/P. H. Dybvig: Bank runs, deposit insurance and liquidity, in: JoPE, vol. 91, 1983, S. 401-419.

[74] J. Krumnow: Die deutsche Rechnungslegung auf dem Weg ins Abseits?, in: W. Ballwieser et al. (Hrsg.): Bilanzrecht und Kapitalmarkt, Festschrift für A. Moxter, Düsseldorf 1994, S. 679-698, hier S. 698.

[75] Vgl. J. Süchting: Bankenrechnungslegung unter Transparenzzwang, in: BZ, Nr. 67 v. 5.4.1995, S. 36.

den sollten. Krumnow et al. bezeichnen den § 340g HGB deshalb als »trojanisches Pferd«. Sie warnen vor einer Dotierung des Fonds für allgemeine Bankrisiken, da die Kreditwirtschaft dann »selbst den schlagenden Beweis erbracht (hätte), daß eine Reservebildung nicht zwingend nur still erfolgen muß«.[76] Trifft dies zu, dann scheint das Schicksal der stillen Reserven besiegelt, denn diese Bilanzposition wird mittlerweile von zahlreichen deutschen (insbesondere Landes-)Banken dotiert.

d. Bankpublizität unter dem Transparenzdruck globaler Finanzmärkte

Die auch von der Kreditwirtschaft als zumindest unsicher eingeschätzte Zukunft der Bewertungsprivilegien, vor allem aber der zunehmende Einfluß der internationalen Kapitalmärkte durch große institutionelle Anleger (wie z.B. Pensionsfonds) und Informationsmittler (Rating-Agenturen), die auch deutsche Kapitalnachfrager immer stärker unter Transparenzdruck setzen, haben in den letzten Jahren zu Verbesserungen in der Ergebnispublizität der Kreditinstitute geführt.

Diese vollzogen sich in drei Schritten:

(1) Nennung eines aussagefähigeren »Betriebsergebnisses« (1993);
(2) Verabschiedung eines DVFA-Schemas für Banken (1994) sowie insbesondere
(3) Anwendung der International Accounting Standards (IAS) im Konzernabschluß für das Geschäftsjahr 1995 der Deutschen Bank.

(1) Zum Betriebsergebnis

Bis 1990 war es üblich, daß die Kreditinstitute in ihren *Zwischenabschlüssen* zum 30.6. und 31.10. jeden Jahres das sogenannte *Teilbetriebsergebnis* veröffentlichen, das sich lediglich aus dem Zins- und dem Provisionsüberschuß sowie dem Verwaltungsaufwand zusammensetzte (vgl. Abb. C. 46). Im Herbst 1990 erweiterte die Deutsche Bank diese Größe im Vorgriff auf den dann ab 1993 publizitätspflichtigen Saldo aus Erträgen und Aufwendungen aus Finanzgeschäften um ihr »*Eigenhandelsergebnis*« und wies erstmals ein »*Betriebsergebnis*« als »Ausdruck der ordentlichen Geschäftstätigkeit« aus. Schließlich kam der Ausschuß für Bilanzierung des Bundesverbandes deutscher Banken Mitte 1993 überein, in das zu veröffentlichende Betriebsergebnis die »*Risikovorsorge*« (und auch die »Sonstigen Erträge und Aufwendungen«) einzubeziehen. Diese beinhaltet den Nettoaufwand der Abschreibungen bzw. Wertberichtigungen und der Zuschreibungen für Forderungen und Wertpapiere der Liquiditätsreserve sowie der Vorsorge für allgemeine Bankrisiken.[77]

Diese Erweiterung des »ordentlichen Bereiches« der Rechnung war zu begrüßen, denn Kreditinstitute treten an, um Chancen und Risiken aus dem Kredit- und Wertpapiergeschäft zu übernehmen; deshalb sind die resultierenden Erträge *und* Aufwendungen zu berücksichtigen. Mit dem Einbezug der stillen Reserven wurde die Aufwandskomponente nun jedoch überdimensioniert, stellen diese doch eine Form der willkürlichen Ergebnisverwendung dar.

---

[76] J. Krumnow et al.: a.a.O., S. 544.
[77] Vgl. J. Krumnow: Das Betriebsergebnis der Banken – ein aussagefähiger Erfolgsindikator?, in: ZfgK, 46. Jg., 1993, S. 64-68.

	Zinsüberschuß
+	Provisionsüberschuß
-	Personalaufwand
-	Sachaufwand
=	*Teilbetriebergebnis (bis 1990)*
+/-	Eigenhandelsergebnis
=	*Betriebsergebnis (bis 1993)*
+/-	Risikovorsorge
+/-	Sonstige Aufwendungen und Erträge
=	**Betriebsergebnis (seit 1993)**
+/-	Außerordentliche Aufwendungen und Erträge
-	Steuern
=	Jahresüberschuß nach Steuern

Abb. C. 46: *Entwicklung des Ergebnisausweises in den Zwischenabschlüssen der Banken*

(2) Zum DVFA-Ergebnis

Seit dem Geschäftsjahr 1990 verfügen Aktienanalysten über ein zwischen der Deutschen Vereinigung für Finanzanalyse und Anlageberatung sowie der Schmalenbach-Gesellschaft abgestimmtes Schema (»DVFA/SG«) zur Berechnung eines *Ergebnis je Aktie*. Diese Kennzahl gilt als wichtige Größe zur Unternehmens- und Aktienkursbewertung und erfreut sich nicht nur in Deutschland einer hohen Akzeptanz. Auch für ausländische Anleger ist bedeutsam – und dazu international selbstverständlich –, auf ein einheitliches Berechnungsschema der »earnings« vertrauen zu können.[78]

Das Ziel der Bemühungen ist »ein von Sondereinflüssen bereinigtes Jahresergebnis, das besser als der ausgewiesene Jahresüberschuß geeignet ist, auf möglichst vergleichbarer Basis

- den Ergebnistrend eines Unternehmens im Zeitablauf aufzuzeigen,
- eine zuverlässige Ausgangsposition für die Abschätzung der zukünftigen Ergebnisentwicklung darzustellen,
- Vergleiche des wirtschaftlichen Erfolges zwischen verschiedenen Unternehmen zu ermöglichen.«[79]

Aufgrund der branchenspezifischen Privilegien in den Rechnungslegungsvorschriften von Versicherungen und Banken bildeten sich kurz nach der Verabschiedung des DVFA/SG-

---

[78] Vgl. K. Küting/J. Bender: Das Ergebnis je Aktie nach DVFA/SG, in: BB, 45. Jg., 1992, Beilage 16 zu Heft 30, S. 2 sowie G. G. Booth/J. P. Broussard/O. Loistl: German stock returns and the information content of DVFA earnings, Dreieich 1994.
[79] Vgl. W. Busse von Colbe et al. (Hrsg.): Ergebnis nach DVFA/SG – DVFA/SG Earnings, 2. Aufl., Stuttgart 1996, S. 3.

Ergebnisses zwei Arbeitsgruppen, in denen Vertreter der Assekuranz bzw. der Banken gemeinsam mit Analysten eine entsprechende Fassung dieser Kennziffer anstrebten. Für die Versicherungswirtschaft wurde bereits 1993 eine Empfehlung vorgelegt, die innerhalb der Analystenschar auf scharfe Kritik stieß. Grund dafür war die weitgehende Ausklammerung der aus der Legung bzw. Auflösung stiller Reserven resultierenden Ergebniseinflüsse, ohne deren Berücksichtigung das errechnete Ergebnis je Aktie aber nur wenig aussagekräftiger als in vorausgehenden Vorschlägen wurde. Zudem war damit die Möglichkeit für einen branchenübergreifenden Vergleich kaum noch gegeben.

Diese Problematik stand auch im Zentrum der kontroversen Diskussionen zwischen dem DVFA-Arbeitskreis Banken und dem Ausschuß Bilanzierung des Bundesverbandes deutscher Banken. Von Analystenseite wollte man sich – gerade vor dem Hintergrund des negativen öffentlichen Echos auf den Entwurf des DVFA-Versicherungsergebnisses – nicht auf ein Berechnungsschema ohne Korrektur des Jahresergebnisses um Veränderungen bei den stillen Reserven einigen. Die Vertreter der Kreditwirtschaft waren hingegen lange Zeit nicht bereit, hierüber quantitative Angaben zu machen.

Erst Ende 1994 wurde ein Kompromiß dahingehend gefunden, daß die Banken zwar nach einheitlichem Berechnungsschema ein Ergebnis je Aktie ermitteln und den Jahresüberschuß dabei insbesondere um die Legung und Auflösung stiller Reserven bereinigen, sie der Öffentlichkeit dann jedoch nur das Endergebnis der Berechnung nennen, nicht die Zwischenstufen auf dem Weg dorthin. Insofern kann man von *einem Konzept »semi-stiller« Reserven* sprechen: Ihr Einfluß soll eliminiert, ihre Höhe aber nicht getrennt ausgewiesen werden.

Die Ergebniskorrektur soll in der Weise geschehen, daß in das DVFA-Ergebnis nur die »notwendige« Risikovorsorge des Geschäftsjahres eingeht. Dabei besteht Einigkeit darüber, daß steuerlich nicht anerkannte Vorsorgereserven nach §§ 340f und g Eigenkapitalcharakter besitzen und das Ergebnis daher um ihre Bildung bzw. Auflösung zu bereinigen ist, sofern hiervon »ein wesentlicher Einfuß auf das Ergebnis« ausgeht.[80]

Über die Probleme hinaus, die auch dem DVFA-Schema für Nichtbanken anhaften, wird der Unsicherheitsbereich für den Analysten damit bankspezifisch weiter erhöht, da zum ersten die *Begriffe* der »*notwendigen* Risikovorsorge« und ihres »*wesentlichen* Einflusses« *unbestimmt* sind und diese Position zum zweiten in der Gesamtdifferenz zwischen Jahresüberschuß und Ergebnis je Aktie aufgeht, also nicht mehr identifiziert werden kann. *Die Qualität der Ergebnisgröße steht und fällt daher mit der Informationspolitik der Banken selbst.* Eine Vergleichbarkeit des Ergebnisses je Aktie innerhalb der Kreditwirtschaft und insbesondere über die Branchengrenzen hinweg kann nur erreicht werden, wenn mit der Berücksichtigung der Legung und Auflösung stiller Reserven weitgehend einheitlich verfahren wird.

Will man den Wert der vorgeschlagenen Kennziffer nicht im Sinne einer Scheintransparenz diskreditieren, sondern vielmehr im Zeitverlauf eine *solide Reputation* hinsichtlich ihrer Aussagefähigkeit aufbauen, dann muß man sich um *ehrliche Angaben* bemühen.[81]

---

[80] Zitate nach DVFA-Arbeitskreis »DVFA-Schema für Banken«: Besonderheiten bei Banken/Features peculiar for banks, in: W. Busse von Colbe et al. (Hrsg.): a.a.O., S. 51-59, hier S. 55; vgl. dort auch die weiteren Korrekturen des Jahresüberschusses.
[81] Vgl. St. Paul: DVFA-Ergebnis für Banken – Ein Fall für Gentlemen, in: SB Nr. 42, SS 1995, S. 57-62.

(3) Zum Konzernabschluß nach IAS

Wie zuvor schon einige bedeutende Industrieunternehmen (z.B. Daimler-Benz, Bayer und Schering), hat die Deutsche Bank als erstes Kreditinstitut ihren Konzernabschluß für das Geschäftsjahr 1995 nicht nur nach den HGB-Vorschriften, sondern zusätzlich nach einem international akzeptierten Regelwerk erstellt. Die für diesen Schritt angeführten Gründe[82] belegen exemplarisch den Zwang zu erhöhter Transparenz, dem die großen Banken mittlerweile auch in Deutschland unterworfen sind:

— Der Anteil des von ausländischen *Investoren* gehaltenen Aktienkapitals ist in der Vergangenheit kontinuierlich angestiegen; bei der Deutschen Bank beträgt er deutlich über 40%. Aus diesem Grund müssen sich große Kreditinstitute den Rating-Agenturen und Analysten stellen, die beide vom angelsächsischen Denken geprägt sind. Diesem folgend wollten im Herbst 1995 amerikanische Pensionsfonds darauf hinwirken, nicht mehr in deutsche Aktien zu investieren, solange nach der deutschen Rechnungslegung bilanziert werde.
— Das Investment Banking hat sich immer mehr zu einem zweiten Geschäftsschwerpunkt entwickelt, zu dem insbesondere der Handel mit Wertpapieren und derivativen Finanzinstrumenten beiträgt. Gerade für diesen Teil des *Sortiments* aber sind international stärker an Marktpreisen orientierte Bewertungen üblich, die den HGB-Vorschriften häufig zuwiderlaufen. Da die Marktbewertung fast zwangsläufig stärkere Ergebnisschwankungen nach sich zieht, werden diese (etwa von den Rating-Agenturen) aber auch nicht mehr per se als »Unfall« in der Entwicklung eines Kreditinstituts angesehen – im Gegenteil: Eine im Jahresabschluß ausgewiesene Stabilität des Ergebnisses über längere Zeiträume hinweg würde angesichts des dynamischen Wandels im Umfeld der Banken kaum glaubhaft wirken.
— Letztlich ist zu bedenken, daß mit dem Ausbau des Investment Banking auch ausländische *Standorte* – vor allem London – für deutsche Banken erheblich an Bedeutung gewonnen haben. Das verstärkte Agieren im Ausland erlaubt aber immer weniger eine an rein deutschen Standards ausgerichtete Publizität: »Man kann nicht global handeln und provinziell bilanzieren«.[83]

Die Deutsche Bank hat sich dafür entschieden, mit einem gesonderten Konzernabschluß die Anforderungen des International Accounting Standards Committee (IASC) zu erfüllen. Dabei handelt es sich um eine berufsständische Organisation mit über 100 Mitgliedsinstitutionen aus 86 Staaten, darunter aus Deutschland das Institut der Wirtschaftsprüfer und die Wirtschaftsprüferkammer. Ergebnis der Arbeit des IASC sind die International Accounting Standards (IAS), eine Zusammenstellung von Rahmenregeln für die Bilanzierung, die international zunehmend akzeptiert und angewandt wird. VEBA, Telekom oder auch Daimler-Benz hatten ihren Konzernabschluß demgegenüber an den US-amerikanischen Generally Accepted Accounting Principles (GAAP) ausgerichtet. Damit konnten sie zwar die Voraussetzungen für die Zulassung ihrer Aktien an Börsenplätzen in den USA erfüllen, andererseits aber ist die weitere Entwicklung des amerikanischen Rechnungslegungsrechts für sie ein nicht beeinflußbares Datum.

---

[82] Vgl. J. Krumnow: IAS-Rechnungslegung für Banken, in: DBk, Nr. 7/1996, S. 396-403.
[83] Vgl. J. Krumnow: Auch in der Bilanzierung Globalität beweisen, in: BZ, Nr. 39 v. 24.2.1996, S. 5.

Eine Entscheidung zugunsten des IAS-Abschlusses bietet dagegen zum ersten den Vorteil, über die deutschen Repräsentanten in den Organen des IASC dessen weitere Politik mitbestimmen zu können.[84] Zum zweiten wurde durch die EU-Kommission beschlossen, daß alle europäischen Richtlinien zur Rechnungslegung künftig in Übereinstimmung mit den IAS zu formulieren sind – so etwa auch die 1998 zur Überprüfung anstehende Bankbilanzrichtlinie. Drittens sollen die IAS spätestens zur Jahresmitte 1998 soweit vervollkommnet sein, daß sie auch für amerikanische Behörden als Grundlage für die dortige Börsenzulassung herangezogen werden können.[85]

Unabhängig davon, ob die US-GAAP oder aber die IAS angewandt werden: Parallelabschlüsse nach deutschem Recht und ausländischen Normen mit unter Umständen sogar deutlich abweichenden Eigenkapitalbeträgen und Jahresüberschüssen im Konzern (vgl. Tab. C. 9) dürften eher zu einer Verwirrung der Finanzmarktteilnehmer führen. Ein im Dezember 1996 vom Bundeskabinett verabschiedeter Gesetzentwurf sieht daher vor, Unternehmen, deren Aktien, Schuldverschreibungen, Derivate o.ä. im Ausland zum Börsenhandel zugelassen sind, von der Konzernrechnungslegung nach HGB zu befreien (geplanter § 292c HGB). Voraussetzung hierfür ist ein Konzernabschluß, der »in seiner Aussagekraft einem nach deutschen Vorschriften erstellten Abschluß gleichwertig« ist. Weiterhin muß der Abschluß in Einklang mit den europäischen Vorschriften zur Rechnungslegung stehen. Da sich diese an den IAS orientieren dürften, sind die deutschen Banken mit deren Anwendung wohl »auf der sicheren Seite«.[86]

	Konzerneigenkapital (in Mio. DM)	Konzernjahresüberschuß (in Mio. DM)
Daimler Benz AG 1993 - HGB	18.145	615
Daimler Benz AG 1993 - US-GAAP	26.281	-1.839
Deutsche Bank AG 1994 - HGB	21.198	1.360
Deutsche Bank AG 1994 - IAS	25.875	1.715
Deutsche Bank AG 1995 - HGB	22.213	2.185
Deutsche Bank AG 1995 - IAS	28.043	2.120

Tab. C. 9: Gegenüberstellung von Eigenkapital und Jahresüberschuß nach HGB und US-GAAP bzw. HGB und IAS (Quelle: Daimler Benz AG: Geschäftsbericht 1993, Deutsche Bank AG: Geschäftsberichte 1994 und 1995)

---

84 Vgl. B. Pellens/R. Fülbier/U. Ackermann: International Accounting Standards Committee: Deutscher Einfluß auf Arbeit und Regelungen, in: DB, 49. Jg., 1996, S. 285-291.
85 Vgl. Y. Bellavite-Hövermann/R. Prahl: Bankbilanzierung nach IAS, Stuttgart 1997, S. 4.
86 Vgl. o.V.: Gesetz für befreiende Konzernabschlüsse, in: BZ, Nr. 246 v. 20.12.1996, S. 5 und Th. Klau: Stiefkind Rechnungslegung, in: BZ, Nr. 10 v. 16.1.1997, S. 4.

Fragt man sich, warum von der Deutschen Bank lediglich der *Konzern*abschluß nach IAS erstellt wurde, so ist zu berücksichtigen, daß in Deutschland Einzelabschlüsse aufgrund des Maßgeblichkeitsprinzips von der Handels- auf die Steuerbilanz »durchschlagen«. Eine der hiesigen Rechnungslegung vergleichbare Gewinnermittlungsfunktion zur Bemessung der ausschüttungsfähigen Dividende kennen die Standards des IASC aber nicht. Mit der Anwendung der IAS auf den AG-Abschluß der Deutschen Bank hätte man sich somit der Möglichkeit der Steueroptimierung begeben.

Die Rechnungslegung nach IAS erfolgt aus einem anderen Blickwinkel als nach deutschem Bilanzrecht und besitzt daher auch von den GoB teilweise abweichende Grundprinzipien. In Deutschland steht der Schutz der *Gläubiger* im Vordergrund, der zu einer besonders vorsichtigen Bewertung nach dem Realisations- und Imparitätsprinzip führt. Demgegenüber wird die internationale Rechnungslegung durch das Ziel der »*fair presentation*« geprägt, den *Investoren* sollen Informationen zur Verfügung gestellt werden, die den folgenden Grundsätzen genügen:

– Understandability (Verständlichkeit)
– Relevance (Wesentlichkeit)
– Comparability (Vergleichbarkeit)
– Reliability (Zuverlässigkeit).

Aus diesen Gründen

– rückt das Vorsichtsprinzip in der Priorität hinter eine *periodengerechte Erfolgsermittlung* zurück. Nach dem matching principle wird der Grundsatz der Periodenabgrenzung von der Aufwandsseite aus bestimmt und festgelegt, daß die Aufwendungen den Erträgen zeit- und sachkongruent gegenüberzustellen sind;
– werden *stille Reserven abgelehnt*;
– dient als entscheidendes Kriterium für den Gewinnausweis nicht die tatsächliche Realisierung eines Erfolges, sondern die *jederzeitige sichere Realsierbarkeit*.[87]

Bestandteile eines Abschlusses nach IAS sind über *Bilanz* sowie *Gewinn- und Verlustrechnung* hinaus die *Notes* als Pendant zu Anhang und Lagebericht sowie die *Kapitalflußrechnung*. Zur Erläuterung dieser Elemente des Konzernabschlusses wird im folgenden die erstmalige Anwendung in der Deutschen Bank herangezogen.[88]

Im Gegensatz zu den auf der Basis der RechKredV erlassenen Formblättern geben die IAS kein verbindliches *Bilanz*schema vor; international üblich ist aber eine im Vergleich zum deutschen Recht straffere Form der Präsentation. Eingehendere Detailinformationen finden dann in den Notes ihren Platz, denen dadurch materiell eine wesentlich größere Bedeutung zukommt als dem Anhang. Im Hinblick auf Bilanzansatz und -bewertung auf der *Aktivseite* verdienen die folgenden Positionen besondere Beachtung:

– Die *Risikovorsorge* wird direkt im Anschluß an die Forderungen an Kreditinstitute und Kunden offen abgesetzt. Hierin enthalten sind die Wertberichtigungen und Rückstellungen für Bonitäts- und Länderrisiken sowie für latente Ausfallrisiken. Diese Wertkorrekturen vollziehen sich im wesentlichen nach den gleichen Regeln wie im HGB mit

---

[87] Vgl. Th. Schildbach: Rechnungslegungsideale, Bilanzkulturen, Harmonisierung und internationaler Wettbewerb, in: BB, 50. Jg., 1995, S. 2635-2644, B. Pellens et al.: Internationale Rechnungslegung, 2. Aufl., Stuttgart 1998 und J. Baetge u.a. (Hrsg.): Rechnungslegung nach International Accounting Standards (IAS), Stuttgart 1997.

[88] Diese ist ausführlich dokumentiert und kommentiert in Y. Bellavite-Hövermann/R. Prahl: a.a.O.

AKTIVA	PASSIVA
Barreserve	Verbindlichkeiten gegenüber Kreditinstituten
Forderungen an Kreditinstitute	Verbindlichkeiten gegenüber Kunden
Forderungen an Kunden	Verbriefte Verbindlichkeiten
- Risikovorsorge	Rückstellungen
Handelsaktiva	Sonstige Passiva
Finanzanlagen	Nachrangkapital
Sachanlagevermögen	Anteile im Fremdbesitz
Kapitalanlagen der Versicherungsgesellschaften	Eigenkapital
Sonstige Aktiva	• Gezeichnetes Kapital
	• Kapitalrücklage
	• Gewinnrücklagen
	• Konzerngewinn
Summe der Aktiva	Summe der Passiva

Abb. C. 47: Gliederung der Konzernbilanz nach IAS (am Beispiel Deutsche Bank AG: Geschäftsbericht für das Jahr 1995, S. 40)

  Blick auf Einzel- und Pauschalwertberichtigungen. Auch die Bildung von Vorsorgereserven ist zulässig – allerdings nicht mehr in stiller Form, so daß der durch § 340f HGB ermöglichte Weg versperrt ist.
– Die IAS teilen das Wertpapierportefeuille einer Bank in nur noch zwei Teile: den *Handelsbestand* und die *Finanzanlagen*. Damit entfällt die dritte, nach deutschem Recht für die Legung stiller Reserven kreierte Kategorie der Liquiditätsreserve.
– Der *Handelsbestand* wird zu Marktwerten bilanziert. Falls infolge gesunkener Kurse am Bilanzstichtag Abschreibungsbedarf besteht, so ergibt sich kein Unterschied zur Regelung im HGB. Bei gestiegenen Kursen ist allerdings die Wertaufholung nach IAS obligatorisch – auch über die Anschaffungskosten hinaus. – Bei derivativen Finanzgeschäften mit schwebendem Charakter sind nach HGB im Falle drohender Verluste Rückstellungen zu bilden; nach den IAS erfolgt ihr Ausweis unter »Sonstige Passiva«. Dagegen führen auch unrealisierte Erfolge aus Derivaten zu einem Ertrag in der GuV und erhöhen in der Bilanz die Position der Handelsaktiva.
– Die *Finanzanlagen* umfassen
  – Anteile an nicht konsolidierten, verbundenen Unternehmen,
  – Anteile an assoziierten Unternehmen, die nach der Equity-Methode bewertet werden,
  – festverzinsliche Wertpapiere, Aktien, sonstigen Anteilsbesitz.
Grundsätzlich wird das Finanzanlagevermögen mit seinen Anschaffungskosten bilanziert; es besteht allerdings ein Wahlrecht zur Marktbewertung. Abschreibungen sind im Gegensatz zum HGB nur bei dauernder Wertminderung zulässig; ist der Abschreibungsgrund entfallen, muß zugeschrieben werden.

- Nicht zur Position »*Sachanlagevermögen*« zählen Objekte des Finanzierungsleasing, die zum Barwert der vertraglich vereinbarten Zahlungen (zuzüglich etwaiger Restwerte) unter einer der Forderungspositionen zu bilanzieren sind.
- Die Position »*Sonstige Aktiva*« enthält den erworbenen Geschäfts- oder Firmenwert, dessen direkte Verrechnung mit den Rücklagen (wie vom HGB gestattet) nach IAS nicht zulässig ist. Statt dessen muß der Goodwill aktiviert und über einen Zeitraum von 5 bis 20 Jahren abgeschrieben werden.

Im Hinblick auf die *Verbindlichkeiten* bestehen nur wenige gravierende Unterschiede zur Handhabung nach deutschem Recht:

- Bei den *Pensionsrückstellungen* sind die Gehaltsentwicklungen in der Zukunft sowie die Anpassungen der laufenden Pensionszahlungen zu berücksichtigen. Teilweise wird auch ein von der hiesigen Regelung abweichender Rechnungszins zugrunde gelegt: Anstelle des in Deutschland im Rahmen des steuerrechtlichen Teilwertverfahrens verwendeten Diskontierungszinses von 6% muß für den IAS-Abschluß auf einen im langfristigen Durchschnitt ermittelten Kapitalmarktzins abgestellt werden.
- *Anteile im Fremdbesitz* werden nach IAS nicht als »darunter«-Posten des Eigenkapitals, sondern als Fremdkapital ausgewiesen.[89]
- Bei *Eventualverbindlichkeiten* besitzen die Banken ein Wahlrecht, diese unter dem Bilanzstrich zu zeigen oder in den Notes zu publizieren.

Die Abbildung C. 48 zeigt die Auswirkungen der Erstanwendung der IAS im Konzernabschluß der Deutsche Bank AG. Neben Wertkorrekturen (so die Aktivierung zuvor mit den Rücklagen verrechneter Geschäfts- bzw. Firmenwerte in Höhe von 1,9 Mrd. DM) wurden sowohl stille Reserven als auch stille Lasten aufgedeckt. Der insgesamt resultierende Saldo von rd. 4,6 Mrd. DM wurde nicht zum Jahresergebnis addiert, sondern den Gewinnrücklagen zugeführt, so daß sich eine erhebliche Erhöhung des Eigenkapitals ergab. – Die stillen Reserven hätten statt dessen auch in einen Fonds für allgemeine Bankrisiken aufgelöst werden können, da die IAS einer offenen Dokumentation von Vorsorgereserven nicht im Wege stehen.

Auch die *Gewinn- und Verlustrechnung* wird der Empfehlung des IASC folgend in gestraffter Form publiziert, wobei die Darstellung nach der Staffelmethode stark an das Betriebsergebnis nach neuer Definition (vgl. Abb. C. 46) erinnert.

Nach IAS beschränkt sich die Position *Risikovorsorge* auf Wertkorrekturen im Kreditgeschäft. Folgte sie in der Bilanz unmittelbar auf die Forderungspositionen, so ist sie hier direkt an den Zinsüberschuß angebunden, so daß dann ein Saldo des zinstragenden Geschäfts nach Risikovorsorge als Zwischensumme ausgewiesen werden kann.

Das *Handelsergebnis* umfaßt nicht nur Kurs- und Bewertungsergebnisse, sondern auch die laufenden Zinsen, Dividenden usw. aus den Papieren des Eigenhandels, die nach HGB dem Zins- oder Provisionsergebnis zugerechnet werden. Damit wird eine sauberere Zuordnung der Erfolgsquellen erreicht. – Im übrigen ist der Eigenhandel ausgenommen vom grundsätzlichen Saldierungsverbot, das ebenfalls nicht für Aufwendungen und Erträge aus Finanzanlagen gilt.

Es wurde bereits darauf hingewiesen, daß die *Notes* in ihrem Informationsgehalt über den deutschen Anhang (und auch den Lagebericht) deutlich hinausgehen.

---

[89] Vgl. zu den Einzelheiten sowie zu der Frage der latenten Steuern ausführlich Y. Bellavite-Hövermann/R. Prahl: a.a.O., S. 70-100.

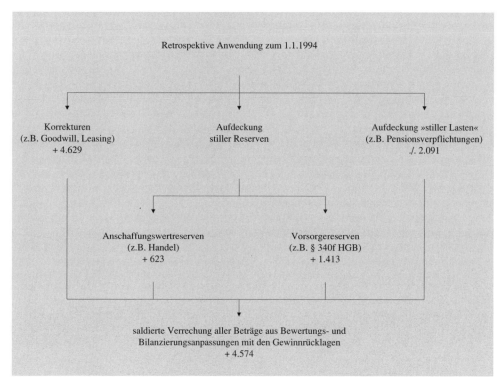

Abb. C. 48: Erstmalige Anwendung der IAS im Konzernabschluß der Deutsche Bank AG 1995 (in Mio. DM; nach o.V.: Bilanzen der Großbanken, in: ZfgK, 49. Jg., 1996, S. 374-390, hier S. 378)

- Dies zeigt sich erstens in der vorgeschriebenen *Disaggregation der Risikovorsorge im Kreditgeschäft*. Untergliedert nach Bonitäts-, Länder- und latenten Risiken sind anzugeben der Betrag, der zweckbestimmt für Verluste im Kreditgeschäft verwendet wurde, Aufwendungen für die Abschreibungen/Wertberichtigungen der Periode sowie Erträge aus in früheren Perioden abgeschriebenen, aber in der Berichtsperiode wieder eingegangenen Forderungen. Durch diese Aufschlüsselung läßt sich ein Eindruck von der Risikopolitik des Hauses gewinnen. So macht es einen Unterschied, ob eine hohe Risikovorsorge gebildet und tatsächlich benötigt wurde oder hohen Zuführungen zu Wertberichtigungen ebenfalls vergleichsweise hohe Erträge aus deren Auflösung gegenüberstanden.
- Bei den *Finanzanlagen* (z.B. bis zur Fälligkeit gehaltenen Wertpapieren) besteht zweitens das oben angesprochene Wahlrecht, von einer Marktbewertung keinen Gebrauch zu machen und statt dessen zu Anschaffungskosten zu bilanzieren. In diesem Fall sind die *Marktwerte* in den Notes anzugeben. Dieser Pflicht kam die Deutsche Bank hinsichtlich der börsennotierten Wertpapieranlagebestände nach und legte somit allein in diesem Teil des Finanzanlagevermögens enthaltene Kursreserven in Höhe von 19,8 Mrd. DM offen. Durch eine ergänzende Übersicht zum wesentlichen Anteilsbesitz im Nichtbankenbereich, die neben den Namen der Gesellschaften die jeweilige Anteilsquote sowie den Marktwert der gehaltenen Anteile am Bilanzstichtag enthielt, wurde deutlich, daß von der genannten Kursreserve mindestens 17,2 Mrd. DM auf diesen Anteilsbesitz entfielen.

Zinserträge
Zinsaufwendungen
Zinsüberschuß
Risikovorsorge im Kreditgeschäft
Zinsüberschuß nach Risikovorsorge
Provisionserträge
Provisionsaufwendungen
Provisionsüberschuß
Handelsergebnis
Überschuß im Versicherungsgeschäft
Verwaltungsaufwand
Sonstige Erträge
Sonstige Aufwendungen
Jahresüberschuß
Gewinnverwendung:
Jahresüberschuß
Konzernfremden Gesellschaftern zustehender Gewinn
Auf konzernfremde Gesellschafter entfallender Verlust
Einstellung in Gewinnrücklagen
Konzerngewinn

Abb. C. 49: Aufbau der Gewinn- und Verlustrechnung im Konzern nach IAS (Staffelform am Beispiel der Deutsche Bank AG: Geschäftsbericht für das Jahr 1995, S. 41)

- In den Notes ist drittens das *Handelsergebnis* getrennt nach den drei Bereichen Effekteneigenhandel, Devisen- und Edelmetalleigenhandel sowie sonstige Eigenhandelsgeschäfte aufzugliedern, wodurch für diesen Geschäftsbereich eine detailliertere Analyse der Erfolgsstruktur möglich wird.
- Viertens ist unter dem Blickwinkel der Liquiditätsanalyse von besonderem Interesse, daß die nach dem HGB erst ab 1998 vorgeschriebene Gliederung der Forderungen und Verbindlichkeiten nach *Restlaufzeiten* für den IAS-Abschluß schon heute in die Notes aufzunehmen ist.
- Mit Hilfe der *Segmentberichterstattung* sollen – fünftens – Informationen über die relative Größe, den Erfolgsbeitrag sowie die Wachstumsaussichten der verschiedenen

	Stand 31.12.1994	Währungs-kursdifferenz	zu Lasten GuV gebildet	zu Gunsten GuV aufgelöst	zweckbestimmt verwendet	Stand 31.12.1995
Bonitätsrisiken	12.121	./. 34	4.047	2.552	1.649	11.933
Länderrisiken	1.681	./. 1	40	330	142	1.248
Latente Risiken (Pauschalwertberichtigung)	994	./. 3	142	---	---	1.133
Risikovorsorge im Kreditgeschäft	14.796	./. 38	4.229	2.882	1.791	14.314

Tab. C. 10: Erstmalige Disaggregation der Risikovorsorge in den Notes des Konzernabschlusses der Deutsche Bank AG (in Mio. DM; Quelle: Geschäftsbericht 1995, S. 49)

Tätigkeitsbereiche und Regionen des Geschäftsgebiets einer Bank bereitgestellt werden. In seinen Empfehlungen geht das IASC bereits derzeit weit über die Segmentierungspflichten nach deutschem Recht hinaus. Für 1998 wird sogar die Pflicht zur segmentierten Angabe nahezu jeder Jahresabschlußposition erwartet, um zu gewährleisten, daß der IAS-Abschluß für die Börsennotierung weltweit verwendet werden kann. – Die Deutsche Bank wurde der Segmentierung nach IAS im Geschäftsbericht 1995 nur in geographischer Hinsicht gerecht, indem sie die Bilanzsumme, die Erträge aus dem operativen Geschäft, das Betriebsergebnis sowie die Zahl der Mitarbeiter nach Regionen differenzierte. Eine Aufschlüsselung nach Tätigkeitsbereichen erfolgte erst nach interner Umstrukturierung in Anlehnung an die Unternehmensbereiche (vgl. S. 243) für das Jahr 1996. Diese gibt einen weiterreichenden Einblick in die Geschäfts- und Erfolgsstruktur – so läßt sich etwa die Frage beantworten, wie sich der Jahresüberschuß eines Geschäftsjahres auf die Teilsektoren des Commercial sowie das Investment Banking aufteilt.
– Noch nicht endgültig abzusehen sind die Konsequenzen der erst ab dem Geschäftsjahr 1996 bestehenden Pflicht, in den Notes ausführlich über »*Financial Instruments*« Bericht zu erstatten. Letztlich bleibt abzuwarten, welche Teile ihres Sortiments Banken unter diesem letztlich allumfassenden Begriff subsumieren; nach internationaler Interpretation fallen hierunter die »Mehrzahl der von Kreditinstituten erworbenen, begebenen und kontrahierten Verträge ... des Commercial und des Investment Banking«.[90] – Die Deutsche Bank hat zunächst für 1995 den Weg gewählt, allein über ihr bilanzunwirksames Derivate-Geschäft entsprechend der Empfehlung des Bundesverbandes deutscher Banken (vgl. S. 337) zu informieren. Überträgt man die dort gemachten Angaben zu den Markt- und Bonitätsrisiken auch auf bilanzwirksame Geschäfte, so erhielte der Externe hiermit in umfangreichem Maße Informationen, die bisher nur dem internen Controlling zur Verfügung standen – als ein Beispiel sei das mit dem Kreditgeschäft verbundene Zinsänderungsrisiko genannt.

---

[90] Vgl. Y. Bellavite-Hövermann/R. Prahl: a.a.O., S. 124.

Ein Novum in der Rechnungslegung von Banken stellt die *Kapitalflußrechnung* dar, die über den Stand und die Entwicklung der Konzernliquidität informieren soll; sie ist nach folgendem Schema zu erstellen:

> Zahlungsmittelbestand am Ende der Vorperiode
> +/- Cash Flow aus operativer Geschäftstätigkeit
> +/- Cash Flow aus Investitionstätigkeit
> +/- Cash Flow aus Finanzierungstätigkeit
> +/- Effekte aus Wechselkursänderungen
>
> **= Zahlungsmittelbestand zum Ende der Berichtsperiode**

Abb. C. 50: Schema der Kapitalflußrechnung nach IAS

Es ist deutlich zu erkennen, daß dieses Schema für Industrieunternehmen entwickelt wurde, denn die »operative Tätigkeit« einer Bank besteht ja gerade aus (Finanz-)Investitionen und Finanzierungen. Daher kann es nicht überraschen, daß man selbst in den USA, wo Kreditinstitute bereits am längsten eine Kapitalflußrechnung publizieren müssen, »ein eher willkürliches Spektrum von Zuordnungen auf die Cash Flow-Teile« antrifft.[91]

Die Deutsche Bank weist im »Cash Flow aus dem operativen Geschäft« Zu- und Abgänge derjenigen Vermögenspositionen und Verbindlichkeiten aus, die auch das Betriebsergebnis beeinflussen (z.B. Forderungen an Kunden, Wertpapiere des Handelsbestandes), korrigiert um zahlungsunwirksame Bestandteile (vor allem Zu- und Abschreibungen sowie Wertberichtigungen). Der »Cash Flow aus Investitionstätigkeit« bestimmt sich aus den Ein- und Auszahlungen aus der Veräußerung bzw. dem Erwerb von Finanz- und Sachanlagen. Im Bereich des »Cash Flow aus Finanzierungstätigkeit« soll die Außenfinanzierung gezeigt werden; es gehen insbesondere die Einzahlungen aus der Emission von Aktien abzüglich gezahlter Dividenden ein.

Mit einem gesonderten Konzernabschluß nach IAS ist die Deutsche Bank als erstes Institut hierzulande vollständig auf die internationalen Usancen der Rechnungslegung eingeschwenkt und hat dabei – vor allem durch die Aufdeckung stiller Reserven – vormals »heilige Kühe« geschlachtet. Die übrigen großen Aktienbanken haben auch für das Geschäftsjahr 1996 erst in bezug auf einzelne Positionen aus dem Konzernabschluß eine Angabe entsprechend den IAS gemacht. Dabei ging ihre Offenheit unterschiedlich weit, wodurch der (Finanz-)Öffentlichkeit die Vergleichbarkeit der Jahresabschlüsse erschwert wurde.[92] Es ist jedoch zu erwarten, daß sich diese Banken innerhalb von nur wenigen Jahren dem Transparenzdruck ebenfalls beugen und dem Vorbild der Deutschen Bank folgen müssen. Auf diesem Weg dürften Größen wie das Betriebsergebnis oder auch das DVFA/SG-Schema in ihren derzeitigen Definitionen an Bedeutung verlieren, da ihr Informationsgehalt von einem IAS-Abschluß bei weitem übertroffen wird.

Auf mittlere Sicht wird der Kreis der nach internationalen Regeln Rechnung legenden Banken in Deutschland aber wohl auf die Aktienbanken begrenzt sein, da die ganz

---

[91] Y. Bellavite-Hövermann/R. Prahl: a.a.O., S. 137.
[92] Vgl. A. Buchholz: Das deutsche Kreditgewerbe und die neue Offenheit, in: SZ, Nr. 79 v. 3.4.1996, S. 26 und N. Hellmann: Im Zeitalter der Transparenz bleibt noch vieles trüb, in: BZ, Nr. 66 v. 3.4.1996, S. 6.

überwiegende Zahl der Sparkassen und Genossenschaftsbanken keinen vergleichbaren Zwängen der Kapitalmärkte unterliegt. Unabhängig vom Ergebnis der Überprüfung durch die EU-Kommission ist fraglich, ob diese Bankengruppen ihre Bewertungsprivilegien in das nächste Jahrtausend hinüberretten können. Wenn sogar die wesentlich stärker in volatilen Märkten agierenden Banken auf Möglichkeiten der Ergebnisglättung verzichten, schwankende Gewinnausweise die Einleger auch nicht aus dem Gleichgewicht bringen, dann wird dem einzigen ernstzunehmenden Argument für eine Legung stiller Reserven endgültig der Boden entzogen.

Literatur zu Abschnitt 1.

Ausschuß für Bilanzierung des Bundesverbandes deutscher Banken: Bankkonzernbilanzierung nach neuem Recht, in: WPg, 47. Jg., 1994, S. 11-20.
Ausschuß für Bilanzierung des Bundesverbandes deutscher Banken: Marktrisikopublizität, in: WPg, 49. Jg., 1996, S. 64-66.
Ballwieser, W. (Hrsg.): US-amerikanische Rechnungslegung: Grundlagen und Vergleiche mit deutschem Recht, 2. Aufl., Stuttgart 1996.
Ballwieser, W./Kuhner, Ch.: Rechnungslegungsvorschriften und wirtschaftliche Stabilität, Köln 1994.
Bellavite-Hövermann, Y./Prahl, R.: Bankbilanzierung nach IAS, Stuttgart 1997.
Bieg, H.: Bankbilanzen und Bankenaufsicht, München 1983.
Birck, H./Meyer, H.: Die Bankbilanz, Teillieferung 1, 2, 3, 4 und 5, 3. Aufl., Wiesbaden 1976, 1977, 1979 und 1989.
Busse von Colbe, W./Ordelheide, D.: Konzernabschlüsse, 6. Aufl., Wiesbaden 1993.
Coenenberg, A. G.: Jahresabschluß und Jahresabschlußanalyse, 16. Aufl., Landsberg am Lech 1997.
Ernsting, I.: Publizitätsverhalten deutscher Bankkonzerne, Wiesbaden 1997.
Guttentag, J./Herring, R.: Disclosure policy and international banking, in: JoBF, vol. 10, 1986, S. 75-97.
Haller, A.: Die Grundlagen der externen Rechnungslegung in den USA, 4. Aufl., Stuttgart 1994.
Jäger, W.: Bankenpublizität in Deutschland, Berlin 1976.
Krag, H.: Grundsätze ordnungsmäßiger Bankbilanzierung und Bankbilanzpolitik, Wiesbaden 1971.
Krumnow, J. et al.: Rechnungslegung der Kreditinstitute. Kommentar zum Bankbilanzrichtlinie-Gesetz und zur RechKredV, Stuttgart 1994.
Moxter, A.: Bilanzlehre, Bd. 1: Einführung in die Bilanztheorie, 3. Aufl., Wiesbaden 1984; Bd. 2: Einführung in das neue Bilanzrecht, 3. Aufl., Wiesbaden 1986.
Naumann, Th. K.: Bewertungseinheiten im Gewinnermittlungsrecht der Banken, Düsseldorf 1995.
Pellens, B. et al.: Internationale Rechnungslegung, 2. Aufl., Stuttgart 1998.
Prahl, R.: Die neuen Vorschriften des Handelsgesetzbuches für Kreditinstitute, in: WPg, 44. Jg., 1991, S. 401-409 (Teil I) und S. 438-445 (Teil II).
Prahl, R./Naumann, Th. K.: Moderne Finanzinstrumente im Spannungsfeld zu traditionellen Rechnungslegungsvorschriften: Barwertansatz, Hedge-Accounting und Portfolio-Approach, in: WPg, 45. Jg., 1992, S. 709-719.
Rüsberg, L.: Banken-Rating – Rendite, Risiko und Wachstum von Kreditinstituten, Wiesbaden 1992.
Schimann, G.: Bilanzierungsvorschriften für Kreditinstitute, in: WPg, 38. Jg., 1985, S. 157-171.
Schneider, D.: Betriebswirtschaftslehre, Bd. 2: Rechnungswesen, 2. Aufl., München/Wien 1997.
Schurig, M.: Schwebende Geschäfte bei Kreditinstituten. Eine risiko- und abbildungstheoretische Analyse am Beispiel der Devisen- und Effektentermingeschäfte, der Kreditzusagen und der Pensionsgeschäfte, Thun/Frankfurt/M. 1981.
Schwarze, A.: Ausweis und Bewertung neuer Finanzierungsinstrumente in der Bankbilanz, Berlin 1989.
Schwartze, A.: Deutsche Bankrechnungslegung nach europäischem Recht, Baden-Baden 1991.
Süchting, J.: Scheinargumente in der Diskussion um stille Reserven bei Kreditinstituten, in: DBW, 41. Jg., 1981, S. 207-220.
Waschbusch, G.: Die handelsrechtliche Jahresabschlußpolitik der Universalbanken, Stuttgart 1992.

Kontrollfragen zu Abschnitt 1.

1. Nennen Sie mindestens drei Bereiche einer Geschäftsbank, auf die sich das Kontrollinteresse der Bankenaufsicht bezieht.
2. Warum bilanzieren Aktienbanken nicht entsprechend dem im HGB vorgesehenen Jahresabschlußschema?
3. Was läßt sich kritisch gegen die Bankbilanz im Hinblick auf ihre Aussagefähigkeit über die Liquiditätssituation des veröffentlichenden Instituts sagen?
4. Welche Positionen der Bankbilanz gelten im allgemeinen als
   a) Primärliquidität
   b) Sekundärliquidität
   c) stark fluktuierende und deshalb die Liquidität besonders bedrohende Einlagen?
5. Sehen Sie einen Zusammenhang zwischen einer Liquiditätsbedrohung durch Einlagenabzüge und Belastungen der Rentabilität?
6. Aus den längeren Fristen der Einlagen unter 2a) und 2bb) des Bilanzformblatts (S. 306) im Vergleich zu den täglich fälligen Sichteinlagen könnte man schließen, daß sie einem Kreditinstitut länger zur Verfügung stehen und deshalb seine Liquidität weniger durch kurzfristige Abzüge bedroht wird. Gilt diese Annahme auch, wenn Sie an die unterschiedlichen Motive der Sicht- und Termineinleger denken?
7. Wenn Sie sich klarmachen, welche Werte Aktien verkörpern: Trägt dann der Erwerb eigener Aktien zur Risikostreuung (Diversifikation) bei?
8. Was versteht man unter dem Brutto- bzw. Nettoprinzip bei der Gliederung der GuV-Rechnung?
9. Inwiefern kann man in den heutigen GuV-Rechnungen der Kreditinstitute von einer Trennung der Erfolgspositionen nach Finanz- und Betriebsbereich sowie von einem spartenorientierten Ausweis der Erfolgsquellen sprechen?
10. Zeigen Sie den Unterschied zwischen dem sogenannten strengen Niederstwertprinzip als Bewertungsregel für Gegenstände des Umlaufvermögens und dem sogenannten gemilderten Niederstwertprinzip als Bewertungsregel für Gegenstände des Anlagevermögens.
11. Als in den Hochzinsjahren 1980/81 6- und 7%ige Rentenpapiere an der Börse mit 70-80% notierten, sahen sich manche Kreditinstitute mit hohen Eigenbeständen an derartigen Wertpapieren veranlaßt, diese aus dem Umlauf- in das Anlagevermögen umzubuchen. – Geben Sie eine Begründung.
12. Welcher Zusammenhang besteht zwischen der den Kreditinstituten im § 340f HGB eingeräumten Möglichkeit zur Legung stiller Reserven und der Möglichkeit zur Überkreuzkompensation?
13. Welche Nachteile und Vorzüge besitzt die Erfolgsrechnung der Kreditinstitute gegenüber derjenigen von industriellen Aktiengesellschaften im Hinblick auf ihre Aussagefähigkeit in formaler Hinsicht?
14. In der Krise des Bankhauses Herstatt im Jahre 1974 kam es zu massiven Einlagenabzügen bei der Gruppe der Privatbankiers, obwohl die Mehrheit von ihnen durch die Herstatt-Krise unmittelbar gar nicht betroffen war. Wie erklären Sie dieses Verhalten der Einleger?

15. Versuchen Sie die Behauptung zu widerlegen, die Gewinne der Banken seien stärkeren Schwankungen unterworfen als diejenigen von Industrieunternehmen, indem Sie von den Möglichkeiten der Risikostreuung her argumentieren.
16. Bei der Kommentierung ihrer Jahresabschlüsse pflegen Banken gern darauf hinzuweisen, daß für alle denkbaren Risiken ausreichend Vorsorge getroffen worden sei. Welche Möglichkeiten der Risikovorsorge im Jahresabschluß kennen Sie? (Geben Sie eine kurze Erläuterung.)
17. Nennen Sie im Zusammenhang mit der Bilanzpolitik Maßnahmen einer Bank, die geeignet sind, »Window Dressing« im Hinblick auf die Ziele
    a) Wachstum,
    b) Liquidität,
    c) Gewinn
    zu betreiben. Zeigen Sie dabei, daß die Maßnahmen der Bilanzgestaltung Zusatzbelastungen verursachen können.
18. Kann ein zum Abschlußstichtag durch bilanzpolitische Maßnahmen verschönertes Liquiditätsbild dem Leser des Geschäftsberichts etwas über die Liquidität und damit die Sicherheit seiner Einlage sagen?
19. Wann vor dem Jahresende muß ein Kredit zu einem Zinssatz von 9% p.a. ausgezahlt werden, damit die Zinserträge für das alte Jahr die Pauschalwertberichtigung von 1% gerade kompensieren?
20. Wie müssen Pensionsgeschäfte konstruiert werden, damit es am Jahresende zu Wachstumseffekten durch Bilanzverlängerung kommt?
21. Wie erklären Sie sich, daß am Jahresende Geldmarktzinsen und die Kurse für festverzinsliche Wertpapiere häufig »irregulären« Einflüssen unterworfen sind?
22. Welche Problematik führte in der Praxis zur Konstruktion einer »Bewertungseinheit«? Zeigen Sie anhand konkreter Fremdwährungsgeschäfte die Funktionsweise von Mikro- und Makro-Hedging auf.
23. Nehmen Sie eine kritische Würdigung der Portfolio-Bewertung vor dem Hintergrund der deutschen GoB vor.
24. Welchem Zweck dient die Erstellung eines Konzernabschlusses? Was versteht man in diesem Zusammenhang unter der Stufenkonzeption der Konzernrechnungslegung? Vergleichen Sie die dabei vorgeschriebenen Konsolidierungsverfahren hinsichtlich ihrer Aussagekraft.
25. Nennen Sie fünf wesentliche Punkte, in denen ein Konzernabschluß nach den IAS von einem nach deutschem Recht erstellten Abschluß signifikant abweicht. Wie beurteilen Sie diese Unterschiede unter dem Blickwinkel des Aktionärs einerseits, des Einlegers andererseits?
26. Zur Analyse des Jahresabschlusses von Kreditinstituten

Beantworten Sie auf der Basis der Formblätter der Bilanz und der Gewinn- und Verlustrechnung (S. 323) die folgenden Fragen:

I. Zum Inhalt von Bilanzpositionen

a) Wie wird die Interbankenposition erfaßt? – Wie kann man einen (andauernden) Überhang der entsprechenden Passiva über die Aktiva und der entsprechenden Passiva über die Aktiva erklären?
b) Welche Vermögensgegenstände gehen in die Position »Sachanlagen« ein?
c) Definieren Sie »Beteiligungen«. – Aus welchen Gründen werden sie gehalten und wie werden sie bewertet?

d) Was sind »eigene Akzepte«? – Wie werden in den Bestand genommene eigene Akzepte verbucht?
e) Wie werden Pensionsgeschäfte bilanziell behandelt?
f) Geben Sie ein Beispiel für »Rechnungsabgrenzungsposten«.
g) Unter welchen Voraussetzungen können Pensionsrückstellungen als Quelle der Innenfinanzierung angesehen werden? – Was sind demgegenüber »Andere Rückstellungen«?
h) Welches Merkmal haben nachrangige Verbindlichkeiten und Genußrechtskapital mit gezeichnetem Kapital, welches mit Verbindlichkeiten gemein?
i) Woraus resultieren
   - Eventualverbindlichkeiten
     - aus weitergegebenen, abgerechneten Wechseln,
     - aus Bürgschaften,
   - Rücknahmeverpflichtungen aus unechten Pensionsgeschäften,
   - Plazierungs- und Übernahmeverpflichtungen?

II. Zum Inhalt von Positionen der Gewinn- und Verlustrechnung

a) Grenzen Sie die Positionen »Zinserträge« und »Laufende Erträge« voneinander ab.
b) Nennen Sie drei Geschäftsvorfälle, aus denen »Provisionserträge« resultieren.
c) Was sind Finanzgeschäfte? – Was sagt ein »Nettoaufwand aus Finanzgeschäften« aus?
d) Wie hoch wird in der Regel der »Bilanzgewinn« dotiert?

III. Welche Positionen der Gewinn- und Verlustrechnung entsprechen
– den Umsatzerlösen
– dem Rohertrag
einer Industrieunternehmung?
Welchen Vorteil besitzt die Umsatzgröße gegenüber der allgemein üblichen »Bilanzsumme« für die Messung von Marktanteilen?

IV. Der Jahresabschluß hat »... ein den tatsächlichen Verhältnissen entsprechendes Bild der Vermögens-, Finanz- und Ertragslage zu vermitteln« (§ 264 Abs. 2 HGB).
Bilden Sie je eine Kennziffer, die – bei allen Schwächen des Jahresabschlußmaterials – geeignet erscheint, über
– die Vermögenslage
– die Finanz- bzw. Liquiditätslage,
– die Ertragslage
auszusagen.

V. Stille Reserven
a) Welche Bilanzpositionen werden banktypisch für die Bildung von Vorsorgereserven, Pauschal- und Einzelwertberichtigungen herangezogen?
Wie werden diese Wertkorrekturen bei der Ermittlung des körperschaftsteuerpflichtigen Gewinns behandelt?

b) Welche Positionen der Gewinn- und Verlustrechnung werden für die sogenannte Überkreuzkompensation benutzt? Was versteht man darunter? Inwiefern können auf diese Weise Reserven still gelegt und aufgelöst werden?
c) Welche Argumentationskette wird für die Rechtfertigung von Bewertungsprivilegien gem. § 340f HGB ins Feld geführt?
d) Was ist ein »Fonds für allgemeine Bankrisiken«? – Was spricht aus der Sicht des Vorstands einer Bank für, was gegen seine Dotierung?

2. Die Gestaltung der Kosten- und Erlösrechnung der Bank

Nach der Behandlung des externen Rechnungswesens bietet es sich an, im folgenden auf das *interne Rechnungswesen* einzugehen. Dessen Basis bildet die *Kosten- und Erlösrechnung*, die sogar häufig mit dem internen Rechnungswesen gleichgesetzt wird. Die Frage, ob diese beiden Begriffe tatsächlich identisch sind, soll wiederum vom industriellen Rechnungswesen ausgehend beantwortet und dort zunächst auf die *Kosten- und Leistungsrechnung* bezogen werden.

Bei einem solchen Vergleich kann man dann sagen, daß die Kosten- und Leistungsrechnung im Mittelpunkt des internen Rechnungswesens steht (andererseits gehören bestimmte Statistiken wie z.B. die über die Personalfluktuation wohl in den Bereich des internen Rechnungswesens, sind aber nicht Bestandteil einer Kosten- und Leistungsrechnung).

In Industrieunternehmen spielt die Abgrenzung der Finanzbuchhaltung von der Betriebsbuchhaltung eine bedeutende Rolle. Während die Finanzbuchhaltung auf die externen Beziehungen der Unternehmung zu den Beschaffungs-, Absatz- und Kapitalmärkten ihrer Umwelt gerichtet ist und solche (pagatorischen) Beziehungen in der Bilanz und der Gewinn- und Verlustrechnung einfängt, ist die Betriebsbuchhaltung auf die kalkulatorische Erfassung der internen Abläufe des Betriebsgeschehens konzentriert.

Um die Ergebnisse des Betriebs zu erfassen, kann nicht allein auf die Erlöse, wie sie sich in Rechnungen für abgesetzte Erzeugnisse niederschlagen, abgestellt werden. Das ergibt sich schon daraus, daß die Wertschöpfung des Betriebs in einer Periode auch in der Fertigung von Produkten gesehen wird, die zunächst auf Lager genommen werden, bis sie verkauft werden können (Bestandserhöhungen). Außerdem werden im Betrieb Anlagen und Teile gefertigt, die in der Unternehmung selbst für die weitere Nutzung benötigt werden (Eigenleistungen). So wird deutlich, warum man im Hinblick auf die industrielle Betriebsbuchhaltung gewöhnlich von der Kosten- und Leistungsrechnung, nicht aber von der Kosten- und Erlösrechnung als Mittelpunkt des internen Rechnungswesens spricht.

Demgegenüber ist es üblich, im internen Rechnungswesen der Banken von der Kosten- und Erlösrechnung zu reden. Das läßt sich zurückführen auf die banktypischen Schwergewichte in der Organisationsform.

Im Zusammenhang mit der Organisation war gezeigt worden, daß in den industriellen Unternehmen die produzierenden Funktionen in den Betrieben eine hervorragende Bedeutung besitzen. Im Gegensatz dazu sind diese in Kreditinstituten auf den weiterverarbeitenden Innenbereich zurückgedrängt; angesichts des Zwangs zur Bereitstellung tagfertiger, abstrakter Leistungen dominiert hier der Absatzbereich.

Die *Abgabe marktreifer Endleistungen aber fällt* – da nicht auf Lager gefertigt werden kann – *mit dem Anfall von Erlösen zusammen.*

Die unterschiedlichen Schwerpunkte in den Funktionen von Kreditinstituten und Industrieunternehmen lassen es deshalb gerechtfertigt erscheinen, im internen Rechnungswesen der Banken statt von einer Kosten- und Leistungsrechnung von einer Kosten- und Erlösrechnung zu sprechen.

a. Grundlagen der Kosten- und Erlösrechnung in Kreditinstituten

In der folgenden Abbildung C. 51 sind die wichtigsten Elemente einer Kosten- und Erlösrechnung in Kreditinstituten zusammengefaßt.

Im Hinblick auf die *Bezugsobjekte* ist zunächst festzustellen, daß Kosten- und Erlösrechnungen zum einen auf die *Vergangenheit*, zum anderen (als Plankostenrechnungen) auf die *Zukunft* gerichtet sein können. Am Beispiel der Budgetrechnung war aber auch deutlich gemacht worden, daß zum Zwecke der Entscheidungsfindung und Rechenschaftslegung zukunftsorientierte Sollziffern (Planinformationen) und vergangenheitsorientierte Istziffern (Kontrollinformationen) zusammengehören.

Die Planung von Zielen und Aktionen geschieht nämlich auf der Basis vergangener Werte. Entscheidungen über Zielkorrekturen und zu modifizierende Aktionen erfolgen auf der Grundlage von Kontrollinformationen und Abweichungsanalysen. Auch die Rechenschaftslegung in den einzelnen Instanzenbereichen wird durch eine Gegenüberstellung der Sollwerte mit den erreichten Istwerten und durch eine Begründung der Abweichungen vorgenommen.

Unabhängig davon, daß es sich zum einen um geschätzte, zum anderen um tatsächlich erreichte Größen handelt, enthalten sowohl Zukunfts- als auch Vergangenheitsrechnungen die gleichen Komponenten: Kosten sowie Leistungen und Erlöse. Deshalb – und weil im Rahmen der strategischen Basisentscheidungen bereits Planungssysteme behandelt worden sind – wird im folgenden auf die Darstellung spezieller Planungsprobleme verzichtet. Die sich anschließenden Ausführungen über bankbetriebliche Kosten- und Erlösrechnungen können grundsätzlich für die Vergangenheit und für die Zukunft gedacht werden.

Die Aussagen von Kosten- und Erlösrechnungen in Kreditinstituten lassen sich auf Elemente

– der Organisation
– des Sortiments
– der Kundschaft

einer Bank beziehen. Diese Bezugsobjekte sind aus den Aufgaben des Rechnungswesens, nämlich Grundlage für die Entscheidungsfindung und Rechenschaftslegung zu sein, abgeleitet. Mit Hilfe der Kosten- und Erlösrechnung soll in den verschiedenen Verantwortungsbereichen des Systems »Bank« Rechenschaft gegenüber den Kontrollinstanzen gelegt werden. Im geschäftspolitischen Bereich sind mit Hilfe der Kosten- und Erlösrechnung Aussagen darüber zu finden, ob *Teile der Organisation* (z.B. bestimmte Zweigstellen), des *Sortiments* (z.B. bestimmte Leistungsarten) oder der *Kundschaft* (z.B. bestimmte Kundengruppen) förderungswürdig sind oder nicht.[93]

---

[93] Zu einer solchen Ausrichtung der Kosten- und Erlösrechnung an geschäftspolitischen Fragestellungen vgl. auch H.-M. Heitmüller, Deutscher Sparkassen- und Giroverband, Bonn, in seinem Referat »Zum Stand der Kosten- und Erlösrechnung in den Sparkassen« am 25.6.1991 im Kontaktseminar an der Ruhr-Universität Bochum, in: SB Nr. 34, SS 1991, S. 49-53.

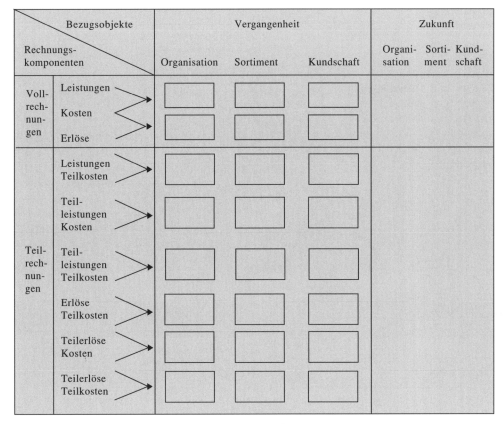

Abb. C. 51: Elemente einer Kosten- und Erlösrechnung

Aussagen im Bereich der Rechenschaftslegung und der Entscheidungsvorbereitung können im Rahmen von *Voll-*(Kosten- und Erlös-)*Rechnungen* oder von *Teil-*(Kosten- und Erlös-) *Rechnungen* getroffen werden. – Auch diese Problematik war bereits im Abschnitt über die Organisation angesprochen worden, als im Zusammenhang mit der Frage der *Rechenschaftslegung* über Filial- und Teilbankerfolge (Profit Centers) die Notwendigkeit der Beeinflußbarkeit der Erfolgskomponenten durch die Verantwortlichen herausgestellt wurde. Danach wäre die Verwendung von Voll- oder Teilrechnungen abhängig davon, ob die rechenschaftlegende Instanz alle (Vollrechnungen) oder nur einen Teil der Erfolgskomponenten (Teilrechnungen) beeinflussen kann; diese Frage wird noch im einzelnen für Abteilungen (wie die für Anschaffungsdarlehen, Depotverwaltungen oder den Dauerauftragsdienst zuständigen) zu untersuchen sein. – Auch bei der *Entscheidungsvorbereitung,* z.B. der Ermittlung von Preisforderungen einem Kunden gegenüber, kann sich die Alternative Vollrechnung oder Teilrechnung stellen. Soll eine Bank, die durch einen Kunden unter Preisdruck gesetzt wird, nur die durch sein Kontokorrentkonto eindeutig verursachten Kosten oder auch einen Anteil der fixen Kosten, und damit Vollkosten, in ihre Preisforderung einbeziehen? Das ist eine Problematik, mit der sich dieser Abschnitt ebenfalls auseinandersetzt, und zwar für Teile des Sortiments (wie Investitionskredite, Sichteinlagen,

Auslandszahlungen) und der Kundschaft (wie Versicherungsunternehmen, mittelständische Unternehmer, Steuerberater).

Im Hinblick auf die Rechnungskomponenten sind zunächst die Begriffe eindeutig zu fassen.

Kosten sind bewerteter, durch die Leistungserstellung bedingter Verbrauch von Gütern und Dienstleistungen. Aus dieser Definition ergeben sich Abgrenzungsmerkmale zu den Aufwendungen als den Bestandteilen der Gewinn- und Verlustrechnung im externen Rechnungswesen, die als periodisierte (erfolgswirksame) Ausgaben definiert werden.

Kosten und Aufwendungen unterscheiden sich zunächst durch den *neutralen Aufwand*, der sich aus betriebsfremden, außerordentlichen und periodenfremden Komponenten zusammensetzt. Die Bereinigung der Aufwendungen der GuV-Rechnung um derartige neutrale Aufwendungen an der Schnittstelle von Finanz- und Betriebsbuchhaltung dient dazu, den im Bereich der Leistungserstellung anfallenden Werteverzehr von sachlich und zeitlich anomal auftretenden Störeinflüssen abzuschirmen. Zu solchen Störeinflüssen zählen z.B. überhöhte Abschreibungen, die im Rahmen der Bilanzpolitik vorgenommen und die in der Kostenrechnung durch kalkulatorische Abschreibungen *(Anderskosten)* ersetzt werden.

Bei der Abgrenzung gegenüber den Aufwendungen sind weiterhin *Zusatzkosten* zu berücksichtigen, die entsprechend dem Opportunitätsprinzip (als kalkulatorischer Unternehmerlohn, kalkulatorische Eigenkapitalzinsen, kalkulatorische Eigenmiete) in die Kostenrechnung Eingang finden.

Im Hinblick auf die Erlöse ist ebenfalls eine Abgrenzung zu den Erträgen der GuV-Rechnung vorzunehmen. Genauso wie es in der GuV-Rechnung neutrale Aufwendungen gibt, die nicht in die Kostenrechnung eingehen, so fallen auch *neutrale Erträge* (saldiert: neutraler Erfolg) an, die sachlich, zeitlich oder ihrer Höhe nach Störeinflüsse für eine Kosten- und Erlösrechnung darstellen und die deshalb in diesem Bereich des internen Rechnungswesens nicht zu berücksichtigen sind. Unter Beachtung dessen sollen **Erlöse als Entgelt für die aus der betrieblichen Leistungserstellung hervorgegangenen, an den Markt abgegebenen Güter und Dienstleistungen** bezeichnet werden.

Abbildung C. 52 läßt erkennen, daß die hier interessierenden Erlöse und Kosten sich aus der GuV-Rechnung ableiten lassen, nachdem eine Bereinigung um den neutralen Erfolg und eine Berücksichtigung der Zusatzkosten stattgefunden hat.

Es bleibt die Klärung des Begriffs der *Leistung*. – Oben war herausgestellt worden, daß im Gegensatz zu Leistungen des Industriebetriebs, wie sie sich auch als Bestandserhöhungen und in Eigenleistungen niederschlagen, fertige Leistungen der Banken wegen ihrer Abstraktheit stets an den Markt abgegebene Leistungen *(Marktleistungen)* sein müssen, die – wenn sie mit Preisen ausgestattet sind – dann auch zu Erlösen führen; aus diesem Grunde war ja von Kosten- und Erlösrechnung statt von Kosten- und Leistungsrechnung gesprochen worden.

Andererseits kann man sich auch im Rahmen der Bankkosten- und -erlösrechnung nicht auf die Gegenüberstellung von Kosten und Erlösen beschränken. In manchen Verantwortungsbereichen der Bank, die keinen Kontakt zum Markt haben (wie im Innenbereich, in den Stabsabteilungen des Verwaltungsbereichs) ist eine Konfrontation der Kosten mit den Erlösen nicht möglich, wenn Rechenschaft durch die Träger der Verantwortung gelegt werden soll. Hier ist vielmehr auf geeignete **innerbetriebliche Teilleistungen** abzustellen, die in einer bestimmten Periode (vgl. Abbildung C. 51) in der Buchhaltung (Zahl der Buchungsposten), der Materialverwaltung (Zahl der Materialauslieferungen), der Auslandskorrespondenz (Zahl der Schreiben), der Personalabteilung (Zahl der Gehaltsabrechnungen) abgewickelt worden sind. Derartige innerbetriebliche Teilleistungen entstehen wie im Produktionsbereich eines Industriebetriebs als **Ergebnis menschlicher Arbeitsleistungen, von Maschinen- und anderen Betriebsmittelnutzungen.** Sie schlagen sich als *Stückleistungen*

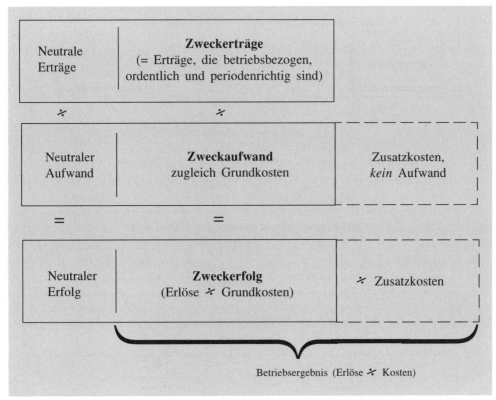

Abb. C. 52: Abgrenzung verschiedener Erfolgsbegriffe und ihrer Komponenten

des Betriebsbereichs (auch technisch-organisatorische Sphäre genannt) in der Leistungsstatistik nieder. – Dem steht der in der Bank dominierende finanzielle Bereich (auch Wertsphäre genannt) gegenüber, in dem sich die Annahme, Schaffung und Weitergabe von Geldwerten vollzieht. Die Ergebnisse dieses Bereichs sind als abstrakte Kontostände definiert. Sie gehen über Einlagen- und Kreditkonten in die Bilanz ein. Aus diesem Grunde werden sie als *Wertleistungen des Finanzbereichs* bezeichnet.

Jeder Geschäftsvorfall, der von einem Kunden ausgelöst wird, beinhaltet eine Stückleistung, denn eine Effektenorder, ein Kredit oder ein Zahlungsauftrag kann nicht abgewickelt werden, ohne daß Menschen und/oder Maschinen tätig werden; insofern ist die Existenz von Bankleistungen ohne Stückleistungen nicht denkbar.

Bei reinen Dienstleistungen wie einer Effektenberatung oder einer Schrankfachmiete erstellt die Bank allein Stückleistungen. Immer dann jedoch, wenn die Bank im Aktiv- und Passivgeschäft bilanzwirksame Kredit- und Einlagenverträge über bestimmte Beträge oder Verfügungsgrenzen (z.B. Kreditlinien) abschließt, erstellt sie Stückleistungen *und* Wertleistungen.

»Wertleistung« ist ein Begriff, der im Industriebetrieb nicht gebräuchlich ist. Er resultiert aus den besonderen Funktionen der Bank, wie der folgende Ausschnitt aus dem Bankmodell zeigt.

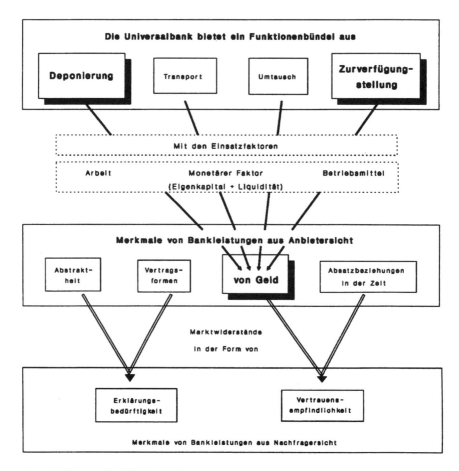

Ausschnitt aus dem Bankmodell

Unabhängig von diesen Elementen innerbetrieblicher Teilleistungen sind aus absatzwirtschaftlicher Sicht Bankleistungen »... jene Einzelleistungen und jene Zusammenfassungen von Einzelleistungen (Leistungsbündel, die Verf.), ... die die jeweils stärkere Marktseite als absatzfähig bezeichnet, indem sie sie so und nicht anders anbietet oder nachfragt«.[94]

Dies bedeutet, daß der Kunde das Kredit-, das Einlagengeschäft oder die Miete eines Schrankfachs nur als Ganzes erlebt, unabhängig also von den hinter der Marktleistung stehenden innerbetrieblichen Teilleistungen, die ihn gar nicht interessieren. Er fragt entweder eine Einzelleistung wie die Miete des Schrankfachs nach (eine Leistung, die als absatzfähiger Tatbestand nicht mehr aufspaltbar ist) oder z.B. ein Gehaltskonto mit automatischer Übertragung des monatlichen Restbestandes auf ein Sparkonto (ein Leistungsbündel, das in das Gehaltskonto und Überweisungen auf das Sparkonto von Fall zu Fall aufspaltbar ist).

---

[94] H.-J. Krümmel: Bankzinsen – Untersuchungen über die Preispolitik der Universalbanken, Köln 1964, S. 38.

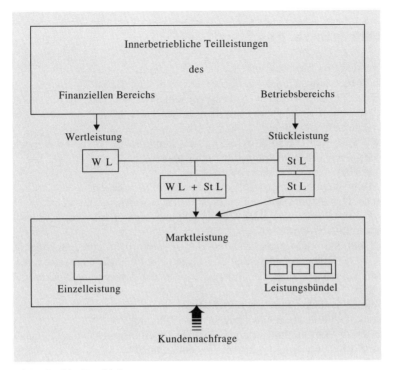

Abb. C. 53: Bankleistungen

Da jedoch in diesem Kapitel nicht Fragen des Bankmarketing aus der Sicht des Kunden, sondern solche des internen Rechnungswesens unter dem Aspekt Rechenschaft legender und Entscheidungen suchender Bankinstanzen behandelt werden, ist die Trennung zwischen Marktleistungen und innerbetrieblichen Leistungen sowie deren Aufteilung in Stück- und Wertleistungen von Bedeutung.

Kontrollfragen zu Abschnitt 2. a.

1. Begründen Sie die Notwendigkeit einer Integration von Zukunfts- und Vergangenheitsrechnungen im System einer Kosten- und Erlösrechnung.
2. Nennen Sie drei Gruppen von Bezugsobjekten, für die sich Aussagen einer Kosten- und Erlösrechnung machen lassen, und bilden Sie für jede Gruppe zwei konkrete Beispiele.
3. Geben Sie je ein Beispiel dafür, daß es sinnvoll sein kann, im Bereich
   a) der Rechenschaftslegung durch die Instanzen
   b) geschäftspolitischer Entscheidungen
   mit Teilrechnungen statt mit Vollrechnungen zu arbeiten.
4. Welche Korrekturen müssen vorgenommen werden, wenn man aus den Aufwands- und Ertragsarten der GuV-Rechnung einer Bank ihre Kosten- und Erlösarten ableiten will?
5. Was sind Marktleistungen und innerbetriebliche Teilleistungen, Stückleistungen und Wertleistungen einer Bank? Machen Sie die Zusammenhänge zwischen diesen Leistungen deutlich, indem Sie von der Vorstellung ausgehen, daß ein Kunde
   a) ein Hypothekendarlehen nachfragt
   b) eine Goldmünze gegen Hingabe von Bargeld erwirbt.
6. Gibt es in einem Industrieunternehmen Wertleistungen des Finanzbereichs? Warum ist dieser Begriff dort nicht gebräuchlich?

b. Fragestellungen des Bankmanagements im Rahmen der Rechenschaftslegung und Entscheidungsfindung

Bis hierher sind als allgemeine Aufgaben eines (internen) Rechnungswesens die Entscheidungsvorbereitung und die Rechenschaftslegung bzw. Verantwortlichkeitskontrolle herausgestellt worden. An dieser Stelle muß man sich indessen darüber klar werden, daß mit derartigen allgemeinen Zwecksetzungen für praktische Aufgaben noch nicht viel gewonnen ist. Der Aufbau eines ausgefeilten Rechnungswesens nützt überhaupt nichts, wenn die zusammengestellten Daten lediglich einen Zahlenfriedhof repräsentieren. Die Daten sind vielmehr so aufzubereiten, daß sie Aktivitäten auslösen, die sich in höheren Zielbeiträgen niederschlagen. Um derartige Konsequenzen für eine bessere Zielerreichung bewirken zu können, ist es erforderlich, daß die aus dem Rechnungswesen ableitbaren Fragestellungen stärker konkretisiert werden.

In dem hier behandelten Zusammenhang bedeutet dies eine weitere Differenzierung der Bezugsobjekte und die Prüfung, ob und gegebenenfalls welche Rechenkomponenten in Voll- oder Teilrechnungen Aussagen über die *Leistungsfähigkeit von Organisationseinheiten* und die *Förderungswürdigkeit von Marktsegmenten* (Teilen des Sortiments und der Kundschaft) erlauben.

b. 1. Wirtschaftlichkeitskontrolle durch Gegenüberstellung von Kosten und Leistungen

Es war im Kapitel über die Organisation bereits herausgestellt worden, daß Rechenschaftslegung durch den Ausweis von Gewinnen, den Saldo aus Erlösen und Kosten, in verantwortlichen Profit Centers der Organisation »Bank« erfolgen kann. Eine solche Art der Rechenschaftslegung kommt aber nur dort in Frage, wo Organisationseinheiten der Bank mit dem Markt in Berührung kommen, weil neben den Kosten nur dort auch Erlöse anfallen. Überall jedoch, wo Organisationseinheiten wie im Innenbereich und Verwaltungsbereich keinen Marktkontakt haben, können Rechenschaftslegung und Verantwortlichkeitskontrolle nicht auf Gewinne abstellen.

In derartigen Organisationseinheiten wird deshalb die Rechenschaftslegung auf *Kosten* und *Leistungen* bezogen werden müssen; man spricht von der *Wirtschaftlichkeitskontrolle* (im Gegensatz zur Gewinnkontrolle). Das Ziel der Organisationseinheiten besteht dann darin, die Leistungen ökonomisch, d.h. mit möglichst geringen Kosten (durch die Nachfrage am Markt ausgelöste) Leistungen oder Teilleistungen zu erstellen. »**Unter Wirtschaftlichkeitskontrolle ist das In-Beziehung-Setzen von Kosten und Stellenleistungen und das Vergleichen der Ergebnisse in zeitlicher und/oder zwischenbetrieblicher Hinsicht oder auf dem Wege der Soll-Ist-Gegenüberstellung zu verstehen**«.[95]

Da die Wertleistungen des Passivgeschäfts mit den entsprechenden Wertkosten (Zinskosten) für die Verantwortlichen im Hinblick auf die für Einlagen zu zahlenden Zinssätze entweder Marktdatum oder zumindest in Grenzen vom Top-Management vorgegeben und deshalb wenig beeinflußbar sind, kann davon ausgegangen werden, daß sich die Wirtschaftlichkeitskontrolle in Kreditinstituten auf den Bereich der Erstellung von Stückleistungen und die dafür benötigten Betriebskosten konzentriert.

Bei der Konfrontation von Stückleistungen und Kosten in den betrieblichen Kostenstellen zu Zwecken der Wirtschaftlichkeitskontrolle ist der Bereich der Rechenschaftslegung durch drei Anforderungen eingegrenzt:

(1) Die Leistungen müssen meßbar sein;
(2) die Kosten müssen den Verantwortlichen direkt zurechenbar sein;
(3) die Kosten müssen durch die Verantwortlichen beeinflußbar sein.

Bankbetriebliche Stückleistungen, seien sie nun innerbetriebliche Teilleistungen oder Marktleistungen, entstehen durch exekutive oder dispositive Arbeitsverrichtungen.

Exekutive Arbeitsverrichtungen werden überall dort durchgeführt, wo es um die Bearbeitung massenhaft auftretender, gleichförmiger Vorfälle geht, wie z.B. im Zusammenhang mit der routinemäßigen Bearbeitung von Überweisungsaufträgen, Kassenposten usw. im Zahlungsverkehr. Ob ein Mitarbeiter viel oder wenig »geleistet« hat, läßt sich in solchen Organisationseinheiten wenigstens näherungsweise durch die Menge der in einer Periode bewältigten Stückleistungen messen.

Schwierig oder gar unmöglich ist demgegenüber die *Messung der Leistungen* bei den *dispositiven Arbeitsverrichtungen,* nämlich überall dort, wo individuelle, komplexe und deshalb unterschiedlich zeitaufwendige Tätigkeiten durchgeführt werden. Dies ist z.B. im beratungsintensiven Kredit- oder Wertpapiergeschäft, aber auch in der Rechts- oder Organisationsabteilung der Fall, so daß die Belastung der Verantwortlichen hier nicht mit der Zahl der in einer Periode abgewickelten Stückleistungen erfaßt werden kann. Es mag die

---

[95] K. F. Hagenmüller/A.-F. Jacob: Der Bankbetrieb, Bd. III, 5. Aufl., Wiesbaden 1988, S. 105 (im Original kursiv).

Abwicklung eines dubiosen Kredits einschließlich der Verwertung der Sicherheiten den Leiter der Kreditabteilung sehr viel stärker in Anspruch nehmen als die Überwachung der ordnungsgemäßen Rückführung eines Investitionsdarlehens durch einen bonitätsmäßig einwandfreien Großkunden.

Soll ein Verantwortlicher die für die Erstellung der Stückleistungen notwendigen *Kosten* seines Verantwortungsbereichs rechtfertigen, so ist Voraussetzung, daß diese seiner Organisationseinheit *direkt zurechenbar* sind.[96]

Direkt zurechenbare Kosten werden *Einzelkosten* genannt. Von Einzelkosten spricht man immer dann, wenn die aus dem Verbrauch oder der Nutzung von Produktionsfaktoren resultierenden Kosten einer Bezugsgröße eindeutig zugeordnet werden können. Für das Bezugsobjekt »Scheckabteilung« sind dies z.B. die Kosten der dort eingesetzten Maschinen und Mitarbeiter, falls solche Potentialfaktoren ausschließlich in der Scheckabteilung zum Einsatz gelangen. Werden dagegen die Maschinen und Mitarbeiter je nach Beschäftigungsanfall nicht nur in der Scheckabteilung, sondern zeitweise auch für die Wechselabteilung genutzt, so resultieren daraus *Gemeinkosten*. Gemeinkosten können der Scheckabteilung nicht direkt zugerechnet werden, denn sie entstehen für mehrere Bezugsobjekte (hier die Scheck- und Wechselabteilung) und lassen sich nur mit Hilfe von Schlüsseln (z.B. nach den jeweiligen Nutzungszeiten) auf die Bezugsgrößen verteilen.

Die Verteilung von Gemeinkosten über Schlüssel ist nun zwangsläufig ungenau, so daß die anteiligen Kosten von den Verantwortlichen auch nicht voll gerechtfertigt werden können. Bei z.B. zeitanteiliger Belastung der Wechselabteilung mit den Kosten eines dort von Fall zu Fall eingesetzten Mitarbeiters der Scheckabteilung könnte der Leiter der Wechselabteilung geltend machen, daß die ihm belasteten anteiligen Personalkosten für diesen Mitarbeiter unangemessen hoch seien. Statt dieses Sachbearbeiters hätte man ihm auch einen Auszubildenden zuteilen können; dadurch wäre die belastete Kostensumme entsprechend geringer geworden. Außerdem sei der ihm zugeteilte Mitarbeiter während der »Ausleihzeit« in der Scheckabteilung sowieso beschäftigungslos gewesen. Infolgedessen seien durch den Einsatz in der Wechselabteilung nur Leerkosten in Nutzkosten verwandelt worden, zusätzliche Kosten also gar nicht entstanden.

Man sieht: **Die Verteilung von Gemeinkosten auf solche Bezugsobjekte über Schlüssel ist angreifbar und kann zu Streitigkeiten führen, so daß ihre Einbeziehung in den von dem Verantwortlichen zu rechtfertigenden Kostenblock fragwürdig ist.**

Aber auch in bezug auf die Einzelkosten eines Verantwortungsbereichs muß getrennt werden nach solchen, auf die die verantwortlichen Instanzen *Einfluß* ausüben können, und anderen, bei denen dies mangels Kompetenzen nicht der Fall ist. So mag der kostenbewußte Leiter des Rechenzentrums der Bank mit Hilfe von Rationalisierungsmaßnahmen willens und in der Lage sein, Mitarbeiter freizusetzen. Wenn diese Mitarbeiter aber in anderen Abteilungen der Bank nicht aufgenommen werden können, weil sie nicht über die dort verlangte Qualifikation verfügen, andererseits aus sozialen Erwägungen auch nicht entlassen werden sollen, so besitzt der Leiter des Rechenzentrums tatsächlich keine Dispositionsgewalt über seine Mitarbeiter und damit auch keine Beeinflussungsmöglichkeit der Personalkosten. Insoweit kann er für die Personalkosten auch nicht zur Rechenschaft gezogen werden.

---

[96] Die Voraussetzungen der Zurechenbarkeit und Beeinflußbarkeit der Kosten müssen auch dort erfüllt sein, wo die Gewinnkontrolle von Organisationseinheiten angestrebt wird, da hier den Erlösen ja gleichfalls die Kosten gegenübergestellt werden.

Faßt man zusammen, so führen diese Überlegungen dahin, daß die **Wirtschaftlichkeitskontrolle der Verantwortungsbereiche durch eine Gegenüberstellung von Kosten und Leistungen in einer Bank nur dort Ansatzpunkte findet, wo exekutive Arbeitsverrichtungen dominieren und die Kosten, mit denen solche Arbeitsverrichtungen bewältigt werden, beeinflußbare Einzelkosten sind.** – Das schließt nicht aus, daß den Organisationseinheiten einer Bank aus anderen Gründen (vgl. S. 414) auch anteilige Gemeinkosten belastet werden. Nur kann sich unter solchen Umständen die Rechenschaftslegung durch die Verantwortlichen lediglich auf den Anteil der beeinflußbaren Einzelkosten beziehen, der deshalb in der Kostenstelle deutlich von den übrigen Kosten zu isolieren ist.

b. 2. Geschäftspolitische Entscheidungshilfen durch Gegenüberstellung von Kosten und Erlösen

Geschäftspolitische Entscheidungen werden von einer Vielzahl von Entscheidungsträgern in der Instanzenhierarchie eines Kreditinstituts gefällt und sind regelmäßig auf Marktsegmente und absatzpolitische Aktivitäten als Entscheidungs- oder Bezugsobjekte ausgerichtet.

Eine Segmentierung des Marktes nach Kunden führt zu geschäftspolitischen Fragestellungen, die im Globalfall lauten können: Soll bei der Verteilung knapper Ressourcen an Liquidität, Personal- und Sachmitteln die Kundengruppe der freien Berufe oder der Facharbeiter in der Einkommensklasse zwischen DM 5000,- und DM 6000,- gefördert werden? – Diese Frage wäre durch eine *Kundengruppenkalkulation* zu beantworten. – Im Einzelfall mag folgende geschäftspolitische Fragestellung interessieren: Soll vor allem die Kundenverbindung zum Rechtsanwalt X ausgebaut werden oder zum Wirtschaftsprüfer Y? – Diese Frage wäre auf der Basis einer *Kundenkalkulation* zu entscheiden.

Eine Segmentierung des Marktes nach Sortimentsteilen führt im Globalfall zu geschäftspolitischen Fragestellungen wie: Soll beim Einsatz knapper Ressourcen an Liquidität, Personal- und Sachmitteln das Wertpapiersparen oder das Kontensparen stärker gefördert werden? – Eine solche Fragestellung wäre durch eine *Geschäftsspartenkalkulation* zu beantworten. – Für den Einzelfall könnte eine geschäftspolitische Frage interessant sein wie diese: Soll eine Effektenorder im ausmachenden Betrag unter DM 1000,- noch ermöglicht werden oder erst ab einem höheren Volumen? – Das ist eine Frage, für die die Selbstkostenermittlung und damit die *Einzelleistungskalkulation* heranzuziehen wäre.

Gelangt man aufgrund dieser Kalkulationen zu der Auffassung, daß bestimmte Bezugsgrößen, also Kundengruppen oder Sortimentsteile, nicht zu fördern sind, so kann dies selbstverständlich nicht bedeuten, daß solche Segmente grundsätzlich aus der Kundenstruktur bzw. dem Gesamtsortiment zu eliminieren sind; dies kann allenfalls im Rahmen der strategischen Planung (vgl. S. 210) erfolgen. Wohl aber kann Konsequenz der Erfolgsanalyse sein, daß die absatzpolitischen Anstrengungen an diesen Bezugsgrößen vorbei auf andere Kundengruppen und Sortimentsteile gerichtet werden, daß solche Bezugsgrößen also als Schwerpunkte absatzpolitischer Aktivitäten ausscheiden.

Festzuhalten bleibt: **Die Kosten- und Erlösrechnung als Instrument der Geschäftspolitik hat die Aufgabe, auf diese Weise die Ansatzpunkte für absatzpolitische Aktivitäten zu lokalisieren.**

Die Preispolitik ist ein Instrument des Marketing-Mix. Je nachdem, ob eine Kundenverbindung von ihrem Erfolgsbeitrag her als förderungswürdig erkannt worden ist oder nicht, kann das Instrument der Preisgestaltung stimulierend oder prohibierend eingesetzt werden: Stimulierend, indem dem Rechtsanwalt X eine Vorzugskondition bei der Wohnungsbaufinanzierung gemacht wird, prohibierend, indem auf einem über den Sätzen der Konkurrenz liegenden Zins beharrt wird. Bei solchen Preisverhandlungen spielt die Preisuntergrenze, d.h. derjenige Minimalsatz, unter den man auch bei Förderungsabsichten nicht herunterzugehen bereit ist, eine besondere Rolle.

Damit sind auch Preispolitik und *Preiskalkulation* in den Gesamtzusammenhang möglicher geschäftspolitischer Fragestellungen eingeordnet.

Die *Kritiker einer Vollkosten- und Erlösrechnung,* die den Anspruch erhebt, quantifizierbare Antworten auf die vorgenannten geschäftspolitischen Fragestellungen liefern zu können, konzentrieren sich auf drei aus der Funktion der Universalbank ableitbare Sachverhalte, die in dem folgenden Ausschnitt aus dem Bankmodell ihren Ausdruck finden.

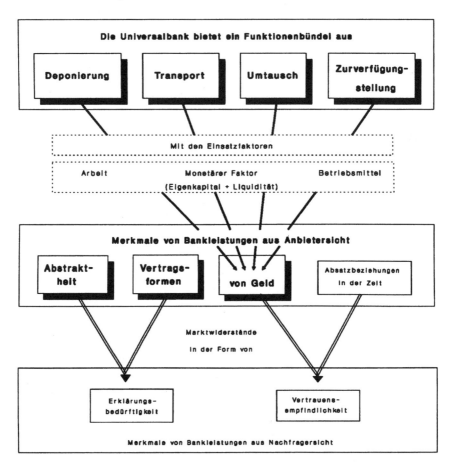

Ausschnitt aus dem Bankmodell

(1) Universalbanken sind Finanzinstitutionen, die der Öffentlichkeit ein Sortiment anbieten, das durch *Nachfrage- und Erlösverbundwirkungen* gekennzeichnet ist. Solche Verbundwirkungen lassen eine nach Geschäftssparten isolierte Erlösrechnung nach dem Verursachungsprinzip nicht zu.

Konkret: Der Erlös der Sparte Hypothekendarlehen der Stadtsparkasse Y beträgt X Millionen nicht nur infolge der Attraktivität dieser Sparte, sondern er beruht auch darauf, daß die Stadtsparkasse infolge des Nachfrageverbunds – ungleich einer spezialisierten Hypothekenbank – den Hypothekendarlehensnehmern Leistungen im Giroverkehr verkauft. Die erzielten Zinserlöse sind somit nicht allein durch die Sparte Hypothekendarlehen verursacht; sie sind Verbund- oder Gemeinerlöse für diese Sparte und allenfalls beiden, in der Regel aber nur allen Sparten gemeinsam zuzurechnen.

(2) Universalbanken sind Finanzinstitutionen mit dem Charakter von Mehrproduktunternehmen und daraus resultierender *verbundener Leistungsfertigung,* welche die isolierte und verursachungsgemäße Zurechnung auch der Kosten auf Geschäftssparten und Leistungen unmöglich macht.

Konkret: Die Kosten der Ausführung von Überweisungsaufträgen lassen sich in der Sparte Zahlungsverkehr nicht genau erfassen. Diese Sparte wickelt nicht nur den Zahlungsausgang, sondern auch den Zahlungseingang ab, innerhalb des Zahlungsausgangs nicht nur Überweisungsaufträge, sondern auch Scheckbelastungen und Lastschriften. Aus diesem Grunde sind die Spartenkosten ursächlich für alle die genannten Leistungsarten, können insoweit allenfalls auch nur dem Gesamtsortiment an Zahlungsverkehrsleistungen und nicht der einzelnen Leistungsart »Überweisungsaufträge« zugerechnet werden. In bezug auf die einzelnen Leistungsarten handelt es sich also um Verbund- oder Gemeinkosten, deren Verteilung nur über Schlüssel, daher nach dem Verursachungsprinzip nur ungenau möglich und somit abzulehnen ist.
Hinzu kommt, daß Kreditinstitute Finanzinstitutionen mit Auftragsfertigung abstrakter Leistungen sind. Das führt zum Zwang der tageweisen Auftragsabwicklung ohne Lagerbildungsmöglichkeiten und damit in der Tages-, Wochen- und Monatsperiode zu stark schwankenden Beschäftigungslagen. Die an der Spitzenbeschäftigung ausgerichteten Personal- und Sachmittelkapazitäten stellen im Zeitverlauf unterschiedlich genutzte Fixkostenblöcke dar, deren Zurechnung auf einzelne Leistungsarten und Leistungen eine künstliche Proportionalisierung dieser fixen Kosten bedeutet und daher unzulässig ist.

(3) Universalbanken sind *Globalhändler mit Hinterhoffertigung von Liquidität,* nicht Detailhändler.

Nur Detailhändler kaufen Spareinlagen ein zu dem Zweck, die beschaffte Liquidität in Hypothekendarlehen auszureichen, kaufen Sichteinlagen ein, um Wechselkredite zu alimentieren. – In der Realität des Globalhändlers aber dotieren Kreditinstitute ihre Primärliquidität aus dem gesamten Einlagensortiment, um sie auch dem gesamten Anlagensortiment verfügbar zu machen. – Darüber hinaus produzieren sie in Hinterhoffertigung noch einen Teil ihrer Einlagen und der Zinsen darauf als Folge der Kredit- und Geldschöpfung selbst, so daß es vollends *unmöglich* ist, Einlagenzinsen mit Hilfe von Bilanzschichten genau bestimmten *Anlagenarten als Geldeinstandskosten zuzurechnen.*

Diese Kritik an der traditionellen Vollkosten- und Erlösrechnung führt im Hinblick auf den Versuch, auf ihrer Basis Ansatzpunkte im Sortiment für den Einsatz des Marketing-Mix zu finden, zu einem Katalog von drei Verboten:

– Man darf Leistungsarten und Leistungen nicht ihre Erlöse zurechnen – denn es handelt sich um Gemeinerlöse.
– Man darf Leistungsarten und Leistungen nicht ihre Personal- und Sachkosten zurechnen – denn es handelt sich um (überwiegend fixe) Gemeinkosten.
– Man darf Leistungsarten und Leistungen nicht ihre Zinskosten zurechnen – denn es handelt sich um Gemeinkosten.

Die Kritik ist von der Sache her durchaus berechtigt. Die Frage ist nur, welche Konsequenzen man an diese Erkenntnisse knüpft.[97]

Kostenrechnungen verleihen zunächst einmal Verhandlungsmacht in Preisverhandlungen, und zwar ziemlich unabhängig davon, wie hoch ihr Genauigkeitsgrad anzusetzen ist. Angefangen von der Automobilindustrie, über die Touristik bis hin zu Versorgungsbetrieben und sogar zur Post gibt es kaum einen Wirtschaftszweig, der Preiserhöhungen in der Öffentlichkeit nicht vor allem mit Kostenargumenten begründet hätte. Wenn heute so häufig die schlichte Formulierung benutzt wird: Nicht die Kosten, sondern der Markt macht die Preise, so gehört zum Markt offenbar doch auch die Kostensituation der verschiedenen Anbieter.

Dabei befindet sich die Kreditwirtschaft in guter Gesellschaft: Die Automatisierung und der Angestelltenstatus auch für die Arbeiter in der Industrie erhöhen den Anteil ihrer fixen Kosten, so daß verursachungsgerecht auf die Kostenträger nur noch der Materialeinsatz zugeteilt werden kann. Diversifikationsbestrebungen in Produktions- und Absatzprogrammen verstärken auch die Nachfrageverbundwirkungen bei Industrieunternehmen, wobei das Firmenimage (z.B. Audi) über die Namensgebung häufig ganz bewußt dem Aufbau auch des Produktimage (z.B. »Audi quattro«) nutzbar gemacht wird, mit der Folge, daß hier ebenfalls Gemeinerlöse auftreten. Dennoch denkt niemand daran, auf die Selbstkostenermittlung für einzelne Fahrzeugtypen zu verzichten.

Was letztlich die Zurechnung von Finanzierungskosten angeht, so ist auch dieser Sachverhalt für Industrieunternehmen keineswegs unbekannt. Bei der Auswahl der am höchsten rentierlichen Vermögens- und Investitionsobjekte wird zunächst der Return-on-Investment festgestellt und danach eine Reihung der Objekte vorgenommen. Um aus der Gesamtheit der vorgeschlagenen Objekte nun nach »noch Rendite-« und »nicht mehr Rendite-bringenden« abtrennen zu können, benötigt man dann einen aus den Finanzierungskosten gebildeten Kostensatz als Cutoff-Rate.[98] Auch hier ist die Wissenschaft nicht einig, ob ein solcher Kostensatz aus dem Marginalsatz einer bestimmten Kapitalbeschaffungsmaßnahme oder als Durchschnittskostensatz aus der gesamten Kapitalstruktur zu bilden ist. Dennoch rechnet die Industriepraxis während des wissenschaftlichen Suchprozesses in ihren Investitionsrechnungen mit Finanzierungskostensätzen, genau wie die Bankpraxis in der »Zinsertragsbilanz« mit Geldeinstandskosten als Gemeinkosten für ihre Finanzinvestitionen Kredite und Wertpapieranlagen.

Die Einwendungen gegen traditionelle Verfahren der Kosten- und Erlösrechnung dürfen also nicht zu »bankeigentümlichen« Problemstellungen führen. Die angesprochenen Schwierigkeiten sind in allen Wirtschaftszweigen bekannt, wenn sie auch der Funktion der Universalbank entsprechend hier ein besonderes Gewicht besitzen.

---

[97] Vgl. J. Süchting: Zur Kontroverse um die Bankkalkulation, in: ZfgK, 20. Jg., 1967, S. 15-20.
[98] Vgl. hierzu J. Süchting: Finanzmanagement, a.a.O., S. 535ff.

In diesem Zusammenhang ist aber darauf hinzuweisen, daß in den vergangenen dreißig Jahren als eine *Teilrechnung* insbesondere die *Deckungsbeitragsrechnung* in der Industrie verbreitet worden ist. Die Kreditwirtschaft hat diese Entwicklung – wenn auch mit zeitlicher Verzögerung – inzwischen nachvollzogen. Im folgenden ist daher aufzuzeigen, inwiefern sich die Deckungsbeitragsrechnung als Informationsbasis bei der Lösung geschäftspolitischer Fragestellungen auch in Banken eignet.

Unter dem Deckungsbeitrag ist jeder Überschuß der Erlöse über die (direkt erfaßbaren) Einzelkosten einer Bezugsgröße zu verstehen, ein Überschuß über Teilkosten also, der zur Deckung der Gemeinkosten und des Plangewinns herangezogen werden kann. Es ist anzumerken: Auf einer anderen Begriffsebene kann der Deckungsbeitrag auch als Überschuß der Erlöse über die variablen Kosten einer Bezugsgröße verstanden werden, der dann zur Deckung der fixen Kosten und des Plangewinns verfügbar ist.

Die Deckungsbeitragsrechnung muß in ihrem Wert für die Lösung geschäftspolitischer Fragestellungen daran gemessen werden, ob sie angesichts der Verbundwirkungen im Absatz- und Fertigungsbereich von Kreditinstituten bessere, d.h. genauere Ergebnisse bei der Erfolgsaufspaltung zu liefern vermag als die traditionellen Verfahren.

Bei der *Lokalisierung von Ansatzpunkten für den Einsatz von absatzpolitischen Instrumenten* im Sortiment müßte von den Erlösen der Geschäftssparten, Leistungsarten und Leistungen ausgegangen werden, um unter Hinzuziehung der direkt bei diesen Bezugsgrößen erfaßbaren Einzelkosten den Überschuß solcher Erlöse über die Kosten und damit einen Deckungsbeitrag zu bestimmen.

Da die Deckungsbeitragsrechnung eine Erlöszurechnung auf die Teilsortimente zuläßt – nicht also bei der Feststellung stehen bleibt, die Erlöse seien wegen des Verbunds der Sparten untereinander nur für das Gesamtsortiment erfaßbar –, kapituliert sie ebenfalls vor dem Problem des Nachfrageverbunds mit der Folge von Gemeinerlösen und bringt insoweit keine Verbesserung.

Bei der Hinzuziehung der Kosten dürfen nur die direkt erfaßbaren (Einzel-)Kosten berücksichtigt werden, da jede Schlüsselung als zu ungenauen Ergebnissen führend abgelehnt wird, in der Sparte Kleinkredite also nur die Kosten des Personals und der Sachmittel, die ausschließlich für Kleinkredite aufgewandt werden.

Die Vorteile liegen auf der Hand: Der Leiter der Gesamt-Kreditabteilung, die Stabs- einschließlich EDV-Abteilungen, Hilfsabteilungen und schließlich auch der Vorstand brauchen als Gemeinkosten für die Kleinkredite nicht über irgendwelche Schlüssel und damit notwendig ungenau umgelegt zu werden. Berücksichtigung finden ja nur diejenigen Kosten, die für das Angebot von Kleinkrediten aufgewandt werden und bei Rücknahme des Angebots auch abgebaut werden könnten.

Damit liefert die Deckungsbeitragsrechnung eine im Hinblick auf die Kosten *genauere* Antwort auf die Frage nach dem Erfolgsbeitrag der Kleinkredite:

– Was wäre, wenn diese Sparte nicht mehr angeboten würde?
– Und – abgesehen von den wegfallenden Erlösen: Welche Kosten könnten abgebaut werden?
– In welchem Umfang würde dadurch der Gesamterfolg beeinträchtigt?

Der damit verbundene Nachteil: Ein auf diese Weise aussagefähiger Deckungsbeitrag kann nur in denjenigen Großinstituten gebildet werden, die tatsächlich über eine Bezugsgröße »Kleinkreditabteilung« und damit ein auf die Produktion dieser Leistungsart spezialisiertes Personal- und Sachmittelareal verfügen. Bestehen solche Spezialareale nicht – und das ist überall dort der Fall, wo das Personal neben Kleinkrediten auch Dispositionskredite bearbeitet, Zahlungsaufträge und Schecks entgegennimmt –, so handelt es sich bei den Personalkosten um Gemeinkosten in bezug auf die Kleinkredite, deren Zurechnung sich verbietet. Einzelkosten sind dann ausschließlich Kosten für Formulare und Telefonate mit Kreditauskunfteien, so daß man in Verlegenheit kommt, wenn man den Erlösen überhaupt Kosten gegenüberstellen und auf diese Weise eine Differenzgröße als Deckungsbeitrag ermitteln soll.

Dies bedeutet, daß man in der Mehrzahl der Kreditinstitute zu vom Gewicht der Kosten her *aussagefähigen* Deckungsbeiträgen *erst* in den *Grobteilen* des Sortiments gelangt, also im gesamten Effektengeschäft, nicht schon im Effektenhandels- und Effektenverwaltungsgeschäft, im gesamten Kreditgeschäft, nicht schon bei den Kleinkrediten, Kontokorrentkrediten und Hypothekendarlehen; im gesamten Auslandsgeschäft, nicht schon im Sortengeschäft, Auslandszahlungsverkehr und bei den Auslandsfinanzierungen.

Das Dilemma ist: Während die traditionelle Vollkosten- und Erlösrechnung für alle diese Leistungsarten infolge der Schlüsselung der Gemeinkosten wohl Erfolgsgrößen liefern kann, aber eben nur ungenaue, liefert die Deckungsbeitragsrechnung zwar genauere Erfolgsgrößen, aber erst soweit oben in der Bezugsgrößenhierarchie, daß sie von den absatzpolitischen Konsequenzen her an Interesse verlieren.

Denn zweifellos ist es nicht so wichtig zu wissen, ob man das Konsumentenkreditgeschäft als Ganzes fördern soll im Vergleich zum Effektengeschäft als Ganzes, wie eine Antwort auf die Frage zu finden: Sollen auch Kleinkredite gefördert werden oder nicht eher Dispositionskredite und Anschaffungsdarlehen? – Als Universalbank muß man schließlich Konsumentenkredite und Wertpapieranlagen verkaufen, nicht aber neben Dispositionskrediten und Anschaffungsdarlehen unbedingt auch Kleinkredite.

Welche Entscheidungshilfen gibt schließlich die Deckungsbeitragsrechnung für den *Einsatz* des absatzpolitischen Instruments *Preispolitik?* – Das soll am Fall eines gewerblichen Kreditnehmers klargemacht werden:

Für Preisverhandlungen mit Kreditnehmern ist Ausgangsgröße der Rechnung der Überschuß der erzielbaren Zinsen über die dem Kreditnehmer direkt zurechenbaren Einzelkosten. Da ihm Geldeinstandskosten nur in dem seltenen Fall direkt zugerechnet werden können, in welchem für die in Rede stehende Kreditvergabe X eine betragsgleiche Refinanzierung – etwa aus einem öffentlichen Kreditprogramm – verabredet worden ist, scheidet für den Regelfall die Zurechnung der Geldeinstandskosten aus. Damit aber wird der Deckungsbeitrag gebildet durch den Überschuß der erzielbaren Zinserlöse über nur einige Formular- und Bewirtungskosten im Zusammenhang mit diesem Kreditgeschäft.

Nun leiten die Vertreter der Deckungsbeitragsrechnung aus diesem Sachverhalt nicht die Empfehlung ab, daß ein Bankleiter sich unter Preisdruck äußerstenfalls auf die Formular- und Bewirtungskosten als Preisuntergrenze zurückzuziehen habe. Man empfiehlt vielmehr ihre Erhöhung um einen sogenannten *Solldeckungsbeitrag,* der zur Abdeckung der Risiko-, der Geldeinstands- und der sonstigen Gemeinkosten beitragen soll.

Für die Auffindung einer Preisuntergrenze als Orientierungshilfe in Preisverhandlungen gibt es demnach die Möglichkeit, im Rahmen der Deckungsbeitragsrechnung einen Solldeckungsbeitrag heranzuziehen, dessen Quantifizierung von den Ergebnissen einer Vollkostenrechnung her erfolgt, nämlich durch einen Wertberichtigungszuschlag, einen Zuschlag für die Geldeinstandskosten – sei er nun aufgrund von Bilanzschichtungen, Durchschnitts-Sätzen der Passivseite oder aber alternativen Refinanzierungsmöglichkeiten am Geld- oder Kapitalmarkt errechnet – sowie einen Zuschlag für die durchschnittlichen Gemeinkosten der Bearbeitung des Kredits.

Die Quantifizierung der Solldeckungsbeiträge erweist sich damit als ein Ansatzpunkt für die Integration der Vollkosten- und Erlösrechnung mit der Deckungsbei-

tragsrechnung. Würde man auf die Hinzuziehung solcher Solldeckungsbeiträge für Preisverhandlungen überhaupt **verzichten**, so bestünde die **Gefahr, daß auf längere Sicht Substanzverluste nicht vermieden werden könnten.**

Kontrollfragen zu Abschnitt 2. b.

1. Auf welche Schwierigkeiten trifft die Wirtschaftlichkeitskontrolle bei der Auswertung von Kosten und Leistungen
   - im Zeitvergleich (z.B. einer Bankfiliale),
   - im zwischenbetrieblichen Vergleich (z.B. unter mehreren Bankfilialen),
   - im Soll/Ist-Vergleich (z.B. der Budgetrechnung)?
2. Nennen und begründen Sie die Anforderungen, die an eine Wirtschaftlichkeitskontrolle von Organisationseinheiten zu stellen sind.
3. Prüfen Sie die im Zusammenhang mit der Divisionalisierung einer Bank der Division »Finanzierungen« angelasteten Kosten des Verwaltungsbereichs und die Verrechnungszinsen für die Zuteilung der Finanzmittel aus der Division »Geldanlagen« daraufhin, ob sie für das Bezugsobjekt der Division »Finanzierungen« Einzel- oder Gemeinkosten sind.
4. Nennen und erläutern Sie drei Einwendungen gegen eine Vollkosten- und Erlösrechnung, die den Anspruch erhebt, genaue Unterlagen für geschäftspolitische Entscheidungen bereitzustellen.
5. Definieren Sie den Deckungsbeitrag auf der Ebene des Deckungsbedarfs von
   - Einzel- und Gemeinkosten
   - variablen und fixen Kosten.
6. Im Gegensatz zu den Einzel- und Gemeinkosten sind die Begriffe Leer- und Nutzkosten auf der Ebene der (variablen und) fixen Kosten anzusiedeln. Was verstehen Sie unter der Verwandlung von Leerkosten in Nutzkosten?
7. Welche Vor- und Nachteile besitzt eine Deckungsbeitragsrechnung gegenüber einer Vollkosten- und Erlösrechnung im Bankbetrieb?
8. Werden die Ergebnisse einer Deckungsbeitragsrechnung auch durch Verbundwirkungen der Nachfrage gestört, wenn die Bezugsobjekte aus einer Segmentierung der Märkte nach Kundengruppen abgeleitet werden?
9. Erläutern Sie, wie sich Gemeinkosten in das System einer Deckungsbeitragsrechnung einführen lassen, so daß es zu einer Integration mit einer Vollkostenrechnung kommt.

c. Konventionelle Systeme einer Kosten- und Erlösrechnung der Bank

Im voraufgegangenen Abschnitt war herausgestellt worden, daß eine Kosten- und Erlösrechnung der Bank ohne Integration von Voll- und Teilrechnungen nicht auskommt. Deshalb wird in diesem, die schon angesprochenen Probleme eingehender beschreibenden Abschnitt so vorgegangen, daß die traditionelle Vollkosten- und Erlösrechnung zunächst vorgestellt, sodann unter dem Aspekt der Deckungsbeitragsrechnung kritisiert und schließlich mit dieser integriert wird. Es schließen sich in Abschnitt d. Überlegungen zu neueren Verfahren der Ergebnisermittlung im Finanz- und Betriebsbereich an. Hierbei soll geprüft werden, inwiefern sie Fortschritte gegenüber den konventionellen Methoden darstellen.

Das *traditionelle,* durch Industriebetriebe geprägte System der Kosten- und Erlösrechnung wird in 3 Stufen präsentiert, deren Abfolge am Rechnungsfluß ausgerichtet ist (vgl. Abbildung C. 54).

Auf der *1. Rechnungsstufe* werden die Kosten- und Erlösarten erfaßt. Diese Stufe dient somit der Sammlung und einer ersten Gegenüberstellung der Erfolgskomponenten in der *Gesamtbetriebskalkulation* und der *Gesamtzinsspannenrechnung*. In der *2. Rechnungsstufe* werden die Betriebskosten der 1. Rechnungsstufe entnommen und auf die *Kostenstellen* verteilt. Wichtigster Zweck der Rechnung auf dieser Stufe ist die Wirtschaftlichkeitskontrolle der Verantwortungsbereiche; daneben wird über die *Leistungsartenrechnung* die *Selbstkostenermittlung* für die Stückleistungen vorgenommen. Die *3. Rechnungsstufe* hat die Aufgabe, Kosten und Erlöse nach einzelnen Bezugsobjekten im Bereich der Organisation *(Geschäftssparten, Filialen),* des Sortiments *(Aktiv-, Passivgeschäft, Dienstleistungen)* und der *Kunden* aufzuteilen. Hier geht es neben der Rechenschaftslegung demnach vor allem um die Entscheidungsfindung im absatzpolitischen Bereich.

Es empfiehlt sich, die folgenden Ausführungen auf der Grundlage der Abbildung C. 54 zu verfolgen.

c. 1. Die globale Erfolgsermittlung in der Gesamtbetriebskalkulation und Gesamtzinsspannenrechnung (1. Rechnungsstufe)

Die Gesamtbetriebskalkulation soll eine Globalbetrachtung des Erfolgs durch Gegenüberstellung aller Kosten und Erlöse ermöglichen. Vor allem aber dient sie als **Vorstufe für die nachfolgenden Rechnungsstufen.**

Die Gesamtbetriebskalkulation wird aus der *GuV-Rechnung* des externen Rechnungswesens abgeleitet. Es war deutlich gemacht worden, daß in diesem Zusammenhang Korrekturen im Hinblick auf den neutralen Erfolg und die Zusatzkosten erforderlich sind (vgl. S. 385). Die *Korrekturen* betreffen die folgenden Sachverhalte:

– *Erfolgsabhängige Steuern* werden *nicht* berücksichtigt, da sie keinen leistungsbedingten Werteverzehr darstellen.
– Als außerordentliche Position nicht berücksichtigt werden z.B. Erträge aus der Auflösung von Rückstellungen. Im Gegensatz zu Unternehmen anderer Wirtschaftsbereiche gehören *Kursgewinne und Kursverluste* aus dem Handel mit Wertpapieren, Devisen und Sorten nicht zu den außerordentlichen Erfolgselementen und damit nicht zum neutralen Erfolg. Derartige Handelstransaktionen sind als normales Geschäft einer Universalbank anzusehen, so daß resultierende Erfolgskomponenten auch in die Kosten- und Erlösrechnung *Eingang* finden.

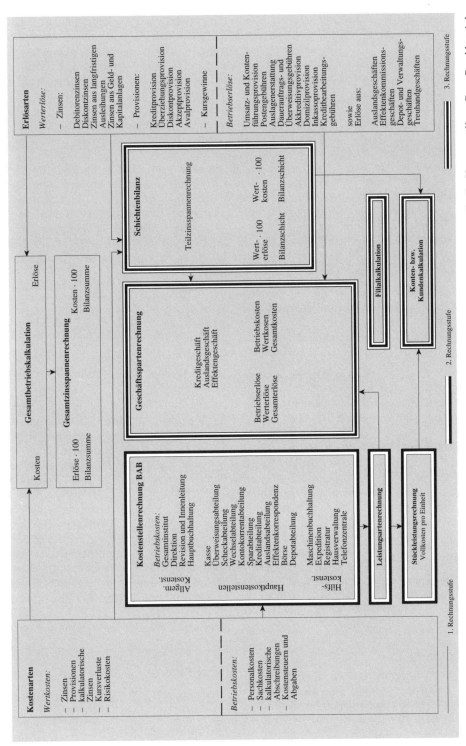

Abb. C. 54: Traditionelles System der Kosten- und Erlösrechnung (Modifiziert entnommen aus K. F. Hagenmüller: Der Bankbetrieb, Bd. III, 4. Aufl., Wiesbaden 1977, S. 168f.)

- Wertansätze, die in der GuV-Rechnung unter bilanzpolitischen Gesichtspunkten zustande gekommen sind, werden korrigiert in die Gesamtbetriebskalkulation übernommen. Das bezieht sich vor allem auf die Abschreibungen auf das materielle Anlagevermögen, die Zuweisungen zu den Rückstellungen und die Risikoaufwendungen im Aktivgeschäft, die deshalb als kalkulatorische Positionen *(Anderskosten)* in die Gesamtbetriebskalkulation eingehen.
- Die Frage nach dem Ansatz von kalkulatorischen Zusatzkosten[99] ist zunächst im Hinblick auf *kalkulatorische Eigenkapitalzinsen* zu stellen. Ob diese angesetzt werden sollen oder nicht, hängt vom jeweiligen Zweck der Rechnung ab. Dies kann an folgendem Beispiel deutlich gemacht werden: Soll die Rentabilität des Eigenkapitals ermittelt werden, so ist der Ansatz von Eigenkapitalzinsen nicht gerechtfertigt, da nach der Verzinsung des Eigenkapitals ja gerade gefragt wird. Geht es dagegen um den zwischenbetrieblichen Zinsvergleich mehrerer Kreditinstitute, so ist ein Ansatz von kalkulatorischen Eigenkapitalzinsen erforderlich, um Verzerrungen, die aus der unterschiedlichen Kapitalausstattung resultieren, zu vermeiden. – Um die Gesamtbetriebskalkulation und die nachfolgenden Rechnungsstufen für die Beantwortung möglichst vieler Fragen offenzuhalten, sollte an diesem Ausgangspunkt der Rechnung auch eine Position für kalkulatorische Eigenkapitalzinsen vorgesehen werden.

Man könnte weiter fragen, ob bei der zwangsweisen Haltung unverzinslicher Aktiva in der Form von Mindestreserven Liquiditätskosten als Zusatzkosten zu berücksichtigen sind:

Beispiel:		Einlagen	100 DM
	./.	2% Mindestreserven	2 DM
	=	verfügbar als Anlage	98 DM

Bei einem Einlagenzins von 4% entsteht ein Aufwand von DM 4,-. Als Anlage stehen indessen nur DM 98,- zur Verfügung, weil DM 2,- in ertraglosen Mindestreserven gehalten werden müssen. Vertreter des Ansatzes von Liquiditätskosten argumentieren deshalb, daß Opportunitätskosten entstanden seien. Diese Interpretation als Opportunitätskosten ist jedoch nicht zulässig, da die Möglichkeit einer Alternativanlage für Zwangsreserven ex definitione nicht besteht. In der Gesamtbetriebskalkulation ist der Ansatz von Liquiditätskosten als Zusatzkosten somit nicht gerechtfertigt.[100]

Bei den Erlösarten ist die Isolierung von *Wertstellungsgewinnen* problematisch. Wertstellungsgewinne entstehen aufgrund der Zeitdifferenz zwischen Valutierungen von Gutschriften (Lastschriften) sowie dem effektiven Eingang (Abgang) von Überweisungen, Schecks, Wechseln usw. auf dem Kundenkonto. Dabei liegt bei Gutschriften (Lastschriften) die Wertstellung zeitlich nach (vor) dem Eingang (Abgang) des Betrags. – Da Wertstellungsgewinne als Mehrungen der Zinserlöse oder Minderungen der Zinskosten ihren Niederschlag finden, handelt es sich nicht um Zusatzpositionen. Angesichts dessen, daß ihre Bedeutung aufgrund des Drucks der Öffentlichkeit (Valutaschnitte als Bestandteile undurchsichtiger Preisstellung), der durch die technische Entwicklung ermöglichten Be-

---

[99] Da es bei Kreditinstituten keine kleinen Familienunternehmen mehr gibt, entfällt in der Regel die Position des kalkulatorischen Unternehmerlohns.
[100] Unabhängig davon ist in der Preiskalkulation z.B. eines Kredits die indirekte Verteuerung der Einlagen um 0,1% durch die Mindestreservehaltung zu berücksichtigen.

schleunigung des Zahlungsverkehrs sowie aufgrund höchstrichterlicher Urteile zurückgeht, erscheint es erforderlich, auf den isolierten Ausweis derartiger Wertstellungsgewinne zu verzichten.[101]

Zielsetzung der Gesamtbetriebskalkulation ist die globale Ermittlung des Erfolgs einer Periode. Bezugsgröße im Sinne der Deckungsbeitragsrechnung ist demnach die Periode. Unter dem Gesichtspunkt der *Deckungsbeitragsrechnung* werden in der **Gesamtbetriebskalkulation einzelne Kostenarten falsch periodisiert, da sie Periodengemeinkosten in bezug auf die betrachtete Periode darstellen.** Periodengemeinkosten sind insbesondere

- *Abschreibungen* auf das *materielle Anlagevermögen* wie Gebäude, Betriebs- und Geschäftsausstattung, die – unter zeitlichem Aspekt – den Charakter von Amortisationsraten aufweisen,
- *Risikokosten* in Gestalt von Abschreibungen oder Wertberichtigungen auf Positionen des *Geldvermögens,* die – unter zeitlichem Aspekt – den Charakter von Rückstellungsraten für Ausfälle haben.

Beide Kostenarten sind vom Management disponierte, geschätzte Kostenarten und können der einzelnen Periode verursachungsgerecht nicht zugeordnet werden. Als Periodengemeinkosten sind sie deshalb von den Periodeneinzelkosten zu trennen (Einzelkostencharakter haben sie nur in bezug auf die Totalperiode).

Um in der Deckungsbeitragsrechnung keine Störungen durch ungenau ermittelte Erfolgselemente eintreten zu lassen, sollten die Periodengemeinkosten auf den folgenden Rechnungsstufen separat ausgewiesen werden.

Unabhängig davon darf aber nicht übersehen werden, daß manche Zielsetzungen der Kosten- und Erlösrechnung eine Berücksichtigung auch der Periodengemeinkosten verlangen. So wären z.B. im Zusammenhang mit der Unterlegung von Preisforderungen durch Selbstkosten derartige Amortisations- und Rückstellungsraten in die Kalkulation einzubeziehen, um langfristig die Substanz eines Kreditinstituts zu sichern. Tut man dies und will man dennoch eine Trennung von genau und ungenau ermittelten Größen, so bietet es sich an, **derartige Amortisations- und Rückstellungsraten isoliert als Solldeckungsbeiträge** in der Gesamtbetriebskalkulation auszuweisen.

Die **Gesamtzinsspannenrechnung stellt eine Umarbeitung der Zahlen aus der Gesamtbetriebskalkulation in relative, auf die Bilanzsumme bezogene Werte dar.** Auf diese Weise gelangt man zu dem folgenden Schema (in % der Bilanzsumme):

	Zins- und zinsähnliche Erlöse		
./.	Zinskosten		
=	Bruttozinsspanne		
+	Kursgewinne bzw. ./. Kursverluste		
./.	Risikokosten		
=	Ergebnis der Wertleistungserstellung im Finanzbereich		= Bedarfsspanne
+	Betriebserlöse } =	Ergebnis der Stück-	
./.	Betriebskosten }	leistungserstellung im Betriebsbereich	
=	Nettozinsspanne vor Steuern		

---

[101] Vgl. hierzu das Urteil des Bundesgerichtshofes vom 17.1.1989: Unwirksamkeit der Wertstellungsklausel einer Sparkasse für Bareinzahlungen auf Girokonten, XI ZR 54/88, in: DB, 42. Jg., 1989, S. 313-315 sowie das Urteil XI ZR 208/96 vom 6.5.1997 zur Wertstellung von Überweisungsgutschriften, in: o.V.: Überweisungen sofort gutzuschreiben, in: BZ, Nr. 86 v. 7.5.1997, S. 4.

Der traditionelle Zweck dieser Rechnung besteht in der **Offenlegung der Erfolgsentwicklung des zinsabhängigen Geschäfts im Finanzbereich,** aus dem die vor allem aus dem Betriebsbereich resultierende (in der Regel negative) *Bedarfsspanne* zu decken ist. Der Terminus »Bedarfsspanne« ist aus der früher gültigen Auffassung zu erklären, daß der Betriebsbereich nur als ein notwendiges, nicht kostendeckendes »Anhängsel« des Finanzbereichs anzusehen sei. Die Betrachtung der Gesamtzinsspannenrechnung hat sich unter dem Einfluß der wachsenden Konkurrenz der Banken und angesichts des steigenden Zinsbewußtseins der Kundschaft aber dahingehend gewandelt, daß inzwischen auch der Entwicklung der Bedarfsspanne eine wesentliche Bedeutung beigelegt wird. Dies wird in dem Streben der Kreditinstitute sichtbar, den Druck auf die Bruttozinsspanne durch die Erhebung von »Gebühren« und Provisionen für Dienstleistungen (Betriebserlöse) sowie verstärkte Rationalisierungsanstrengungen auszugleichen.

Da es sich bei der Gesamtzinsspannenrechnung um eine Erfolgsrechnung des internen Rechnungswesens handelt, sind im Vergleich zur veröffentlichten *Jahresbilanz* folgende *Korrekturen* vorzunehmen:

– Maßnahmen der Bilanzpolitik (z.B. bei der Bewertung oder dort, wo in Einzelfällen eine Kompensation von Guthaben und Krediten eines Kunden vorgenommen wurde) sind rückgängig zu machen, da sie Störeinflüsse für eine aussagefähige Erfolgsrechnung darstellen (sogenannte *unkompensierte Bilanz*).
– Um die Bilanz als Bestandsgröße zu einem Zeitpunkt mit den Strömungsgrößen der Erfolgsrechnung vergleichbar zu machen, ist eine für die Periode repräsentative Bilanz zu erstellen. Dabei kann es sich um einen Durchschnitt der internen Tagesbilanzen eines Jahres handeln; weniger genau ist eine aus den der Bundesbank einzureichenden Monatsbilanzen gewonnene *repräsentative Bilanz*.
– Bezugsgröße muß über die Bilanzsumme hinaus das gesamte den Zinserfolg berührende *Geschäftsvolumen* sein. Das schließt die Aktivierung des gesamten Einreicherobligos bei den Wechseln und die Passivierung der Indossamentsverbindlichkeiten ein, da diese Positionen in der Regel unterschiedlich verzinslich sind. Auch die Forderungen und Verbindlichkeiten aus Avalen einschließlich der dafür in Rechnung gestellten Provisionen gehören in den Wertleistungsbereich.

Man erhält mit der Gesamtzinsspannenrechnung einen ersten Eindruck über die Entwicklung des Zinsniveaus in ihrer Auswirkung auf die Kosten- und Erlössituation einer Bank.

Die Rechnung hat neben der Gesamtbetriebskalkulation ihre Existenzberechtigung, weil sie zu der weiterführenden Frage zwingt, wieweit Veränderungen bei der bedeutenden Position des Zinserfolgs aus Preisänderungen und/oder Verschiebungen der Bilanzstruktur resultieren.

Für die nicht zinsabhängigen Erfolgskomponenten der Bedarfsspanne gibt indessen die Bilanz keine sinnvolle Bezugsgröße ab. Deshalb kann die Bedarfsspanne nur als eine globale Restgröße gesehen werden, die im Zusammenhang mit der Bruttozinsspanne eine Aussage über deren Belastbarkeit durch noch nicht abgedeckte Kosten des Betriebsbereichs erlaubt.

Dieser Aspekt erklärt auch den folgenden Aufbau einer *Deckungsbeitragsrechnung* (in % der Bilanzsumme):

	Zins- und zinsähnliche Erlöse	
./.	Zinskosten	
=	Bruttozinsspanne (Deckungsbeitrag I)	
./.	Betriebskosten ⎫ = Bedarfsspanne I mit dem	
+	Betriebserlöse ⎭ Charakter eines Solldeckungsbeitrags	
=	Deckungsbeitrag II (mit dem Charakter eines Periodendeckungsbeitrags)	
./.	Amortisations- und Rückstellungsraten ⎫ = Bedarfsspanne II mit dem Charakter	
+	Kursgewinne bzw. ./. Kursverluste ⎭ von Periodengemeinkosten	
=	Nettozinsspanne vor Steuern	

Man sieht, daß die Deckungsbeitragsrechnung unter dem Gesichtspunkt einer genauen Erfassung der Erfolgskomponenten eine **Trennung** vornimmt zwischen dem **Periodenerfolg** sowie den **Periodengemeinkosten und -gemeinerlösen.**

c. 2. Die Verteilung der Kosten des Betriebsbereichs in der Kostenstellen- und Stückleistungsrechnung (2. Rechnungsstufe)

In der **Kostenstellenrechnung** geht es um die **Wirtschaftlichkeitskontrolle in den Organisationseinheiten** und um die **Vorbereitung der Selbstkostenermittlung** von stückbezogenen Marktleistungen (Stückleistungsrechnung) durch die Verrechnung der Kosten des Betriebsbereichs.

Eine mögliche Einteilung in Kostenstellen findet sich in dem folgenden *Betriebsabrechnungsbogen* (vgl. Abbildung C. 55).

Hier erfolgt eine Trennung der Kostenstellen in

– *Allgemeine Kostenstellen,* das sind die zentralen Kostenstellen des Verwaltungsbereichs einschließlich der Stabsabteilungen;
– *Hilfskostenstellen,* das sind alle anderen Kostenstellen, die innerbetriebliche Teilleistungen erstellen, aber keinen Marktkontakt besitzen;
– *Hauptkostenstellen,* das sind marktbezogene Endkostenstellen, die fertige Leistungen an die Kundschaft abgeben.

Nach der Einteilung der Bank in Kostenstellen entsprechend den Organisationseinheiten erfolgt die Verrechnung der Betriebskosten auf die Kostenstellen.

Die sich aus dem unterschiedlichen Charakter von (Kostenstellen-)Einzel- und Gemeinkosten ergebenden Schwierigkeiten einer genauen Kostenverrechnung werden durch die Bildung von *Genauigkeitsschichten* im Verrechnungsprozeß sichtbar gemacht (siehe Abbildung C. 55):

– In die erste Genauigkeitsschicht gehen nur diejenigen Kosten ein, die einer Stelle direkt zugerechnet werden können (Stelleneinzelkosten).
– In der zweiten Genauigkeitsschicht werden durch Schlüsselungen allen Kostenstellen die Stellengemeinkosten zugerechnet.
– In der dritten Genauigkeitsschicht werden zunächst die Kosten der Allgemeinen Kostenstellen und dann die der Hilfskostenstellen auf die Hauptkostenstellen umgelegt.

Betriebs-Kostenarten / Abteilungs-Kostenstellen	Summe der Kostenarten	Allgemeine Kostenstellen				Marktbezogen: Hauptkostenstellen											Betriebsbezogen: Hilfskostenstellen					
		Gesamtinstitut	Direktion	Revision und Innenleitung	Hauptbuchhaltung	Kasse	Überweisungs-abteilung	Scheckabteilung	Wechselabteilung	Kontokorrent-abteilung	Sparabteilung	Kreditabteilung	Auslandsabteilung	Effekten-korrespondenz	Börse	Depotabteilung	Maschinen-buchhaltung	Expedition	Registratur	Hausverwaltung	Telefonzentrale	
Stelleneinzelkosten																						1. Genauigkeitsschicht
Persönliche Kosten																						
a) Gehälter	489	5	95	35	22	23	22	5	18	26	8	43	38	28	32	16	12	18	14	16	13	
b) Gratifikationen und Tantiemen	131	1	49	7	4	5	4,5	1	4	5	1,5	12	8	6	8	3	2	3	2	3	2	
c) Gesetzliche soziale Abgaben	41,5	0,5	3,5	3	2	2,5	2	0,5	2	2,5	1	4	3,5	2,5	3	1,5	1	2	1,5	1,5	1,5	
d) Freiwillige soziale Leistungen	25,5	0,5	4,5	2	1	1	1	0,5	1	1,5	0,5	2	2	1,5	1,5	1	0,5	1	1	1	0,5	
Sachkosten																						
a) Vordrucke, Schreibbedarf	37,5	—	2	2	2,5	1	1,5	1,5	2	5	1	2	4	3	1,5	3	1	1,5	1	1	1	
b) Abschreibungen auf Betriebs- und Geschäftsausstattung	28	1	2	1	1	1,5	1	0,5	1,5	1,5	0,5	1,5	2	1,5	1,5	2	3	1,5	1,5	1	1	
c) Sonstige Sachkosten	13	1	1	1,5	0,5	1	—	—	—	0,5	—	—	1	—	0,5	1	0,5	2	—	2	0,5	
Summe der Stelleneinzelkosten	765,5	9	157	51,5	33	35	32	9	28,5	42	12,5	64,5	58,5	42,5	48	27,5	20	29	21	25,5	19,5	
Stellengemeinkosten																						2. Genauigkeitsschicht
Persönliche Kosten (Pensionszahlungen)	51	0,5	9,5	3,5	2,5	2,5	2,5	0,5	2	2,5	1	4,5	4	3	3,5	1,5	1	2	1,5	1,5	1,5	
Sachkosten																						
a) Sachkosten für Bankräume																						
aa) Abschreibungen	150	—	10	4	6	8	9	3	8	8	5	10	13	9	8	8	14	10	12	2	3	
bb) Heizung	17	0,5	1	0,5	0,5	1	1	0,5	1	1	0,5	1	1	1	1	1	1,5	1	1	0,5	0,5	
cc) Licht, Kraft, Wasser, Reinigung	34	1	2	1	1	2	2	1	2	2	1	2	2	2	2	2	3	2	2	1	1	
b) Sachkosten für Geschäftsbetrieb																						
aa) Porti, Fernsprech- und Telegrammgebühren	63,5	—	5	2	0,5	1	2	2	4	30	0,5	4	3	3	5	0,5	—	0,5	—	0,5	—	
bb) Prüfungskosten, Beiträge zu Verbänden und Körperschaften	15	15	—	—	—	—	—	—	—	—	—	—	—	—	—	—	—	—	—	—	—	
cc) Gerichts- und Anwaltskosten	3	—	1	—	—	—	—	—	—	—	—	1,5	0,5	—	—	—	—	—	—	—	—	
dd) Werbung	20	10	—	—	—	—	—	—	1,5	1,5	5	—	—	2	—	—	—	—	—	—	—	
ee) Steuern und Abgaben	24	24	—	—	—	—	—	—	—	—	—	—	—	—	—	—	—	—	—	—	—	
Summe der Stellengemeinkosten	377,5	51	28,5	11	10,5	14,5	16,5	7	18,5	45	13	23	23,5	20	19,5	13	19,5	15,5	16,5	5,5	6	
Summe der Stellenkosten vor Stellenumlage	1143	60	185,5	62,5	43,5	49,5	48,5	16	47	87	25,5	87,5	82	62,5	67,5	40,5	39,5	44,5	37,5	31	25,5	

Betriebs-Kostenarten / Abteilungs-Kostenstellen	Summe der Kostenarten	Gesamtinstitut	Direktion	Revision und Innenleitung	Hauptbuchhaltung	Kasse	Überweisungs-abteilung	Scheckabteilung	Wechselabteilung	Kontokorrent-abteilung	Sparabteilung	Kreditabteilung	Auslandsabteilung	Effekten-korrespondenz	Börse	Depotabteilung	Maschinen-buchhaltung	Expedition	Registratur	Hausverwaltung	Telefonzentrale	
Summe der Stellenkosten vor Stellenumlage	1143	60	185,5	62,5	43,5	49,5	48,5	16	47	87	25,5	87,5	82	62,5	67,5	40,5	39,5	44,5	37,5	31	25,5	3. Genauigkeitsschicht
Kostenumlagen		→	10,5	3,5	2,5	2,5	2,5	1	2,5	5	1,5	5	4,5	3,5	4	2	2	2,5	2	1,5	1,5	
			196 →	2	1,5	1,5	1,5	0,5	1,5	19,5	1	98	29,5	2	29,5	1,5	1,5	1,5	1,5	1	1	
				68 →	1	15	6	3	10	8	4	3	4	2	1	6	2	1	1	1	—	
					48,5 →	6	6	5	6	8	2	3	6	3,5	3	—	—	—	—	—	—	
						2	2	1	4	2	1	4	3	2	4	1	—	1	—	1	← 28	
						3	3	1	3	2	2	3	3	2,5	3	2	3	2	3	← 35,5		
						5	7	5	5	5,5	2	3	5	3,5	1	1	2	—	← 45			
						1,5	3	2	3	24	1	2	7	6	1	2	—	← 52,5				
						—	—	—	—	45	2,5	—	—	—	—	2,5	← 50					
Summe der Stellenkosten nach Stellenumlage						86	79,5	34,5	82	206	42,5	208,5	144	87,5	114	58,5						

Abb. C. 55: *Betriebsabrechnungsbogen (Modifiziert entnommen aus K. F. Hagenmüller/A.-F. Jacob: Der Bankbetrieb, Bd. III, a.a.O., S. 134f.)*

Macht man sich noch einmal klar, daß beim Vergleich der Kosten in den Kostenstellen mit den dort erbrachten Leistungen zum Zwecke der Wirtschaftlichkeitskontrolle von Verantwortungsbereichen die Voraussetzungen der

- direkten Zurechenbarkeit (Einzelkosten),
- Beeinflußbarkeit der Einzelkosten durch den Kostenstellenleiter,
- Homogenität und Meßbarkeit der erstellten Leistungen

gegeben sein müssen, so wird deutlich, daß nur die erste Voraussetzung durch Isolierung der Stelleneinzelkosten erfüllt ist. Ob in diesem Rahmen die Kosten auch beeinflußbar sind, ist eine Frage der Kompetenzen der Stellenleiter und geht aus der Darstellung nicht hervor. Über die Homogenität und Meßbarkeit der erstellten Leistungen können durch den Betrachter lediglich Annahmen getroffen werden (z.B. Scheckabteilung – ja, Revision – nein).

Den Anforderungen der *Deckungsbeitragsrechnung* wird mit einer derartigen Rechnung in Genauigkeitsschichten Genüge getan, weil in den Kostenstellen die **Stelleneinzelkosten von den Stellengemeinkosten und -umlagekosten getrennt** werden.

In der **Stückleistungsrechnung** sollen die **Selbstkosten der stückbezogenen Marktleistungen** (wie Kassen-, Überweisungs-, Kredittransaktionen) ermittelt werden; neben den Stückleistungen mit ihren Kosten bilden auf der dann folgenden Rechnungsstufe die Erfolgskomponenten für Wertleistungen im Zusammenhang mit der Konten- bzw. Kundenkalkulation **Unterlagen für die Preisbildung**.

Zum Zweck der Selbstkostenermittlung erfolgt eine Übernahme der Betriebskosten aus der Kostenstellenrechnung und eine Verteilung dieser Kosten auf die in einer Periode erstellten Stückleistungen.

Die Verteilung der Kosten erfolgt entweder – und sehr ungenau – durch die *Divisionskalkulation*, d.h. die gleichmäßige Umlage der gesamten Kosten einer Hauptkostenstelle auf alle dort erstellten Leistungsarten und Stückleistungen, oder mit Hilfe der *Äquivalenzziffernrechnung*. In dem Maße, in dem man sich von der Homogenität der in einer Hauptkostenstelle gefertigten Stückleistungen entfernt, wird versucht, die unterschiedlichen Leistungsarten über Äquivalenzziffern »gleichnamig« zu machen. Dient als Äquivalenzziffer z.B. die Bearbeitungszeit, so werden den unterschiedlichen Stückleistungsarten (wie Überweisungsein- und -ausgängen, differenziert gegebenenfalls nach unterschiedlichen Laufwegen) Kostenanteile entsprechend den für ihre Abwicklung notwendigen durchschnittlichen Bearbeitungszeiten zugeteilt.

Die Stückleistungsrechnung liefert aber nicht nur Unterlagen für die Preispolitik, sondern auch **Anhaltspunkte für eine Wirtschaftlichkeitskontrolle.**

Diese ergeben sich z.B. im *zwischenbetrieblichen Vergleich* der standardisierten Leistungserstellung bei einzelnen Filialen, sofern es möglich ist, Störfaktoren (wie sie z.B. aus unterschiedlichen Gehältern resultieren) wenigstens annähernd zu eliminieren. Außerdem wird versucht, über die Selbstkosten der Stückleistungen bei verschiedenen Filialen die Auswirkungen von Entscheidungen der Geschäftsleitung im Bereich der Ablauforganisation z.B. durch Verwendung unterschiedlicher Maschinen sichtbar zu machen (*Verfahrensvergleich* bei Berücksichtigung unterschiedlicher Beschäftigungslagen).

Sowohl bei der Wirtschaftlichkeitskontrolle auf der Basis von Selbstkosten der Stückleistungen als auch im Zusammenhang mit der Verwendung solcher Durchschnittskosten der Stückleistungen für die Preispolitik entstehen Ungenauigkeiten aufgrund der Schlüsselung von Gemeinkosten.

Würde man bei der Wirtschaftlichkeitskontrolle, wie von den Vertretern der *Deckungsbeitragsrechnung* gefordert, nur auf der Basis von den Stückleistungen direkt zurechenbaren Kosten vergleichen, so müßten im Filialvergleich Abweichungen der Kosten, die sich aus einem unterschiedlichen Automatisierungsgrad oder einer unterschiedlichen Beschäftigungslage herleiten, unsichtbar bleiben. Gerade über diese Kosteneinflußfaktoren möchte das Management u.U. aber informiert sein. – Als Ausweg bleibt nur, die **Selbstkosten lediglich als Orientierungspunkte anzusehen und ihre Elemente danach zu markieren, ob es sich um direkt zurechenbare oder geschlüsselte handelt.** Auf diese Weise gewinnt man wenigstens eine gewisse Vorstellung darüber, wie genau die Unterlagen sind, mit denen man die Wirtschaftlichkeit verschiedener Organisationseinheiten kontrolliert und vergleicht.

Eine Verbesserung der Aussagefähigkeit der Stückleistungskalkulation wird mit Hilfe von sogenannten **Standard-Einzelkosten** versucht, bei deren Ermittlung die Einzelkosten einer Kostenstelle (z.B. der Überweisungsabteilung) entsprechend einer dort unterstellten Standardbeschäftigung auf die Stückleistungen (Überweisungen) verteilt werden. Diese Berechnungsmethode wird im Abschnitt d. 3. behandelt.

In der *Preiskalkulation* findet eine Niedrigpreisstellung auf der Grundlage allein der direkt zurechenbaren Kosten nur einen geringen Spielraum, da

– unter Preisdruck eine Preisforderung auf der Basis der in einem Kreditinstitut niedrigen Einzelkosten in Zukunft nur unter Schwierigkeiten rückgängig gemacht werden könnte;
– der Bankenmarkt unvollkommen ist, weil die Markttransparenz eingeschränkt ist und Präferenzen der unterschiedlichsten Art bestehen, so daß es häufig nicht einfach ist, Kunden anderer Kreditinstitute auf der Grundlage einer für sie attraktiven Preisstellung für sich zu gewinnen.

Unter solchen Umständen sollte davon ausgegangen werden, daß **neben den Einzelkosten der Stückleistungen die Gemeinkosten als Solldeckungsbeiträge in der Preiskalkulation** Verwendung finden.

c. 3. Formen differenzierter Erfolgsermittlung (3. Rechnungsstufe)

Nach den Globalrechnungen der ersten Rechnungsstufe und der Verteilung der Betriebskosten auf die Kostenstellen sowie die Stückleistungen in der zweiten Rechnungsstufe erfolgt eine differenzierte Ermittlung der Erfolgsquellen, und zwar nach Bezugsobjekten des Sortiments, der Organisationseinheiten und der Kundschaft.

Die **Schichtenbilanz (mit der darauf aufbauenden Teilzinsspannenrechnung)** stellt die **traditionelle differenzierte Erfolgsrechnung in bezug auf Sortimentsteile des finanziellen Bereichs** dar.

Ziel der Schichtenbilanzrechnung ist

– zum einen die Ermittlung des *Zinserfolgs* verschiedener Leistungsarten *(Bilanzbestände)* im Aktiv- und Passivgeschäft, um sie absatzpolitisch zu fördern bzw. zu prohibieren;
– zum anderen die *Vorbereitung der Konten- und Kundenkalkulation,* weil in diese Rechnungen von dem einzelnen Kunden gehaltene Einlagen- oder Kreditbestände eingehen, deren Erfolg das Ergebnis der Geschäftsbeziehung zu einem Kunden – neben den Kosten und Erlösen der von ihm verursachten Stückleistungen – bestimmt.

In der folgenden Schichtenbilanz ist wie bei der Gesamtzinsspannenrechnung Grundlage eine unkompensierte Durchschnittsbilanz (vgl. Abbildung C. 56).

Unter Schichtung ist die Zurechnung einzelner Positionen der Passivseite zu Positionen der Aktivseite zu verstehen. Als *Schichtungskriterien* werden im allgemeinen korre-

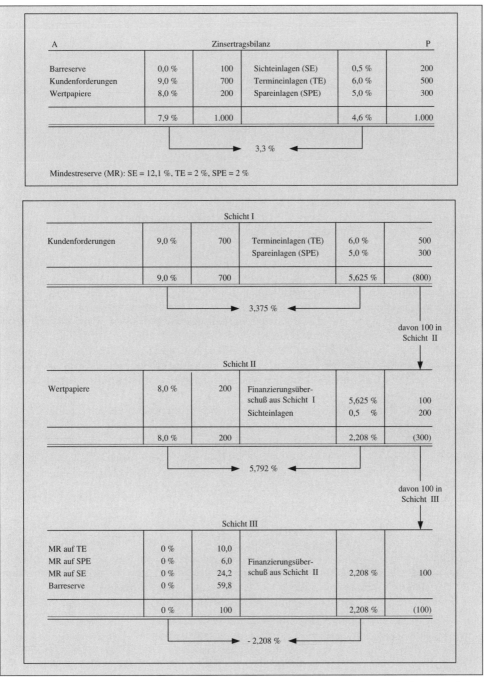

Abb. C. 56: *Schichtung nach dem Rentabilitätsprinzip von der Aktivseite aus (bei Zuordnung der Mindestreserve zur Schicht der unverzinslichen Mittel, Quelle: H. Schierenbeck: Ertragsorientiertes Bankmanagement, Bd. 1, 5. Aufl., Wiesbaden 1997, S. 65)*

spondierende Einlagen- und Anlagenfristen gewählt, wie sie sich auf die traditionelle Fristenkongruenztheorie zurückführen lassen. Aber auch wenn man von den formal-juristischen *Laufzeiten* von Einlagen und Krediten weg auf die ökonomische Verweildauer solcher Bilanzbestände unter Berücksichtigung der Bodensätze übergeht, bleibt doch zu bemängeln, daß den Schichtungen Liquiditätskriterien zugrunde liegen.

Die Bildung von Schichten nach Liquiditätsgesichtspunkten ist insoweit falsch, als sie nicht zielorientiert erfolgt. Eine Schichtung ist – wenn überhaupt, wie in der Abbildung C. 56 – am Oberziel der *Rentabilität* auszurichten[102], während *Liquiditätserfordernisse* bei der Bilanzstrukturierung – wie sie z.B. in den Grundsätzen II und III des Bundesaufsichtsamts für das Kreditwesen über die Liquidität der Kreditinstitute vorgegeben werden – lediglich als *Rahmenbedingungen* zu berücksichtigen sind.

Wenn auch das Zurechnungsmodell der Schichtenbilanz in der deutschen Bankpraxis noch von einigen Instituten verwendet wird, so kommt doch in der Literatur nahezu einhellig die Ansicht zum Ausdruck, **daß jegliche Zurechnung im Sinne einer Schichtung einen logisch nicht vertretbaren Mittel-Zweck-Zusammenhang zwischen einzelnen Aktiv- und Passivpositionen konstruiert.**

Es werden nicht Mittel aus Spareinlagen hereingenommen, um sie im Geschäft z.B. mit Hypothekendarlehen wieder hinauszulegen. Vielmehr fließen die Mittel aus Spareinlagen in einen Vorrat an Liquiditätsreserven, der entsprechend den Liquiditätsanforderungen für die Gesamtheit von Rückzahlungsverpflichtungen aus Einlagen, für Mindestreserveerfordernisse, Zusagen aus Kreditlinien und auch für neue Hypothekendarlehen verwandt wird. Insofern kann nur gesagt werden, daß **das Passivgeschäft insgesamt betrieben wird, um ertragreiche Aktivgeschäfte tätigen zu können (Poolmethode).** Darüber hinausgehende Schichtungen sind – sieht man von durchlaufenden Krediten und spezifischen Refinanzierungen für bestimmte Einzelgeschäfte ab – **künstliche Konstruktionen, die zudem stets vergangenheitsorientierte, allein auf das jeweilige Institut bezogene Informationen liefern.**

Unter dem Aspekt der *Deckungsbeitragsrechnung* ist auf die Schichtung zu verzichten und allein auf die Zuordnungsmöglichkeit der Erfolgskomponenten unmittelbar bei den Aktiv- bzw. Passivbeständen abzustellen. In der Absatzpolitik wären dann jene Aktivbestände am stärksten zu fördern (zu prohibieren), die die höchsten (die niedrigsten) Zinsertragssätze bieten. Auf der Passivseite ist entsprechend das Schwergewicht in den absatzpolitischen Anstrengungen auf die am niedrigsten verzinslichen Bestände zu konzentrieren.

Bei dieser rein erfolgswirtschaftlichen Betrachtungsweise bedarf es indessen einer Kontrolle der die Aktiv- und Passivstruktur unter liquiditätswirtschaftlichen Gesichtspunkten koordinierenden Stelle. Diese hätte darauf zu achten, daß bei derartigen auf einen maximalen Gewinn zielenden absatzpolitischen Bemühungen die Rahmenbedingungen, wie sie insbesondere durch die Liquiditätsgrundsätze sowie die Mindestreservebestimmungen gesetzt sind, nicht verletzt werden. Erst in einem solchen Rahmen könnte dann der **positive Deckungsbeitrag der einzelnen Aktivbestände maximiert, der negative Deckungsbeitrag der Passivbestände minimiert** werden. Die aus dem Aktivgeschäft resultierenden Abschreibungen und Wertberichtigungen (Rückstellungsraten) wären in diesem Zusammenhang als Solldeckungsbeitrag zu berücksichtigen.[103]

---

[102] Vgl. W. Bühler: Zur Ermittlung von Mindestmargen im Zinsgeschäft der Kreditinstitute, in: ÖBA, 31. Jg., 1983, S. 37-56.

[103] Zu den Konsequenzen für die Preiskalkulation von Kreditprogrammen und einzelnen Großkrediten vgl. A.-F. Jacob: Planung und Steuerung der Zinsspanne in Banken, in: DBW, 38. Jg., 1978, S. 341-350 und J. Süchting: Rechtfertigungsfähige Preise im Zahlungsverkehr und Kreditgeschäft, in: DBk, Nr. 12/1980, S. 550-556, hier S. 553ff.

In der **Geschäftssparenrechnung** sind **organisatorische Einheiten** des Systems »Bank« wie Kreditgeschäft, Auslandsgeschäft, Effektengeschäft usw. die **Bezugsobjekte für die Zurechnung des Erfolgs.** Deshalb müssen über die Kosten und Erlöse der Wertleistungen hinaus an dieser Stelle auch die Betriebskosten der Kostenstellenrechnung sowie gegebenenfalls in einer Sparte anfallende Betriebserlöse einbezogen werden.

Die hier auftretenden Probleme für die Rechenschaftslegung und die Geschäftspolitik sind bereits im Kapitel über die Organisation betrachtet worden. Dort wurden die Schwierigkeiten angesprochen, welche sich einer spartenorientierten Steuerung der Bank nach dem Profit Center-Konzept entgegenstellen. Damit verbundene *Ungenauigkeiten* der Rechnung liegen vor allem in der innerbetrieblichen Verrechnung der Kosten für Leistungen aus dem Verwaltungs- und Innenbereich, d.h. in der *Schlüsselung der Gemeinkosten* auf die marktbezogenen Hauptkostenstellen (Geschäftssparten) sowie in den aus dem *Absatzverbund resultierenden Erlösverbunden* zwischen einzelnen Sparten, welche die Zurechnung von Erfolgskomponenten nach dem Verursachungsprinzip in vielen Fällen problematisch erscheinen lassen.

Der Aufbau einer Geschäftssparenrechnung nach dem Schema der *Deckungsbeitragsrechnung* in konventioneller Gestaltung ist in Abbildung C. 57 dargestellt.

Auch in diesem Beispiel wird deutlich, daß bei den für die einzelnen Sparten ausgewiesenen Erfolgen dem Aspekt der Genauigkeit bei der Ermittlung Rechnung getragen wird; mit der Trennung der variablen von den fixen Betriebskosten soll darüber hinaus dem Gesichtspunkt der Beeinflußbarkeit der Kosten entsprochen werden. **Die sich ergebenden Deckungsbeiträge sind aber so hoch in der Bezugsgrößenhierarchie angesiedelt, daß eine Rechenschaftslegung auf den unteren Managementebenen nicht möglich ist und absatzpolitische Konsequenzen an Interesse verlieren,** weil die Globalstruktur des Universalangebots einer Bank nicht in Frage gestellt werden kann.

Für die Rechenschaftslegung und absatzpolitische Entscheidungen, einzelne Organisationseinheiten (z.B. *Filialen* oder Zweigstellen) zu fördern oder zu prohibieren, ergeben sich keine neuen Probleme, da sie – mit Ausnahme der innerbetrieblichen Leistungstransfers von und zu der Zentrale – wie eine selbständige Bankeinheit abgerechnet werden. Außerdem sind die im Gefolge einer Vollkosten- und Erlösrechnung für Filialen auftretenden Schwierigkeiten einer Verrechnung innerbetrieblicher Leistungen bereits im Kapitel über die Organisation behandelt worden (vgl. dort S. 247ff.).

In der **Konten- und Kundenkalkulation liegen die Bezugsobjekte für die Erfolgsspaltung in der Kundschaft.** Es geht darum, den Erfolg auf einzelne Kundengruppen oder Einzelkunden und die von ihnen gehaltenen Kontenbeziehungen aufzuteilen, um im Anschluß daran geschäftspolitische Konsequenzen zu ziehen. Solche geschäftspolitischen Konsequenzen können von Preisänderungen über die Aktivierung der Kundenbeziehung durch Verkauf zusätzlicher Leistungen bis hin zum Abbruch einzelner Kundenverbindungen reichen.[104]

Die *Kontenkalkulation* benutzt Ergebnisse aus der Stückleistungskalkulation und der Schichtenbilanz nach folgendem Verfahren:

– Übernahme der Selbstkosten für die vom Kunden verursachten Geschäftsvorfälle aus der Stückleistungskalkulation;

---

[104] Vgl. dazu: K. Vak, Zentralsparkasse der Gemeinde Wien, in seinem Referat am 13.5.1975 »Die Marktforschung als Grundlage der Absatzpolitik eines Kreditinstituts« im Kontaktseminar an der Ruhr-Universität Bochum, in: SB Nr. 2, SS 1975, S. 25f., hier S. 26.

Geschäftszweig	Effekten-handel	Emissions-geschäft	Depot-geschäft	Auslands-geschäft	Langfristiges Kreditgeschäft	Kurzfristiges Kredit-geschäft	Erlöse aus Bankgut-haben	Wert-papier-anlagen
Schema der Deckungsbeitragsrechnung								
Art der Erlöse	Provi-sionen	Provisionen und Bonifi-kationen	Gebühren	Provi-sionen	Zinsen, Dam-num, Bereit-stellungs-provisionen	Zinsen, Pro-visionen	Zinsen	Zinsen
Bruttoerlöse	100	60	10	40	875	1400	100	300
./. variable Betriebskosten	18	8	5	11	15	20	–	–
Nettoerlös I	82	52	5	29	860	1380	100	300
./. fixe Betriebskosten	33	11	24	12	23	34	–	–
Nettoerlös II	49	41	./.19	17	837	1346	100	300
./. Wertkosten (Risikokosten)	–	–	–	–	10	50	–	–
Deckungsbeitrag der erlös-bringenden Geschäftszweige nach Abzug ihrer Einzel-kosten	49	41	./.19	17	827	1296	100	300
Zusammengefaßte Deckungs-beiträge einzelner Geschäfts-zweige		71		17	827	1696		
./. Betriebskosten		44 Wertpapier-abteilung			15 Hypothe-kenbuch-haltung	126 Kontokorrent-, Wechsel-, Scheck-, Über-weisungsabtei-lung		
Gemeins. Deckungsbeitrag (I) nach Abzug der Betriebs-kosten		27 Effekten-geschäft		17	812 Langfristi-ges Kredit-geschäft	1570 Kurzfristiges Geschäft		
./. Wertkosten (Zinsen)		–			–	125		
Gemeins. Deckungsbeitrag (I) nach Abzug der Betriebs- und Wertkosten		27		17	812	1445		
./. Betriebs- und Wertkosten (Zinsen)					2257 Kreditgeschäft 780 Sparabteilung			
Gemeins. Deckungs-beitrag (II)		27		17	1477			
Zusammengefaßter gemein-samer Deckungsbeitrag (II)				1521				
./. Betriebskosten der Hilfsstellen				115				
Gemeins. Deckungs-beitrag (III)				1406				
./. Betriebskosten der Allgemeinen Kostenstellen				350				
Gemeins. Deckungsbeitrag (IV) (vorläufiger Perioden-überschuß)				1056				
./. der Abrechnungsperiode nicht unmittelbar zuzurech-nende Kosten				211				
Periodenergebnis				845				

Abb. C. 57: Spartenorientierte Deckungsbeitragsrechnung (Quelle: K. F. Hagenmüller/ A.-F. Jacob: Der Bankbetrieb, Bd. III, a.a.O., S. 160f.)

– Berücksichtigung des Zinsgewinns aus dem durchschnittlichen Guthaben- oder Kredit-bestand auf dem Konto mit Hilfe der Teilzinsspannenrechnung;
– Einführung von Betriebserlösen in Gestalt z.B. von Kontoführungsgebühren.

Der folgende *Gebührenplan* (siehe Abbildung C. 58) zeigt, wie man auf der Basis der von einem Kunden verursachten Geschäftsvorfälle und der Höhe des durchschnittlich unterhal-

Durchschnittsguthaben pro Quartal	verdiente Freiposten	Wert verdienter Freiposten	Gebühren nach Abzug verdienter Freiposten und Rückgang in % der Gebühren vor Berücksichtigung verdienter Freiposten					
			wenig genutztes Privatkonto (24 Geschäftsvorfälle je Quartal)		normal genutztes Privatkonto (45 Geschäftsvorfälle je Quartal)		intensiv genutztes Privatkonto (100 Geschäftsvorfälle je Quartal)	
DM	Stck.	DM	abs. DM	Rückgang in %	abs. DM	Rückgang in %	abs. DM	Rückgang in %
0,-- – 600,--	0	0,--	15,--	--	25,50	--	53,--	--
700,--	1	0,50	14,50	3,3	25,--	2,0	52,50	0,9
1.000,--	4	2,--	13,--	13,3	23,--	7,8	51,--	3,8
1.500,--	9	4,50	10,50	30,0	20,50	17,6	48,50	8,5
2.000,--	14	7,--	8,--	46,7	18,50	27,5	46,--	13,2
3.000,--	24	12,--	3,--	80,0	13,50	47,1	41,--	22,6
5.000,--	44	22,--	0,--	100,0	3,50	86,3	31,--	41,5

es gelten folgende Annahmen:
– Grundgebühr je Monat: 2,-- DM
– Buchungsposten je Stück: 0,50 DM
– 6 Freiposten je Quartal
– ab einem durchschnittlichen Guthaben von DM 600,-- im Quartal bekommt ein Kunde für jede weiteren DM 100,-- Durchschnittsguthaben einen zusätzlichen Freiposten

Abb. C. 58: *Berücksichtigung der Einlagenhöhe in einem Gebührensystem*

tenen Guthabens (das intern mit einer Teilzinsspanne kreditiert wird) die Höhe der noch zu fordernden Gebühren ermitteln kann (vgl. auch S. 685ff.).

In der *Kundenkalkulation* werden die Ergebnisse für alle Konten eines Kunden (oder einer Kundengruppe) zusammengefaßt. Dabei kann es sich ergeben, daß trotz eines defizitären Kontos die gesamte Geschäftsverbindung zu einem Kunden doch als erfolgreich angesehen werden kann – und umgekehrt.

Unter dem Aspekt der *Deckungsbeitragsrechnung* ist wiederum zu kritisieren, daß eine derartige Konten- und Kundenkalkulation die *Fehler aus den voraufgehenden Rechnungsstufen* übernimmt, d.h. insbesondere

– mit ungenau ermittelten Stückkostensätzen rechnet;
– vermeintlich erzielte Werterlöse bei Passivkonten bzw. vermeintlich aufgewendete Wertkosten bei Aktivkonten, wie sie sich aus der Teilzinsspannenrechnung ergeben, in die Rechnung einbezieht.

In einer nach den Grundsätzen der Deckungsbeitragsrechnung durchgeführten Kundenkalkulation dürfen dagegen Aktivkonten nur die dort direkt zurechenbaren Zinserlöse, Passivkonten nur die dort direkt zurechenbaren Zinskosten zugeordnet werden. Darüber hinaus wären die Einzelkosten der von den Kunden verursachten Geschäftsvorfälle sowie die dem Kunden in Rechnung gestellten Provisionen und Gebühren als Betriebserlöse bei der Kalkulation seines Kontos zu berücksichtigen.

Man könnte die **absatzpolitische Förderung** dann an der **Maximierung der positiven Deckungsbeiträge und der Minimierung der negativen Deckungsbeiträge von Kundenverbindungen ausrichten; dabei ist wiederum darauf zu achten, daß durch eine solche Politik die durch externe Daten der Bankenaufsicht gesetzten *Rahmenbedingungen* nicht verletzt werden. Außerdem ist darauf zu verweisen, daß in Preisverhandlungen mit den Kunden nicht nur die Einzelkosten der Konten- und Kundenbeziehungen, sondern auch die nicht zurechenbaren Kosten als *Solldeckungsbeiträge* einbezogen werden müssen, da sonst die Gefahr einer zu großzügigen, nicht mehr umkehrbaren Preispolitik und damit langfristig das Risiko des Substanzverzehrs der Bank entsteht.

c. 4. Die Integration eines Systems der Vollkosten- und Erlösrechnung mit der Deckungsbeitragsrechnung in einer Grundrechnung

Führt man sich noch einmal die *Kritik* vor Augen, die an einer Vollkosten- und Erlösrechnung durch die Vertreter der *Deckungsbeitragsrechnung* geübt wird, so läuft diese darauf hinaus, daß

— in der Gesamtbetriebskalkulation und der Gesamtzinsspannenrechnung als der Grundlage einer Vollkosten- und Erlösrechnung *keine Trennung der Periodeneinzelkosten und -erlöse* von den *Periodengemeinkosten und -erlösen* erfolgt,
— bei der Kostenüberwälzung auf die Kostenstellen und die Stückleistungen eine *Schlüsselung der Gemeinkosten* auf die Endkostenstellen und die Einzelleistungen durchgeführt wird;
— in der Teilzinsspannenrechnung unzulässig *Schichten* zwischen Passiv- und Aktivpositionen der Bilanz *gebildet* werden, Fehler, die sich in der Geschäftssparttenrechnung und der Kontenkalkulation mit denen aus der Kostenstellenrechnung und Selbstkostenermittlung addieren.

Unter solchen Umständen muß es zu Ungenauigkeiten in der Rechnung kommen, die sowohl die mit der Rechenschaftslegung verfolgten Ziele der Wirtschaftlichkeits- und Erfolgskontrolle in den Organisationseinheiten als auch erfolgsrechnerische Aussagen für absatzpolitische Entscheidungen erheblich einschränken.

Angesichts dieser berechtigten Kritik bietet es sich an, Vollkosten- und Erlösrechnungen mit der Deckungsbeitragsrechnung zusammenzuführen. Ausgangspunkt für eine solche Integration ist eine *Grundrechnung*, wie sie in Abbildung C. 59 auszugsweise dargestellt wird.

Eine solche Grundrechnung stellt eine vielseitig auswertbare Zusammenstellung der Erfolgselemente dar. In der kombinierten Kosten- und Erlösarten-, -stellen- und -trägerrechnung können **Kosten und Erlöse bei allen für die Rechenschaftslegung und Geschäftspolitik interessierenden Bezugsobjekten ausgewiesen werden, denen sie als Einzelkosten und -erlöse direkt und damit genau zurechenbar sind.** Die Begrenzung auf die direkt zurechenbaren Erfolgskomponenten einschließlich der Erlöse unterscheidet sie von dem ähnlich aufgebauten Betriebsabrechnungsbogen.

Wie in der Gesamtbetriebskalkulation auch, so findet sich in der Spalte der Erfolgselemente zunächst eine globale Unterteilung nach Kostenarten und Erlösarten. Entsprechend der Kritik an dieser Rechnungsstufe ist sodann aber eine zusätzliche Trennung nach Periodeneinzel- und Periodengemeinbestandteilen vorgenommen worden. Die weiteren Unterteilungen sind üblich und orientieren sich am Betriebsbereich und seinen Erfolgselementen sowie am Finanzbereich und den dort entstehenden Wertkosten und Werterlösen.

In die Zeile der Bezugsgrößen können alle unter den Aspekten der Rechenschaftslegung und Entscheidungsrechnung für eine Bank wichtigen Bezugsobjekte aufgenommen

Spalten z = 1...38 / Bezugsgrößen / Kostenarten K_m (m = a...j,z) Erlösarten E_n (n = a...e,z)	Σ Ko- u. Erlösarten	1 Gesamtbank	2 Vorstand	3 Vorstandssekret.	4 Rechtsabteilung	5 Controller-Bereich	6 Betriebsbereich	7 Personalabteilung	8 Organisationsabtlg.	9 TA-Finanzierungen	10 TA-Zahlungsverkehr	11 TA-Kapitalanlagen	12 Marktbereich	13 Absatzmethoden	14 Produktgestaltung	15 Werbung	16 Eigengeschäft	17 Kassen	18 LZB	19 Kredite an Banken	20 Einlagen von Banken	21 Wertpapiere	22 Div. L.- u. Gehaltse.
Kostenarten																							
A. Periodeneinzelkosten																							
a) Betriebskosten																							
Personalkosten	Ka	Ka	Ka	Ka	Ka	Ka	Ka	Ka	Ka	Ka	Ka	Ka	Ka	Ka	Ka	Ka	Ka	Ka					Ka
Sachkosten																							
– Verwaltungskosten	Kb	Kb	Kb	Kb	Kb	Kb	Kb	Kb	Kb	Kb	Kb	Kb	Kb	Kb	Kb	Kb	Kb	Kb	Kb	Kb	Kb	Kb	Kb
– Raumkosten	Kc	Kc				Kc	Kc						Kc										
– Kosten für Betr.																							
u. Gesch.-Ausst.	Kd	Kd	Kd	Kd	Kd	Kd	Kd	Kd	Kd	Kd	Kd	Kd	Kd	Kd	Kd	Kd	Kd	Kd					Kd
Kostensteuern	Ke	Ke																					
b) Wertkosten																							
Zinskosten	Kf																				Kf		
B. Periodengemeinkosten																							
a) Betriebskosten																							
Zuf. Pensionsrückst.	Kg		Kg	Kg	Kg	Kg	Kg	Kg	Kg	Kg	Kg	Kg	Kg	Kg	Kg	Kg	Kg	Kg					Kg
Abschreibungen	Kh	Kh	Kh	Kh	Kh	Kh	Kh	Kh	Kh	Kh	Kh	Kh	Kh	Kh	Kh	Kh	Kh	Kh					Kh
b) Wertkosten																							
Risikokosten	Ki																					Ki	
Eigenkapitalzinsen	Kj	Kj																					
Summe Kosten	Kz																						
Erlösarten																							
A. Periodeneinzelerlöse																							
a) Betriebserlöse																							
Gebühren	Ea																						
Provisionen	Eb																						
b) Werterlöse																							
Zinsen	Ec																						
Dividenden	Ed																					Ed	
B. Periodengemeinerlöse																							
a) Werterlöse																							
Kursgewinne	Ee																					Ee	
Summe Erlöse	Ez																						

Spalten z = 1...38 / Bezugsgrößen	23 Div. Privatkundschaft	24 PM Finanzierungen	25 PM Zahlungsverkehr	26 PM Kapitalanlagen	27 Kontakter	28 Kontakter	29 kurzfr. Kredite	30 mittelfr. Kredite	31 langfr. Kredite	32 ZV-Dienstleistungen	33 Sichteinlagen	34 kurzfr. Einlagen	35 mittelfr. Einlagen	36 Spareinlagen	37 KA-Dienstleistungen	38 Div. Firmenkundschaft
Kostenarten																
A. Periodeneinzelkosten																
a) Betriebskosten																
Personalkosten	Ka	Ka	Ka	Ka	Ka	Ka										Ka
Sachkosten																
– Verwaltungskosten	Kb	Kb	Kb	Kb	Kb	Kb	Kb	Kb	Kb	Kb	Kb	Kb	Kb	Kb	Kb	Kb
– Raumkosten																
– Kosten für Betr.																
u. Gesch.-Ausst.	Kd	Kd	Kd	Kd	Kd	Kd										Kd
Kostensteuern																
b) Wertkosten																
Zinskosten											Kf	Kf	Kf	Kf		
B. Periodengemeinkosten																
a) Betriebskosten																
Zuf. Pensionsrückst.	Kg	Kg	Kg	Kg	Kg	Kg										Kg
Abschreibungen	Kh	Kh	Kh	Kh	Kh	Kh										Kh
b) Wertkosten																
Risikokosten							Ki	Ki	Ki							
Eigenkapitalzinsen																
Summe Kosten																
Erlösarten																
A. Periodeneinzelerlöse																
a) Betriebserlöse																
Gebühren							Ea	Ea	Ea	Ea					Ea	
Provisionen							Eb	Eb	Eb	Eb					Eb	
b) Werterlöse																
Zinsen							Ec	Ec	Ec							
Dividenden																
B. Periodengemeinerlöse																
a) Werterlöse																
Kursgewinne																
Summe Erlöse																

Symbole: TA: technische Abwicklung PM: Produktmanager
L.- u. Gehaltse.: Lohn- und Gehaltsempfänger KA: Kapitalanlage

Abb. C. 59: Grundrechnung (Quelle: A. Riedesser: Deckungsbeitragsrechnung in Filialbankorganisationen, Wiesbaden 1977, S. 261) werden. Im Beispiel sind dies die zentralen Organisationseinheiten und verschiedene Divisionen bis hin zu einzelnen Kontaktern sowie Teilen aus dem Sortiment.

Erfaßt man die Kosten- und Erlösarten bei den Bezugsgrößen nach ihrer Zurechenbarkeit, so erhält man mit den Einzelkosten und Einzelerlösen der Bezugsobjekte *genaue* und deshalb für Zwecke der Rechenschaftslegung und Entscheidungsvorbereitung geeignete *Ausgangsgrößen*.

Für die Zwecke der Gewinn- und Wirtschaftlichkeitskontrolle empfiehlt sich eine Markierung der Einzelkosten und -erlöse *auch* unter dem Aspekt, ob sie *beeinflußbar* oder *nicht beeinflußbar* sind.

Für die Erfolgsrechnung und Preispolitik braucht in diesem Schema auf die Verrechnung von Gemeinkosten und Gemeinerlösen nicht verzichtet zu werden. Ähnlich wie in den Genauigkeitsstufen des Betriebsabrechnungsbogens, so sind die Periodengemeinkosten und -erlöse auch hier auf Organisationseinheiten und Marktsegmente zu verteilen. Dies geschieht nun aber in Form von **Solldeckungsbeiträgen, die von den genau ermittelten Erfolgskomponenten getrennt** gehalten werden. Mit der Einbeziehung von Solldeckungsbeiträgen läßt sich für die verschiedenen Organisationseinheiten und Marktsegmente sagen, wie weit die von ihnen erwirtschafteten Deckungsbeiträge der Einzelerlöse über die Einzelkosten die nur ungenau ermittelten Kostenelemente zu decken in der Lage sind. **Den Verantwortlichen wird damit vor Augen geführt, daß es langfristig über den Ausgleich der Einzelkosten hinaus darauf ankommt, auch einen Beitrag zur Deckung der Gemeinkosten (und des kalkulierten Gewinns) zu leisten, wenn die Substanz der Bank nicht gefährdet werden soll.**

Ansatzpunkte dafür geben die Preisverhandlungen bei den verschiedenen Wertleistungen (z.B. Krediten) und Stückleistungen (z.B. Zahlungsaufträgen) im Zusammenhang mit der Konten- und Kundenkalkulation. Während die Abdeckung der oft nur geringfügigen Einzelkosten auch kurzfristig selbstverständlich ist, weil es sich sonst um Zuschußgeschäfte handeln müßte, macht der Terminus »Solldeckungsbeitrag« den Verantwortlichen bewußt, daß mit den aus der Kundenverbindung erzielten Erlösen auch ein Beitrag zur Abdeckung des Gemeinkostenblocks der Bank geleistet werden soll. Auf diese Weise wird eine zu nachgiebige Preispolitik vermieden, die für die Manager im Markt eine ständige Versuchung bedeutet, wenn sie unangenehmen Kundenverhandlungen aus dem Weg gehen wollen.

d. Neuere Verfahren der Ergebnisermittlung im Finanz- und Betriebsbereich

Das im letzten Abschnitt vorgestellte, in seiner Grundstruktur dem industriellen Rechnungswesen nachgebildete System der Kosten- und Erlösrechnung war bis weit in die 80er Jahre hinein in der deutschen Kreditwirtschaft verbreitet. Zwei Entwicklungen trugen dann jedoch dazu bei, daß die dort verwendeten konventionellen Verfahren der Erfolgsermittlung als immer weniger adäquat erschienen:

– Waren die 70er Jahre nach der Aufhebung der Soll- und Habenzinsabkommen (1967) noch durch ein forciertes Wachstumsstreben gekennzeichnet, so wurde angesichts des sich intensivierenden Wettbewerbs deutlich, daß dieses Ziel nicht ohne »Unterfütterung« durch eine entsprechende Rentabilität verfolgt werden konnte. Die daraus folgende Ausrichtung einzelner organisatorischer Einheiten am Profit Center-Gedanken erforderte möglichst wenig von zentraler Seite beeinflußte Ergebnisse für jedes einzelne Geschäft bereits zum Zeitpunkt seines Abschlusses, damit der Berater seinen Erfolgsbeitrag unmittelbar erkennen und akzeptieren konnte.

- Durch die Methode der Schichtenbilanz »hinkten« die Ergebnisermittlung und die von ihr ausgehenden Steuerungsimpulse stets den Entwicklungen auf den Finanzmärkten hinterher. Dieses Manko war unter stabilen Umfeldbedingungen weniger gravierend; es wirkte sich jedoch in den 80er Jahren umso stärker aus, als die Schwankungen der Marktzinsen zunahmen.

Die moderne Form der internen Ergebnisrechnung ist daher durch zwei wesentliche Charakteristika gekennzeichnet:

- Ansatzpunkte sind die Ergebnisse von *Einzelgeschäften*, die über mehrere Verdichtungsstufen zum Gesamtbankergebnis aggregiert werden (bottom-up). Dieses methodische Vorgehen unterscheidet sich von der konventionellen Ergebnisermittlung, die bei der höchsten Aggregationsebene ansetzte und das auf der 1. Stufe des Systems berechnete Gesamtbankergebnis dann im Hinblick auf Filialen, Produkte und Kunden disaggregierte (3. Stufe).
- Es wird versucht, sich von innerbetrieblichen, im Zeitpunkt der Ergebnisermittlung und -steuerung bereits veralteten *Bewertungsmaßstäben* zu lösen und diese statt dessen *enger an die aktuellen Marktentwicklungen anzukoppeln*.

In den folgenden Abschnitten werden neuere Verfahren der Erfolgsermittlung vorgestellt und gewürdigt, wobei die Berechnung des Zinsergebnisses aufgrund seiner quantitativen Bedeutung den Ausgangs- und Schwerpunkt bildet.

d. 1. Das Grundmodell der Marktzinsmethode und seine Erweiterung im Barwertkonzept

In den bisherigen Ausführungen war hervorgehoben worden, daß die Ermittlung des Zinserfolges von Aktiv- und Passivgeschäften traditionell mit Hilfe von Bilanzschichten und daran orientierten Teilzinsspannen erfolgte. Das führte für die Aktivgeschäfte zu einer fingierten Zurechnung von Geldeinstandskosten, bei den Passivgeschäften zu einer fingierten Zurechnung von Erlösen aus der Geldanlage. Die berechtigte Kritik richtete sich gegen den willkürlich ermittelten *Verrechnungszins,* der auf der einen Seite die Kosten der Geldbeschaffung, auf der anderen den Nutzen aus der Geldanlage repräsentieren sollte.

Die im Verrechnungszins begründeten Störelemente pflanzen sich in allen denjenigen Teilrechnungen fort, in denen die Erfolgsermittlung für Kredit- und Einlagenbestände eine Rolle spielt: bei der Erfassung der Erfolgsbeiträge der Sparten, Filialen und Zweigstellen sowie der Konten- und Kundenbeziehungen. Sie betreffen zum einen die geschäftspolitische Steuerung dieser Bezugsgrößen, zum anderen die Kontrolle der Sparten- und Filialleiter sowie der Kundenbetreuer, sofern sie auf der Basis des ihnen zugerechneten Erfolgsbeitrags Rechenschaft legen sollen.

Mit der **Marktzinsmethode** wird nun versucht,

- die *Aussagefähigkeit der Entscheidungsunterlagen* für die *Steuerung* von sortiments- und kundenorientierten Bezugsgrößen zu *verbessern;*
- über eine gleichzeitig verbesserte Steuerung auch der Organisationseinheiten und die Kontrolle ihrer Leiter deren Beiträge zu den Zielen der Bank objektiver zu erfassen und sie damit in ihren Verkaufsanstrengungen zu *motivieren*.

Die Anfang der 80er Jahre vorgestellte[105] Marktzinsmethode (zu Beginn auch Opportunitäts- oder Wertsteuerungskonzept genannt) löst die Verbindung zwischen Aktiv- und Passivgeschäften in einer Bilanzschicht auf und verzichtet damit auf die Störgröße eines fingierten Verrechnungszinses. Statt dessen werden alle Geschäftsabschlüsse im Aktiv- und alle Geschäfte im Passivbereich jeweils für sich mit den Zinsen, wie sie sich an den Märkten bilden, verglichen. Dieser Betrachtung liegt das *Opportunitätskonzept* zugrunde, d.h. der durch ein konkretes Geschäft mit einem Kunden verdrängte Nutzen einer Handlungsalternative am Geld- bzw. Kapitalmarkt. Bei einem Geschäftsabschluß im Kreditbereich wird also gefragt: Welchen Zins hätte die Bank bei einer *(zinsbindungs-)kongruenten* Anlage am Geld- bzw. Kapitalmarkt erzielen können? Die Bewertung orientiert sich an der Differenz zwischen dem mit dem Kunden abgeschlossenen und dem erzielbaren Markt-Zins. Im Passivgeschäft lautet die Frage entsprechend: Welchen Vorteil bringt die mit einem Kunden zu einem bestimmten Zins vereinbarte Einlage gegenüber einer (zinsbindungs-)kongruenten Refinanzierung am Geld- bzw. Kapitalmarkt? Die Qualität des Geschäfts stellt ab auf die Kostenersparnis, die die Bank durch das betreffende Kundengeschäft realisieren kann (vgl. Abb. C. 60).

Vergleichsgrößen sind also jeweils die Zinssätze, die an den Geld- und Kapitalmärkten tatsächlich zustande kommen. Im Gegensatz zum Verrechnungszins sind sie nicht fingiert, da sie auf konkrete Alternativen für die Geldanlage und -aufnahme verweisen. Auf eine gleiche Zinsbindungsdauer ist deshalb abzustellen, weil nur dann aus der Vielzahl der an den Geld- und Kapitalmärkten anzutreffenden Zinssätze ein Marktzins herausgefunden werden kann, der eine im Hinblick auf das (Zinsänderungs-)Risiko vergleichbare Alternative repräsentiert.

Verfolgt die Bank als Unternehmensziel die Maximierung des Gewinns, so wird die Qualität der Bilanzgeschäfte, der Kredit- und Einlagensparten, der Geschäftsstellen und Kundenbeziehungen nun (auch) an den Mehrerlösen bzw. den Kostenersparnissen gegenüber dem Markt gemessen. Dies gilt ebenso für die erfolgsorientierte Beurteilung der Sparten-, Filialleiter und Kundenbetreuer. Sie können den Nutzen der von ihnen abgeschlossenen Geschäfte und damit ihren eigenen Nutzen für die Bank aktuell ermitteln, indem sie die von ihnen verhandelten Konditionen mit den Marktzinsen für entsprechende Fristenkategorien vergleichen *(Kundenkonditionsbeitrag)*. Da sie insoweit nicht mehr mit einem aus ihrer Sicht häufig unverständlichen Verrechnungszins konfrontiert werden, dürfte eine derartige Orientierung am Markt auch zu einer höheren Motivation, das heißt einer größeren Einsatzbereitschaft im Sinne verstärkter Verkaufsanstrengungen, führen.

Die Abbildung C. 60 zeigt, daß der Zinsüberschuß der Bank sich nicht nur aus dem von den Verantwortlichen am Markt erzielten Kundenkonditionsbeitrag, sondern auch aus einem *Fristentransformationsbeitrag* zusammensetzt (auch – aber blaß – als Strukturbeitrag bezeichnet). Dieser Erfolgsbeitrag resultiert daraus, daß die Bank Sichteinlagen und Spareinlagen auch in längere Anlagefristen von im Beispiel 6 Jahren transformiert. Er wird den Verantwortlichen für diese Entscheidungen zugerechnet, nämlich derjenigen *zentralen Dispositionsstelle*, die in der Bank das Bilanzstrukturmanagement (auch Aktiv/Passiv-Steuerung, Asset/Liability-Management oder Treasury genannt) so betreibt, daß die Fristentransformation (und damit dem Zinsänderungsrisiko ausgesetzte offene Positionen) nicht überzogen und die Grundsätze der Bankenaufsicht beachtet werden. – Somit wird

---

[105] Vgl. K. D. Droste/H. Fassbender/B. Pauluhn/P. F. Schlenzka/E. v. Löhneysen: Falsche Ergebnisinformationen – Häufige Ursache für Fehlentwicklungen in Banken, in: DBk, Nr. 7/1983, S. 313-323; Grundgedanken indes bereits bei J. Süchting: Zur Kontroverse um die Bankkalkulation, a.a.O., S. 18.

Aktiva Kundengeschäfte	Alternativgeschäfte	Volumen	Kunde Zinssatz/-ertrag		Bewertung Zinssatz/-ertrag		Differenz Zinssatz/-mehrertrag	
Kontokorrentkred.	3-Monatsgeld	60000	7,5%	4500	5,0%	3000	2,5%	1500
Kredit, 6 Jahre fest	Kapitalmarktpapier, 6 Jahre fest	100000	8,0%	8000	7,5%	7500	0,5%	500
Summe		160000		12500		10500		2000

Zinsüberschuß
12 500
− 6 200
6 300

= Fristentransformationsbeitrag
10 500
− 8 200
2 300

+ Kundenkonditionsbeitrag
2 000
+ 2 000
4 000

Passiva Kundengeschäfte	Alternativgeschäfte	Volumen	Kunde Zinssatz/-aufwand		Bewertung Zinssatz/-aufwand		Differenz Zinssatz/-ersparnis	
Sichteinlage	Tagesgeld	40000	0,5%	200	4,0%	1600	3,5%	1400
Spareinlage, 1 Jahr	Interbanken-Jahreseinlage	120000	5,0%	6000	5,5%	6600	0,5%	600
Summe		160000		6200		8200		2000

Abb. C. 60: *Kalkulatorische Aufspaltung des Zinsüberschusses in den Fristentransformationsbeitrag und den Kundenkonditionsbeitrag*

der *Zinsüberschuß kalkulatorisch in zwei Erfolgsquellen aufgespalten*: das Kundengeschäft und die zentralen Dispositionsentscheidungen.[106]

Dreh- und Angelpunkt für eine möglichst saubere Abgrenzung dieser beiden Erfolgsquellen ist die *Bestimmung der den Kundengeschäften im Hinblick auf die Zinsbindung adäquaten Opportunitäten,* die ihre Basis in einer Typologie wie der folgenden haben könnte:

Zinsbindung	Festzins		Variabel verzinslich		
			indikator-gebunden	unspezifisch	
Kapitalbindung	konstant		variierend, aber vertraglich vereinbart		unbestimmt
Laufzeit	vertraglich vereinbart				unbestimmt
Ausprägungen	z.B. • Endfällige Darlehen • Termineinlagen	z.B. • Tilgungsdarlehen	z.B. • Eurokredite • Geldmarkteinlagen	z.B. • Spareinlagen mit vereinb. Kündigungsfrist	z.B. • Kontokorrentkredit • (normale) Spareinlagen • Sichteinlagen
Typologie	Typ I a	Typ I b	Typ II	Typ III	Typ IV

Abb. C. 61: Typologie von Kundengeschäften als Basis für die Auswahl adäquater Opportunitätsgeschäfte (Modifiziert nach H. Schierenbeck: Ertragsorientiertes Bankmanagement, Bd. 1, a.a.O., S. 100 und St. Paul/K.-J. Siewert: a.a.O., S. 73)

Im *Festzins*bereich dürften die Alternativen an den Geld- und Kapitalmärkten leicht aufzufinden sein und daher auch von den Bankverkäufern akzeptiert werden.[107] Dabei sind Geschäfte vom Typ Ib (wie z.B. Darlehen, die über die Laufzeit hinweg getilgt werden) komplexer als diejenigen des Typs Ia, da sich während der Zinsbindungsfrist die Kapitalbindung verändert. Läßt sich am Geld- bzw. Kapitalmarkt kein (z.B.) Wertpapier mit identischer Cash Flow-Struktur identifizieren, dann ist ein künstliches Alternativgeschäft aus mehreren Einzelopportunitäten unterschiedlicher Fristigkeit zu konstruieren. Die

---

[106] Dabei ist neben der Fristen- auch die Währungstransformation zu berücksichtigen – vgl. dazu und für hier nicht weiter dargestellte Übertragungen der Marktzinsmethode auf verschiedene Bereiche der Bank R. Banken: Die Marktzinsmethode als Instrument der pretialen Lenkung in Kreditinstituten, Frankfurt/M. 1987, H. Echterbeck: Marktzinsorientierte Ergebnisspaltung des Eigenhandels von Kreditinstituten, Frankfurt/M. 1991, M. Nolte: Marktwertcontrolling im Währungsportfolio, Bern u.a 1997, M. Knippschild: Controlling von Zins- und Währungsswaps in Kreditinstituten, Frankfurt/M. 1991 und A. Schmitz: Von der Marktzins- zur Marktpreismethode, in: DBk, Nr. 10/1992, S. 603-606.

[107] Für alle Festzinsgeschäfte gilt im übrigen, daß der bei Abschluß berechnete Kundenkonditionsbeitrag für die Laufzeit der Geschäfte festgeschrieben wird, da der Kundenberater auf spätere Marktzinsänderungen nicht mehr reagieren kann. Dagegen verbleibt der Zentraldisposition durchaus Handlungsspielraum, wie sie angesichts neuer Zinskonstellationen mit einer z.B. zunächst offengelassenen Position verfährt, so daß sich der Fristentransformationsbeitrag im Laufe der Zeit auch bei einer Festzinsvereinbarung ändern kann.

Gesamtopportunität eines zweijährigen Kreditgeschäfts mit Zins- und Tilgungszahlungen jeweils am Jahresende könnte daher aus einer 1-Jahresgeld- und einer 2-Jahresgeld-Tranche bestehen; dem Kundenzins wäre ein kapitalgewogener Mischzins hieraus gegenüberzustellen.[108]

Ergibt sich insofern lediglich ein erhöhter Rechenaufwand, so wirft die Suche nach – gemäß vergleichbaren Zinsbindungsfristen auszuwählenden – Alternativen im *variabel verzinslichen* Geschäft grundsätzlichere Probleme auf. Sieht man von Floating Rate Notes ab, lassen sich am Geld- und Kapitalmarkt keine Opportunitäten mit prinzipiell jederzeit veränderlichen Zinssätzen auffinden. Ist die Verzinsung des Kundengeschäfts nicht fest an einen Referenzzins (z.B. LIBOR oder FIBOR) gekoppelt (Typ II), dann müssen daher *Annahmen* über das Zinsanpassungsverhalten getroffen werden, die jedoch stets mit einer gewissen Willkür behaftet sind.

Für Geschäfte vom Typ III und IV kann dabei auf das ursprünglich für die Steuerung des Zinsänderungsrisikos entwickelte Konzept der *Zinselastizität* zurückgegriffen werden.[109] Die Zinselastizität ist definiert als Veränderung eines Kundenzinses dividiert durch die Veränderung eines Marktzinses. Während Festzinsgeschäfte demnach stets eine Zinselastizität von Null besitzen, liegt der Wert für variabel verzinsliche Geschäfte zwischen Null und Eins. Ein Wert von 0,8 bedeutet beispielsweise, daß eine einprozentige Marktzinserhöhung nur zu einer Veränderung des Kundenzinses von 0,8 Prozentpunkten führt – ein im Aktivgeschäft tendenziell unbefriedigendes, im Passivgeschäft dagegen positives Ergebnis.

Wurde die Elastizität eines bestimmten Zinsproduktes über zumindest einen Zinszyklus hinweg aus den Erfolgsrechnungen vergangener Perioden ermittelt, dann kann die Opportunität *konstruiert* werden, indem ein Festzinssatz (Elastizität Null) für die Laufzeit des Geschäftes (bei Typ III vertraglich vereinbart) und der Tagesgeldzins (= Marktzins = Elastizität von Eins) in entsprechendem Verhältnis gemischt werden. Hat die Bank etwa für ein variabel verzinsliches Darlehen mit fünfjähriger Laufzeit eine Zinselastizität von 0,5 errechnet, so muß die entsprechende künstliche Opportunität (die ja ebenfalls eine Zinselastizität von 0,5 besitzen soll) zu 50% aus Tages- und zu 50% aus 5-Jahresgeld bestehen. Beträgt der laufzeitkongruente Kapitalmarktzins 8% (fest) sowie der Tagesgeldzins zum Abschlußzeitpunkt 5%, dann ergibt sich eine Opportunität von 6,5% bei Abschluß. Bei einem Anstieg des Tagesgeldes auf 9% (bzw. um 4%-Punkte) steigt auch der Opportunitätszins:

(C. 5) $(0,5 \cdot 9\%) + (0,5 \cdot 8\%) = 8,5\% (= + 2\%\text{-Punkte})$.

Der Berater wird daran gemessen, inwiefern er diesen Marktzinsanstieg an den Kunden weitergeben konnte; der Bewertungsmaßstab für seinen Erfolg liegt also in dem aus der Vergangenheit abgeleiteten »Preisüberwälzungsspielraum«. Aufgrund der fehlenden Zinsbindung wird die Zinsanpassungskongruenz zum Auswahlkriterium des Opportunitätsge-

---

[108] Für einen investitionstheoretisch sauberen Effektivzins sind weitere Preiselemente (z.B. ein etwaiges Disagio sowie unterjährige Zinszahlungs- und -verrechnungstermine) sowie die Mindestreservebelastung bei Passivprodukten zu berücksichtigen. Vgl. zu dieser Problematik und der Frage, wie bei gespaltenen Geld- und Kapitalmarktsätzen für gleiche Fristigkeiten zu verfahren ist, H. Schierenbeck: Ertragsorientiertes Bankmanagement, Bd. 1, a.a.O., S. 121-176.

[109] Vgl. B. Rolfes: Die Steuerung von Zinsänderungsrisiken in Kreditinstituten, Frankfurt/M. 1985 und ders.: Das Zinsergebnis variabel verzinslicher Bankgeschäfte, in: H. Schierenbeck/H. Moser (Hrsg.): Handbuch Bankcontrolling, Wiesbaden 1995, S. 337-356.

schäfts. Dieses Vorgehen kann nicht unkritisch gesehen werden, denn es stellt sich die Frage, inwiefern die für zurückliegende Perioden ermittelten Elastizitäten in die Zukunft fortgeschrieben werden können.[110]

Eine zusätzliche Schwierigkeit ergibt sich bei Geschäften vom Typ IV. Hier bestehen zwar formelle (juristische) Mindestlaufzeiten, diese besitzen jedoch de facto praktisch keine Bedeutung für die tatsächliche Laufzeit. Somit ist auch die Fristigkeit des Festzinsgeschäfts unbestimmt, das in die Opportunitätskonstruktion eingeht. Im übrigen ist bei dieser Geschäftsart die Kapitalbasis unbestimmt, die bei den Geschäften vom Typ II und III zwar auch variiert, aber – von Leistungsstörungen abgesehen[111] – nur in vertraglich vereinbarten und damit planbaren Schritten. Während in diesen Fällen wie mit dem Typ Ib verfahren werden kann, müssen für Geschäfte vom Typ IV zusätzliche Annahmen über den Kapitalbindungsverlauf getroffen werden.[112] Aus der Vergangenheitsentwicklung sind dabei z.B. die zukünftig in Anspruch genommenen Kontokorrentvolumina zu prognostizieren, um wiederum zu einem kapitalgewogenen Opportunitätszins zu kommen.[113]

Im Vergleich zur Methode der Bilanzschichtung zeigt sich somit zusammenfassend für die Marktzinsmethode, daß die klassische Zuordnungsproblematik in Teilbereichen des Sortiments nur verlagert wird, nicht aber entfällt (vgl. Abb. C. 62). Über die Ermittlung der korrekten Bezugsbasis (gebundenes Kapital) hinaus läßt sich im variabel verzinslichen Kundengeschäft eine Opportunität nur mit Hilfe von stets der Diskussion unterworfenen Annahmen und Prämissen finden, sie ergibt sich nicht automatisch und ist daher nicht »objektiv richtig« wie im Falle des Festzinsgeschäfts. *Statt einer institutsinternen wird demnach eine institutsexterne Zuordnungsproblematik aufgeworfen*, da nun nach dem möglichst adäquaten Marktzins zu suchen ist.

Ähnlich wie schon im Zusammenhang mit der Maximierung positiver Deckungsbeiträge im Aktivgeschäft bzw. der Minimierung negativer Deckungsbeiträge im Passivgeschäft herausgestellt (vgl. S. 414), kann es sich eine Bank nicht leisten, ihre Verkäufer isoliert auf der Passiv- oder Aktivseite der Bankbilanz, insoweit unkontrolliert, operieren zu lassen. Ihre allein gewinnorientierten Operationen müssen über eine zentrale Stelle koordiniert werden; die von ihr entwickelten Nebenbedingungen z.B. zur Erreichung einer geplanten Bilanzstruktur und unter Berücksichtigung von Engpaßfaktoren sind den Verantwortlichen an der Verkaufsfront bekanntzumachen. Je nachdem, ob sie derartige Nebenziele erfüllen oder nicht, wird ihnen neben ihrem (Markt-)Erfolgsbeitrag ein *Bonus* gutgeschrieben oder ein *Malus* belastet.[114] Die Herausstellung eines »echten« Erfolgsbeitrags mit einer Relativierung durch einen nur schwer nachvollziehbaren Bonus bzw. Malus macht deutlich, daß **mit der Marktzinsmethode nicht alle Probleme der Kosten- und**

---

[110] Vgl. unterschiedliche Standpunkte bei M. Bangert: Zinsrisiko-Management in Banken, Wiesbaden 1987, S. 60-62 sowie B. Rolfes/J. Schwanitz: Die »Stabilität« von Zinselastizitäten, in: DBk, Nr. 6/1992, S. 334-337 und J. Schwanitz: Elastizitätsorientierte Zinsrisikosteuerung in Kreditinstituten, Frankfurt/M. 1996.

[111] Vgl. St. Paul/K.-J. Siewert: a.a.O., S. 70ff.

[112] Vgl. zu sog. »Ablauffiktionen« II. Schierenbeck/A. Wiedemann: Marktwertrechnungen im Finanzcontrolling, Stuttgart 1996, S. 220-239.

[113] Alternativ wird versucht, Bankgeschäfte mit ex ante unsicheren Zahlungsströmen mit Hilfe der Optionspreistheorie zu bewerten, so von B. Rolfes/M. Hassels: Das Barwertkonzept in der Banksteuerung, in: ÖBA, 42. Jg., 1994, S. 337-349, hier S. 341ff. Vgl. zu den engen Anwendungsvoraussetzungen dieses Vorgehens aber M. Skaruppe: Duplizierung von Bankgeschäften im Wertbereich als Kernproblem der Marktzinsmethode, Berlin 1994, S. 233-243.

[114] Zur Berechnung dieser Größen vgl. A. W. Marusev: Das Marktzinsmodell in der bankbetrieblichen Einzelgeschäftskalkulation, Frankfurt/M. 1990 und St. Paul/K.-J. Siewert: a.a.O., S. 81ff.

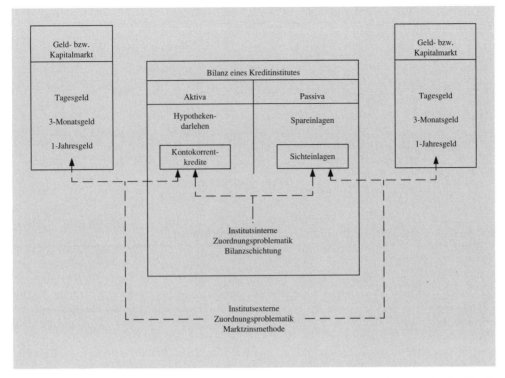

Abb. C. 62: Verlagerung der Zuordnungsproblematik durch die Marktzinsmethode (Quelle: St. Paul: Lenkungssysteme in Filialbanken: Steuerung über Komponenten oder Verrechnungszinsen?, Wiesbaden 1987, S. 108)

Erlösrechnung in Kreditinstituten gelöst werden können. Es verbleibt der »Geburtsfehler der Marktzinsmethode«[115], der aus ihrem größten Vorteil resultiert: Die als »Befreiungsschlag« gefeierte Einzelbewertung von Geschäften vernachlässigt die Einbindung der Positionen in das Gesamtportefeuille der Bank und damit sämtliche Verbundeffekte[116], weshalb zentrale Steuerungsmaßnahmen (neben Boni/Mali vor allem auch Limite) notwendig, aber erfolgsrechnerisch problematisch sind.

---

[115] H. J. Krümmel: Marktzinsmethode – Von der Margenkalkulation zum umfassenden Controllingansatz, in: Wissenschaftsförderung der Sparkassenorganisation (Hrsg.): Perspektiven der Marktzinsmethode, Bonn 1994, S. 8-17.

[116] Die sich hieran entzündende Kritik lehnt die insbes. von B. Rolfes: Moderne Investitionsrechnung, München/Wien 1992, vorgeschlagene Übertragung der Marktzinsmethode auf die Bewertung von Realinvestitionen strikt ab – vgl. D. Adam/J. Schlüchtermann/Ch. Utzel: Zur Eignung der Marktzinsmethode für Investitionsentscheidungen, in: ZfbF, 45. Jg., 1993, S. 3-18 und D. Adam/Th. Hering/J. Schlüchtermann: Die Eignung der Marktzinsmethode als Partialmodell zur Beurteilung der Vorteilhaftigkeit von Investitionen, in: DBW, 54. Jg., 1994, S. 775-786.

Das bis hierher dargestellte und gewürdigte *Grundmodell der Marktzinsmethode* berechnet den Zinserfolg immer nur für *eine Periode*. In der Abb. C. 60 beispielsweise wurde durch den Verkauf des sechsjährigen Kredits eine Marge von 0,5%-Punkten erzielt. Ein ebenso hohes Periodenergebnis erzielt in diesem Beispiel das Profit Center, das die einjährige Spareinlage mit einer Marge von 0,5%-Punkten akquiriert hat. Läßt man Nebenbedingungen einmal außer acht, dann ist der Nutzen der Bank aus dem Kreditverkauf zweifellos größer, denn hier stellt sich auch in den fünf Folgeperioden eine entsprechende Marge (aufgrund der Festzinsvereinbarung sogar relativ sicher) ein. Dem Profit Center wird dieser Erfolg über die Kreditlaufzeit auch gutgeschrieben, was jedoch je nach Höhe der Marge zu einem Ausruhen auf den Lorbeeren der Vergangenheit oder einer Belastung (u.U. sogar eines neuen Profit Center-Leiters) durch die Fehlentscheidungen zurückliegender Perioden führen kann.

Es kommt hinzu: Die Zentraldisposition wird in Abb. C. 60 mit einem Fristentransformationsbeitrag von 2.300 DM belohnt. Aufgrund der offenen aktivischen Festzinsposition geht sie aber ein erhebliches Zinsänderungsrisiko ein, das bereits in der nächsten Periode bei deutlich steigenden Passivzinsen schlagend werden kann.

Daher strebt das **Barwertkonzept** an, den *Erfolg eines Geschäfts über seine gesamte Laufzeit im Zeitpunkt des Geschäftsabschlusses zu verdichten*. Dem Bankverkäufer soll bereits während des Kundengesprächs bewußt sein, was er in der laufenden Periode und der Zukunft an dem abzuschließenden Geschäft verdient. Ebenso soll eine Nullinie für die Zentraldisposition definiert werden, von der aus ihre Entscheidungen im Hinblick auf die Fristentransformation beurteilt werden. Zu diesem Zweck wird das *Grundmodell der Marktzinsmethode dynamisiert* (»Die Marktzinsmethode wird erwachsen.«[117]); wie in der allgemeinen Investitionsrechnung üblich, werden sämtliche Zahlungsströme aus Kunden- und Opportunitätsgeschäft auf den Entscheidungszeitpunkt diskontiert.

Der *Kundenkonditions-* (wie später auch der Fristentransformations-)*beitrags-Barwert* kann entweder für jedes Kundengeschäft individuell durch die Gegenüberstellung von Kunden-Cash Flow und Opportunitäten gleicher Zahlungsstruktur berechnet werden oder indem die Zahlungsreihe des Kundengeschäfts mit im vorhinein aus der aktuellen Zinsstruktur bestimmten Abzinsfaktoren bewertet wird. In der folgenden Abb. C. 64[118] wird der *erste Weg* gewählt, wobei folgendes Geschäft zugrunde liegt: Ein Kunde nimmt einen Kredit über 200.000 DM mit zweijähriger Laufzeit und 10% Disagio auf. Vereinbart werden halbjährliche Zins- (Nominalzins 4%) und jährlich endfällige Tilgungszahlungen. Am Geld- und Kapitalmarkt werden die folgenden Zinssätze (auf Jahresbasis) kontrahiert:

- 6-Monatsgeld: 5,0%
- 1-Jahresgeld: 6,0%
- 18-Monatsgeld: 6,5%
- 2-Jahresgeld: 7,0%.

Die Marktzinsmethode läßt sich nun nicht nur wie gewohnt anwenden, indem für den gegenwärtigen Zahlungsstrom des Kundengeschäftes ein *Alternativgeschäft* gesucht wird. Es

---

[117] H. Benke/B. Gebauer/F. Piaskowski: Die Marktzinsmethode wird erwachsen: Das Barwertkonzept, (I) in: DBk, Nr. 8/1991, S. 457-463 und (II) in: DBk, Nr. 9/1991, S. 514-521; vgl. weiterhin: H. Schierenbeck/A. Wiedemann: Das Treasury-Konzept der Marktzinsmethode, (I): Integration von Grundmodell und Barwertkalkül, in: DBk, Nr. 11/1993, S. 670-676 und (II): Die Messung des Treasury-Erfolges, in: DBk, Nr. 12/1993, S. 731-737.

[118] Das Rechenbeispiel wurde modifiziert entnommen aus: H. Schierenbeck: Ertragsorientiertes Bankmanagement, Bd. 1, a.a.O., S. 177-259.

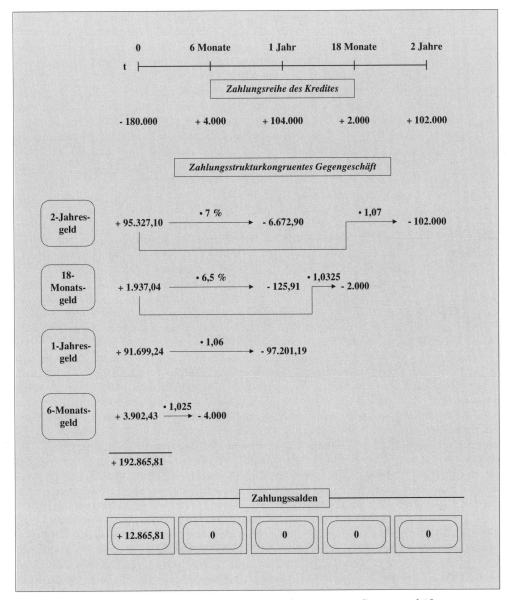

Abb. C. 63: Die Konstruktion eines zahlungsstromkongruenten Gegengeschäfts

können auch für die jeweiligen Zahlungszeitpunkte in der Zukunft Geld- und Kapitalmarktgeschäfte in gleichem Volumen, aber mit einem dem Kundengeschäft entgegengesetzten Vorzeichen ausgewählt werden. Diese *Gegengeschäfte* spiegeln die *Möglichkeit* der Zentraldisposition wider, die durch das Kundengeschäft c.p. entstandene offene Position zu schließen. Beträgt der Saldo aus Kundengeschäft und Refinanzierung am Markt in jedem der zukünftigen Zahlungszeitpunkte Null, so besteht kein Zinsänderungsrisiko.

Die Konstruktion der Gegengeschäfte beginnt mit dem am weitesten in der Zukunft liegenden Cash Flow des Kundengeschäfts, da zwischenzeitliche Zahlungen aus längerfristigen Refinanzierungen die Zahlungssalden kürzerfristiger Refinanzierungsabschnitte beeinflussen. Im Zeitpunkt Null müßten daher 95.327,10 DM für zwei Jahre aufgenommen werden, um unter Berücksichtigung der am Markt verlangten 7%igen Verzinsung mit der Rückzahlungsverpflichtung von 102.000 DM die Schlußzahlung des Kunden genau auszugleichen. Anschließend wäre eine Refinanzierungstranche aufzunehmen, die nach 18 Monaten zu einer Auszahlung von 2.000 DM als Pendant zur dann fälligen Zinszahlung des Kunden führte (1.937,04 DM; für die letzten sechs Monate wäre die Hälfte des Jahreszinses anzusetzen = 3,25%). – Das Gegengeschäft mit einjähriger Laufzeit hätte die Kundenzahlung (Zins und Tilgung) über 104.000 DM zu kompensieren. Dabei wären allerdings die von der Bank aus den Refinanzierungen für zwei bzw. 1½ Jahre zu leistenden Zinszahlungen zu berücksichtigen, so daß ein Betrag von 91.699,24 DM aufgenommen werden müßte, aus dem nach einem Jahr eine Auszahlungsverpflichtung von 97.201,19 DM resultieren würde.

Um in allen zukünftigen Zahlungszeitpunkten den Zahlungssaldo auf Null zu stellen, hätte sich die Bank durch vier Tranchen im Betrag von insgesamt 192.865,81 DM zu refinanzieren. Da für die Kreditauszahlung an den Kunden nur 180.000 DM benötigt werden, ergäbe sich im Entscheidungszeitpunkt Null ein Einzahlungsüberschuß von 12.865,81 DM – dieser stellt den Barwert des Kundenkonditionsbeitrags dar. Es handelt sich dabei um eine kalkulatorische Größe, die jedoch zu einem realen Nettoüberschuß werden könnte, wenn die Zentraldisposition die am Markt möglichen Gegengeschäfte tatsächlich abschließen würde.

Auch in Zeiten fortgeschrittener DV-Technik ist es aufwendig, in der dargestellten Weise für jedes einzelne Kundengeschäft Refinanzierungen zu bestimmen; diese würden etwa bei einem 10-Jahres-Kredit aus 20 Tranchen bestehen. Als Alternative bietet es sich an, auf der Grundlage der im Entscheidungszeitpunkt gültigen Marktzinssätze Abzinsfaktoren zu berechnen, mit denen der Wert der Cash Flows beliebiger Finanzgeschäfte ohne Umweg über die Konstruktion von Gegengeschäften ermittelt werden kann. Im folgenden wird daher auf *Zerobond-Abzinsfaktoren* abgestellt. Zerobonds weisen nur zu Beginn und am Ende ihrer Laufzeit, nicht aber zwischenzeitlich Zahlungen auf. Die Abzinsfaktoren geben den rechnerischen Kurswert (Barwert in Prozent des jeweiligen Rückzahlungskurses) an. Jede zu bewertende Zahlung aus einem Kundengeschäft wird demnach als Schlußzahlung eines isolierten Zerobonds (ZB) betrachtet; für die Berechnung ihres Marktwertes muß sie lediglich mit dem Abzinsfaktor (AF) der jeweiligen Fristigkeit multipliziert werden.

Zur Ermittlung eines einjährigen Zerobond-Abzinsfaktors für den Ausgangszeitpunkt, ZB-AF (0,1), wird der heutige Wert einer DM gesucht, die die Bank in einem Jahr erhält (Abb. C. 64 oben). Konstruiert man ein Gegengeschäft zur Neutralisation dieses Zahlungsstroms, dann bedarf es einer Aufnahme von 0,9434 DM Jahresgeld zu dem Marktzins von 6% (vgl. Abb. C. 63). Nach einem Jahr muß die Bank dann (einschl. Zinsen) eine DM zurückzahlen. Um den heutigen Wert einer beliebigen Zahlung, die erst in einem Jahr anfällt, zu berechnen, ist diese also – auf Basis der heute gültigen Zinsstruktur – mit 0,9434 zu multiplizieren.

Geht man in den mehrjährigen Bereich über, so ist aus mehreren Einzelgeschäften eine Gesamtposition zusammenzustellen, die (wie bei Zerobonds üblich) keine zwischenzeitlichen Zahlungen aufweist. In Abb. C. 64 unten wird bei der Bestimmung des zweijährigen ZB-AF (0,2) nach dem Marktwert einer in zwei Jahren fälligen DM gefragt. Zur konkreten Berechnung wird gedanklich ein kompensierendes 2-Jahresgeld aufgenommen, das aber nach einem Jahr zu einer Zinszahlung von 0,0654 DM führt. Diese wird neutralisiert durch die Anlage in 1-Jahresgeld über 0,0617 DM in t_0. In den Zeitpunkten t_1 und t_2 beträgt der Saldo der Gesamtposition nun Null, im Entscheidungszeitpunkt liegt der Barwert

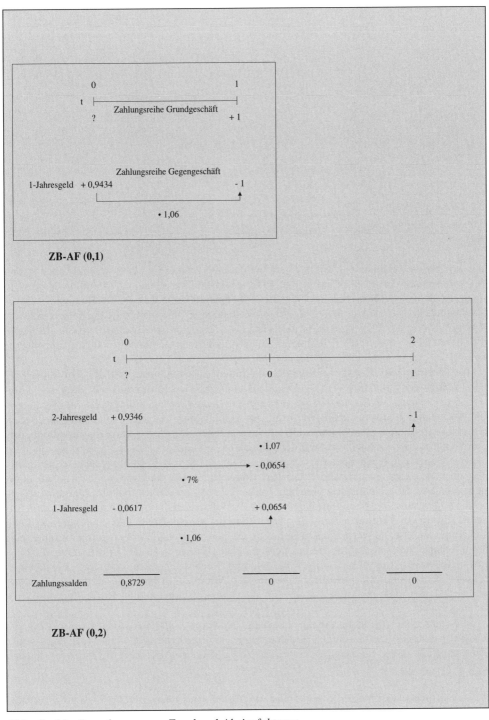

Abb. C. 64: Berechnung von Zerobond-Abzinsfaktoren

von 0,8729 DM vor, der – da die Ursprungszahlung auf eins normiert wurde – den Abzinsfaktor darstellt.

Multipliziert man die Zahlungen des Kundengeschäfts aus Abb. C. 63 mit den so gewonnenen (hier gerundet angegebenen) ZB-AF, dann ergibt sich wiederum der Barwert des Gegengeschäfts von 192.865,81 DM und damit auch der Barwert des Kundenkonditionsbeitrags in Höhe von 12.865,81 DM:

102.000 DM	· 0,8729	=	89.031,91 DM
2.000 DM	· 0,9091	=	1.818,26 DM
104.000 DM	· 0,9434	=	98.113,21 DM
4.000 DM	· 0,9756	=	3.902,43 DM
Barwert Gegengeschäft		=	192.865,81 DM
Auszahlungsbetrag Kunde		=	- 180.000,00 DM
Kundenkonditionsbeitragsbarwert		=	12.865,81 DM

Wenn auch die rechnerische Einfachheit für dieses Verfahren spricht, so muß doch darauf hingewiesen werden, daß es auf realen Märkten in der Regel nur zu näherungsweise richtigen Ergebnissen führt. Sobald Geld/Brief-Spannen existieren, die Marktzinsen für die Geldaufnahme und -anlage in einer Fristigkeitskategorie also auseinanderfallen, weicht die Wertermittlung des Gegengeschäfts mit Hilfe von Zerobond-Abzinsfaktoren von der exakten Berechnung durch die Bildung zahlungsstrukturkongruenter Refinanzierungstranchen ab.[119]

Die Vertreter des Barwertkonzepts beschäftigen sich eingehend mit der *Frage, wie der periodenübergreifende Barwert des Kundenkonditionsbeitrags sachgerecht über die Laufzeit des Kundengeschäfts verteilt werden kann*. Schierenbeck begründet die Notwendigkeit für ein solches Vorgehen zum einen mit der Gefahr, daß bei einer vollständigen Zurechnung im Abschlußzeitpunkt überwiegend langlaufende Geschäfte kontrahiert würden. Bei diesen könne der Berater sich nämlich durchaus auf eine niedrigere Marge »einlassen«, die dann aber durch die über die Laufzeit größere Zahl von Einzahlungsüberschüssen immer noch zu einem ausreichenden Barwert führe. Bei einem kürzerfristigen Geschäft dagegen hätte zur Erreichung des gleichen Barwerts eine wesentlich höhere Marge durchgesetzt werden müssen, was intensiverer verkäuferischer Bemühungen bedurft hätte. Um aus einer sofortigen Vereinnahmung des Barwerts im Abschlußzeitpunkt resultierende Fehlsteuerungsimpulse zu vermeiden, sei dieser zu periodisieren. Zum anderen bedeute eine unmittelbare und vollständige Berücksichtigung des Barwerts in der Profit Center-Erfolgsrechnung eine völlige Loslösung vom externen Rechnungswesen, wodurch Verständnisschwierigkeiten und Akzeptanzprobleme bei den Mitarbeitern hervorgerufen würden, wenn der nach außen dokumentierte Erfolg von dem Ausweis im internen Rechnungswesen abweiche.[120]

Die Gültigkeit des ersten Arguments hängt ab von der Preissensibilität (und damit der Margenstruktur in) der jeweiligen Kundengruppe, die wiederum von Zinsniveau und -struktur beeinflußt wird. So mag es etwa bei Vorliegen einer inversen Zinsstruktur leichter

---

[119] Darauf weisen auch hin H. Benke/F. Piaskowski/Ch. R. Sievi: Neues vom Barwertkonzept, in: DBk, Nr. 2/1995, S. 119-125.
[120] Vgl. H. Schierenbeck: Ertragsorientiertes Bankmanagement, Bd. 1, a.a.O., S. 200f.

sein, aufgrund der hohen Nachfrage im kurzfristigen Geschäft dort eine höhere Marge durchzusetzen als für längerlaufende Geschäfte, so daß die Befürchtung Schierenbecks an Bedeutung verliert. – Im Hinblick auf das zweite Argument ist zu entgegnen, daß der Kundenkonditionsbeitrags-Barwert kaum befriedigend mit den (noch) restriktiven Rechnungslegungsvorschriften in Einklang gebracht werden kann. Da trotz aller Fortschritte noch keines der möglichen Periodisierungskonzepte (z.B. auf Basis der Kapitalbindung oder aber zeitproportional) zu objektiv richtigen Ergebnissen führt[121], ergibt sich ein ähnliches Problem wie schon bei der Auswahl der Opportunitätsgeschäfte im Grundmodell der Marktzinsmethode: Die Akzeptanz bei den Entscheidungsträgern ist nicht immer sichergestellt.

Darüber hinaus hebt eine Verrentung des Barwerts den entscheidenden Vorteil dieser Größe wieder auf, periodenübergreifende Aussagen zu ermöglichen. Indes ist aber der *Gesamterfolg eines Kundengeschäfts eine für die Beurteilung einer prinzipiell auf Dauer angelegten Geschäftsbeziehung unabdingbare Information.* Erst auf der Basis eines »Lifetime Value«[122] läßt sich die Relationship zum Kunden adäquat planen, steuern und kontrollieren.

Sowohl bei den Finanzinvestitionen der Bank als auch bei den Realinvestitionen der Industrieunternehmung bedarf es der Erfolgsbarwerte im Rahmen der langfristigen Gesamtbanksteuerung, denn es (läßt man die weiteren Erfolgskomponenten einmal außer acht) erhöht sich der Shareholder Value nur dann, wenn

$$(C.6) \quad \frac{\text{Barwert Zinsüberschuß}}{\text{durchschnittliches Eigenkapital der Planperiode}} > k_{EK},$$

die auf den Marktwert des Eigenkapitals bezogene Renditeforderung der Aktionäre.[123]

Von daher stellt sich die Frage nach der Notwendigkeit des Versuchs, den Kundenkonditionsbeitrags-Barwert mit letztlich stets angreifbaren Periodisierungsverfahren mühsam in das enge Korsett des externen Rechnungswesens zu zwängen, zumal er doch für andere Zwecke gedacht und dort auch sinnvoll einsetzbar ist.

Zur Berechnung des *Barwerts des Fristentransformationsbeitrags* sei noch einmal das Grundmodell der Marktzinsmethode als Ausgangspunkt gewählt (Abb. C. 65a). In der ersten Periode, auf die allein dieses Verfahren der Ergebnisermittlung gerichtet ist, teilt sich der Zinsüberschuß auf in einen Kundenkonditionsbeitrag von 2.000 DM und einen Fristentransformationsbeitrag von 350 DM.

---

[121] Vgl. zu den möglichen Verfahren Schierenbeck: Ertragsorientiertes Bankmanagement, Bd. 1, a.a.O., S. 202-217 sowie S. Probson: Identität von Barwert und Finanzbuchhaltung, in: DBk, Nr. 3/1994, S. 180-184 und A. Pfingsten/S. Thom: Der Konditionsbeitrags-Barwert in der Gewinn- und Verlustrechnung, in: DBk, Nr. 4/1995, S. 242-245.
[122] Vgl. dazu näher S. 641.
[123] Vgl. J. Süchting: Unternehmenssteuerung in Aktienbanken nach dem Shareholder-Value-Konzept, a.a.O., S. 418.

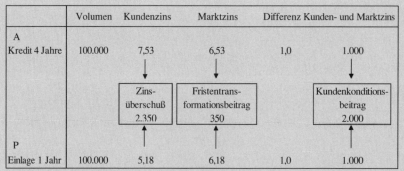

Abb. C. 65a: *Erfolgsquellenspaltung im Grundmodell der Marktzinsmethode*

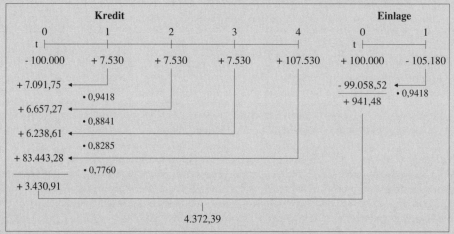

Abb. C. 65b: *Berechnung des Kundenkonditionsbeitrags-Barwerts*

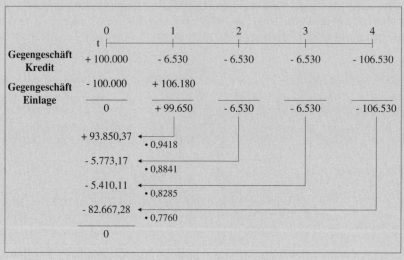

Abb. C. 65c: *Berechnung des Fristentransformationsbeitrags-Barwerts in t_0*

Für die sich anschließende Berechnung der Barwerte sei die folgende Zinsstruktur am Geld- und Kapitalmarkt im Zeitpunkt t_0 unterstellt:

Laufzeit in Jahren	Zinssätze in %	Zerobond-Abzinsfaktoren
1	6,18	0,9418
2	6,35	0,8841
3	6,46	0,8285
4	6,53	0,7760

Mit Hilfe der daraus abgeleiteten Zerobond-Abzinsfaktoren können die Zahlungsströme der Kundengeschäfte direkt bewertet werden, woraus sich ein Barwert der Kundenkonditionsbeiträge von insgesamt 4.372,39 DM ergibt (Abb. C. 65b).

Multipliziert man auch die dem Geld- und Kapitalmarkt entnommenen Gegengeschäfte mit diesen Abzinsfaktoren, so errechnet sich in t_0 ein Fristentransformationsbeitrags-Barwert von Null (Abb. C. 65c). Hierbei handelt es sich keineswegs um ein zufälliges Ergebnis. Die mit den Zinssätzen des Geld- und Kapitalmarktes belegten Gegengeschäfte werden mit den ebenfalls aus diesen Marktzinssätzen abgeleiteten Abzinsfaktoren diskontiert, so daß *der Barwert des Fristentransformationsbeitrages in t_0 immer Null* sein muß. Dies verdeutlicht noch einmal die unterschiedlichen Annahmen der beiden Formen der Marktzinsmethode: Das Grundmodell betrachtet das Ende der ersten Periode, für die im vorliegenden Beispiel in bestimmter Weise eine Fristentransformationsentscheidung getroffen wurde (mit Erfolg: 350 DM). Für das Barwertkalkül ist eine solche Entscheidung in t_0 noch nicht gefallen, sondern vielmehr eine erfolgsneutrale Refinanzierung durch mit den Zahlungsströmen der Kundengeschäfte kongruente Gegengeschäfte möglich. *Diese ist die Nullinie, von der ab sich der Erfolg bzw. Mißerfolg der Zentraldisposition bemißt.*[124]

Für die Berechnung des *Barwerts des Fristentransformationsbeitrags in t_1* sei angenommen, die Zentraldisposition habe keine entsprechenden Gegengeschäfte abgeschlossen, die Position aus den beiden vorliegenden Kundengeschäften also ab t_1 offen gelassen. Dies wurde ja auch vom Grundmodell der Marktzinsmethode implizit unterstellt, das für den Zeitraum nach t_1 keine Aussagen machte. In Abb. 66a wird daher wieder auf die Opportunitäten zu den Kundengeschäften abgestellt, so daß sich von den Beträgen her gleiche Cash Flows wie in Abb. C. 65c, allerdings mit entgegengesetztem Vorzeichen ergeben.

Nimmt man weiter an, die Zinsstruktur habe sich in t_1 gegenüber t_0 nicht verändert, dann errechnet sich ein Barwert des Fristentransformationsbeitrags von 533,23 DM. Davon sind 350 DM in der ersten Periode realisiert worden, wie es das Grundmodell der Marktzinsmethode bereits ausgewiesen hatte. Mithin resultieren 183,23 DM daraus, daß man durch die nun verkürzte Restlaufzeit bei der Erfolgsrechnung eine Periode auf der – identischen – Zinsstrukturkurve »zurückgerutscht« ist. Eine zuvor mit einem vierjährigen Abzinsfaktor bewertete Zahlung wird ein Jahr später nur noch für drei Perioden abgezinst. Bei normaler Zinsstruktur führt dies zu geringeren Abschlägen (höheren Multiplikationsfaktoren) und damit höheren Barwerten.

In der Realität wird sich die Zinsstruktur jedoch in t_1 geändert haben. Im folgenden sei unterstellt, daß sich das Zinsniveau erhöht und die Zinsstrukturkurve gedreht hat.

---

[124] Vgl. allerdings für diesen Zusammenhang auch die kritischen Anmerkungen bei H. Benke/B. Gebauer/F. Piaskowski: a.a.O. und C. Loderer/R. Trunz: Was misst der Strukturbeitrag? Eine kritische Anmerkung zur Marktzinsmethode, in: Finanzmarkt und Portfolio Management, 9. Jg., 1995, S. 81-95.

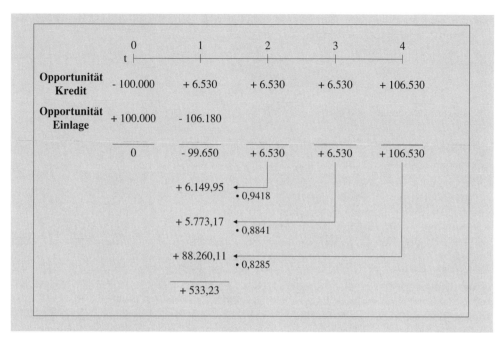

Abb. C. 66a: Berechnung des Fristentransformationsbeitrags-Barwerts in t_1 bei unveränderter Zinsstruktur

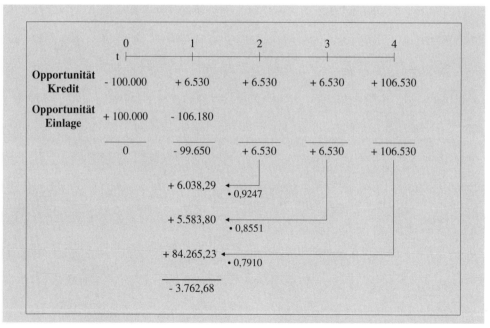

Abb. C. 66b: Berechnung des Fristentransformationsbeitrags-Barwerts in t_1 bei veränderter Zinsstruktur

Laufzeit in Jahren	Zinssätze in %	Zerobond-Abzinsfaktoren
1	8,14	0,9247
2	8,14	0,8551
3	8,13	0,7910
4	8,12	0,7318

Die Abb. C. 66b zeigt – mit Hilfe neuer, aus der nun inversen Zinsstruktur berechneter Zerobond-Abzinsfaktoren –, daß die Entscheidung der Zentraldisposition, die Position offen zu lassen, falsch war. Statt des in Abb. C. 66a ausgewiesenen Barwertes des Fristentransformationsbeitrags von 533,23 DM ergibt sich unter der veränderten Konstellation für sie ein negativer Erfolgsbeitrag in Höhe von -3.762,68 DM.

Auch im Hinblick auf die Ermittlung des Ergebnisses aus der *Fristentransformation* bedeutet das *Barwertkalkül* einen *deutlichen Fortschritt*, denn die über mehrere Perioden reichenden Entscheidungen der Zentraldisposition lassen sich mit dem einperiodigen Grundmodell der Marktzinsmethode nicht sinnvoll beurteilen. Ebenso wie dort führt aber das *variabel verzinsliche Geschäft* zu *erfolgsrechnerischen Problemen*, denn die *Bestimmung von Barwerten* (sowohl für den Kundenkonditions- als auch den Fristentransformationsbeitrag) setzt für die Zukunft feststehende Cash Flows voraus. Eine Anwendung auch im variabel verzinslichen Geschäft bedingt aber Annahmen über die Veränderungen der Kundenzinsen und unter Umständen auch der Kapitalbasis während der Planperiode.

d. 2. Die Ermittlung ausfallbedingter Risikokosten

Das hinsichtlich des Ergebnisbeitrages untersuchte Kunden- und das Opportunitätsgeschäft unterscheiden sich in der Regel in ihrem Risikogehalt, denn nur im Ausnahmefall hat z.B. der Schuldner eines Buchkredits auch strukturgleiche Wertpapiere ausgegeben, die am Geld- oder Kapitalmarkt gehandelt werden und daher als vollständiges Äquivalent zu betrachten sind. Wird aber einem Kundengeschäft z.B. eine Staatsanleihe gleicher Laufzeit als Opportunität gegenübergestellt, dann können die Zinssätze dieser beiden Geschäfte nicht unmittelbar miteinander verglichen werden; **vielmehr ist der Opportunitätszins um sog. »Risikokosten« zu erhöhen.**

Als Bestandteile dieser »Risikokosten« kommen grundsätzlich Verluste bzw. Mindererträge in Betracht, die durch das Zinsänderungs-, das Wechselkurs- und das Ausfallrisiko eines Kundenkreditgeschäfts hervorgerufen werden. Kalkuliert man im System der Marktzinsmethode, so schlagen sich die beiden erstgenannten Risiken jedoch bereits im Fristentransformationsbeitrag nieder, der von der Zentraldisposition gesteuert und daher auch verantwortet werden muß. Eine Zurechnung der Zinsänderungs- und Wechselkursrisiken auf einzelne Kundengeschäfte entfällt damit, so daß lediglich eine Berücksichtigung solcher Schäden verbleibt, die der Bank durch *Kreditnehmerausfälle* entstehen.[125]

Für den Zeitpunkt der Kreditvergabe ist davon auszugehen, daß nur solche Geschäfte abgeschlossen werden, bei denen sich Ausfälle noch nicht konkret abzeichnen, denn sonst lägen die Risikokosten wohl prohibitiv hoch. Dies schließt indessen nicht aus, daß solche

---

[125] »Risikokosten« werden darüber hinaus noch durch Marktpreisrisiken im Handelsgeschäft eines Kreditinstituts verursacht (Veränderungen von Aktienkursen und auch hier Zinsen und Währungskursen); dieser Bereich wird hier jedoch ausgespart, da die Ergebnisermittlung im Kundengeschäft im Vordergrund stehen soll (vgl. aber S. 531ff.).

Kredite während der Laufzeit akut gefährdet werden. Daneben besteht bei sämtlichen anderen Krediten ein latentes Ausfallrisiko insofern, als sich die Schuldnerbonität während der Kreditlaufzeit unvorhergesehen verschlechtern und es dann zu Verlusten für die Bank kommen kann. Um die Existenz des Kreditinstituts nicht zu gefährden, wird versucht, prophylaktisch Risikoprämien in den Preis einzurechnen, diese am Markt zu realisieren und damit einen Risikodeckungsfonds oder -pool zu dotieren. Die so erwirtschafteten Mittel sollen dann zur Abdeckung der tatsächlich anfallenden Ist-Risikokosten dienen. Diese lassen sich ermitteln als[126]:

    Forderungs(rest)beträge aller ausfallverdächtigen Kreditengagements
- Summe der erwarteten eingehenden Tilgungsleistungen
- Summe der erwarteten Einzahlungen aus der Verwertung von Sicherheiten

= Einzelwertberichtigungsbedarf für den relevanten Forderungsbestand
- Eingänge aus einzelwertberichtigten Forderungen (EWB-Auflösungen)
- Eingänge aus abgeschriebenen Forderungen
+ Direktabschreibungen auf Forderungen
+ Zinsverzichte

= Ist-Risikokosten in einer Periode.

Neben dem Bestreben nach *Aktualität* der verwendeten Daten steht insbesondere das Ziel der *Verursachungsgerechtigkeit* auch bei der Berechnung und Durchsetzung der Risikokosten im Vordergrund. Würde etwa auf sämtliche Kundengeschäfte eine einheitliche Risikoprämie zugerechnet, so müßten Kreditgeschäfte mit guten Risiken einen zu hohen Preis tragen. Sie subventionierten Kredite schlechterer Risikos, die bei einem undifferenzierten Risikokostensatz zu einem zu niedrigen Preis verkauft würden. Die Konsequenz dieser Preisgestaltung bestünde darin, daß die bonitätsmäßig guten Kunden abwanderten und es zu einem Verbleib der tendenziell schlechteren Risiken käme (Adverse Selektion) – die Qualität des Kreditnehmerportefeuilles ginge systematisch zurück.

Anzustreben ist deshalb eine Berechnungsmethode, mit der sich *aus dem individuellen Risiko eines Kreditnachfragers eine Risikoprämie ableiten* läßt. Dieser Anforderung werden die in der Praxis bislang überwiegend verwendeten traditionellen Verfahren nicht vollständig gerecht. Meist fassen sie in einem ersten Schritt die Kreditkunden zu bestimmten Segmenten zusammen, die im Hinblick auf das Ausfallrisiko in sich möglichst homogen, untereinander möglichst heterogen sein sollen. Dieses geschieht im Firmenkundengeschäft etwa anhand des Kriteriums der Branchenzugehörigkeit, bei Privatkunden durch eine Klassifizierung nach Einkommen und Vermögen[127]. Im zweiten Schritt orientiert sich die Kalkulation der Risikokosten dann am Versicherungsprinzip, d.h. die für das jeweilige Segment berechneten und vereinnahmten Risikoprämien sollen die in dieser Risikoklasse auftretenden Risikokosten ausgleichen. Somit wird die von dem einzelnen Kreditnehmer geforderte Risikoprämie nicht nur durch sein spezifisches, sondern auch durch das Risiko der anderen Schuldner des jeweiligen Segments mitbestimmt.

---

[126] Vgl. R. Hölscher: Risikokosten-Management in Kreditinstituten, Frankfurt/M. 1987 und Th. Brakensiek: Die Kalkulation und Steuerung von Ausfallrisiken im Kreditgeschäft der Banken, Frankfurt/M. 1991.
[127] Vgl. zur Kundensegmentierung in diesem Zusammenhang M. Schulte: Bank-Controlling II: Risikopolitik in Kreditinstituten, 2. Aufl., Frankfurt/M. 1997, S. 62ff.

Eines dieser traditionellen Verfahren stellt die *normalisierte Ist-Risikokostenrechnung* dar.[128] Dabei werden die in den Kundensegmenten des jeweiligen Kreditinstituts in der Vergangenheit tatsächlich angefallenen Risikokosten erfaßt, mittels Durchschnittsbildung über z.B. einen Konjunkturzyklus hinweg normalisiert und anschließend in die Zukunft extrapoliert. Damit schlagen sich bankinterne Fehlentscheidungen aus zurückliegenden Zeiträumen auch in den Folgeperioden nieder und führen regelmäßig zu einer Unter- bzw. Überschätzung des Ausfallrisikos der Planperiode.

Die *Standard-Marktrisikokosten-Methode* orientiert sich demgegenüber an den am Markt vorfindlichen Ausfalldaten, wie z.B. den Insolvenzzahlen für bestimmte Branchen oder Berufsgruppen. Es wird angenommen, daß sich die Bank von diesen Marktentwicklungen nicht vollständig abkoppeln kann, da ihr Kreditnehmerportefeuille stets einen Ausschnitt aus dem Gesamtmarkt darstellt. Hier muß auf den für ein Institut relevanten Markt abgestellt werden, der bei einer kleineren Regionalbank oder einer Sparkasse geographisch begrenzt ist. Für die jeweiligen Risikogruppen des so definierten Marktes ermittelt man bei dieser Methode sog. »Krisenquoten« als Anteil der ausfallbedrohten Schuldner an der Gesamtzahl der Kreditnehmer und schreibt diese trendorientiert in die Zukunft fort. Mit Hilfe einer Korrelationsanalyse lassen sich im Anschluß daran Zusammenhänge zwischen der Markt- und der Institutsentwicklung herstellen, so daß – Stabilität dieser Beziehungen vorausgesetzt! – von der prognostizierten Ausfalltendenz des Marktes auf die zukünftige Risikosituation in den Kundensegmenten des eigenen Hauses geschlossen werden kann. – Wiederum basieren die so ermittelten Risikokosten aber auf Gruppendurchschnitten, wenn diese auch durch den Marktbezug aktueller und objektiver sind als bei der normalisierten Ist-Risikokostenrechnung.

Auf die Idee der Marktbewertung kann auch zurückgegriffen werden bei solchen Kunden, die das Bonitätsurteil einer Rating-Agentur besitzen. Die folgende Abb. C. 67a zeigt die von Standard & Poor´s bzw. Moody´s als Ausdruck der Kreditnehmerqualität verwendeten Symbole. Die Einordnung in eine der Risikoklassen schlägt sich in den Refinanzierungskosten der Unternehmen deutlich nieder, wie Abb. C. 67b an einem Beispiel aus den USA veranschaulicht: Zwischen der Risikoklasse AAA, für die kein Ausfallrisiko angenommen wird, und der Klasse B mit erheblichem Risiko besteht ein Zinsunterschied (= Risikoprämie) in Höhe von hier über 10 Prozentpunkten. – So differenziert die dieser Betrachtung zugrundeliegenden Risikoklassen auch sein mögen, **die Risikoprämie wird auch hier nicht vollständig kundenindividuell ermittelt**. Abgesehen davon ist der Einsatz dieses Verfahrens in Deutschland auch auf wenige große Firmenkunden beschränkt, die bereits »geratet« sind; Risikokosten für Mittelständler und Privatpersonen lassen sich hiermit nicht kalkulieren.

Die Berechnung einer *dem jeweiligen Kunden angemessenen, spezifischen Risikoprämie* versucht der jüngste Ansatz, *eine Kalkulationsmethode unter Verwendung der* **Optionspreistheorie**, bei dessen Umsetzung die DG Bank im Rahmen ihres Großkundengeschäfts eine Vorreiterrolle spielt.[129]

---

[128] Vgl. zu diesem und dem folgenden Verfahren R. Hölscher: a.a.O., Th. Brakensiek: a.a.O. und St. Schüller: Ertragsorientierte Risikopolitik – Changemanagement des Kreditprozesses, in: B. Rolfes/H. Schierenbeck/St. Schüller (Hrsg.): Risikomanagement in Kreditinstituten, Frankfurt/M. 1995, S. 173-190.

[129] Vgl. L. Jurgeit: Bewertung von Optionen und bonitätsbehafteten Finanztiteln, Wiesbaden 1989, St. Gerdsmeier/B. Krob: Kundenindividuelle Bewertung des Ausfallrisikos mit dem Optionspreismodell, in: DBk, Nr. 8/1994, S. 469-475, J. R. Flesch/St. Gerdsmeier: Barwertsteuerung und Allokation von Risikokapital, in: B. Rolfes/H. Schierenbeck/St. Schüller (Hrsg.): Risikomanagement in Kreditinstituten, Frankfurt/M. 1995, S. 111-130 und B. Rudolph: Ansätze zur Kalkulation von Risikokosten für Kreditgeschäfte, in: H. Schierenbeck/H. Moser (Hrsg.): Handbuch Bankcontrolling, Wiesbaden 1995, S. 887-904.

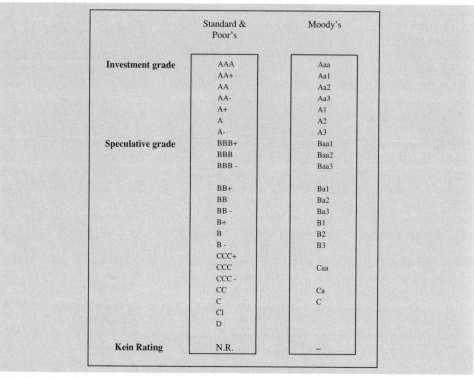

Abb. C. 67a: Symbole für Risikoklassen im langfristigen Rating

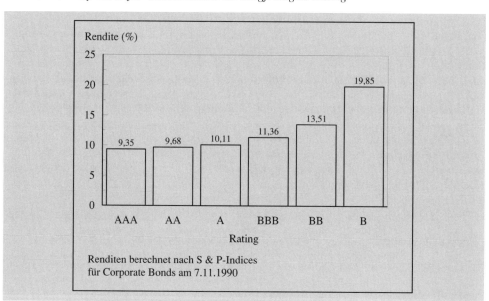

Abb. C. 67b: Zusammenhang zwischen Anleiherenditen und Ratingklassen (Quelle: O. Everling: Credit Rating durch internationale Agenturen, Wiesbaden 1991, S. 38f. und 224)

Das Verfahren setzt zunächst bei dem plausiblen Grundgedanken an, daß für einen Kreditgeber dann eine Krisensituation eintritt, wenn der Ertragswert des Schuldnerunternehmens unter dessen finanzielle Verpflichtungen fällt. Für die Ermittlung des Gleichgewichtspreises der Übernahme dieses Risikos werden die Bank als Verkäufer bzw. Stillhalter und der Schuldner als Käufer einer Verkaufs-Option betrachtet, deren Basis (Underlying) das kreditnehmende Unternehmen selbst ist. Der Schuldner erhält nämlich bei der Kreditaufnahme die Möglichkeit, sein Unternehmen anstelle der Kreditrückzahlung zu übergeben, wenn die Ertragskraft der Unternehmung nicht mehr ausreicht, das Fremdkapital zu bedienen. Die Bank hat dementsprechend die Pflicht, das Unternehmen gegen Streichung der anteiligen Kreditschuld zu übernehmen.

Vor diesem Hintergrund kann die von den Amerikanern Black und Scholes anfangs der 70er Jahre entwickelte Formel zur Bewertung von Optionen[130] herangezogen werden, um den Preis der dargestellten Verkaufsoption (= Risikoprämie) zu ermitteln. In das *allgemeine* Optionspreismodell gehen ein (1) der aktuelle Marktpreis eines Optionsgutes (Underlying), (2) der Basispreis der Option, (3) die erwartete Schwankung oder »Volatilität« des Preises des Optionsgutes und (4) die Restlaufzeit der Option. Die Entsprechung der Größe (1) wird gesehen im Marktwert der Aktiva der Schuldnerunternehmung, der für Externe auf der Basis des Jahresabschlusses nicht und selbst für die Bank auch als langjähriger Kreditgeber mit Zusatzinformationen kaum zu bestimmen ist. Vereinfachend stellt man daher ab auf den Barwert aller künftig erwarteten, zahlungswirksamen Erträge, die dem Unternehmen aus heutiger Sicht zufließen und die zur Rückführung seiner Verbindlichkeiten zur Verfügung stehen; die Volatilität (3) leitet sich aus den Schwankungen dieses Zahlungsstroms ab (vgl. Abb. C. 68). Der Basispreis (2) kann im Marktwert des Fremdkapitals gesehen werden, der sich als Barwert des künftigen Kapitaldienstes aus heutigen Finanzierungen bestimmen müßte. Wiederum ist eine solche Berechnung aus den veröffentlichten Informationen eines Unternehmens nicht möglich; hilfsweise stellt der Ansatz deshalb auf den Nominalwert der Gesamtverschuldung ab. Damit bestimmt sich die Höhe der Risikoprämie durch:

- das erwartete Ertragsniveau,
- die erwartete Ertragsstabilität und
- die Finanzierungsstruktur eines Kreditnehmers sowie
- den Planungshorizont der Risikobewertung.

Die Bank erhält als Stillhalter die Optionsprämie, solange der Kurs des Basiswertes über dem Basispreis liegt. Sie verdient also die kalkulierten und dem Kunden in Rechnung gestellten Ausfallrisikokosten, wenn der Marktwert der Aktiva über dem Marktwert des Fremdkapitals liegt. Bei vertragsgemäßer Bedienung des Kredits verfällt die Option und

---

[130] Vgl. K. Spremann: Wirtschaft, Investition und Finanzierung, 5. Aufl., München/Wien 1996, S. 651: nach F. Black/M. Scholes: The pricing of options and corporate liabilities, in: JoPE, vol. 81, 1973, S. 637-654.

$$C = S \cdot N(d_1) - K \cdot e^{-rT} \cdot N(d_2)$$

$$d_1 = \frac{\ln(S/K) + (r + 1/2\sigma^2) \cdot T}{\sigma\sqrt{T}}$$

$$d_2 = \frac{\ln(S/K) + (r - 1/2\sigma^2) \cdot T}{\sigma\sqrt{T}}$$

C = Optionspreis
S = Aktueller Aktienkurs
K = Basispreis
T = Restlaufzeit
r = Risikoloser Zinssatz
σ^2 = Varianz der Aktienrendite
$N(\cdot)$ = Verteilungsfunktion der Standard-Normalverteilung

den vereinnahmten Risikoprämien stehen keine Ist-Risikokosten gegenüber. Erst wenn der Marktwert der Aktiva unter den des Fremdkapitals sinkt, wird die Option ausgeübt. Ein Verlust ergibt sich dann für die Bank dadurch, daß das Schuldnerunternehmen nur einen Teil des ursprünglichen Kreditbetrages zurückzahlen kann. Hierin besteht wiederum spiegelbildlich der »Gewinn« der Unternehmung, deren Verlust auf die Risikoprämie begrenzt ist (vgl. Abb. C. 69).

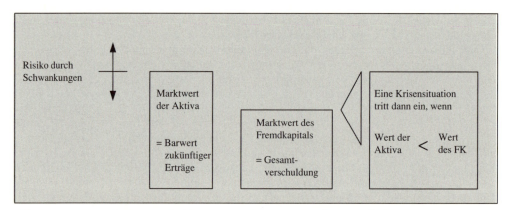

Abb. C. 68: Grundgedanke des Bewertung des Ausfallrisikos mit Hilfe der Optionspreistheorie (Modifiziert nach St. Gerdsmeier/B. Krob: a.a.O., S. 470)

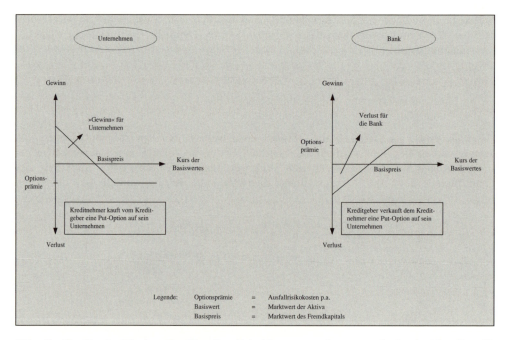

Abb. C. 69: Gewinn/Verlust-Profile für Schuldnerunternehmen und Bank (Quelle: H. Schierenbeck/A. Wiedemann: Marktwertrechnungen, a.a.O., S. 444)

Konkret wird so vorgegangen, daß man aus den Bruttoerträgen des Kreditnachfragers (Jahresüberschuß vor Steuern sowie nach Korrektur um die stillen Reserven und den Zinsaufwand) der vergangenen (z.B. drei) Jahre einen Durchschnitt berechnet und unter Berücksichtigung »qualitativer Daten«, die der Kundenbetreuer aus seiner Sicht im Hinblick etwa auf die Managementqualität und die Produktpalette hinzufügt, einen möglichst »nachhaltigen Ertrag« schätzt. Durch dessen Verrentung mit einem langfristigen, risikolosen Kapitalmarktsatz ergibt sich dann der Marktwert der Aktiva. Berücksichtigt man weiterhin die Schwankungen des Ertrages in den zurückliegenden Perioden und die Höhe der Verbindlichkeiten, so läßt sich unter Anwendung der Optionspreisformel eine kundenindividuelle »Risikostrukturkurve« (ein Pendant zur Zinsstrukturkurve) ableiten. Sie gibt an, welchen Preis die Bank für jede DM Blankoengagement eines bestimmten Kunden in Abhängigkeit von der Kreditlaufzeit fordern sollte. Im folgenden Beispiel (mit freigewählten Zahlen) wäre für je eine DM eines Vierjahreskredits für den Kunden A eine Prämie von 0,67% p.a. anzustreben.

Kunde A

Kreditlaufzeit in Jahren	1	2	3	4	10
Risikoprämie p.a. in %	0,05	0,29	0,40	0,67	1,24

Der absolute Betrag der Risikoprämie für die Gesamtlaufzeit des Kredits läßt sich ermitteln, indem dessen Zahlungsstromstruktur mit der Risikostrukturkurve kombiniert wird. Bei einem Wunsch des Kunden A nach Aufnahme eines endfälligen, unbesicherten Darlehens über 100.000 DM mit einer Laufzeit von vier Jahren und einem jährlich zu zahlenden Nominalzins von 10% ergibt sich:

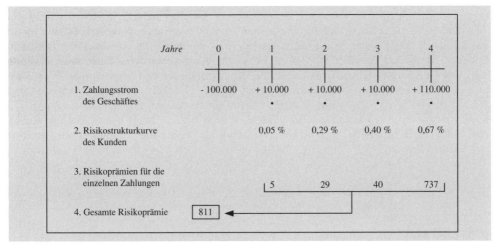

Abb. C. 70: Beispiel für die Berechnung der Risikoprämie (Quelle: St. Gerdsmeier/B. Krob: a.a.O., S. 473)

Sollte das Unternehmen Sicherheiten einräumen, würden sich die Prämien entsprechend verringern. – Vom Barwert des Kundenkonditionsbeitrags ist der Barwert dieser Risikoprämien abzuziehen, um den voraussichtlichen Deckungsbeitrag des Kredits (vor Betriebskosten) zu erhalten. Der Kundenbetreuer hat dann zu entscheiden, ob ihm das Geschäft auf dieser Basis hinreichend attraktiv erscheint und er den Abschluß anstrebt. Anderenfalls stellt er seine Akquisitionsbemühungen ein oder verhandelt über einen höheren Preis.

Ein Vorteil des hier grob skizzierten Verfahrens besteht darin, daß es auch eine *laufende Risikobewertung* ermöglicht. So läßt sich zu jedem Zeitpunkt nach Geschäftsabschluß mit Hilfe der Optionspreisformel berechnen, welche Auswirkungen mittlerweile eingetretene oder sich für die Zukunft abzeichnende Veränderungen des Ertragsniveaus und der -volatilität des Schuldners, seines Verschuldungsgrades oder der Kreditlaufzeit hinsichtlich des Ausfallrisikos nach sich ziehen und ob die durchgesetzte Risikoprämie daher adäquat, zu hoch oder zu niedrig kalkuliert war. Es ist dann jeweils neu festzulegen, ob der Kredit im Portefeuille gehalten, zur Realisierung des jetzigen Marktwertes und Vermeidung eines eventuell später eintretenden Schadens verkauft (bzw. verbrieft) oder ob z.B. (weitere) Sicherheiten vom Kunden gefordert werden sollen, um das Risiko zu senken. Diese Art der Betrachtung zwingt zur kontinuierlichen Auseinandersetzung mit dem Kreditrisiko und macht zugleich deutlich, daß auch das »Halten« einer Risikoposition über die Zeit – nicht nur der Geschäftsabschluß – eine Entscheidung darstellt, die die jeweilige Organisationseinheit vertreten muß.

So positiv dieser neuartige Ansatz im Hinblick auf das Bemühen zu bewerten ist, *kundenindividuelle Prämien* zu ermitteln, muß doch einschränkend darauf hingewiesen werden, daß die **Verwendung** des **Optionspreismodells aufgrund seiner restriktiven Basisannahmen problematisch** ist. Es wird dabei beispielsweise ein vollkommener Kapitalmarkt unterstellt und von Interessenkonflikten zwischen der Bank und dem Kreditnehmer im Sinne der Principal/Agent-Theorie abgesehen. Darüber hinaus ist die angestrebte *Objektivität der Bewertung* durch den Einbezug »qualitativer Faktoren« wieder *eingeschränkt*; die für die Optionspreisformel erforderlichen Marktwerte lassen sich nur über Hilfskonstruktionen bestimmen. Erst die Erfahrungen nach einem breiteren Praxiseinsatz könnten zeigen, inwieweit sich die tatsächlich entstandenen Ist-Risikokosten bestimmter Engagements mit diesem Verfahren prognostizieren lassen. Unabhängig davon scheint der Aufwand für die Erklärung der so berechneten Risikokosten gegenüber den Kundenbetreuern und auch den Kunden selbst höher als bei Risikoprämien, die auf der Basis der traditionellen Methoden ermittelt wurden. Dies sowie der erforderliche Dateninput in Form z.B. von Geschäftsberichten führt dazu, daß die *Nutzung der Optionspreistheorie im Rahmen der Kalkulation von Risikokosten* ohnehin auf das Geschäft mit *großen Industrie- und Handelsunternehmen beschränkt* bleiben dürfte. Insbesondere für die Bestimmung der Risikokosten im *Privatkundengeschäft* zeichnen sich derzeit noch keine Alternativen zu den einleitend dargestellten *Durchschnittsverfahren* ab, wobei aber zumindest ein *Marktbezug* anzustreben ist.

d. 3. Die Standard-Einzelkostenrechnung und die Prozeßkostenrechnung im Rahmen der Ergebnisermittlung des Betriebsbereichs

Eine verbesserte Aussagefähigkeit der Stückleistungskalkulation verspricht man sich von der Anwendung der **Standard-Einzelkostenrechnung**. Die Ermittlung der Standard-Einzelkosten geschieht nach Schierenbeck entsprechend dem folgenden Schema (vgl. Abb. C. 71).

Am Ende einer Betrachtungsperiode kann für jedes Profit Center ein *Produktivitätsergebnis* berechnet werden. Hierzu sind die beim Abschluß von Kundengeschäften zugrundegelegten Standard- mit den Ist-Einzelkosten zu konfrontieren. Übersteigen die Ist- die Standardkosten, so läßt sich diese Differenz zurückführen auf Verbrauchsabweichungen

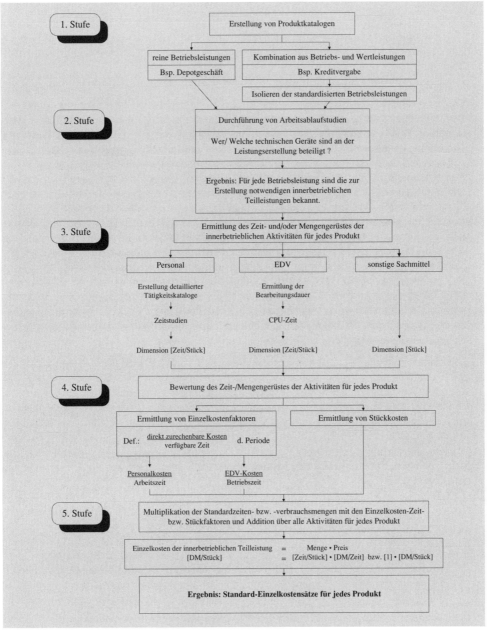

Abb. C. 71: Aufbau der Standard-Einzelkostenrechnung (Modifiziert nach H. Schierenbeck: Ertragsorientiertes Bankmanagement, Bd. 1, a.a.O., S. 335)[131]

---

[131] Vgl. dazu auch R. Flechsig: Kundenkalkulation in Kreditinstituten, Frankfurt/M. 1982 und Th. Schmitt: Standardeinzelkostenrechnung für Banken, Wiesbaden 1993.

(z.B. längere Bearbeitungszeiten als in den Ablaufstudien ermittelt), Beschäftigungabweichungen (Leerzeiten wegen fehlender Kundennachfrage) oder Preisabweichungen (etwa bei der Berechnung der Standardkosten noch nicht absehbare Gehaltssteigerungen). Solche sogenannten »*Restkosten*« müssen Eingang in einen Soll-Deckungsbeitrag finden, sollten allerdings langfristig minimiert werden.

Bei einer kritischen Betrachtung der Standard-Einzelkostenrechnung zeigt sich, daß sie die beiden zentralen Probleme der Stückkostenrechnung nur bedingt löst:

– Bei der Unterstellung einer Maximalbeschäftigung (4. Stufe) wird fingiert, der Fixkostenblock bestünde nur aus Nutzkosten. Im Ergebnis werden aufgrund von Beschäftigungsabweichungen (Unterauslastung) tatsächlich entstehende Leerkosten nicht verrechnet, sondern in der Kostenstelle als »Restkosten« isoliert ausgewiesen.

– Nicht richtig wäre die Auffassung, daß ein Gemeinkostenschlüsselungsproblem entfällt. Die der Kostenstelle zugerechneten Einzelkosten (des Abteilungsleiters, der Mitarbeiter, der maschinellen Ausstattung) sind und bleiben selbstverständlich Gemeinkosten in bezug auf die einzelne Überweisung (Einzelkosten sind auf dieser Ebene nur die Formulare, soweit es sie noch gibt). Wie die oben skizzierten Verfahrensschritte zeigen, werden diese Gemeinkosten den Stückleistungen auch zugeschlüsselt, und zwar über die Standardbearbeitungszeiten und den Zeitkostensatz für die einzelnen Teilleistungen. Das ist zwar zweckmäßiger als z.B. im Falle der Divisionskalkulation die Kosten pauschal über alle erstellten Stückleistungen (Überweisungsein- und -ausgänge usw.) zu verteilen, bleibt aber doch eine Gemeinkostenschlüsselung. – Unabhängig davon sollte unter pragmatischen Aspekten diese Schlüsselung zur Grundlage der Ermittlung eines Solldeckungsbeitrages gemacht werden.

Längerfristige Entscheidungen mit grundsätzlichem Charakter (z.B. im Hinblick auf die Veränderung von Tätigkeitsabläufen, den Automatisierungsgrad des Back-office oder die strategische Ausrichtung der Preispolitik) erfordern eine Vollkostenbetrachtung – so war am Ende von Abschnitt c. 3. hervorgehoben worden. Das soeben vorgestellte Verfahren ermittelte auf einer ersten Stufe Stückkosten in Form von (Standard-)Einzelkosten und schlüsselte erst auf einer zweiten Stufe Gemeinkosten auf Profit Center, Sparten oder Einzelgeschäfte zu. Seit Mitte der 90er Jahre wird jedoch auch in der Kreditwirtschaft über den Einsatz der **Prozeßkostenrechnung** diskutiert, die von vornherein als *Vollkostenrechnung* angelegt ist.

Die Prozeßkostenrechnung wurde vor rund zehn Jahren in den USA entwickelt (dort z.T. auch als »Activity Based Costing« bezeichnet) und war zunächst auf Fertigungsbetriebe zugeschnitten[132]. Im industriellen Sektor verzeichnete man ein **dynamisches Wachstum der Gemeinkosten** (mit zudem überwiegend fixem Charakter), das zu einem großen Teil auf der Zunahme von Leistungen in den fertigungsnahen Bereichen wie z.B. Qualitätssicherung, Arbeitsvorbereitung oder Fertigungssteuerung beruhte. Vor diesem Hintergrund der nachlassenden Bedeutung direkt zurechenbarer Einzelkosten – die in der Regel als Zuschlagsbasis der Gemeinkosten dienten – wurde die Prozeßkostenrechnung als eine Vollkostenrechnung konzipiert. Sie geht davon aus, daß langfristig sämtliche Kosten variabel sind und deshalb auch auf die Kostenträger verrechnet werden können.

---

[132] Vgl. J. G. Miller/Th. E. Vollmann: Die verborgene Fabrik, in: Harvard Manager, 8. Jg., Nr. 1/1986, S. 84-89, H. Th. Johnson/R. S. Kaplan: Relevance lost – the rise and fall of management accounting, Boston 1987 sowie die deutschen Gesamtdarstellungen von P. Horváth u.a.: Prozeßkostenrechnung, Stuttgart 1992 und M. Reckenfelderbäumer: Entwicklungsstand und Perspektiven der Prozeßkostenrechnung, Wiesbaden 1994.

Erste Versuche einer Übertragung dieses Verfahrens auf die Kreditwirtschaft[133] unterscheiden mehrere Stufen der Prozeßkostenrechnung:

— Gesucht werden möglichst wenige *Hauptprozesse*, die den größten Teil der Gemeinkosten verursachen. Ein Hauptprozeß ist eine Kette homogener Aktivitäten, die demselben Kosteneinflußfaktor unterliegen. Die Hauptprozesse setzen sich zusammen aus verschiedenen *Teilprozessen*, die sich in den einzelnen Kostenstellen abspielen. So mag etwa der Hauptprozeß »Auslandsüberweisung bearbeiten« aus den Teilprozessen »Kundenauftrag in der Zweigstelle bearbeiten«, »Belegtransport in der EDV« und »Bearbeitung in der spezialisierten Auslandsabteilung« hervorgehen. Für die Hauptprozesse sind *Kostentreiber* (Cost Driver) als die Einflußfaktoren auf die Höhe der Gemeinkosten zu bestimmen, im Beispiel etwa die Anzahl der Auslandsüberweisungen.[134]
— In den Kostenstellen werden die für die einzelnen Teilprozesse erforderlichen Leistungen aufgeschlüsselt und mit *Maßgrößen* versehen, die den Output *einer* Kostenstelle angeben[135]:

Prozeßtyp	*Charakteristikum*	*Kosteneinflußfaktor*
Hauptprozeß	kostenstellenübergreifend	Cost Driver
Teilprozeß	in einer Kostenstelle	Maßgröße

Bedeutsam ist die dabei von der Prozeßkostenrechnung gemachte Unterscheidung zwischen *leistungsmengeninduzierten (lmi)* und *leistungsmengenneutralen (lmn)* Prozessen. Es wird geprüft, ob zwischen den in einer Kostenstelle eingesetzten Produktionsfaktor*mengen* und den festgesetzten Maßgrößen eine mengenproportionale Beziehung besteht. Damit findet auch in diesem Ansatz eine Trennung in variable (≙ induzierte) und fixe (≙ neutrale) Kosten statt, die aber *nicht* bei der *Abhängigkeit von der Beschäftigung, sondern der Inanspruchnahme der Einsatzfaktoren* ansetzt[136]. So sind etwa die Personalkosten meist über eine Betrachtungsperiode Fixkosten im klassischen Sinne. Das Personal wird jedoch mehr oder weniger beansprucht, je nachdem, wie oft und in welcher Weise bestimmte Prozesse durchgeführt werden. Dies ist die Begründung dafür, daß die Prozeßkostenrechnung einen Teil der *Fixkosten kalkulatorisch variabilisiert*.

---

[133] Vgl. W. Gerke: Prozeßkostenrechnung im Bankbetrieb, in: H. Schierenbeck/H. Moser (Hrsg.): Handbuch Bankcontrolling, Wiesbaden 1995, S. 393-409, St. Kampmann: Bankkostenrechnung – Neukonzeption unter Einsatz der Prozeßkostenrechnung, Wiesbaden 1995, R. Brühl/R. Frischmuth: Prozeßkostenrechnung im Bankbetrieb, in: DBk, Nr. 9/1995, S. 551-555, K. Wimmer: Bankkalkulation. Neue Konzepte der Kosten- und Erlösrechnung von Kreditinstituten, 2. Aufl., Berlin 1996, S. 216ff.
[134] Eine Prozeßorientierung ist auch im Rahmen der Standard-Einzelkostenrechnung denkbar – vgl. H. Schierenbeck: Ertragsorientiertes Bankmanagement, Bd. 1, a.a.O., S. 327ff. und St. Schüller: Stückkostenkalkulation mit Hilfe der prozeßorientierten Standard-Einzelkostenrechnung, in: H. Schierenbeck/H. Moser (Hrsg.): Handbuch Bankcontrolling, Wiesbaden 1995, S. 357-374.
[135] Vgl. R. Brühl/R. Frischmuth: a.a.O., S. 552.
[136] Vgl. M. Schulte: Integration der Betriebskosten in das Risikomanagement von Kreditinstituten, Wiesbaden 1994, S. 90f.

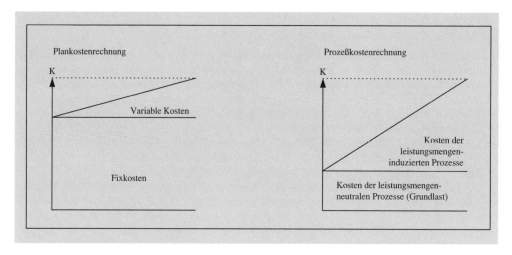

Abb. C. 72: Vergleich der Kostentrennung in der traditionellen Plan- und der Prozeßkostenrechnung (Modifiziert nach Ch. Olshagen: Prozeßkostenrechnung, Wiesbaden 1991, S. 75)

— Nur für die leistungsmengen*induzierten* Prozesse (repetitive Tätigkeiten) sollen geeignete *Maßgrößen* zur Kostenverteilung festgelegt werden, während die Kosten der leistungsmengen*neutralen* Prozesse (dispositive Tätigkeiten wie die Leitung einer Organisationseinheit) im Sinne einer »Grundlast« unabhängig vom Leistungsvolumen der Kostenstelle anfallen. In einer Kostenstelle müssen mitunter – je nach Spektrum der dort anfallenden Tätigkeiten – mehrere unterschiedliche Maßgrößen für eine sachgerechte Kostenbasierung verwendet werden[137]:

Beispiel: Kostenstelle Kreditabwicklung

Teilprozesse	*Leistungsmengeninduzierte Maßgrößen*
Beratung	Anzahl der Beratungen
Antragsbearbeitung	Anzahl der bearbeiteten Anträge
Anlage der Kreditakte	Anzahl der Kreditakten
Abteilung leiten	–

— Für jede der leistungsmengeninduzierten Prozeßgrößen sind dann die *Prozeßmengen* zu bestimmen. Dabei ist zu entscheiden, welche Kapazität (Maximal-, Normal-, Engpaß-, Optimal-) der Planung zugrunde gelegt wird. Mit Hilfe von Zeitmeßverfahren müssen die *Mitarbeiterzeiten* auf die Teilprozesse aufgeteilt werden. Weiterhin wird empfohlen,

---

[137] Vgl. R. Brühl/R. Frischmuth: a.a.O., S. 553.

Raum-, Strom- und Büromaterial aus Vereinfachungsgründen proportional zu diesen Personalkosten zu verrechnen.[138]

- Im Anschluß daran werden *Prozeßkostensätze* für die leistungsmengen*induzierten* Prozesse ermittelt:

  (C. 7) Prozeßkostensatz $= \dfrac{\text{Planprozeßkosten}}{\text{Planprozeßmenge}}$

  Die Kosten leistungsmengen*neutraler* Prozesse werden dagegen proportional zur Kostenhöhe der leistungsmengeninduzierten Prozesse nach folgender Berechnung *geschlüsselt*:

  (C. 8) Umlagesatz $= \dfrac{\text{Kosten leistungsmengenneutraler Prozesse}}{\text{Kosten leistungsmengeninduzierter Prozesse}}$

  Der *Gesamtprozeßkostensatz* ergibt sich dann als Prozeßkostensatz lmi plus einem Zuschlag für die Umlage der lmn-Prozeßkosten und zeigt die durchschnittlichen Kosten pro ausgeführtem Prozeß an (vgl. Abb. C. 73, S. 444; MJ = Mannjahre).

- *Kostenstellenbezogen* kann die Kostenkontrolle nun wiederum über die Vorgabe von Soll-Kosten und die anschließende Ermittlung von Ist-Kosten vorgenommen werden, woraus sich Schlüsse über die Auslastung der Kapazitäten und gegebenenfalls erforderliche Anpassungen ziehen lassen.

  Die Teilprozesse werden aber auch zu *Hauptprozessen* verdichtet, und es lassen sich dann mit Hilfe der aggregierten Gesamt-Prozeßkostensätze die Wirkungen der *Kostentreiber* quantifizieren. Die Effizienz der Leistungserstellung in den kostenstellenübergreifenden Hauptprozessen kann durch die Bestimmung von Mitarbeitern, die für ihre kostenoptimale Gestaltung verantwortlich zeichnen, verbessert werden.

- Für die *Produktkalkulation* ist die Menge eines Hauptprozesses zu bestimmen, die von einer Einheit einer bestimmten Produktart im Planungszeitraum beansprucht wird. Hierfür müssen die Beziehungszusammenhänge zwischen Produkten und Prozessen analysiert werden. So könnte etwa die Inanspruchnahme verschiedener Hauptprozesse durch einen zweijährigen Konsumentenkredit wie folgt aussehen[139]:

Beanspruchte Hauptprozesse	*Notwendige Hauptprozeßeinheiten pro Kredit*
Kontoeröffnung	1
Kontoführung	24
Kontoabschluß (jährlich)	2
Kontoauflösung	1

Die in die Kalkulation eines Einzelgeschäfts eingehenden Stückkosten des Betriebsbereichs ergeben sich dann aus der Multiplikation der Prozeßeinheiten mit den Prozeßkostensätzen.

---

[138] Vgl. W. Gerke: a.a.O., S. 401.
[139] Nach W. Gerke: a.a.O., S. 403.

Teilprozeß	Maßgröße	Planprozeß-menge	Planprozeß-kosten	Prozeß-kostensatz (lmi)	Umlagesatz* (lmn)	Gesamt-prozeß-kostensatz
Überwei-sungseingang bearbeiten	Anzahl der Über-weisungen	700.000	280.000 DM	0,40 DM	0,032 DM	0,432 DM
Scheckein-reichung bearbeiten	Anzahl der Scheckein-reichungen	280.000	140.000 DM	0,50 DM	0,04 DM	0,54 DM
Lastschrift bearbeiten	Anzahl der Lastschriften	600.000	140.000 DM	0,23 DM	0,0184 DM	0,2184 DM
Bankeingang bearbeiten	Anzahl der Bankeingänge	1.400.000	350.000 DM	0,25 DM	0,02 DM	0,27 DM
Bearbeitung belegloser Aufträge	Anzahl der DATA-Dateien	2.500	35.000 DM	14,00 DM	1,12 DM	15,12 DM
Reklama-tionen bearbeiten	Anzahl der Reklama-tionen	100.000	67.500 DM	0,675 DM	0,054 DM	0,729 DM
Stammdaten-verarbeitung	Anzahl der Stammdaten-verarbeitungs-vorgänge	60.000	135.000 DM	2,25 DM	0,18 DM	2,43 DM
Abteilung leiten	—	(1 MJ)	90.000 DM	—	—	—

*) Umlagesatz = 8%

Abb. C. 73: *Berechnung von Gesamtkostenprozeßkostensätzen am Beispiel der Zahlungs-verkehrsabteilung (Quelle: W. Gerke: Prozeßkostenrechnung im Bankbetrieb, a.a.O., S. 402)*

Unterzieht man auch die Prozeßkostenrechnung einer *kritischen Würdigung* hinsichtlich ihrer Eignung für Kreditinstitute, dann sind – neben den bereits bei der Standard-Einzelkostenrechnung gegebenen Hinweisen auf Probleme bei der Ermittlung von Stan-dardbearbeitungszeiten in bestimmten Geschäftsbereichen und der Auswahl einer geeigne-ten Kapazitätsgröße – folgende Überlegungen von Bedeutung:

- Wie zuvor mit der Standard-Einzelkostenrechnung, so gelingt es auch mit der Prozeßkostenrechnung nicht, die Probleme der *Fixkostenproportionalisierung* und *Gemeinkostenschlüsselung* bereits dadurch zu lösen, daß primär auf Prozesse als Kalkulationsobjekte abgestellt, mithin die Aggregationsebene gewechselt wird. Die Umlage der Kosten leistungsmengenneutraler Prozesse analog den leistungsmengeninduzierten Kosten bleibt letztlich eine *angreifbare Variabilisierung*. Da hier wie bei der traditionellen Zuschlagsmethode verfahren wird, ist insofern kein grundsätzlicher Fortschritt erkennbar; eventuell ist der Anteil der zu schlüsselnden Kosten geringer, was aber noch empirisch nachzuweisen wäre. Spätestens bei der Zurechnung der Prozeßkosten auf einzelne Bankdienstleistungen sind jedoch erneut mehr oder *weniger willkürliche Annahmen* erforderlich.
- Diese *Mängel* sind allerdings *weniger gravierend, wenn* die Prozeßkostenrechnung nur für *langfristige* Entscheidungen im Rahmen des *strategischen Kostenmanagements* eingesetzt wird. Insbesondere die *operative Preispolitik* sollte für die Betriebskostenkalkulation aber *eher die Standard-Einzelkostenrechnung*, eventuell ergänzt um eine Fixkostendeckungsrechnung (wie in der vorgestellten Grundrechnung der Abb. C. 59 mit Gemeinkosten gezeigt) verwenden.
- Mittel- bis langfristig sind im Prinzip auch fixe Kosten tatsächlich abbaubar. Es ist jedoch stets zu berücksichtigen, daß sich *Kostenänderungen nicht automatisch* bei Wegfall einer bestimmten Summe von Produkt- und damit Prozeßmengen ergeben, sondern durch *Entscheidungen* herbeigeführt werden müssen. Die Prozeßkostenrechnung ist als Grundlage für diese Entscheidungen insofern problematisch, als ein Großteil der von ihr proportionalisierten Kosten einen *sprungfixen Charakter* besitzt und *daher nur stufenweise abgebaut werden kann*. In der Zahlungsverkehrsabteilung etwa bewirkt ein Übergang auf das Telefon-Banking einen Rückgang der beleggebundenen Zahlungsvorgänge. Die Personalkosten gehen jedoch nicht sofort in gleichem Maße zurück, da sie nicht in beliebig kleinen Schritten verringert werden können. – Auch die Bindungsdauer bzw. Abbaufähigkeit z.B. von Raumkosten und Abschreibungen steht ihrer gleichmäßigen Rückführung entgegen; sie läßt sich allenfalls durch Nebenrechnungen ermitteln[140].

Der *Wert* der Prozeßkostenrechnung dürfte daher insbesondere in der Identifikation von Prozessen und Kostentreibern liegen, mit denen **Kostenverursachungszusammenhänge transparent** gemacht werden können, so daß das Management einer Bank **Anregungen für strategische Maßnahmen zur Kostenreduktion im Betriebsbereich** des Kreditinstituts erhält; hier dürfte die Prozeßkostenrechnung den traditionellen Vollkostenrechnungen überlegen sein. Derzeit geben die Erörterungen in Wissenschaft und kreditwirtschaftlicher Praxis allerdings erst recht spärliche Hinweise konkreter Natur in dieser Richtung[141].

---

[140] Vgl. kritisch auch K.-P. Franz: Prozeßkostenmanagement und Prozeßkostenrechnung, in: Schmalenbach-Gesellschaft – Deutsche Gesellschaft für Betriebswirtschaft e.V. (Hrsg.): Reengineering. Konzepte und Umsetzung innovativer Strategien und Strukturen, Stuttgart 1995, S. 117-126.

[141] Vgl. W. Gerke/G. Pfeufer-Kinnel: Kosten und Rentabilität des Privatgiroverkehrs, Bd. 12 der Reihe »Wissenschaft für die Praxis«, Hrsg.: Wissenschaftsförderung der Sparkassenorganisation e.V., Stuttgart 1997, M. Lund/J. Blitz: Prozeßkostenmanagement als zentrales Informations- und Steuerungssystem, in: DBk, Nr. 2/1995, S. 106-111, S. Freundorfer-Musil/B. Scholz: Verbesserte Personalbedarfsplanung durch Prozeßkostenrechnung, in: DBk, Nr. 1/1996, S. 15-19 und K.-P. Frohmüller/R. Klinge: Kapazitätsplanung in Finanzdienstleistungsunternehmen, in: ZfgK, 49. Jg., 1996, S. 56-61.

In einem der wenigen Erfahrungsberichte über ein Pilotprojekt im Wertpapierbereich einer deutschen Großbank wird hervorgehoben: »Als besonders positiv wurden die *erhöhte Kostentransparenz* aufgrund der kostenstellenübergreifenden Sicht und aufgrund des starken Abschmelzens des früheren Gemeinkostenblocks sowie die Verknüpfungsmöglichkeit der Bankkostenrechnung mit der kontinuierlichen Prozeßoptimierung gesehen. In diesem Pilotprojekt konnten realisierbare Kostenreduktions*potentiale* von 40-50% ermittelt werden.«[142]

d. 4. Ermittlung des Gesamtbankergebnisses und Ableitung des Gewinnbedarfs

Die angesprochenen Ergebniskomponenten können nun in einem ersten Schritt zusammengefaßt werden, um den Erfolg eines einzelnen Kundengeschäfts zu berechnen:

Effektiver Kundenzins	
− Opportunitätszins	
= Brutto-Kundenkonditionsbeitrag	DB I
− Kalkulatorische Risikokosten	
= Überschuß im Finanzbereich	DB II
+ Provisionsergebnis	
− Standard-Betriebskosten	
= Netto-Kundenkonditionsbeitrag	DB III
− Soll-Deckungsbeitrag für Overhead- und Eigenkapitalkosten	
= Über-/Unterdeckung	DB IV

Abb. C. 74: *Erfolgsermittlung bei einem Einzelgeschäft*

Dabei ist es zum einen sinnvoll, vom Brutto-Kundenkonditionsbeitrag die kalkulatorischen Risiko- und Betriebskosten abzuziehen, die sich bei normalem Geschäftsverlauf (unabhängig also von im Vergleich zur Planung abweichenden Ist-Ausfällen) oder von Beschäftigungsschwankungen üblicherweise einstellen. Die Differenzen zwischen diesen Standard- und den tatsächlichen Ist-Kosten werden im Risiko- bzw. Produktivitätsergebnis getrennt ausgewiesen und gesteuert.[143] – Zum anderen sind die Provisionserlöse und -kosten einzubeziehen, die jedoch keine neuen erfolgsrechnerischen Probleme aufwerfen.

Der Netto-Kundenkonditionsbeitrag, der sich in einer Deckungsbeitragsrechnung zweckmäßigerweise auf der dritten Stufe befinden könnte, wird auch als »Marktergebnis« bezeichnet[144] – wohl deshalb, weil diese Erfolgsgröße von den im Kundenkontakt Verant-

---

[142] St. Kampmann: a.a.O., S. 231 (im Original ohne Hervorhebungen).
[143] Vgl. H. Schierenbeck: Ertragsorientiertes Bankmanagement, Bd. 1, a.a.O., S. 347-350.
[144] Ebenda.

wortung tragenden Mitarbeitern erzielt wird. Dennoch ist der Begriff nicht hinreichend trennscharf, da auch die im Risikoergebnis erfaßten Ist-Ausfälle aus Markthandlungen resultieren.

In einem **Soll-Deckungsbeitrag** (auch als **Mindestmarge** bezeichnet) werden den Einzelgeschäften nur per Umlage zurechenbare *Gemeinkostenzuschläge* (Overheadkosten) sowie eine *Gewinnprämie* (Eigenkapitalkosten) zugeschlüsselt. Nach Möglichkeit sollte der Deckungsbeitrag IV als Differenz des Netto-Kundenkonditionsbeitrags und dieses Soll-Deckungsbeitrags positiv sein, sich also eine Überdeckung ergeben.

Diese Mindestmarge ist auch von Bedeutung, wenn zu Beginn einer Planperiode die Preisuntergrenzen bei Aktivgeschäften folgendermaßen ermittelt werden (entsprechend mit umgekehrtem Vorzeichen Preisobergrenzen bei Passivgeschäften):

	Opportunitätszins
+	Kalkulatorische Risikokosten
−	Provisionserlöse
+	Standard-Betriebskosten
+	Soll-Deckungsbeitrag für Overhead- und Eigenkapitalkosten
=	Preisuntergrenze

Abb. C. 75: Berechnung einer Preisuntergrenze

Strenggenommen dürften die sich ergebenden *Schwellenwerte* in Konditionsverhandlungen mit den Kunden beim Verkauf von Krediten und Einlagen *nicht unter- bzw. überschritten* werden. Ein solches Postulat kann indessen nur Gültigkeit haben, wenn das Geschäft isolierbar ist. Ansonsten muß aber die Preisgrenze vor dem Hintergrund des Erfolges aus der gesamten Kundenbeziehung bestimmt werden (*Ausgleichspreisstellung*). *Letztlich sind es die Barwerte der Kundenverbindungen, nach denen das Geschäft langfristig erfolgsorientiert gesteuert werden sollte.*

Die Kundengeschäftsergebnisse in Form des DB III lassen sich im Hinblick auf verschiedene Bezugsobjekte *aggregieren*. In der Summe über alle Produkte, Kunden oder organisatorische Einheiten der Bank muß man dabei stets dasselbe Ergebnis erhalten.

Über das Kundengeschäft hinaus sind die Ergebnisse der Zentraldisposition (Fristentransformationsbeitrag) und des Eigenhandels sowie die Overheadkosten zu berücksichtigen, um zum **Betriebsergebnis der Gesamtbank** zu gelangen. Bezieht man anschließend noch das außerordentliche und das sonstige Ergebnis ein (das in der Regel nur geringes Gewicht besitzt), so erhält man den Reingewinn des Kreditinstituts. Dieser muß durch das Eigenkapital dividiert werden, um die **Eigenkapitalrentabilität** zu bestimmen.

Dieser Rechenweg kann auch in Form eines *Du Pont-Schemas* dargestellt werden. Das in der folgenden Abb. C. 76 vorgestellte (und ähnliche) Schema(ta)[145] gehen von einer Spitzenkennzahl aus, die das betriebliche Oberziel repräsentieren soll, und fächern diese anschließend im Sinne einer Ursache-Wirkungs-Hierarchie auf. Dabei steht üblicherweise

---

[145] Vgl. zu Erweiterungen und Vertiefungen H. Schierenbeck: Ertragsorientiertes Bankmanagement, Bd. 1, a.a.O., S. 347–415.

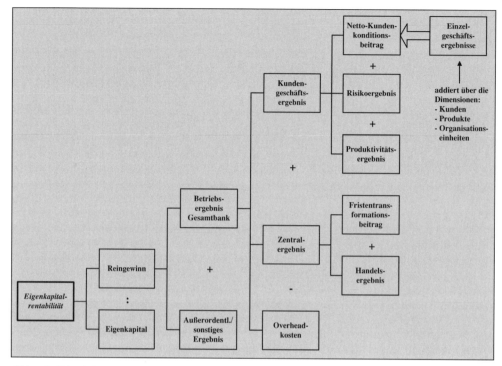

Abb. C. 76: *ROI-Schema auf Basis des internen Rechnungswesens*

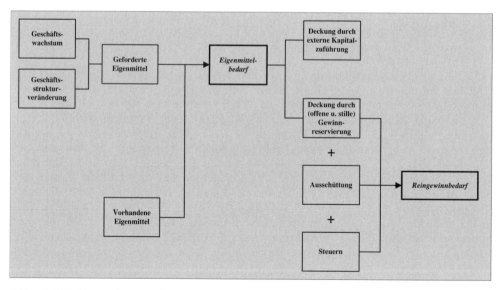

Abb. C. 77: *Determinanten des Gewinnbedarfs (Modifiziert nach H. Schierenbeck: Ertragsorientiertes Bankmanagement, Bd. 1, a.a.O., S. 419)*

der Gewinn in Prozent des investierten Kapitals an der Spitze des Zahlensystems, weshalb auch die Bezeichnung *ROI*-(= Return on Investment-)*Analyse* verwandt wird. In diesem Zusammenhang wird zumeist – und dies ist kompatibel mit dem Ziel der Steigerung des Shareholder Value – auf einen speziellen Teil des investierten Kapitals abgestellt, indem man die Eigenkapitalrentabilität berechnet. Sie dient auch in der Öffentlichkeit als zentrale, branchenübergreifende Bewertungskennziffer für den Unternehmenserfolg.

Bei der Planung der in die **Mindestmarge** eingehenden **Gewinnprämie** sind verschiedene Determinanten zu berücksichtigen (vgl. Abb. C. 77).

Das unterstellte Wachstum sowie geplante Veränderungen in der (z.B. Risiko-) Struktur des Geschäfts führen zu einem bestimmten Bedarf an Eigenmitteln. Dieser ergibt sich u.a. aus bankaufsichtsrechtlichen Anforderungen und wird bei den sich auch auf internationalen Finanzmärkten bewegenden Instituten durch die Rating-Agenturen und die darüber hinausgehenden Normvorstellungen der Financial Community mitbestimmt.

Die Rolle des Eigenkapitals als limitierender Faktor für das Wachstum[147] wird plastisch, wenn man von folgender Identitätsgleichung ausgeht:

$$(C.\ 9) \qquad BS\,(1 + \Delta BS)\,\frac{EK}{BS} - EK = BS\,(1 + \Delta BS)\,r_{BS}\,(1 - a)$$

Diese definiert auf der linken (= »Verwendungs-«)Seite über eine als notwendig angesehende Eigenkapitalquote EK/BS, auf der rechten (= »Entstehungs-«)Seite über die Vorgabe einer bestimmten Thesaurierungsquote (1 – a) den einzubehaltenden Gewinn. Es ergibt sich nach Umformungen

$$(C.\ 10) \qquad (1 + \Delta BS)\,\frac{EK}{BS} - \frac{EK}{BS} = (1 + \Delta BS)\,r_{BS}\,(1 - a)$$

$$(C.\ 11) \qquad \frac{EK}{BS}\,(1 + \Delta BS - 1) = r_{BS}\,(1 - a) + \Delta BS\,[r_{BS}\,(1 - a)]$$

$$(C.\ 12) \qquad \Delta BS\,\left[\frac{EK}{BS} - r_{BS}\,(1 - a)\right] = r_{BS}\,(1 - a)$$

die Formel[148]:

$$(C.\ 13) \qquad \Delta BS = \frac{r_{BS}\,(1 - a)}{\dfrac{EK}{BS} - r_{BS}\,(1 - a)}$$

---

[147] Die Bedeutung einer gezielten Steuerung des Wachstums ergibt sich aus dem steigenden Kapitalbedarf, den die starre Anbindung der Risikoaktiva an das Eigenkapital bei zunehmender Volumenausweitung verursacht. So benötigte die Deutsche Bank Anfang der 80er Jahre noch fünf Jahre, um eine Milliarde Eigenkapital zu binden. Später waren es nur noch 2 Jahre, 1990 zwischen 6 und 9 Monaten. Vgl. J. Krummow, Deutsche Bank AG, Frankfurt/M., in seinem Referat »Wie richtet sich eine Großbank auf die europäischen Normen zur Risikobegrenzung ein?« am 11.6.1991 im Kontaktseminar an der Ruhr-Universität Bochum, in: SB Nr. 34, SS 1991, S. 42-46, hier S. 44.

[148] In Anlehnung an G. H. Hempel/A. B. Coleman/D. G. Simonson (Eds.): Bank management – text and cases, 4th ed., New York 1994, S. 81ff.

Hieraus läßt sich z.B. ablesen, daß sich bei einer auf die Bilanzsumme BS projizierten Nettozinsspanne r_{BS} von 1% und einer Thesaurierungsquote von 50% sowie einer notwendigen Eigenkapitalquote von 8% eine mögliche Wachstumsrate der Bilanzsumme von 6,5% ergibt.

Wie leicht zu sehen ist, können bei Umstellung der Formel im übrigen solche Fragen beantwortet werden: Wie hoch muß die Gesamtkapitalrendite sein, um bei einer bestimmten Thesaurierungs- bzw. Ausschüttungsquote und einem notwendigen Eigenkapitalanteil eine geplante Wachstumsrate zu ermöglichen? Wie hoch darf die Ausschüttungsquote sein, wenn die Bank bei einer bestimmten Gesamtkapitalrendite und einem notwendigen Eigenkapitalanteil eine geplante Wachstumsrate anstrebt?

Aus dem Abgleich der erforderlichen mit den vorhandenen Eigenmitteln ergibt sich (zumindest in Wachstumsphasen) die Notwendigkeit der Eigenkapitalaufstockung – entweder durch eine externe Mittelzufuhr oder durch Gewinnthesaurierung. Die für den zweiten Fall der Einbehaltung notwendigen Beträge bestimmen zusammen mit der Ausschüttungssumme (und den auf diese beiden Komponenten entfallenden Steuerzahlungen) den Reingewinnbedarf.

Um diesen richtig zu bemessen, müßte das Management der Bank die *von den Eigentümern erwartete Rendite* kennen. Nach dem *Capital Asset Pricing Model*[148] setzt sich deren Renditeforderung zusammen als:

(C. 14) $\quad r_{EK} = r_f + ß \, (r_M - r_f).$

Ein Investor wird über den Zinssatz risikofreier Anlagen (r_f, z.B. Staatstitel) hinaus einen geschäftsspezifischen Risikozuschlag fordern. Für dessen Ermittlung ist zunächst der Unterschiedsbetrag zwischen einem repräsentativen Marktindex (r_M, etwa dem DAX) und dem risikolosen Zinssatz zu berechnen. Anschließend erfolgt die Multiplikation der Differenz mit dem ß-Faktor, der das Verhältnis des Risikos eines einzelnen Unternehmens (gemessen an den Schwankungen seines Aktienkurses) zum Marktrisiko (Veränderungen von r_M) zum Ausdruck bringt. Derartige ß-Faktoren können für große börsennotierte Gesellschaften täglich der Wirtschaftspresse oder elektronischen Medien entnommen werden. Ein 250-Tage-ß der Deutschen Bank von 1,2 etwa bedeutet, daß der Kurs ihrer Aktie im angegebenen Zeitraum 20% stärker schwankte als der Markt.

Kritiker wenden gegen das CAPM insbesondere ein, daß ein repräsentativer Marktindex erforderlich sei, in dem idealtypisch sämtliche Vermögensgegenstände erfaßt sein müßten, zwischen denen ein Wirtschaftssubjekt wählen könne; dieser scheint empirisch jedoch kaum ableitbar. Zudem beruht das Modell auf den Prämissen des vollkommenen Kapitalmarktes, zu denen z.B. homogene Erwartungen der Marktteilnehmer sowie die Nichtexistenz von Steuern und Transaktionskosten gehören. Hinzu kommen die Schwierigkeiten der Bestimmung eines ß-Faktors, wenn die betreffende Bank nicht an der Börse notiert ist – wie insbesondere im Sektor der Sparkassen und Genossenschaftsbanken. Hier muß man sich mit *Analogieschlüssen* behelfen, um ß-Faktoren von möglichst genau vergleichbaren Instituten abzuleiten. Dies wiederum setzt Prämissen voraus, die stets angreifbar sind. Doch es stellt sich die Frage, worin die Alternative bestehen könnte. Es bleibt wohl nur, sich im Sinne eines Benchmarking-Prozesses an Banken zu orientieren, die für ihre Anteilseigner hohe Renditen erwirtschaften. Die dabei zu treffenden Entscheidungen

---

[148] Vgl. zu diesem Preisbildungsmodell J. Süchting: Finanzmanagement: a.a.O., S. 373-381.

(Wieviele Kreditinstitute werden in die Betrachtung einbezogen? Stellt man nur auf Banken im In- oder auch im Ausland ab? In welcher Weise wird das zur Erzielung der Rendite eingegangene Risiko berücksichtigt?) zeigen, daß die Ableitung der Zielrendite auch bei diesem Vorgehen nicht ohne Willkür möglich ist.

Hat die Bankleitung die Höhe des Gewinnbedarfs bestimmt, muß dieser (gemeinsam mit den Overheadkosten) als *Mindestmarge* auf die Einzelgeschäfte *verteilt* werden. Dies könnte pauschal geschehen, indem auf den DB III ein bei allen Geschäften gleicher prozentualer Betrag aufgeschlagen wird. Um sich aber nicht »aus dem Markt zu kalkulieren«, wird man nicht vollständig von Tragfähigkeitsüberlegungen absehen können, so daß diejenigen Geschäfte mit höheren Soll-Deckungsbeiträgen belastet werden, bei denen der preispolitische Spielraum größer ist.

Speziell im Hinblick auf die Eigenkapitalkosten kann argumentiert werden, daß sich die von einem Geschäft zu erwirtschaftende Gewinnprämie nach dem mit ihm verbundenen Risiko bemessen sollte, da dieses der Abdeckung durch Eigenkapital bedarf. Auf diesen – jüngsten – Ansatz zur Verbindung von Ertrags- und Risikosteuerung kommen wir in C. II. 4. zurück. Zuvor ist das Risikomanagement selbst zu diskutieren. Dies geschieht in Verbindung mit den Normen der Bankenaufsicht, da sich die externen Auflagen immer stärker dem internen Vorgehen annähern.

Literatur zu Abschnitt 2.

Banken, R.: Die Marktzinsmethode als Instrument der pretialen Lenkung in Kreditinstituten, Frankfurt/M. 1987.
Benke, H./Gebauer, B./Piaskowski, F.: Die Marktzinsmethode wird erwachsen: Das Barwertkonzept, (I) in: DBk, Nr. 8/1991, S. 457-463 und (II) in: DBk, Nr. 9/1991, S. 514-521.
Brakensiek, Th.: Die Kalkulation und Steuerung von Ausfallrisiken im Kreditgeschäft der Banken, Frankfurt/M. 1991.
Chmielewicz, K.: Rechnungswesen, Bd. 1 und 2, 4. Aufl., Bochum 1993 bzw. 1994.
Droste, K. D./Faßbender, H./Pauluhn, B./Schlenzka, P. F./Löhneysen, E. v.: Falsche Ergebnisinformationen – Häufige Ursache für Fehlentwicklungen in Banken, in: DBk, Nr. 7/1983, S. 313-323.
Flechsig, R./Flesch, J. R.: Die Wertsteuerung – Ein Ansatz des operativen Controlling im Wertbereich, in: DBk, Nr. 10/1982, S. 454-465.
Gerdsmeier, St./Krob, B.: Kundenindividuelle Bewertung des Ausfallrisikos mit dem Optionspreismodell, in: DBk, Nr. 9/1994, S. 469-475.
Gerke, W./Pfeufer-Kinnel, G.: Kosten und Rentabilität des Privatgiroverkehrs, Bd. 12 der Reihe »Wissenschaft für die Praxis«, Hrsg.: Wissenschaftsförderung der Sparkassenorganisation e.V., Stuttgart 1997.
Gerke, W.: Prozeßkostenrechnung im Bankbetrieb, in: H. Schierenbeck/H. Moser (Hrsg.): Handbuch Bankcontrolling, Wiesbaden 1995, S. 393-409.
Güde, U.: Die Bank- und Sparkassenkalkulation, Meisenheim am Glan 1967.
Hagenmüller, K. F./Jacob, A.-F.: Der Bankbetrieb, Bd. III, 5. Aufl., Wiesbaden 1988.
Hölscher, R.: Risikokosten-Management in Kreditinstituten – Ein integratives Modell zur Messung und erfolgsorientierten Steuerung der bankbetrieblichen Erfolgsrisiken, Frankfurt/M. 1987.
Hug, D.: Leistungsmessung in den Produktionsbereichen von Banken, Bern u.a. 1989.
Kaminsky, S.: Die Kosten- und Erfolgsrechnung der Kreditinstitute. Eine theoretische, systematische und verfahrenstechnische Untersuchung, Meisenheim am Glan 1955.
Krewerth, B.: Die Kostenrechnung als Steuerungsinstrument im Bankbetrieb, Frankfurt/M. 1981.
Osthues-Albrecht, H.: Der Einfluß der Betriebsgröße auf Kosten und Erlöse von Kreditinstituten, Wiesbaden 1979.
Paul, St./Siewert, K.-J.: Bank-Controlling I: Ertragsmanagement in Kreditinstituten, 2. Aufl., Frankfurt/M. 1997.

Riedesser, A.: Deckungsbeitragsrechnung in Filialbankorganisationen, Wiesbaden 1977.
Rolfes, B.: Das Zinsergebnis variabel verzinslicher Bankgeschäfte, in: H. Schierenbeck/H. Moser (Hrsg.): Handbuch Bankcontrolling, Wiesbaden 1995, S. 337-356.
Rudolph, B.: Ansätze zur Kalkulation von Risikokosten für Kreditgeschäfte, in: H. Schierenbeck/H. Moser (Hrsg.): Handbuch Bankcontrolling, Wiesbaden 1995, S. 887-904.
Schierenbeck, H.: Ertragsorientiertes Bankmanagement, 5. Aufl., Bd. 1, Wiesbaden 1997.
Schierenbeck, H./Rolfes, B.: Entscheidungsorientierte Margenkalkulation, Frankfurt/M. 1988.
Schierenbeck, H./Wiedemann, A.: Das Treasury-Konzept der Marktzinsmethode, (I): Integration von Grundmodell und Barwertkalkül, in: DBk, Nr. 11/1993, S. 670-676 und (II): Die Messung des Treasury-Erfolges, in: DBk, Nr. 12/1993, S. 731-737.
Schierenbeck, H./Wiedemann, A.: Marktwertrechnungen im Finanzcontrolling, Stuttgart 1996.
Schimmelmann, W. v./Hille, W.: Banksteuerung über ein System von Verrechnungszinsen, in: H. Schierenbeck/H. Wielens (Hrsg.): Bilanzstrukturmanagement in Kreditinstituten, Frankfurt/M. 1984, S. 47-65.
Slevogt, H.: Entscheidungsorientiertes Bankrechnungswesen, in: ÖBA, 31. Jg., 1983, S. 443-463.
Süchting, J.: Kalkulation und Preisbildung der Kreditinstitute, Frankfurt/M. 1963.
Süchting, J.: Die Deckungsbeitragsrechnung in Kreditinstituten, in: Neue Betriebswirtschaft, 22. Jg., Nr. 4/1969, S. 15-21.
Süchting, J.: Kreditinstitut, in: K. Chmielewicz/M. Schweitzer (Hrsg.): Handwörterbuch des Rechnungswesens, 3. Aufl., Stuttgart 1993, Sp. 1298-1315.
Süchting, J.: Verrechnungspreise im Bankbetrieb, in: J. Krumnow/M. Metz (Hrsg.): Rechnungswesen im Dienste der Bankpolitik, Stuttgart 1987, S. 199-208.
Wimmer, K.: Bankkalkulation. Neue Konzepte der Kosten- und Erlösrechnung von Kreditinstituten, 2. Aufl., Berlin 1996.

Kontrollfragen zu Abschnitt 2. c.-d.

1. Zeigen Sie die Korrekturen, die erforderlich sind, um aus der GuV-Rechnung eine Gesamtbetriebskalkulation zu entwickeln, und zwar im Hinblick auf
   a) erfolgsabhängige Steuern
   b) Kursgewinne und Kursverluste
   c) Anderskosten
   d) kalkulatorische Zusatzkosten.
2. Nennen Sie Beispiele für Kostenarten mit dem Charakter von Periodengemeinkosten. Handelt es sich bei Erlösen aus der Realisierung von Kursgewinnen, die aus einer zweijährigen Bestandshaltung von Aktien stammen, um Periodeneinzel- oder -gemeinerlöse?
3. Wie unterscheiden sich Gesamtbetriebskalkulation und Gesamtzinsspannenrechnung in ihren Zwecksetzungen voneinander?
4. Welche Korrekturen sind in der Gesamtzinsspannenrechnung vorzunehmen im Vergleich zur veröffentlichten Jahresbilanz und im Hinblick auf
   a) Maßnahmen der Bilanzpolitik
   b) die Inbeziehungsetzung von Bestandsgrößen in der Bilanz und Strömungsgrößen der Erfolgsrechnung
   c) die Bezugsgröße der Bilanzsumme?
5. Begründen Sie, warum in dem Betriebsabrechnungsbogen auf S. 404 von verschiedenen Genauigkeitsschichten gesprochen wird.
6. a) In welcher Beziehung stehen Kostenstellenrechnung und Stückleistungsrechnung zueinander?

b) Berechnen Sie im Rahmen der traditionellen Vollkostenrechnung die Selbstkosten von 1.000 Inlands- und 1.000 Auslandsüberweisungen mit Hilfe des Betriebsabrechnungsbogens auf S. 404, indem Sie zusätzlich folgende Annahmen treffen:
   – Inlandsüberweisungen: 662.500 St.
   – Auslandsüberweisungen: 165.625 St.
   – Auslandsüberweisungen verursachen durchschnittlich einen doppelt so hohen Zeitaufwand wie Inlandsüberweisungen.
7. Warum wird im zwischenbetrieblichen Filialvergleich der Wirtschaftlichkeit einzelner Abteilungen nicht auf deren Kosten (Kostenstellenrechnung), sondern auf die Selbstkosten der von den Abteilungen erstellten Stückleistungen (Stückleistungsrechnung) zurückgegriffen?
8. Zeigen Sie die Unterschiede zwischen der Divisionskalkulation, der Äquivalenzziffernrechnung und der Standard-Einzelkostenrechnung auf.
9. Nennen Sie mindestens drei Gesichtspunkte, die gegen eine auf die Einzelkosten der Stückleistungen basierte Niedrigpreispolitik einer Bank sprechen.
10. Was läßt sich kritisch gegen eine nach Liquiditätskriterien aufgestellte Schichtenbilanz sagen?
11. Aus welchen Rechnungen übernimmt die konventionelle Geschäftsspartenrechnung ihre Erfolgskomponenten?
12. Erläutern Sie, warum es im Gebührenplan (S. 411) unter der Konstellation X zu einer Gebührenforderung der Bank von DM ... kommt.
13. Ein aufgebrachter Bankkunde beschwert sich darüber, daß er für seinen im Laufe der Monate durch die getätigten Transaktionen des Zahlungsverkehrs unberührten Guthabenteil in Höhe von DM 5.000,– (Bodensatz) nur einen Zinssatz von 1% erhält. – Als Prokurist der Bank stellen Sie sich dem Beschwerdeführer und suchen nach Möglichkeiten, ihn zu besänftigen. Welche Argumente und Ratschläge können Sie in diesem Zusammenhang verwenden?
14. Nach welchen Gesichtspunkten sollte eine Unterteilung der Kosten- und Erlösarten sowie der Bezugsobjekte in einer Grundrechnung vorgenommen werden?
15. Berechnen Sie anhand der folgenden Angaben über Neugeschäfte einer Bank den Fristentransformationsbeitrag, den Zinskonditionenbeitrag und den Zinsüberschuß:

Aktiva	Volumen	Zins	Laufzeit
Kredit I	20000	7,0	3 Jahre
Kredit II	30000	7,5	5 Jahre
Kredit III	100000	8,0	9 Jahre
Passiva			
Einlage I	80000	0,5	tägl. fällig
Einlage II	30000	4,5	3 Monate
Einlage III	40000	4,5	1 Jahr

Folgende Zinskonditionen an den Geld- und Kapitalmärkten sind bekannt:

Wertpapier	Restlaufzeit	Rendite
I	3 Jahre	7,0
II	4 Jahre	7,1
III	5 Jahre	7,2
IV	7 Jahre	7,35
V	9 Jahre	7,5

Interbankengeld	Zins
Tagesgeld	4,0
Monatsgeld	4,3
3-Monatsgeld	4,35
6-Monatsgeld	4,4
Jahresgeld	4,5

16. Die Firmenkundenbetreuer einer Bank haben die Aufgabe, Kredite und Einlagen an Unternehmen zu verkaufen. Um ihnen einen Hinweis für ihre Zinsverhandlungen geben zu können, wird in der Bank das Konzept der Teilzinsspannen, der Deckungsbeiträge oder der Opportunitätskosten erwogen.
Erläutern Sie die 3 Konzepte und begründen Sie, welches Konzept Ihnen unter dem Aspekt der Motivation der Firmenkundenbetreuer vorziehenswert erscheint. Kann nach dem von Ihnen präferierten Konzept eine zentrale Steuerung der Bilanzstruktur erfolgen?

17. Ein Basisaufsatz zum Barwertkalkül trägt den Titel: »Die Marktzinsmethode wird erwachsen.« – Inwiefern läßt sich diese Überschrift nach Ihrer Ansicht rechtfertigen?

18. Für welche Fragestellungen eignet sich eine Erfolgsaussage auf Basis des Grundmodells der Marktzinsmethode einerseits, des Barwertkalküls andererseits?

19. Verdeutlichen Sie, inwiefern mit in den 90er Jahren entwickelten Verfahren versucht wird, auch die Kalkulation von Risikokosten stärker an Marktentwicklungen anzukoppeln.

20. Vergleichen Sie die Standard-Einzelkostenrechnung und die Prozeßkostenrechnung im Hinblick auf Zielsetzung, Methodik und Aussagewert.

3. Die Normen der Bankenaufsicht und die Systeme des internen Risikomanagements

Mit dem Abschnitt über die Publizitätsvorschriften (C. II. 1.) wurde bereits ein Teil des branchenspezifischen rechtlichen Handlungsrahmens aufgezeigt. Dieser wird weiterhin bestimmt durch das Kreditwesengesetz und auf dieser Basis erlassene »Grundsätze« sowie »Verlautbarungen« des Bundesaufsichtsamtes für das Kreditwesen (BAKred). Der Umstand, daß derartige institutionelle Entscheidungsbeschränkungen den Aktionsspielraum der Geschäftsleitungen stärker als in Unternehmen anderer Wirtschaftsbereiche einengen, ist auf das gesamtwirtschaftliche Interesse an der Funktionsfähigkeit des Geschäftsbankensystems zurückzuführen. **Die aus seinen Elementarfunktionen abgeleiteten Aufgaben der Geld- und Kreditversorgung haben dem Geschäftsbankensystem den Charakter einer »regulierten«** Branche gegeben.

Im folgenden wird zunächst begründet, inwiefern die Kreditwirtschaft eine Sonderstellung in der Gesamtwirtschaft einnimmt, die einen vergleichsweise weitgehenden Eingriff des Gesetzgebers rechtfertigen kann. Im Anschluß daran werden Dispositionsregeln für die Bankleitung vorgestellt, die die Existenz eines Kreditinstituts sicherstellen sollen. Auf dieser Basis läßt sich dann das Normengerüst der Bankenaufsicht würdigen, das mit der 6. KWG-Novelle und einem vollständig neugefaßten Grundsatz I bereits der dritten umfangreichen Änderung in den 90er Jahren unterzogen wird. Von besonderer Bedeutung ist die sich dabei abzeichnende Tendenz der (teilweisen) Substitution quantitativer Risikobegrenzungsvorschriften durch eher qualitative Vorgaben, die bestimmte Anforderungen an das Risikomanagement einer Bank stellen. Dies läßt es gerechtfertigt erscheinen, die Diskussion der bankaufsichtlichen Konfrontation von Risikoträgern und Risikokomplexen mit der Darstellung der Verfahren des internen Risk Managements zu verbinden.

a. Die Sonderstellung der Kreditwirtschaft in der Gesamtwirtschaft

In den meisten entwickelten Ländern der Erde übt der Staat einen starken Einfluß auf die Kreditwirtschaft aus. Die Regulierung des Bankensystems erfolgt im wesentlichen aus wirtschafts- und sozialpolitischen Gründen; in der heutigen Form kann sie in vielen Ländern – z.B. in den Vereinigten Staaten und in der Bundesrepublik – als ein Ergebnis der Bankenkrise und der weltweiten Wirtschaftsdepression zu Beginn der 30er Jahre dieses Jahrhunderts gesehen werden.[1]

Im Rahmen der Wirtschafts- und Sozialpolitik des Staates erfolgt die Beeinflussung der Kreditwirtschaft nach Stützel[2] unter drei Aspekten:

---

[1] Vgl. K. E. Born: Die deutsche Bankenkrise 1931, München 1967.
[2] Vgl. W. Stützel: a.a.O., S. 9ff.

(1) Das Kreditgewerbe wird als *Kreditversorgungsapparat* angesehen, d.h. Banken werden nicht als konkurrierende Unternehmen betrachtet, die für ihre Mittel ertragreiche Anlagemöglichkeiten suchen, sondern als Glieder einer Verteilerorganisation. Staatliche Einschränkungen erscheinen deshalb als Schalthebel der Kreditversorgung und damit der zentralen Steuerung von Wirtschaftsstruktur und Wirtschaftswachstum.

(2) Das Kreditgewerbe wird als *Geldversorgungsapparat* verstanden, d.h. staatliche Einschränkungen der Dispositionen in Banken erscheinen als Installation von Schalthebeln zur Steuerung der Geldversorgung und damit der Beschäftigung sowie des Preisniveaus.

(3) Forderungen gegen Kreditinstitute werden als Forderungen »sui generis« angesehen. Da es guter Bürgerpflicht gleichkommt, Erspartes zur Bank zu bringen, sind Bankgläubiger schutzwürdiger als Inhaber anderer Forderungen im Wirtschaftsleben.

Entsprechend dieser Anschauung der Kreditwirtschaft und ihrer Aufgaben stehen in der Bundesrepublik folgende Formen staatlicher Einflußnahme im Mittelpunkt:

– die Einbeziehung der Kreditinstitute in die monetäre Konjunkturpolitik,
– die Sicherung der Funktionsfähigkeit der Banken und der Schutz der Einleger.

a. 1. Das Geschäftsbankensystem im Rahmen der monetären Konjunkturpolitik

Zu den Rechtsgrundlagen für die monetäre Konjunkturpolitik zählen das Gesetz zur Förderung der Stabilität und des Wachstums der Wirtschaft von 1967, das Außenwirtschaftsgesetz von 1961 und das Gesetz über die Deutsche Bundesbank von 1957.

Das Stabilitäts- und Wachstumsgesetz geht von der Keynesschen These aus, daß die Effizienz des marktwirtschaftlichen Systems nur gewährleistet werden kann, wenn es durch eine globale Steuerung der wichtigsten Aggregate des gesamtwirtschaftlichen Kreislaufs ergänzt wird. Das Gesetz schafft die institutionellen Voraussetzungen für die Globalsteuerung. Als Beispiel sei die Beeinflussung der staatlichen Nachfrage durch Bildung und Auflösung von Konjunkturausgleichsrücklagen bei der Bundesbank genannt.

Das Außenwirtschaftsgesetz soll die Möglichkeit geben, auch in einer Zeit, in der die Liberalisierung des internationalen Güter- und Kapitalverkehrs angestrebt wird, zugunsten binnenwirtschaftlicher Ziele Einfluß auf die außenwirtschaftlichen Beziehungen zu nehmen. Da in der Bundesrepublik während der 70er Jahre vor allem die Stabilität des Binnenwertes der DM als gefährdet angesehen wurde, stand – insbesondere bis zur Freigabe der Wechselkurse gegenüber Drittländern außerhalb des Europäischen Währungssystems – die Abwehr unerwünschter ausländischer Kapitalzuflüsse (etwa durch Bardepotvorschriften) im Vordergrund.

Die wichtigsten institutionellen Entscheidungsbeschränkungen für die Geschäftsbanken ergeben sich – bis zur Verwirklichung einer Währungsunion – aus dem Bundesbankgesetz, das der Deutschen Bundesbank die Aufgabe überträgt, die Währung zu sichern (§ 3 BBankG). Das für die Steuerung der monetären Aggregate verfügbare Instrumentarium ist vor allem geregelt im § 15 (Diskont-, Kredit- und Offenmarktpolitik) und § 16 (Mindestreservepolitik).

Bei der Ausübung dieser Befugnisse ist die Bundesbank von Weisungen der Bundesregierung unabhängig. Sie ist aber verpflichtet, unter Wahrung ihrer Aufgabe die allgemeine Wirtschaftspolitik der Regierung zu unterstützen (§ 12 BBankG).

Insbesondere sind es die als Mindestreserven zu haltenden Bestände an Primärliquidität sowie der Umfang des bundesbankfähigen Wechsel- und Wertpapiermaterials in Verbindung mit Rediskont- und gegebenenfalls Lombardkontingenten, die als aus der monetären Konjunkturpolitik resultierende *Restriktionen bei bankpolitischen Entscheidungen* zu berücksichtigen sind.

So hat die aus den Mindestreservevorschriften resultierende Blockierung der liquiden Mittel folgende Form:

(C. 15) $L \geq M = m_1 E_1 + m_2 E_2 + m_3 E_3$

Der Liquiditätsbestand (L) darf die Mindestreserven (M) im Durchschnitt einer Reserveperiode nicht unterschreiten. Die Mindestreserven ergeben sich als Produkt aus den Durchschnittsbeständen vor allem der verschiedenen Einlagenkategorien (E_1 = Sicht-, E_2 = Termin- und E_3 = Spareinlagen), multipliziert mit den zugehörigen Mindestreservesätzen (m_1, m_2, m_3).

Im Rahmen der Diskontpolitik gibt das über einen bestimmten Faktor (d) an die Höhe des Eigenkapitals (EK) gebundene *Rediskontkontingent* einer Bank (K_D) jeweils an, in welchem Maximalrahmen sich die Bank auf Wechselbasis bei der Bundesbank refinanzieren (L_D) kann, unter der Voraussetzung, daß sie über ein ausreichendes Material an bundesbankfähigen Wechseln (A_D) verfügt:

(C. 16) $L_D \leq A_D \leq K_D = dEK$

In ähnlicher Weise wird der aus den lombardfähigen Wechseln und Wertpapieren einer Bank ($A_D + A_L$) verfügbar zu machende Einzahlungsstrom L_L durch das über einen bestimmten Faktor l ebenfalls an die Höhe des Eigenkapitals gebundene *Lombardkontingent* (K_L) begrenzt:

(C. 17) $L_L \leq A_D + A_L \leq K_L = lEK$

Für den Fall der Anwendung von *Kreditplafonds* könnte die für eine Bank resultierende Restriktion folgendes Aussehen haben:

(C. 18) $\sum_{i=1}^{n} A_{it_1} \leq \sum_{i=1}^{n} f \cdot A_{it_0}$

Der Gesamtbestand aus den verschiedenen Kreditarten i = 1…n am Ende der Referenzperiode t_1 darf nicht größer sein als der Anfangsbestand an eben diesen Kreditarten (A_{it_0}), multipliziert mit dem zulässigen Faktor f (im Falle eines erlaubten Wachstums der Kredite um 5% also 1,05).

Bei den übrigen gesetzlichen Vorschriften im Rahmen der Offenmarkt- und Diskontsatzpolitik handelt es sich im wesentlichen um Preisofferten, zu denen sich die Bundesbank bereit erklärt, mit den Geschäftsbanken zu kontrahieren, also nicht um mengenmäßige Beschränkungen.

a. 2. Die Sicherung der Funktionsfähigkeit der Banken und der Einlegerschutz

Die Entwicklung von allgemeingültigen Bonitätsnormen für Kreditinstitute und ihre Überwachung durch die Bankenaufsicht gehen von dem Ziel aus, Kettenreaktionen unter den Geschäftsbanken als Folge von Einzelinsolvenzen zu verhindern. Dies zeigt folgender Ausschnitt aus dem Bankmodell:

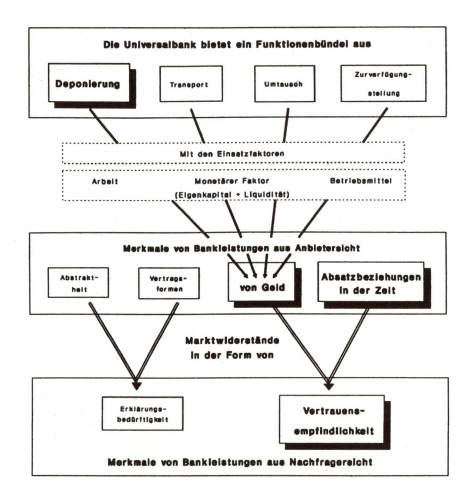

Grundlage einer bundeseinheitlichen Bankenaufsicht ist das KWG von 1961 in Form des 6. Änderungsgesetzes, das am 1. Januar 1998 in Kraft trat, im Zusammenhang mit den Grundsätzen über das Eigenkapital und die Liquidität der Kreditinstitute.

»Das Bundesaufsichtsamt hat Mißständen im Kredit- und Finanzdienstleistungswesen entgegenzuwirken, welche die *Sicherheit* der den Instituten anvertrauten *Vermögenswerte* gefährden, die *ordnungsmäßige Durchführung der Bankgeschäfte oder Finanzdienstleistungen* beeinträchtigen oder erhebliche Nachteile für die *Gesamtwirtschaft* herbeiführen können« (§ 6 Abs. 2 KWG, Hervorhebungen von den Verfassern). In dieser Formulierung kommen der Einlegerschutz und die Sicherung der Funktionsfähigkeit der Kreditwirtschaft zum Ausdruck.

Die durch das Bundesaufsichtsamt für das Kreditwesen im Zusammenwirken mit der Deutschen Bundesbank ausgeübte Kontrolle der Banken beruht auf folgendem Kerngedanken:

»Die gesetzliche Regelung soll die Ordnung im Kreditwesen sichern, dazu beitragen, die Krisenanfälligkeit der Kreditinstitute zu vermindern und insbesondere Gefahren ausschließen, die sich aus der Verletzung der gesetzlich verankerten allgemeingültigen Bankregeln ergeben können. Grundlegende Voraussetzungen für die innere Gesundheit sind neben der *soliden Anlagepolitik* ein *angemessenes haftendes Eigenkapital* und eine *ausreichende Liquidität*. Die Grundsätze sollen die Erfahrungen festlegen, die sich im Kreditgewerbe und bei der Bankenaufsicht für eine angemessene Eigenkapitalausstattung und Liquiditätshaltung im Laufe der Zeit herausgebildet haben.«[3]

Wenn auch das vorrangige Ziel der Bankenaufsicht nicht in der Vermeidung der Insolvenz des einzelnen Kreditinstituts besteht, sondern in der Minderung der »Krisenanfälligkeit der Kreditinstitute« als Wirtschaftszweig[4], so setzen die Bemühungen der Bankenaufsicht doch bei der Existenzsicherung der Einzelbank an. Deshalb soll zunächst eine Auseinandersetzung mit einigen wichtigen Liquiditätstheorien erfolgen, die den Anspruch erheben, Dispositionsregeln für die Existenzsicherung der Einzelbank angeben zu können. Vor dem Hintergrund der Diskussion der Leistungsfähigkeit solcher Dispositionsregeln schließt sich eine Darstellung der gesetzlichen Bonitätsnormen als externe Rahmenbedingungen für bankbetriebliche Entscheidungen an.

a. 3. Der Beitrag der Liquiditätstheorien zur Existenzsicherung der Bank

Der Begriff der *Liquidität* wird unterschiedlich verwendet, je nachdem, ob man sich der objektbezogenen oder subjektbezogenen Betrachtungsweise bedient.

In der *objektbezogenen* Betrachtungsweise meint Liquidität die **Eigenschaft von Vermögensgegenständen, direkt oder indirekt** (d.h. nach Umtausch in Zahlungsmittel) **für Zahlungszwecke verwendbar zu sein:** Dieser Liquiditätsbegriff findet seinen Ausdruck in einer Ordnung von Vermögensgegenständen nach *Liquiditätsgraden* (Primärliquidität, Sekundärliquidität usw.).

Liquidität in *subjektbezogener* Betrachtungsweise ist die **Eigenschaft eines haftenden Rechtssubjekts** (hier eines Kreditinstituts), **Auszahlungsansprüche jederzeit befriedigen zu können.** Das ist der Fall, wenn die folgende Nebenbedingung erfüllt ist:

(C. 19) $\overline{L} + EZ ./. AZ \geq 0$

Es ist offensichtlich, daß *beide Liquiditätsbegriffe im Zusammenhang* zu sehen sind, denn welche Einzahlungen (EZ) in der Planperiode über den Anfangsbestand an Zahlungsmitteln ($\overline{L}$) hinaus zur Verfügung stehen, um die Auszahlungsverpflichtungen (AZ) zu begleichen, hängt (auch) von der Eigenschaft der Vermögensgegenstände ab, in Zahlungsmittel transformierbar zu sein.

---

[3] Begründung der Bundesregierung zum Entwurf eines Gesetzes über das Kreditwesen, Bundestags-Drucksache 3/1114: Hervorhebungen von den Verfassern.

[4] Herrhausen sprach in diesem Zusammenhang von der »Vertrauensanfälligkeit« des Kreditgewerbes, wies aber auch darauf hin, daß daraus kein Freibrief für jegliche Art von Regulierung abgeleitet werden darf. Vgl. A. Herrhausen, Deutsche Bank AG, Düsseldorf, in seinem Referat »Wettbewerb und Regulierung in der Kreditwirtschaft« am 1.2.1983 im Kontaktseminar an der Ruhr-Universität Bochum, in: SB Nr. 17, WS 1982/83, S. 42-45.

Unter dem Liquiditätsaspekt werden solche *Vermögensgegenstände* (zusammen mit Krediten als Finanzierungsquellen) zu prüfen sein im Hinblick auf

1) ihre Ergiebigkeit *(Volumen)*,
2) die Zeit, die bis zur Umwandlung in Zahlungsmittel vergeht *(Liquidationsdauer)*,
3) bei der Liquidation auftretende Verluste und sonstige Aufwendungen *(Transaktionskosten)*,
4) sonstige Auswirkungen auf das Kreditinstitut (Verlust von Kundenverbindungen, *Imagebelastungen*).

Zwischen diesen Qualitätsmerkmalen von Liquiditätsquellen bestehen Interdependenzen. Steht eine Bank unter Zwang, Wertpapiere mit einer Restlaufzeit von drei Jahren umgehend (2) zu verkaufen, so können dabei Kursverluste auftreten (3), die ihrerseits die Ergiebigkeit der Liquiditätsquelle beeinträchtigen (1). Ist andererseits die Bank – wegen Zahlungsunfähigkeit eines Kreditnehmers – vor die Notwendigkeit gestellt, zedierte Forderungen zu liquidieren, und kann sie sich dabei Zeit lassen (2), so können – bei Rücksichtnahme auf den Geschäftsgang der Drittschuldner – die Ergiebigkeit der Liquiditätsquelle erhöht (1), die endgültigen Kreditausfälle gesenkt (3) und eine Belastung des Bankimage infolge von »Exekutionen« der Drittschuldner (4) vermieden werden.

Unter Berücksichtigung dieser Zusammenhänge ist davon auszugehen, daß die im folgenden behandelten *Liquiditätstheorien* eine Basis liefern wollen, auf der *Dispositionsregeln für die Sicherung der Zahlungsfähigkeit einer Bank* (subjektbezogene Betrachtungsweise) abgeleitet werden können.

α. Die goldene Bankregel

Nach der von Hübner 1854 entwickelten Theorie bestehen Bankgeschäfte in gewinnbringendem Handel mit Leihgeldern. Das Leihen der Gelder gründet sich auf das Vertrauen in die Rückzahlungsfähigkeit der Bank. In der vertraglichen Überlassungsdauer der Einlagen kommt der Wille des Deponenten auf Liquiditätsverzicht zum Ausdruck, den die Bank zu respektieren hat. Insolvenzen von Banken resultieren aus dem (Irr-)Glauben ihrer Leitungen, daß Leihgelder bei Fälligkeit nicht abgezogen würden.

Aus dieser Anschauung folgert Hübner[5] seine klassische (»goldene«) Dispositionsregel: »Der Credit, welchen eine Bank geben kann, ohne Gefahr zu laufen, ihre Verbindlichkeiten nicht erfüllen zu können, muß nicht nur im Betrage, sondern auch in der Qualität dem Credite entsprechen, welchen sie genießt.«

Diese *Dispositionsregel* fordert die *vollständige betrags- und laufzeitmäßige Kongruenz von Passiv- und Aktivgeschäften,* damit die Auszahlungsanforderungen der Gläubiger gedeckt werden können. Die Auszahlungsanforderungen bestimmen sich nach den auf vertraglichen Vereinbarungen beruhenden Restlaufzeiten der Depositen. Diesen Zeiträumen sollen die Restlaufzeiten der einzelnen Aktivgeschäfte – die Dauer ihrer Selbstliquidation – angepaßt werden.

Überführt man die Dispositionsregel Hübners in die Form einer Bilanz, so wäre diese wie folgt zu strukturieren:

Aktiva	Passiva
Kasse	Sichteinlagen und andere täglich fällige Gelder
(risikoarme) kurzfristige Anlagen, geordnet nach entsprechender Selbstliquidationsdauer	befristete Einlagen, geordnet nach Restlaufzeiten
(risikoreiche) langfristige Anlagen	Eigenkapital

---
[5] O. Hübner: a.a.O., S. 28.

Zwar ist nicht zu übersehen, daß es Bilanzbereiche gibt, in denen die Zahlungsströme sich an vertraglich festgelegten Daten orientieren, weil die Vertragsparteien von ihren Rechtsansprüchen Gebrauch machen: auf der Einzahlungsseite etwa bei den Rückzahlungsmodalitäten für Konsumenten- und Hypothekendarlehen, auf der Auszahlungsseite bei Wertpapiertilgungen und den Dispositionen mancher Termingeldeinleger.

Bei vollständiger Betrachtung ist indessen von der in C. 19 gefaßten Liquiditätsbedingung auszugehen. Dann erkennt man, daß die Dispositionsregel Hübners *weder hinreichend noch notwendig für die Liquiditätssicherung der Bank* ist. Sie kann einerseits nicht hinreichen, weil sie (1) sich bei den Einzahlungen allein auf vertragliche Kreditrestlaufzeiten bezieht und nicht berücksichtigt, daß Kredite tatsächlich auch einfrieren, sowie (2) bei den Auszahlungen nur auf Einlegeransprüche, nicht aber auch auf Auszahlungsanforderungen aus vertraglich zugesagten Kreditlinien abstellt. Sie ist andererseits nicht notwendig, da (1) der gesamte Refinanzierungsspielraum der Bank bei Dritten für die Einzahlungen nicht berücksichtigt und (2) allein unter de jure-Aspekten unterstellt wird, daß die Einleger bei Fälligkeit ihrer Einlagen sich diese auch auszahlen lassen, während doch in ökonomischer Sicht viele Einlagen prolongiert und/oder substituiert werden.

Praktisch ist diese Dispositionsregel in ihrer strengen Form niemals verwirklicht worden. Betrachtet man die Geschäftsstrukturen der heutigen Kreditinstitute (vgl. S. 45), so wird erkennbar, daß der Verzicht auf jede Betrags- und Fristentransformation, wie er von Hübner gefordert wurde, zu erheblichen Rentabilitätseinbußen führen müßte.

Dennoch hat die Dispositionsregel in modifizierter Form als **Denken in Kapitalüberlassungs- und Kapitalverwendungsfristen** sowohl in der Finanzierungstheorie (goldene Bankregel → goldene Finanzierungsregel → horizontale Bilanzstrukturkennziffern) als auch in der Finanzierungspraxis von Banken und Nichtbanken bis heute nachgewirkt.[6]

β. Die Bodensatztheorie

Wie zuvor bereits von Tucker[7], Wilson[8] und Macleod[9] erkannt, wird auch von Wagner[10] herausgearbeitet, daß die zu einem bestimmten Zeitpunkt (bzw. täglich) fälligen Einlagen erfahrungsgemäß nicht alle gleichzeitig von den Gläubigern gekündigt werden. Das beruhe auf den unterschiedlichen Motiven der Bankkunden, Einlagen zu halten (Transaktionsmotiv, Sicherheitsmotiv oder Spekulationsmotiv; letzteres bezeichnet den Wunsch, erwartete Gewinnchancen wahrnehmen zu können).

Dementsprechend ließen sich für die Gesamtheit der Depositen die Erkenntnisse der Wahrscheinlichkeitstheorie anwenden, d.h. die Abhebungen einzelner Einleger werden als voneinander *unabhängige* Zufallsvariablen angesehen, die sich – nach dem Gesetz der großen Zahl – weitgehend mit Einzahlungen kompensieren und insoweit einen stabilen Sockel (Bodensatz) hinterlassen.

Angesichts der innerhalb des Depositenbestands auftretenden Prolongations- und Substitutionsprozesse komme es vor allem darauf an, daß eine Bank Barvorräte in Höhe des

---

[6] Vgl. auch J. Süchting: Finanzmanagement, a.a.O., S. 486ff.
[7] G. Tucker: The theory of money & banks investigated, Boston 1839, Reprint New York 1964, S. 164.
[8] J. Wilson: Capital, currency and banking, London 1847, S. 10.
[9] H. D. Macleod: The theory and practice of banking, London 1855/56, Bd. 2, S. 419.
[10] A. Wagner: Beiträge zur Lehre von den Banken, Leipzig 1857, insbesondere S. 162ff.

über den Bodensatz der Einlagen hinausreichenden Schwankungsbereichs der Depositen halte; daneben sollten die Fristen im Aktiv- und Passivgeschäft möglichst wenig voneinander abweichen, sollten Kredite auf der Grundlage des Bodensatzes prinzipiell kurzfristig kündbar sein.

Sieht man von diesen letztgenannten »Relikten« der goldenen Bankregel ab, so liegt der Fortschritt in der Liquiditätstheorie Wagners in der Erkenntnis, daß sich in ökonomischer Betrachtung auch aus de jure kurzfristigen Einlagen ein langfristiger Bodensatz bildet, der ertragbringend angelegt werden kann. Dieser Bodensatz an Einlagen läßt sich wie folgt darstellen:

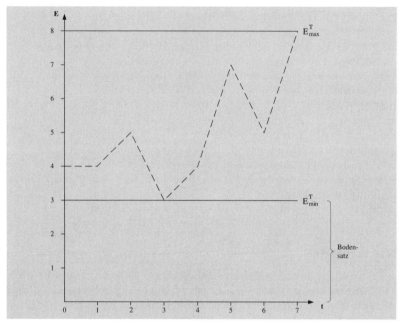

Abb. C. 78: Bodensatz der Einlagen

In der Darstellung wird der Bodensatz durch die Einlagengerade E_{min}^T zum Ausdruck gebracht. Das ist der Minimumbestand an Einlagen, der in der Referenzperiode T, bestehend aus den Teilperioden $t_i = 1, 2, 3... 7$, von den Schwankungen der Einlagen unberührt bleibt (Die Einlagenbestände an den jeweiligen Periodenenden t ergeben sich aus dem Endbestand der Periode t – 1 sowie der Differenz aus Zu- und Abflüssen in der Periode t).

Um dem Ausmaß der Einlagenschwankungen in T gerecht werden zu können, müssen entsprechend der Bodensatztheorie über die Teilperioden $t_1 = 1$, $t_2 = 2$, $t_3 = 0$, $t_4 = 1$, $t_5 = 4$, $t_6 = 2$ und $t_7 = 5$ Einheiten Kasse gehalten werden, während 3 Einheiten in Krediten angelegt werden können, deren Laufzeit der Totalperiode entspricht.

Die Dispositionsregel Wagners läßt sich in der Bilanzstruktur so erfassen:

Aktiva	Passiva
Kasse	Nichtbodensatz der Einlagen
kurzfristige Anlagen	Bodensatz der Einlagen
langfristige Anlagen	Eigenkapital

Obgleich unverkennbar ist, daß die Liquiditätstheorie Wagners insoweit der Realität eher gerecht wird, als die juristische Betrachtungsweise Hübners durch eine auf die ökonomische Bestandsbildung der Einlagen abstellende Analyse abgelöst wird, bleiben andere Mängel bestehen.

Zunächst muß es inkonsequent erscheinen, daß Bodensatzbildungen wohl bei den Einlagen, nicht aber bei den Krediten berücksichtigt werden. Wenn infolge Einfrierens der Kredite aus de jure kurzen Kreditfälligkeiten de facto langfristige werden, leidet darunter die Ergiebigkeit des Zahlungsstroms aus der Selbstliquidation solcher Kredite. Allerdings kann in konsequenter Fortführung der Bodensatzüberlegungen Wagners gefolgert werden, daß daraus keine Bedrohung der Liquidität der Bank resultiert. Wenn nämlich Bodensätze an Einlagen per definitione liquiditätsvorsorgebedürftige Auszahlungsüberschüsse nicht entstehen lassen, so bedarf es auch nicht der Alimentierung durch Einzahlungsüberschüsse aus Krediten.[11]

Im übrigen übersieht auch Wagner noch eine denkbare Belastung der Auszahlungsströme durch zugesagte, bisher nicht in Anspruch genommene Kreditlinien sowie eine mögliche Verstärkung der Einzahlungsseite durch den Refinanzierungsspielraum, den die Bank bei potentiellen Geldgebern (neben den Einlegern) besitzt.

Bei der Planung von Ein- und Auszahlungen und der resultierenden Einlagenbestände kann nicht grundsätzlich davon ausgegangen werden, daß diese Zahlungsbewegungen voneinander unabhängig sind. Das wird deutlich, wenn man den Einlagenbestand nach Einlegergruppen und den entsprechend ihren Motiven unterhaltenen Einlagenkategorien ordnet: die Anordnung in Abbildung C. 79 erfolgt – in verallgemeinernder Form – nach abnehmender Liquiditätsvorsorgebedürftigkeit (»hot → cool money«).

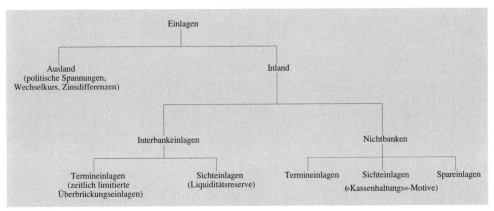

Abb. C. 79: Unterschiedliche Vorsorgebedürftigkeit der einzelnen Einlagenkategorien (In Anlehnung an H. Hoffmann: Dispositionsregeln zur Solvenzsicherung von Depositenbanken, Diss. Saarbrücken, 1967, S. 30f.)

Von Ausländern wird angenommen, daß sie ihre Einlagen vorwiegend aus dem Ertragsmotiv heraus unterhalten, d.h. das zwischen den Ländern bestehende Gefälle von politischer und Wechselkurs-Stabilität sowie im Zinsniveau kurzfristig ausnutzen, so daß es zu starken Einlagenschwankungen kommen kann. – Ähnlich verhält es sich bei Termineinla-

---

[11] Von Kreditverlusten und dem daraus folgenden Solvabilitätsrisiko soll hier abgesehen werden.

gen von Banken untereinander, die in hohem Maße zinsempfindlich sind und entsprechend schnell umdisponiert werden. Rasche Umdispositionen gibt es zwar auch bei (niedriger verzinslichen) Sichteinlagen unter Kreditinstituten; andererseits gewinnt diese Einlagenkategorie an Stabilität, wenn es sich um solche bei befreundeten Banken (einer Gruppe) handelt, über die u.U. auch ein Teil des Zahlungsverkehrs abgewickelt wird (working balances). – Im Bereich der Nichtbanken-Einleger finden sich die am stärksten schwankenden Bestände bei den Termineinlagen, die vor allem von Unternehmen und insbesondere in Zeiten der Unterbeschäftigung als ertragbringendes »Auffanglager« bis zur Vornahme von Investitionen unterhalten werden. Demgegenüber dienen Sichteinlagen den Wirtschaftssubjekten zur Abwicklung des Zahlungsverkehrs, während bei den Spareinlagen der privaten Haushalte als einer ebenfalls stabilen Einlagenkategorie die Bildung von Reserven für unvorhersehbare Beanspruchungen der Liquidität im Vordergrund stehen mag (»Notgroschen«).

Aus dieser Darstellung folgt, daß innerhalb stärker homogener Einlegergruppen entsprechend den dort dominanten Motiven (und entgegen der Ansicht Wagners) durchaus eine (regelmäßig positive) Korrelation der Einlagenbewegungen besteht. Andererseits kann es zwischen mehreren Einlegergruppen auch negative Korrelationen geben, so daß Einlagenzuflüsse einer Gruppe tendenziell durch Einlagenabflüsse einer anderen Gruppe kompensiert werden. Während man beobachtet, daß z.B. in einer Zeit konjunktureller Flaute inländische Unternehmen und Private ihre Termin- und Spareinlagen trotz relativ niedriger Zinssätze verstärken, mögen Ausländer bestehende Zinsdifferenzen zu Ländern mit noch guter Konjunktur ausnutzen und ihre Einlagen abziehen. – Eine Bank, die in mehreren Einlegergruppen verhaftet ist, kann demnach ihren Bodensatz im Gesamtbestand der Einlagen erhöhen, da negative Korrelationen unter den Einlagenbewegungen der Gruppen bestehen, und nicht nur deshalb, weil – wie Wagner annahm – die Bewegungen der Einzeleinlagen grundsätzlich als voneinander unabhängige Zufallsvariable aufzufassen sind.

So nützlich die Analyse der Einlegermotive und der Fluktuation der Bestände einzelner Einlagenkategorien für die Planung des gesamten Einlagenbestands einer Bank ist, so braucht aus ihrer ungleichen Stabilität doch nicht der Schluß gezogen zu werden, daß Liquiditätsvorsorge in unterschiedlichem Umfang für jede Einlagenkategorie zu betreiben sei. Für die Liquiditätsentwicklung der Bank kommt es auf die Relation der *Gesamt*kasse zu dem Nichtbodensatz der *gesamten* Einlagen an, nicht auf die Zuordnung von Einzelkassen zu einzelnen Einlagenkategorien; das liefe auf eine unwirtschaftliche, weil dezentralisierte Kassenhaltung hinaus, die den Ausgleichseffekten zwischen einzelnen Kategorien von Einlagen nicht gerecht würde (siehe Abbildung C. 80).

Diese idealtypische Abbildung zeigt, daß eine Bank, die ihre Kassenhaltung an dem Nichtbodensatz der Einlagen ausrichtet, im Fall I bei dezentraler Kassenhaltung zwei Einheiten Kasse unterhalten müßte. Bei zentralisierter Kassenhaltung dagegen kommt sie mit einer Null-Kasse aus, weil die durchschnittliche Höhe der Einlagenkategorien A und B sowie das Ausmaß ihrer Schwankungen gleich sind, die Richtung ihrer Schwankungen im Zeitverlauf aber einander genau entgegengesetzt ist (Korrelation von -1).

In der Realität wird man allerdings auch in diesem Fall II einen Sicherheitsbestand an Kasse halten, weil – selbst bei Kenntnis negativer Korrelationen – eine genaue Vorhersage der Entwicklung des Gesamtbestands an Einlagen nicht möglich ist.

Obwohl oben herausgestellt wurde, daß auch Wagner die für die Liquidität einer Bank *wichtigen Zahlungsströme nicht vollständig erfaßt* hat, ist es ihm doch gelungen, die formalrechtlich begründete Auffassung Hübners von der strengen Liquiditätsvorsorgebedürftigkeit der Einlagenbestände durch eine ökonomische Betrachtungsweise der Wirklichkeit anzunähern. Die **Erweiterung der Liquiditätstheorie um Bodensatzüberlegungen hat**

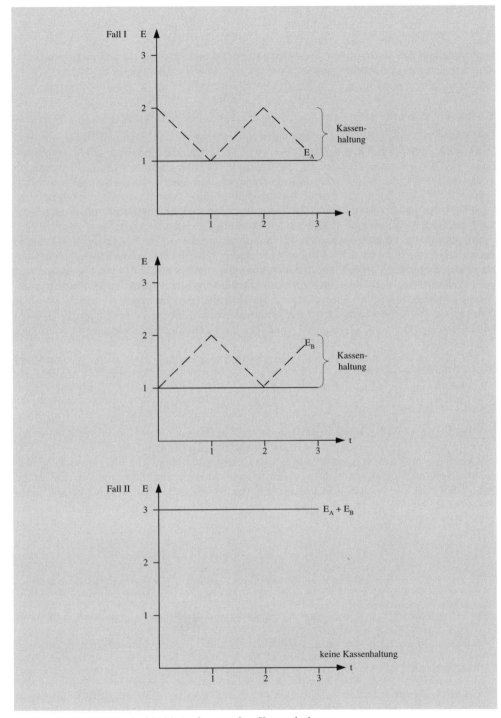

Abb. C. 80: Unwirtschaftlichkeit dezentraler Kassenhaltung

bis heute Gültigkeit behalten. – Auf solche Bodensatzüberlegungen hat die Wissenschaft ihre Kritik an den goldenen Finanzierungsregeln gestützt, die in der Aussage gipfelt, daß eine fristenkongruente Finanzierung von Unternehmensinvestitionen nicht erforderlich sei, weil innerhalb der kurzfristigen Fremdkapitalbestände mit Prolongationen und Substitutionen insbesondere der Banken und Lieferanten gerechnet werden könne.[12]

γ. *Die Shiftability Theory*

Die Fortentwicklung der Liquiditätstheorie durch Moulton[13] im Jahre 1918 ist vor dem Hintergrund einer Veränderung des Charakters der Bankfinanzierungen zu sehen. Dominierte bei den Bankhäusern des 19. Jahrhunderts die Finanzierung zwischenbetrieblicher Warenumsätze, so verlagerte sich mit der zunehmenden Industrialisierung und der wachsenden Rolle des Staates in den Volkswirtschaften das Gewicht vom kurzfristigen Handelskredit zur längerfristigen Industrie- und Staatsfinanzierung in Form von Produktionskrediten sowie privaten und staatlichen Wertpapieremissionen.

Moulton hatte erkannt, daß auch die aus der Liquidation von Positionen des Umlaufvermögens in kreditnehmenden Handels- und Industriebetrieben gewonnenen Zahlungsmittel in der Regel für Zwecke der Kreditrückführung nicht verwandt werden konnten, weil sie zur Auffüllung der Läger und zur Aufrechterhaltung der Produktion benötigt wurden. Aus der betriebsbedingten Notwendigkeit des Durchhaltens derartiger »eiserner« Bestände (Bodensätze im Umlaufvermögen) der Unternehmen resultieren demnach an die Banken herangetragene Prolongationswünsche (und bei ihrer Bewilligung Bodensätze von Kontokorrentkrediten der Kreditinstitute).[14]

Mit der aus den veränderten Finanzierungsbedürfnissen ihrer Kreditnehmer resultierenden Umstrukturierung der Bankaktiva mußte sich die Frage aufdrängen, ob damit nicht eine Gefährdung der Liquidität der Kreditinstitute einhergehe, denn angesichts der sinkenden Eigenkapitalquoten der Banken bedeutete diese Entwicklung einen Verstoß sowohl gegen die auf der Kongruenz der vertraglichen Fälligkeiten von Einlagen- und Anlagenbeständen basierende Dispositionsregel Hübners als auch gegen die eine prinzipiell kurzfristige Anlage von Fremdgeldern fordernde Finanzierungsregel Wagners.

Dem hielt nun Moulton entgegen, daß der Einzahlungsstrom für die Begleichung von Auszahlungsverpflichtungen nicht nur aus fälligen Anlagen resultiert, sondern daß es im Bedarfsfalle auf die vorzeitige Abtretung der Bankaktiva ankomme: »Liquidity is a tantamount to shiftability.«[15] Dies bedeutet, daß *bei Abtretbarkeit der Vermögenspositionen* der

---

[12] Vgl. dazu D. Härle: Finanzierungsregeln und ihre Problematik, Wiesbaden 1961, S. 95f. In diesem Zusammenhang ist indessen darauf hinzuweisen, daß die Bereitschaft derartiger Fremdkapitalgeber zu Prolongationen und Substitutionen an bestimmte Voraussetzungen der Kreditwürdigkeit gebunden ist, zu denen i.d.R. auch die Einhaltung inzwischen modifizierter, branchenindividueller Bilanzstrukturkennziffern gehört.

[13] H. G. Moulton: Commercial banking and capital formation, in: JoPE, vol. 26, 1918, S. 484-508, 638-663, 705-731 und insbesondere S. 849-881.

[14] Dazu vgl. auch E. Schmalenbach: Kapital, Kredit und Zins in betriebswirtschaftlicher Beleuchtung, a.a.O., S. 132ff. – Ein Unternehmen kann auf die Prolongation kurzfristiger Finanzierungen seiner Bodensätze des Umlaufvermögens verzichten, wenn entweder seine Gewinnkraft eine Ersetzung des kurzfristigen Fremdkapitals durch Mittel der Selbstfinanzierung erlaubt, eine Ablösung des Kredits durch einen Drittfinanzier möglich oder die Unternehmung bereit ist, sich durch Teilliquidation ihres Vermögens auf eine niedrigere Kapazitätsstufe zu begeben.

[15] H. G. Moulton: a.a.O., S. 723.

Kreditinstitute vor Fälligkeit und einer dadurch erzielten vorzeitigen Verflüssigung die *Einhaltung traditioneller Liquiditätsregeln nicht erforderlich ist.*

Fragt man nach den *Voraussetzungen* für die *Abtretbarkeit* der Bankaktiven, so sind vor allem die folgenden zu nennen:

(1) Die Bonität der Kreditnehmer (bzw. Emittenten) muß gegeben sein.
(2) Es müssen Märkte für den Handel in den betreffenden Bankaktiva bestehen.
(3) Es darf nicht zu einer allgemeinen »Verklemmung« derartiger Märkte für den Handel in Bankaktiva kommen.

Als z.B. im November 1975 die Stadt New York wegen jahrelangen Mißmanagements und bei wachsenden Budgetdefiziten in Konkurs zu gehen drohte – die Zahlung der Löhne und Gehälter für die öffentlichen Bediensteten war in Frage gestellt (1) –, sanken die Kurse ihrer Anleihen (2) auf weniger als die Hälfte ihres Nominalwerts. Der Handel in diesen Anleihen geriet ins Stocken (3). Es fanden sich keine Anleger mehr, die bereit waren, Kredit zu geben, indem sie neue Anleihen zeichneten. Die Kreditbereitschaft konnte erst wiederhergestellt werden, als auf der Grundlage drastischer Budgetkürzungen, Steuererhöhungen und Bankmoratorien Washington mit Zwischenfinanzierungen aushalf.

Mit diesen Qualifikationsmerkmalen ist eine Kategorie von Bankaktiva beschrieben, die infolge der durch ihre Abtretbarkeit erhaltenen künstlichen Liquidität als *Sekundärreserve* bezeichnet werden kann. Solche Sekundärreserven sind verzinsliche Anlagen, die sich im Bedarfsfalle ohne zeitliche Verzögerung und ohne bzw. mit nur »geringfügigen« Verlusten in Primärreserven umwandeln lassen. Konkret fallen darunter neben Einlagen bei anderen Banken vor allem zentralbankfähige Handelswechsel und Geldmarktpapiere.

Unter heutigem Erkenntnisstand ist es sinnvoll, Bodensatzüberlegungen mit Ergebnissen der Shiftability Theory zusammenzuführen. Dann lassen sich Bilanzstrukturnormen ableiten, die zu folgendem Bilanzbild führen:

Aktiva	Passiva
Kasse (Primary Reserves) und »verlustlos« liquidierbare Anlagen (Secondary Reserves)	Nichtbodensatz der Einlagen
ggf. mit Verlust sowie nicht abtretbare, für die nachhaltige Ertragserzielung bestimmte Anlagen (Investments)	Bodensatz der Einlagen
der Betriebsbereitschaft dienende Anlagen*	Eigenkapital

* vor allem Grundstücke und Gebäude, Betriebs- und Geschäftsausstattung, Beteiligungen an Kreditinstituten.

Die Einfügung von Shiftability-Überlegungen in die Bodensatzdarstellung könnte z.B. wie in Abbildung C. 81 im Hinblick auf E_{min}^{5-7} geschehen. Zeichnet sich bei der Planung des Gesamtbestands an Einlagen während der Periode T ab, daß aufgrund des Einlagenwachstums für die Teilperioden ein erhöhter Bodensatz E_{min}^{5-7} zu erwarten ist, so könnte die Bank in Höhe des Betrages E_{min}^{5-7} ./. E_{min}^{T} Sekundärreserven statt Primärreserven halten und so ihre Gewinnlage verbessern (über die Gesamtperiode T liegen die nun gebildeten Sekundärreserven im ursprünglichen Schwankungsbereich der Einlagen).

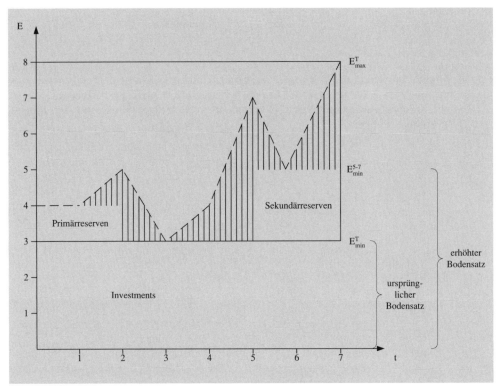

Abb. C. 81: Erhöhter Bodensatz der Einlagen

Eine Liquiditätstheorie, die neben Elementen der Bodensatztheorie die Erkenntnisse der Shiftability Theorie berücksichtigt, vermag zu erklären, warum die Banken den veränderten Finanzierungsbedürfnissen ihrer Kundschaft entsprechen konnten, ohne illiquide zu werden.

Dem Schwankungsbereich der Einlagen und damit dem Liquiditätsrisiko wird Rechnung getragen durch Sicherheitsreserven, die nicht nur aus Primary Reserves, sondern vor allem auch aus Secondary Reserves bestehen. Die Sekundärreserven beschreiben Aktiva, die entweder im Markt verkauft oder zur Grundlage von Refinanzierungen gemacht werden können. **Mit der Einführung der Sekundärreserve wird somit auch der Refinanzierungsspielraum sichtbar, den eine Bank bei der Notenbank in Form von Rediskont- und Lombardkrediten sowie bei ihren Partnern am Geldmarkt genießt.** Eine Zusatzverschuldung gegenüber anderen Banken kann indessen *auch ohne Verwertung der Sekundärreserve* vorgenommen werden. Bezieht man darüber hinausgehende Kreditlinien bei den Geldmarktpartnern wie auch mögliche Auszahlungsverpflichtungen aus selbst zugesagten Kreditlinien in die Betrachtung ein, so sind die denkbaren Zahlungsströme aus der Liquiditätsbedingung im finanziellen Bereich der Bank (C. 19, S. 459) vollständig erfaßt.

δ. Die Maximalbelastungstheorie

Während die bisher behandelten Liquiditätstheorien auf mehr oder weniger große Liquiditätsbelastungen im Zuge des laufenden Geschäfts einer Bank abstellten, wie sie in einem unterschiedlich hohen Bodensatz der Einlagen zum Ausdruck kommen, berücksichtigt die Liquiditätstheorie von Stützel[16] den »*Maximalbelastungsfall*« einer Run-Situation, in der alle Einleger einer ins Gerede gekommenen Bank ihre Einlagen abziehen wollen und der Bodensatz somit gegen Null tendiert. In diesem Fall müßten die Passivfälligkeiten durchaus ernst genommen werden (seien also die Einlagenabzüge *keine voneinander unabhängigen* Zufallsvariablen), während man mit einem termingerechten Rückfluß der Liquidität aus den Bankanlagen (aus den oben geschilderten Gründen) nicht rechnen könne.

Unter solchen Umständen sei für die Sicherung der Existenz eines Kreditinstituts neben der Zinskonstellation die Bonität der Anlagentitel entscheidend, da diese vor Fälligkeit durch Abtretung in Zahlungsmittel umgewandelt werden könnten. Dabei sei – entsprechend der Unterteilung in Primär-, Sekundärreserven und Investments – zwar mit Liquidationsverlusten zu rechnen, eine Gefahr, der indessen vorgebeugt werden könne.

In diesem Zusammenhang rückt Stützel die Pufferfunktion (Garantiefunktion) des Eigenkapitals in den Vordergrund. Solange die *Summe der Verluste*, die *bei vorzeitiger Abtretung* der Aktiva hingenommen werden müsse, das *Eigenkapital nicht übersteige*, liege *keine Überschuldung* vor, sei somit die Existenz der Bank gesichert.

Die Summe der Abtretungsverluste könne andererseits um so kleiner gehalten werden, je mehr es gelingt,

– das Bonitätsrisiko über eine Risikozerfällung nach Kreditgrößen und eine Diversifikation der Kredite z.B. nach Branchen,
– das Zinsänderungsrisiko durch Zinsgleitklauseln

einzuschränken.

Für die Ermittlung möglicher Vermögensverluste sei eine Belastungsrechnung in Form einer sogenannten »*Einlegerschutzbilanz*« zu erstellen. Dies geschieht unter der Annahme, daß

– die Einlagen zum nächstmöglichen Kündigungstermin abgezogen werden und
– sich für die Anlagen Liquidationswerte ermitteln lassen, die sich aus den Buchwerten minus den Abschreibungen (als Ausdruck von Abtretungsverlusten) ergeben.

Eine Einlegerschutzbilanz hat dann diese Struktur:

Aktiva	Passiva
ohne Liquidationsverluste verwertbare Anlagen und Sekundärreserven sowie um Liquidationsverluste berichtigte Anlagen (Investments und Anlagen der Betriebsbereitschaft)	Fällige Verbindlichkeiten sowie noch nicht fällige Verbindlichkeiten
Liquidationsverluste	Eigenkapital

---

[16] W. Stützel: a.a.O., S. 20ff.

Unzweifelhaft ist es ein Verdienst Stützels, die Existenzbedrohung einer Bank mit Blick auf den *Zusammenhang* von zwei grundsätzlich unterschiedlichen Ebenen herausgearbeitet zu haben: die *Liquiditäts- und die Eigenkapitalebene*. In einer Situation, in der eine Bank anormal hohe Einlagenabzüge erleidet, ist sie gezwungen, Anlagen vorzeitig und unter Hinnahme von Verlusten zu liquidieren, die das Eigenkapital mindern.

Andererseits überschätzt Stützel die Bedeutung der resultierenden Bilanzstrukturregel. Erstens wird das Management einer Bank den Umfang von in der Extremsituation des Run auftretenden *Liquidationsverlusten* (und damit die Angemessenheit des Eigenkapitals) *kaum abschätzen* können, und zweitens müssen solche Schätzgrößen externen Interessenten (z.B. der Bankenaufsicht stellvertretend für die Einleger) auch *glaubhaft* gemacht werden können, wenn eine derartige Einlegerschutzbilanz wirklich Schutzfunktion ausüben soll. – Es kommt hinzu, daß auch die Gläubiger der noch nicht fälligen Verbindlichkeiten im Run-Fall versuchen werden, ihre Ansprüche sofort fällig zu stellen. Dadurch aber wäre eine »ruhige« Abwicklung der Engagements gefährdet, so daß der Verlustumfang potenziert würde (vgl. S. 485).

Unter solchen Umständen muß es wirklichkeitsfremd erscheinen, das Liquiditätsproblem einer Bank (wie jeder anderen Unternehmung) allein auf die Frage ausreichender Solvabilität reduzieren zu wollen.

Wichtiger als die Aufdeckung der Zusammenhänge zwischen Liquiditätsrisiko und Solvabilitätsrisiko erscheint die **Betonung von Diversifikationsüberlegungen für die Solvenzsicherung** der Bank. Damit hat Stützel den Kerngedanken der Portfolio Selection Theorie für die Liquiditätstheorie der Bank verfügbar gemacht. Das Risiko aus den Gesamtanlagen einer Bank hängt demnach nicht nur von der Summe der Risiken aus den Einzelengagements ab, sondern ist auch eine Funktion der Korrelation zwischen den Risiken dieser Einzelengagements.

Faßt man die Erkenntnisse der dargestellten Liquiditätstheorien zusammen, so muß eine *Theorie* für die Entwicklung von Dispositionsregeln zur *Existenzsicherung der Bank folgende Elemente* berücksichtigen:

– die durch ökonomische Halteperioden determinierten *Bodensätze* von Einlagen- und Anlagenbeständen (einschließlich der »unsichtbaren« Kreditlinien der Kunden);
– die für den Schwankungsbereich von Einlagen- und Anlagenbeständen gehaltenen *Liquiditätspuffer in Form von Primär- und Sekundärreserven* (einschließlich des darüber hinaus vorhandenen »unsichtbaren« Refinanzierungsspielraums);
– die *Qualität der Investments* unter Berücksichtigung der Streuung der Anlagen sowie
– die risikotragenden *Eigenkapitalvorräte*.

Vor diesem Hintergrund sollen die gesetzlichen Vorschriften für die Bonitätssicherung von Kreditinstituten geprüft werden.

b. Entwicklung der bankaufsichtsrechtlichen Normen im Überblick

Nachdem es im Zuge der Bankenkrise im Juli 1931 auch in Deutschland erstmals zu einem Run auf die Schalter gekommen war, setzte 1934 mit der Einrichtung des »Aufsichtsamtes für das Kreditwesen« und dem Erlaß des »Reichsgesetzes über das Kreditwesen« die besondere Regulierung des Bankensektors ein. Das als Nachfolgegesetz erst *1962* in Kraft getretene *»Gesetz über das Kreditwesen«* enthielt dann *bereits das bis heute gültige Grundgerüst von Eigenkapitalbelastungs- und Finanzierungsregeln*, die in den *Grundsätzen I bzw. II und III* detaillierter ausformuliert wurden. Im Anschluß an den Zusammenbruch des Kölner Privatbankhauses Herstatt nach Verlusten aus Devisentermingeschäften wurde mit dem Grundsatz Ia 1974 der Umfang offener Devisen- und Edelmetallpositionen begrenzt. Nach einer zweiten (»kleinen«) KWG-Novelle 1976 (Verschärfung der Großkreditvorschriften) zwang die Internationalisierung des Bankgeschäfts dazu, die Kreditinstitute auf konsolidierter Basis, also unter Einschluß ihrer Auslandstöchter zu beaufsichtigen (3. KWG-Novelle, 1985).

Gleichzeitig wurde deutlich, daß es dringend einer Harmonisierung der durch erhebliche Unterschiede gekennzeichneten Aufsichtsnormen zumindest in den bedeutenden Wirtschaftsnationen bedurfte, um Regulierungsarbitragen – Geschäfte wurden dort abgewickelt, wo sie den schwächsten Kontrollvorschriften unterlagen – einzudämmen. Nach einer Gemeinschaftsaktion der Bankaufsichtsbehörden der Vereinigten Staaten und Großbritanniens wurden im Jahre 1987 die Empfehlungen des in der Bank für Internationalen Zahlungsausgleich (BIZ) arbeitenden *Baseler Ausschusses für Bankenaufsicht* (nach dem ersten Vorsitzenden sogenanntes »Cooke-Committee«) den nationalen Bankenverbänden zugeleitet und als offizielle Empfehlung »International Convergence of Capital Measurement and Capital Standards« im Jahre 1988 von den Zentralbankgouverneuren bzw. -präsidenten der Länder der Zehnergruppe verabschiedet.

Diese Empfehlung zielte auf eine einheitliche Begrenzung der Risiken insbesondere aus dem Aktivgeschäft der Kreditinstitute durch Anbindung an ihre haftenden Eigenkapitalmittel. Sie bildete die Grundlage für die im Rahmen der Harmonisierung des Bankrechts in Europa 1989 verabschiedeten *EG-Solvabilitäts- und EG-Eigenmittelrichtlinien*. Parallel dazu hatte die deutsche Bankenaufsicht, insbesondere mit Blick auf das sprunghafte Wachstum des nicht bilanzrelevanten, risikobehafteten Geschäftes vor allem aus Finanzinnovationen, eine Neufassung der Grundsätze I und Ia erarbeitet, die im Herbst 1990 in Kraft trat. Wegen der zeitlichen Parallelität dieser Überarbeitung der Bilanzstrukturnormen war aber bereits absehbar, daß ein Anpassungsbedarf der deutschen Grundsätze I und Ia an die entsprechenden europäischen Richtlinien zur Solvabilität und zum Eigenkapital bestehen würde. Im Rahmen der *4. KWG-Novelle*, die zum 1. Januar 1993 in Kraft trat, wurden die haftenden Eigenmittel der Bank neu definiert und mit dem modifizierten Grundsatz I über die bisher allein erfaßten *Ausfallrisiken aus Buchkrediten* hinaus nun auch diejenigen aus *Wertpapieren* beschränkt, um die sich im Zuge der Securitization zeigende Tendenz zur Verbriefung von Finanzierungen zu berücksichtigen.

Die fünfte KWG-Novelle setzte mit Wirkung ab Januar 1996 die EU-Großkredit- sowie die -Konsolidierungsrichtlinie (Eigenkapitalausstattung für Kreditinstitutsgruppen) in deutsches Recht um.

Zur weiteren Angleichung der Aufsichtsnormen wurde im März 1993 die *EU-Kapitaladäquanzrichtlinie (CAR)* verabschiedet, um auch die in Trennbankensystemen wie demjenigen Großbritanniens anzutreffenden reinen Wertpapierhäuser in das Regulierungssystem einzubeziehen. Dabei strebte man an, die Systematik der Eigenkapitalbelastungsregeln möglichst sachgerecht auf die Begrenzung der für diese Finanzintermediäre typischen Risiken zu übertragen (»...adäquanz...«). Diese resultieren aus *Schwankungen von Marktpreisen* (etwa Zinsen, Aktien- und Währungskursen) der gehandelten Wertpapiere. Nach dem Grundsatz »same business, same risk, same regulation« wurde der Anwendungsbereich der entwickelten Risikobegrenzungsnormen aber über Investment Banks hinaus auch auf den *Wertpapier-Handelsbestand von Universalbanken* (»Trading Book«) ausgedehnt, um ein ebenes, gleichgemachtes Spielfeld für alle Marktteilnehmer (»level playing field«) zu schaffen. Nach den EU-Vorgaben war die CAR bis Ende 1995 in nationales Recht zu transformieren – in Deutschland sollte dies im Rahmen einer sechsten KWG-Novelle und mit Hilfe eines veränderten Grundsatzes Ia geschehen.

Während der Umsetzungsdiskussion wurde wiederum vom *Baseler Bankenausschuß* eine *»Ergänzung der Eigenkapitalempfehlung zum Einbezug von Marktrisiken«* erarbeitet.[17] Neben der Einigung über sogenannte *Standardverfahren* zur Quantifizierung möglicher Marktpreisschwankungen wurden Anforderungen entwickelt, deren Erfüllung den Kreditinstituten die Verwendung *interner Modelle zur Risikomessung und -steuerung* und – daraus abgeleitet – die *selbständige Bestimmung der institutsindividuell zu unterhaltenden Eigenkapitalbeträge* erlaubt. Dieser Vorschlag wies einen Weg aus dem »Regulierungsdilemma« des letzten Jahrzehnts: Die hohe Zahl von Produktinnovationen insbesondere im Bereich der derivativen Finanzinstrumente erzwang eine permanente Modifikation der quantitativen Begrenzungsvorschriften. Durch den für die Entwicklung maßgeschneiderter Kontrollkonzepte erforderlichen Zeitaufwand konnte die Bankenaufsicht aber nicht mit der Dynamik der Finanzmärkte mithalten. Dies legte die Vorgabe qualitativer Mindeststandards nahe, bei deren Einhaltung die Banken in ihrem Risikomanagement weitgehend autonom operieren können. Es entfiele dann die Notwendigkeit, bei jeder Finanzinnovation die bankaufsichtlichen Normen anzupassen.

Da es sich abzeichnet, daß die CAR voraussichtlich bereits 1998 entsprechend erweitert wird, haben der deutsche Gesetzgeber und das Bundesaufsichtsamt diese Entwicklung bereits antizipiert. *Die CAR und die Baseler Empfehlung werden mit Hilfe der 6. KWG-Novelle und eines konzeptionell neugestalteten Grundsatzes I gemeinsam umgesetzt. Letzterer integriert Ausfall- und Marktrisikovorschriften (so daß der bisherige Grundsatz Ia entfällt)* und tritt am 1. Oktober 1998 in Kraft. Erst ab diesem Zeitpunkt sind auch die besonders bedeutsamen §§ 10 und 1 KWG in neuer Fassung anzuwenden. Die folgende Abbildung C. 82 zeigt, nach welchen Normen die einzelnen Risikokomplexe einer Bank bis zu diesem Zeitpunkt geregelt werden und stellt die geplanten Modifikationen gegenüber.[18]

Dabei ist die zukünftige *Trennung zwischen Anlage- und Handelsbuch* hervorzuheben (§ 1 Abs. 11 KWG). Das Trading Book setzt sich zusammen aus Wertpapieren inkl. Investmentzertifikaten, Geldmarktinstrumenten, Devisen und Derivaten, die im Eigenbestand gehalten oder übernommen wurden, um einen Handelserfolg zu erzielen. Dabei wird an die Definition des § 340c Abs. 1 HGB angeknüpft (vgl. S. 325), nach der der Handelsbestand diejenigen Finanzinstrumente umfaßt, die nicht zur Liquiditätsreserve bzw. dem Anlagebestand zählen. Die Zuordnung erfolgt nach institutsintern festgelegten Kriterien, die jedoch objektiv nachvollziehbar sowie dem BAKred und der Bundesbank mitzuteilen sind. Umwidmungen vom Handels- in das Anlagebuch (und umgekehrt) müssen nachvollziehbar begründet und dokumentiert sowie durch die Innenrevision und den Abschlußprüfer kontrolliert und bestätigt werden. – Nur auf dieses Handelsbuch beziehen sich die Vorschriften über Marktpreisrisiken, mit Ausnahme der Begrenzung des Währungsrisikos, die auf die Gesamtposition einer Bank abstellt.

---

[17] Vgl. Basler Ausschuß für Bankenaufsicht: Amendment to the Capital Accord to Incorporate Market Risks, Basel 1996.
[18] Gesetz zur Umsetzung von EG-Richtlinien zur Harmonisierung bank- und wertpapieraufsichtsrechtlicher Vorschriften v. 22.10.1997, in: Bundesgesetzblatt v. 28.10.1997, S. 2518-2580 sowie Bekanntmachung des Bundesaufsichtsamtes für das Kreditwesen über die Änderung und Ergänzung der Grundsätze über das Eigenkapital und die Liquidität der Kreditinstitute vom 29.5.1997, Bundesanzeiger v. 11.11.1997, S. 13555-13559.

Risikokomplex	Regelung vor der 6. KWG-Novelle	Veränderungen durch die 6. KWG-Novelle und den neuen Grundsatz I	
		Investment Book	Trading Book
Liquiditätsrisiken	§§ 11 und 12 KWG i.V.m. G II und III	---	---
(Adressen-)Ausfallrisiken			
Normale Kreditrisiken	§ 10 KWG i.V.m. G I	G I, 2. Abschnitt	(G I, 5. Abschnitt, ß 27)
Großkreditrisiken	§ 13 KWG		§§ 13a, 13b KWG
Markt(preis)risiken			
Zinsänderungsrisiken	Bilanzgeschäfte: Rundschreiben 1983 Außerbilanzielles Geschäft: § 10 KWG i.V.m. G Ia	---	G I, 5. Abschnitt, §§ 20-23
Währungsrisiken (inkl. Risiken aus Geschäften mit Edelmetallen und Rohwaren)	§ 10 KWG i.V.m. G Ia	G I, 3. und 4. Abschnitt	
Aktienkursrisiken	§ 10 KWG i.V.m. G Ia	---	G I, 5. Abschnitt, §§ 24-26
			Gesonderte Behandlung Optionen: G I, 6. Abschnitt Bankeigene Risikomodelle: G I, 7. Abschnitt

Abb. C. 82: Bankaufsichtliche Begrenzung von Risikokomplexen

Nach § 2 Abs. 11 KWG werden Institute von den Handelsbuchvorschriften (mit Ausnahme jedoch derjenigen zum Währungsrisiko) freigestellt, wenn *in der Regel* der Anteil des Handelsbestandes $\leq 5\%$ des Geschäftsvolumens und die Gesamtsumme der Trading Book-Positionen ≤ 15 Mio. ECU oder wenn *stets* der Anteil des Handelsbestandes $\leq 6\%$ des Geschäftsvolumens und die Gesamtsumme der Trading Book-Positionen ≤ 20 Mio. ECU ist.[19] Durch diese *Bagatellregelung* werden nach Erhebungen in der Kreditwirtschaft nur gut 200 Institute die Marktrisikoregelungen zu beachten haben.[20] Das Vorhaben, für die übrigen Banken – das Gros der Kreditwirtschaft – den bisherigen Grundsatz Ia beizubehalten, wurde fallengelassen; geplant sind statt dessen »ergänzende Meldungen« der Institute ohne ein relevantes Handelsbuch zumindest über ihr Derivategeschäft.

Die folgenden Ausführungen gliedern sich entsprechend Abb. C. 82 nach den wesentlichen Risikomplexen einer Bank und würdigen die hierauf abstellenden Normen unter Einbezug der neuen Vorschriften vor dem Hintergrund der im letzten Abschnitt vorgestellten Dispositionsregeln sowie weiterer Verfahren des internen Risikomanagements.

---

[19] Vgl. hierzu auch M. Karg: Bedeutsame Abgrenzung des Handelsbuches, in: BBl, 46. Jg., 1997, S. 391-395.
[20] Vgl. o.V.: Der Grundsatz I bekommt ein neues Gesicht, in: BZ, Nr. 121 v. 27.6.1996, S. 3.

c. Erfassung und Begrenzung der Liquiditätsrisiken durch Finanzierungsregeln?

c. 1. Die Liquiditätsgrundsätze II und III

In C. 19 war als Liquiditätsbedingung formuliert worden, daß zu jedem Zeitpunkt gelten muß:

$$\text{Kassenbestand} + \text{Einzahlungen} \geq \text{Auszahlungen}.$$

Das Liquiditätsrisiko besteht dementsprechend in der Gefahr, daß die Bank gegen diese Bedingung verstößt und ihren Zahlungsverpflichtungen nicht mehr uneingeschränkt nachkommen kann. Diese Situation entsteht zum ersten dann, wenn die Rückzahlungstermine der Verbindlichkeiten vor den entsprechenden Terminen der Forderungen liegen (*Refinanzierungsrisiko*). Zum zweiten ergeben sich *Terminrisiken* durch Rückzahlungsverzögerungen im Kreditgeschäft, die über ungeplante Mittelaufnahmen gedeckt werden müssen. Drittens können nicht geplante Auszahlungen aufgrund von unerwarteten Einlagenabzügen (*Abrufrisiko*) zu einer Liquiditätsbelastung führen.

Der § 11 KWG fordert eine ausreichende Zahlungsbereitschaft; diese Norm wird durch die *Grundsätze II und III über die Liquidität* der Kreditinstitute konkretisiert.

(Langfr.) Anlagen ≤ Langfr. Finanzierungsmittel (EK u. sonstige) § 11 i.V.m. G II

(Kurz- u. mittelfr.) Anlagen ≤ Finanzierungs(saldo) nach G II u. (weitere) Finanzierungsmittel § 11 i.V.m. G III

Gemäß *Grundsatz II* sollen die *langfristigen Anlagen* eines Kreditinstituts abzüglich der Wertberichtigungen die *langfristigen Finanzierungsmittel* nicht überschreiten. Bei der Definition dieser Anlagen ist auf solche Vermögenspositionen abgestellt, die der Betriebsbereitschaft dienen, auf Wertpapiere mit eingeschränkter Marktfähigkeit und vor allem auf – gemessen an der vertraglich vereinbarten Laufzeit – langfristige Kredite.

Wenn auch diese letzte Position noch an die auf rechtliche Fälligkeiten abstellende *Kongruenzregel* Hübners erinnert, so zeigt doch ein Blick auf die als »langfristig« definierten Finanzierungsmittel, daß die Finanzierungsregel um Bodensatzüberlegungen erweitert worden ist. Angesichts der Berücksichtigung von Bodensätzen bei Sichteinlagen (10%) und Spareinlagen (60%), die schwergewichtig innerhalb kurzer Fristen verfügbar gemacht werden können, wird dies besonders deutlich.

Aufschlußreicher als der *Grundsatz III* selbst, in dem vor allem die *Aktiv- und Passivpositionen* mit vereinbarten Laufzeiten *unter 4 Jahren* einander gegenübergestellt werden, sind die von den Grundsätzen nicht oder nicht vollständig erfaßten Positionen:

Danach werden (implizit) *als liquide angesehen*

- Primärreserven;
- Sekundärreserven (Geldmarktpapiere und insbesondere Forderungen an Kreditinstitute unter drei Monaten, darüber hinaus solche mit weniger als vierjähriger Laufzeit, nicht indessen der Wechselbestand);

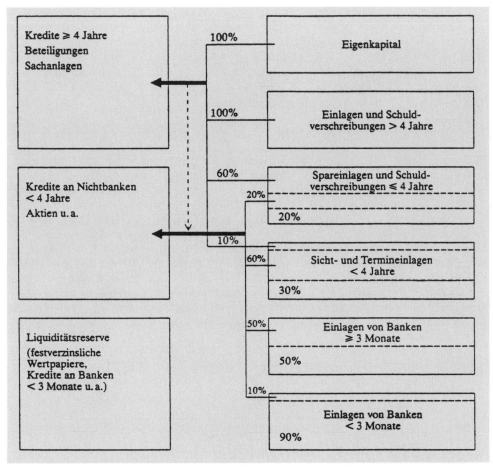

Abb. C. 83: *Verbrauch von Finanzierungsmitteln für die langfristigen (Grundsatz II) sowie kurz- und mittelfristigen (Grundsatz III) Anlagen*

– börsengängige festverzinsliche Wertpapiere (also auch Investments), obwohl sie nicht zu 100% bei der Bundesbank beliehen und bei Verkauf vor Fälligkeit Kursverluste nicht ausgeschlossen werden können.

In der zugrundeliegenden Annahme, daß diese Vermögenspositionen – unabhängig von ihrer natürlichen Liquidität bei Fälligkeit – jederzeit und relativ verlustlos zu liquidieren sind, werden *Elemente der Shiftability Theory* sichtbar. – Dem entspricht, daß als besonders liquiditätsvorsorgebedürftig kurzfristige und damit hochsensible Verbindlichkeiten gegenüber Kreditinstituten angesehen werden.

In den 90er Jahren zeigte sich eine sehr stabile durchschnittliche Auslastung der Liquiditätsgrundsätze, die sich zwischen 88 und 90% (Grundsatz II) bzw. 68 und 71% (Grundsatz III) bewegte. Damit hat sich im Vergleich zu den 80er Jahren liquiditätsmäßig eher eine Entlastung ergeben.

Eine weitere Finanzierungsregel enthält *§ 12 KWG*. In alter Fassung durften die *Anlagen* eines Kreditinstituts in Grundstücken, Gebäuden, der Betriebs- und Geschäftsausstattung und Schiffen (Sachanlagen) sowie Beteiligungen einschließlich des Anteilsbesitzes an Nichtbanken über 10% und der Ansprüche aus Genußrechten (Finanzanlagen) – da als besonders schwer zu liquidieren eingestuft – das *Eigenkapital*[21] nicht überschreiten.

Grundstücke und Gebäude, Betriebs- und Geschäftsausstattung, Beteiligungen ... ≤ hEK	§ 12 (alt)

In der ab Januar 1998 gültigen Neufassung der Vorschrift wurde auf die Einbeziehung von Sachanlagen – da international unüblich – verzichtet und allein auf den Beteiligungsbesitz von Banken abgestellt. Danach darf eine »bedeutende Beteiligung« (ab 10% des Kapitals oder der Stimmrechte, § 1 Abs. 9 KWG) eines Kreditinstituts an einem anderen Unternehmen, das weder Kreditinstitut, Finanz- oder Versicherungsunternehmen noch Unternehmen mit bankbezogenen Hilfsdiensten ist, 15% seines haftenden Eigenkapitals nicht übersteigen. Der Gesamtnennbetrag aller bedeutenden Beteiligungen an Unternehmen außerhalb des so abgegrenzten Finanzsektors darf nicht größer als 60% des haftenden Eigenkapitals des Kreditinstituts sein. Diese 15%- bzw. 60%-Grenze, deren Einhaltung jedoch erst ab Januar 2003 verbindlich ist, kann nur dann überschritten werden, wenn der Mehrbetrag voll mit haftendem Eigenkapital unterlegt wird, das dann nicht mehr zur Erfüllung der weiteren bankaufsichtsrechtlichen Normen zur Verfügung steht.

Einzelne »bedeutende Beteiligung« außerhalb Finanzsektor ≥ 0,15 hEK	§ 12 (neu)
Summe solcher »bedeutenden Beteiligungen« ≥ 0,60 hEK	

Betrachtet man die Normen der §§ 11 und 12 KWG im Zusammenhang, so wird deutlich, daß es sich um **grundsätzlich auf vertraglich vereinbarte Laufzeiten (nicht auf Restlaufzeiten) abstellende, horizontale Finanzierungsregeln** handelt, die allerdings die Erfahrungen in der Kreditwirtschaft über unterschiedlich hohe Bodensätze bei verschiedenen Passivpositionen berücksichtigen und im Schwankungsbereich der Passivpositionen die Unterhaltung einer kurzfristig fälligen bzw. vorzeitig verwertbaren Sekundärreserve erzwingen.

In den aufsichtsrechtlichen Normen werden den **Risiken** eines Kreditinstituts stets bestimmte **Risikoträger** gegenübergestellt, woraus sich die **Risikoposition** der Bank ergibt. Im Hinblick auf das Liquiditätsrisiko erfolgt eine Konfrontation von *möglichen Liquiditätsbelastungen* (die aus Bilanzbeständen heraus abgeleitet werden) mit in bestimmter Weise abgegrenzten *Liquiditätsreserven*.

---

[21] Sieht man wie hier § 12 KWG als Finanzierungsregel, so ist es folgerichtig, das anerkannte freie Vermögen der Gesellschafter von Privatbanken – wie die Bankenaufsicht das auch getan hat – in diesem Zusammenhang beim Eigenkapital nicht zu berücksichtigen. Der Haftsummenzuschlag bei Mitgliedsanteilen von Genossenschaftsbanken wird indessen aus dem Eigenkapital nicht ausgeschlossen, so daß insoweit ein Widerspruch vorliegt. Vgl. zum § 12 als Finanzierungsregel auch L. Mülhaupt: § 12 KWG: Solvabilitäts- und (oder) Finanzierungsregel, in: ZfgK, 32. Jg., 1979, S. 1086-1094.

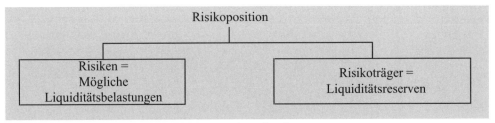

Abb. C. 84: Die Liquiditätsrisikoposition einer Bank

c. 2. Die Kontrolle der Liquiditätsrisiken nach dem Konzept der Kassenhaltungstheorie

Zwischen solchen das Liquiditätsrisiko begrenzenden Finanzierungsregeln, den Risiken der Aktiva und dem Risikoträger Eigenkapital besteht ein enger Zusammenhang. Finanzierungsregeln führen nämlich dann zu einer Entlastung des Eigenkapitals, wenn sie vermeiden, daß Liquiditätsanspannungen, Zwangsliquidationen von Aktiva und damit u.U. Liquidationsverluste auftreten.

Man wird davon ausgehen müssen, daß die Bankenaufsicht das Liquiditätsrisiko nicht auf der Basis von Finanzplänen kontrollieren kann, weil die Planungsansätze für sie nicht nachvollziehbar sind. Dann liegt ein *Ansatzpunkt zur Verbesserung* des Systems der Finanzierungsregeln in der verbreiteten Erkenntnis, daß es bei dem infolge möglicher Einlagenabzüge sich ergebenden Liquiditätsrisiko weder darauf ankommt, formalrechtliche Fristenkongruenzen einzuhalten, noch unterschiedliche Bodensätze in den verschiedenen Einlagenkategorien anzunehmen. Vielmehr ist auf den gesamten Block an Finanzierungsmitteln abzustellen und zu fragen, welcher Teil davon die Liquiditätshaltung entlastender Bodensatz und welcher Teil im Zeitverlauf instabil ist. Liquiditätsreserven wären dementsprechend nur im Hinblick auf den instabilen (volatilen) Bereich der Gesamteinlagen zu halten. Dabei hat Brüggestrat gezeigt, daß man (entsprechend dem Großkreditrisiko) ein *Großabrufrisiko von »hot money«* auch auf der Liquiditätsebene berücksichtigen und begrenzen kann.[22]

Führt man diese Überlegungen auf der Seite der Anlagen weiter, so kann man auch hier nach dem Bodensatz fragen, der umgekehrt, da eingefroren, nun aber eine Belastung der Liquiditätshaltung darstellt. Die Entlastung der Liquiditätslage resultiert aus den Teilen der Aktiven, die im Zeitverlauf Schwankungen (Auflösungen) zu verzeichnen haben. Je stärker die Bewegungen sind, denen der Anlagenbestand unterworfen ist, um so flüssiger das Kreditportefeuille, um so geringer die zu haltenden Liquiditätsreserven. Macht man sich dies klar, so müßten Verbesserungsmöglichkeiten der Liquiditätsgrundsätze **vor allem auf die Konfrontation des instabilen Bereichs der Einlagen von Nichtbanken mit dem instabilen Bereich der Kredite an Nichtbanken** abstellen. Die Differenz dieser beiden Größen zeigt die Entwicklung der **Liquiditätssalden** im Zeitverlauf:

---

[22] R. Brüggestrat: Die Liquiditätsrisikoposition eines Kreditinstituts. Ein bankaufsichtliches Konzept zur Beurteilung und Beschränkung von Liquiditätsrisiken, Frankfurt/M. 1990, insbes. S. 182-189.

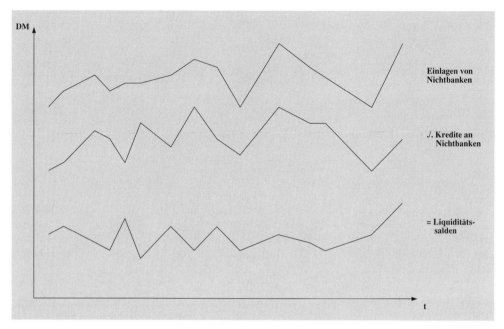

Abb. C. 85: Liquiditätssalden als Anhaltspunkt für die Liquiditätsvorsorge

Die Instabilität der Liquiditätsentwicklung kann mit Hilfe der **Standardabweichung** gemessen werden, die in der kapitalmarkttheoretischen Literatur weite Verbreitung gefunden hat. Die Standardabweichung ergibt sich als Wurzel aus der Summe der ins Quadrat erhobenen Abweichungen zwischen Einzelwerten und dem Erwartungswert µ, multipliziert mit den zugehörigen Wahrscheinlichkeiten.

(C. 20) $\quad \sigma = \sqrt{\sum_{i=1}^{n} (x_i - \mu)^2 \cdot W_i}$

Sie gibt an, wie stark die einzelnen Beobachtungswerte der Bestände an Liquiditätsreserven um ihr arithmetisches Mittel schwanken. Je größer die Standardabweichung, desto instabiler ist im hier diskutierten Zusammenhang der Liquiditätsbestand und um so höher das Liquiditätsrisiko.[23]

Geht man davon aus, daß die Schwankungen des Liquiditätssaldos um seinen Mittelwert zufälliger Natur sind, so kann die aus der Statistik bekannte **Standardnormalverteilung** nutzbar gemacht werden. Die Abb C. 86 zeigt deren Dichtefunktion, die eine Aussage darüber erlaubt, mit welcher Wahrscheinlichkeit sich ein bestimmter Wert beobachten läßt. Die Wahrscheinlichkeit für Werte innerhalb eines beliebigen Intervalls entspricht der Fläche unterhalb der Dichtefunktion und kann über das entsprechende Integral berechnet werden. Der Parameter µ bestimmt als Erwartungswert der Verteilung deren Lage über der x-Achse. Der Parameter σ zeigt an, wie eng bzw. weit die Verteilung der einzelnen Werte um den Erwartungswert streut und entscheidet damit über die Form der Normalverteilung. In der Abb. C. 86 ist ein Erwartungswert von 5 und eine Standardabweichung von 20 unterstellt.

---

[23] Alternativ könnte die Varianz σ^2 verwendet werden.

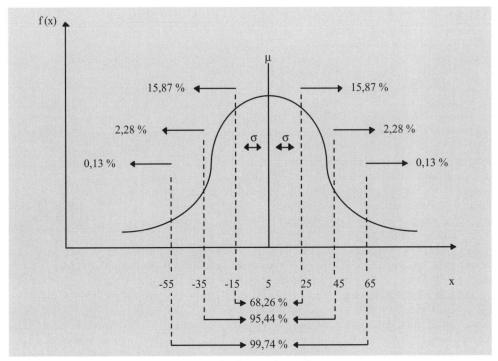

Abb. C. 86: Dichtefunktion einer Standardnormalverteilung

Die Normalverteilung ist symmetrisch in der Weise, daß die Wahrscheinlichkeit aller Werte links vom Erwartungswert (einschl. diesem) der Wahrscheinlichkeit aller Werte rechts vom Erwartungswert (einschl. diesem) entspricht. Unabhängig von der konkreten Lage und Form einer Normalverteilung gilt, daß *bestimmten Wertebereichen stets bestimmte Wahrscheinlichkeiten zugeordnet werden können.* So beträgt die kumulierte Wahrscheinlichkeit für alle Werte innerhalb des Intervalls µ ± 1σ immer 68,26%. Aufgrund der Symmetrieeigenschaft der Verteilung leitet sich daraus eine Wahrscheinlichkeit von 100% − 68,26% = 31,74% für Werte außerhalb des Intervalls ab. Im Intervall µ ± 2σ liegt die Wahrscheinlichkeit für Werte innerhalb dieses Bereichs schon bei 95,44%; Werte außerhalb des Intervalls besitzen eine Wahrscheinlichkeit von lediglich 4,56%.

Wurde etwa für die Vergangenheit ermittelt, daß der Liquiditätssaldo einer Bank mit einer Standardabweichung von 20 um den Mittelwert von 5 Mio. DM streut, dann beträgt unter der Annahme normalverteilter Einzelwerte die Wahrscheinlichkeit dafür, daß der Liquiditätssaldo zwischen −35 Mio. DM und +45 Mio. DM schwankt (= 2σ) 95,44%. Eine Unterschreitung von −35 Mio. DM besitzt nur eine Wahrscheinlichkeit von 4,56% / 2 = 2,28%. Bei der Dimensionierung der Primär- und Sekundärreserven kann demnach davon ausgegangen werden, daß der Liquiditätssaldo mit einer Wahrscheinlichkeit von knapp 98% (100% − 2,28%) nicht unter −35 Mio. DM liegt.

Obwohl in der Realität nur wenige Verteilungen tatsächlich exakt normalverteilt sein dürften, gewinnt das Risikomanagement mit dieser Prämisse doch noch am ehesten einen

Anhaltspunkt für die Risikoquantifizierung mit Hilfe der Vergangenheitswerte. Unter der Bezeichnung **Value at Risk** setzt sich daher in der Kreditwirtschaft seit Mitte der 90er Jahre zunehmend die Bestimmung des *innerhalb einer Periode mit einer bestimmten Wahrscheinlichkeit maximal zu erwartenden Verlustes (bzw. hier der Liquiditätsbelastung)* durch, die auf der Normalverteilungsannahme basiert.

An dieser Stelle soll auf weitere Einzelprobleme nicht eingegangen werden, etwa die einer Neudefinition der Liquiditätsreserven, die Wahl der Perioden für die Ermittlung der Instabilität der Liquiditätssalden, die Abstände, in denen eine Überprüfung vorzunehmen wäre usw. Grundlegend ist, daß die aus der Theorie der Kassenhaltung geläufige Erkenntnis[24] – die Schwankung der Liquiditätssalden während eines bestimmten Zeitraums vermag über das gesamte Liquiditätsrisiko, dem eine Bank unterliegt, mehr auszusagen als die Inanspruchnahme von einzelnen, um Bodensatzüberlegungen modifizierten Finanzierungsregeln – operational auch für die aufsichtsrechtliche Kontrolle des Liquiditätsrisikos gemacht werden könnte. Wie später noch verdeutlicht wird (vgl. S. 535ff.), haben derartige Überlegungen bei den Vorschriften des BAKred zur Begrenzung von Marktrisiken bereits Eingang gefunden.

Angesichts der ungenügenden Kontrollierbarkeit des Liquiditätsrisikos über Finanzierungsregeln ist aber auch die Frage aufgeworfen worden, ob das Liquiditätsrisiko als besonderer Risikokomplex überhaupt kontrollbedürftig sei. Gilt der Hinweis von Stützel[25] »Liquidität folgt der Bonität«, dann bedeutet dies, daß ein Kreditinstitut bei hinreichender Ertragskraft jederzeit den externen Geldanschluß findet und damit die Liquidität sichern kann. Das Liquiditätsrisiko wird demnach als Geldanschlußrisiko interpretiert. Unter der Voraussetzung der Erwirtschaftung ausreichender Erträge ist ein Kreditinstitut stets in der Lage, auch etwaige infolge der Marktzinsentwicklung außerordentlich gestiegene Refinanzierungskosten zu zahlen. Damit mündet das Liquiditätsrisiko in das Zinsänderungsrisiko.

Diese Anschauung ist umstritten. Sie ist zumindest an zwei Voraussetzungen geknüpft: Zum einen muß eine Bank in der Lage sein, ihre Bonität (Ertragskraft) glaubwürdig zu signalisieren, will sie im Hinblick darauf die erforderliche Liquidität am Markt beschaffen. Weiterhin darf es nicht zu einer »Verstopfung« der Geld- und Kapitalmärkte kommen, wie dies z.B. im Anschluß an die Herstatt-Krise 1974 der Fall war. Da diese Bedingungen indessen zumindest zeitweise nicht erfüllt sein können, ist es durchaus sachgerecht, das Liquiditätsrisiko als eigenständiges Risiko zu berücksichtigen.

Wie der folgende Überblick über die Aufgabenbereiche des Risikomanagements zeigt, schließt sich im Rahmen der **Risikoanalyse** an die bereits angesprochene *Identifikation* sowie die *Quantifizierung* des Risikos seine *Beurteilung* an. In Abhängigkeit von seiner Risikopräferenz muß das Management dabei festlegen, ob und bis zu welcher Höhe ein einzelnes Risiko bzw. das durch Aggregation ermittelte Gesamtbankrisiko eingegangen werden soll.

---

[24] Vgl. z.B. M. H. Miller/D. Orr: An application of control-limit models to the management of corporate cash balances, in: A. A. Robichek (Ed.): Financial research and management decisions, New York 1967, S. 133-147 und die ausführlichere Behandlung im Rahmen von Bankmodellen S. 579ff..
[25] W. Stützel: Bankpolitik – heute und morgen, 3. Aufl., Frankfurt/M. 1983, Tz. 60, Buchstabe b, S. 34.

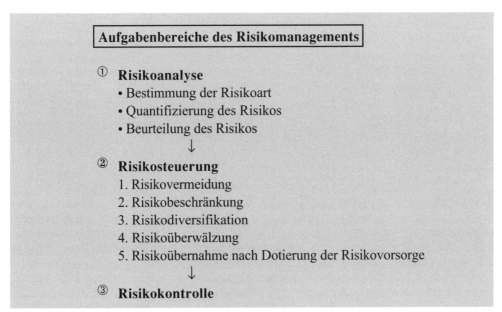

Abb. C. 87: *Aufgabenbereiche des Risikomanagements*

Maßnahmen der **Risikosteuerung** können zum einen eingeleitet werden, bevor ein Risiko schlagend geworden ist. Würde eine Bank auf die Hereinnahme von Auslandseinlagen angesichts der ermittelten Schwankungsintensität vollständig verzichten oder diese zumindest vom Volumen her limitieren, so betriebe sie eine Strategie der Risiko*vermeidung* bzw. *-beschränkung*. Möglich wäre es auch, die Refinanzierung im Ausland beizubehalten, dabei neben den bisher erwähnten Pensionskassen aber nun auch Privatkunden zu akquirieren. Da sich die angesprochenen Kundengruppen in ihrer Liquiditätsdisposition unterschiedlich verhalten dürften, ginge mit dieser Maßnahme eine Risiko*diversifikation* einher.

Ist zum anderen das Liquiditätsrisiko bereits schlagend geworden, so kann es *weitergewälzt* werden, indem die Bank etwa ein Kreditkonsortium in Anspruch nimmt. Andernfalls hat das Institut das Risiko zu *übernehmen*, wobei für diesen Fall die Liquiditätsreserven unter Inanspruchnahme der Geld- und Kapitalmärkte entsprechend verfügbar gemacht werden müssen.

Die Wirksamkeit der Steuerungsmaßnahmen ist laufend zu **kontrollieren**, indem die aus der Liquiditätsplanung resultierenden Soll- mit den Ist-Werten verglichen werden. Bei Abweichungen setzt erneut die Phase der Risikoanalyse ein (Regelkreis).

d. Erfassung und Begrenzung der Adressenausfallrisiken in eigenkapitalbindenden Risikoklassen

d. 1. Das Konzept des Grundsatzes I

Im § 10 KWG hat der Gesetzgeber die Forderung nach einem angemessenen haftenden Eigenkapital aufgestellt und diese Norm insbesondere im Grundsatz I als Eigenkapitalbelastungsregel konkretisiert. Gemäß Grundsatz I sollen die *risikobehafteten Aktiva* (abzüglich der Wertberichtigungen) *generell das 12,5fache des haftenden Eigenkapitals* nicht übersteigen (Solvabilitätskoeffizient). Diese Vorschrift gilt gemäß § 10a KWG auch für Kreditinstitutsgruppen auf der Basis einer (quoten-)konsolidierten Bilanz (vgl. S. 511ff.).
Auch im Grundsatz I erfolgt demnach eine Konfrontation von Risiken und Risikoträgern:

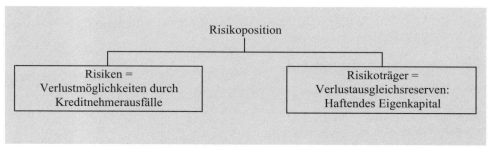

Abb. C. 88: Die Risikoposition einer Bank im Hinblick auf das Adressenausfallrisiko

Als risikobehaftete Anlagen bzw. *Risikoaktiva* sind im einzelnen anzusehen:

(1) Beteiligungen,
(2) Kredite (einschließlich Pensionsgeschäfte und Leasinggegenstände),
(3) Wertpapiere,
(4) Finanz-Swaps,
(5) Termingeschäfte und Optionsrechte auf standardisierte Gegenstände.

Pensionsgeschäfte zählen insoweit zu den Krediten, als der Pensionsnehmer – unabhängig von der Bilanzierung (vgl. S. 321f.) – verpflichtet oder berechtigt ist, die Pensionsgegenstände auf den Pensionsgeber zurückzuübertragen. Auch wenn der Pensionsnehmer lediglich zur Rückübertragung berechtigt ist, wird er zweifellos dann von seinem Recht Gebrauch machen, wenn sich das Bonitätsrisiko und damit die Qualität des übernommenen Aktivums verschlechtert; mit dem Aktivum wird auf diese Weise auch das Risiko daraus wieder angedient.

Die Risikoaktiva sind von der Bankenaufsicht entsprechend dem ihnen zugeordneten *Bonitäts-* bzw. *Adressenausfallrisiko* in mehrere *Risikoklassen* unterteilt, die Eigenkapital in unterschiedlicher Höhe verbrauchen.

```
0,0 x (Kred.ₒ̈+PÖ + Fin.PÖZ)                    ≤ 12,5 x hEK        § 10 KWG
+ 0,2 x (Kred.ᵢB+PB + Fin.B)                                        i.V.m. G I
+ 0,5 x (Hypoth.-Kred. + sonst. Fin.)
+ 0,7 x Bauspar-Kred.
+ 1,0 x sonst. Kred. (einschließl. Kred.aB),
   Wertpapiere, Beteiligungen, Sachanlagen u.a.

Symbole:
B:  Banken                                       Fin.: Finanzinnovative Geschäfte (hier Swaps,
Ö:  öffentliche Haushalte                              Termin- u. Optionsgeschäfte)
Z:  Zentralbanken                                a:    ausländisch
M:  Multilaterale Entwicklungsbanken             i:    inländisch
P:  Präferenzzone
```

Die Risikoklassen machen deutlich, daß die öffentliche Hand, in- und ausländische Kreditinstitute, Schuldner mit grundpfandrechtlich gesicherten Krediten im Hinblick auf das Bonitätsrisiko gegenüber den »normalen« Unternehmen und privaten Haushalten privilegiert werden.

In der Beziehung »Risikobehaftetes Aktivgeschäft/Haftungskapital« wird die Verwandtschaft mit der Maximalbelastungstheorie von Stützel sichtbar, der die Einlagen einer Bank dann als geschützt ansieht, wenn mögliche Verluste aus der Liquidation der Aktiva das Eigenkapital nicht überschreiten.

Aus den Verbrauchsfunktionen des haftenden Eigenkapitals durch die Risikoaktiva von im Höchstfall 1/12,5 geht indessen hervor, daß der Gesetzgeber nicht an den Maximalbelastungsfall Stützels denkt; dann nämlich wäre kaum mit Abschreibungsquoten von maximal 5-6% auszukommen.[26] Vielmehr dürfte es sich um eine pragmatische Regelung für die Bank als Going Concern handeln, die – angesichts der geringen Eigenkapitalquoten – den Konkursfall verhindern helfen will.

Eine Bank, die an der Kapazitätsgrenze ihres Eigenkapitals operiert, kann Wachstum demnach nur erreichen, wenn sie eine Kapitalerhöhung vornimmt oder in »risikoarme« bzw. **»risikolose«** Aktiva investiert.

Dieser Zusammenhang zeigt deutlich, wie zwecks Erhaltung einer als erwünscht angesehenen Gesamtrisikoposition eine gegebene Eigenkapitalbasis die Struktur der Bankanlagen beeinflussen und wie umgekehrt eine bestimmte Investitionspolitik der Bank einen mehr oder minder großen Zwang auf eine Verstärkung der Eigenkapitalbasis ausüben kann.

Unter Rückgriff auf den kritischen Bestandteil der Leverage-Formel (vgl. 208f.) FK/EK $(z_{GK} - z_{FK})$ kann man den Grundsatz I auch so interpretieren, daß der Gesetzgeber die Kreditinstitute zu einer Politik der Risikokompensation zwingen will.

Steigt das Investitionsrisiko einer Bank, weil sich als Folge einer Umstrukturierung der Aktiva in schlechtere Risikoklassen über zunehmende Abschreibungen der Erwartungswert der Anlagenrendite z_{GK} ermäßigt (und damit c.p. das aus der Zinsspanne resultierende Risiko steigt), so ist das Kapitalstrukturrisiko durch Erhöhung des Eigenkapitalanteils (und

---

[26] Vgl. Ch. James: The losses realized in bank failures, in: JoF, vol. 46, 1991, S. 1223-1242.

damit eine Verringerung des Kapitalstrukturmultiplikators) zu senken. Und umgekehrt: Erhöht sich das Kapitalstrukturrisiko, weil sich infolge Zurückbleibens des Eigenkapitalanteils am Wachstum des Gesamtkapitals der Kapitalstrukturmultiplikator vergrößert, so ist eine Umstrukturierung der Bankanlagen in diejenigen Risikoklassen anzustreben, die weniger Eigenkapital verbrauchen.[27]

Die Bankenstrukturkommission hat schon 1979 im Zusammenhang mit der 3. Novellierung des Gesetzes über das Kreditwesen zur Risikoposition der Kreditinstitute im Kern die Auffassung geäußert,

– daß die Eigenkapitalausstattung in der Kreditwirtschaft rückläufig sei;
– daß demgegenüber ein Anstieg der Risiken beobachtet werden könne und
– daß angesichts dieser Scherenentwicklung eine Verbesserung der Eigenkapitalausstattung stattfinden müsse.[28]

Ausgangspunkt für die Beantwortung der Frage, ob das Eigenkapital und damit die *Risikoposition* einer Bank *angemessen* ist oder nicht, müssen die *Interessen* der durch die Risiken belasteten *Kapitalgeber* sein.

Das Gesetz über das Kreditwesen steht unter dem gesamtwirtschaftlichen Ziel, den Schutz der Einleger und (gegebenenfalls damit) die Funktionsfähigkeit des Kreditgewerbes zu gewährleisten. Bankeinleger werden als »Gläubiger sui generis«, die in besonderem Maße sicherungsbedürftig sind, gesehen. Ein »Verkehrsinteresse« an sicheren Bankeinlagen beziehen Stützel[29] und Möschel[30] ohne weitere Begründung auf den Kleineinleger. Das ergibt sich aber auch aus den Kommentierungen des früheren § 26a KWG und jetzigen § 340f HGB, in denen die bankspezifische Notwendigkeit stiller Reserven, die damit gegebene Möglichkeit, eine stabilisierte Gewinnentwicklung auszuweisen, sowie die Vertrauenswirkung dieser Maßnahme im Hinblick auf die Öffentlichkeit allgemein und damit besonders die Kleineinleger angesprochen werden.[31]

Da man zweifelt, ob sich die Krise eines Instituts isolieren läßt oder eine ölfleckartige Ausweitung von Schwierigkeiten in Form von Kettenreaktionen (allgemeiner Bankenrun)

---

[27] Die Analogie zu der Verstärkung/Abschwächung des Kapitalstrukturrisikos einer Unternehmung aufgrund einer Verstärkung/Abschwächung ihres Marktrisikos ist offensichtlich. Vgl. dazu G. H. Hempel/D. G. Simonson/A. B. Coleman: Bank Management, 4th ed., New York et al. 1994, S. 88ff.

[28] Vgl. Bundesministerium der Finanzen (Hrsg.): Grundsatzfragen der Kreditwirtschaft, a.a.O., S. 24, 206-208. – Im Zusammenhang mit ihrer Forderung nach Verbesserung der Eigenkapitalausstattung blieb die Kommission die Antwort auf die entscheidende Frage schuldig, wie denn der Risikoträger Eigenkapital verstärkt werden soll, sofern der dafür erforderliche Hebel, die Ertragskraft, nicht ebenfalls verstärkt werden kann. Die Ertragskraft der Kreditinstitute aber war seit Aufhebung der Zinsverordnungen Ende der 60er Jahre in der Tendenz rückläufig. Vgl. dazu J. Süchting: Die aktuelle Eigenkapitalproblematik der Kreditinstitute, in: Das Eigenkapital der Kreditinstitute als historisches und aktuelles Problem, 5. Beiheft zum »Bankhistorischen Archiv«, Zeitschrift zur Bankengeschichte, Frankfurt/M. 1981, S. 31-48.

[29] Vgl. W. Stützel: a.a.O., S. 30f.

[30] Vgl. W. Möschel: Das Wirtschaftsrecht der Banken, a.a.O., S. 251.

[31] »...kann bereits ein plötzlicher Rückgang des ausgewiesenen Gewinnes zu einer gewissen Beunruhigung in der Öffentlichkeit führen... Wenn bei den Banken in besonders schwierigen Jahren eine Kürzung der Zuweisung zu den offenen Rücklagen allenfalls noch hingenommen werden kann, so ist – vor allem für die einzelne Publikumsbank – eine Dividendenkürzung nahezu schon als eine geschäftliche Unmöglichkeit zu betrachten... Schwerwiegende Folgen können nicht nur bei einem Verlustausweis, sondern auch schon bei einer ausgeglichenen GuV oder sogar bei einem Gewinnausweis eintreten, wenn dieses Ergebnis durch Auflösung offener Rücklagen herbeigeführt, der Eintritt des Jahresverlustes also erkennbar wird.« (H. Birck/H. Meyer: a.a.O., S. VII 60, 63, 64)

zu erwarten ist, setzt das Normensystem des KWG bereits beim Einzelinstitut an. Sein Eigenkapital wird zwar im Hinblick auf die Verlustausgleichs- und Haftungsfunktion, also auch den Maximalbelastungsfall der Liquidation, gesehen: doch richten sich die Normen – wie gesagt – vor allem auf eine Begrenzung der Risiken für das Kreditinstitut als »Going Concern«, sollen Gewinnausweis und Eigenkapital auch vertrauensfördernd und damit präventiv wirken.[32] Insbesondere durch die noch geltenden, besonderen Publizitätsvorschriften für Kreditinstitute ergibt sich nämlich eine asymmetrische Informationsverteilung zwischen der Bankleitung und den Einlegern. Diese legt es nahe, daß die Einleger das eine Institut für ebenso riskant halten wie das andere (Homogenitätsannahme) und daher von sichtbar werdenden Schwierigkeiten bei einem Institut auf Probleme in der gesamten Kreditwirtschaft schließen. Ein Vertrauensverlust gegenüber einer Bank würde dann das Vertrauen auch in andere Häuser erschüttern, und es würde ein »Windhundrennen« um den schnellstmöglichen Abzug von Einlagen einsetzen.[33]

Bankenruns konnten empirisch zwar lediglich für lange zurückliegende Zeiträume oder in Entwicklungs- und Schwellenländern nachgewiesen werden.[34] Die Tatsache, daß sie sich jedoch *nicht völlig ausschließen* lassen, gibt die Rechtfertigung für einen regulatorischen Eingriff.

Unter Berücksichtigung dieser Überlegungen muß ein bankaufsichtsrechtliches *Normensystem* zur Kontrolle der Risikoposition einer Bank die folgenden *Anforderungen* erfüllen:

(1) Es muß auf die Interessen insbesondere *kleiner, ökonomisch unaufgeklärter Bankgläubiger* abstellen.[35]
(2) Es muß die *Risikoposition sachgerecht* erfassen und bewerten können.
(3) Es muß *operational* sein.

Darüber hinaus muß es

(4) *wettbewerbsneutral* im Hinblick auf die Kunden der Kreditinstitute und diese selbst sein.

Die Anforderungen nach sachgerechter Erfassung und Bewertung der Risikoposition (2) sowie einer wettbewerbsneutralen Konstruktion des Normensystems (4) können nur auf eine Kompromißlösung hinauslaufen.

Ausgehend von den Interessen von Kleineinlegern könnte man sich in Fortführung der Überlegungen Stützels zur Maximalbelastungstheorie und Einlegerschutzbilanz die Vorgabe einer kritischen, nicht unterschreitbaren Mindestwahrscheinlichkeit vorstellen, nach der das Eigenkapital durch die Risiken des Aktivgeschäfts nicht aufgezehrt werden darf. Fragt

---

[32] Ähnlich H.-J. Krümmel: Liquiditätssicherung im Bankwesen (I), in: KuK, 1. Jg., 1968, S. 247-307, hier S. 279.
[33] Vgl. zur Bankrun-Mechanik H. P. Burghof/B. Rudolph: Bankenaufsicht: Theorie und Praxis der Regulierung, Wiesbaden 1996, S. 19-24 sowie: A. Saunders/B. Wilson: Contagious bank runs: Evidence from the 1929-1933 period, in: JoFI, vol. 5, 1996, S. 409-423.
[34] Vgl. C. W. Calomiris/G. Gorton: The origins of banking panics: Models, facts, and bank regulation, in: R. G. Hubbard (Ed.): Financial markets and financial crisis, Chicago/London 1991, S. 109-174, C. W. Calomiris: Regulation, industrial structure, and instability in U.S. Banking: An historical perspective, in: M. Klausner/L. J. White (Eds.): Structural change in banking, Homewood/Ill. 1993, S. 19-116 und M. Goldstein/P. Turner: Banking crisis in ermerging economies: Origins and policy options, BIS Economic Papers, no. 46, Basel 1996.
[35] Dabei ist der gegebene Zusammenhang mit den Einlagensicherungseinrichtungen zu beachten (vgl. S. 488ff.).

man sich, wie eine solche kritische Grenze festgelegt und kontrolliert werden soll, so erscheint dies ohne Beurteilung nicht nur der verschiedenen risikobehafteten Aktivakategorien, sondern auch der größeren Einzelengagements nicht möglich.[36] Auf diese Weise würde man jedoch zu einer qualitativen Kreditkontrolle gelangen, wie sie in den Vereinigten Staaten von den Bankprüfern der verschiedenen Bankaufsichtsbehörden ausgeübt wird.

Eine qualitative Kreditkontrolle wird in Deutschland zwar auch durch Wirtschafts- und Verbandsprüfer vorgenommen. Zentraler Grundsatz des deutschen Bankaufsichtsrechts ist es aber, sich auf das dargestellte Normengerüst zu beschränken und die Gestaltung von Kunden- und Kreditbeziehungen in diesem Rahmen der Geschäftsleitung der Einzelbank zu überlassen. Bejaht man auf der Grundlage marktwirtschaftlicher Ordnungsvorstellungen derartige *Rahmenregelungen,* so wird man u.U. *zu Lasten sachlich gerechtfertigter Lösungen* den Rahmen so konstruieren müssen, daß er die *Startgleichheit im Wettbewerb* der Angehörigen verschiedener Bankengruppen möglichst wenig verletzt. In den vergangenen Jahrzehnten haben sich die Bankengruppen und ihre Mitglieder mit ihren immer noch unterschiedlichen Kunden- und Geschäftsstrukturen auf die durch das geltende Normensystem gesetzten Grenzen für ihre Geschäfts- und Kreditpolitik eingerichtet. Gravierende Veränderungen würden neue Anpassungsprozesse auslösen, deren Folgen für die Kreditinstitute nicht gleichbedeutend sein müssen. Die Diskussion im Jahre 1980 um den Haftsummenzuschlag bei Genossenschaftsbanken und die Quantifizierung von Gewährträgerhaftung und Anstaltslast der Sparkassen zeigte deutlich, daß sachliche Überlegungen zu unterschiedlichen Be- und Entlastungen im Wettbewerb führen können, so daß ein Kompromiß gefunden werden mußte.[37] Eine Dekade später wiederholte sich die Diskussion auf europäischer Ebene mit Blick auf andere sachlich umstrittene Komponenten des Eigenkapitals.[38]

Zur Bewertung der bankaufsichtlichen Begrenzung der Risikoposition eines Kreditinstituts werden im folgenden zunächst die Bestandteile des Risikoträgers Eigenkapital und daran anschließend die Risikoklassen des Grundsatzes I untersucht.

d. 2. Die Bestandteile des Risikoträgers Eigenkapital gemäß § 10 KWG und die »Schutzwirkung« von Einlagensicherungseinrichtungen als weiterer Risikoträger

Die folgende Abbildung stellt die Komponenten des sogenannten *Kern-* und die des *Ergänzungskapitals* zusammen (zu Drittrangmitteln vgl. S. 511f.). Der erste Block wird auch als »hartes« Kapital bezeichnet und seine Qualität dadurch betont, daß

$$\text{Kernkapital} \geq \text{Ergänzungskapital}$$

sein muß. Da die Risikoposition einer Bank als gerade noch zulässig angesehen wird, wenn Summe Risikoaktiva $\leq 12{,}5\,\text{hEK}$, also die Eigenmittel mindestens 8% der Risikoaktiva betragen, sind *mindestens 4% durch Kernkapital zu unterlegen.*

---

[36] Vgl. dazu E. Talmor: A normative approach to bank capital adequacy, in: JoFQA, vol. 15, 1980, S. 785-811.
[37] Vgl. F. Philipp u.a.: a.a.O., S. 17f.
[38] Vgl. hierzu die Wiedergabe der Vorträge auf der 37. Kreditpolitischen Tagung der ZfgK am 8.11.1991 zum Thema »Eigenkapital im europäischen Wettbewerb«, in: ZfgK, 44. Jg., Nr. 23/1991.

> **Eigenkapitalkomponenten**
>
> 1. Kernkapital
>   - Eingezahltes Kapital (Geschäfts-, Grund-, Stamm-, Dotationskapital sowie Geschäftsguthaben)
>   - Ausgewiesene Rücklagen
>   - Reingewinn
>   - Vermögenseinlagen stiller Gesellschafter
>   - Fonds für allgemeine Bankrisiken (§ 340g HGB)
>   - Anerkanntes freies Vermögen des Inhabers oder des persönlich haftenden Gesellschafters eines Kreditinstituts
>
>   Abzüglich:
>   - Eigene Aktien/Gesellschaftsanteile
>   - Kumulative Vorzugsaktien
>   - Bilanzverlust
>   - Immaterielle Vermögenswerte
>
> 2. Ergänzungskapital
>   - Klasse 1 (Anerkennung bis zu 100 Prozent des Kernkapitals)
>   - Vorsorgereserven nach § 340f HGB
>   - Vorzugsaktien
>   - Neubewertungsreserven (nur bis zu 1,4 Prozent der Risikoaktiva)[1]
>   - Rücklagen nach § 6b EStG[2]
>   - Genußrechtskapital
>   - Klasse 2 (Anerkennung bis zu 50 Prozent des Kernkapitals)
>   - Haftsummenzuschlag für Kreditgenossenschaften
>   - Nachrangige Verbindlichkeiten
>
> [1] Anerkennung nur, wenn mindestens 4,4 Prozent der nach Grundsatz I gewichteten Risikoaktiva mit Kernkapital unterlegt sind. Abschlag auf die Neubewertungsreserven in Höhe von 55 Prozent bei Grundstücken und in Höhe von 65 Prozent bei Wertpapieren.
>
> [2] Anerkennung nur, soweit diese Rücklagen durch die Einstellung von Erlösen aus der Veräußerung von Grundstücken, grundstücksgleichen Rechten und Gebäuden entstanden sind; Abschlag von 55 Prozent.

Abb. C. 89: Eigenkapitalkomponenten nach § 10 KWG (Quelle: W. Arnold/K.-H. Boos: Die neuen Bestimmungen des Kreditwesengesetzes, in: DBk, Nr. 5/1993, S. 273-278, hier S. 275f.)

Damit Kapital die Funktion haftenden Eigenkapitals erfüllen kann, müssen nach Auffassung der erwähnten Bankenstrukturkommission die folgenden *strengen Kriterien* erfüllt sein:[39]

---

[39] Vgl. Bundesministerium der Finanzen (Hrsg.): Grundsatzfragen der Kreditwirtschaft, a.a.O. sowie die kritische Würdigung von M. Bitz: »Haftendes Eigenkapital« und »freie unbelastete Eigenmittel«, in: ZBB, 8. Jg., 1996, S. 269-287. Eine heftige Diskussion entzündete sich Mitte der neunziger Jahre daran, daß in einigen Bundesländern (so in Nordrhein-Westfalen) Wohnungsbauförderungsanstalten aus Landesbesitz auf die jeweiligen Landesbanken übertragen wurden, um auf diesem Wege deren Haftkapital zu erhöhen – vgl. dazu o.V.: Noch immer keine Einigung im Eigenkapitalstreit, in: BZ, Nr. 217 v. 9.11.1996, S. 5.

Das Kapital muß

- *eingezahlt* sein;
- *dauerhaft* zur Verfügung stehen;
- nicht nur dazu bestimmt sein, Liquidationsverluste aufzufangen (Haftungsfunktion), sondern auch laufende Verluste auszugleichen (Verlustausgleichsfunktion im engen Sinne); da es sich in jedem Fall um einen Verlustausgleich handelt, kann man beide Funktionen auch zur *Verlustausgleichsfunktion im weiteren Sinne* zusammenfassen.

Die Bezeichnungen Kern- und Ergänzungskapital weisen bereits darauf hin, daß diese Kriterien nicht von allen Komponenten in gleicher Weise erfüllt werden. Sachgerecht ist es, das *eingezahlte Kapital*, die *offen ausgewiesenen Rücklagen* und den *Reingewinn* (sowie evtl. während des laufenden Geschäftsjahres *nachgewiesene Zwischengewinne*) zur engsten Eigenkapitalabgrenzung zu zählen. Um so mehr überrascht aber, daß auch das *nachgewiesene freie Vermögen von Bankinhabern* Bestandteil dieser Kategorie ist. Hier wird – ebenso wie bei dem immerhin zum Ergänzungskapital gerechneten *Haftsummenzuschlag für Kreditgenossenschaften* – das Kriterium der Einzahlung verletzt, gelangt kein zusätzliches Vermögen in das Kreditinstitut. Wenn dennoch eine Anerkennung als haftendes Eigenkapital erwirkt werden konnte, so liegt dies daran, daß man kleinen Instituten wie Privatbankiers sowie Volks- und Raiffeisenbanken Erleichterung im Wettbewerb verschaffen wollte – man könnte auch vom Mittelstandsschutz im Kreditgewerbe sprechen.

α. Stille Reserven und Eigenkapitalsurrogate

Nicht einheitlich behandelt werden die unterschiedlichen Formen von in der Unternehmung zurückgehaltenen Gewinnen. Zunächst trennt der Gesetzgeber zwischen den bankspezifischen *Vorsorgereserven*, die ein Institut nach § 340g HGB in einen Fonds für allgemeine Bankrisiken eingestellt hat (also *offen* ausweist) und solchen, die nach § 340f HGB *stillen* Charakter besitzen (vgl. dazu auch S. 330).

Ob solche Rücklagen in dem hier relevanten Zusammenhang versteckt oder offen ausgewiesen werden, ist nicht unbeachtlich. Vordergründig könnte man sich auf den Standpunkt stellen, daß sie in beiden Fällen für Verlustausgleichs- und Haftungszwecke verfügbar gemacht werden können. Es ist jedoch aus dem Einlegerschutzinteresse heraus auch nach ihrer Präventivfunktion und der Fähigkeit, vertrauensbildend zu wirken, zu fragen. Gegebenenfalls kommen offene Rücklagen diesem Interesse eher entgegen.

Soweit stille Reserven zur Gestaltung des Jahresabschlusses durch das Management benutzt werden, üben sie eine »Manager-Schutz-Funktion« aus. Das Management kann auf diesem Wege versuchen, auch selbstverschuldete Verluste der Aufmerksamkeit der Kontrollinstanzen (Vertreter der Eigentümer und des Personals in den Verwaltungs- bzw. Aufsichtsräten, im weiteren Sinne der Wirtschaftspresse) zu entziehen. Wenn auf diese Weise rechtzeitige Korrekturen der Geschäftspolitik verhindert werden, gehen stille Reserven zu Lasten der Gläubiger.

Daher ist die Zurechnung offener Reserven zum limitierenden Faktor Kernkapital als Incentive zu verstehen, von der traditionellen Praxis der Bildung stiller »Krisenpolster« abzurücken.

Besonders wichtig an einer Offenlegung von Vorsorgereserven auf Kreditbestände erscheint, daß **Geschäftsleiter von Banken, die im Hinblick auf die Verwendung einbehaltener Gewinne nun einem stärkeren Rechtfertigungszwang nach außen unterliegen, auch vorsichtiger bei der Übernahme zusätzlicher Risiken sein dürften.** Wer der Meinung ist, die Risikoposition der Banken habe sich verschlechtert, wird einen so entstehenden Druck auf die Risikofreudigkeit des Managements der Kreditinstitute begrüßen müssen.

Neben den Vorsorgereserven wird Gewinn auch zurückgehalten durch die Unterbewertung von Aktiven in Form von Einzel- und Pauschalwertberichtigungen. Zu hoch dotierte *Einzelwertberichtigungen* eignen sich im Unterschied zu den bankspezifischen Willkürreserven aber nicht als haftendes Eigenkapital. Will man die Distanzierung der Bankaufsichtsbehörde von der Beurteilung von Einzelengagements, so kann man sich mit ihr auch nicht über die Höhe von Einzelwertberichtigungen eben dieser Einzelengagements auseinandersetzen.

Bei den steuerlich zulässigen *Pauschalwertberichtigungen* handelt es sich dagegen um eine globale Risikovorsorge, mit der latenten Risiken Rechnung getragen werden soll. Sie müssen in Abhängigkeit vom Kreditvolumen gebildet werden und bewegen sich – unter der Voraussetzung der Konstanz der gültigen Sätze und der Kreditstruktur – in einer Richtung mit dem Wachsen und Schrumpfen des Kreditbestands. Da sie bei einer wachsenden Bank gebildet werden müssen und sich lediglich bei rückläufigen Kreditbeständen auflösen, eignen sie sich nicht für die Gewinnmanipulation. Ihre Anbindung an die Veränderungen des Kreditbestands, ihre Funktion, im Haftungsfalle verfügbar zu sein, der insoweit fehlende Zugriff des Managements sprechen dafür, sie dem *haftenden Eigenkapital als Risikoträger zuzurechnen.* Auf diese Weise wird nur den tatsächlich gegebenen Haftungsverhältnissen im bankaufsichtsrechtlichen Normensystem Rechnung getragen.

Zum Ergänzungskapital gerechnet werden die *Neubewertungsreserven* im Wertpapier- und Immobilienbestand, welche die Differenz zwischen den Marktpreisen und den Buchwerten umfassen. Gemessen an dem Kriterium der Dauerhaftigkeit wären sie grundsätzlich von einer Anrechnung *auszunehmen,* da ihre Höhe durch Preis- bzw. Kursbewegungen regelmäßig Veränderungen unterworfen ist und ein auf einem derartig schwankenden Eigenkapitalanteil basiertes Wachstum der risikobehafteten Aktiva damit auf einer zu instabilen Grundlage stünde. Dieser Instabilität soll zum einen dadurch begegnet werden, daß die nicht realisierten Reserven mit Abschlägen von 65% (Wertpapiere) bzw. – wohl wegen der Annahme einer geringeren Volatilität der Marktpreise – 55% (Immobilien) versehen, also nur zu 35% bzw. 45% als Ergänzungskapital anerkannt werden. Zum zweiten ist eine Kernkapitalquote von nicht nur 4%, sondern 4,4% für eine Hinzurechnung zum haftenden Eigenkapital erforderlich. Drittens dürfen maximal 1,4% der Risikoaktiva durch Neubewertungsreserven unterlegt sein, deren Berechnungsverfahren im Immobilienbereich von Sachverständigen testiert, dort und im Wertpapierbereich laufend überwacht sowie dem BAKred und der Bundesbank angezeigt werden müssen. Insofern besteht eine externe Kontrollierbarkeit, die eine Anerkennung rechtfertigen kann.[40] Im übrigen wird auch die Öffentlichkeit über den Umfang der zum Eigenkapital gerechneten Neubewertungsreserven informiert, da dieser im Anhang des Jahresabschlusses zu nennen ist.[41]

Die zum Ergänzungskapital zählenden *Genußrechte* stellen in den heute existierenden Formen stimmrechtsloses Haftkapital dar (ähnlich den Vorzugsaktien von Aktiengesellschaften, aber verfügbar auch für andere Rechtsformen). Da eine rechtliche Regelung nicht besteht, gibt es über diese verbindenden Merkmale hinaus jedoch sehr unterschiedliche Ausgestaltungsformen. Im KWG werden deshalb Genußrechte als Eigenkapitalsurrogat gem. § 10 Abs. 5 nur unter folgenden Konstruktionsbedingungen anerkannt: Haftung, Teilnahme am laufenden Verlust, Mindestlaufzeit 5, Mindestrestlaufzeit 2 Jahre. Da die *Vermögenseinlagen stiller Gesellschafter* ebenfalls nur diesen Anforderungen genügen müssen,

---

[40] Vgl. hierzu auch B. Rudolph: Das effektive Bankeigenkapital. Zur bankaufsichtlichen Beurteilung stiller Neubewertungsreserven, Frankfurt/M. 1991.
[41] Vgl. zu einem Plädoyer, weitere Eigenkapitalkomponenten mit ihren Marktwerten anzusetzen, E. Büsselmann: Bankenaufsicht und marktbezogenes Eigenkapital, Wiesbaden 1993.

ist es wiederum allein aus dem Ziel des »Schutzes« kleiner Institute heraus zu erklären, wenn hier inkonsequent eine Anrechnung als – wertvolleres – Kernkapital erfolgt.

Die den Genußrechten verwandten *nachrangigen Verbindlichkeiten* sind in der KWG-Novelle von 1984 als Eigenkapitalsurrogat nicht anerkannt worden, weil sie die Anforderungen des Gesetzgebers im Hinblick auf die Verlustausgleichsfunktion nicht erfüllen. Sie stellen indes auch eine Kapitalform dar, bei der die Gläubiger sich bereit erklären, im Falle des Konkurses der Bank mit ihren Ansprüchen hinter diejenigen der Einleger zurückzutreten; ihnen gegenüber übernehmen sie demnach eine Haftungsfunktion.[42] Dies dürfte dazu geführt haben, daß sie seit der 4. KWG-Novelle zum Ergänzungskapital gezählt, allerdings nur bis zu 50% des Kernkapitals anerkannt werden. – Im Gegensatz zum Genußrechtskapital können nach § 10 Abs. 5a auch nachrangige Verbindlichkeiten mit einer Restlaufzeit unter zwei Jahren (bis zu 40%) zum Ergänzungskapital beitragen.

Angesichts dieser im Zuge der letzten KWG-Novellen erfolgten Ausweitung des Katalogs der Eigenkapitalkomponenten ist zu fragen, ob die Bankenaufsicht übersehen darf, daß die Sicherungseinrichtungen der verschiedenen Bankengruppen erheblich ausgebaut worden sind.[43]

β. Einlagensicherungseinrichtungen

Kollektive Sicherungsmaßnahmen beginnen bei den auf Risikoteilung gerichteten Kreditkonsortien, reichen über Verbundhilfen in Form von Kreditbürgschaften, der Verlagerung von Einzelrisiken mit Übernahme des Abschreibungsbedarfs zwischen Primär- und Sekundärebene in den Verbundsystemen bis hin insbesondere zu den *Einlagensicherungseinrichtungen* der verschiedenen Bankengruppen und zur Liquiditätskonsortialbank, einer Gemeinschaftsgründung des deutschen Kreditgewerbes (siehe Abb. C. 90).

Mit dem Auf- und Ausbau derartiger Sicherungspyramiden ist der Eigenkapitalgeber nicht mehr einziger Risikoträger. Er befindet sich in einem *Verbund von Risikoträgern,* der – im Falle der auf Institutssicherung festgelegten Einrichtungen des Genossenschafts- und Sparkassensektors[44] – auch ihn selbst, in jedem Fall aber den Einleger vor dem Verlust seines Kapitals schützen will.

---

[42] Daraus wird in der Regel ein besonderes Kontrollinteresse resultieren; vgl. A. N. Berger/R. J. Herring/G. P. Szegö: The role of capital in financial institutions, in: JoBF, vol. 19, 1995, S. 393-430.

[43] Die Bankenstrukturkommission gibt an einer einzigen Stelle (a.a.O., S. 208) einen Hinweis auf die verbesserte Einlagensicherung und führt dort aus: »...Sicherungseinrichtungen...erfordern (es), daß die angeschlossenen Kreditinstitute sich solvenzsichernden Verhaltensnormen unterwerfen... Dazu gehört die Verpflichtung, stets ein ausreichendes Eigenkapital als Verlust(ausgleichs)polster zu halten.« »Ausreichendes« Eigenkapital ist offenbar – im Sinne der Kernaussage – als verbesserte Eigenkapitalausstattung zu interpretieren: nach Erhöhung der Beiträge zu einer verbesserten Einlagensicherung also zusätzliche Beiträge in die Eigenkapitalausstattung. – Es gibt zu denken, daß Nichtbanken bei erhöhten Debitorenrisiken deren Begrenzung regelmäßig als Alternative erwägen: Entweder Eigenversicherung über das Eigenkapital oder Prämien für eine Kreditversicherung. Beiträge für die Eigen- und Fremdversicherung werden häufig »als zu teuer« angesehen.

[44] Die Institutssicherung ist erklärtes Ziel der Sparkassenstützungsfonds sowie des Garantiefonds und Garantieverbundes der Genossenschaftsbanken. Obwohl der Einlagensicherungsfonds des Bundesverbandes deutscher Banken primär der Entschädigung von Einlegern dienen soll, erlaubt es § 2 des Statuts, seine Mittel ebenfalls zur vorbeugenden Sicherung eines Instituts einzusetzen, was z.B. im Falle der Sanierung des Bankhauses Schröder, Münchmeyer, Hengst & Co. (SMH) 1983 auch geschehen ist. Vgl. D. Schmidt: Einlagensicherung im deutschen Kreditgewerbe, Stuttgart 1977, bes. S. 25 sowie Ch.-A. Keller: Strategische Grundlagen zur Einlagensicherung durch den Garantieverbund der deutschen Kreditbanken, Göttingen 1991, bes. S. 90-93.

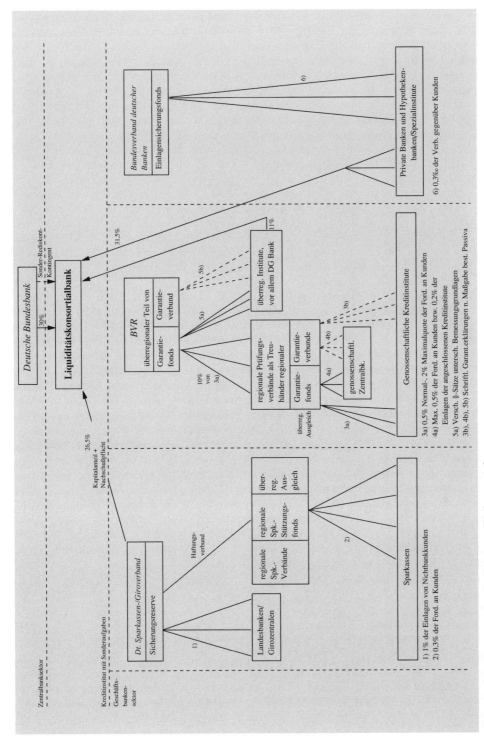

Abb. C. 90: *Systeme der kollektiven Einlagensicherung*

Die allein wertabhängigen, im übrigen aber undifferenzierten Prämienzahlungen der Kreditinstitute beinhalten ein Problem. Man befürchtet nämlich: Wenn Bankmanager davon ausgehen können, daß die Einlagen ihrer Kunden versichert sind, so kann dies bei manchen von ihnen zu einem risikofreudigeren Verhalten und einer verschlechterten Risikoposition ihres Instituts führen. Tatsächlich realisierte Zusatzerträge werden internalisiert, schlagend gewordene Zusatzrisiken dagegen sozialisiert: Falliert das Institut, so geschieht seinen Einlegern nichts. Ihre Ansprüche werden aus dem Einlagensicherungsfonds beglichen. Über ihn bezahlt der Prudent Banker die Zeche für den unseriösen Standeskollegen.

Der Hinweis auf diese Spielform des *moral hazard* sowie die hierdurch bedingte *Quersubventionierung* ist allerdings nur dann berechtigt, wenn Bankmanager sich in ihrem Risikoverhalten ausgerechnet dadurch beeinflussen lassen, daß ihnen die Sorge um den Einlegerschutz zu günstigen – da risikoindifferenten – Konditionen abgenommen wird. Es läßt sich aber vermuten, daß ihnen das eigene Arbeitsplatzrisiko näherliegt und sie mit Blick schon auf den Verlust ihres Arbeitsplatzes keine außerordentlichen Risiken eingehen. Desweiteren ist vom Einlagensicherungsfonds nicht garantiert, daß die Einleger vom Konkurs unberührt bleiben. – Unabhängig davon dürften differenzierte, *risikoabhängige Prämien* für ein stärker ausgeprägtes Risikobewußtsein sorgen und vor allem eine fairere Lösung darstellen, weil dann von einer Subventionierung der »schlechten« durch die »guten« Institute nicht mehr gesprochen werden kann.

Unter pragmatischen Aspekten muß man fragen, welche in der Branche akzeptierten Institutionen die *Risikoposition* einer Bank *sachgerecht ermitteln* könnten. »Es gibt weder eine allgemein verbindliche Definition des Risikobegriffs noch eine solche Definition für bankaufsichtliche Zwecke.«[45] Rating-Agenturen wären grundsätzlich geeignet, eine ausreichend präzise Bonitätsbewertung zu liefern[46], sind jedoch in Deutschland noch nicht ausreichend etabliert. Bliebe die Institution der Bankenaufsicht. Diese müßte allerdings das System ihrer Grundsätze erheblich umbauen. Abgesehen von pauschalen Risikoklassen ist dieses trotz fortschreitender Verfeinerungen bisher nur geeignet, das Überschreiten einer Vielzahl von insbesondere an das Eigenkapital gebundenen Wachstumsgrenzen zu verhindern. Die sachgerechte Ermittlung der Risikoposition setzt indessen voraus, daß die Risiken untereinander verknüpft werden und die akkumulierte Inanspruchnahme des Eigenkapitals berechnet wird.

Umstritten ist ferner, daß mit Ausnahme der Kreditinstitute *alle Einleger* – sieht man von der Obergrenze von maximal 37,5% des Kernkapitals für die einzelne Einlage beim Fonds der privaten Banken ab[47] – *uneingeschränkt* durch die Einlagensicherungseinrichtungen *geschützt werden* sollen. Man kann demgegenüber den Standpunkt vertreten, daß zwar die Einlagen breiter Bevölkerungskreise »Forderungen sui generis« (vgl. S. 456) sind; institutionelle Einleger jedoch unterhalten auch untereinander (unversicherte) Forderungen in Gestalt z.B. von Lieferantenkrediten. Hier stellt sich die Frage, warum gerade

---

[45] H.-P. Burghof/B. Rudolph: a.a.O., S. 141.
[46] Für einen entsprechenden Vorschlag vgl. F.-M. Keine: Überlegungen zur Reform der Einlagensicherung in Deutschland, in: D. Boening/H. J. Hockmann (Hrsg.): Bank- und Finanzmanagement – Joachim Süchting zum 60. Geburtstag, Wiesbaden 1993, S. 81-103, bes. S. 98f.
[47] Nach § 6 des Statuts werden die Einlagen je Gläubiger bis zu einer Sicherungsgrenze von 30% der Summe aus (1) Kernkapital und (2) Ergänzungskapital bis zur Höhe von 25% des Kernkapitals nach Maßgabe des letzten publizierten Jahresabschlusses gestützt. Je nach Ausstattung der Bank mit Eigenkapital liegt die Sicherungsgrenze zwischen mindestens 30% und maximal 37,5% des Kernkapitals; vgl. A. Horsch: Konkurssicherungseinrichtungen für Banken und Versicherungen, in: SB Nr. 41, WS 1994/1995, S. 36-48, hier S. 39.

die Forderungen von Wirtschaftsunternehmen sowie der öffentlichen Hand bei Kreditinstituten versichert werden sollen. Solche Marktteilnehmer könnten wie bei ihren Kunden auch die Kreditwürdigkeit ihrer Banken prüfen; umgekehrt gäben sie den Banken Gelegenheit, ihnen gegenüber mit der Bonität zu konkurrieren. In diese Richtung geht auch die Entwicklung auf europäischer Ebene, die sich in einer speziellen Einlagensicherungsrichtlinie niedergeschlagen hat. Im Zentrum deren Konzeption sowie der deutschen Widerstände stand indes weniger die Frage des geschützten Personenkreises als die quantitativer Einschränkungen, der sog. Selbstbehalte.[48] In dieser Einschränkung scheint die einfachste Möglichkeit zur Lösung des Problems zu liegen, eine Grenze zwischen noch versicherungsbedürftigen und nicht mehr versicherungsbedürftigen Einlagen festzulegen.[49]

Aus der Beteiligung der Bundesbank an der Liquiditätskonsortialbank geht schon hervor, daß zu den weiteren Risikoträgern auch der *Staat* zählt. Abgesehen von der Entlastung der Kreditinstitute über den Ausbau eigener Kreditprogramme, durch öffentliche Subventions- und Forschungshilfen hat er Risiken in Form von Landesbürgschaften für Inlandsfinanzierungen übernommen und Hermes-Deckungen bei der Abwicklung von Auslandsfinanzierungen bereitgestellt.[50] Über diese explizite Tätigkeit hinaus werden auch implizite Staatsgarantien im Sinne eines Lenders of Last Resort im Fall unzureichender Einlagensicherung erwartet, wie sie insbesondere bei Insolvenzen großer Banken entstehen könnten.[51] In jedem Fall stünde hierfür nur der allgemeine Staatshaushalt zur Verfügung, da die Deutsche Bundesbank die LLR-Funktion explizit ablehnt.[52]

Die über die Verbundsysteme und die Liquiditätskonsortialbank aufgebauten Sicherungspyramiden haben den Charakter eines Rückversicherungssystems mit größeren Möglichkeiten der Risikostreuung und Risikoteilung, als die Einzelbank sie besitzt. Der Ausbau der Einlagensicherungseinrichtungen ist deshalb mit einer überproportionalen Erhöhung der Haftungsbasis zugunsten der Bankgläubiger verbunden.

Wer – wie die Bankenstrukturkommission es tat – darauf hinweist, die Risikoposition der Banken habe sich verschlechtert, muß auch diese Risikoträgergemeinschaft berücksichtigen. **Die Gemeinschaft der Risikoträger ist durch den Ausbau der kreditwirtschaftlichen Sicherungspyramiden und den Risikoträger Staat verstärkt worden.** Ob die

---

[48] Die Richtlinie 94/19/EG des Europäischen Parlaments und des Rates vom 30.5.1994 über Einlagensicherungssysteme sah als Mindestanforderung einen Schutz von 20.000 ECU/Einleger vor, bei höheren Einlagen müßte also ein Selbstbehalt getragen werden. Die Systeme der deutschen Kreditwirtschaft wurden hierdurch im Inland nicht in Frage gestellt; Klagegrund war hauptsächlich die Untersagung der Gewährung des hohen deutschen Schutzniveaus für Töchter deutscher Kreditinstitute, die in Staaten mit geringerem Schutzniveau domizilieren (»Exportverbot«) sowie der entgegengesetzte Anspruch von deutschen Töchtern der Auslandsbanken, (ergänzende) Aufnahme ins deutsche System zu finden (»topping-up«). Zu den Motiven der im Mai 1997 endgültig abgelehnten Klage Deutschlands am EuGH vgl. A. Weber: Einlagensicherung europaweit, in: DBk, Nr. 8/1994, S. 476-479 sowie resümierend nach Abschluß des Verfahrens W. Meyer: Einlagensicherungssysteme: deutsche Klage abgewiesen, in: WM, 51. Jg., 1997, S. 1171f.

[49] Vgl. auch die grundsätzlichen Überlegungen bei A. Horsch: a.a.O.

[50] Der Entscheidungsrahmen für Ausfuhrdeckungen und die Ausnutzung desselben zeigen von Ende 1975 (60 Mrd. bzw. 48,9 Mrd. DM) bis Ende 1996 (195 Mrd. bzw. 189 Mrd. DM) einen steilen Anstieg. Seit Sichtbarwerden der Verschuldungskrise der Entwicklungsländer zu Beginn der 80er Jahre ist der Anteil der von der Hermes in Bundesdeckung genommenen Exporte indessen von 9,2% (1982) auf 4,5% (1996) gesunken. Vgl. Hermes-Kreditversicherungs AG: Geschäftsbericht 1996, S. 40f. – Vgl. auch S. G. Häberle: Handbuch der Außenhandelsfinanzierung, München/Wien 1994.

[51] Vgl. hierzu auch M. Roth: »Too-Big-To-Fail« and the Stability of the Banking System: Some Insights From Foreign Countries, in: Business Economics, vol. 29, no. 10/1994, S. 43-49.

[52] Vgl. Deutsche Bundesbank: Die Einlagensicherung in der Bundesrepublik Deutschland, in: MB, 44. Jg., Nr. 7/1992, S. 30-38, hier S. 32f.

Einlagen unsicherer geworden sind oder nicht und ob gegebenenfalls mehr Eigenkapital gefordert werden muß oder nicht, ist eine Frage dessen, ob die Gemeinschaft der Risikoträger in der Lage ist, die (vermutlich) gestiegenen Risiken nur teilzukompensieren oder überzukompensieren.

Morrison/Selden leugneten seinerzeit – unter Hinweis auf die amerikanische Bankeinlagenversicherung (Federal Deposit Insurance Corporation – FDIC) – überhaupt die Haftungsfunktion des Eigenkapitals von Banken und erkannten ihm nur mehr die Funktionen zu, die Betriebsbereitschaft zu finanzieren und Eigentümereinfluß auf das Management auszuüben.[53] – Die Gefahr einer solchen Reduktion besteht insbesondere dann, wenn solche Sicherungseinrichtungen einen Institutsschutz anstreben; bei reiner Einlagensicherung verbleibt das Haftungsrisiko indes bei den Eignern, bei nur teilweisem Schutz können auch die Einleger in ihrer Risikoeinschätzung sensibilisiert werden.

Im übrigen ist darauf hinzuweisen, daß im Hinblick auf den Einlegerschutz die *Einlagensicherungseinrichtungen im Zusammenhang mit dem Eigenkapital* der Kreditinstitute gesehen werden müssen.[54]

Einem wie auch immer motivierten Run auf das gesamte Bankensystem kann durch keine Solidareinrichtung der Kreditwirtschaft, sondern nur durch den staatlichen Eingriff begegnet werden. Dies vorausgesetzt ist zu fragen, ob psychologisch bedingten Kettenreaktionen von Einlegern besser durch die Selbstversicherung der Einzelbank (Individualabgaben an den Eigenkapitalfonds) oder durch Fremdversicherung (Kollektivabgaben an die Einlagensicherungseinrichtungen) vorgebeugt werden kann. Möglicherweise gewähren die Gemeinschaftseinrichtungen der Verbände als in den Augen des Publikums quasi-öffentliche Institutionen einen höheren Vertrauensschutz. Das führt indessen nicht daran vorbei, daß die tatsächliche Leistungsfähigkeit der Einlagensicherungseinrichtungen von der Höhe der Kollektivabgaben der angeschlossenen Institute abhängig ist, die wiederum durch die Gewinnkraft dieser Institute begrenzt wird. Will man Einleger ohne staatliche Subventionen schützen, muß man daher die Gewinnkraft der Banken sichern, denn diese bildet die Quelle für den Aufbau eines »Deckungsstocks« zugunsten von Bankgläubigern, ganz gleich, in welchem Verhältnis solche Mittel in die Selbst- oder Fremdversicherung eingehen. Die Gewinnkraft schützen aber heißt nichts anderes als das Risiko von Verlusten begrenzen.

In der Bundesrepublik hat man sich entschlossen, den Wettbewerb in der Kreditwirtschaft zu intensivieren, indem man die Dispositionsbereiche von Bankleitern durch

– Wegfall der Bedürfnisprüfung für Zweigstellen (1958)
– Aufhebung der Zinsverordnungen (1967)
– Aufhebung des Wettbewerbsabkommens (1968)

ausweitete. Unter solchen Umständen erschiene es (abgesehen von technischen Schwierigkeiten) inkonsequent, zwecks Risikobegrenzung punktuelle Eingriffe von staatlicher Seite

---

[53] Vgl. G. R. Morrison/R. T. Selden: Time deposit growth and the employment of bank funds, published 1965 by the Association of Reserve City Bankers, Chicago/Ill., S. 66.
[54] »Die Bankenaufsicht (denkt) nicht daran, die Eigenkapitalvorschriften mit Blick auf sie (die Einlagensicherungseinrichtungen, d. Verf.) zu lockern oder gar zu beseitigen«, und zwar wegen ihrer begrenzten Leistungsfähigkeit und der Gefahr der Überforderung. Vgl. W. Kuntze, Bundesaufsichtsamt für das Kreditwesen, Berlin, in seinem Referat »Das Eigenkapital im Sicherungssystem für die Kreditinstitute« am 28.1.1986 im Kontaktseminar an der Ruhr-Universität Bochum, in: SB Nr. 23, WS 1985/86, S. 56-59, hier S. 58.

in einzelne Bankgeschäfte zuzulassen. Eine pauschale Regelung, wie sie das System von Bilanzstrukturnormen in den Grundsätzen darstellt, ist auf eine Begrenzung der Risikofreudigkeit von Bankleitern angelegt und bietet diesen zugleich die Freiheit, in dem vorgegebenen Rahmen eine optimale Allokation der verfügbaren Mittel nach einzelwirtschaftlichen Überlegungen durchzuführen. **Gäbe es die Anbindung risikotragender Geschäfte an das Eigenkapital nicht, so könnten bei Zunahme der Bankinsolvenzen und steigender Inanspruchnahme der Einlagensicherungseinrichtungen diese überfordert und damit eine Sozialisierung der Kreditwirtschaft überhaupt provoziert werden.**

Insofern **behalten Eigenkapitalbelastungsregeln auch bei dem heutigen Stand der Einlagensicherungseinrichtungen als Bremse der Risikofreudigkeit von Bankleitern und als eine Verteidigungslinie gegen eintretende Verluste aus risikobehafteten Bankaktiven ihre Bedeutung.** Sie allerdings auf den Maximalbelastungsfall abzustellen, wäre zum einen unrealistisch – weil die gegebenen Eigenkapitalquoten bei den vorhandenen Geschäftsstrukturen dafür nicht ausreichen – und zum anderen auch nicht erforderlich, da die bestehenden Einlagensicherungseinrichtungen einen hinreichenden Vertrauensschutz gewähren dürften.

Durch die *6. KWG-Novelle in Verbindung mit dem neuen Grundsatz I ergeben sich folgende Änderungen im Hinblick auf den Risikoträger Eigenkapital*[55]:

1. Statt einer angemessenen Ausstattung mit Eigen*kapital* wird eine solche mit Eigen*mitteln* verlangt. Dies ist wohl dadurch begründet, daß für *die Unterlegung von Risiken aus dem Handelsbuch* ein weiterer Risikoträger definiert wird (*»Drittrangmittel« in Form von Nettogewinnen des Handelsbuches und kurzfristigen Nachrangverbindlichkeiten*), der sich von den engen Anforderungen an das Kernkapital noch weiter entfernt als das Ergänzungskapital (vgl. S. 488ff.). – An die Stelle des bisherigen Titels »Grundsätze über das Eigenkapital und die Liquidität der Kreditinstitute« tritt dann die Bezeichnung »Grundsätze über die Eigenmittel und die Liquidität der Institute«, wodurch die aufsichtsrechtlichen Normen auch für Intermediäre, die das Wertpapiergeschäft betreiben und sog. »Finanzdienstleistungsinstitute« mit Geschäftsfeldern wie Finanzportfolioverwaltung, Anlage- und Abschlußvermittlung von Finanzverträgen verpflichtend werden.[56] Aufgrund des weit gefaßten Katalogs von Geschäftsarten rechnet das Bundesfinanzministerium damit, daß zu den bereits erfaßten rd. 3.700 Kreditinstituten etwa 7.500 zu beaufsichtigende Institute hinzukommen werden.[57]
2. Weitgehend *aufgegeben* wurde das *statische Eigenkapitalkonzept*. Während bisher für die Bemessung des haftenden Eigenkapitals grundsätzlich die letzte für den Schluß eines Geschäftsjahres festgestellte Bilanz maßgebend war und zwischenzeitlichen Änderungen der Eigenmittel eines Instituts nur mittels einer förmlichen Herauf- oder Herabsetzung des haftenden Eigenkapitals durch das BAKred Rechnung getragen werden konnte, dürfen die Institute künftig ihre aktuelle Eigenmittelsituation berücksichtigen. Statisch gefaßt werden nurmehr im Kernkapital die offenen Rücklagen und der Fonds für allgemeine Bankrisiken, im Ergänzungskapital Vorsorgereserven, 6b-Rücklage und Neubewertungsreserven.

---

[55] Vgl. dazu auch K.-H. Boos: Entwurf einer Sechsten KWG-Novelle, in: DBk, Nr. 2/1997, S. 119-125.
[56] Vgl. detaillierter zu den unterschiedlichen Institutsbegriffen, S. 515.
[57] Vgl. M. Karg/J. H. Lindemann: Regierungsentwurf der 6. KWG-Novelle, in: Spk, 114. Jg., 1997, S. 123-132, hier S. 125.

3. Die bisherige automatische Anerkennung des *freien Vermögens von Inhabern oder persönlich haftenden Gesellschaftern eines Kreditinstituts* als Eigenkapital ist zwar entfallen; nachgewiesenes freies Vermögen bei Kreditinstituten, die am 1.1.1998 gemäß § 32 KWG zum Geschäftsbetrieb zugelassen waren, kann aber nach § 64e Abs. 5 KWG weiterhin auf Antrag vom BAKred berücksichtigt werden.
4. Die zum Eigenkapital zählenden *Vermögenseinlagen stiller Gesellschafter* müssen künftig in voller Höhe am laufenden Verlust teilnehmen; Besserungsabreden sind nunmehr ausdrücklich untersagt. Das Institut muß darüber hinaus berechtigt sein, im Falle eines Verlustes Zinszahlungen für diese Einlagen aufzuschieben.

Überlegt man abschließend, in welcher Reihenfolge das *Management* einer Bank die einzelnen Elemente des Risikoträgers Eigenkapital als *Verteidigungslinien* gegen auftretende Verluste einsetzen wird, so dürfte sich ergeben,

(1) daß zunächst auf die vereinnahmten Risikokosten (vgl. S. 431ff.) und im Anschluß daran auf den Teil der laufenden Gewinne zurückgegriffen wird, der frei disponiert werden kann. Zudem könnte die Auflösung stiller Reserven in Betracht kommen.
(2) Als zweite Verteidigungslinie ließe sich vom Management derjenige Gewinn einsetzen, der z.B. aus Wachstumsüberlegungen bereits für die Thesaurierung eingeplant war.
(3) Reichen auch diese Verlustpuffer nicht aus, so stehen weitere Risikoträger in Form der Verbundhilfen (Einlagensicherungsfonds) sowie des Kern- und des Ergänzungskapitals zur Verfügung. Die Inanspruchnahme dieser Ausgleichsmöglichkeiten ist vor der Öffentlichkeit jedoch nicht zu verbergen; in der Regel dürfte der Ruf der Bank bei ihrer Nutzung erheblich leiden. Bei der internen Bestimmung des maximal zur Verfügung stehenden Risikodeckungspotentials sollten sie daher außer acht bleiben.

d. 3. Die Einordnung von Risikoaktiva in Risikoklassen gemäß Grundsatz I

Der Grundsatz I repräsentiert – wie bereits kurz erwähnt – ein System eigenkapitalbindender Risikoklassen (siehe Abb. C. 91).

Dabei wird die Bonität geographisch in der folgenden Weise differenziert (siehe Abb. C. 92): Privilegiert sind die Länder der Zone A (»Präferenzzone«) mit den Mitgliedstaaten der EU sowie weiteren Vollmitgliedern der OECD; nach einer staatlichen Umschuldung gilt für eine Zurechnung zur Zone A eine fünfjährige Sperrfrist.

Wie die anschließende Abbildung C. 93 deutlich macht, steigt der Verbrauch von Eigenkapital von den Krediten an inländische öffentliche Haushalte (0%) bis zu den Krediten an Nichtbanken (8%) an.

Aus Abb. C. 91 geht hervor, daß der Grundsatz I auch in alter Fassung bereits das *Ausfall- (nicht das Preisänderungs-)risiko* aus sog. *Finanzinnovationen* erfaßte.

Die in den vergangenen Jahren als Folge des verstärkten Wettbewerbs auf den Finanzmärkten von Banken, aber auch von anderen Finanzintermediären wie Versicherungen und Bausparkassen geschaffenen sogenannten Innovationen sind kaum zu überblicken. Soll eine Bank- oder Finanzleistung wirklich innovativ sein, so muß sie aus der Sicht (und damit in Reichweite) eines Nachfragers Problemlösungspotential aufweisen. Das bedeutet – innerhalb einer Risikoklasse – attraktive Zinsen und sonstige Preise und/oder ganz allgemein ein größeres Maß von Bequemlichkeit bei der Leistungsabnahme.[58] Ordnet man die

---

[58] Vgl. J. C. van Horne: Of financial innovations and excesses, in: JoF, vol. 40, 1985, S. 621-631, hier S. 621.

Risikoklasse	Risikoaktiva
0%	• Forderungen an Zentralbanken und Zentralregierungen [1] • Forderungen an Regionalregierungen und Gebietskörperschaften im Inland/in der Präferenzzone • Forderungen aus Swap-, Termin- und Optionsgeschäften mit inl. jur. Personen des öffentl. Rechts, Zentralregierungen oder -banken der Präferenzzone als Kontraktpartner bzw. Börseneinrichtungen als Erfüllungsschuldner; Devisengeschäfte nur bei einer Ursprungslaufzeit $\leq$ 15 Tagen [2] • Noch nicht in Anspruch genommene Kreditzusagen und Kreditlinien, welche eine Ursprungslaufzeit von bis zu 1 Jahr haben oder jederzeit und vorbehaltlos von dem Kreditinstitut gekündigt werden können
10%	• Pfandbriefe [3]
20%	• Forderungen an Banken im Inland und in der Präferenzzone; an Banken der Zone B (sofern Ursprungslaufzeit $\leq$ 1 Jahr); an Spezialinstitute • Forderungen an bestimmte inländische jur. Personen des öffentl. Rechts (Kirchen, Sozialversicherungsträger, öffentl. Nichterwerbseinrichtungen) • Forderungen aus Swap-, Termin- und Optionsgeschäften mit Banken des Inlandes/der Präferenzzone als Kontraktpartner • Dokumentenakkreditive (ausdrücklich durch Warenpapiere gesichert)
50%	• Hypothekarkredite (Wohnungsbau/Gewerbe) [4] • Erfüllungs- und sonstige Garantien sowie Verpflichtungen aus Euronote-Fazilitäten wie »Note Issuance Facilities« (NIFs) und »Revolving Underwriting Facilities« (RUFs) • Forderungen aus Swap-, Termin- und Optionsgeschäften mit allen Nichtbanken oder Zentralbanken oder -banken der Zone B als Kontraktpartner • Noch nicht in Anspruch genommene Kreditzusagen und Kreditlinien, welche eine Ursprungslaufzeit von mehr als 1 Jahr haben und nicht jederzeit und vorbehaltlos von dem Kreditinstitut gekündigt werden können • Mortgage Backed Securities
70%	• Bausparkredite [5]
100%	• Wertpapiere inkl. z.B. Aktien (ohne Beteiligungen) • Beteiligungen [6] • Kredite an private inländische Nichtbanken und Erwerbsbetriebe des öffentl. Rechts • Alle nicht ausdrücklich ausgenommenen Forderungen an Banken, Zentralregierungen oder Zentralbanken der Zone B • Sachanlagen • Diverse traditionelle außerbilanzielle Geschäfte (z.B. unechte Pensionsgeschäfte, Terminkäufe von Aktiva, Indossamentsverbindlichkeiten aus weitergegebenen Wechseln, Bürgschaften und Garantien für Bilanzaktiva sowie unwiderrufliche Kreditsicherungsgarantien (Kreditsubstitute)) • Gegenstände aus Leasingverträgen gem. Bonität des Leasingnehmers • verbürgte Forderungen gem. Bonität des Bürgen

1) Außerhalb der Präferenzzone nur, wenn Forderungen in Währung des Schuldnerlandes bestehen und refinanziert, sonst 100%
2) Nur für EU-Staaten und nur, sofern der betreffende Mitgliedstaat die Risikoaktiva entspr. einstuft, sonst 20%; außerhalb der Präferenzzone: 100%
3) Gemäß Definition der Investment-Richtlinie
4) Nur bis zur Beleihungsgrenze (60% des Beleihungswertes), darüber zu 100%; Sonderregelung bei gewerblichen Realkrediten nur bis auf weiteres (bis 1.1.2001)
5) Mindestens zu 60% grundpfandrechtlich gesichert
6) Sondervorschriften im Konsolidierungsfall

Abb. C. 91: Die Risikoklassen des Grundsatzes I

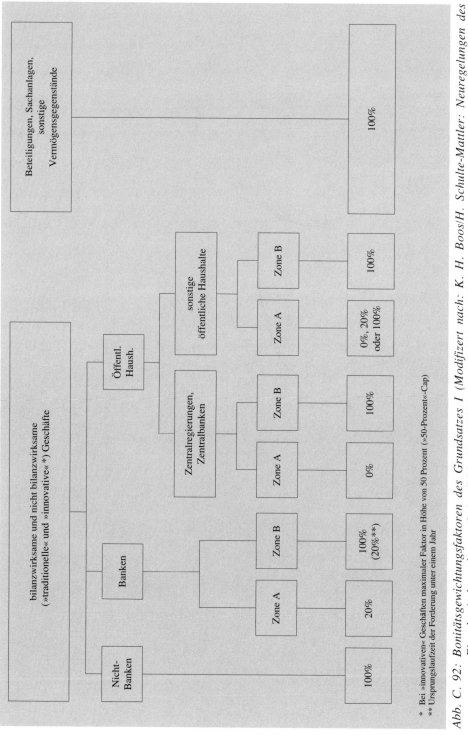

Abb. C. 92: Bonitätsgewichtungsfaktoren des Grundsatzes I (Modifiziert nach: K. H. Boos/H. Schulte-Mattler: Neuregelungen des Eigenkapitalgrundsatzes I, in: DBk, Nr. 6/1993, S. 358-363, hier S. 359)

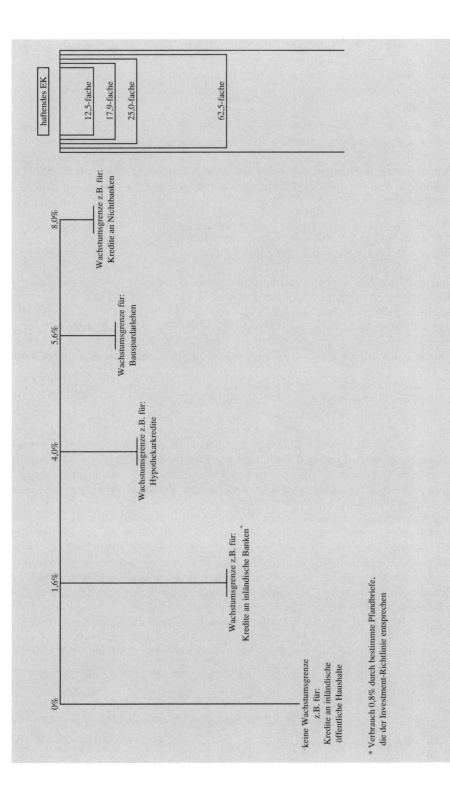

Abb. C. 93: *Verbrauch von haftendem Eigenkapital gemäß Grundsatz I in Prozent der Risikoaktiva*

in den USA auf empirischer Grundlage zusammengestellten Kataloge sogenannter Finanzinnovationen[59] (und scheidet in diesem Zusammenhang die Schaffung neuer Finanzmärkte – etwa für den Handel von Forderungen gegen Problemländer – sowie Verfahrensinnovationen – wie z.B. Kontoauszugsdrucker – aus), so lassen sich drei Gruppen von Innovationen unterscheiden:

(1) Neue Leistungen, insbesondere Zahlungsverkehrsformen des »Electronic Banking« (vgl. auch S. 277ff.), denen eigentlich Produktinnovationen industrieller Hersteller zugrunde liegen.
(2) Individuell gestaltete Finanzierungen des Financial Engineering (vgl. auch S. 500).
(3) Standardisierte, häufig auch handelbare Finanzierungs- bzw. Geldanlage- und Sicherungsinstrumente.

Im Zusammenhang mit den durch die Bankaufsichtsbehörden zu begrenzenden Risiken sind Innovationen aus der zweiten und insbesondere dritten Gruppe relevant.

Das folgende Beispiel soll in die Problematik einführen:

Als mit der KWG-Novelle von 1984 die Eigenkapitalvorschriften und damit der Grundsatz I auf Bankkonzerne (»Kreditinstitutsgruppen«) ausgedehnt wurden, gerieten manche Kreditinstitute in dieser Hinsicht in Bedrängnis. Die Folge (auch) davon war eine Forcierung des »off-balance-sheet«-Geschäfts anstelle des Bilanzgeschäfts für Zwecke der Unternehmensfinanzierung in Form von Euronote Facilities (Revolving Underwriting Facilities, RUFs; Note Issuance Facilities, NIFs). Im Gegensatz zu Krediten werden Euronote Facilities nicht in der Bilanz ausgewiesen; sie wurden deshalb vom Grundsatz I zunächst auch nicht erfaßt.

Euronotes sind insoweit verbriefte Rolloverkredite, als die Schuldner langfristige Projekte mit Hilfe von Geldmarktpapieren finanzieren, die in Abständen von z.B. einem halben Jahr mehrmals durch neue Emissionen prolongiert werden.[60] Ein wichtiger Unterschied zum konventionellen Buchkredit liegt jedoch darin, daß die Fristentransformation mit Abwälzung des Zinsänderungsrisikos auf den Schuldner nicht von einer Bank übernommen wird. Statt dessen plaziert der Emittent die Papiere direkt bei potenten Anlegern am Euromarkt. Da die Bank an einer derartigen Finanzierung nicht unmittelbar beteiligt ist, wird diese für sie nicht bilanzrelevant, so daß sie eine Belastung im Grundsatz I vermeidet.

Andererseits ist eine Bank bei derartigen Transaktionen indirekt beteiligt, wenn sie das Plazierungsrisiko übernimmt. Für den Fall, daß der Emittent die Papiere nicht absetzen kann, stellt die Bank ihm entweder eine Kreditlinie zur Verfügung (Back up-Line) oder verpflichtet sich, die Papiere selbst anzukaufen. Es handelt sich demnach um eine Eventualverpflichtung, die dann relevant werden dürfte, wenn die Funktionsfähigkeit des Marktes gestört und/oder die Bonität der Emittenten zweifelhaft geworden ist, so daß er die Direktfinanzierung bei den Anlegern nicht erreichen kann.

Die deutsche Bankenaufsicht hat derartige Ausweichgeschäfte 1986 »in den Grundsatz I zurückgeholt«, indem sie sie wie Eventualverpflichtungen aus Bürgschaften und Garantien interpretiert und (über die korrespondierenden Eventualforderungen) mit 50% anrechnet.

---

[59] Vgl. W. L. Silber: The process of financial innovation, in: AER, vol. 73, 1983, supplement may, S. 89-95, hier S. 91, und J. C. van Horne: a.a.O., S. 625.
[60] Vgl. F. Reither/U. Denning: Finanzinnovationen: Hintergründe und Konsequenzen, in: WD, 66. Jg., 1986, S. 45-52, hier S. 47.

Die Problematik einer Einbeziehung derartiger »off-balance-sheet«-Geschäfte ist nun aber nicht nur auf Euronote Facilities beschränkt. Sie betrifft vielmehr alle möglichen Formen von schwebenden und bedingten Verpflichtungen (Contingencies), wie Termingeschäfte, Optionen, Futures in Währungen und Wertpapieren, Swaps in Devisen- und Zinsverpflichtungen usw.[61] Auch wenn solche Geschäfte der Absicherung gegen Kurs- und Zinsrisiken dienen, so bleibt in vielen Fällen doch ein (Bonitäts-)Risiko, daß der Geschäftspartner seinen Verpflichtungen nicht nachkommt.[62]

Folgerichtig wurden mit der Novellierung des Grundsatzes I im Herbst 1990 nicht nur bilanzrelevante Kredite und Beteiligungen, sondern auch *bilanzirrelevante* Finanz-Swaps sowie Termingeschäfte und Optionsrechte als schwebende Geschäfte zu den *Risikoaktiva* gezählt. Ihre Erfassung beruht auf der Überlegung, daß bei Ausfall des Geschäftspartners (Adressenausfallrisiko) das Kreditinstitut die Position ggf. (zu Hedge-Zwecken) wieder eindecken will, dies aber nur zu ungünstigeren Konditionen tun kann, als sie der Originalvertrag vorsah. Damit wird das *Risiko in Form höherer Wiedereindeckungskosten oder von Mindererlösen* schlagend.

Formal erfolgt die Anrechnung der Finanzinnovationen durch

— Festlegung der *Bemessungsgrundlage* entsprechend der Art des Geschäfts,
— Ermittlung des sogenannten *Kreditäquivalenzbetrages,* der wie andere Kreditvolumina auch in den Grundsatz I eingeht. Hierzu wird die Bemessungsgrundlage mit *Umrechnungsfaktoren* multipliziert, die das Risiko aus Risikoart und Laufzeit berücksichtigen.
— Ableitung des *Anrechnungsbetrages* beim Eigenkapital, indem der Kreditäquivalenzbetrag mit einem Bonitätsfaktor gewichtet wird, der der Qualität des Geschäftspartners, ausgedrückt in seiner »Risikoklasse«, entspricht.

Bei Finanz-Swaps, also Zins-Swaps, Währungs-Swaps oder Zins-/Währungs-Swaps, ist Bemessungsgrundlage für die Anrechnung beim Eigenkapital der Kapital- bzw. Nominalbetrag, bei Termingeschäften und Optionsrechten der Liefer- oder Abnahmeanspruch, je nachdem, ob es sich um eine Kaufoption (Call) oder Verkaufsoption (Put) handelt, die ge- oder verkauft wurde (die Stillhalterposition wird bis zum Inkrafttreten des neuen Grundsatzes I im Grundsatz Ia begrenzt).

Um — ausgehend von der Bemessungsgrundlage — die Kreditäquivalenzbeträge für die Einstellung in den Grundsatz I zu bestimmen, kann entweder nach der Laufzeit- oder nach der Marktbewertungsmethode vorgegangen werden. Der Kapital- bzw. Nominalbetrag selbst als Bemessungsgrundlage kann dafür nicht in Frage kommen. Fällt nämlich der Geschäftspartner aus, so braucht das Kreditinstitut seinerseits nicht zu leisten, so daß die Ansprüche gegeneinander aufgerechnet werden. Insoweit kann es sich im Rahmen des Grundsatzes I nur um den *Eindeckungsaufwand* handeln, der möglicherweise aus der Wiederherstellung der alten, durch den Ausfall des Geschäftspartners aufgelösten Position entsteht.

Beide Methoden berücksichtigen, daß das Risiko zunehmenden Eindeckungsaufwandes, der von den Volatilitäten der Zinsen sowie der Wechselkurse, Aktienkurse usw. abhängt, mit der Zeit wächst.

Nach der *Laufzeitmethode* wird das Risiko wie folgt geschätzt:

---

[61] Zu diesen Instrumenten allgemein vgl. z.B. H. E. Büschgen: Finanzinnovationen. Neuerungen und Entwicklungen an nationalen und internationalen Finanzmärkten, in: ZfB, 56. Jg., 1986, S. 301-336 sowie J. Süchting: Finanzmanagement, a.a.O., S. 59-71.
[62] Vgl. Ausschuß für Bankenbestimmungen und -überwachung (Hrsg.): Die Behandlung nicht bilanzwirksamer Risiken aus der Sicht der Bankenaufsicht, Basel 1986.

Laufzeit	Zinskontrakte[1]	Währungskontrakte und Kontrakte mit sonstigem Preisrisiko[2]
bis 1 Jahr	0,5%	2,0%
über 1 Jahr bis 2 Jahre	1,0%	5,0%
für jedes weitere Jahr	1,0%[3]	3,0%[3]

1) Restlaufzeit des Underlying
2) Ursprungslaufzeit des Kontraktes
3) Abzüglich von insgesamt 1%

Tab. C. 11: Umrechnungsfaktoren nach der Laufzeitmethode (Quelle: Deutsche Bundesbank: Die neuen Grundsätze I und Ia über das Eigenkapital der Kreditinstitute, in: MB, 42. Jg., Nr. 8/1990, S. 39-46, hier S. 41)

Die Umrechnungsfaktoren sind zwar beim Zinsrisiko auf die Restlaufzeit des Underlying bezogen, sonst und grundsätzlich gehen sie jedoch von der Ursprungslaufzeit des Kontraktes aus (Original exposure method).

Demgegenüber ermittelt die *Marktbewertungsmethode* das *aktuelle Risiko,* indem man darauf abstellt, ob sich zum Bewertungszeitpunkt beim potentiellen Ausfall des Geschäftspartners im Vergleich mit den abgeschlossenen Kontraktbedingungen für die Wiedereindeckung *am Markt* ein *zusätzlicher Aufwand (oder Minderertrag)* ergeben würde. Unabhängig davon, ob ein Wiedereindeckungsaufwand anfällt oder nicht, wird das restlaufzeitabhängige Risiko durch einen *Zuschlag auf die Berechnungsbasis (add on)* berücksichtigt, weil sich die Marktkonstellationen während der Restlaufzeit verändern können (Current exposure method, siehe Tab. C. 12).

Ein unter Umständen zu berücksichtigender Wiedereindeckungsaufwand und add on ergeben den *Kreditäquivalenzbetrag nach der Marktbewertungsmethode.*

Beim Vergleich zeigt sich, daß den Zinsrisiken entsprechend den Umrechnungsfaktoren geringere Volatilitäten zugeordnet werden als den Kursänderungsrisiken insbesondere bei Währungen. Die Laufzeitmethode ist gegenüber der Marktbewertungsmethode einfacher anzuwenden, weil letztere die laufende Bewertung der Kontrakte zur Ermittlung des Ein-

	Zinskontrakte	Währungskontrakte und Kontrakte mit sonstigem Preisrisiko
1. Marktbewertung	aktuelle Wiederbeschaffungskosten	aktuelle Wiederbeschaffungskosten
2. Zuschlag[1]		
Restlaufzeit bis ein Jahr	0,0%	1,0%
über ein Jahr insgesamt	0,5%	5,0%

1) Bezogen auf den Nominalwert

Tab. C. 12: Umrechnungsfaktoren nach der Marktbewertungsmethode (Quelle: Deutsche Bundesbank: Die neuen Grundsätze I und Ia über das Eigenkapital der Kreditinstitute, a.a.O., S. 41) deckungsaufwandes erfordert. Da die Marktbewertungsmethode aber die genauere ist, darf ein Kreditinstitut bei Ermittlung des Kreditäquivalenzbetrages wohl von der Laufzeitmethode zur Marktbewertungsmethode wechseln, nicht jedoch umgekehrt.

Der *Anrechnungsbetrag beim Eigenkapital* ergibt sich schließlich dadurch, daß der Kreditäquivalenzbetrag mit dem Bonitätsfaktor der Risikoklasse gewichtet wird, welcher der Geschäftspartner angehört (Adressengewichtung).

Die folgende Abb. C. 94 stellt die Anrechnung außerbilanzieller Geschäfte im Grundsatz I am Beispiel eines Währungs-Swaps dar.

Anrechnung eines Währungs-Swaps (über 10 Mio. DM, Ursprungslaufzeit 4 Jahre, Restlaufzeit 2 Jahre) im Grundsatz I nach der *Laufzeitmethode*	
Risikopotential für die Ursprungslaufzeit (original exposure) = Kapitalbetrag x Umrechnungsfaktor = 10 000 000 DM x (4 x 3% – 1%) = 1 100 000 DM	
= Basis-Anrechnungsbetrag (Kreditäquivalent)	1 100 000 DM
x Bonitätsgewichtungsfaktor a) OECD-Zentralregierung b) OECD-Kreditinstitut c) Private Nichtbank	0% 20% 50%
= Anrechnungspflichtiger Betrag im Grundsatz I a) OECD-Zentralregierung b) OECD-Kreditinstitut c) Private Nichtbank	0 DM 220 000 DM 550 000 DM
Anrechnung eines Währungs-Swaps (über 10 Mio. DM, Ursprungslaufzeit 4 Jahre, Restlaufzeit 2 Jahre) im Grundsatz I nach der *Marktbewertungsmethode*	
Wiederbeschaffungskosten (current exposure)	500 000 DM
+ Risikopotential für die Restlaufzeit (potential exposure) = Kapitalbetrag x Umrechnungsfaktor = allg. Zuschlag (Add-on) = 10 000 000 DM x 5,0% =	500 000 DM
= Basis-Anrechnungsbetrag (Kreditäquivalent)	1 000 000 DM
x Bonitätsgewichtungsfaktor a) OECD-Zentralregierung b) OECD-Kreditinstitut c) Private Nichtbank	0% 20% 50%
= Anrechnungspflichtiger Betrag im Grundsatz I a) OECD-Zentralregierung b) OECD-Kreditinstitut c) Private Nichtbank	0 DM 200 000 DM 500 000 DM

Abb. C. 94: Anrechnungsbeispiel für ein außerbilanzielles Geschäft im Grundsatz I (Quelle: W. Arnold/H. Schulte-Mattler: KWG-Grundsatz I novelliert, in: DBk, Nr. 8/1990, S. 432-436, hier S. 435)

Sowohl das *Risikoklassenkonzept* als auch die *Bonitätsgewichte* bleiben *im neuen Grundsatz I* (von geringfügigen Details abgesehen) *unverändert*. Neu geregelt wird allerdings die Anrechnung von Swaps und Termingeschäften sowie Optionsrechten. Institute, die den Vorschriften des fünften Abschnitts über Handelsbuch-Risikopositionen unterliegen, müssen ab dem 30.9.1999 die Marktbewertungsmethode anwenden. Nicht-Handelsbuchinstitute dürfen auch die Laufzeitmethode einsetzen, wenn der Eindeckungsaufwand auf der Änderung von Zinssätzen, Wechselkursen oder dem Goldpreis beruht. (Somit ist auch für diese Institute die Marktbewertungsmethode verbindlich, wenn der Eindeckungsaufwand durch Änderungen von Aktienkursen, Edelmetallen (außer Gold) oder den Preisen anderer Rohwaren beeinflußt wird.)

Die Umrechnungsfaktoren der Laufzeitmethode werden nicht verändert; diejenigen der Marktbewertungsmethode jedoch differenzierter gefaßt:

Restlaufzeit	Zins-bezogene Kontrakte	Währungs-kurs- und goldpreisbe-zogene Kontrakte	Aktienkurs-bezogene Kontrakte	Edelmetall-preisbezoge-ne Kontrakte (ohne Gold)	Rohwaren-preisbezo-gene und sonstige Kontrakte
bis 1 Jahr	0,0	1,0	6,0	7,0	10,0
über 1 Jahr bis 5 Jahre	0,5	5,0	8,0	7,0	12,0
über 5 Jahre	1,5	7,5	10,0	8,0	15,0

Tab. C. 13: Umrechnungsfaktoren der Marktbewertungsmethode nach dem neuen Grundsatz I

Mit dem neuen Grundsatz I wird auch die *Netting*-Richtlinie der EU vom März 1996 umgesetzt. Dadurch ermäßigt sich die Anrechnung von in zweiseitige Aufrechnungsvereinbarungen und Schuldumwandlungsverträge einbezogenen Swaps, Termingeschäften und Optionsrechten. Zweiseitige Aufrechnungsverträge (close-out netting) bewirken bei einem Ausfall des Vertragspartners eine Verrechnung der positiven und negativen Marktwerte der unter die Vereinbarung fallenden Finanzkontrakte auf eine einzige Ausgleichsforderung oder -verbindlichkeit. Schuldumwandlungsverträge (netting by novation) zwischen einer Bank und ihrem Vertragspartner verrechnen laufend alle gegenüber dem Vertragspartner entstehenden Ansprüche und Verpflichtungen aus Finanzkontrakten in gleicher Währung und gleichem Erfüllungsdatum. – Das folgende Beispiel geht davon aus, daß in eine Aufrechnungsvereinbarung sechs Fremdwährungskontrakte mit Restlaufzeiten jeweils über einem Jahr bis fünf Jahre einbezogen wurden. Die Kontrakte A und B sowie C und D stellen zwei Paare sich deckender Devisentermingeschäfte dar, bei denen sich die daraus resultierenden Ansprüche und Verpflichtungen in jeweils derselben Währung sowie demselben Wertstellungstag gegenüberstehen und lediglich eine Volumensdifferenz aufweisen. Hingegen sind die Kontrakte E und F nicht zur Verrechnung geeignet. – Es wird davon ausgegangen, daß der Eindeckungsaufwand einheitlich 10% des Nominalwertes der Geschäfte beträgt.

Kontrakte	Einzelbetrachtung		Zusammengefaßte Betrachtung		Zuschlag (Zuschlagfaktor jeweils in Höhe von 5%)
	Nominalwert	Eindeckungsaufwand	Nominalwert	Eindeckungsaufwand	
A	+ 10	+ 1	- 10	- 1	0,5
B	- 20	- 2			
C	- 10	- 1	+ 30	+ 3	1,5
D	+ 40	+ 4			
E	+ 30	+ 3	+ 30	+ 3	1,5
F	- 20	- 2	- 20	- 2	1,0

Tab. C. 14: Ermittlung des Zuschlags bei sich kongruent deckenden Kontrakten

Bei einer Berechnung nach der Marktbewertungsmethode werden in einem ersten Schritt die sich deckenden Kontrakte für die Ermittlung des Eindeckungsaufwands zusammengefaßt (A + B sowie C + D). Der Brutto-Eindeckungsaufwand ergibt sich als Summe der Kontrakte mit positivem Marktwert (= 6); werden die negativen Marktwerte abgezogen (Saldierung von potentiellen Bewertungsgewinnen und -verlusten!), erhält man den Netto-Eindeckungsaufwand (= 3). Entsprechend Tab. C. 13 ergibt sich für A+B, C+D sowie E und F jeweils ein Zuschlagsfaktor in Höhe von 5% auf die Nominalwerte, so daß als Summe S = 4,5 resultiert. Im dritten Schritt wird dann die Relation V zwischen dem Netto- und dem Brutto-Eindeckungsaufwand bestimmt (hier 0,5). Nach der in § 12 des neuen Grundsatzes I vorgeschriebenen Formel

(C. 21) $Z = 0,4 \cdot S + 0,6 \cdot V \cdot S$

erhält man abschließend den Zuschlag von 3,15. Wären die sich deckenden Kontrakte nicht zusammengefaßt worden, hätte der nach dieser Formel berechnete Zuschlagsfaktor 4,0625 betragen.[63]

Im neuen Grundsatz I werden in § 27 die *Adressenausfallrisiken des Handelsbuches* geregelt.[64] Diese können aus zunächst geschlossenen Positionen entstehen, wenn bei Ausfall einer Vertragspartei Verluste dadurch eintreten, daß eine dann offene Position nur zu schlechteren Konditionen wieder geschlossen werden kann. Ein Risiko ergibt sich auch für den Fall, daß der Vertragspartner der Bank verzögert liefert, die Bank aber zwischenzeitlich ihrerseits Lieferverpflichtungen nachkommen muß. Im einzelnen wird unterschieden zwischen

(1) Abwicklungs- und Lieferrisiken

Als Bemessungsgrundlage für Risiken aus noch nicht vollständig abgewickelten Geschäften mit Wertpapieren (Schuldtitel und Anteilspapiere außer den speziellen Regelungen unterliegenden Pensionsgeschäften) dient die Differenz zwischen den Vertragskonditionen und den aktuellen Marktpreisen, falls die vertraglichen Abmachungen günstiger als die Marktbedingungen sind. Dieser Betrag ist zu multiplizieren mit einem prozentualen Gewichtungsfaktor, der von der Anzahl der Tage nach dem festge-

---

[63] Vgl. dazu ausführlich K.-H. Boos/H. Schulte-Mattler: Der neue Grundsatz I: Kreditrisiken, in: DBk, Nr. 8/1997, S. 474-479.
[64] Vgl. dazu ebenda und K.-H. Boos/B. Höfer: Die Kapitaladäquanz-Richtlinie (II), in: DBk, Nr. 6/1995, S. 359-367, hier S. 361.

setzten Abrechnungstermin abhängt (vgl. Tab C. 15, Spalte A). Mit den ansteigenden Sätzen soll der Tatsache Rechnung getragen werden, daß das Risiko mit dem Ausmaß der Terminüberschreitung zunimmt. Bis zu einer Überziehung des Erfüllungszeitpunktes um 45 Tage kann ein sog. »vereinfachtes Verfahren« (Spalte B) angewandt werden, bei dem der vereinbarte Lieferpreis mit einem deutlich geringeren Faktor zu multiplizieren ist.

Anzahl der Geschäftstage nach dem vereinbarten Abrechnungstermin	Spalte A in vH	Spalte B in vH
5 - 15	8	0,5
16 - 30	50	4
31 - 45	75	9
46 und mehr	100	

Tab. C. 15: Eigenkapitalanforderung für das Abwicklungs- bzw. Lieferrisiko

(2) Vorleistungen
Bei grenzüberschreitenden Geschäften, bei denen die Bank in Vorleistung getreten ist, richtet sich die Höhe der Kapitalunterlegung nach dem Marktwert der von dem Institut vorab gelieferten Wertpapiere bzw. des bereits gezahlten Geldbetrages sowie der Bonitätsgewichtung der Gegenpartei, multipliziert mit dem Solvabilitätskoeffizienten von 8%.

(3) Pensions- und Wertpapierleihgeschäfte
Für die Bank in der Rolle des Pensionsgebers (Wertpapierverleihers) besteht ein Risiko für den Fall einer positiven Differenz zwischen dem Marktwert der überlassenen Wertpapiere und dem von dem Institut aufgenommenen Betrag bzw. dem Marktwert der Sicherheiten, falls die Gegenpartei ausfällt. Eine Wiedereindeckung ist dann nämlich nur unter Inkaufnahme eines Verlustes möglich. Als Pensionsnehmer (Wertpapierentleiher) läuft die Bank dementsprechend insofern ein Risiko, als sich bei einem Ausfall des Kontrahenten eine positive Differenz zwischen dem verliehenen Betrag oder dem Marktwert der Sicherheiten und dem Marktwert der erhaltenen Wertpapiere ergeben könnte. Sind die Marktpreise für die Wertpapiere während der Laufzeit des Geschäftes gesunken, kann die Bank aus deren Verkauf weniger erlösen, als sie ursprünglich hingegeben hat. – Die Eigenkapitalunterlegung berechnet sich als Produkt aus der relevanten positiven Wertdifferenz, dem Adressengewicht des Kontrahenten sowie dem Solvabilitätskoeffizienten.

Im Hinblick auf das *Risikoklassenkonzept* des Grundsatzes I gilt *grundsätzlich*: Wie Risikoklassen auch nach Verbrauchskoeffizienten endgültig neu gebildet werden, könnte man sachgerecht der Meinung des Marktes überlassen.[65] Dort, wo der Markt für der Frist nach vergleichbare Kredite an öffentliche Haushalte geringere Zinssätze und Risikoprämien for-

---

[65] Vgl. zum Versuch einer entsprechenden empirischen Ableitung: Th. Brakensiek: a.a.O. und A. Schmoll: Bonitäts- und Risikoklassen – Instrumente für ein effizientes Risikomanagement, in: ÖBA, 40. Jg., 1997, S. 988-1003.

dert als für andere Darlehen, für Kredite an Banken geringere als für solche an Nichtbanken, für hypothekarisch gesicherte Kredite geringere als für nicht hypothekarisch gesicherte, für in Wechselform verbriefte geringere als für Buchkredite, und dies über längere Zeit, ergibt sich ein objektives Kriterium für die Einteilung der Aktiva von Kreditinstituten in Risikoklassen. Dort jedoch, wo solche Anhaltspunkte aus internationalen und nationalen Anleihemärkten, aus den Zinsübersichten der Deutschen Bundesbank nicht gefunden werden können, sollte man auch keine weitere Differenzierung der Risikoklassen versuchen. Hinzu kommt, daß die Zinssätze für Kredite insbesondere an Entwicklungsländer und solche des früheren Ostblocks angesichts ihrer »Schuldenkrise« und der zu ihrer Bewältigung (auch) gemachten Zinszugeständnisse nicht mehr repräsentativ für das Länderrisiko sind. Im übrigen mag eine Unterscheidung von Krediten z.B. an ausländische Kreditinstitute noch akzeptiert werden danach, ob solche Kreditinstitute in OECD-Ländern oder sonstwo in der Welt domizilieren (wie dies bei Swap-, Termin- und Optionsgeschäften ja auch schon geschieht). Schon die weitere Differenzierung etwa in Opec-Länder, Schwellenländer und Entwicklungsländer dürfte jedoch – ganz abgesehen von der außenpolitischen Signalwirkung – keine dauerhafte Grundlage für bankaufsichtsrechtliche Risikonormen abgeben. Zu schnell ändern sich die Länderrisiken (z.B. Auflösung der Sowjetunion, Regierungswechsel im Iran), so daß eine tragfähige Lösung kaum möglich erscheint.

Schließlich bliebe zu fragen, ob im Sinne der Portfolio Selection Theorie[66] der *Diversifikationsgedanke* auf die Aktivastruktur von Kreditinstituten übertragen werden kann. Das liefe darauf hinaus, denjenigen Banken, deren in Aktivakategorien eingeordnete Kreditnehmergruppen wenig miteinander korrelierte Gewinnentwicklungen aufweisen, zu erlauben, daß sie auf ihrer Eigenkapitalbasis ein insgesamt höheres Aktivvolumen aufbauen als andere Institute. Einem solchen Vorhaben stehen indessen folgende Bedenken gegenüber:

Erstens ist zweifelhaft, an welchen Kriterien Diversifikationsüberlegungen behördlicher Natur ansetzen sollen. Wie im Zusammenhang mit Länderrisiken betont, ist die internationale Streuung der Aktiva keine hinreichend stabile Grundlage dafür. – *Branchenkriterien* wie auch als Sicherheiten genommene Vermögenspositionen, deren Wertentwicklung von der Branchenentwicklung abhängt, dürften ebenfalls nicht geeignet sein. Zwar ist davon auszugehen, daß in der Bundesrepublik Branchenentwicklungen und dementsprechend die Renditeentwicklungen der Kreditnehmer nicht gleich korreliert verlaufen. Andererseits ist die Zugehörigkeit insbesondere größerer Unternehmen zu Branchen nicht eindeutig und darüber hinaus ständig Veränderungen unterworfen.

Zweitens – und dies ist der gewichtigere Einwand – kommt es aber nicht auf die einzelnen Aktiva und Aktivakategorien sowie beigefügte Nettozinskoeffizienten[67] an. Will man das Risiko der gesamten Aktivastruktur herausfinden, so wird man die *Gesamtertragskoeffizienten der Kundenbeziehungen* erfassen müssen. Man kann ja im Falle deutscher Universalbanken nicht einfach von den neben den Kreditgeschäften mit den Kunden getätigten Geschäften abschneiden.[68]

---

[66] Vgl. J. Süchting: Finanzmanagement, a.a.O., S. 303ff.
[67] Unter dem Nettozins ist hier der Zinsertrag ./. Abschreibungen in einer Aktivakategorie zu verstehen.
[68] Auch mit Blick auf das engere Sortiment der Trennbank wurde darauf bereits frühzeitig hingewiesen. Vgl. E. J. Kane/B. G. Malkiel: Bank portfolio allocation, deposit variability, and the availability doctrine, in: QJoE, vol. 79, 1965, S. 113-134.

Die Zusammenstellung von Kundenkategorien statt Aktivakategorien, die Zufügung von Gesamtertrags- statt von Zinskoeffizienten, die Prüfung ihres Risikogleichlaufs ist nun aber ein so schwieriges Unterfangen, daß sich selbst in der Wissenschaft brauchbare Konzepte erst in der Entwicklungsphase befinden.[69] Auf eine entsprechende behördliche Regelung wird man deshalb verzichten müssen (vgl. auch S. 570ff.).

So bliebe als *globaler Anhaltspunkt* für Diversifikationsmöglichkeiten letztlich nur die Unterscheidung zwischen *regional operierenden,* im Zweifel *kleineren,* und im *gesamten Bundesgebiet tätigen,* in der Regel *größeren Instituten.* Von letzteren kann angenommen werden, daß sie bessere Möglichkeiten der Diversifikation besitzen.

Unabhängig davon sind im Hinblick auf die derzeitige Fassung der Risikoklassen aber folgende Hinweise angebracht:

(1) Die *Privilegierung der öffentlichen Hände* im Inland gilt auch für die Zentralregierungen und Zentralbanken der *OECD* (und ihnen gleichgestellte) – Länder, während sich Forderungen an sämtliche Drittländer in einer schlechteren Risikoklasse befinden. – Gibt man sich mit einer derartig pauschalen Zweiteilung der Staaten auf der Welt entsprechend ihrer Kreditwürdigkeit zufrieden, so wird man gegen eine solche Lösung kaum etwas einwenden können.

(2) Ähnlich gefaßt ist der *Kreis der Kreditinstitute* und der gegen sie gerichteten Forderungen, die mit lediglich 20% beim haftenden Eigenkapital angerechnet werden; dabei dürfte von Bedeutung sein, daß man in den OECD-Staaten im allgemeinen von funktionierenden Bankaufsichtsbehörden sowie Einlagensicherungseinrichtungen ausgehen kann, die um die Stabilität des Bankensystems besorgt sind. – Nicht befriedigen kann jedoch, daß kurzfristige Forderungen (bis 1 Jahr) an Kreditinstitute in Drittländern mit in diese Risikoklasse aufgenommen werden.

(3) Sachgerecht ist es dagegen, daß *gute Sicherheiten* (wie Bürgschaften eines Staates, eines Kreditinstitutes, wie Wertpapiere derartiger Emittenten) den Forderungen an (sonstige) Kunden zu einer *entsprechend besseren Einstufung* in dem System der Risikoklassen verhelfen.

(4) Unter den Realkrediten werden innerhalb der Beleihungsgrenzen des Hypothekenbankgesetzes ab 1.1.2001 *nur noch* die *Wohnungsbaukredite* mit einem Anrechnungssatz von 50% *privilegiert.* Wohnungsobjekte dürften sich im Liquidationsfall im allgemeinen besser verwerten lassen als gewerbliche Immobilien, die weitgehend auf einen Betriebszweck zugeschnitten sind und deshalb anderen Verwendungen nur unter Hinnahme erheblicher Umbaukosten dienlich gemacht werden können.

(5) Aus fest vereinbarten *Kreditzusagen* können Banken in Anspruch genommen werden, so daß es sachgerecht ist, sie (wie Eventualverbindlichkeiten bzw. -forderungen) mit 50% anzurechnen. – Ebenso hätte man Wechselkredite privilegieren können, wenn sich ihr Risiko auf mehrere Unterschriften verteilt.

---

[69] Vgl. zu Ansätzen in dieser Richtung K. H. Pitz: Die Anwendungsmöglichkeit der Portfolio Selection Theorie auf die optimale Strukturierung des Banksortiments, Bochum 1976, F.-M. Keine: Die Risikoposition eines Kreditinstituts. Konzeption einer umfassenden bankaufsichtsrechtlichen Verhaltensnorm, Wiesbaden 1986, S. 185-197 und K. Bösl: Integrative Risikobegrenzung. Eine Konzeption für Banken und Bankenaufsicht, Wiesbaden 1993, S. 58ff. Um eine Quantifizierung von Risikoverbundwirkungen auf der Basis empirischen Materials bemüht sich auch J. Döhring: Gesamtrisiko-Management von Banken, München/Wien 1996, S. 210-284.

(6) Bei der Einfügung von *Aktien (und Investmentzertifikaten)* in das System der Risikoklassen gewinnt man den Eindruck, als hätte sich der Gesetzgeber vom Ausmaß möglicher Kursänderungen und nicht von der Qualität der Emittenten (z.B. bei Bankaktien) leiten lassen. Diese Abweichung vom Adressenausfallrisiko bedeutet einen Bruch, zumal (sonstige) Preisänderungsrisiken (vor der 6. KWG-Novelle) im Grundsatz Ia geregelt waren. Dies gilt auch für mögliche Preisänderungen von Sachanlagen, bei denen es einen Emittenten ja nicht geben kann.

(7) Die Adressengewichtung bei *Finanzinnovationen* mit höchstens 50% (»Cap«), hinter der die Begründung steht, daß am Markt für Finanzinnovationen nur Unternehmen erster Bonität teilnehmen, ist inkonsistent. Unabhängig von ihrer Bonität müssen sich Unternehmen als Kreditschuldner im allgemeinen die 100%-Anrechnung gefallen lassen. Durchbricht man dieses System, so läge es nahe, die Eigenkapitalunterlegung für Forderungen gegenüber institutionellen Nichtbanken an ihrem Rating zu orientieren.

d. 4. Die Limitierung der Großkreditvergabe im § 13 KWG nach alter sowie neuer Fassung unter Berücksichtigung von Drittrangmitteln

Bezieht man die Vorschriften des KWG über die Kreditvergabe in die Betrachtung der Eigenkapitalbelastungsregeln ein, so ist neben § 14 (Meldung von Millionenkrediten an die Bundesbank als Evidenzzentrale) sowie §§ 15, 16 (Meldepflicht für Organkredite) der § 13 von besonderem Interesse. Dort wird zunächst eine Buch- oder verbriefte Forderung als *Großkredit* definiert, wenn der (zugesagte) Betrag 10% (bis 1.10.1998: 15%) *des Eigenkapitals* übersteigt.

Von dieser Definition ausgehend wird vorgeschrieben, daß – im Hinblick auf die Zusagen – der einzelne Großkredit 25% (bis 1.10.1998: 40%) und alle Großkredite (bezogen auf die Inanspruchnahme) das achtfache des Eigenkapitals nicht überschreiten dürfen.

Alle Großkredite	$\leq 8 \times hEK$	
		§ 13
		i.V.m. § 20 KWG
Einzelner Großkredit	$\leq 0{,}25 \times hEK$	
	(bis 1.10.1998: 0,40)	

Diese Vorschriften über die Anbindung des Höchstbetrages des Einzelkredits sowie der Summe der Großkredite an den Umfang des haftenden Eigenkapitals machen deutlich, daß es sich um eine *Risikostreuung* über die Zahl der Kredite im Sinne Stützels handelt. Geht man davon aus, daß die Bonitätsrisiken unter den Einzelkrediten nicht vollständig (positiv) miteinander korreliert sind, so liegt auch Diversifikation im Sinne der Portfolio Selection Theorie vor. – Entsprechend den Bestimmungen des § 10a KWG wurde auch für Großkredite gemäß § 13a KWG eine Zusammenfassung auf konsolidierter Basis vorgenommen.

Seit der 5. KWG-Novelle dürfen die Begrenzungen für den einzelnen Großkredit mit Zustimmung des BAKred überschritten werden, wenn die überschießenden Beträge voll mit haftendem Eigenkapital abgedeckt werden, das nicht bereits zur Unterlegung sonstiger Ausfall- oder Marktpreisrisiken gebunden ist.[70] An dieser Stelle wird *vom System der Li-*

---

[70] Vgl. K.-H. Boos/U. Klein: Die neuen Großkredit- und Millionenkreditbestimmungen, in: DBk, Nr. 9/1995, S. 535-541.

mitierung übergegangen zu dem der Eigenkapitalunterlegung. – Entlastungseffekte für besser diversifizierte Kreditinstitute sieht der Gesetzgeber indes nicht vor.

In *den durch die 6. KWG-Novelle veränderten Großkreditvorschriften des neugefaßten § 13 KWG* wird getrennt zwischen denjenigen Instituten, die von den Bestimmungen über das Handelsbuch befreit sind und den »Handelsbuchinstituten«. Für die *Nicht-Handelsbuchinstitute* schreibt der § 13 die bisherigen Großkreditregelungen im wesentlichen fort. Neu ist allerdings die Bestimmung, nach der das BAKred eine Bank bei Überschreiten der Einzelgroßkreditobergrenze von der Eigenkapitalunterlegungspflicht für den Überschreitungsbetrag befreien kann, wenn die Überschreitung durch die Verschmelzung von Kreditnehmern oder vergleichbare Ereignisse eingetreten ist und für das Institut nicht vorhersehbar war (Abs. 3 Satz 9; der bisherige § 13a, der die Konsolidierung von Großkrediten regelt, wird zu § 13b).

Im neuen § 13a KWG wird auf *Handelsbuchinstitute* abgestellt, die die Summe der einem Schuldner gegenüber eingeräumten Großkredite (»kreditnehmerbezogene Gesamtposition«) künftig getrennt nach Anlage- und Handelsbuch ermitteln müssen. Im *Handelsbuch* berechnet sich das *Großrisiko* gegenüber einem Kunden durch folgende Addition:

	Überschuß der Netto-Kaufpositionen in Finanzinstrumenten desselben Kreditnehmers
+	Kreditäquivalente für OTC-Derivate
+	Wiedereindeckungsaufwand fälliger Lieferansprüche
+	Vorleistungen
+	Nettorisiko aus Pensions- und Leihgeschäften
+	In Rechnung gestellte Zinsen, Gebühren u.ä. aus dem Handelsbuch
=	Handelsbuch-Gesamtposition

Für das *Anlagebuch* der *Handelsbuchinstitute* gelten die gleichen Regelungen wie für Nicht-Handelsbuchinstitute, d.h.

- Großkreditdefinitionsgrenze   10%,
- Großkrediteinzelobergrenze   25%,
- Großkreditgesamtobergrenze   800%,

bezogen auf das *haftende Eigenkapital*, also Kern- und Ergänzungskapital.

Für ihre *gesamte Großrisikoposition*, also unter *Einschluß des Handelsbuches*, haben Handelsbuchinstitute eben diese Grenzen zu beachten, die sich aber auf die **Eigenmittel** beziehen. Diese berechnen sich als

	Kernkapital
+	Ergänzungskapital
=	Haftendes Eigenkapital
+	Drittrangmittel
=	Eigenmittel

Drittrangmittel treten nach dem durch die 6. KWG-Novelle neu eingefügten § 10 Abs. 2c KWG als weiterer Risikoträger neben Kern- und Ergänzungskapital. Sie *dürfen ausschließlich für die Unterlegung (bzw. im Rahmen der Limitierung) von Risiken des Handelsbuchs* verwendet werden, also für die in Abschnitt e. zu behandelnden Marktpreisrisiken, die bereits angesprochenen Ausfallrisiken des Handelsbuchs sowie die an dieser Stelle relevanten Großkredite im Handelsbuch.

Die Drittrangmittel setzen sich zusammen aus

(1) Nettogewinnen des Handelsbuches
Diese ergeben sich »bei Glattstellung aller Handelsbuchpositionen ..., abzüglich aller vorhersehbaren Aufwendungen und Ausschüttungen sowie der bei einer Liquidation des Unternehmens voraussichtlich entstehenden Verluste aus dem Anlagebuch.«[71] Führt man sich noch einmal die in Abschnitt d. 2. diskutierten Anforderungen an Eigenkapitalkomponenten vor Augen, dann wird deutlich, welcher Unterschied zwischen diesem Surrogat und dem Kernkapital liegt. Aufgrund der Kurzfristorientierung des Handelsgeschäfts dürften die Nettogewinne eine stark schwankende Größe darstellen. – Völlig offen erscheint die Frage, wie Liquidationsverluste im Anlagebuch (z.B. aus Buchkrediten) bestimmt werden sollen. Wäre dies aber exakt möglich, so hätte man doch für diesen Fall den Betrag des von einer Bank als Risikopuffer vorzuhaltenden Eigenkapitals ermittelt, könnte auch darüber hinaus also auf das System der Risikoklassen und behördlich vorgegebenen Verbrauchskoeffizienten verzichten!

(2) Nachrangigen Verbindlichkeiten der 2. Kategorie
Im Gegensatz zu den bereits zum Ergänzungskapital zählenden beträgt die Mindestursprungslaufzeit der hier einbezogenen Nachrangverbindlichkeiten zwei statt fünf Jahre. Darüber hinaus ist eine »lock-in-Klausel« Anerkennungsvoraussetzung. Danach dürfen auf diese Verbindlichkeiten weder Tilgungs- noch Zinszahlungen geleistet werden, wenn dies zur Folge hätte, daß die Eigenmittel des Instituts die gesetzlichen Anforderungen nicht mehr erfüllen.
In diesem Zusammenhang ist auf die Möglichkeit der Umwidmung von lang- in kurzfristige Nachrangverbindlichkeiten hinzuweisen. So dürfen nachrangige Verbindlichkeiten nur noch mit 40% ihres Nennwertes im Ergänzungskapital berücksichtigt werden, sobald ihre Restlaufzeit unter zwei Jahre sinkt. Wurde mit den Gläubigern eine lock-in-Klausel vereinbart, dann können die Nachrangverbindlichkeiten in den letzten zwei Jahren zu 100% als Drittrangmittel genutzt werden.[72]

Drittrangmittel werden bei Kreditinstituten *nur im Umfang von max. 250% des freien Kernkapitals*, das nicht zur Unterlegung von Risiken des Anlagebuchs verwendet wird, *anerkannt*.[73] Bis zu dieser *Kappungsgrenze* können die genannten Drittrangmittel durch freies Ergänzungskapital sowie Genußrechte und langfristige Nachrangverbindlichkeiten oberhalb der Kappungsgrenze des Ergänzungskapitals substituiert werden:

---

71 Vgl. § 10 Abs. 2c KWG in der Fassung v. 22.10.1997.
72 Vgl. M. Karg/J. H. Lindemann: a.a.O., S. 129.
73 Bei Wertpapierhandelsunternehmen beträgt diese Grenze 200% des freien Kernkapitals, es sei denn, von den Drittrangmitteln wurden die »schwer realisierbaren Aktiva« abgezogen, zu denen der Gesetzgeber etwa Sachanlagen sowie nicht zum Handel an einer Börse zugelassene Wertpapiere zählt.

	Nettogewinne aus dem Handelsbuch
+	Nachrangige Verbindlichkeiten 2. Kategorie

=	Drittrangmittel
+	Freies Ergänzungskapital
+	Genußrechte sowie nachrangige Verbindlichkeiten 1. Kategorie oberhalb der Kappungsgrenze des Ergänzungskapitals

= Freie Ergänzungsmittel (Max. 250% des freien Kernkapitals)

Die Kappungsgrenze der Drittrangmittel wirkt sich wie im folgenden Beispiel dargestellt aus: Nach Unterlegung der Risiken des Anlagebuches besitzt die Bank nur noch 10 Einheiten freies Kernkapital, so daß das freie Ergänzungs- und das Drittrangkapital zusammen lediglich im Umfang von 25 Einheiten anerkannt werden. Insgesamt reichen die Eigenmittel hier gerade aus, die Anforderungen aus den Positionen des Handelsbuches heraus zu erfüllen.

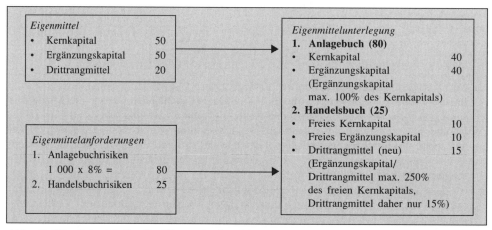

Abb. C. 95: *Beispiel für die Eigenmittelunterlegung unter Einbeziehung der Handelsbuchpositionen (Quelle: M. Karg/J. H. Lindemann: a.a.O., S. 130)*

Die Erläuterung der Drittrangmittel war an dieser Stelle erforderlich, um zu verdeutlichen, daß sich die *Risikolimitierung für die Summe der Großrisiken aus Anlage- und Handelsbuch bei Handelsbuchinstituten* auf eine *erweiterte Basis* bezieht (Eigenmittel statt haftendes Eigenkapital). Die *gesetzte Grenze von 25% darf durch Risiken aus dem Handelsbuch dann überschritten werden, wenn für den übersteigenden Teil ein zusätzlicher, je nach Dauer und Höhe der Überschreitung gestaffelter Eigenmittelbetrag vorgehalten wird.* Wiederum handelt es sich an dieser Stelle nicht mehr um ein Limit, sondern eine Eigenkapitalunterlegung der überschreitenden Großrisikobeträge. – Die genaue Höhe der Eigenmittelunterlegung wird durch eine gesonderte Großkredit- und Millionenkreditverordnung nach § 22 KWG geregelt. Dabei hat sich der Gesetzgeber an der Kapitaladäquanzrichtlinie orientiert, die bereits die folgende Staffel enthielt:

Tage/Höhe der Überschreitung	Eigenmittelanforderungen
Bis 10 Tage	200 Prozent der Eigenmittelanforderungen
Über 10 Tage (in %)	Nach der Höhe der Überschreitung gemessen in Prozent der Eigenmittel gestaffelt
bis 40	200
40 bis 60	300
60 bis 80	400
80 bis 100	500
100 bis 250	600
250 und mehr	900

Tab. C.16: Eigenmittelanforderungen bei Überschreiten der Großkreditgrenze (§ 42 der Großkredit- und Millionenkreditverordnung)

Zwei weitere Beschränkungen sind von Handelsbuchinstituten nach § 13a Abs. 5 KWG zu beachten:

(1) Die aggregierten Handelsbuchgroßkredite gegenüber einem Kontrahenten dürfen auch mit Zustimmung der Bankenaufsicht 500% der Eigenmittel, die nicht zur Unterlegung des Anlagebuches benötigt werden, nicht übersteigen. – Limitiert wird hier die Position, nicht die Überschreitung.

(2) Darüber hinaus muß das Institut alle Überschreitungen der Gesamtbuch-Großkrediteinzelobergrenze von 25% der Eigenmittel über 10 Tagen addieren. Die Überschreitungssumme darf 600% der freien Eigenmittel nicht übersteigen. – In diesem Fall wird die Überschreitung limitiert, nicht die Position.

Die neuen Großkreditgrenzen nach der 6. KWG-Novelle sind im Schaubild C.96 noch einmal zusammengetragen.

d.5. Die Kontrolle von Adressenausfallrisiken auf konsolidierter Basis gemäß § 10a KWG

In der Vergangenheit sind die Eigenkapitalbelastungsregeln in Bankkonzernen durch die sogenannte Mehrfachbelegung des Eigenkapitals bzw. den Aufbau von Kreditpyramiden häufig umgangen worden. Voraussetzung dafür ist die wechselseitige Beteiligung von Kreditinstituten untereinander, vor allem aber die einheitlich ausgerichtete Kreditpolitik im Rahmen von Mutter-Tochter-Beziehungen.

Gründet z.B. die Bank A mit einem haftenden Eigenkapital von 200 die Bank B mit einem Grundkapital von 100 und diese wiederum die Bank C mit einem Anfangskapital von 50, so können – unter der Voraussetzung, daß ausreichend Kreditnachfrage und Refinanzierungsmittel zur Verfügung stehen – die drei Institute gemeinsam ein höheres Kreditvolumen realisieren, als es allein der Bank A gemäß Grundsatz I möglich wäre:

	Großkrediteinzelobergrenze	Großkreditgesamtobergrenze	Gesamtbuch-Großkrediteinzelobergrenze	Gesamtbuch-Großkreditgesamtobergrenze	Höchstkreditgrenze Handelsbuch	Gesamt-Überschreitungsposition
Nichthandelsbuchinstitut: Position	Kredit	alle Großkredite, d.h. Kredite, die größer oder gleich 10% des haftenden Eigenkapitals sind	entfällt	entfällt	entfällt	entfällt
Handelsbuchinstitut: Position	kreditnehmerbezogene Anlagebuch-Gesamtpositionen	alle kreditnehmerbezogenen Anlagebuch-Gesamtpositionen, die größer oder gleich 10% des haftenden Eigenkapitals sind	kreditnehmerbezogene Gesamtposition [1]	alle kreditnehmerbezogenen Gesamtpositionen, die größer oder gleich 10% des Eigenmittels sind	kreditnehmerbezogene Handelsbuch-Gesamtpositionen	Überschreitungsbeträge aller kreditnehmerbezogenen Gesamtpositionen, welche die erweiterte Großkrediteinzelobergrenze länger als 10 Tage überschreiten
Grenze (extern/Konzern) ohne Übergangsregel	25%/20%	800%	25%/20%	800%	500%	600%
Maßstab	haftendes Eigenkapital	haftendes Eigenkapital	Eigenmittel	Eigenmittel	freie Eigenmittel	freie Eigenmittel
Überschreitung mit Zustimmung erlaubt	ja [2]	ja [2]	ja	ja	nein	nein
Unterlegung des Überschreitungsbetrages	haftendes Eigenkapital	haftendes Eigenkapital	Eigenmittel gestaffelt	Eigenmittel gestaffelt	Eigenmittel gestaffelt	Eigenmittel gestaffelt

[1] Bestehend aus der kreditnehmerbezogenen Anlagebuch-Gesamtposition und Handelsbuch-Gesamtposition.
[2] Vorgabe aus der Kapitaladäquanzrichtlinie; Überschreitung durch Handelsbuchinstitute nur möglich, wenn die erweiterten Großkreditobergrenzen eingehalten werden.

Abb. C. 96: Großkreditgrenzen nach der 6. KWG-Novelle (Quelle: M. Karg/J. H. Lindemann: a.a.O., S. 131)

```
                        A – Bank
        Kred.    3500  │  3400   Fremdmittel
        Bet.      100  │   200   Eigenkapital
                 ─────  │  ─────
                 3600   │  3600

                        B – Bank
        Kred.    1750  │  1700   Fremdmittel
        Bet.       50  │   100   Eigenkapital
                 ─────  │  ─────
                 1800   │  1800

                        C – Bank
        Kred.     900  │   850   Fremdmittel
                       │    50   Eigenkapital
                 ─────  │  ─────
                  900   │   900
```

Auf Basis eines originären Eigenkapitals der Bank A ist demnach eine Kreditpyramide von (über die zulässigen 3600 hinaus) weiteren 2700 aufgebaut worden. Dieses Volumen könnte sogar noch ausgedehnt werden, wenn die Tochter- oder andere beeinflußbare Beteiligungsbanken nicht wie im Beispiel dem Grundsatz I, sondern an den Euromärkten (z.B. in Luxemburg) weniger restriktiven Regelungen unterliegen.

So sind es denn auch vor allem die ausländischen Tochterbanken deutscher Konzernmütter gewesen, deren expansive Kreditpolitik die Besorgnis der deutschen Bankenaufsicht im Hinblick auf die Mehrfachbelastung des Eigenkapitals des deutschen Mutterinstituts und damit das gestiegene Risiko für seine Einleger hervorgerufen hat. Rechtlich ist zwar zunächst davon auszugehen, daß selbständige Tochterunternehmen im In- und Ausland insoweit einen isolierten Risikokomplex darstellen, als im Falle des Konkurses das Mutterinstitut nur seine Beteiligung verliert und der Verlust darauf begrenzt bleibt. Tatsächlich aber haben sich gerade innerhalb des Kreditsektors die großen deutschen Banken entweder über mehr oder weniger rechtsverbindliche Haftungszusagen (Bürgschaften, Patronatserklärungen) oder moralisch ins Obligo für ihre Tochtergesellschaften begeben, wie das folgende Zitat zeigt:

»Für die in den Konzernabschluß unserer Bank einbezogenen Tochtergesellschaften tragen wir, abgesehen von politischen Risiken, dafür Sorge, daß diese ihre vertraglichen Verbindlichkeiten erfüllen können« (Commerzbank AG, Geschäftsbericht 1996, S. 53).

Deshalb wird faktisch von einem **Risiko- und Haftungsverbund** in Bankkonzernen ausgegangen.

Diese Anschauung hat zunächst zu einem Gentlemen's Agreement mit der Bankenaufsicht im Hinblick auf die Konsolidierung der Bilanzen von Mutter- und Tochterinstituten und dann mit der KWG-Novelle von 1984 auch zu einer Regulierung auf Basis der zusammengefaßten Bankbilanzen von sogenannten Kreditinstitutsgruppen durch den Grundsatz I geführt. Mit der am 31. 12. 1995 in Kraft getretenen 5. KWG-Novelle wurden diese Vorschriften erneut überarbeitet, um die EU-Konsolidierungsrichtlinie (April 1992) umzusetzen.

In den Konsolidierungskreis einzubeziehen sind (entsprechend der Begrifflichkeit nach der 6. KWG-Novelle) alle Unternehmen einer »Institutsgruppe« oder einer »Finanzholding-Gruppe«, die gemäß § 10a KWG insgesamt über ein angemessenes haftendes Eigenkapital verfügen müssen.

Eine »*Institutsgruppe*« besteht nach § 10a Abs. 2 Satz 1 KWG aus einem »*Institut*« (nach §§ 1a, 1b KWG entweder ein »Kreditinstitut« oder ein »Finanzdienstleistungsinstitut«; vgl. Abb. C. 97) mit Sitz im Inland und den »*nachgeordneten Unternehmen*«. Dies sind zum einen die Tochterunternehmen[74], die als »Institute«, »Finanzunternehmen« oder »Unternehmen mit bankbezogenen Hilfsdiensten« agieren. Um nachgeordnete Unternehmen handelt es sich auch dann, wenn ein gruppenangehöriges Unternehmen an einem solchen Unternehmen aus einer der drei Kategorien mindestens 20% der Kapitalanteile mittelbar oder unmittelbar hält, es gemeinsam mit anderen nicht gruppenangehörigen Unternehmen leitet und für die Verbindlichkeiten dieses Unternehmens nach Maßgabe seines Kapitalanteils beschränkt haftet (§ 10a Abs. 4 KWG); Kapitalanteilen stehen wiederum Stimmrechte gleich. – Nicht zu den nachgeordneten Unternehmen zählen grundsätzlich Kapitalanlagegesellschaften, die nach EU-Recht weder als Kredit- noch als Finanzinstitut gelten.

»*Finanzunternehmen*« betreiben keine der Bankgeschäfte nach § 1 Abs. 1 KWG; ihre Tätigkeiten richten sich statt dessen hauptsächlich auf die in § 1 Abs. 3 aufgezählten Geschäfte. Mit dieser Vorschrift werden insbesondere Beteiligungs- und Leasinggesellschaften zum Konsolidierungskreis gerechnet.

Die Tätigkeit der »*Unternehmen mit bankbezogenen Hilfsdiensten*« (§ 1 Abs. 3c KWG) besteht darin, Immobilien zu verwalten, Rechenzentren zu betreiben oder andere Funktionen zu erfüllen, die im Verhältnis zur Haupttätigkeit eines Kreditinstituts eher Unterstützungs- bzw. Servicecharakter besitzen.

Bei einer »*Finanzholding-Gruppe*« (§ 10a Abs. 3 KWG) ist nicht ein Institut Mutterunternehmen, sondern eine sogenannte »*Finanzholding-Gesellschaft*« mit Sitz im Inland. Hierbei handelt es sich nach § 1 Abs. 3a KWG um ein Finanzunternehmen, dem mindestens ein inländisches »*Einlagenkreditinstitut*« *(EKI)* oder »*Wertpapierhandelsunternehmen*« *(WHU)* nach § 1 Abs. 3e KWG als Tochterunternehmen nachgeordnet ist.

Nicht konsolidiert werden müssen »*gemischte Unternehmen*« (§ 1 Abs. 3b KWG), die weder Institut noch Finanzholding-Gesellschaft sind, aber mindestens ein EKI/WHU als Tochterunternehmen besitzen. Über diese Tochter kann die Bankenaufsicht allerdings Informationen von dem gemischten Unternehmen verlangen, um auf diese Weise die Lage von Unternehmensgruppen mit unterschiedlichen Aktivitäten auch außerhalb der Finanzintermediation, deren Mutterunternehmen ein Institut kontrolliert, einzuschätzen.

Mit der Unterwerfung der nachgeordneten Institute unter die auf eine Gruppe bezogene Grundsatz-I-Vorschrift wird innerhalb der Gruppe sehr viel stärker als früher um knappe Eigenkapitalressourcen konkurriert.

Grundsätzlich anzuwendendes *Konsolidierungsverfahren* ist die *Vollkonsolidierung* (§ 10a Abs. 6 KWG). Dabei wird das haftende Eigenkapital aller zu konsolidierenden Unternehmen in voller Höhe angerechnet und zusammengefaßt. In der folgenden Abb. C. 98 ist das übergeordnete Institut (I) mit 60% am nachgeordneten Finanzunternehmen (FU) beteiligt. Das Kernkapital der Gruppe wird durch Addition des eingezahlten Kapitals beider Unternehmen und Abzug des Beteiligungsbuchwertes von FU bei I ermittelt (= 300). Ebenso sind die Beträge des Ergänzungskapitals in den beiden Häusern zusammenzuziehen (= 450). Da die Höhe des Ergänzungskapitals die des Kernkapitals nicht überschreiten

---

[74] Durch einheitliche Leitung oder beherrschenden Einfluß gekennzeichnet, vgl. S. 315. Bis zum Inkrafttreten zum 1.10.1998 gilt noch die Pflichtkonsolidierungsschwelle von 40%.

»Institute«				
»Kreditinstitute«		»Finanzdienstleistungsinstitute«		»Finanzunternehmen«
»Einlagenkreditinstitut« (EKI)		»Wertpapierhandelsunternehmen« (WHU)		
Einlagengeschäft Kreditgeschäft	Diskontgeschäft Depotgeschäft Investmentgeschäft Darlehenserwerb Garantiegeschäft Girogeschäft Geldkartengeschäft Netzgeldgeschäft	Finanzkommissions- geschäft Emissionsübernahme- geschäft	Anlagevermittlung Abschlußvermittlung Portfolioverwaltung Eigenhandel für andere	Beteiligungserwerb Factoring/Forfaitierung Leasing Kreditkartengeschäft Eigenhandelsgeschäft für eigene Rechnung Anlageberatung Corporate Finance-/M&A- Beratung Geldmaklergeschäfte
			Drittstaaten-Einlagen- vermittlung Finanztransfer- geschäft Sortengeschäft	

Abb. C. 97: Typisierung nach § 1 KWG (Modifiziert nach: Deutsche Bundesbank: Die Sechste Novelle des Kreditwesengesetzes, in: MB, 50. Jg., Nr. 1/1998, S. 61-71, hier S. 63)

darf, ergibt sich ein haftendes Eigenkapital für die Gruppe von 600.[75] – Die Risikoaktiva werden (nach Bereinigung um gruppeninterne Positionen) ebenfalls in voller Höhe addiert.

Bei nachgeordneten Unternehmen, die keine Töchter sind, schreibt der Gesetzgeber die *Quotenkonsolierung* vor (§ 10a Abs. 7 KWG). Das Eigenkapital der nachgeordneten Institute wird dabei lediglich in Höhe des Anteils der Mutter zusammengefaßt. Im Beispiel ist I 1 zu 40% an I 2 beteiligt. Das Kernkapital der Gruppe errechnet sich aus demjenigen von I 1 und dem anteiligen Kernkapital von I 2, wobei wiederum der Buchwert von I 2 bei I 1 abzuziehen ist (= 200). Analog geschieht die Addition des Ergänzungskapitals der Gruppe: die nachrangigen Verbindlichkeiten von I 2 gehen in Höhe der Beteiligungsquote von I 1 ein (= 300). Unter Berücksichtigung der Kappungsgrenze des Ergänzungskapitals ergibt sich durch Zusammenfassung das gesamte Haftkapital der Gruppe (= 400). – Ebenfalls nur quotal addiert werden die Risikoaktiva.

Während der handelsrechtliche Konzernabschluß allen Interessengruppen ein den tatsächlichen Verhältnissen entsprechendes Bild der Vermögens-, Finanz- und Ertragslage des Konzerns vermitteln soll, zielt die quotenkonsolidierte Bilanz der Kreditinstitutsgruppe auf die Information allein der Bankenaufsicht über den Risiko- und Haftungsverbund. Die anteilsmäßige Berücksichtigung von Eigenkapital und Kreditvolumen nachgeordneter Kreditinstitute in der Bilanz der Mutter entspricht diesem Ziel dann, wenn zumindest eine dritte Bank mit einer weiteren Quote beteiligt ist. Dann nämlich kann vermutet werden, daß diese im Ernstfalle ebenfalls entsprechend ihrer Quote haftet. Dies ist dagegen nicht anzunehmen, wenn sich die Fremdquote im Streubesitz bei Nichtbanken befindet. In solchen Fällen wäre eine Vollkonsolidierung sachgerechter. Insofern stellt das Quotenkonsolidierungsverfahren einen Kompromiß dar.

Bei geringeren Beteiligungsquoten in der Regel von bis zu 20% kann das vereinfachte *Abzugsverfahren* angewandt werden. Hier muß das übergeordnete Institut allein den Buchwert seiner Beteiligung vom eigenen Eigenkapital abziehen; im letztgenannten Beispiel:

Kernkapital Mutter	200
+ Ergänzungskapital Mutter	200
– Beteiligungsbuchwert	100
= Haftendes Eigenkapital	300

Ein insbesondere bei langjährigen Beteiligungen akkumulierter Mehrwert des Eigenkapitals beim nachgeordneten Kreditinstitut geht dann nicht mehr in das »angemessene« Eigenkapital der Gruppe ein, so daß diese in ihren Expansionsmöglichkeiten gegenüber der Quotenkonsolidierung benachteiligt ist.

Besonders heftig umstritten war im Vorfeld der 5. KWG-Novelle (und ist es seither geblieben) die Behandlung eines sogenannten *aktivischen Ausgleichspostens*. Kauft beispielsweise I 1 100% der Kapitalanteile an I 2 zum Preis von 300, obwohl I 2 nur ein bilanzielles Eigenkapital in Höhe von 200 aufweist, so entsteht ein aktivischer Unterschiedsbetrag (derivativer Firmenwert, goodwill) von 100. Bei der üblichen Berechnung des Eigenkapitals der Gruppe

---

[75] Zu korrigieren ist im übrigen auch um innerhalb einer Gruppe zur Verfügung gestelltes Eigenkapital, z.B. Genußrechte von FU im Bestand von I.

Beispiel für eine Vollkonsolidierung			Beispiel für eine Quotenkonsolidierung		
Mio. DM			Mio. DM		
Aktiva		Passiva	Aktiva		Passiva
Übergeordnetes Institut (I)			Übergeordnetes Institut (I 1)		
Beteiligung an Finanzunternehmen (60%)	150	Eingezahltes Kapital 200	Beteiligung an I 2 (40%)	100	Eingezahltes Kapital 200
		Nachrangige Verbindlichkeiten 200			Nachrangige Verbindlichkeiten 200
Sonstige Aktiva	1.850	Sonstige Passiva 1.600	Sonstige Aktiva	1.900	Sonstige Passiva 1.600
insgesamt	2.000	insgesamt 2.000	insgesamt	2.000	insgesamt 2.000
Nachgeordnetes Finanzunternehmen (FU)			Nachgeordnetes Institut (I 2)		
Diverse Aktiva	3.000	Eingezahltes Kapital 250	Diverse Aktiva	3.000	Eingezahltes Kapital 250
		Nachrangige Verbindlichkeiten 250			Nachrangige Verbindlichkeiten 250
		Sonstige Passiva 2.500			Sonstige Passiva 2.500
insgesamt	3.000	insgesamt 3.000	insgesamt	3.000	insgesamt 3.000

Ermittlung des Grundkapitals		Ermittlung des Grundkapitals	
Eingezahltes Kapital I	200	Eingezahltes Kapital I 1	200
+ Eingezahltes Kapital FU	250	+ Quotales eingezahltes Kapital I 2	100
./. Beteiligungsbuchwert I an FU	150	./. Beteiligungsbuchwert I 1 an I 2	100
I. Kernkapital der Gruppe	300	I. Kernkapital der Gruppe	200
Nachrangige Verbindlichkeiten I	200	Nachrangige Verbindlichkeiten I 1	200
+ Nachrangige Verbindlichkeiten FU	250	+ Nachrangige quotale Verbindlichkeiten I 2	100
Ergänzungskapital (brutto)	450	Ergänzungskapital (brutto)	300
./. Kürzung auf Kernkapital der Gruppe [1]	150	./. Kürzung auf Kernkapital der Gruppe [1]	100
II. Ergänzungskapital (netto) der Gruppe	300	II. Ergänzungskapital (netto) der Gruppe	200
III. Gesamtkapital der Gruppe I. und II.	600	III. Gesamtkapital der Gruppe I. und II.	400

[1] Die Höhe des Ergänzungskapitals darf die Höhe des Kernkapitals nicht überschreiten.

Abb. C. 98: Vergleich von Voll- und Quotenkonsolidierung (Quelle: Deutsche Bundesbank: Die Fünfte Novelle des Kreditwesengesetzes, in: MB, 46. Jg., Nr. 11/ 1994, S. 59-67, hier S. 62f.)

	Eigenkapital I 1 (angenommen)	400
+	Eigenkapital I 2	200
–	Beteiligungsbuchwert	300
=	Haftendes Eigenkapital	300

läge dieses unter dem – ja tatsächlich vorhandenen – Eigenkapital der Mutter in isolierter Betrachtung.

Bis zur 5. KWG-Novelle wurde im Rahmen des bankaufsichtlichen Konsolidierungsverfahrens nur derjenige Beteiligungsbuchwert abgezogen, der mit bilanziellem Eigenkapital unterlegt war (im Beispiel 200). Der derivative Firmenwert wurde aktiviert und über maximal 10 Jahre linear abgeschrieben. Das Eigenkapital reduzierte sich dadurch jährlich um 10% des aktivischen Ausgleichspostens.

Bei der Diskussion der 5. KWG-Novelle legte der Gesetzgeber einen Entwurf vor, nach dem der derivative Firmenwert unmittelbar nach dem Erwerb der Beteiligung in voller Höhe vom Eigenkapital abzuziehen gewesen wäre. Die Kreditwirtschaft konnte jedoch einen Kompromiß dahingehend erwirken, daß dies nur für einen Teil des aktivischen Unterschiedsbetrages gilt. Seit dem 1.1.1996 hat das übergeordnete Kreditinstitut den goodwill von nach dem 31.12.1993 erworbenen Beteiligungen danach in drei Komponenten zu zerlegen (§ 10a Abs. 6 KWG, vgl. Abb. C. 99):

a) in den Anteil, der auf solche Vermögenswerte des nachgeordneten Unternehmens entfällt, die als *Neubewertungsreserven* anerkennungsfähig sind.
b) in den Anteil, der auf *sonstige stille Reserven* des nachgeordneten Unternehmens entfällt sowie
c) den Restbetrag (der allein als »*Geschäfts- oder Firmenwert*« bezeichnet wird).

Die differenzierte Behandlung dieser drei Komponenten sieht vor, daß

– der Restbetrag c) sofort vom *Kern*kapital abzuziehen ist;
– der Anteil a), der auf die Neubewertungsreserven entfällt, auf der Aktivseite wie eine Beteiligung an einem gruppenfremden Unternehmen behandelt wird, also in die Aktivkomponenten des Grundsatzes I einzubeziehen ist. Unterlegt werden darf dieser Betrag mit *Ergänzungs*kapital, auch solchem, das nach den Kappungsgrenzen des § 10 Abs. 2b KWG eigentlich nicht als haftendes Eigenkapital der Gruppe gelten würde (»überschüssiges Ergänzungskapital«). Beträgt z.B. das Kernkapital 1.000 und das Ergänzungskapital 1.080, so kann das 12,5-fache des überschüssigen Ergänzungskapitals (80 · 12,5 = 1.000) zur Unterlegung des unter b) genannten Teilbetrages verwendet werden. – Während sich auf der einen Seite der Aktivbetrag jährlich um 10% verringert, reduziert sich andererseits das Ergänzungskapital um einen in den auf den Erwerb folgenden 10 Jahren ratierlich um jeweils 10% ansteigenden Betrag. Die Neubewertungsreserven des nachgeordneten Unternehmens werden für die Dauer des Abzugs bei der Berechnung der konsolidierten Eigenmittel nur insoweit anerkannt, als sie die entsprechende Aktivposition übersteigen.
– der Anteil b) wie zuvor a) behandelt wird, mit dem gewichtigen Unterschied, daß die Eigenkapitalunterlegung jeweils hälftig mit *Kern- und Ergänzungskapital* erfolgen muß. Im Laufe von 10 Jahren werden also beide Eigenkapitalklassen zu gleichen Teilen reduziert.

Diese Regelung gilt jedoch – dies hat das BAKred in seinem Rundschreiben vom 17. Juni 1996 ausdrücklich bekräftigt – *nur für die ersten 10 Jahre* der Einbeziehung der Beteiligung. Danach sind *auch die Komponenten a) und b) voll vom Kernkapital abzuziehen*, wogegen die deutsche Kreditwirtschaft im Vorfeld der 6. KWG-Novelle erneut Sturm ge-

1. Schritt: Zerlegung in drei Komponenten	2. Schritt: Durchführung des Abzugs		3. Schritt: Anrechnung der Neubewertungsreserven	
	Aktiva	Passiva	Aktiva	Passiva
Anteil, der auf bankaufsichtlich anerkennungsfähige stille Reserven des nachgeordneten Unternehmens entfällt (d.h. insbes. Grundstücke und Wertpapiere)	Behandlung wie Beteiligung an einem gruppenfremden Unternehmen mit einem jährlich um $\frac{1}{10}$ abnehmenden Betrag	Abzug des ratierlich über 10 Jahre ansteigenden Betrages von den ergänzenden Eigenmitteln, auch vom sog. überschüssigen Ergänzungskapital	Behandlung wie Beteiligung an einem gruppenfremden Unternehmen mit einem jährlich um $\frac{1}{10}$ abnehmenden Betrag	Neubewertungsreserven nach § 10 Abs. 4a sind nur in der Höhe anerkennungsfähig, in der sie die betreffende (ratierlich abnehmende) Aktivposition übersteigen
Anteil, der auf sonstige stille Reserven entfällt		Abzug des ratierlich ansteigenden Betrages zu je ½ von Kern- und Ergänzungskapital	Anteil, der auf bankaufsichtlich anerkennungsfähige stille Reserven des nachgeordneten Unternehmens entfällt (d.h. insbes. Grundstücke und Wertpapiere)	
Restbetrag (Geschäfts- oder Firmenwert)		sofortiger Abzug vom Kernkapital	**Anteil, der auf sonstige stille Reserven entfällt**	
			Restbetrag (Geschäfts- oder Firmenwert)	

Abb. C. 99: Behandlung eines aktivischen Unterschiedbetrages nach § 10a KWG (Quelle: K.-H. Boos/U. Klein: Die neuen Konsolidierungsbestimmungen, in: DBk, Nr. 12/1995, S. 729-733, hier S. 733)

laufen ist.[76] Die Brisanz des Themas leuchtet unmittelbar ein, denn in den Beträgen, die für die Akquisitionen deutscher Großbanken im Bereich des Investment Banking erforderlich waren, dürften zum Teil erhebliche Goodwill-Aufschläge enthalten gewesen sein. In dieser Höhe müßte dann – will man eine Reduzierung des Geschäftsvolumens vermeiden – neues Kernkapital zugeführt werden.

Abschließend bleibt zu erwähnen, daß zukünftig auch die in der Neufassung des Grundsatzes I geregelten *Marktpreisrisiken in die Konsolidierung einzubeziehen* sind. Im Gegensatz zur Konsolidierung der Ausfallrisiken können die entsprechenden Beträge allerdings nicht durch eine schlichte Addition von Aktivpositionen bei Mutter- und Tochterunternehmen ermittelt werden. Vielmehr sind auch Passivpositionen einzubeziehen, wobei sich grundsätzlich durch die Verrechnung entgegengesetzter Hedgepositionen die Bemessungsgrundlage reduzieren kann. Als Voraussetzung für eine Kompensation der Marktrisikopositionen von Mutter- und Tochterunternehmen hat der Gesetzgeber festgelegt, daß die gruppenangehörigen Unternehmen in die zentrale Risikosteuerung des übergeordneten Unternehmens einbezogen sein müssen.[77]

d. 6. Zur internen Steuerung des Ausfallrisikos

Die Behandlung der internen Steuerung des Ausfallrisikos knüpft an die Abb. C. 87 an, mit der die Aufgabenbereiche des Risikomanagements skizziert wurden. Die folgende Abb. C. 100 stellt für die dort genannten Strategien ausgewählte Instrumente im Hinblick auf das Bonitätsrisiko zusammen.

Strategie	Ausgewählte Instrumente
1. Risikovermeidung	Unterstützung der Bonitätsprüfung durch quantitative und mathematisch-statistische Verfahren
2. Risikobeschränkung	Aufbau eines Limitsystems, Sicherheitenpolitik
3. Risikodiversifikation	Erhöhung der Portefeuillestreuung, z.B. durch Verbriefung
4. Risikoüberwälzung	Kreditversicherung und -derivate
5. Risikoübernahme	Dotierung der Risikovorsorge

Abb. C. 101: Ansatzpunkte zur Steuerung des Adressenausfallrisikos

---

[76] Vgl. o.V.: Erneut Anlauf in Bonn zum aktivischen Unterschiedsbetrag, in: BZ, Nr. 113 v. 18.6.1997, S. 1.
[77] Vgl. K.-H. Boos: Entwurf einer Sechsten KWG-Novelle, a.a.O., S. 123.

Um Risiken zu **vermeiden**, wird die traditionelle Kreditwürdigkeitsprüfung (in Form des Kreditberichts) in einer zunehmenden Zahl von Banken durch quantitative sowie mathematisch-statistische Verfahren unterstützt, von denen man sich eine höhere Objektivität und auch Effizienz verspricht. Unter den quantitativen Verfahren hat sich die Risikoklassifizierung (Rating) mit Hilfe von *Scoring-(= Punktbewertungs-)modellen* am stärksten durchgesetzt. Dabei müssen von seiten der Bank die das Bonitätsrisiko eines (z.B. Firmen-) Kunden beeinflussenden Faktoren (etwa die Finanzlage, seine Produktpalette usw.) sowie deren Gewichtung untereinander festgelegt werden. Weiterhin ist zu bestimmen, welche Kriterienausprägung mit welcher Punktzahl bewertet wird. Für jeden Kreditnachfrager ergibt sich dann nach Prüfung sämtlicher Kriterien ein Gesamtpunktwert und damit die Eingruppierung in eine der zuvor definierten Risikoklassen. Zur Risikovermeidung würden Geschäfte unterhalb einer bestimmten »Grenzklasse« abgelehnt.[78] – Wie schon bei der Verwendung des Scoring-Verfahrens im Rahmen der strategischen Planung erörtert, darf jedoch nicht vergessen werden, daß dieses Vorgehen nur zu scheinbar objektiven Entscheidungen führt. Von der Auswahl der Kriterien bis zur Abgrenzung der Risikoklassen basiert die Methode letztlich wieder auf subjektiven Festlegungen.

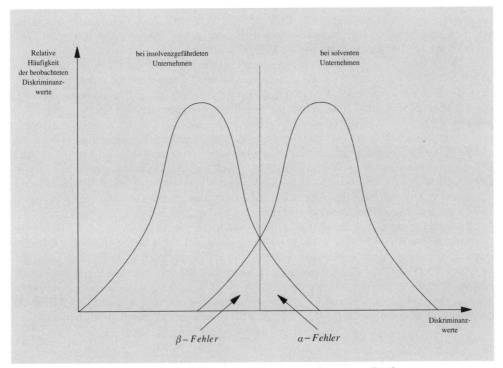

Abb. C. 101: Die Verteilungsfunktionen »schlechter« und »guter« Risiken

---

[78] Vgl. stellvertretend die Konzeption des Bundesverbandes der Volks- und Raiffeisenbanken bei St. Gerhard: Kundenrating – Instrument zur Bonitätsanalyse und zum Controlling, in: BI, 21. Jg., Nr. 7/1995, S. 60-63 sowie für die Sparkassenorganisation A. Reuter: Kredit-Rating und Kreditrisiko-Analyse, in: BBl, 45. Jg., 1996, S. 321-330.

Mit einem mathematisch-statistischen Verfahren, der *Diskriminanzanalyse*, bemüht man sich, anhand bestimmter Kennziffern zwischen »guten« und »schlechten« Kreditnehmern zu trennen. Werden einzelne Kennziffern isoliert untersucht, spricht man von univariater, bei der Prüfung kombinierter Kennzahlen von multivariater Diskriminanzanalyse. In einem ersten Schritt müssen bei beiden Verfahren aus dem Geschäftsverlauf der Vergangenheit hinreichend große Grundgesamtheiten »guter« und »schlechter« Unternehmen ausgewählt werden. Für einzelne Kennziffern sind dann die Gruppenmittelwerte und Standardabweichungen zu berechnen. Je weiter die Gruppendurchschnitte auseinanderliegen, desto besser ist die Trennfähigkeit der Kennziffer; je niedriger die Standardabweichungen, desto kleiner der Überschneidungsbereich der beiden Verteilungsfunktionen. In diesem treten auf der

- α-Fehler rechts der zur Trennung dienenden Merkmalsausprägung im Schnittpunkt der Funktionen (»cut-off-rate«): Ein »schlechtes« Unternehmen wird als »gut« klassifiziert.
- β-Fehler links des Trennwertes: Ein »gutes« Unternehmen wird als »schlecht« eingeordnet.

Während eine durch den β-Fehler beeinflußte Kreditablehnung »nur« zu entgangenen Erträgen führt, resultieren aus einem α-Fehler Aufwendungen in Form von Wertberichtigungen und Abschreibungen. – Verschiedene Kennziffern lassen sich nun in einer Diskriminanzfunktion durch Gewichtung und arithmetische Verknüpfung so miteinander kombinieren, daß die Trennfähigkeit gegenüber der Betrachtung nur jeweils einer Kennzahl deutlich verbessert, das Ausmaß der beiden Fehler wesentlich verringert werden kann.

In der folgenden Abb. wird eine bivariate Diskriminanzfunktion für zwei Kennzahlen abgeleitet. Eine univariate Analyse hätte den optimalen Trennwert der Rentabilitätskennzahl bei 5%, denjenigen des Verschuldungsgrades bei 60% angesetzt, da dann die Zahl der falsch klassifizierten Fälle minimiert worden wäre: jeweils vier Fehlgruppierungen »solventer« und »insolvenzgefährdeter« Unternehmen in bezug auf die Rentabilität, jeweils drei im Hinblick auf den Verschuldungsgrad. Widersprüchliche Aussagen ergeben sich für alle Unternehmen rechts oberhalb und links unterhalb der gestrichelten Linien, da sie nach der einen Kennzahl als »solvent«, nach der anderen als »insolvenzgefährdet« gelten. Durch die schräg verlaufende, bivariate Diskriminanzfunktion wird dieses Problem beseitigt; zudem verringert sich die Zahl der Fehlklassifikationen: nur ein »solventes« und zwei »insolvenzgefährdete« Unternehmen werden falsch eingereiht.

Mittlerweile ist die Diskriminanzanalyse von mehreren Großbanken, dem Deutschen Sparkassen- und Giroverband sowie der Deutschen Bundesbank im Rahmen der Bonitätsprüfung eingesetzt worden.[79] Baetge berichtet aus einem umfangreichen Forschungsprojekt in Kooperation mit der Bayerischen Vereinsbank, daß insbesondere die Eigenkapitalquote und in bestimmter Weise abgegrenzte Rentabilitätskennziffern hohe Trennkraft besitzen; auch in den Untersuchungen der Deutschen Bundesbank wurde vor allem die Bedeutung der Eigenkapitalquote bestätigt. In der Bayerischen Vereinsbank konnten mit den drei Jah-

---

[79] Vgl. grundlegend G. Weinrich: Kreditwürdigkeitsprognosen, Wiesbaden 1978 sowie weiterhin J. Baetge: Möglichkeiten der Früherkennung negativer Unternehmensentwicklungen mit Hilfe statistischer Jahresabschlußanalysen, in: ZfbF, 41. Jg., 1989, S. 792-810, D. Köllhofer: Moderne Verfahren der Bilanz- und Bonitätsanalyse im Firmenkreditgeschäft der Bayerischen Vereinsbank, in: ZfbF, 41. Jg., 1989, S. 974-981 und K. Thomas: Erkenntnisse aus dem Jahresabschluß für die Bonität von Wirtschaftsunternehmen, in: J. Baetge (Hrsg.): Der Jahresabschluß im Widerstreit der Interessen, Düsseldorf 1983, S. 69-84.

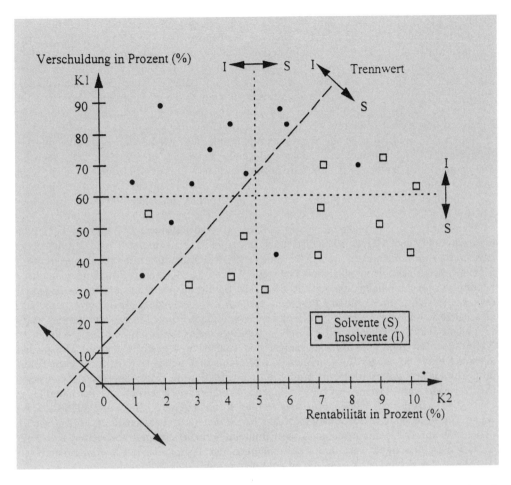

Abb. C. 102: Die graphische Ermittlung der bivariaten Diskriminanzfunktion (Quelle: J. Baetge: Früherkennung von Kreditrisiken, in: B. Rolfes/H. Schierenbeck/St. Schüller: Risikomanagement von Kreditinstituten, a.a.O., S. 191-221, hier S. 196)

re vor einer Unternehmenskrise vorgelegten Bilanzen bereits etwa 81% der »schlechten« Unternehmen auch als »schlecht« klassifiziert werden. Der α-Fehler betrug 5,55%, der β-Fehler 23,33%, d.h. deutlich mehr »gute« als »schlechte« Unternehmen wurden falsch eingruppiert. Zwei Jahre vor der Unternehmenskrise konnten schon knapp 89% und ein Jahr vorher sogar fast 96% der »schlechten« Unternehmen richtig klassifiziert werden.[80]

---

[80] Vgl. M. Schulte: Risikopolitik, a.a.O., S. 73.

Diese Ergebnisse zeigen, daß die Diskriminanzanalyse ein wertvolles Hilfsmittel zur Bonitätsbeurteilung sein kann, wobei auch sie die Mängel des (im Firmenkundengeschäft) als Input verwendeten Jahresabschlußmaterials nicht beseitigt.[81] Zudem ist die Anwendung bei solchen Kreditentscheidungen ausgeschlossen, in denen die Zahl vergleichbarer Datensätze der Vergangenheit zu gering ist, wie z.B. im Falle jeweils »maßgeschneiderter« Projektfinanzierungen. – Es bleibt abzuwarten, inwiefern die Prognosegüte der Diskriminanzanalyse durch die Kombination mit Expertensystemen und künstlichen neuronalen Netzen in den nächsten Jahren weiter verbessert werden kann.[82]

Sofern die Kreditvergabe an Schuldner mit bestimmten Merkmalen oder einer als kritisch eingeschätzten Risikoklasse nicht vollständig ausgeschlossen werden soll, kann ein *Limitsystem* doch für eine Risiko**beschränkung** sorgen.[83] Diesem Ziel dient es auch, wenn sich die Bank von einem Kreditnehmer *Sicherheiten* einräumen läßt. Sie sollen einerseits den Schuldner zur Vertragserfüllung bewegen, andererseits durch die Verwertungsmöglichkeit für den Fall seines Konkurses das Ausfallrisiko für das Kreditinstitut mindern.

Wenn mit dem Ziel einer verbesserten Risiko**diversifikation** eine Erhöhung der Portefeuillestreuung nach Größe, Branche oder geographischer Herkunft[84] der Kreditnehmer angestrebt wird, so ergeben sich insbesondere für Kreditinstitute mit regional begrenztem Einzugsbereich schnell »natürliche« Grenzen. Wollen sie Schwerpunktbildungen in ihrem Kreditportfolio vermeiden, müssen sie zwangsläufig Ertragspotentiale ungenutzt lassen. In den USA stellte sich dieses Problem bis zur weitgehenden Aufhebung regionaler Geschäftsbeschränkungen 1994 in besonders ausgeprägter Form. In den 70er Jahren wurde vor allem der Kapitalausgleich zwischen Bundesstaaten mit zu dieser Zeit boomender Nachfrage nach Immobilienfinanzierungen und solchen mit einem Finanzmittelüberschuß aufgrund einer besonders ausgeprägten Spartätigkeit und mangels Kreditnachfrage behindert. Zur Lösung dieses Problems wurde die Konstruktion der Mortgage Backed Securities (MBS) entwickelt. Dabei verkauften Banken hypothekarisch besicherte Buchkredite an eine Zweckgesellschaft, deren Aufgabe in der Refinanzierung am Wertpapiermarkt bestand. Die geographisch nicht beschränkten Investoren (z.B. Pensionsfonds) erwarben Effekten, die ihnen Eigentumsrechte an den Immobilienfinanzierungen verbrieften und deren Cash Flows sich direkt aus den Rückzahlungen der Hypothekarkreditnehmer ableiteten. Auf diese Weise konnten Kapitalnachfrage und -angebot unter Umgehung der Regulierung auch über regionale Grenzen hinweg verbunden werden.

Da neben Immobilienfinanzierungen seit diesen frühen Anfängen die vielfältigsten Forderungsformen (mit dem Schwerpunkt allerdings auf Konsumentenkrediten) verbrieft wurden und sich in diesen Wertpapieren boomartig der nach den Staatstiteln zweitgrößte

---

[81] Vgl. zum Einsatz über das Firmenkundengeschäft hinaus St. Disman: Standardisierte Kreditentscheidungen im Privatkundengeschäft, in: H. Schierenbeck/H. Moser (Hrsg.): a.a.O., S. 905-919.

[82] Vgl. entsprechende Ansätze bei K. Erxleben/J. Baetge/M. Feidicker: Klassifikation von Unternehmen – ein Vergleich von Neuronalen Netzen und Diskriminanzanalyse, in: ZfB, 62. Jg., 1992, S. 1237-1262.

[83] Vgl. Vorschläge für die im Rahmen solcher Limitsysteme einzusetzenden Kennzahlen bei H. Schierenbeck: Ertragsorientiertes Bankmanagement, Bd. 2, a.a.O., S. 228ff.

[84] Teilweise wird das Länderrisiko eigenständig neben dem allgemeinen Adressenausfallrisiko behandelt, da politische Entscheidungen (wie z.B. Beschränkungen des Devisentransfers) die Fähigkeit eines Kreditnehmers, seinen Verpflichtungen nachzukommen, vermindern und seine Bonität insofern überlagern können. Der Quantifizierung des Länderrisikos dienen Ratings wie das des Business Environment Risk Information Institute, das mit dem BERI-Index versucht, die wirtschaftliche und politische Stabilität eines Landes zu erfassen; vgl. ausführlich M. Schulte: Risikopolitik, a.a.O., S. 95-111 sowie S. Klose: Asset-Management von Länderrisiken, Bern et al. 1996.

Effektenmarkt der USA entwickelte (Neuabsatz 1996: 340 Mrd. US-$), spricht man mittlerweile von *Asset Backed Securities (ABS)* als zweitem wesentlichen Strang der Securitization-Tendenz (vgl. S. 51ff.): Neben die Substitution von Buchkrediten durch Wertpapiere (z.B. Commercial Paper) ist deren Einkleidung in Effekten getreten, die ihren Wert aus genau spezifizierten Vermögenspositionen beziehen.[85]

Trotz der großen Vielfalt der gewählten Konstruktionen läßt sich folgendes Grundmodell der ABS-Finanzierung herausschälen (vgl. Abb. C. 103).

Im Mittelpunkt steht das Beziehungsdreieck Forderungsverkäufer (Originator) – Zweckgesellschaft (Special Purpose Vehicle) – Wertpapierkäufer (Investor). Eine Unternehmung oder eine Bank als Originator verkauft Forderungen an eine Zweckgesellschaft (SPV); im Gegenzug fließen ihr Zahlungen (Z) zu. Das SPV wurde von einem Sponsor (dieses kann der Originator selbst oder eine unabhängige dritte Partei sein) gegründet, der dieses in einer Vielzahl der Fälle auch mehrheitlich besitzt. Das Vehikel tritt als Emittent auf und placiert über ein Bankenkonsortium ABS bei den Investoren. In der Regel sind diese Wertpapiere mit Sicherungszusagen durch den Originator selbst oder dritte Parteien versehen. Rating-Agenturen wie Standard & Poor's oder Moody's prüfen als »Anwälte der Investoren« die Wertpapierunterlegung sowie die komplette Emissionsstruktur zum Zwecke der Qualitätseinstufung der Papiere. Durch die Güte der ausgelagerten Forderungen sowie der Sicherungszusagen für eventuelle Forderungsausfälle (z.B. eine Bankgarantie) kann ein Finanzierungsvehikel unter Umständen ein besseres Rating erzielen als der Originator für eine herkömmliche Unternehmensanleihe unter eigenem Namen, ist diese doch mit seinem allgemeinen Unternehmensrisiko behaftet. Der Originator erreicht darüber hinaus einen schnelleren Rückfluß der Cash Flows, als wenn er die Forderungen bis zur vollständigen Tilgung in seinen Büchern behalten hätte.

Theoretisch könnte das SPV das Management für die ihm übertragenen Forderungen, z.B. die Überwachung der Zahlungseingänge, selbst durchführen. Da das Vehikel jedoch lediglich zur Separation der Vermögenswerte aus (insbesondere) konkurs- und handelsrechtlichen Gründen konstruiert wird, erfüllt oftmals der Originator dessen wirtschaftliche Aufgaben, indem er die Rolle eines Service Agent übernimmt. Bei den übertragenen Forderungen führt er u.a. die Debitorenbuchhaltung, betreibt das Mahnwesen und leitet die Cash Flows zu den vereinbarten Terminen an einen Treuhänder (Trustee) weiter. Dieser ist damit erstens in die zwischen dem Service Agent und den Investoren fließenden Zahlungsströme (Zins und Tilgung) eingeschaltet und fungiert hier als Hauptzahlstelle. Zweitens verwaltet er die übertragenen Forderungen treuhänderisch für die Investoren; ihm kommt daher auch deren Verwertung im Konkursfall oder teilweise schon bei Zahlungsausfällen bzw. -verzögerungen in bestimmter Höhe zu. Neben dieser Aufgabe im »worst case« hat er die regelmäßigen Berichte des Servicer zu prüfen und ist eventuell auch für die Reinvestition überschüssiger Cash Flows zuständig. Insgesamt agiert er damit ebenfalls als Sachwalter der Anleger.

---

[85] Vgl. ausführlich St. Paul: Bankenintermediation, a.a.O. Der Unterschied zwischen MBS und dem in Deutschland schon seit über 200 Jahren bekannten Pfandbrief liegt insbesondere darin, daß der Investor bei einem Pfandbrief auch eine Möglichkeit zur Befriedigung seiner Ansprüche aus dem allgemeinen Vermögen der Hypothekenbank besitzt, während der MBS-Käufer auf die der Zweckgesellschaft übereigneten Verträge und die ihnen als Sicherheiten unterlegten Vermögenswerte angewiesen ist – vgl. St. Paul/P. Fehr: Hypothekenpfandbrief versus MBS – Konkurrenz oder Komplementarität?, (I), in: DBk, Nr. 6/1996, S. 351-356 und (II), in: DBk, Nr. 7/1996, S. 404-407.

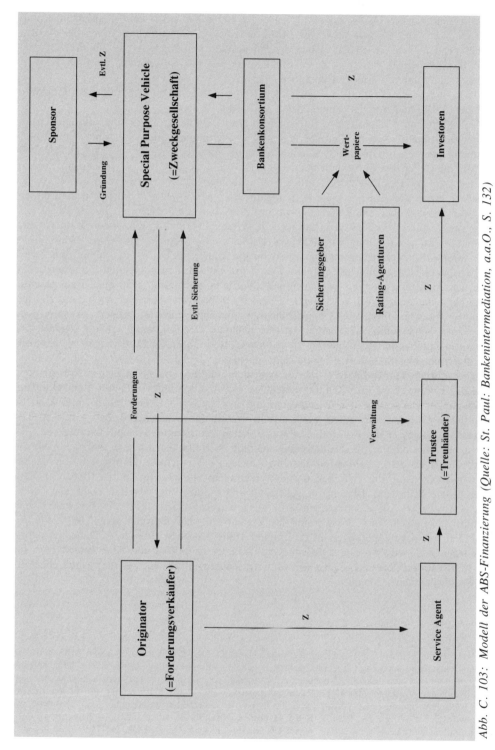

Abb. C. 103: Modell der ABS-Finanzierung (Quelle: St. Paul: Bankenintermediation, a.a.O., S. 132)

Während deutsche Industrieunternehmen seit Anfang der 90er Jahre zunehmend von dieser Finanzierungstechnik Gebrauch machten[86], wurde deren Anwendung durch Kreditinstitute von seiten der Bankenaufsicht zunächst untersagt. Befürchtet wurde, daß Banken, die den Eigenkapitalanforderungen des Grundsatzes I nur mit Schwierigkeiten nachkommen könnten, zum Mittel der ABS-Finanzierung greifen und dabei – zwecks Erzielung möglichst hoher Verkaufspreise – zunächst ihre besten Forderungen verkaufen würden. Durch dieses »cherry-picking« würde sich die Qualität des Restportfolios c.p. im Laufe der Zeit kontinuierlich verschlechtern. Zudem bestehe die Gefahr, daß die Bank zur Rettung ihrer Reputation mit vertraglich nicht vorgesehenen Hilfsleistungen zugunsten des Vehikels eintreten könnte (Ausgleichszahlungen, Forderungsaustausch), sollten Teile der von ihr verkauften Forderungen ausfallen und dadurch die Bedienung der ABS gefährdet sein (»moral recourse«).

Im Mai 1997 hat das BAKred dann aber auch den deutschen Banken gestattet, unter bestimmten Bedingungen Buchkredite zu verbriefen.[87] Eine Grundsatz I-Entlastung für die von einem Kreditinstitut an die Zweckgesellschaft verkauften Forderungen ist danach nur dann möglich, wenn für die Bank kein Restrisiko verbleibt. Daher muß die Forderungsauswahl dem Zufallsprinzip folgen, und explizite oder implizite Sicherungszusagen des Kreditinstituts zur Begrenzung von Forderungsausfällen sind in den Emissionsbedingungen ausdrücklich auszuschließen. Zudem müssen bei der Forderungsübertragung verschiedene Vorschriften im Hinblick auf den Datenschutz beachtet werden. Schließlich soll die verkaufende Bank selbst Servicer bleiben, damit der Bankkunde durch einen unvorhergesehenen Gläubigerwechsel nicht benachteiligt wird, indem er seine Rechte eventuell gegenüber einer ihm unbekannten Institution geltend machen muß.

Somit wird auch für die Kreditinstitute hierzulande der Weg frei, bisher »eingefrorene« Forderungen »aufzutauen« und sie über den Kapitalmarkt zu handeln. *Dadurch kann eine Bank ihre komparativen Wettbewerbsvorteile im Hinblick auf die Kreditakquisition z.B. in einer bestimmten Branche oder Region nutzen, gleichzeitig aber durch entsprechende Kreditverkäufe via ABS die »natürlichen« Schwergewichte in ihrem Portefeuille reduzieren.*[88] Eine Verbriefung setzt indes relativ zuverlässig prognostizierbare Cash Flows der Forderungen voraus, um Rating-Agenturen und Anlegern die Chancen und Risiken der angebotenen Anleihen aufzeigen und eventuelle Sicherungslinien präzise definieren zu können. Aus diesem Grunde hat die ABS-Finanzierung ihren Schwerpunkt bei weitgehend homogenen Massenforderungen insbesondere aus dem Kreditkartengeschäft sowie der Automo-

---

[86] Vgl. Arbeitskreis »Finanzierung« der Schmalenbach-Gesellschaft – Deutsche Gesellschaft für Betriebswirtschaft e.V.: Asset Backed Securities – ein neues Finanzierungsinstrument für deutsche Unternehmen?, in: ZfbF, 44. Jg., 1992, S. 495-530.

[87] Vgl. Deutsche Bundesbank: Asset-Backed Securities in Deutschland: Die Veräußerung und Verbriefung von Kreditforderungen durch deutsche Kreditinstitute, in: MB, 49. Jg., Nr. 7/1997, S. 57-67 sowie zur internationalen Handhabung P. H. McAllister/J. J. Mingo: Bank capital requirements for securitized loan pools, in: JoBF, vol. 20, 1996, S. 1381-1405.

[88] Vgl. zu dem Vorgehen großer internationaler Banken B. Edwards: Let´s shuffle those loans, in: EM, no. 5/1995, S. 22-26 sowie entsprechende Überlegungen auf deutsche Banken bezogen bei J. Süchting: Volatilität und Flexibilität – Entwicklungstendenzen im Kreditgeschäft der Banken, in: BI, 23. Jg., Nr. 6/1996, S. 22-24. Empirische Untersuchungen von L. J. Lockwood/R. C. Rutherford/M. J. Herrera: Wealth effects of asset securitization, in: JoBF, vol. 20, 1996, S. 151-164 ergaben, daß Verbriefungsankündigungen vom Aktienmarkt bei solchen Banken überdurchschnittlich positiv (negativ) bewertet wurden, deren Kapitalausstattung und Ertragslage zuvor als gut (bzw. schlecht) eingestuft werden konnte. Offenbar traute man es ihnen zu (nicht zu), die durch den Kreditverkauf gewonnene Liquidität mindestens ebenso ertragreich (ertragreicher) zu reinvestieren.

bilfinanzierung. Hier kann durch Statistiken über Zeiträume von 10-20 Jahren das Verhalten der Schuldner auch in unterschiedlichen Zins- und/oder Konjunktursituationen mit hinreichender Sicherheit abgeschätzt werden. Machen von den Emittenten unabhängige Institutionen wie z.B. Rating-Agenturen derartige Datenreihen über Ausfallwahrscheinlichkeiten regelmäßig publik (wie dies in den USA, nach Forderungsarten geordnet, monatlich geschieht), dann besitzen sie zudem die notwendige Glaubwürdigkeit.

Grenzen dieser Form der Verbriefung dürften sich indes bei den Forderungen gegenüber solchen Schuldnern ergeben, für die im ersten Kapitel aufgrund einer besonders ausgeprägten Informationsasymmetrie eine starke Abhängigkeit von der Bankenintermediation herausgearbeitet wurde: Unternehmen, die durch ihre noch junge Firmenhistorie, ihre mangelnde Größe oder ihre Branche hohe Cash-Flow-Unsicherheiten aufweisen. Diese Schuldner versorgen die Bank mit exklusiven, »beziehungsspezifischen Informationen«[89], die sich nur schwer an Dritte transportieren lassen. Die Verbriefung etwa von Krediten aus dem Geschäft mit mittelständischen Firmenkunden ist nur schwer möglich, wie auch die Erfahrungen in den USA gezeigt haben.[90]

Zur Risiko**überwälzung** kann das Ausfallrisiko zum einen im Rahmen von *Kreditversicherungen* an einen anderen Intermediär weitergegeben werden. Insbesondere Forderungen aus dem Auslandsgeschäft und dem Lieferantenkreditbereich werden von Nichtbanken häufig bei Spezialversicherern wie Gerling oder Hermes in Deckung gegeben, prinzipiell ist dies jedoch auch für »normale« Buchkredite einer Bank möglich.

Zum anderen ist in den letzten Jahren ein Markt für *Kreditderivate* entstanden, dessen Transaktionsvolumen sich 1996 bereits auf über 100 Mrd. US-$ belief.[91] Mit diesen Instrumenten wird das Ausfallrisiko von der verursachenden Position abgespalten und getrennt von ihr gehandelt. Eine einfache Spielform (»plain vanilla«) der Credit Derivatives ist der Credit Default Swap (vgl. Abb. C. 104). Dabei erwirbt eine Bank als Inhaberin einer (verbrieften oder unverbrieften) Forderung gegenüber einem Swap-Kontrahenten das Recht, bei Eintritt eines im vorhinein definierten Schadensereignisses (credit event) eine Ausgleichszahlung zu erhalten. Das Schadensereignis kann der Ausfall des Forderungsschuldners, aber auch bereits seine Rating-Herabstufung sein. – *Auf diesem Wege bleibt die Forderung in den Büchern der Bank, wird aber gegen Zahlung einer Prämie gegenüber dem Ausfallrisiko immunisiert.*[92]

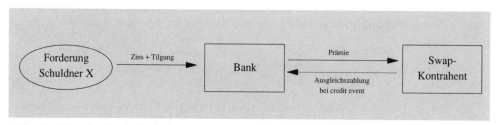

Abb. C. 104: Credit Default Swap (Nach A. H. Savelberg: a.a.O., S. 330)

---

[89] Vgl. Ch. James: Relationship-specific assets and the pricing of underwriter services, in: JoF, vol. 47, 1992, S. 1865-1885.
[90] Vgl. R. Cantor/R. Demsetz: Securitization, loan sales, and the credit slowdown, in: Federal Reserve Bank of New York: Quarterly Review, vol. 18, no. 2/1993, S. 27-38.
[91] Vgl. S. Schlott: Aktives Kreditportfoliomanagement mit Kreditderivaten, in: FAZ, Sonderveröffentlichung des International Bankers Forum am 14./15.5.1997, S. III.
[92] Vgl. zu derartigen Konstruktionen A. H. Savelberg: Risikomanagement mit Kreditderivaten, in: DBk, Nr. 6/1996, S. 328-332.

Als letzte Strategie der Risikosteuerung verbleibt die Risiko**übernahme**, die allerdings eine ausreichende *Dotierung der Risikovorsorge* voraussetzt. Im Abschnitt über die hierfür in erster Linie in Frage kommenden Risikoprämien (vgl. S. 431ff.) war bereits deutlich gemacht worden, welche Probleme sich mit einer Ableitung von Risikokosten auf der Basis der in einem Institut im Laufe zurückliegender Perioden angefallenen Kreditnehmerausfälle verbinden. Wie bei der Schichtenbilanz im Rahmen der Ergebnismittlung des Zinsgeschäftes besteht für die Bank vor allem die Gefahr, stets den Marktentwicklungen hinterherzuhinken. Daher liegt die Idee nahe, in Analogie zur Marktzinsmethode statt institutsindividueller nun objektivierbare Größen für die Ableitung von Risikoprämien nutzbar zu machen. Einen entsprechenden Versuch unternimmt die Risikokostenkalkulation mit Hilfe der Optionspreistheorie (vgl. S. 435ff.), die jedoch aufgrund restriktiver Annahmen und des erforderlichen Dateninputs allenfalls im Firmenkundengeschäft eingesetzt werden kann. *Je mehr jedoch etwa über das Instrument der ABS Buchkredite generell handelbar gemacht werden, desto umfangreicher wird der Katalog von Forderungen, für die sich Marktpreise und – aus deren Schwankungen – für die Bank »auf dem Spiel stehende« Risikobeträge (Value at Risk) ableiten lassen.* Am Ende der Entwicklung könnte dann ein für alle Marktteilnehmer frei verfügbares Datenpaket zur Quantifizierung von Ausfallrisiken stehen[93], wie es von der amerikanischen Großbank JP Morgan 1994 zur Bewertung von Preisänderungsrisiken vorgestellt wurde (»RiskMetrics«, vgl. S. 549). Innerhalb kurzer Zeit konnte sich diese Lösung als Branchenstandard etablieren.

e. Erfassung und Begrenzung von Marktpreisrisiken unter besonderer Berücksichtigung von Zinsänderungsrisiken

e. 1. Das Konzept der Limitierung des Grundsatzes Ia

Der bis zum Inkrafttreten des neuen Grundsatzes I gültige Grundsatz Ia begrenzt die *Preisrisiken* auf insgesamt 42% des haftenden Eigenkapitals. In diesem Rahmen bestehen auf das haftende Eigenkapital bezogene Limite für

(1) Preisänderungsrisiken von *Währungen und Edelmetallen* aus bilanziellen und nicht-bilanziellen Geschäften $\leq 21\%$,
(2) *Zinsänderungsrisiken* aus außerbilanziellen Geschäften $\leq 14\%$, und
(3) *sonstige Preisänderungsrisiken,* insbesondere aus Termin- und Optionsgeschäften mit Aktien und Aktienindices $\leq 7\%$.

Bei den nicht bilanzwirksamen Fremdwährungsgeschäften handelt es sich um Liefer- und Zahlungsansprüche bzw. Liefer- und Zahlungsverpflichtungen

– aus Kassa- und Termingeschäften sowie Ansprüche auf bzw. Verpflichtungen zur Zahlung von Kapitalbeträgen aus Finanzswaps (Currency Swaps);
– aus Stillhalterpositionen im Falle der Ausübung fremder Optionsrechte.

---

[93] Vgl. zu ersten Ansätzen in dieser Richtung P. Schwicht/Ch. Neske: CreditMetrics – neues System zur Risikoanalyse, in: DBk, Nr. 8/1997, S. 470-473.

Soweit *eigene Optionsrechte* bestehen, die als Aktivkomponente Passivkomponenten und umgekehrt als Passivkomponente Aktivkomponenten absichern (hedgen), werden diese bei der Ermittlung der offenen Position abgezogen. Im Gegensatz zum Stillhalter ist die Verlustmöglichkeit für den Inhaber eines Optionsrechts begrenzt, und zwar auf den Wert der Optionsprämie; deshalb werden eigene Optionsrechte, soweit sie nicht Hedge-, sondern Spekulationszwecken dienen, im Grundsatz Ia nicht berücksichtigt. Hierin liegt unter Risikoaspekten allerdings eine Inkonsistenz, die sich – da positionserweiternd – zugunsten des Dispositionsspielraumes der Kreditinstitute auswirkt.

Stillhalterpositionen gehen in die offene Position in dem Umfang ein, in dem eine Deckungslücke besteht. Der notwendige Deckungsbestand für Stillhalterpositionen wird entweder mit einem EDV-gestützten Optionspreismodell (Deltakoeffizient[94]) errechnet oder bestimmt sich nach einem Risikokoeffizienten (RK) gemäß den folgenden Formeln:

Für *eingeräumte Kaufoptionen* ist

$$(C.22) \quad RK = \frac{\text{Terminkurs ./. Basispreis}}{\text{Basispreis}} \cdot \frac{360}{\text{Restlaufzeit}}$$

Das Risiko des Stillhalters hängt demnach ab von dem möglichen Eindeckungsverlust bei Lieferung, der mit abnehmender Restlaufzeit steigt, weil die Wahrscheinlichkeit einer Ausübung der Option dann zunimmt.

Für *eingeräumte Verkaufsoptionen* ist

$$(C.23) \quad RK = \frac{\text{Basispreis ./. Terminkurs}}{\text{Basispreis}} \cdot \frac{360}{\text{Restlaufzeit}}$$

Hier liegt das Risiko des Stillhalters in der Höhe des Veräußerungsverlustes, der seinerseits davon abhängt, wie weit der Marktpreis ggf. unter den aufzubringenden Basispreis sinkt. Besteht eine solche Differenz, so wird die Ausübung der Option mit abnehmender Restlaufzeit wahrscheinlicher, weil der Optionsinhaber sich zunehmend gedrängt sieht, seinen Gewinn zu realisieren.

Die errechneten Risikokoeffizienten werden fünf Risikogruppen zugeordnet, die in aufsteigender Folge mit Deckungsanforderungen verbunden sind. In dem Umfang, in dem eine Deckung (in Fremdwährungen bzw. Edelmetallen oder der entsprechenden Geldsumme) fehlt, geht der Deckungsfehlbetrag in die offene Position ein.

Bei der Ermittlung von Preisrisiken in Form von *Zinsrisiken* wird nicht auf Bilanzpositionen abgestellt, sondern auf die bilanzunwirksamen, schwebenden Geschäfte. Diese beinhalten

– Zinstermingeschäfte und
– Zinsoptionen (Stillhalterpositionen in Optionsgeschäften mit Zinsrisiko).

Zinsoptionen beziehen sich vor allem auf Rentenwerte. Zinstermingeschäfte sind im wesentlichen solche in Forward Deposits (Termingeschäfte mit effektiv zu liefernden Termineinlagen), Forward Rate Agreements (ebenfalls Termingeschäfte in Termineinlagen, wobei

---

[94] Der Deltakoeffizient gibt die Veränderung des Optionspreises in Abhängigkeit von der Veränderung z.B. des zugrundeliegenden Aktienkurses an und ist somit zugleich ein Maß für die Steigung der Optionswertkurve. Im Zusammenhang mit dem Bewertungsmodell von F. Black und M. Scholes wird er in der Praxis häufig zur Preisfindung von Optionen eingesetzt. Vgl. L. Perridon/M. Steiner: Finanzwirtschaft der Unternehmung, 8. Aufl., München 1995, S. 299ff.

jedoch keine effektive Lieferung, sondern nur ein Zinsbetragsdifferenzausgleich erfolgt), Interest Rate Futures (Termingeschäfte in festverzinslichen Wertpapieren, bei denen die Kontraktbedingungen – nach Betrag, Erfüllungszeitpunkt usw. – standardisiert sind) und andere Wertpapiertermingeschäfte.

Allerdings werden *Zinstermin- und Zinsoptionsgeschäfte nur insoweit berücksichtigt, als sie das Zinsänderungsrisiko aus Festzinspositionen in der Bilanz erhöhen* (nicht also eine dort ausgewiesene offene Position reduzieren). *Das Zinsänderungsrisiko aus der Bilanz wird bisher nicht in einem Grundsatz limitiert, sondern muß lediglich entsprechend einem Schreiben der Bankenaufsicht durch die Wirtschaftsprüfer kommentiert werden.* Prinzipiell ist ein Kreditinstitut also nicht daran gehindert, das Zinsänderungsrisiko aus dem Bilanzbereich zu erhöhen. Zu seiner Begrenzung besteht dann ein Anreiz, Zinstermin- und Zinsoptionsgeschäfte für Hedge-Zwecke einzusetzen.

Bei der Erfassung solcher Geschäfte ist daher von einer Festzinsübersicht auszugehen, die periodenweise die vorhandenen bilanziellen, zinsfixen Aktiva und Passiva gegenüberstellt (vgl. Übersicht a) im folgenden Beispiel, Tab. C. 17).

Zur Bestimmung der Risiken aus dem außerbilanziellen Bereich werden die Zinsoptions- und -termingeschäfte mit ihren jeweiligen Aktiv- und Passivkomponenten in ein Schema eingeordnet, das eine der Festzinsübersicht entsprechende Periodeneinteilung vornimmt (vgl. Übersicht b), Tab. C. 17). Als Beispiel sei angenommen, daß das Kreditinstitut als einziges außerbilanzielles Geschäft am 2.1.1989 einen Terminverkauf von im Bestand befindlichen Wertpapieren (mit Endfälligkeit 1.1.1993) per 1.8.1989 über 80 Einheiten getätigt hat. Die Aktivkomponente dieses Geschäfts besteht dann in dem Anspruch auf Zahlung des Kaufpreises für das zu liefernde Papier, während in der Lieferverpflichtung zum genannten Termin die Passivkomponente zu sehen ist.

Bei Erfüllung des Geschäftes am 1.8.1989 würde der Abgang des Papieres auch die entsprechende Aktivposition in der Festzinsübersicht vermindern. Da das Termingeschäft aber bis zu seiner Erfüllung noch ein schwebendes Geschäft ist – und bilanziell wirksame Geschäfte hiervon gerade isoliert werden sollen –, sieht man von einer Veränderung der Festzinsübersicht bereits bei Geschäftsabschluß ab. Stattdessen wird das Geschäft über den Erfüllungstag hinaus bis zur Endfälligkeit mit seiner Passivkomponente in der Zinsterminübersicht erfaßt. Da in einem späteren Rechenschritt eine Saldierung der offenen Positionen aus Zinsterminübersicht und Festzinsübersicht zur Ermittlung der risikoerhöhenden Anteile erfolgt, wird so der Bestand in der Festzinsübersicht indirekt vermindert. Im Beispiel ergibt sich daher eine Zinstermingeschäftsposition von III/1989 bis zum Auslaufen des Papieres Anfang 1993 in Höhe von −80. In den Perioden I/1989 und II/1989 wird eine Zinstermingeschäftsposition in Höhe von 0 ausgewiesen, da sich bis zur Erfüllung des Geschäfts noch keine Veränderung des Risikos ergeben kann; Aktiv- und Passivkomponenten gleichen sich gerade aus.

Annahmegemäß liegen keine Stillhalterpositionen aus Optionsgeschäften und eigene Optionsrechte vor. Somit entspricht die Zinstermingeschäftsposition der endgültigen Zinsgeschäftsposition, die periodenweise mit den entsprechenden offenen Festzinspositionen zur Gesamtzinsposition verrechnet wird (sogenanntes Back-Hedging, vgl. Übersicht c), Tab. C. 17). Ein Vergleich der resultierenden Gesamtzinspositionen mit den ursprünglichen offenen Festzinspositionen zeigt, ob durch das Termingeschäft die Risikoposition verschlechtert wurde oder nicht. Hierbei werden nur die absoluten Werte miteinander verglichen, denn für die Risikoposition eines Kreditinstitutes ist es letztlich gleichgültig, ob das resultierende gesamte Festzinsrisiko eine aktivische oder passivische Ausrichtung hat. In der Periode III/1989 ergibt sich somit keine Risikoerhöhung durch das außerbilanzielle Geschäft: Der Festzinsüberhang betrug vorher 45 Einheiten mit aktivischer Ausrichtung

a) **Festzinsübersicht per 31.12.1988 (bilanzielle Festzinsposten)**

Periodeneinteilung nach Stichtag 31.12.1988	Kalendervierteljahre								Kalenderjahre				
	I/1989	II/1989	III/1989	IV/1989	I/1990	II/1990	III/1990	IV/1990	1991	1992	1993	1994	...2003
Aktivkomponenten	150	150	150	120	120	120	120	120	120	120	110		
Passivkomponenten	-150	-135	-105	-105	-105	-105	-105	-105	-105	-80	-80		
Saldo = offene Festzinspositionen	0	15	45	15	15	15	15	15	15	40	30		

b) **Ermittlung der Zinstermingeschäftspositionen per 2.1.1989**

Periodeneinteilung nach Stichtag 31.12.1988	Kalendervierteljahre								Kalenderjahre				
	I/1989	II/1989	III/1989	IV/1989	I/1990	II/1990	III/1990	IV/1990	1991	1992	1993	1994	...2003
1. Fristigkeit der Aktiv- und Passivkomponenten[1]			80							-80			
2. Periodenmäßige Zuordnung der Aktiv- u. Passivkomponenten — Aktiv	80	80											
2. Periodenmäßige Zuordnung der Aktiv- u. Passivkomponenten — Passiv	-80	-80	-80	-80	-80	-80	-80	-80	-80	-80			
3. Zinstermingeschäftspositionen (Saldo aus 2.)[2]	0	0	-80	-80	-80	-80	-80	-80	-80	-80	0		

1) »Zinsfälligkeiten«; + aktiv, -passiv
2) Unter der Annahme, daß die Zinsoptionsgeschäftsposition gleich 0 ist und keine eigenen Optionsrechte vorliegen, entspricht die Zinsterminposition der »endgültigen« Zinsgeschäftsposition.

c) **Ermittlung der risikoerhöhenden Anteile der Zinsgeschäftspositionen per 2.1.1989**

Periodeneinteilung nach Stichtag 31.12.1988	Kalendervierteljahre								Kalenderjahre				
	I/1989	II/1989	III/1989	IV/1989	I/1990	II/1990	III/1990	IV/1990	1991	1992	1993	1994	...2003
1. offene Festzinspositionen	0	15	45	15	15	15	15	15	15	40	30		
2. »endgültige« Zinsgeschäftspositionen	0	0	-80	-80	-80	-80	-80	-80	-80	-80	0		
3. Gesamtzinspositionen (Saldo aus 1. und 2.)	0	15	-35	-65	-65	-65	-65	-65	-65	-40	30		
risikoerhöhende Anteile der Zinsgeschäftspositionen	0	0	0	-50	-50	-50	-50	-50	-50	0	0		

Tab. C. 17: *Erfassung eines Wertpapiertermingeschäftes im Grundsatz Ia (Modifiziert entnommen aus: Deutsche Bundesbank: Die neuen Grundsätze I und Ia über das Eigenkapital der Kreditinstitute, Sonderdruck Nr. 2a, Frankfurt/M. 1990, Teil III, S. 10, 31 und 54)*

und vermindert sich nun in die andere, passivische Richtung auf 35 Einheiten. Von IV/1989 bis 1991 stellt sich jedoch eine Risikoerhöhung ein, da ein vorheriges aktivisches Festzinsrisiko in Höhe von 15 in ein passivisches Festzinsrisiko in Höhe von 65 umschlägt. Die Risikoerhöhung beträgt demzufolge 50 Einheiten.

Die sich hierdurch periodenweise ergebenden risikoerhöhenden Anteile werden über Gewichtungssätze in anzurechnende Beträge umgewandelt, die das Limit in Höhe von 14% des haftenden Eigenkapitals für Zinsrisiken belasten.[95]

Geht man abweichend von der Beispielsrechnung davon aus, daß ein Kreditinstitut neben Termingeschäften auch Zinsoptionsgeschäfte tätigt, so müssen die Stillhalterpositionen aus Zinsoptionen analog der Zinsterminübersicht in einer Zinsoptionsübersicht erfaßt und bei der Berechnung der Zinsgeschäftsposition berücksichtigt werden. Sie gehen mit dem vom Kreditinstitut mit Hilfe eines Optionsbewertungsmodells errechneten oder dem vorgeschriebenen Risikowert in die offene Position ein. – Optionsrechte werden hier, wie diejenigen bei Devisenoptionen auch, nur insoweit einbezogen, als sie zu einer Ermäßigung der Zinsgeschäftsposition führen.

Abschließend wird die Ermittlung der Zinsrisiken in der Abbildung C. 105 noch einmal zusammengefaßt (dabei ist zu berücksichtigen, daß die Berechnung von Risikomeßzahlen für jede Währung getrennt vorzunehmen ist).

Der letzte, dritte limitierte Bereich für Geschäfte mit *sonstigen Preisrisiken* erfaßt, wie eingangs gesagt, insbesondere Termingeschäfte in Aktien und Aktienindices sowie darauf bezogene Optionen.

Wie bei den zuvor behandelten Zinsgeschäften werden auch in diesem Zusammenhang *nur die risikoerhöhenden Termingeschäfte und Stillhalterpositionen* berücksichtigt, d.h. es werden bei Ermittlung des risikoerhöhenden Anteils (a) eine Kompensation mit den Optionsrechten und (b) ein Hedging mit ggf. bestehenden offenen Bilanzpositionen vorgenommen.

---

[95] Innerhalb bestimmter periodenübergreifender Anrechnungsbereiche dürfen die durch Multiplikation der risikoerhöhenden Anteile mit den Anrechnungssätzen gewonnenen Risikowerte gegeneinander aufgerechnet werden, sofern sie eine unterschiedliche Ausrichtung aufweisen. Dies wird mit einer Parallelität der Zinsentwicklung innerhalb solcher Anrechnungsbereiche begründet, die dazu führt, daß eine bestimmte Zinsveränderung, die in einer bereichszugehörigen Periode zu Verlusten führt, bei Gesamtzinspositionen in benachbarten Perioden zwangsläufig kompensierende Gewinne entstehen läßt. Um aber in jedem Falle eine Anrechnung des kurzfristigen Bereichs sicherzustellen, sind im unterjährigen Bereich nicht saldierungsfähige Zuschlagswerte vorgesehen, die sich aus einer Multiplikation von risikoerhöhenden Anteilen und sog. Malussätzen ergeben. Zuschlagswerte und Risikowerte zusammen bilden die Risikomeßzahlen. Vgl. Deutsche Bundesbank: Die neuen Grundsätze I und Ia über das Eigenkapital der Kreditinstitute, a.a.O., Teil III, S. 58-61.

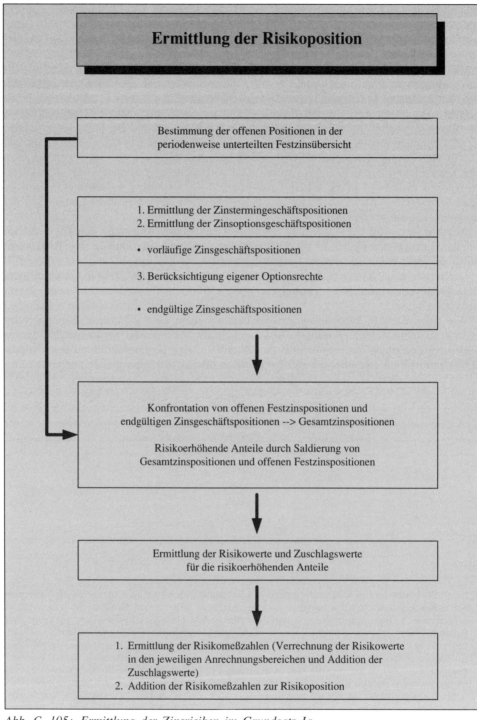

Abb. C. 105: *Ermittlung der Zinsrisiken im Grundsatz Ia*

e. 2. Die Integration der Marktpreisrisiken in das System der Eigenkapitalunterlegung gemäß neuem Grundsatz I

Mit den Abschnitten 3–6 des neuen Grundsatzes I wird der Kernbereich der Kapitaladäquanzrichtlinie in das deutsche Normensystem eingefügt, um Marktpreisrisiken zu begrenzen. Der wesentliche Unterschied zum bisherigen Grundsatz Ia besteht darin, daß das **System der Risikolimitierung aufgehoben** wird und **Preisänderungsrisiken zukünftig – ebenso wie die Ausfallrisiken – mit Eigenkapital zu unterlegen** sind. Die Eigenmittel einer Bank können dann nur noch einmal »verbraucht« werden.

Dabei werden die Preisrisiken insofern differenziert behandelt, als lediglich das Währungsrisiko auf das Handels- *und* Anlagebuch bezogen beschränkt wird; eine Begrenzung des Zinsänderungs- und des Aktienkursrisikos besteht allein für das Handelsbuch.

Die Berechnung der Eigenmittelunterlegung nach dem neuen Grundsatz I war im Zusammenhang mit den Großkreditrisiken bereits anhand eines einfachen Zahlenbeispiels vorgeführt worden (Abb. C. 95). An dieser Stelle sei die Vorgehensweise noch einmal schematisch veranschaulicht:

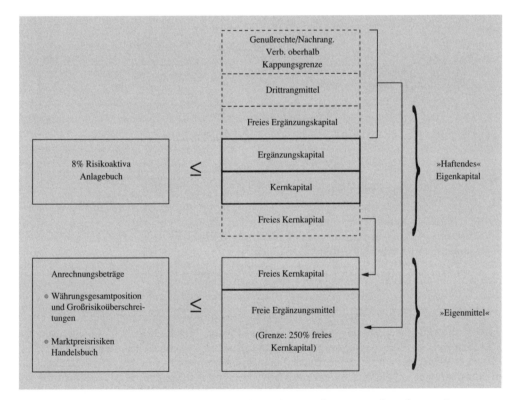

Abb. C. 106: Das System der Eigenkapitalunterlegung des neuen Grundsatzes I

In einem ersten Schritt werden die Risikoaktiva des Anlagebuches berechnet. Diese vom Adressenausfallrisiko bedrohten Beträge sind zu 8% mit haftendem Eigenkapital zu unterlegen, das zur Hälfte aus Ergänzungskapital bestehen darf.

Das im ersten Schritt nicht erforderliche, freie Kernkapital bestimmt den im zweiten Schritt für die Unterlegung von Marktpreisrisiken zur Verfügung stehenden Betrag der »freien Eigenmittel«. Diese setzen sich aus dem freien Kernkapital und den freien Ergänzungsmitteln unter Einschluß von Drittrangmitteln und Genußrechten/Nachrangigen Verbindlichkeiten oberhalb der Kappungsgrenze zusammen, die maximal 250% des freien Kernkapitals betragen dürfen (200% bei reinen Wertpapierhandelsunternehmen). – **Kern- und Ergänzungskapital können daher auch zur Unterlegung von Marktrisiken, Drittrangmittel dürfen allein hierfür eingesetzt werden.**

Die für die einzelnen Marktrisiken unterschiedlichen Verfahren zur Ermittlung sogenannter »*Anrechnungsbeträge*« sollen sicherstellen, daß es auch im Handelsbuch zu einer dem Anlagebuch entsprechenden Eigenkapitalunterlegung von 8% kommt. – Die Einhaltung der Vorschriften des Grundsatzes I, über »angemessene Eigenmittel« zu verfügen, ist nicht (wie ursprünglich vorgesehen) täglich, sondern monatlich zu belegen.

Anknüpfend an Abb. C. 88 stellt sich die Risikoposition einer Bank im Hinblick auf Marktpreisrisiken dann so dar:

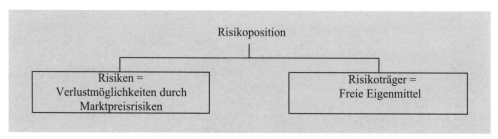

Abb. C. 107: Die Risikoposition einer Bank im Hinblick auf Marktpreisrisiken

Der neue Grundsatz I behandelt die mit Marktpreisrisiken behafteten Positionen in folgender Reihenfolge:

– Abschnitt 3: Währungsgesamtposition
– Abschnitt 4: Rohwarenposition (inkl. Edelmetalle)
– Abschnitt 5: Handelsbuch-Risikopositionen
    – §§ 20-23: Zinssatzbezogene Positionen
    – §§ 24-26: Aktienkursbezogene Positionen
    – § 27: Adressenausfallrisikopositionen des Handelsbuches
– Abschnitt 6: Optionsposition.

In den folgenden Ausführungen beginnen wir mit dem Zinsänderungs- als dem wohl für die Mehrzahl der Kreditinstitute gewichtigstem Risiko. Es schließt sich aufgrund des ähnlichen Aufbaus der Normen die Behandlung des Aktienkursrisikos an, bevor Risiken aus Fremdwährungs- sowie Rohwarengeschäften angesprochen werden. Die (systematisch unpassend im neuen Grundsatz I separat behandelten) Risiken aus Optionen fließen in die Erörterungen dieser Risikokomplexe ein, da Hedgewirkungen aus derivativen Finanzinstrumenten bei der Ermittlung der Anrechnungsbeträge der währungs-, zins- und aktienkursbezogenen Positionen zu berücksichtigen sind.

e. 3. Zinsänderungsrisiken

α. Verfahren der Quantifizierung

Zinsänderungsrisiken liegen allgemein »in möglichen Abweichungen des Erfolges von Kreditinstituten ... von einem Zielwert, die durch Veränderungen von Marktzinsniveau und -struktur entstehen.«[96] Dabei sind in erster Linie die *negativen Veränderungen* der geplanten oder erwarteten Zinsspanne bzw. des *Zinsüberschusses* zu beachten, die *durch Marktzinsänderungen ausgelöst* werden.

Zinsverluste können zum einen entstehen, weil in einer Niedrigzinsphase rechtsverbindliche Festlegungen in Zinssätzen auf der Aktivseite erfolgt sind, denen variabel verzinsliches Geschäft auf der Passivseite gegenübersteht (offene aktivische Festzinsposition). In späteren Perioden muß sich die Bank dann zu gestiegenen Geldeinstandskosten refinanzieren, ohne ihre Erträge entsprechend ausweiten zu können.[97] Spiegelbildlich kann es zu Zinsverlusten dann kommen, wenn in einer Hochzinsphase Festzinsbindungen auf der Passivseite eingegangen wurden, denen aber variabel verzinsliches Aktivgeschäft gegenüberstand (offene passivische Festzinsposition). Bei sinkendem Zinsniveau verringern sich die Zinserträge, während die Geldeinstandskosten bis zum Ende der festen Zinsbindung nicht angepaßt werden können.

Über dieses *klassische Festzinsrisiko* hinaus können Verluste aber auch dann auftreten, wenn sich auf Aktiv- und Passivseite der Bankbilanz Festzinsblöcke in gleicher Höhe gegenüberstehen, deren Fristigkeiten aber auseinanderfallen (*Fristenablaufrisiko*). Wurden in einer Hochzinsphase auf der Aktivseite Kredite für 12% (fest) mit fünfjähriger Laufzeit abgesetzt und refinanziert durch 10jährige Einlagen mit 6% Festzins, dann gerät die Zinsspanne bei rückläufigem Zinsniveau nach fünf Jahren unter Druck, weil eine Wiederanlage zu geringeren Zinserträgen führt. In gleicher Weise wirkt sich eine in der Niedrigzinsphase getroffene Festzinsvereinbarung auf der Aktivseite aus, wenn das kürzerfristige Refinanzierungsgeschäft fällig wird.

Da das Festzinsgeschäft neben Forderungen auch *festverzinsliche Wertpapiere* im eigenen Bestand erfaßt, ist drittens die Gefahr von Belastungen der Zinsspanne durch *Abschreibungen* zu berücksichtigen, die nicht bonitätsbedingt sind, sondern durch Marktzinssteigerungen (und damit verbundene Kurssenkungen) hervorgerufen werden.

In den sich betragsmäßig entsprechenden Blöcken der Aktiv- und Passivseite, bei denen keine feste Zinsbindung eingegangen wurde, besteht ein *variables Zinsänderungsrisiko*. Aufgrund unterschiedlicher Zinsreagibilitäten der Kunden lassen sich die Zinssätze für die Kredite und Einlagen nach Veränderungen von Markt- bzw. Leitzinsen nämlich zumeist nicht in gleicher Weise anpassen. Im Einlagengeschäft mit Großkunden entsprechender Verhandlungsmacht dürfte es in der Regel notwendig sein, auf Erhöhungen des Zinsniveaus mit einer Veränderung des Kundenzinses in gleicher Höhe zu reagieren. Dagegen wird es schwierig sein, die Zinssteigerung auch in vollem Umfang im Aktivgeschäft mit Großkunden weiterzugeben.

---

[96] M. Bangert: Zinsrisiko-Management in Banken, Wiesbaden 1987, S. 7.
[97] Derartige Zinsänderungsrisiken lassen sich insoweit kaum vermeiden, als in Zeiten rückläufiger Kreditnachfrage Ersatzanlagen in Form festverzinslicher Wertpapiere vorgenommen werden müssen. So auch E. O. Sandvoß, Deutsche Girozentrale – Deutsche Kommunalbank, Frankfurt/M., in seinem Referat »Zum Zinsänderungsrisiko in der Kreditwirtschaft« am 28.4.1981 im Kontaktseminar an der Ruhr-Universität Bochum, in: SB Nr. 14, SS 1981, S. 32-34.

Wie bei der Behandlung des Auswahlproblems für Opportunitätsgeschäfte bereits angesprochen (vgl. S. 418f.), werden die Möglichkeiten bzw. Notwendigkeiten der Zinsanpassung mit Hilfe von Zinselastizitäten quantifiziert. Diese geben an, in welchem Ausmaß (in Prozentpunkten) ein Produktzins auf eine Marktzinsveränderung um einen Prozentpunkt reagiert. Vollständig zinsflexible Geschäfte weisen dementsprechend eine Zinselastizität von eins auf, bei Festzinsgeschäften beträgt diese Größe Null.

Bis zum Ende der siebziger Jahre blieb das Zinsänderungsrisiko durch das BAKred gänzlich unberücksichtigt; erst 1977 wurden die Wirtschaftsprüfer angewiesen, die Entwicklung dieses Risikokomplexes in die Prüfungsberichte einzubeziehen. Als in der Hochzinsphase Anfang der 80er Jahre erstmals Schieflagen bedeutender Kreditinstitute verzeichnet wurden, verpflichtete das Aufsichtsamt die Banken 1983 in einem Rundschreiben, *Zinsbindungsbilanzen* aufzustellen. Diese gehen insbesondere auf die Vorschläge von Scholz zurück, sämtliche aktivischen und passivischen Festzinspositionen (mit Restzinsbindungen über 180 Tagen) zu kontrastieren und damit die insgesamt zinsinkongruente Position herauszustellen.[98] Bei Existenz offener aktivischer und passivischer Festzinspositionen in der Zinsbindungsbilanz (siehe Tab. C. 18) kann eine Bank je nach erwarteter Marktzinsentwicklung entscheiden, ob sie die offenen Positionen (z.B. den Passivüberhang im ersten Monat der ersten Periode von 1,17 Mrd. DM) schließen oder weitere Überhänge aufbauen will.[99]

Zeitraum	1/01 Mio. DM	%	2/01 Mio. DM	%	3/01 Mio. DM	%	6/01 Mio. DM	%	12/01 Mio. DM	%	1. Hj./02 Mio. DM	%	2. Hj./02 Mio. DM	%
Festzinsaktiva	5980	7,7	5610	7,7	5470	7,1	4860	7,0	4320	7,0	3750	7,0	3100	7,1
Festzinspassiva	7150	6,6	4800	6,0	4030	5,6	3380	5,0	2380	4,0	2130	3,9	1800	3,4
Zinsspanne geschlossene Position		1,1		1,7		1,5		2,0		3,0		3,1		3,7
Aktivüberhang	–		810		1440		1480		1940		1620		1300	
Passivüberhang	1170		–		–		–		–		–		–	
Grenzzinssatz (Zinsspanne = 0)		1,0		17,8		11,3		11,6		10,7		11,1		12,2

Tab. C. 18: Ermittlung kritischer Zinssätze zum Schließen offener Festzinspositionen (Quelle: M. Bangert, a.a.O., S. 104)

Die Verzinsung der Aktiva bzw. Passiva zum Schließen der Lücke (Neugeschäft oder Prolongation des Altgeschäfts nach Ablauf der Zinsbindungsfristen) bestimmt die Höhe der Zinsspanne des gesamten Festzinsgeschäfts und damit die Höhe des Zinsüberschusses nach Schließen der offenen Position. Kritische Zinssätze zum Schließen offener Positionen sind Zinssätze, die zur Sicherung eines bestimmten Ertragsanspruchsniveaus erforderlich sind. Sie dürfen bei einem Festzinsaktivüberhang nicht überschritten, bei einem Passivüberhang nicht unterschritten werden. Soll der Aktivüberhang im 6. Monat der Periode 1 (6/01) in Höhe von 1,48 Mrd. DM so ausgeglichen werden, daß diese Schicht einen Zinsüberschuß von mindestens 0 erwirtschaftet, dürfen die für die Schließung der Position vorgesehenen Passiva höchstens 11,6% kosten (Grenzzinssatz):

---

[98] Vgl. W. Scholz: Zinsänderungsrisiken im Jahresabschluß der Kreditinstitute, in: KuK, 12. Jg., 1979, S. 517-544 und P. Hoch, Bayerische Hypotheken- und Wechsel-Bank AG, München, in seinem Referat »Zur Steuerung des Zinsänderungsrisikos« am 6.11.1984 im Kontaktseminar an der Ruhr-Universität Bochum, in: SB Nr. 21, WS 1984/85, S. 29-31.

[99] Vgl. zum folgenden M. Bangert: a.a.O., S. 104f.

$$4860 \cdot 7{,}0 = 3380 \cdot 5{,}0 + 1480 \cdot r; \quad r = 11{,}6\%$$

Sieht man von den Regelungen der Zinsänderungsrisiken im außerbilanziellen Geschäft (alter Grundsatz Ia) sowie im Handelsbuch (neuer Grundsatz I) ab, entspricht dieses sehr einfache Vorgehen auch heute noch den Anforderungen der Bankenaufsicht für die Quantifizierung des Zinsänderungsrisikos im Bilanzbereich von Kreditinstituten.

Wissenschaft und Praxis haben mittlerweile jedoch differenziertere Verfahren entwickelt. So ist zunächst insbesondere von Rudolph gezeigt worden, wie in der Zinsbindungsbilanz mit Hilfe von *Kapitalwertänderungen* auch die *Laufzeitkomponente* eingefangen werden kann.[100]

1	Restbestände (in Mio. DM)	Rechnungsperiode								Kapitalwerte (C_o) und Rentabilitätseffekt (ΔC_o)
		1	2	3	4	5	6	7	8	
	aktiv	600	600	300	300	200	200	100	100	
	passiv	500	500	500	400	300	100	–	–	
2	offene aktivische Festzinspositionen zum ⌀ Zinssatz von %	100 12	100 12	–	–	–	100 12	100 12	100 12	
	offene passivische Festzinspositionen zum ⌀ Zinssatz von %	–	–	200 10	100 10	100 10	–	–	–	
3	Ergebnis aus *offenen* Festzinspositionen 10%	2	2	0	0	0	2	2	2	C_o = 6,56
	bei Positionsschließung zu 12%	0	0	4	2	2	0	0	0	C_o = 5,25
										ΔC_o = – 1,31

Tab. C. 19: Zinsergebnisse und Rentabilitätseffekte (Solvenzeffekte in einer Zinsänderungsbilanz (Quelle: F.-M. Keine, a.a.O., S. 335a; Ausgangsbeispiel z.T. entnommen bei B. Rudolph: Planungs- und Kontrollrechnungen zur Begrenzung von Zinsänderungsrisiken, a.a.O., S. 542f.)

In der Tab. C. 19 ist unterstellt, daß die offenen Festzinspositionen im Entscheidungszeitpunkt zu 10% geschlossen werden könnten, woraus ein Kapitalwert von 6,56 resultieren würde. Addiert man aber die Barwerte bei einer Positionsschließung nach einer erwarteten Marktzinserhöhung auf 12%, dann liegt der Kapitalwert nur noch bei 5,25, so daß sich ein Zinsänderungsrisiko aus offenen Festzinspositionen in Höhe von –1,31 ergibt.

Darüber hinaus zeigt sich in der Barwertbetrachtung auch ein Zinsänderungsrisiko des geschlossenen Festzinsgeschäfts. Unterstellt man wie in Tab. C. 20 eine Zinsmarge von durchgängig 2%, so folgt daraus ein nominaler Zinsüberschuß von insgesamt 38. Diskontiert man die Zahlungsströme aber zunächst mit 10% und anschließend mit 12%, dann erkennt man, daß eine solche Zinserhöhung zu einer weiteren Kapitalwertminderung von 1,3 führen, mithin das Zinsänderungsrisiko insgesamt –2,6 betragen würde.
In bezug auf die zuletzt berechnete Komponente ist jedoch anzumerken, daß es sich um eine ökonomisch sachgerechte, von der nach handelsrechtlichen Vorschriften aufgestellten Gewinn- und Verlustrechnung aber losgelöste Betrachtungsweise handelt, da Buchforderungen (im Gegensatz zu festverzinslichen Wertpapieren) bei Marktzinserhöhungen (und dadurch ausgelösten Kurssenkungen) nicht abgeschrieben werden.

---

[100] Vgl. B. Rudolph: Planungs- und Kontrollrechnungen zur Begrenzung von Zinsänderungsrisiken, in: H. Göppl/R. Henn (Hrsg.): Geld, Banken und Versicherungen, Bd. I, Königstein/Ts. 1981, S. 539-554.

Periode	1	2	3	4	5	6	7	8
Geschlossene Festzinsposition	500	500	300	300	200	100	0	0
Zinsüberschüsse aus geschlossener Position (Zinsspanne 2%)	10	10	6	6	4	2	0	0
Kapitalwert bei Diskontierung mit 10%	29,57							
Kapitalwert bei Diskontierung mit 12%	28,27							

Tab. C. 20: *Zinsänderungsrisiko aus geschlossener Festzinsposition*

Der *Haupteinwand* gegen eine Analyse des Zinsänderungsrisikos einer Bank allein mit der *Zinsbindungsbilanz* besteht darin, daß *nur ein Teil des Zinsgeschäftes (und damit des -risikos) eingefangen* werden kann: Es werden weder festverzinsliche Wertpapiere noch variabel verzinsliche Geschäfte berücksichtigt.

Um auch das Zinsänderungsrisiko aus dem variabel verzinslichen Geschäft zu quantifizieren, wurde vor allem von Rolfes die *Elastizitätsbilanz* vorgeschlagen.[101] Jeder Bilanzposition werden dabei Zinselastizitäten angefügt, die (wie gesagt) definiert sind als Verhältnis der Änderung eines Kundenzinses zur Änderung eines Marktzinses. Es läßt sich – wie in der folgenden Abb. C. 108 – dann simulieren, welche Auswirkungen ein Marktzinsanstieg von z.B. einem Prozentpunkt hätte. Bei der hier unterstellten, um 0,04 Prozentpunkte niedrigeren Durchschnittselastizität der Aktivseite würde der Zinsüberschuß um 200.000 GE zurückgehen.

Allerdings wirft die Ableitung derartiger Zinselastizitäten nicht unerhebliche Probleme auf, da die *Kunden-, Geschäfts- und Verhandlungsstrukturen einer Bank laufend Veränderungen unterworfen* sind. Will man trotz dieses grundsätzlichen Vorbehalts zu quantitativen *Anhaltspunkten* gelangen, dann bietet sich hierfür ein von Schwanitz entwickeltes »*Elastizitätsdiagramm*« an, in dem über einen bestimmten Zeitraum hinweg die Kombinationen aus Markt- und Kundenzins dargestellt sind. In Abb. C. 109 wurden beispielhaft die in den Monatsberichten der Deutschen Bundesbank veröffentlichten Zinssätze des 3-Monats-Fibor (als Marktzins; unabhängige Variable) und des Kontokorrentzinses (als Kundenzins; abhängige Variable) am Ende eines jeden Monats zwischen Januar 1979 und Juli 1994 abgetragen. Im Unterschied zu einem Streuungsdiagramm in üblicher Darstellung werden dann die Zinskombinationen der aufeinander folgenden Zeitpunkte durch Linien verbunden, um Anpassungspfade deutlich zu machen. Würde man nun mit Hilfe der linearen Regressionsanalyse eine Trendgerade durch die Punktwolke legen, so könnte man an deren Steigung die Elastizität des Kontokorrentzinses in den untersuchten 15 Jahren (als Durchschnittswert der deutschen Banken) ablesen (hier 0,85).

Das Instrument der Elastizitätsbilanz weist jedoch nicht nur aufgrund der mitunter schwierigen Bestimmung der Zinselastizitäten Probleme auf. In ihrer in Abb. C. 108 dargestellten Grundform handelt es sich lediglich um eine statische Momentaufnahme. Die Elastizitätsbilanz läßt sich aber dynamisieren, indem *Fristenabläufe simuliert* und (notgedrungen subjektive) *Annahmen* über zukünftige *Bilanzstrukturen* mit den zugehörigen *Zinssätzen* getroffen werden. – *Unvollständig* ist aber auch dieses Konzept, da *Kursrisiken festverzinslicher Wertpapiere* nach wie vor *ausgeblendet* bleiben.

---

[101] Vgl. B. Rolfes: Die Steuerung von Zinsänderungsrisiken in Kreditinstituten, a.a.O.

		Aktiva					Passiva		
Block	Position	Volumen (Mio. GE)	Zinselastizität	Ertragsveränderung bei $\Delta MZ = +1\%$-Pkt. (GE)	Block	Position	Volumen (Mio. GE)	Zinselastizität	Aufwandsveränderung bei $\Delta MZ = +1\%$-Pkt. (GE)
(0)	(1)	(2)	(3)	(4)=(2)•(3):100	(5)	(6)	(7)	(8)	(9)=(7)•(8):100
F	Kundenkredite fest (4 Jahre)	200	0	0	F	Schuldverschreibungen • (LZ 5 Jahre) • (LZ 2 Jahre)	100 100	0 0	0 0
	Interbankenkredite fest (2 Jahre)	100	0	0		Σ / ø "Fest"	200	0	0
	Σ / ø "Fest"	300	0	0	V	Spareinlagen	200	0,25	+500.000,-
V	Hypo-Darlehen (LZ 2 Jahre)	50	0,60	+300.000,-		Interbanken-3-Monats-Geld	50	1,00	+500.000,-
	Kontokorrentkredite	100	0,90	+900.000,-		Σ / ø "Variabel"	250	0,40	+1.000.000,-
	Σ / ø "Variabel"	150	0,80	+1.200.000,-					
unverzinsliche Aktiva		50	0	0	unverzinsliche Passiva		50	0	0
Σ / ø "Gesamt"		500	0,24	+1.200.000,-	Σ / ø "Gesamt"		500	0,20	+1.000.000,-

Elastizitätsüberhang 0,04

Abb. C. 108: Elastizitätsbilanz (Quelle: H. Schierenbeck: Ertragsorientiertes Bankmanagement, Bd. 1, a.a.O., S. 101)

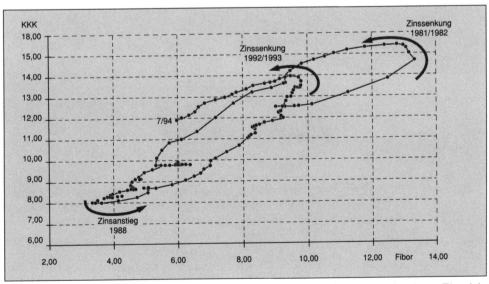

Abb. C. 109: Elastizitätsdiagramm (Quelle: J. Schwanitz: Elastizitätsorientierte Zinsrisikosteuerung in Banken, Frankfurt/M. 1996, S. 81f.)

Gerade hierauf zielten bereits Ende der 30er Jahre die Analysen von Macaulay und Hicks, die dem Einfluß von Renditeänderungen am Kapitalmarkt auf die Marktwerte festverzinslicher Wertpapiere nachgingen. Dabei entwickelten sie unabhängig voneinander das Konzept der *Duration* zur Quantifizierung von Zinsänderungsrisiken und darauf aufbauenden Sicherungsstrategien.[102]

Aus Sicht eines Anlegers treten nach einer Zinsänderung unmittelbar im Anschluß an den Kauf eines festverzinslichen Wertpapiers zwei grundsätzlich gegenläufige Effekte ein[103]: Steigt (sinkt) der Marktzins, so sinkt (steigt) zwar der Kurs der Anleihe. Dem steht aber gegenüber, daß die Couponerlöse zu höheren (niedrigeren) Zinsen wiederangelegt werden können. Dadurch kommt es zu einer kompensatorischen Wirkung, auf der das Konzept der Duration zur Immunisierung gegen das Zinsänderungsrisiko beruht.

Die Abbildung C. 110 zeigt den geplanten Verlauf der Wertentwicklung einer Anleihe (durchgezogene Kurve) bis zum Ende der Halteperiode nach drei Jahren. In dieser Zeit soll der Gegenwartswert PV unter Berücksichtigung der Couponerlöse und ihrer Wiederanlage einen Endwert FV erreicht haben. Tritt nun unmittelbar nach Erwerb der Anleihe eine Erhöhung des Zinssatzes (+ Δi) ein, so sinkt zwar PV; der Wertverlauf (– – –) zeigt

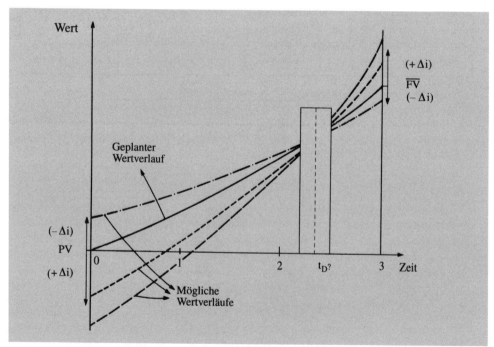

Abb. C. 110: Wertverlauf einer Anleihe bei unterschiedlichen Zinsänderungen (Quelle: H. Uhlir/P. Steiner: Wertpapieranalyse, 3. Aufl., Heidelberg 1994, S. 74)

---

[102] Vgl. F. R. Macaulay: Some theoretical problems suggested by the movements of interest rates, bond yields and stock prices in the United States since 1856, New York 1938, S. 44 und J. R. Hicks: Value and capital, 2nd ed., Oxford 1946, S. 186.

[103] Vgl. zum folgenden J. Süchting: Finanzmanagement, a.a.O., S. 434-436.

aber, daß diese aktuelle Marktwertminderung bis zum Schluß der Halteperiode infolge der verbesserten Wiederanlagebedingungen für die Couponerlöse überkompensiert wird: Der geplante Endwert, auf den es dem Anleger bei einer gegebenen Anlagedauer schließlich ankommt, wird noch übertroffen. Kommt es umgekehrt zu einer Ermäßigung des Zinssatzes ($-\Delta i$), so steigt zwar gegenwärtig mit PV der Kurswert der Anleihe; die ungünstiger gewordenen Wiederanlagebedingungen für die Couponerlöse sorgen indessen dafür, daß der Wertverlauf ($-\cdot-\cdot-\cdot-$) am Ende der Halteperiode zu einem Ergebnis führt, das unter dem geplanten Endwert liegt.

Daraus folgt, daß eine Absicherung gegen das Zinsänderungsrisiko als Endwertänderungsrisiko bis zum Ende der Planperiode offenbar nicht garantiert werden kann, auch wenn die Laufzeit der Anleihe der gewünschten Anlagedauer entspricht. Andererseits deutet t_D in der Abbildung darauf hin, daß es in der Zeit davor einen Schnittpunkt zwischen dem geplanten und den aufgrund von Zinsänderungen möglicherweise eintretenden Wertverläufen gibt. Dieser Schnittpunkt als Übereinstimmung von geplantem und tatsächlich eingetretenem Wert bedeutet eine Immunisierung gegen das Zinsänderungsrisiko: Bis zu diesem Zeitpunkt kann die geplante Ausgangsrendite abgesichert werden.

Die Dauer bis zum Erreichen des Schnittpunktes bezeichnet man als Duration.[104] Sie gibt quasi den Zeitraum an, an dessen Ende ein Anleger die Anfangsinvestition unter Einschluß seiner Renditevorstellung durch Verkauf amortisieren kann. Ist man also an einer vollständigen Ausschaltung des Zinsänderungsrisikos interessiert, sollte eine Anlage mit einer Duration gewählt werden, die der voraussichtlichen Anlagedauer entspricht; an deren Ende müßte dann die Veräußerung der Anlage erfolgen.

Man ermittelt die Duration als mittlere Bindungsdauer des eingesetzten Kapitals aus der Summe der mit den abgezinsten Einzahlungen gewichteten Laufzeiten und deren Normierung auf den Barwert dieser Einzahlungen:

(C. 24) $$D = \frac{\sum t \cdot Z_t(1+r)^{-t}}{PV}$$

Die Duration kann nicht länger sein als die Laufzeit der Anleihe. Sie muß um so kürzer sein, je mehr die vor der Schlußzahlung bei Fälligkeit eintreffenden Zahlungen zu Buche schlagen, also je höher die Couponzahlungen sind, je früher die Tilgung einsetzt und je niedriger darüber hinaus (tendenziell) die (Rest-)Laufzeit der Anleihe ist. Im Extremfall eines Zero-Bonds fallen Duration und Laufzeit zusammen, da nur eine »Schlußzahlung« bei Fälligkeit erfolgt: Das Zinsänderungsrisiko in Form des Reinvestitionsrisikos der Couponbeträge entfällt.

Von Hicks wurde die in Jahren ausgedrückte Duration umformuliert zur *Modified Duration*, indem er die Durationsformel durch $(1 + i)$ dividierte und damit ein Maß für die Zinssensitivität von Anleihen erhielt:

(C. 25) $$MD = \frac{D}{1+i}$$

---

[104] Strenggenommen kommt es bei unterschiedlichen Zinsänderungen zu *unterschiedlichen* Schnittpunkten, von denen die Duration nur den Schnittpunkt bei einer marginal geringen Zinsänderung abbildet. Eine genauere Analyse zeigt aber, daß sich dies für den Anleger *immer positiv* (im Sinne einer Chance) auswirkt, das Endvermögen also immer *mindestens* so groß ist wie geplant.

Für eine zu pari emittierte Anleihe mit zehnjähriger Restlaufzeit und einem Coupon von 8,5% ergibt sich bei einem Marktzinssatz von ebenfalls 8,5% eine Duration von 7,1191 Jahren bzw. eine Modified Duration von 7,1191/1,085 = 6,5614%. Bei einem Marktzinsrückgang um einen Prozentpunkt berechnet sich daher ein Kursanstieg von 100 auf 106,5614 DM:

(C. 26) $\Delta PV = - MD \cdot \Delta i = -6,5614 \cdot (-0,01) = 0,065614 = 6,5614\%$.[105]

Die Aussagen für eine Anleihe sind grundsätzlich auch für ein Anleihenportefeuille gültig. Das wird einsichtig, wenn man sich vorstellt, es handle sich nicht um eine Anleihe, für die das Zinsänderungsrisiko über die Dauer der Duration ausgeschaltet wäre, sondern z.B. um zehn Anleihen, die zum gleichen Zeitpunkt zu einem Portfolio zusammengestellt werden – etwa um für das Gesamtportefeuille eine gewünschte Duration festzulegen, zu der eine einzelne Anleihe am Markt nicht oder nur zu ungünstigen Konditionen verfügbar gemacht werden kann. – Das Konzept läßt sich auch für eine Mehrzahl von Zinsänderungen während der Halteperiode anwenden. Allerdings müssen dann Umschichtungen in Anleihen zum jeweiligen Marktzins derart vorgenommen werden, daß die durchschnittliche Laufzeit im Portfolio der im Rahmen der Planperiode noch gewünschten (Rest-)Duration entspricht.

Wollen Banken das Zinsänderungsrisiko über das Portefeuille ihrer Bilanzpositionen ausschalten, dann müssen sie die durchschnittliche Bindungsdauer (bzw. Duration) ihrer Aktiva der ihrer Passiva – oder umgekehrt – anpassen. Im Falle eines »duration gap«[106] dagegen, bei dem die durchschnittliche Duration der Aktiva die der Passiva übersteigt (unterschreitet), entsteht ein Zinsänderungsrisiko bei steigenden (zurückgehenden) Zinsen. – Soll doch noch von Zinsänderungen – in eine Richtung – stärker profitiert werden, bietet sich eine Teilimmunisierung an.[107]

Bei der Verwendung der Duration wird allerdings ein *systematischer Fehler* begangen, indem lediglich ein Zinssatz für sämtliche Wertpapiere eines Portefeuilles unabhängig von ihrer Laufzeit berücksichtigt wird: Diese Prämisse wäre allein bei einer flachen Zinsstrukturkurve erfüllt. Selbst dann aber könnte die Duration nur Aussagen für den Fall einer parallelen Verschiebung dieser Kurve machen. In der Realität besteht allerdings kein linearer Zusammenhang zwischen Marktzins und Anleihekurs, vielmehr zeigt sich eine links gekrümmte, konvexe Funktion, die auch nicht-parallelen Veränderungen unterworfen ist, so daß die *Duration* lediglich den Charakter einer *approximativen Größe* besitzt.

Je größer die Zinsänderung, desto stärker wirkt sich dieser Bewertungsfehler aus; der Abstand zwischen dem auf der Basis der Modified Duration geschätzten und dem realen Preis einer Anleihe nimmt deutlich zu. Daher eignet sich die Modified Duration als ein Prognoseinstrument nur für die Konsequenzen von Zinssatzänderungen von bis zu +/– 100bp. Zur Reduzierung des Schätzfehlers kann die *Konvexität* berechnet werden, indem man durch Verwendung der zweiten Ableitung der Barwertformel nach der Rendite den Zähler

---

[105] Vgl. M. Steiner/Ch. Bruns: Wertpapier-Management, 4. Aufl., Stuttgart 1995, S. 244ff.
[106] G. H. Hempel/D. G. Simonson/A. B. Coleman: Bank Management, 4th ed., New York 1994, S. 603f.
[107] Vgl. B. Rudolph/B. Wondrak: Modelle zur Planung von Zinsänderungsrisiken und Zinsänderungschancen, in: Zeitschrift für Wirtschafts- und Sozialwissenschaften, 106. Jg., 1986, S. 337-361 und W. Herzog: Zinsänderungsrisiken in Kreditinstituten. Eine Analyse unterschiedlicher Steuerungskonzepte auf der Grundlage eines Simulationsmodells, Wiesbaden 1990.

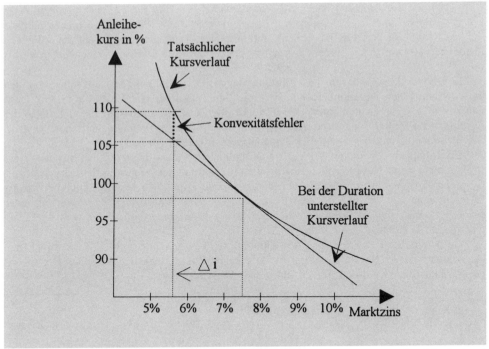

Abb. C. 111: *Zusammenhang zwischen Marktzins und Anleihekurs (Quelle: M. Steiner/ Ch. Bruns: a.a.O., S. 247)*

der Duration um (1+t), den Nenner um (1+i)² ergänzt.[108] Im vorhin gegebenen Beispiel ergäbe sich dann eine Konvexität C von 58,4702. Um die Auswirkungen einer größeren Marktzinsänderung abschätzen zu können, wird dieser für die Convexity berechnete Wert in die von der Modified Duration bekannte Preisänderungsgleichung eingesetzt, die zuvor im Rahmen einer quadratischen Taylorreihenentwicklung zu ergänzen ist:

(C. 27) $\quad \Delta PV = -MD \cdot \Delta i + 0,5 \cdot C \cdot (\Delta i)^2$

Während nach der vorherigen Berechnungsweise aus einer Marktzinsänderung um z.B. minus zwei Prozentpunkte eine Kursänderung auf 113,12 DM erwartet worden wäre, läßt sich unter Berücksichtigung der Konvexität ein Anstieg auf 114,29 DM prognostizieren.

Auf diese Weise kann die Fehlbewertung durch die Duration verringert, nicht aber beseitigt werden. Immerhin weist die Duration – wie auch aus der Abbildung hervorgeht – das Kursrisiko bei Marktzinssteigerungen stets zu hoch, die Kurschance bei Rückgängen des Zinsniveaus zu niedrig aus, so daß es sich um eine vorsichtige Schätzung handelt.

---

[108] Vgl. R. Eller: Modified Duration und Convexity – Analyse des Zinsrisikos, in: DBk, Nr. 6/1991, S.322-326 und W. Doerks/St. Hübner: Konvexität festverzinslicher Wertpapiere, in: DBk, Nr. 2/1993, S.102-105.

Auch wenn die *Duration* daher ein sehr »handliches« *Maß für das komprimierte Zinsänderungsrisiko eines Portefeuilles von Finanztiteln* ist (über Wertpapiere hinaus läßt sie sich auch auf Buchkredite anwenden), mit der sich Tendenzaussagen auf der globalen Ebene der Gesamtbank ableiten lassen, so bleibt sie *doch stets nur eine Näherungslösung*.[109]

Für eine exaktere Analyse des Zinsänderungsrisikos empfiehlt es sich daher, auf den letzten Schritt der Durationberechnung – die Multiplikation der Cash Flows mit ihren Laufzeiten – zu verzichten. Statt dessen sollte das Zinsänderungsrisiko auf der Basis der Zahlungsströme aller Finanzverträge mit Hilfe der *Barwertmethode* quantifiziert werden, wie dies im Rahmen des internen Rechnungswesens bereits gezeigt wurde (vgl. S. 422ff.). Zur Ermittlung des aktuellen Wertes zukünftiger Cash Flows dienten dabei aus der Zinsstrukturkurve abgeleitete Zerobondabzinsfaktoren. Multipliziert man nun den Marktwert einer jeden Zinsposition mit der aus der Vergangenheit ermittelten Volatilität dieser Abzinsfaktoren, dann läßt sich die für eine Bank *innerhalb eines bestimmten Zeitraums mit einer bestimmten Wahrscheinlichkeit maximal auftretende Wertminderung infolge von Marktzinsänderungen* berechnen – der *Value at Risk*.

Wie bereits bei der Erörterung des Liquiditätsrisikos erwähnt (vgl. Abb. C. 86), gelten bei Annahme einer Normalverteilung stets folgende Zusammenhänge zwischen der Aussagesicherheit (dem Konfidenzniveau) und einer Wertänderung:

Aussagesicherheit (%)	99,99	99,9	99	97,72	97,5	95	90	84,13	50
Max. negative Wertänderung	$3{,}715\sigma$	$3{,}090\sigma$	$2{,}326\sigma$	2σ	$1{,}96\sigma$	$1{,}645\sigma$	$1{,}282\sigma$	1σ	0

Tab. C. 21: Zusammenhang von Konfidenzniveau und Wertänderung

Dementsprechend fällt der Marktwert (z.B. einer Zinsposition) bei unterstellter Normalverteilung mit 95% Wahrscheinlichkeit nicht um mehr als $1{,}65\sigma$, mit 99% Wahrscheinlichkeit um nicht mehr als $2{,}33\sigma$. Der Value at Risk errechnet sich daher jeweils als[110]

(C. 28) $\text{VAR}_{(0{,}95)} = \text{Marktwert} \cdot 1{,}65 \cdot \sigma$

bzw.

(C. 29) $\text{VAR}_{(0{,}99)} = \text{Marktwert} \cdot 2{,}33 \cdot \sigma$

---

[109] Verbesserungen ihrer Aussagekraft im Hinblick auf die Abbildung nicht-paralleler Verschiebungen der Zinsstrukturkurve können durch die Verwendung von sogenannten Key Rates oder Basispoint Values erzielt werden; vgl. zum Überblick H. Schierenbeck: Ertragsorientiertes Bankmanagement, Bd. 2, a.a.O., S. 74-78.

[110] Nach H. Uhlir/W. Aussenegg: Value-at-Risk (VAR), (I): Einführung und Methodenüberblick, in: ÖBA, 44. Jg., 1996, S. 831-836 und (II): Cash-Flow-Mapping, in: ÖBA, 45. Jg., 1997, S. 273-277, hier S. 834; vgl. weiterhin ausführlich KPMG (Hrsg.): Financial Instruments – Einsatzmöglichkeiten, Risikomanagement und Risikocontrolling, Rechnungslegung, Besteuerung, Frankfurt/M. 1995, S. 45-69 sowie das Standardwerk von Ph. Jorion: Value at Risk, The new benchmark for controlling market risk, Chicago et al. 1997.

und quantifiziert den höchstmöglichen Wertverlust unter Ausblendung der in der folgenden Abbildung C. 112 markierten Verteilungsenden, deren Größe vom jeweiligen Konfidenzniveau bestimmt wird.

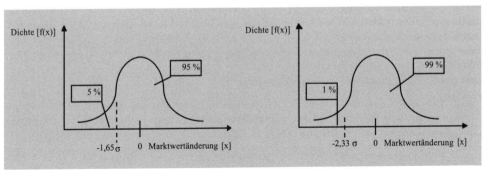

Abb. C. 112: *Dichtefunktionen der Normalverteilung mit Aussagesicherheiten von 95% bzw. 99% (Nach H. Uhlir/W. Aussenegg: a.a.O., S. 832)*

Bei einer Zerobond-Position mit einem Nominalwert von 1 Mio. DM, aktuellem Marktpreis von 87,63, Restlaufzeit von drei Jahren, einem Zerobondabzinsfaktor von 0,045 und dessen aus der Vergangenheit abgeleiteten Volatilität von 0,8% pro Tag (σ) beträgt der $VAR_{(0,95)}$ für einen Zeithorizont von einem Tag:

$$VAR_{(0,95)} = 1 \text{ Mio. DM} \cdot 0,8763 \cdot 1,65 \cdot 0,008 \cdot 0,045 \cdot \frac{3}{1,045} = 1.494 \text{ DM}.$$

Die Volatilitäten müssen nicht von jedem Institut einzeln ermittelt werden. Die amerikanische Investment Bank JP Morgan stellt unter der Bezeichnung »*RiskMetrics*« für ein breites Spektrum von Zinssätzen (sowie Aktien- und Währungskursen) Angaben über historische Schwankungen sowie Korrelationsbeziehungen entgeltlos über das Internet zur Verfügung.[111]

Wie hier für eine einzelne Position gezeigt, wären in einem vollständigen Finanzplan die Zahlungsströme sämtlicher Zinsgeschäfte eines Kreditinstituts zu erfassen, zu den jeweiligen Zahlungszeitpunkten zu aggregieren und in die Value-at-Risk-Berechnung einzubringen, um eine Maßgröße für das Zinsänderungsrisiko der Gesamtbank zu erhalten. Bei ihrer Interpretation wird man sich allerdings darüber bewußt sein müssen, daß auch bei diesem Vorgehen subjektive Annahmen nicht vermeidbar sind. Dies gilt zum einen im Hinblick auf die Zahlungsströme des variabel verzinslichen (Alt-)Geschäfts, die im Gegensatz zu denen des Festzinsgeschäfts nur (mehr oder weniger gut) geschätzt werden können; simuliert werden muß auch das gesamte Neugeschäft. Zum anderen wird der Value at Risk auch durch den betrachteten Zeithorizont, die gewünschte Aussagesicherheit (Konfidenzintervall) sowie den Zeitraum beeinflußt, in dem die Volatilität der Zinssätze ermittelt wurde.

---

[111] Vgl. JP Morgan: Introduction to RiskMetrics, 4th ed., New York 1995.

Trotz dieser Probleme erhält man mit dem Value at Risk die wohl tragfähigste Basis für die *Steuerung* des Zinsänderungsrisikos. Die dabei grundsätzlich möglichen Strategien wurden mit Blick auf das Adressenausfallrisiko bereits ausführlich erläutert (vgl. Abb. C. 100). Ein besonderes Gewicht besitzt in diesem Rahmen die Risikoüberwälzung durch derivative Finanzinstrumente, seien es Futures, Optionen oder Swaps. Deren Konstruktionselemente sollen hier nicht weiter behandelt werden, da sie an anderer Stelle eingehend dargestellt sind.[112]

β. Die Berücksichtigung im neuen Grundsatz I

Nach dem neuen Grundsatz I vollzieht sich die Ermittlung der sogenannten »Anrechnungsbeträge«, die zur Begrenzung des Zinsänderungsrisikos mit Eigenmitteln zu unterlegen sind, in drei Schritten (5. Abschnitt, §§ 18–23):

1. Bestimmung der *Nettopositionen* zinsbezogener Instrumente (§§ 18-19)
2. Ermittlung der Eigenmittelanforderungen aufgrund des *besonderen* Kursrisikos (§ 23)
3. Ermittlung der Eigenmittelanforderungen aufgrund des *allgemeinen Kursrisikos* (§§ 20-22).

1. Schritt: Bestimmung der Nettopositionen

Zunächst sind die Salden aus Kauf- und Verkaufspositionen *zinsbezogener* Instrumente des *Handelsbuches* zu ermitteln. Hierzu zählen die Bestände an »gleichen« Wertpapieren, Lieferansprüchen und -verpflichtungen aus Kasse-, Termin-, Options- und Swapgeschäften, die sich auf die gleichen Wertpapiere beziehen, sowie »einander weitgehend entsprechende«, gegenläufig ausgerichtete derivative Geschäfte (§ 19).

Wertpapiere werden dann als »gleich« angesehen, wenn sie von demselben Emittenten ausgegeben wurden, auf dieselbe Währung lauten, in ihrem Rückzahlungsprofil übereinstimmen sowie im Falle der Insolvenz des Emittenten denselben Rang einnehmen. Positionen aus Derivaten werden als »weitgehend entsprechend« betrachtet, wenn sie denselben Nominalwert besitzen, sich ihre Nominalverzinsung um nicht mehr als 0,15 Prozentpunkte unterscheidet und die Restlaufzeit um nicht mehr als die in der folgenden Tabelle genannten Zeiträume differiert:

Zinsbindungsfrist	*maximal zulässige Zinsbindungsdifferenz*
unter 1 Monat	0 Tage
ein Monat bis ein Jahr	7 Tage
mehr als ein Jahr	30 Tage

Tab. C. 22: Bedingungen für die Positionsverrechnung bei Zinsderivaten

Die Nettokauf- werden auch als »Long«-Positionen, die Nettoverkaufs- als »Short«-Positionen bezeichnet. – In diese Nettopositionen einzurechnen sind die von einer Bank übernommenen Garantien und Gewährleistungen zur Übernahme zinsbezogener Wertpapiere des Handelsbuches.

---

[112] Vgl. J. Süchting: Finanzmanagement, a.a.O., S. 428ff. (Futures), 69ff. und 224ff. (Optionen) und 430f. (Swaps).

2. Schritt: Berechnung der Eigenmittelanforderung aufgrund des besonderen Kursrisikos der Nettopositionen

Mit der Differenzierung zwischen einem besonderen und einem allgemeinen Kursrisiko trennt die Bankenaufsicht ähnlich der Vorgehensweise des Capital Asset Pricing Model. Die Eigenmittelunterlegung für das besondere Risiko (§ 23) soll die Bank vor *Kursschwankungen* von *Zinspositionen des Handelsbuches* schützen, die ihre *Ursache* in der *spezifischen Bonität des jeweiligen Emittenten* besitzen.

In Analogie zur Behandlung der Adressenausfallrisiken im Anlagebuch sind die Nettopositionen mit 8% Eigenmitteln zu unterlegen. Diese Pflicht entfällt jedoch dementsprechend bei Emissionen deutscher Gebietskörperschaften, ausländischer Zentralregierungen oder Zentralnotenbanken der Zone A sowie der Europäischen Gemeinschaften (Anrechnungssatz 0%). Durch eine verringerte Eigenmittelunterlegung privilegiert sind auch Wertpapiere »hoher Anlagequalität«, bei denen der Emittent im Hinblick auf das Ausfallrisiko ein Bonitätsgewicht von 20% besitzt (wie vor allem Kreditinstitute und Wertpapierhäuser) oder die auf mindestens einem geregelten Markt der EU gehandelt werden. Darüber hinaus kann die Bankenaufsicht auf Antrag eines Kreditinstituts per Einzelfallentscheidung weitere Papiere anerkennen, die als hinreichend liquide und bonitätsmäßig den oben genannten Kategorien gleichwertig eingeschätzt werden. – Die Eigenmittelunterlegung für Wertpapiere hoher Anlagequalität differiert nach ihrer Restlaufzeit und beträgt bis zu sechs Monaten 0,25% (entspricht einem Bonitätsgewicht von 3,125% • 8% Unterlegungssatz), über sechs Monaten bis zu 2 Jahren 1% (12,5% Bonitätsgewicht) und darüber 1,6% (20% Bonitätsgewicht).

3. Schritt: Berechnung der Eigenmittelanforderung aufgrund des allgemeinen Kursrisikos der Nettopositionen

Bei der Ermittlung der Eigenmittelanforderungen im Hinblick auf das allgemeine, durch Marktzinsänderungen hervorgerufene Kursrisiko können die Banken zwischen der Jahresband- und der Durationsmethode wählen.

Bei der *Jahresbandmethode* (§ 21) werden die Nettopositionen in Abhängigkeit von ihrer Zinsbindungsfrist sogenannten Laufzeitbändern zugeordnet. In dem mit Tab. C. 23 dargestellten Beispiel wurden die drei angenommenen Positionen wie folgt berücksichtigt:[113]

– Die *Terminverkaufs*position wird dupliziert durch zwei gegenläufige Kassapositionen: eine Verkaufsposition im Basiswert (Restlaufzeit 1,5 Jahre, Zone 2) sowie eine Kaufposition bis zum Liefertermin (fünf Monate, Zone 1). Entsprechend würde eine Terminkaufposition abgebildet durch eine Kaufposition im Basiswert und eine gegenläufige Verkaufsposition bis zum Liefertermin.
– *Optionsrechte* im Bestand und Stillhalterpositionen in Optionen werden mit dem deltagewichteten Basiswert angesetzt. Der Deltafaktor gibt – wie erwähnt – die Preisänderung bei einer marginal kleinen Preisveränderung des underlying an. Das Delta kann von den Instituten selbst berechnet werden, sofern das von ihnen verwendete Optionspreismodell den Anforderungen der Bankenaufsicht genügt.
– Die *festverzinsliche Anleihe* wird zu ihrem Kassakurs angesetzt.

---

[113] Vgl. die Erläuterungen bei K.-H. Boos/B. Höfer: Die Kapitaladäquanz-Richtlinie (I), in: DBk, Nr. 5/1995, S. 285-291, hier S. 287 sowie K.-H. Boos/H. Schulte-Mattler: Der neue Grundsatz I: Aktienkurs- und Zinsänderungsrisiken, in: DBk, Nr. 10/1997, S. 610-615.

Wäre auch ein *Zinsswap* zu berücksichtigen, bei dem ein Institut variable Zinsen erhält und feste Zinsen zahlt, so würde dieser ebenfalls dupliziert, nämlich durch eine Long-Position in einem zinsvariablen Instrument und eine Short-Position in einem festverzinslichen Instrument mit der Laufzeit des Swaps. Ist das Institut Festzinsempfänger, so tragen die Positionen umgekehrte Vorzeichen.

Zone	Laufzeitbänder I für Kupons > 3%	Laufzeitbänder II für Kupons < 3%	Gewicht (1)	Nettoposition (2) Mio. DM		Gewichtete Positionen in den Bändern (1) · (2) = (3) Mio. DM	
				Long	Short	Long	Short
1	0 - 1 M	0 - 1 M	0,00%				
	> 1 - 3 M	> 1 - 3 M	0,20%				
	> 3 - 6 M	> 3 - 6 M	0,40%	840		3,36	
	> 6 - 12 M	> 6 - 12 M	0,70%				
2	> 1 - 2 J	> 1 - 1,9 J	1,25%		-840		-10,50
	> 2 - 3 J	> 1,9 - 2,8 J	1,75%	600		10,50	
	> 3 - 4 J	> 2,8 - 3,6 J	2,25%				
3	> 4 - 5 J	> 3,6 - 4,3 J	2,75%				
	> 5 - 7 J	> 4,3 - 5,7 J	3,25%				
	> 7 - 10 J	> 5,7 - 7,3 J	3,75%	720		27,00	
	> 10 - 15 J	> 7,3 - 9,3 J	4,50%				
	> 15 - 20 J	> 9,3 - 10,6 J	5,25%				
	> 20 J	> 10,6 - 12,0 J	6,00%				
		> 12,0 - 20,0 J	8,00%				
		> 20,0 J	12,50%				
Eigenmittelanforderung offene Positionen (100% der gewichteten Positionen)						30,36	
Eigenmittelanforderung geschlossene Positionen in Zone 2 (30% auf eine Seite)						3,15	
Eigenmittelanforderung Zinsänderungsrisiko						33,51	
Positionen: 1. Terminverkauf 10%-Anleihe, Kassakurswert 840 Mio. DM, Liefertermin in 5 Mon., Restlaufzeit 1,5 J. 2. Kaufoptionen auf 9,5%-Anleihe, Delta 0,8, Kassakurswert Anleihe 750 Mio. DM, Restlaufzeit Anleihe 2,5 J. 3. 8%-Anleihe im Bestand, Kassakurswert 720 Mio. DM, Restlaufzeit 8,5 J., Marktrendite 8%							

Tab. C. 23: Eigenmittelunterlegung für das Zinsänderungsrisiko nach der Jahresbandmethode (Modifiziert nach K.-H. Boos/B. Höfer: Die Kapitaladäquanz-Richtlinie (I), a.a.O., S. 289)

Die Nettopositionen werden dann mit einem Gewichtungsfaktor multipliziert. Dieser errechnet sich als Produkt aus der erwarteten Renditeänderung von Anleihen der jeweiligen Laufzeit (in statistischen Untersuchungen bestimmt als etwa zwei Standardabweichungen der durchschnittlichen einmonatigen Renditevolatilität an den bedeutendsten Märkten) und der modifizierten Duration einer fiktiven 8%-Anleihe (mit Fälligkeit in der Mitte des jeweiligen Laufzeitbandes) als konstantem Gewichtungsfaktor. Es wird auf zwei Laufzeitbänder abgestellt, da man bei Anleihen mit geringerem Nominalzins von einer höheren Zinssensitivität ausgeht.[114]

---

[114] Vgl. H. Schulte-Mattler/H. Traber: a.a.O., S. 150.

Mit Eigenmitteln zu unterlegen sind dann:
- die (im Beispiel nicht vorliegenden) *geschlossenen* Positionen in den *Bändern* (Zeilen der Tab. C. 23) zu 10%.
- die *geschlossenen* Positionen einer *Zone* nach folgender Staffel: Zone 1: 40%,
  Zone 2: 30%,
  Zone 3: 30%.

  Im Beispiel ergibt sich ein Betrag von 3,15 Mio. DM.
- die *geschlossenen* Positionen aus *Zonenverrechnungen*: Zone 1/2: 40%,
  Zone 2/3: 40%,
  Zone 1/3: 150%.

  Im Beispiel ergeben sich keine Zonenverrechnungen, da lediglich in der Zone 2 – und dort vollständig – kompensiert werden kann (+10,5 gegen −10,5 Mio. DM).
- die verbleibenden *offenen* Positionen in den einzelnen *Bändern* zu 100%, hier insgesamt 30,36 Mio. DM.

Die Eigenmittelunterlegung auch geschlossener Positionen soll dem oben angesprochenen, impliziten Bewertungsfehler der modifizierten Duration als Basis für die Ableitung der Gewichtungsfaktoren Rechnung tragen.[115]

Den Instituten ist es freigestellt, als Alternative zur Jahresbandmethode auch die exakte *Duration* für ihre jeweiligen Zinspositionen zu berechnen (§ 22). Es erfolgt dann wiederum eine Einordnung in die Laufzeitbänder einer von drei Zonen, in denen bestimmte Zinsänderungen unterstellt werden, die als Gewichtungsfaktoren dienen (vgl. Tab. C. 24).

Zone	Modifizierte Duration		Nettopositionen (1) / Modifizierte Duration (2)			Angenommene Zinsänderung (3)	Gewichtete Positionen (1) · (2) · (3) = (4) Mio. DM	
			Long	Modifizierte Duration	Short	Modifizierte Duration		Long	Short
1		0 - 1 M					1,00		
	>	1 - 3 M					1,00		
	>	3 - 6 M	840	0,41			1,00	3,44	
	>	6 - 1 J					1,00		
2	>	1 - 1,9 J			-840	1,37	0,90		-10,35
	>	1,9 - 2,8 J	600	2,18			0,80	10,46	
	>	2,8 - 3,6 J					0,75		
3	>	3,6 - 4,3 J					0,75		
	>	4,3 - 5,7 J					0,70		
	>	5,7 - 7,3 J	720	6,02			0,65	28,17	
	>	7,3 - 9,3 J					0,60		
	>	9,3 - 10,6 J					0,60		
	> 10,6 - 12,0 J						0,60		
	> 12,0 - 20,0 J						0,60		
	> 20,0 J						0,60		
Eigenmittelanforderung offene Positionen (100% der gewichteten Positionen)								31,72	
Eigenmittelanforderung geschlossene Positionen in Zone 2 (30% auf eine Seite)								3,12	
Eigenmittelanforderung Zinsänderungsrisiko								34,84	

Tab. C. 24: Eigenmittelunterlegung für das Zinsänderungsrisiko nach der Durationsmethode (Modifiziert nach K.-H. Boos/B. Höfer: Die Kapitaladäquanz-Richtlinie (I), a.a.O., S. 291)

---

[115] Vgl. K.-H. Boos/B. Höfer: Die Kapitaladäquanz-Richtlinie (I), a.a.O., S. 289.

Die Berechnung der Eigenmittelunterlegung geschieht nach dem gleichen Verfahren wie bei der Jahresbandmethode, mit dem Unterschied, daß der Anrechnungssatz für (im Beispiel nicht vorhandene) *geschlossene* Positionen in den *Bändern* 5% beträgt.

Im Beispiel liegt die Eigenmittelanforderung nach der Durationsmethode über der nach der Jahresbandmethode ermittelten. Der Unterschied wird vor allem hervorgerufen durch die relativ hohe offene Position in der Zone 3, die nach dem einfacheren Verfahren mit 3,75%, bei der Durationsmethode zu 6,02 (= *individuelle* mod. Dur.) • 0,65% = 3,9% berücksichtigt wird.

Da die Duration mittlerweile sehr einfach durch Standard-Kalkulationsprogramme berechnet werden kann, ist es umso erstaunlicher, daß die Bankenaufsicht den Kreditinstituten die Wahl der noch ungenaueren Jahresbandmethode ermöglicht. – Im übrigen ist die Höhe der Anrechnungssätze geschlossener Positionen in den Bändern bzw. Zonen höchst umstritten, wie die Unterschiede in den (hier umgesetzten) Vorschlägen des Baseler Bankenausschusses (5% – 40% – 30% – 30%) zu den Vorschriften der Kapitaladäquanzrichtlinie (0% – 2% – 2% – 2%) zeigen.

Zur Berechnung der Eigenmittelunterlegung kann statt der Jahresband- bzw. der Durationsmethode auch ein *bankeigenes Modell* verwendet werden, das allerdings bestimmten Mindestanforderungen der Bankenaufsicht genügen muß (vgl. S. 560).

e. 4. Aktienkursrisiken

Zu den Marktpreisrisiken werden im neuen Grundsatz I auch die möglichen Ergebnisbeeinträchtigungen durch die Kursschwankungen einzelner Aktien bzw. Aktienportefeuilles gezählt; eingeschlossen sind dabei wiederum die sich auf Aktien beziehenden Derivate.

Die Ermittlung der Anrechnungsbeträge, die zur Begrenzung des Aktienkursrisikos mit Eigenmitteln zu unterlegen sind, vollzieht sich – wie schon im Hinblick auf das Zinsänderungsrisiko – in drei Schritten (5. Abschnitt, §§ 24-26).

1. Schritt: Bestimmung der Nettopositionen

Nach den bereits angesprochenen Regeln des § 19 sind zunächst die Salden aus Kauf- und Verkaufspositionen gleicher Wertpapiere bzw. weitgehend entsprechender Derivate zu ermitteln, hier für die *aktienkursbezogenen* Finanzinstrumente des *Handelsbuches*. Dabei wird (neben der Identität von Emittent, Währung und Konkursrang) statt der Gleichartigkeit des Rückzahlungsprofils geprüft, ob die mit den Aktien verbundenen Stimmrechte dieselbe Stellung besitzen.

Bei der Einbeziehung der Derivate werden Aktienoptionen wie im Zinsbereich mit dem deltagewichteten Basiswert berücksichtigt, Termingeschäfte gehen mit dem aktuellen Basiswert ein. Für Aktienindexpositionen (§ 26) wird den Banken die Möglichkeit eingeräumt, diese in die zugrundeliegenden Aktien aufzuschlüsseln, die dann mit anderen Aktienpositionen verrechnet werden können.

2. Schritt: Berechnung der Eigenmittelanforderung aufgrund des besonderen Kursrisikos der unkompensierten Nettopositionen (§ 25)

Mit 4% Eigenmitteln sind die Nettoaktienpositionen vor ihrer Kompensation zu unterlegen, um einen Puffer für diejenigen Kursschwankungen zu schaffen, die durch Bonitätsveränderungen der jeweiligen Emittenten ausgelöst werden. Der deutsche Gesetzgeber hat sich insofern der Kapitaladäquanzrichtlinie angepaßt, weicht aber von dem im Hinblick auf die Ausfall- und Marktpreisrisiken üblichen Unterlegungssatz von 8% ab. – Im folgenden Beispiel

	Positionen (Mio. DM)		Nettopositionen (Mio. DM)	
	Long	Short	Long	Short
Aktie A	100	-140		-40
Aktie B	80		80	
Nettopositionen vor Kompensation			120	
Besonderes Kursrisiko 4% *			4,8	
Nettopositionen nach Kompensation			40	
Allgemeines Kursrisiko 8%			3,2	
Eigenmittelunterlegung Aktienkursrisiko			8,0	

* 2% bei hochliquiden Aktien hoher Anlagequalität

Tab. C. 25: Berechnung der Eigenmittelunterlegung für das Aktienkursrisiko (Modifiziert nach K.-H. Boos/B. Höfer: Die Kapitaladäquanz-Richtlinie (I), a.a.O., S. 291)

ergibt sich aus der vorzeichenunabhängigen Zusammenfassung eine Gesamtposition von 120 Mio. DM und damit eine Eigenmittelanforderung von 4,8 Mio. DM.

Nach § 25 Abs. 2 *ermäßigt sich der Anrechnungsbetrag der Nettoposition aber auf 50% ihres maßgeblichen Betrages* (bzw. ergibt sich eine Eigenmittelanforderung von nur 2%), *wenn drei Voraussetzungen erfüllt sind*: Es muß sich um (1) »hochliquide« Aktien (2) »hoher Anlagequalität« handeln, (3) deren Nettoposition im Gesamtaktienportefeuille der Bank ein Gewicht von 5% nicht überschreitet. Die Höchstgrenze von 5% für die Privilegierung wird auf 10% aufgestockt, wenn der Gesamtwert aller derartig privilegierten Nettopositionen nicht höher ist als 5% des gesamten Aktienportefeuilles des Instituts.

Von einer hohen Liquidität (1) wird nach den Erläuterungen des BAKred zum neuen Grundsatz I dann ausgegangen, wenn sich die Aktien in einem »gängigen« Aktienindex befinden; in diesem Zusammenhang werden für Deutschland der DAX 30 sowie der DAX 100 genannt.

Eine hohe Anlagequalität (2) wird zum einen daran festgemacht, daß eine Aktie an einer Wertpapierbörse in einem Land mit »liquidem Aktienmarkt« zum Handel zugelassen ist; die Erläuterungen enthalten eine Liste der entsprechenden Länder (über Europa hinaus Australien, Hongkong, Japan, Singapur, USA, Kanada). Fraglich ist, warum mit dieser Vorschrift erneut auf das Kriterium der Liquidität abgestellt wird, die doch schon durch die Einbeziehung in einen Index gewahrt ist. – Zum anderen sind diejenigen Aktien von der Präferenzbehandlung ausgeschlossen, deren Emittent zinsbezogene Wertpapiere ausgegeben hat, die nach § 23 keine Aktiva hoher Anlagequalität sind (vgl. S. 439).

3. Schritt: Berechnung der Eigenmittelanforderung aufgrund des allgemeinen Kursrisikos der Nettopositionen nach eventueller Kompensation (§ 24)

Zum Schutz vor Aktienkursschwankungen infolge allgemeiner Marktbewegungen ist auch die kompensierte Nettoposition mit 8% Eigenmitteln zu unterlegen. In der Tab. C. 25 ergab sich daher eine Gesamtposition von 40 Mio. DM und eine Eigenmittelanforderung von 3,2 Mio. DM. Eine solche Saldierung muß jedoch für die nationalen Aktienmärkte getrennt geschehen; untersagt wäre demnach z.B. die Kompensation einer Short-Position in Aktien, die in den USA gehandelt werden, mit einer Long-Position von in Deutschland gehandelten Aktien.

Wiederum ist den Kreditinstituten für die Quantifizierung des Kursrisikos als Alternative zu dem dargestellten Standardverfahren der Einsatz bankinterner Modelle gestattet. Im Rahmen einer Value-at-Risk-Bewertung kann dann unter Rückgriff auf Kursbewegungen der Vergangenheit derjenige Verlust bestimmt werden, der mit einer bestimmten Wahrscheinlichkeit nicht überschritten wird. Im Gegensatz zum Standardverfahren lassen sich dabei auch negative Korrelationen zwischen den Kursentwicklungen an den verschiedenen Aktienmärkten berücksichtigen, die zu einer Verringerung der Eigenmittelanforderungen führen.

e. 5. Fremdwährungsrisiken und Rohwarenrisiken

Auch durch Wechselkursschwankungen kann die Zielgröße einer Bankleitung (z.B. der Jahresüberschuß) beeinträchtigt werden, sofern das Kreditinstitut offene Positionen in Fremdwährungen unterhält.[116] Fremdwährungsaktiva verlieren an Wert, wenn der Devisenkurs sinkt, also die Inlandswährung aufwertet. Umgekehrt nehmen die Verbindlichkeiten in fremder Währung zu, sofern die Inlandswährung abwertet, der Devisenkurs steigt.

Der neue Grundsatz I behandelt das *Fremdwährungsrisiko* gemeinsam mit *dem Kursrisiko von Goldpositionen* unter der Überschrift »Währungsgesamtposition« (3. Abschnitt). Dies erscheint wenig sachgerecht, zumal alle übrigen Edelmetalle in die »Rohwarenposition« (4. Abschnitt) eingehen.

Die *Währungsgesamtposition* setzt sich aus den offenen Positionen in fremden Währungen (»offene Einzelwährungspositionen«) sowie der offenen Goldposition zusammen (§ 14). Dabei sind – im Gegensatz zu den Vorschriften in bezug auf das Zinsänderungs- und das Aktienkursrisiko – die *Positionen des Handels- und des Anlagebuches* zu berücksichtigen. Sofern es sich um Bilanzpositionen, Eventualforderungen (-verbindlichkeiten) aus Pensionsgeschäften sowie Garantien und Gewährleistungen handelt, gehen diese mit ihren Buchwerten in die Währungsgesamtposition ein, während eigene (fremde) Optionsrechte zu Marktwerten erfaßt werden. Im Hinblick auf Liefer- und Zahlungsansprüche (-verpflichtungen) aus Kassa-, Termin- und Swapgeschäften besteht die Wahl zwischen den Nominalbeträgen und den Barwerten. – So begrüßenswert die Zulassung der Barwertberechnung ist, so stellt sich doch die Frage, warum ihr Anwendungsbereich derart stark eingeschränkt wird.

Die *offenen Einzelwährungspositionen* sind gemäß der Standard- oder »Shorthand-« Methode getrennt nach aktivischer und passivischer Ausrichtung (Long- bzw. Short-Positionen) zusammenzufassen. Die betragsmäßig größere der beiden Summen (»*Nettowährungsposition*«) bildet zusammen mit der offenen Goldposition die Währungsgesamtposition. Eine Verrechnung zwischen der Nettowährungs- und der Goldposition ist nicht gestattet.

---

[116] Sind die Forderungen und Verbindlichkeiten einer Bank in einer Fremdwährung zwar dem Betrage nach, nicht aber zeitlich ausgeglichen, so läuft die Bank ebenfalls ein Risiko. Zwar kann die zeitliche Inkongruenz durch sogenannte Swapgeschäfte (in diesem Zusammenhang Kombinationen aus Devisenkassa- und gegenläufigen Devisentermingeschäften) ausgeschaltet werden; es verbleibt aber die Gefahr von Abweichungen zwischen dem heute kalkulierten Kurs für ein Geschäft bestimmter Fristigkeit und dem künftigen Terminkurs; vgl. als Überblick zum Währungsrisiko sowie speziell zum Swapsatzrisiko auch M. Nolte: Marktwertcontrolling im Währungsportfolio, Bern et al. 1997.

Die Methodik, die risikobehaftete und daher unterlegungspflichtige Position als die größere der Summen aller Long- und aller Short-Positionen zu bestimmen, unterscheidet sich von der gewohnten Verfahrensweise des bisherigen Grundsatzes Ia. Dieser hatte – wie erwähnt – sämtliche offenen Positionen in fremden Währungen und Edelmetallen unabhängig von deren Vorzeichen addiert und diese Summe auf zuletzt 21% des haftenden Eigenkapitals limitiert. Damit wurde der wohl nur bei sehr schweren Marktstörungen eintretende Fall unterstellt, daß eine Bank gleichzeitig bei allen aktivischen *und* passivischen Positionen Kursverluste hinnehmen muß.

Nach Gewichtung der Währungsgesamtposition mit 8% erhält man den Anrechnungsbetrag, der mit freien Eigenmitteln zu unterlegen ist. Diese Unterlegungspflicht besteht allerdings nur bei Überschreiten der sogenannten *Bagatellschwelle*, nach der die Währungsgesamtposition 2% der Eigenmittel oder die größere der beiden Summen aller Long- und aller Short-Positionen 100% der Eigenmittel der Bank übersteigt. – Nicht übernommen wurde dieser in der Kapitaladäquanzrichtlinie vorgesehene Freibetrag in Höhe von 2% der Eigenmittel; somit muß eine Bank den vollen Betrag der Währungsgesamtposition mit Eigenmitteln unterlegen, wenn sie die Bagatellschwelle überspringt.

Für *ausgeglichene Positionen in »nachweislich eng verbundenen« Währungen* (gemeint sind hochkorrelierte Währungen) gilt ein *Wahlrecht*: Sie dürfen bei der Ermittlung der offenen Einzelwährungspositionen unberücksichtigt gelassen und statt dessen der Nettowährungsposition mit *50% ihres Betrages* hinzugefügt werden. Somit ergibt sich eine Eigenmittelunterlegungspflicht in Höhe von nur 4%.

Fremdwährungen gelten dann als »nachweislich eng verbunden«, wenn bei Zugrundelegung der täglichen Wechselkurse für die letzten drei Jahre eine Wahrscheinlichkeit von mindestens 99% (oder für die letzten fünf Jahre von mindestens 95%) besteht, daß aus ausgeglichenen Positionen in diesen Währungen über die nächsten 10 Arbeitstage ein Verlust von maximal 4% des ausgeglichenen Währungsbetrages resultieren kann.

Zur Veranschaulichung der Regelung sei angenommen, eine Bank weise die folgenden Nettopositionen in fremden Währungen auf, die zu aktuellen Kassakursen vom 1.4.1996 umgerechnet wurden:[117]

Long-Positionen
50 Mio. USD	•	1,4819 DM/USD	= 74,095 Mio. DM
30 Mio. GBP	•	2,2605 DM/GBP	= 67,815 Mio. DM
20 Mio. FRF	•	0,2938 DM/FRF	= 5,876 Mio. DM

Short-Positionen
70 Mio. SFR	•	1,2401 DM/SFR	= 86,807 Mio. DM
6 Mrd. JPY	•	1,3786 DM/100 JPY	= 82,716 Mio. DM
30 Mio. CAD	•	1,0945 DM/CAD	= 32,835 Mio. DM.

Nach der Shorthand-Methode besteht eine Nettowährungsposition des Instituts in Höhe der größeren Short-Position (202,358 Mio. DM gegenüber Long: 147,786 Mio. DM), die wegen des Fehlens einer Goldposition mit der Währungsgesamtposition identisch und mit 8% Eigenmitteln zu unterlegen ist, so daß sich ein Anrechnungsbetrag von 16,189 Mio. DM ergibt. Unter der Annahme, daß das Währungspaar USD/CAD gegenüber der DM als eng verbunden anzusehen ist, kann dann von dem genannten Wahlrecht Gebrauch gemac

---

[117] Vgl. Erläuterungen des BAKred zum neuen Grundsatz I v. 12.9.1997, S. 62.

werden. Nimmt man die ausgeglichene USD/CAD-Position in Höhe von jeweils 32,835 Mio. DM aus der Summe der Long- und der Short-Positionen, so ergibt sich eine neue Nettowährungsposition von 169,523 Mio. DM. Diese ist um die Hälfte der ausgeglichenen Position zu erhöhen, woraus als Anrechnungsbetrag folgt: (169,523 Mio. DM + 16,418 Mio. DM) • 8% = 14,875 Mio. DM.

Für die *Prüfung der Korrelationsbeziehung* zweier Währungen wird ein 4-Schritt-Verfahren der historischen Simulation vorgeschrieben:[118]

– Zunächst müssen die ausgeglichenen Positionen anhand der aktuellen Wechselkurse in die jeweilige Währungsposition umgerechnet werden. Nimmt man eine aktivische Position in GBP und eine passivische über USD in Höhe von jeweils 100 Mio. DM an, so ergab sich am Stichtag 31.8.1994:
100 Mio. DM-Position in GBP = 100 Mio. DM/2,4280 = 41.186.161,45 GBP (Long)
100 Mio. DM-Position in USD = 100 Mio. DM/1,5830 = 63.171.193,94 USD (Short).

– Für einen Fünf-(bzw. Drei-)Jahres-Zeitraum sind nun die Gewinne und Verluste der Bank zu berechnen, hätte sie die beiden Positionen über 10 Arbeitstage gehalten. Die Positionen sind dafür zunächst zu einen bestimmten Stichtag mit den jeweiligen Kassakursen umzurechnen. Ihr Wert betrug am 31.8.1989:
$$\begin{aligned} & 41.186.161,45 \text{ GBP} \cdot 3,0780 \text{ DM} = 126.771.004,94 \text{ DM} \\ + & -63.171.193,94 \text{ USD} \cdot 1,9604 \text{ DM} = -123.840.808,59 \text{ DM} \\ = & 2.930.196,35 \text{ DM.} \end{aligned}$$

Wäre das Portfolio über 10 Arbeitstage, also bis zum 14.9.1989, konstant gehalten und dann realisiert worden, so hätte das Institut einen Erlös von
$$\begin{aligned} & 41.186.161,45 \text{ GBP} \cdot 3,0730 \text{ DM} = 126.565.074,14 \text{ DM} \\ + & -63.171.193,94 \text{ USD} \cdot 1,9682 \text{ DM} = -124.333.543,90 \text{ DM} \\ = & 2.231.530,24 \text{ DM} \end{aligned}$$

erzielt. Gegenüber dem Portfoliowert zehn Arbeitstage zuvor wäre für die Bank mithin ein Verlust in Höhe von 698.666,12 DM entstanden. Dieser Betrag ist der erste der für die folgenden Zehn-Arbeitstage-Perioden zu ermittelnden Zeitreihe. Der nächste Wert wird gebildet aus dem hypothetischen Gewinn oder Verlust aus dem Währungsportfolio für den Zeitraum 1.9.1989 bis 15.9.1989 usw.

– Um den Verlust zu ermitteln, der mit 95% Wahrscheinlichkeit nicht überschritten wird (Value at Risk auf einem Konfidenzniveau von 95), sind die 1244 Werte der Zeitreihe nach Größe zu sortieren. Der 1244 • 5% = rd. 62größte Verlust beträgt -4.875.458,04 DM.

– Der so berechnete Wert wird abschließend auf die ausgeglichene Position bezogen. Mit 4,88% überschreitet er den zulässigen Grenzwert von 4%, so daß die beiden Währungen GBP und USD nicht als eng verbunden betrachtet werden dürfen.

Im vierten Abschnitt des modifizierten Grundsatzes I wird die *Rohwarenposition* einer Bank behandelt. Neben Edelmetallen[119] (außer Gold) zählen dazu auch commodities, also Produkte der Urproduktion sowie daraus erzeugte Halbfabrikate und Fertigprodukte – ein breites Spektrum, das von Rohöl bis zu den (in den Erläuterungen des BAKred ausdrücklich genannten) Schweinebäuchen reicht. Mit Inkrafttreten der neuen Vorschriften werden

---

[118] Vgl. Erläuterungen des BAKred zum neuen Grundsatz I v. 12.9.1997, S. 63f.
[119] Anzuwenden ist die Vorschrift für bearbeitete Edelmetalle ab einem Betrag von 50.000 DM.

Kreditinstituten damit in Abkehr des 1974 erlassenen Verbots Warentermingeschäfte explizit erlaubt.

Analog dem Schema der Fremdwährungsregelung sind die Aktiv- und Passivbestände in jeweils einer Rohware[120] zusammenzufasssen, um die »offenen Rohwareneinzelpositionen« zu bestimmen. Nach einem einfachen Grundverfahren (§ 16) ist die Summe dieser Positionen mit 15% Eigenmitteln zu unterlegen; zusätzlich besteht eine Eigenmittelanforderung in Höhe von 3% für die Aktiv- und Passivpositionen (brutto) in den einzelnen Rohwaren.

Abweichend davon können die Banken auch die sogenannte *Zeitfächermethode* verwenden (§ 17). Dabei werden die Rohwarenpositionen in eines von sieben Laufzeitbändern eingereiht; für jede geschlossene Position innerhalb eines Laufzeitbandes besteht eine Eigenmittelanforderung von 3%. Offene Positionen der Laufzeitbänder können zur Verrechnung in das nächste Laufzeitband übertragen werden, sind zuvor allerdings mit 0,6% Eigenmitteln zu unterlegen. Lediglich für die im letzten Laufzeitband verbleibende Nettolong- bzw. Nettoshort-Position müssen Eigenmittel in Höhe von 15% vorgehalten werden.[121]

Auch für die Bestimmung der Eigenmittelanforderungen aufgrund von Fremdwährungs- und Rohwarenrisiken ist der Einsatz bankinterner Risikomodelle gestattet, sofern sie den von der Bankenaufsicht gesetzten Standards genügen.

e. 6. Die Zulassung »eigener Risikomodelle« – Beginn der »qualitativen« Bankenaufsicht?

Nach vorheriger Zustimmung durch das BAKred dürfen Banken die Anrechnungsbeträge für das *allgemeine sowie* – entgegen früheren Entwürfen des neuen Grundsatzes I – *das besondere Kursrisiko* einzelner oder mehrerer Risikofaktoren (Zinsen, Aktien-, Wechsel-, Rohwarenkurse) mit Hilfe »eigener Risikomodelle« ermitteln, auf die der siebte Abschnitt des neuen Grundsatzes I eingeht. Sie werden definiert als »zeitbezogene stochastische Darstellungen der Veränderungen von Marktkursen, -preisen oder -zinssätzen und ihrer Auswirkungen auf den Marktwert einzelner Finanzinstrumente oder Gruppen von Finanzinstrumenten (potentielle Risikobeträge) auf der Basis der Empfindlichkeit (Sensitivität) dieser Finanzinstrumente oder Finanzinstrumentsgruppen gegenüber Veränderungen der für sie maßgeblichen risikobestimmenden Faktoren. Risikomodelle beinhalten mathematisch-statistische Strukturen und Verteilungen zur Ermittlung risikobeschreibender Kennzahlen, insbesondere des Ausmaßes und Zusammenhangs von Kurs-, Preis- und Zinssatzschwankungen (Volatilität und Korrelation) sowie der Sensitivität der Finanzinstrumente und Finanzinstrumentsgruppen, die durch angemessene EDV-gestützte Verfahren, insbesondere Zeitreihenanalysen, ermittelt werden.« (§ 32 Abs. 2)

Die Bankenaufsicht betrachtet die Risikomodelle dann als geeignet, wenn (1) bei der Ermittlung der Risikokennzahlen bestimmte *quantitative Größen* zugrunde gelegt, (2) mindestens die *gesondert spezifizierten Risikofaktoren* erfaßt und (3) bestimmte *qualitative Anforderungen* eingehalten werden.

In *quantitativer* Hinsicht (§ 34) müssen die Modelle eine Haltedauer der Finanzinstrumente oder Portfolios von 10 Tagen unterstellen, für die dann ein Value at Risk auf ei-

---

[120] Diese setzen sich zusammen aus Bilanzbeständen, Lieferansprüchen (-verpflichtungen) aus Kassa-, Termin- und Swapgeschäften, eigenen (fremden) Optionsrechten sowie Eventualansprüchen (-verbindlichkeiten) von in Pension gegebenen (genommenen) Rohwaren.

[121] Vgl. ausführlich: K.-H. Boos/H. Schulte-Mattler: Der neue Grundsatz I: Fremdwährungs- und Rohwarenrisiken, in: DBk, Nr. 9/1997, S. 556-562.

nem Konfidenzniveau von 99% zu berechnen ist. Bei der dafür notwendigen Ermittlung von Erwartungswert und Standardabweichung sind Beobachtungswerte aus einem Zeitraum von mindestens einem Jahr (= 250 Arbeitstage) zu verwenden.

Es sind sämtliche »nicht nur unerheblichen« *Marktrisikofaktoren* in einer dem Umfang und der Struktur des Geschäfts der jeweiligen Bank angemessenen Weise zu erfassen (§ 35). Ausdrücklich erwähnt wird erstens die bei Optionsgeschäften notwendige Berücksichtigung der ihnen eigentümlichen Risiken, die mit den Kurs-, Preis- oder Zinssatzschwankungen in einem nicht-linearen Zusammenhang stehen. Zweitens muß das verwendete Modell bei der Berechnung des Zinsänderungsrisikos auch die Quantifizierung von Zinsstrukturrisiken (= nicht gleichförmige Bewegungen der Zinskurve im kurz- und langfristigen Bereich) sowie Spreadrisiken (= nicht gleichförmige Zinsbewegungen auf die gleiche Währung lautender Zinsinstrumente vergleichbarer Restlaufzeit) erlauben. Im Hinblick auf das Zinsstrukturrisiko sind dabei mindestens sechs zeitlich gestaffelte Zinsrisikozonen zu unterscheiden. – In bezug auf die Aktienkurs- und Rohwarenrisiken haben die Institute auch auf Unterschiede in der Entwicklung der Kurse oder Preise von Produkten und Produktgruppen sowie Unterschiede in der Entwicklung von Kassa- und Terminpreisen zu achten.

Ergänzend formuliert das Aufsichtsamt neun »*qualitative Anforderungen*« (§ 36):

(1) Arbeits- und Ablauforganisation müssen die vollständige Ermittlung aller marktpreisrisikobehafteten Anrechnungsbeträge insbesondere durch zeitnahe Erfassung aller Risikopositionen gewährleisten
(2) Erstellung, Pflege, Weiterentwicklung der Modelle und tägliche Ermittlung der potentiellen Risikobeträge müssen in einer vom Handel unabhängigen Stelle angesiedelt sein
(3) Mathematisch-statistische Verfahren zur Ermittlung der Risikobeträge müssen mit dem für die aktuelle Risikosteuerung verwendeten Verfahren übereinstimmen
(4) Regelmäßige Überprüfung, Dokumentation und gegebenenfalls Korrektur der mathematisch-statistischen Verfahren
(5) Simulation auch von Krisenszenarien, also außergewöhnlich großen Wertverlusten infolge von ungewöhnlich großen oder kleinen Veränderungen der wertbestimmenden Marktparameter und ihrer Zusammenhänge
(6) Einrichtung von Limiten für wechselkurs-, zins-, aktienkurs- und rohwarenpreisbezogene Risiken in Abhängigkeit von den ermittelten potentiellen Risikobeträgen
(7) Empirische Daten der Zeitreihenanalysen zur Berechnung möglicher Preisschwankungen sind mindestens dreimonatlich, bei Bedarf unverzüglich zu aktualisieren
(8) Überprüfung der Anforderungen 1-7 sowie der Prognosegüte (siehe unten) mindestens einmal jährlich durch die Innenrevision
(9) Direkte Information der Geschäftsleitung über die Überprüfung der Risikomodelle, Ergebnisse der Krisenszenarien und Befunde der Innenrevision.

Abb. C. 113: Qualitative Anforderungen an bankeigene Risikomodelle

Sind diese Anforderungen erfüllt, so darf das bankeigene Risikomodell eingesetzt werden. Mit Eigenmitteln zu unterlegen ist dann der größere der folgenden zwei Beträge (§ 33):

a) potentieller Risikobetrag für die zum Geschäftsschluß des Vortages im Bestand des Instituts befindlichen Finanzinstrumente oder Finanzinstrumentsgruppen (Portfolio);
b) durchschnittlicher potentieller Risikobetrag der vorangegangenen 60 Arbeitstage, multipliziert mit einem von der Bankenaufsicht festzulegenden Faktor. *Grundsätzlich* gilt ein Multiplikator von *3*, sofern das Modell zur Ermittlung des Teilanrechnungsbetrags für

das *besondere* Kursrisiko eingesetzt wird, allerdings von *4.* Die Bankenaufsicht kann darüber hinaus in Abhängigkeit von der *Prognosegüte* des Modells einen *Zusatzfaktor* vorschreiben.

Zur Veranschaulichung sei angenommen, ein Institut habe für den Berechnungsstichtag anhand seines Risikomodells einen potentiellen Risikobetrag auf der Basis des Portfolios zum Schluß des vorangegangenen Arbeitstages in Höhe von 85,77 Mio. DM errechnet Der Durchschnitt der potentiellen Risikobeträge für die letzten 60 Arbeitstage betrug 47,36 Mio. DM. Für das Institut wurde vom Aufsichtsamt ein Multiplikator von insgesamt 3,75 festgesetzt, so daß sich hieraus ein Betrag von 177,60 Mio. DM ergibt. Diesen höheren Betrag hat das Institut mit Eigenmitteln zu unterlegen.

Die *Prognosegüte* eines Risikomodells bestimmt sich nach § 37 durch einen täglichen Vergleich zwischen dem mit Hilfe des Modells auf der Basis einer Haltedauer von einem Arbeitstag ermittelten potentiellen Risikobetrages mit der tatsächlichen Wertänderung der in die Berechnung einbezogenen einzelnen Finanzinstrumente oder Finanzinstrumentsgruppen (»*Backtesting*«).[122] Dabei sind die zum Geschäftsschluß des Vortages im Bestand befindlichen Finanzinstrumente oder Portfolios mit den jeweiligen Marktpreisen neu zu bewerten. Übersteigt die tatsächliche die auf der Basis des Modells prognostizierte, bei einem bestimmten Konfidenzniveau maximal für möglich gehaltene Wertveränderung, so sind das BAKred und die Deutsche Bundesbank über diese Abweichung (»Ausnahme«) sowie deren Größe und Ursache zu informieren. Zudem hängt die Höhe des über den generellen Multiplikator von 3 bzw. 4 hinausgehenden Zusatzfaktors grundsätzlich von der Zahl der Abweichungen in den jeweils zurückliegenden 250 Arbeitstagen ab:

Anzahl der Abweichungen	*Zusatzfaktor*
weniger als 5	0,00
5	0,40
6	0,50
7	0,65
8	0,75
9	0,85
10 und mehr	1,00

Tab. C. 26: Bestimmung der backtestingabhängigen Zuschlagsfaktoren

Das Aufsichtsamt kann einzelne Abweichungen unberücksichtigt lassen, wenn das Institut nachweist, daß diese »nicht auf eine mangelhafte Prognosegüte des Risikomodells« zurückzuführen sind.

---

[122] Vgl. auch K.-H. Boos/H. Schulte-Mattler: Der neue Grundsatz I: Interne Risikomodelle, in: DBk, Nr. 1, 11/1997, S. 684-687.

Die Zulassung bankeigener Risikomodelle, auf deren Basis die zu unterhaltenden Eigenkapitalbeträge errechnet werden, ist als »*Übergang zur qualitativen Bankenaufsicht*«[123] bezeichnet worden, mit der »*ein neues Zeitalter*«[124] *der Regulierung* begonnen habe.

Diese Einschätzung ist insofern zu relativieren, als das *Instrumentarium der Bankenaufsicht auch vor der 6. KWG-Novelle bereits qualitative Elemente enthielt.* Gemeint sind damit nicht Prüfungen von Einzelengagements, die der marktwirtschaftlichen Prägung des deutschen Wirtschaftssystems zuwiderlaufen würden, sondern *Vorschriften zur Kontrolle bestimmter Potentiale und Prozesse der Kreditinstitute*, die dem Bundesaufsichtsamt einen Bewertungsspielraum geben, den es bei rein quantitativen Normen nicht besitzt: Der Grundsatz I etwa ist im Hinblick auf das Adressenausfallrisiko dann erfüllt, wenn die entsprechenden Risikoaktiva mit 8% Eigenkapital unterlegt sind; der Bankenaufsicht kommt insofern lediglich eine registrierende Funktion zu.

Als älteste Regelungen mit qualitativem Charakter können diejenigen Vorschriften eingestuft werden, nach denen das BAKred

– bei der Bestellung (bzw. Abberufung) der Geschäftsleitung einer Bank deren fachliche Eignung beurteilen muß (§§ 32 und 36 KWG);
– die Kreditinstitute Sonderprüfungen unterziehen sowie Anweisungen zur Geschäftstätigkeit geben kann, sofern es die Vermögenswerte der Einleger als gefährdet einschätzt (§§ 44 und 46 KWG);
– die Einhaltung des § 18 KWG prüfen muß, auf dessen Grundlage die Kreditinstitute gezwungen sind, sich ab einem Kreditvolumen von 500.000 DM (vor der 6. KWG-Novelle 250.000 DM) die wirtschaftlichen Verhältnisse des Kreditnehmers offenlegen zu lassen. Dieser Pflicht können die Banken insbesondere durch die laufende Auswertung der Jahresabschlüsse nachkommen.[125]

Kurz nach dem Herstatt-Fall machte das BAKred erstmals von »Mindestanforderungen« Gebrauch und schrieb für Devisengeschäfte die klare funktionale Trennung zwischen Handel, Abwicklung und Kontrolle sowie der Verbuchung der Geschäfte vor;[126] 1980 wurden diese Regelungen auch auf andere Geschäftsarten des Eigenhandels von Kreditinstituten übertragen.[127] Nachdem einzelne internationale Banken mit derivativen Finanzinstrumenten z.T. spektakuläre Verluste hinnehmen mußten (so das Bankhaus Barings), wurden vom Baseler Ausschuß für Bankenaufsicht Richtlinien für das Risikomanagement im Derivategeschäft erarbeitet (Juli 1994). Sie bildeten das Vorbild für die im Oktober 1995 vom BAKred erlassenen »*Mindestanforderungen an das Betreiben von Handelsgeschäften der Kreditinstitute*«, die bis zum 1. Januar 1997 von den deutschen Banken vollständig umzusetzen waren. Diese beziehen sich allgemein auf Geschäfte am Geldmarkt sowie in Wertpapieren, Devisen, Edelmetallen und Derivaten, die in eigenem Namen oder für fremde Rechnung abgeschlossen wurden. Der Anwendungsbereich ist damit bewußt nicht auf das

---

[123] J. Krumnow: Der Übergang zur qualitativen Bankenaufsicht, in: BZ, Nr. 147 v. 3.8.1995, S. 7.
[124] O.V.: Ein neues Zeitalter der Bankenaufsicht beginnt, in: BZ, Nr. 196 v. 12.10.1995, S. 4.
[125] Vgl. o.V.: Bankenaufsicht konkretisiert Sorgfaltspflicht, in: BZ, Nr. 46 v. 6.3.1996, S. 3 sowie C. Alsheimer: Die Offenlegung der wirtschaftlichen Verhältnisse nach § 18 KWG, in: ZfgK, 50. Jg., 1997, S. 462-466.
[126] Bundesaufsichtsamt für das Kreditwesen: »Mindestanforderungen für bankinterne Kontrollmaßnahmen bei Devisengeschäften – Kassa und Termin«, Schreiben IV-32 v. 24.2.1974.
[127] Bundesaufsichtsamt für das Kreditwesen: »Anforderungen an das Wertpapierhandelsgeschäft der Kreditinstitute«, Schreiben V 3-Gr 8/77 v. 30.12.1980.

Trading Book beschränkt, sondern schließt die Liquiditätsreserve sowie den Anlagebestand einer Bank ein.[128]

Zu den Kernpunkten der Regelung gehört erstens die Betonung der Verantwortung der gesamten Geschäftsleitung für die ordnungsgemäße Organisation und Überwachung der Handelsgeschäfte. Die Geschäftsleitung muß den Risikogehalt der abgeschlossenen Geschäfte beurteilen können sowie organisatorische Maßnahmen zur Risikobegrenzung ergreifen. Ihr obliegt daher die schriftliche Vorgabe von Rahmenbedingungen für die Handelsaktivitäten des Hauses, aus denen vor allem die geschäftspolitische Ausrichtung im Hinblick auf Produktarten, Märkte und Kontrahentenkreis sowie die Verfahren zur Risikomessung, -analyse, -überwachung und -steuerung hervorgehen. Durch Organisationsrichtlinien sind diese Rahmenbedingungen umzusetzen; zudem ist für eine entsprechende Mitarbeiterqualifikation sowie eine Gestaltung der Gehälter in der Weise zu sorgen, daß diese nicht zu stark von der Entwicklung der Handelsergebnisse abhängen.

Zweitens wird zur Begrenzung der Risiken aus dem Handelsgeschäft die Einrichtung eines Systems vorgeschrieben, das die Messung und Überwachung der Risikopositionen und die Analyse des mit ihnen verbundenen Risikopotentials (»Risiko-Controlling«) sowie deren Steuerung (»Risiko-Management«) erlaubt. Dieses System muß entsprechend dem Umfang, der Komplexität und dem Risikogehalt der Handelsgeschäfte ausgestaltet sein sowie insbesondere Marktrisiken erfassen und durch eine tägliche Bewertung von Handelspositionen zu Marktpreisen quantifizieren; in Simulationsrechnungen muß das Verlustpotential auch für den »worst case« bestimmt werden. Das System ist einzubetten in ein umfassendes Konzept der Risikoüberwachung und -steuerung und muß laufend dokumentiert, überprüft und weiterentwickelt werden. Vor dem Hintergrund der Eigenkapitalausstattung und der Ertragslage einer Bank sind Limite für die maximal einzugehenden Risiken festzulegen.

Drittens sind die Handelsaktivitäten bis in die Geschäftsleitung hinein organisatorisch strikt zu trennen von den Bereichen Abwicklung und Kontrolle, Rechnungswesen und Überwachung; hierauf wurde bereits im Kapitel über die Aufbau- und Ablauforganisation ausführlich hingewiesen.

Da diese »Mindestanforderungen« bereits einen Großteil der »qualitativen Anforderungen an bankeigene Risikomodelle« (Abb. C. 113) enthielten, kann das *Derivategeschäft als »Motor zur Weiterentwicklung bankaufsichtlicher Regelungen«* betrachtet werden.[129]

Wenn demnach eine qualitative Bankenaufsicht auch schon vor der 6. KWG-Novelle bestand, so nimmt sie durch die Zulassung bankinterner Risikomodelle doch eine *neue Dimension* an. **Die qualitativen Vorschriften treten nicht mehr lediglich ergänzend neben die Eigenkapitalnormen, sondern erlauben in bestimmten Bereichen eine Substitution** – ein für die Bankenaufsicht »revolutionärer Schritt«.[130] Das Nachhalten starrer

---

[128] Vgl. zu den Regelungen ausführlich L. Hanenberg: Zur Verlautbarung über Mindestanforderungen an das Betreiben von Handelsgeschäften der Kreditinstitute des Bundesaufsichtsamtes für das Kreditwesen, in: WPg, 49. Jg., 1996, S. 637-648 sowie B. Höfer/H. Jütten: Mindestanforderungen an das Betreiben von Handelsgeschäften, in: DBk, Nr. 12/1995, S. 752-756 und W. Casteel/W. Krüppel: Bankaufsichtliche Anforderungen an Derivate, in: BBl, 45. Jg., 1996, S. 10-14.

[129] J. Krumnow, Mitglied des Vorstands, Deutsche Bank AG, Frankfurt/M., in seinem Vortrag »Quantitative oder qualitative Risikokontrolle der Bankenaufsicht? – Das Beispiel der Derivate« am 27.6.1995 im Kontaktseminar an der Ruhr-Universität Bochum, in: SB Nr. 42, SS 1995, S. 86-89, hier S. 88.

[130] So die Einschätzung des Präsidenten des Bundesaufsichtsamtes für das Kreditwesen, W. Artopoeus: Die Natur der Risiken hat sich verändert, in: BZ, Nr. 82 v. 27.4.1996, S. 15.

Relationen zwischen Risikobeträgen und Eigenkapital wird durch eine Prüfung der Qualität des internen Risikomanagements ersetzt, die Bankenaufsicht fungiert als »System-TÜV«.[131] Dabei ist allerdings zu bedenken, daß auch die gewählte Form der qualitativen Aufsicht nicht ohne quantitative Elemente auskommt – man denke nur an die Festlegung eines Konfidenzniveaus, die Auswahl einer Halteperiode, für die ein Value at Risk berechnet wird, oder die Bestimmung einer Höchstzahl erlaubter Abweichungen im Rahmen des Backtesting.

Noch ist der Anwendungsbereich bankinterner Modelle – wie erwähnt – auf die Quantifizierung von Preisänderungsrisiken im Handelsbuch und hier wiederum auf das allgemeine Marktrisiko beschränkt. In dem Anfang 1997 vom Baseler Bankenausschuß vorgelegten Konsultationspapier mit »12 Regeln zum Zinsrisiko«, die sich auf die Gesamtbank einschließlich des Anlagebuches beziehen, ist aber ebenfalls der Einsatz eigener Risikomodelle bei Erfüllung bestimmter Mindestanforderungen vorgesehen.[132] Auch für die Ermittlung der Eigenkapitalbeträge zur Unterlegung des Adressenausfallrisikos wird die Zulassung solcher Modelle von seiten der Bankenaufsicht nicht prinzipiell ausgeschlossen.[133]

Dieser Trend zur qualitativen Aufsicht kann angesichts der Dynamik der Finanzmärkte seit Anfang der 80er Jahre nicht überraschen. In zuvor ungewohnt schneller Folge wurden neue Produkte kreiert, deren Einbeziehung in die bankaufsichtlichen Normen eine Überarbeitung des KWG sowie der Grundsätze in immer kürzer werdenden Rhythmen notwendig machte. Trotz dieser Bemühungen war stets ein *Time-lag zwischen Innovation und Regulierung* zu konstatieren, hinkte die Bankenaufsicht den Marktentwicklungen hinterher.[134] Von daher ist der *Versuch der Kontrollbehörde* verständlich, *mit Hilfe von eher globalen, allgemein formulierten Mindeststandards einen flexibleren und damit dauerhafteren Rahmen für das Risikomanagement abzustecken, innerhalb dessen aber für die Kreditinstitute unternehmerischer Freiraum besteht.*[135] Dies zeigt sich insbesondere darin, daß den Banken im neuen Grundsatz I kein bestimmtes Verfahren zur Ermittlung des Value at Risk vorgeschrieben wird. In der Praxis haben drei Modelltypen Verbreitung gefunden:[136]

– Bei der *historischen Simulation* wird davon ausgegangen, daß die Entwicklung der eintägigen Marktwertänderungen eines Finanztitels oder Portefeuilles aus Finanztiteln während eines bestimmten Betrachtungszeitraumes in der Vergangenheit einen guten Indikator für die zukünftigen Gewinne bzw. Verluste darstellt. Dementsprechend werden zuerst die relevanten Risikofaktoren (z.B. Zinsen, Aktien- und Wechselkurse) bestimmt und deren tatsächliche Wertveränderungen in der ausgewählten, zurückliegenden Periode ermittelt. Diese sind der Größe nach zu ordnen, so daß der Value at Risk (VAR) dann entsprechend dem Konfidenzniveau direkt abgelesen werden kann. So entspricht

---

[131] J. Krumnow: Der Übergang zur qualitativen Bankenaufsicht, a.a.O.
[132] Vgl. N. Hellmann: Zwölf Gebote zum Zinsrisiko, in: BZ, Nr. 13 v. 21.1.1997, S. 1 sowie o.V.: Bankaufseher nehmen Zinsrisiken aufs Korn, in: BZ, Nr. 14 v. 22.1.1997, S. 3.
[133] Vgl. W. Artopoeus: Neue Aufgaben im Wandel des Marktes, in: BBl, 44. Jg., 1995, S. 528-533, hier S. 533.
[134] Vgl. W. Artopoeus: Innovative Handelsgeschäfte und Bankenaufsicht, in: Spk, 113. Jg., 1996, S. 149-155.
[135] Vgl. W. Artopoeus: »Soviel unternehmerische Freiheit wie möglich«, in: ZfgK, 47. Jg., 1994, S. 1085-1091 und ders.: Bankenaufsicht und Risikomanagement, in: Bundesverband deutscher Banken (Hrsg.): Politik – Währung – Banken. Dokumentation des XVI. Deutschen Bankentages, Köln 1995, S. 94-106 sowie N. Hellmann: Die qualitative Bankenaufsicht, in: BZ, Nr. 168 v. 2.9.1994, S. 10.
[136] Vgl. L. Johanning: Value-at-Risk-Modelle zur Ermittlung der bankaufsichtlichen Eigenkapitalunterlegung beim Marktrisiko im Handelsbereich, in: ZBB, 8. Jg., 1996, S. 287-303, hier S. 292f.

der VAR für ein 95%iges Konfidenzniveau bei 100 Beobachtungswerten dem sechstgrößten Verlust. – Dieses Vorgehen wurde anhand eines Zahlenbeispiels im Rahmen der neuen Begrenzung des Wechselkursrisikos dargestellt (vgl. S. 557f.).
– *Varianz-Kovarianz-Modelle* unterstellen – wie bei der Quantifizierung des Zinsänderungsrisikos gezeigt (S. 546) – die Normalverteilung der Marktwertänderungen. Für einen Finanztitel kann der bei einem bestimmten Konfidenzniveau maximal mögliche Wertverlust aus der Differenz des Erwartungswerts und dem Produkt aus aktuellem Kurs und einem Vielfachen der Standardabweichung als Volatilitätsmaß bestimmt werden (vgl. Formel C. 28). Um die möglichen Wertentwicklungen eines Portefeuilles zu prognostizieren, können bei der Formulierung der Standardabweichung Korrelationskoeffizienten berücksichtigt werden, die den Grad der Verbundenheit von Einzelrisiken angeben.
– Auch die *Monte-Carlo-Simulation* bewegt sich auf Basis der Standardabweichungen und Korrelationen der Marktrisikofaktoren. Die möglichen Veränderungen dieser Größen in der Zukunft werden prognostiziert, indem nach dem Zufallsprinzip aus ihren Vergangenheitswerten eine hinreichend große Stichprobe gezogen und anschließend eine Verteilungsfunktion aufgestellt wird. – Dieses Verfahren eignet sich insbesondere für die VAR-Berechnung bei Finanztiteln mit nicht-linearen Preismerkmalen, wie sie für Optionen typisch sind.

In Abhängigkeit von der Wahl eines der Verfahren differiert die notwendige Eigenkapitalunterlegung.[137] Diese wird zudem durch die Länge der Beobachtungsperiode beeinflußt, für die nur eine Mindestgrenze von 250 Tagen vorgeschrieben ist.[138] Hier zeigt sich ein **erstes Grundproblem qualitativer Aufsicht: Je mehr Spielraum die vorgegebenen Mindeststandards den Banken lassen, desto stärker wird die Vergleichbarkeit der berechneten Ergebnisse eingeschränkt.** Umgekehrt wird der gewünschte Wettbewerb um das »beste« Risikomodell umso stärker behindert, je umfangreicher, detaillierter und damit komplexer die Mindestanforderungen der Aufsicht ausfallen.

Die in den in den Abschnitten e.3. bis e.5. vorgestellten Standardverfahren sind insofern »Schwarz-Weiß-Bilder«, als sie dort, wo (z.B. innerhalb von Laufzeitbändern) Verrechnungen erlaubt werden, eine Korrelation von −1, dort, wo Additionen vorgeschrieben sind, von +1 unterstellen. Dagegen ermöglichen die *bankeigenen Rechenverfahren* eine wesentlich *genauere Berücksichtigung von Korrelationsbeziehungen, so daß sich Diversifikationseffekte auch in einer geringeren Eigenkapitalbelastung niederschlagen können* – hier liegt der Charme der Inhouse-Modelle. Dieser Reiz wird beeinträchtigt durch den Faktor von (in Abhängigkeit vom Backtesting) mindestens 3 für das allgemeine und 4 für das besondere Kursrisiko, mit dem die nach den internen Modellen ermittelten Eigenkapitalbeträge zu multiplizieren sind. Die Bankenaufsicht spricht von einem »*Sicherheitsfaktor*«, der deshalb notwendig sei, »weil bisher weder Banken noch Aufsichtsbehörden über hinlänglich gesicherte Erfahrungen hinsichtlich der Prognosezuverlässigkeit und Funktionstüchtigkeit von Modellen verfügen.«[139]

---

[137] Vgl. besonders anschauliche Beispiele bei M. Wahrenburg: Risikomodelle ein Teufelszeug?, in: BZ, Nr. 134 v. 16.7.1996, S. 19, L. Johanning: a.a.O., S. 296 mit weiteren Verweisen sowie insbesondere W. Bühler/A. Schmidt: Bank-Risikomanagement mit internen Modellen, Working Paper 11/1997, Universität Mannheim.
[138] Vgl. dazu das Beispiel bei H.-P. Deutsch: Interne Risikomodelle, in: BZ, Nr. 152 v. 12.8.1997, S. 11.
[139] W. Artopoeus: Innovative Handelsgeschäfte und Bankenaufsicht, a.a.O., S. 154.

Dies weist auf das **zweite Grundproblem der qualitativen Bankenaufsicht: die verstärkte Informationsasymmetrie zwischen Aufsehern und Beaufsichtigten.** Einerseits muß das BAKred in umfangreichem Maße unterschiedlichste Prozesse in einem Kreditinstitut prüfen. Im Mittelpunkt steht dabei das Risikomanagement; der Untersuchungsbereich erstreckt sich darüber hinaus aber auch auf Teile der Arbeits- und Ablauforganisation, die Berichterstattung an die Geschäftsleitung, die Kontrollen der Innenrevision usw. (vgl. Abb. C. 113). Dies spiegelt sich in der massiven personellen und technischen »Aufrüstung« des Bundesaufsichtsamtes insbesondere mit mathematisch und statistisch versierten Spezialisten sowie leistungsfähigen EDV-Systemen wider.[140] Doch trotz dieser Potentialstärkung *ist das Kontrollorgan in weitaus stärkerem Maße als bisher von Informationen des Kontrollierten abhängig.* Dies zwingt zu einem »engen Dialog«[141] zwischen beiden Parteien, um einen Mittelweg zwischen einem »Übermaß an Einmischung und der Entstehung von Aufsichtslücken«[142] zu finden.

Andererseits besitzt das Amt im Rahmen von Qualitätsprüfungen, bei denen »nur wenig mit dem Zollstock nachgemessen werden kann«[143], wesentlich *größere Ermessensspielräume* in seinen Entscheidungen, als dies zuvor bei einem reinen »Abhaken« quantitativer Relationen der Fall war. Ein Mitglied des Bundesbank-Direktoriums bringt dies auf die Formel: »Weniger Regeln, mehr Aufsicht.«[144] So kann das BAKred etwa – um nur ein Beispiel hierfür zu nennen – im Rahmen des Backtesting Abweichungen zwischen den Prognosewerten eines Inhouse-Modells und der tatsächlichen Marktentwicklung unberücksichtigt lassen, wenn es sich der Auffassung des Kreditinstituts anschließt, diese Differenz sei nicht auf eine »mangelhafte Prognosegüte des Risikomodells« zurückzuführen (§ 37 Grundsatz I). An dieser Stelle werden exemplarisch Bewertungsmöglichkeiten deutlich (z.B.: Welche Abweichung geht auf einen Modellfehler zurück, welche auf nicht absehbare Marktstörungen?), die die Handlungen der Bankenaufsicht weniger vorhersehbar, für die Kreditinstitute schwerer kalkulierbar machen. Umso mehr Bedeutung dürfte einer Publikation der Kriterien zukommen, die das BAKred seinen Entscheidungen zugrundelegt. Diese müssen jedoch notgedrungen allgemein gehalten sein, um einerseits die Vertraulichkeit realer Prüfungsfälle zu wahren und andererseits – wie bereits erwähnt – keine wettbewerbshemmende Normung herbeizuführen. – Wenn es zutrifft, daß die Bankenaufsicht »individueller und intensiver«[145] wird, dann sind Gleichmäßigkeit und Transparenz ihrer Entscheidungen schwerer zu wahren als in der Vergangenheit, so daß sich ein nicht unerhebliches Konfliktpotential zwischen den Beteiligten eröffnet.

Der erwähnte Multiplikationsfaktor läßt sich aber nicht nur mit derzeit noch bestehenden Unsicherheiten über die Güte bankeigener Modelle rechtfertigen. Die Notwendigkeit eines zusätzlichen Risikopuffers mag insbesondere daraus abgeleitet werden, daß von einem Konfidenzniveau von 99% ausgegangen wird, somit also der äußerste Teil des nega-

---

[140] Vgl. dazu Angaben in o.V.: Bankenaufsicht rechtfertigt den Multiplikator, in: BZ, Nr. 239 v. 13.12.1995, S. 3, o.V.: Artopoeus: Amt arbeitet an seiner Kapazitätsgrenze, in: HB, Nr. 122 v. 27.6.1996, S. 35 und o.V.: Umzugspläne sorgen für hohe Fluktuation im Berliner Aufsichtsamt, in: FAZ, Nr. 234 v. 8.10.1996, S. 20.
[141] W. Artopoeus: Innovative Handelsgeschäfte und Bankenaufsicht, a.a.O., S. 155.
[142] W. Artopoeus: Bankinterne Risikosteuerung auf dem Prüfstand, in: BZ, Nr. 252 v. 31.12.1994, S. 13.
[143] W. Artopoeus: Die Natur der Risiken hat sich verändert, a.a.O.
[144] O.V.: »Weniger Regeln, mehr Aufsicht«, in: HB, Nr. 36 v. 20.2.1997, S. 33.
[145] W. Artopoeus: Bankenaufsicht und Risikomanagement, a.a.O., S. 104.

tiven Endes einer Wahrscheinlichkeitsverteilung ausgeblendet bleibt. Die geringe »Rest«-Wahrscheinlichkeit darf dabei nicht darüber hinwegtäuschen, daß sich hinter ihr ein u.U. existenzbedrohender Verlust verbergen kann. Zudem spielt im Rahmen des Backtesting lediglich die Zahl der Abweichungen zwischen Modell und Realität, nicht aber deren Höhe eine Rolle.[146]

Plädiert man daher für einen Zuschlagsfaktor für die Ergebnisse bankeigener Modelle, dann stellt sich erstens die Frage nach seiner Höhe. Wie die Bankenaufsicht zugesteht, handelt es sich bei dem gewählten Wert von mindestens 3 lediglich um »eine Art Daumenregel«[147], die einen Kompromiß aus verschiedenen Vorschlägen mehrerer internationaler Gremien darstelle. Die Festlegung dieser Multiplikationsgröße erscheint damit aber ebenso willkürlich wie die des Eigenkapitalunterlegungssatzes in Höhe von 8%. Wird der Zuschlagsfaktor indes zu hoch angesetzt, sinken die Anreize, in die Entwicklung bankeigener Modelle zu investieren.[148] – Zweitens ist kaum zu rechtfertigen, die im Regelfall genaueren Ergebnisse interner Risikomodelle aus Vorsichtsgründen mit einem Multiplikationsfaktor zu versehen, nicht aber die Resultate der durch wesentlich stärkere Vereinfachungen der Realität gekennzeichneten Standardverfahren.

Angesichts der Kritik, die sich sowohl gegen die quantitativen als auch die qualitativen Mindestbedingungen für den Einsatz bankeigener Risikomodelle sowie insbesondere den Zuschlagsfaktor formulieren läßt, erscheint ein alternativer Vorschlag des Federal Reserve Board der USA besonders bemerkenswert. Der sogenannte *»Pre-Commitment Approach«*[149] verzichtet auf die Vorgabe derartiger Mindestanforderungen. Statt dessen hat ein Kreditinstitut zu Beginn einer Periode mit Hilfe eines Inhouse-Modells selbständig den Eigenkapitalbetrag zu bestimmen, den es zum Ausgleich potentieller Verluste des Handelsbereichs (auf den allein der Vorschlag abstellt) für erforderlich hält. Dieser Betrag ist

---

[146] Vgl. hierzu auch L. Johanning: a.a.O., S. 297-299, T.S. Beder: VAR: Seductive but dangerous, in: FAJ, vol. 51, no. 5/1995, S. 12-24, M. Bode/M. Mohr: Value-at-Risk – ein riskanter Wert?, in: DBk, Nr. 8/1996, S. 470-476 sowie F. Schröder/H. Schulte-Mattler: CD-Verfahren als Alternative zum Baseler Backtesting, in: DBk, Nr. 7/1997, S. 420-425.

[147] W. Artopoeus in seinem Referat »Zur Angemessenheit des Eigenkapitals eines Kreditinstitutes unter dem Aspekt der Bankenaufsicht« am 2.5.1995 im Kontaktseminar an der Ruhr-Universität Bochum, in: SB Nr. 42, SS 1995, S. 63-66, hier S. 66.

[148] So hatte die Kreditwirtschaft die Einführung eines Multiplikators in Höhe von 3 zunächst mit der Drohung verhindern wollen, sie würde dann auf die »billigeren« Standardverfahren ausweichen – vgl. dazu N. Hellmann: Strafregelung für die Marktrisiken, in: BZ, Nr. 151 v. 9.6.1995, S. 1 und o.V.: Baseler Multiplikator mit prohibitiver Wirkung, in: BZ, Nr. 162 v. 24.8.1995, S. 3. Im Gegenzug hatte die Bankenaufsicht jedoch mit der Festschreibung der teilweise im Ausland anzutreffenden Pflicht gedroht, ab einem gewissen Handelsvolumen zwingend bankeigene Modelle zu verwenden (o.V.: Artopoeus warnt die großen Banken, in: HB, Nr. 51 v. 12.3.1996, S. 39). Nachdem jedoch gestattet wurde, eine größere Zahl von Risikokomplexen in die Inhouse-Modelle einzubeziehen und sich diese aufgrund der dann möglichen, weitergehenderen Nutzung von Diversifikationseffekten im Vergleich zu den Standardverfahren in Proberechnungen verschiedener Institutionen als günstiger erwiesen, hat der Widerstand der Kreditwirtschaft indes etwas nachgelassen – vgl. N. Hellmann: Baseler Multiplikator verliert seinen Schrecken, in: BZ, Nr. 121 v. 27.6.1996, S. 3 und o.V.: Bankenaufsicht begrüßt neue Derivatepublizität, in: BZ, Nr. 50 v. 12.3.1996, S. 20.

[149] Vgl. P. H. Kupiec/J. M. O´Brien: A pre-commitment approach to capital requirements for market risk, Board of Governors of the Federal Reserve System (Ed.): Finance and Economics Discussion Series, no. 95-36, Washington, D.C., July 1995 und dies.: Recent developments in bank capital regulation of market risks, Board of Governors of the Federal Reserve System (Ed.): Finance and Economics Discussion Series, no. 95-51, Washington, D.C., December 1995.

der Bankenaufsicht mitzuteilen und von dem Institut vorzuhalten. Liegen die am Periodenende festgestellten realen Verluste über der so definierten Grenze, kann die Bankenaufsicht entweder eine Geldstrafe verhängen und/oder eine zusätzliche Eigenkapitalhaltung in den Folgeperioden vorschreiben. Diese drohenden Sanktionen sollen die Banken zu einer möglichst genauen Planung, Steuerung und Kontrolle ihrer Risikoposition im Handelsbereich bewegen.

Dieser Vorschlag mag insofern gefährlich wirken, als ein Management nicht gehindert wird, einen im Vergleich zu seiner Eigenkapitalplanung zu riskanten Kurs zu fahren und die Verluste am Periodenende mithin so existenzgefährdend sein können, daß eine Geldstrafe wirkungslos, weil nicht mehr einzufordern ist.[150] Dieses Risiko läßt sich aber etwa dadurch eingrenzen, daß die Periode zwischen zwei Soll/Ist-Kontrollen entsprechend kurz bemessen wird, wobei die genaue Festlegung dieser Zeitspanne wiederum nicht vollständig frei von Willkür sein kann.

Wenn somit auch bei diesem Vorschlag noch Probleme offen bleiben, so könnte er doch zumindest einen Ausgangspunkt für Überlegungen darstellen, das *Prinzip der Selbstverantwortung* eines Kreditinstituts deutlich *konsequenter zu verfolgen*, als dies die vom BAKred auf der Grundlage der Baseler Empfehlungen erlassenen Vorschriften tun. Spätestens nach Gewinnung ausreichender Erfahrungen im Umgang mit bankeigenen Risikomodellen sollte es möglich sein, den mit ihrer Zulassung als revolutionärem Schritt eingeschlagenen Zukunftspfad der Bankenaufsicht in diesem Sinne weiterzugehen.

Auf die Vorgabe detaillierter Regelungen durch staatliche Aufsichtsbehörden kann umso eher verzichtet werden, (1) je stärker es der Kreditwirtschaft selbst gelingt, einheitliche Standards für ein adäquates Risikomanagement zu entwickeln und (2) je mehr deren Einhaltung über Märkte kontrolliert bzw. Verstöße von diesen sanktioniert werden können.

(1) In der Bundesrepublik klagen zwar insbesondere die Verbände der verschiedenen kreditwirtschaftlichen Sektoren über »staatliche Regelungswut«[151] und sehen sich im »administrativen Würgegriff«[152]. Wer jedoch eine »Überregulierung«[153] beklagt, ist erstens aufgefordert, diesen vermeintlichen Zustand an einem geeigneten Maßstab festzumachen[154] und hat zweitens aufzuzeigen, was an die Stelle staatlicher Kontrolle gesetzt werden kann. Bislang beschränken sich *Selbstregulierungsinitiativen* auf Vorstöße großer, international operierender Banken. So hat die Group of Thirty, ein Beratungsgremium mit Vertretern aus der Kreditwirtschaft sowie aus Zentralbanken und der Wissenschaft, im Sommer 1997 ein erstes Arbeitspapier vorgelegt, in dem die

---

[150] Vgl. die Diskussion bei D. Marshall/S. Venkataraman: Bank capital for market risk: A study on incentive-compatible regulation, in: Federal Reserve Bank of Chicago (Ed.): Chicago Fed Letter, no. 104, April 1996, S. 1-3.

[151] H. Berndt: Mehr Mut zum Regelungsverzicht, in: Spk, 113. Jg., 1996, S. 572-575, hier S. 572. Vgl. weiterhin die Diskussionsbeiträge der 43. Kreditpolitischen Tagung »Die Banken und die (Aufsichts-)Bürokratie – Opfer der Regulierungswut?«, in: Zfgg, 50. Jg., 1997, S. 1143-1176.

[152] R. Gerlach: Deutsche Regulierungslust – Segen oder Fluch für das Kreditgewerbe?, in: Spk, 113. Jg., 1996, S. 404-408 und 421f., hier S. 405; vgl. dort auch die Darstellung des 1996 in der Sparkassenorganisation durchgeführten Projektes »Regelungsdichte und damit verbundene Kosten als Strukturproblem und Wettbewerbsnachteil«.

[153] O.V.: Ratjen warnt vor Überregulierung, in: BZ, Nr. 225 v. 21.11.1996, S. 15.

[154] Wenig sinnvoll erscheint es etwa, die Aufwendungen für die Umsetzung staatlicher Regulierungen mit denen für die »Lehrlingsausbildung« zu vergleichen, wie dies H. Berndt: a.a.O., S. 573, tut.

Grundzüge einer Vereinheitlichung des Risikomanagements dargestellt werden.[155] Unabhängig davon, inwiefern sich solche Vorstellungen in der Kreditwirtschaft selbst durchsetzen lassen, erfordern sie auch ein verändertes Selbstverständnis der Aufsichtsbehörden, die sich mehr als Berater und weniger als Kontrolleure der Branche begreifen müßten.[156]

(2) Eine *disziplinierende Funktion* üben insbesondere *Kapitalmärkte* dann aus, wenn die Marktteilnehmer gezwungen und in der Lage sind, ihre Renditeforderungen an die von einem Kreditinstitut eingegangenen Risiken anzupassen. Dazu darf bei den Kapitalgebern keine Hoffnung darauf bestehen, daß der Staat im Falle der Schieflage einer Bank automatisch als Sanierer auftritt. Sobald nämlich die Marktaustrittsmöglichkeiten de facto ausgeschlossen werden, vermindern sich die Verlustgefahren der Gläubiger und damit auch deren Anreize zur Risikosanktion.[157] Deutlicher als bisher sollte demnach betont werden, daß dem Postulat einer Verhinderung von Systemkrisen nicht der Konkurs von Einzelinstituten im Wege steht.[158] – Weiterhin setzt die Ausübung von Marktdisziplin Transparenz über die Risikoposition einer Bank voraus und erfordert damit eine wesentlich stärkere Annäherung der Publizität an die bislang allein dem Management verfügbaren Informationen des internen Rechnungswesens und des Controlling. Auch vor diesem Hintergrund erscheint der Kampf der deutschen Kreditinstitute zur Erhaltung ihrer Bewertungsprivilegien anachronistisch.

Wenn sich auch ein optimaler Regulierungsgrad wohl kaum bestimmen läßt, so dürfte es doch eine der größten Herausforderungen der nächsten Jahre sein, das Kräfteverhältnis im Beziehungsdreieck zwischen staatlicher Aufsicht, Selbstregulierung und Marktdisziplin schrittweise neu auszutarieren.

---

[155] Group of Thirty: Global institutions, national supervision and systemic risk, Washington, D.C., 1997 und G. Jakobs: Cartellieri: Wir müssen die Dinge selbst in die Hand nehmen, in: HB, Nr. 141 v. 25./26.7.1997, S. 25; vgl. weiterhin theoretische und empirische Ergebnisse zu Versuchen der Selbstregulierung bei M. D. Bordo/A. J. Schwartz: The performance of banking systems under »self-regulation«: Theory and evidence, in: Cato Journal, vol. 14, 1995, S. 453-479.

[156] Angesichts der auch bürokratietheoretisch begründbaren Beharrungstendenzen ist es aber fraglich, ob eine solche Umstellung gelingen kann – vgl. o.V.: Meister: Aufseher müssen Herr des Verfahrens bleiben, in: HB, Nr. 125 v. 3.7.1997, S. 25 sowie D. Shirreff: The agony of the global supervisor, in: EM, no. 7/1996, S. 48-52. Dabei könnte die Reform des Staatssektors einschließlich der Bankenaufsicht in Neuseeland als Vorbild für eine solche Neuorientierung dienen; vgl. G. C. Scott: Government Reform in New Zealand, International Monetary Fund (Ed.), Washington, D.C., 1996. – Aufgrund der sich in internationaler Perspektive zeigenden Unterschiede in den Aufsichtssystemen wird es immer dringlicher, zur Verhinderung von Regulierungsarbitragen zu einer Harmonisierung zu kommen – vgl. zu ersten Ansätzen Basle Committee on Banking Supervision: Core principles for effective banking supervision. Consultative paper, Basel 1997.

[157] Vgl. zur Marktdisziplinierung R. B. Avery/T. M. Belton/M. A. Goldberg: Market discipline in regulating bank risk: New evidence from the capital markets, in: JoMCB, vol. 20, 1988, S. 597-610, die Beiträge in F. Capie/G. E. Wood (Eds.): Unregulated banking: chaos or order?, Houndmills et al. 1991, K. Dowd: Laissez-faire banking, London/New York 1993, T. D. Lane: Market Discipline, International Monetary Fund (Ed.): Staff Papers, vol. 40, no. 1, March 1993, S. 53-88, F. Bruni/F. Paterno: Market discipline of banks' riskiness, in: JoFSR, vol. 9, 1995, S. 109-131.

[158] In den Vereinigten Staaten wurde dies jüngst zum Ausdruck gebracht – vgl. K. C. Engelen: Greenspan: Banken sollen nur im äußersten Notfall gestützt werden, in: HB, Nr. 84 v. 2./3.5.1997, S. 31.

f. Externe und interne Kontrolle der gesamten Risikoposition von Kreditinstituten – Versuch einer Standortbestimmung

In den vergangenen Abschnitten wurde die aufsichtsrechtliche Erfassung und Begrenzung unterschiedlicher *Einzel*risiken einer Bank dargestellt und vor dem Hintergrund der im internen Risk Management verwendeten Verfahren gewürdigt. Diese Überlegungen zusammenbindend soll im letzten Abschnitt dieses Kapitels untersucht werden, inwieweit das Normensystem der Bankenaufsicht in der Lage ist, die *gesamte* Risikoposition eines Kreditinstituts sachgerecht zu erfassen. Den Ausgangspunkt hierfür bildet ein aus der Kritik am KWG sowie den Grundsätzen in alter Fassung entstandener Vorschlag zur bankaufsichtsrechtlichen Begrenzung des Risikopotentials von Kreditinstituten. Dieser dient als Maßstab für die Beantwortung der Frage, welche Fortschritte mit der Neuformulierung der Vorschriften durch die 6. KWG-Novelle sowie den überarbeiteten Grundsatz I erzielt wurden. Dabei ist wiederum ein Blick auf Gemeinsamkeiten und Unterschiede zwischen externer und interner Kontrolle der Risikoposition zu werfen.

Wie erwähnt, ergibt sich die gesamte Risikoposition eines Kreditinstitutes aus der Konfrontation sämtlicher Verlustmöglichkeiten (Risiken) mit dem vorhandenen Kontingent einsetzbarer Verlustausgleichsreserven (Risikoträger).

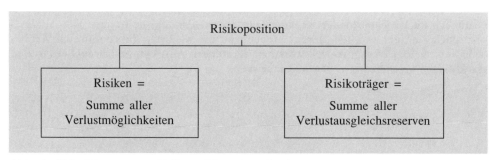

Abb. C. 114: Die gesamte Risikoposition einer Bank

Führt man sich das Normensystem der Bankenaufsicht zur Begrenzung der Risikoposition in seiner *alten* Fassung nochmals vor Augen, so geht der Risikoträger Eigenkapital in alle Eigenkapitalbelastungsregeln (Grundsatz I, I a, Großkreditvorschriften), aber auch in die Finanzierungsregeln zur Begrenzung des Liquiditätsrisikos ein (Grundsätze II, III, Anlagenbegrenzung nach § 12 KWG). Diese »Eckpfeilerfunktion« macht die *Mehrfachbelastung des Eigenkapitals* offensichtlich.

Will man die Risikoposition einer Bank sachgerecht erfassen, so kann man aber nicht einzelne Risikokomplexe nebeneinander an das Eigenkapital binden, sondern man wird die Gesamtheit der Risikokomplexe mit dem Risikoträger Eigenkapital konfrontieren müssen. Vergleicht man eine Sparkasse, die den Grundsatz I zur Hälfte ausgenutzt hat, den Grundsatz I a nicht in Anspruch nimmt und infolge ihrer Kundenstruktur auch keine Großkredite hält, mit einer Großbank, die an der Grenze aller genannten Strukturnormen operiert, so haben zwar beide Institute die Vorschriften über die »Mindestbonität« eingehalten, weisen aber offensichtlich unterschiedliche Risikopositionen auf. Daraus wird erkennbar, daß der Normengeber die eigentlich erforderliche Kumulation der Risiken nicht im Auge gehabt hat.

Eine kumulative Erfassung der Risiken und ihr Vergleich mit dem vorhandenen Kontingent einsetzbarer Verlustausgleichsreserven wäre auch aus ordnungspolitischen Gründen zweckmäßig. Wie im obigen Beispiel der Sparkasse können viele Institute aufgrund ihrer Kunden- und Geschäftsstruktur die Grundsätze der Bankenaufsicht nicht ausnutzen. Das bedeutet zwar geringere Risiken, gleichzeitig aber auch geringere Chancen, weitere Geschäfts- und Ertragsmöglichkeiten wahrzunehmen. Insofern werden diese Institute im Wettbewerb mit den Konkurrenten behindert. Wünschenswert dagegen wäre es, daß ein Kreditinstitut, welches sich strukturbedingt einer mangelnden Kreditnachfrage gegenübersieht, z.B. entsprechend größere Bestände an festverzinslichen Wertpapieren und damit Zinsänderungsrisiken übernehmen könnte, ohne über eine diesbezüglich einseitige Information des Wirtschaftsprüfers gegenüber der Bankenaufsicht als »Ausreißer« in ein schiefes Licht zu geraten.

Aus diesen Überlegungen ergab sich als Ziel, die Kontrolle der Risikoposition von Kreditinstituten einer sachgerechteren und zugleich ordnungspolitisch zweckmäßigeren Lösung zuzuführen.[159] Hier setzten die parallel entstandenen Arbeiten der Professoren-Arbeitsgruppe sowie von Keine an, die insbesondere die Behandlung der Risikokomplexe untersuchten.[160]

Ausgeklammert wurde dabei das Managementrisiko, da man es als schwer quantifizierbar ansah. Eine Eingrenzung schien demnach nur möglich durch die Ge- und Verbote der §§ 32-38 KWG (Zulassungsvoraussetzungen für den Geschäftsbetrieb bzw. als Geschäftsleiter) sowie dadurch, daß die Wirtschaftsprüfer ihre Aufmerksamkeit verstärkt der Existenz leistungsfähiger Planungs-, Steuerungs- und Kontrollsysteme widmen sollten, da in der Leistungsfähigkeit dieser Unterlagen des Rechnungswesens die Funktionen des Managements und damit seine Qualität zum Ausdruck kommen. Unabhängig davon aber wurde darauf verwiesen, daß das Risiko von Dispositionsfehlern und insbesondere auch betrügerischen Verhaltens in Einzelfällen nie ausgeschlossen werden könnte.[161]

Weiterhin wurde von einer Einbeziehung des Liquiditätsrisikos als eigenständigem Risikokomplex abgesehen, da es in das Zinsänderungsrisiko überführbar sei (vgl. auch S. 478).

Vorgeschlagen wurde dann eine Begrenzung der Risikoposition von Kreditinstituten durch folgende Restriktion:

---

[159] Vgl. J. Süchting: Zum Problem des »angemessenen« Eigenkapitals von Kreditinstituten, in: ZfbF, 34. Jg., 1982, S. 397-415, hier S. 415.

[160] Vgl. Professoren-Arbeitsgruppe (F. Philipp et al.): Bankaufsichtsrechtliche Begrenzung des Risikopotentials von Kreditinstituten, in: DBW, 47. Jg., 1987, S. 285-302 und F.-M. Keine: Die Risikoposition eines Kreditinstituts, a.a.O. – Vgl. auch die hieran angelehnte Erweiterung von H. Rittich: Anlegerschutz im Banken- und Lebensversicherungssektor, Wiesbaden 1995, insbes. S. 186.

[161] Im Rahmen der Management-Risiken haben in den vergangenen Jahren die Risiken aus dem technisch-organisatorischen Bereich erheblich an Bedeutung gewonnen. Fehlentwicklungen bei der Infrastruktur – z.B. in bezug auf die EDV-Ausstattung – können inzwischen ähnlich fatale Folgen haben wie eine schlechte Marktstrategie. Vgl. E. Weiershäuser, Westdeutsche Landesbank Girozentrale, Düsseldorf, in seinem Referat »Die Entwicklung der Risikoposition einer Bank aus ihren Geschäftsfeldrisiken« am 15.11.1988 im Kontaktseminar an der Ruhr-Universität Bochum, in: SB Nr. 29, WS 1988/89, S. 22-25, hier S. 23; A. Saunders: Financial institutions management. A modern perspective, Illinois 1994, spricht daher auch von einem eigenständigen »technology risk« (S. 214).

Haftendes Eigenkapital (hEK)   ≥ allgemeines bonitätsbedingtes Ausfallrisiko (AR_B)
              + spezielles Ausfallrisiko von Großkrediten (AR_G)
              + Zinsänderungsrisiko (ZÄR)
              + Wechselkursrisiko (WR)

Ausgangspunkt des Konzepts war der Grundsatz I mit der Kontrolle des allgemeinen bonitätsbedingten Ausfallrisikos. Im System von fünf Risikoklassen mit den vorgegebenen Abständen bzw. Anrechnungssätzen ergab sich:

$$(C.\ 30) \quad hEK \geq (0\,AR_B^I + 0{,}2\,AR_B^{II} + 0{,}5\,AR_B^{III} + 0{,}7\,AR_B^{IV} + 1{,}0\,AR_B^V) + AR_G + ZÄR + WR$$

Um das besondere Risiko einzufangen, daß durch den Ausfall eines Großkreditnehmers das Eigenkapital weitgehend aufgezehrt wird, sollten Kredite über die Einstufung in eine Risikoklasse hinaus mit zunehmendem Betrag überproportional beim haftenden Eigenkapital angerechnet werden[162], etwa mit einem Anrechnungssatz von

$$(C.\ 31) \quad a_{ij} = x_i \frac{K_{ij}}{hEK}$$

Dabei bedeutete
 K_{ij} – Kredit $j = 1\ldots n$ in der Risikoklasse $i = I\ldots V$
 x_i – Gewichtungsfaktor in der Risikoklasse i in % hEK

Der Anrechnungsbetrag für den Einzelkredit stellte sich entsprechend so dar:

$$(C.\ 32) \quad a_{ij} \cdot K_{ij} = x_i \frac{(K_{ij})^2}{hEK}$$

Für die Summe aller Kredite galt:

$$(C.\ 33) \quad \sum_{i=1}^{V} \sum_{j=1}^{n} x_i \frac{(K_{ij})^2}{hEK}$$

Durch den überproportionalen Verbrauch von Eigenkapital für Großkredite sollte demnach für ein Kreditinstitut mit knappen Eigenkapitalvorräten ein Anreiz zur Risikozerfällung im Kreditportefeuille gegeben werden.

Die umfassende Risikobegrenzungsnorm erhielt dann diese Form:

$$(C.\ 34) \quad hEK \geq (0\,AR_B^I + 0{,}2\,AR_B^{II} + 0{,}5\,AR_B^{III} + 0{,}7\,AR_B^{IV} + 1{,}0\,AR_B^V)$$
$$+ \left(\sum_{i=1}^{V} \sum_{j=1}^{n} x_i \frac{(K_{ij})^2}{hEK} \right)$$
$$+ ZÄR$$
$$+ WR$$

Das Zinsänderungsrisiko wurde in die umfassende Risikobegrenzungsnorm eingebracht, indem man auf die Kapitalwertminderung (ΔC_o) abstellte, die sich aus der Schließung offener Festzinspositionen bei Veränderung des Marktzinses (Δr) ergeben könnte.

Für die umfassende Risikobegrenzungsnorm folgte daraus:

---

[162] Vgl. Professoren-Arbeitsgruppe (F. Philipp et al.): Bankaufsichtsrechtliche Begrenzung des Risikopotentials von Kreditinstituten, a.a.O., S. 293 f.

(C. 35) $\quad hEK \geq (0\ AR_B^I + 0{,}2\ AR_B^{II} + 0{,}5\ AR_B^{III} + 0{,}7\ AR_B^{IV} + 1{,}0\ AR_B^V)$

$$+ \left(\sum_{i=I}^{V} \sum_{j=1}^{n} x_i \frac{(K_{ij})^2}{hEK} \right)$$

$$+ \Delta C_0\ (\Delta r)$$

$$+ WR$$

Schließlich sollte das Wechselkursrisiko – vereinfachend als allein aus der Bilanz resultierend angenommen – durch einen Anrechnungssatz (w) beim haftenden Eigenkapital für die offenen Devisenpositionen (D) berücksichtigt werden. Als für die Höhe dieses Faktors maßgeblich wurden die Häufigkeit und das Ausmaß von Wechselkursschwankungen bei den wichtigsten Währungen in einer vergangenen Referenzperiode angesehen.

Die Begrenzungsnorm für eine umfassende Kontrolle der Risikoposition von Kreditinstituten wurde abschließend so formuliert:

(C. 36) $\quad hEK \geq (0\ AR_B^I + 0{,}2\ AR_B^{II} + 0{,}5\ AR_B^{III} + 0{,}7\ AR_B^{IV} + 1{,}0\ AR_B^V)$

$$+ \left(\sum_{i=I}^{V} \sum_{j=1}^{n} x_i \frac{(K_{ij})^2}{hEK} \right)$$

$$+ \Delta C_0\ (\Delta r)$$

$$+ w\ (D)$$

Mit der gewählten additiven Verknüpfung der Risikokomplexe wurde ein Weg gefunden, die kritisierte Mehrfachbelastung des Eigenkapitals zu vermeiden. Gleichzeitig sollte es den Kreditinstituten überlassen bleiben, wie sie das zur Verfügung stehende Risikovolumen auf die verschiedenen Risikoarten aufteilen. Ergeben sich aus der Geschäftsstruktur etwa kaum Fremdwährungsrisiken, dann könnten z.B. höhere Ausfallrisiken eingegangen werden.

Offen blieb jedoch die Berücksichtigung von Verbundeffekten zwischen den Risikokomplexen. Die additive Formulierung der Restriktion unterstellte eine vollständig positive Korrelation der Einzelrisiken; mögliche Diversifikationseffekte fanden damit keinen Eingang in die Risikobegrenzungsnorm.

Solche Diversifikationseffekte können sich zum einen auf die Positionen der Risikokomplexe selbst beziehen. So mag in Hochzinsphasen die Gefahr wachsen, daß früher vergebene Darlehen mit niedrigen Festzinssätzen immer teurer refinanziert werden müssen. Gehen derartige Hochzinsphasen aber mit Perioden guter Konjunkturentwicklung einher, so kann gerade dann das allgemeine Ausfallrisiko geringer sein, weil die Hochkonjunktur auch Unternehmen schlechter Bonität »noch über Wasser hält«. Unabhängig von solchen Plausibilitätsüberlegungen erschienen der Professoren-Arbeitsgruppe aber hinreichend straffe Zusammenhänge empirisch zu wenig unterlegt, so daß auf die Formulierung von Korrelationskoeffizienten verzichtet wurde.

Eine Diversifikation kann zum anderen aber auch im Portefeuille der Kredite oder Wertpapiere, z.B. nach Branchen, vorgenommen werden. Dementsprechend müßte in der Risikobegrenzungsnorm berücksichtigt werden, daß eine branchenbezogen ausgewogene Kreditvergabe honoriert, eine Konzentration umgekehrt bestraft wird. Unabhängig davon, daß branchentypische Risikofaktoren empirisch zu beobachten sind, hätte ein solches Vorgehen nach Ansicht der Professoren-Arbeitsgruppe jedoch zwei gewichtige Probleme aufgeworfen. Einerseits ist die Zuordnung von Großunternehmen, insbesondere Konzernen, zu einzelnen Branchen schwierig und müßte entsprechend der Veränderung der Konzernstruktur häufig überprüft werden. Desweiteren stieße eine solche Regelung auch auf ordnungspolitische Bedenken, da die Möglichkeiten für eine Diversifikation insbesondere bei Regionalinstituten beschränkt sind. Schließlich würde sich eine Förderung bzw. Prohibierung von Branchen auf diesem Wege einstellen, da kleine Branchen infolge von Diversifikationsanstrengungen der Kreditinstitute begehrt, große Branchen unter diesem Aspekt eher belastend sind. Inkonsistent wäre es gerade, wenn eine umfassende Risikobegrenzungsnorm, die Struktureffekte bei den Kreditinstituten abbauen will, auf diese Weise Struktureffekte für die Wirtschaft zur Folge habe.

Macht man den mit C. 36 formulierten Vorschlag zum Maßstab für die Beurteilung der neugefaßten bankaufsichtlichen Normen, so ergibt sich:

(1) Nicht aufgegriffen wurde die Forderung nach einer grundsätzlich überproportionalen Berücksichtigung von Großkrediten. Lediglich bei Überschreiten bestimmter Höchstgrenzen sind diese unabhängig von der Bonität des Kreditnehmers vollständig mit Eigenkapital (bzw. -mitteln) zu unterlegen.

(2) Die Einbeziehung von Marktrisiken (die sachgerecht umfassender abgegriffen werden als in dem dargestellten Vorschlag) beseitigte die Mehrfachbelegung des Eigenkapitals und damit eine wesentliche Schwachstelle des alten Normensystems. Durch die sich (nach den Standardverfahren) ergebende Pflicht zur Eigenkapitalunterlegung in Höhe von wiederum in der Regel 8% wurden die Risiken aus Preisänderungen den Ausfallrisiken weitgehend gleichgesetzt. Dies ist indes nicht unumstritten, bedenkt man die zumeist deutlichen Unterschiede in Halteperiode, Liquiditätsgrad und Volatilität von Positionen des Handelsbuchs auf der einen, des Anlagebuches auf der anderen Seite.[163]

(3) Zur »Kompensation« für die Einbeziehung der Marktrisiken wurden »Drittrangmittel« als neue Kategorie des Haftkapitals anerkannt. Diese erfüllen allerdings die strengen Anforderungen an Eigenkapitalbestandteile noch weniger als das zuvor schon zugelassene Ergänzungskapital.

(4) Unbefriedigend ist, daß einerseits das Zinsänderungsrisiko nur auf das Handelsbuch bezogen begrenzt, andererseits aber eine Beschränkung für das Fremdwährungsrisiko der Gesamtbank vorgenommen wird. Führt man sich vor Augen, daß in der Bundesrepublik – wie erwähnt – nur ca. 200 Banken unter die Handelsbuchregeln fallen, mithin für 95% der Institute unverändert keine Limitierung des Zinsänderungsrisikos besteht, dann wird daraus ein dringender Nachbesserungsbedarf deutlich.

(5) Die für die Berechnung des Eigenmittelbedarfs zur Unterlegung der Marktrisiken formulierten Standardverfahren bleiben deutlich hinter dem methodischen Know-how weiter Teile der Praxis zurück. Dies drückt sich etwa darin aus, daß zumeist auf Nominalbeträge statt auf Barwerte abgestellt wird. Auch sind noch immer Diversifikationseffekte ausgeklammert: Sie finden keine Berücksichtigung innerhalb einer Risikoart, da zu dem »allgemeinen« (= Markt-) Risiko stets das »besondere« (= spezifische) Risiko addiert wird, das sich aber durch eine ausreichende Streuung beseitigen läßt.[164] Zudem kommen Korrelationsbeziehungen zwischen den Risikokomplexen nicht zum Ausdruck, da die für die Unterlegung der Risiken erforderlichen Beträge separat statt integrativ ermittelt werden müssen.

---

[163] Vgl. hierzu B. Rudolph: Kapitaladäquanzrichtlinie: Zielsetzung und Konsequenzen der bankaufsichtlichen Regulierung im Wertpapierbereich, in: ZBB, 6. Jg., 1994, S. 117-130.

[164] Vgl. hierzu insbesondere H.-P. Burghof/B. Rudolph: a.a.O., S. 177f.

Die Standardverfahren sind als Erleichterung für Institute gedacht, für die die Entwicklung eines eigenen Risikomodells (mit dem das Management die Gelegenheit besitzt, diese Schwachstellen zu beseitigen) einen unverhältnismäßig hohen Aufwand darstellen würde. Macht man sich aber noch einmal klar, daß der Anwendungskreis der betreffenden Vorschriften auf nur wenige Banken mit nennenswertem Engagement im Handelsbereich beschränkt ist, darüber hinaus jedoch mit hoher Wahrscheinlichkeit zahlreiche Institute aufgrund ihrer Verbundbeziehungen Gemeinschaftslösungen erarbeiten könnten, dann ist diese Begründung wenig stichhaltig. Im übrigen müssen die angesprochenen Institute – falls sie dies nicht bereits getan haben – derartige Berechnungsmodelle ohnehin einführen, wollen sie die für das Pricing ihrer Produkte bedeutsame Komponente der Risikokosten (über das Bonitätsrisiko hinaus) adäquat kalkulieren.

Sollen deshalb die Erkenntnisse der Risiko- und Kapitalmarkttheorie sowie die in der Praxis bereits eingesetzten Modelle nicht mißachtet werden, dann können die Standardverfahren nur eine Übergangslösung von eng begrenzter Lebensdauer sein.

(6) Durch die Forcierung des Einsatzes interner Risikomodelle würde die Fähigkeit der Bankleitung zur Diversifikation mit einer geringeren Eigenkapitalbelastung honoriert, ohne den aus den genannten Gründen problematischen Weg zu wählen, durch die Aufsichtsbehörde Korrelationskoeffizienten vorzugeben. Bedenkt man, daß die Risikostreuung eine Existenzbedingung für den Finanzintermediär Bank darstellt (Kapitel A.), ein Verstoß gegen sie (wie im Kapitel B. anhand ausländischer Bankensysteme gezeigt) zu krisenhaften Erscheinungen ganzer Sektoren der Kreditwirtschaft führen kann, dann wird die Bedeutung eines solchen Diversifikationsanreizes sichtbar.

Ein jegliches Risikomodell führt aber zu suboptimalen Ergebnissen, wenn sein Anwendungsbereich nur auf einen Ausschnitt aus der Gesamtbank (Handelsbuch) beschränkt wird. Soll das mit der Zulassung von Inhouse-Modellen angestrebte Ziel einer vollständigeren Abbildung der Risikozusammenhänge verwirklicht werden, so ist diese Beschränkung mit zunehmendem Grad der Modellgüte aufzugeben. Statt dessen müßten die bisher allein bei der internen Kontrolle der Risikoposition möglichen Bemühungen, sämtliche Einzelrisiken und deren Zusammenspiel über die Gesamtbank hinweg zu erfassen, auch aufsichtsrechtlich unterstützt werden.[165] Dem Niveau und der Struktur nach willkürliche Multiplikationsfaktoren für die mittels bankeigener Modelle berechneten Risikobeträge sind dabei wenig hilfreich.

---

[165] Vgl. in dieser Richtung J. Krumnow: Risikoanalyse im Controlling einer Großbank, in: R. Kolbeck (Hrsg.): Die Finanzmärkte der neunziger Jahre – Perspektiven und Strategien, Frankfurt/M. 1990, S. 93-119 und C. Wittrock/S. Jansen: Gesamtbankrisikosteuerung auf der Basis von Value at Risk-Ansätzen, in: ÖBA, 44. Jg., 1996, S. 909-918.

Literatur zu Abschnitt 3.

Artopoeus, W.: »Soviel unternehmerische Freiheit wie möglich, in: ZfgK, 47. Jg., 1994, S. 1085-1091.
Bangert, M.: Zinsrisiko-Management in Banken, Wiesbaden 1987.
Berger, A. N./Herring, R. J./Szegö, G. P.: The role of capital in financial institutions, in: JoBF, vol. 19, 1995, S. 393-430.
Bieg, H.: Bankbilanzen und Bankenaufsicht, München 1983, insbesondere IV. Teil.
Boos, K.-H./Schulte-Mattler, H.: Der neue Grundsatz I: Kreditrisiken, in: DBk, Nr. 8/1997, S. 474-479.
Boos, K.-H.: Entwurf einer Sechsten KWG-Novelle, in: DBk, Nr. 2/1997, S. 119-125.
Bösl, K.: Integrative Risikobegrenzung. Eine Konzeption für Banken und Bankenaufsicht, Wiesbaden 1993.
Bundesministerium der Finanzen (Hrsg.): Grundsatzfragen der Kreditwirtschaft. Bericht der Studienkommission, Schriftenreihe des Bundesministeriums der Finanzen, Heft 28, Bonn 1979.
Burghof, H.-P./Rudolph, B.: Bankenaufsicht: Theorie und Praxis der Regulierung, Wiesbaden 1996.
Degenhart, H.: Zweck und Zweckmäßigkeit bankaufsichtlicher Eigenkapitalnormen, Berlin 1987.
Deutsche Bundesbank: Die Fünfte Novelle zum Kreditwesengesetz, in: MB, 46. Jg., Nr. 11/1994, S. 59-67.
Döhring, J.: Gesamtrisiko-Management von Banken, München/Wien 1996.
Erdland, A.: Eigenkapital und Einlegerschutz bei Kreditinstituten. Eine funktions- und abbildungstheoretische Analyse, Berlin 1981.
Hanenberg, L.: Zur Verlautbarung über Mindestanforderungen an das Betreiben von Handelsgeschäften der Kreditinstitute des Bundesaufsichtsamtes für das Kreditwesen, in: WPg, 49. Jg., 1996, S. 637-648.
Herzog, W.: Zinsänderungsrisiken in Kreditinstituten. Eine Analyse unterschiedlicher Steuerungskonzepte auf der Grundlage eines Simulationsmodells, Wiesbaden 1990.
Hintner, O.: Zum Liquiditätsproblem der Geschäftsbanken, in: Der Betrieb in der Unternehmung, Festschrift für W. Rieger, J. v. Fettel/H. Linhardt (Hrsg.): Stuttgart 1963, S. 396-421.
Hoffmann, H.: Dispositionsregeln zur Solvenzsicherung von Depositenbanken, Diss. Saarbrücken 1967.
Johanning, L.: Value-at-Risk-Modelle zur Ermittlung der bankaufsichtlichen Eigenkapitalunterlegung beim Marktrisiko im Handelsbereich, in: ZBB, 8. Jg., 1996, S. 287-303.
Jorion, Ph.: Value at Risk. The new benchmark for controlling market risk, Chicago et al. 1997.
JP Morgan: Introduction to RiskMetrics, 4th ed., New York 1995.
Karg, M./Lindemann, J. H.: Regierungsentwurf der 6. KWG-Novelle, in: Spk, 114. Jg., 1997, S. 123-132.
Keine, F.-M.: Die Risikoposition eines Kreditinstituts. Konzeption einer umfassenden bankaufsichtsrechtlichen Verhaltensnorm, Wiesbaden 1986.
Kolbeck, R.: Geschäftspolitische Auswirkungen der Konsolidierungsvorschriften des Kreditwesengesetzes, in: J. Krumnow/M. Metz Hrsg.): Rechnungswesen im Dienste der Bankpolitik, Festschrift für K. Mertin, Stuttgart 1987, S. 297-315.
Krümmel, H.-J.: Liquiditätssicherung im Bankwesen, (I) in: KuK, 1. Jg., 1968, S. 247-307 und (II) in: KuK, 2. Jg., 1969, S. 60-110.
Krumnow, J.: Der Übergang zur qualitativen Bankenaufsicht, in: BZ, Nr. 147 v. 3.8.1995, S. 7.
Müller, W. A.: Bankenaufsicht und Einlegerschutz, Baden-Baden 1981.
Niethammer, Th.: Die Ziele der Bankenaufsicht in der Bundesrepublik Deutschland. Das Verhältnis zwischen »Gläubigerschutz« und »Sicherung der Funktionsfähigkeit des Kreditwesens«, Berlin 1990.
Professoren-Arbeitsgruppe (Philipp, F. et al.): Die Erfolgswirkungen der Eigenkapitalsurrogate in der Kreditwirtschaft – Versuch einer Quantifizierung, in: DBW, 43. Jg., 1983, S. 27-47.
Professoren-Arbeitsgruppe (Philipp, F. et al.): Bankaufsichtsrechtliche Begrenzung des Risikopotentials von Kreditinstituten, in: DBW, 47. Jg., 1987, S. 285-302.
Rolfes, B.: Die Steuerung von Zinsänderungsrisiken in Kreditinstituten, Frankfurt/M. 1985.
Rudolph, B.: Kapitaladäquanzrichtlinie: Zielsetzung und Konsequenzen der bankaufsichtlichen Regulierung im Wertpapierbereich, in: ZBB, 6. Jg., 1994, S. 117-130.
Schierenbeck, H.: Die Mehrfachbelegung von haftendem Eigenkapital bei Bankkonzernen, in: DBk, Nr. 4/1982, S. 150-158.

Schulte, M.: Bank-Controlling II: Risikopolitik in Kreditinstituten, 2. Aufl., Frankfurt/M. 1997.
Schulte, M.: Integration der Betriebskosten in das Risikomanagement von Kreditinstituten, Wiesbaden 1994.
Schulte-Mattler, H./Traber, U.: Marktrisiko und Eigenkapital. Bankaufsichtliche Normen für Kredit- und Marktrisiken, 2. Aufl., Wiesbaden 1997.
Schwanitz, J.: Elastizitätsorientierte Zinsrisikosteuerung in Banken, Frankfurt/M. 1996.
Siebel, U. R.: Eigenkapital und Quasi-Eigenkapital von Kreditinstituten, Frankfurt/M. 1980.
Siebke, J. (Hrsg.): Finanzintermediation, Bankenregulierung und Finanzmarktintegration, Berlin 1991.
Stützel, W.: Bankpolitik – heute und morgen, 3. Aufl., Frankfurt/M. 1983.
Uhlir, H./Aussenegg, W.: Value-at-Risk (VAR), (I): Einführung und Methodenüberblick, in: ÖBA, 44. Jg., 1996, S. 831-836 und (II): Cash-Flow-Mapping, in: ÖBA, 45. Jg., 1997, S. 273-277.

Kontrollfragen zu Abschnitt 3.

1. Das aus der Kapitalstruktur einer Unternehmung resultierende finanzielle Risiko (Leverage-Risiko) wird von Gutenberg durch folgende Formel beschrieben:

    $$r_{EK} = r_{GK} + \frac{FK}{EK} (r_{GK} - k_{FK})$$

    Dabei bedeuten die Symbole:
    - r_{EK} – Eigenkapitalrendite
    - r_{GK} – Gesamtkapitalrendite
    - FK – Fremdkapital
    - EK – Eigenkapital
    - k_{FK} – Kostensatz des Fremdkapitals

    Machen Sie das Leverage-Risiko für eine Bankunternehmung deutlich, indem Sie
    a) vorbereitend an der o.a. Formel zeigen, in welche Richtung sich ganz allgemein die Variablen ändern müssen, damit es zu einer Verstärkung des Leverage-Risikos kommt,
    b) die Symbole in die spezielle Terminologie der Kreditinstitute, gegebenenfalls durch Beschreibung der entsprechenden Bilanz- und Erfolgsgrößen, übertragen,
    c) unter Berücksichtigung der typischen Größenproportionen in Bilanz und GuV-Rechnung von Kreditinstituten die Variablen im Hinblick auf ihre Bedeutung für das Leverage-Risiko einer Bank untersuchen.

2. Die Dispositionen von Bankleitern werden mehr als in anderen Wirtschaftsbereichen durch staatlich gesetzte Daten eingeschränkt.
    a) Zeigen Sie in bezug auf diese Sonderstellung, in welchen Geschäftsbereichen und in welcher Form die Dispositionen auf solche durch staatliche Daten gesetzte Grenzen stoßen.
    b) Geben Sie die gesamtwirtschaftliche Begründung für diese staatliche Datensetzung.

3. Zeigen Sie, welche Elemente des Normensystems der Bankenaufsicht sich auf Ergebnisse bankwissenschaftlicher Forschung zurückführen lassen, und zwar im Hinblick auf
   - die goldene Bankregel
   - die Bodensatztheorie
   - die Shiftability Theory
   - die Maximalbelastungstheorie.
4. Mit Blick auf die Konkursgründe Illiquidität und Überschuldung halten Kreditinstitute Liquiditäts- und Verlustausgleichsreserven.
   a) In welchen Formen werden Liquiditäts- und Verlustausgleichsreserven gehalten?
   b) Zeigen Sie, daß bei einem »Liquiditätsschock« (z.B. durch unerwartete Geldabzüge von Großeinlegern) auch die Verlustausgleichsreserven beansprucht werden können.
5. Machen Sie den Charakter der Liquiditätsgrundsätze II und III der Bankenaufsicht als Finanzierungsregeln deutlich. Was läßt sich kritisch zu den Liquiditätsgrundsätzen sagen?
6. Erläutern Sie das Konzept der Risikoklassen des Grundsatzes I im Hinblick auf das Adressenausfallrisiko und nehmen Sie eine kritische Würdigung vor.
7. Welche wesentlichen Veränderungen für das bankaufsichtliche Normensystem brachte die Umsetzung der Kapitaladäquanzrichtlinie in deutsches Recht mit sich?
8. Diskutieren Sie, inwiefern sich zwischen dem Anlage- und dem Handelsbuch einer Bank sinnvoll trennen läßt.
9. Mit welchen Kriterien läßt sich das Länderrisiko beurteilen? Versuchen Sie, drei von Ihnen für den wirtschaftlichen Bereich genannten Kriterien Kennziffern beizufügen, so daß eine Quantifizierung der Kreditwürdigkeitskomponenten möglich und ein Ländervergleich erleichtert wird. – Sollte das Länderrisiko separat vom allgemeinen Adressenausfallrisiko geregelt werden?
10. Als Ursachen für die Finanzinnovationen werden (u.a.) genannt
    a) die Regulierung der Kreditwirtschaft,
    b) die Entwicklung der Informations- und Kommunikationstechnologie,
    c) das Bedürfnis der Wirtschaftssubjekte nach bequemer Leistungsabnahme,
    d) das Sicherheitsbedürfnis der Wirtschaftssubjekte,
    e) der Wunsch der Unternehmen, ihre Kapitalkosten zu senken.
    Ordnen Sie jeder Entstehungsursache jeweils eine Finanzinnovation zu und machen Sie in knapper Form den Zusammenhang deutlich.
11. Im November 1983 geriet das Privatbankhaus Schröder, Münchmeyer, Hengst & Co. (SMH) in existentielle Schwierigkeiten und konnte nur durch ein gelungenes Krisenmanagement vor dem Konkurs bewahrt werden. Beantworten Sie in diesem Zusammenhang die folgenden Fragen:
    a) SMH soll u.a. gegen die Großkreditvorschriften des KWG verstoßen haben. Welchen Zweck verfolgen diese Großkreditvorschriften? Wie sind sie nach der 6. KWG-Novelle gefaßt?
    b) Die Sanierung bei SMH ist u.a. durch Rückgriff auf das Privatvermögen der Inhaber, durch Umwandlung von Geldmarktlinien der Gläubigerbanken in nachrangige Verbindlichkeiten, durch Zuschüsse des Einlagensicherungsfonds des privaten Bankgewerbes und durch den Verkauf der Sparte Vermögensverwaltung an die britische Lloyd's Bank geschehen.

- Geben Sie eine kurze Erläuterung dieser Maßnahmen.
- Wie sind die Maßnahmen bei SMH zu verbuchen?

12. Könnte man nach dem Ausbau der Einlagensicherungseinrichtungen durch die Verbände der Kreditwirtschaft auf Eigenkapitalbelastungs- und Finanzierungsregeln, wie sie in den Grundsätzen der Bankenaufsicht zum Ausdruck kommen, nicht verzichten?
13. Was kann man unter dem Wettbewerb der Banken um Kreditnehmer mit Informationsanforderungen verstehen? Inwiefern stellen die Vorschriften des § 18 KWG einen staatlichen Eingriff in diesen Wettbewerb dar?
14. Erläutern und würdigen Sie das Value-at-Risk-Konzept. Erörtern Sie im Anschluß daran, wieweit es sich auf Marktpreisrisiken einerseits und Adressenausfallrisiken andererseits anwenden läßt.
15. Welche Strategien kann das Management einer Bank bei der Steuerung des Bonitätsrisikos verfolgen? Welche Instrumente stehen ihm dabei zur Verfügung und mit welchen Vor- und Nachteilen verbindet sich deren Einsatz jeweils?
16. Warum haben deutsche Großbanken Tochterbanken in Luxemburg gegründet?
17. Mit der Fünften KWG-Novelle wurde zum 31.12.1995 die EU-Konsolidierungsrichtlinie in deutsches Recht umgesetzt.
    - Was versteht man in diesem Zusammenhang unter der Konsolidierung?
    - Wie bestimmt sich der Konsolidierungskreis?
    - Welche Verfahren der Konsolidierung können bzw. müssen unter welchen Bedingungen angewandt werden?
18. Erläutern Sie die Konstruktion der Begrenzungsvorschrift für Marktrisiken.
19. Definieren Sie das Zinsänderungsrisiko und nennen Sie die Komponenten, die seine Höhe bestimmen. Mit welchen Verfahren und Instrumenten versucht man, solche Risiken zu erfassen und zu steuern? Wägen Sie die jeweiligen Vor- und Nachteile gegeneinander ab.
20. Machen Sie deutlich, wie eine Bank (a) durch den Ankauf festverzinslicher Wertpapiere und (b) durch ihre Emission Zinsänderungsrisiken eingehen kann. Wie lassen sich Verluste daraus ausgleichen? (Nennen Sie Auffanglinien, die die Bank nacheinander zum Verlustausgleich heranziehen wird.)
21. Bilden die in dem ab 1998 gültigen Grundsatz I formulierten, sogenannten Standardverfahren das Zinsänderungsrisiko einer Bank in sachgerechter Weise ab?
22. Welche Gemeinsamkeiten und Unterschiede lassen sich bei den Verfahren zur Ermittlung der Eigenkapitalanforderungen im Hinblick auf das Zinsänderungsrisiko einerseits, das Aktienkursrisiko andererseits erkennen?
23. Läßt es sich rechtfertigen, offene Positionen in »nachweislich eng verbundenen Währungen« bei der Eigenkapitalunterlegung zu privilegieren?
24. Diskutieren Sie die Aussage, die Zulassung bankeigener Risikomodelle sei ein »revolutionärer Schritt für die Bankenaufsicht«.
25. Welche Vorzüge könnte eine »qualitative« Bankenaufsicht besitzen? Welche Grundprobleme dürften sich zugleich mit ihr verbinden?
26. Unter welchen Voraussetzungen und bis zu welchem Grade läßt sich die staatliche Bankenaufsicht durch alternative Kontrollmöglichkeiten substituieren?
27. Für eine gegenüber dem Grundsatz I in seiner Fassung vor der 6. KWG-Novelle verbesserte, möglichst umfassende Begrenzung der Risikoposition von Kreditinstituten wurde folgende Formulierung vorgeschlagen:

$$hEK \geq (0\,AR_B^I + 0{,}2\,AR_B^{II} + 0{,}5\,AR_B^{III} + 0{,}7\,AR_B^{IV} + 1{,}0\,AR_B^V)$$
$$+ (\sum_{i=1}^{V} \sum_{j=1}^{n} x_i \frac{(K_{ij})^2}{hEK})$$
$$+ \Delta C_0 (\Delta r)$$
$$+ w(D)$$

a) Welche Risikokomplexe sind in der Formel dem Eigenkapital gegenübergestellt worden? (Antworten Sie in der Reihenfolge der Formelelemente von oben nach unten).

b) Kann die Außerachtlassung des Management- und des Liquiditätsrisikos gerechtfertigt werden?

c) Würden Sie in das Eigenkapital
  – Genußscheinkapital,
  – stille Reserven in Form versteuerter Vorsorgereserven,
  – Nachrangige Verbindlichkeiten und
  – Neubewertungsreserven
  – Nettogewinne des Handelsbuches
  einbeziehen?

d) Welche Vorzüge hat die umfassende Begrenzung der Risikoposition gegenüber den traditionellen, prinzipiell auf die Begrenzung einzelner Risikokomplexe abstellenden Regelungen in
  – sachlicher,
  – ordnungspolitischer
  Hinsicht?

e) Die Festlegung der Eigenkapitalanrechnungssätze für die verschiedenen Risikoklassen ist problematisch. Was halten Sie davon, wenn man zwecks Lösung des Problems die Zinssätze an den Finanzmärkten analysiert nach dem Motto: Zinsdifferenzen → Differenzen in den Risikoprämien → Bonitätsdifferenzen → Differenzen in den Eigenkapitalanrechnungssätzen?

f) Wie läßt sich die Aufnahme von Euronote-Facilities und Zinsswaps in das System der Risikoklassen begründen?

g) Wird die gesamte Risikoposition einer Bank nach der Novellierung des KWG sowie des Grundsatzes I ab 1998 sachgerechter erfaßt?

4. Die Abbildung bankpolitischer Entscheidungen in Bankmodellen

Sieht man von dem gezielten Einsatz absatzpolitischer Instrumente (der erst Gegenstand des Abschnittes C. III. ist) an dieser Stelle noch ab, dann gilt für die Bankpolitik: Dort, wo wie in **Kreditinstituten die Aktivitäten auf liquide Mittel gerichtet** sind, wird **Geschäftspolitik zur Finanzpolitik,** Bankmanagement zum Finanzmanagement. Das erklärt, warum aus der Kapitalstruktur resultierende Leverage-Risiken, Modelle der Liquiditätshaltung und Portfolio Selection-Überlegungen im Mittelpunkt der Ausführungen zu bankpolitischen Entscheidungen stehen müssen. Noch immer gilt: »Commercial banking is an interesting industry because, in my opinion, it is difficult to construct an integrated theory for a banking firm that treats liquidity management, portfolio selection, pricing policy, and physical production processes simultaneously.«[1]

Zunächst soll, ausgehend von einem einfach strukturierten Modell der Bank, die Bedeutung der beiden monetären Teilkapazitäten, Eigenkapital und Liquidität, erläutert werden, um auf diese Weise den Kern einer Theorie des Bankbetriebes zu beleuchten. In den folgenden Abschnitten werden ausgewählte Modelle zur Planung der monetären Kapazitäten vorgestellt und sukzessive auch die Einsatzfaktoren Arbeit und Betriebsmittel einbezogen. Ziel dieses Abschnitts ist die Prüfung, ob die Fortentwicklung der Modellelemente zu leistungsfähigen Entscheidungsgrundlagen für das Bankmanagement geführt hat oder nicht.

a. Die Bedeutung der monetären Teilkapazitäten Eigenkapital und Liquidität

Ein von den Alhadeffs entwickeltes Modell[2] zur Erklärung des optimalen Kreditvolumens der Bank läßt sich graphisch wie in Abbildung C. 115 darstellen.

Die Ordinate zeigt oberhalb 0 die Gewinnzone, darunter die Verlustzone. Dementsprechend bezeichnet die Abszisse die Gewinnschwelle bei verschiedenen Bilanzsummen (BS).

Die parallel zur Abszisse laufenden Geraden B_1K_1, B_2K_2 und B_3K_3 sind Bilanzsummen mit in dieser Reihenfolge steigenden Volumina. Die Abschnitte der Geraden entsprechen Bilanzbeständen. Auf den Geraden sind die aktiven Bilanzbestände markiert, das sind Liquiditätsreserven und Kredite. Unter den Geraden sind die passiven Bilanzbestände abgetragen, das sind Sichteinlagen, befristete Einlagen und Eigenkapital. Bilanzsummen und Bilanzbestände werden als repräsentative Durchschnittsergebnisse einer Periode angesehen.

OC bezeichnet die Kosten der Leistungsbereitschaft aus dem technisch-organisatorischen Bereich. Sie werden für alle drei Bilanzsummen als fix angenommen, d.h. der Verwaltungsapparat der Bank kann die Ausdehnung der Bilanzsummen ohne zusätzliche Personal- und Sachkosten verkraften (da z.B. noch Leerkapazitäten bestehen).

CB_1 sind die mit der Bilanzsumme B_1K_1 verbundenen Geldbeschaffungskosten, entsprechend CB_2 die bei der Bilanzsumme B_2K_2, CB_3 die bei der Bilanzsumme B_3K_3 anfallenden Geldbeschaffungskosten (Zinskosten und Kosten der Eigenkapitalmittel).

---

[1] N. B. Murphy: Costs of banking activities: Interactions between risk and operating costs, a comment, in: JoMCB, vol. 4, 1972, S. 614f., hier S. 614. Diese Sichtweise wird bestätigt bei X. Freixas/J.-Ch. Rochet: Microeconomics of Banking, Cambridge/Mass. et al. 1997.
[2] Vgl. D. A. Alhadeff/Ch. P. Alhadeff: An integrated model for commercial banks, in: JoF, vol. 12, 1957, S. 24-43.

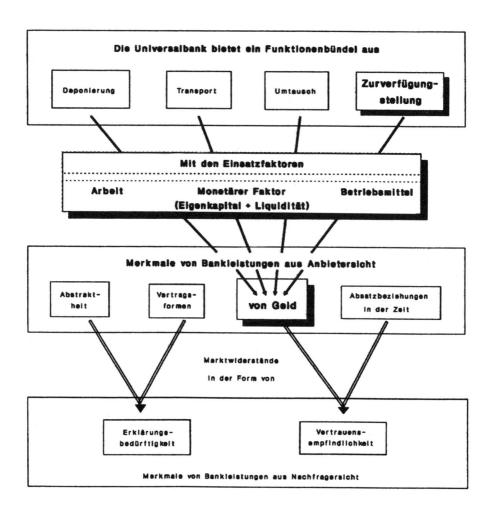

Der Ausgangszustand mit der Bilanzsumme B_1K_1 wird durch folgende Bilanzstruktur beschrieben:

Aktive Bestände
B_1M_1 – Nichtdisponible Liquiditätsreserven (Mindestreserven)
M_1L_1 – Disponible Liquiditätsreserven (Überschußreserven)
L_1K_1 – Kredite als einzig ertragbringende Leistungsart

Passive Bestände:
B_1E_1 – Sichteinlagen
E_1EK_1 – Befristete Einlagen
EK_1K_1 – Eigenkapitalmittel

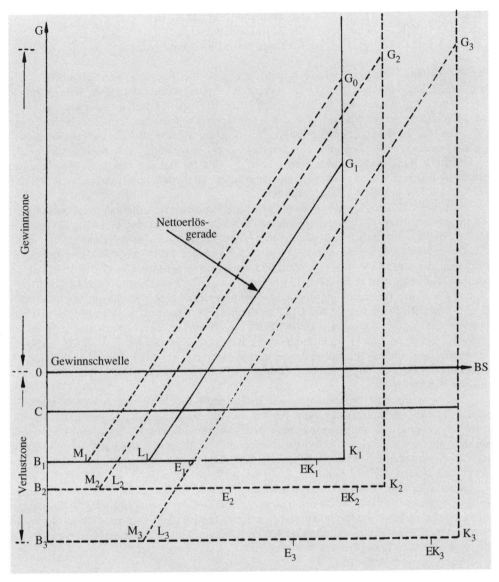

Abb. C. 115: *Das optimale Kreditvolumen einer Bank*

Vorausgesetzt wird, daß die Kreditproduktion nur unter Beachtung dieser Kapazitätsbeschränkungen der monetären Faktoren[3] erfolgen kann:

---

[3] Zu den Einsatzfaktoren bei Kreditinstituten vgl. H.-D. Deppe: Eine Konzeption wissenschaftlicher Bankbetriebslehre in drei Doppelstunden, in: H.-D. Deppe (Hrsg.): Bankbetriebliches Lesebuch, Festschrift für L. Mülhaupt, Stuttgart 1978, S. 3-98; sowie J. Süchting: Bestimmungsfaktoren des Kreditangebots – Ein Beitrag zum Faktorsystem der Bank, in: Blätter für Genossenschaftswesen, 114. Jg., 1968, S. 441-446.

$M_1L_1 \geq 0$ — für disponible Liquiditätsreserven
$L_1K_1 \leq 10\ EK_1K_1$ — für Eigenkapitalmittel
$L_1K_1 \leq 2\ E_1K_1$ — für langfristige Finanzierungsmittel

Für die Kredite werden gleiche Nettoerlössätze, die die Steigung der Nettoerlösgeraden bestimmen, angenommen. Um die limitierenden Wirkungen der monetären Kapazitäten in ihren Auswirkungen auf das Leistungsvolumen des finanziellen Bereichs darzustellen, wird die Möglichkeit ausgeschlossen, daß die Nachfrage nach Krediten restriktiv wirkt. Es besteht also ein Nachfrageüberhang, gegenüber dem die Bank Rationierung betreibt, indem sie aus der Summe vorliegender Kreditanträge selbst gewinnbringende noch zurückweist.

Die Bank hat mit der Bilanzsumme B_1K_1 Kredite im Betrage von L_1K_1 gegeben und erzielt den Gewinn G_1. Dieser Gewinn ist offenbar nicht maximal, denn alle monetären Faktoren weisen noch Leerkapazitäten auf.

Nutzt die Bank den Vorrat an disponiblen Liquiditätsreserven vollständig aus, so realisiert sie in gleicher Höhe ein zusätzliches Kreditvolumen und damit das Gesamtkreditvolumen M_1K_1. (Es wird ersichtlich, daß der interne Verrechnungsfaktor nicht berücksichtigt wird, d.h. die neuen Kreditnehmer verfügen ausschließlich über LZB-Konto und/oder Barkasse.) Nun wird der höhere Gewinn G_0 erzielt, der unter den gegebenen Umständen maximal ist, weil die Kapazität der disponiblen Liquiditätsreserven voll ausgelastet ist ($M_1L_1 = 0$).

Ließe sich die Beschränkung durch Erhöhung des Einlagenvolumens aufheben, so würde die Bank die Bilanzsumme bis B_2K_2 ausdehnen, die Kredite L_2K_2 hinauslegen und den höheren Gewinn G_2 realisieren. Dabei stieße sie an eine zweite Kapazitätsgrenze, da sie dann den Fonds an Eigenkapitalmitteln voll ausnutzt ($L_2K_2 = 10\ EK_2K_2$). Es ist in diesem Zusammenhang unterstellt, daß sich mit der Ausdehnung der Bilanzsumme weder die Eigenkapitalmittel noch die befristeten Einlagen in ihrer absoluten Höhe verändern, sondern nur die Sichteinlagen.

Gäbe es weder eine Beschränkung durch disponible Liquiditätsreserven noch durch Eigenkapitalmittel, so könnte die Bank bis auf die Bilanzsumme B_3K_3 mit dem Kreditvolumen L_3K_3 expandieren und den insgesamt höchsten Gewinn von G_3 erreichen. Hier würde sie dann die in der Struktur der Finanzierungsmittel begründete Kapazitätsgrenze berühren, da das Kreditvolumen mindestens zur Hälfte durch langfristige Finanzierungsmittel gedeckt sein muß ($L_3K_3 = 2\ E_3K_3$).

Es zeigt sich im Ergebnis, daß *der disharmonische Aufbau der durch die monetären Faktoren repräsentierten Teilkapazitäten nur einen Gewinn von G_0 zuläßt*, da (in diesem Beispiel) die disponiblen Liquiditätsreserven *limitierend* wirken und nicht durch einen anderen »Produktionsfaktor« substituiert werden können. Dies ist der maximale Gewinn, der durch die Kreditvergabe erreicht werden kann.

Im einzelnen ergibt sich der abstrakte Charakter des Modells aus diesen *Prämissen:*

(1) Die Einsatzfaktoren der Bank, nämlich die *Eigenkapitalmittel* sowie die weiteren *Finanzierungsmittel* und die *Liquiditätsreserven* sind *exogen* vorgegebene und voneinander unabhängige Größen.

(2) Die Bank wird als ein 1-Produkt-Unternehmen gesehen, das *nur Kredite* vergibt (insbesondere kein Dienstleistungsgeschäft); diese sind insoweit »homogen«, als das Kreditinstitut dafür – ohne Berücksichtigung interner Verrechnungen oder sogar unterschiedlicher Verbrauchsfunktionen für liquide Mittel – im *gleichen Umfang* Liquiditätsreserven benötigt.

(3) Aktionsparameter ist allein die Kreditmenge, d.h. die Bank bewegt sich in einem *vollkommenen Markt*, ohne durch die Nachfrage gegebene Restriktionen und die Möglich-

keit, Einfluß auf die Preise der Einsatzfaktoren und der Produkte zu nehmen (Mengenanpasserverhalten).
(4) Es wird vollkommene Information *(Sicherheit)* unterstellt. Eigenkapital und Liquidität werden nicht mit Blick auf das Risiko gehalten, sondern allein auf externe Restriktionen wie die Grundsätze und Mindestreservevorschriften sowie die Kreditproduktion (vgl. (2)) ausgerichtet.
(5) Die Bank maximiert den Gewinn für eine Planperiode bei unveränderter Datenkonstellation unter Einschluß eines den technisch-organisatorischen Bereich repräsentierenden Fixkostenblocks *(statisches Einperioden-Modell)*.

Ausgehend von den monetären Teilkapazitäten sollen diese sehr restriktiven Prämissen des Alhadeff-Modells nun für eine weiterführende Diskussion genutzt werden.

b. Die Planung der Eigenkapitalmittel

Unabhängig davon, daß Gewinne und stille Reserven erste Verteidigungslinien gegen auftretende Verluste darstellen, wird sich die Planung der Eigenkapitalmittel im Hinblick auf die Einhaltung bankaufsichtsrechtlicher Rahmenbedingungen auf das »anrechnungsfähige«, offen ausgewiesene Eigenkapital erstrecken müssen (einschließlich gegebenenfalls von Genußrechtskapital und nachrangigen Verbindlichkeiten sowie nach Korrektur um einen Teil des Privatvermögens von Bankgesellschaftern und der Haftsummenzuschläge von Genossenschaftsbanken).

Entsprechend wird in *deterministischen Modellen* der linearen Programmierung mit einer auf die Maximierung des Gewinns gerichteten Zielfunktion die *Teilkapazität der Eigenkapitalmittel* als Sicherheitsbedingung etwa in folgender allgemeiner und vereinfachter Form geschrieben[4]:

(C. 37) $A_1 + 0,5\ A_2 + 0,2\ A_3 + \ldots A_n \leq 12,5\ EK$

Dabei bezeichnen die A die risikobehafteten Anlagenkategorien 1…n; EK ist das anrechnungsfähige Eigenkapital.

In den folgenden Abschnitten soll die Höhe des Eigenkapitals dagegen nicht als Nebenbedingung vorgegeben, sondern *endogen* bestimmt werden. Wenn die Betrachtung dabei auch zumeist bei der Verlustausgleichsfunktion des Eigenkapitals ansetzt (b. 3.), darf doch dessen Finanzierungsfunktion nicht aus den Augen verloren werden (b. 1.).

b. 1. Die Finanzierungsfunktion des Eigenkapitals

Pringle[5] stellt in einem *stochastischen Modell* auf das Kurswertvermögen der Eigentümer[6] als Zielgröße ab (siehe Abbildung C. 116).
Dieses wird in dem Punkt maximiert, wo die erwarteten Grenzerlössätze aus der geplanten Kreditvergabe gleich sind ihren erwarteten Grenzkostensätzen ($z_K = i_K$ = Optimum der Kreditvergabe). Damit wird unterstellt, daß die Bankaktionäre einen positiven Levera-

---
[4] Dazu vgl. im einzelnen H.-D. Deppe: Bankbetriebliches Wachstum, Stuttgart 1969, S. 103ff. Weiter vgl. S. 602.
[5] J. J. Pringle: The capital decision in commercial banks, in: JoF, vol. 29, 1974, S. 779-795.
[6] Vgl. J. Süchting: Finanzmanagement, a.a.O., S. 330ff.

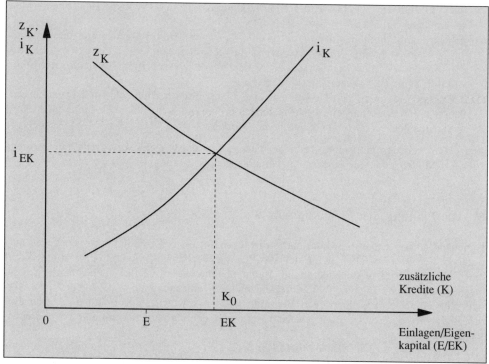

Abb. C. 116: *Die optimale Kapitalstruktur einer Bank*

ge-Effekt ($z_K \geq i_K$) in der Kursentwicklung honorieren. Da das Maximum des Kurswertvermögens dem Minimum der Eigenkapitalkosten entspricht,[7] ist auch das Kreditoptimum (K_0) dem Minimum der Eigenkapitalkosten (i_{EK}) gleich. – Unter der Annahme, daß in der Planperiode Einlagen in Höhe von 0E ein Datum darstellen, ist der *Restbestand* des (optimalen) Kreditvolumens mit Eigenkapital zu finanzieren, so daß sich der *optimale Eigenkapitalanteil* als E-EK ergibt.

Der angenommene Verlauf der (Grenz-)Zinserlössätze und (Grenz-)Kostensätze zeigt, daß der Ansatz einer anderen »Modellfamilie« angehört als der der Alhadeffs. Hier wird das Verhalten der Bank nicht als das eines Mengenanpassers beschrieben; diese hat vielmehr aufgrund der unvollständigen Konkurrenz die Möglichkeit, durch Preissenkungen das Kreditvolumen auszuweiten. Gleichzeitig führen zunehmende Zinskostensätze in den Einlagenmärkten zu einem Anstieg der Grenzkostensätze.

Da die Einlagen und ihre Kosten Erwartungsgrößen sind, bleiben bei Pringle nur zwei Quellen der Finanzmittelbeschaffung bis zur Erreichung des Optimums der Kreditvergabe: aufgenommene Kredite und Eigenkapital. Entsprechend den im Modell getroffenen Annahmen liegen die Eigenkapitalkosten unter denen für aufgenommene Kredite, so daß auf diese letztere Finanzierungsquelle verzichtet wird. – Es ist offensichtlich, daß die **Alimentierung des Kreditwachstums der Bank allein auf der Grundlage (billigen) Eigenkapi-**

---

[7] Zu den Kapitalkosten, abgeleitet aus den Renditeforderungen der Kapitalgeber, vgl. J. Süchting: Finanzmanagement, a.a.O., S. 419ff.

tals einen **Spezialfall** darstellt.[8] Zum einen kann grundsätzlich von einem solchen Kostenvorsprung des Eigenkapitals nicht ausgegangen werden, ganz abgesehen davon, daß zumindest für viele Kreditinstitute in Deutschland Eigenkapital häufig nicht oder nur unter Schwierigkeiten am Markt beschafft werden kann (Sparkassen, Kreditgenossenschaften, Privatbankiers).[9] Zum anderen wird Eigenkapital lediglich in seiner Finanzierungsfunktion gesehen und unter (Grenz-)Kostenaspekten gewürdigt; die Verbundwirkungen für die gesamte Kapitalstruktur (unter Einschluß gegebenenfalls vorhandener institutioneller Mindesteigenkapitalanforderungen) werden vernachlässigt.[10] Wäre entgegen der Annahme im Modell Eigenkapital teurer als aufgenommene Kredite, so müßte diese wichtige monetäre Teilkapazität überhaupt abgebaut werden – eine unhaltbare Vorstellung.

b. 2. Die Einführung von Genußrechtskapital in die Kapitalstruktur

Im folgenden *Mehrperiodenfall* wird realitätsnäher davon ausgegangen, daß *haftendes Kapital* erforderlich ist, welches indessen aus *Eigenkapital* und dem Surrogat *Genußrechtskapital* besteht, das im anschließenden Beispiel mit einer festen Verzinsung bedient wird. Die Bank (eine Sparkasse) sei im Startjahr 0 an die durch die Teilkapazität des Eigenkapitals gegebene (bankaufsichtsrechtlich bedingte) Wachstumsgrenze gestoßen. Um die weitere Expansion zu alimentieren, werden – entgegen den Annahmen im Pringle-Modell – (als haftendes Kapital anerkannte) Genußrechte (Gr) in Höhe von einer Einheit p.a. aufgenommen. Aus dieser (Haft-)Kapitalstruktur wird ein *positiver Leverage-Effekt* erhofft. Wie im Pringle-Modell wird angenommen, daß die Bank zu Marktsätzen Einlagen kontrahiert. Ihr geschätztes Wachstum von 10% p.a. erlaubt ein entsprechendes Aktivgeschäft, dessen Nutzen bei gleichen Wahrscheinlichkeiten mit einer Nettozinsspanne (NZS) von 0,5%, 0,75% und 1,0% veranschlagt wird (siehe Tabelle C. 27).

Nachdem im Startjahr als haftendes Kapital lediglich 14 Einheiten Eigenkapital zur Verfügung stehen, werden zur Alimentierung des geplanten Wachstums der Durchschnittsbilanzsumme (DBS) zu Beginn des ersten Jahres im Falle der Realisierung einer NZS von 0,5% haftende Kapitalmittel in Höhe von 16 Einheiten erwartet. Die Aufstockung setzt sich aus einer Einheit Gr sowie der Rücklagendotierung aus der abgelaufenen Periode in Höhe von einer Einheit zusammen.

Die Zufuhr zu den Eigenkapitalmitteln beschränkt sich demnach auf die Einbehaltung der erwarteten Gewinne. Die relativ hohen Zinskosten für das sukzessiv aufgenommene Genußrechtskapital fallen unter den gegebenen Erwartungen kaum ins Gewicht. Mit einem Anteil des Genußrechtskapitals an der Durchschnittsbilanzsumme von auch im 5. Jahr noch unter 1% werden die darauf bezogenen positiven Zinsspannen durch diese Art der Aufnahme haftender Mittel kaum belastet. Selbst bei Eintreffen der niedrigsten Nettozinsspanne von 0,5% ist die Transaktion vorteilhaft in dem Sinne, daß der durch sie ausgelöste Wachstumsmultiplikator einen positiven Leverage-Effekt bewirkt, der sich in einem

---

[8] Vgl. auch E. Baltensperger: Alternative approaches to the theory of the banking firm, in: JoME, vol. 6, 1980, S. 1-37, hier S. 15f.
[9] Vgl. dazu D. J. Jüttner/B. E. Gup: Kapitalkosten der Banken, in: Jahrbücher für Nationalökonomie und Statistik, 214. Band, 1995, S. 401-419.
[10] Zu den Verbundwirkungen der Kapitalstruktur in ihrer Auswirkung auf die Kapitalkosten vgl. J. Süchting: Finanzmanagement, a.a.O., S. 535ff. sowie M. H. Miller: Do the M & M propositions apply to banks?, in: JoBF, vol. 19, 1995, S. 483-489 und A. H. Berger/R. J. Herring/G. P. Szegö: a.a.O.

Jahr	DBS (Δ 10% p.a.)	Haftendes Kapital			davon Eigenkapital			davon Gr	Zinsen Gr (10%)	Gewinn vor ZGr u. vor St			Gewinn nach ZGr u. vor St			Gewinn nach ZGr u. nach St (50%)		
										NZS			NZS			NZS		
										0,5	0,75	1,0	0,5	0,75	1,0	0,5	0,75	1,0
0	400	14			14			0	0	2	3	4	2	3	4	1	1,5	2
			NZS			NZS												
		0,5	0,75	1,0	0,5	0,75	1,0											
1	440	16	16,5	17	15	15,5	16	1	0,1	2,2	3,3	4,4	2,1	3,2	4,3	1,05	1,6	2,15
2	484	18,05	19,1	20,15	16,05	17,1	18,15	2	0,2	2,42	3,63	4,84	2,22	3,43	4,64	1,11	1,72	2,32
3	532,4	20,16	21,82	23,47	17,16	18,82	20,47	3	0,3	2,66	3,99	5,32	2,36	3,69	5,02	1,18	1,85	2,51
4	585,6	22,34	24,66	26,98	18,34	20,66	22,98	4	0,4	2,93	4,39	5,86	2,53	3,99	5,46	1,26	2,00	2,73
5	644,2	24,61	27,66	30,71	19,61	22,67	25,71	5	0,5	3,22	4,83	6,44	2,72	4,33	5,94	1,36	2,17	2,97
ΣΔ in %	61,05	75,79	97,57	119,36	40,07	61,93	83,64											

Symbole:	DBS	–	Durchschnittsbilanzsumme	St	–	Steuern
	Gr	–	Genußrechtskapital	NZS	–	Nettozinsspanne (Gewinn vor Steuern/ Durchschnittsbilanzsumme)
	ZGr	–	Zinsen auf Genußrechtskapital			

Tab. C. 27: Genußrechtskapital in der Kapitalstruktur

Gewinnzuwachs niederschlägt. (Sollte es indessen Ziel der Bank sein, die Eigenkapitalquote bei 14/400 bzw. 3,5% zu halten, so müßte dafür eine Nettozinsspanne von ≈ 0,75% realisiert werden.)
Daß in der Aufnahme haftenden Genußrechtskapitals mit fester Verzinsung (Quasi-Eigenkapital) auch ein Risiko liegt, welches durch einen negativen Leverage-Effekt in Form einer negativen Nettozinsspanne schlagend werden kann, war bereits deutlich gemacht worden (vgl. S. 208f.).

Unter bankaufsichtlichem Aspekt ist an dieser Stelle auf ein weiteres Risiko hinzuweisen: Werden Genußrechte z.B. von einer Sparkasse im Verbund bei anderen Sparkassen placiert, um sich – trotz des fehlenden Stimmrechts – dem Einfluß potenter Käufer aus der eigenen Kundschaft, etwa bei der anstehenden Prolongation, zu entziehen, so wird die (Eigenkapital-)Stabilität des Bankensystems als Ganzes nicht gefördert[11] (ähnlich wie bei den Interbankenguthaben, die nicht zu den als Potential für die Geldschöpfung des Geschäftsbankensystems dienenden Liquiditätsreserven gerechnet werden können, vgl. S. 154). Unter diesem Aspekt müßten alle Komponenten des haftenden Eigenkapitals soweit gegen die entsprechenden Aktiva aufgerechnet werden, wie diese von kapitalgebenden Kreditinstituten gehalten werden.

b. 3. Planung des Eigenkapitals als Risikoträger mit Hilfe eines Lagerhaltungsansatzes

Im Rahmen eines Bankmodells unter Unsicherheit erarbeitet Baltensperger die optimale (Liquiditäts- und) Eigenkapitalposition mit einem Lagerhaltungsansatz.[12] Unter dem Aspekt des Ausfallrisikos wird hier die Höhe des Eigenkapitals von der Größe der *Vari-*

---

[11] In Anlehnung an G. H. Hempel/A. B. Coleman/D. G. Simonson: a.a.O., S. 287ff.
[12] E. Baltensperger: Economies of scale, firm size, and concentration in banking, in: JoMCB, vol. 4, 1972, S. 467-488.

anz möglicher Aktivaverluste her gesehen. Dem Management der Bank sind zum Periodenanfang nicht die Verluste am Periodenende bekannt, wohl aber deren Wahrscheinlichkeitsverteilung.

Genauso wie die Liquiditätsvorräte als Lager zur Reduzierung von Kosten aufgefaßt werden können, die bei der Abdeckung unerwarteter Liquiditätsdefizite auftreten (Abschnitt c. 2.), kann auch die Eigenkapitalhaltung als Lager für das Auffangen existenzbedrohender Aktivaverluste (Abschreibungen) betrachtet werden, das z.B. über die Gewinnverteilung zu planen ist (vgl. auch S. 448f.). Grundsätzlich gilt: Je höher die Varianz möglicher Aktivaverluste, desto mehr Eigenkapital muß vorgehalten werden.

Für eine genauere Ableitung des notwendigen Eigenkapitals minimiert Baltensperger die (von ihm so genannten) *Kosten der Unsicherheit (C_u)*. Knappe Eigenkapitalvorräte begründen Kosten, die – bei Existenz institutioneller Mindestansprüche – aus der Notwendigkeit resultieren, die Aktiva kurzfristig umzustrukturieren (*Anpassungskosten*)[13], indem z.B. das Kreditvolumen zurückgeführt wird. Den erwarteten Anpassungskosten stehen mit zu hohen Eigenkapitalvorräten verbundene *Opportunitätskosten* gegenüber, die (im Gegensatz zum Pringle-Modell) als Mehrkosten des Eigenkapitals im Vergleich zu Einlagenkosten interpretiert werden[14]:

(C. 38) $\quad C_u = (i_{EK} - i_E) EK^+ = (i_{EK} - i_E) d\sigma_w$

Dabei sind $(i_{EK} - i_E)$ die Opportunitätskosten des Eigenkapitals; EK^+ ist die optimale Eigenkapitalposition, die ihrerseits bestimmt wird durch die sogenannte »Risikopräferenzrate des Managements« (d), multipliziert mit der Standardabweichung der erwarteten Aktivawertminderungen σ_w. Hier zeigt sich die Parallele zu den im letzten Kapitel dargestellten *Value-at-Risk-Ansätzen*: Dort wurde das für drohende Verluste aus einem Finanztitel (bzw. einem Portfolio mehrerer Finanztitel) vorzuhaltende Eigenkapital auch aus der Multiplikation des aktuellen Wertes mit der Standardabweichung der Wertänderungen sowie einem zusätzlichen Faktor (z.B. 1,65) als Ausdruck eines bestimmten Konfidenzniveaus (dann 95%) berechnet (vgl. S. 548). Wird letzteres nicht aufsichtsrechtlich vorgegeben, so bestimmt es sich nach der Risikoneigung des Managements. Eine besonders risikoaverse Bankleitung dürfte das Konfidenzniveau so hoch wählen, daß die Wahrscheinlichkeit für die Überschreitung des Value at Risk minimal wird; dementsprechend reichlich ist das Eigenkapital zu dotieren.

Gelingt es, das Risiko des Aktivavolumens in Anpassungskosten zu transferieren, so wird deutlich, daß sich die **optimale Eigenkapitalposition** bei gegebenen Opportunitätskosten des Eigenkapitals und gegebener Risikopräferenz nur **über die Anpassungskosten, letztlich über die (relative) Risikozerfällung im Portefeuille der Aktiva, beeinflussen** läßt. Dabei kann das Risiko durch zunehmende Größe des Aktivavolumens – bei gleichbleibenden Größenordnungen der Einzelkredite – oder durch Verkleinerung der Einzelengagements bei gleichbleibender Größe des Aktivavolumens vermindert werden. Im Sinne einer naiven Diversifikation läßt sich die in der Standardabweichung der möglichen Akti-

---

[13] Eine Alternative wird von Baltensperger, ebenda, S. 473, aufgrund einer verschlechterten Kapitalstruktur und – dadurch bedingt – erhöhter Geldbeschaffungskosten gesehen. – Vgl. für die Fassung und die empirische Überprüfung von Anpassungskosten auch D. Hancock/A. J. Laing/J. A. Wilcox: Bank capital shocks: Dynamic effects on securities, loans and capital, in: JoBF, vol. 19, 1995, S. 661-677.

[14] Vgl. die vollständige Modellformulierung, aus der C. 38 hervorgeht, bei E. Baltensperger: Economics of scale, firm size, and concentration in banking, a.a.O., S. 467-474.

vaverluste zum Ausdruck kommende Unsicherheit demnach senken – und damit der Risikopuffer Eigenkapital reduzieren –, indem die Zahl der (voneinander unabhängigen!) Kredite erhöht wird. Baltensperger leitet vor dem Hintergrund derartiger Economies of Scale die Überlegenheit größerer Banken ab und begründet so die Konzentrationsbewegung in der Kreditwirtschaft.

Interessant ist, daß Baltensperger seinen Ansatz zur Beeinflussung des Risikos des Aktivavolumens und damit des Eigenkapitals später um Kosten des technisch-organisatorischen Bereichs erweitert hat.[15]

Zum einen folgt diese Erweiterung unmittelbar aus der Größen- und Risikozerfällung im Portefeuille der Aktiva (darauf beruht die Norm des § 13 KWG über die Begrenzung von Großkrediten, vgl. S. 509ff.). Eine Mehrzahl (relativ) kleinerer Engagements ist mit einem Mehr an *Verwaltungskosten* verbunden (freie Kapazitäten des technisch-organisatorischen Bereichs sind also entgegen dem Alhadeff-Modell implizit ausgeschlossen), das mit der Einsparung von Anpassungs- bzw. Risikokosten zu vergleichen ist. Zum anderen kann die Bank zusätzliche *Informationskosten* im Rahmen der Kreditwürdigkeitsprüfung aufwenden. Der § 18 KWG schreibt den Kreditinstituten – wie erwähnt – vor, sich die wirtschaftlichen Verhältnisse der Schuldner ab einem Kreditbetrag von 500.000 DM offenlegen zu lassen, womit für die Informationsaktivitäten der Bank eine Untergrenze gesetzt ist.[16] Durch diese Vorschrift mögen zwar die Verwaltungskosten insofern steigen, als eine größere Zahl von Jahresabschlüssen beschafft, analysiert und kontrolliert werden muß; Fixkostensprünge in der Kreditabteilung können auf diese Weise zu einer Erhöhung der Bedarfsspanne und der durch sie verursachten Deckungslast für die Zinsspanne führen. Andererseits tragen zusätzliche Informationen auch dort, wo man – wie im Falle von Kunden vermeintlich unzweifelhafter Bonität – darauf glaubt verzichten zu können, zu einem besseren Beurteilungsstand im Hinblick auf die Kreditrisiken bei. Die durch derartige Informationen gewonnene zusätzliche Stabilität bedeutet in der Tendenz eine Entlastung des Risikoträgers Eigenkapital. – In der **Grenzbetrachtung werden Kosten des technisch-organisatorischen Bereichs** (in Form von Verwaltungs- und Informationskosten) **so lange aufgewandt, bis sie den damit erreichten Minderungen an Risikokosten gleich** sind.

Inzwischen sind weitere Möglichkeiten der Kostensenkung untersucht worden, nunmehr z.B. auf die Reduzierung von Informationskosten in Form von Kreditwürdigkeitsprüfungen bezogen. So ist es denkbar, daß eine Bank zwei Kreditverträge zur Wahl stellt. Gute Schuldner wählen einen standardisierten Kreditvertrag mit attraktiven Konditionen, schlechte einen solchen mit einem hohen Zinssatz und entsprechender Risikoprämie. (Die sich bei dieser Form der Selbstdeklaration als gut ausgebenden Risiken werden einem Test unterzogen, der bei Aufdeckung tatsächlich schlechter Schuldner zu Strafen etwa durch Aufkündigung der Geschäftsbeziehung führt.) Unter diesen Bedingungen braucht eine Kreditwürdigkeitsprüfung nur für einen Teil der Kunden angestellt zu werden, so daß die Informationskosten sinken.[17]

---

[15] E. Baltensperger: Costs of banking activities – interactions between risk and operating costs, in: JoMCB, vol. 4, 1972, S. 595-611.

[16] Vgl. J. Süchting/D. Stahlschmidt: Wettbewerb mit Informationsanforderung?, in: ZfgK, 32. Jg., 1979, S. 1081-1086.

[17] Vgl. H. Milde: Informationskosten, Selbstselektion und Kreditverträge, in: WiSt, 16. Jg., 1987, S. 321-325, hier S. 324f. Milde baut hier auf den Erklärungsansätzen für Rationierungserscheinungen auf Kreditmärkten von T. Devinney (Rationing in a theory of the banking firm, Berlin et al. 1986) und G. Clemenz (Credit markets with asymmetric information, Berlin et al. 1986) auf. Zur Theorie der Kreditrationierung vgl. auch die grundlegende Arbeit von J. Stiglitz/A. Weiss: Credit rationing in markets with imperfect information, in: AER, vol. 71, 1981, S. 393-410.

In diesem Zusammenhang läßt sich das Bank-Kunde-Verhältnis – wie schon in Kapitel A. – als Principal-Agent-Beziehung interpretieren.[18] Der Kreditnehmer als Agent kann bei Informationsineffizienz den Kreditgeber als Principal schädigen, indem er die Kreditvaluta anderen als den vereinbarten Verwendungszwecken zuführt oder sich übermäßig verschuldet. In Modellen der Kreditrationierung ist gezeigt worden, daß es über Zusatzvereinbarungen in den Kreditverträgen möglich ist, den Kreditnehmer zu einem nicht schädigenden Verhalten anzureizen.[19]

Zusammenfassend zeigt sich, daß die Fassung der Eigenkapitalkapazität nur dann in einer Nebenbedingung erfolgen kann, wenn die durch die bankindividuellen Risiken bestimmte optimale Eigenkapitalposition unterhalb bankaufsichtsrechtlicher Mindestschranken liegt und deshalb gar nicht relevant werden kann. Liegt das risikodeterminierte Optimum oberhalb solcher Schranken, so daß umgekehrt hoheitliche Normen nicht zur Planungsgrundlage gemacht werden können, dann gewinnen Kostenaspekte an Bedeutung.[20] Die Minimierung der Kapitalkosten in Abhängigkeit vom Chance/Risiko-Gehalt der Aktiva (Maximierung des Vermögens der Bankeigentümer) kann dabei nicht isoliert auf billigere Eigenkapitalkosten im Vergleich zu denen der Kreditbeschaffung abstellen (Pringle-Ansatz). Vielmehr muß das aus der Zufuhr haftenden Kapitals ermöglichte Wachstum der Aktiva mit seinen resultierenden Mehrgewinnen bei der Gestaltung der Kapitalstruktur berücksichtigt werden (Beispiel des Genußrechtskapitals). Mehrkosten des Eigenkapitals gegenüber dem Fremdkapital wie im Lagerhaltungsansatz von Baltensperger sind bei der Suche nach der optimalen Eigenkapitalposition demnach durchaus zulässig. Bei Baltensperger indessen sind sie sogar zwingend, da Opportunitätskosten des Eigenkapitals in der von ihm gewählten Fassung und damit sein Lagerhaltungsansatz überhaupt nur sinnvoll sind, solange die Kosten des Eigenkapitals die der Fremdkapitalbeschaffung übersteigen.

b. 4. Zur Eigenkapitalallokation

Die im Rahmen der Eigenkapitalplanung berechneten *Risikobeträge* müssen auch zur *Grundlage von Renditeerwartungen* gemacht werden. Einzelne Geschäfte, Geschäftsfelder oder Profit Center mit höheren Risikopotentialen haben einen höheren Return zu erwirtschaften als solche mit niedrigerem Risiko. Auf diese Weise wird die Rendite- mit der Risikosteuerung verbunden, um die *optimale Allokation der knappen Ressource Eigenkapital* zu gewährleisten.[21]

Zur Risikoadjustierung der Rendite wurde erstmals von Instituten in den USA die Kennziffer RORAC (Return On Risk Adjusted Capital) vorgeschlagen.[22] Dabei wird eine Ergebnisgröße (z.B. der Deckungsbeitrag nach Opportunitäts- und Betriebskosten) im Zähler auf einen nach dem Value-at-Risk-Konzept berechneten Betrag im Nenner bezogen:

---

[18] Vgl. zur Agency-Theorie G. Bamberg/K. Spremann: Agency theory, information and incentives, Berlin 1987, sowie M. C. Jensen/W. H. Meckling: Theory of the firm, a.a.O.
[19] Vgl. E. Terberger: Der Kreditvertrag als Instrument zur Lösung von Anreizproblemen: Fremdfinanzierung als Principal/Agent-Beziehung, Heidelberg 1987 sowie im folgenden S. 679f..
[20] Vgl. hierzu auch T. W. Koch: a.a.O., S. 386-416 und H. M. Mullins/D. H. Pyle: Liquidation costs and risk-based bank capital, in: JoBF, vol. 18, 1994, S. 113-138.
[21] Vgl. P. Wieandt: Risiko als Faktor für den Ressourcen-Einsatz, in: ZfgK, 46. Jg., 1993, S. 603-610.
[22] Vgl. M. Parsley: The rorac revolution, in: EM, no. 10/1995, S. 36-42, E. Zaik/J. Walter/G. Kelling/Ch. James: Raroc at Bank of America: From theory to practice, in: JoACF, vol. 9, no. 2/1996, S. 83-93 sowie dies.: Risk management's final frontier, in: EM, no. 9/1996, S. 74-79.

(C. 39) $\quad \text{RORAC} = \dfrac{\text{Ergebnis}}{\text{Risikokapital}}$.

Nimmt man an, eine Bank habe in einem Geschäftsfeld 50 Mio. DM investiert, erwarte dort einen ROI von 17%, müsse aufgrund der Ergebnisschwankungen der Vergangenheit aber bei einem Konfidenzniveau von 99% von maximal möglichen Verlusten in Höhe von 22 Mio. DM ausgehen, dann ergibt sich

$$\text{RORAC in GF 1} = \dfrac{8{,}5 \text{ Mio. DM}}{22 \text{ Mio. DM}} = 38{,}6\%.$$

Mit Hilfe des RORAC können nun unterschiedliche Geschäftsfelder hinsichtlich ihrer Vorteilhaftigkeit miteinander verglichen werden. Bei dem Geschäftsfeld 2 sei angenommen, es erwirtschafte voraussichtlich ebenfalls einen ROI von 17% auf das eingesetzte Kapital von wiederum 50 Mio. DM, weise aber eine deutlich höhere Volatilität der Erträge aus, so daß auf dem gleichen Konfidenzniveau mit einem Totalverlust des investierten Kapitals gerechnet werden müsse. Der RORAC beläuft sich dann auf

$$\text{RORAC in GF 2} = \dfrac{8{,}5 \text{ Mio. DM}}{50 \text{ Mio. DM}} = 17{,}2\%.$$

Das Geschäftsfeld 2 könnte erst dann mit dem ersten Geschäftsfeld gleichziehen, wenn es entweder sein Risiko entsprechend senken oder aber ein Ergebnis von 19,3 Mio. DM, also einen wesentlich höheren ROI als das erste Geschäftsfeld, erwirtschaften würde.

Der RORAC erlaubt noch keine Aussage darüber, ob die von der Bank anvisierte Zielrendite, abgeleitet aus den Renditeerwartungen der Kapitalgeber, auch erreicht wird. Deshalb findet häufig eine zweite Kennziffer Verwendung, die als RAROC (Risk Adjusted Return On Capital) bezeichnet wird. Da mit ihr die Überrendite über die unter Risikogesichtspunkten adäquate Risikoprämie ausgedrückt werden soll, wäre allerdings die Bezeichnung RARORAC angemessener.

(C. 40) $\quad \text{RAROC} = \dfrac{\text{Ergebnis} - (\text{Risikokapital} \cdot \text{Zielrisikoprämie})}{\text{Risikokapital}}$

Der Anspruch der Shareholder wird zumeist als ROI (oder ROE) formuliert;[23] hier sei von einer Renditeerwartung in Höhe von 20% ausgegangen.[24] Bei einem Vergleich der Geschäftsfelder würde sich dann zeigen, daß das Geschäftsfeld 2 die erwartete Zielrendite verfehlt hat[25]:

---

[23] Vgl. J. Süchting: Unternehmenssteuerung in Aktienbanken nach dem Shareholder-Value-Konzept, a.a.O., sowie St. Schmittmann/H.-G. Penzel/N. Gehrke: Integration des Shareholder Value in die Gesamtbanksteuerung, in: DBk, Nr. 11/1996, S. 648-653 und J.-B. Brüning/A. Hoffjan: Gesamtbanksteuerung mit Risk-Return-Kennzahlen, in: DBk, Nr. 6/1997, S. 362-369.

[24] Vgl. H. Groß/M. Knippschild: Risikocontrolling in der Deutsche Bank AG, in: B. Rolfes/H. Schierenbeck/St. Schüller (Hrsg.): Risikomanagement in Kreditinstituten, Frankfurt/M. 1995, S. 69-109.

[25] Vgl. zum Einsatz dieser Kennziffer im Rahmen der Einzelgeschäfts- und (insbesondere) Gesamtbanksteuerung ebenda sowie J. Krumnow: Quantitative oder qualitative Risikokontrolle der Bankenaufsicht? – Das Beispiel der Derivate, a.a.O., S. 89 und O. J. Grübel/J. P. Kärki/C. G. Reyes: Wirtschaftliche Rentabilitätsberechnung von Handelsaktivitäten, in: H. Schierenbeck/H. Moser (Hrsg.): Handbuch Bankcontrolling, Wiesbaden 1995, S. 611-636.

$$\text{RAROC in GF 1} = \frac{8{,}5 \text{ Mio. DM} - (22 \text{ Mio. DM} \cdot 20\%)}{22 \text{ Mio. DM}} = +18{,}6\%$$

$$\text{RAROC in GF 2} = \frac{8{,}5 \text{ Mio. DM} - (50 \text{ Mio. DM} \cdot 20\%)}{50 \text{ Mio. DM}} = -3\%.$$

c. Die Planung der Liquiditätsreserven

Es war darauf hingewiesen worden, daß die Liquiditätsgrundsätze der Bankenaufsicht in der Form

(C. 41) $\quad A_l \leq P_l \quad$ und

(C. 42) $\quad A_k \leq P_k + \Delta P_l$

mit A_l und P_l – langfristigen Anlagen und Finanzierungsmitteln (ΔP_l einem entsprechenden Mittelüberschuß) und

A_k und P_k – kurzfristigen Anlagen und Finanzierungsmitteln

die Aufgabe haben, als Finanzierungsgrundsätze liquiditätsmäßige Anspannungen in der Bilanzstruktur zu verhindern und insofern eine Entlastung des Risikoträgers Eigenkapital zu bewirken (vgl. S. 472ff.).[26]

Obwohl die Einhaltung der Grundsätze (und auch der Mindestreservevorschriften) als Bilanzstrukturnormen eine notwendige Bedingung für die Sicherung der Refinanzierung am Geldmarkt und bei der Bundesbank darstellt, wird auf diese Weise die sogenannte »aktuelle Liquidität« als Gleichgewicht zwischen Ein- und Auszahlungen nicht gesichert, geschweige denn die Liquiditätshaltung optimiert. Durch die Verwendung von Bestandsgrößen an Primär- und Sekundärreserven kann lediglich ein Beitrag zur Sicherung der »strukturellen Liquidität« geleistet werden.[27]

c. 1. Die Gelddisposition unter Beachtung der Mindestreserven

In der praktischen Liquiditätsplanung (Gelddisposition) ist Grundlage die *Mindestreserveübersicht* etwa in der in Abbildung C. 117 gezeigten Form.

In diesem Beispiel wird von der Möglichkeit Gebrauch gemacht, das Mindestreserve-Soll, d.h. den Monatsdurchschnitt der reservepflichtigen Verbindlichkeiten, multipliziert mit den gültigen Mindestreservesätzen, nach den Beständen an 4 Stichtagen (23. Tag und letzter Tag des Vormonats, 7. Tag, 15. Tag des laufenden Monats) zu berechnen. In den betrachteten sieben Tagen besteht ein Soll von 22. Das Mindestreserve-Ist an den

---

[26] Vgl. zu diesem Zusammenhang auch St. I. Greenbaum/A. V. Thakor: Contemporary financial intermediation, a.a.O., S. 173ff.
[27] Vgl. hierzu R. Brüggestrat: a.a.O. und H. Meyer zu Selhausen: Liquiditätspolitik der Banken und Liquiditätsgrundsätze, in: W. Gerke/M. Steiner (Hrsg.); Handwörterbuch des Bank- und Finanzwesens, 2. Aufl., Stuttgart 1995, Sp. 1388-1398.

1 Tag	2 LZB-Guth. des Gesamtinstituts pro Tag = MinRes-Ist	3 Mindest- reserve-Soll pro Tag	4 Differenz zwischen Soll und Ist	5 Insgesamt fehlend am MinRes-Soll des Monats bzw. Überschuß
1.	20	22	− 2	− 2
2.	21	↓	− 1	− 3
3.	24		+ 2	− 1
4.	18		− 4	− 5
5.	16		− 6	−11
6.	34	↓	+12	+ 1
7.	24	23 (neu)	+ 1	+ 2
↓	↓	↓		
15.		neues Soll		

Abb. C. 117: *Mindestreserveübersicht als Grundlage für die kurzfristige Liquiditätsplanung (Quelle: W. v. Wyk: Die Gelddisposition der Kreditbanken, Frankfurt/M. 1960, S. 61)*

einzelnen Tagen des Betrachtungszeitraums (auf dem LZB-Konto, zu dem seit August 1995 die Barbestände der Bank in voller Höhe hinzugerechnet werden) weist erhebliche Schwankungen um das Soll auf. Diese Differenzen führen in den ersten Tagen kumuliert zu Unterschreitungen des Solls, werden dann aber am 6. Tag (u.U. durch einen von dem Gelddisponenten ausgelösten höheren Eingang) in einen geringfügigen Überschuß verwandelt.

Ein solcher Eingang wäre Gegenstand der Ausgleichsdispositionen, wie sie sich z.B. durch Kreditaufnahme am Geldmarkt oder Verwertung von Sekundärreserven aus dem *kurzfristigen Liquiditätsplan* der Bank ergeben.

Dafür melden die verschiedenen Abteilungen des Kreditinstituts die für den kommenden Tag erwarteten Ein- und Auszahlungen zusammen mit den liquiden Beständen der Gelddispositionsstelle. Diese ermittelt

− ausgehend von der Mindestreservehaltung
− den Anfangsbeständen an Primär- und Sekundärreserven
− unter Berücksichtigung der von Nichtbanken und Banken avisierten Ein- und Auszahlungen
− sowie der Veränderungen der eigenen Position von täglichem Geld
− und den noch erfaßbaren Zahlungsbewegungen in der Kasse und auf dem LZB-Konto

die erwartete Tagesspitze, welche mit dem berechneten Teilbetrag über die Ausgleichsdispositionen entweder angelegt (Liquiditätsüberschuß) oder abgedeckt (Liquiditätsdefizit) wird.

Der Liquiditätsplan besitzt die aus der Finanzplanung bekannte Struktur

(C. 43) $\bar{L} + EZ ./. AZ \geq L = mE$,

die besagt, daß die Anfangsbestände an Liquiditätsreserven ($\bar{L}$), zuzüglich der sicheren und unsicheren Einzahlungen (EZ) und abzüglich der sicheren und unsicheren Auszahlungen (AZ) einen gewünschten Endbestand an Liquiditätsreserven (L) nicht unterschreiten sollen. Dieser Bestand kann mit dem Mindestreserve-Soll (mE) identisch sein, falls sich der laufende Zahlungsverkehr in diesem Rahmen abwickeln läßt.

Die Aufgabe für den Gelddisponenten besteht darin, die Tagesspitzen möglichst ertragbringend anzulegen bzw. kostengünstig abzudecken, d.h. diese Ausgleichsdispositionen im Hinblick auf die Mindestreserveerfordernisse und die zu ihrer Erfüllung verfügbare Referenzperiode zeitlich in einer für seine Bank günstigen Geldmarktkonstellation zu treffen.[28]

Der Liquiditätsplan berücksichtigt die Unsicherheit zukünftiger Zahlungsbewegungen mit einer Sicherheitsreserve, welche den Rahmen für die Gewinnerzielung begrenzt (Liquiditätsnebenbedingung). – Für die Bestimmung der optimalen Liquiditätsreserve sind dagegen vor allem Lagerhaltungsmodelle nutzbar gemacht worden.

Einen grundlegenden deterministischen Ansatz zur Lösung des »Kassenlager«-Problems hat Baumol vorgestellt.[29] Bei Sicherheit wirft indessen die Synchronisation der Ein- und Auszahlungsströme keine Probleme auf. Für die Liquiditätsplanung der Bank aussagefähige Modelle müssen deshalb die Unsicherheit berücksichtigen.

c. 2. Liquiditätsplanung bei Unsicherheit

Ausgangspunkt eines *stochastischen Modells der optimalen Liquiditätshaltung von Beranek*[30] ist die *Prognose möglicher Liquiditätsbestände (L)*, die sich am Ende einer Planungsperiode aufgrund des Anfangsbestands und der aus Wahrscheinlichkeitsverteilungen abgeleiteten Zu- und Abgänge bei den Einlagen und Anlagen ergeben:

Wird z.B. ein kritischer Bestand an Liquiditätsreserven von 10 Einheiten eingeführt und dieser unterschritten, so treten *Strafkosten (S)* auf, die auch als short costs (costs of being short of cash) bezeichnet werden. Derartige Strafkosten können etwa als Strafzins der Bundesbank für die Nichterfüllung der Mindestreserveverpflichtungen oder als Zinskosten im Falle des Rückgriffs auf eine nur für den Notfall gehaltene Kreditlinie gedacht werden.[31]

Die Strafkosten sind eine Funktion der Dotierung der Liquidität zu Beginn der Planungsperiode. Je höher der Anfangsbestand an Liquidität, um so geringer das Risiko, im Laufe der Planungsperiode den kritischen Bestand zu unterschreiten und damit Strafkosten zu verursachen (Lage der Dichtefunktion möglicher Liquiditätsbestände).

In Abbildung C. 118 wird es angesichts der hier angenommenen Wahrscheinlichkeitsverteilung der Liquiditätsbestände am Ende der Planperiode bei einer hohen Dotierung des Anfangsbestands als ausgeschlossen angesehen, daß der Liquiditätsbestand den kritischen Bestand von 10 Einheiten unterschreitet (Fall I); bei niedriger Dotierung des Anfangsbestands muß indessen mit dieser Möglichkeit und dann auftretenden Strafkosten gerechnet werden (Fall II).

---

[28] So auch B. Müller, Bankhaus Trinkaus & Burkhardt, Düsseldorf, in seinem Referat »Die Liquiditätsdisposition in einer Privatbank« am 8.1.1980 im Kontaktseminar an der Ruhr-Universität Bochum, in: SB Nr. 11, WS 1979/80, S. 35. Vgl. zur Liquiditätsplanung weiterhin G. H. Hempel/D. G. Simonson/A. B. Coleman: a.a.O., S. 115-177.
[29] Vgl. W. J. Baumol: The transactions demand for cash: An inventory theoretic approach, in: QJoE, vol. 66, 1952, S. 545-556.
[30] Vgl. W. Beranek: Analysis for financial decisions, 2nd ed., Homewood/Ill. 1965, S. 345-387.
[31] Vgl. dazu den Ablauf der Liquiditätskrise der Continental Illinois Bank, dargestellt bei T. W. Koch: a.a.O., S. 502-507.

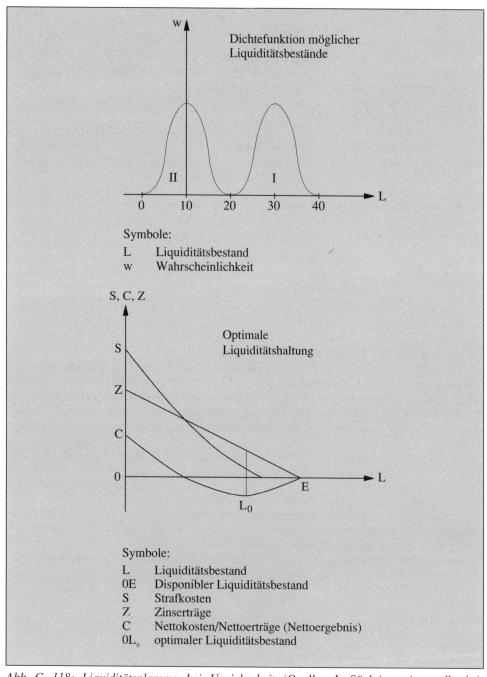

Abb. C. 118: *Liquiditätsplanung bei Unsicherheit (Quelle: J. Süchting: Anwendbarkeit von betriebswirtschaftlichen Modellen bei Kreditinstituten, in: Deutscher Sparkassen- und Giroverband (Hrsg.): Betriebswirtschaftliche Tagung 1977, Stuttgart 1977, S. 99-123, hier S. 112f.)*

Nach Bestimmung der Dichtefunktion läßt sich unter Einbeziehung von *Opportunitätskosten (Z)* – das sind die infolge der Bindung von Mitteln in der Liquiditätsreserve entgangenen Zinserträge aus Kredit- und Wertpapieranlagen – die Lösung des Problems der Liquiditätshaltung graphisch darstellen (Optimale Liquiditätshaltung).

OE sind die disponiblen Reserven, über deren Aufteilung auf die Liquidität und das Neugeschäft entschieden werden soll. Wird nur im Neugeschäft angelegt, so sind dort Erträge in Höhe von OZ zu erzielen; andererseits muß mit höheren Strafkosten OS aus der Unterschreitung des kritischen Liquiditätsbestands gerechnet werden. Die Differenz zwischen diesen Kosten und den Erträgen aus dem Neugeschäft ergibt das Nettoergebnis C. – Umgekehrt ist bei voller Einführung der disponiblen Reserven in die Liquiditätsreserve zwar nicht mehr anzunehmen, daß Strafkosten auftreten; es werden aber auch keine Erträge aus Anlagen (die im übrigen abzüglich Transaktionskosten zu denken sind) erzielt.

Die **optimale Dotierung der Liquidität** in Höhe von L_0 wird als Differenz aus den beiden Kurven durch den **maximalen Ertrag** (bzw. die maximalen negativen Nettokosten) bestimmt. Der Betrag L_0E ist den Kredit- und Wertpapieranlagen zuzuführen.

In diesem allgemeinen Modell der optimalen Liquiditätshaltung unter Unsicherheit wird (ein exogen vorgegebener) Betrag *nur einmal in der Planperiode* auf ertragbringende Anlagen und Liquiditätsreserven aufgeteilt. Das entspricht dem Vorgehen in dem eingangs beschriebenen kurzfristigen Liquiditätsplan. Handelt es sich dagegen um eine längere Planperiode bzw. ihre Unterteilung in Teilperioden, so ist damit zu rechnen, daß mehrmals Transaktionen zwischen ertragbringenden Anlagen und Liquiditätsreserven stattfinden.

In dieser *dynamischen* Betrachtung sind über die Opportunitätskosten (= entgangene Zinserträge aus Wertpapieranlagen) und Strafkosten (z.B. aus nicht eingehaltenen Mindestreserveverpflichtungen) hinaus explizit *Transaktionskosten (Anpassungskosten)* in die Betrachtung eingeführt worden, etwa in dem *Kassenhaltungs-Modell von Miller/Orr.*[32]

Für die Aufteilung der sich periodisch ergebenden Liquiditätssalden wird nicht ein bestimmter Betrag angegeben. Vielmehr sind es *zwei Schranken,* eine *obere* (L^o, bei deren Überschreitung ein Transfer in Wertpapieranlagen erfolgt) und eine *untere* (L^u, welche die Notwendigkeit einer Auffüllung der Liquiditätsreserven durch Auflösung von Wertpapieranlagen anzeigt), deren Werte (in Abhängigkeit von der Fluktuation der Zahlungsströme) durch einen Optimierungsansatz zu Beginn einer Periode festgelegt werden. Ein *Beispiel* für den darauf aufbauenden, konkreten späteren Ablauf der Kassendisposition zeigt die Abbildung C. 119.

Innerhalb der Schranken schwanken die Liquiditätssalden, ohne daß es zu Transfers in der einen oder anderen Richtung kommt. Die Begründung liegt in den erwähnten, mit derartigen Transfers verbundenen **Transaktionskosten, die eine Anpassung erst jenseits der Schranken lohnend erscheinen lassen.**

Möglicherweise beeinflußt durch eine frühere Arbeit,[33] in der als ertragbringende Anlagen Kredite (einer Bank) angenommen wurden, werden die im Zusammenhang mit Anpassungen der ertragbringenden Anlagen und Liquiditätsreserven anfallenden Kosten als *von der Stückzahl der Transaktionen abhängig* (und vom Volumen unabhängig) gefaßt.

---

[32] M. H. Miller/D. Orr: A model of the demand for money by firms, in: QJoE, vol. 80, 1966, S. 413-435.
[33] D. Orr/W. G. Mellon: Stochastic reserve losses and expansion of bank credit, in: AER, vol. 51, 1961, S. 614-623.

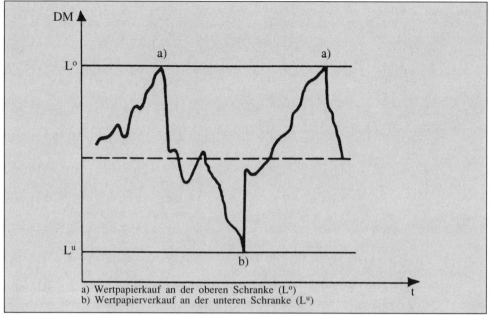

Abb. C. 119: Die Anpassungsschranken des Kassenbestands (Modifiziert entnommen aus W. Nolte: Die internationale Kassenhaltung der multinationalen Unternehmung, Frankfurt/M. 1981, S. 42)

Nimmt man indessen wie üblich an, daß es sich bei derartigen Korrekturen der Aktivastruktur um Wertpapierkäufe und -verkäufe (einer Bank) und damit um Kosten in Form von Maklergebühren und Bankprovisionen (für kleinere Banken ohne unmittelbaren Zugang zur Börse) handelt, so dürften die Transaktionskosten einen eher wert- als stückproportionalen Verlauf aufweisen. So ist dann auch die Prämisse stückproportionaler Transaktionskosten von Eppen/Fama[34] kritisiert worden.

Frost verbindet in seinem Kassenhaltungsmodell[35] eine vom Transfervolumen abhängige *(wertproportionale)* Kostenkomponente (v) mit einer festen Kostenkomponente pro Transaktion *(stückproportionale Kosten)*. In diesem Modell ergibt sich der Bestand an (über die Mindestreserven hinaus gehaltenen) Überschußreserven (L_1) am Periodenende in Abhängigkeit von den in der Periode durch Dispositionen der Einleger (E) sowie Wertpapierkäufe und -verkäufe (W) ausgelösten Liquiditätsveränderungen unter Berücksichtigung des Periodenanfangsbestands an Überschußreserven:

(C. 44) $\quad L_1 = \overline{L} + E + W \geq 0$

In Abbildung C. 120 ist mit C', den Grenzkosten, und G', den Grenzerlösen, der Grenzerfolg (abhängig von der Höhe der Wertpapierrendite sowie der stück- und wertproportionalen Kostenkomponenten bei Transfers am Periodenende) aus der Anpassung der Über-

---

[34] G. D. Eppen/E. F. Fama: Cash balance and simple dynamic portfolio problems with proportional costs, in: International Economic Review, vol. 10, 1969, S. 119-133.

[35] P. A. Frost: Banks' demand for excess reserves, in: JoPE, vol. 79, 1971, S. 805-825.

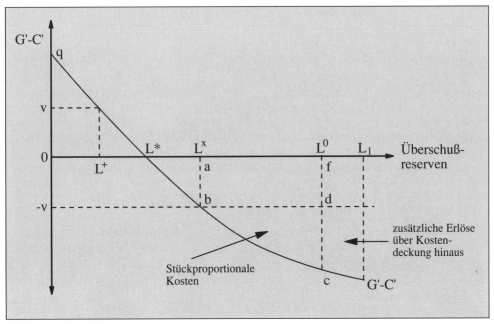

Abb. C. 120: *Bestimmung der Anpassungsschranken des Kassenbestands (Modifiziert entnommen aus: P. A. Frost: a.a.O., S. 811)*

schußreserven dargestellt. In L* ergibt sich aus G' – C' = 0 das Optimalniveau der Kassenhaltung am Periodenanfang.

Der vertikale Abstand zwischen der die Überschußreserven repräsentierenden Abszisse und der Kurve G' – C' bezeichnet die mit Anpassungen verbundenen Grenzerfolge. Wird eine Anpassung $L^o \rightarrow L^x$ vorgenommen (Reduzierung der Überschußreserven), so beschreibt die Fläche abcf den damit verbundenen Erfolg. Die Minderung der Opportunitätskosten deckt zum einen die wertproportionale Kostenkomponente abdf, zum anderen die stückproportionale Kostenkomponente, welche in der Fläche bcd zum Ausdruck kommen soll. Da abcf somit bei dieser Höhe gleich den gesamten Anpassungskosten der Transaktion ist, wird die Bank ihre Überschußreserven am Periodenende nur anpassen, wenn sie höher sind als L^o (*obere Schranke*). Eine Anpassung über L^x hinaus wäre unwirtschaftlich, da die wertproportionalen Kosten nicht mehr gedeckt werden könnten. – Liegen umgekehrt die Überschußreserven im negativen Bereich, also unter 0, eine Situation, die zur Vermeidung von Illiquidität und damit verbundenen Strafkosten durch die obige Nebenbedingung ausgeschlossen werden soll, so würde eine Anpassung auf L^+ vorgenommen. Die Bank müßte Wertpapiere in einem Umfang verkaufen, daß die mit zusätzlichen Überschußreserven verbundenen Strafkostenminderungen die Opportunitätskosten der verkauften Wertpapiere zuzüglich der wertproportionalen Transaktionskosten gerade decken. Die stückproportionalen Kosten sind nicht entscheidungsrelevant, da sie zu einem Optimum im Negativbereich führen würden. Dort muß aber eine Anpassung der Kassenhaltung zwangsläufig erfolgen, da 0 die *untere Schranke* ist. **Zwischen 0 und L^o schwanken demnach die Überschußreserven, ohne daß (in diesem Bereich nicht lohnende) Anpassungen vorgenommen werden.**

Über die mit Liquiditätsvorräten verbundenen Opportunitätskosten und die Anpassungskosten hinaus haben *Baltensperger/Milde*[36] *Informationskosten* auch in die Modelle zur Planung einer optimalen Kassenhaltung eingefügt.

Bei gegebenem Einlagenvolumen besteht das Problem einer Aufteilung der Mittel auf Kredite, Primär- (L) und Sekundärliquidität (W).

Optimiert wird durch *Minimierung der (Erwartungswerte der) Kosten:*[37]

$$(C.45) \quad C = \underbrace{zL + (z-r)W}_{\text{Opportunitätskosten}} + \underbrace{\int_{L}^{L+W} v(u-L)\,f(u,q)\,du}_{\text{Anpassungskosten (I)}}$$

$$+ \underbrace{\int_{L+W}^{\infty} [vW + s(u-L-W)]\,f(u,q)\,du}_{\text{Anpassungskosten (II)}} + \underbrace{cq}_{\text{Informationskosten}}$$

mit der Annahme: $s > z > v > r$

Liquiditätsreserven verursachen Opportunitätskosten (dabei wird von Mindestreserven abgesehen). Diese betragen im Falle der Primärliquidität zL, das sind die Kreditzinsen, in Höhe der Sekundärliquidität (W) die um die Zinsen auf Wertpapiere ermäßigten Kreditzinsen (z-r).

Anpassungskosten entstehen zum einen (I), wenn ein Liquiditätsabfluß (u als realisierter Wert der Zufallsvariablen U, die den Bedarf an Primärliquidität ausdrückt) sich im Bereich L < u < L + W bewegt, so daß Wertpapiere liquidiert werden müssen, um das Liquiditätsdefizit u-L zu decken. Damit überhaupt Anpassungskosten auftreten können, müssen diese die Zinsen auf Wertpapiere übersteigen (v > r).

Zum anderen können Anpassungskosten (II) auftreten, wenn der Liquiditätsabfluß die gesamten Liquiditätsreserven übertrifft (u > L + W). Bei einem derart großen, unerwarteten »Schock« reicht der Verkauf von Wertpapieren nicht aus. Vielmehr müssen zusätzlich Kredite liquidiert werden, eine Anpassung, die höhere Kosten verursacht als die entgangenen Kreditzinsen (s > z) und auch die Liquidation von Wertpapieren (s > r).

Bei Betrachtung der Anpassungskosten wird deutlich, daß Baltensperger/Milde nicht nur Anpassungskosten im Sinne von Transaktions- bzw. Verwaltungskosten im Auge haben, da diese – zumindest bei der Liquidation von Wertpapieren – wenig ins Gewicht fallen und die Opportunitätskosten kaum überkompensieren. Deshalb dürfte eher auf Disagien abgestellt sein, wie sie bei der Liquidation von Wertpapieren in Form von Kursverlusten, bei der Rückführung von Krediten als Teilausfälle oder Abtretungsdisagien auftreten. Mit solchen Verlusten kann im Einzelfall zwar gerechnet werden, keinesfalls aber muß es dazu kommen, wenn es sich um Geldmarktpapiere oder Restläufer und um gute Debitoren handelt.

Die Unsicherheit, daß Liquiditätsdefizite zusammen mit den entsprechenden Kosten auftreten, kann vermindert werden, wenn zusätzliche Informationen über die Liquiditätsentwicklung eingeholt werden (Hier wäre etwa daran zu denken, daß mit Großkunden ein Avis höherer Beträge vereinbart oder auch die Liquiditätsplanung verfeinert wird). Sofern dabei Kosten(-sätze) auftreten, sind diese – hier periodenabhängig (q) – in die Zielfunkti-

---

[36] E. Baltensperger/H. Milde: Predictability of reserve demand, information costs, and portfolio behavior of commercial banks, in: JoF, vol. 31, 1976, S. 835-843.
[37] Die Formel (C. 45) ist gegenüber der Fassung bei Baltensperger/Milde leicht modifiziert worden.

on einzuführen (cq = Preis je Ressourceneinheit multipliziert mit dem Ressourcenverbrauch). – Dabei ist der Zusammenhang zwischen Mehrinformation und Unsicherheit der Liquiditätsentwicklung zu betrachten. Bei Normalverteilung der Liquiditätsabflüsse wird angenommen, daß Mehrinformationen die Standardabweichung des Bedarfs an Primärliquidität entsprechend der Funktion σ(U) = f(q) verkleinern.

In dem Maße, in dem das Informationsniveau über die Dispositionen der Einleger sowie die Inanspruchnahmen und Tilgungen der Kreditnehmer (unter Beachtung möglicher Ausfälle) erhöht wird, wächst die Sicherheit der Liquiditätsplanung, sinken die für möglich gehaltenen Schwankungen des Liquiditätsabflusses um den Erwartungswert.

c. 3. Die Berücksichtigung von Diversifikationseffekten

In den bisher behandelten Modellen der Liquiditätsplanung ist das Problem der Unsicherheit durch die Annahme von Wahrscheinlichkeitsverteilungen für Einlagen- bzw. Liquiditätsbestände sowie im Abschnitt b. für Ergebnisse aus dem Aktivgeschäft[38] berücksichtigt worden. Das Risiko selbst aber ist nicht in die Zielfunktion eingegangen[39]. Es wurde vielmehr in die jeweilige Zielgröße eingerechnet (z.B. über Anpassungskosten), so daß für die Berücksichtigung von Risikopräferenzen der Bankleitung keine Möglichkeit gegeben war. Die Grundlagen dafür sind mit den Portfolioansätzen von Markowitz[40] und Tobin[41] gelegt worden, mit denen zudem Diversifikationseffekte sowohl auf der Ertrags- als auch auf der Liquiditätsebene analysiert werden können. Derartige *Diversifikationseffekte* sollen an dieser Stelle auf der *Liquiditätsebene* behandelt werden, und zwar mit gleichen Anteilen von Sichteinlagen (E_1) und Spareinlagen (E_2), den entsprechenden Zinssätzen $i_1 < i_2$ und den Varianzen für die Entwicklung der beiden Einlagenkategorien

(C. 46) $\sigma_1^2(E_1) > \sigma_2^2(E_2)$,

wonach die Bestandsschwankungen der Einlagenkategorie 1 diejenigen in der zweiten Kategorie übersteigen[42].

Wenn ϱ der Korrelationskoeffizient für die Bewegungen der beiden Einlagenkategorien ist, dann läßt sich der mögliche Schwankungsbereich der gesamten Einlagen, im Hinblick auf den Liquidität (L) zu halten ist, durch die Varianz des Einlagenportefeuilles beschreiben:

(C. 47) $\sigma_E^2 = \sigma_1^2 E_1 + \sigma_2^2 E_2 + 2 \varrho\, \sigma_1 \sigma_2 \sqrt{E_1 E_2}$.

Unter Berücksichtigung eines Parameters für die Risikopräferenz der Bankleitung in Form eines Anfangsbestands (d) betragen dann die *optimalen Liquiditätsreserven*

---

[38] Vgl. dazu auch R. C. Porter: A model of bank portfolio selection, in: Yale Economic Essays, vol. 1, 1961, S. 323-360.
[39] Ausnahme Formel (C. 38).
[40] H. M. Markowitz: Portfolio selection: efficient diversification of investments, New York 1959.
[41] J. Tobin: Liquidity preference as behavior towards risk, in: RoESt, vol. 25, 1957-1958, S. 65-86.
[42] Modifiziert nach E. Baltensperger: Economies of scale..., a.a.O., S. 478ff.; vgl. auch die allgemeinere Formulierung bei B. Stanhouse: Commercial Bank Portfolio Behaviour and Endogenous Uncertainty, in: JoF, vol. 41, 1986, S. 1103-1114.

(C. 48) $L = d\,(\sigma_1^2 E_1 + \sigma_2^2 E_2 + 2\varrho\,\sigma_1\sigma_2 \sqrt{E_1 E_2})^{1/2}$

und entsprechend der optimale Kreditbestand als Restgröße

(C. 49) $K = E_1 + E_2 - d\,(\sigma_1^2 E_1 + \sigma_2^2 E_2 + 2\varrho\,\sigma_1\sigma_2 \sqrt{E_1 E_2})^{1/2}$.

Es wird erkennbar, daß sich **die zu haltende Liquiditätsreserve in dem Umfang senken läßt, in dem die beiden Einlagenkategorien in ihrer Bestandsentwicklung negativ, im Grenzfall mit -1, korreliert sind,** da dann der dritte Ausdruck in der Klammer die Summe der beiden ersten entsprechend vermindert.

Ebenso wie aus einer stärkeren Zerfällung der Einlagenblöcke (naive Diversifikation) können aus derartig gegenläufigen Bewegungen der Zahlungsströme *Diversifikationseffekte* resultieren. Sie treten in vielen Bereichen einer Bank auf und lassen sich zum *Gegenstand liquiditätssparender Strategien* machen, z.B.

— in den obigen Einlagenkategorien, wenn angenommen werden kann, daß bei rückläufiger Aktivität in der Wirtschaft Unternehmen für Kassenhaltungszwecke nicht mehr benötigte Sichteinlagen abziehen und auf Termingeldkonten einzahlen ($\varrho = -1$);
— in einem Institut mit ausgedehntem Zweigstellennetz, das über eine Vielzahl von Kunden- und Kontenverbindungen aus unterschiedlichen Sektoren der Volkswirtschaft verfügt, die über »natürliche Geldkreisläufe« miteinander verbunden sind; dann ergibt sich eine hohe Wahrscheinlichkeit dafür, daß eine Auszahlung auf einem (z.B. Kredit-)Konto zu einer Einzahlung auf einem anderen (z.B. Einlagen-)Konto bei demselben Institut führt (interner Verrechnungsfaktor). »Natürliche Geldkreisläufe« treten etwa dann auf, wenn eine Handelskette von Supermärkten die Angestellten bargeldlos entlohnt und diese ihre Lebensmitteleinkäufe bei ihrem Arbeitgeber tätigen, wenn Hersteller von Blechen und eine Automobilfabrik mit einem engmaschigen Händlernetz in einem dichtbevölkerten Wirtschaftsraum (wie dem Ruhrgebiet) domizilieren. Gelingt es einer Bank, sich in diese Geldkreisläufe einzuschalten, so dürfte sie einen hohen internen Verrechnungsfaktor bzw. eine hohe Quote negativ korrelierter Zahlungsvorgänge erreichen;
— in einer Kundenstruktur, die durch Unternehmen geprägt ist, welche unterschiedliche Saisonverläufe oder Branchenkonjunkturen aufweisen, so daß Finanzierungsdefizite und Kreditwünsche bei einem Teil der Unternehmenskundschaft mit Finanzierungsüberschüssen und Einlagenverstärkung bzw. Kredittilgung bei einem anderen Teil korrespondieren.

Faßt man die Überlegungen zur Liquiditätsplanung zusammen, so zeigte sich zunächst, daß Nebenbedingungen, welche Mindestreserveauflagen und bankaufsichtsrechtlich vorgeschriebene Finanzierungsregeln berücksichtigen, die Refinanzierung am Geldmarkt erleichtern. Dort sind sie eine notwendige Voraussetzung. Für die Zwecke der optimalen Liquiditätshaltung indessen benötigt man eine Zielfunktion, die – entsprechend den aus Lagerhaltungsmodellen abgeleiteten allgemeinen Ansätzen optimaler Kassenhaltung – als Minimierung der Kosten dargestellt wurde. Kostenkomponenten sind zum einen die Opportunitätskosten, gefaßt als infolge der Haltung von Liquiditätsreserven entgangene Zinsen aus Kredit- und/oder Wertpapieranlagen. Die andere Kostenkomponente repräsentiert Anpassungskosten im weiteren Sinne. Diese entstehen immer dann, wenn durch die Liquidation mehr oder weniger liquiditätsferner Anlagen oder die Inanspruchnahme von Kreditlinien Liquidität zusätzlich verfügbar gemacht werden muß. Infolge solcher Anpassungen können Transaktionskosten auftreten, wie sie beim Verkauf von Wertpapieren zu zahlen sind. Anpassungskosten bei Umschichtungen mögen aber darüber hinaus auch Kursverluste umfassen, im Falle der Zwangsliquidation von Krediten sogar Ausfallkosten (Abschreibungen) auf diese Kredite. Sehen sich Kreditnehmer in einem solchen Fall mit dem unerwarteten Rückrufbegehren ihrer Bank konfrontiert und geraten (auch) deshalb in Schwierigkeiten, so sind – insbesondere bei einer entsprechenden Publizität – Belastungen des Image der Bank nicht auszuschließen. Dann erhalten Anpassungskosten den Charakter von (zwar kaum quantifizierbaren, im Zweifel aber hohen) Strafkosten, die bei der Planung der Liquidität vermieden werden sollten. – Auch deshalb kann versucht werden, das Ausmaß der Unsicherheit durch eine Erhöhung des Informationsniveaus bei der Liquiditätsplanung zu verringern, selbst wenn als eine weitere Kostenkomponente dabei Informationskosten eingegangen werden müssen. Diese sind dann als Bestandteil der zu minimierenden Gesamtkosten in der Zielfunktion zu berücksichtigen. – Das Liquiditätsrisiko kann weiterhin dadurch vermindert werden, daß bei der Planung der Kunden- und Geschäftsstruktur entsprechend der Portfolio Selection-Theorie Diversifikationseffekte beachtet werden. Mit dieser Konzeption ist es möglich, auch die Risikoaversion der Bankleitung explizit zum Ausdruck zu bringen.

d. Ansätze bankbetrieblicher Gesamtmodelle

Bankaktivitäten in Partialmodellen der optimalen Eigenkapital- oder Kassenhaltung einzufangen, bedeutet, die Elementarfunktionen allenfalls am Rande zu berücksichtigen. Insofern kann es sich nur um Teiloptima handeln. Ein **umfassendes Planungsmodell der Größe und Struktur einer Bank muß bei ihren geschäftlichen Aktivitäten im finanziellen Bereich ansetzen.**

Eine wichtige Forschungsrichtung, in der man sich darum bemüht, Entscheidungen auf Grundlage des Operations Research vorzubereiten, hat dementsprechend in der *Finanzierungsfunktion* ihren Ausgangspunkt.

d. 1. Die Strukturierung des Finanzbereichs unter Marktnebenbedingungen

Weitergehend als im Alhadeff-Modell (wo ein Ein-Produkt-Unternehmen unterstellt wurde, vgl. S. 582) werden die verschiedenen Aktiva in Analogie zum Produktionsprogramm des Industriebetriebs als *Anlagenprogramm* der Bank gesehen, das mit Hilfe der linearen Programmierung optimal, d.h. *gewinnmaximal* (G), zu gestalten ist.[43]

In die *Zielfunktion* eines solchen Asset Management Modells gehen die verschiedenen Anlagenkategorien (A_i), d.h. unterschiedliche Arten von Krediten und Wertpapieren, mit ihren zugehörigen Zinssätzen (z_i) ein.

$$(C.\ 50) \quad \sum_{i=1}^{n} A_i z_i = G \rightarrow Max!$$

Sie wird von einer Reihe von (oben bereits behandelten) Nebenbedingungen begleitet, die den Rahmen angeben, innerhalb dessen die Zielfunktion realisiert werden kann.

---

[43] Vgl. z.B. R. H. Waterman/R. E. Gee: A new tool for bank management: a mathematical model in banking, in: Bulletin of the Robert Morris Associates, vol. 45, 1963, S. 173-179 (wiederabgedruckt in: K. J. Cohen/F. S. Hammer: Analytical methods in banking, Homewood/Ill. 1966, S. 55-62).

Dazu gehört die *Liquiditätsbedingung*, die besagt, daß der Anfangsbestand an Liquidität ($\overline{L}$) zuzüglich der Liquiditätseingänge (EZ) und abzüglich der Liquiditätsabgänge (AZ) der Planperiode einen Mindestbestand, der sich aus den auf die Einlagen (E) basierten Mindestreserven (mE) und gegebenenfalls weiterer Liquiditätsreserven (mΔE) zusammensetzt, nicht unterschreiten darf:

(C. 51) $\quad \overline{L} + EZ ./. AZ \geq m(E + ./. \Delta E)$

Weiterhin sind unter den Begrenzungen für das Anlagenprogramm *Sicherheitsbedingungen* zu berücksichtigen, etwa in der durch den Grundsatz I der Bankenaufsicht in bezug auf Bonitätsrisiken gesetzten Form. Danach dürfen die gesamten risikobehafteten Anlagen unter Berücksichtigung des Umfangs, in dem sie als risikobehaftet angerechnet werden bzw. in dem sie Eigenkapital verbrauchen, das 12,5fache des Eigenkapitals nicht überschreiten:

(C. 52) $\quad A_1 + 0,5 A_2 + 0,2 A_3 + \ldots A_n \leq 12,5 \, EK$

Schließlich spielen für ein Asset Management Modell die *Marktnebenbedingungen* eine zentrale Rolle, nach der z.B. die zu erwartenden Kontokorrentkredit-Anträge (A_{1n}) insgesamt ein bestimmtes, wie im Alhadeff-Modell gegebenes Nachfragevolumen nicht überschreiten können:

(C. 53) $\quad A_{11} + A_{12} + A_{13} + \ldots A_{1n} = \sum_{i=1}^{n} A_{1i} \leq A_1$

Kann die Passivseite nicht als gegeben hingenommen werden[44], sondern benutzt die Bank in diesem Bereich bestimmte Aktionsparameter (wie Termineinlagen, Obligationen mit konkurrenzfähigen Zinssätzen) zur Beeinflussung des Gewinns, so bildet ein Asset Management Modell den finanziellen Bereich offensichtlich unvollständig ab. Dann ist das *Anlagenprogramm* (mit maximal n-Anlagenarten) um ein *Einlagenprogramm* (mit maximal k-Einlagenarten) zum *Bilanzmodell* zu ergänzen.

(C. 54) $\quad \sum_{i=1}^{n} A_i z_i ./. \sum_{j=1}^{k} P_j i_j = G \rightarrow \text{Max}!$

Eine Präzisierung der Zielfunktion hat Deppe[45] vorgenommen, indem er das durch die Bilanz abgebildete Anlagen- und Einlagenprogramm in zwei Bereiche trennt. Der eine stellt das *Altgeschäft* mit in der Vergangenheit fixierten, noch gültigen Konditionen dar, so daß der daraus für die Planungsperiode sich ergebende Erfolgsbeitrag nicht mehr beeinflußbar (f) ist. Der zweite Bereich, das *Neugeschäft*, kann hingegen unter Gewinngesichtspunkten in einem Umfang bewegt (b) werden, in dem die Restriktionen dafür Raum lassen, d.h. Liquiditätsreserven für Anlagezwecke zur Verfügung stehen, die Grenzen der Grundsätze nicht bereits ausgeschöpft sind und eine bonitätsmäßig akzeptable Kreditnachfrage besteht.

(C. 55) $\quad (A_i z_i ./. P_j i_j)_{f_{ij}} + (A_i z_i ./. P_j i_j)_{b_{ij}} = G \rightarrow \text{Max}!$

---

[44] J. J. Pringle (The capital decision in commercial banks, a.a.O.) sucht Leverage-Chancen allein über Aktivitäten auf den Interbankenmärkten.
[45] Vgl. H.-D. Deppe: Zur Rentabilitäts- und Liquiditätsplanung von Kreditinstituten, in: Weltwirtschaftliches Archiv, Bd. 86, 1961 I, S. 303-351; ders.: Bankbetriebliches Wachstum, Stuttgart 1969.

Der Hinweis auf das in die Planungsperiode hineinragende Altgeschäft der Vorperiode macht bereits deutlich, daß die Optimierung von Bilanzmodellen sich nicht auf den Gewinn nur einer Periode beziehen kann.

Vielmehr sind die Wirkungen von Anlagen- und Einlagenverträgen, die über die Planperiode z.B. eines Jahres hinausreichen, auf die Folgeperioden zu berücksichtigen, und dies bezüglich des Gewinns (in der Zielfunktion) sowie der Liquidität, der Sicherheit und der Marktverhältnisse (wie sie in den Nebenbedingungen ihren Ausdruck finden). Die Erweiterung eines (statischen) Einperiodenmodells zu einem *(dynamischen) Mehrperiodenmodell* ist u.a. von Chambers/Charnes[46] versucht worden. Sie haben ein Modell mit einem Planungshorizont von 5 Perioden vorgestellt, durch das – bei gegebener Einlagen- und Eigenkapitalentwicklung – ein Anlagenprogramm optimiert werden soll, in dem 6 Kredit- und Wertpapierarten mit unterschiedlich langen Laufzeiten zu disponieren sind:

$$(C.56) \quad \sum_{i=1}^{6} \sum_{t=1}^{5} A_i^t z_i^t \ ./. \ \sum_{j=1}^{k} \sum_{t=1}^{5} P_j^t i_j^t = G \rightarrow Max!$$

Die für Anlagezwecke disponierbare Liquidität einer Periode (A_i^t) ergibt sich aus den am Periodenbeginn fällig werdenden Krediten und Wertpapieren (F^t) sowie aus Eigenkapitalerhöhungen ($EK^t ./. EK^{t-1}$) und Einlagenzuwächsen der Vorperiode unter Abzug der Mindestreserveverpflichtungen [$(E^t ./. E^{t-1}) ./. M^t$] am Anfang der Periode:

$$(C.57) \quad \sum_{i=1}^{6} A_i^t \leq F^t + (EK^t ./. EK^{t-1}) + [(E^t ./. E^{t-1}) ./. M^t]$$

Einige Vereinfachungen des Modells gegenüber der Realität sind offensichtlich: Auf der Aktivseite fließt Liquidität nur aus den natürlichen Fälligkeiten der im Bestand befindlichen Anlagenarten; es gibt keine künstliche Liquidisierung durch vorzeitigen Verkauf oder Beleihung. Darüber hinaus ist die Zahl der in das Modell eingeführten Anlagenarten gering, das außerbilanzielle Geschäft bleibt ausgeblendet, und die Einlagenseite wird als nicht gestaltbar angesehen.[47] – Bei einer mehrperiodigen Betrachtung wäre aber insbesondere die *Zielfunktion* dahingehend zu verändern, daß die *Maximierung des Kapitalwertes* aus den Aktiv- und Passivgeschäften angestrebt wird.[48] Demnach dürften diese nicht mit den unveränderten Kundenzinsen in das Programm eingehen, sondern es müßten die Barwerte der Cash Flows erfaßt werden.

---

[46] D. Chambers/A. Charnes: Inter-temporal analysis and optimization of bank portfolios, in: Management Science, vol. 7, 1961, S. 393-410 (wiederabgedruckt in: K. J. Cohen/F. S. Hammer: a.a.O., S. 67-86).

[47] Weitere dynamische Ansätze finden sich in der Literatur, doch können sie dem Anspruch, als Entscheidungsgrundlage zu dienen, nicht genügen. Vgl. H.-D. Deppe: Bankbetriebliches Wachstum, a.a.O.; H. Meyer zu Selhausen: Die Optimalplanung von Kapitalbeschaffung und Kapitalverwendung einer Kreditbank mit den Methoden der Unternehmensforschung, Köln 1970. – In dem Mehr-Monate-Modell bei Deppe werden die Perioden jeweils auf einen repräsentativen Tag »verkürzt«. Meyer zu Selhausen arbeitet mit sich überlappenden Planungszeiträumen von 90 Tagen, 1 Jahr und 5 Jahren. Vgl. weiter K. J. Cohen/F. S. Hammer: Linear programming and optimal bank asset management decisions, in: JoF, vol. 22, 1967, S. 147-165. Zur Kritik an den dynamischen Ansätzen in den beiden Veröffentlichungen vgl. R. Zinken: Die Planung im Bankbetrieb unter besonderer Berücksichtigung operations-analytischer Lösungsversuche zur Optimalplanung des Aktiv- und Passivgeschäfts, Köln 1975, besonders S. 144ff., S. 222ff.

[48] Vgl. zur Formulierung einer adäquaten Zielfunktion etwa D. Schneider: Investition, Finanzierung und Besteuerung, 7. Aufl., Wiesbaden 1992, S. 65ff.

Anstelle der anfänglichen Euphorie im Hinblick auf den Nutzen linearer Programmierungsmodelle dominiert mittlerweile eine eher skeptische Haltung. Tatsächlich *optimale Lösungen* für die Strukturierung von Investitions- und Finanzierungsprogrammen wie das Geschäft im Finanzbereich einer Bank lassen sich auch mit diesem Verfahren nur dann erarbeiten, wenn *sämtliche auf die gewählte Zielgröße wirkenden Einflußfaktoren adäquat im Programmierungsansatz abgebildet* werden können.[49] *Kritisch* hierfür ist weniger die Datenverarbeitung (bei der in den letzten Dekaden sprunghafte Fortschritte erzielt wurden) als vielmehr die *Datenbeschaffung*. So waren etwa – um nur zwei Probleme zu nennen – zum einen die Cash-Flow-Unsicherheiten in weiten Teilen des variabel verzinslichen Geschäfts herausgearbeitet worden, die für eine Planung auf Barwertbasis ein wesentliches Hindernis darstellen. Zum zweiten gehen die aufgeführten Modelle von der Unabhängigkeit der Anlage- bzw. Finanzierungsmöglichkeiten untereinander aus und sehen weiterhin von erfolgsmäßigen Verbundwirkungen zwischen den Aktiv- und den Passivgeschäften vollständig ab. Sachgerechterweise müßten jedoch mit Hilfe von Korrelationskoeffizienten solche Zusammenhänge berücksichtigt werden, was bislang wohl allenfalls im Hinblick auf das Wertpapierportefeuille der Kreditinstitute gelungen ist.

Derartige Mängel des Dateninputs führen dazu, daß Modelle der linearen Programmierung nur für die Lösung eines begrenzten Kreises von Einzelproblemen, nicht aber zur Strukturierung des gesamten Finanzbereichs einer Bank eingesetzt werden können.[50] Es müssen dann die Konsequenzen der ermittelten Teiloptima abgeschätzt und zum Zwecke der innerbetrieblichen Koordination in die Budgetierung eingebracht werden.[51]

Vor diesem Hintergrund wird es verständlich, daß die Bankwissenschaft bis zu einer sinnvollen Abbildung mehrstufiger Entscheidungsprozesse, wie sie sich in der Realität tatsächlich vollziehen und wie man sie etwa mit Hilfe von Entscheidungsbäumen und der dynamischen Programmierung einzufangen versucht, noch nicht fortgeschritten ist.[52]

d. 2. Monopolmodelle der Bankunternehmung

In den bisher vorgestellten Portfoliomodellen beschränkte sich die Rolle der Bank auf die eines reinen Mengenanpassers, dem der Preis für die angebotenen Leistungen durch den Markt vorgegeben wird. *Monopolmodelle*[53] gehen von der genau entgegengesetzten An-

---

[49] Vgl. ausführlich D. Schneider: Investition, Finanzierung und Besteuerung, a.a.O., S. 129-134.
[50] Vgl. D. P. Vorderstemann: Simulation von Rentabilität und Liquidität – Alternative Planungsrechnung und Depot-A-Management als PC-Anwendungen, in: BBl, 36. Jg., 1987, S. 422-426, A. W. Marusev/K.-J. Siewert: Engpaßbezogene Einzelgeschäftskalkulation als LP-Ansatz, in: DBk, Nr. 3/1991, S. 169-171, D. Giokas/M. Vassiloglou: A goal programming model for bank assets and liabilities management, in: European Journal of Operational Research, vol. 50, 1991, S. 48-60, H. Schierenbeck: Ertragsorientiertes Bankmanagement, a.a.O., Bd. 2, S. 404-420 und St. Paul/K.-J. Siewert: a.a.O., S. 84 und 142-147.
[51] Vgl. auch J. Süchting: Finanzmanagement, a.a.O., S. 598f.
[52] Vgl. zum Überblick M. J. Kusy/W. T. Ziemba: A bank asset and liability management model, in: Operations Research, vol. 34, 1986, S. 356-376.
[53] Vgl. insbesondere M. A. Klein: A theory of the banking firm, in: JoMCB, vol. 3, 1971, S. 205-218 und M. Monti: Deposit, credit and interest rates determination under alternative bank objective functions, in: G. Szegö/K. Shell (Hrsg.): Mathematical methods in investment and finance, Amsterdam 1972, S. 430-454 sowie im Anschluß daran J. J. Pringle: A theory of the banking firm – a comment, in: JoMCB, vol. 5, 1973, S. 990-996, D. H. Pyle: On the theory of financial intermediation, a.a.O., S. 745f., J. Dermine: Deposit rates, credit rates, and bank capital: The Klein-Monti model revisited, in: JoBF, vol. 10, 1986, S. 99-114 sowie X. Freixas/J.-Ch. Rochet: a.a.O., S. 57-61.

nahme großer Marktmacht eines Kreditinstituts aus und unterstellen die *Möglichkeit, Preise zu setzen*. Die optimale Bankgröße und Portfoliostruktur wird dann mit Hilfe der Nachfragefunktionen für die jeweiligen Bankprodukte bestimmt.

Klein geht von folgender Zielfunktion aus:

$$(C.\ 58) \quad r_{EK}^e = \frac{\sum_i \alpha_i z_i - \sum_j \varepsilon_j i_j}{1 - \sum_j \varepsilon_j} \to Max!$$

r_{EK}^e ist die erwartete Eigenkapitalrendite, ε_j der Anteil der j Einlagenarten an der Bilanzsumme mit den zugehörigen Zinssätzen i_j, $1 - \sum_j \varepsilon_j$ dementsprechend das Eigenkapital, und α_i sind die Anteile der verschiedenen Anlagenarten.

In seinem Ansatz hat die Bank die Wahl zwischen drei Anlagearten (Liquiditätsreserven, Staatspapieren und Krediten) sowie drei Finanzierungsformen (Sichteinlagen, Termineinlagen sowie das fix vorgegebene Eigenkapital). Zwar ist das Kreditinstitut Preisnehmer für Staatspapiere, doch es kann die Preise für Kredite und Depositen setzen. Die Kreditnachfrage ist eine fallende Funktion der Kreditzinsen, das Depositenangebot der Kunden steigt dagegen mit zunehmendem Zins. – Die Liquiditätsposition wird (wie bereits dargestellt) über einen Lagerhaltungsansatz bestimmt, der von stochastischen Einlagenabzügen ausgeht. Ein Grenzertrag aus vermehrter Kassenhaltung ergibt sich – wie in den Modellen der Liquiditätsplanung dargestellt – in Form sinkender Strafkosten für ein etwaiges Liquiditätsdefizit. Im übrigen entstehen für das Liquiditätsmanagement fixe, von der Portfoliogröße und -struktur unabhängige Kosten.

Da die Verzinsung der Staatspapiere (i_g) exogen vorgegeben ist, weitet die Bank ihr Kreditangebot solange aus, bis der Grenzertrag der Kredite (i_l) diesem Satz entspricht. Ebenso verkauft das Institut Depositen, bis deren Verzinsung (i_j) mit derjenigen der Wertpapiere identisch ist. *Volumen und Struktur des Finanzbereichs der Bank sind demnach optimal (Maximum der Eigenkapitalrendite), wenn die Grenzertragsraten der Aktiva übereinstimmen und mit den Grenzkosten der Passiva zusammenfallen.*

Monopolmodelle brechen indes in sich zusammen, wenn die Annahme der Marktmacht aufgegeben wird. Kann die Bank den Kreditpreis nicht von sich aus bestimmen, sondern ist dieser ein Marktdatum, so hält sie – je nach Verhältnis von i_g und i_l – nur ein Asset, entweder ausschließlich Staatspapiere oder aber allein Kredite. Ihre Größe ist entweder 0, unendlich oder unbestimmt, je nachdem, ob die Assetverzinsung den Depositenzins unterschreitet, übersteigt oder sich mit ihm deckt. Aufgrund dieser begrenzten Erklärungskraft hat die »Familie« der Monopolmodelle seit ihrer Gründung kaum Nachwuchs bekommen[54], sondern wurde zunehmend durch Ansätze verdrängt, die nicht auf die Prämisse einer in der Realität wohl nur selten anzutreffenden Marktform angewiesen sind und zudem auch die in Monopolmodellen entweder ausgeblendeten oder als konstante Größen angenommenen Realkosten des technisch-organisatorischen Bereichs berücksichtigen (vgl. Abschnitt d. 3.).

Unabhängig davon stellt Klein bei der Bestimmung von i_l, dem Zinssatz für Sichteinlagen E_1, eine auch für deutsche Verhältnisse interessante gebührenpolitische Variante vor.

---

[54] Erwähnenswert sind noch die Arbeiten von E. Z. Prisman/M. B. Slovin/M. E. Shushka: A general model of the banking firm under conditions of monopoly, uncertainty, and recourse, in: JoME, vol. 17, 1986, S. 293-304 und E. R. Zarruk: Bank spread with uncertain deposit level and risk aversion, in: JoBF, vol. 13, 1989, S. 797-810.

Dieser Zinssatz (dessen direkte Zahlung bei den Commercial Banks seinerzeit noch verboten war und der auch in der Bundesrepublik mit im allgemeinen 1/2% oder 1% p.a. vergleichsweise niedrig liegt) wird nämlich implizit über die mit der Kontoführung verbundenen Bearbeitungskosten ermittelt:

$$(C.\ 59) \quad i_1 = \frac{(c-g)XY}{XH} = \frac{(c-g)Y}{H}$$

Dabei ist X die Anzahl der Sichteinlagenkonten, H die durchschnittliche Guthabenhöhe, Y die durchschnittliche Zahl der über ein Konto abgewickelten Transaktionen in der Periode. Da sich eine positive Differenz zwischen dem Kostensatz für die Abwicklung einer Transaktion (c) und dem Gebührensatz für eine Transaktion (g) ergibt, erleidet die Bank aus der Kontoführung einen Verlust.

Diese negative Rendite kann als Zins (i_1) interpretiert werden, den die Bank ihren Sichteinlegern zahlt. – Trifft die allgemein von den Kreditinstituten in der Bundesrepublik geäußerte Meinung zu, daß die Abwicklung des Zahlungsverkehrs defizitär sei,[55] so kann die *unentgeltliche Übernahme von Teilkosten in dieser Sparte* demnach als indirekte Zinszahlung angesehen werden. Dort, wo einige Banken bei wachsendem Guthaben des Kunden eine Ermäßigung der ihm in Rechnung gestellten Kontoführungsgebühren vornehmen, wird die implizite Zahlung eines Zinses besonders deutlich (vgl. auch S. 685ff.).

d. 3. Gesamtmodelle mit realen Produktionskosten

In dem neben dem Portfolio- und dem Monopolansatz dritten Modelltyp wird berücksichtigt, daß für die Produktion von Bankprodukten nicht nur monetäre Einsatzfaktoren, sondern je nach Produktart und -menge unterschiedliche Faktorkombinationen der Ressourcen Arbeit und Betriebsmittel erforderlich sind.

Die *Optimierung von Bilanzvolumen* (A), *Aktivastruktur* (im folgenden vereinfacht als ertragbringende Aktiva K und Liquiditätsreserven L bzw. als Verhältnis α = K/A gefaßt) und *Passivastruktur* (im folgenden vereinfacht als Einlagen E und Eigenkapital EK bzw. als Verhältnis ε = E/A gefaßt) kann daher sachgerechter *gemeinsam* in folgender Zielfunktion für den Gewinn G^e vorgenommen werden:[56]

$$(C.\ 60) \quad G^e = A[\alpha z - \varepsilon i - (1-\varepsilon)k] - C_B(A, \alpha, \varepsilon) - C_L(A, \alpha, \varepsilon) - C_S(A, \alpha, \varepsilon) \rightarrow \text{Max!}$$

---

[55] So z.B. J. Terrahe, Commerzbank AG, Frankfurt/M., in seinem Referat »Der überbetriebliche Zahlungsverkehr zwischen Wettbewerb und Standardisierung« am 26.5.1981 im Kontaktseminar an der Ruhr-Universität Bochum, in: SB Nr. 14, SS 1981, S. 39. Vgl. weiter: H. Godschalk/K. Schnurbus: Zahlungsverkehrsgebühren: Das Milliarden-Geschäft?, (I) in: ZfgK, 42. Jg., 1989, S. 512-518 und (II) in: ZfgK, 42. Jg., 1989, S. 564-567, H. Slevogt: Von defizitärem Zahlungsverkehr kann bei korrekter Kalkulation keine Rede sein, in: HB, Nr. 47 v. 7.3.1989, S. 6. Dieses Argument wird einer ausführlichen Prüfung unterzogen bei W. Gerke/G. Pfeufer-Kinnel: Kosten und Rentabilität des Privatgiroverkehrs, Stuttgart 1997.

[56] Vgl. E. Baltensperger: Alternative approaches to the theory of the banking firm, a.a.O., S. 35f. sowie E. Baltensperger/H. Milde: a.a.O., S. 267ff.

Die in dem ersten, den erwarteten Gewinn (G^e) bestimmenden Ausdruck zusammengefaßten Zinssätze bestehen aus der Differenz zwischen der erwarteten Aktivaverzinsung, gewichtet mit dem Anteil der ertragbringenden Aktiva, und der mit dem Anteil der Einlagen gewichteten Summe aus der Einlagenverzinsung i sowie dem Opportunitätskostensatz (k) auf das Eigenkapital (1 − ε = EK/A). Diese Zinsspanne ist mit dem Bilanzvolumen (A) multipliziert. Die übrigen von der Größe der Bank bzw. ihrem Bilanzvolumen sowie dem Anteil der ertragbringenden Aktiva und dem Einlagenanteil abhängigen Kostengrößen sind die Verwaltungskosten (C_B), die Liquiditätskosten (C_L) und die Insolvenzkosten (C_S).

Die *Insolvenzkosten,* die aus der (in begrenzter Zeit durchzuführenden) Liquidation der Aktiva entstehen, aber auch Kosten für Gläubigerversammlungen, den Konkursverwalter usw. umfassen, werden als abhängig von der Höhe möglicher Verluste und damit der Überschuldung angenommen, die mit dem Eigenkapitalanteil negativ korreliert ist.

Die Bank wird ihr Bilanz*volumen* solange ausdehnen, bis der Grenzerfolg einer »zusätzlichen Bilanzeinheit« (unter Wahrung der Bilanzstruktur) genau der Summe aus marginalen Betriebs-, Liquiditätssicherungs- und Insolvenzkosten entspricht. Auch die *Struktur* der Bilanz wird angepaßt (durch Veränderungen des Anteils der ertragbringenden Aktiva auf Kosten der Reserven bzw. Variation der Einlagen zu Lasten der Eigenkapitalausstattung), bis die Optimierungsvorschrift Grenzerlös = Grenzkosten erfüllt ist. Somit können Abhängigkeiten und Austauschbeziehungen zwischen den Einflußgrößen des Gewinns sowie unterschiedliche Marktformen berücksichtigt werden.

e. Bankspezifische Probleme der Modellbildung

Im Unterschied zum Industrieunternehmen fertigt eine Bank nicht konkrete Produkte, sondern ein Bündel abstrakter Dienstleistungen mit Geld als Leistungsobjekt, die sich – soweit sie sich bilanzmäßig niederschlagen – auf Konten als Absatzbeziehungen in der Zeit darstellen. Das macht der folgende Ausschnitt aus dem Modell der Bank deutlich:

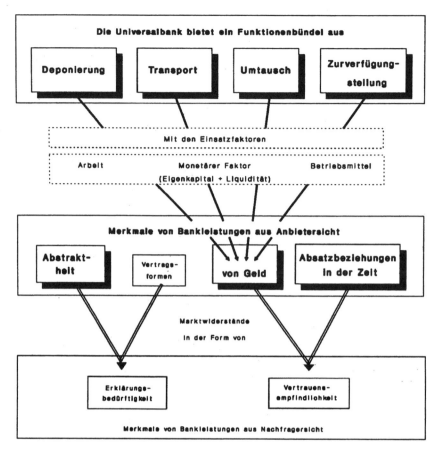

Ausschnitt aus dem Bankmodell

Aus diesen **Charakteristika ihrer Leistungen lassen sich Schwergewichte und Schwierigkeiten der Konstruktion von Entscheidungsmodellen in Kreditinstituten erklären.**

e. 1. Die Bank als Finanzkomplex

Der Umstand, daß Leistungsobjekt der Bank *Geld* ist, führt zur Dominanz von Finanzinvestitionen in ihrer Bilanz anstelle von Sachinvestitionen in der Industrieunternehmung, führt zur Dominanz von Zinspositionen in der GuV-Rechnung anstelle von Lagerveränderungen und Materialeinsatz in der Industrieunternehmung. Daraus folgt: **Die Bank wird durch den finanziellen Bereich geprägt;** der technisch-organisatorische oder Produktionsbereich, der die Industrieunternehmung charakterisiert, hat zwar existenznotwendige, aber eher assistierende Funktion.

Dem entspricht, daß die bankwissenschaftliche Forschung Asset Management Modelle, Bilanzmodelle oder Portfoliomodelle als Abbildungen des finanziellen Bereichs in den Mittelpunkt ihrer Bemühungen stellt. **Von der Disposition über Kredit- und Einlagen-**

bestände her versucht man, zu **bankbetrieblichen Gesamtmodellen, zu einer Theorie des Bankbetriebs**, durchzustoßen.

Den Kreditinstituten als einem für den reibungslosen Ablauf von Geldbewegungen zuständigen Wirtschaftszweig wird eine **Sonderstellung in der Volkswirtschaft** zugeordnet. Aus diesem Grunde sehen sie sich einem Datenkranz gegenüber, der ihre Dispositionsfreiheit durch Spezialnormen insbesondere der Bundesbank und der Bankenaufsicht stärker einengt, als das in anderen Wirtschaftszweigen der Fall ist. Das erklärt den **Umfang von Liquiditäts-, Sicherheits- und anderen Bilanzstruktur-Nebenbedingungen**, der zur besonderen Komplexität bankbetrieblicher Entscheidungsmodelle beiträgt.

Unabhängig davon, daß der technisch-organisatorische Bereich der Bank gegenüber dem finanziellen assistierende Funktion hat, müssen seine Personal- und Sachkosten doch berücksichtigt werden, falls ein bankbetriebliches Gesamtmodell entwickelt werden soll. Wo dies in den vorgestellten Bilanzmodellen nicht geschieht, ist das in der Regel auf die Annahme zurückzuführen, die bestehenden Personal- und Sachkapazitäten des technisch-organisatorischen Bereichs seien in der Lage, das geplante Wachstum des finanziellen Bereichs zu bewältigen. – Eine solche Anschauung läßt sich aber allenfalls für kurze Planungsperioden von wenigen Monaten begründen; spätestens bei Planungszeiträumen von einem Jahr und länger stellt sich das Problem, wie die für die Bewältigung des finanziellen Wachstums erforderlichen zusätzlichen Kosten des technisch-organisatorischen Bereichs modellmäßig berücksichtigt werden sollen.

Aus der Fertigung von *abstrakten Dienstleistungen* mit dem Leistungsobjekt Geld folgt die Unmöglichkeit einer Produktion auf Lager. Damit besitzt ein Kreditinstitut nur wenige Ansatzpunkte, bei durch die Konkurrenz erzwungener Tagfertigung die aus dem Markt resultierenden starken Beschäftigungsschwankungen zu nivellieren. Vielmehr müssen die Kapazitäten grundsätzlich an der Spitzenbeschäftigung ausgerichtet werden; das führt im Zeitverlauf zu sprungfixen Kostenblöcken mit Gemeinkostencharakter.

Derartige fixe Kosten können den Zinssätzen bei den Kredit- und Einlagenarten in den Bilanzmodellen aber nicht ohne Willkür zugerechnet werden. Dieses **Kostenzurechnungsproblem ist in den bankbetrieblichen Modellen nur dort problemgerecht gelöst worden, wo man die alternativen Anlagen- und Einlagenprogramme eines Bilanzmodells auch im Hinblick auf die zusätzlichen Personal- und Sachkostenblöcke vergleicht, die für ihre Realisierung erforderlich werden.**

e. 2. Das umfassende Leistungsangebot der Universalbank

Hinzu kommt das Problem der Zurechnung von marktbedingten Erlösen, die überdies nicht Zinsbestandteile sind. Universalbanken bieten dem Kunden nicht nur Kredit- und Einlagenarten, sondern im Rahmen ihres gesamten *Leistungsbündels* auch – und in den letzten Jahren forciert – bilanzindifferente Dienstleistungsgeschäfte.

Daraus resultieren Verbundwirkungen am Markt. Deutlich wird dies, wenn einem Kunden Sonderkonditionen im Kredit- oder Termineinlagengeschäft eingeräumt werden, weil er auch an anderer Stelle im Sortiment, etwa im Wertpapierhandel oder mit Dokumenteninkassi, interessante Geschäfte macht. Mit der Abnahme eines Leistungsbündels durch den Kunden ist der Bank die Möglichkeit der Mischpreiskalkulation gegeben, d.h. sie versucht, nicht das einzelne Geschäft, sondern die Kundenverbindung insgesamt gewinnbringend zu gestalten.

In dem Maße, wie eine derartige **Mischpreiskalkulation** insbesondere bei großen Konten praktiziert wird, ist offensichtlich, daß die **bei solchen Kredit- und Einlagenkonten**

ausgewiesenen Zinssätze »verzerrt« werden, d.h. nicht mehr repräsentativ für die Erfolgsbeiträge der Kunden sind.[57]

Beim augenblicklichen Stand der Modellforschung bleibt nur, die erwarteten Erlöse aus Dienstleistungsgeschäften im Zuge der Planung alternativer Anlagen- und Einlagenprogramme als Abzugsposten bei den Personal- und Sachkostenblöcken zu berücksichtigen (wie das z.B. bei der Ermittlung der Bedarfsspanne geschieht). – Damit kann ein Bilanzmodell zwar formal zu einem bankbetrieblichen Gesamtmodell erweitert werden; die eigentliche Problematik der Erlöszurechnung auf die Dispositionsgrößen wird auf diese Weise aber nicht gelöst.

e. 3. Die Bank als Absatzkomplex

Im Unterschied zu Industrieunternehmen arbeiten ca. 2/3 der Mitarbeiter eines Kreditinstituts im Markt. Der Bereich der *Unsicherheit* ist relativ groß, da es – abgesehen von den Eigengeschäften – die Kunden sind, die im Rahmen ihrer Absatz- und Kontenbeziehungen über die Perioden hinweg immer wieder neu disponieren, und zwar auf den Absatz- *und* Beschaffungsmärkten für Liquidität.

Bei den Überlegungen um Entscheidungsmodelle (auch) im finanziellen Bereich kommt deshalb der *Marktforschung eine bedeutende Rolle* zu.

Wenn in einer Marktbedingung mathematisch formuliert wird, daß die Nachfrage z.B. nach Anschaffungsdarlehen in der Planperiode eine bestimmte Summe A_1 nicht überschreiten kann, so verbirgt sich dahinter die u.U. heroische Annahme, die Marktforschung habe ein Marktpotential in der Höhe A_1 für die Planperiode tatsächlich ermittelt. – Ein anderes Beispiel: Folgt man dem theoretisch richtigen Gedanken, im Zusammenhang mit der Beanspruchung der Liquiditätsreserven dürfe die Berücksichtigung der Überträge in der Kundschaft nicht nur pauschal durch einen internen Verrechnungsfaktor erfaßt werden, sondern müsse differenziert nach mehreren Verrechnungsfaktoren für einzelne Anlagenarten und Kundengruppen erfolgen, so sieht sich die Marktforschung vor die Aufgabe gestellt, Verbrauchsfunktionen für Liquiditätsreserven durch die Identifizierung interner Geldkreisläufe zu quantifizieren.[58] Während Verbrauchsfunktionen im Industriebetrieb technisch bedingt sind, hängen sie im Kreditinstitut aber vom unsicheren menschlichen Verhalten der Kunden ab.

Nun läßt sich die Problematik der Informationsbeschaffung in bestimmten Teilbereichen aufgrund der Mengen sich zum Teil ausgleichender Kundendispositionen leichter überwinden als in anderen. Der Sparbereich ist – abhängig u.a. von den Einkommenserwartungen und der Sparquote – einfacher zu prognostizieren als der Bereich der Termineinlagen, die Entwicklung im Bereich der Konsumentenkredite besser in den Griff zu bekommen als die Inanspruchnahme von Kreditlinien durch Unternehmenskunden.

Planung des Marktes aber bedeutet nicht nur Prognose zukünftigen Geschehens, sondern heißt auch zielbewußte Beeinflussung des Marktes mit Hilfe der absatzpolitischen

---

[57] Zu diesem wichtigen Kritikpunkt vgl. im einzelnen D. R. Hodgman: Commercial bank loan and investment policy, Champaign/Ill. 1963; J. Süchting: Theorie und Politik des Bankensortiments – Grundlagen einer Sortimentslehre der Bank, a.a.O.; E. J. Kane/B. G. Malkiel: a.a.O.
[58] Vgl. J. Süchting: Bestimmungsfaktoren des Kreditangebots, a.a.O., S. 441ff.

Instrumente, die von der Eröffnung von Zweigstellen, über die Verbesserung der Leistungen und die Schulung der Verkäufer bis hin zu Maßnahmen der Verkaufsförderung und der Werbung reichen. – Wie die Kunden auf derartige absatzpolitische Bemühungen reagieren – und zwar vor dem Hintergrund der Aktionen der Konkurrenz –, was dabei herauskommt, wenn man z.B. zusätzlich 100 Mio. DM in die Verkäuferschulung oder in einen Werbefeldzug investiert, das weiß man in der Regel nicht, weil lediglich erste Ansätze empirisch gesicherter Erklärungsmodelle des Kundenverhaltens existieren (vgl. S. 644ff.). Das gilt auch für preispolitische Maßnahmen. Zwar kann für die Mehrzahl kleiner und mittlerer Institute davon ausgegangen werden, daß sie mit den von ihnen ausgelösten Aufträgen an den Wertpapiermärkten die Renditen nicht beeinflussen, diese also für sie Datum sind. In den Kredit- und Einlagenmärkten aber herrscht keine vollständige Konkurrenz, dürften Variationen der Mengen- und Preisparameter sich in gewissen Grenzen gegenseitig beeinflussen. Wo indessen diese Grenzen liegen, ist schwer abzuschätzen.

Faßt man zusammen, so gelangt man zu folgendem Ergebnis: Der bankwissenschaftlichen Forschung ist es in den vergangenen dreißig Jahren gelungen, den finanziellen Bereich der Bank durch die Überführung von Asset Management Modellen in Bilanzmodelle umfassender abzubilden, in diesem Rahmen eine Isolierung des disponierbaren Geschäfts vorzunehmen und das Risiko unter Beachtung von Effekten der Risikostreuung formal zu berücksichtigen. Dennoch ist man von der Anwendbarkeit bankbetrieblicher Gesamtmodelle weit entfernt.[59] Das liegt weniger an der im Umgang mit Geld begründeten Sonderstellung der Kreditwirtschaft in der Volkswirtschaft, aus der eine Vielzahl von Restriktionen für bankbetriebliche Entscheidungsmodelle resultiert. Bankspezifisch *gewichtige Schwierigkeiten* der Konstruktion von Bilanzmodellen bestehen vielmehr

– in der Problematik einer *Zurechnung sprungfixer Kapazitätskosten* mit Gemeinkostencharakter, die deshalb so bedeutend sind, weil abstrakte Bankleistungen nicht auf Lager gefertigt werden können;
– in der Problematik einer *Erfassung von Verbundeffekten infolge des Angebots von Leistungsbündeln* einschließlich der Dienstleistungen;
– in der Problematik der *Vorherbestimmung von Kundendispositionen*, die aufgrund der Konten- und Absatzbeziehungen in der Zeit nur in dynamischen Mehrperiodenmodellen erfolgen kann.

Die derzeit vorliegenden Modelle können daher einen Beitrag zur *Erklärung* bankbetrieblicher Problemstellungen leisten, sie eignen sich jedoch *nicht* als alleinige *Entscheidungs*grundlage. Vor diesem Hintergrund nicht hinreichend leistungsfähiger Optimierungsansätze für den finanziellen Bereich bleibt nur, ausgehend von den bestehenden Modellen durch Simulation unterschiedlicher Handlungsmöglichkeiten »befriedigende« Lösungen zu suchen.[60] Dabei liegt das Schwergewicht für den Ausbau eines mehrstufigen Planungssystems zwischen langfristigem Rahmenplan und Tagesdisposition bei der Entwicklung einer Jahres-Budgetrechnung unter Einbeziehung der Abteilungs- und Zweigstellenleiter, da nur so die Planung von der Erfassung der Kundendispositionen und -reaktionen her fundiert werden kann (vgl. S. 219ff.).

---

[59] Einen Überblick über die in den USA entwickelten bankbetrieblichen Modelle gibt J. F. Sinkey, jr.: Commercial bank financial management in the financial services industry, 3rd ed., New York 1989, S. 81ff., vgl. weiterhin X. Freixas/J.-Ch. Rochet: a.a.O., S. 221-256.
[60] Vgl. dazu J. Eufinger: Das Sparkassen-Prognosesystem, in: Betrieb & Markt, Heft 6/1981, S. 122ff.

Zusammenfassend lassen sich die bankspezifischen Probleme der Modellbildung anhand der folgenden Abbildung C. 121 darstellen:

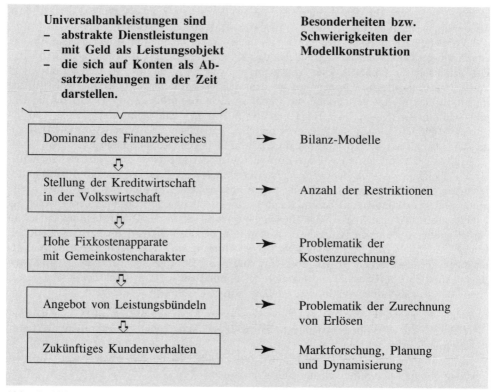

Abb. C. 121: *Bankleistungen und Modellkonstruktion*

Literatur zu Abschnitt 4.

Baltensperger, E.: Alternative approaches to the theory of the banking firm, in: JoME, vol. 6, 1980, S. 1-37.
Baltensperger, E./Milde, H.: Theorie des Bankverhaltens, Berlin 1987.
Bhattacharya, S./Thakor, A. V.: Contemporary banking theory, in: JoFI, vol. 3, 1993, S. 2-50.
Brüggestrat, R.: Die Liquiditätsrisikoposition eines Kreditinstituts. Ein bankaufsichtliches Konzept zur Beurteilung und Beschränkung von Liquiditätsrisiken, Frankfurt/M. 1990.
Cohen, K. J./Hammer, F. S.: Analytical methods in banking, Homewood/Ill. 1966.
Deppe, H.-D.: Bankbetriebliches Wachstum, Stuttgart 1969.
Grosch, U. F.: Modelle der Bankunternehmung, Tübingen 1989.
Hester, D. D./Pierce, J. L.: Bank management and portfolio behavior, New Haven/London 1975.
Küllmer, H.: Bankbetriebliche Programmplanung unter Unsicherheit, Wiesbaden 1975.
Meyer zu Selhausen, H.: Quantitative Marketing-Modelle in der Kreditbank, Berlin 1976.
Mülhaupt, L.: Umsatz-, Kosten- und Gewinnplanung einer Kreditbank, in: ZfhF, N.F., 8. Jg., 1956, S. 7-74.

Mülhaupt, L.: Einführung in die Betriebswirtschaftslehre der Banken, 3. Aufl., Wiesbaden 1980, S. 196 ff.
Peters, R.: Mindestreservepolitik und bankbetriebliche Liquiditätsdispositionen, Hamburg 1980.
Santomero, A. M.: Modeling the banking firm, in: JoMCB, vol. 16, 1984, S. 576-712.
Saunders, A.: Financial institutions management. A modern perspective, Illinois 1994.
Schmidt, R.: Neuere Entwicklungen der modellgestützten Gesamtplanung von Banken, in: ZfB, 53. Jg., 1983, S. 304-318.
Spettmann, Th.: Budgetierung im finanziellen Leistungsbereich der Bank mit Hilfe eines modularen Planungsmodells, München 1979.
Süchting, J.: Bestimmungsfaktoren des Kreditangebots – Ein Beitrag zum Faktorsystem der Bank, in: Blätter für Genossenschaftswesen, 114. Jg., 1968, S. 441-446.
Wagner, E.: Theorie der Bankunternehmung, Frankfurt/M. 1982.
Wittstock, J.: Eine Theorie der Geldpolitik von Kreditinstituten, Berlin 1971.
Zinken, R.: Die Planung im Bankbetrieb unter besonderer Berücksichtigung operations-analytischer Lösungsversuche zur Optimalplanung des Aktiv- und Passivgeschäfts, Köln 1975.

Kontrollfragen zu Abschnitt 4.

1. Nennen Sie zumindest zwei Prämissen, unter denen die Maximierung des Kurswertvermögens von Aktionären der Universalbank-AG bei Erreichen des Schnittpunkts von Grenzerlös- und Grenzkostenkurve der Kreditvergabe erfolgt.
2. Eine Bank, die an der Kapazitätsgrenze ihrer Eigenkapitalmittel operiert, nimmt Genußrechtskapital auf, das von der Bankenaufsicht als haftendes Kapital anerkannt wird, um zusätzliche Kreditnachfrage befriedigen zu können. Warum beschränkt sich der Erfolgsbeitrag des Genußrechtskapitals nicht auf die Differenz zwischen dem Zinssatz für seine Bedienung und dem Zinssatz, der mit den aufgrund der Emission eingebrachten Mitteln erzielt werden kann?
3. Zeigen Sie, unter welchen Bedingungen eine Minimierung der Kosten der Kreditvergabe infolge der Substitution von Risikokosten durch Bearbeitungs- und Informationskosten erreicht werden kann.
4. Wie beurteilen Sie stille Reserven gem. § 340f HGB bei Kreditinstituten aus der Sicht der Principal-Agent-Beziehung? Läßt sich die Institution der Bankenaufsicht den Agency Costs zuordnen?
5. Machen Sie deutlich, daß es sich bei der Planung der Geld- und Mindestreserveposition um einen Prozeß der Finanzplanung handelt.
6. Welche Effekte können sich im Zusammenhang mit der Liquiditätsplanung bei Variation der Liquiditätsreserven auf
   - die Opportunitätskosten sowie
   - die Anpassungskosten

   ergeben? Nennen Sie Beispiele dafür, daß Anpassungskosten die Form von Transaktionskosten, Abschreibungen als Folge von Vermögensminderungen und Strafkosten annehmen können.
7. Geben Sie jeweils ein Beispiel dafür, wie eine Bank Strategien zur Ausnutzung von Diversifikationseffekten
   - auf der Liquiditätsebene mit dem Ziel der Einsparung von Liquiditätsreserven,
   - auf der Gewinnebene mit dem Ziel der Erhaltung der stillen Reserven

   konzipieren kann.

8. In den sogenannten Asset Management Modellen geht man häufig von dieser Zielfunktion aus:

$$\sum_{i=1}^{n} A_i z_i = G \rightarrow Max!$$

Dabei bedeuten die Symbole
A_i – i-te Aktiva-Kategorie
z_i – Zinssatz der i-ten Aktiva-Kategorie
G – Gewinn
   a) Welche Struktur müßte ein LP-Modell dieser Form haben, wenn die Leitung der Bank in den Nebenbedingungen
   a1) die Grundsätze über das Eigenkapital und die Liquidität der Kreditinstitute,
   a2) geschäftspolitische Restriktionen, die sich die Bankleitung selbst gesetzt hat,
   a3) die Aufnahmefähigkeit der Märkte
   berücksichtigen wollte?
   (Beantworten Sie die Teilfragen mit Hilfe von jeweils 2 Beispielen, die Sie in den Fällen a2) und a3) frei wählen, im Falle a1) aus der Zwecksetzung – nicht den Einzelvorschriften – der Grundsätze ableiten sollten.)
   b) Nehmen Sie kritisch Stellung
   b1) zu den Variablen und der Linearität der Zielfunktion,
   b2) zu den Problemen, die sich unter dem Aspekt
      – der zeitlichen Dimension,
      – der Vollständigkeit des Modells,
      – der Berücksichtigung des Risikos (im Sinne der Portfolio Selection-Theorie),
      – der Informationsbeschaffung
      für den Einsatz eines derartigen Entscheidungsmodells ergeben.
9. Kommt der Ertrag, den Bankkunden auf Sichteinlagen bei ihrer Bank erzielen, allein in deren Verzinsung zum Ausdruck?
10. Zeigen Sie die Probleme für die Modellbildung auf, die aus der Funktion der Bank als Finanzkomplex resultieren. Berücksichtigen Sie dabei, daß sie die auf ihr Universalangebot gerichteten Nachfragedispositionen ihrer Kunden unter Unsicherheit erwartet.

III. Die Auflösung der Marktnebenbedingungen – Gestaltung der Absatzbeziehungen im Rahmen des Bankmarketing

Im Gegensatz zum letzten Abschnitt sollen die Marktnebenbedingungen der vorgestellten Bankmodelle nun aufgehoben und die Möglichkeiten diskutiert werden, die Nachfrage mit Hilfe des Bankmarketing zu beeinflussen.

1. Grundlagen des Bankmarketing

a. Die Entwicklung des Marketing-Ansatzes in der Kreditwirtschaft

Noch immer besteht eine kaum zu übersehende Vielzahl von Begriffsfassungen des angelsächsischen Terminus' »Marketing«. Traditionell gelten als wichtigste Begriffselemente

– eine an den Kundenbedürfnissen orientierte Grundeinstellung der Unternehmensleitung *(Marketing-Philosophie)*,
– der Einsatz einer Mehrzahl von absatzpolitischen Instrumenten *(Marketing-Mix)* und
– ein zielgerichtetes, planvolles Vorgehen im absatzwirtschaftlichen Bereich *(Marketing-Management)*.

Fügt man diese Elemente zu einer Definition zusammen, so kann man Marketing bezeichnen als den *an den Kundenbedürfnissen orientierten, zielgerichteten Einsatz der absatzpolitischen Instrumente zur Überwindung der zwischen Angebot und Nachfrage bestehenden Marktwiderstände.*[1]

Stellt man allein auf das Kriterium des *absatzpolitischen Instrumentariums* oder Marketing-Mix ab, so haben Banken seit jeher Marketing betrieben. Sie haben Produkte gestaltet (z.B. eine Anleihe nach Betrag, Stückelung, Laufzeit sowie Tilgungs- und Besicherungsmodalitäten). Für das Produkt haben sie einen Preis verhandelt (Zinssatz und gegebenenfalls Disagio), ein Vertriebssystem für das mit einem Preis versehene Produkt festgelegt (z.B. das eigene Filialsystem oder ein Netz von befreundeten Bankiers) und schließlich den Verkauf verstärkt (weniger über die unpersönliche Werbung als über die persönliche Akquisition).

Die an den *Kundenbedürfnissen* orientierte Grundeinstellung der Unternehmensleitung (Marketing-Philosophie) hat sich dagegen erst später stärker herausgebildet. Bis zum Ende der 50er Jahre unseres Jahrhunderts dominierte im Kreditgewerbe eine eher angebotsorientierte, zurückhaltende Einstellung der Geschäftsleitungen. Ursache dafür war vor allem, daß nach der Weltwirtschaftskrise geschaffene staatliche Zins- und Wettbewerbsabkommen

---

[1] Vgl. Ph. Kotler: Marketing management: analysis, planning, and control, Englewood Cliffs/N. J. 1967, S. 12.

sowie Bedürfnisprüfungen für Zweigstellen zu einer Situation der Verkäufermärkte geführt hatten, auf denen die Bank dem Nachfrager nur die Wahl ließ, zu den von ihr gesetzten Bedingungen zu akzeptieren oder auf die angebotene Leistung zu verzichten. – Erst seit Beginn der 60er Jahre hat sich die Situation grundlegend verändert. Die staatlicherseits nun geförderte Liberalisierung der Bankenmärkte mit dem Wegfall der genannten Abkommen, die auf diese Weise intensivierte Konkurrenz der Kreditinstitute unter Einschluß auch der ausländischen, die Hinwendung zum Mengengeschäft mit der breiten Bevölkerung haben Käufermärkte und ein intensives Bemühen um Marktanteile entstehen lassen. Die Bankleitungen widmen sich heute sehr viel stärker dem Marktgeschehen; das aber bedeutet nichts anderes, als sich zunehmend an den Bedürfnissen und Wünschen der Kundschaft auszurichten.

Das *zielgerichtete,* nämlich planvolle und systematische *Vorgehen in der Absatzpolitik* (Marketing-Management) ist ebenfalls vor dem Hintergrund der Veränderung der Bankenmärkte von Verkäufer- zu Käufermärkten zu sehen. Hinzu kommt die Entwicklung wissenschaftlicher Methoden in der Unternehmensführung (Operations Research), die auch in die Kreditinstitute Eingang gefunden haben (z.B. Portfolio Management im Effektenbereich). Die geschäftspolitischen Entscheidungen in immer komplexeren und zunehmende Investitionsausgaben erfordernden Bankenmärkten werden nicht mehr allein aufgrund von persönlichen Erfahrungen und nach dem Fingerspitzengefühl, sondern auf der Basis von Plänen und damit fundierter getroffen.

Es mag ungewohnt erscheinen, Marketing als Denken in absatzpolitischen Aktivitäten auf alle Teilmärkte der Kreditinstitute zu übertragen. Zwar bestand immer Einigkeit darüber, die Kreditmärkte als *Absatzmärkte* (für Liquidität) aufzufassen; aber die Einlagenmärkte ließen sich mit der Vorstellung vom Absatz nicht unmittelbar in Einklang bringen und wurden eher als Beschaffungsmärkte (für Liquidität) angesehen. Diese Anschauung entstammt der liquiditätstheoretisch begründeten »goldenen Bankregel«, nach der die Bank über das Einlagengeschäft die Liquidität beschafft, die sie im Kreditgeschäft dann fristenkongruent ausleiht (Bank als Händler in Liquidität). – Mit der Verbreitung des Marketing im Bankgewerbe stieß man angesichts dieser überlieferten Vorstellung nun auf die Denkschwierigkeit, das längerfristig erkennbare Schwergewicht der Marketingbemühungen um Einlagen (mit Zweigstellengründungen, Werbeaktionen usw.) mit dem Beschaffungsmarkt in Verbindung zu bringen. Diese Denkschwierigkeit entstand vor allem deshalb, weil in der Mehrzahl anderer Wirtschaftsbereiche der Engpaß für das Wachstum von Unternehmen im Zeitalter des Massenkonsums nicht auf den Beschaffungsmärkten (für Handelswaren, Rohstoffe, Betriebsmittel), sondern auf den Absatzmärkten liegt. – Der folgende Gedankengang löst das Problem indessen auf: Zwar ist es richtig, daß im Einlagengeschäft Liquidität beschafft wird, dies aber nur deshalb, weil die Banken entsprechend ihrer Elementarfunktion den Kunden in diesem Markt sichere Einlagemöglichkeiten (Depositen) und zinstragende Geldanlagemöglichkeiten anbieten. Bezieht man die Marktaktivitäten der Kreditinstitute darüber hinaus auf den Verkauf von Konten, nämlich Kredit-, Wertpapier- *und* Einlagenkonten, so macht es keine Schwierigkeit mehr, auch in dem für das Bankenwachstum langfristig kritischen Engpaßbereich, den Einlagenmärkten, in absatzpolitischen Kategorien zu denken.

Eine Bank kann (wie jedes andere Unternehmen auch) letztlich nur dann erfolgreich sein, wenn sie ihren Konkurrenten überlegen ist, indem sie sich stets aufs neue *Wettbewerbsvorteile* erarbeitet und diese verteidigt. Solche Vorsprünge können grundsätzlich auf die Dimensionen der *Effektivität* (Inwieweit wird ein Unternehmen den Ansprüchen und Erwartungen der Nachfrager gerecht?) und der *Effizienz* (Verhältnis von Output zu Input) zurückgeführt werden. Das Bestehen im Marktprozeß ist demnach von der Fähigkeit des

Unternehmens abhängig, im Vergleich zu seinen aktuellen oder potentiellen Wettbewerbern nachhaltig effektiver (mehr Nutzen für den Kunden) und/oder effizienter (geringere Kosten als die Konkurrenz) zu sein.[2] Gerade im Hinblick auf das letztgenannte Ziel bestand für die Kreditwirtschaft (ebenso wie für andere Branchen, z.B. die Automobilindustrie) offensichtlich Nachholbedarf, zeigten doch die Ausführungen zum Thema »Lean Banking« (vgl. S. 282ff.), daß im Laufe des letzten Jahrzehnts die Kostenposition deutlich stärker ins Blickfeld des Bankmanagements gerückt ist. Für eine Marktorientierung in umfassender Sicht müssen daher (idealtypisch) sämtliche im jeweiligen Wettbewerbsumfeld relevanten Unternehmensprozesse unter Kosten/Nutzen-Aspekten analysiert, Schwachstellen aufgedeckt und Verbesserungsvorschläge erarbeitet werden, deren Umsetzung zu überwachen ist.[3] Marketing wird dementsprechend mittlerweile als über den Absatzbereich in seiner traditionellen Abgrenzung hinausgehende *Querschnittsaufgabe* betrachtet (wie sie ähnlich das Controlling darstellt).[4] Dieses moderne Marketing-Verständnis kommt in folgender Definition zum Ausdruck: »*Marketing ist die Planung, Koordination und Kontrolle aller auf aktuelle und potentielle Märkte ausgerichteten Unternehmensaktivitäten zur Verwirklichung der Unternehmensziele ... durch eine dauerhafte Befriedigung der Kundenbedürfnisse.*«[5]

b. Besonderheiten der Bankleistung und ihre Konsequenzen für das Kaufverhalten

Man kann die Frage aufwerfen, welcher Anlaß besteht, das Marketing spezifisch für das Kreditgewerbe zu behandeln. In allen Wirtschaftsbereichen werden Produkte bzw. Leistungen entwickelt, mit einem Preis versehen, unter Einsatz von Werbemitteln oder Verkäufern auf den Markt gebracht. Wie also unterscheidet sich das Marketing der Banken vom Marketing anderer Wirtschaftsbereiche, in denen Güter oder Dienstleistungen abgesetzt werden?[6]

Der Grund dafür liegt nicht im Einsatz absatzpolitischer Instrumente, die in den meisten Wirtschaftsbereichen wiederfindbar sind. Vielmehr ist er in den Besonderheiten der von Banken angebotenen Leistungen zu sehen, die erhebliche Konsequenzen für das Marketing auslösen.

---

[2] Vgl. W. Plinke: Grundlagen des Marktprozesses, in: M. Kleinaltenkamp/W. Plinke (Hrsg.): Technischer Vertrieb – Grundlagen, Berlin u.a. 1995, S. 3-98, hier S. 85-88.
[3] Vgl. auch ders.: Grundkonzeption des Marketing, in: ebenda, S. 99-134.
[4] Vgl. K. Backhaus: Industriegütermarketing, 5. Aufl., München 1997.
[5] H. Meffert: Marketing, in: B. Tietz/R. Köhler/J. Zentes (Hrsg.): Handwörterbuch des Marketing, Stuttgart 1995, Sp. 1472-1490, hier Sp. 1472.
[6] Selbstverständlich kann eine solche Frage auch für andere Wirtschaftsbereiche gestellt werden; so gibt es eine spezifische Marketingliteratur für die Versicherungswirtschaft, in der im übrigen viele Parallelen mit der Absatzproblematik der Kreditinstitute erkennbar werden. Vgl. D. Farny: Versicherungsbetriebslehre, 2. Aufl., Karlsruhe 1995, S. 572-663. Zum Vergleich des Marketing in Versicherungen und Banken vgl. auch J. Süchting/A. Ullrich: Unterschiede und Gemeinsamkeiten im Bank- und Versicherungsmarketing, in: SB Nr. 29, WS 1988/89, S. 10-18.

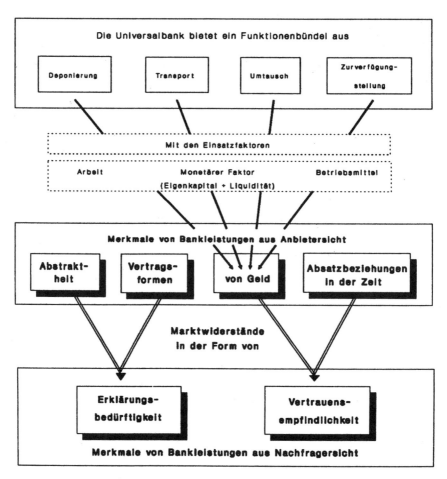

Ausschnitt aus dem Bankmodell

Bankleistungen besitzen folgende spezifische Eigenschaften, die zu Marktwiderständen führen und die brancheneigentümliche Absatzproblematik ausmachen:

(1) Wie andere Dienstleistungen auch, so sind Bankleistungen grundsätzlich **abstrakt**, entbehren also materieller, stofflicher Substanz.
(2) Im Unterschied zu vielen anderen Dienstleistungen ist Gegenstand der Bankleistung, nämlich der Zurverfügungstellung, der Deponierung, des Transports und des Umtausches, nicht ein konkretes Produkt (wie bei der Vermietung von Wohnungen, der Einlagerung und Zustellung von Möbeln durch einen Spediteur), sondern **Geld** in unterschiedlichen Formen und Qualitäten (Geld der Unternehmen, Geschäftsbankengeld, Zentralbankengeld in Bar-, Buch- und verbriefter Form).
(3) Abstrakte, immaterielle Bankleistungen werden ausgeformt durch Vertragselemente. Kredite, das Prämiensparen, der Wertpapierkauf: Alle diese Leistungen sind über die

Allgemeinen Geschäftsbedingungen hinaus regelmäßig durch detaillierte **vertragliche Bestimmungen** gestaltet, so daß auch von »Kontraktgütern« gesprochen wird.[7]

(4) Einlagen- und Kreditleistungen enthalten ein Zeitelement. Der Käufer dieser Leistungen tritt mit der Kontoeröffnung in eine **Absatzbeziehung in der Zeit** ein; die Geschäfte finden nicht in einem einmaligen Absatzakt ihren Abschluß.

Diese Charakteristika der Bankleistungen stellen sich aus der *Sicht der Bankkunden* so dar:

(1) **Abstraktheit** zusammen mit dem **Vertragselement** machen Bankleistungen zu **erklärungsbedürftigen Leistungen**. – Die Erklärungsbedürftigkeit ist indessen unterschiedlich ausgeprägt. So ist eine einfache Spareinlage weniger erläuterungsbedürftig als ein Vermögensaufbauplan unter Einbeziehung von steuerlichen und anderen Vergünstigungen nach dem Vermögensbildungsgesetz. Grundsätzlich aber und im Vergleich zu anderen Gütern gilt, daß das Qualitätsverständnis und der Qualitätsvergleich von Bankleistungen erhebliche Anforderungen an den ökonomischen Sachverstand der Abnehmer stellen.

(2) Das Leistungsobjekt »Geld« sowie die **Absatzbeziehungen im Zeitverlauf** machen Bankleistungen zu **vertrauensempfindlichen Leistungen**. – Geld als allseits begehrtes, aber wenig geliebtes Generalmittel der Bedürfnisbefriedigung drängt die Banken und ihre Leistungen auf der Sympathieskala der Institutionen in die Nähe von Versicherungen und Finanzamt. *»Geld macht nicht glücklich, aber es beruhigt«*, *»Geld verdirbt den Charakter«*. Diese heute noch gängigen Volksweisheiten werfen ein bezeichnendes Licht darauf, wie vorbelastet das Image der Kreditinstitute durch ihr Leistungsobjekt »Geld« ist. – Hinzu kommt, daß die Nachfrager sich bei Eröffnung eines Kontos auf eine Absatzbeziehung einlassen, die in ihrem Ablauf für sie von vornherein nicht überschaubar ist. Auch dieser Tatbestand macht vor allem das erstmalige Eingehen sowie den Wechsel einer Bankbeziehung zu einem unverhältnismäßig schweren Entschluß, insbesondere für ökonomisch weniger gebildete Kundenschichten.

Erklärungsbedürftigkeit und Vertrauensempfindlichkeit der Bankleistungen bedeuten Marktwiderstände, die beim Einsatz des Marketing-Mix zu berücksichtigen sind.

Erst in jüngerer Zeit wurde von der Marketing-Wissenschaft eine weitere Besonderheit von Dienstleistungen herausgestellt, die gerade bei Banken erhebliche absatzpolitische Relevanz besitzt: **die Integrativität des externen Faktors**.[8] Der Nachfrager wirkt danach insofern an der Leistung mit, als er auf begrenzte Zeit Objekte, Rechte, Informationen oder auch Personen in die Dispositionssphäre des Anbieters einbringt; hierzu zählt etwa ein Gut aus seinem Besitz (z.B. der zu reparierende Fernsehapparat) sowie der Kunde selbst unter dem Messer des Chefchirurgen oder eben mit seinen Finanzproblemen beim Kundenberater der Bank. **Damit gelangt aus Anbietersicht ein Unsicherheitselement in den Absatzprozeß. Ob der Betreuer die nachgefragte Qualität tatsächlich bieten kann, hängt nicht zuletzt vom Kunden ab:** von der Fähigkeit, seine Einstellung zum Risiko deutlich zu machen, der Neigung, über Einkommens- und Vermögensverhältnisse zu berichten, dem Informationsstand im Hinblick z.B. auf aktuelle Anlagealternativen.

---

[7] Vgl. K. P. Kaas: Kontraktgütermarketing als Kooperation zwischen Prinzipalen und Agenten, in: ZfbF, 44. Jg., 1992, S. 884-901.
[8] Vgl. W. H. Engelhardt/M. Kleinaltenkamp/M. Reckenfelderbäumer: Leistungsbündel als Absatzobjekte, in: ZfbF, 45. Jg., 1993, S. 395-426.

Stellt man auf die »*Qualität*« der Bankleistung ab, dann ist zu berücksichtigen, daß sich deren Erlebnis durch den Kunden nicht nur auf die Produktqualität im engeren Sinne bezieht, sondern durch die Wahrnehmung all dessen beeinflußt wird, was im Zusammenhang mit seinem Bankkontakt steht. Dies wird durch die neuere wissenschaftliche Anschauung zum Ausdruck gebracht, die über das lange Zeit zu eindimensional betrachtete Leistungs**ergebnis** hinaus auch den Leistungs**erstellungs- und -verkaufsprozeß** sowie das Leistungs**potential** (die Bereitstellungsleistung) in die Definition der Finanzdienstleistung einbezieht und **alle drei Dimensionen** als ihre **integralen Bestandteile** ansieht.[9] Auf dieser Basis fußt das seit einigen Jahren auch in der Kreditwirtschaft eingeführte Total Quality Management.[10]

Der prozeßorientierte Teil umfaßt neben dem Verkauf auch die Produktion (Abwicklung) der Finanzdienstleistung. Der Teil der Bereitstellungsleistung meint das Potential an Betriebsmitteln (z.B. das Bankgebäude mit Parkmöglichkeiten) und Fähigkeiten (etwa das Know-how der Kundenbetreuer), das erst aufgebaut werden muß, um auf dieser Grundlage erfolgreich Finanzdienstleistungen verkaufen zu können.

Zwingend erforderlich ist ein Mindestmaß an Integrativität im Rahmen eines jeden Leistungserstellungs- und -verkaufs*prozesses*, da es spätestens beim Absatz des Kontakts zwischen Anbieter und Nachfrager und dabei der Integration externer Faktoren bedarf. In diesem Zusammenhang wird auch vom Nachfrager als »Prosumer« gesprochen, da er nicht nur Con*sumer*, sondern auch (Co-)*Pro*ducer ist.[11] – Häufig kommt der Anbieter darüber hinaus nicht umhin, seine *Potentiale* teilweise oder vollständig auf den Nachfrager auszurichten, etwa wenn ein Zulieferer für die Automobilindustrie seinen Standort in die Nähe des wichtigsten Kunden verlegt oder das Kreditinstitut aufgrund der Osteuropa-Aktivitäten eines für die Bank bedeutenden Großunternehmens einen Firmenkundenbetreuer mit spezi-

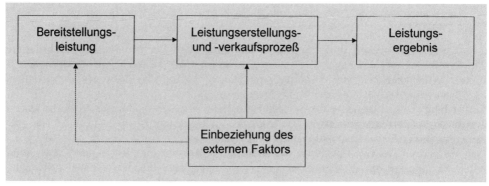

Abb. C. 122: Leistungsdimensionen und Integrativität des externen Faktors

---

[9] Vgl. bereits W. H. Engelhardt: Grundprobleme der Leistungslehre, dargestellt am Beispiel des Warenhandels, in: ZfbF, 18. Jg., 1966, S. 158-178 sowie W. Hilke (Hrsg.): Dienstleistungs-Marketing, Wiesbaden 1989, H. Corsten: Betriebswirtschaftslehre der Dienstleistungsunternehmungen, 2. Aufl., München 1990, M. Rosada: Kundendienststrategien im Automobilsektor – Theoretische Fundierung und Umsetzung eines Konzepts zur differenzierten Vermarktung von Sekundärleistungen, Berlin 1990 und A. Meyer: Dienstleistungs-Marketing, in: DBW, 51. Jg., 1991, S. 195-209.

[10] Vgl. B. Stauss: Total Quality Management und Marketing, in: Marketing ZFP, 16. Jg., 1994, S. 149-159 sowie die Übertragung des TQM auf die Kreditwirtschaft bei G. Schmitz: a.a.O.

[11] Vgl. A. Toffler: Die Zukunftschance, München 1980, S. 274ff.

fischen Sprachkenntnissen verpflichtet. Die Potentialintegrativität läßt sich auch daran verdeutlichen, daß sich durch den Informationsaustausch im Laufe des Kontakts mit dem Kunden das Know-how des Anbieters verändert.[12]

Durch die Integrativität gelangt **Unsicherheit** aber nicht nur in den Absatzprozeß des Anbieters, sondern **auch in den Beschaffungsprozeß des Nachfragers, der sich häufig nicht in der Lage sieht, das Integrationsvermögen des Anbieters einzuschätzen**. Er empfindet Risiko bezüglich der erwarteten Qualität der nachgefragten Leistung und tut sich schwer, unterschiedliche Angebote miteinander zu vergleichen.

Für das Kaufverhalten in bezug auf Finanzdienstleistungen muß daher das **Zusammenspiel von Immaterialität und Integrativität in den drei Leistungsdimensionen** beachtet werden, das dazu führt, daß sich die vom Nachfrager als Mittel der Risikoreduktion eingesetzte **Informationssammlung erschwert**.[13] Dabei ist die von der Informationsökonomie üblicherweise gemachte Unterscheidung der folgenden Leistungseigenschaften von Bedeutung:[14]

– *Sucheigenschaften* können sowohl vor als auch nach dem Kauf durch den Nachfrager beobachtet und bewertet werden (z.B. die Abmessungen einer Werkzeugmaschine).
– *Erfahrungseigenschaften* lassen sich zwar nicht vor, immerhin aber nach dem Kauf beurteilen (etwa die Zuverlässigkeit der Maschine).
– *Vertrauenseigenschaften* können weder vor noch nach dem Kauf qualifiziert werden (so die Frage, ob in die Konstruktion der Maschine das höchste in der Branche verfügbare Know-how eingegangen ist).

Finanzdienstleistungen sind überwiegend durch Vertrauens- und (zu einem geringeren Teil) auch Erfahrungseigenschaften gekennzeichnet:

Wie bereits erwähnt, stellen die Leistungs*ergebnisse* (wie z.B. der Wertpapierkauf gegen Liquiditätsabbuchung vom Girokonto des Kunden) abstrakte Vorgänge mit nur geringen, in ihren Konsequenzen für das Kaufverhalten kaum ausschlaggebenden materiellen Komponenten dar (wie dem Orderzettel, dem Kontoauszug und – im Falle eines Tafelgeschäfts – der Wertpapierurkunde). Die Qualität des Leistungsergebnisses (die Güte der

---

[12] Vgl. W. H. Engelhardt/J. Freiling: Die integrative Gestaltung von Leistungspotentialen, in: ZfbF, 47. Jg., 1995, S. 899-918 sowie die weiterführenden Überlegungen im Sammelband W. H. Engelhardt (Hrsg.): Potentiale – Prozesse – Leistungsbündel: Diskussionsbeiträge zur Leistungstheorie, Schriften zum Marketing Nr. 32, Bochum 1995.

[13] Vgl. zu diesem zentralen Problem auch K. B. Murray/J. L. Schlachter: The impact of services versus goods on consumer's assessment of perceived risk and variability, in: Journal of the Academy of Marketing Science, vol. 18, 1990, S. 51-65, K. B. Murray: A test of services marketing theory. Consumer information activities, in: JoM, vol. 55, 1991, S. 10-25, V. Zeithaml: How consumer evaluation processes differ between goods and services, in: C. H. Lovelock (Ed.): Services Marketing, 2nd ed., Englewood Cliffs/N. J. 1991, S. 39-47, M. L. Friedman/L. J. Smith: Consumer evaluation processes in a service setting, in: JoSM, vol. 7, 1993, S. 47-61.

[14] Vgl. grundlegend Ph. Nelson: Information and consumer behaviour, in: JoPE, vol. 78, 1970, S. 311-329 und M. R. Darby/E. Karni: Free competition and the optimal amount of fraud, in: Journal of Law and Economics, vol. 16, 1973, S. 67-88 sowie im Anschluß R. Weiber/J. Adler: Informationsökonomisch begründete Typologisierung von Kaufprozessen, in: ZfbF, 47. Jg., 1995, S. 43-65, dies.: Positionierung von Kaufprozessen im informationsökonomischen Dreieck, in: ZfbF, 47. Jg., 1995, S. 99-123, K. P. Kaas/A. Busch: Inspektions-, Erfahrungs- und Vertrauenseigenschaften von Produkten. Theoretische Konzeption und empirische Validierung, in: Marketing ZFP, 18. Jg., 1996, S. 243-252, H. Woratschek: Die Typologie von Dienstleistungen aus informationsökonomischer Sicht, in: der markt, 35. Jg., 1996, S. 59-71 sowie J. Adler: Informationsökonomische Fundierung von Austauschprozessen – eine nachfragerorientierte Analyse, Wiesbaden 1996.

Anlageempfehlung vor dem Hintergrund aller möglichen Alternativen) läßt sich daher weder vor noch nach dem Kauf hinreichend beurteilen. Ein in den Augen des Nachfragers mangelhaftes Ergebnis kann aufgrund der Integrativität der Leistungserstellung vom Anbieter auf unzureichende Informationen durch den Nachfrager »geschoben« werden.

Da sich abstrakte Leistungen nicht auf Vorrat fertigen lassen, fallen in der *Prozeß*dimension Produktion und Absatz häufig zusammen. Vor der erstmaligen Abnahme einer Leistung durch den Nachfrager kann dieser deshalb direkt keine Informationen über die Leistungserstellung sammeln. Ob die Erfahrungen anderer Nachfrager für seine Kaufentscheidung wertvoll sind, hängt vom Integrativitätsgrad der Leistung ab. Dieser wiederum bestimmt sich durch die Tiefe, Intensität, Dauer und Häufigkeit des Eingriffs in den Prozeß von seiten des Kunden.[15] Je höher das Maß an Integrativität, je individueller mithin eine Leistung ausgestaltet wird (z.B. eine Vermögensberatung), desto weniger kann auf Erfahrungen anderer Kunden zurückgegriffen werden. Im Bereich weitgehend standardisiert erstellter Leistungen (z.B. im Zahlungsverkehr) dagegen sind Fremderfahrungen weitaus repräsentativer.

Bei der *Potential*gestaltung werden mitunter auch integrative Leistungselemente vom Anbieter bereits vor dem Kauf am Nachfrager ausgerichtet. Für das Kaufverhalten bedeutende Komponenten (wie z.B. das Know-how des Wertpapierberaters) sind jedoch wiederum durch Immaterialität gekennzeichnet, so daß sich die Sucheigenschaften beispielsweise auf die Ausstattung der Filialräume oder das Aussehen der Mitarbeiter beschränken und für den Nachfrager allenfalls Surrogatcharakter besitzen können.

Erfahrungs- und insbesondere Vertrauenseigenschaften werfen aber nun auch **aus Sicht des Nachfragers** jene Formen der **Unsicherheit über das Verhalten der Marktgegenseite** hervor, die im ersten Kapitel zur Funktion der Bank aus der Perspektive des Anbieters beschrieben wurden[16]:

– Der Nachfrager als Principal verspürt *vor dem Kauf* aufgrund nur geringer Sucheigenschaften und dementsprechend ausgeprägten *»hidden characteristics«* Qualitätsunsicherheit in bezug auf das (feststehende) Verhalten der Bank (Agent), das erst nach dem Kauf beobachtet werden kann. Es droht daher die Gefahr, sich für den falschen Anbieter zu entscheiden (»adverse selection«). – In zahlreichen Banken werden im Bereich des standardisierten Konsumentenkreditgeschäfts Scoring-Modelle zur Kreditentscheidung sowie regelmäßigen Überprüfung der Kundenbonität eingesetzt. Für die Fortführung der Kreditbeziehung oder Zahlungsstundungen sind jeweils bestimmte Punktwerte erforderlich. Einem potentiellen Kunden sind die verwendeten Kriterien und deren Gewichtung nicht bekannt, er weiß also nicht, wie die von ihm ins Auge gefaßten Anbieter z.B. auf möglicherweise auftretende Tilgungsprobleme reagieren werden.

– Kann der Agent sein Verhalten *nach Vertragsabschluß* variieren, so muß der Nachfrager zum einen damit rechnen, daß der Anbieter eine verborgene Absicht (*»hidden intention«*) verfolgt und deren Aufdeckung nach dem Kauf zwar möglich ist, dann aber zu spät kommt, um den Schaden zu begrenzen. In den Verträgen, mit deren Hilfe die

---

[15] Vgl. W. H. Engelhardt/J. Freiling: Integrativität als Brücke zwischen Einzeltransaktion und Geschäftsbeziehung, in: Marketing ZFP, 17. Jg., 1995, S. 37-43 sowie J. Freiling/M. Reckenfelderbäumer: Integrative und autonome Prozeßkonstellationen als Basis und Herausforderungen eines auf Handlungsebenen bezogenen Marketing, in: A. Meyer (Hrsg.): Grundsatzfragen und Herausforderungen des Dienstleistungsmarketing, Wiesbaden 1996, S. 21-68.

[16] Vgl. zu den verschiedenen Formen der Verhaltensunsicherheit im Rahmen von Principal-Agent-Beziehungen K. Spremann: Wirtschaft, Investition und Finanzierung, a.a.O., S. 694ff.

Bankleistungen ausgeformt werden, bleiben zumeist Interpretations- und/oder Handlungsspielräume, da sich im vorhinein nicht für sämtliche während der Absatzbeziehung in der Zeit eventuell auftretenden Situationen vollständige Regelungen treffen lassen. Der Nachfrager ist daher auf ein partnerschaftliches, faires Verhalten der Bank angewiesen. – Beim Abschluß einer Baufinanzierung könnte festgelegt worden sein, daß die vereinbarte Gesamtsumme in drei Teilbeträgen nach Einreichen von Handwerkerrechnungen auszuzahlen ist, anhand derer sich die Bank einen Eindruck vom Fortschritt der ihr als Sicherheit übertragenen Immobilie verschaffen will. Aufgrund der Erfahrungen von Bekannten geht der Kunde von einer zügigen Überweisung der jeweils fälligen Beträge aus. Möglicherweise hat sich die Bank jedoch – aufgeschreckt durch spektakuläre Betrugsfälle – zu einer überaus genauen, zeitraubenden Prüfung der eingereichten Rechnungen entschlossen. Sie zahlt dann zwar vertragsgemäß aus, allerdings erst so spät, daß der Bauherr bereits von seinen Handwerkern gemahnt wurde.

— Zum anderen kann der Agent nach Vertragsabschluß Maßnahmen zum eigenen Vorteil ergreifen (*»hidden action, moral hazard«*), ohne daß sich dies für den Prinzipal im Falle von Vertrauenseigenschaften vor oder zumindest nach dem Kauf kostenfrei beobachten bzw. beurteilen läßt. – So mag der vermögende Privatkunde, der sich gegen eine jährliche Pauschale von der Bank hinsichtlich seiner Aktienanlage beraten läßt, darauf vertrauen,[17] daß der zuständige Betreuer auch ausländische Gesellschaften beobachtet. Dieser könnte sich jedoch aus Bequemlichkeit damit begnügen, deutsche Standardwerte zu verfolgen und auf dieser Basis An- und Verkaufsempfehlungen zu geben. Für den Kunden ist es in diesem Fall kaum nachweisbar, daß der Anbieter es an Anstrengung und Fleiß hat mangeln lassen.

Inwiefern kann der Anbieter dem Nachfrager, der die Bankleistung nach dem bisher gesagten als kompliziert empfindet und Mißtrauen gegenüber dem Verhalten des Kreditinstituts spürt, entgegenkommen, damit er seine Kaufentscheidung auf ein verläßliches Element stützen kann? Prüft man die wesentlichen der im ersten Kapitel bereits erwähnten **Transaktionsdesigns** zur Beseitigung der Probleme asymmetrischer Informationsverteilung,[18] so

— werden die Möglichkeiten des **Signalisierens** durch die Übermittlung von Informationen aufgrund der Abstraktheit der Bankleistung stark eingeschränkt;
— sind Leistungs**garantien** für die Bank riskant, da sie im Leistungserstellungsprozeß auf den Willen und die Fähigkeit des Nachfragers zur Integration angewiesen ist;
— erscheint insbesondere der Aufbau von **Reputation** den größten Erfolg zu versprechen. Sie setzt sich aus der **(1) Kompetenz** und **(2) Vertrauenswürdigkeit** des Anbieters zusammen[19] und ist damit eine adäquate Antwort auf die **(1) Erklärungsbedürftigkeit**

---

[17] In diesem Zusammenhang wird auch von »impliziten« Kontrakten gesprochen, vgl. St. A. Sharpe: a.a.O., S. 1069.
[18] Vgl. Ch. Schade/E. Schott: Instrumente des Kontraktgütermarketing, in: DBW, 53. Jg., 1993, S. 491-511, K. P. Kaas: a.a.O., S. 884-901, M. Kleinaltenkamp: Investitionsgüter-Marketing aus informationsökonomischer Sicht, in: ZfbF, 44. Jg., 1992, S. 809-829 sowie H. Schäfer: Information und Kooperation im Absatz von Bankdienstleistungen, in: ZfbF, 47. Jg., 1995, S. 531-544.
[19] Vgl. O. Plötner: Risikohandhabung und Vertrauen des Kunden, Arbeitspapier Nr. 2 der »Berliner Reihe Business-to-Business-Marketing«, hrsg. v. M. Kleinaltenkamp, Berlin 1993, S. 43 sowie ders.: Das Vertrauen des Kunden. Relevanz, Aufbau und Steuerung auf industriellen Märkten, Wiesbaden 1995.

und **(2) Vertrauensempfindlichkeit**. Die Kompetenz des Anbieters zeigt sich in seiner unter Beweis gestellten *Fähigkeit*, die von den Nachfragern geforderten bzw. erwarteten Leistungen zu erbringen; Vertrauenswürdigkeit gründet sich auf den in der Vergangenheit demonstrierten *Willen*, dabei Sorgfalt walten zu lassen und Vertragsspielräume nicht egoistisch auszunutzen. Hat sich der Anbieter erst einen guten Ruf erarbeitet, so vermag die Angst vor dessen Verlust eine disziplinierende Wirkung auf ihn auszuüben.

c. Der Bankmitarbeiter als zentraler Präferenzenträger und die Theorie der Bankloyalität

Der Reputationsaufbau in Kreditinstituten muß in erster Linie über die Kompetenz und die Glaub- bzw. Vertrauenswürdigkeit des Kundenbetreuers erfolgen, da sich der Nachfrager angesichts der »Unansehnlichkeit« der Bankleistung zwangsläufig auf das menschliche Element beim anbietenden Kreditinstitut konzentrieren wird. Hier vor allem hofft er, die Rechtfertigung für die Aufnahme und Aufrechterhaltung der Absatzbeziehung zu seiner Bank zu finden. »Die fachliche Kompetenz und die persönliche Akzeptanz des Betreuers prägen das Bild des Kunden von der Bank und damit auch seine Entscheidung, bei welcher Bank er seine Geschäfte abwickelt«.[20]

Das menschliche Element kommt innerhalb der Leistungen der Bank für den Kunden besonders spürbar im Beratungsmerkmal, etwa bei komplexen Vermögensanlagen und Finanzierungen, zum Ausdruck. In diesem Zusammenhang wird von kontaktintensiven Problemleistungen gesprochen. Im Gegensatz dazu empfindet der Kunde das Beratungselement dort nur wenig, wo er eine Leistung in der Schnellzone der Bank abnimmt; dabei handelt es sich um kontaktarme Routineleistungen.[21]

Das Gewicht, mit dem das menschliche Element innerhalb der Bankleistungen Präferenzen zu erzeugen vermag, richtet sich nicht allein nach dem Aufwand an personalem Know-how, welches die Bank in ihre Leistungen investiert. Es muß vielmehr auch im Verhältnis zum ökonomischen Bildungsgrad der Nachfrager gesehen werden. Für den Auszubildenden, der einen Prämiensparvertrag nachfragt, mag diese Leistung einen höheren Problemgehalt haben und dementsprechend erklärungsbedürftiger sein als die Anteile an einem kanadischen Investmentfonds, welche von dem Finanzprokuristen eines Großunternehmens für seine private Vermögensanlage gesucht werden. Mit anderen Worten: Das Anspruchsniveau an die Qualität des Bankpersonals variiert mit dem ökonomischen Bildungsgrad der Nachfrager.

Begreift man das menschliche Element als einen integralen Bestandteil der Bankleistung, so wird verständlich, wie der in einer schwierigen Entscheidungssituation stehende Kunde in der Leistung die Kompetenz und die Vertrauenswürdigkeit des dahinterstehenden Bankangestellten sucht. Der berühmte Lehrsatz »Kredit ist Vertrauen« kehrt sich aus der Sicht der Abnehmer von Bankleistungen gegen die Bank um und rückt die Qualität ihres Personals als Träger von Präferenzenwirkungen in den Vordergrund.

Das menschliche Element tritt im Absatzbereich einer Bank entsprechend der modernen Anschauung der Finanzdienstleistung nun nicht nur als qualitativ differenzierender Be-

---

[20] M. Schütte/K. Höfle: Anforderungen an die Entwicklung von Kundenbetreuern, in: J. Süchting/H.-M. Heitmüller (Hrsg.): Handbuch des Bankmarketing, 3. Aufl., Wiesbaden 1998.
[21] Vgl. J. Süchting: Die Einkaufswirtschaftlichkeit für Bankdienstleistungen und die Zweigstellenpolitik, in: Bank-Betrieb, 8. Jg., 1968, S. 277-280 und weiter im folgenden S. 690ff.

standteil des Leistungsergebnisses und damit im Sortiment auf, sondern – gedanklich davon zu trennen – auch in der Verkaufstätigkeit.[22] Insoweit der Kassierer einen Geldwechsel für den Kunden vornimmt, ist er »Produzent«. In dem Maße, in dem er im Laufe einer Unterhaltung Anlagebedürfnisse des Kunden weckt und ihn an den Kollegen in der Effektenabteilung verweist, hilft er bei der Beschaffung eines Auftrages und übt damit eine Verkäufertätigkeit aus. Die produzierende und die verkäuferische Funktion können sowohl in einer Person auftreten als auch getrennt, etwa bei vorwiegend als Verkäufer tätigen Kontaktern, die nach Anbahnung des Kontakts durch Fachspezialisten »produzierend« unterstützt werden.

Vor dem Hintergrund der Bedeutung des menschlichen Elements wurde in Anlehnung an Erkenntnisse aus der Theorie der Markentreue (Brand Loyalty) die **Theorie der Bankloyalität** entwickelt. Sie stellt einen verhaltenswissenschaftlichen Ansatz dar, mit dem das Kunde-Bank-Verhältnis, insbesondere im Mengengeschäft mit den privaten Haushalten, erklärt werden kann.[23]

Nur wenige Autoren, wie z.B. Wünsche,[24] haben gezeigt, daß sich verhaltensorientierte, soziologisch und psychologisch begründete Ansätze wie die Referenzgruppentheorie, die Motivtheorie, die Risikotheorie oder Dissonanztheorie[25] für die Bewältigung von Problemen des Bankmarketing verfügbar machen lassen. Im Zusammenhang mit der Erklärung des Käuferverhaltens ist das Phänomen der Markentreue auch mit *lerntheoretischen Erkenntnissen* gedeutet worden.[26] Dabei steht die Auffassung im Mittelpunkt, daß zunehmende Erfahrung mit einem Markenartikel zur Gewöhnung und damit zu wachsender Treue diesem Markenartikel gegenüber führt. Der Lernvorgang kann vom Anbieter absatzpolitisch auf unterschiedliche Art und Weise unterstützt werden, z.B. vor allem durch die Imagewerbung (wie beim Bier), im Dienstleistungsbereich etwa durch den Angestellten (z.B. den Frisör).[27]

---

[22] Vgl. bereits J. Süchting/D. Boening: Der personale Produktions- und Verkaufsprozeß von Bankleistungen, in: Bank-Betrieb, 11. Jg., 1971, S. 364-370 und O. Hahn: Die Bedeutung der menschlichen Qualität innerhalb der Bankleistung, in: DBk, Nr. 2/1982, S. 56-61.

[23] Vgl. J. Süchting: Theorie und Politik des Banksortiments – Grundlagen einer Sortimentslehre der Bank, a.a.O., sowie ders.: Die Bankloyalität als Grundlage zum Verständnis der Absatzbeziehungen von Kreditinstituten, in: KuK, 5. Jg., 1972, S. 269-300.

[24] Vgl. G. Wünsche: Grundlagen der Bankenwerbung aus verhaltenswissenschaftlicher Sicht, Wiesbaden 1982, neuerdings auch M. Weber: Markenpolitik des Bankbetriebs: Grundlagen und empirische Studien, Wiesbaden 1992 und F. Lohmann: Loyalität von Bankkunden, Wiesbaden 1997, S. 44ff.

[25] Vgl. in dieser Hinsicht auch H. Kurz/F. Starkl: Bankmarketing als Mittel zur Reduktion kognitiver Dissonanzen bei Bankkunden, in: ÖBA, 31. Jg., 1983, S. 464-484.

[26] Vgl. u.a. M. T. Copeland: Relation of consumer's buying habits to marketing, in: HBR, vol. 1, 1923, S. 282-289, J. A. Howard: Marketing Management, Homewood/Ill. 1963, S. 35ff., G. Behrens: Lernen – Grundlagen und Anwendungen auf das Konsumentenverhalten, in: W. Kroeber-Riel (Hrsg.): Konsumentenverhalten und Marketing, Opladen 1973, S. 83-124, H. Nolte: Die Markentreue im Konsumgüterbereich, Diss. Bochum 1975, G. Wiswede: Die Psychologie des Markenartikels, in: E. Dichtl/W. Eggers (Hrsg.): Marke und Markenartikel als Instrumente des Wettbewerbs, München 1992, S. 80-87.

[27] Lernmodelle können auch unter dem Aspekt der Dissonanz- oder Risikotheorie interpretiert werden. Die zunehmende Erfahrung vermindert das Risiko einer Fehlentscheidung im Falle des Wiederholungskaufs (vgl. R. A. Bauer: Consumer behavior as risk taking, in: P. Bliss (Ed.): Marketing and behavioral sciences, Boston 1963, S. 90) oder führt zu einer Veränderung des Verhaltens beim Käufer, das auf die Minderung von Nachkauf-Dissonanzen ausgerichtet ist (vgl. H. Nolte: a.a.O., S. 223-277).

Auch eine Bank läßt sich als Marke auffassen, der der Kunde anhängen soll.[28] Unter der Treue zu einem Kreditinstitut bzw. **Bankloyalität** versteht man dementsprechend die **Bereitschaft eines Wirtschaftssubjektes, dauerhaft die Leistungen eines bestimmten Kreditinstituts nachzufragen.** Die einzelne Leistung vermittelt über den durch das Beratungsmerkmal wirkenden Menschen den Kontakt. Aber *nicht den »Artikel« im engeren Sinne, sondern den Bankmitarbeiter lernt der Kunde im Zeitverlauf kennen.* Hierdurch wächst das Vertrauen, das ihn an die Bank bindet. Dabei ist grundsätzlich unerheblich, auf welcher Ebene sich der Lernvorgang abspielt. Er mag sowohl zwischen Prämiensparer und Kassierer als auch dem Prokuristen eines Pensionsfonds und dem Leiter der Effektenabteilung oder dem Unternehmer und dem Filialdirektor wirksam werden.

Indem der Kunde einen Bankmitarbeiter in seiner Beratungs- und Verkaufstätigkeit kennenlernt, gewinnt er die **Erfahrung** *und das* **Vertrauen**, *um Bankleistungen wirtschaftlicher, also in einem Entscheidungsprozeß, der zunehmend weniger Aufwand an Überlegung und Informationssuche erfordert, abzunehmen.* Die resultierende These lautet demnach, daß *mit wachsender Erfahrung im Umgang mit einem Bankmitarbeiter der Entscheidungsprozeß des Kunden für die geplante Abnahme einer Leistung vereinfacht wird und schließlich nahezu automatisch abläuft.* Vor allem aus diesem Grunde wird ein seit langer Zeit mit einem Kreditinstitut zusammenarbeitender Kunde wenig geneigt sein, seine Bankverbindung zu wechseln; dies müßte den Entscheidungsprozeß für den Kauf von Bankleistungen von neuem komplizieren.

Die folgende Abbildung C. 123 zeigt ein *Lernmodell der Bankloyalität* eines Kunden (BL), in dem die Wahrscheinlichkeit (w) des erneuten Einkaufs einer Leistung bei der Hausbank als eine Funktion der Menge abgenommener Leistungen (Y) dargestellt wird. Ob die Nachfragebereitschaft des Kunden (N) durch eine störungsfreie Lernkurve repräsentiert werden kann, hängt außer von dem Vertrautwerden mit seinem Kreditinstitut über die Menge wie erwähnt auch von der Art der abgenommenen Leistungen ab, die er in der Schnellzone und beim Kundenbetreuer einkauft (BL), von der Dringlichkeit seines Bedürfnisses (D) sowie von den anderen absatzpolitischen Äußerungen der Bank (I) und seiner Reaktionsbereitschaft (IR) hierauf, die durch die Bemühungen der Konkurrenz mitbeeinflußt wird.

Bei einem wohlhabenden Pensionär etwa können kurz nach Eröffnung des Kontos das poppige Interieur einer Zweigstelle und eine auf die Jugend ausgerichtete Werbung irritierend wirken, eine Negativwirkung (Y = 1), die im Beispiel in einem aufklärenden Gespräch mit dem Zweigstellenleiter aber wieder ausgeglichen werden kann. Als dieser nach kurzer Zeit versetzt wird und sein Nachfolger den Kunden vernachlässigt, ist der Pensionär jedoch endgültig verärgert und bricht die Bankverbindung ab (6 < Y < 7).

Jüngst wurde von Lohmann auf fünf vermeintlich gravierende Schwächen des Modells der Bankloyalität hingewiesen:[29]

---

[28] So auch J. N. Fry et al.: Customer loyalty to banks: a longitudinal study, in: JoB, vol. 46, 1973, S. 518. Am deutlichsten wird dies heute bei der global operierenden Citibank, die diesen Anspruch auch explizit öffentlich vertritt – vgl. dazu R. Talwar: Der Auf- und Ausbau einer weltweiten Markenpolitik – einige Überlegungen am Beispiel der Citibank, in: J. Süchting/H.-M. Heitmüller (Hrsg.): a.a.O., sowie R. Lanbert/G. Graham: The craving for recognition. Citibank's chairman tells about the US bank's strategy for becoming a global brand, in: FT v. 24.10.1996, S. 13.

[29] Vgl. F. Lohmann: a.a.O., S. 54f. sowie zu früheren Würdigungen J. Seitz: Die Determinanten der Bankwahl und der Bankloyalität, Diss. Münster 1976 und F. J. Witt: Bankloyalität – eine empirische Untersuchung, in: bum, 15. Jg., Nr. 1/1986, S. 20-23.

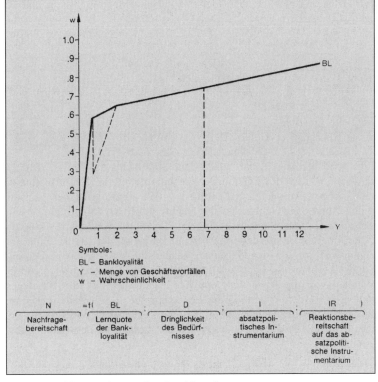

Abb. C. 123: Lernkurve der Bankloyalität

(1) Anhand eines nur unvollständig wiedergegebenen Koordinatensystems behauptet er, daß mit Hilfe der Abszisse »Anzahl der Geschäftsvorfälle« bereits Bankloyalität erklärt werde und insoweit ein Zirkelschluß vorliege, als eine unabhängige Variable bereits die abhängige Variable enthält. – Tatsächlich erklärt das Lernmodell nicht die Bankloyalität, sondern den Aufstieg auf der Lernkurve der Bankloyalität, die die auf der Ordinate abgetragene erhöhte Wahrscheinlichkeit bezeichnet, zukünftig erneut eine Leistung bei derselben Bank abzunehmen. Über den Kontakt mit dem Mitarbeiter steigt also die Nachfragebereitschaft.

(2) Eine weitere Schwäche des Modells bestünde darin, daß Verstärkungs-, Habitualisierungs-, Generalisierungs- und Erwartungsprinzipien des Lernens nur implizit angesprochen würden. – Abgesehen davon, daß dies im Falle der Erwartungen auch explizit geschieht,[30] ist die Differenzierung lerntheoretischer Erkenntnisse wohl eher ein semantisches Problem.

---

[30] Vgl. J. Süchting: Die Bankloyalität als Grundlage zum Verständnis der Absatzbeziehungen von Kreditinstituten, a.a.O., S. 280 sowie ders.: Die Theorie der Bankloyalität – (noch) eine Basis zum Verständnis der Absatzbeziehungen von Kreditinstituten?, in: J. Süchting/E. van Hooven (Hrsg.): Handbuch des Bankmarketing, 2. Aufl., Wiesbaden 1991, S. 25–43, hier S. 31.

(3) Weiterhin kritisiert Lohmann, daß nicht zwischen kontaktintensiven und kontaktarmen Leistungen differenziert werde. – Das Gegenteil ist der Fall: Bereits vor 25 Jahren wurde die Bindekraft verschiedener Bankleistungen in genau dieser Weise unterschieden.[31]

(4) Ein weiterer Vorwurf lautet, daß diejenigen Kosten, die entstehen, wenn der Kunde eine andere Bankverbindung eingeht, nicht berücksichtigt würden. – Auch das trifft nicht zu. Unter dem Aspekt der »Einkaufswirtschaftlichkeit des Nachfragers« wurden bereits in der ersten Darstellung der Theorie der Bankloyalität (und später noch vertieft) mögliche Qualitäts-, Preis- und Transaktionskostenvorteile einer Zweitbank gegenüber der Hausbank diskutiert. Derartige entgehende Vorteile können als Opportunitäts- bzw. Wechselkosten gesehen werden (vgl. S. 633ff.).[32]

(5) Schließlich wird bemängelt, daß neben dem Mitarbeiter das Preis-Leistungs-Verhältnis oder die Verfügbarkeit der Leistungen, die nur partiell im Verantwortungsbereich des Mitarbeiters liegen, vernachlässigt würden. – Wiederum trifft der Einwand nicht zu, denn in der Funktionsgleichung ist die Nachfragebereitschaft ja gerade abhängig eben nicht nur von BL (der Lernquote der Bankloyalität), sondern u.a. auch von I, dem Einsatz der (weiteren) absatzpolitischen Instrumente der Bank. Eine unvorteilhafte Werbemaßnahme wurde – im Gegensatz zu der durch Lohmann wiedergegebenen, unvollständigen Lernkurve – auch ausdrücklich als den Lernprozeß störend gekennzeichnet.[33] Wenn davon die Rede war, daß der Nachfolger des den Kunden betreuenden Zweigstellenleiters durch sein Verhalten sogar den – ebenfalls gekennzeichneten – Abbruch der Kundenbeziehung herbeiführt, dann geht auch der Vorwurf von Lohmann ins Leere, derartige Störungen würden auf der Lernkurve der Bankloyalität nicht berücksichtigt.[34]

Empirische Untersuchungen zur Entwicklung der Bankloyalität werden erst im Zusammenhang mit der Marktforschung behandelt (vgl. S. 646ff.). Zuvor wird die Theorie des Beziehungsmanagements aufgegriffen, die zahlreiche Parallelen zur Theorie der Bankloyalität aufweist und wertvolle Impulse für die Ausrichtung des Bankmarketing geben kann. Im folgenden Ausschnitt aus dem Bankmodell sind daher die »Absatzbeziehungen in der Zeit« hervorgehoben.

---

[31] Vgl. J. Süchting: Die Bankloyalität als Grundlage zum Verständnis der Absatzbeziehungen von Kreditinstituten, a.a.O., S. 284f.
[32] Vgl. ebenda, S. 291ff. sowie J. Süchting: Vertrieb von Finanzdienstleistungen auf dem Markt für Privatkunden, in: DBk, Nr. 8/1994, S. 449-457 und ders.: Strategische Positionierung von privaten Banken, (I) in: ZfgK, 49. Jg., 1996, S. 263-267 und (II) in: ZfgK, 49. Jg., 1996, S. 309-312, hier S. 264.
[33] Vgl. auch J. Süchting: Bankmanagement, 1. Aufl., Stuttgart 1982, S. 339f.
[34] Unabhängig von dieser ausgesprochen oberflächlichen, inkorrekten Auseinandersetzung mit der Literatur ist die Lektüre der Arbeit zu empfehlen, da der Verfasser differenziert u.a. den Auswirkungen von Zufriedenheit, Vertrauen, Gewohnheit und Bequemlichkeit auf die Bankloyalität empirisch nachgeht.

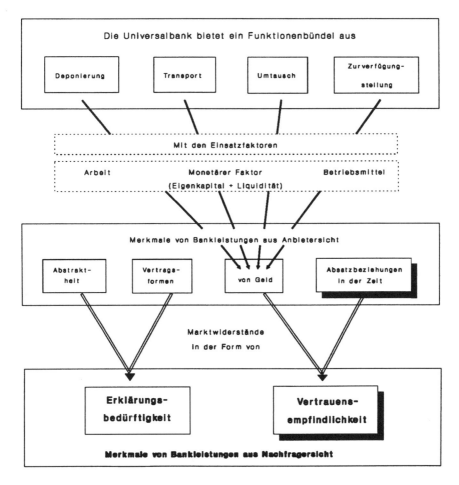

Ausschnitt aus dem Bankmodell

d. Aufbau und Förderung der Bankloyalität durch Beziehungsmanagement

d. 1. Transaction versus Relationship Banking

Etwa zeitgleich, aber unabhängig von der Theorie der Bankloyalität, ist die Theorie des Beziehungsmanagements mit Blick auf das Investitionsgütermarketing entwickelt worden.[35] Sie stellt auf die Lieferanten-Kunden-Beziehungen unter Unternehmen ab. Grundlage ist

---

[35] Vgl. B. Nitschke: Bankloyalität und Beziehungsmanagement – ein Vergleich, Diplomarbeit, Bochum 1991 und als Überblick insbes. W. Plinke: Grundlagen des Geschäftsbeziehungsmanagements, in: M. Kleinaltenkamp/W. Plinke (Hrsg.): Geschäftsbeziehungsmanagement, Berlin et al. 1997, S. 1-62 sowie B. Preß: Kaufverhalten in Geschäftsbeziehungen, ebenda, S. 63-112.

wie in der Bankloyalität die *langfristige Absatzbeziehung* und in diesem Rahmen der Versuch, die *Bindungen* zwischen den Beteiligten zu *steuern*.[36]

Ausgangspunkt für das Management von Beziehungen bei Lieferanten von Investitionsgütern ist die Beobachtung, daß die Partner vor allem wegen der komplexer werdenden Technologien zunehmend abhängiger voneinander werden. Technologisch bedingte Anschlußinvestitionen, die Ausweitung von Wartungs- und Serviceverträgen sowie Just-in-time-Belieferungssysteme verlagern das Gewicht von der Betrachtung von Einmallieferungen (Transactions) zu langfristigen Verbindungen, die zu pflegen sind (Relations): »Companies don't make purchases; they establish relationships.«[37]

Wer irgendwo in der Wüste von Nevada eine Ladung Benzin tankt[38] und sich sicher ist, daß ihn sein Weg vermutlich niemals wieder an diesen Ort zurückführen wird, hat mit dem Tankwart eine Transaktion abgewickelt.[39] Im Vergleich zu einer derartigen Episode führen andere Geschäfte, auch bei Konsumgütern und -leistungen, immer mehr in Beziehungen: Angefangen von dem Kontakt zum Friseur in Abständen von zwei Monaten, über die Stammkneipe – hier deutet bereits der Name auf häufigere Besuche – bis hin zur Bankverbindung, die – wie es ebenfalls der Name aussagt – eine ununterbrochene Absatzbeziehung in der Zeit darstellt. Die *bewußte Nutzung der in einer solchen Beziehung liegenden Chancen durch die Bank und ihre Bereitschaft, die damit ebenfalls verbundenen Risiken in Kauf zu nehmen,* können als **Relationship Banking** bezeichnet werden.

Ziel des Relationship Banking ist es, einen Kunden zu gewinnen und ihn dauerhaft zu integrieren, ihn zur Bankloyalität zu führen. Wichtigste Marketingaufgabe ist dementsprechend der Ausbau bestehender Kundenbeziehungen durch die aus individuellem Dialog resultierende Problemlösungsfähigkeit und Servicebereitschaft.[40] Mit der Zeit entwickelt sich ein gegenseitiges Vertrauens- (und Abhängigkeits-)Verhältnis, aus dem wiederum Verhandlungen mit den Kunden um Wiederholungskäufe folgen. Der Aufbau von Geschäftsbeziehungen erfordert oftmals einen erheblichen Ressourceneinsatz in Form von Vorlaufinvestitionen, die sich erst in späteren Perioden amortisieren (langfristige Perspektive).

---

36 Vgl. zur Grundlegung des Beziehungsmanagements die Beiträge von B. B. Jackson: Winning and keeping industrial customers – the analysis of customer relationships, Lexington/Mass./Toronto 1985, dies.: Build customer relationships that last, in: HBR, vol. 63, no. 6/1985, S. 120-128, Th. Levitt: Der Verkaufsabschluß ist erst ein Anfang, in: HM, 7. Jg., Nr. 1/1985, S. 15-21, F. R. Dwyer/P. H. Schurr/S. Oh: Developing Buyer-Seller Relationships, in: JoM, vol. 51, no. 2/1987, S. 11-27 sowie für Deutschland H. Diller/M. Kusterer: Beziehungsmanagement – Theoretische Grundlagen und explorative Befunde, in: Marketing ZFP, 10. Jg., 1988, S. 211-220 und W. Plinke: Die Geschäftsbeziehung als Investition, in: G. Specht/G. Silberer/W. H. Engelhardt (Hrsg.): Marketing-Schnittstellen, Festschrift für H. Raffée, Stuttgart 1989, S. 305-325.
37 Ch. S. Goodman, zitiert nach Ph. Kotler: Marketing management. Analysis, planning, implementation, and control, 7th ed., Englewood Cliffs/N. J. 1991, S. 195.
38 Sinngemäß entnommen aus A. Söllner: Commitment in Geschäftsbeziehungen, Wiesbaden 1993, S. 111.
39 Aus Sicht des Tankwarts handelt es sich nur dann um eine (Einzel-)Transaktion, wenn der Nachfrager keinen Einfluß auf die Kaufentscheidungen anderer potentieller Käufer nimmt.
40 Vgl. dazu auch H. Schäfer: Beziehungsmanagement durch Dialogmarketing. Bankloyalität aus institutionenökonomischer Sicht, in: K. P. Kaas (Hrsg.): Kontrakte, Geschäftsbeziehungen, Netzwerke – Marketing und Neue Institutionenökonomik, ZfbF-Sonderheft Nr. 35, Düsseldorf/Frankfurt/M. 1995, S. 119-138.

	Relationship Banking		Transaction Banking
Ziel:	Schaffung und Festigung einer Kundenbeziehung	statt	Abwicklung einer Transaktion zur Befriedigung eines Kundenbedürfnisses
Kundenverständnis:	Entwicklung eines gegenseitigen Vertrauens- (und Abhängigkeits-) Verhältnisses	statt	Wahrung der Unabhängigkeitsposition gegenüber einem nur flüchtig bekannten Kunden
Zeithorizont:	Langfristige, investive Perspektive	statt	Tendenziell kurzfristige Sicht
Marketingaufgabe:	Ausbau bestehender Kundenbeziehungen durch Problemlösungsfähigkeit und Servicebereitschaft	statt	Gewinnung neuer Kunden
Zentraler Aspekt des Geschäfts:	Individuelle Verhandlungen mit einem Kunden um Wiederholungskäufe	statt	Kommunikation eines Produkts gegenüber der Kundschaft insgesamt und Verkauf an möglichst viele Abnehmer

Abb. C. 124: Merkmale des Relationship Banking im Vergleich zum Transaction Banking (Modifiziert entnommen aus: H. P. Wehrli/U. Jüttner: Relationship marketing in value generating systems, in: J. N. Sheth/A. Parvatiyar (Eds.): Relationship marketing: Theory, methods and applications. Section I: Paradigm and perspectives, Atlanta 1994, S. 2)

Dem steht beim Transaction Banking das Ziel der bedarfsgerechten Abwicklung einer Transaktion mit einem Kunden als Episode gegenüber (eher kurzfristige Sichtweise), so daß der Anbieter seine Unabhängigkeit wahren kann. Marketingaufgabe ist somit die Gewinnung stets neuer Kunden durch die Kommunikation von Produkten in einen anonymen Markt hinein.

Untersuchungen, nach denen die Pflege loyaler Kunden nur bis zu 20% der Aufwendungen erfordern soll, die ein Unternehmen für die Gewinnung von Neukunden einsetzen muß,[41] unterstreichen die Bedeutung eines Relationship Marketing auch in der Kreditwirtschaft.

Ein nur einmaliger Bank-Kunde-Kontakt (ähnlich der »hit-and-run«-Situation in Nevada) dürfte wohl tendenziell ein Ausnahmefall sein. Zumindest wird eine Bank in der Regel eine Folge von Markttransaktionen anstreben, da sie sich wenigstens im Leistungser-

---

[41] Vgl. W. Müller/H.-J. Riesenbeck: Wie aus zufriedenen Kunden auch anhängliche Kunden werden, in: HM, 13. Jg., Nr. 3/1991, S. 67-79, hier S. 69.

stellungsprozeß bis zu einem gewissen Grade auf den Nachfrager einstellen muß, wodurch Kosten entstehen.[42] *Transaction und Relationship Banking sind daher eher als Pole eines Kontinuums zu verstehen.*

Daher ist es auch zu holzschnittartig, wenn heute das Investment Banking vielfach dem Transaction Banking, das Commercial Banking dem Relationship Banking zugeordnet wird. Auch Transaktionen wie z.B. Emissionen von Wertpapieren sind Bestandteil von Beziehungen oder Beziehungsnetzwerken.[43] Transaction Banking gibt es aber beispielsweise in der M&A-Beratung wohl lediglich für den kleinen Nischenanbieter, nicht für die große Investmentbank mit entsprechend breitem Sortiment, wo umgekehrt die Kundenbeziehungen gepflegt werden.[44] Im übrigen liegt es nahe, daß speziell unter dem Dach der deutschen Universalbank das Investment Banking der Absatzförderung durch das relationshiporientierte Commercial Banking bedarf.[45]

d. 2. Chancen und Risiken von Investitionen in Geschäftsbeziehungen

Wie in der Theorie der Bankloyalität, so tritt auch im Relationship- oder **Beziehungsmanagement** das *menschliche Element als Präferenzenträger* in den Vordergrund. Die Geschäftsbeziehung wird als *Interaktionsprozeß* zwischen den Geschäftspartnern gesehen,[46] in dem aus wechselseitigen Wahrnehmungen und Handlungen ein Vertrauensverhältnis wachsen und zur Bindung der Parteien führen soll. Diese Bindung hat die Funktion eines »Klebstoffs« für die Einzeltransaktionen, die im Rahmen der Geschäftsbeziehung abgewickelt werden. Dabei kann unter Beziehungsmanagement die *zielgerichtete Planung, Gestaltung und Kontrolle der Kundenbeziehungen* verstanden werden.[47]

Zumal das darin zum Ausdruck kommende Engagement des *Kundenbetreuers* als dem *Träger des Beziehungsmanagements* Geld kostet, kann man seine Aktivitäten als **Investition in die Kundenbeziehung** ansehen.[48] Ausdruck für das Gelingen der Investition ist es

---

[42] Vgl. in diesem Sinne plastisch W. H. Engelhardt/J. Freiling: Integrativität als Brücke zwischen Einzeltransaktion und Geschäftsbeziehung, a.a.O.

[43] Vgl. G. Roggemann: Die Kundenbeziehung jenseits der Kontoverbindung – zur Rolle der Relationship im Investment Banking, in: J. Süchting/H.-M. Heitmüller (Hrsg.): a.a.O.. Nur für den Bereich des Asset Management wird die Auffassung geäußert, die Entwicklung zeige eindeutig in Richtung Transaction Banking. Vgl. H. J. Hockmann: Individuelle und standardisierte Elemente der Leistungsgestaltung im Asset Management, in: ebenda.

[44] Vgl. W. v. Hodenberg/Ph. Meyer-Horn: Erfolgsfaktoren und Marketingstrategien einer Investmentbank bei Fusionen und Übernahmen von Unternehmen, in: ebenda.

[45] Vgl. G. Roggemann: a.a.O..

[46] Vgl. R. Schoch: Der Verkaufsvorgang als sozialer Interaktionsprozeß, Winterthur 1969 und auf den Bankverkäufer bezogen J. Süchting/D. Boening: a.a.O..

[47] Vgl. H. Diller/M. Kusterer: a.a.O., S. 211 sowie H. Diller: Beziehungsmanagement, in: R. Köhler/B. Tietz/R. Köhler/J. Zentes (Hrsg.): Handwörterbuch des Marketing, Stuttgart 1995, Sp. 265-300 und ders.: Kundenmanagement, in: ebenda, Sp. 1363-1376. Im übrigen können Geschäftsbeziehungen nicht nur geplant, sondern auch unbewußt, schleichend entstehen – vgl. dazu M. Kleinaltenkamp: Institutionenökonomische Begründung der Geschäftsbeziehung, in: K. Backhaus/H. Diller (Hrsg.): Dokumentation des 1. Workshops der Arbeitsgruppe »Beziehungsmanagement« der wissenschaftlichen Kommission für Marketing im Verband der Hochschullehrer für Betriebswirtschaftslehre, Münster/Nürnberg 1993, S. 8-39.

[48] Vgl. bereits E. C. Bursk: View your customers as investments, in: E. C. Bursk/G. S. Hutchinson (Eds.): Salesmanship and Sales Force Management, Cambridge/Mass. 1979, S. 160-163 sowie W. Plinke: Die Geschäftsbeziehung als Investition, a.a.O.

letztlich, daß die Bank an der Kundenbeziehung verdient. Verlagert hingegen der Kunde einen Großteil der Geschäfte zu anderen Banken oder bricht die Verbindung gar ab, resultieren daraus Verluste, bedeutet dies, daß die Investition mißlungen ist.

Die gelungene Investition zeichnet sich dadurch aus, daß es in der Interaktion zwischen Betreuer und Kunde mit der Zeit zu einer intimen Kenntnis seiner finanziellen Bedürfnisse kommt, so daß es kaum eines Schriftverkehrs und keiner Rückfragen bei der Abwicklung der Geschäftsvorfälle mehr bedarf. Die Geschäftsbeziehung wird zur Routine, die Partner wissen, was sie voneinander zu halten haben, sie stellen sich aufeinander ein, und im Falle positiver Erfahrungen baut sich das gewünschte *Vertrauensverhältnis* auf.[49] – Darin liegt aber auch eine gegenseitige Abhängigkeit begründet.

Über die Beziehungspflege errichtet der Kundenbetreuer Barrieren gegen den Austritt des Kunden aus der Geschäftsbeziehung. Es sind nicht nur die Lästigkeiten eines Bankwechsels, die der Kunde scheut. Ein Vertrauensverhältnis, das über Jahre gewachsen ist, müßte aufgegeben und mit einem anderen Partner von neuem aufgebaut werden. Auch der Kunde investiert ja Zeit und Engagement in die zunächst ungewisse Verbindung. Je angenehmer die bisherige Beziehung für ihn war, um so höher die Austrittsbarrieren und die **Wechselkosten**, um so größer dementsprechend das **Abhängigkeitsverhältnis von der Bank**.

Genau das strebt die Bank an, denn mit der Investition in die Geschäftsbeziehung und der daraus resultierenden Abhängigkeit des Kunden wächst ihr **preispolitischer Spielraum**. Der Kunde ist bereit, Zugeständnisse auch in Form höherer Preise zu machen, um sich die Annehmlichkeiten der Geschäftsbeziehung zu erhalten. Das gilt um so mehr, je stärker die Loyalität des Kunden zu seiner Hausbank ist; in dem Maße, in dem er über Nebenbankverbindungen verfügt, seine Geschäftspartner dort auch bereits kennengelernt hat, sinkt umgekehrt die Reizschwelle, bis zu der er bereit ist, Preiserhöhungen seiner Hausbank hinzunehmen.[50]

Die durch die Beziehungspflege geschaffenen Präferenzen und das Ausmaß an Intransparenz im Hinblick auf Preis und Qualität von Konkurrenzangeboten sind es, die den preispolitischen Spielraum der Hausbank bestimmen.[51] Innerhalb dieses Spielraums kann sie z.B. im Kreditgeschäft den Zinssatz erhöhen, ohne daß es zu größeren Abschmelzungen an Geschäft und Zinserträgen daraus käme.

Umgekehrt liegt die **Abhängigkeit der Bank von ihrem Kunden** darin begründet, daß sie das sich mit der Zeit in der Geschäftsbeziehung aufbauende Investitionsvolumen (»amount at stake«[52]) nicht abschreiben will, sondern nach Erreichen des Break-Even-Punktes den Erfolg daraus ernten möchte. Mit Rücksicht darauf wird sie bei einer ihr lohnend erscheinenden Investition in eine Kundenverbindung auch ihrerseits zu Zugeständnissen gegenüber dem Partner bereit sein. Dies gilt insbesondere dann, wenn sie *spezifische Ressourcen* in eine Kundenverbindung investiert, z.B. den erwähnten Länderexperten für das Osteuropageschäft eines Großkunden. Wechselt dieser Nachfrager, so kommt es zu

---

[49] Vgl. W. H. Engelhardt/J. Freiling: Integrativität als Brücke zwischen Einzeltransaktion und Geschäftsbeziehung, a.a.O., S. 41.
[50] Vgl. J. Süchting: Wachsen die preispolitischen Spielräume? Anmerkungen zu Banktreue und Beziehungsmanagement, in: bum, 20. Jg., Nr. 5/1991, S. 16-21 sowie G. Nader/M. D. Johnson/W. Bühler: Kundenzufriedenheit und Unternehmenserfolg, in: ÖBA, 44. Jg., 1996, S. 702-710.
[51] Vgl. zur Preis- und Qualitätstransparenz S. 648.
[52] A. Söllner: a.a.O., S. 109.

einer erheblichen Entwertung dieses Mitarbeiters für die Bank, zumindest dann, wenn sie im Hause keine vergleichbare andere Einsatzmöglichkeit besitzt.[53]

Damit wird deutlich, daß es besonders die speziell auf die individuellen Wünsche eines Kunden hin in der Verbindung gebundenen Ressourcen sind, die einerseits zu einer Festigung der Beziehung führen, andererseits aber auch das Risiko der Abhängigkeit der Bank von dieser Verbindung (»lock-in«-Effekt) erhöhen.[54]

Faßt man knapp zusammen, dann entwickelt sich eine dauerhafte Geschäftsbeziehung in folgenden Schritten: Die Bank erlangt nach ihrer Vorlaufinvestition im Laufe der Zeit spezifisches Wissen über ihren Kunden, ebenso wie dieser sich ein besseres Bild von dem anbietenden Institut machen kann. Die zunehmende gegenseitige Kenntnis der Ziele und Verhaltensweisen der Personen erleichtert die Abstimmungsprozesse, so daß es zu Transaktionskostensenkungen kommt. Erfüllt die Bank die Erwartungen des Kunden, stellt sich bei ihm Zufriedenheit[55] ein. Auf dieser Basis faßt er Vertrauen[56] in das zukünftige Verhalten der Bank, und ist nun seinerseits bereit, spezifische Investitionen zu tätigen.[57]

Damit sind zugleich die *Entstehungsursachen der Wechselkosten* beschrieben, die *verschiedene Formen* annehmen können:[58] Die *Zufriedenheit* in der bisherigen Bankverbindung verursacht *Opportunitätskosten* bei ihrem Wechsel. Je größer das *Vertrauen* in die angestammte Beziehung, desto höher dürften die *direkten Kosten* der Suche, Anbahnung und Vereinbarung einer anderen Geschäftsbeziehung einschließlich eventuell notwendig werdender neuer Investitionen sein, will der Nachfrager ein ähnliches »Konfidenzniveau« erreichen. Je *spezifischer* schließlich die *Investitionen des Kunden*, desto höher sind die »sunk costs«, die mit dem Ende der bisherigen Beziehung für ihn verloren sind.

Ob der Nachfrager eine Bindung (»*Commitment*«[59]) eingeht, wird er vom Verhältnis des erwarteten Output (*Nutzen*) zum prognostizierten Input (*Kosten*) der Beziehung abhängig machen (bei allen Schwierigkeiten der Quantifizierung) und dabei auch eine (oder mehrere) Anbieteralternative(n) in Betracht ziehen. Mit einem einfachen dynamischen Vorteilhaftigkeitskalkül ausgedrückt, wird sich der Nachfrager für die Bank A entscheiden und in die Beziehung eintreten, wenn $Z_{N/A}$, der Barwert der derzeitigen Beziehung mit A

---

[53] Vgl. W. H. Engelhardt/J. Freiling: Prekäre Partnerschaften, in: asw, 39. Jg., 1996, Sonderheft Oktober, S. 145-151, M. Kleinaltenkamp/W. Plinke/A. Söllner: Drum prüfe, wer sich ewig bindet, in: ebenda, S. 152-157 und W. Plinke/A. Söllner: Screening von Risiken in Geschäftsbeziehungen, in: K. Backhaus/B. Günter/M. Kleinaltenkamp/W. Plinke/H. Raffée (Hrsg.): Marktleistung und Wettbewerb, Strategische und operative Perspektiven der marktorientierten Leistungsgestaltung, Festschrift für W. H. Engelhardt, Wiesbaden 1997, S. 331-363.

[54] Die Quantifizierung der »Spezifität« wird mittels der »Quasi-Rente« versucht, die sich aus der Differenz zwischen dem Ertrag der spezifischen Investition im ursprünglichen Kontext und dem Ertrag der nächstbesten Verwendung ergibt – vgl. dazu A. Söllner: a.a.O., S. 115f.

[55] Vgl. R. Schütze: Kundenzufriedenheit – After-Sales-Marketing auf industriellen Märkten, Wiesbaden 1992, H. Simon/Ch. Homburg (Hrsg.): Kundenzufriedenheit, 2. Aufl., Wiesbaden 1997 und P. B. Utzig: Kundenorientierung strategischer Geschäftseinheiten. Operationalisierung und Messung, Wiesbaden 1997.

[56] Vgl. O. Plötner: a.a.O. und F. Jacob: Produktindividualisierung – Ein Ansatz zur innovativen Leistungsgestaltung im Business-to-Business-Bereich, Wiesbaden 1995.

[57] Vgl. W. Plinke: Grundlagen des Geschäftsbeziehungsmanagements, a.a.O., S. 35; vgl. weiter A. Meyer/D. Oevermann: Kundenbindung, in: B. Tietz/R. Köhler/J. Zentes (Hrsg.): Handwörterbuch des Marketing, Stuttgart 1995, Sp. 1340-1351 und H. Diller: Kundenbindung als Marketingziel, in: Marketing ZFP, 18. Jg., 1996, S. 81-94.

[58] Vgl. B. Preß: a.a.O., S. 81.

[59] A. Söllner: a.a.O.

abzüglich des Barwerts der möglichen Beziehung mit der Bank AW größer Null ist. – Der Kunde wird eine eingegangene Beziehung aufrecht erhalten, solange der Nettonutzen der Alternative denjenigen der bisherigen Bankverbindung zuzüglich der Wechselkosten nicht überschreitet:[60]

(C. 61) $Z_{N/A} = [\Sigma \, (n_{At} - k_{At}) \, (1+i)^{-t}] - [\Sigma \, (n_{AWt} - k_{AWt}) \, (1+i)^{-t}] + [\Sigma \, k_{A/AWt} \, (1+i)^{-t}] > 0$

mit
$n_{At}; n_{AWt}$ = Nutzen der Geschäftsbeziehung mit A bzw. AW in t
$k_{At}; k_{AWt}$ = Kosten der Geschäftsbeziehung mit A bzw. AW in t
$k_{A/AWt}$ = Kosten des Wechsels von A nach AW in t
i = Kalkulationszins
t = Planungsperiode

Die Attraktivität bestimmt sich nicht nur im Vergleich zwischen der derzeitigen Beziehung und einem alternativen Anbieter. Thibaut/Kelley[61] haben vielmehr gezeigt, daß jede Beziehung anhand von zwei Maßstäben bewertet wird. Der *Comparison Level (CL)* repräsentiert das Erwartungsminimum des Nachfragers in bezug auf die Attraktivität einer Verbindung. Die Höhe des Levels resultiert aus den bisherigen eigenen Erfahrungen des Kunden mit der laufenden oder anderen vergleichbaren Beziehungen sowie den Erfahrungen von Referenzpersonen in ähnlichen Situationen. Positive Erfahrungen erhöhen den CL, negative lassen ihn absinken, so daß er im Zeitverlauf Veränderungen unterliegen kann. Der zweite Bewertungsmaßstab, der (CL_{ALT}), beschreibt das Verhältnis von Nutzen und Kosten (inkl. Wechselkosten) bei der besten erreichbaren Alternativbeziehung. – Werden CL, CL_{ALT} und W, das Ergebnis aus Kosten und Nutzen der derzeitigen Beziehung, auf einem Attraktivitätskontinuum abgetragen, so sind drei Fälle zu unterscheiden (Abb. C. 125):

1. Da die aktuelle Beziehung gegenüber dem CL als attraktiv empfunden wird und auch die ebenfalls attraktive Beziehungsalternative den CL übertrifft, ist der Kunde nicht abhängig vom bisherigen Anbieter. Auch bei einem Bankwechsel liegt er noch über seinem Erwartungsmaßstab. Je mehr sich W und CL_{ALT} annähern, desto eher wird der Kunde aber geneigt sein, die Verbindung zu beenden. Die aktuell gewählte Bank muß daher bestrebt sein, die Attraktivität in den Augen des Kunden nicht unter CL_{ALT} absinken zu lassen, um sich wirksam gegen Abwerbungsbemühungen anderer Institute zu verteidigen.
2. Zwar liegt W über CL, so daß die derzeitige Beziehung attraktiv ist. Allerdings besteht auch keine reizvolle Alternative, wodurch sich der Kunde in einer abhängigen Position befindet. Aus Sicht der Bank ist eine solche Situation wünschenswert, da der Kunde seinerseits erhebliche Anstrengungen unternehmen dürfte, die Beziehung fortzusetzen.
3. Auch in der dritten Situation ist der Kunde »gefangen«, nun aber in einer unattraktiven Beziehung.[62] Ihre Ergebnisse unterschreiten das angestrebte Nutzen/Kosten-Minimum, gleichzeitig jedoch lassen andere Beziehungen noch schlechtere Ergebnisse erwarten.

---

[60] Nach W. Plinke: Grundlagen des Geschäftsbeziehungsmanagements, a.a.O., S. 31.
[61] Vgl. J. W. Thibaut/H. H. Kelley: The Social Psychology of Groups, New York et al. 1959, Reprint 1986.
[62] Thibaut/Kelley sprechen von »nonvoluntary relationship« (S. 169). Vgl. hierzu auch I. Geyskens et al.: The effects of trust and interdependence on relationship commitment: A trans-Atlantic study, in: International Journal of Research in Marketing, vol. 13, 1996, S. 303-317.

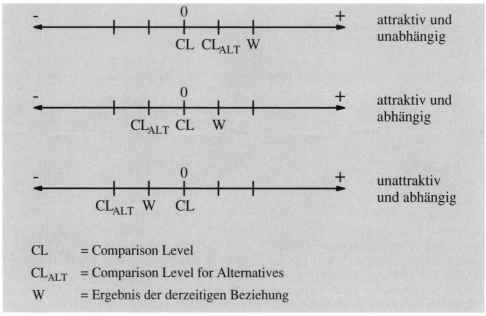

Abb. C. 125: *Attraktivität und Abhängigkeit in Beziehungen (Nach W. Plinke: Grundlagen des Geschäftsbeziehungsmanagements, a.a.O., S. 38)*

Die aktuelle Bankverbindung wird daher fortgesetzt, doch dürfte die Gefahr der Abwanderung dieser »unzufriedenen Loyalen« groß, das Ausmaß spezifischer Investitionen auf ihrer Seite gering sein.[63]

Wenn daher gilt: »People stay in relations for two major reasons: because they want to, and because they have to.«[64], dann *darf die Aufteilung des Beziehungserfolges zwischen der Bank und ihrem Kunden nicht zu ungleichgewichtig werden, da ansonsten Unzufriedenheit die Stabilität der Beziehung gefährdet.*

Um diesen Gedanken noch einmal zu veranschaulichen, lassen sich anhand einer Agency-Beziehung (in der der kreditnehmende Firmenkunde den Agent und die Bank den Principal darstellt) unter der realistischen Annahme asymmetrisch verteilter Informationen die Informationsvorteile der Bank und Wechselkosten des Kunden erklären. Gestützt auf Argumente aus der Finanzierungstheorie[65] könnte das Ablaufmuster dabei wie folgt aussehen:

1. Im Rahmen seiner Beziehungspflege (Investor Relations) stattet der Kreditkunde seine Hausbank mit internen Informationen aus und baut so im Laufe der Zeit seinen Informationsvorsprung ab.

---

[63] Vgl. hierzu B. Stauss/P. Neuhaus: Das Qualitative Zufriedenheitsmodell (QZM), in: H. Diller (Hrsg.): Beziehungsmanagement, Nürnberg 1995, S. 137-165.
[64] M. P. Johnson, zit. nach W. Plinke: Grundlagen des Geschäftsbeziehungsmanagements, a.a.O., S. 19.
[65] Vgl. St. Paul: Bankenintermediation und Verbriefung, a.a.O., S. 36ff.

2. Diese Informationen über seine Kreditwürdigkeit, basierend etwa auf glaubwürdigen Finanzplanungen, bedeuten einen Informationsvorteil, ein Sicherheitsäquivalent für die Bank. Sie sind geeignet, die Berechenbarkeit des Kunden zu erhöhen sowie damit das Vertrauensverhältnis zwischen Kreditnehmer und Kreditgeber zu stärken und führen – bei unveränderter Bonität – zu einer verbesserten Reputation des Kreditnehmers.
3. Nach dieser Vorleistung durch die Pflege seiner Investor Relations erwartet der Kunde nun seinerseits einen Beitrag der Bank zur Stärkung der Beziehung. Diese entschließt sich dazu, im Rahmen der Kreditkonditionen eine Senkung des (expliziten) Zinssatzes vorzunehmen und damit das Gleichgewicht in der Beziehung wiederherzustellen.
4. Der Vorzugszins für den Kredit bedeutet gleichzeitig eine Ermäßigung des durchschnittlichen Kapitalkostensatzes (Weighted Average Cost of Capital) beim Kunden.
5. Wird dieser als Cut off-Rate für die Abzinsung der Cash Flows aus dem kreditfinanzierten Investitionsprogramm benutzt, so erhöht sich der Gegenwartswert des Investitionsprogramms und damit der Unternehmenswert.
6. Ein solcher Mehrwert der aus der vertieften Hausbankbeziehung resultierenden Zusatzinformationen kann – wie gute Beziehungen zu Stammkunden auch – als ein Teil des originären Goodwill der Unternehmung angesehen werden. Er repräsentiert den Wert, den der Kreditnehmer aufgeben würde, wenn er die Hausbankverbindung abbrechen wollte, um eine Beziehung zu einer anderen weniger gut über ihn informierten Bank einzugehen. Darin kommen, über die Lästigkeiten eines Bankwechsels hinaus, die – nunmehr quantifizierten – Wechselkosten und damit eine Austrittsbarriere des Kreditkunden aus der Geschäftsbeziehung zum Ausdruck.

Ein solches durch ein Geben (von Informationen) und ein Nehmen (von Zinsnachlaß) zustandegekommenes neues Gleichgewicht setzt indessen voraus, daß die Reputation der Unternehmung exklusiv gegenüber ihrer Hausbank gestiegen ist, daß also Planinformationen und Erfahrungen mit der »Bankhistorie« der Unternehmung sich nicht wie eine Sicherheit (z.B. eine Grundschuld) problemlos auf andere Banken übertragen lassen. Sollten nämlich auch andere Banken die Reputation der Unternehmung »melken« können, kommt insoweit eine Austrittsbarriere nicht zustande, bedeutet dies, daß die Unternehmung sich aus ihrer »informationellen Umklammerung« befreit und (auch) vom (Zins-)Wettbewerb unter den Kreditinstituten voll Gebrauch machen kann. – Damit ist ein gegenseitiges Vertrauens- und Abhängigkeitsverhältnis beendet, in dem sich Bank und Kunde aufgrund der wechselseitigen Beziehungspflege und der daraus resultierenden Austrittsbarrieren zuvor befunden hatten.

Ist das Gleichgewicht in der Bank-Kunde-Beziehung gestört, weil eine Investition des Kundenbetreuers in die Geschäftsbeziehung nicht den erwarteten Nutzen bringt, so kann sich die Bank auf andere Weise erholen. Mit der vertieften Geschäftsbeziehung und den daraus resultierenden Austrittsbarrieren des Kunden ist dessen Abhängigkeit gewachsen. Damit vergrößert sich auch der preispolitische Spielraum der Bank.

d. 3. Erfolgsorientierte Beziehungspflege des Verkäufers

Aus der Bedeutung des menschlichen Elements als Präferenzenträger folgt, daß zu einer konsequenten Umsetzung des Beziehungsmanagements mit den Kunden in erster Linie die kundenorientierte Auswahl, der Einsatz sowie die Weiterbildung der Firmen- und Privatkundenbetreuer als kompetente Ansprechpartner und Vertrauenspersonen gehören. Das Eigenschaftsprofil der Verkäufer als den Qualitätswettbewerb entscheidende **Relationship-**

manager sollte neben der sozialen sowie der fachlichen und methodischen Kompetenz auch unternehmerisches Denken und Handeln umfassen.[66]

Der Heidelberger Finanzdienstleister MLP (Marschollek, Lautenschläger und Partner) ist eine Gesellschaft, die mehrmals für die beste Aktienperformance ausgezeichnet wurde. Sie konzentriert sich in Deutschland auf wenige Marktsegmente, nämlich die Absolventen einiger Fakultäten, welche erfahrungsgemäß Führungs- oder freiberufliche Aufgaben übernehmen und sich damit in die höheren Einkommensstufen vorarbeiten, also Wirtschaftswissenschaftler und Ingenieure, Vertreter der Heilberufe und Juristen. Einige Hundert hervorragend ausgebildete und vergleichsweise junge MLP-Berater, ebenfalls aus den genannten Fakultäten stammend, sind ein Spiegelbild ihrer Klienten. – Ein solches Ausmaß an »Nasenkongruenz« zwischen Betreuer und Kunde wird in den meisten Banken selten herzustellen sein, aber es ist damit doch die Richtung für ein erfolgreiches Beziehungsmanagement aufgezeigt. Dabei wird es eine spannende Frage an die zukünftigen Verhaltensweisen der Kunden sein, in welchem Ausmaß vor allem die Bildübertragung via Telefon und PC den dreidimensionalen persönlichen Kontakt mit dem Betreuer in der Bank oder im Betrieb bzw. in der Wohnung des Kunden zurückdrängen werden. Eine der wichtigsten Herausforderungen der deutschen Universalbanken dürfte demnach darin bestehen, das Spannungsverhältnis zwischen Technik und Kundennähe mit kunden- und anwenderfreundlicher, ja »menschlicher Technik« zu meistern (vgl. weiter S. 697ff.).[67]

In jedem Fall ist der **Betreuer** mit einem Portfolio von z.B. 100 bis 200 Kundenbeziehungen als ein **Profit Center** anzusehen, und das nicht nur dem Namen nach, sondern ausgestattet auch mit den notwendigen Kompetenzen, um gewinnverantwortlich tätig sein zu können. So sollte er in der Lage sein, individuelle Kundenbeziehungen mit Hilfe von Einladungen zu kulturellen und sportlichen Ereignissen zu pflegen, Werbemittel für aktuelle Finanzprodukte anzufordern und einzusetzen, aber auch Gesellschaftsabende für die von ihm betreute Klientel zu veranstalten. Derartige Anlässe sollten hinreichend Zeit dafür lassen, daß seine Kunden, die ja durch bestimmte berufliche Merkmale (wie z.B. Unternehmer vor allem einer Branche) verbunden sind, Gelegenheit haben, miteinander zu kommunizieren. Auf diese Weise werden Beziehungsnetzwerke gefördert.

Entscheidend für derartige Serviceaktivitäten ist, daß die vom Kundenbetreuer abgerufenen und disponierten Mittel seinem Profit Center auch belastet werden. Auf diese Weise wird er dazu erzogen, auch bei Serviceinvestitionen in Ertragskategorien zu denken. Das gleiche gilt für Beiträge und Mitgliedschaften in Vereinen, Clubs, religiösen und kulturellen Vereinigungen, wo in der Regel Vertreter aus mehreren Banken in den Wettbewerb um Kundenbeziehungen eintreten.

Die Nutzung der verschiedenen Stellschrauben des Total Quality Management[68] (wie erwähnt unter Berücksichtigung der Bereitstellungsleistung, des Leistungserstellungs- und verkaufsprozesses und des Leistungsergebnisses), insbesondere aber der Einsatz des Marketing-Mix einschließlich des Service zur Pflege der Kundenbeziehungen, kosten Geld. Sie sind, wie oben dargelegt, als Investitionen in die Kundenverbindungen anzusehen. *Investor ist der Kundenbetreuer, der seine Aktivitäten mit Blick auf die erwartete Kundenattraktivität und das Bindungspotential einbringen sollte.* Hierbei kann er auf das entscheidungsun-

---

[66] Vgl. M. Schütte/K. Höfle: a.a.O., sowie A. v. Tippelskirch: Erfolgsorientierte Steuerung der Firmenkundenbetreuer, in: J. Süchting/H.-M. Heitmüller (Hrsg.): a.a.O..
[67] Vgl. U. Weiss: Zur Europa-Strategie der deutschen Banken, in: ebenda.
[68] Vgl. W. H. Engelhardt/J. Freiling: Qualität umfassend sichern und kontrollieren, in: BI, 22. Jg., Nr. 5/1995, S. 20-25 und M. Bruhn/B. Stauss (Hrsg.): Dienstleistungsqualität, 2. Aufl., Wiesbaden 1995.

terstützende Instrument einer Bankloyalitäts-Kundendeckungsbeitrags-Matrix zurückgreifen, wie sie in Abbildung C. 126 exemplarisch wiedergegeben ist:

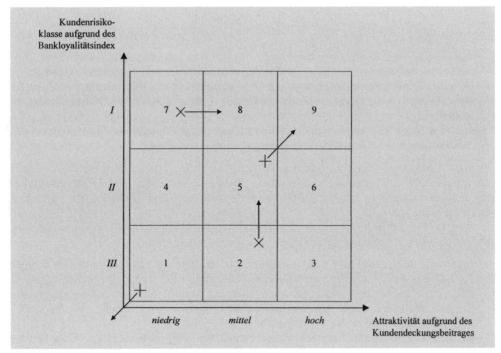

Abb. C. 126: *Kundenklassifizierung auf der Grundlage einer Bankloyalitäts-Kundendeckungsbeitrags-Matrix (Quelle: R. Polan: Ein Meßkonzept für die Bankloyalität, Wiesbaden 1995, S. 193)*

Maßstab für die Attraktivität der Kundenbeziehung ist ihr **Erfolgsbeitrag**, wie bei jeder anderen Investition auch. Als Grundlage für seine Ermittlung dient die Kundenkalkulation, die dem Betreuer wenigstens die Ist-Zahlen als Basis für die Einschätzung der erwarteten Deckungsbeiträge liefern sollte. Danach kann er seinen Kunden in ein Kundenportfolio mit z.B. drei Abstufungen positionieren.

Aufgrund des langfristigen Charakters der Bankbeziehung wäre es wünschenswert, wenn auf einen laufend ermittelten »Lifetime Value«[69] abgestellt werden könnte, also einen auf den Kalkulationszeitpunkt auf- bzw. abgezinsten Barwert der vergangenen und für die Zukunft geplanten bzw. erwarteten Ergebnisse. Daß dabei vom Postulat der Genauigkeit Abstriche zu machen sind und allenfalls Annäherungen an das Gesamtergebnis der Geschäftsbeziehung erwartet werden dürfen, ist angesichts der Prognosen stets anhaftenden Unsicherheitsproblematik, den nicht auflösbaren Erlös- und Kostenverbundwirkungen in Banken sowie der sich im Zeitablauf ändernden Prozeß- und damit Kosten- und Erlösstrukturen selbstverständlich.[70]

---

[69] A. Meyer/D. Oevermann: a.a.O., Sp. 1345; vgl. hierzu auch P. Schütz/H. Krug: Top oder Flop? Kundenbeziehungen profitabel gestalten, in: asw, 39. Jg., 1996, Sonderheft Oktober, S. 188-193.
[70] Vgl. zu Versuchen in dieser Richtung H. U. Sachenbacher: Prospektive Lebensdauerkalkulation in Kreditinstituten, München 1991.

Zu jeder Investitionsplanung gehört neben der Rendite das **Risiko**, dem das Projekt unterliegt. Bei Investitionen in Kundenbeziehungen sollte neben dem erwarteten Erfolgsbeitrag daraus also auch versucht werden, ihre Labilität beziehungsweise Stabilität einzufangen. Polan spricht hier von einem Bankloyalitätsindex, mit dem das Bindungspotential operationalisiert wird.[71] Der Index ist ein Punktwert, zu dessen Ermittlung Polan aufgrund von Untersuchungen in einigen Kreditinstituten zählt

- zum einen soziodemographische Variablen, nämlich Alter und berufliche Stellung,
- weiterhin Verhaltensvariablen, nämlich Preisempfindlichkeit, Informationsverhalten, Risikoverhalten sowie Dauer der Bankverbindung und Anzahl der zusätzlichen Bankverbindungen,
- und schließlich (als angenommene Reaktion auf die Aktivitätsvariablen des Betreuers) die Häufigkeit der Leistungs- und Beratungsinanspruchnahme.

Er kommt auf diese Weise zu einem sicherlich in mancher Hinsicht angreifbaren, aber in der Praxis doch mit Nutzen zu verwendenden Risikoindikator, der über die Nachhaltigkeit der Erfolgsbeiträge aus den Kundenbeziehungen (hier über drei Abstufungen) Vorstellungen vermitteln kann.

Wie in den Portfolio-Matrizen für Geschäftsfelder (vgl. S. 216f.) versucht nun der Kundenbetreuer, die Kundenbeziehungen zu steuern, indem er

- etwa seine Aktivitäten im Cross-selling-Bereich und über die Beratungsintensität forciert, um z.B. den Erfolg aus der Verbindung zu steigern und ihn stärker abzusichern (Feld 5),
- z.B. eine ertragreiche Kundenbeziehung über den Service weniger anfällig gegen eine Geschäftsverlagerung und den Wechsel zu einer anderen Bank macht, sie also stabilisiert (Feld 2),
- aus der Geschäftsverbindung mit einem bereits bankloyalen Kunden durch zusätzliche Geschäfte höhere Erträge herauszuholen versucht (Feld 7) oder
- vielleicht auch einen wenig bankloyalen Kunden, der die Bank nur gelegentlich als Nebenverbindung benutzt und schon seit langem Verlustträger ist, aus dem Portfolio verabschiedet (Feld 1).

Mit Hilfe eines derartigen risikogewichteten Erfolgsbeitrages erhalten die Kundenbetreuer und (bei Aggregation) die Bank eine *investitionsrechnerische Grundlage für das Beziehungsmanagement* gegenüber Einzelkunden und einer Kundengruppe wie vermögende Privatkunden oder mittelständische Firmenkunden.[72]

---

[71] Vgl. R. Polan: Ein Meßkonzept für die Bankloyabilität, a.a.O., S. 190, inhaltlich im Anschluß an W. Plinke: Die Geschäftsbeziehung als Investition, a.a.O.; vgl. auch jüngst W. Plinke/A. Söllner: Screening von Risiken in Geschäftsbeziehungen, a.a.O., hier S. 359 sowie W. Plinke: Bedeutende Kunden, in: M. Kleinaltenkamp/W. Plinke (Hrsg.): Geschäftsbeziehungsmanagement, a.a.O., S. 113-160.

[72] Die Notwendigkeit einer differenzierten Rendite/Risiko-Betrachtung belegen auch die Ergebnisse von Hallowell, der 12.000 Kundenbeziehungen aus 59 Filialen einer US-amerikanischen Bank (= 73% der Privatkunden des Instituts) untersuchte. Dort befanden sich nennenswerte Teile der Kundschaft in den Sektoren hoher Loyalität, aber niedriger Attraktivität (et vice versa) und auch in dem für die Bank ungünstigsten Bereich mit niedriger Ausprägung beider Kriterien – vgl. R. Hallowell: The relationships of customer satisfaction, customer loyalty, and profitability: an empirical study, in: International Journal of Service Industry Management, vol. 7, no. 4/1996, S. 27-42. Die Loyalität wurde dabei gemessen über die Dauer der Verbindung sowie die Cross-selling-Rate als Ausdruck der Beziehungsintensität. Die als Maßstab für die Attraktivität verwendete *Aufwandsrentabilität* hat auch in der deutschen Kreditwirtschaft verstärkt Verbreitung gefunden und zeigt an, wieviel DM Bruttogewinn (Bruttoertrag minus Verwaltungsaufwendungen) mit einer DM Verwaltungsaufwand erzielt wurden.

Über die Auswahl und den Einsatz der Verkäufer hinausgehende Maßnahmen des Relationship Banking sollen in den folgenden Abschnitten im Zusammenhang mit den verschiedenen Instrumenten des Marketing-Mix diskutiert werden.

e. Das absatzpolitische Instrumentarium im Überblick

Vor dem Hintergrund der Marketing-Philosophie bilden die Überlegungen zur Loyalität von Bankkunden und deren Aufbau bzw. Förderung durch das Beziehungsmanagement den Rahmen für den Einsatz der absatzpolitischen Instrumente durch die Bank. Diese lassen sich in verschiedenen *Dimensionen* beschreiben (vgl. auch Abb. C. 127):

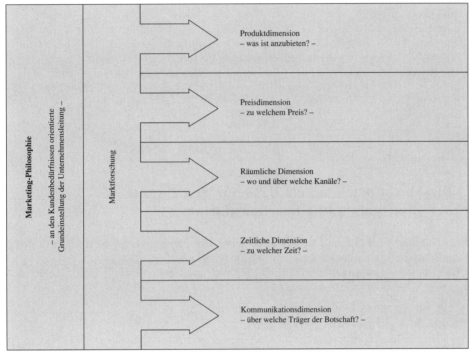

Abb. C. 127: Der Wirkungszusammenhang des absatzpolitischen Instrumentariums

- Die *Produktdimension:* Sie umfaßt die Veränderungen im Inhalt der einzelnen Produkte *(Produktgestaltung)* sowie die Variationen in der Struktur des gesamten Angebots einschließlich der Einführung neuer Produkte *(Sortimentspolitik).*
 Im Gegensatz zu früheren Auflagen wird an dieser Stelle nicht mehr von der »Qualitätsdimension« gesprochen, da der Qualitätsbegriff nach der modernen Anschauung von der (Finanz-)Dienstleistung die übrigen Dimensionen mit Ausnahme der des Preises einschließt und eine getrennte Behandlung im Sinne von »Stellschrauben« verhindert. Unter einem Produkt wird hier und im folgenden das Leistungsergebnis verstanden, mit dem ein bestimmtes Problem des Kunden gelöst werden soll. Der Terminus »Bankleistung« geht dagegen über das vertraglich bestimmte Absatzobjekt hinaus und wird z.B. durch die Wahl des Vertriebswegs mitbeeinflußt.

- Die *Preisdimension:* Sie meint alle mit der Preisfindung und -gestaltung zusammenhängenden Maßnahmen, also beispielsweise neben der Bestimmung des Preisniveaus auch die Verwendung eines Einheitspreises (z.B. Nettozins) oder gespaltenen Preises (wie Zins und Kreditprovision) sowie die Auswahl der Preisbezugsbasis (Stückleistung → Stückpreis, Wertleistung → Umsatzprovision).
- Die *räumliche Dimension:* Sie beinhaltet Fragen der *Standortpolitik* unter Beachtung der Auswahl der *Vertriebskanäle.* Es wird der geographische Bereich (Ausland, Inland, Inlandsregion, Lokalbereich, Stadtteil) ausgewählt und entschieden, über welche Vertriebswege in dem jeweiligen Gebiet angeboten werden soll (z.B. im Ausland über Korrespondenzbanken, Beteiligungen, Tochterinstitute, eigene Filialen, Telefon und PC).
- Die *zeitliche Dimension:* Hier spielen vor allem die *Geschäftszeiten* eine Rolle. Unter Umständen treten aber auch *Lieferzeiten* auf. Überwiegend erfolgt zwar die Auftragsabwicklung innerhalb von Tagesfrist (wie bei Zahlungsaufträgen). Es kommt jedoch durchaus vor, daß z.B. vom Kreditantrag bis zur Krediteinräumung eine Reihe von Tagen vergeht. – Die zeitliche Dimension wird aufgrund der engen Verzahnung mit der räumlichen Dimension im folgenden gemeinsam mit dieser behandelt.
- Die *Kommunikationsdimension:* In diesem Bereich vollzieht sich der Einsatz *unpersönlicher Werbemittel,* der *Verkäufer* und von Hilfsmitteln der *Verkaufsförderung* sowie die Pflege der *Public Relations* (Öffentlichkeitsarbeit), soweit sie dazu beiträgt, die Verkaufsbotschaft in die Absatzmärkte zu tragen.

2. Die Marktforschung als Basis für den Einsatz des absatzpolitischen Instrumentariums

Wie Abbildung C. 127 zeigt, ist **Voraussetzung für den zielgerichteten Einsatz des absatzpolitischen Instrumentariums die Marktforschung.**

Die Marktforschung hat zwei *Informationsaufgaben* zu erfüllen.[73] Unter Berücksichtigung der Aktivitäten der Konkurrenz

(1) soll sie die *Zielbereiche* aufdecken, in welche die Bankleitung mit den absatzpolitischen Instrumenten hineinwirken kann;
(2) soll sie helfen, den *wirksamen Einsatz der absatzpolitischen Instrumente* selbst zu planen und zu kontrollieren.[74]

Entsprechend den geschäftspolitischen Zielen wird die Leitung eines Kreditinstituts planen, welche Geschäftssparten (Sortimentsteile) gefördert oder vielleicht auch prohibiert, welche Leistungsarten neu eingeführt werden sollen, weil sie z.B. einen erheblichen Gewinnbei-

---

[73] Vgl. P. Hammann/B. Erichson: Marktforschung, 3. Aufl., Stuttgart et al. 1994.
[74] Entsprechend den verschiedenen Phasen der Planung (vgl. S. 210ff.) wird auch zwischen strategischer und operativer Marktforschung unterschieden. Vgl. G. Schmidt-Chiari: Die Rolle der Marktforschung für die Marketingstrategie einer österreichischen Bank auf dem Jugend- und Studentenmarkt, in: J. Süchting/E. van Hooven (Hrsg.): a.a.O., S. 391-403. Dementsprechend betrifft die *strategische* Marktforschung vor allem die Vorausschätzung der Ertragspotentiale (1), während sich die *operative* Marktforschung auch auf die Maßnahmenkontrolle bezieht (2). Vgl. auch J.-E. Cramer: Die Marktforschung als Basis für den zielgruppengerechten Einsatz des Marketing-Mix, in: J. Süchting/H.-M. Heitmüller (Hrsg.): a.a.O.

trag versprechen. Diese Sortimentsteile werden in unterschiedlicher Weise von den einzelnen Nachfragergruppen in Anspruch genommen. Daher sind es diese Nachfragergruppen, welche zunächst in ihren Merkmalen und Bedürfnissen und somit auf das erreichbare Marktpotential hin zu analysieren sind (Aufdeckung der Zielbereiche), damit sie dann möglichst wirkungsvoll mit den absatzpolitischen Instrumenten angesprochen werden können (effizienter Einsatz des Marketing-Mix).

Die meisten Kreditinstitute verfügen über die Kundengruppen der privaten Haushalte, der Unternehmen, der öffentlichen Gebietskörperschaften sowie der Finanzinstitutionen (andere Banken, Versicherungen, Bausparkassen usw.)

Wie bereits im Rahmen der strategischen Planung erwähnt (vgl. S. 213f.) ist eine weitergehende Unterteilung derartiger Gruppen *(Marktsegmentierung)* zweckmäßig, um möglichst homogene Ausschnitte des relevanten Marktes als Zielbereiche für die Absatzbemühungen zu bilden. Je homogener eine Kundengruppe der privaten Haushalte (in bezug auf geographische, sozio-ökonomische sowie insbesondere Merkmale des Kaufverhaltens[75]) ist, um so gleichförmiger die finanziellen Bedürfnisse, um so besser die Möglichkeiten einer Bank, bestimmte Leistungsarten auf effiziente Art und Weise abzusetzen. Die Grenzen der Marktsegmentierung liegen darin, daß einzelne Kundengruppen nicht mehr tragfähig, d.h. ökonomisch zu bearbeiten sind.[76]

Wenn die Marktforschung z.B. die Aufgabe erhält, ein Marktpotential für den Verkauf von Darlehen für die Finanzierung von Urlaubsreisen aufzudecken, so wird sie auf die oben genannten Merkmale zurückgreifen. Eine Zielgruppe könnte etwa aus 20 000 Adressen in einer neuen Wohnsiedlung im Süden einer Großstadt bestehen, bei denen es sich vor allem um junge Ehepaare mit kleinen Kindern handelt, einer der Ehepartner der Einkommensklasse zwischen DM 5.000,- und DM 6.000,- p.M. angehört, die Urlaubswünsche sich überwiegend auf das Ausland beziehen und (auch deshalb) geringe Ersparnisse gebildet werden. Je einheitlicher eine derartige Zielgruppe (mit Hilfe etwa von Unterlagen aus dem Statistischen Amt der Stadt, allgemeinen Angaben aus der Personalabteilung eines in der Nähe liegenden großen Industriebetriebes sowie eines Reisebüros und nicht zuletzt derjenigen Einwohner, die bereits ein Konto bei der Bank führen) gefaßt werden kann, um so höher ist die Wahrscheinlichkeit, daß z.B. bei einer auf die Zielgruppe abgestellten Briefwerbeaktion für die Darlehen nur geringe Streuverluste auftreten.[77] Große Bedeutung kommt daher dem zielgerichteten Einsatz interner und externer Datenbanken zu (»Database Marketing«).[78] Nach den Kriterien Einkommen und Vermögen bzw. den Entwicklungsaussichten dieser finanziellen Größen findet man bei den privaten Haushalten häufig eine Segmentierung in A/B/C – Kunden, die eine Reihenfolge in der Wertigkeit der Kundenbeziehung zum Ausdruck bringen soll.

---

75 Vgl. dazu M. Kleinaltenkamp: Marktsegmentierung, in: M. Kleinaltenkamp/W. Plinke (Hrsg.): Technischer Vertrieb – Grundlagen, a.a.O., S. 663-702, H. Meffert/M. Bruhn: Dienstleistungsmarketing, 2. Aufl., Wiesbaden 1997, S. 92-105.
76 Vgl. H. Zapp, Deutsche Bank AG, Düsseldorf, in seinem Referat »Der Kundenbetreuer im Rahmen des Firmenkunden-Marketing einer Großbank« am 20.11.1984 im Kontaktseminar an der Ruhr-Universität Bochum, in: SB Nr. 21, WS 1984/85, S. 37-40. Vgl. zur Marktsegmentierung in Kreditinstituten weiterhin J.-E. Cramer: Die Marktforschung als Basis für den zielgruppengerechten Einsatz des Marketing-Mix, a.a.O..
77 Zu unterschiedlichen Erhebungsverfahren und Auswertungsmöglichkeiten vgl. K. Backhaus/B. Erichson/W. Plinke/R. Weiber: Multivariate Analysemethoden, 7. Aufl., Berlin et al. 1994 sowie R. Weiber/F. Jacob: Kundenbezogene Informationsgewinnung, in: M. Kleinaltenkamp/W. Plinke (Hrsg.): Technischer Vertrieb – Grundlagen, a.a.O., S. 513-596.
78 Vgl. J. Seitz/E. Stickel: Database Marketing in der Kreditwirtschaft, in: DBk, Nr. 2/1997, S. 94-100.

Auch Finanzinstitutionen, vor allem aber die Unternehmen, wird die Marktforschung nach geeigneten Kriterien für die Segmentierung der Märkte wie Branche, Größenklasse (Umsatz), Finanzverhalten des Managements usw. einteilen, um etwa den Bankverkäufern (Firmenkundenbetreuern) eine bessere Grundlage für ihre akquisitorischen Bemühungen zu geben.[79]

Der Erfolg der absatzpolitischen Anstrengungen einer Bank hängt ab sowohl von der Nachfragefähigkeit (der Vermögenssituation eines Wirtschaftssubjekts und ihren Veränderungen durch Einkommen) **als auch der Nachfragebereitschaft** (in dem Sinne, auf die absatzpolitischen Maßnahmen einer bestimmten Bank und nicht die ihrer Wettbewerber zu reagieren).

a. Der Vermögensstatus als Indikator der Nachfragefähigkeit

Ein Anhaltspunkt für die Fähigkeit, Leistungen einer Bank in Anspruch nehmen zu können, läßt sich aus dem Vermögensstatus eines Wirtschaftssubjekts gewinnen:

Aktiva	Vermögensstatus	Passiva
Geldvermögen (GV) Sachvermögen (SV)		Außenfinanzierung (AF) Innenfinanzierung (IF)

Bei einer solchen Aufstellung kann es sich um den Vermögensstatus eines Unternehmens (Bilanz) oder auch den eines privaten Haushalts handeln, welcher Bankguthaben und Wertpapierbestände (Geldvermögen), ein Einfamilienhaus, das Mobiliar und den Pkw (Sachvermögen) sowie die Alimentierung dieser Vermögensteile aus eigenen Ersparnissen (Innenfinanzierung) oder mit Kredithilfe Dritter (Außenfinanzierung) umfaßt.

In bezug auf einen derartigen Vermögensstatus kann die Verbindung zu einem Kreditinstitut nur über die Positionen GV und/oder AF zustande kommen, also über die Hingabe finanzieller Mittel oder ihre Inanspruchnahme. Sachinvestitionen (SV) und Innenfinanzierung (IF) schlagen sich auf den Bankkonten nicht nieder.

Denkt man sich eine Reihe derartiger Vermögensstati im Zeitverlauf hintereinander geschaltet, so erhält man Bewegungsbilanzen, aus denen die Fähigkeit eines Wirtschaftssubjekts sichtbar wird, Einlagen zu bilden, bzw. die Notwendigkeit, auf Außenfinanzierung zurückgreifen zu müssen.

Ist GV größer als AF, so ergibt sich ein Finanzierungsüberschuß; ist umgekehrt GV kleiner als AF, so handelt es sich um ein Finanzierungsdefizit. **Die Aufdeckung von Finanzierungsüberschüssen bzw. -defiziten in bestimmten Zielgruppen durch die Marktforschung gibt wichtige Anhaltspunkte dafür, ob diesen Zielgruppen primär ein Sortiment von Geldanlagen zur Aufnahme der Überschüsse oder von Finanzierungen zur Abdeckung der Defizite anzubieten ist.** – Dies kann am Beispiel einer Marktsegmentierung nach volkswirtschaftlichen Sektoren deutlich gemacht werden.

---

[79] Vgl. S. Rometsch: Ertragsorientiertes Marketing im Firmenkundengeschäft einer Privatbank, (I) in: DBk, Nr. 5/1986, S. 230-234 und (II) in: DBk, Nr. 6/1986, S. 292-297.

Die Analyse der *Geldströme in der Volkswirtschaft* im Zeitverlauf läßt erkennen, daß der Sektor der privaten Haushalte durch seine Ersparnisse ein finanzieller Überschußsektor ist (seine Verschuldung fällt demgegenüber weniger ins Gewicht), der Sektor der Unternehmen hingegen (bis auf die 90er Jahre) ein finanzieller Defizitsektor (seine Selbstfinanzierungsquote reicht für die Investitionsfinanzierung nicht aus). Auch die öffentlichen Gebietskörperschaften weisen in der Vergangenheit zunehmend negative Finanzierungssalden auf. Diese durch die Marktforschung aufgedeckten Zusammenhänge werden in Abbildung C. 128 veranschaulicht.

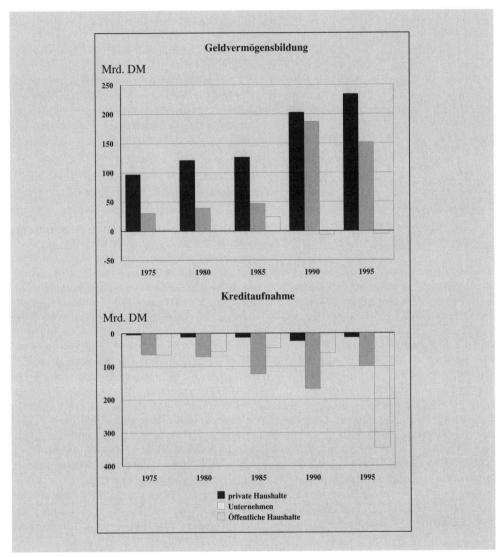

Abb. C. 128: Geldvermögensbildung und Kreditaufnahme der inländischen (nicht-finanziellen) Sektoren (Quelle: Monatsberichte der Deutschen Bundesbank, verschiedene Jahrgänge, eigene Berechnungen)

Eine Bank, die vor allem private Haushalte zu ihren Kunden zählt, dürfte dementsprechend ein »Einlageninstitut« sein, d.h. ihrerseits einen finanziellen Überschuß aufweisen und somit vor der Notwendigkeit stehen, diesen möglichst zinsgünstig anzulegen. Eine Bank, die umgekehrt vor allem von der Unternehmenskundschaft lebt, wird demgegenüber ein »Kreditinstitut« sein, d.h. ein finanzielles Defizit zeigen und dementsprechend gezwungen sein, dieses möglichst kostengünstig abzudecken. – Solche notwendigen Maßnahmen des Geldausgleichs werden über die Kundengruppe der Finanzinstitutionen (den Geldmarkt) vollzogen. Sieht eine Bankleitung die in diesem »künstlichen« Ausgleich liegenden Risiken als langfristig nicht tragbar an, so wird sie eine Absatzstrategie entwerfen müssen, die auf eine stärkere Verwurzelung in dem komplementären Sektor und damit auf einen »natürlichen« Geldausgleich zielt.

Der Umstand, daß der gesamtwirtschaftliche Sektor der privaten Haushalte finanzielle Überschüsse bildet, bedeutet – wie die obige Abbildung zeigt – nicht, daß alle privaten Haushalte in jeder Situation lediglich als Geldanleger auftreten. Zum einen schließen finanzielle Überschüsse (GV > AF) eine Kreditaufnahme nicht aus (z.B. Wertpapiervermögen bei gleichzeitig mit einer Hypothek belastetem Haus), zum anderen können einzelne Haushalte durchaus finanzielle Defizite aufweisen, etwa in bestimmten Phasen des Lebenszyklus. So mag es auch für eine Sparkasse als ein »Einlageninstitut« interessant sein, mit Hilfe der Marktforschung die Altersstruktur bei den privaten Kunden zu analysieren, um typische Phasen stärkerer finanzieller Anspannung in jüngeren Jahren für den Verkauf von Krediten zu nutzen.

b. Die Analyse der Nachfragebereitschaft unter besonderer Berücksichtigung der Bankloyalität

Nachdem die Marktforschung nachfragefähige Zielgruppen aufgedeckt hat, geht es um die **Beeinflussung der Nachfragebereitschaft mit Hilfe der absatzpolitischen Instrumente**, die von der Eröffnung von Zweigstellen, über die Verbesserung der Produkte und die Schulung der Verkäufer bis hin zu Maßnahmen der Verkaufsförderung und der Werbung reichen.

In den grundlegenden Ausführungen eingangs des Marketing-Kapitels wurde bereits auf die **zentrale Rolle** hingewiesen, die in diesem Zusammenhang der **Bankloyalität** der Kunden zukommt. Angesichts ihrer großen Bedeutung ist es erstaunlich, daß bislang nur wenige empirische Untersuchungen zu diesem Thema vorliegen. Zwar könnte man sich mit der Annahme trösten, einzelne Kreditinstitute würden sicherlich Loyalitätsstudien in ihrer Kundschaft durchführen, diese lediglich nicht veröffentlichen. Polan berichtete in seiner Untersuchung 1995 jedoch, daß in keiner der von ihm betrachteten Großbanken die Loyalität und – spiegelbildlich – die Kundenabgänge systematisch analysiert wurden.[80] In einem Pressegespräch stellte es die Deutsche Bank AG Anfang November 1996 besonders heraus, ihre Kunden zukünftig regelmäßig nach deren Zufriedenheit zu fragen.[81]

In den wenigen publizierten Untersuchungen wurde der Grad der Bankloyalität anhand von Zahl, Wechselhäufigkeit und Dauer der Bankverbindung(en) betrachtet[82]. Dabei zeigten sich folgende Entwicklungen:

---

[80] Vgl. R. Polan: Ein Meßkonzept für die Bankloyalität, a.a.O., S. 21f. und 204.
[81] Vgl. o.V.: Deutsche Bank: Regelmäßige Kundenbefragungen, in: HB, Nr. 213 v. 4.11.1996, S. 16.
[82] Vgl. J. Seitz: a.a.O. sowie die in fünfjährigem Turnus erhobenen Zahlen in Spiegel-Verlag: Soll und Haben, Hamburg, 1: 1980 – 4: 1996 (wo die Vergleichbarkeit der Daten allerdings durch die

- Die Zahl derjenigen privaten Haushalte, die mehr als eine Bankverbindung unterhalten, ist von 17% (1973) über 29% (1980) auf mittlerweile fast 40% gestiegen – dies weist auf eine rückläufige Loyalität zu jeweils einer Bank als »Allein-Lieferant« hin.[83]
- Ihre Bankverbindung schon einmal gewechselt hatten 1980 lediglich 16% der privaten Haushalte, 1995 hat sich diese Zahl mit fast 30% nahezu verdoppelt. Auch dieses Kriterium läßt auf eine gesunkene Bankloyalität schließen.[84]
- Witt hat schon vor 10 Jahren gezeigt, daß der Anteil der Wechsler mit der Dauer der Beziehung abnimmt, wobei er den »kritischen Zeitpunkt« nach etwa 1,8 Jahren sah.[85] Eine jüngere, unveröffentlichte Studie eines deutschen Kreditinstituts bestätigt diesen Wert exakt.[86] Leider sind die Daten der regelmäßigen Spiegel-Studie nicht differenziert genug, um zu überprüfen, ob dieser Wert allgemeine Gültigkeit besitzt und sich in den letzten Jahren verschoben hat: die unterste, vom Gewicht her 1995 gegenüber 1988 unveränderte Klasse wird dafür als »Hauptbankverbindung kürzer fünf Jahre« zu global abgegrenzt.

Insbesondere von Unternehmensberatungen werden häufig punktuelle Ergebnisse vorgestellt, deren Erhebungsweise allerdings zumeist nicht bekannt ist. Zwei Zahlen seien dennoch zur Illustration ausgewählt: Die »Kundenanbindungsquote« im Neugeschäft beträgt im Durchschnitt der Banken nur noch ca. 50%, so daß die Hälfte des Neugeschäfts bald wieder zur Konkurrenz abwandert.[87]

Nimmt man die genannten Ergebnisse zusammen, so kann man – auch bei vorsichtiger Interpretation – von einer **tendenziell rückläufigen Bankloyalität** sprechen.

Will man die »illoyalen« Nachfragergruppen näher bestimmen, so bieten sich aufgrund der nur schmalen Datenbasis lediglich die genannten, soziodemographischen Kriterien Alter, Beruf und Einkommen an:

- Besonders illoyal sind Mitte der 90er Jahre die 30–49jährigen, bei denen 11% über mehr als drei Bankverbindungen verfügen. Die Beziehung bereits einmal gewechselt haben schon 34%, lediglich 66% besitzen dementsprechend noch ihre erste Bankverbindung. Jenseits eines Lebensalters von 50 gilt tendenziell: je älter, desto loyaler. In der Gruppe der über 65jährigen halten noch 82% ihre erste Bankverbindung aufrecht. Die durchschnittliche Dauer der Bankverbindung ist dementsprechend 1995 gegenüber 1988 am stärksten bei den 30-64jährigen zurückgegangen.[88]
- Facharbeiter wechseln ihre Bankverbindung wesentlich seltener als Selbständige und Angehörige freier Berufe. Bei letzteren verfügen auch 11% über mehr als eine Bankverbindung, während dieses in der Gruppe der Facharbeiter nur auf 5% zutrifft.

---

deutsche Wiedervereinigung gelitten hat). Ähnliche Ergebnisse liefert das (nicht allgemein zugängliche) GfK-Finanzmarktpanel – vgl. M. H. Epple: Die Kundenbindung wird schwächer: Vertrieb von Bankprodukten, in: DBk, Nr. 10/1991, S. 544-550.
[83] Vgl. Spiegel-Verlag: a.a.O.; nach dem GfK-Panel liegt diese Zahl sogar schon über 50% – vgl. M. H. Epple: a.a.O.
[84] Vgl. Spiegel-Verlag: a.a.O.
[85] Vgl. F.-J. Witt: a.a.O.
[86] Vgl. R. Polan: a.a.O., S. 137.
[87] Vgl. R. Szallies: Vom Bankkunden zum Bankverkäufer, in: asw, 39. Jg., 1996, Sonderheft Oktober, S. 94-101, hier S. 101.
[88] Vgl. hier und im folgenden Spiegel-Verlag: a.a.O.

– Mit zunehmendem Einkommen steigt die Zahl der Bankverbindungen. Bedienen sich noch knapp zwei Drittel der geringer verdienenden Haushalte nur einer Bank, so sinkt diese Quote stetig bis zu einem Drittel der Haushalte, die netto 5000 DM und mehr monatlich verdienen. In dieser Gruppe verfügt jeder vierte Haushalt bereits über drei und mehr Bankverbindungen.[89]

Dies leitet über zu der Frage nach den *Ursachen* der zurückgegangenen Bankloyalität. Einige wesentliche Trends, die in den vergangenen Kapiteln teilweise bereits genannt wurden, seien hier noch einmal schlaglichtartig gebündelt:

– Erstens besteht mittlerweile eine weitaus größere Zahl von *Anbieteralternativen* als noch vor 10 oder gar 20 Jahren. Den Privatkunden werden Finanzprodukte immer stärker offeriert durch Tochterinstitute großer Industrie- (z.B. Automobilbanken) und Handelsunternehmen (z.B. Quelle-Bank). Zudem haben die Versicherungen ihren Anteil an der Geldvermögensbildung der privaten Haushalte auf über 25% ausweiten können.
– Über dieses vermehrte Angebot kann sich der Private – zweitens – zunehmend schneller und kostengünstiger einen Überblick verschaffen, da zumindest im Mengengeschäft Preisauszeichnungspflicht herrscht. Der Weg über Online-Dienste oder das Internet ermöglicht es, binnen kürzester Zeit Angebote quer durch Deutschland und darüber hinaus zu vergleichen. Diesem Weg gehört die Zukunft, da er für die nachwachsende Generation bereits heute zunehmend selbstverständlich wird.

Die *Markttransparenz* wird in den letzten Jahren zudem erhöht durch Verbraucherverbände einerseits, Medien andererseits, die regelmäßig etwa Konditionenvergleiche von Musterkonten im Bereich des Zahlungsverkehrs verbreiten. Nach einer Allensbach-Umfrage halten es mittlerweile bei einer Anlagesumme von 10.000 DM bereits 46% der westdeutschen Bankkunden für ratsam, zunächst die Angebote verschiedener Banken miteinander zu vergleichen und erst dann zu entscheiden, wo das Geld tatsächlich angelegt wird.[90]

Die Markttransparenz bezieht sich indes nicht nur auf die Preiskomponente, sondern auch auf die Qualität. Sie war in der dem Total Quality Management entsprechenden umfassenden Anschauung der Finanzdienstleistung über die Bereitstellungsleistung, den Leistungserstellungs- und -verkaufsprozeß sowie das Leistungsergebnis so weit gefaßt worden, daß praktisch nur das Preiselement verblieb. Aus dieser Sicht kann auch das Gesamtangebot der Bank in einem Preis/Leistungs- oder Preis/Qualitäts-Verhältnis zum Ausdruck gebracht werden. Damit wird klar, daß es über die Preistransparenz hinaus die Qualitätstransparenz ist, mit deren Hilfe erst das Preis/Leistungs-Verhältnis verschiedener Anbieter durch den Nachfrager bewertet werden kann.

Die Fortschritte bei der Qualitätstransparenz sind aber gering. Parkmöglichkeiten und Ambiente einer Bank, die Kompetenz der Kundenbetreuer, die Zuverlässigkeit bei der Abwicklung der Geschäftsvorfälle: Alle diese und weitere Qualitätselemente müssen erst wahrgenommen und erfahren werden, will man sein Qualitätsurteil nicht allein auf Referenzen stützen. Von erhöhter Transparenz kann allenfalls dort gesprochen werden, wo derartige Leistungskomponenten eine nur untergeordnete Rolle spielen, also bei kontaktseltenen (vgl. S. 691), stark standardisierten Produkten wie Spar- und Termineinlagen.

---

[89] Vgl. M. H. Epple: a.a.O., S. 549.
[90] Vgl. R. Köcher: Zur aktuellen Attraktivität der Direktbanken, in: BI, 23. Jg., Nr. 2/1997, S. 4-6.

- Drittens wird die *Bereitschaft, ein unter Preis/Leistungs-Gesichtspunkten günstigeres Angebot auch tatsächlich wahrzunehmen* und dafür die angestammte Bank zu wechseln, zum einen durch den gestiegenen ökonomischen Bildungsgrad breiter Bevölkerungsschichten befördert. Die Aufgeklärtheit der Bankkunden zeigt sich in der Nachfrage nach renditestärkeren und zugleich liquideren Alternativen zur klassischen Bankeinlage wie etwa Geldmarktfonds oder Wertpapieren. Dazu trägt auch bei, daß die überwiegend in der Nachkriegszeit akkumulierten Vermögen nun verstärkt vererbt werden und die Privaten es sich somit erlauben können, vom reinen »Notfallsparen« abzugehen. Zum anderen erzwingt die Arbeitsmarktlage in immer stärkerem Ausmaß die Mobilität der Arbeitnehmer. Von daher kann es nicht überraschen, daß auch der Umzug häufig als Grund für den Wechsel der Bankverbindung genannt wird.[91] – Nicht zuletzt trägt der (wenn auch nur schwer zu fassende) sogenannte »Wertewandel« dazu bei, daß die Bindung an bestimmte Institutionen in der Gesellschaft allgemein eine tendenziell abnehmende Bedeutung besitzt; dies spüren etwa Parteien, Vereine, Gewerkschaften, die Kirche – und eben (last but not least) die Banken.[92]

Das Kundenverhalten hat sich demnach im Zeitablauf stärker differenziert. Unverändert besteht bei einer Gruppe von Nachfragern der Wunsch, sämtliche Bankprodukte »aus einer Hand« einzukaufen und damit entsprechend der zuvor gegebenen Definition der Bankloyalität dauerhaft die Leistungen eines bestimmten Kreditinstituts abzunehmen; dieses Kundensegment verliert indes an Gewicht. Am anderen Ende eines gedachten Kontinuums befinden sich in vermehrter Zahl die gänzlich illoyalen Nachfrager, die ihre Kaufentscheidung losgelöst von bestehenden Verbindungen stets neu treffen. Dazwischen jedoch hat sich eine quantitativ ebenfalls an Bedeutung gewinnende Kundengruppe herausgebildet, die hauptsächlich bei einem Institut einkauft, trotz dieser grundsätzlichen Bindung aber in Einzelfällen auch Bankprodukte anderer Anbieter nachfragt. Auf diese nicht mehr absolut, sondern nur noch »selektiv loyalen«[93] Kunden war wohl z.B. die unverblümte Animation zum Seitensprung gemünzt, die sich im Spätsommer 1996 in überregionalen Zeitungen fand: »Bleiben Sie bei Ihrer Bank. Aber testen Sie unsere Immobilienfinanzierung. Sicher gibt es gute Gründe, Ihrer Bank die Treue zu halten. Mindestens ebenso gute Argumente sprechen aber dafür, in Sachen Baugeld mit der Vereinsbank fremdzugehen.«[94]

Bei der Zusammenstellung des Marketing-Mix ist daher zu berücksichtigen, welches »Loyalitätssegment« bearbeitet werden soll. So wären im Rahmen der Kommunikationspolitik gegenüber eher illoyalen Nachfragern vor allem bestimmte Produkteigenschaften oder die preisliche Überlegenheit im Vergleich zur Konkurrenz zu betonen, während die auf Relationship Buying ausgerichteten Kunden stärker über die Institutswerbung angesprochen werden könnten.

Auch im Firmenkundengeschäft ist die Bankloyalität zurückgegangen. International operierende Großunternehmen geben traditionelle Hausbankbeziehungen wegen der stärkeren Ausnutzung des Wettbewerbs an den in- und ausländischen Finanzmärkten allmählich auf

---

[91] Vgl. H. P. Becker/P. Herges/M Steitz: Was erwarten Kunden von der Bank?, in: bum, 20. Jg., Nr. 2/1991, S. 23-25, hier S. 24.
[92] Vgl. G. Wünsche/U. Swoboda: Die Bedeutung von Zielgruppen für die fokussierte Universalbank, in: DBk, Nr. 5/1994, S. 275-279 sowie H. Klages: Indikatoren des Wertewandels, in: L. v. Rosenstiel/H. E. Einsiedler/R. K. Streich (Hrsg.): Wertewandel als Herausforderung für die Unternehmenspolitik, Stuttgart 1987, S. 1-16.
[93] Vgl. M. Paul/St. Paul: Kunden-Illoyalität als strategische Chance im Privatkundengeschäft, in: ÖBA, 45. Jg., 1997, S. 875-890, hier S. 881.
[94] Vgl. Süddeutsche Zeitung Magazin, Nr. 39 v. 27.9.1996, S. 4f.

und verfügen über ein dichtes Netz von Bankverbindungen.[95] Zumindest die börsengehandelten Gesellschaften können darüber hinaus Finanzmittel auch im Fremdkapitalbereich direkt an den Wertpapiermärkten beschaffen und dabei die Banken weitgehend oder sogar vollständig ausschalten (Disintermediation, vgl. S. 53ff.). Dadurch nehmen die Ansatzpunkte für das absatzpolitische Instrumentarium ab.[96]

Diese Entwicklung erklärt die intensiven Akquisitionsbemühungen weiter Teile der Kreditwirtschaft um mittelständische Firmenkunden, deren Emanzipation von langjährigen Bankbeziehungen noch nicht derart weit fortgeschritten ist. Auch unter Ertragsaspekten ist dieses Kundensegment insgesamt attraktiv genug, den Marketing-Mix im Sinne des Beziehungsmanagements in hohem Maße individuell, stark personalisiert und auf langfristige Bindung angelegt auszugestalten. Ein solches auf den einzelnen Kunden ausgerichtetes Vorgehen ist grundsätzlich auch für das Segment der ebenfalls noch tendenziell loyalen Kleingewerbetreibenden denkbar, doch stellt sich hier verstärkt die Frage der Wirtschaftlichkeit.[97]

Bei der Analyse der Nachfragebereitschaft im Firmenkundengeschäft muß die Bank im übrigen berücksichtigen, daß auf der Marktgegenseite meist eine *Vielzahl von Personen in unterschiedlichen Rollen am Kaufprozeß mitwirkt (Buying Center)*.[98] Der *User* (z.B. der in einem mittelständischen Unternehmen für die Tagesdisposition der Bankkonten zuständige Mitarbeiter), der das zu beschaffende Produkt (z.B. ein Cash-Management-System) anwendet, ist oftmals nicht identisch mit dem *Buyer*, der den Lieferanten auswählt und mit ihm verhandelt (dies könnte hier der Leiter Finanzen sein), sowie dem *Initiator* als Impulsgeber für die Durchführung der Investition (z.B. der Leiter der EDV). Je nach hierarchischer Einordnung des Buyers trifft eine weitere Person die endgültige Kaufentscheidung (*Decider*, etwa einer der Geschäftsführer). Sogenannte *Gatekeeper* (z.B. Assistenten der Geschäftsleitung) kontrollieren und filtern den Informationsfluß in das Buying Center und aus ihm heraus. Schließlich nehmen häufig auch innerhalb und außerhalb der Unternehmung stehende *Influencer* Einfluß auf den Kaufprozeß, indem sie (wie andere Fachabteilungen oder Unternehmensberatungen) Informationen bereitstellen oder Bewertungskriterien für die Alternativenauswahl erarbeiten.[99]

Je höher die Zahl der eingebundenen Personen, desto komplexer werden die Gruppenentscheidungen, da die Beteiligten zumeist unterschiedliche individuelle Präferenzen im Hinblick auf die zur Wahl stehenden Problemlösungen und deren Anbieter besitzen. Gera-

---

[95] Dabei streut die Zahl der Verbindungen sehr stark. Während einzelne Unternehmen mit bis zu einhundert Banken zusammenarbeiten (vgl. Arbeitskreis »Finanzierung« der Schmalenbach-Gesellschaft – Deutsche Gesellschaft für Betriebswirtschaft e.V.: Ansätze zur Gestaltung des Netzes von Bankverbindungen durch eine Unternehmung, in: ZfbF, 40. Jg., 1988, S. 739-767, hier S. 741), verfügen Unternehmen mit einem Jahresumsatz über einer Mrd. im Durchschnitt über 19 Bankverbindungen (vgl. H.-R. Jacob/H. H. May: Auch Banken müssen verkaufen, in: DBk, Nr. 2/1996, S. 108-111, hier S. 109).

[96] Vgl. auch K. J. Blois: Relationship Marketing in Organizational Markets: When is it Appropriate?, in: JoMM, no. 12/1996, S. 161-173.

[97] Vgl. J. Süchting: Strategische Positionierung von privaten Banken, a.a.O., und ders.: Public Relations und Relationship Banking im Firmenkundengeschäft, in: K. Backhaus/B. Günter/M. Kleinaltenkamp/ W. Plinke/H. Raffée (Hrsg.): a.a.O., S. 489-502, sowie J. Ehresmann/C. Hensche: Was bindet Firmenkunden an die Bank?, in: asw, 38. Jg., 1995, Sonderheft Oktober, S. 140-144.

[98] Vgl. zum Überblick über die organisationale Beschaffung S. Fließ: Industrielles Kaufverhalten, in: M. Kleinaltenkamp/W. Plinke (Hrsg.): Technischer Vertrieb – Grundlagen, a.a.O., S. 287-399 und J. Büschken: Multipersonale Kaufentscheidungen, Wiesbaden 1994.

[99] Vgl. F. E. Webster/Y. Wind: Organizational Buying Behavior, Englewood Cliffs/N. J. 1972.

de bei der Beschaffung neuer Produkte sind Konflikte zwischen *Opponenten* (Blockierer) und *Promotoren* (Antreiber) typisch, die ihre Legitimation entweder auf ihre Position in der Unternehmenshierarchie (Einfluß durch *Macht*) und/oder Kompetenz (Einfluß durch *Fachwissen*) stützen.[100] *Die Integration des externen Faktors kann sich daher weit schwieriger gestalten als im Privatkundengeschäft.*[101] Diese Arbeit leistet als Pendant zum Buying Center des Kunden das *Selling Center* der Bank, deren Mitglieder auf unterschiedlichen Ebenen und Kanälen Kontakte zum Kunden unterhalten.[102] Die dort empfangenen Hinweise über die Informations- und Entscheidungsstrukturen müssen gebündelt und systematisch ausgewertet werden, um die Nachfragebereitschaft möglichst präzise prognostizieren und sodann mit Hilfe des absatzpolitischen Instrumentariums beeinflussen zu können.

Aus der Entwicklung der Bankloyalität als mitbestimmender Komponente der Nachfragebereitschaft lassen sich eher grundsätzliche Konsequenzen im Hinblick auf die Ausrichtung des Marketing-Mix ableiten. Für eine weitergehende Konkretisierung können insbesondere Kundenbefragungen eingesetzt werden. So hat etwa die Kreissparkasse Recklinghausen 1995 rund 12.000 (= 11%) ihrer Privatkunden angeschrieben und (u.a.) nach denjenigen Aspekten gefragt, die für die Beurteilung des Instituts die größte Rolle spielen. Die Antworten wurden nach den am Alter bzw. der Vermögenslage orientierten Kundensegmenten geordnet und ergaben folgendes Bild:

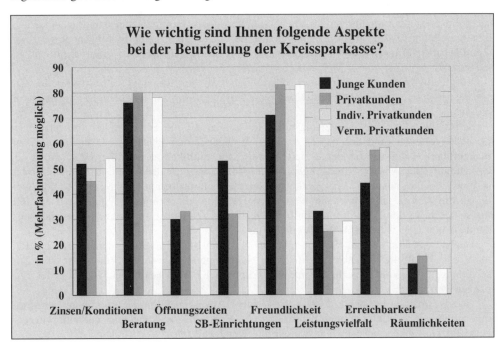

Abb. C. 129: Ausschnitt aus den Ergebnissen einer Kundenbefragung (Quelle: Kreissparkasse Recklinghausen: Mitarbeiterzeitschrift »Online«, Nr. 10/1995, S. 13)

---

100 Vgl. E. Witte: Organisation für Innovationsentscheidungen, Göttingen 1973.
101 Vgl. S. Fließ: Integrationsmuster bei der Integration externer Faktoren, in: A. Meyer (Hrsg.): Grundsatzfragen und Herausforderungen des Dienstleistungsmarketing, a.a.O., S. 1-20.
102 R. Schütze: a.a.O., S. 258ff., faßt alle auf Anbieter- und Nachfragerseite am Kaufprozeß beteiligten Gruppen in Geschäftsbeziehungen zu einem »Relationship Center« zusammen.

Diese Ergebnisse können etwa für die Gestaltung der Vertriebspolitik eine wichtige Hilfestellung geben. Es zeigte sich, daß über 50% der jungen Kunden die Ausstattung mit Selbstbedienungseinrichtungen besonders wichtig fand (im Gegensatz zu nur 30% der übrigen Kunden) und die Erreichbarkeit der Geschäftsstelle aufgrund der höheren Mobilität dieses Segments einen deutlich geringeren Stellenwert besaß als unter den Privatkunden insgesamt. – Im übrigen trat auch bei dieser Befragung die Bedeutung des menschlichen Elements deutlich hervor, bezeichneten doch jeweils rd. 80% der Kunden »Beratung« und »Freundlichkeit« als für ihre Beurteilung des Hauses wesentlich.

Bei der *Erfolgsplanung einer einzelnen Aktion,* z. B. den Absatz von Sparbriefen betreffend, könnte die Marktforschung etwa die Beantwortung der folgenden Fragen bearbeiten:

– Sind Konstruktion und Ausstattung der Sparbriefe maßgeschneidert im Hinblick auf die Bedürfnisse der relevanten Zielgruppe?
– Soll man sich auf eine Briefwerbung, verbunden mit der Einladung, das Kreditinstitut und seine Zweigstellen zu besuchen, beschränken –
– oder eine befreundete Versicherung und ihre Außenorganisation in den Vertrieb einschalten?

Alle diese Fragen an die Marktforschung zielen darauf ab, die mit dem Einsatz eines absatzpolitischen Instruments verbundenen *Zusatzkosten* zu ermitteln und dann zu versuchen, den erzielbaren *Zusatznutzen* gegenüberzustellen. Das aber heißt nichts anderes als zu **Renditevorstellungen für Investitionen im Marketing-Mix-Bereich einer Bank** zu gelangen.

Vergleichsweise unproblematisch dürfte dabei in der Regel die Ermittlung der Zusatzkosten sein. Die Gegenüberstellung von Zusatzerlösen ist indessen häufig ganz unmöglich.

Selbst die Versuche einer Erfolgskontrolle treffen auf die Schwierigkeit, ein erreichtes Geschäftsvolumen (und den daraus erzielten Erlös) auf den Einsatz eines Instruments zurückzuführen. Vielfach ist der erzielte Erfolg nur multikausal erklärbar, d.h. durch die Gesamtheit aller Absatzanstrengungen. Außerdem kann auch die jeweilige Konjunkturphase einen Einfluß ausüben. Man denke nur an die dadurch beeinflußte Sparquote und weiter an die Absatzmaßnahmen der Konkurrenz, welche in bestimmten Situationen ein Klima schaffen, in dem sich der Verkauf von Sparbriefen dann besser vollzieht, als das sonst der Fall gewesen wäre (z.B. am Welt-Spartag).

Unabhängig von solchen Schwierigkeiten wird die Marktforschung dennoch in die Planung und Kontrolle der absatzpolitischen Maßnahmen eingeschaltet, da sonst alle Entscheidungen, wie man eine bestimmte Zielgruppe am besten bearbeitet, völlig in der Luft hängen würden.

Ist z.B. im Rahmen der *Erfolgskontrolle* einer Anzeigenaktion die Zuordnung eines damit erzielten Sparbriefvolumens nicht möglich (Verkäufe), so kann man auf eine vorgelagerte Wirkungsebene ausweichen, welche die Reichweite des Werbeträgers, die Exposition der Anzeige gegenüber den Umworbenen, ihre Beachtung oder ihre Kommunikation darstellen mag.

Ein Entscheidungsverfahren aus dem Bereich der Gewinnschwellenrechnungen ist die *Break-Even-Analyse,* die den Übergang einer Investition von der Verlustzone in die Gewinnzone anzeigen soll. Beim Kostendeckungspunkt (Break-Even-Point) wird nach der Höhe der Absatzmenge gefragt, bei der der Erlös ausreicht, um die variablen und die fixen Kosten zu decken. Ein solches Denken ist bei *Zweigstellenerfolgsrechnungen* in der Praxis auch der Kreditinstitute verbreitet (vgl. Abb. C. 130).

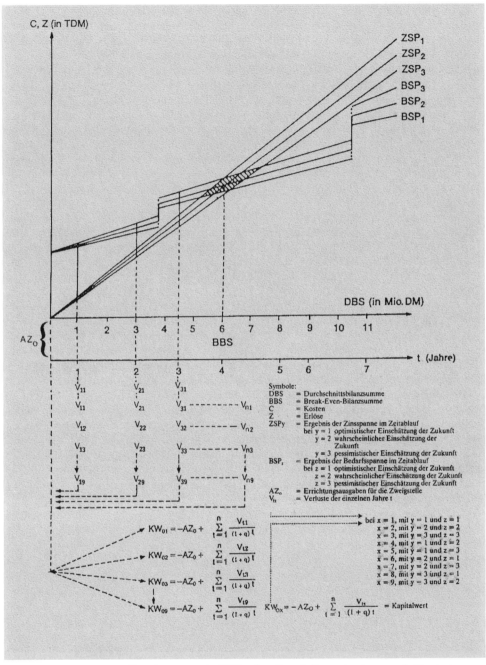

Abb. C. 130: Zweigstellenplanung mit Hilfe der Break-Even-Analyse und Kapitalwerten (Modifiziert entnommen aus: J. Süchting/G. Wünsche: Untersuchungen zur Rentabilität von Sparkassen-Zweigstellen, Stuttgart 1978, S. 38f.)

Der Absatzmenge in Industriebetrieben entspricht – unter der Annahme einer gleichbleibenden Struktur – das Geschäftsvolumen (bzw. Bilanzvolumen oder Einlagenvolumen) als Erfolgsbasis. Auf dieser Grundlage erfolgt die Planung der Kosten und Erlöse, deren Verlauf durch die Entwicklung des Geschäftsvolumens mitbestimmt wird.

Ein Einwand gegen das Verfahren ist die Vernachlässigung der zeitlichen Dimension. Diesem Einwand kann dadurch entsprochen werden, daß über den Rahmen der Break-Even-Analyse hinaus die Abszisse für das Geschäftsvolumen gleichzeitig nach Perioden unterteilt wird, so daß darstellbar ist, welches Geschäftsvolumen nach ein, zwei, drei usw. Jahren erwartet wird. Falls die Probleme der Informationsbeschaffung überwunden werden können, macht eine derartige Unterteilung es möglich, die Verluste in den Perioden zu ermitteln. Diese Verluste können entsprechend ihrem zeitlichen Anfall als Kapitalwerte gefaßt werden, so daß die Verbindung von Break-Even-Analyse *mit Kapitalwerten* die dynamische Behandlung von Investitionen mit langfristigen Erfolgskonsequenzen, wie sie Zweigstellen aufweisen, erlaubt.

Da es sich bei der Planung neuer Zweigstellen oder von Rationalisierungs- und Förderungsmaßnahmen für bestehende Zweigstellen um Aktionen handelt, deren Ergebnisse – weil in der Zukunft liegend – unsicher sind, empfiehlt es sich, der Unsicherheit der Zukunft durch die Berücksichtigung *mehrwertiger Erwartungen* Ausdruck zu geben. Dies kann in der Form geschehen, daß die für die Ermittlung des Break-Even-Points wichtigen Erfolgskomponenten nicht durch eine Planzahl, sondern durch die Angabe eines pessimistischen, eines optimistischen und eines wahrscheinlichen Wertes zum Ausdruck gebracht werden. Damit handelt es sich um die Planung mit Vertrauensbereichen. Wenn ein Team von Entscheidungsträgern sich mit der Planung von Einlagenvolumina, Zinsspannen und Personal- und Sachkostenentwicklungen beschäftigt, so dürfte es in der Regel möglich sein, derartige Werte für zukünftige Entwicklungen unter Annahme ungünstiger, günstiger bzw. wahrscheinlicher Verhältnisse anzugeben (Szenariotechnik).

Bei einer derartigen Behandlung des Problems der Erfolgsanalyse von Zweigstellen wird also nicht nur danach gefragt, wie hoch das Geschäftsvolumen (die Durchschnittsbilanzsumme) sein muß, bei dem die Zweigstelle unter Annahme unterschiedlicher Entwicklungen aus den roten in die schwarzen Zahlen kommt und ob ihr dies überhaupt gelingt, sondern es wird zusätzlich nach dem Zeitraum gefragt, nach dessen Ablauf der Kostendeckungspunkt erreicht werden kann.[103] Dauert die Entwicklung bis zur Erreichung des Kostendeckungspunkts zu lange, weil die bis dahin akkumulierten negativen Kapitalwerte zu schwer wiegen, so würde die Bankleitung von der geplanten Neugründung einer Zweigstelle bzw. den beabsichtigten zusätzlichen Anstrengungen, um die in einer ungünstigen Erfolgssituation befindliche Zweigstelle doch noch in die schwarzen Zahlen zu bringen, Abstand nehmen.

---

[103] Falls der ökonomische Horizont dies zuläßt, wäre es wünschenswert, den Verlauf der Erfolgskomponenten und damit die Gewinnbeiträge nach Erreichen des Kostendeckungspunkts abzuschätzen.

3. Dimensionen der Absatzpolitik

a. Die Produktdimension: Sortiments- und Produktgestaltung

Bereits bei Gründung eines Kreditinstituts ist im Rahmen der Unternehmensphilosophie eine Entscheidung darüber zu treffen, mit welcher artenmäßigen Struktur des Produktangebots sich die Bank am Markt profilieren will: das ist die Frage nach dem *Grund- oder Bereitschaftssortiment*. Soll ein spezialisiertes (enges) oder ein diversifiziertes (breites) Grundsortiment angeboten werden? Anders ausgedrückt: Ist die Bank *als Spezialbank oder als Universalbank* zu gründen?[104]

Typische Spezialbanken in diesem Sinne mit entsprechend spezialisiertem Grundsortiment sind Hypothekenbanken, Bausparkassen, Teilzahlungsbanken und auch einige Privatbankiers, typische Institute mit diversifiziertem Grundsortiment die Mehrzahl der größeren privaten Kreditbanken, Sparkassen und Kreditgenossenschaften.

a. 1. Spezialbank und Universalbank

Wichtige Entstehungsgründe für eine *Spezialbank* sind darin zu sehen, daß sie entweder eine von anderen Banken übersehene Marktnische findet (wie z.B. Leasing-Gesellschaften), in der sie mit dem entsprechenden Spezialpersonal und Know-how Produkte mit *besonders hohem Kundennutzen* offerieren, und/oder durch Massenfertigung auf ihrem engen Sortimentsgebiet *besonders kostengünstig* arbeiten und anbieten kann (was eine bestimmte Größe voraussetzt). Eine bedeutende Schwachstelle liegt darin, daß ihre *geschäftliche Entwicklung* ausschließlich von den speziellen Bedürfnissen nur eines Kundensegments (z.B. nach Leasingfinanzierungen) abhängt und auf diese Weise ein *instabiles Moment* erhält.

Vorzüge der *Universalbank* sind demgegenüber

— die Attraktionskraft ihres breiten Sortiments, das es erlaubt, den Kunden alle Finanzprodukte bequem »unter einem Dach« zu bieten. Macht der Kunde von der Bank als Finanzzentrum Gebrauch, so ist das Kreditinstitut gleichzeitig umfassend über seinen finanziellen Status informiert, was z.B. für die Bonitätsbeurteilung im Kreditgeschäft wichtig ist;
— die gleichmäßigere *Auslastung der Kapazitäten,* da entsprechend der unterschiedlichen Beschäftigung in den einzelnen Geschäftssparten (Sortimentsteilen) ein Hin- und Herschieben von Personal und Betriebsmitteln möglich ist (soweit diese Einsatzfaktoren vielseitig verwendbar sind);
— die Möglichkeit der *Ausgleichspreisstellung* zwischen den Sortimentsteilen, d.h. Produkte aus einer Geschäftssparte können zu Vorzugskonditionen angeboten werden, weil Produkte in einer anderen Geschäftssparte lukrative Preise erlauben (ähnlich wie bei

---

[104] Diese geläufigen Bezeichnungen werden hier neutral interpretiert und nicht im Sinne von Adolf Weber als Depositenbanken – darunter werden die angelsächsischen »Spezialbanken« (besser traditionellen Trennbanken) ohne Eigengeschäft in Aktien und den direkten Zugang zur Börse verstanden – und Spekulationsbanken, unter welche die deutschen »Universalbanken« mit eigenem Handels- und Emissionsgeschäft in Aktien gefaßt werden (vgl. auch S. 31ff.).

Lockartikeln in Warenhäusern und bei unterschiedlicher Preisstellung von Industrieunternehmen auf in- und ausländischen Märkten);
- die *Verteilung des Absatzrisikos* und damit die Stabilisierung der Erfolgslage.[105]

Das Absatzrisiko ist vollständig ausgeschlossen, wenn die Gewinnentwicklung der Bank absolut stabil verläuft. Nach portfolio-theoretischen Vorstellungen ist dies (wie beim Liquiditätsrisiko, vgl. S. 474ff.) in bezug auf zwei Vermögensteile der Fall, wenn z.B. beide mit gleichen Anteilen im Portefeuille vertretene Bankkomplexe oder Geschäftssparten im Durchschnitt gleich hohe Gewinnverläufe zeigen,
- die aber vollständig negativ korreliert
- und dabei durch identische Standardabweichungen gekennzeichnet sind.

Eine Spezialbank, die nur das Kreditgeschäft betreibt, möge über die Konjunkturzyklen den Gewinnverlauf (1) aufweisen (vgl. Abb. C. 131). Die Schwankungen um den fiktiven Durchschnittsgewinn (- - -) bringen das Risiko zum Ausdruck, daß bei Gewinneinbrüchen keine Ausschüttungen vorgenommen und keine Rücklagen gebildet werden können, daß es vielleicht sogar zu Verlusten und zur Aufzehrung des Eigenkapitals kommt.

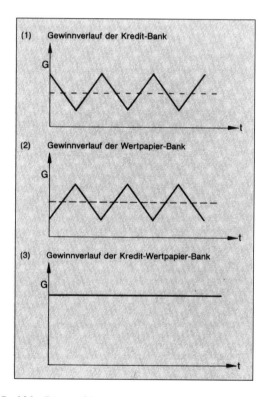

Abb. C. 131: Diversifikationseffekt der Kredit-Wertpapier-Bank

---

[105] Vgl. hierzu auch W. H. Engelhardt: Erscheinungsformen und absatzpolitische Probleme von Angebots- und Nachfrageverbunden, in: ZfbF, 28. Jg., 1976, S. 77-90.

Eine zweite Spezialbank, die ausschließlich festverzinsliche Wertpapiere kauft und mit ihnen handelt, zeigt demgegenüber einen über die Konjunkturzyklen genau entgegengerichteten Gewinnverlauf (2).

Während die Spezialbanken jede für sich einen Schwankungsbereich ihrer Gewinne bis zu ± 50%, gemessen am Durchschnitt, aufweisen, könnte die Kredit-Bank bei einer Fusion mit der Wertpapier-Bank auf einem auf das Doppelte erhöhten Niveau jede Schwankung der Gewinne und damit das Absatzrisiko vollständig ausschließen (siehe Gewinnverlauf der Kredit-Wertpapier-Bank).

Obwohl das Beispiel idealtypisch ist, lassen sich in der Universalbank doch *Effekte der Risikostreuung* ableiten, z.B. aus der Kombination von Kredit-, Aktien- und Rentengeschäft:

(1) Das *Kreditgeschäft* hat seine höchsten Erträge in der Hochkonjunktur, wenn aufgrund der Gewinn- und Einkommenserwartungen die Investitionsbereitschaft und damit die Kreditnachfrage in Wirtschaftsunternehmen und privaten Haushalten am stärksten ausgeprägt sind; die Erträge werden auch relativ wenig durch Abschreibungen belastet, da selbst schlecht fundierte Unternehmen von der guten Konjunkturlage noch über Wasser gehalten werden. Besonders niedrig sind die Erträge aus dem Kreditgeschäft dagegen in der Rezession. Dabei kommt ein mögliches antizyklisches Nachfrageverhalten der öffentlichen Hände vor allem den öffentlich-rechtlichen Kreditinstituten zugute.

(2) Die Erträge aus dem *Aktiengeschäft* florieren in der Phase des Aufschwungs, also zeitverschoben vor der Hochkonjunktur, da die Aktienbörse den Boom in der Kursentwicklung vorwegnimmt. Davon profitieren die Eigenbestände an Aktien in den Kreditinstituten in Form von Kursgewinnen, das Emissionsgeschäft in Aktien, vor allem aber der Aktienhandel mit der Kundschaft. Niedrig liegen die Erträge aus dem Aktiengeschäft in der Hochkonjunktur und im Abschwung, weil die Aktienbörse die rezessive Entwicklung der Wirtschaftskonjunktur wiederum eskomptiert.

(3) Gerade in dieser Phase dagegen können die Erträge aus *festverzinslichen Wertpapieren* besonders reichlich fließen. In der Abschwungphase nämlich schaltet die Geldpolitik der Zentralbank häufig um von teurem auf billiges Geld. Da bei sich abzeichnendem sinkenden Zinsniveau die Kundschaft die hohen Renditen noch mitnehmen will, kann der Rentenhandel hohe Erträge erwirtschaften. Auch hochverzinsliche Eigenbestände in Rentenwerten bergen keine Abschreibungsnotwendigkeiten, sondern im Gegenteil ein Potential an Kursgewinnen. Lediglich das Emissionsgeschäft stockt dort, wo die Emittenten niedrigere Kapitalkosten abwarten.

Zusammengefaßt führen diese Plausibilitätsüberlegungen dazu, daß die Ertragsverläufe in den Sparten Kredit-, Aktien- und Rentengeschäft zeitversetzt unterschiedliche Hoch- und Tiefpunkte aufweisen; die darin zum Ausdruck kommende Risikostreuung führt tendenziell zu einer Stabilisierung der Gewinnlage deutscher Universalbanken.[106]

---

[106] Den Nachweis für die Richtigkeit dieser Überlegungen hat Kehl erbracht. W. Kehl: Die Universalbank – Diversifikation durch Kredit- und Effektengeschäfte, Wiesbaden 1978.

a. 2. Kosten- und erlösdeterminierte Maßnahmen einer Sortimentspolitik

Ist die Entscheidung über das Grundsortiment z.B. im Sinne der Universalbank getroffen, dann sind Gegenstand der Sortimentspolitik in diesem Rahmen die *Produktarten* und *Einzelprodukte* der Bank.

Zwar ist das Banksortiment von Tag zu Tag Veränderungen auch in dem Sinne unterworfen, daß am Tage t + 1 Produkte angeboten und abgenommen werden, die sich in ihren Merkmalen, und sei es nur durch die Betragshöhe oder einen anderen Vertragsbestandteil, von denjenigen am Tage t unterscheiden. Hält die Bank sich bereit, solche von Tag zu Tag variierenden Produkte abzugeben, ohne daß sich dadurch die Richtung ihrer Sortimentspolitik ändert, so soll dies als eine Politik der *Sortimentskontinuität* bezeichnet werden, die auf der Grundlage des Bereitschaftssortiments betrieben wird.

Davon abweichende sortimentspolitische Maßnahmen kommen in einer *Ausweitung des Sortiments* durch neue Produktarten, in einer *Verengung des Sortiments* durch den Wegfall bestehender sowie in einem Ersatz alter durch neue Produktarten zum Ausdruck.

Eine gewinnorientierte Sortimentspolitik kann auf der Kosten- und/oder der Erlösseite ansetzen. Beispiele für eine *kostendeterminierte Sortimentspolitik* ergeben sich, wenn man (in hier isolierender Betrachtungsweise) auf den Zwang zur *Einsparung bestimmter Einsatzfaktoren* abstellt, etwa

— die Einsparung von *Primärliquidität* dadurch, daß tendenziell von Großfinanzierungen für Unternehmen auf Kleinfinanzierungen für private Haushalte übergegangen wird, wenn im letzten Fall ein Großteil der Zahlungen durch Umbuchung im eigenen Zweigstellennetz abgewickelt werden kann, während im ersten Fall die Zahlungen unter Inanspruchnahme des LZB-Kontos überwiegend an andere Kreditinstitute im In- und Ausland disponiert werden;
— die Einsparung von *Eigenkapital* dadurch, daß verstärkt (den Grundsatz I der Bankenaufsicht nicht belastende) Kredite an die öffentliche Hand statt an andere Kreditnehmer gegeben werden;
— die Einsparung *sonstiger langfristiger Finanzierungsmittel* (gemäß Grundsatz II) durch verstärkte Vergabe von Vor- und Zwischenkrediten für den Wohnungsbau statt von langfristigen Hypothekendarlehen;
— die Einsparung *menschlicher Arbeitskraft* durch das Angebot standardisierter statt individueller Produktarten wie beim Verkauf von Investmentzertifikaten im Gegensatz zur beratungsintensiven Einzelauswahl von Wertpapieren.

Ähnliche Effekte lassen sich auch durch eine *Politik des indirekten Sortimentsangebots* erzielen, bei der eine Produktart zwar durch ein Kreditinstitut am Markt angeboten, die Leistungserstellung aber durch eine nahestehende Bank (teilweise oder vollständig) vorgenommen wird. So mögen, um Primärliquidität und/oder Eigenkapitalmittel zu sparen, Meta- oder Konsortialkredite unter Beteiligung anderer Banken bereitgestellt, bei einem Engpaß in den langfristigen Finanzierungsmitteln Hypothekardarlehen bei Realkreditinstituten vermittelt oder bei Mangel an qualifizierten Arbeitskräften Verbundleistungen von Landesbanken oder Zentralbanken im Auslands- und Wertpapiergeschäft in Anspruch genommen werden.

Im Falle einer *erlösdeterminierten Sortimentspolitik* wird unter der Voraussetzung freier Kapazitäten eine Bankleitung umgekehrt die genannten Produktarten nicht nur selbst anbieten, sondern auch allein erstellen, um die anfallenden Erlöse nicht mit anderen teilen zu müssen.

Sind etwa die *Kapazitäten* einer eigenen EDV-Anlage *nicht ausgenutzt,* so können z.B. Computerleistungen (etwa die Führung der Debitorenbuchhaltung) der mittelständischen Kundschaft gegen Entgelt angeboten werden. Bei Leerkapazitäten im Wertpapierbereich wäre an das Angebot zusätzlicher erlösbringender Produktarten wie der Vermögensverwaltung zu denken.

Auch für eine erlösdeterminierte Sortimentspolitik in *indirekter Form* finden sich zahlreiche Beispiele, wie das Angebot von Forfaitierungsleistungen unter Verweis auf eine Tochtergesellschaft oder eine Leasingofferte unter Einbeziehung einer Leasing-Gesellschaft, an der eine Beteiligung besteht.

a. 3. Produktmerkmale als Bauelemente der Produktgestaltung

Die detaillierte Konstruktion einzelner Bankprodukte erfordert zunächst ein **Verzeichnis der Konstruktionsteile, mit denen** dann – ausgerichtet an den Bedürfnissen der Nachfrager – die **Produkte systematisch zusammengebaut werden können.** Ein Verzeichnis solcher Produktmerkmale kann dieses Aussehen haben:

(1) Produktmerkmale aus dem technischen Konstruktionsbereich:
- das Merkmal der Schnelligkeit
- das Merkmal der Zuverlässigkeit
- das Komfortmerkmal.
(2) Produktmerkmale aus dem dispositiven Konstruktionsbereich:
- das Beratungsmerkmal
- das Sortierungsmerkmal
- das Symbolmerkmal
- das Bonitätsmerkmal.

Unter dem *technischen Konstruktionsbereich* ist der Bereich zu verstehen, in dem die Qualitätsverbesserung von Bankprodukten vor allem vom technischen Fortschritt getragen wird. So kann die *Schnelligkeit* z.B. bei der Erledigung von Zahlungsverkehrsaufträgen mit der Datenfernübertragung gesteigert, die *Zuverlässigkeit* – also Sicherheit, Pünktlichkeit und Genauigkeit in der Leistungsabwicklung – mit elektronischen Kontrolsystemen verbessert, das *Komfortmerkmal* etwa durch die Abwicklung einer Bargeldauszahlung am Automaten gerade im Urteil jüngerer Kunden stärker ausgeprägt werden (vgl. S. 653).

Im Gegensatz dazu repräsentiert der *dispositive Konstruktionsbereich* die nicht automatisierbare Sphäre, in der das persönliche Element des Bankangestellten stark zur Geltung kommt. Das ist bei der qualifizierten Beratung z.B. im Zusammenhang mit der Vermögensanlage offensichtlich. Aber auch das möglichst vollständige »Sortiertsein«, welches bei den verfügbaren Stückelungen inländischer und ausländischer Bargeldbestände (Sorten) beginnt, über die Zusammenstellung einer Vielzahl von nach Währungen, Beträgen, Laufzeiten und Tilgungsmodalitäten unterschiedlichen Kredittypen geht und bis hin zur Erschließung vielfältiger Anlagemöglichkeiten, etwa eines Immobilienfonds, für die Kundschaft reicht, stellt an die geistig-dispositiven Fähigkeiten oft hohe Anforderungen. Das *Symbolmerkmal* ist darin zu sehen, daß das an sich abstrakte Bankprodukt eine sichtbare Repräsentation z.B. in der Formularverpackung erhält. Soweit durch die geschickte Ausgestaltung von Formularen deren Benutzung durch die Kunden lediglich erleichtert wird, handelt es sich um das Komfortmerkmal aus dem technischen Konstruktionsbereich. Oft finden sich aber auch Elemente, die den Prestigebedürfnissen der Nachfrager entgegenkommen, so daß z.B. eine Kreditkarte zum Geltungssymbol für die eigentlich unsichtbaren

Leistungen des Zahlungsverkehrs wird. Ähnlich wie bei der Verpackung von Waren, so wird auch hier die gestalterische Phantasie des Entwerfenden angesprochen, deren Ergebnisse daher gleichfalls unter die dispositiven Leistungsmerkmale gerechnet werden können. Das *Bonitätsmerkmal* beinhaltet einmal die Maßnahmen zur Pflege der eigenen Bonität der Bank, wie sie etwa bei der Eigenemission einer Anleihe wichtig werden können; zum anderen und vor allem sind unter diesem Merkmal die Bonitätsanforderungen der Bank zu verstehen, welche sie an ihre Kreditnehmer stellt.[107]

Neben dem Preis in Gestalt des Zinses bedeutet der Verbrauch aus dem Fonds an Kreditwürdigkeit aus der Sicht des Kunden eine zweite »Aufwendung«. Je geringer diese Aufwendung, um so »qualitätswerter« hat der Kunde die Leistung bezogen.

Die Kunst der **aktiven Risikogestaltung der Bank über das Bonitätsmerkmal liegt darin, in dem vorgefundenen Fonds an Kreditwürdigkeit eine Kombination zu finden, die einerseits den Bonitätsversprechungen der Bank an ihre Einleger genügt, vor allem aber individuell die Möglichkeiten des Kreditnehmers berücksichtigt.**[108] Risikogestaltung läßt sich u.a. durch folgende Maßnahmen oder Kombinationen von *Maßnahmen* betreiben (vgl. auch S. 678ff.):

– durch Erhöhung der Risikoprämie über den *Preis;*[109]
– durch Stärkung der Stellung im Liquidationsfall, z.B. über die Ausbedingung von *Sicherheiten;*
– durch die Vereinbarung von mehr Geschäftszuweisungen in anderen Sparten (etwa dem Auslandsgeschäft), die Mehrerträge und Mehrinformationen bedeuten;
– durch *Einflußnahme* auf die Geschäftspolitik (Managementkontrolle);
– durch *Risikoüberwälzung auf Dritte,* z.B. eine Kreditversicherung.

Da Investitionsobjekte über ihre voraussichtliche Erfolgskraft einen unterschiedlichen Beitrag zum Gesamtgewinn des Kunden erwarten lassen, tragen sie auch in unterschiedlicher Höhe zur Ausweitung der Verschuldungsmöglichkeiten bei. Daher verbessern Banken ihre Risikoposition, wenn sie die Kreditverwendung an das Investitionsobjekt binden und auf diese Weise den zweckfremden Einsatz der Finanzierungsmittel verhindern. Wird eine solche zweckgebundene Kreditfinanzierung vertraglich vereinbart, so kommt darin eine aktive Risikogestaltung über das Bonitätsmerkmal der Managementkontrolle zum Ausdruck.[110]

Die Abstimmung der Kreditkonstruktion mit den Zahlungsströmen eines Investitionsprojektes beinhaltet das *Sortierungsmerkmal*. So mag ein Teilauftrag im Zusammenhang mit der Lieferung eines Stahlwerkes nach Liberia im Auftragswert von 750 Mio. DM die in Abbildung C. 132 dargelegten Finanzierungserfordernisse entstehen lassen.

---

[107] Das setzt eine Kreditwürdigkeitsanalyse voraus. Vgl. J. Süchting: Finanzmanagement, a.a.O., S. 412.
[108] Vgl. J. Süchting: Überlegungen zu einer flexiblen Preispolitik der Kreditinstitute im Firmenkundengeschäft, in: bum, 14. Jg., Nr. 3/1985, S. 5-9.
[109] M. Hein (Einführung in die Bankbetriebslehre, München 1981, S. 170) führt gegen diese Möglichkeit an: »... die Bonität (wird) gewöhnlich in der Weise berücksichtigt, daß man, ausgehend vom marktüblichen Zinssatz, bonitätsmäßig als gut eingeschätzten Kunden Zinszugeständnisse macht, nicht aber bonitätsmäßig schwächer beurteilten Kunden eine Risikoprämie aufschlägt.« Für die Berücksichtigung der Risikoprämie im Preis kommt es indessen nicht auf ein System von Abschlägen oder Zuschlägen an, sondern nur darauf, daß überhaupt Preisdifferenzen vorfindlich sind, die Risiko- bzw. Bonitätsdifferenzen widerspiegeln.
[110] Bei den in diesem Zusammenhang anfallenden Kosten handelt es sich um Agency Costs, die der Principal (die Bank) eingeht, um den Agenten (Kreditnehmer) an die eigene Risikoneigung zu binden.

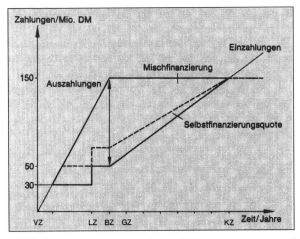

Abb. C. 132: *Finanzierungsbedarf für ein Exportprojekt*

Das Zahlungsbild des Exportgeschäfts zeigt, daß bei Vertragsabschluß (VZ) eine Anzahlung in Höhe von 30 Mio. DM fällig wird, aus der sich die im ersten Jahr der Fertigung anfallenden Auszahlungen bestreiten lassen. In den folgenden Fertigungsphasen, während der Dauer des Transports und der Montage in Liberia, liegen dagegen trotz einer weiteren Zahlung von 20 Mio. DM bei Lieferung (LZ) die kumulierten Auszahlungen über den kumulierten Einzahlungen. Bei Beginn der Betriebsbereitschaft (BZ) nach 4 Jahren tritt der maximale Zahlungsbedarf (↕) auf. Dieser geht durch die dann halbjährlich eingehenden Tilgungsraten allmählich zurück, bis nach Ablauf der Garantiefrist (GZ) und bis zum Ende der Kreditfrist (KZ) nach 10 Jahren das Projekt amortisiert und der kalkulierte Gewinn auch in Form von Zahlungsströmen realisiert worden ist. Die Finanzierungslücke ergibt sich demnach aus der Höhe der negativen Zahlungssalden und ihrer Dauer (im stark umrandeten Feld). Damit entsteht die Frage, wie ein solcher aus der Notwendigkeit der Vorfinanzierung resultierender Finanzierungsbedarf durch den Exporteur gedeckt werden kann.

Die Bank mag dem Exporteur in einem solchen Falle eine Mischfinanzierung anbieten, in die z.B. die Ausfuhrkredit-Gesellschaft mbH (AKA) sowie die Kreditanstalt für Wiederaufbau (KfW) als Spezialinstitute der längerfristigen Ausfuhrfinanzierung eingeschaltet sind und in deren Rahmen die noch verbleibende Selbstfinanzierungsquote des Exporteurs durch den Eurokredit der Banktochter in Luxemburg aufgebracht wird.

Daß als weiteres Leistungsmerkmal im Zusammenhang mit der Abstimmung der Kreditkonstruktion auf den Projektplan des Kunden (maßgeschneiderte Finanzierung als Beispiel für das sogenannte Financial Engineering) das *Beratungsmerkmal* eine erhebliche Rolle spielt, bedarf kaum der Erwähnung. Aus der Finanzberatung ist auch zu erklären, daß einige größere Banken – in der Regel über eigene Tochtergesellschaften – eine umfassende Unternehmensberatung insbesondere für mittelständische Kunden anbieten.[111]

---

[111] So B. Walter, Dresdner Bank AG, Frankfurt/M., in seinem Referat »Paßt der Geschäftszweig der ›Unternehmensberatung‹ ins Sortiment einer Großbank?« am 23.1.1990 im Kontaktseminar an der Ruhr-Universität Bochum, in: SB Nr. 31, WS 1989/90, S. 38-41.

Um abzuschätzen, welche Produktmerkmale die Kundenpräferenz beeinflussen und wie wichtig die einzelnen Merkmale für den vom Kunden empfundenen Gesamtnutzen sind, läßt sich das *Conjoint Measurement* (Verfahren der Verbundmesssung) einsetzen. Dabei werden keine Einzelurteile über Merkmale erhoben und anschließend aggregiert, sondern die Befragten beurteilen von vornherein vollständige Produkte, also Merkmalsverbunde. Die Kunden erhalten hierfür die Aufgabe, auf Karten zusammengefaßte Produktbeschreibungen (bei einem Girokonto etwa die Ausstattung mit einer Kreditkarte, die Zahl der gebührenfreien Überweisungen oder der Zugang zum Homebanking) mit jeweils unterschiedlichen Merkmalsausprägungen im Hinblick auf ihre Kaufpräferenz anzuordnen. Die Befragten werden damit gezwungen, die Bedeutung der Merkmale relativ zueinander abzuwägen; aus der von ihnen erstellten Rangskala lassen sich die Teilnutzenwerte der Eigenschaften ermitteln. – Bei der Interpretation der Ergebnisse dieses Verfahrens ist jedoch zu berücksichtigen, daß zuverlässige Aussagen über die Käuferpräferenzen nur dann getroffen werden können, wenn die Produktbeschreibungen sämtliche kaufrelevanten Merkmale enthalten. Andererseits ist aber eine möglichst enge Begrenzung der Merkmalszahl deshalb zwingend, weil der Beurteilungsaufwand mit steigender Zahl der Merkmale überproportional zunimmt; für den Befragten ist das Entscheidungsproblem nicht mehr überschaubar.[112]

a. 4. Produkt- und Serviceinnovationen

Führt ein Kreditinstitut ein neues Produkt in einen in bestimmter Weise definierten Markt erstmals ein, so handelt es sich um eine Marktneuheit, die Bank ist Innovator. Wird das neue Produkt im Markt bereits angeboten, von dem Kreditinstitut aber erstmals in sein Sortiment aufgenommen, so spricht man von einer Betriebsneuheit, die Bank fungiert als Imitator.

Es war bereits darauf hingewiesen worden, daß sich neue Bankprodukte als Vertragsgestaltungen und mangels Patentschutz von der Konkurrenz schnell nachahmen lassen (vgl. S. 233). Dennoch können – wie Karsten am Beispiel des »revolvierenden Konsumentenkredits« deutlich gemacht hat – bis zur Markteinführung 1 1/2 Jahre vergehen.[113] Das ist insbesondere durch die EDV-gestützte Einfügung in die Organisation und das Controlling, die Schulung der Verkäufer sowie die Vorbereitung und Durchführung der Einführungswerbung bedingt. Im Gegensatz zur Industrie – hier sei z.B. auf Lieferanten von Automobilzubehör wie Bosch mit einem neu entwickelten Antiblockiersystem oder einer elektronischen Benzineinspritzung verwiesen[114] – eröffnen solche *Produktinnovationen* (wie z.B. gedeckte Optionsscheine) indessen nicht die Möglichkeit, über mehrere Jahre Monopolpositionen im Wettbewerb zu besetzen und entsprechende Pioniergewinne zu erzielen: »Der Lebenszyklus läuft sozusagen im Zeitraffer ab.«[115]

---

[112] Vgl. A. Mengen: Konzeptgestaltung von Dienstleistungen, Stuttgart 1993, K. Backhaus/B. Erichson/ W. Plinke/R. Weiber (Hrsg.): a.a.O., S. 498-555, R. Jasny: Testmarktsimulation für Vermögensanlageprodukte, in: DBk, Nr. 6/1996, S. 333-338 und A. Herrmann/F. Jungmann: Nutzenorientierte Konzeption eines Privatgirokontos, in: DBk, Nr. 6/1997, S. 378-381.

[113] Vgl. E. Karsten: Zielgruppenorientierte Produktgestaltung im Bereich des Kreditgeschäfts und der Vermögensanlage, in: J. Süchting/E. van Hooven (Hrsg.): a.a.O., S. 151-166.

[114] So M. Bierich, Robert Bosch GmbH, Stuttgart, in seinem Referat »Die Bedeutung von Produktinnovationen für die Wettbewerbsfähigkeit eines Industrieunternehmens« am 10.6.1986 im Kontaktseminar an der Ruhr-Universität Bochum, in: SB Nr. 24, SS 1986, S. 39-41.

[115] S. Rometsch: Produktinnovation im Firmenkundengeschäft – Neue Schwerpunkte in der Marketingstrategie einer Privatbank, in: J. Süchting/H.-M. Heitmüller (Hrsg.): a.a.O., vgl. weiterhin o.V.: Produktinnovationen: ein Vorsprung nur auf kurze Zeit, in: bum, 23. Jg., Nr. 7/1994, S. 5-8.

Das gilt auch für Innovationen im Electronic Banking (vgl. S. 277ff.), wie sie die Banken ihren Firmenkunden zum Beispiel seit Beginn der 80er Jahre als *Cash-Management-Systeme* anbieten. Deren Merkmale sind vor allem

- die elektronische Steuerung von Zahlungen,
- die automatische Übertragung der Salden auf den Zahlungsverkehrskonten dezentralisierter Unternehmen auf ein »Konzentrationskonto« in ihrem Bankennetz (Pooling),
- die Verrechnung konzerninterner Forderungen und Verbindlichkeiten auch in ausländischen Währungen, so daß nur der zentrale Ausgleich der verbleibenden Spitzen bewirkt werden muß (Netting),
- der ständige Überblick über Veränderungen bei Zinssätzen sowie Kursen von Wertpapieren und Währungen an den wichtigen Finanzplätzen der Welt.

Cash-Management-Systeme ermöglichen damit eine sparsame Bewirtschaftung der Liquidität und die Nutzung eines globalen Spektrums ertragsgünstiger Geldanlage- sowie kostengünstiger Geldbeschaffungsmöglichkeiten.

Innovativ ist auch die individuelle Gestaltung eines komplexen Finanzpaketes, z.B. in der Projektfinanzierung großen Stils. Dem anspruchsvollen Kunden gegenüber und in der Konkurrenz mit seinem Netz von Bankverbindungen sind immer aufs neue und in der Regel andersgeartete Lösungen vorzulegen, soll der einmal erworbene gute Ruf gesichert werden. Macht man sich dies klar, so sind es beim Financial Engineering weniger einzelne Innovationsschübe wie in der Industrie, sondern eine Vielzahl von »Innovationsschubsen«[116] und damit der Nachweis einer dauerhaften Problemlösungsfähigkeit, welche Wettbewerbsvorsprünge begründen. Diese beruhen vor allem auf dem Know-how der Mitarbeiter, nicht auf der Qualität der Fertigungsverfahren, auf Investitionen in das Personal, nicht auf Sachinvestitionen.

Dabei ist es unmittelbar einsichtig, daß routinemäßig nachgefragte Finanzprodukte eine geringere Bindungswirkung besitzen als solche, an denen sich die Problemlösungsfähigkeit der Bank und des Betreuers demonstrieren lassen. Das gilt z.B. für einen Kredit, wenn sich eine Bank dazu entschließt, den Verfügungsrahmen aufrechtzuerhalten, obwohl der Kunde mit seiner Unternehmung durch eine kritische Konjunkturphase geht. Solche »Augenblicke der Wahrheit«[117] können entscheidend sein für die Loyalität des Kunden gegenüber seiner Hausbank.

Die Beispiele zeigen, daß eine am Beziehungsmanagement ausgerichtete Förderung der Bankloyalität sich auf individuelle Beziehungen zu Unternehmen und vermögenden Privatkunden konzentrieren muß, nicht auf das standardisierte Mengengeschäft.[118] Nur dann lohnt es sich, in die einzelne Kundenverbindung zu investieren: hier nicht primär verkaufend wie beim Kundenbetreuer, sondern produzierend über den Fachspezialisten für Produkte, die noch keinen Commodity-Charakter besitzen. Im Firmenkundengeschäft zählen

---

116 Vgl. J. Süchting: Kreativität und Innovation – Grundvoraussetzungen zur Bewältigung künftiger Probleme in der Kreditwirtschaft?, in: Spk, 99. Jg., 1982, S. 372-378.

117 B. Stauss: Augenblicke der Wahrheit, in: asw, 34. Jg., Nr. 6/1991, S. 96-105 und daran anknüpfend G. Zollner: Kundennähe in Dienstleistungsunternehmen. Empirische Analyse von Banken, Wiesbaden 1995, S. 93.

118 Vgl. auch G. Schmidt-Chiari: Zukunftsperspektiven der traditionellen Kernprodukte im Firmenkundengeschäft, in: K. Juncker/E. Priewasser (Hrsg.): Handbuch Firmenkundengeschäft, Frankfurt/M. 1993, S. 640-652.

hierzu insbesondere Spezialdienstleistungen aus dem Bereich des Investment Banking für das Währungs-, Zins- und Asset Management sowie die M&A-Beratung; im Privatkundengeschäft vor allem die umfassende Vermögensbetreuung.

Sieht man die Problemlösungsfähigkeit der Bank in größerem Zusammenhang, also über das Financial Engineering hinaus, so stellt sich der Bankmanager als Schaltstelle für Informationen dar. Die Funktion, Informationszentrum für seine Kunden zu sein, folgt daraus, daß führende Vertreter der Kreditinstitute stärker als die Angehörigen der meisten anderen Berufszweige auf vielfache Weise in ihrer Community verhaftet sind: in Vereinen, Clubs, Stiftungen, Beiräten, häufig in der Position des Schatzmeisters. Darin liegt begründet, daß kaum jemand besser weiß als der Bankier, wer wer ist, wer was macht, wer wo und auf welche Weise helfen kann. Dieses Wissen und die Möglichkeit der Vermittlung von Kontakten sind nicht allein auf die individuelle Produktgestaltung zu beziehen. Der Rat des Bankiers mag nützlich sein bei der Suche nach Führungskräften für eine Unternehmung und in der Anbahnung von Geschäftsverbindungen über Repräsentanzen im Ausland, aber auch im privaten Bereich bei Hinweisen auf Baugrundstücke, tüchtige Anwälte, Internate für den mißratenen Sohn des Geschäftsfreundes. Derartige Probleme beschäftigen den Kunden häufig sehr viel mehr als die Abnahme von Bankprodukten. Entsprechend kann der Bankier mit seiner Hilfestellung bei der Lösung solcher Fragen mehr Profil und Loyalität schaffen als durch den Verkauf der eigentlichen Produkte. Es erscheint deshalb zweckmäßig, in diesem Zusammenhang von *Serviceinnovationen* zu sprechen.

a. 5. Vom Universalangebot zum Allfinanzangebot?

Die »Allfinanzbewegung« war ausgangs der 80er Jahre zu einer der auffälligsten Entwicklungen in der deutschen Kreditwirtschaft geworden (vgl. S. 40). Obwohl die Bezeichnung »Mehrfinanz« realistischer gewesen wäre, hatte sich der Begriff »Allfinanz« schnell eingebürgert. Darunter wird seither das Gesamtangebot von Finanzprodukten der Finanzintermediäre, insbesondere die auf den privaten Kunden ausgerichteten Sortimente von Bausparkassen, Versicherungen, Kreditinstituten einschließlich Kapitalanlagegesellschaften verstanden. Mit Allfinanzangeboten wollen viele der Finanzintermediäre um die immer interessanter werdenden Geldvermögen der privaten Haushalte, die sich auf eine Höhe von 5 Bio. DM zubewegen, konkurrieren.

Werden alle Finanzprodukte unter einem Dach angeboten, so kann man vom Angebot eines (All-)Finanzzentrums an den Nachfrager sprechen. Ziel des Anbieters ist es, dem Kunden über Cross Selling alle Finanzprodukte zu verkaufen, das heißt zu seinem *Finanzzentrum* zu werden, *das alle* seine *finanziellen Bedürfnisse abdeckt:* und dies über den Lebenszyklus, von der Wiege bis zur Bahre. Ein solcher Anspruch zielt auf das Bequemlichkeitsbedürfnis, da es für den Nachfrager offenbar einfacher ist, alle Finanzprodukte unter einem Dach (one-shop-stopping) einzukaufen als bei verschiedenen Anbietern (more-shops-stopping).[119]

---

[119] Vgl. W. G. Seifert: Versicherungen und Banken als Anbieter von Financial Services, in: H.-J. Krümmel/B. Rudolph (Hrsg.): Bankmanagement für neue Märkte, Frankfurt/M. 1987, S. 63-82, hier S. 77.

Das bedeutet offensichtlich eine *Erweiterung des Konzepts der Bankloyalität*, welches ja die Bereitschaft des Kunden meint, dauerhaft die Leistungen nur einer Universalbank (Hausbank) abzunehmen (vgl. S. 628). Das Finanzzentrum bietet über die Leistungen einer Universalbank hinaus auch die Leistungen der übrigen Finanzintermediäre. Läßt sich die Loyalität des Kunden über das Universalbankangebot hinaus auf ein Allfinanzangebot ausdehnen, weil die bisherige gute Beziehung zur Hausbank und das Bequemlichkeitsbedürfnis dafür eine hinreichend starke Basis bilden, so geht die Rechnung des Allfinanzanbieters mit dem Finanzzentrum auf; er erreicht zumindest die Sicherung seines Kundenstammes.

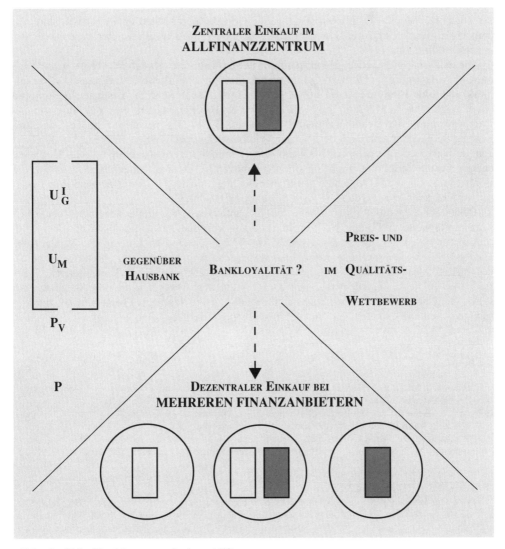

Abb. C. 133: *Nachfrage nach dem Allfinanzzentrum*

In diesem Zusammenhang ist die Entwicklung der Bankloyalität im intensiven Preis- und Qualitätswettbewerb der Anbieter die kritische Größe, ganz gleich, ob es sich bei ihnen um Allfinanzanbieter oder Bausparkassen, Versicherungen und Banken mit konventionellen Leistungsangeboten handelt.

Wie jedoch gezeigt (vgl. S. 648ff.), geht die Bankloyalität insgesamt zurück. Dieser Trend betrifft auf der Seite der Firmenkunden nicht nur die internationalen Großunternehmen (U_G^I), sondern hat sich bereits in den Sektor mittelständischer Unternehmen (U_M) fortgepflanzt.

Darüber hinaus wurde deutlich, daß der Rückgang der Bankloyalität bei vermögenden privaten Haushalten (P_V) mit im Durchschnitt größeren Einkommen, einem höheren ökonomischen Bildungsgrad und einer qualifizierteren Berufstätigkeit stärker ausgeprägt ist als bei den anderen (P). Hinzu kam eine weitere Beobachtung: Sozusagen von unten stoßen die »machine people« nach, das ist die junge Generation, die sich daran gewöhnt hat, mit dem PC zu spielen und die sehr viel selbst- und wohl auch preisbewußter an Banken herangeht als ihre Eltern.

Die Entwicklung einer abnehmenden Bedeutung der Hausbank läuft gegen das »one-shop-stopping«. Es wird zunehmend unwahrscheinlicher, daß eine Universalbank oder das Finanzzentrum allein durch einen Nachfrager in Anspruch genommen wird. Vielmehr sieht es so aus, als ob die Konsumenten mit der Zeit das »more-shops-stopping« vorziehen werden,[120] das heißt, sie werden versuchen, neben Vorsprüngen an Bequemlichkeit auch Preis- und Qualitätsdifferenzen unter Banken, Versicherungen, Bausparkassen sowie Allfinanzanbietern ausfindig zu machen und diese über eine entsprechende Verteilung ihrer Nachfrage zu nutzen.[121] Darüber hinaus besteht häufig die Befürchtung, durch die Abnahme sämtlicher Finanzprodukte bei einem Anbieter zum »gläsernen Kunden«« zu werden.[122]

Daher kann es nicht überraschen, daß die anfängliche Euphorie gegenüber der Allfinanz mittlerweile verflogen ist. Obwohl sie heute von den meisten Banken und Versicherungen für sich beansprucht wird, konnte *ein wirklicher Durchbruch für das Konzept der über die Kernkompetenzen hinausreichenden Rundumbetreuung nicht erzielt* werden, so daß sich – von wenigen Ausnahmen abgesehen – auf breiter Front Ernüchterung eingestellt hat.[123] Die Ursachen hierfür liegen aber nicht nur in der mangelnden Akzeptanz auf seiten der Nachfrager, sondern auch anbieterseitig in gravierenden Problemen bei der Zusammenarbeit insbesondere im Vertriebsbereich (vgl. dazu S. 703ff.).

---

[120] Vgl. auch A. N. Berger/D. B. Humphrey/L. B. Pulley: Do consumers pay for one-stop-banking? Evidence from an alternative revenue function, in: JoBF, vol. 20, 1996, S. 1601-1621.

[121] Zur Diskussion dieser und anderer Probleme des Allfinanzangebots vgl. J. Süchting: Überlegungen zur Attraktivität eines Allfinanzangebotes, in: bum, 16. Jg., Nr. 12/1987, S. 7-13; H. Strothmann: Zur Attraktivität eines Allfinanzangebots, in: bum, 17. Jg., Nr. 8/1988, S. 5-12; J. Süchting: Noch mehr zur Attraktivität eines Allfinanzangebotes, in: bum, 17. Jg., Nr. 11/1988, S. 23-25.

[122] So B. Michaels, Präsident des Gesamtverbandes der Deutschen Versicherungswirtschaft, zit. nach o.V.: Die Euphorie beim Vertrieb über Banken ist verflogen, in: HB, Nr. 23 v. 2.2.1994, S. 10.

[123] Vgl. Ch. Hermann: Allfinanz ist meistens eine Einbahnstraße, in: BZ, Nr. 250 v. 31.12.1996, S. 35. In den USA ist das Allfinanzengagement zumindest im Non- und Nearbank-Sektor teilweise schon wieder aufgegeben worden. So verabschiedete sich das Warenhaus Sears Roebuck von seinem Konzept »stocks and socks« und trennte sich von seiner Finanzsparte; American Express verkaufte die Investment Bank Lehman Brothers.

b. Die Preisdimension

In mehreren Etappen sind zunächst die Zinsabkommen, dann mit Wirkung vom 1. April 1967 die Zinsverordnungen und damit alle hoheitlichen Preisbeschränkungen im Bankgewerbe aufgehoben worden. **Somit operiert der einzelne Bankleiter heute in einem im wesentlichen uneingeschränkten preisdispositiven Bereich,** in dem er – unter Berücksichtigung des gesetzlichen Verbots von Wucherpreisen im Kreditgeschäft – allenfalls die Preisempfehlungen seines Verbandes als eine kollektive Orientierungshilfe beachten wird.

b. 1. Bestimmungsfaktoren des preisautonomen Bereichs unter Berücksichtigung unterschiedlicher Kundengruppen und ihrer Leistungsabnahme

In der Preispolitik mit Zinsen, Provisionen und »Gebühren« ist davon auszugehen, daß der lokale Bankenmarkt ein *unvollkommener Markt* ist, der auf seiten der anbietenden Kreditinstitute durch eine oligopolistische – einige wenige Anbieter –, auf der Seite der Nachfrager durch eine atomistische Struktur – viele Abnehmer von Bankprodukten – gekennzeichnet ist.[124]

Die Unvollkommenheit des Marktes ist zum einen durch die im Zeitablauf zwar – wie erwähnt – gestiegene, aber immer noch *stark eingeschränkte Markttransparenz* begründet. Im Gegensatz zu den Preisen im Mengengeschäft mit privaten Haushalten werden solche gegenüber Unternehmen nicht publiziert, sondern müssen erst verhandelt werden. Außerdem verwenden die Banken unterschiedliche Preisbezugsbases (vgl. Tab. C. 28). Im Zahlungsverkehr kann z.B. Preisbezugsbasis die Anzahl der Stückleistungen einer Periode (Postengebühren), der Umfang der Wertleistungen (Umsatzprovision) oder die Kombination aus beiden Berechnungsgrundlagen sein. Unter diesen Umständen werden auch rechnerisch Nettopreisvergleiche über die Abnahme des gesamten Bündels an Bankprodukten von Institut zu Institut erschwert.

Auf der anderen Seite beruht die Unvollkommenheit des Marktes auf der *Vielzahl von Präferenzen* im Hinblick auf einzelne Qualitätselemente der Bankleistungen. Örtliche Präferenzen für eine nahegelegene Bankstelle lassen z.B. höhere Preise als die eines Konkurrenzinstituts in den Augen eines Bankkunden tragbar erscheinen. Darüber hinaus ist es nach den vorausgegangenen Ausführungen einsichtig, daß es vor allem das menschliche Element auf der Seite des Bankangestellten (persönliche Präferenzen) ist, das eine erhebliche Bindekraft besitzen und damit der Preisempfindlichkeit der Kundschaft entgegenwirken kann.

Mangelnde Marktübersicht und die Bindekraft der Präferenzen, die zu einer ausgeprägten Bankloyalität vieler Kunden führen, erklären, daß ein Kreditinstitut über einen im Einzelfall unterschiedlich großen preisautonomen oder **monopolistischen Bereich auf seiner Absatzkurve verfügt,** in welchem es seine Preise variieren kann, ohne mit stärkeren Reaktionen in der Kundschaft rechnen zu müssen (siehe Abb. C. 134).

Eine nach dem Gewinnmaximum strebende Bank müßte theoretisch bis zum Schnittpunkt von Grenzerlösen (Z´) und Grenzkosten (C´) anbieten (p_G, y_G). Ein solcher Schnittpunkt braucht bei gegebenen Grenzerlös- und Grenzkostenverläufen gar nicht zu existieren

---

[124] Vgl. K. F. Hagenmüller: Die Bestimmungsfaktoren preispolitischer Autonomie bei Kreditinstituten, in: H. E. Büschgen (Hrsg.): Geld, Kapital und Kredit, Festschrift zum 70. Geburtstag von H. Rittershausen, Stuttgart 1968, S. 158-170.

Girokonto: Preise und Leistungen der Banken

	Voraussetzung	monatliche Grundgebühr	Buchungspostengebühr	Guthabenzins	Dispo-Kreditzins	geduldete Überziehung	jährliche Kosten für EC-Karte	jährliche Kosten für Kreditkarte	Bezeichnung
Bayerische Hypobank	2500 DM	– *1)	1. bis 10.: – ab 11.: 0,80 DM	–	11,50 %	16 %	im Konto enthalten	40 DM (EUROCARD)	Kompakt
	2500 DM monatl. Durchschnittsguthaben	– *2)	–	–	11,50 %	16 %	im Konto enthalten	im Konto enthalten (EUROCARD)	Universal
BFG-Bank	2000 DM monatlich Gehaltseingang	–	–	–	12,25 %	16,75 %	im Konto enthalten	im Konto enthalten (VISA)	BfG-Plus
	–	12 DM	–	–	12,25 %	16,75 %	in Grundgeb. enthalten	40 DM (VISA)	Girokonto
Citibank Privatkunden	Gehaltseingang	5 DM	1. bis 9.: 0,60 DM ab 10.: –	2,00 %	bis 2 TDM: 11,25 % über 2 TDM: 14,75 %	15,75 %	10 DM	60 DM (VISA)	Formel 1
	30 000 DM dauerhafte Geldanlage	5 DM *3)	–	–	bis 10 TDM: 2,00 % über 10 TDM: 2,25 % über 30 TDM: 2,50 %	9,75 %	10,75 %	in Grundgebühr enthalten	60 DM (VISA)	Geldmanagement
Commerzbank	–	12,50 DM	–	–	11,50 %	15,50 %	in Grundgeb. enthalten	40 DM (EUROCARD)	CoPlus-Konto
	–	15,50 DM	–	–	11,50 %	15,50 %	in Grundgeb. enthalten	i. Gg. ent. (EUROCARD)	CoPlus Silber
	–	22,50 DM	–	–	11,50 %	15,50 %	in Grundgeb. enthalten	i. Gg. ent. (Eurocard Gold)	CoPlus Gold
Deutsche Bank	–	11 DM	beleghafte Überweisung: 0,50 DM	–	11,75 %	15,75 %	in Grundgeb. enthalten	40 DM (EUROCARD)	Service-Paket
	–	22 DM	–	–	11,75 %	15,75 %	in Grundgeb. enthalten	i. Gg. ent. (EUROCARD)	Plus-Paket
	–	33 DM	–	–	11,75 %	15,75 %	in Grundgeb. enthalten	i. Gg. ent. (Eurocard Gold)	Top-Paket
Dresdner Bank	–	12 DM	–	über 10 TDM: 0,50 %	11,50 %	15,25 %	in Grundgeb. enthalten	40 DM (EUROCARD)	Komplett-Konto
	–	20 DM	–	über 10 TDM: 0,50 %	11,50 %	15,25 %	in Grundgeb. enthalten	i. Gg. ent. (EUROCARD)	Komfort-Konto
	–	30 DM	–	über 10 TDM: 0,50 %	11,50 %	15,25 %	in Grundgeb. enthalten	i. Gg. ent. (Eurocard Gold)	Exklusiv-Konto
Postbank	–	–	1. bis 5.: 3,00 DM 6. bis 15.: 4,50 DM 16. bis 30.: 7,50 DM	–	10,50 %	10,50 %	10 DM	40 DM (EUROCARD)	Girokonto
	Sparbuch mit 3000 DM	–	halbe Buchungspreise	3,15 % auf Spareinlage	10,50 %	10,50 %	10 DM	40 DM (EUROCARD)	Giro 3000 Plus
Vereinsbank	nur neue Bundesländer und Berlin	5,50 DM	–	2,00 %	11,50 %	15,50 %	in Grundgeb. enthalten	40 DM (EUROCARD)	Spar-Girokonto
	nur alte Bundesländer	8,40 DM / 5,40 DM	–	–	11,50 %	15,50 %	in Grundgeb. enthalten	40 DM (EUROCARD)	Pauschalpreismodel
WKV-Bank	ab 1. April gültig	9,50 DM	–	2,00 %	12,25 %	16,75 %	in Grundgeb. enthalten	40 DM (EUROCARD)	Girokonto

*1) 9 DM, wenn Durchschnittguthaben in der Abschlußperiode unter 2500 DM ist.
*2) 15 DM, wenn Durchschnittsguthaben in der Abschlußperiode unter 2500 DM ist.
*3) 10 DM, wenn Geldanlage drei Monate dauerhaft unter 30 000 DM ist.

SZ-Grafik: M. Mainka

Tab. C. 28: *Kontoführungsgebühren ausgewählter Banken (Quelle: SZ, Nr. 86 v. 13./14.4.1996, S. 26)*

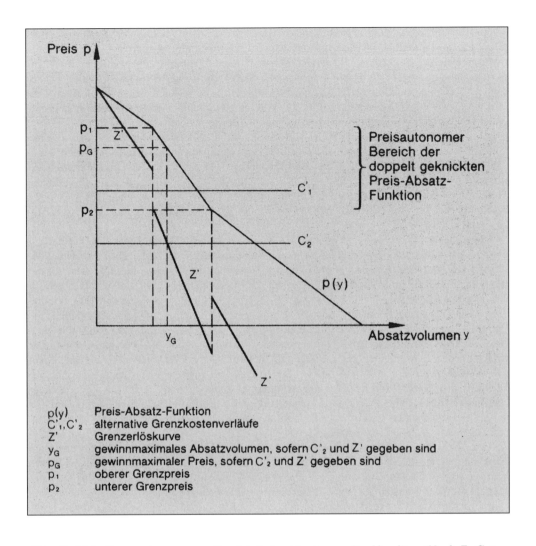

Abb. C. 134: *Der preisautonome Bereich beim Absatz von Bankkrediten (Nach E. Gutenberg: Grundlagen der Betriebswirtschaftslehre, Bd. 2: Der Absatz, 17. Aufl., Berlin et al. 1984, S. 299ff.)*

(Z', C_1'). Zudem ist aber – selbst wenn theoretisch ein Schnittpunkt beider Kurven besteht (Z', C_2') – empirisch schwer nachzuweisen, wie die Verläufe der Grenzkosten- und Grenzerlöskurve tatsächlich aussehen. Vor allem der Verlauf der Grenzkostenkurve wird durch die Unbestimmtheit der Teil-Grenzkostenverläufe kaum prognostizierbar sein. So ist es möglich, daß die Risikokosten im Zeitverlauf ansteigen, weil die Bank mit zunehmendem Angebot auf Kreditnehmer schlechterer Bonität zugehen muß. Außerdem treten bei Banken kaum proportionale Kosten auf, denn die meisten Kosten sind in bestimmten Intervallen fix, so daß auch aus diesem Grunde der oben gezeigte Grenzkostenverlauf nicht typisch ist. Schließlich bleibt unter kostenrechnerischen Aspekten die Frage der Zurechnung der Geldbeschaffungskosten für die Alimentierung des wachsenden Kreditpotentials offen. Zu diesen Geldbeschaffungskosten zählen strenggenommen auch sogenannte derivative (abgeleitete) Zinskosten, zu denen es immer dann kommt, wenn als Folge der Inanspruchnahme eines Kredits durch Überweisung Sichteinlagen bei demselben Institut entstehen, die – wenn auch nur gering – verzinst werden. Alle diese Kostenkomponenten sind in ihren Bewegungen bei unterschiedlichen Absatzlagen nicht hinreichend bekannt, um aus ihnen mit einiger Sicherheit Grenzkostenverläufe prognostizieren zu können.

Ähnliche Unsicherheiten bestehen im Hinblick auf den Verlauf der Preis-Absatz-Funktion und der daraus abgeleiteten Grenzerlöskurve. Wenn man auch davon ausgehen kann, daß eine erhebliche Ausdehnung des Absatzvolumens (Marktanteils) nur über Preiskonzessionen bewirkt werden kann, so muß doch – angesichts vor allem der eingeschränkten Markttransparenz – ganz offen bleiben, ob solche Preiskonzessionen auch der bisherigen Stammkundschaft gemacht werden müssen, wie es in der obigen Darstellung implizit angenommen wird.

Unter diesen *schwerwiegenden Einschränkungen* kann die Darstellung zunächst nur für die *Privatkundschaft* einige *erklärende Hinweise* grundsätzlicher Art geben. Besteht zwischen Bank und Kunde eine hohe Bindekraft, so nimmt der monopolistische Bereich der Bank zu und damit die Attraktivität der über Preise konkurrierenden anderen Institute für den Kunden ab. Dabei ist der Kunde, der bisher nur bestimmte problemlose Produkte bei seiner Hausbank abgenommen hat – etwa der Vermögenssparer mit einer »schlafenden« Einlage – noch vergleichsweise preisempfindlich; auch steigt seine Preisempfindlichkeit (wie erwähnt) mit zunehmendem ökonomischen Bildungsgrad an. Preisunempfindlicher sind hingegen Privatkunden mit geringerem ökonomischen Bildungsgrad – die das Mengengeschäft tragende Kundschaft also -, die bereits eine Mehrzahl von auch erklärungsbedürftigen Produkten (z.B. Kredite) abgenommen und damit eine starke Loyalität zu ihrer Hausbank erreicht haben. Ihnen gegenüber verfügt die Bank über einen größeren monopolistischen Bereich, der konkurrierende Institute zwingt, die Reizschwelle bei Preisvariationen entsprechend hoch anzusetzen.

Von dem bankloyalen Arbeitnehmer unterscheiden sich *Kleinunternehmer* mit nur einer Bankverbindung oder auch die Angehörigen der freien Berufe im wesentlichen durch den höheren ökonomischen Bildungsgrad. Diese Eigenschaft allein aber vermag die auf dem Mangel an Markttransparenz und die auf dem menschlichen Element bei der Leistungsabnahme beruhende relative Preisunempfindlichkeit nicht aufzuheben. Solche Kunden besitzen aufgrund ihrer größeren Vermögen zwar eine mäßige Verhandlungsmacht gegenüber ihrer Bank; deren Leitung aber vermag es u.U. dennoch, mit der sogenannten Preispolitik der kleinen Mittel (vgl. S. 673f.) für sich vorteilhaft zu verhandeln.

Die Preisempfindlichkeit in der Kundschaft läßt erst dort erheblich nach, wo *Unternehmen infolge ihrer Größe* eine Reihe von Bankverbindungen unterhalten. Aber auch für diese Kunden gilt noch, daß vor allem die menschlichen Beziehungen zu den leitenden Bankangestellten Präferenzen und damit Bindekraft zum Kreditinstitut schaffen; nur erlangen solche Kunden durch die Zusammenarbeit mit einem Netz von Banken und durch den allgemein hohen ökonomischen Bildungsgrad ihrer Gelddisponenten ein Ausmaß an Markttransparenz, das sie in die Lage versetzt, die Konditionen zu vergleichen und eventuell vorhandene Preisunterschiede auch wahrzunehmen. Das wird sich in den seltensten Fällen in einem Wechsel der Bankverbindung auswirken, aber doch in einer Verlagerung der Geschäftsvolumina innerhalb des bestehenden Netzes von Bankverbindungen.

Je größer die Anzahl der unterhaltenen Bankverbindungen ist, je mehr auch *ausländische Finanzmärkte* der Nachfrage nach Finanzierungen und Einlagen von Großunternehmen dienstbar gemacht werden, um so größer wird für diese die Marktübersicht, um so geringer die Bindekraft an ein einzelnes Institut wie die Hausbank, um so kleiner also deren preisautonomer Bereich.

b. 2. Die Preispolitik der »kleinen Mittel«

Krümmel[125] geht davon aus, daß bei Preisverhandlungen um Kredite eine Zurechnung sowohl der Geldbeschaffungskosten (wegen ihres Gemeinkostencharakters) als auch der Bearbeitungskosten (wegen ihres Gemeinkosten- und Fixkostencharakters) nicht möglich ist. *Da sich insoweit eine kostenorientierte Preisuntergrenze nicht mit hinreichender Genauigkeit auffinden lasse, werde seitens der Banken eine kundenindividuelle Erlösmaximierung angestrebt* unter der Nebenbedingung, daß die über alle Kundenverbindungen erzielten Gesamterlöse die gesamten Personal-, Sach- und Geldbeschaffungskosten mindestens decken (vgl. S. 447).

Die Erlöse einem Kunden gegenüber werden nun maximiert, wenn in Preisverhandlungen der mutmaßlich notwendige Gesamtpreisnachlaß möglichst klein gehalten wird. Das kann die Bank erreichen, wenn sie statt eines Einheitspreises für eine Leistung *Teilpreise auf unterschiedlichen Preisbezugsbasen* berechnet; für einen Kredit z.B. die folgenden Teilpreise:

- Bereitstellungsprovision (auf den zugesagten, nicht in Anspruch genommenen Kredit)
- Zinsen (auf den in Anspruch genommenen Kredit)
- Kreditprovision, gegebenenfalls Überziehungsprovision (auf den Höchst-Sollsaldo der Periode)
- Umsatzprovision (auf den Umsatz der größeren Kontoseite) oder Kontoführungsgebühren (auf die Zahl der Buchungsposten)
- Ersatz der Spesen und Auslagen.

In einer Situation des Verhandlungs- und Preisdrucks kann die Bank dem Kunden bei verschiedenen Teilpreisen in unbedeutender Weise entgegenkommen und somit erreichen, daß der *Gesamtpreisnachlaß kleiner* wird als er vermutlich geworden wäre, hätte man um einen Einheitspreis, den Nettozins, verhandelt. Dieses Ergebnis kommt zustande, weil

(1) die *Markttransparenz* für den Kunden im Hinblick auf Kreditofferten von konkurrierenden Banken *eingeschränkt* wird, da das von diesen gebotene Preisbild infolge der Benutzung ebenfalls von Teilpreisen und unterschiedlichen Preisbezugsbasen anders aussehen und insofern kaum vergleichbar sein dürfte;
(2) die *Verhandlungsmacht des Kunden* durch vergleichsweise geringe Zugeständnisse an verschiedenen Stellen der »Preisfront« schneller verbraucht wird; bei einer Mehrzahl von (kleinen) Zugeständnissen hat der Kunde schnell das Gefühl eines Verhandlungserfolgs bzw. empfindet es als unfair, den Preisdruck noch weiter zu treiben.

In der Praxis hat es nun aber den Anschein, als ob im Laufe der Jahre mit sich verstärkender Konkurrenz unter den Banken nicht nur die Großunternehmen mit einer Vielzahl von in- und ausländischen Bankverbindungen, sondern zunehmend auch mittelständische Unternehmen imstande seien, Kreditverhandlungen auf der Basis von Nettozinssätzen (bzw. Einheitspreisen) durchzusetzen, auf diese Weise die Markttransparenz zu erhöhen und so den Preisdruck zu verstärken.

---

125 Vgl. H.-J. Krümmel: Bankzinsen, a.a.O.

Unter solchen Umständen erheben sich *Zweifel, ob in Preisverhandlungen noch auf Kostenüberlegungen verzichtet werden* kann. Zwar ist an der Auffassung von Krümmel nicht zu zweifeln, daß Geldbeschaffungskosten Kreditarten im allgemeinen funktional nicht zurechenbar sind, weil keine Möglichkeit zur Bildung sinnvoller Bilanzschichten in der Zinsertragsbilanz gegeben ist, und daß die Personalkosten innerhalb normaler Beschäftigungsintervalle überwiegend fixen Charakter besitzen, somit also eine verursachungsgemäße Verrechnung auf Einzelleistungen unmöglich ist. Andererseits ist aber zu beachten, daß nicht nur Kreditinstitute mit der Fixkosten- und Gemeinkostenproblematik bei der Ermittlung ihrer Produktkosten konfrontiert sind, sondern daß diese Schwierigkeiten den Unternehmenskunden seit sehr viel längerer Zeit bewußt sind, ohne daß dort auf die Kalkulation von Selbstkosten zur Preisfindung verzichtet würde. **Unter Verhandlungsdruck darf deshalb auch von Kreditinstituten nicht im »luftleeren Raum« argumentiert werden, sondern es ist dem Kunden ein kostenorientierter und deshalb rechtfertigungsfähiger Anhaltspunkt für eine Preisgrenze zu geben, unter die die Bank nicht heruntergehen mag.**

Im Kreditgeschäft kann eine solche *Untergrenze* an dem jeweils höheren von zwei Sätzen, nämlich den Geldbeschaffungskosten oder den Opportunitätskosten, ausgerichtet werden. In der Situation der Kreditrationierung sind *Opportunitätskosten* als Gewinne zu fassen, die entgehen, weil aufgrund des in Rede stehenden Kredits ein anderer (zweitbester) Kreditnachfrager nicht mehr bedient werden kann. Gibt es Engpässe im Liquiditätsbereich nicht, so können Anhaltspunkte für die Opportunitätskosten die infolge der möglichen Kreditvergabe entgehenden Zinsen am Wertpapiermarkt sein (vgl. auch die Marktzinsmethode, S. 415ff.).

Im Bereich des sog. Dienstleistungsgeschäfts ist eine Abstützung von Preisverhandlungen auf der Basis von Selbstkosten zweckmäßig. Zwar kann nicht davon ausgegangen werden, daß derart kostendeckende Preise z.B. im Depotgeschäft, bei der Schrankfachvermietung usw. stets erzielt werden; vielmehr wird man sich in der gegebenen Wettbewerbssituation auch mit Beiträgen begnügen, die lediglich einen Teil der fixen Kosten einer Sparte decken. Doch sind Kostenargumente für den Verhandlungspartner aus seiner eigenen Kalkulationsumgebung heraus grundsätzlich einsichtig, so daß eine Stärkung der Verhandlungsmacht der Bank die Folge ist, die sich letztlich auch in höheren Erlösen niederschlagen dürfte.

b. 3. Marktorientiertes Preis- und Kostenmanagement

So bedeutend die Berücksichtigung der Kostensituation der Bank im Rahmen ihrer Preisargumentation auch ist – *langfristig müssen die Kosten an dem im Markt erzielbaren Preis ausgerichtet werden und nicht umgekehrt.*

Werden *traditionell* zunächst die notwendigen Eigenschaften einer künftigen Absatzleistung anhand der Ergebnisse der Marktforschung bestimmt und im Anschluß daran auf der Basis der Kosten des Anbieters der Preis vereinfachend als »Kosten + Gewinn« kalkuliert, ermittelt das als **Target Costing (TC)** bezeichnete Verfahren des *marktorientierten Zielkostenmanagements* nach der Festlegung der Leistungseigenschaften zuerst einen *durchsetzbaren Verkaufspreis*, der die Vorstellungen der Kunden sowie das Preissetzungsverhalten der Wettbewerber berücksichtigt. Von dem insoweit »erlaubten« Preis wird ein gewünschter Gewinn abgezogen, wie er etwa im Rahmen der ROI-Analyse (vgl. S.447f.) bestimmt wurde. Die Einhaltung der daraus resultierenden *»erlaubten Kosten«*, die häufig von den bisherigen Standardkosten des Anbieters abweichen dürften, ist durch zahlreiche Einzelmaßnahmen des Kostenmanagements anzustreben.[126] Die Produkte einer Bank sowie die zu ihrer Erstellung notwendigen Potentiale und Prozesse – und daraus abgeleitet das Niveau und die Struktur ihrer Kosten – sollen möglichst frühzeitig unter Wahrung der Erfolgsziele der Unternehmung im Hinblick auf die Marktanforderungen gestaltet werden. Dieses im Vergleich zur traditionellen Zuschlagskalkulation retrograde Prinzip des *Market into Company* kann formuliert werden als: »It´s got to sell for x, let´s work backwards to make sure we can achieve it.«[127]

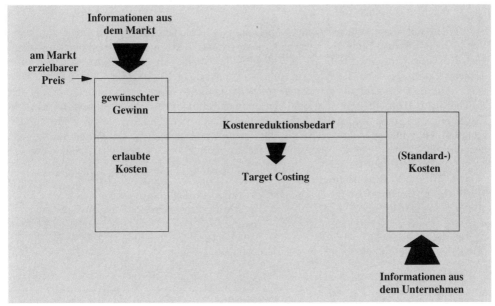

Abb. C. 135: *Grundsätzliche Funktionsweise des Target Costing (Modifiziert entnommen aus M. Paul: Preis- und Kostenmanagement für Dienstleistungen im Business-to-Business-Bereich, Wiesbaden 1998, S. 20)*

Das TC betont besonders die frühen Phasen der Konzeption einer Leistung, da sich gezeigt hat, daß in der Planungs- und Entwicklungsphase ca. 80% der späteren Erstellungskosten festgelegt werden.[128] Die Ausrichtung des TC reicht jedoch über diesen Zeitraum hinaus und erstreckt sich auf den gesamten Lebenszyklus einer Leistung, in dessen Verlauf die Zielkosten eingehalten sowie die Gewinnziele realisiert werden sollen.

Basis des TC ist das *Target bzw. Market Pricing*,[129] bei dem versucht wird, empirische Anhaltspunkte für eine konkrete Bestimmung der in b. 1. modellhaft beschriebenen Preis-Absatz-Funktion des Kunden zu erhalten. Dabei führen am ehesten solche Verfahren zu realistischen Ergebnissen, die den Kunden nicht direkt nach seinem Verhalten in bezug

---

126 Vgl. W. Seidenschwarz: Target Costing, München 1993 und P. Horváth/St. Niemand/M. Wolbold: Target Costing – State of the Art, in: P. Horváth (Hrsg.): Target Costing, Stuttgart 1993, S. 1-28.
127 F. Worthy: Japan's smart secret weapon, in: Fortune v. 12.8.1991, S. 48-51, hier S. 50.
128 Vgl. A. Hoffjan/St. Liske: a.a.O., S. 683.
129 Vgl. E. Kucher/H. Simon: Market Pricing als Grundlage des Target Costing, in: K.-P. Franz/P. Kajüter (Hrsg.): Kostenmanagement – Wettbewerbsvorteile durch systematische Kostensteuerung, Stuttgart 1997, S. 141-162.

auf bestimmte Preise oder Preisänderungen befragen, sondern auf indirektem Wege aus Präferenzaussagen Rückschlüsse auf die Wirkung bestimmter Preisentscheidungen ziehen. Im Rahmen der Produktgestaltung wurde bereits das Conjoint Measurement als eine Methode dargestellt, den Beitrag einzelner Leistungselemente zu einem Gesamtnutzen zu ermitteln. Ebenso können dem Kunden unterschiedliche Preis-Produkt-Kombinationen vorgestellt werden, die er in eine Rangfolge bringen muß. Aus den ordinalen Gesamtnutzenurteilen lassen sich dann metrische Teil- und auch Gesamtnutzenwerte ableiten und die Reaktionen des Kunden bei Variation einzelner Leistungsmerkmale bzw. eben des Preises bestimmen.[130]

Wurden auf diese Weise wenn schon nicht punktgenaue Werte, so doch zumindest Bandbreiten für den Zielpreis bestimmt, dann ist nach Abzug des Zielgewinns in einem nächsten Schritt die anzustrebende Kostenstruktur festzulegen. Die hierfür zunächst erforderliche *Ermittlung von Funktionen* (bzw. Nutzenstiftungen), die die Leistung aus Sicht der Nachfrager besitzen sowie deren *Gewichtung* hinsichtlich ihrer Bedeutung für den Kunden kann ebenfalls dem Conjoint Measurement entnommen werden. Die folgende Tab. C. 29 gibt für einen Beispielsfall die entsprechenden Werte in der ersten Zeile an: Die Funktion »Flexible Verfügbarkeit« macht einen Anteil von 50% am Gesamtnutzen aus, den der Nachfrager dem Leistungsbündel »Kontokorrentkredit« beimißt (Zahlen hier und im folgenden frei gewählt).

Mit Hilfe des Blueprinting (vgl. S. 255ff.) kann die Bank abschätzen, *in welchem Maße die im Leistungsbündel enthaltenen Prozesse zur Erfüllung der verschiedenen Funktionen beitragen.* In der Tab. C. 29 sind die erforderlichen Prozesse zeilenweise angeordnet, so daß sie in Kombination mit den Leistungsfunktionen (Spalten) eine Matrix bilden. Aus dieser Matrix läßt sich z.B. ablesen, daß der Prozeß »Beratung« zu 50% für die Erfüllung der Funktion »Schnelle Abwicklung« verantwortlich ist.

Funktionsbedeutung aus Kundensicht		Flexible Verfügbarkeit	Schnelle Abwicklung	Laufende Kontrollmöglichkeit
		50	40	10
Prozesse	1: Bonitätsprüfung und Bestimmung eines Kontokorrentrahmens	30	10	0
	2: Eingabe der Daten in die EDV und laufende Abwicklung	30	40	100
	3: Beratung des Kunden	40	50	0

Tab. C. 29: Leistungsfunktionen und Beitrag der Prozesse zu ihrer Erfüllung

---

[130] Vgl. weitere Verfahren zur Bestimmung von Preis-Absatz-Funktionen bei H. Diller: Preispolitik, 2. Aufl., Stuttgart et al. 1991, S. 131ff. und H. Simon: Preismanagement, 2. Aufl., Wiesbaden 1992, S. 109ff.

Auf dieser Basis können die Zielkosten für die in das Leistungsbündel eingehenden Prozesse festgelegt werden, denn *idealerweise verursacht jeder Prozeß gerade den Anteil an den Gesamtkosten, der seinem Anteil an der Funktionserfüllung der Leistung entspricht.* Der Prozeß »Beratung« sollte demnach mit einem Anteil von 40% zur Erfüllung der Gesamtheit der Leistungsfunktionen beitragen, der Prozeß »Bonitätsprüfung und Festlegung eines Kreditrahmens« nur zu 19%.

Funktionsbedeutung aus Kundensicht		Flexible Verfügbarkeit	Schnelle Abwicklung	Laufende Kontrollmöglichkeit	Gesamtbewertung
Prozesse	1: Bonitätsprüfung und Bestimmung eines Kontokorrentrahmens	15	4	0	19
	2: Eingabe der Daten in die EDV und laufende Abwicklung	15	16	10	41
	3: Beratung des Kunden	20	20	0	40

Tab C. 30: Verteilung der Zielkosten auf die Prozesse

Die aus dem Markt abgeleiteten Zielkosten sind nun den Standardkosten gegenüberzustellen – auf einer »Makroebene« für das gesamte Leistungsbündel und anschließend auf der »Mikroebene« für die einzelnen Teilprozesse. Eine adäquate Ergänzung des TC wird daher in der Prozeßkostenrechnung (PKR) gesehen, weil das TC auf die langfristige Beeinflußbarkeit der Kosten abstellt, die von der PKR einbezogenen Gemeinkosten aber oft auch nur langfristig veränderbar sind.[131]

Der *Quotient von Standardkostenanteil und Zielkostenanteil* ergibt den *Zielkostenindex* und liefert somit einen Hinweis darauf, ob die anvisierten Zielkosten »zu hoch« (Index > 1) oder »zu niedrig« (Index < 1) sind; bei einem Indexwert von 1 stimmen Ziel- und Standardkosten überein. Mit Hilfe eines Zielkostenkontrolldiagramms (Abb. C. 136) läßt sich dieser Zusammenhang veranschaulichen.

Im Diagramm ist jeder der drei Prozesse mit Hilfe seiner Ziel- und Standardkostenanteile positioniert. Die Diagonale entspricht demgemäß einem Zielkostenindex von 1, Punkte oberhalb der Diagonale weisen einen Wert von > 1, darunterliegende von < 1 auf.

Die Abbildung signalisiert *Handlungsbedarf dort, wo die Standardkosten deutlich über den Zielkosten liegen* (Prozeß 2). Hier müssen Maßnahmen zur Kostensenkung ergriffen werden, soll der anvisierte Marktpreis die mit der Erstellung des Leistungsbündels verbun-

---

[131] Vgl. M. Paul/M. Reckenfelderbäumer: Preispolitik und Kostenmanagement – neue Perspektiven unter Berücksichtigung von Immaterialität und Integrativität, in: M. Kleinaltenkamp (Hrsg.): Dienstleistungsmarketing, Wiesbaden 1995, S. 225-260.

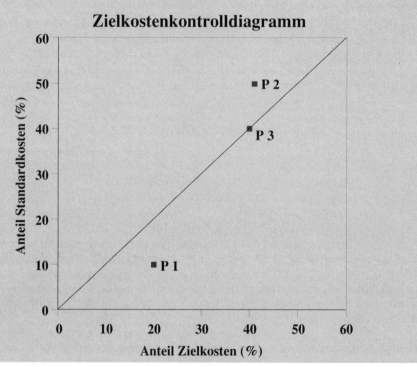

Ermittlung der Zielkostenindices			
Prozeß	Anteil Standardkosten (in %)	Anteil Zielkosten (in %)	Zielkostenindex
1	10	19	0,53
2	50	41	1,22
3	40	40	1,00

Abb. C. 136: Zielkostenkontrolldiagramm (Modifiziert nach M. Paul/M. Reckenfelderbäumer: a.a.O., S. 246-250)

denen Kosten decken – es sei denn, man würde eine Quersubventionierung verschiedener Prozesse innerhalb des Leistungsbündels (hier z.B. mit Prozeß 1) zulassen.

Es dürfte unmittelbar einsichtig sein, daß die *Ergebnisse dieses Vorgehens davon abhängen, inwiefern sich die Nachfrager ein klares Bild von der zu erwartenden Leistung in ihren einzelnen Elementen machen können*, um dann gegenüber dem Anbieter eine Schätzung über deren Nutzen abgeben zu können. Relativ konkrete Vorstellungen dürften die Kunden noch bei bereits lange Zeit eingeführten, stark standardisierten Leistungen besitzen. Je innovativer aber das Produkt und je höher der Grad der individuellen Ausrichtung auf den Nachfrager, desto schwieriger gestaltet sich die Bestimmung des Zielpreises und der Teilnutzenwerte. Doch selbst wenn die Vorstellungen aktueller und potentieller Kunden zum Teil nur grob zu ermitteln sind, so definiert das Target Costing doch eine *marktgerechte Meßlatte für das Niveau und die Struktur der Kosten*. Damit wird es möglich, von den häufig anzutreffenden, pauschalen Kürzungsvorgaben abzurücken und sachgerechte Ansatzpunkte für das Kostenmanagement zu erarbeiten.

b. 4. Die Berücksichtigung der gesamten Kundenbeziehung

Im »customer relationship«-Konzept von Hodgman[132] wird – wie die Bezeichnung andeutet – bei der Preisfindung im Kreditgeschäft auf die gesamte Kundenverbindung und damit die Absatzbeziehung abgestellt. Dementsprechend orientieren sich Vorzugszinssätze im Kreditgeschäft vor allem daran, ob Kreditkunden auch infolge ihrer Einlagen interessant sind, an denen die Bank ja wiederum verdienen kann (vgl. hierzu auch den folgenden Ausschnitt aus dem Bankmodell).

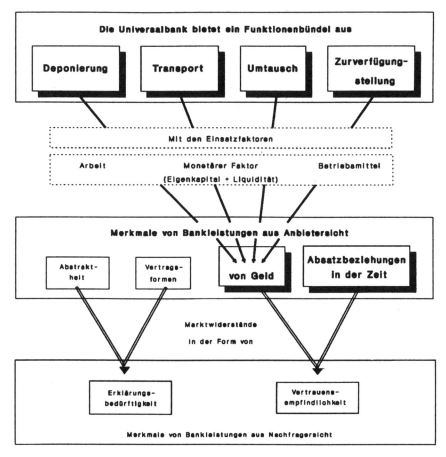

Ausschnitt aus dem Bankmodell

---

[132] Vgl. D. R. Hodgman: a.a.O.

In diesem Zusammenhang ist von wechselnden Salden in der Zeit auszugehen, d.h. der Kunde fragt Kredite in bestimmter Höhe auf einem Kontokorrentkonto nach, unterhält über Teilperioden aber auch Einlagen.

Abbildung C. 137 zeigt, daß der Kreditzins in dem Maße steigt, in dem das Verhältnis Kredite/Einlagen für einen Kunden in der Periode größer wird. Oberer Grenzpreis für den Kredit ist der Zins, der einem Nichteinleger abgefordert wird. Unterer Grenzpreis ist die Rendite einer Alternativanlage (Opportunitätskosten), bei der an eine Anlage in festverzinslichen Wertpapieren gedacht sein dürfte. Derartige Einlagen- bzw. *Geschäftszuweisungen* seitens des Kunden an die Bank können als Sicherheitsäquivalent gesehen werden. **Die Bank verzichtet auf eine Risikoprämie im Zins in dem Umfange, in dem der Kunde ihr lukrative Geschäfte zuweist.**

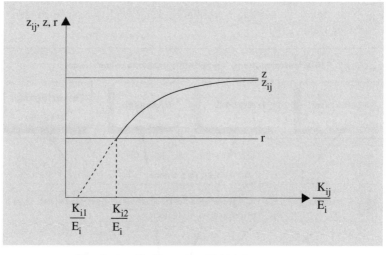

z Zinssatz eines Kredits an einen Nichteinleger
E_i Höhe der Einlage des i-ten Einlegers
z_i Zinssatz eines Kredits an den i-ten Einleger (Vorzugszinssatz, d.h. $z_i < z$)
K_{ij} Höhe des an den i-ten Einleger gewährten j-ten Kredits
r Rendite einer Alternativanlage

Abb. C. 137: Der Kreditpreis unter Berücksichtigung der Kundenbeziehung

Mit der Berücksichtigung des vermuteten Gewinnbeitrags von Einlagengeschäften bei der Kreditpreisforderung macht Hodgman deutlich, daß er bei der Preisfindung auf die Rentabilität der gesamten Kundenverbindung abstellen will. Eine solche Politik der *Ausgleichspreisstellung* erhöht zwar die Anforderungen im Hinblick auf eine nun umfassendere Kalkulation der gesamten Beziehung, erlaubt andererseits aber auch eine größere Flexibilität in der Preissetzung.

Neben Geschäftszuweisungen bestehen weitere Sicherheitsäquivalente für Kreditrisiken in Kreditsicherheiten (Grundpfandrechte, Sicherungsübereignungen von Maschinen, Sicherungszessionen von Forderungen, Verpfändung von Wertpapieren usw.), Zusatzinformationen (aus Planungs-, insbesondere Finanzplanungsunterlagen) sowie der Einflußnahme auf die Geschäftsführung des Kunden, wie sie sich in Negativklauseln und dem Bestehen auf der Einhaltung bestimmter Bilanzstrukturkennziffern niederschlagen kann.[133] Alle diese Sicherheitsäquivalente sind neben der Risikoprämie im Zins geeignet, gegen das Ausfallrisiko von Krediten zu schützen.[134]

In dem Maße, wie derartige Sicherheitsäquivalente zu Aktionsparametern im Wettbewerb um Kreditkunden gemacht werden, wird die Markttransparenz eingeschränkt. Setzt z.B. ein Kunde die Bank mit dem Hinweis auf ein günstiges Konkurrenzangebot unter Zinsdruck, so ist sogleich zu fragen: Wie sehen bei der Konkurrenzbank angesichts ihrer Zinsofferte die Anforderungen im Hinblick auf Sicherheiten, Kreditauflagen, Informationen und die Ausbedingung von Zusatzgeschäften aus? Da der Zins und diese Sicherheitsäquivalente jeweils für sich und in verschiedenen Kombinationen geeignet sind, gegen Kreditrisiken zu schützen, kann nur das gesamte Kreditangebot über die Vorteilhaftigkeit von Kreditofferten Aufschluß geben (vgl. Abb. C. 138).

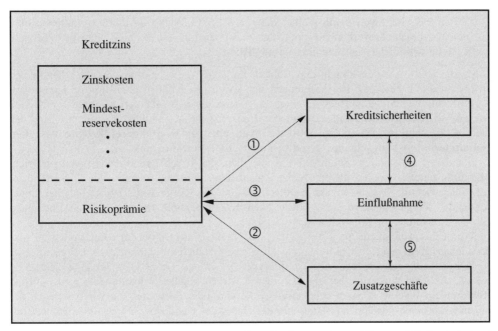

Abb. C. 138: Austauschmöglichkeiten zwischen Risikoprämie im Zins und Sicherheitsäquivalenten

---

[133] Eine Anbindung der Zinsforderung an die sich verändernde Bonität des Schuldners, ausgedrückt in Bilanzstrukturkennziffern, findet sich in ausländischen Kreditverträgen; vgl. E. Mattern: Kreditkonditionen in den USA, in: DBk, Nr. 12/1984, S. 582-585; dieser Hinweis aus der Praxis stützt die sogenannte Risikoabgeltungsthese, dazu vgl. J. Wilhelm: Die Bereitschaft der Banken zur Risikoübernahme im Kreditgeschäft, in: KuK, 15. Jg., 1982, S. 572-601, sowie H. Remsperger: Monetäre Lockerungen und Kreditpolitik der Banken, in: WD, 63. Jg., 1983, S. 466-472.

[134] Vgl. D. Stahlschmidt: Schutzbestimmungen in Kreditverträgen, Wiesbaden 1982 und F. Thießen: Covenants in Kreditverträgen: Alternative oder Ergänzung zum Insolvenzrecht?, in: ZBB, 8. Jg., 1996, S. 19-37 sowie zu dem für die Sicherheitenverwertung bedeutenden, zum 1.1.1999 in Kraft tretenden neuen Insolvenzrecht H. Seiler: Das neue Insolvenzrecht, in: BI, 23. Jg., Nr. 1/1997, S. 59-62.

Die Beispiele ① bis ⑤ sind sicherlich nicht typisch (und gelten auch nicht nur für kurzfristige Kontokorrentkredite), zeigen aber doch – worauf es hier ankommt –, daß die genannten Austauschbeziehungen grundsätzlich bestehen.

① Vorzugszins infolge Unterlegung des Kredits mit (lombardfähigen) Wertpapieren.

② Vorzugszins, weil über die mit der Abwicklung von Zusatzgeschäften verbundenen Mehrkosten hinaus Mehrerträge anfallen (die wie die Risikoprämie im Zins zur Dotierung von Pauschalwertberichtigungen verwandt werden können).

③ Vorzugszins bei einer Sparkasse, weil sich die Unternehmung bei einer Projektfinanzierung unter einen »Bankenschirm« von Kreditzusagen zum Beispiel der drei Großbanken begeben hat.

④ Negativklausel mit Bilanzstrukturauflagen, die wie Grundpfandrechte die Deckungsstockfähigkeit eines Darlehens ermöglichen (sogenannte »Bayer-Formel«).

⑤ Zusatzgeschäfte, weil damit – über den § 18 KWG hinaus – Mehrinformationen über den Kreditnehmer verbunden sind, die zusammen mit den Mehrerträgen den Verzicht auf eine förmliche Einflußnahme ermöglichen.

Unter diesen Umständen könnte den Banken nur daran gelegen sein, ihren Verhandlungsspielraum durch eine auf die Präferenzen der jeweiligen Kunden abgestimmte Kombination von Zins und Sicherheitsäquivalenten zu nutzen. Es trifft auf den Märkten für Kredite der volkswirtschaftliche Lehrsatz, daß der Preis für die Kapitalüberlassung der Zins sei, dann nicht mehr zu. Tatsächlich wird der **Preis z.B. für Kontokorrentkredite aus allen risikorelevanten Klauseln des Kreditvertrags zu ermitteln** sein.

Für derart vollständige Kreditofferten aber läßt sich durch Kreditkunden weniger leicht Markttransparenz erzielen als für bloße Zinsofferten. Da das Ausmaß von Markttransparenz eine wichtige Voraussetzung für die Intensität des Wettbewerbs ist, kommt bei eingeschränkter Vergleichbarkeit der vollständigen Kreditangebote tendenziell eine Entlastung der Kreditinstitute im Zinswettbewerb zustande.

Wurde insoweit allein die Preissetzung bei Krediten angesprochen, dann stellt sich darüber hinaus die Frage, ob Kreditinstitute nicht grundsätzlich zu einer stärkeren *Preisdifferenzierung in Abhängigkeit von der Qualität der jeweiligen Geschäftsverbindung* übergehen sollten, die dann wiederum beziehungsfördernd wirken könnte.[135] Instrumente eines solchen **Relationship Pricing** könnten beispielsweise *Rabatte* oder *Boni* sein, die vor bzw. nach der Leistungsabnahme gewährt und etwa von der Dauer der Kundenbeziehung, ihrer Ertragskraft in Form des aktuell erzielten bzw. potentiellen Deckungsbeitrags, der Zahl der abgenommenen Produkte oder auch der Güte des Beziehungsnetzes des Kunden abhängig gemacht werden.[136] Neben expliziten Preisreduktionen wäre zudem an die bei Kundenclubs anderer Branchen üblichen Belohnungen (in Form z.B. von Reisen) nach dem Sammeln von »Treuepunkten« zu denken, die als *indirekte Preiszugeständnisse* zu werten sind.[137]

---

[135] Vgl. H. Simon/A. Pohl: Vertrauen wächst mit dem Pricing, in: asw, 39. Jg., 1996, Sonderheft Oktober, S. 168-172 und auch St. I. Greenbaum/G. Kanatas/I. Venezia: Equilibrium loan pricing under the bank-client relationship, in: JoBF, vol. 13, 1989, S. 221-235.

[136] Vgl. B. Bernet: Relationship Pricing, in: DBk, Nr. 12/1994, S. 708-712, ders.: Bonusprogramme als Instrument der Preisdifferenzierung, in: DBk, Nr. 12/1995, S. 734-737 und W.-D. Schlechthaupt/M. Gygax: Frequent Banking Programm – das Bonussystem einer großen Schweizer Bank, in: bum, 23. Jg., Nr. 12/1994, S. 26-29.

[137] Vgl. L. O'Brien/Ch. Jones: Do rewards really create loyalty?, in: HBR, vol. 73, no. 3/1995, S. 75-82.

Um den Kunden ein Stück ihrer Unsicherheit im Hinblick auf die Preiswürdigkeit einer Leistung vor der Aufnahme einer Absatzbeziehung zu nehmen, könnten die Preise mit bestimmten *Leistungsgarantien* verbunden werden, um Vertrauenswürdigkeit zu signalisieren. So sichert eine US-Bank ihren Kunden für jeden Buchungsfehler eine Entschädigung von 5 Dollar zu; diesen Betrag erhält bei einem anderen Institut jeder Kunde, der länger als 5 Minuten an der Kasse warten muß.[138] Solche Garantien müssen nicht auf stark standardisierbare Leistungen, bei denen der Kunde als »Störfaktor« weitgehend ausgeklammert bleibt, beschränkt sein. Die ebenfalls in den USA beheimatete Bank One räumte ihren Kunden des Geschäftsbereichs Vermögensverwaltung ein: »Wenn Sie in irgendeinem Jahr mit der Qualität unserer Leistungen nicht zufrieden sind, werden wir Ihnen bezahlte Gebühren in voller Höhe oder zu einem Anteil erstatten, den Sie für angemessen halten.« Wer diese Garantie in Anspruch nehmen wollte, mußte die Bank nur binnen 90 Tagen vor Ablauf des Geschäftsjahres schriftlich benachrichtigen. Obwohl diese weitgehende Zusage zu opportunistischem Verhalten auf Kundenseite einlud, meldeten sich zwischen 1989 und 1995 lediglich 7 von 4.500 Kunden, deren Beschwerden sämtlich berechtigt waren.[139] – In ähnlicher Weise vertrauensbildend und damit dem Beziehungsaufbau nützlich dürften sich erfolgsabhängige Entgelte auswirken. So könnte sich z.B. der Preis für die Betreuung eines Aktiendepots danach richten, inwieweit die DAX-Entwicklung (nicht) übertroffen wurde.

b. 5. Ansatzpunkte einer rechtfertigungsfähigen Preispolitik

Führt man sich exemplarisch vor Augen, daß

– Banken als »Preistreiber im Zins- und Gebührendschungel« des Zahlungsverkehrs bezeichnet werden und sich etwa eine Volksbank von der Lokalzeitung an den Pranger gestellt sieht, da sie für das Ausfüllen eines Überweisungsauftrages 1,- DM berechnet,
– Banken vorgeworfen wird, ihren Einlegern gerechte Preise vorzuenthalten und aufgebrachte Bürger auf die Straße gehen, um u.a. von der örtlichen Sparkasse höhere Zinsen zu fordern,
– Banken der prohibitiv hohen Gebühren im Aktienhandel und -depotgeschäft bezichtigt werden, und man insbesondere den Großbanken vorhält, damit die Beteiligung breiter Bevölkerungsschichten am Produktivvermögen zu verhindern,[140]

dann macht dies zweierlei deutlich: Die Kreditwirtschaft besitzt – wohl aufgrund des besonderen Vertrauensgutes »Geld« – einen Grad an öffentlicher Exponiertheit, der denjenigen in den meisten anderen Branchen bei weitem übersteigt. Hieraus erklärt sich die hohe Aufmerksamkeit, die ihrer Preisstellung gewidmet wird. Zugleich ist es den Banken (wie die Beispiele aus den drei Institutsgruppen und im Hinblick auf unterschiedliche Leistungen zeigen) bisher offenbar durchgängig nicht gelungen, in der Öffentlichkeit in ausreichendem Maße Akzeptanz für ihre Preispolitik zu wecken – im Gegenteil: Unter den pri-

---

[138] Vgl. Th. Brinkmann/E. Peill: Kundenbindung durch Servicegarantien, in: DBk, Nr. 5/1996, S. 284-287.
[139] Vgl. L. L. Berry/M. S. Yadiv: Oft falsch berechnet und verwirrend – die Preise für Dienstleistungen, in: HBM, 19. Jg., Nr. 1/1997, S. 57-67, hier S. 62.
[140] Beispiele entnommen aus J. Süchting: Banken am Pranger – öffentliche Kritik und Reaktionen der Kreditinstitute, in: SB 41, WS 1994/95, S. 5-13, hier S. 5.

vaten Haushalten stellen die Kosten des Zahlungsverkehrs und die Kreditkonditionen noch immer eine wichtige Quelle der Kundenunzufriedenheit dar.[141] Am Beispiel des Zahlungsverkehrs lassen sich dementsprechend besonders plastisch die Probleme demonstrieren, zu einer vermittelbaren Preisstellung zu gelangen.

Bis zum Beginn der 70er Jahre hatten die Kreditinstitute, nachdem sie über Lohn- und Gehaltskonten Millionen von Arbeitnehmern als Bankkunden gewonnen hatten, ihre Leistungen an diese im Zahlungsverkehr verschenkt, weil sie solche Dienstleistungen als Zubringer zum Bilanzgeschäft ansahen. Über die Werbung für eine intensivere Nutzung der Zahlungsverkehrskonten hoffte man auf lukrative Folgegeschäfte im Spar- und Kreditbereich (Prinzip der Ausgleichspreisstellung). Die Fehlkalkulation lag indessen darin, daß man die durch solche Lockartikel geschaffenen Zusatzkosten unter- und die Belastbarkeit der Zinsspanne überschätzt hatte.

Unter diesen Umständen versuchten die Kreditinstitute zunehmend, sich vom Zwang einer Erfolgskompensation mit Hilfe der Zinsspanne unabhängiger zu machen und das Prinzip einer kostenorientierten Preisstellung im Zahlungsverkehr am Markt durchzusetzen; 1975 hatten z.B. 75% der Sparkassen wieder Abschied vom entgeltlosen Girokonto genommen.[142] Dabei sahen sie sich in der Öffentlichkeit mit dem Vorwurf von Politikern, Gewerkschaften und Verbraucherverbänden konfrontiert, daß ihre Gebührenforderungen »unsozial« seien, da sie den »kleinen Mann« träfen.

Der Vorwurf der sozialen Ungerechtigkeit erhöhter Kontoführungsgebühren hat dazu geführt, daß diese als »politische« Preise angesehen werden. Da die Kreditinstitute in der Bundesrepublik Deutschland marktwirtschaftlich geführte Unternehmen sind, kann unter einem politischen Preis in diesem Zusammenhang nur ein in der Öffentlichkeit rechtfertigungsfähiger Preis[143] verstanden werden.

Die *rechtfertigungsfähige Preispolitik* einer Bank setzt zunächst voraus, daß sie von den Kunden *verstanden* wird. Hierfür ist zum einen der Aspekt der *Transparenz* von Bedeutung. Zweifellos ist der Grad der Preistransparenz bei monatlichen oder jährlichen *Pauschalpreisen* für sämtliche Leistungen des Zahlungsverkehrs bzw. *Paketpreisen* für bestimmte Leistungskombinationen (wie in Tab. C. 28, S. 661, bei der Deutschen Bank) höher als im Falle von *Teilpreisen* für einzelne Leistungen wie z.B. Buchungsposten, eine Kreditkarte usw. (dort bei der Vereinsbank). Ein Vergleich der Zahlungsverkehrsangebote verschiedener Banken muß den Preisen aber auch die dahinterstehenden Leistungen (sowie streng genommen deren Qualität) gegenüberstellen. Die unterschiedliche Zusammensetzung der Pakete jedoch erschwert das Abwägen. Aufgrund der individuell unterschiedlichen Inanspruchnahme von Leistungen können hier die Vergleiche auf der Basis von Musterkonten, wie sie von Verbraucherverbänden und den Medien veröffentlicht werden, nur grobe Orientierungshilfen geben.

---

[141] Vgl. G. Zollner: a.a.O., S. 145ff., bes. S. 151. Vgl. für die Preisstellung im Sektor der Unternehmenskunden P. Dolff/D. Tober: Konditionen im Firmenkundengeschäft, in: K. Juncker/E. Priewasser (Hrsg.): a.a.O., S. 653-681.

[142] Vgl. R. Dötsch: Zielorientierte Preispolitik im Zahlungsverkehr, in: J. Süchting/H.-M. Heitmüller (Hrsg.): a.a.O..

[143] Vgl. J. Süchting: Rechtfertigungsfähige Preise, a.a.O., S. 550ff. sowie D. Köllhofer, Bayerische Vereinsbank AG, München, in seinem Referat »Zur Gebührenpolitik der Kreditinstitute« am 22.11.1977 im Kontaktseminar an der Ruhr-Universität Bochum, in: SB Nr. 7, WS 1977/78, S. 29-31. Vgl. auch ders.: Preispolitik im Zahlungsverkehr, in: J. Süchting/E. van Hooven (Hrsg.): a.a.O., S. 169-188.

Die Rechtfertigungsfähigkeit ist zweitens dann gegeben, wenn die Preise dem *Verursachungsprinzip* genügen. Hiergegen wurde von den Banken lange Zeit in zum Teil unseriöser Weise verstoßen. So mußten erst höchste Gerichte untersagen, daß vom Kunden bei Hypothekarkrediten Darlehenssalden zu verzinsen waren, die bei planmäßiger Tilgung in dieser Höhe gar nicht mehr bestanden. Ebenso wurde die gängige Wertstellungspraxis korrigiert, in deren Rahmen Lastschriften zinsmäßig vor-, Gutschriften auf dem Kundenkonto nachvalutiert wurden, um einen Valuta-Schnitt zu erzielen.

Trotz dieser erzwungenen Korrekturen wird das Verursachungsprinzip nach wie vor verletzt. Dort, wo noch Umsatzprovisionen als Entgelt für Dienstleistungen im Zahlungsverkehr erhoben werden, fehlt der Zusammenhang zwischen dafür entstehenden Selbstkosten (die Überweisung über DM 10,- kostet in der Bearbeitung soviel wie die über DM 1000,-) und betragsabhängigen Preisen (für die Überweisung über DM 1000,- wird das Hundertfache im Vergleich zu der von DM 10,- verlangt). Solche volumensbasierten Entgelte können bei von Geschäftsvorfällen abhängigen Arbeitsvorgängen und -kosten nicht gerechtfertigt werden; Rechtsanwalts- und Notariatsgebühren, die als Bezugsbasis für die juristischen Bemühungen den Streitwert der Forderungen heranziehen, eignen sich nicht als Vorbild für die in einer kritischen Öffentlichkeit stehenden Banken. Auch sollte es inzwischen mit Hilfe der DV-Technik möglich sein, Vergleiche von Renditen bei Termineinlagen einerseits und Restläufern festverzinslicher Wertpapiere andererseits unter Einschluß von Ankaufs- und Verkaufsprovisionen sowie Auswirkungen auf die Depotgebühren vorzunehmen. Sonst kommt es zu verständlichen Verärgerungen der Kunden. Derartige Preisstellungen sind aufgrund der Erklärungsbedürftigkeit und Vertrauensempfindlichkeit der Bankleistung (vgl. den folgenden Ausschnitt aus dem Bankmodell) abzulehnen und sollten schleunigst abgeschafft werden.

Diese Überlegungen führen zu der Empfehlung, eine rechtfertigungsfähige Preispolitik bei der Kontenführung im Zahlungsverkehr an den Selbstkosten auszurichten.

In diesem Zusammenhang wäre aber zu überlegen, ob Preisforderungen allein auf derartige Selbstkosten gestützt werden können – dann müßten die Preise erheblich höher ausfallen, als das heute der Fall ist. Vielmehr könnten die Kreditinstitute den *Kunden* auch an der Höhe des von ihm unterhaltenen *Durchschnittsguthabens profitieren* lassen, wie das in den Vereinigten Staaten der Fall ist. Unmittelbar brauchen ihm dabei keine Zinserträge zuzufließen. Mittelbar aber könnte er mit der Erhöhung seines Guthabens »Freiposten« verdienen. In der Abbildung C. 139 ermäßigt sich die Anzahl der vom Kunden zu tragenden Gebühreneinheiten (z.B. von 0,50 DM/Posten) und damit der Gesamtpreis von P_1 auf P_2.

Ein Kreditinstitut gibt also einen Teil seiner Erlöse, die es selbst mit den Sichteinlagen des Kunden verdient, an diesen weiter.

Ein weiterer Verbilligungseffekt für den Kunden wird bei amerikanischen Kreditinstituten geboten, die daran interessiert sind, daß Kunden ihre Konten intensiv nutzen, indem sie möglichst viele Geschäftsvorfälle/Periode darüber abwickeln. Der Grund für dieses Interesse dürfte in den an der Spitzenbeschäftigung ausgerichteten Kapazitäten zu suchen sein, die hohe Bereitschaftskosten und damit Umwandlungsmöglichkeiten von Leer- in Nutzkosten bedeuten. Bei den *Intensivnutzern* der Konten wird ihr Beitrag zur Kostendegression anerkannt, indem die Bank von bestimmten Mengen von Posten/Periode ab die Kontoführungsgebühr ermäßigt (auf der Basis des dafür erforderlichen höheren Guthabens – P'_3 – würde sich die Mehrzahl der durch den Kunden ausgelösten Geschäftsvorfälle in einer entsprechend niedrigeren Anzahl von Gebühreneinheiten ausdrücken; der Gesamtpreis fällt von P'_2 über P'_3 auf P_3).

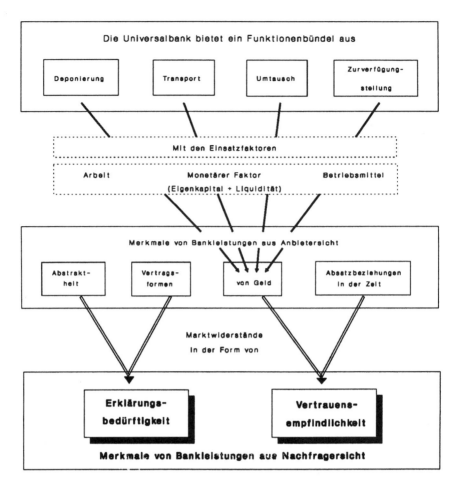

Ausschnitt aus dem Bankmodell

Schließlich kann auch das von einem Kreditinstitut *bevorzugte Zahlungsinstrument* (z.B. der Scheck) oder der Abwicklungsweg (Homebanking) dadurch attraktiver gemacht werden, daß man nicht von durchschnittlichen Kosten über alle Geschäftsvorfälle im Zahlungsverkehr ausgeht, sondern die niedrigeren Selbstkosten des Schecks bzw. der elektronischen Übertragung auch in weniger Gebühreneinheiten zum Ausdruck bringt (P_4 statt P_3).

Je stärker das Prinzip der Verursachungsgerechtigkeit verwirklicht und Steuerungsanreize gegeben werden sollen, desto eher kommt demnach die Setzung von Teilpreisen in Betracht. Diese muß indes ihre Grenze dort finden, wo die damit verbundene Einschränkung der Preistransparenz in der Öffentlichkeit keine Akzeptanz mehr findet. Umgekehrt kann dem Verursachungsprinzip im Rahmen eines zumindest von der Preisseite her transparenteren Pauschalpreises nur schwer entsprochen werden, da die Wenignutzer die Mehrnutzer subventionieren.

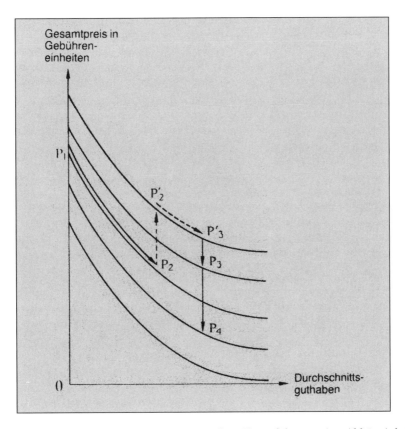

Abb. C. 139: Ermittlung des Gesamtpreises der Kontoführung in Abhängigkeit von Durchschnittsguthaben

Wie sich die Kreditwirtschaft in diesem *Trade-off* bewegt, zeigt das Beispiel der Sparkassenorganisation (vgl. Abb. C. 140). Zu Beginn der neunziger Jahre waren 70% der Institute zu einer Kombination aus einem Grundpreis für die Kontoführung, einem Postenpreis sowie Einzelpreisen für weitere Leistungen übergegangen. Mittlerweile wird mehrheitlich das Modell der »differenzierten Preise« verwandt. Neben dem unveränderten Grundpreis existieren nun keine einheitlichen Einzelpreise mehr, vielmehr werden diese z.B. je nach Art des Zahlungsverkehrs (z.B. beleglos, beleghaft) individuell ausgestaltet, stärker an der Kostenstruktur ausgerichtet. Wie die Abbildung ebenfalls zeigt, steigt aber zugleich der Anteil derjenigen Institute an, die auf Paketpreise setzen.[144] Dabei hat der Kunde in der Regel die Wahl zwischen verschiedenen Zusammenstellungen von Serviceleistungen mit unterschiedlichem Gesamtpreis (in der folgenden Abb. C. 140 daher Doppelzählungen mit

---

[144] Vgl. hierzu auch W. Gerke/G. Pfeufer-Kinnel: Preispolitische Strategien im Privatgiroverkehr, in: BBl, 45. Jg., 1996, S. 543-547.

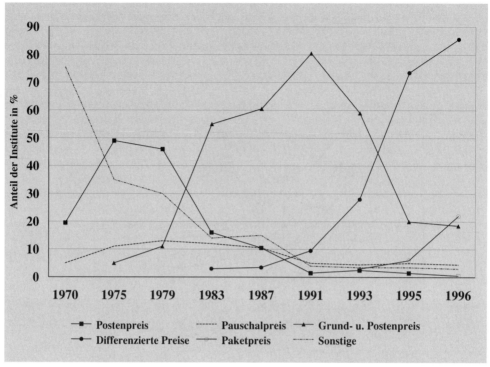

Abb. C. 140: Die Anwendung unterschiedlicher Preismodelle im Privatgiroverkehr in der Sparkassenorganisation von 1970 bis 1996 (Quelle: R. Dötsch: a.a.O., S. 15)

dem Modell differenzierter Preise). – Zwar läßt sich die weitere Entwicklung nur schwer prognostizieren, doch zeichnet sich im Zeitablauf ein Trend hin zu einer stärkeren Preisbündelung ab.[145] Dies schließt nicht aus, daß der Kunde auch bei der Vergütung mehrerer Leistungen durch *einen* Preis über die von ihm tatsächlich nachgefragten Leistungen (z.B. auf dem Kontoauszug) informiert wird.

Ebensowenig kann vorausgesagt werden, ob sich mit den zu beobachtenden Bemühungen um eine stärkere Kostenorientierung der Preise langfristig die Quersubventionierung des Zahlungsverkehrs durch das Zinsgeschäft erübrigt. Wenig nützlich dürfte es dabei sein, wenn einzelne Institute auf das Verhaltensmuster der Vergangenheit setzen und ein »kostenloses Girokonto« anbieten.[146] Auch wird es darauf ankommen, sich von früheren, eher passiven Versuchen der Preisrechtfertigung, die detailliert um den Nachweis von De-

---

[145] Vgl. zum Zusammenhang von Pauschal- bzw. Teilpreisen und Kundenzufriedenheit auch Ch. Friege: Preispolitik für Leistungsverbunde im Business-to-Business-Marketing, Wiesbaden 1995 und A. Herrmann/H. H. Bauer: Ein Ansatz zur Preisbündelung auf der Basis der »prospect«-Theorie, in: ZfbF, 48. Jg., 1996, S. 675-695.
[146] Vgl. die Versuche der BfG Bank in o.V.: Aggressive Strategie im Privatkundengeschäft, in: BZ, Nr. 244 v. 20.12.1995, S. 4.

fiziten des Zahlungsverkehrs bemüht waren, zu lösen und statt dessen stärker in offensiver Weise die Qualität und den Kundennutzen der angebotenen Leistungen in den Vordergrund der Preisargumentation zu stellen.

c. Die räumliche und zeitliche Dimension: Ausgestaltung des Vertriebssystems

Entscheidungen über den Standort, von dem aus Bankprodukte verkauft werden sollen (Vertriebsort), und über die Auswahl des Vertriebsweges (z.B. Angebot von Investmentzertifikaten über die Vertriebsform einer eigenen Zweigstelle oder einen Partner innerhalb von Verbundorganisationen) sowie die Zeiten, zu denen die Bank-Kunde-Kommunikation möglich ist, sind Entscheidungen über das Vertriebssystem. Diese werden im folgenden mit dem Schwerpunkt im Privatkundengeschäft behandelt und durch besonders prägnante Entwicklungen im Geschäft mit Firmenkunden ergänzt.

c. 1. Die Vertriebssysteme der Banken im Wandel

Angesichts dessen, daß aufgrund der Abstraktheit der Bankleistung Verkauf und Produktion von Finanzdienstleistungen häufig in der Person des Mitarbeiters zusammenfallen, hielt man in der Kreditwirtschaft lange Zeit eine Nutzung verschiedener Distributionsstufen wie im Handel (Transport, Lagerung, Verteilung) für nicht möglich. Daher tendierten die Banken traditionell zum *direkten Vertrieb*, d.h. anbietendes Kreditinstitut und Nachfrager von Bankprodukten standen sich unmittelbar gegenüber. Der direkte Vertrieb wurde überwiegend *in dezentraler Form* abgewickelt: Neben der Hauptstelle (Zentrale) verfügten die Kreditinstitute über ein zumeist engmaschiges Netz von stationären und sogar mobilen *Zweig- bzw. Geschäftsstellen*, um dem Nachfrager möglichst weit entgegenzukommen und durch persönlichen Service zu binden.

Dieses Ziel wurde insofern erreicht, als sich die Bankstellendichte in der Bundesrepublik bald in der internationalen Spitzengruppe (vgl. S. 39) bewegte, doch wurde spätestens anfangs der 80er Jahre deutlich, daß der durch diese Entwicklung verursachte rapide Anstieg der Personal- und Sachkosten gebremst werden mußte. Zu ersten Kostenentlastungen führte eine Ergänzung des direkten dezentralen Vertriebs durch Geldausgabeautomaten (GAA), Kontoauszugsdrucker und einfache Multifunktionsterminals. Dieser Beginn des *Selbstbedienungs-Bankings* entsprach auch dem Wunsch vieler Kunden nach einer Leistungsabnahme außerhalb der starren, für viele Nachfrager ungünstigen Öffnungszeiten. Neben die persönliche Betreuung trat damit bei bestimmten Leistungen des Zahlungsverkehrs die anonyme, automatisierte Abwicklung. Gleichzeitig wurden im Rahmen des dezentralen Vertriebs die *Außendienst*aktivitäten auf- bzw. ausgebaut, um insbesondere vermögendere Privatkunden in dem von ihnen gewünschten Umfeld zu der vom Nachfrager präferierten Zeit individuell betreuen zu können.

Mit zuvor ungeahnter Dynamik konnten sich im Übergang zu den 90er Jahren dann neue Formen des *Vertriebs mittels Technik* etablieren – ebenfalls ein *direkter, aber zentralisierter Absatzweg*. Die Kundenansprache erfolgte dabei zunächst brieflich über Direct Mail-Aktionen, später immer stärker über das Telefon bzw. -fax und seit einigen Jahren auch via PC unter Nutzung des Internet (vgl. auch S. 278ff.). Motiviert wurde diese Entwicklung wiederum durch den Zwang zum Kostenabbau durch Personalausdünnung einerseits, veränderte Anforderungen breiter Kundenschichten nach schnelleren, überall verfügbaren und letztlich auch kostengünstigeren Möglichkeiten der Leistungsabnahme andererseits. Mittlerweile wird der Vertrieb mittels Technik nicht mehr nur von bereits etablierten Banken zur Ergänzung bzw. teilweisen Substitution der bisherigen Vertriebswege angeboten (*»Direct Banking«*), sondern auch von neu gegründeten, sogenannten *»Direktbanken«*, die ihn als ausschließlichen Absatzkanal verwenden.[147]

Parallel zu dieser Entwicklung reifte die Erkenntnis, daß auch eine Trennung von Absatz und Produktion der Finanzdienstleistung möglich sei, wenn diese nicht als ganze verkauft wird, sondern lediglich das Leistungsversprechen des Herstellers bzw. – aus der Sicht des Nachfragers – ein Anspruch auf Produktion der Leistung. Zunehmend hat daher der *indirekte Absatz* über die Einschaltung von Mittlern (middle-men) in der Anbieter-Nachfrager-Beziehung bei Banken Bedeutung erlangt. Dieser Weg des ebenfalls dezentralen Vertriebs wird z.B. dort beschritten, wo Mitglieder eines Verbundsystems wie die Genossenschaftsbanken Baufinanzierungen für eine zentrale Hypothekenbank (Deutsche Genossenschafts-Hypothekenbank) oder Bausparkasse (Schwäbisch Hall) vermitteln. Auch bei der Nutzbarmachung öffentlicher Kreditprogramme für Unternehmen z.B. in strukturschwachen Gebieten werden von der Kreditanstalt für Wiederaufbau bei der Verteilung der Liquidität Landesbanken und Zentralbanken eingeschaltet, die ihrerseits die Finanzmittel den Sparkassen bzw. Genossenschaftsbanken als Hausbanken der antragstellenden Unternehmungen zur Verfügung stellen. Hier wie auch über Angehörige freier Berufe (z.B. Architekten), formal unabhängige Makler und selbständige Handelsmittler (Vertreter von Versicherungen und Bausparkassen) werden Aufträge akquiriert, die dann von den auftragnehmenden Kreditinstituten abgewickelt werden. Diese Zuführung kann weiter erfolgen durch Einzelhändler (z.B. bei PKW-Finanzierungen), den Großhandel (Lagerfinanzierung einer Einkaufsgenossenschaft für ihre Mitglieder) oder andere Dienstleistungsunternehmen (etwa Reisebüros im Zusammenhang mit Urlaubsfinanzierungen).[148]

Zusammenfassend können die Wege des direkten und des indirekten Vertriebs dann durch die Abbildungen auf der gegenüberliegenden Seite veranschaulicht werden.

Fragt man sich, welche Entwicklung die Vertriebssysteme in Zukunft nehmen werden, dann ist im Sinne des kundenorientierten Marketing bei den Überlegungen der Nachfrager anzusetzen (c. 2.) und darauf aufbauend der Gestaltungsspielraum der Anbieter zu untersuchen (c. 3.).

---

[147] Aufgrund der dargestellten Veränderungen sprechen Ch. Blümelhuber/D. Oevermann in Anlehnung an den Handel auch im Hinblick auf die Kreditwirtschaft von einer »Betriebsformendynamik im Bankbereich«, in: A. Meyer (Hrsg.): Grundsatzfragen und Herausforderungen des Dienstleistungsmarketing, a.a.O., S. 297-316.

[148] Vgl. S. Hannemann: Vertrieb von Finanzdienstleistungen, Wiesbaden 1993.

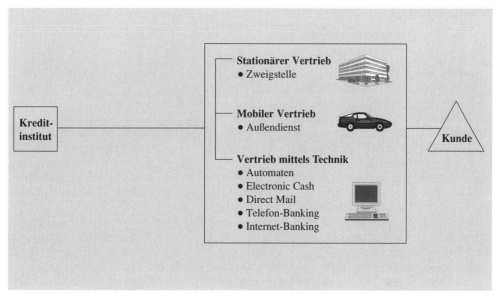

Abb. C. 141: Direkter Vertrieb von Finanzdienstleistungen

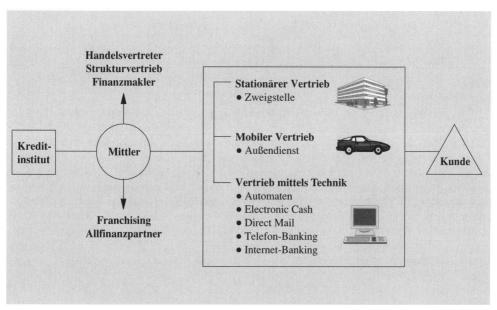

Abb. C. 142: Indirekter Vertrieb von Finanzdienstleistungen (Quelle beider Abbildungen: J. Süchting: Vertrieb von Finanzdienstleistungen auf dem Markt für Privatkunden, a.a.O., S. 449-457)

c. 2. Die Nachfragerperspektive: Wahl des Vertriebswegs anhand der Einkaufswirtschaftlichkeit

Die Einbeziehung von Bereitstellungsleistung sowie Leistungserstellungs- und -verkaufsprozeß in den Begriff der Finanzdienstleistung erlaubt es, die Erfahrungen und Wahrnehmungen des Nachfragers als ein Qualitätserlebnis anzusehen – bis auf den Preis. Insofern kann auch beim Einkauf von Finanzdienstleistungen mit Recht vom *Preis/Leistungs- oder Preis/Qualitäts-Verhältnis* gesprochen werden.

Nun ist für den Nachfrager der Preis nicht der einzige Aufwand, um Finanzdienstleistungen bestimmter Art und Qualität zu beziehen. Zu dem Aufwand in Form des Preises kommt Einkaufsaufwand. Dieser mag aus Zeit- und Wegeaufwand bestehen, um eine Bankzweigstelle zu erreichen, aus Selbstbedienungsaufwand am GAA, aus Informationsaufwand, um sich in bezug auf DAX-Optionen vorzubilden sowie sich im Markt Transparenz über Qualität (Q) und Preis (P) zu verschaffen.

Alle diese Komponenten des Einkaufsaufwands sollen im folgenden als *Transaktionskosten* (TK) bezeichnet werden. Diese wird der Einkäufer von Finanzdienstleistungen mit dem Einkaufsertrag, das sind beim Vergleich eines neuen mit dem bisher in Anspruch genommenen Anbieter mögliche Qualitäts- und Preisvorteile des Einkaufs, abwägen.

Die Überlegungen des Nachfragers nehmen damit bei der **Einkaufswirtschaftlichkeit** (EW) ihren Ausgang[149]. Einkaufswirtschaftlichkeit kann als *Differenz zwischen Einkaufsertrag und Einkaufsaufwand* verstanden werden. Ein Vergleich der Einkaufswirtschaftlichkeit zwischen dem einem Kunden bisher nur vom Hörensagen bekannten Kreditinstitut (K) und seiner Hausbank (H) läßt sich dann im Falle von Passivprodukten so schreiben:

(C. 62) $EW_K ./. EW_H = (Q_K ./. Q_H) + (P_K ./. P_H) ./. (TK_K ./. TK_H)$

und ist für Aktiv- und Dienstleistungsgeschäfte modifizieren zu:

(C. 63) $EW_K ./. EW_H = (Q_K ./. Q_H) ./. (P_K ./. P_H) ./. (TK_K ./. TK_H)$

Obwohl selbst Merkmal der Total Quality, sind die Vertriebsanstrengungen dadurch aus Q herausgenommen und mit TK isoliert worden.

Die Formeln implizieren, daß der Nachfrager rational nach den Komponenten der Einkaufswirtschaftlichkeit entscheidet. Aber dieser Abwägungsprozeß ist nicht einfach. Er verlangt, daß der Nachfrager in der Lage ist, nicht nur Transaktionskostenunterschiede in D-Mark auszudrücken, sondern auch Qualitätsunterschiede. Damit sind die meisten Nachfrager überfordert. Man denke nur daran, wie schwierig es bereits ist, Preisdifferenzen zu ermitteln, wenn von den Vergleichsinstituten nur eines mit Teilpreisangeboten arbeitet.

Und dennoch: Wenn es richtig ist, daß im Rahmen der schulischen Aus- und Weiterbildung, durch den Einfluß von Medien und Verbraucherverbänden und nicht zuletzt durch das Marketing der Kreditinstitute selbst der ökonomische Bildungsgrad der Nachfrager ansteigt, dann werden diese, langfristig und tendenziell zunehmend, nach dem Prinzip der Einkaufswirtschaftlichkeit handeln.[150]

---

[149] Dazu vgl. bereits J. Süchting: Die Einkaufswirtschaftlichkeit für Bankdienstleistungen und die Zweigstellenpolitik, a.a.O.
[150] Nimmt ein Nachfrager mehrere Leistungen ab, so wird seine Bankwahl ebenfalls durch obige Formeln bestimmt, die aber dann über sämtliche Einzelprodukte zu berechnen wären.

Um aus diesen Grundüberlegungen zur Einkaufswirtschaftlichkeit Konsequenzen für den Vertrieb von Bankleistungen abzuleiten, bietet es sich an, diese nach ihrer **Kontaktintensität** und **Kontaktfrequenz** zu ordnen.

Zunächst läßt sich ein Kontinuum entwerfen, das von den Extremtypen der *kontaktintensiven Problemleistungen* einerseits und den *kontaktarmen Routineleistungen* andererseits begrenzt wird. Der Unterschied zwischen diesen beiden Leistungskategorien kann auf das menschliche Element zurückgeführt werden: In seinen Kontakten mit dem Kunden tritt der Bankangestellte (wie bereits dargelegt) vielfach als Berater auf und geht insoweit in die Leistung ein. **Im Rahmen der Leistungserstellung ist die Intensität des menschlichen Kontakts bestimmt durch den Problemgehalt der verschiedenen Arten von Bankleistungen.** Dabei ist der Nur-Deponent (Schließfachkunde, Einleger von Spargeld) oder der Benutzer eines institutsfremden Geldautomaten wenig bzw. gar nicht vom menschlichen Element abhängig. Er nimmt eine kontaktarme Routineleistung ab. Der Kreditnehmer dagegen gilt als besonders vertrauensempfindlich und beratungsempfänglich und reagiert stark auf die Person des Bankangestellten. Er kauft eine kontaktintensive Problemleistung. Wie bereits erwähnt (vgl. S. 626) richtet sich das Gewicht, mit dem das menschliche Element innerhalb der Bankleistungen Attraktionswirkung zu erzeugen imstande ist, nicht nur absolut nach dem Aufwand an Quantität und Qualität der menschlichen Arbeitskraft, welche die Bank in ihre Leistung investiert. Es muß vielmehr auch im Verhältnis zum ökonomischen Bildungsgrad der Nachfrager gesehen werden.

Die unter dem Prinzip der Einkaufswirtschaftlichkeit vorgenommenen Ertragsüberlegungen der Nachfrager werden sich demnach darauf konzentrieren, ob es sich um kontaktintensive Problemleistungen oder kontaktarme Routineleistungen handelt, die eingekauft werden sollen, weil bei den ersteren Qualitätsvorteile stärker bemerkbar sind als bei den letzteren.

Für die Einkaufswirtschaftlichkeit ist weiterhin relevant, wie häufig der Kunde Kontakt mit der Bank aufnehmen muß – unabhängig davon, in welcher Form dies geschieht (Aufsuchen einer Bankstelle, Telefonanruf usw.). Auf einem Kontinuum können daher neben kontaktintensiven bzw. kontaktarmen auch *kontaktseltene und -häufige Leistungen* unterschieden werden:

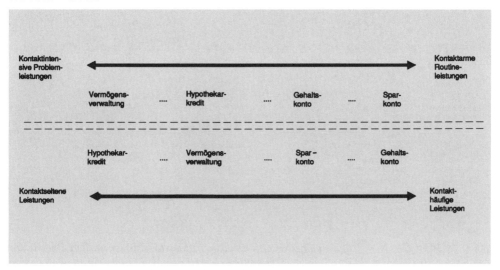

Abb. C. 143: Kontinuum der Bankleistungen

Auf dem Kontinuum zeigt sich, daß die Vermögensverwaltung die kontaktintensivste, gleichzeitig aber eine kontaktseltene Leistung ist. Daraus resultiert die Chance hoher Einkaufswirtschaftlichkeit, wenn es dem Nachfrager gelingt, unter den Anbietern von Vermögensverwaltungen Qualitäts- und Preisunterschiede ausfindig zu machen. Transaktionskosten spielen dagegen eine eher untergeordnete Rolle. Im Gegensatz dazu gehört das Gehaltskonto zu den kontaktarmen Routineleistungen, stellt aber die kontakthäufigste Leistung dar. Aus diesen Eigenschaften ergeben sich nur geringe Möglichkeiten für die Einkaufswirtschaftlichkeit auf der Ertragsseite, so daß die Banken mit niedrigen Transaktionskosten bevorzugt werden, wenn mit größeren Preisdifferenzen nicht zu rechnen ist. Das gilt unter dieser Voraussetzung auch für das Sparkonto, welches zwar kontaktseltener ist, dafür aber gänzlich unproblematisch ist und als kontaktarme Routineleistung kaum Ansatzpunkte für eine Qualitätsdifferenzierung bietet. – Eine entsprechende Unterscheidung läßt sich im übrigen auch im Geschäft mit Firmenkunden treffen. Denkt man an den Verkauf eines grundpfandrechtlich gesicherten Kredits zur Finanzierung einer neu zu errichtenden Werkshalle eines Mittelständlers, so handelt es sich um eine kontaktintensive, aber kontaktseltene Leistung. Die Abwicklung des Zahlungsverkehrs einer Unternehmung stellt dagegen eine kontaktarme, zugleich jedoch kontakthäufige Leistung dar.

In etwas großzügiger Betrachtung kann unterstellt werden, daß kontaktintensive Leistungen tendenziell mit einer geringeren Kontaktfrequenz verbunden sind, während kontaktarme Leistungen in kürzeren Abständen zu Bank-Kunde-Kontakten führen. Aus Vereinfachungsgründen lassen sich daher diejenigen Leistungen, die eher im rechten Teil des Kontinuums der Abb. C. 143 anzusiedeln sind, auch als **Standardleistungen**, diejenigen mit Schwerpunkt im linken Teil als **Individualleistungen** bezeichnen. Von Bedeutung ist nun, daß der Nachfrager in der Regel nicht nur eine einzelne dieser Leistungen, sondern **Leistungsbündel** abnimmt. Dabei können in Annäherung an die Realität auch Versicherungsleistungen berücksichtigt werden, wie dies in der Abbildung C. 144 geschieht.

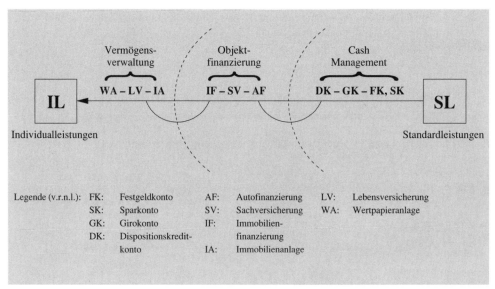

Abb. C. 144: Die Nachfrage nach Bündeln von Finanzdienstleistungen in den Phasen des Lebenszyklus´ (Quelle: J. Süchting: Vertrieb von Finanzdienstleistungen auf dem Markt für Privatkunden, a.a.O., S. 453)

Basis für das *Cash Management* des Nachfragers ist das Girokonto (GK) für die Abwicklung der Zahlungsverkehrstransaktionen. Liquiditätsüberschüsse werden auf das Spar- (SK) bzw. Festgeldkonto (FK) übertragen, Liquiditätsdefizite mit einem Dispositionskredit (DK) abgedeckt. Das Leistungsbündel besteht aus Standardleistungen mit im allgemeinen geringem Problemgehalt, häufig aber hoher Kontaktfrequenz.

Bei den Krediten kann es sich auch um *Objektfinanzierungen* handeln. Die Objektfinanzierung meint z.B. eine Autofinanzierung (AF), dann aber auch die Finanzierung einer Immobilie (IF). Beide Objekte seien abgesichert, hier durch eine Kfz-Versicherung, dort durch eine Gebäudeversicherung (SV). Der Problemgehalt der Finanzierung von Investitionsobjekten des privaten Haushaltes steigt mit der resultierenden Belastung für den Nachfrager, sowohl im Hinblick auf die Erklärungsbedürftigkeit als auch die Vertrauensempfindlichkeit.

Dieselbe Immobilie oder auch ein Anteil an einem Immobilienfonds (IA) führen in die *Vermögensverwaltung* hinein, zu der auch Wertpapieranlagen im In- und Ausland gehören (WA). Systematische Zuführungen in das Vermögen sind durch eine Lebensversicherung (LV) abgesichert bzw. ergänzt. Bei Berücksichtigung auch von steuerlichen Fragen wie solchen des Erbrechts wird das auf den Bedarf des Nachfragers zugeschnittene Leistungsbündel hochkomplex.

Das Kontinuum bietet nicht nur eine so geordnete Aufzählung der Finanzdienstleistungen. Wiederum vereinfacht erkennt man darüber hinaus, daß der Nachfrager über den Lebenszyklus von rechts nach links Leistungen wünscht: Das Cash Management braucht er schon in jungen Jahren, mit der Familiengründung tritt er in die Planung und Finanzierung größerer Anschaffungen ein (Objektfinanzierung). Dabei handelt es sich um längerfristige Finanzierungen, die durch im Lebenslauf ansteigende Einkommen zurückgeführt werden sollen und, wenn die Kinder aus dem Hause sind, gegebenenfalls in den Aufbau weiteren Vermögens (Vermögensverwaltung) einmünden.

Gegebenenfalls bedeutet: Nicht jeder Nachfrager reicht auf dem Kontinuum über das Cash Management hinaus bis schließlich in die Vermögensverwaltung, aber immer mehr. Mit – trotz Unterbrechungen – langfristig steigendem Einkommen und Vermögen bewegt sich eine immer größere Zahl von privaten Haushalten weiter nach links. Dieser Trend begründet die Attraktivität der Zielgruppe vermögender Privatkunden, die das gesamte Sortiment von Finanzdienstleistungen in Anspruch nimmt, im Zweifel bei mehreren Kreditinstituten. Insofern läßt sich das Kontinuum auch in Zielgruppen lesen, von links nach rechts: A-, B-, C-Kunden.

Damit sind die Ansatzpunkte gegeben, um die vertriebsstrategischen Überlegungen von Kreditinstituten zu behandeln. Man erkennt die Zielgruppen, die Leistungsbündel mit unterschiedlichem Problemgehalt in Anspruch nehmen. Die Einkommenserwartungen über den Lebenszyklus einzelner Kunden machen überdies die Grenzen zwischen den Zielgruppen für Aufsteiger durchlässig. Für den Anbieter kommt es dann darauf an, kundenorientiert nach dem Prinzip der Einkaufswirtschaftlichkeit an die einzelnen Zielgruppen heranzugehen, um seine Vertriebsstrategie möglichst effizient an ihren Finanzproblemen auszurichten.

c. 3. Zielgruppengerechte Ausgestaltung des Vertriebssystems durch den Anbieter

Im Bemühen um Effektivität und Effizienz der Vertriebswege geht es erstens darum, für welche Zielgruppe und damit in welchem Problemlösungsbereich sowie zweitens (daraus abgeleitet), auf welche Weise sich ein Kreditinstitut nach dem Prinzip der Einkaufswirtschaftlichkeit besonders attraktiv für die Kundschaft und profiliert unter den Wettbewerbern darstellen will.

Die **Zielgruppe C** fällt mit dem **Problemlösungsbereich Cash Management** zusammen. Solange Preistransparenz und -vergleichbarkeit unter den Anbietern noch relativ gering ausgeprägt sind, macht eine Strategie der auf niedrige Kosten basierten Preisführerschaft wenig Sinn. Längerfristig ist dies allerdings insbesondere von Nischenanbietern dann zu erwarten, wenn die Stellung von Einheitspreisen und ihre Verbreitung durch Homebanking den Zugewinn an Marktanteilen über günstige Preise erfolgversprechender erscheinen lassen. Während in einem solchen Szenario die *Preissensibilität* der Nachfrager *zunehmen* wird, dürften *Qualitätsdifferenzen* unter den Anbietern, sofern sie bei Standardleistungen überhaupt bestehen, nach wie vor *wenig empfunden* werden.

In jedem Fall müssen sich deutsche Universalbanken auf dem Weg dahin vorsorglich und konsequent um eine *kostenorientierte Vertriebsstrategie* beim Verkauf von Standardleistungen im Cash Management bemühen. Im einzelnen bedeutet das:

– Galt traditionell, daß der Nachfrager den Kern seines Leistungsbündels, nämlich Lohn- und Gehaltskonto mit Überziehungsmöglichkeit sowie ein Sparkonto, zur Reduktion von Transaktionskosten in seiner räumlichen Nähe sucht, so trifft dies angesichts der Möglichkeiten zur Leistungsabnahme via Telefon und PC nur noch für eine kontinuierlich abnehmende Kundenzahl zu.[151] Daher muß auch die Strategie, den Nachfragern insbesondere bei den kontakthäufigen, zugleich aber -ärmeren Routineleistungen soweit wie möglich durch eine Bankstelle entgegenzukommen, aufgegeben werden. Vergleichsweise teure, ineffiziente und deshalb unrentable *Nebenzweigstellen* mit minimaler Besetzung werden *geschlossen*, fahrbare Zweigstellen in ländlichen Gebieten der Vergangenheit angehören müssen.[152]

Neue Stützpunkte könnten allenfalls dort eröffnet werden, wo regelmäßig ein hoher Zulauf von Nachfragern zu erwarten ist (wie in Supermärkten und Kaufhäusern), die auch in diesem Umfeld zur Abnahme einfacher Standardleistungen bereit sind.[153] Bei solchen »*shops-in-the-shop*« bietet sich eine gezielte Verlängerung der ansonsten üblichen Öffnungszeiten zwar an – eine Veränderung, die für das gesamte, auch außerhalb der Zentren gelegene Filialnetz jedoch auf Mitarbeiterseite nur schwer durchsetzbar wäre und zudem nach den bisherigen Erfahrungen des Einzelhandels mit dem seit November 1996 veränderten Ladenschluß auch unwirtschaftlich sein dürfte.[154]

– Für diese Zielgruppe erscheint ein Versuch, den Abbau des Bankstellennetzes über den *Außendienst* zu kompensieren, *nicht lohnend*. Ein solches Vorgehen müßte aufgrund der kleinen Abschnitte in Fehlinvestitionen resultieren.

---

[151] Vgl. H. Poeschke/J. Bußmann: Telefonbanking als strategisches Produkt, in: DBk, Nr. 1/1995, S. 30-33.

[152] Vgl. O. Betsch: Wettbewerbsveränderungen auf den Finanzdienstleistungsmärkten und der Umbruch der Vertriebssysteme, in: O. Betsch/R. Wiechers (Hrsg.): Handbuch Finanzvertrieb, Frankfurt/M. 1995, S. 3-21, hier S. 13.

[153] Vgl. zur fortgeschrittenen Verbreitung dieser Vertriebsform im Ausland L. J. Radecki/J. Wenninger/D. K. Orlow: Bank Branches in Supermarkets, in: Federal Reserve Bank of New York: Current Issues in Economics and Finance, vol. 2, no. 13, december 1996 und zu den seit 1996 forcierten Bemühungen deutscher Großbanken o.V.: Deutsche Bank geht in die Supermärkte, in: BZ, Nr. 145 v. 31.7.1996, S. 4.

[154] Vgl. E. Coenen: Banköffnungszeiten: besteht Handlungsbedarf?, in: bum, 25. Jg., Nr. 1/1996, S. 8-10 und o.V.: Verlängerte Schalteröffnung: Dabeisein ist vorerst alles, in: bum, 26. Jg., Nr. 1/1997, S. 5-11.

– Statt dessen muß es zu einem vermehrten Einsatz des überwiegend *technikgestützten Vertriebs* kommen. Zum einen wird hierfür verstärkt *Selbstbedienung* in den Haupt- und Zweigstellen eingesetzt; einige Kreditinstitute haben bereits reine SB-Stellen ohne Mitarbeiter eingerichtet, in denen ein menschlicher Kontakt nur noch über das dort installierte Telefon möglich ist. In den USA können in derart automatisierten Stützpunkten über die Abwicklung des Zahlungsverkehrs hinaus rund um die Uhr Darlehen bis zu umgerechnet 30.000 DM beantragt werden, wobei der Computer innerhalb von nur wenigen Minuten über den Kredit entscheiden kann. Im positiven Fall erhält der Kunde sofort einen Scheck oder kann die Summe seinem Konto gutschreiben lassen.[155]
Zum anderen und ganz allgemein wird der Vertrieb mittels Telefon und PC weiter ausgebaut werden. Wie zuvor erwähnt, geschieht dies nicht nur unter dem Dach der bereits etablierten Kreditinstitute, sondern zunehmend auch durch von diesen gegründete, jedoch als eigenständige Gesellschaften operierende *Direktbanken*.[156] Diese Entwicklung begann 1994 mit dem Auftritt von »Discount Brokern«, über die die Kunden das Wertpapiergeschäft zwar ohne Beratung, dafür aber deutlich kostengünstiger als im Falle des Filialvertriebs abwickeln konnten. Mittlerweile bieten die rund 40 Direktbanken (davon die Mehrzahl Tochtergesellschaften privater Banken) einen weit darüber hinausgehenden Produktkatalog, insbesondere die Gründungen der Großbanken (Bank24 der Deutschen Bank und comdirect bank der Commerzbank) sehen sich als Vollsortimenter.

Für die Kreditinstitute ergibt sich aufgrund der Veränderungen im Bankstellennetz sowie des Vertriebs mittels Technik eine kostengünstigere Leistungserstellung durch Abbau und Austausch von gelernten gegen ungelernte Mitarbeiter sowie die Verlagerung von Teilen der Produktion auf den Kunden im Rahmen des Do-it-yourself-Banking.

Ein begrenzter Teil der Kundschaft wird sich dadurch in seinem Qualitätsempfinden nicht beeinträchtigt sehen. Es sind dies die *technikaffinen Nachfrager* mit ausgeprägtem ökonomischen Sachverstand, die den persönlichen Kontakt (zumindest bei der Abnahme von Standardleistungen) für überflüssig oder in Form des Telefonkontakts für ausreichend halten. Sie suchen ein Leistungsangebot in möglichst schlanker Form (»no frills«[157]) zu einem günstigen Preis. Von ihnen werden – das zeigen die Erfolge der Discount Broker – auch Teile des Wertpapiergeschäfts zu den kaum erklärungsbedürftigen Standardleistungen gezählt.

Eine derzeit noch größere Gruppe von Nachfragern erleidet jedoch zunächst einmal einen *Qualitätsverlust*. Wie die folgende Tab. C. 31 zeigt, empfanden bei einer breit angelegten, repräsentativen Umfrage 1996 15,3% der Haushalte das Direktbanking als unzumutbar, 31% (und 35% der Haushalte in der geringsten Einkommenskategorie) vermißten »etwas« und fanden die Entwicklung zum Telefon- bzw. PC-Banking daher bedauerlich. Wurde differenzierter nach den Ursachen für diese grundsätzliche Einstellung geforscht, dann zeigte sich, daß mehr als ein Drittel der Befragten den menschlichen Kontakt suchte und den Berater nicht nur hören, sondern auch sehen möchte (Tab. C. 32).

---

[155] Vgl. o.V.: Jetzt spuckt der Automat auch Kredite aus, in: SZ, Nr. 80 v. 4./5.4.1996, S. 23.
[156] Vgl. zum Überblick die Sonderbeilage »Direct Banking«, in: BZ, Nr. 212 v. 2.11.1996, S. 13-18, H. Pischulti: Produktpolitik bei Direktbanken – ein systematischer Überblick, in: bum, 25. Jg., Nr. 5/1996, S. 13-16 und S. Reimers-Mortensen/G. Disterer: Strategische Optionen für Direktbanken, in: DBk, Nr. 3/1997, S. 132-139.
[157] Vgl. A. Meyer/Ch. Blümelhuber: McDonalds, Aldi, Fielmann, Southwest Airlines, Continental Lite, DAB, comdirect bank: Ist weniger mehr?, in: A. Meyer (Hrsg.): Grundsatzfragen und Herausforderungen des Dienstleistungsmarketing, a.a.O., S. 317-334, hier S. 321.

»Die steigende technische Entwicklung wird dazu führen, daß die Bankgeschäfte mehr und mehr im Direktbankingverfahren – also per Telefon und/oder Computer – abgewickelt werden. Wie stehen Sie persönlich zu dieser Entwicklung?«				
Antwortalternativen	Gesamt	Haushaltseinkommen bis 2.500 DM	Haushaltseinkommen 2.500 bis 5.000 DM	Haushaltseinkommen über 5.000 DM
Ist mir egal	7,9%	9,5%	7,3%	7,0%
Ist in Ordnung – solange ich Kosten sparen kann	25,5%	15,5%	29,7%	25,2%
Ist in Ordnung – kommt mir persönlich entgegen	20,2%	23,3%	15,6%	25,9%
Finde ich bedauerlich – ich vermisse etwas	31,0%	35,3%	32,8%	25,2%
Finde ich unzumutbar – stört mich sehr	15,3%	16,4%	14,6%	16,8%

Tab. C. 31: Grundsätzliche Einstellung zum Direktbanking (Quelle: o.V.: Kundenzufriedenheit '96: Achtungserfolg für die Banken, in: bum, 27. Jg., Nr. 12/1996, S. 11)

Ob die Kunden für einen eventuell empfundenen Qualitätsverlust auf der Ebene der *Transaktionskosten* kompensiert werden, läßt sich allgemein kaum sagen. Dies hängt vielmehr im Einzelfall von der Beantwortung z.B. folgender Fragen ab:

- Längere Wartezeiten am Schalter als am GAA und Kontoauszugsdrucker?
- Auswirkungen der größeren zeitlichen Verfügbarkeit von Telefon- und PC-Banking auf die sonst anfallenden Zeit- und Wegekosten?
- Saldo der Kosten, die sich einerseits zusätzlich z.B. aus der Ausstattung mit einem Modem, spezieller Software und Telefonkosten für das »Internet-Surfing« ergeben und die andererseits als Informationskosten wegfallen, wenn vor allem an den sonst notwendigen Preisvergleich durch den Besuch verschiedener Institute gedacht wird?

Im allgemeinen kann man aber wohl davon ausgehen, daß es preispolitischer Anreize zur Unterstützung des Do-it-yourself-Banking längerfristig nicht mehr bedarf, weil die nachwachsende »Nintendo-Generation« die angestrebte Form des Vertriebs mittels Technik zunehmend akzeptieren wird. Insbesondere aus der Gruppe der jetzt 20–29jährigen speisen sich die Internet-Nutzer, die einen überdurchschnittlichen Ausbildungsstand besitzen und für die die unpersönliche Kommunikation mit der Bank kein Problem darstellt.[158]

Gestützt durch diese Hinweise läßt sich die Prognose wagen, daß es **im Mengengeschäft mit den privaten Haushalten** *zu einer* **fortschreitenden Entpersonalisierung im Bank-Kunde-Kontakt zugunsten der Technik** *kommen wird.* Bei den Commodities übernehmen dann Kundeninformations- und Multimediasysteme die Funktion der Träger des Beziehungsmanagements. Aufgabe muß es dabei sein, zu selbstlernenden Expertensyste-

---

[158] Vgl. empirische Ergebnisse bei M. Hartwig: Marketing für Kundenselbstbedienung bei Kreditinstituten, München 1995, G. Wörner: Wirtschaftlichkeitsanalyse elektronischer Bankvertriebswege, Diss. Regensburg 1997, S. 149 und F.-J. Eichhorn/M. Binsch/M. Frank: Discount Brokerage: Die Akzeptanz bei jungen Anlegern, in: DBk, Nr. 7/1997, S. 410-413.

in Prozent	Trifft ganz genau zu	Trifft eher zu	Trifft eher nicht zu	Trifft überhaupt nicht zu
Direktbank-Angebote finde ich gut, weil...				
– ich meine Bankgeschäfte rund um die Uhr erledigen kann	18,5	35,1	26,0	20,4
– ich meine Bankgeschäfte bequem von zu Hause/Büro abwickeln kann	10,2	34,3	32,0	23,5
– ich keine persönliche Beratung brauche	3,6	14,4	49,4	32,6
Direktbank-Angebote finde ich nur gut, wenn...				
– interessante Geldanlagen angeboten werden	9,8	40,8	29,2	20,2
– ich mit einem Menschen und nicht mit einem Computer telefonieren kann	16,4	43,8	23,6	16,2
– die Gebühren wesentlich niedriger sind als bei herkömmlichen Angeboten	23,8	47,8	15,7	12,7
– sie zusätzlich zum bisherigen Bankservice angeboten werden	22,5	60,1	11,9	5,6
Bei Direkt-Angeboten, vornehmlich telefonischer Art, habe ich Bedenken, weil...				
– ich sehen möchte, mit wem ich es zu tun habe	33,9	39,0	20,7	6,4
– ich der Sicherheit mißtraue	27,8	45,2	21,0	5,9
– ich befürchte, den Überblick zu verlieren	21,7	43,2	25,3	9,7
Ich bin sicher, daß sich Direktbank-Angebote in Zukunft durchsetzen	9,4	49,3	32,0	9,3

Tab. C. 32: Positive und negative Eigenschaften von Direktbanken aus Nachfragerperspektive (Quelle: o.V.: Direktbanking: pro und contra, in: DBk, Nr. 2/1996, S. 112f., hier S. 113)

men durchzustoßen, die das Nutzerverhalten protokollieren und so zu dem Aufbau und der Aktualisierung einer elektronischen Kundendatei beitragen. Auf dieser Basis könnte eine individuelle Kundenansprache im Sinne eines (im Idealfall) »1:1-Marketing« auch im Mengengeschäft betrieben werden, sei es per Brief, Telefon, oder im Internet. Wenn die Banken (auch mit Blick auf die Konkurrenz der Nichtbanken, vor allem multinationaler Handels- und Software-Häuser) ihre Kundenbeziehungen halten wollen, dann müssen sie zugleich weiter in Transaktionskostenminderungen für den Nachfrager investieren. Das meint auf den »Information Superhighway« bezogen benutzerfreundliche (»vermenschlichte«) Bedienung bei der Selektion von Online-Dienstleistungen, bedarfsgerechte Programme[159]

---

[159] So prüft etwa das Anlage-Management-Programm der Deutsche Bank AG beim Kauf eines Wertpapiers automatisch, ob dessen Risikoklasse mit der vom Kunden bei Vertragsabschluß angegebenen Risikoneigung übereinstimmt; vgl. o.V.: Deutsche Bank setzt auf elektronischen Service, in: HB, Nr. 206 v. 24.10.1996, S. 38.

und ein sicheres Zahlungssystem.[160] Selbst dann erscheint es indes fraglich, ob die Bindung an die Bank aufrechterhalten werden kann.[161] Auch für den Fall, daß man dem Kunden ein exklusives Programm (gegebenenfalls kostenlos) zur Kontaktnahme und Geschäftsabwicklung mit seiner (Direkt-)Bank zur Verfügung stellt, bleibt aufgrund der schnellen Kopierbarkeit offen, wieweit und wie lange ein derartiger Vertriebsweg gegen die Absatzanstrengungen der Konkurrenz zu immunisieren vermag.

Besitzt die Kundengruppe C Priorität und sollen hier in anderen Geschäftsfeldern etwa freigesetzte Ressourcen zielgerecht investiert werden, so könnte dies zudem im Rahmen der Öffentlichkeitsarbeit in Sponsoringaktivitäten z.B. bei Sportveranstaltungen geschehen (vgl. S. 728). Damit könnte man dem Eindruck entgegentreten, die Bedienung dieser Zielgruppe vollständig entpersonalisieren zu wollen.

Die **Zielgruppe B** umfaßt über C hinaus den **Problemlösungsbereich der Objektfinanzierung**; auf diesem Gebiet ist die Leistungserstellung ebenfalls noch *in weiten Teilen standardisierbar*. Es dominiert das Baukastensystem mit der DV-gestützten Gestaltung von Finanzierungen, die aus einem differenzierten Katalog von Leistungsmerkmalen nach Volumina, Laufzeiten, Tilgungsmodalitäten usw. zusammengefügt werden. Auf diese Weise wollen die Kundenberater möglichst bedarfsgerechte Problemlösungen liefern. – Aus Preisdifferenzen am Markt können die Nachfrager im Rahmen dieses Bereichs ins Gewicht fallende Vorteile (z.B. bei Effektivzinssätzen) realisieren, so daß sie zunehmend »Shopping« gehen.

Für die Gestaltung der Vertriebswege bedeutet dies:

– Das *Filialsystem* wird sich über die angesprochene Ausdünnung und Automatisierung hinaus stärker als bisher *differenzieren*. Individueller ausgestaltete Leistungen können auch aus rückwärtigeren Positionen angeboten werden, so daß qualifizierte Kundenberater ihren Standort dann nur noch in Hauptstellen oder Kompetenzzentren haben werden.[162]
– Um sie effizient einsetzen zu können, werden sie – wie die Firmenkundenbetreuer im Geschäft mit Unternehmen – auch im *Außendienst* agieren müssen.
– Dafür ist ein *leistungsorientierter Vergütungsbestandteil* notwendiger Anreiz. Damit ein Hard Selling an den Bedürfnissen des Kunden vorbei vermieden wird, darf Basis dieses Vergütungselements nicht der Einzelabschluß, sondern es muß der Erfolgsbeitrag aus der Kundenverbindung z.B. über ein Jahr sein.
– Das wiederum bedingt Cross Selling-Möglichkeiten in angrenzenden Bereichen des Cash Management sowie vor allem der Vermögensverwaltung, etwa mit dem Verkauf von Investmentanteilen.

---

[160] Vgl. T. Lian: The Threat of the Piper, in: Bank Marketing, vol. 13, no. 5/1995, S. 25-31, H. Nasko: a.a.O., S. 52 und D. V. L. Taylor/B. Mehta/Th. Wurster: Die Herausforderung für Kreditinstitute: Online-Banking auf der Datenautobahn, in: J. Süchting/H.-M. Heitmüller (Hrsg.): a.a.O..
[161] Vgl. auch St. Stein: Chancen und Risiken der virtuellen Bank: Internet als Vertriebsweg für Bankleistungen, in: BI, 23. Jg., Nr. 3/1997, S. 18-22 sowie M. Laker/I. Markgraf: Automatisierung: Risiken und Nebenwirkungen, in: DBk, Nr. 3/1997, S. 156-158.
[162] Vgl. dazu H.-P. Krämer, Vorsitzender des Vorstands, Kreissparkasse Köln, in seinem Referat »Das Zweigstellensystem einer Sparkasse im Konflikt von Expansion und Rationalisierung«, Vortrag am 16.11.1993 im Kontaktseminar an der Ruhr-Universität Bochum, in: SB Nr. 39, WS 1993/94, S. 28-32, hier S. 31, D. Boening: Zukunftsfragen des Vertriebs von Finanzdienstleistungen, in: D. Boening/H. J. Hockmann (Hrsg.): a.a.O., S. 157-174 und T. von Heydebreck: Anlage-Zentren als Centers of Competence im Geschäft mit vermögenden Privatkunden, in: O. Betsch/R. Wiechers (Hrsg.): a.a.O., S. 216-226.

- Faßt man Kundenberater außerhalb der Hauptzweigstelle in einer Vertriebstochter zusammen, so ergibt sich das Problem, wie der Kundenberater abzurechnen ist, wenn aus den den Zweigstellen zugeführten Neukunden Folgegeschäft resultiert (Bestandswachstum).
- Im Bereich des *Technik-Vertriebs* haben Telefon und Direct Mail die Aufgabe, die *Terminabstimmung* mit Kunden bei Besuchen in der Hauptzweigstelle effizienter zu gestalten bzw. die *Akquisition im Feld vorzubereiten*. Darüber hinaus wäre es denkbar, daß die Kommunikation zwischen Käufer und Verkäufer sich zukünftig stärker am *Bildtelefon* abspielt. Die Folge könnte eine bessere Ausnutzung der Personalkapazität durch eine höhere Kontaktfrequenz sein. Weiterhin liegt in dieser Form der Kommunikation eine erhebliche Chance für alle diejenigen Institute im Individualkundengeschäft, die sich nicht auf ein landesweites Filialnetz stützen können. Ihre Betreuer könnten als Reisende landesweit akquirieren, während die Folgekontakte weitgehend über das Bildtelefon laufen würden.[163]

Hat die Kundengruppe B Priorität, so könnten gegebenenfalls in benachbarten Geschäftsfeldern abgezogene Ressourcen verwendet werden, um z.B. in abgrenzbaren Märkten über attraktive Preise zinsempfindliche Nachfrager zu gewinnen, in die Weiterbildung und Qualifikation der Kundenberater zu investieren oder um durch Ausbau etwa der Immobilienvermittlung zusätzliche Problemlösungen für die Nachfrager anzubieten.

Die **Zielgruppe A** hat ihren **Problemlösungsbereich** in der **Vermögensverwaltung**. Die Kunden beziehen zwar mehr oder weniger standardisierte Leistungen aus dem Bereich des Cash Management und der Objektfinanzierung wie die Angehörigen anderer Kundengruppen auch. Der Unterschied zu diesen liegt aber darin, daß sie *von Transaktionskosten entlastet* werden, wenn der Kundenbetreuer sich servicebewußt in die Abwicklung derartiger Aufträge einschaltet. – Im übrigen werden *Individualleistungen* nachgefragt, die hochgradig erklärungsbedürftig und vertrauensempfindlich sind. Entsprechend eng sollte die Verbindung zwischen Kunde und Kundenbetreuer sein. Diesem dürfen nur so viele Kundenbeziehungen zugeordnet werden (je nach Abgrenzung der vermögenden Privatkunden etwa zwischen 100 und 200), wie er verkraften kann, wenn er *Kompetenz* und *Glaubwürdigkeit* beziehungsfördernd zur Geltung bringen will. – Der *Preiswettbewerb* um diese Kundengruppe ist vergleichsweise *gering*, weil die Nachfrager Preisvergleichbarkeit für die Verwaltung unterschiedlich hoher und unterschiedlich strukturierter Vermögen schwer herstellen können und zudem Qualitätsvorteile höher einschätzen als Preisvorteile.

Im Individualkundengeschäft mit vermögenden Privaten und Unternehmen[164] **wird daher der Mitarbeiter der Bank Träger des Beziehungsmanagements bleiben**, zunehmend unterstützt allerdings durch Technik und auch Werbung. Die Problemlösungsfähigkeit der Fachspezialisten und Kundenbetreuer wird zum wichtigsten Qualitätsmerkmal, zum differenzierenden Zusatznutzen, so daß vor allem an dieser Stelle in die Kundenbeziehung und für die Bankloyalität zu investieren ist.

---

[163] Vgl. auch zu entsprechenden Anfängen in den USA o.V.: Berater der Kreditinstitute durch Videoterminals ersetzt, in: HB, Nr. 206 v. 25.10.1994, S. 22 und P. Lunt: What will dominate the home?, a.a.O.
[164] Vgl. dazu S. Rometsch: Das Firmenkundengeschäft im Zeitalter global vernetzter Kommunikationssysteme, (I) in: DBk, Nr. 10/1996, S. 586-592 und (II) in: DBk, Nr. 11/1996, S. 659-663.

Für das Vertriebssystem ergeben sich diese Konsequenzen:
- Kunden dieser Zielgruppe haben eine große Verhandlungsmacht. Deshalb werden grundsätzlich sie bestimmen, ob sie ihren Kundenbetreuer in der Kopfstelle aufsuchen oder ihn im *Außendienst* zu sich bitten.
- Der ganzheitliche Ansatz der Vermögensverwaltung zielt auf die Akquisition des Gesamtvermögens des Kunden bei einem Anbieter. Während man den Nachfrager auf diese Weise binden will, hat dieser umgekehrt ein natürliches Interesse daran, sein Vermögen auf mehrere Bankverbindungen zu verteilen; wie gesagt weniger, um Preisvorteile zu realisieren, sondern aus Risikoüberlegungen heraus und um die Qualität verschiedener Anbieter kennenzulernen, sie möglicherweise auch gegeneinander ausspielen zu können. – Auf die Schwierigkeiten des Nachfragers, Qualitätstransparenz herzustellen, kann der Anbieter mit *Qualitätssignalen* reagieren. Diese mögen z.B. in Hinweisen auf die Existenz einer von internationalen Fachzeitschriften ausgezeichneten Researchabteilung bestehen. Ein stärkeres Signal Kompetenz mitzuteilen, liegt in der im Rahmen des Relationship Pricing erwähnten Vereinbarung eines Honorars, das an die Wertentwicklung des für den Kunden verwalteten Depots gebunden ist. Unabhängig davon wächst das Vertrauen über die Beziehung zum Kundenbetreuer – oder auch nicht. Dieser wird ebenfalls *leistungsorientiert vergütet* werden müssen, er verdient mit an dem Erfolgsbeitrag aus der Kundenverbindung.
- Die Transaktionskosten des exogenen Faktors sind in diesem Problemlösungsbereich geprägt durch den Zeitaufwand, der in der gegenseitigen Information von Kundenbetreuer und Nachfrager entsteht. Diese *Transaktionskosten fallen aber vergleichsweise selten an*, d.h. nach Vereinbarung der Vermögensverwaltung nur bei periodischen Kontakten in größeren zeitlichen Abständen. Der Kunde kann in der Zwischenzeit durch Direct Mail, Telefon oder auch mittels PC-Kommunikation auf dem laufenden gehalten werden. Im übrigen jedoch spielt der Vertrieb mittels Technik für Individualleistungen eine eher geringe Rolle.
- Erscheinen einem Nachfrager dieser Zielgruppe die im Zusammenhang mit der gleichzeitigen Inanspruchnahme des Cash Management entstehenden Transaktionskosten zu hoch, so wird er deshalb in den seltensten Fällen seine Hauptbankverbindung wechseln, sondern eher den Bereich des Cash Management auf eine andere Bank verlagern.

Besitzt die Zielgruppe A (wie bei vielen Banken) Priorität, so können etwa in anderen Geschäftsfeldern freigesetzte Ressourcen investiert werden z.B. in weitere Kundenbetreuer, um sich der einzelnen Kundenbeziehung intensiver widmen zu können und in Extra-Budgets für die Beziehungspflege durch den Kundenbetreuer. Auch derartige Investitionen bedürfen eines adäquaten Controlling (vgl. S. 640ff.).

Wie eingangs beschrieben, hat der **indirekte Vertrieb** von Finanzdienstleistungen an Bedeutung gewonnen, seit man gelernt hat, Verkauf und Produktion bei Finanzdienstleistungen zu trennen. Absatzmittler können über das gesamte System von Vertriebswegen oder nur einen Teil davon operieren. So verfügen einzelne Handelsvertreter oder die Angehörigen eines Strukturvertriebs vor allem über ihren PKW, der Finanzmakler darüber hinaus über eine Geschäftsstelle, das Franchise-System über eine Mehrzahl von Geschäftsstellen der Franchisenehmer, der Allfinanzpartner auch über Wege des Vertriebs mittels Technik. Insofern lassen sich *über einen Absatzmittler* die meisten der diskutierten *Vertriebswege ausbauen*, um den eigenen Markt stärker zu durchdringen oder über den bisherigen Einzugsbereich hinaus auszudehnen.

Die Überlegungen zur Bewertung von Vertriebswegen gelten grundsätzlich auch dann, wenn Absatzmittler eingeschaltet sind. – Andererseits erweist sich im indirekten Vertrieb der *Absatzmittler* selbst regelmäßig als ein *Unsicherheitselement*, weil er verständlicherweise eigene Interessen verfolgt. – Wie Hannemann gezeigt hat, sind standardisierte Leistungen des Cash Management für den Vertrieb durch Absatzmittler nicht geeignet. Sparkonten, Girokonten und Dispositionskredite können in ihren Preisen die für den Absatzmittler erforderlichen »Handelsspannen« nicht tragen, wenn sie konkurrenzfähig angeboten werden sollen. Insofern hat der Absatzmittler kein Interesse an ihrem Vertrieb. Bei an sich lohnenden Individualleistungen ist andererseits zwar großes Vertriebsinteresse zu unterstellen. Derart erklärungsbedürftige und vertrauensempfindliche Leistungen wird der Hersteller beim Verkauf jedoch kaum aus der Hand geben wollen.[165]

Der *Schwerpunkt der Tätigkeit* liegt bei den Absatzmittlern deshalb im Verkauf größerer Anschaffungsdarlehen, von Darlehen der Bausparkassen und Hypothekenbanken, eine Palette, die noch um Fondsanteile zu ergänzen ist. Dies alles sind *Abschnitte*, die einerseits den *Verkauf lohnen*, zum anderen wegen der weitgehenden *Standardisierung* nur *begrenzte Ansprüche an das Know-how der Verkäufer* stellen.

Da aber auch Absatzmittlern die Rolle eines »Aushängeschildes«[166] für ein Institut zukommt, ist unabdingbar, daß der Hersteller kontrolliert, ob in den Vertriebswegen des Absatzmittlers hinreichend kompetent und glaubwürdig verkauft wird. Anderenfalls läßt sich die notwendige Übertragung der Reputation vom Finanzdienstleister auf seinen Absatzmittler nicht leisten, treten umgekehrt Irritationen im Markt auf. Um diese zu vermeiden, können etwa freie Ressourcen für die Stärkung des indirekten Vertriebs eingesetzt werden, wenn in technische, in Marketing-Unterstützung oder Weiterbildungsmaßnahmen der Absatzmittler investiert wird.

Wenn die Hinweise auf eine steigende Wettbewerbsintensität in der deutschen Kreditwirtschaft zutreffen und infolgedessen die preispolitischen Spielräume der Banken tendenziell schrumpfen dürften, so bedeutet dies nichts anderes als die **Verknappung von Ressourcen in Gestalt von Betriebsmitteln und Personal**. Die deutschen Universalbanken werden dann weniger als früher in der Lage sein, »an allen Fronten zum Angriff zu blasen«. Vielmehr müssen sie ihre Kundengruppen noch gezielter als bisher bearbeiten.

Derzeit gewinnt man den Eindruck, daß **statt** *der dringend notwendigen* **Differenzierung** *noch eine* **weitgehende Konformität** *vorherrscht*.[167] Etwas vergröbert stellt man fest: Sparkassen und Genossenschaftsbanken streben – mehr oder weniger intensiv, insgesamt jedoch einem Herdentrieb folgend – in den bisher von ihnen vernachlässigten Bereich der anspruchsvollen privaten Vermögensanlage und wollen sich den Großbanken insofern annähern. Dort wiederum wird das Breitengeschäft weiterhin mit Verve betrieben[168], obwohl es der Branche – insbesondere in Form des Filialvertriebs – nach eigenen Aussagen »wie ein Mühlstein am Halse hängt«.[169]

Statt weiter in unrentable Geschäftsbeziehungen zu investieren, wird es daher darauf ankommen, *spezifische Bindungspotentiale gegenüber ausgewählten Zielgruppen aufzubauen*.

---

165 Vgl. S. Hannemann: a.a.O., S. 40-46.
166 W. Hilke: Grundprobleme und Entwicklungstendenzen im Dienstleistungs-Marketing, in: ders. (Hrsg.): a.a.O., S. 26.
167 Vgl. M. Paul/St. Paul: a.a.O.
168 Vgl. Deutscher Sparkassen- und Giroverband: Jahresbericht 1995, S. 49ff. sowie o.V.: Deutsche Bank geht in die Supermärkte, a.a.O.
169 Vgl. o.V.: Filialgeschäft erweist sich als Sorgenkind, in: HB, Nr. 62 v. 27.3.1996, S. 20.

Der strategische Vorteil der *Großbanken* liegt darin, daß sie frühzeitig ihr Provisionsgeschäft intensiviert haben und im Hinblick auf die komplexen und zugleich zukunftsträchtigen Leistungen »rund um das Wertpapier« Marktführer sind. Als Ausdruck dessen werden etwa 50% der Depots inländischer Privatpersonen bei ihnen unterhalten.[170] Insbesondere aufgrund der spezifischen Qualifikation ihres Potentialfaktors Mitarbeiter bietet es sich an, verstärkt auf besonders komplexe, beratungsintensive Leistungen zu setzen. Fraglich bleibt dann noch, ob und in welcher Form die Leistungen mit nur geringem Komplexitätsgrad weiter angeboten werden sollen. Eine wichtige Rolle dürften in diesem Zusammenhang die Direktbanken spielen. Noch sind deren Erfolgsrechnungen zu stark durch Vorlaufinvestitionen belastet, um bewerten zu können, ob sie dauerhaft rentabel arbeiten werden. Zu beachten sind die Kannibalisierungseffekte aus dem Kundenstamm der Mutterbank sowie die vergleichsweise hohen Kosten der Kundenakquisition.[171] Immerhin gehen Prognosen übereinstimmend von einem Potential von gut 8 Mio. Kunden aus, so daß mittel- bis langfristig 20-25% des Privatkundengeschäfts auf die Direktbanken zulaufen könnten.[172] Unabhängig davon, ob und wann dieses Szenario vollständig Wirklichkeit wird, ist ein Nebeneinander von Direktbanken und Filialnetz in der heutigen Form nicht denkbar. Eine noch darüber hinausgehende, »nicht als Konkurrenz, sondern als Parallele zur Filiale«[173] vorgenommene Eröffnung von »Bankingshops« in Supermärkten erscheint daher problematisch. Darf in der Aussage »Dabei wird die Eröffnung von Bankingshops keinerlei Schließung traditioneller Filialen zur Folge haben.«[174] vor diesem Hintergrund mehr als eine »Beruhigungspille« für die Arbeitnehmer gesehen werden?

Die Auslagerung von Teilen des Privatkundengeschäfts in die Direktbanken scheint der richtige Weg zu einem rationellen Angebot der Routineleistungen durch Großbanken, der jedoch wesentlich konsequenter als bisher gegangen werden sollte. Es kann sich bei den neuen Vertriebswegen nicht um eine schlichte Ergänzung der bestehenden handeln; nur mittels Schwerpunktsetzung lassen sich die notwendigen Mittel für den Ausbau der Potentiale zum Vertrieb der komplexen Leistungen freisetzen. Daher ist kritisch zu prüfen, ob ein Aufbau von Beratungskapazitäten über das Filialsystem hinaus auch in Direktbanken sinnvoll ist.

Von den Direktbanken bedroht werden die *öffentlich-rechtlichen Institute* und die *Kreditgenossenschaften*. Die bisherigen Erfahrungen zeigen, daß besonders Sparkassen Kunden an die Newcomer verlieren.[175] Es dürfte für diese Bankengruppen schwierig sein, einerseits den Preiswettbewerb gegen die Direktbanken zu gewinnen und andererseits ausrei-

---

[170] Vgl. A. Oehler: Eine Analyse des Wettbewerbs im Privatkundengeschäft der Universalbanken, in: Spk, 112. Jg., 1995, S. 125-130.
[171] Vgl. P. Gloystein, Mitglied des Vorstands, Commerzbank AG, Düsseldorf, in seinem Referat »Erste Erfahrungen mit einer Direktbank« am 14.1.1997 im Kontaktseminar an der Ruhr-Universität Bochum, in: SB Nr. 45, WS 1996/97, S. 41-45, hier S. 43.
[172] Vgl. o.V.: comdirect strebt qualitative Spitzenposition an, in: BZ, Nr. 82 v. 30.4.1997, S. 12 und o.V.: Direktbanken haben den Durchbruch geschafft, in: BZ, Nr. 216 v. 9.11.1995, S. 19.
[173] Zitate von G. Krupp, für das Privatkundengeschäft zuständiges Vorstandsmitglied der Deutsche Bank AG, nach o.V.: Deutsche Bank zeigt im Supermarkt Flagge, in: SZ, Nr. 253 v. 2./3.11.1996, S. 34 und o.V.: Geldgeschäfte im Supermarkt, in: Westdeutsche Allgemeine Zeitung Nr. 258 v. 1.11.1996, S. 14.
[174] So B. Pauluhn, Bereichsvorstand Privat- und Geschäftskunden der Deutsche Bank AG: Die Bank kommt zum Kunden, in: Die Bank der Zukunft, Sonderbeilage der FAZ, Nr. 29 v. 4.2.1997, S. B7.
[175] Vgl. o.V.: Abschied von der Alleskönner-Bank, in: BZ, Nr. 41 v. 28.2.1996, S. 12.

chend Ressourcen für die Forcierung des anspruchsvollen Privatkundengeschäfts zur Verfügung zu stellen. Den Kern des Sortiments können (im Gegensatz zu den Großbanken) nur die weniger komplexen Leistungen bilden. In diesem Bereich aber sollte zur Abgrenzung von den Direktbanken auf einen (1) umfassenden, (2) persönlichen Service (3) vor Ort gesetzt werden.

»Umfassend« (1) meint hier eine Palette von Leistungen, mit denen sämtliche finanziellen Grundbedürfnisse der Kunden aus den Zielgruppen C und B abgedeckt werden können. Im Hinblick auf die Standardleistungen könnte gezielt auf Lücken im Angebotsspektrum der Groß- und Direktbanken abgestellt werden. Unter den Individualleistungen ließen sich vor allem bei der Baufinanzierung sowie der Immobilienvermittlung Schwerpunkte setzen, Geschäfte, bei denen sich Sparkassen und Kreditgenossenschaften aufgrund lokaler Informationsvorteile (3) besonders profilieren können. Für noch komplexere Finanzprobleme sollten allerdings nur wenige Baukastenlösungen angeboten[176], ansonsten aber intensiver die Möglichkeiten des Verbundsystems genutzt werden. Damit könnten auch anspruchsvolle Leistungen durch das Einzelinstitut offeriert, jedoch durch die Landes- bzw. Zentralbanken erstellt werden (z.B. ein Wertpapier-Informationsservice).

Mit der persönlichen Beratung (2) kann wiederum eine Differenzierung gegenüber den anderen genannten Bankengruppen, aber auch im Vergleich mit stark auf neue Vertriebsmedien setzende Institute (wie die Citibank) gelingen. Es werden die Kunden »aufgefangen«, die auf das Beratungsmerkmal Wert legen und daher – in bezug auf die erwähnten Leistungen – von Groß- und Direktbanken langfristig »ausgesteuert« werden dürften. Diese Personalisierung erscheint aussichtsreicher als die über ein Grundangebot hinausgehende, deutliche Forcierung des Direktbankbereichs, zumal dort eine Profilierung gegenüber der Konkurrenz schwieriger und wegen des auf die Region beschränkten Marktanteils unwirtschaftlich sein dürfte.[177] Damit sind zum einen dem Abbau bestehender Potentiale in geographischer Hinsicht Grenzen gesetzt (3). Zum anderen impliziert dies aber auch einen Verzicht auf den Anspruch, sich über Kostenführerschaft in den Preisen dauerhaft attraktiv darzustellen, denn es dürfte kaum möglich sein, als Qualitäts- und Preisführer gleichzeitig aufzutreten.

Alle Institutsgruppen werden daher in den nächsten Jahren vor der Aufgabe stehen, ihr Profil auch über die Ausgestaltung der Vertriebswege zu schärfen und sich damit deutlicher am Markt zu positionieren.

c. 4. Spezifische Vertriebsprobleme des Allfinanzkonzerns

Der Konzern soll unter der vereinfachenden Prämisse diskutiert werden, daß eine Bank eine Versicherung übernimmt. Dabei erhofft man sich insbesondere Synergieeffekte aus der gemeinsamen Nutzung der unterschiedlichen Vertriebssysteme, hier des immobilen Filialnetzes, dort der mobilen Außenorganisation.[178]

---

[176] Vgl. etwa zu den diesbezüglichen Angeboten der Stadtsparkasse Köln W. Drewes/St. Böhm: Effiziente Vermögensverwaltung durch standardisiertes Management-Depot, in: Spk, 110. Jg., 1993, S. 190-192.
[177] Vgl. o.V.: Direktmarkt fast schon »overbanked«, in: BZ, Nr. 240 v. 12.12.1996, S. 8.
[178] Vgl. zum Überblick W. P. Wirth: Bankassurance – Potentiale der Bank, in: DBk, Nr. 5/1997, S. 280-286.

Ein Angebot aus einem Allfinanzkonzern ist mit der Vorstellung verbunden, daß es zentral zum Beispiel mit Hilfe von Vorgaben gesteuert wird, in allen Verkaufsstützpunkten verfügbar ist und – gegebenenfalls nach einer Anlaufphase – unter einheitlichem Namen präsentiert wird.

In diesem Zusammenhang ergibt sich zwangsläufig eine Sortimentsveränderung in Form der Ausweitung, und zwar über das Universalbankangebot hinaus hin zum Allfinanzangebot. Das Sortiment weist nicht mehr nur Standard-und Individualleistungen der Bank auf; vielmehr kommen zu den Standardleistungen der Bank (z.B. Sparkonto, Giro-

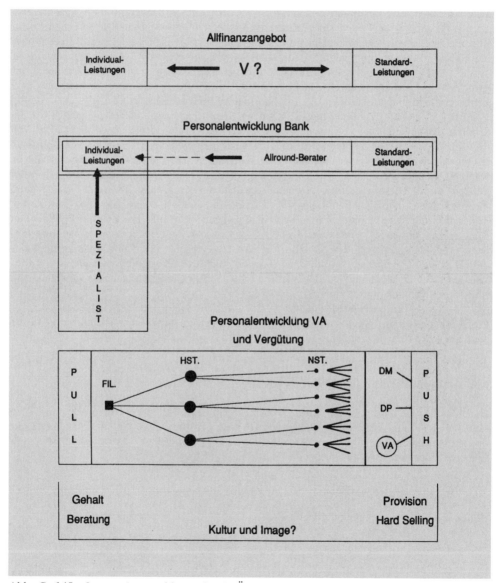

Abb. C. 145: Integrationsprobleme durch Übernahme einer Versicherung

konto) auch solche der Versicherung (z.B. Reisegepäckversicherung, Unfallversicherung), zu den bisherigen Individualleistungen wie Baufinanzierung und Vermögensverwaltung über die Kfz- und Lebensversicherung hinaus auch Hausratversicherung und Gebäudeversicherung hinzu.

Soll eine derartige Integration des Versicherungsangebots in das Bankangebot vorgenommen werden, so treten insbesondere drei *Integrationsprobleme* und im Zusammenhang mit ihrer Bewältigung *Investitionen auf* (vgl. Abb. C. 145).

(1) Das Problem der Integration des neuen Produkt- und Verkaufswissens in das *Knowhow* der Bank- bzw. Versicherungsverkäufer, eine Aufgabe, die im Rahmen der Personalentwicklung nur über Zusatzinvestitionen erfüllt werden kann.

(2) Das Problem der Integration unterschiedlicher *Vergütungssysteme* für Bank- und Versicherungsverkäufer, das über die Konstruktion und Akzeptanz eines möglichst einheitlichen Entgeltmodells zu lösen ist und das wegen des gestiegenen Qualifikationsniveaus (vgl. (1)) insgesamt zu höheren Personalkosten führen dürfte.

(3) Das Problem einer Integration unterschiedlicher *Unternehmenskulturen,* das vor allem in der Personalpolitik zu berücksichtigen und mit Zusatzinvestitionen in eine *Image-Strategie* anzugehen ist, die zu einem möglichst kundenorientierten, einheitlichen und unverwechselbaren Profil in der Öffentlichkeit führen soll.

Zu (1): Will man die angestrebten Synergieeffekte aus den unterschiedlichen Vertriebssystemen realisieren, so wird man die Verkäufer auf beiden Seiten in die Lage versetzen müssen, Produkte der jeweils anderen Seite mit zu verkaufen.

Insoweit muß zum einen *in die Personalentwicklung bzw. Qualität der Bankverkäufer in den Filialen investiert* werden. Die Bankverkäufer sind in der überwiegend kundengruppenorientiert gestalteten Aufbauorganisation mehr und mehr zu Allround-Beratern bzw. Generalisten geworden. Der Privatkundenbetreuer gibt diesen Anspruch erst dort auf, wo er im Individualbereich für komplexe Leistungen wie die Vermögensverwaltung Spezialisten hinzuziehen muß. Um dem Allfinanzanspruch genügen zu können, wird er auch für den Verkauf von Versicherungsprodukten geschult werden müssen. Damit ist zwar nicht ausgeschlossen, daß er beim Verkauf individueller Leistungen ebenfalls Spezialisten nun der Versicherung hinzuzieht; jede Ausdehnung einer solchen Abstützung in den Standardbereich von Versicherungsprodukten hinein würde indessen einen Rückschritt von der kundengruppenorientierten hin zur spartenorientierten Organisationsform und damit die Aufgabe des Prinzips bedeuten, den Kunden über die Intensivierung seiner Beziehung zum Betreuer besonders eng an die Bank zu binden.

In diesem Zusammenhang entsteht das *zusätzliche Problem der Schadenregulierung:*[179] Da es kaum möglich sein wird, den Bankverkäufer über den Verkauf neuer Versicherungsprodukte hinaus auch zu einem Profi in der Schadenregulierung auszubilden, besteht die Gefahr, daß eine nichtkulante Regulierung der Schäden im »back office« die Vertrauensbeziehung zwischen Kundenbetreuer und Kunden belastet. Da die Art der Schadenregulierung für eine Versicherungsbeziehung kritischen Charakter besitzt, wird man sich in diesem Zusammenhang zu einer grundsätzlich kulanten Handhabung durchringen müssen. Das aber bedeutet Zusatzkosten, genauso wie sie mit der Weiterbildung des Personals und infolge der Höherqualifizierung dann auch mit einer Vergütung auf höherem Niveau verbunden sind.

---

[179] Vgl. H. Strothmann: a.a.O., S. 8.

Ähnlich stellen sich die Integrationsprobleme mit Blick auf die Versicherungsverkäufer dar. Auch hier wird in das Produktwissen und die Fähigkeit, es zu verkaufen, investiert werden müssen. Im Rahmen einer *Pull-Strategie* geschieht der konventionelle Verkauf von Bankleistungen in einem System von Neben- und Hauptstellen (Nst und Hst) mit einer Filiale (F), in das die Kunden aufgrund ihrer bisherigen Erfahrungen, durch Mund-zu-Mund-Propaganda, angeregt unter Umständen auch durch Werbung und Verkaufsförderung gezogen und wo sie hinsichtlich der Abwicklung von Standardleistungen in den Nebenstellen, bei anspruchsvolleren Individualleistungen auch aus den rückwärtigen Positionen der Hauptstellen und der Filiale bedient werden. Im Gegensatz dazu ist der Versicherungsaußendienst (VA, neben Direct Mail, DM, und Direct Phone, DP) das wichtigste Instrument einer *Push-Strategie,* das heißt er ist gezwungen, auf den Kunden zuzugehen und den in der Versicherungsleistung begründeten Marktwiderstand eines low interest product zu überwinden. Vor diesem Hintergrund dürften zusätzliche *Motivationsprobleme* zu lösen sein, bevor der Versicherungsverkäufer wirklich bereit ist, ihm bisher wenig vertraute Bankprodukte im Markt zu verkaufen. – Nur soweit diese Bereitschaft und dementsprechend ein Potential vorhanden sind, gilt, daß mit der Integration des Versicherungsaußendienstes in den Allfinanzkonzern Investitionen in Form von zusätzlichen *Personalentwicklungskosten* und Personalkosten für die dann höher qualifizierten *Versicherungsverkäufer* verbunden sind.

Bisher aus der Praxis von Allfinanzkonzernen verfügbare Hinweise deuten darauf hin, daß es einfacher ist, Versicherungsprodukte über die Bankschalter als Bankprodukte über den Versicherungsaußendienst zu verkaufen; letzteres scheint noch am besten mit Investmentanteilen, gegebenenfalls auch Bauspardarlehen, zu gelingen.[180] Beim Verkauf über die Bankschalter ist indessen zu berücksichtigen, daß dies auch durch ein shop-in-the-shop-System mit Versicherungsspezialisten in den Bankräumen geschehen kann. Wenn ein solches Spezialistenteam – wie im Falle des BfG · Finanz Service – aber erst aufgebaut werden muß und die Bankangestellten lediglich die Kontaktvermittlung übernehmen, kann kaum mehr von Synergieeffekten gesprochen werden: Es handelt sich um echte Zusatzinvestitionen.

Zu (2): Ein weiteres Integrationsproblem liegt in der Zusammenführung zweier unterschiedlicher Vergütungssysteme: *Bankangestellte* erhalten noch überwiegend *Gehälter, Versicherungsvertreter* werden vor allem mit *Abschlußprovisionen* bezahlt.

Unter diesen Umständen können es sich Bankangestellte zwar leisten, *käuferorientiert* zu verkaufen, denn ihre Vergütung bleibt von dem einzelnen Abschluß mit dem Kunden unberührt. Andererseits wird ihr Engagement nur insoweit gefördert, als sie längerfristig mit Beförderungen (auch auf eine höhere Gehaltsstufe) rechnen können. Demgegenüber ist die Provisionierung des Versicherungsvertreters zwar eine leistungsorientierte Bezahlung, doch wird er vor allem die Produkte verkaufen, mit denen er bei gegebenem Aufwand an Zeit und Mühen den höchsten Provisionsnutzen erzielen kann; dabei können sicherlich die Interessen des Kunden auf der Strecke bleiben (*verkäuferorientiertes* Verhalten).[181]

Man ist sich heute weitgehend darüber einig, daß die Vergütungssysteme für Bankverkäufer stärker leistungsorientiert und diejenigen für Versicherungsverkäufer nicht nur am Einzelabschluß, sondern auch an der Bestandspflege ausgerichtet sein sollten.[182] Offenbar

---

[180] Vgl. die Beispiele der Kooperationen DBV/Commerzbank sowie Victoria/Bayerische Vereinsbank bei Ch. Hermann: a.a.O.
[181] Vgl. W.-D. Baumgartl, Vorsitzender des Vorstands, HDI-Haftpflichtverband der Deutschen Industrie VVaG, Hannover, in seinem Vortrag »Vertriebswege für Versicherungsprodukte und ihre Bewertung aus der Sicht eines Kompositversicherers« am 30.5.1995 im Kontaktseminar an der Ruhr-Universität Bochum, in: SB Nr. 42, SS 1995, S. 78-82, hier S. 80.

geht es darum, ein Vergütungssystem zu entwickeln, das Komponenten von beiden Seiten bezieht und eine weitgehende Akzeptanz sowohl im mobilen als auch immobilen Vertrieb findet. Wie bereits im Zusammenhang mit dem Beziehungsmanagement erwähnt (vgl. S. 638ff.), müßte die Entwicklung dahin gehen, Provisionen auf den Deckungsbeitrag einer Kundenverbindung in einer längeren Periode zu basieren.[183]

Zu (3): Es ist anzunehmen, daß es auch und vielleicht vor allem diese unterschiedlichen Vergütungssysteme sind, welche die *Unternehmenskulturen* der Bank und Versicherung geprägt haben. Etwas vereinfacht stehen sich hier das abschlußorientierte Hard Selling des Versicherungsverkäufers und das auf die Pflege der Kundenverbindung gerichtete Relationship Banking des Bankangestellten gegenüber. Im vorliegenden Fall ist die anders geartete Kultur der Versicherungsunternehmung mit derjenigen der Bank zu harmonisieren. Angefangen beim Austausch von Auszubildenden und Trainees, der gemeinsamen Weiterbildung von Verkäufern, über die Bildung von Ausschüssen mit Vertretern sowohl der Bank als auch der Versicherung bis hin zur Zusammensetzung des Top-Managements ist eine Integration der Kulturen zu versuchen. Dabei kommt den für die Erreichung der gemeinsamen Ziele besonders wichtigen Führungskräften als »Kulturträgern« eine besondere Bedeutung zu. Bei der Überwindung eines solchen Integrationsproblems handelt es sich um einen mühevollen, langfristigen Prozeß, der aber doch bewältigt werden muß, wenn die Schlagkraft des Allfinanzkonzerns erhöht werden soll.[184]

In dem Maße, in dem dies gelingt, wird es zu einem positiven, unverwechselbaren Image des Konzerns im Markt kommen. Häufiger dürften indessen die mißlungenen Versuche sein. Solche Erfahrungen können zur Folge haben, daß bewußt unterschiedliche Kulturen toleriert beziehungsweise sogar aufgebaut werden, wie das Beispiel der Bayerischen Hypotheken- und Wechsel-Bank AG und ihrer Investment-Tochter, der HCM (Hypo Capital Management), zeigt.[185] Für den Allfinanzkonzern kann das jedoch keine sinnvolle Lösung des Problems sein, bedeutet es doch den Verzicht auf eine gemeinsame Nutzung der Vertriebssysteme mit den angestrebten Synergievorteilen.

Bei dem Aufbau eines Allfinanzkonzerns mit der *Gründung eigener Tochtergesellschaften* werden zwar auch Mitarbeiter aus Versicherungen gewonnen, für ein stärker auf die Pflege von Kundenbeziehungen ausgerichtetes Vergütungssystem erwärmt und in eine für sie fremde Kultur integriert werden müssen. Doch handelt es sich hier um einen Aufbauprozeß in der Zeit, bei dem die genannten Probleme von der Auswahl und Einstellung des einzelnen Mitarbeiters an berücksichtigt werden können (reinrassige Lösung). Sie haben infolge dieses Gestaltungsspielraums sehr viel weniger Gewicht als in einem durch Zukäufe zustande gekommenen Konzern, in dem die einzelnen Teile mit ihren Außenorganisationen von heute auf morgen übernommen wurden.

---

[182] Vgl. H. Strothmann: a.a.O., S. 10.
[183] Unabhängig davon bleibt das Problem, neben dem Kundenbetreuer auch die Fachspezialisten, ggf. sogar Vertreter der für die Auftragsabwicklung zuständigen Stäbe, erfolgsorientiert zu vergüten. Bei der Westdeutschen Landesbank hatte dies dazu geführt, daß die gesamten Erfolgsbeiträge zeitweise zweifach zugerechnet wurden: Zum einen auf die Firmenkundenbetreuer, zum anderen auf die Produktspezialisten. Vgl. J. Sengera, Westdeutsche Landesbank Girozentrale, Düsseldorf, in seinem Referat »Relationship Management in der Bank aus organisatorischer Sicht« am 24.4.1990 im Kontaktseminar an der Ruhr-Universität Bochum, in: SB Nr. 32, SS 1990, S. 26-29.
[184] Vgl. zu den Erfahrungen der niederländischen ING-Gruppe o.V.: Allfinanz stößt an ihre Grenzen, in: BZ, Nr. 106 v. 5.6.1996, S. 4.
[185] Vgl. E. Martini, Bayerische Hypotheken- und Wechsel-Bank AG, München, in seinem Referat »Die Bedeutung von Führungs- und Unternehmenskultur im Rahmen bankstrategischer Überlegungen« am 16.5.1990 im Kontaktseminar an der Ruhr-Universität Bochum, in: SB Nr. 32, SS 1990, S. 32-35.

c. 5. Elemente ausländischer Vertriebsformen

Unter Berücksichtigung des dezentralen Vertriebs sollen die Elemente des Möglichkeitsbereichs von Vertriebsformen im Ausland wie in dem folgenden Schema geordnet werden.

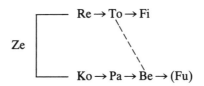

Dabei bedeuten die Symbole:

Ze – Zentrale einer Bank
Re – Repräsentanz(en)
To – Töchter
Fi – Filiale(n)
Ko – Korrespondent(en)
Pa – (Kooperations-)Partner
Be – (Bank-)Beteiligung(en)
(Fu) – Fusion (mit einer Bank oder mehreren anderen Banken)

Die Anordnung ist nach dem Grade des Einflusses vorgenommen, den Ze auf ihre Vertriebsformen ausübt.

Die obere Achse bezeichnet die Politik des »going it alone«, des Alleinvertriebs mit zunehmender Kontrolle auf die Vertriebsentscheidungen durch die Zentrale. Die Repräsentanz unterliegt zwar der vollen Kontrolle durch Ze, macht selbst aber kein Geschäft, sondern vermittelt es allenfalls; → To wird zwar über die Kapitalmehrheit kontrolliert, immerhin tritt der Vorstand nach außen noch selbständig auf; → Fi schließlich ist eine weisungsgebundene Teileinheit von Ze und als solche auch erkennbar.

Die untere Achse zeigt demgegenüber eine Politik zunehmenden *Gemeinschaftsvertriebs* mit tendenzieller Aufgabe des Einflusses der Zentrale: Dieser Einfluß ist bei ausschließlicher Nutzung eines Korrespondentensystems noch nahezu unangetastet; er wird bei Kooperationsabkommen (→ Pa) je nach deren Konstruktion durch die Partner weiter eingeengt; die Einflußteilung kann bei gemeinsamen Töchtern mit Spezialaufgaben (→ Be), bei denen jeder der Partner eine Minderheitsbeteiligung hält, fundiert werden; über den Austausch von Beteiligungen kann auch eine Fusion (→ Fu) vorbereitet werden, die hier eingeklammert wird, da sie als die Selbstaufgabe der Zentrale zugunsten des Gemeinschaftsvertriebs für die internationalen Aktivitäten deutscher Banken bisher noch nicht Wirklichkeit geworden ist.

Zu ergänzen ist, daß Beteiligungen nicht nur im Rahmen des Gemeinschaftsvertriebs gesehen werden müssen, sondern auch im Hinblick auf den Alleinvertrieb als Vorstufe zum Aufbau einer Tochter geplant werden; zwischen Be und To ist deshalb eine Verbindung angedeutet worden.

Vergegenwärtigt man sich in statischer Betrachtung – als Momentaufnahme – die Vertriebssysteme der großen Banken der Welt, so dürfte man feststellen, daß sie grundsätzlich über alle gezeigten Vertriebsformen verfügen. Das ist auch verständlich, da die Bedingungskonstellationen vor allem in den verschiedenen Wirtschaftsräumen des Auslands unterschiedlich sind.

Das schließt nicht aus, daß die Gewichte im Vertriebssystem einer Bank ungleichmäßig gelagert sein können. So würde das Schwergewicht (□)

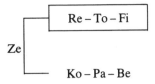

den *Fall der »progressiven«* multinationalen Bank darstellen, bei welcher der Alleinvertrieb mit entsprechend aufwendigen Investitionen dominiert.

Im Gegensatz dazu beschreibt

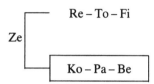

den Fall der »konservativen« Außenhandelsbank mit der Betonung des Gemeinschaftsvertriebs bei Zurückhaltung in den Investitionsausgaben.[186]

Der Erklärungsgehalt des Modells soll weiter durch die dynamische Betrachtung, d.h. durch mögliche Veränderungen im Zeitverlauf, geprüft werden.

So wäre Re → Fi der typische Fall, in dem eine Repräsentanz durch den Aufbau eines Potentials von Kundenkontakten den Boden für die Umwandlung in eine Filiale vorbereitet. Andererseits kann z.B. auch eine rückläufige Bewegung in Form To ← Fi auftreten, ein Fall, der im 2. Halbjahr 1976 bei der Umwandlung der deutschen Filiale der Citibank in eine selbständige Tochter, die Citibank AG, beobachtet werden konnte.

Daß Partner eines Kooperationsvertrags sich aus Korrespondenzbankverbindungen entwickeln (Ko → Pa), dürfte eher die Regel als die Ausnahme darstellen. Der umgekehrte Fall, nämlich die Aufgabe einer Partnerschaft bei Erhaltung einer Korrespondenzbeziehung zu dem früheren Partner (Ko ← Pa), könnte als Folge des Übergangs vom Gemeinschafts- zum Alleinvertrieb eintreten. Ko → Be bezeichnet den Fall, in dem eine Bank z.B. bei einem Korrespondenten eine Minderheitsbeteiligung eingeht, Ko ← Be die Aufgabe des Beteiligungsverhältnisses unter Beibehaltung des Korrespondenzbankstatus'.

Als weitere Form des Gemeinschaftsvertriebs ist seit ca. 10 Jahren auch die **strategische Allianz** in das Blickfeld deutscher Banken gerückt.

Zwischen einer stillschweigenden Zusammenarbeit und einer Mehrheitsbeteiligung kann die *strategische Allianz*[187] definiert werden als

---

[186] Selbstverständlich kann die Charakterisierung als »progressiv« und »konservativ« in diesem Zusammenhang keine Wertung bedeuten. – Teilweise ist eine solche konservative Entwicklung auch durch die Bankengesetze des Auslands, z.B. in einigen ehemals planwirtschaftlichen Staaten, erzwungen.

[187] Dazu vgl. K. Küting/K. J. Zink: Unternehmerische Zusammenarbeit. Beiträge zu Grundsatzfragen bei Kooperation und Zusammenschluß, Berlin 1983, S. 16ff., J. Süchting: Strategische Allianzen in der Kreditwirtschaft, in: ZfgK, 43. Jg., 1990, S. 702-704. A. Gahl: Die Konzeption strategischer Allianzen, Berlin 1991, S. 9ff. und M. Knoppe: Strategische Allianzen in der Kreditwirtschaft, München/Wien 1997 sowie ähnlich J. Sydow: Strategische Netzwerke, Wiesbaden 1995.

- auf Dauer angelegte Zusammenarbeit von zwei oder mehr Partnern,
- zur gemeinsamen Erfüllung von Teilaufgaben,
- auf einem *Geschäftsfeld*,
- durch Einbringung *individueller Stärken*,
- sowie unter Eingehung von vertraglichen und/oder personalen und/oder finanziellen Bindungen,
- ohne daß die rechtliche und auch wirtschaftliche Selbständigkeit prinzipiell in Frage gestellt wird.

Strategische Allianzen setzen sich ergänzende Partner voraus. Derartige Komplementärbeziehungen finden Banken vor allem im Absatzbereich, u.a. bei unterschiedlichen Standorten im In- oder Ausland, wo man seiner Kundschaft auch außerhalb des eigenen Marktbereichs den zuverlässigen Schreibtisch des Partners bieten will.

In den 70er Jahren entstanden, insbesondere als Antwort auf die globale Herausforderung der großen amerikanischen Banken, die europäischen *Bankenclubs:* Europartners mit der Commerzbank, die EBIC-Gruppe mit der Deutschen Bank, ABECOR und die Dresdner sowie ORION mit der WestLB. Unter standortpolitischen Aspekten und bei Teilung von Kosten und Risiken gründeten die Clubs Joint Ventures an den wichtigsten Finanzplätzen der Welt in New York, London und im pazifischen Raum.

Im Laufe der 80er Jahre wurde indessen zunehmend erkennbar, daß die Entwicklung bei den Banken in Europa wegging von den eher unverbindlichen, multilateralen Kooperationen hin zu intensiveren, bilateralen und damit strategischen Allianzen oder gar zum Alleingang.

Im Rahmen der Europastrategie (vgl. auch S. 41 kann es um unterschiedliche Zielgruppen gehen: Unternehmenskunden, Privatkunden und auch Institutionelle. Insbesondere das Geschäftsfeld des Investment Banking für Großunternehmen darf dabei nicht allein auf Europa bezogen, sondern muß vor dem Hintergrund der globalen Aktivitäten der Banken gesehen werden. Dies vorausgeschickt stellen sich die führenden deutschen Kreditinstitute die Frage, wie sie es vermeiden können, im erweiterten europäischen Markt auf den Rang einer Regionalbank abzufallen. Um im Konzert der Großen mitspielen zu können und z.B. einen besseren Zutritt zu dem vom Entwicklungspotential vor allem im Privatkundengeschäft her besonders attraktiven spanischen Markt zu erreichen, hat etwa die Commerzbank ihre Beziehungen zu einem Europartner vertieft und mit dem Banco Hispano Americano eine wechselseitige Beteiligung aufgebaut. Die Bayernhypo hat sich für ein Joint Venture mit dem Banco Popular Español in Barcelona qualifiziert, indem sie ihre großen Erfahrungen in der Baufinanzierung eingebracht hat.

Wie erwähnt, ist es nicht nur zum Übergang von multilateralen Verbindungen auf bilaterale, strategische Allianzen gekommen; vielmehr wurden auch Alleingänge gestartet, und zwar in Form von Mehrheitsbeteiligungen und Eigengründungen.

Im europäischen Rahmen ist es vor allem die Deutsche Bank, die sich auf allen Geschäftsfeldern zu einer Europabank entwickeln will und die auf diesem Wege z.B. in Italien die Banca d'America e d'Italia, Mailand, in Spanien den Banco Commercial Transatlantico, Barcelona, und später den Banco de Madrid mit jeweils großen Filialnetzen übernommen hat; hierzu kamen – wie erwähnt – umfangreiche Zukäufe im Investment Banking.

Mehrheitsbeteiligungen und Eigengründungen deuten darauf hin, daß strategische Allianzen bei dem Vorteil insbesondere eines vergleichsweise geringen Kapitaleinsatzes auch ihre Schwächen besitzen. Diese liegen vor allem darin, daß im Management die Kosten der Koordination, der Findung von Kompromissen und der Inflexibilität sowie bei den Mitarbeitern die mangelnde Identifikation mit den von der anderen Seite eingebrachten

Produkten eine derart **geringe Effizienz des Kooperationsvorhabens zur Folge haben können, daß die strategische Allianz vorschnell auseinanderbricht.**

Daraus ergeben sich diese Perspektiven:

(1) Unter den genannten Umständen wird der stärkere Partner in der strategischen Allianz diese schlagkräftiger machen wollen, indem er über den Erwerb der Kapitalmehrheit die Zusammenarbeit nach eigenen Vorstellungen *steuert.*
(2) Dieser Chance stehen erhöhte Risiken gegenüber, nicht nur aus dem nun größeren *Kapitaleinsatz,* sondern auch solche aus der stärkeren Berührung unterschiedlicher *Unternehmenskulturen.*
Trotz der damit verbundenen Risiken werden große Banken, die über entsprechendes Kapital verfügen, den Weg der Mehrheitsbeteiligung bevorzugen, um ihre Ziele schneller zu erreichen – falls sich Gelegenheiten für die entsprechende Übernahme finden. Für diese Banken erweist sich die strategische Allianz im nachhinein als Interimsphase, wenn sie nicht von Anfang an als Vorbereitungsphase und Lernprozeß angesehen wurde.
(3) Fehlen auch vom *Image* her akzeptable Übernahmekandidaten, werden die Kulturrisiken zu hoch eingeschätzt und besitzt man u.a. deshalb eine Präferenz für eine reinrassige Lösung, dann werden große Banken den Alleingang mit Eigengründung wählen, obwohl damit erhebliche *zeitliche* Nachteile gegenüber dem Kauf von Marktanteilen verbunden sind.
(4) Unter diesen Umständen dürften strategische Allianzen im nationalen und europäischen Markt als Lösungen für *Banken* insbesondere *mittlerer Größenordnung* anzusehen sein, die sich den Weg der Konzernierung nicht leisten können und die den Nischenanbieter – im Gegensatz zu manchen Privatbankiers – nicht spielen wollen.

Damit von ihnen eingegangene *strategische Allianzen funktionieren,* sollten über etwa gleichgewichtige Größenordnungen hinaus vor allem bestimmte *personelle Voraussetzungen* im Management gegeben sein. Wie im Rahmen des Beziehungsmanagements gegenüber den Kunden dargelegt, so gilt auch hier: Erst Offenheit und der Verzicht auf Opportunitätsdenken können Vertrauen, Loyalität und Solidarität zwischen den Partnern entstehen lassen, welche die Koordinationskosten in Grenzen halten. Strategische Allianzen schaffen unter diesen Umständen zwar keine Wettbewerbsvorsprünge vor den »Big Players«, begrenzen aber den Abstand zu ihnen.

d. Die Kommunikationsdimension: Der persönliche und unpersönliche Kontakt

Mit Hilfe der Kommunikationspolitik soll der Prozeß der Informationsverarbeitung und Meinungsbildung des Nachfragers zielgerichtet durch den Anbieter beeinflußt werden.

Unter dem *Kommunikations-Mix* einer Bank sind im einzelnen

– der persönliche Verkauf (Personal Selling),
– die Werbung für das Bankinstitut (Institutswerbung) und seine Produkte (Produktwerbung) einschließlich der Verkaufsförderung (am Point of Sale) sowie
– die Öffentlichkeitsarbeit (Public Relations)

zu verstehen.

In der Kommunikation mit ihren Kunden können Kreditinstitute von den insbesondere für den Verkauf von Konsumgütern entwickelten *Käuferverhaltenstheorien* und den daraus gewonnenen Handlungsempfehlungen Gebrauch machen, wie der folgende Ausschnitt aus dem Bankmodell und die u.a. von Wünsche erarbeiteten Beispiele zeigen.[188]

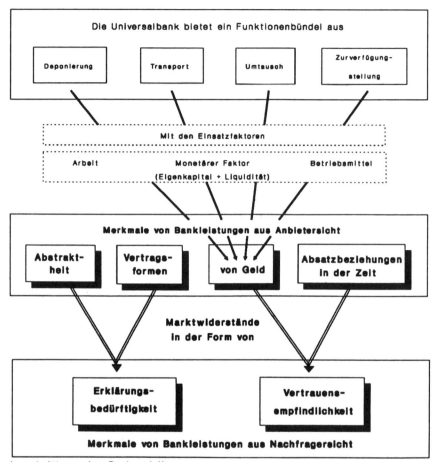

Ausschnitt aus dem Bankmodell

(1) Entsprechend der *Dissonanztheorie* können beim Käufer nach dem Kauf konsonante, aber auch dissonante Beziehungen gegenüber dem gekauften Produkt und dem Anbieter entstehen. Daraus folgt besonders im Hinblick auf Wiederholungskäufe, daß die Kommunikation des Anbieters auf die Vermeidung von Dissonanzen ausgerichtet sein sollte. Diese Notwendigkeit ergibt sich auch für Kreditinstitute, deren Leistungen durch *Absatzbeziehungen in der Zeit* geprägt und deshalb für Dissonanzen besonders anfällig sind. Derartige Dissonanzen könnten z.B. nach dem Kauf von Investmentzertifikaten, Goldmünzen oder »Volksaktien« auftreten, wenn der Käufer über die Art der Beratung *Unzufriedenheit* oder ganz einfach im Hinblick auf die Wertentwicklung seiner Geldanlage *Enttäuschung* empfindet.

---

[188] Vgl. G. Wünsche: a.a.O.

Um Dissonanzen einzufangen und ihnen rechtzeitig sowie in angemessener Form zu begegnen, können Kundenbefragungen[189], Testkäufe durch Silent bzw. Mystery Shopper[190] sowie vor allem ein systematisches *Beschwerdemanagement* dienen.[191] Beschwerden sind Artikulationen von Unzufriedenheit der Kunden, die mit dem Ziel vorgebracht werden, auf ein subjektiv als kritikwürdig empfundenes Verhalten des Anbieters aufmerksam zu machen, eine Wiedergutmachung für erlittene Beeinträchtigungen zu erreichen und/oder eine Änderung des kritisierten Verhaltens zu bewirken.[192] Im allgemeinen wird heute noch eine vergleichsweise geringe Anzahl von Beschwerden bei den Banken als Erfolgsindikator gewertet, während man den Nutzen einer kundenorientierten Beschwerdeabwicklung unterschätzt. Auch fürchten die Mitarbeiter häufig die Aufdeckung von Fehlverhalten, so daß ihnen gegenüber geäußerte Beschwerden bereits gefiltert werden oder übergeordnete Stellen nie erreichen. Obwohl eine solche defensive Haltung weit verbreitet ist, wird man sie als falsch bezeichnen müssen. Die relativ seltenen Äußerungen unzufriedener Kunden gegenüber der Bank sind nach empirischen Erhebungen nur die »Spitze des Eisberges«; eine weitaus größere Zahl von Kunden wandert ohne Beschwerde ab, berichtet aber über negative Erlebnisse im Freundes- und Bekanntenkreis (Abb. C. 146). Daher müssen *Beschwerden* grundsätzlich als *Chance* gesehen werden, um Zufriedenheit wieder herzustellen, Kosten und Verluste zu vermeiden sowie das Image, auch über die Mund-zu-Mund-Kommunikation, zu verbessern.

Um Beschwerden als Frühwarninformationen für Qualitätsmängel zutage zu fördern, kommen z.B. zentrale Beschwerdestellen mit aktiven Hinweisen darauf in Frage, eine gebührenfreie Hotline oder die bekannten Comment Cards, wie sie auch in den Hotels zu finden sind.[193] Insbesondere aber sind die Verkäufer zu schulen, damit sie Beschwerden stimulieren und analysieren können. Darüber hinaus müssen sie in die Lage versetzt werden, dem Kunden mit ihrer Reaktion auf die Beschwerde das Gefühl zu geben, ernstgenommen zu werden.[194]

(2) Die *Lerntheorie* war bereits als Ansatz für die Entwicklung einer Theorie der Bankloyalität herangezogen worden (vgl. S. 627ff.). Über die Abnahme einer Mehrzahl von abstrakten Bankprodukten im Rahmen der *Absatzbeziehung* mit der Bank gewinnen Kunden Erfahrung im Umgang mit ihrem »Finanzzentrum«. Eine solche Anschauung des Kundenverhaltens wird auch in der Werbung einer Bank ausgenutzt, wenn z.B. deren Vorstandsmitglieder in regelmäßigen Abständen in Zeitungen über das Leistungsangebot ihres Ressorts aufklären und auf diese Weise den Lernprozeß von Kunden unterstützen.

---

[189] Vgl. grundsätzlich R. Hentschel: Dienstleistungsqualität aus Kundensicht: Vom merkmals- zum ereignisorientierten Ansatz, Wiesbaden 1992 und G. Zollner: a.a.O. sowie zu konkreten Anwendungen im Privat- bzw. Firmenkundengeschäft M. Schroth: Informationsinstrumente im Privatkundengeschäft, in: DBk, Nr. 10/1997, S. 586-592 und E. Kövesi-Grafinger/A. Schmoll: Der Weg zum zufriedenen Kunden, in: DBk, Nr. 4/1995, S. 209-215.

[190] Vgl. G. Schmitz: a.a.O., S. 263ff.

[191] Vgl. J. Süchting: Strategische Positionierung privater Banken, a.a.O., S. 309-312 zum Beschwerdemanagement.

[192] Vgl. B. Stauss: Beschwerdemanagement, in: B. Tietz/R. Köhler/J. Zentes (Hrsg.): a.a.O., Sp. 226-238.

[193] Vgl. weiter W. Drewes/J. Klee: Aktives Beschwerdemanagement in Kreditinstituten, in: Spk, 111. Jg., 1994, S. 42-46 sowie D. C. Schmid/E. Peill: Beschwerdemanagement gehört zum Service, in: DBk, Nr. 4/1994, S. 225-228.

[194] Vgl. U. Stopp: Reklamationen als Chance zur Kundenbindung?, in: bum, 23. Jg., Nr. 6/1994, S. 32-35.

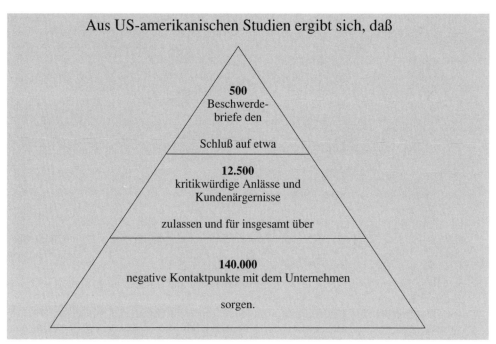

Abb. C. 146: Beschwerden als »Spitze des Eisberges« (Quelle: J. Bonn: Beschwerdemanagement in Kreditinstituten: Reicht der Ombudsmann?, in: SB Nr. 40, SS 1994, S. 18-26, hier S. 21)

(3) Nach der *Motivtheorie* ist die Kommunikation eines Anbieters auf die Kaufmotive der Kunden zu konzentrieren. *Abstrakte Bankprodukte* werden im allgemeinen *nicht um ihrer selbst willen begehrt,* sondern weil mit Hilfe von *angespartem oder geliehenem Geld* Konsumgüter und Dienstleistungen oder Produktionsgüter erworben werden können. Dementsprechend liegt es gerade für Kreditinstitute nahe, in ihrer Kommunikation auf die *Verwendungszwecke* (z.B. Ferienreisen, Autokauf, Praxiseinrichtung des Arztes, Direktinvestition der Firmenkunden in den USA) abzustellen. Aber auch den Verwendungszwecken vorgelagerte Bedürfnisse wie das Streben nach Prestige können z.B. über die exklusive Gestaltung einer Kreditkarte angesprochen werden.

(4) In der *Referenzgruppentheorie* wird die Auffassung vertreten, daß Käufer eines Gutes entweder vor dem Kauf die Beurteilung des Kaufs durch eine Referenzperson oder allgemein den Vertreter einer Referenzgruppe einholen bzw. nach dem Kauf die Richtigkeit der Entscheidung durch das Urteil eines »Meinungsführers« zu bestätigen suchen. Solche Opinion Leader haben auch im Zusammenhang mit der Abnahme vertrauensempfindlicher Bankleistungen Bedeutung; man braucht nur an den Einfluß der Betriebsräte in den Unternehmen bei der Einführung der bargeldlosen Einkommenszahlung oder an die Innovationsbemühungen zunächst bei Scheck- und dann bei Kreditkarten über Bezieher höherer Einkommen zu denken, die – z.B. als Erstbenutzer in Urlaubsorten des Auslands – zur stärkeren Verbreitung dieser Zahlungsinstrumente beitrugen.

(5) Insbesondere bei höherwertigen und dauerhaften Konsumgütern sowie bei technisch neuen Produkten, aber auch bei finanziellen Leistungen empfinden Käufer nach der *Risikotheorie* eine *Unsicherheit,* die sich z.B. auf die Funktionserfüllung des Gutes bzw. die Tragfähigkeit einer finanziellen Belastung (nach Aufnahme eines Kredits) bezieht. Der in diesem Risiko liegende Marktwiderstand der *Vertrauensempfindlichkeit* kann vermindert werden, wenn es in der Kommunikationspolitik einer Bank gelingt, Kredit- oder Ansparvorgänge rechenmäßig transparent zu machen und von daher auch die monatliche Belastung durch Kredit- bzw. Ansparverträge für den Kunden in die rechte Perspektive zu seinem Einkommen zu rücken. Standardbeispiele etwa auf Postern als Instrument der Verkaufsförderung sind dafür geeignet.

d. 1. Der persönliche Verkauf

Verkäufer sind *alle Angestellten im Kundenkontakt.* Dazu gehören demnach der Vorstand, die Leiter von Filialen und Zweigstellen, alle sonstigen Mitarbeiter, die am Schalter oder im Außendienst tätig sind sowie gegebenenfalls nicht angestellte Mitarbeiter, z.B. Handelsvertreter gem. § 84 HGB, wie sie auch von Bausparkassen, Versicherungen, Investmentgesellschaften als Vermittler eingesetzt werden können.

Wie bei anderen Verkäufern auch, so wird das Anforderungsprofil für Bankverkäufer durch Eigenschaften wie Kontaktfähigkeit und Verhandlungsgeschick geprägt. Aus dem Leistungsobjekt »Geld« und der daraus resultierenden **Vertrauensempfindlichkeit von Bankleistungen** – so war bereits hervorgehoben worden (vgl. S. 624ff.) – **folgt aber weiter, daß Bankverkäufer ein hohes Maß an Vertrauen und Glaubwürdigkeit ausstrahlen müssen.** Diese Notwendigkeit ergibt sich verstärkt für diejenigen Kreditinstitute, die in einer kundengruppenorientierten Organisationsform dem Käufer alle Leistungen »aus einer Hand« präsentieren und somit das menschliche Potential eines Mitarbeiters zur Grundlage für die Dauerhaftigkeit und Festigkeit der Absatzbeziehungen mit ihren Kunden machen wollen. Aus der in der Abstraktheit und durch Vertragsbestandteile begründeten **Erklärungsbedürftigkeit von Bankleistungen folgt weiter die Notwendigkeit einer relativ hohen fachlichen Qualifikation und Problemlösungsfähigkeit von Bankverkäufern,** die indessen vor dem Hintergrund des ökonomischen Bildungsgrades der Kunden zu sehen ist. Immerhin ist es auch im Mengengeschäft mit den privaten Haushalten ein Risiko, schnell eingeschulte branchenfremde Kräfte im Außendienst mit dem Verkauf von Bankprodukten zu betrauen. Dies haben die viel diskutierten negativen Erfahrungen mit den Investors Overseas Services (IOS) beim Hausverkauf von Investmentzertifikaten deutlich gemacht. – Darüber hinaus spielt die persönliche bzw. soziale Kompetenz eine bedeutende Rolle.[195]

d. 2. Werbung und Verkaufsförderung

In dem Maße, in dem die Kreditinstitute das Mengengeschäft mit den privaten Haushalten ausgebaut haben, hat sich das Gewicht der Kommunikation über den Einsatz von unper-

---

[195] Vgl. M. Schütte/K. Höfle: a.a.O. und empirische Ergebnisse bei A. Oehler: Betreuung durch Relationship-Management, in: DBk, Nr. 3/1995, S. 137-142 sowie H. Gierl/G. Helbich: Die Kompetenz des Bankberaters, in: DBk, Nr. 9/1997, S. 540-544.

sönlichen Werbemitteln verstärkt. Werden solche Werbemittel wie Prospekte, Broschüren, Poster als Verkaufshilfen am Verkaufspunkt (z.B. am Schalter oder beim Kundenbesuch) eingesetzt, so spricht man von Verkaufsförderung.

Die *Aufgaben der Werbung* bestehen darin,

— den Kunden ein Firmenbild (Image) zu vermitteln;
— sie mit Teilen des Leistungssortiments bekannt zu machen;
— die Umworbenen zu einer Kontaktaufnahme zu veranlassen, die sich letztlich in der Inanspruchnahme von Bankleistungen niederschlagen soll.

Die Bedeutung des persönlichen Verkaufs von Bankleistungen wird vor allem im Sektor der Unternehmen deutlich. In den Verflechtungen zwischen den leitenden Persönlichkeiten der Banken und der Wirtschaft sowie in allen Beziehungen auf den unteren Ebenen bei Filial- und Abteilungsleitern und ihren Partnern in den Unternehmen steht der persönliche Kontakt im Mittelpunkt und besitzt in der unpersönlichen Werbung keine Konkurrenz. In dem Maße aber, in dem ein Institut mit Hunderttausenden oder gar Millionen privater Kunden sowohl im Aktiv- (Konsum- und Hypothekarkredit) als auch im Passivgeschäft (Spareinlagen) in Kontakt tritt, schwindet aus ökonomischen Überlegungen heraus die Möglichkeit, allein durch persönlichen Verkauf den gewünschten Erfolg zu erzielen. Notwendig ist deshalb der Einsatz vielfältiger unpersönlicher Werbemittel in Bild, Schrift und Ton.

Für die im Mittelpunkt der *Produktwerbung* gegenüber den privaten Haushalten stehenden Programmkredite, die standardisierten Formen der Vermögensanlage, Girokonten und Zahlungsmittel des Reiseverkehrs, kommen als Werbemittel insbesondere

— Anzeigen in Publikumszeitschriften, Tageszeitungen, Fachzeitschriften;
— Plakate, auch in den Schaufenstern der Geschäftsstellen;
— Werbebriefe, Prospekte, Werbegeschenke;
— Hörfunkwerbung, Werbefilme und Fernsehspots

in Betracht. Diese verteilten sich 1995 insbesondere auf die Printmedien (Tageszeitungen 45%, Publikumszeitschriften 21%) sowie einem knappen Drittel auf Fernsehen und Hörfunk. Hinzugetreten ist neuerdings die Werbung im Internet. Hier läßt sich auf einfache Weise registrieren, welche Informationsangebote der Kunde wahrgenommen hat.[196]

Werbepolitische Aktivitäten waren in der Vergangenheit durchaus nicht selbstverständlich. Einerseits setzte das Wettbewerbsabkommen des Kreditgewerbes bis zum 1. Dezember 1967 enge Grenzen für den Einsatz unpersönlicher Werbemittel, andererseits galt es aber auch seitens der Banken als »unfein« und »unseriös«, Bankprodukte öffentlich anzupreisen. Allenfalls eine Institutswerbung sah man als standesgemäß an. Nachdem aber heute die Bankwerbung nur noch durch das für die gesamte Wirtschaft geltende Gesetz gegen den unlauteren Wettbewerb (UWG) sowie die Zugabeverordnung eingeschränkt wird, hat sich eine erhebliche Steigerung der Werbeaufwendungen

---

[196] Laut Nielsen Werbeforschung sind die Werbeaufwendungen der Kreditinstitute seit Aufhebung der Werbereglementierung im Jahre 1967 von 59 Mio. DM über 157,2 Mio. DM in 1975 und 515,3 Mio. DM 1989 auf 609 Mio. DM 1995 gestiegen. Vgl. hierzu H.-P. Krämer: Effizienzsteigerung in der Werbung durch Kommunikationscontrolling, in: J. Süchting/H.-M. Heitmüller (Hrsg.): a.a.O..

ergeben, die sich im allgemeinen bei einem Satz von 0,1-0,2% der Gesamtaufwendungen eingespielt haben dürften.[197]

Angesichts der Anstrengungen nicht nur anderer Finanzinstitutionen, sondern darüber hinaus der gesamten Konsumgüterindustrie, Aufmerksamkeit und Profil zu gewinnen, werden an Quantität und Qualität der Bankwerbung zunehmend erhöhte Anforderungen gestellt. **Die Herausstellung originärer Leistungsmerkmale stößt dabei auf die Schwierigkeit, daß das Leistungsobjekt »Liquidität« sich von Institut zu Institut nicht unterscheidet** und dementsprechend den Eindruck weitgehender Homogenität der Bankprodukte entstehen läßt. Hinzu kommt, daß Konkurrenzinstitute Leistungsinnovationen – im Vergleich zur Industrie – schnell kopieren können, ohne sich – bei geschickter Namensgebung und Formularverpackung – mit dem Vorwurf der unzulässigen Nachahmung auseinandersetzen zu müssen.

Mangelnder Patentschutz sowie der Umstand, daß für die Aufnahme neuer Bankleistungen in das Sortiment in der Regel nur unerhebliche Sachinvestitionen vorzunehmen sind, erklären die Möglichkeit der schnellen Reaktion seitens der Konkurrenten. Aus der Charakterisierung der Bankleistungen als erklärungsbedürftige und unpopuläre Leistungen ergibt sich zudem die Frage, was man statt der im finanziell-abstrakten Bereich angesiedelten Leistung selbst in den Mittelpunkt der Werbebotschaft stellen kann.

Die Produktwerbung im Firmenkundengeschäft ist zumeist rein rational ausgestaltet, indem etwa die Problemlösungsfähigkeit und Placierungskraft durch entsprechende Anzeigen (»Tombstones«) dokumentiert wird, die wesentliche Konstruktionsmerkmale einer Wertpapieremission enthalten. Demgegenüber scheint im Privatkundengeschäft neben der Herausstellung eines vorteilhaften Preises eine Konkretisierung der abstrakten Bankleistung erstrebenswert. **Nicht das Gut Geld, sondern die Erleichterungen und Arten der Bedürfnisbefriedigung, die die einzelnen Leistungen erlauben, stehen im Mittelpunkt der Aussage.** Durch die *Namensgebung,* die auf die originären Konsumwünsche der Bankkunden abstellt (z.B. Autokredit) und für die ein Warenzeichen eingetragen werden kann, läßt sich die Plastizität einer angebotenen Leistung steigern. Eine solche Namensgebung beinhaltet eine wesentliche Hilfe für die Identifizierung der Leistungen einer bestimmten Bank durch den Kunden. Sie rückt außerdem einzelne Bankprodukte in die Nähe des vor allem im Konsumgüterbereich anzutreffenden *Markenartikels.*

Wegen der Schwierigkeiten einer direkten Verkaufswerbung für Bankprodukte besitzt die Werbung für das Institut *(Institutswerbung)* im Kreditgewerbe ein besonderes Gewicht. Darüber hinaus spricht auch die im Gefolge des allgemeinen Trends zur Universalbank zu beobachtende Tendenz zur Vereinheitlichung des Leistungsangebots für eine Betonung der Institutswerbung.[198] Diese findet ihren typischen Ausdruck in einem *Slogan.* Beispiele hierfür sind: »You have a friend at Chase Manhattan«, »Fragen Sie die Deutsche Bank«.

---

[197] Vgl. U. Döring-Katerkamp: Internet: Neue Wege zum Kunden, in: DBk, Nr. 9/1996, S. 548-551. – Vgl. weiter zur Werbeerfolgskontrolle R. Szallies: Markt- und Unternehmensforschung als Voraussetzung für den optimalen Einsatz des vertriebspolitischen Instrumentariums, in: O. Betsch/R. Wiechers (Hrsg.): a.a.O., S. 41-60.

[198] Dabei wird man sich darüber klar sein müssen, daß die Grenzen zwischen Produkt- und Institutswerbung zunehmend verschwimmen. Dies macht auch das folgende Zitat von W. A. Burda (Institutswerbung im Firmenkundengeschäft, in: J. Süchting/E. van Hooven (Hrsg.): a.a.O., S. 345-364, hier S. 355) deutlich: »Für die Werbung kommt es dabei darauf an, den Bekanntheitsgrad und das positive Image des jeweiligen Instituts auf die Produkte und das sie anbietende Verkaufspersonal zu übertragen. Häufig wird dafür der Weg gewählt, die Produkte durch die Verbindung mit dem Namen des Instituts quasi mit einem Gütesiegel zu versehen.«

Die Herausstellung eines durch einen Slogan symbolisierten **Image – verstanden als die Gesamtheit der bewußten und unbewußten Vorstellungen, welche bei den Kunden und darüber hinaus in der Öffentlichkeit über das betreffende Institut bestehen** – beinhaltet den Versuch, trotz der geringen Unterschiede im Leistungssortiment im Vergleich zu Konkurrenzinstituten Präferenzen für das eigene Angebot zu schaffen.

Entscheidend für den Erfolg einer Imagestrategie dürfte die Klärung der Frage sein, inwieweit es – hier bezogen auf die Institutswerbung – gelingt, das aufgebaute Image des Institutes mit den Imageanforderungen der Kunden in Einklang zu bringen. Handelt es sich bei dem betrachteten Institut um die Hausbank eines Industriekonzerns, dürfte die Kongruenz zwischen aufzubauendem Image und den Imageanforderungen der Kunden – im wesentlichen also einer einzigen Unternehmung – relativ leicht herzustellen sein. Schwierigkeiten sind dagegen beim Aufbau des Image einer landesweit operierenden Universalbank zu erwarten, deren Kundschaft zahlenmäßig geprägt wird durch die das Finanzierungsgeschäft tragende Unternehmenskundschaft, die am Wertpapiergeschäft interessierte vermögende Privatkundschaft und die den Sockel der Spareinlagen aufbringende breite Bevölkerung.

Diese Zielgruppen stellen unterschiedliche Anforderungen an das Image z.B. einer Großbank. Der Cash-Manager einer weltweit operierenden Unternehmung erwartet den »kühlen« Großbanker, der vermögende Wertpapierkunde verlangt nach der individuellen Beratung des diskreten Großbankiers, der kleine Kunde sucht eventuell die »freundliche«, seinen Alltagssorgen gegenüber aufgeschlossene Großbank. Eine weitere Differenzierung in den Imageanforderungen entsteht durch den Altersaufbau der Zielgruppen: hier die nachwachsende Generation mit den Attributen »jung« und »dynamisch«, dort die auf »Seriosität« und »Solidität« ausgerichtete ältere Generation.

Da eine **Universalbank** auf mehreren Teilmärkten tätig ist, wird sie häufig auch nicht ein auf eine einzige Kundengruppe abgestelltes Image aufbauen, sondern stattdessen zu einer irgendwie gearteten **Kompromißformel finden, auf die sich die gesamte Kundschaft einigen kann.** »Wenn's um Geld geht – Sparkasse« ist ein Beispiel dafür. Erst eine stärkere Fokussierung auf einzelne Zielgruppen oder Sortimentsteile (vgl. c. 3.) würde einen aussagekräftigeren Slogan zulassen.

Insgesamt scheint es dem Werbeauftritt deutscher Kreditinstitute offenbar an Prägnanz zu mangeln. Dies zeigen die Ergebnisse von Studien, bei denen Privatkunden analog zu den in der Konsumgüterindustrie durchgeführten »Blindtests« anonymisierte Werbeanzeigen vorgelegt wurden. Die ermittelten Werte für eine korrekte Zuordnung der Anzeige zur werbenden Bank rangierten im Durchschnitt bei nur 30%[199]; aus Nachfragerperspektive ergibt sich demnach eine hohe Austauschbarkeit. Von Ausnahmen wie der Citibank abgesehen, ist der Mehrzahl der Kreditinstitute der Aufbau unverwechselbarer Marken noch nicht gelungen.[200]

---

[199] Vgl. P. Kummer/J. Scholz-Ligma: Bankwerbung zwischen Emotion und Information, in: bum, 26. Jg., Nr. 2/1997, S. 13-18.
[200] Vgl. A. Meyer/M. Maier: Alle Banken sind gleich. Was leisten Marken?, in: asw, 40. Jg., 1997, Sonderheft Oktober, S. 102-107.

d. 3. Öffentlichkeitsarbeit (Public Relations) im weiteren Sinne

Die Bankwerbung gerät vor allem auf Grund der oftmals dominierenden Institutswerbung in die Nähe der Public Relations. **Public Relations** – im deutschen Sprachgebrauch überwiegend mit Öffentlichkeitsarbeit übersetzt – beinhalten **sämtliche Anstrengungen einer Bank, im Verhältnis zu allen Sektoren der Umwelt ein für die Bank günstiges Klima zu schaffen**. Der Kern dieser Öffentlichkeitsarbeit wird in den USA treffend ausgedrückt als »the business of making friends«. Während Werbung – wie überhaupt das Marketing – auf die Absatzmärkte zielt, geht die Öffentlichkeitsarbeit für das Institut darüber hinaus; das erlaubt es, sie im Zusammenhang mit den Maßnahmen zur Schaffung einer übergeordneten Unternehmensidentität weiter zu behandeln.

e. Unternehmensidentität und -kultur

Nachdem die rational faßbaren sogenannten »harten Erfolgsfaktoren« in den Unternehmen, nämlich Führungssystem, Strategie und Struktur, inzwischen weit verbreitet sind, haben sich seit rd. 15 Jahren die *»weichen Erfolgsfaktoren«* in ihrer Bedeutung für die Unternehmen in den Vordergrund der Diskussion geschoben. Sie betonen den Menschen und umfassen die kaum quantifizierbaren Elemente »Mitarbeiterstamm«, »Fertigkeiten«, »Stil«, »gemeinsame Werte«. Im Zusammenhang mit den weichen Erfolgsfaktoren haben auch die Corporate Culture (Unternehmenskultur) und die Corporate Identity (Unternehmensidentität) ihren Platz.

Macht man sich klar, daß im Unterschied zu Industrieunternehmen in arbeitsintensiven Bankunternehmen

– nicht Sachinvestitionen, sondern *Personalinvestitionen,*
– nicht die Produktentwicklung, sondern die *Personalentwicklung,*
– nicht der Patentschutz, sondern der *Schutz vor Fluktuation*

das größere Gewicht besitzen, dann wird verständlich, daß Fragen der Unternehmensidentität und -kultur in der Kreditwirtschaft ein besonderes Interesse finden. Mit Investitionen in diesen Bereich hofft man *Wettbewerbsvorsprünge* zu erzielen, die – im Gegensatz etwa zu Produktinnovationen – kurzfristig nicht eingeholt werden können.

Im verwirrenden Begriffsumfeld der Corporate Identity (CI)[201] dürfte der Terminus des *Corporate Image* am stärksten etabliert sein. Darunter hatten wir die Gesamtheit der bewußten und unbewußten Vorstellungen verstanden, die in der Öffentlichkeit über einen Meinungsgegenstand – hier eine Unternehmung – bestehen (vgl. S. 716). Verkürzt: Das Bild einer Unternehmung, von außen gesehen, ihr *Fremdbildnis.*[202]

---

[201] Vgl. R. Kreutzer/St. Jugel/K.-P. Wiedmann: Unternehmensphilosophie und Corporate Identity, Arbeitspapier Nr. 40 des Instituts für Marketing der Universität Mannheim, Mannheim 1986, S. 17, sowie K. Sandner: Das Unbehagen an der Organisationskultur, in: DBW, 47. Jg., 1987, S. 242-244.
[202] Vgl. U. Weiss: Marktforschung der Kreditinstitute, Berlin 1966, S. 153. Zur Konfrontation von Fremdbildnis und – im folgenden – Selbstbildnis vgl. auch M. Körner: Unternehmenskultur, Unternehmensidentität und Unternehmensphilosophie – Versuch einer Systematisierung, in: Spk, 105. Jg., 1988, S. 251-256, insbes. S. 256.

Demgegenüber meint die CI die Selbstdarstellung der Unternehmung. Aber wer ist die Unternehmung, die Corporation? Es kann sich in diesem Zusammenhang nur um Menschen handeln. Also ist genauer zu sagen: Die Gesamtheit der bewußten und unbewußten Vorstellungen, die bei den Angehörigen einer Unternehmung über diese bestehen, ist die *CI*. Wiederum verkürzt: Das Bild einer Unternehmung, von innen gesehen, ihr *Selbstbildnis*.

Wozu die Konfrontation von Selbstbildnis und Fremdbildnis? Weil eine Unternehmung sich und ihre Produkte möglichst gut verkaufen will.

Je besser das CI-Ziel gewählt ist, gemessen an den Erwartungen der Zielgruppe, je näher man dem CI-Ziel gekommen ist, je mehr CI und Corporate Image, also Selbst- und Fremdbildnis, übereinstimmen, umso besser verkauft sich die Unternehmung.

e. 1. Unternehmensphilosophie und CI-Strategie

Jede Unternehmung besitzt, gewollt oder ungewollt, eine CI. Nur ein Teil der Unternehmen hat indessen erkannt, daß man sich besser verkauft, wenn man ein CI-Ziel vorgibt und dieses konsequent verfolgt. Dabei stellt sich die Frage, woher eine CI-Strategie ihre Impulse erhält.

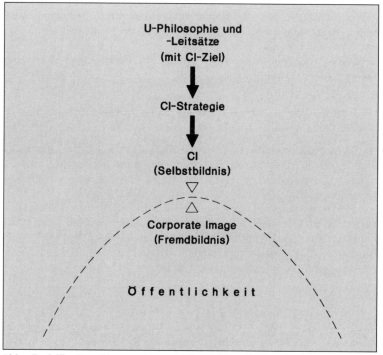

Abb. C. 147: Die Unternehmensphilosophie als Basis der CI-Strategie

Eine Strategie bezieht ganz generell ihre Impulse aus der *Unternehmensphilosophie*. Sie ist das »Grundgesetz einer Unternehmung«, in ihr werden die grundlegenden Ziele formuliert (vgl. S. 210). Diese werden in Unternehmensleitsätze überführt.

Schon Mitte der 70er Jahre hatte die Dresdner Bank in der bis dahin wohl eindrucksvollsten Kampagne das »Grüne Band der Sympathie« vorgestellt und damit ihre CI symbolisiert. Es sollte einen Willkommensgruß an die Kunden darstellen, die Einladung zu einer ganz persönlichen Beratung, eine freundliche Bedienung und das Versprechen für eine moderne Banktechnik zum Ausdruck bringen.[203] »Persönliche Beratung«, »freundliche Bedienung«, »moderne Banktechnik«: Das sind z.B. Stichworte in den Unternehmensleitsätzen, die ein CI-Ziel im Rahmen der Unternehmensphilosophie konkretisieren.

Mit diesen Identitätsmerkmalen hoffte man, den Kundenerwartungen zu entsprechen und sich innerhalb der Konkurrenz zu profilieren. Sie wurden konsequent umgesetzt, und zwar nicht nur in der Werbung und im äußeren Erscheinungsbild etwa der Geschäftsstellen, sondern vor allem auch im Rahmen der Aus- und Weiterbildung der Mitarbeiter.[204]

e. 2. Kundenorientierte CI-Strategie

Im Rahmen der CI-Strategie kommt es zum einen darauf an, daß die Bank ihr Leitbild aus den Erwartungen der Kundengruppen bezieht, an die sie verkaufen will, und zum anderen darauf, daß sie sich mit dem CI-Ziel im Wettbewerb profiliert.

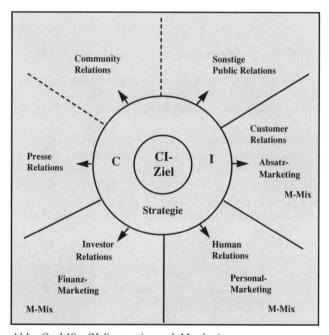

Abb. C. 148: CI-Strategie und Marketing

---

[203] Vgl. G. Wünsche: a.a.O., S. 189.
[204] Vgl. E. Karsten, Dresdner Bank AG, Frankfurt/M., in seinem Referat »Die Planung und Umsetzung der Image-Konzeption einer Großbank« am 2.5.1978 im Kontaktseminar an der Ruhr-Universität Bochum, in: SB Nr. 8, SS 1978, S. 18-20.

Deshalb liegt es nahe, aus dem Umfeld der Bank zunächst die Gestaltung guter Beziehungen zu alten und neuen Kunden *(Customer Relations)* herauszugreifen und das Absatzmarketing daraufhin zu prüfen, welche Profilierungsmöglichkeiten sich hier anbieten.

Daß anstelle der farblosen Bankleistungen mit den daraus resultierenden Marktwiderständen gerade der zu ihrer Überwindung eingesetzte Verkäufer einen bevorzugten Platz in der CI-Strategie haben kann, wird an den häufig anzutreffenden Darstellungen von Mitarbeitern der Kreditinstitute deutlich; auch an weiteren Slogans, die weniger unverbindlich sind als der Sparkassen-Slogan, wie etwa

- früher, auf die individuelle Bedienung bezogen, aber von der Glaubwürdigkeit her nicht durchzuhalten
  »Commerzbank – eine Bank, die ihre Kunden kennt«,
- heute, auf die Mitarbeiter bezogen, die Vertrauen vermitteln sollen,
  »Commerzbank – die Bank an Ihrer Seite«,
  »Vertrauen ist der Anfang von allem – Deutsche Bank«,
- wohl auch auf die Problemlösungsfähigkeit der Mitarbeiter in den Genossenschaftsbanken zielend,
  »Wir machen den Weg frei«,
- sowie Kompetenz signalisierend
  »Dresdner Bank. Die Beraterbank«.

e. 3. Mitarbeiterorientierte CI-Strategie

Ob der Mitarbeiter aus der Sicht des Kunden glaubwürdig und kompetent auftritt – diese Eigenschaften mögen im folgenden beispielhaft das CI-Ziel verkörpern –, hängt entscheidend davon ab, welche Unternehmenskultur in der Bank besteht. Jede Strategie erhält ihre Stoßkraft aus der *Unternehmenskultur.*

Der Begriff meint ein *System von Wertvorstellungen, Verhaltensnormen, Denk- und Handlungsweisen,* welches das Verhalten der Unternehmensangehörigen prägt.[205] Mit Blick auf die Wertvorstellungen wird deutlich, daß die Unternehmenskultur in der Unternehmensphilosophie verankert ist, hier ihren Kern besitzt. Darüber hinaus gehören zur Unternehmenskultur aber auch wahrnehmbare Signale wie Gemeinschaftsveranstaltungen in Gestalt etwa von Sportfesten; Gewohnheiten, wie regelmäßige gymnastische Übungen während der Büroarbeit, die bei Bosch durchgeführt werden; Rituale, wie sie z.B. bei japanischen Unternehmensangehörigen allmorgendlich mit der Einschwörung auf ihre Unternehmung zu sehen sind.

Die CI-Strategie zielt nicht nur auf die Beziehungspflege zu den Kunden (Customer Relations), sondern auch zu den Mitarbeitern *(Human Relations,* vgl. Abb. C. 148). Unabhängig davon ist offensichtlich, daß die gewachsene und durch die CI-Strategie geprägte Kultur einer Unternehmung über die berufliche Tätigkeit der Mitarbeiter in die Kundschaft, über ihren Privatbereich auch in die sonstige Öffentlichkeit der Bank getragen wird und das Image mitformt.

---

[205] Vgl. hierzu E. Heinen/P. Dill: Unternehmenskultur – Überlegungen aus betriebswirtschaftlicher Sicht, in: ZfB, 56. Jg., 1986, S. 202-208, hier S. 207, sowie H. Meffert/K. Hafner: Die Unternehmenskultur als Bestandteil der marktorientierten Unternehmensführung, in: H. Meffert (Hrsg.): Strategische Unternehmensführung und Marketing – Beiträge zur marktorientierten Unternehmenspolitik, Wiesbaden 1988, S. 336-360, hier S. 337f.

Ziel einer durch (die Umwelt und) die Human Relations geprägten Kultur ist es, den Mitarbeitern den Sinn ihrer Arbeit deutlich zu machen, ihnen das berühmte »Wir-Gefühl« zu vermitteln, sie zur Identifikation mit ihrer Unternehmung zu veranlassen, so daß sie mit Blick auf die Unternehmens- und CI-Ziele an einem Strang ziehen.[206]

Dies ist ein Ideal-Ziel. In der Realität wird es darauf ankommen, sich ihm wenigstens anzunähern. Im allgemeinen dürfte das in stark dezentralisierten Großunternehmen besonders schwierig sein. Das liegt schon daran, daß es in diesen großen Unternehmen häufig *Subkulturen* gibt, die historisch gewachsen sind und in denen sehr unterschiedliche Anforderungen an die Mitarbeiter gestellt werden. Man denke an die Gegensätze Zentrale – Filialen, Innen- und Außendienst, Wertpapier- und Kreditgeschäft.

Angestrebt wird in der Regel die Harmonisierung der *Subkulturen,* eine *starke Gesamtkultur.* Sie zeichnet sich durch klare Zielvorstellungen, eine weite Verbreitung sowie durch eine tiefe Verankerung unter den Mitarbeitern aus.[207]

Eine starke Unternehmenskultur vermittelt den Mitarbeitern ein *Gefühl der Sicherheit.* Vor allem aber macht sie die *Entscheidungsprozesse effizienter,* da infolge der »shared values« Abstimmungen erleichtert, Rückfragen vermieden, generell die Konsensfindung erleichtert wird.

Darin liegt aber auch die *Gefahr der Erstarrung,* insbesondere in einer Zeit sich ständig beschleunigenden Wandels. »Culture is the barrier to change«.[208] Wandel macht Anpassung erforderlich. Unter diesem Aspekt wird auch vorgeschlagen, Flexibilität als Ziel in eine Unternehmenskultur einzubringen. Das erscheint indessen unvereinbar mit den gerade auf einer stabilen Kultur beruhenden Vorzügen der Vermittlung von Sicherheit und einer effizienten Lenkungsfunktion.[209]

Vor diesem Hintergrund ist es eine wohl noch offene Frage, ob man bei der Bildung von Allfinanzkonzernen, dem Ausbau des Investment Banking, der Formierung zur Europabank den Weg gehen sollte, die dezentralen Einheiten als Subkulturen unter ein »Kulturdach« zu zwingen oder nicht. Während z.B. die Citicorp versucht, dieses Ziel global zu erreichen, will die Bayernhypo gerade umgekehrt jede Kulturberührung mit ihrer Investment Banking Tochter HCM vermeiden.

Welche Maßnahmen gelangen bei der strategischen Gestaltung der Unternehmenskultur und den Human Relations zum Einsatz?

Wie Customer Relations die Pflege guter Beziehungen zu alten und neuen Kunden über das Absatzmarketing zum Ausdruck bringen, so werden die Human Relations zu neuen und alten Mitarbeitern über *Personalmarketing* gepflegt. Dadurch will man Mitarbeiter gewinnen und an sich binden.[210]

Um geeignetes Personal zu beschaffen, müssen Arbeitsplätze samt ihrer Ausstattung und ihrer organisatorischen Einbindung in den Betrieb verkauft werden – das sind die Produkte. Dazu kommen die entsprechenden Gehälter und sozialen Vergütungen – das sind die Preise. Also geht es insoweit um Produkt- und Preispolitik.

---

[206] Vgl. H. Meffert, Westfälische Wilhelms-Universität, Münster, in seinem Referat »Unternehmenskultur und Unternehmensführung« am 14.11.1989 im Kontaktseminar an der Ruhr-Universität Bochum, in: SB Nr. 31, WS 1989/90, S. 25-28, hier S. 26.

[207] Vgl. G. Schreyögg: Zu den problematischen Konsequenzen starker Unternehmenskulturen, in: ZfbF, 41. Jg., 1989, S. 94-113, hier S. 95ff.

[208] T. E. Deal/A. A. Kennedy: Corporate cultures. The rites and rituals of corporate life, Reading/Mass. 1982, S. 159.

[209] Vgl. J. Süchting/G. Schmitz: Ansätze zur Gestaltung einer bankbezogenen Unternehmensidentität und -kultur, in: SB Nr. 32, SS 1990, S. 3-13, insbes. S. 11f.

[210] Vgl. hierzu auch St. Stein: Beziehungsmanagement im Personalwesen von Banken, Wiesbaden 1997.

Auch im Sektor des Personalmarketing bedient man sich unterschiedlicher Vertriebsstandorte und Vertriebswege: etwa des innerbetrieblichen Stellenmarktes, der Arbeitsämter, der Headhunter, der Universitäten an verschiedenen Orten.

Entscheidend wie schon im Absatzmarketing ist auch im Personalmarketing der persönliche Verkauf, hier von Aufgaben und Unternehmenszielen, an die Mitarbeiter, insbesondere durch Führungskräfte und Vorgesetzte.[211] Zum persönlichen Verkauf gehören

– die Vorbildfunktion der Führung, die CI-Leitsätze wie Kompetenz und Glaubwürdigkeit vorleben muß, damit sie ernst genommen werden;
– der Führungsstil, der auch dadurch ausgezeichnet sein muß, daß CI-Ziele nur auf der Basis von Freiwilligkeit und Kooperation eingeführt werden; das schließt die Mitwirkung des Betriebsrates ein;
– die geschickte Nutzung materieller und immaterieller Anreize, angefangen vom Einsatz der Mitarbeiter auch in Form der Job Rotation, ihrer Aus- und Weiterbildung, der Delegation von Verantwortung, der Mitarbeiterbeurteilungen und -beförderungen bis hin zu Gemeinschaftsveranstaltungen.

Im Rahmen des Personalmarketing zur Gestaltung der Unternehmenskultur besitzt auch die unpersönliche Werbung um den Mitarbeiter ihren Platz. Zu denken ist nicht nur an Stellenanzeigen, sondern vor allem an die innerbetriebliche Informationspolitik.

e. 4. Kapitalgeberorientierte CI-Strategie

Glaubwürdigkeit und Kompetenz wären weiterhin in die Pflege guter Beziehungen zu den Investoren im Rahmen der sogenannten *Investor Relations* (vgl. Abb. C. 148) einzubringen.[212]

Die Angelsachsen beziehen den Begriff auf die Eigentümer, die Beteiligungskapitalgeber, die Aktionäre; eine an sich zu enge Sicht, denn auch Fremdkapitalgeber sind Finanzinvestoren. Zumindest bei der Universalbank paßt sie aber, denn die Fremdkapitalgeber bzw. -einleger waren unter den Customers ja bereits erfaßt worden.

Investor Relations haben dem Shareholder-Value-Konzept folgend vor allem zum Ziel, über die gute Gestaltung von Beziehungen zu den Aktionären die notwendigen Eigenkapitalmittel von außen zu beschaffen, und dies zu maximalen Kursen bzw. minimalen Kapitalkosten.[213]

In diesem Zusammenhang betreibt eine Unternehmung *Finanzmarketing* gegenüber den verschiedenen Aktionärsgruppen, z.B. den individuellen und institutionellen Aktionären.

Maßnahmen des Marketing-Mix auf den Aktienmärkten sind etwa

---

[211] Dies wird besonders im Rahmen von Veränderungsprozessen deutlich – vgl. B. Brubakk/A. Wilkinson: Agents of Change? Bankbranch managers and the management of corporate culture change, in: International Journal of Service Industry Management, vol. 7, no. 2/1996, S. 21-43.
[212] Vgl. J. W. Cutts/S. Klein: Marketing in eigener Sache: Investor Relations und Roadshows internationaler Banken, in: J. Süchting/H.-M.- Heitmüller, a.a.O..
[213] Vgl. J. Süchting: Financial Communications: Wie müssen Unternehmen kommunizieren, um vom Kapitalmarkt verstanden zu werden?, in: A. Demuth (Hrsg.): Imageprofile '91: Financial Communications, Das Deutsche Image-Jahrbuch, 4. Jg., Düsseldorf 1991, S. 10-18, hier S. 10 sowie ders.: Unternehmenssteuerung in Aktienbanken nach dem Shareholder-Value-Konzept, a.a.O.

- die Emission von Stamm- oder Vorzugsaktien mit prioritätischer bzw. kumulativer Dividende als Ausdruck der Produkt- und Preispolitik;
- die Einführung von Aktien in den geregelten Markt oder an ausländische Börsen etwa in Tokio wie bei der Dresdner Bank, wo enge Verbindungen zum Absatz- und Personalmarketing bestehen, als Möglichkeiten der Gestaltung des Vertriebssystems;
- Präsentationen der Gesellschaft im In- und Ausland, vor Finanzanalysten und Rating-Agenturen durch den Treasurer, den Vorstands- oder Aufsichtsratsvorsitzenden, als Formen des persönlichen Verkaufs (sogenannte Road Shows);
- die Gestaltung der Geschäftsberichte und Finanzanzeigen als Mittel der unpersönlichen Werbung.

e. 5. Öffentlichkeitsarbeit (Public Relations) im engeren Sinne

Man kann das bisherige Vorgehen aus dem Sektor der Customer Relations mit dem Absatzmarketing, der Human Relations mit dem Personalmarketing, der Investor Relations mit dem Finanzmarketing nahtlos auf weitere Sektoren, die im Umfeld der Unternehmung relevant sind, übertragen: etwa die Community und Presse Relations, die im allgemeinen durch eine Abteilung »Öffentlichkeitsarbeit« oder Public Relations im engeren Sinne gepflegt werden. Deshalb »im engeren Sinne«, weil ja, wie gesagt, auch Customer Relations, Human Relations und Investor Relations Beziehungspflege zu Zielgruppen in der Öffentlichkeit bedeuten.

Die systematische Meinungspflege durch die Öffentlichkeitsarbeit ist ein wesentlicher Faktor für den wirtschaftlichen Erfolg einer jeden Unternehmung, besonders jedoch für Finanzinstitute, da sie in starkem Maße im Blickpunkt der Öffentlichkeit stehen. **In dem Umfang, in dem es gelingt, das Ansehen der Bank in der Umwelt zu festigen, wird ein Vertrauensklima geschaffen, in dem auch die absatzpolitischen Bemühungen an Effizienz gewinnen.**

Die Öffentlichkeitsarbeit einer Bank zielt auf das Kreditgewerbe als Branche sowie insbesondere die öffentlich-rechtlichen Körperschaften, angefangen bei der Gemeinde des Stammsitzes (Community Relations) bis hin zu Ministerien auf Länder- und Bundesebene. (sonstige Public Relations). Die wichtigsten *Massenmedien* (Presse, Funk, Fernsehen) nehmen in diesem Zusammenhang eine Sonderstellung ein, da sie sowohl angesprochene Gruppe als auch wesentliches Kommunikationsmittel der Öffentlichkeitsarbeit sind.

Von großer Bedeutung ist auch die Öffentlichkeitsarbeit auf der lokalen Ebene der Filialen und Zweigstellen, da in diesem Bereich über die Kundschaft hinaus alle jene Meinungskreise tangiert werden, deren Beziehungen zur Bank eher indirekt ausgeprägt sind (Kammern, Vereine, Kirchen).

Die Vielseitigkeit von Aktionen der Öffentlichkeitsarbeit mag folgende Aufzählung verdeutlichen:[214]

- Pressekonferenzen bei bedeutenden Ereignissen in der Institutsentwicklung (Einführung neuer Bankprodukte, Eröffnung neuer Zweigstellen);

---

[214] Dazu vgl. auch G. Bruhs: Presse- und Öffentlichkeitsarbeit in Kreditinstituten, veröffentlichte Diplomarbeit am Lehrstuhl für Finanzierung und Kreditwirtschaft an der Ruhr-Universität Bochum, 1985 sowie Ch. J. Börner: Die Öffentlichkeitsarbeit von Banken, Wiesbaden 1994.

- Information der Presse bei personellen Ereignissen (Jubiläen, Pensionierungen, Wechsel in der Geschäftsleitung, besonders gute Abschlußprüfungen von Auszubildenden);
- instituteigene Beiträge zu aktuellen Themen (neue Formen der Vermögensbildung, Kommentare zur Wirtschaftspolitik);
- Betriebsbesichtigungen und Diskussionen mit Angehörigen verschiedener Bildungseinrichtungen (Schulen, Volkshochschulen, Universitäten);
- »Tage der offenen Tür«;
- Dichterlesungen, Konzerte und Ausstellungen in den Räumen der Bank.

Schwerpunktmäßig der Öffentlichkeitsarbeit zuzuordnen ist auch das *Sponsoring*, die Bereitstellung von Geld-/Sachmitteln und/oder Dienstleistungen für Personen und Organisationen im sportlichen, kulturellen und sozialen Bereich, zur Wissenschaftsförderung oder für den Umweltschutz. Im Gegensatz zum Mäzenatentum oder Spendenwesen werden dabei kommunikationspolitische Ziele verfolgt, vor allem, indem das Engagement in umfangreicher Weise publik gemacht wird.[215] – Über die Öffentlichkeitsarbeit hinaus läßt sich Sponsoring aber auch im Rahmen anderer Instrumente des Kommunikations-Mix einsetzen. So könnte etwa bei einem Sportsponsoring ein bekannter Sportler in Anzeigen für das Institut werben oder bei Verkaufsförderungsaktionen in einer Filiale Autogrammstunden geben. Im Rahmen des Personal Selling schließlich eignen sich die Sponsoringaktivitäten als Gesprächseinstieg und eröffnen mit der Einladung zu Sportveranstaltungen durch den Kundenbetreuer eine besondere Möglichkeit der Kontaktpflege.[216]

Seit Anfang der 90er Jahre ist die deutsche Kreditwirtschaft in ihre bisher wohl schwerste *Imagekrise* geraten: Über die ohnehin latent geübte Kritik an der »Macht der Banken« wird (wie erwähnt) die Preispolitik in derben Schlagzeilen angeprangert (»Raubritter in Glaspalästen, Kartell der Kassierer«), werden Banken kritisiert, da sie trotz der erzielten »Rekordgewinne« Personal entlassen und durch zu große Risikoscheu den »Aufschwung Ost« zerstörten, werden gleichzeitig Vorwürfe wegen zu laxer Kreditkontrolle bei spektakulären Unternehmenskrisen oder -konkursen (Metallgesellschaft, Schneider) erhoben und wird nicht zuletzt eine Ohnmacht der Verbraucher gegenüber der Arroganz und Willkür der Kreditinstitute beklagt.[217] Angesichts dessen fällt die Kennzeichnung des Verhältnisses von Banken und Öffentlichkeit durch die Kreditwirtschaft selbst als »Beziehungsstörung«[218] noch milde aus.

Ein Teil der stark emotionalisierten Vorwürfe rührt aus der geldbedingten Exponiertheit der Kreditwirtschaft und ist eine nicht zu beseitigende Rahmenbedingung für das Bankmanagement. Dies belegen die auch im Ausland anzutreffenden Imageprobleme der Banken.[219] Daher kann es nur darauf ankommen, den Grad der Kritik zu vermindern, sich auf der Ratingskala der öffentlichen Meinung wieder zu verbessern – auch wenn man Spitzenwerte der Popularität nie erreichen wird.

---

[215] Vgl. z.B. Deutsche Bank AG: Engagement, das verbindet, 2. Aufl., Frankfurt/M. 1995 und Kulturstiftung Dresden der Dresdner Bank: Fünf Jahre Kulturstiftung Dresden, Frankfurt/M. 1996.
[216] Vgl. G. Bourgon: Sponsoring in der Kreditwirtschaft, Wiesbaden 1992, S. 12f.
[217] Beispiele aus J. Bonn/M. Faust/R. Kill: Banken und Versicherungen im Meinungsspiegel der Öffentlichkeit, in: SB Nr. 40, SS 1994, S. 4-17; vgl. weiterhin o.V.: Zum Bankenbild in der Öffentlichkeit: Ergebnisse aus den Meinungsumfragen, in: ZfgK, 48. Jg., 1995, S. 320-323, U. Reifner: Banken und Verbraucherpolitik: Perspektiven einer schwierigen Partnerschaft, in: ebenda, S. 314-319 und Friedrich-Ebert-Stiftung (Hrsg.): Ohnmacht der Verbraucher gegenüber Banken und Versicherungen?, Nr. 101 der Reihe »Wirtschaftspolitische Diskurse«, Bonn 1997.
[218] K.-H. Wessels: Banken und Öffentlichkeit: Beziehungsstörung, in: BZ, Nr. 175 v. 10.9.1994, S. 13.
[219] Vgl. W. W. Streeter: Do banks have an image problem?, in: ABA, vol. 86, no. 3/1994, S. 40-46.

Hierzu ist ein ganzes Bündel von Maßnahmen erforderlich, wie vor allem eine transparentere Preispolitik (vgl. S. 682), eine Abkehr vom »Bankchinesisch« in der Kommunikation (»Gebühren«, »Umsatzprovision«), und ein rechtzeitiges Aufgreifen von Verbraucherbelangen statt des Wartens auf höchstrichterliche Entscheidungen. Mit der Einrichtung eines Ombudsmannes durch die Bankenverbände, an den sich die Verbraucher bei Beschwerden wenden können, darf sich das Einzelinstitut dabei nicht exkulpieren.[220]

Eine besondere Rolle kommt in diesem Zusammenhang darüber hinaus der Öffentlichkeitsarbeit zu. Weitaus offensiver als bisher müssen Banker als »*Bank-Unternehmer*«[221] auftreten. Dabei sollte vermittelt werden, daß das Gewinnstreben als konstitutives Element der Marktwirtschaft legitim ist und nicht der Rechtfertigung bedarf. So wenig wie der Einzelhändler seine Handelsspanne muß der Bankunternehmer seine Zinsspanne entschuldigen. Gleichzeitig verbietet sich damit aber auch eine Forderung nach staatlichen Ausnahmeregelungen (wie z.B. den Bewertungsprivilegien), die letztlich eine Vereinnahmung durch den Staat nach sich ziehen und den Kreditinstituten den Charakter öffentlicher Behörden bescheren.

Literatur zu Kapitel C. III.

Adler, J.: Informationsökonomische Fundierung von Austauschprozessen – eine nachfrageorientierte Analyse, Wiesbaden 1996.
Becker, D.: Bankbetriebliche Zweigstellenexpansion und Standortforschung, Göttingen 1975.
Betsch, O./Wiechers, R. (Hrsg.): Handbuch Finanzvertrieb, Frankfurt/M. 1995.
Cramer, J.-E.: Marketing bei Banken, 3. Aufl., Frankfurt/M. 1975.
Diller, H.: Preispolitik, 2. Aufl., Stuttgart et al. 1991.
Diller, H.: Kundenbindung als Marketingziel, in: Marketing ZFP, 18. Jg., 1996, S. 81-94.
Diller, H./Kusterer, M.: Beziehungsmanagement – Theoretische Grundlagen und explorative Befunde, in: Marketing ZFP, 10. Jg., 1988, S. 211-220.
Engelhardt, W. H./Freiling, J.: Integrativität als Brücke zwischen Einzeltransaktion und Geschäftsbeziehung, in: Marketing ZFP, 17. Jg., 1995, S. 37-43.
Engelhardt, W. H./Kleinaltenkamp, M./Reckenfelderbäumer, M.: Leistungsbündel als Absatzobjekte, in: ZfbF, 45. Jg., 1993, S. 395-426.
Floss, E.: Öffentlichkeitsarbeit im Bankwesen, Frankfurt/M. 1974.
Griesel, H.: Qualitätspolitik im Wettbewerb der Kreditinstitute, Berlin 1978.
Hahn, O.: Die Führung des Bankbetriebes, Stuttgart 1977, S. 187-246 (Die Bankabsatzpolitik).
Hannemann, S.: Vertrieb von Finanzdienstleistungen, Wiesbaden 1993.
Juncker, K./Priewasser, E. (Hrsg.): Handbuch Firmenkundengeschäft, Frankfurt/M. 1993.
Kleinaltenkamp, M./Plinke, W. (Hrsg.): Technischer Vertrieb – Grundlagen, Berlin et al. 1995.
Kleinaltenkamp, M./Plinke, W. (Hrsg.): Geschäftsbeziehungsmanagement, Berlin et al. 1997.
Lubitz, K. J.: Bankmarketing gegenüber mittelständischen Betrieben, Frankfurt/M. 1984.
Meyer, A. (Hrsg.): Handbuch Dienstleistungs-Marketing, 2 Bde., Stuttgart 1998.
Paul, M.: Preis- und Kostenmanagement für Dienstleistungen im Business-to-Business-Bereich, Wiesbaden 1998.
Plinke, W.: Die Geschäftsbeziehung als Investition, in: G. Specht/G. Silberer/W. H. Engelhardt (Hrsg.): Marketing-Schnittstellen, Festschrift für H. Raffée, Stuttgart 1989, S. 305-325.

---

[220] Der Schlichtungsspruch des vom Verband privater Banken eingesetzten Ombudsmannes ist bis zu einem Streitwert von 10.000 DM für die Bank bindend, nicht jedoch für den Kunden, dem der Rechtsweg unverändert offensteht; vgl. B. Zawal-Pfeil: Fünf Jahre Ombudsmann der privaten Banken, in: DBk, Nr. 7/1997, S. 446f.
[221] Vgl. J. Süchting: Banker müssen »Bankunternehmer« werden, in: BZ, Nr. 252 v. 31.12.1994, S. 53.

Plötner, O.: Das Vertrauen des Kunden. Relevanz, Aufbau und Steuerung auf industriellen Märkten, Wiesbaden 1995.

Polan, R.: Ein Meßkonzept für die Bankloyalität – Investitionen in Bank/Kunde-Beziehungen unter Risikoaspekten, Wiesbaden 1995.

Riekeberg, M.: Migrationsbedingte Kundenabwanderung bei Sparkassen, Wiesbaden 1995.

Schmitz, G.: Qualitätsmanagement im Privatkundengeschäft von Banken: Konzeption und aufbauorganisatorische Verankerung, Wiesbaden 1996.

Schübeler, M.: Die Bank und ihre Kunden, Frankfurt/M. 1981.

Schütze, R.: Kundenzufriedenheit – After-Sales-Marketing auf industriellen Märkten, Wiesbaden 1992.

Simon, H.: Preismanagement, 2. Aufl., Wiesbaden 1992.

Söllner, A.: Commitment in Geschäftsbeziehungen, Wiesbaden 1993.

Staudt, M. v.: Bankmarketing im internationalen Geschäft, Wiesbaden 1980.

Storck, A.: Die Technik- und Beratungs-Bank, Frankfurt/M. et al. 1983.

Süchting, J.: Die Einkaufswirtschaftlichkeit für Bankdienstleistungen und die Zweigstellenpolitik, in: Bank-Betrieb, 8. Jg., 1968, S. 277-280.

Süchting, J.: Die Bankloyalität als Grundlage zum Verständnis der Absatzbeziehungen von Kreditinstituten, in: KuK, 5. Jg., 1972, S. 269-300.

Süchting, J.: Wachsen die preispolitischen Spielräume? Anmerkungen zu Banktreue und Beziehungsmanagement, in: bum, 20. Jg., Nr. 5/1991, S. 16-21.

Süchting, J.: Vertrieb von Finanzdienstleistungen auf dem Markt für Privatkunden, in: DBk, Nr. 8/1994, S. 449-457.

Süchting, J.: Banken am Pranger – öffentliche Kritik und Reaktionen der Kreditinstitute, in: SB 41, WS 1994/95, S. 5-13.

Süchting, J./Boening, D.: Der personale Produktions- und Verkaufsprozeß von Bankleistungen, in: Bank-Betrieb, 11. Jg., 1971, S. 364-370.

Süchting, J./Heitmüller, H.-M. (Hrsg.): Handbuch des Bankmarketing, 3. Aufl., Wiesbaden 1998.

Süchting, J./van Hooven, E. (Hrsg.): Handbuch des Bankmarketing, 2. Aufl., Wiesbaden 1991.

Weiss, U.: Marktforschung der Kreditinstitute, Berlin 1966.

Wünsche, G.: Grundlagen der Bankenwerbung aus verhaltenswissenschaftlicher Sicht, Wiesbaden 1982.

Zollner, G.: Kundennähe in Dienstleistungsunternehmen. Empirische Analyse von Banken, Wiesbaden 1995.

Kontrollfragen zu Kapitel C. III.

1. Legen Sie die Beziehungen dar, die zwischen den Charakteristika von Bankleistungen, ihren Besonderheiten aus der Sicht der Nachfrager und den Problemen für die Absatzpolitik einer Filialbank im Markt für private Haushalte bestehen.
2. Welche Probleme resultieren für eine Bank und ihre Kunden aus dem Zwang zur sogenannten »Integration des externen Faktors«? Inwiefern können sich für das Kreditinstitut bei einer Leistung mit hohem Integrativitätsgrad auch besondere Chancen ergeben?
3. Wählen Sie jeweils zwei Leistungen des Privat- und des Firmenkundengeschäftes aus und verdeutlichen Sie deren Erfahrungs- und Vertrauenseigenschaften.
4. In welchem Verhältnis stehen die Theorie der Bankloyalität und die Theorie des Beziehungsmanagement?
5. Zeigen Sie die wesentlichen Unterschiede zwischen dem Transaction und dem Relationship Banking auf und verdeutlichen Sie, welche Trennschärfe diese Unterscheidung besitzt.

6. Eine mittelständische GmbH aus dem Ruhrgebiet unterhält seit ihrer Gründung im Jahre 1850 engen Kontakt nur zu einem Kreditinstitut, dem Privatbankhaus »Traditio« an ihrem Standort. Intensiv umworben von der Aktien-Bank in Frankfurt/M. überlegt der geschäftsführende Gesellschafter (der auch sein gesamtes Privatvermögen von Traditio verwalten läßt), ob er wesentliche Teile des Bankgeschäfts der GmbH verlagern soll.
Aus welchen Bestandteilen könnte sich der Entscheidungskalkül des geschäftsführenden Gesellschafters zusammensetzen? Gehen Sie dabei insbesondere auf die unterschiedlichen Arten von Wechselkosten und die Möglichkeiten ihrer Quantifizierung ein.

7. Im Vorstand einer Filialgroßbank wird erwogen, von der produktgruppen- bzw. spartenorientierten auf eine kundengruppenorientierte Aufbauorganisation überzugehen.
Nehmen Sie im Zusammenhang mit diesem Projekt zu folgenden Fragen Stellung:
   a) Nach welchen Kriterien sollen welche Kundengruppen gebildet werden?
   b) Wie ist die neue Organisationsform unter Marketing-Aspekten zu beurteilen?
   c) Welche Veränderungen ergeben sich im Anforderungsprofil der Bankangestellten?
   d) Kommt es zu projektabhängigen Auswirkungen auf das Kostenniveau?

8. Das Vorstandsmitglied einer deutschen Großbank hat sich im Kollegenkreise seit jeher mit Erfolg dafür eingesetzt, daß die Bank den Weg der Sortimentsausweitung konsequent weiterverfolgt. – Welche einzelwirtschaftlichen Vorteile besitzt eine solche Politik der Sortimentsausweitung für die Bank?

9. Nennen Sie Merkmale von Bankprodukten und zeigen Sie dann an einem Beispiel, wie in einem Kreditinstitut bei der Produktgestaltung kundenorientiert vorgegangen werden kann.

10. Ein vollkommener Markt ist ein Markt, der u.a. durch uneingeschränkte Transparenz gekennzeichnet ist und auf dem homogene Güter (für die in den Augen der Nachfrager weder Präferenzen sachlicher, räumlicher, zeitlicher noch persönlicher Art bestehen) gehandelt werden.
Gehen Sie von dieser Vorstellung aus und nehmen Sie Stellung zum Vollkommenheitsgrad des Aktienmarktes an der Börse.

11. Der interne Verrechnungsfaktor determiniert die Geldschöpfungskapazität der Einzelbank.
   a) Definieren Sie den internen Verrechnungsfaktor und beschreiben Sie seine Wirkungsweise an einem Beispiel.
   b) Zeigen Sie die Bedeutung des internen Verrechnungsfaktors für Liquidität und Rentabilität der Einzelbank auf.
   c) Welche Marketingstrategie (Auswahl der Zielgruppen und Marketing-Mix-Maßnahmen einschließlich Maßnahmen im Zahlungsverkehr) ist geeignet, den internen Verrechnungsfaktor zu erhöhen?

12. Unter dem Kapitalwert (KW_0) einer Zweigstelleninvestition versteht man die Summe aller über die Nutzungsdauer anfallenden, mit q auf den Beginn der Investition abgezinsten Ein- und Auszahlungen.

$$KW_0 = -AZ_0 + \frac{EZ_1}{q} + \frac{EZ_2}{q^2} + \ldots + \frac{EZ_n}{q^n}$$

mit: AZ_0 = Anfangsauszahlung im Entscheidungszeitpunkt
EZ_t = Einzahlungsüberschüsse in den Zeitpunkten t = 1, 2, ... n.

Welche Probleme ergeben sich bei Verwendung des Kapitalwerts für die Beurteilung alternativer Zweigstellenprojekte?

13. Die Geschäftsleitung eines Privatbankhauses beabsichtigt, eine neue Zweigstelle zu eröffnen. Als potentielle Standorte, unter denen eine Wahl getroffen werden muß, kommen ein ganz überwiegend Wohnzwecken dienender Vorort (W) sowie ein Areal in der City, die stark mit Geschäften durchsetzt ist (G), in Frage. Die Bank ist knapp mit Eigenkapital ausgestattet, so daß die Auswahl unter den beiden Standorten nach dem Kriterium des höheren Gewinnbeitrags getroffen werden soll. – Bestimmen Sie den optimalen Standort, indem Sie
    a) auf der Grundlage der GuV-Rechnung des Privatbankhauses die wichtigsten standortbestimmenden Faktoren festlegen, sodann
    b) Bedeutung und Probleme
        b1) der Marktforschung sowie
        b2) des internen Rechnungswesens
        für die Lösung der Aufgabenstellung behandeln.
    c) Zeigen Sie, daß für die Standortentscheidung auch
        c1) Portfolio- sowie
        c2) Imageüberlegungen
    von Bedeutung sein können.

14. Stellen Sie den Möglichkeitsbereich für die Gestaltung des Vertriebssystems einer Bank dar und machen Sie in diesem Zusammenhang deutlich, ob die einzelnen Vertriebswege für den Absatz von Standard- und/oder Individualleistungen geeignet sind. Erläutern Sie dabei das Konzept der Einkaufswirtschaftlichkeit.

15. Im Rahmen der Europastrategien deutscher Kreditinstitute spielen – mit Blick auf das Geschäftsfeld »Private Haushalte« – die Alternativen
    – Kooperationen (auch in Form strategischer Allianzen),
    – Übernahmen durch Erwerb von Mehrheitsbeteiligungen,
    – Aufbau eigener Filialsysteme
    eine Rolle.
    Beurteilen Sie diese Alternativen unter den Aspekten Kapitaleinsatz, Möglichkeit der Steuerung, Kulturprobleme.

16. Man kann behaupten, daß im Zentrum des Privatkundenmarketing deutscher Universalbanken während der vergangenen Jahrzehnte der Wunsch stand, die Bankloyalität des Kunden insbesondere über den Einsatz des menschlichen Elements zu verstärken.
    a) Welcher Zusammenhang besteht zwischen den Eigenschaften von Bankleistungen aus Sicht der Privatkunden und ihren Ansprüchen an Bankverkäufer?
    b) Welche Konsequenzen können Sie aus einer Theorie der Bankloyalität, die das menschliche Element als Präferenzenträger in den Mittelpunkt stellt, herleiten für die
        (1) strategische Planung im Hinblick auf die Bildung von Geschäftsfeldern?
        (2) Gestaltung der Aufbauorganisation?

(3) Sortimentspolitik sowie Produkt- und Serviceinnovationen?
(4) Preispolitik?
(5) Vertriebspolitik (mit Ausnahme der Selbstbedienung)?
(6) Vergütung der Verkäufer (Fixum oder Provision)?
(7) Kommunikationspolitik?
c) Sehen Sie in den Formen des Vertriebs mittels Technik Gefahren für die Bankloyalität, wenn ja, wie kann eine Bank ihnen entgegenwirken?
d) Unterscheidet sich nach Ihrer Auffassung das Ausmaß an Bankloyalität in der nachwachsenden Generation von der ihrer Eltern? Nennen Sie ggf. Gründe.
e) Wie kann man versuchen, Veränderungen der Bankloyalität in der Bevölkerung im Zeitablauf zu messen?

17. Erläutern Sie das Zusammenspiel von Market Pricing und Target Costing.
18. Grenzen Sie die Begriffe
    – Verkaufsförderung,
    – Werbung und
    – Public Relations (Öffentlichkeitsarbeit)
    für ein Kreditinstitut voneinander ab.
    Wie sehen Sie den Zusammenhang mit dem Begriff Corporate Identity?
19. Die Industriebank-AG in Bochum ist ein filialloses Institut mit einer Bilanzsumme von 4 Mrd. DM. Das Schwergewicht des Aktivgeschäfts liegt in Finanzierungen der Großindustrie. Die Refinanzierung erfolgt vor allem am Geldmarkt – auch durch den Mehrheitsaktionär – und über Termineinlagen.
    Die Verwaltung der Industriebank-AG plant eine Fusion mit der Mittelstandsbank-AG in Essen, einem Institut mit einer Bilanzsumme von 2 Mrd. DM; davon entfallen rd. 1,5 Mrd. DM auf Spareinlagen, die ganz überwiegend aus den Aktivitäten der 17 Zweigstellen im südlichen Ruhrgebiet resultieren. Die Kundschaft der Mittelstandsbank-AG wird geprägt durch Arbeitnehmer der höheren Lohn- und Gehaltsklassen, durch Angehörige freier Berufe und selbständige Gewerbetreibende sowie mittelständische Unternehmer: die letztgenannte Gruppe bildet den Schwerpunkt des Kreditgeschäfts und hält gleichzeitig den größten Teil des Grundkapitals der Bank.
    Der Vorstand der Industriebank-AG betrachtet die geplante Fusion als ein »1 + 1 = 3«-Projekt, d.h. er verspricht sich nicht nur eine Addition, sondern eine darüber hinausgehende Steigerung der Gewinne und zudem eine Stabilisierung der Gewinnentwicklung. Um diese Auffassung zu fundieren, werden Sie als Assistent des Vorstands beauftragt, das Projekt systematisch im Hinblick auf seine Vorzüge, aber auch evtl. Schwierigkeiten und Probleme zu prüfen.
    In diesem Rahmen sollen Sie eine Stellungnahme abgeben zu
    a) den möglichen Wirkungen auf den Gewinn, die sich bei Betrachtung der monetären, personellen und sachlichen Einsatzfaktoren sowie der Märkte (unter Berücksichtigung auch der Imageprobleme) durch die Fusion ergeben können;
    b) den Ansatzpunkten für eine Stabilisierung der Gewinnentwicklung (soweit sie sich der geschilderten Ausgangssituation entnehmen lassen);
    c) möglichen Argumenten, mit denen man – über a) und b) hinaus – die Zustimmung der maßgeblichen Gruppen für die Willensbildung in der Mittelstandsbank-AG zu dem Projekt erreichen könnte.

20. Auf Initiative einer Bank (allein) sei mit einer in mehreren Sparten tätigen Versicherungsgruppe ein Allfinanzkonzern (AFK) gebildet worden.
   a) Nennen Sie je 4 gewichtige Aktiv- und Passivpositionen in der Versicherungsbilanz. Warum schlägt sich das »Versicherungssparen« nicht wie bei Banken in Form von Einlagen nieder?
   b) Hängt der Erfolg des AFK auch von der Loyalität der Bankkunden ab?
   c) Die Bank hat im Rahmen einer kundengruppenorientierten Organisationsform den Kundenbetreuer eingesetzt, der als ständiger Ansprechpartner die Kundenbeziehung in der Hand halten soll. Das schließt allerdings nicht aus, daß in Problemfällen auch Spezialisten eingeschaltet werden. – Sehen Sie Schwierigkeiten einer Aufrechterhaltung der Organisationsform beim zusätzlichen Verkauf von Versicherungsprodukten? Wen würden Sie mit der Schadenregulierung betrauen?
   d) Sehen Sie Synergieeffekte bei der gemeinsamen Nutzung des stationären und mobilen Vertriebssystems?
   e) Mit welchen Vor- und Nachteilen sind die unterschiedlichen Vergütungssysteme (der Verkäufer der Bank und der Versicherung) verbunden? In welche Richtung könnte eine Vereinheitlichung gehen?
   f) Die Bank und die Versicherung bringen unterschiedliche Unternehmenskulturen (UK) in den AFK ein.
      f1) Definieren Sie den Begriff der UK.
      f2) Wie unterscheidet man eine starke von einer schwachen UK?
      f3) Welche Vor- und Nachteile sind mit einer starken UK verbunden?
      f4) Mit welchen Maßnahmen könnte man versuchen, die UK miteinander zu harmonisieren?

Kontrollfrage zu den Teilen A – C

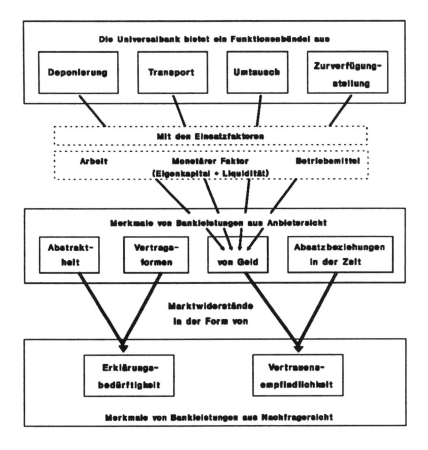

Modell der Universalbank

Für die Behandlung der folgenden Aufgaben entnehmen Sie bitte der obigen Abbildung Modellelemente, die Ihnen jeweils als Einstieg für eine Erklärung dienen können, warum Kreditinstitute ....
(1) in einer marktorientierten Aufbauorganisation umfassend ausgebildete Kundenbetreuer einsetzen;
(2) insbesondere in der spartenorientierten Aufbauorganisation mit erheblichen Gemeinerlösblöcken in bezug auf die im Kundenkontakt stehenden Organisationseinheiten ausgestattet sind;
(3) sich auf staatliche und gruppenbezogene Einlegerschutzeinrichtungen stützen;
(4) eine im Vergleich zu Industrieunternehmen andere Ordnung der Aktivpositionen ihrer Bilanz aufweisen;

(5) ebenfalls im Unterschied zu Industrieunternehmen die Termini »Wertleistungen« und »monetärer Faktor« in ihr Vokabular aufgenommen haben;
(6) keine Preise in Form von Wertstellungsdifferenzen und Umsatzprovisionen fordern sollten;
(7) ungleich Versicherungsunternehmen ihren Verkäufern keine abschlußbasierten Provisionen zahlen (sollten);
(8) mit besonders hohen Fixkostenblöcken belastet sind;
(9) Slogans benutzen wie »Vertrauen ist der Anfang von allem – Deutsche Bank« und »Dresdner Bank – die Beraterbank«;
(10) sich in der Öffentlichkeit mit dem Vorwurf der »Bankenmacht« auseinandersetzen müssen.

Literaturverzeichnis

Benutzte Abkürzungen

ABA	American Bankers Association (Ed.): Banking Journal
AER	The American Economic Review
asw	Absatzwirtschaft
bum	bank und markt
BB	Betriebs-Berater
BBl	Betriebswirtschaftliche Blätter für die Praxis der Sparkassen und Landesbanken/Girozentralen
BFuP	Betriebswirtschaftliche Forschung und Praxis
BI	Bankinformation der Volksbanken und Raiffeisenbanken
BZ	Börsen-Zeitung
DB	Der Betrieb
DBk	Die Bank
DBW	Die Betriebswirtschaft
Die AG	Die Aktiengesellschaft
DSZ	Deutsche Sparkassen-Zeitung
EM	Euromoney
FAJ	Financial Analysts Journal
FAZ	Frankfurter Allgemeine Zeitung
FM	Financial Management
FRB	Board of Governors of the Federal Reserve System (Ed.): Federal Reserve Bulletin
FT	Financial Times
HB	Handelsblatt
HBM	Harvard Business Manager
HBR	Harvard Business Review
HM	Harvard Manager
II	Institutional Investor
JoACF	Journal of Applied Corporate Finance
JoB	Journal of Business
JoBF	Journal of Banking and Finance
JoET	Journal of Economic Theory
JoF	The Journal of Finance
JoFE	Journal of Financial Economics
JoFI	Journal of Financial Intermediation
JoFSR	Journal of Financial Services Research
JoM	Journal of Marketing
JoMM	Journal of Marketing Management
JoMCB	Journal of Money, Credit, and Banking
JoME	Journal of Monetary Economics
JoPE	Journal of Political Economy
JoSM	Journal of Services Marketing
KuK	Kredit und Kapital
Marketing ZFP	Marketing Zeitschrift für Forschung und Praxis
MB	Monatsberichte der Deutschen Bundesbank
mm	manager magazin

ÖBA	(Österreichisches) Bank-Archiv
QJoE	Quarterly Journal of Economics
RoES	The Review of Economics and Statistics
SB	Semesterbericht des Instituts für Kredit- und Finanzwirtschaft, Ruhr-Universität Bochum, hrsg. von J. Süchting (ab Nr. 41 mit St. Paul)
Spk	Sparkasse
SZ	Süddeutsche Zeitung
TB	The Banker
WD	Wirtschaftsdienst
WiSt	Wirtschaftswissenschaftliches Studium
WiWo	Wirtschaftswoche
WM	Wertpapier-Mitteilungen
WPg	Die Wirtschaftprüfung
ZBB	Zeitschrift für Bankrecht und Bankwirtschaft
ZfB	Zeitschrift für Betriebswirtschaft
ZfbF	Schmalenbachs Zeitschrift für betriebswirtschaftliche Forschung
ZfgK	Zeitschrift für das gesamte Kreditwesen
ZfhF	Zeitschrift für handelswissenschaftliche Forschung, N(eue) F(olge)
ZfO	Zeitschrift für Organisation

Aberle, G.: Wettbewerbstheorie und Wettbewerbspolitik, 2. Aufl., Stuttgart et al. 1992.

Adam, D./Hering, Th./Schlüchtermann, J.: Die Eignung der Marktzinsmethode als Partialmodell zur Beurteilung der Vorteilhaftigkeit von Investitionen, in: DBW, 54. Jg., 1994, S. 775-786.

Adam, D./Schlüchtermann, J./Utzel, Ch.: Zur Eignung der Marktzinsmethode für Investitionsentscheidungen, in: ZfbF, 45. Jg., 1993, S. 3-18.

Adams, M.: Stellungnahme im Rahmen der Anhörung des Deutschen Bundestages »Die Macht der Banken«, in: ZBB, 6. Jg., 1994, S. 77-86.

Adler, J.: Informationsökonomische Fundierung von Austauschprozessen – eine nachfrageorientierte Analyse, Wiesbaden 1996.

Akerlof, G. A.: The market for »lemons«: Quality uncertainty and the market mechanism, in: QJoE, vol. 84, 1970, S. 488-500.

Albers, N.: Zur Akzeptanz von POS-Banking, in: bum, 18. Jg., Nr. 1/1989, S. 13-16.

Alhadeff, D. A./Alhadeff, Ch. P.: An integrated model for commercial banks, in: JoF, vol. 12, 1957, S. 24-43.

Allen, L./Saunders, A.: Bank window dressing: Theory and evidence, in: JoBF, vol. 16, 1992, S. 585-623.

Alsheimer, C.: Die Offenlegung der wirtschaftlichen Verhältnisse nach § 18 KWG, in: ZfgK, 50. Jg., 1997, S. 462-466.

Amel, D. F./Howell, M. T.: Trends in the Structure of Federally Insured Depository Institutions, 1984 – 1994, in: Board of Governors of the Federal Reserve System: FRB, vol. 82, 1996, S. 1-15.

Aoki, M./Patrick, H. (Eds.): The Japanese Main Bank System, Oxford 1994.

Arbeitskreis »Finanzierung« der Schmalenbach-Gesellschaft – Deutsche Gesellschaft für Betriebswirtschaft e.V.: Deckungslücken im Finanzierungsgefüge einer Unternehmung – Frühwarninformationen zum Erkennen und Bewerten von offenen Positionen, in: ZfbF, 37. Jg., 1985, S. 835-866.

Arbeitskreis »Finanzierung« der Schmalenbach-Gesellschaft – Deutsche Gesellschaft für Betriebswirtschaft e.V.: Ansätze zur Gestaltung des Netzes von Bankverbindungen durch eine Unternehmung, in: ZfbF, 40. Jg., 1988, S. 739-767.

Arbeitskreis »Finanzierung« der Schmalenbach-Gesellschaft – Deutsche Gesellschaft für Betriebswirtschaft e.V.: Asset Backed Securities – ein neues Finanzierungsinstrument für deutsche Unternehmen?, in: ZfbF, 44. Jg., 1992, S. 495-530.

Arbeitskreis »Finanzierung« der Schmalenbach-Gesellschaft – Deutsche Gesellschaft für Betriebswirtschaft e.V.: Betriebliche Altersversorgung mit Pensionsrückstellungen oder Pensionsfonds – Analyse unter finanzwirtschaftlichen Gesichtspunkten, in: DB, 51. Jg., 1998, S. 321-331.

Arbeitskreis »Organisation« der Schmalenbach-Gesellschaft – Deutsche Gesellschaft für Betriebswirtschaft e.V.: Organisation im Umbruch: (Was) Kann man aus den bisherigen Erfahrungen lernen?, in: ZfbF, 48. Jg., 1996, S. 621-665.

Arnold, W./Boos, K.-H.: Die neuen Bestimmungen des Kreditwesengesetzes, in: DBk, Nr. 5/1993, S. 273-278.
Arnold, W./Schulte-Mattler, H.: KWG-Grundsatz I novelliert, in: DBk, Nr. 8/1990, S. 432-436.
Arrow, K. J.: The economics of agency, in: Pratt, J. W./Zeckhauser, R. J. (Eds.): Principals and agents: The structure of business, Boston 1985, S. 37-51.
Artopoeus, W.: Bankinterne Risikosteuerung auf dem Prüfstand, in: BZ, Nr. 252 v. 31.12.1994, S. 13.
Artopoeus, W.: »Soviel unternehmerische Freiheit wie möglich«, in: ZfgK, 47. Jg., 1994, S. 1085-1091.
Artopoeus, W.: Bankenaufsicht und Risikomanagement, in: Bundesverband deutscher Banken (Hrsg.): Politik – Währung – Banken. Dokumentation des XVI. Deutschen Bankentages, Köln 1995, S. 94-106.
Artopoeus, W.: Neue Aufgaben im Wandel des Marktes, in: BBl, 44. Jg., 1995, S. 528-533.
Artopoeus, W.: Zur Angemessenheit des Eigenkapitals eines Kreditinstitutes unter dem Aspekt der Bankenaufsicht, Referat im Kontaktseminar an der Ruhr-Universität Bochum am 2.5.1995, in: SB Nr. 42, SS 1995, S. 63-66.
Artopoeus, W.: Die Natur der Risiken hat sich verändert, in: BZ, Nr. 82 v. 27.4.1996, S. 15.
Artopoeus, W.: Innovative Handelsgeschäfte und Bankenaufsicht, in: Spk, 113. Jg., 1996, S. 149-155.
Ausschuß für Bankenbestimmungen und -überwachung (Hrsg.): Die Behandlung nicht bilanzwirksamer Risiken aus der Sicht der Bankenaufsicht, Basel 1986.
Ausschuß für Bilanzierung des Bundesverbandes deutscher Banken: Bankbilanzrichtlinie-Gesetz, Köln 1993.
Ausschuß für Bilanzierung des Bundesverbandes deutscher Banken: Bankkonzernbilanzierung nach neuem Recht, in: WPg, 47. Jg., 1994, S. 11-20.
Ausschuß für Bilanzierung des Bundesverbandes deutscher Banken: Bilanzpublizität von Finanzderivaten, in: WPg, 48. Jg., 1995, S. 1-6.
Ausschuß für Bilanzierung des Bundesverbandes deutscher Banken: Marktrisikopublizität, in: WPg, 49. Jg., 1996, S. 64-66.
Aust, E.: Der Wettbewerb in der Bankwirtschaft, Frankfurt/M. 1963.
Avery, R. B./Belton, T. M./Goldberg M. A.: Market discipline in regulating bank risk: New evidence from the capital marktes, in: JoMCB, vol. 20, 1988, S. 597-610.

Baas, V.: Die Tage des Glass/Steagall-Act sind gezählt, in: DBk, Nr. 10/1997, S. 606-608.
Babintseva, N./Litviakov, M./Savkevitch, O.: Das Sparkassenwesen in Rußland und der ehemaligen UDSSR, in: Spk, 111. Jg., 1994, S. 346-354.
Backhaus, K./Erichson, B./Plinke, W./Weiber, R.: Multivariate Analysemethoden, 7. Aufl., Berlin et al. 1994.
Backhaus, K.: Investitionsgütermarketing, 4. Aufl., München 1995.
Backhaus, K.: Industriegütermarketing, 5. Aufl., München 1997.
Baetge, J.: Möglichkeiten der Früherkennung negativer Unternehmensentwicklungen mit Hilfe statistischer Jahresabschlußanalysen, in: ZfbF, 41. Jg., 1989, S. 792-810.
Baetge, J.: Früherkennung von Kreditrisiken, in: B. Rolfes/H. Schierenbeck/St. Schüller (Hrsg.): Risikomanagement von Kreditrisiken, Frankfurt/M. 1995, S. 191-221.
Baetge, J. et al. (Hrsg.): Rechnungslegung nach International Accounting Standards (IAS), Stuttgart 1997.
Bagus, Th.: Wissensbasierte Bonitätsanalyse im Firmenkundengeschäft der Kreditinstitute, Frankfurt/M. et al. 1993.
Bähre, I.-L.: Die Effizienz des Instrumentariums der Bankenaufsicht, Referat im Kontaktseminar an der Ruhr-Universität Bochum am 25.1.1977, in: SB Nr. 5, WS 1976/77, S. 45-49.
Ball, H.: Bankgeschäfte und Zentralbankpolitik im Lichte der neueren Kapitalmarkttheorie, Frankfurt/M. 1978.
Ballwieser, W. (Hrsg.): US-amerikanische Rechnungslegung: Grundlagen und Vergleiche mit deutschem Recht, 2. Aufl., Stuttgart 1996.
Ballwieser, W./Kuhner, Ch.: Rechnungslegungsvorschriften und wirtschaftliche Stabilität, Köln 1994.
Baltensperger, E.: Costs of banking activities – interactions between risk and operating costs, in: JoMCB, vol. 4, 1972, S. 595-611.

Baltensperger, E.: Economies of scale, firm size, and concentration in banking, in: JoMCB, vol. 4, 1972, S. 467-488.
Baltensperger, E.: Alternative approaches to the theory of the banking firm, in: JoME, vol. 6, 1980, S. 1-37.
Baltensperger, E./Milde, H.: Predictability of reserve demand, information costs, and portfolio behavior of commercial banks, in: JoF, vol. 31, 1976, S. 835-843.
Baltensperger, E./Milde, H.: Theorie des Bankverhaltens, Berlin 1987.
Bamberg, G./Spremann, K.: Agency theory, information and incentives, Berlin 1987.
Bangert, M.: Zinsrisiko-Management in Banken, Wiesbaden 1987.
Bank of England: Quarterly Bulletin, vol. 35, no. 4, November 1995.
Bank of Japan Research and Statistics Department: Economic Statistics Monthly, laufend.
Banken, R.: Die Marktzinsmethode als Instrument der pretialen Lenkung in Kreditinstituten, Frankfurt/M. 1987.
Banque de France: Bulletin de la Banque de France, Statistique Monétaires et Financières Annuelles 1994, Paris 1995.
Barberye, R.: Der dynamische Wandel des französischen Sparkassenwesens, in: Spk, 112. Jg., 1995, S. 557-559.
Baron, P. P.: »Bubbles« bessern Auslandserträge auf, in: BZ, Nr. 142 v. 27.7.1991, S. 15.
Baron, P. P.: Liberalisierungsmaßnahmen im japanischen Finanzsystem, in: DBk, Nr. 12/1992, S. 696-700.
Barth, J. R./Brumbaugh, R. D./Litan, R. E.: The Future of American Banking, Armonk/London 1992.
Bartl, D./Karagiannis, D.: Workflowsysteme steuern effektiv Arbeitsabläufe, in: BBl, 44. Jg., 1995, S. 357-359.
Basle Committee on Banking Supervision: Core principles for effective banking supervision. Consultative paper, Basel 1997.
Basle Committee on Banking Supervision: Amendment to the capital accord to incorporate market risks, Basel 1996.
Bauer, J.: Stille Reserven und ihre Berücksichtigung als haftendes Eigenkapital von Kreditinstituten, in: DBW, 44. Jg., 1984, S. 79-83.
Bauer, R. A.: Consumer behavior as risk taking, in: P. Bliss (Ed.): Marketing and behavioral sciences, Boston 1963.
Baumgartl, W.-D.: Vertriebswege für Versicherungsprodukte und ihre Bedeutung aus der Sicht eines Kompositversicherers, Referat im Kontaktseminar an der Ruhr-Universität Bochum am 30.5.1995, in: SB Nr. 42, SS 1995, S. 78-82.
Baumol, W. J.: The transactions demand for cash: An inventory theoretic approach, in: QJoE, vol. 66, 1952, S. 545-556.
Baums, Th.: Vollmachtstimmrechte der Banken – Ja oder Nein?, in: Die AG, 41. Jg., 1996, S. 11f. und 14f.
Bayerische Hypotheken- und Wechsel-Bank AG: Unsere »neue« Hypo, München 1994.
Becker, A.: Möglichkeiten und Grenzen des Outsourcing in der deutschen Kreditwirtschaft – eine Untersuchung unter besonderer Berücksichtigung des Zahlungsverkehrs, in: SB Nr. 41, WS 1994/95, S. 20-35.
Becker, D.: Bankbetriebliche Zweigstellenexpansion und Standortforschung, Göttingen 1975.
Becker, D.: Stille Reserven im Vorentwurf zur EG-Bilanzrichtlinie, in: ZfgK, 33. Jg., 1980, S. 430-436.
Becker, H.: Japans Großbanken warten auf die Regierung, in: BZ, Nr. 58 v. 25.3.1997, S. 6.
Becker, H. P./Herges, P./Steitz, M.: Was erwarten Kunden von der Bank?, in: bum, 20. Jg., Nr. 2/ 1991, S. 23-25.
Becker, W. D./Hasenkamp, K. P.: Bewertungs- und Gliederungsfragen für Bankbilanzen nach dem Vorschlag einer EG-Richtlinie über den Jahresabschluß von Banken, in: KuK, 13. Jg., 1980, S. 506-531.
Becketti, S./Morris, Ch.: Are Bank Loans Still Special?, in: Federal Reserve Bank of Kansas City: Economic Review, vol. 77, 1992, no. 3, S. 71-84.
Beder, T. S.: VAR: Seductive but Dangerous, in: FAJ, vol. 51, no. 5/1995, S. 12-24.
Behrens, G.: Lernen – Grundlagen und Anwendungen auf das Konsumentenverhalten, in: W. Kroeber-Riel (Hrsg.): Konsumentenverhalten und Marketing, Opladen 1973, S. 83-124.

Bellavite-Hövermann, Y./Prahl, R.: Bankbilanzierung nach IAS, Stuttgart 1997.
Benke, H./Gebauer, B./Piaskowski, F.: Die Marktzinsmethode wird erwachsen: Das Barwertkonzept, (I) in: DBk, Nr. 8/1991, S. 457-463 und (II) in: DBk, Nr. 9/1991, S. 514-521.
Benke, H./Piaskowski, F./Sievi, Ch. R.: Neues vom Barwertkonzept, in: DBk, Nr. 2/1995, S. 119-125.
Benston, G. J.: An analysis of the causes of savings and loan association failures, New York 1986.
Benston, G. J.: The separation of commercial and investment banking. The Glass-Steagall Act revisited and reconsidered, Oxford 1990.
Benston, G. J./Smith jr., C. W.: A transactions cost approach to the theory of financial intermediation, in: JoF, vol. 31, 1976, S. 215-231.
Beranek, W.: Analysis for financial decisions, 2nd ed., Homewood/Ill. 1965.
Berger, A. N./Herring, R. J./Szegö, G. P.: The role of capital in financial institutions, in: JoBF, vol. 19, 1995, S. 393-430.
Berger, A. N./Humphrey, D. B./Pulley, L. B.: Do consumers pay for one-stop-banking? Evidence from an alternative revenue function, in: JoBF, vol. 20, 1996, S. 1601-1621.
Berger, A. N./Hunter, W. C./Timme, St. G.: The efficiency of financial institutions: A review and preview of research past, present, and future, in: JoBF, vol. 17, 1993, S. 221-249.
Berger, A. N./Udell, G. F.: Securitization, risk, and the liquidity problem in banking, in: M. Klausner/L. J. White (Eds.): Structural change in banking, Homewood/Ill. 1993, S. 227-292.
Berger, A. N./Udell, G. F.: Relationship lending and lines of credit in small firms finance, in: JoB, vol. 68, 1995, S. 351-381.
Berndt, H.: Elektronisches Geld – Geld der Zukunft?, in: Spk, 112. Jg., 1995, S. 369-372.
Berndt, H.: Mehr Mut zum Regelungsverzicht, in: Spk, 113. Jg., 1996, S. 572-575.
Bernet, B.: Relationship Pricing, in: DBk, Nr. 12/1994, S. 708-712.
Bernet, B.: Bonusprogramme als Instrument der Preisdifferenzierung, in: DBk, Nr. 12/1995, S. 734-737.
Bernhardt, W.: Keine Aufsicht und schlechter Rat? Zum Meinungsstreit um die deutschen Aufsichtsräte, in: ZfB, 64. Jg., 1994, S. 1341-1350.
Bernicken, H.: Bankbetriebslehre, Stuttgart 1926.
Berry, L. L./Yadiv, M. S.: Oft falsch berechnet und verwirrend – die Preise für Dienstleistungen, in: HBM, 19. Jg., Nr. 1/1997, S. 57-67.
Betsch, O.: Bankaußendienst, Frankfurt/M. 1976.
Betsch, O.: Wettbewerbsveränderungen auf den Finanzdienstleistungsmärkten und der Umbruch der Vertriebssysteme, in: O. Betsch/R. Wiechers (Hrsg.): Handbuch Finanzvertrieb, Frankfurt/M. 1995, S. 3-21.
Betsch, O./Otto, K.-F. (Hrsg.): Vertriebshandbuch für Finanzdienstleistungen, Frankfurt/M. 1989.
Bhattacharya, S./Thakor, A. V.: Contemporary banking theory, in: JoFI, vol. 3, 1993, S. 2-50.
Bieg, H.: Bankbilanzen und Bankenaufsicht, München 1983.
Bieg, H.: Bankbetriebslehre in Übungen, München 1992.
Bierer, H./Faßbender, H./Rüdel, Th.: Auf dem Weg zur »schlanken Bank«, in: DBk, Nr. 9/1992, S. 500-506.
Bierich, M.: Die Bedeutung von Produktinnovationen für die Wettbewerbsfähigkeit eines Industrieunternehmens, Referat im Kontaktseminar an der Ruhr-Universität Bochum am 10.6.1986, in: SB Nr. 24, SS 1986, S. 39-41.
Birck, H.: Stille Reserven im Jahresabschluß der Kreditinstitute, in: WPg, 17. Jg., 1964, S. 415-422.
Birck, H./Meyer, H.: Die Bankbilanz, Teillieferungen 1, 2, 3, 4 und 5, 3. Aufl., Wiesbaden 1976, 1977, 1979 und 1989.
Birkelbach, J.: Homebanking: Neue Sicherheitskonzepte für das Internet vorgestellt – »Der Kunde ist jetzt das Hauptrisiko«, in: HB, Nr. 167 v. 29.8.1996, S. 40.
Bitz, M.: »Haftendes Eigenkapital« und »freie unbelastete Eigenmittel«, in: ZBB, 8. Jg., 1996, S. 269-287.
Bleicher, K./Meyer, E.: Führung in der Unternehmung. Formen und Modelle, Reinbek bei Hamburg 1976.
Blois, K. J.: Relationship Marketing in Organizational Markets: When is it Appropriate?, in: JoMM, vol. 12, no. 12/1996, S. 161-173.
Blümelhuber, Ch./Oevermann, D.: Betriebsformendynamik im Bankbereich, in: A. Meyer (Hrsg.): Grundsatzfragen und Herausforderungen des Dienstleistungsmarketing, Wiesbaden 1996, S. 297-316.

Board of Governors of the Federal Reserve System: The Federal Reserve System. Purposes and functions, 6th ed., 3rd printing, Washington D. C. 1980.
Board of Governors of the Federal Reserve System: FRB, vol. 81, 1995, no. 12, S. A 13.
Böcking, H.-J./Ernsting, I./Fitzner, V./Wagener, H./Freiling, A.: Zur praktischen Umsetzung der Bankbilanzrichtlinie in den Jahresabschlüssen 1993 deutscher Kreditinstitute, in: WPg, 48. Jg., 1995, S. 461-467.
Bode, M./Mohr, M.: Value-at-Risk – ein riskanter Wert?, in: DBk, Nr. 8/1996, S. 470-476.
Bodendorf, F.: Expertensysteme im Kreditgewerbe, in: W. Gerke/M. Steiner (Hrsg.): Handwörterbuch des Bank- und Finanzwesens, 2. Aufl., Stuttgart 1995, Sp. 542-551.
Bodin, M.: Erfolgspotentiale einer Landesbank, Referat im Kontaktseminar an der Ruhr-Universität Bochum am 11.1.1994, in: SB Nr. 39, WS 1993/94, S. 47-52.
Boening, D.: Zukunftsfragen des Vertriebs von Finanzdienstleistungen, in: D. Boening/H. J. Hockmann (Hrsg.): Bank- und Finanzmanagement. Marketing – Rechnungswesen – Finanzierung. Reflexionen aus der Praxis, Festschrift für J. Süchting zum 60. Geburtstag, Wiesbaden 1993, S. 157-174.
Bofinger, P.: Geldpolitik in der Europäischen Währungsunion, in: WD, 75. Jg., 1995, S. 679-688.
Böhm, J.: Der Einfluß der Banken auf Großunternehmen, Hamburg 1992.
Böhmert, K.: Wirbelwind Moody´s fegt durch die Bankenwelt, in: BZ, Nr. 250 v. 30.12.1995, S. 47f.
Böhner, W.: Bankbetriebslehre, in: ZfB, 52. Jg., 1982, S. 871-892.
Bonn, J.: Beschwerdemanagement in Kreditinstituten: Reicht der Ombudsmann?, in: SB Nr. 40, SS 1994, S. 18-26.
Bonn, J.: Entwicklungslinien im US-amerikanischen und japanischen Bankensystem – Konsequenzen aus zwei Bankenkrisen, in: SB Nr. 43, WS 1995/96, S. 14-30.
Bonn, J.: Bankenkrisen und Bankenregulierung, Wiesbaden 1998.
Bonn, J./Faust, M./Kill, R.: Banken und Versicherungen im Meinungsspiegel der Öffentlichkeit, in: SB Nr. 40, SS 1994, S. 4-17.
Boos, K.-H.: Entwurf einer Sechsten KWG-Novelle, in: DBk, Nr. 2/1997, S. 119-125.
Boos, K.-H./Höfer, B.: Die Kapitaladäquanz-Richtlinie, (I) in: DBk, Nr. 5/1995, S. 285-291 und (II) in: DBk, Nr. 6/1995, S. 359-367.
Boos, K.-H./Klein, U.: Die neuen Großkredit- und Millionenkreditbestimmungen, in: DBk, Nr. 9/1995, S. 535-541.
Boos, K.-H./Klein, U.: Die neuen Konsolidierungsbestimmungen, in: DBk, Nr. 12/1995, S. 729-733.
Boos, K.-H./Schulte-Mattler, H.: Der neue Grundsatz I: Kreditrisiken, in: DBk, Nr. 8/1997, S. 474-479.
Boos, K.-H./Schulte-Mattler, H.: Der neue Grundsatz I: Fremdwährungs- und Rohwarenrisiken, in: DBk, Nr. 9/1997, S. 556-562.
Boos, K.-H./Schulte-Mattler, H.: Der neue Grundsatz I: Aktienkurs- und Zinsänderungsrisiken, in: DBk, Nr. 10/1997, S. 610-615.
Boos, K.-H./Schulte-Mattler, H.: Der neue Grundsatz I: Interne Risikomodelle, in: DBk, Nr. 11/1997, S. 684-687.
Booth, G. G./Broussard, J. P./Loistl, O.: German stock returns and the information content of DVFA earnings, Dreieich 1994.
Borchert, M.: Cyber Money – eine neue Währung?, in: Spk, 113. Jg., 1996, S. 41-43.
Bordo, M. D./Schwartz, A. J.: The performance of banking systems under »self-regulation«: Theory and evidence, in: Cato Journal, vol. 14, 1995, S. 453-479.
Born, K. E.: Die deutsche Bankenkrise 1931, München 1967.
Börner, Ch. J.: Die Öffentlichkeitsarbeit von Banken, Wiesbaden 1994.
Bösenberg, D./Metzen, H.: Lean Management, Landsberg/Lech 1992.
Bösl, K.: Integrative Risikobegrenzung. Eine Konzeption für Banken und Bankenaufsicht, Wiesbaden 1993.
Bourgon, A.: Möglichkeiten der Nutzung ausgewählter Telekommunikationstechniken für das Marketing von Kreditinstituten, veröffentlichte Diplomarbeit am Lehrstuhl für Finanzierung und Kreditwirtschaft an der Ruhr-Universität Bochum, 1995.
Bourgon, G.: Sponsoring in der Kreditwirtschaft, Wiesbaden 1992.
Brakensiek, Th.: Die Kalkulation und Steuerung von Ausfallrisiken im Kreditgeschäft der Banken, Frankfurt/M. 1991.

Bremeier, E./Staudt, N.: Struktur des Bankenwesens in der Schweiz, 3. Aufl., Frankfurt/M. 1979.
Breuer, R.-E.: Erfahrungen aus dem Oktober-Crash 1987 auf den Aktienmärkten, Referat im Kontaktseminar an der Ruhr-Universität Bochum am 31.5.1988, in: SB Nr. 28, SS 1988, S. 26-29.
Breuer, W.: Finanzintermediation im Kapitalmarktgleichgewicht, Wiesbaden 1993.
Brinkmann, Th./Peill, E.: Kundenbindung durch Servicegarantien, in: DBk, Nr. 5/1996, S. 284-287.
Brubakk, B./Wilkinson, A.: Agents of Change? Bankbranch managers and the management of corporate culture change, in: International Journal of Service Industry Management, vol. 7, no. 2/1996, S. 21-43.
Brückner, M.: Hypobank stößt als Vorreiter der Telearbeit in Kreditinstituten an Grenzen, in: HB, Nr. 23 v. 3.2.1997, S. 26.
Brüggestrat, R.: Die Liquiditätsrisikoposition eines Kreditinstituts. Ein bankaufsichtliches Konzept zur Beurteilung und Beschränkung von Liquiditätsrisiken, Frankfurt/M. 1990.
Brühl, R./Frischmuth, R.: Prozeßkostenrechnung im Bankbetrieb, in: DBk, Nr. 9/1995, S. 551-555.
Bruhn, M./Stauss, B. (Hrsg.): Dienstleistungsqualität, 2. Aufl., Wiesbaden 1995.
Bruhs, G.: Presse- und Öffentlichkeitsarbeit in Kreditinstituten, veröffentlichte Diplomarbeit am Lehrstuhl für Finanzierung und Kreditwirtschaft an der Ruhr-Universität Bochum, 1985.
Bruni, F./Paterno, F.: Market discipline of banks´ riskiness, in: JoFSR, vol. 9, 1995, S. 109-131.
Brüning, J.-B./Hoffjan, A.: Gesamtbanksteuerung mit Risk-Return-Kennzahlen, in: DBk, Nr. 6/1997, S. 362-369.
Brunner, Ch.: Bankübernahmen in der Schweiz, Bern et al. 1994.
Brunner, K.: A Schema for the Supply Theory of Money, in: International Economic Review, vol. 2, 1961, S. 79-109.
Brunner, K./Meltzer, A. H.: Liquidity Trap for Money, Bank Credit and Interest, in: JoPE, vol. 76, 1968, S. 1-32.
Bryan, L. L.: Breaking up the bank, Rethinking an industry under siege, Homewood/Ill. 1988.
Bryan, L. L.: Bankrupt: Reforming the Health and Profitability of our Banking System, New York 1991.
Buchholz, A.: Das deutsche Kreditgewerbe und die neue Offenheit, in: SZ, Nr. 79 v. 3.4.1996, S. 26.
Bühler, W.: Zur Ermittlung von Mindestmargen im Zinsgeschäft der Kreditinstitute, in: ÖBA, 31. Jg., 1983, S. 37-56.
Bühler, W./Schmidt, A.: Bank-Risikomanagement mit internen Modellen, Working Paper 11/1997, Universität Mannheim.
Bühner, R.: Shareholder Value-Ansatz, in: DBW, 52. Jg., 1992, S. 418f.
Bühner, R.: Betriebswirtschaftliche Organisationslehre, 7. Aufl., München/Wien 1994.
Bundesaufsichtsamt für das Kreditwesen, Rundschreiben I/4/24 vom 15.11.1965, abgedruckt in: WPg, 19. Jg., 1966, S. 161f.
Bundesaufsichtsamt für das Kreditwesen: »Mindestanforderungen für bankinterne Kontrollmaßnahmen bei Devisengeschäften – Kassa und Termin«, Schreiben IV-32 v. 24.2.1974.
Bundesaufsichtsamt für das Kreditwesen: »Anforderungen an das Wertpapierhandelsgeschäft der Kreditinstitute«, Schreiben V 3-Gr 8/77 v. 30.12.1980.
Bundesaufsichtsamt für das Kreditwesen: Entwurf der Änderung und Ergänzung der Grundsätze über das Eigenkapital und die Liquidität der Kreditinstitute vom 29.5.1997, Berlin 1997.
Bundesaufsichtsamt für das Kreditwesen: Bekanntmachung über die Änderung und Ergänzung der Grundsätze über das Eigenkapital und die Liquidität der Kreditinstitute v. 29.10.1997, Bundesanzeiger v. 11.11.1997, S. 13555-13559.
Bundesgerichtshof: »Hypothekenzinsurteil« vom 24.11.1988, abgedruckt in: Neue Juristische Wochenschrift, 42. Jg., 1989, S. 222-225.
Bundesgerichtshof: Urteil vom 17.1.1989 zur Unwirksamkeit der Wertstellungsklausel einer Sparkasse für Bareinzahlung auf Girokonten, XI ZR 54/88, abgedruckt in: DB, 42. Jg., 1989, S. 313-315.
Bundesministerium der Finanzen (Hrsg.): Grundsatzfragen der Kreditwirtschaft. Bericht der Studienkommission, Schriftenreihe des Bundesministeriums der Finanzen, Heft 28, Bonn 1979.
Bundesministerium der Justiz: Gesetz zur Kontrolle und Transparenz im Unternehmensbereich (KonTraG), Referentenentwurf v. 26.11.1996.
Bundesregierung: Gesetzentwurf der Bundesregierung zur 6. KWG-Novelle, Bundesrats-Drucksache 963/96 v. 20.12.1996.

Bundesverband der deutschen Volksbanken und Raiffeisenbanken (Hrsg.): Verbundstruktur für die Zukunft. Gemeinsam die Märkte von morgen gewinnen, o.O., 1989.

Bundesverband deutscher Banken: Zur Diskussion um die »Macht der Banken«, in: DBk, Nr. 10/1989, S. 556-562.

Bundesverband deutscher Banken: »Macht der Banken«. Daten, Fakten, Argumente, Köln 1995.

Burda, W. A.: Institutswerbung im Firmenkundengeschäft, in: J. Süchting/E. van Hooven (Hrsg.): Handbuch des Bankmarketing, 2. Aufl., Wiesbaden 1991, S. 345-364.

Burghof, H.-P./Rudolph, B.: Bankenaufsicht: Theorie und Praxis der Regulierung, Wiesbaden 1996.

Burkhardt, D.: Grundsätze ordnungsmäßiger Bilanzierung für Fremdwährungsgeschäfte, Düsseldorf 1988.

Bursk, E. C.: View your customers as investments, in: E. C. Bursk/G. S. Hutchinson (Eds.): Salesmanship and Sales Force Management, Cambridge/Mass. 1979, S. 160-163.

Burton, J.: Rotting fish, in: TB, vol. 140, June 1990, S. 12.

Büschgen, H. E.: Konzentration im deutschen Bankwesen, Frankfurt/M. 1982.

Büschgen, H. E.: Die Großbanken, Frankfurt/M. 1983.

Büschgen, H. E.: Strategische Planung im marktorientierten Bankbetrieb, in: DBk, Nr. 6/1983, S. 260-271.

Büschgen, H. E.: Finanzinnovationen. Neuerungen und Entwicklungen an nationalen und internationalen Finanzmärkten, in: ZfB, 56. Jg., 1986, S. 301-336.

Büschgen, H. E./Steinbrink, K.: Verstaatlichung der Banken? Forderungen und Argumente, Köln 1977.

Büschken, J.: Multipersonale Kaufentscheidungen, Wiesbaden 1994.

Buspe, C.: Privatbanken in Deutschland: Die letzten unabhängigen Geldinstitute konzentrieren sich auf profitable Nischen, in: HB, Nr. 168 v. 1.9.1993, S. 12.

Busse von Colbe, W./Ordelheide, D.: Konzernabschlüsse, 6. Aufl., Wiesbaden 1993.

Busse von Colbe, W. et al. (Hrsg.): Ergebnis nach DVFA/SG – DVFA/SG Earnings, 2. Aufl., Stuttgart 1996.

Büsselmann, E.: Bankenaufsicht und marktbezogenes Eigenkapital, Wiesbaden 1993.

Butz, E.: Die Anpassung des technisch-organisatorischen Bereichs von Kreditinstituten. Ein Beitrag zu einer allgemeinen Theorie des Bankbetriebs, Wiesbaden 1969.

Cable, J.: Capital Market Information and Industrial Performance. The Role of West German Banks, in: The Economic Journal, vol. 95, 1985, S. 118-132.

Caesar, R.: Der Handlungsspielraum von Notenbanken, Baden-Baden 1981.

Caesar, R.: Die »Autonomie« der Deutschen Bundesbank – Ein Modell für Europa?, in: Hasse, R. H./Schäfer, W. (Hrsg.): Europäische Zentralbank. Europas Währungspolitik im Wandel, Göttingen 1990, S. 111-127.

Calomiris, C. W.: Regulation, industrial structure, and instability in U.S. Banking: An historical perspective, in: M. Klausner/L. J. White (Eds.): Structural change in banking, Homewood/Ill. 1993, S. 19-116.

Calomiris, C. W./Gorton, G.: The origins of banking panics: Models, facts, and bank regulation, in: R. G. Hubbard (Ed.): Financial markets and financial crisis, Chicago/London 1991, S. 109-174.

Campbell, T. S./Kracaw, W. A.: Information production, market signalling and the theory of financial intermediation, in: JoF, vol. 35, 1980, S. 863-882.

Cantor, R./Demsetz, R.: Securitization, loan sales, and the credit slowdown, in: Federal Reserve Bank of New York: Quarterly Review, vol. 18, no. 2/1993, S. 27-38.

Capie, F./Wood, G. E. (Eds.): Unregulated banking: chaos or order?, Houndmills et al. 1991.

Carey, M. S./Prowse, St. D./Rea, J. S./Udell, G. F.: Recent Developments in the Market for Privately Placed Debt, in: Board of Governors of the Federal Reserve System: FRB, vol. 79, 1993, S. 77-92.

Cartellieri, U.: Aktuelle Perspektiven deutscher Banken im internationalen Wettbewerb, Referat im Kontaktseminar an der Ruhr-Universität Bochum am 22.5.1990, in: SB Nr. 32, SS 1990, S. 36-39.

Casteel, W./Krüppel, W.: Bankaufsichtliche Anforderungen an Derivate, in: BBl, 45. Jg., 1996, S. 10-14.

Cebenoyan, A. S./Cooperman, E. S./Register, C. A.: Deregulation, Reregulation, Equity Ownership, and S&Ls Risk Taking, in: FM, vol. 24, no. 3/1995, S. 63-76.

Chambers, D./Charnes, A.: Inter-temporal analysis and optimization of bank portfolios, in: Management Science, vol. 7, 1961, S. 393-410, wiederabgedruckt in: K. J. Cohen/F. S. Hammer: Analytical methods in banking, Homewood/Ill. 1966, S. 67-86.
Champy, J.: Reengineering Management, Homewood/Ill. 1995.
Chmielewicz, K.: Rechnungswesen, Bd. 1 und 2, 4. Aufl., Bochum 1993 bzw. 1994.
Christmann, St.: Chinas Bankensystem auf Reformkurs, in: DSZ, Nr. 2 v. 9.1.1996, S. 2.
Claussen, B.: Teilprivatisierung kommunaler Sparkassen, Baden-Baden 1990.
Claussen, C. P.: Aktienrechtsreform 1997, in: Die AG, 41. Jg., 1996, S. 481-494.
Clemenz, G.: Credit markets with asymmetric information, Berlin et al. 1986.
Clouse, J. A./Buenvenida, P./Luecke, M.: Recent Developments in Discount Window Policy, in: Board of Governors of the Federal Reserve System: FRB, vol. 80, 1994, S. 965-972.
Coenen, E.: Banköffnungszeiten: besteht Handlungsbedarf?, in: bum, 25. Jg., Nr. 1/1996, S. 8-10.
Coenenberg, A. G.: Jahresabschluß und Jahresabschlußpolitik, 16. Aufl., Landsberg/Lech 1997.
Cohen, K. J./Hammer, F. S.: Analytical methods in banking, Homewood/Ill. 1966.
Cohen, K. J./Hammer, F. S.: Linear programming and optimal bank asset management decisions, in: JoF, vol. 22, 1967, S. 147-165.
Commerzbank AG: Geschäftsbericht für das Jahr 1995.
Commission Bancaire: Rapport 1995, Paris 1995.
Conseil National du Crédit: Rapport annuel 1995, Paris 1995.
Copeland, M. T.: Relation of consumer´s buying habits to marketing, in: HBR, vol. 1, 1923, S. 282-289.
Cornell, B./Shapiro, A. C.: Corporate Stakeholders and Corporate Finance, in: FM, vol. 16, no. 1/ 1987, S. 5-14.
Corsten, H.: Betriebswirtschaftslehre der Dienstleistungsunternehmungen, 2. Aufl., München 1990.
Cramer, J.-E.: Marketing bei Banken, 3. Aufl., Frankfurt/M. 1975.
Cramer, J.-E.: Die Chancen eines Privatbankhauses auf sich wandelnden Finanzmärkten, Referat im Kontaktseminar an der Ruhr-Universität Bochum am 11.6.1996, in: SB Nr. 44, SS 1996, S. 49-53.
Cramer, J.-E.: Die Marktforschung als Basis für den zielgruppengerechten Einsatz des Marketing-Mix, in: J. Süchting/H.-M. Heitmüller (Hrsg.): Handbuch des Bankmarketing, 3. Aufl., Wiesbaden 1998.
Cutts, J. W./Klein, S.: Marketing in eigener Sache: Investor Relations und Roadshows internationaler Banken, in: J. Süchting/H.-M. Heitmüller (Hrsg.): Handbuch des Bankmarketing, 3. Aufl., Wiesbaden 1998.

Darby, M. R./Karni, E.: Free competition and the optimal amount of fraud, in: Journal of Law and Economics, vol. 16, 1973, S. 67-88.
Davis, T. R. V.: Reengineering in action, in: Planning Review, vol. 22, 1993, S. 49-55.
De Viti de Marco, A.: La funzione della banca, Rom 1898.
De Viti de Marco, A.: Die Funktion der Bank, aus dem Italienischen übersetzt von Hans Fried, Wien 1935.
Deal, T. E./Kennedy, A. A.: Corporate cultures. The rites and rituals of corporate life, Reading/Mass. 1982.
Degenhart, H.: Zweck und Zweckmäßigkeit bankaufsichtlicher Eigenkapitalnormen, Berlin 1987.
Deppe, H.-D.: Zur Rentabilitäts- und Liquiditätsplanung von Kreditinstituten, in: Weltwirtschaftliches Archiv, Bd. 86, 1961 I, S. 303-351.
Deppe, H.-D.: Bankbetriebliches Wachstum, Stuttgart 1969.
Deppe, H.-D.: Eine Konzeption wissenschaftlicher Bankbetriebslehre in drei Doppelstunden, in: H.-D. Deppe (Hrsg.) Bankbetriebliches Lesebuch, Festschrift für L. Mülhaupt, Stuttgart 1978, S. 3-98.
Dermine, J.: Deposit rates, credit rates, and bank capital: The Klein-Monti model revisited, in: JoBF, vol. 10, 1986, S. 99-114.
Dette, I.: Veränderungen im Sparkassenrecht einschließlich der Entwicklung in den neuen Bundesländern, in: Spk, 108. Jg., 1991, S. 566-572.
Deutsch, H.-P.: Interne Risikomodelle, in: BZ, Nr. 152 v. 12.8.1997, S. 11.
Deutsche Bank AG: Engagement, das verbindet, 2. Aufl., Frankfurt/M. 1995.
Deutsche Bank AG: Geschäftsbericht für das Jahr 1995.

Deutsche Bank AG: Konzernabschluß nach HGB 1995.
Deutsche Bank AG: Forum Flash, Mitarbeiterinformation vom 12.11.1996.
Deutsche Bundesbank: Deutsches Geld- und Bankwesen in Zahlen 1876-1975, Frankfurt/M. 1976.
Deutsche Bundesbank: Methodische Anmerkungen zur geldpolitischen Zielgröße »M_3«, in: MB, 40. Jg., Nr. 3/1988, S. 18-21.
Deutsche Bundesbank: Die Deutsche Bundesbank. Geldpolitische Aufgaben und Instrumente, Sonderdruck Nr. 7, 5. Aufl., Frankfurt/M. 1989.
Deutsche Bundesbank: Die neuen Grundsätze I und Ia über das Eigenkapital der Kreditinstitute, Sonderdruck Nr. 2a, Frankfurt/M. 1990.
Deutsche Bundesbank: Ertragslage und Finanzierungsverhältnisse der westdeutschen Unternehmen im Jahre 1990, in: MB, 43. Jg., Nr. 11/1991, S. 15-29.
Deutsche Bundesbank: Zum Zusammenhang von Geldmengen- und Preisniveauentwicklung in der Bundesrepublik Deutschland, in: MB, 44. Jg., Nr. 1/1992, S. 20-29.
Deutsche Bundesbank: Die Beschlüsse von Maastricht zur Europäischen Wirtschafts- und Währungsunion, in: MB, 44. Jg., Nr. 2/1992, S. 45-56.
Deutsche Bundesbank: Die Einlagensicherung in der Bundesrepublik Deutschland, in: MB, 44. Jg., Nr. 7/1992, S. 30-38.
Deutsche Bundesbank: Zum Einfluß von Auslandstransaktionen auf Bankenliquidität, Geldmenge und Bankkredite, in: MB, 45. Jg., Nr. 1/1993, S. 19-42.
Deutsche Bundesbank: Bilanzunwirksame Geschäfte deutscher Banken, in: MB, 45. Jg., Nr. 10/1993, S. 47-69.
Deutsche Bundesbank: Zur Vermögenssituation der privaten Haushalte in Deutschland, in: MB, 45. Jg., Nr. 10/1993, S. 19-32.
Deutsche Bundesbank: Zur Neugestaltung und Senkung der Mindestreserven, in: MB, 46. Jg., Nr. 2/1994, S. 13-17.
Deutsche Bundesbank: Die Geldmarktsteuerung der Deutschen Bundesbank, in: MB, 46. Jg., Nr. 5/1994, S. 61-75.
Deutsche Bundesbank: Monetäre Entwicklung, in: MB, 46. Jg., Nr. 6/1994, S. 14-23.
Deutsche Bundesbank: Zentralbankgeldmenge und freie Liquiditätsreserven der Banken – Erläuterungen zur Liquiditätsrechnung der Bundesbank, in: MB, 46. Jg., Nr. 7/1994, S. 14-23.
Deutsche Bundesbank: Neuere Entwicklungen im unbaren Zahlungsverkehr der Deutschen Bundesbank, in: MB, 46. Jg., Nr. 8/1994, S. 47-63.
Deutsche Bundesbank: Die Fünfte Novelle des Kreditwesengesetzes, in: MB, 46. Jg., Nr. 11/1994, S. 59-67.
Deutsche Bundesbank: Geldpolitische Implikationen der zunehmenden Verwendung derivativer Finanzinstrumente, in: MB, 46. Jg., Nr. 11/1994, S. 41-57.
Deutsche Bundesbank: Die Geldpolitik der Bundesbank, Frankfurt/M. 1995.
Deutsche Bundesbank: Verbriefungstendenzen im deutschen Finanzsystem und ihre geldpolitische Bedeutung, in: MB, 47. Jg., Nr. 4/1995, S. 19-33.
Deutsche Bundesbank: Überprüfung des Geldmengenziels und Neuordnung der Mindestreserve, in: MB, 47. Jg., Nr. 7/1995, S. 19-37.
Deutsche Bundesbank: Die Ertragslage der deutschen Kreditinstitute im Jahre 1994, in: MB, 47. Jg., Nr. 10/1995, S. 19-45.
Deutsche Bundesbank: Zum Informationsgehalt von Derivaten für die Geld- und Währungspolitik, in: MB, 47. Jg., Nr. 11/1995, S. 17-33.
Deutsche Bundesbank: Szenarium für den Übergang auf die einheitliche europäische Währung, in: MB, 48. Jg., Nr. 1/1996, S. 55-63.
Deutsche Bundesbank: Mindestanforderungen an das Betreiben von Handelsgeschäften der Kreditinstitute, in: MB, 48. Jg., Nr. 3/1996, S. 55-64.
Deutsche Bundesbank: Reaktionen der Geldmarkt- und kurzfristigen Bankzinsen auf Änderungen der Notenbanksätze, in: MB, 48. Jg., Nr. 10/1996, S. 33-48.
Deutsche Bundesbank: Ertragslage und Finanzierungsverhältnisse westdeutscher Unternehmen im Jahre 1995, in: MB, 48. Jg., Nr. 11/1996, S. 33-57.
Deutsche Bundesbank: Asset-Backed Securities in Deutschland: Die Veräußerung und Verbriefung von Kreditforderungen durch deutsche Kreditinstitute, in: MB, 49. Jg., Nr. 7/1997, S. 57-67.
Deutsche Bundesbank: Der verbriefte Geldmarkt in Deutschland, in: MB, 49. Jg., Nr. 10/1997, S. 45-60.

Deutsche Bundesbank: Geschäftsbericht der Deutschen Bundesbank, verschiedene Jahrgänge.
Deutsche Bundesbank: Monatsberichte der Deutschen Bundesbank, verschiedene Jahrgänge.
Deutsche Bundesbank: Statistische Beihefte zu den Monatsberichten der Deutschen Bundesbank, Reihe 1, Bankenstatistik nach Bankengruppen, verschiedene Jahrgänge.
Deutscher Sparkassen- und Giroverband: Jahresbericht, Bonn 1995.
Deutscher Sparkassen- und Giroverband: Die Europäische Wirtschafts- und Währungsunion, Management-Perspektiven Heft 48, Stuttgart 1996.
Deutscher Sparkassen- und Giroverband (Hrsg.): Auf dem Weg nach Europa – Deutscher Sparkassentag 1989, Stuttgart 1989.
Devinney, T.: Rationing in a theory of the banking firm, Berlin et al. 1986.
Diamond, D. W.: Financial intermediation and delegated monitoring, in: RoES, vol. 51, 1984, S. 393-414.
Diamond, D. W.: Reputation acquisition in debt markets, in: JoPE, vol. 97, 1989, S. 828-862.
Diamond, D. W.: Monitoring and reputation: The choice between bank loans and directly placed debt, in: JoPE, vol. 99, 1991, S. 689-721.
Diamond, D. W./Dybvig, P. H.: Bank runs, deposit insurance, and liquidity, in: JoPE, vol. 91, 1983, S. 401-419.
Dicke, H./Trapp, P.: Hohe Zinsen: Bremse der Investitionstätigkeit?, in: DBk, Nr. 10/1984, S. 460-464.
Dickertmann, D./Siedenberg, A.: Instrumentarium der Geldpolitik, 5. Aufl., Düsseldorf 1993.
Dieter, J.: Geplanter Schalterdienst, in: BBl, 17. Jg., 1968, S. 99-103.
Diller, H.: Preispolitik, 2. Aufl., Stuttgart et al. 1991.
Diller, H.: Beziehungsmanagement, in: B. Tietz/R. Köhler/J. Zentes (Hrsg.): Handwörterbuch des Marketing, Stuttgart 1995, Sp. 265-300.
Diller, H.: Kundenmanagement, in: B. Tietz/R. Köhler/J. Zentes (Hrsg.): Handwörterbuch des Marketing, Stuttgart 1995, Sp. 1363-1376.
Diller, H.: Kundenbindung als Marketingziel, in: Marketing ZFP, 18. Jg., 1996, S. 81-94.
Diller, H./Kusterer, M.: Beziehungsmanagement – Theoretische Grundlagen und explorative Befunde, in: Marketing ZFP, 10. Jg., 1988, S. 211-220.
Disman, St.: Standardisierte Kreditentscheidungen im Privatkundengeschäft, in: H. Schierenbeck/H. Moser (Hrsg.): Handbuch Bankcontrolling, Wiesbaden 1995, S. 905-919.
Doerks, W./Hübner, St.: Konvexität festverzinslicher Wertpapiere, in: DBk, Nr. 2/1993, S. 102-105.
Döhring, C.: Placebo KonTraG, in: BZ, Nr. 41 v. 28.2.1997, S. 1.
Döhring, J.: Gesamtrisiko-Management von Banken, München/Wien 1996.
Dolff, P./Tober, D.: Konditionen im Firmenkundengeschäft, in: K. Juncker/E. Priewasser (Hrsg.): Handbuch Firmenkundengeschäft, Frankfurt/M. 1993, S. 653-681.
Döring-Katerkamp, U.: Internet: Neue Wege zum Kunden, in: DBk, Nr. 9/1996, S. 548-551.
Dötsch, R.: Zielorientierte Preispolitik im Zahlungsverkehr, in: J. Süchting/H.-M. Heitmüller (Hrsg.): Handbuch des Bankmarketing, 3. Aufl., Wiesbaden 1998.
Dowd, K.: Laissez-faire banking, London/New York 1993.
Dresdner Bank AG: Geschäftsbericht für das Jahr 1995.
Drewes, W./Böhm, St.: Effiziente Vermögensverwaltung durch standardisiertes Management-Depot, in: Spk, 110. Jg., 1993, S. 190-192.
Drewes, W./Klee, J.: Aktives Beschwerdemanagement in Kreditinstituten, in: Spk, 111. Jg., 1994, S. 42-46.
Dries, F.: Hypo-Bank baut die Organisationsstruktur um, in: BZ, Nr. 154 v. 14.8.1993, S. 5.
Dries, F.: Britische Merchantbanken werden zur Rarität, in: BZ, Nr. 250 v. 30.12.1995, S. 47.
Dries, F.: Der Big Bang war eine unvollendete Revolution, in: BZ, Nr. 205 v. 24.10.1996, S. 13.
Dries, F.: Englands bekehrte Bausparkassen, in: BZ, Nr. 4 v. 8.1.1997, S. 1.
Dries, F.: Die Old Lady emanzipiert sich, in: BZ, Nr. 86 v. 7.5.1997, S. 1.
Dries, F.: Die Superregionalbank NationsBank, in: BZ, Nr. 167 v. 2.9.1997, S. 4.
Droste, K. D./Faßbender, H./Pauluhn, B./Schlenzka, P. F./Löhneysen, E. v.: Falsche Ergebnisinformationen – Häufige Ursache für Fehlentwicklungen in Banken, in: DBk, Nr. 7/1983, S. 313-323.
Duclaux, D.: Have bank, will travel, in: ABA, vol. 87, no. 6/1995, S. 63-66.
Duclaux, D.: The call of the web, in: ABA, vol. 88, no. 4/1996, S. 20-22.
Dudler, H.-J.: Geldpolitik und ihre theoretischen Grundlagen, Frankfurt/M. 1984.
Dudler, H.-J.: Geldmengenpolitik und Finanzinnovationen, in: KuK, 20. Jg., 1986, S. 472-495.

Düser, J. Th.: International strategies of Japanese banks. The European perspective, Oxford 1990.
Duwendag, D.: Geldmengenpolitik: Eine schwierige Gratwanderung, in: WD, 68. Jg., 1988, S. 79-85.
Duwendag, D./Ketterer, K.-H./Kösters, W./Pohl, R./Simmert, D. B.: Geldtheorie und Geldpolitik. Eine problemorientierte Einführung mit einem Kompendium bankstatistischer Fachbegriffe, 4. Aufl., Köln 1993.
DVFA-Arbeitskreis »DVFA-Schema für Banken«: Besonderheiten bei Banken/Features peculiar for banks, in: W. Busse v. Colbe et al. (Hrsg.): Ergebnis nach DVFA/SG – DVFA/SG Earnings, 2. Aufl., Stuttgart 1996, S. 51-59.
Dwyer, F. R./Schurr, P. H./Oh, S.: Developing Buyer-Seller Relationships, in: JoM, vol. 51, no. 2/1987, S. 11-27.

Echterbeck, H.: Marktzinsorientierte Ergebnisspaltung des Eigenhandels von Kreditinstituten, Frankfurt/M. 1991.
Eckermann, H.: Bankkreditmärkte und Transmission monetärer Impulse, Hamburg 1995.
Edenhofer, Th.: Preispolitik bei Allfinanz, in: DBk, Nr. 11/1993, S. 633-636.
Edwards, B.: Let´s shuffle those loans, in: EM, no. 5/1995, S. 22-26.
Edwards, F. R./Mishkin, F. S.: The decline of traditional banking: Implications for financial stability and regulatory policy, in: Federal Reserve Bank of New York: Economic Policy Review, vol. 1, no. 7/1995, S. 27-45.
Edwards, J./Fischer, K.: Banks, finance and investment in Germany, Cambridge 1994.
Ehlert, W./Kolloch, K./Schließer, W./Tannert, K.: Geldzirkulation und Kredit im Sozialismus, Berlin 1982.
Ehresmann, J./Hensche, C.: Was bindet Firmenkunden an die Bank?, in: asw, 38. Jg., 1995, Sonderheft Oktober, S. 140-144.
Ehrlicher, W./Simmert, D. B. (Hrsg.): Wandlungen des geldpolitischen Instrumentariums der Deutschen Bundesbank, Beihefte zu KuK, Heft 10, Berlin 1988.
Eichhorn, F.-J.: Die Privatbankiers in Franken – atypisch und erfolgreich, in: DBk, Nr. 6/1995, S. 372-375.
Eichhorn, F.-J./Binsch, M./Frank, M.: Discount Brokerage: Die Akzeptanz bei jungen Anlegern, in: DBk, Nr. 7/1997, S. 410-413.
Eichwald, B.: Präsenz vor Ort auch beim Electronic Banking ein Plus, in: BI, 23. Jg., Nr. 2/1997, S. 16-18.
Eller, R.: Modified Duration und Convexity – Analyse des Zinsrisikos, in: DBk, Nr. 6/1991, S. 322-326.
Emmerich, G./Reus, P.: Zur Vorsorge für »allgemeine Bankrisiken«. Handelsrechtliche Gestaltungswahlrechte und ökonomische Implikationen, IFGB-Studien Nr. 2, Universität Göttingen 1995.
Endres, M.: Entwicklungslinien der Bankorganisation, in: DBk, Nr. 1/1994, S. 4-9.
Endres, M.: Lean Management im Kreditgewerbe, in: W. Gerke/M. Steiner (Hrsg.): Handwörterbuch des Bank- und Finanzwesens, 2. Aufl., Stuttgart 1995, Sp. 1349-1356.
Engelen, K. C.: Greenspan: Banken sollen nur im äußersten Notfall gestützt werden, in: HB, Nr. 84 v. 2./3.5.1997, S. 31.
Engelhardt, J.: Das Hannover-Projekt – elektronisches Bezahlen in der Praxis, in: Spk, 113. Jg., 1996, S. 464-466.
Engelhardt, W. H.: Grundprobleme der Leistungslehre, dargestellt am Beispiel des Warenhandels, in: ZfbF, 18. Jg., 1966, S. 158-178.
Engelhardt, W. H.: Erscheinungsformen und absatzpolitische Probleme von Angebots- und Nachfrageverbunden, in: ZfbF, 28. Jg., 1976, S. 77-90.
Engelhardt, W. H. (Hrsg.): Potentiale – Prozesse – Leistungsbündel: Diskussionsbeiträge zur Leistungstheorie, Schriften zum Marketing Nr. 32, Bochum 1995.
Engelhardt, W. H./Freiling, J.: Die integrative Gestaltung von Leistungspotentialen, in: ZfbF, 47. Jg., 1995, S. 899-918.
Engelhardt, W. H./Freiling, J.: Integrativität als Brücke zwischen Einzeltransaktion und Geschäftsbeziehung, in: Marketing ZFP, 17. Jg., 1995, S. 37-43.
Engelhardt, W. H./Freiling, J.: Qualität umfassend sichern und kontrollieren, in: BI, 21. Jg., Nr. 5/1995, S. 20-25.
Engelhardt, W. H./Freiling, J.: Prekäre Partnerschaften, in: asw, 39. Jg., 1996, Sonderheft Oktober, S. 145-151.

Engelhardt, W. H./Kleinaltenkamp, M./Reckenfelderbäumer, M.: Leistungsbündel als Absatzobjekte, in: ZfbF, 45. Jg., 1993, S. 395-426.

Engelhardt, W. H./Kleinaltenkamp, M.: Strategische Planung I, in: Reihe Technischer Vertrieb (Hrsg.: W. Plinke), Freie Universität Berlin 1993.

Engelhardt, W. H./Kleinaltenkamp, M.: Analyse der Erfolgspotentiale, in: M. Kleinaltenkamp/W. Plinke (Hrsg.): Technischer Vertrieb – Grundlagen, Berlin et al. 1995, S. 195-285.

Engelmann, D./Martens, H./Söder, C.-P.: Erfahrungen mit Sparkassen-Technik-Zentren, in: BBl, 43. Jg., 1994, S. 274f.

Engels, W.: Wozu braucht man noch Banken?, in: bum, 22. Jg., Nr. 4/1993, S. 17-22.

Engenhardt, G. F.: Die Macht der Banken, Wiesbaden 1995.

Eppen, G. D./Fama, E. F.: Cash balance and simple dynamic portfolio problems with proportional costs, in: International Economic Review, vol. 10, 1969, S. 119-133.

Epple, M. H.: Die Kundenbindung wird schwächer: Vertrieb von Bankprodukten, in: DBk, Nr. 10/1991, S. 544-550.

Erdland, A.: Eigenkapital und Einlegerschutz bei Kreditinstituten. Eine funktions- und abbildungstheoretische Analyse, Berlin 1981.

Ernsting, I.: Publizitätsverhalten deutscher Bankkonzerne, Wiesbaden 1997.

Erxleben, K./Baetge, J./Feidicker, M.: Klassifikation von Unternehmen – ein Vergleich von Neuronalen Netzen und Diskriminanzanalyse, in: ZfB, 62. Jg., 1992, S. 1237-1262.

Eufinger, J.: Das Sparkassen-Prognosesystem, in: Betrieb & Markt, Nr. 6/1981, S. 122ff.

Europäisches Währungsinstitut: Die einheitliche Geldpolitik in Stufe 3, Festlegung eines Handlungsrahmens, Frankfurt/M. 1997.

Everling, O.: Credit Rating durch internationale Agenturen, Wiesbaden 1991.

Fairlamb, D.: Britain´s incredible shrinking banks, in: II, vol. 18, no. 3/1993, S. 37-46.

Fairlamb, D.: Beyond capital. Banks worldwide are now flush with capital, though that won´t necessarily save them if disaster strikes. Are the markets better watchdogs than the regulators?, in: II, vol. 19, no. 8/1994, S. 16-83.

Faißt, L.: Zur stillen Risikovorsorge im Bankenbereich im Rahmen der EG-Rechtsangleichung, in: BBl, 29. Jg., 1980, S. 190-196.

Fama, E. F.: Banking in the theory of finance, in: JoME, vol. 6, 1980, S. 39-57.

Fama, E. F.: Contract Costs and Financial Decisions, in: JoB, vol. 63, 1990, S. S71-S91.

Farny, D.: Versicherungsbetriebslehre, 2. Aufl., Karlsruhe 1995.

Federal Reserve Bank of New York: U.S. Monetary policy and financial markets, New York 1982.

Federation of Bankers Associations of Japan (Zenginkyo): The banking system in Japan, Tokyo 1989.

Federation of Bankers Associations of Japan (Zenginkyo): Japanese banks '95, Tokyo 1995.

Feidicker, M.: Kreditwürdigkeitsprüfung – Entwicklung eines Bonitätsindikators, Düsseldorf 1992.

Filc, W.: Geldmengenziel versus Inflationsziel in der Europäischen Währungsunion, in: WD, 76. Jg., 1996, S. 208-216.

Fischer, G./Risch, S.: Unter Beschuß, in: mm, 24. Jg., Nr. 8/1994, S. 112-119.

Fischer, Th. R.: Zukunftsfilialen – Zwischen Technik und Berater, in: »Die Bank der Zukunft«, Sonderbeilage der FAZ, Nr. 29 v. 4.2.1997, S. B4.

Flechsig, R.: Kundenkalkulation in Kreditinstituten, Frankfurt/M. 1982.

Flechsig, R./Flesch, H.-R.: Die Wertsteuerung – Ein Ansatz des operativen Controlling im Wertbereich, in: DBk, Nr. 10/1982, S. 454-465.

Fleischer, K.: Banking im Internet – vom Marketing zur Businessrealität, in: bum, 26. Jg., Nr. 10/1996, S. 33-37.

Flesch, J. R./Gerdsmeier, St.: Barwertsteuerung und Allokation von Risikokapital, in: B. Rolfes/H. Schierenbeck/St. Schüller (Hrsg.): Risikomanagement in Kreditinstituten, Frankfurt/M. 1995, S. 111-130.

Fließ, S.: Industrielles Kaufverhalten, in: M. Kleinaltenkamp/W. Plinke (Hrsg.): Technischer Vertrieb – Grundlagen, Berlin et al. 1995, S. 287-399.

Fließ, S.: Integrationsmuster bei der Integration externer Faktoren, in: A. Meyer (Hrsg.): Grundsatzfragen und Herausforderungen des Dienstleistungsmarketing, Wiesbaden 1996, S. 1-20.

Floss, E.: Öffentlichkeitsarbeit im Bankwesen, Frankfurt/M. 1974.

Forster, K.-H.: Niedrigere Bewertung nach § 253 Abs. 4 HGB, § 26a Abs. 1 KWG und Art. 37 Abs.

2 Bankbilanzrichtlinie unter dem Aspekt der Bewertungsstetigkeit sowie Überlegungen zu den Rückstellungen für allgemeine Bankrisiken (Art. 38 Bankbilanzrichtlinie), in: B. Rudolph/J. Wilhelm (Hrsg.): Bankpolitik – finanzielle Unternehmensführung und die Theorie der Finanzmärkte, Festschrift zum 60. Geburtstag von H.-J. Krümmel, Berlin 1988, S. 108-119.
Foshag, J.: Sträflicher Expansionsdrang des Crédit Lyonnais, in: BZ, Nr. 138 v. 21.7.1994, S. 4.
Foshag, J.: Crédit Lyonnais hat die Schrumpfkur noch vor sich, in: BZ, Nr. 56 v. 21.3.1995, S. 4.
Foshag, J.: Frankreichs Banken in Rentabilitätsnöten, in: BZ, Nr. 187 v. 28.9.1995, S. 4.
Foshag, J.: Frankreichs Banken in Schwierigkeiten, in: BZ, Nr. 38 v. 23.2.1996, S. 4.
Foshag, J.: Banque de France im Kreuzfeuer, in: BZ, Nr. 3 v. 7.1.1997, S. 1.
Foshag, J.: Kapitalhunger beim Crédit Lyonnais, in: BZ, Nr. 11 v. 17.1.1997, S. 4.
Franz, K.-P.: Prozeßkostenmanagement und Prozeßkostenrechnung, in: Schmalenbach-Gesellschaft – Deutsche Gesellschaft für Betriebswirtschaft e.V. (Hrsg.): Reengineering. Konzepte und Umsetzung innovativer Strategien und Strukturen, Stuttgart 1995, S. 117-126.
Freiling, J./Reckenfelderbäumer, M.: Integrative und autonome Prozeßkonstellationen als Basis und Herausforderungen eines auf Handlungsebenen bezogenen Marketing, in: A. Meyer (Hrsg.): Grundsatzfragen und Herausforderungen des Dienstleistungsmarketing, Wiesbaden 1996, S. 21-68.
Freixas, X./Rochet, J.-Ch.: Microeconomics of Banking, Cambridge/Mass. et al. 1997.
Frese, E.: Grundlagen der Organisation, 6. Aufl., Wiesbaden 1995.
Frese, E./Werder, A. v.: Organisation als strategischer Wettbewerbfaktor – organisationstheoretische Analyse gegenwärtiger Umstrukturierungen, in: E. Frese/W. Maly (Hrsg.): Organisationsstrategien zur Sicherung der Wettbewerbsfähigkeit, Sonderheft 33/1994 der ZfbF, S. 1-27.
Freundorfer-Musil, S./Scholz, B.: Verbesserte Personalbedarfsplanung durch Prozeßkostenrechnung, in: DBk, Nr. 1/1996, S. 15-19.
Freygang, W.: Kapitalallokation in diversifizierten Unternehmen, Wiesbaden 1993.
Friebe, P.: Betriebswirtschaftliche Überlegungen zur Umwandlung der Rechtsform einer Genossenschaftsbank, Referat im Kontaktseminar an der Ruhr-Universität Bochum am 19.1.1988, in: SB Nr. 27, WS 1987/88, S. 46-50.
Friedl, H.-H.: Chancen und Risiken der Beteiligungen einer Bank im In- und Ausland, Referat im Kontaktseminar an der Ruhr-Universität Bochum am 3.11.1992, in: SB Nr. 37, WS 1992/93, S. 29-33.
Friedman, M.: Die optimale Geldmenge und andere Essays, München 1970.
Friedman, M. L./Smith, L. J.: Consumer evaluation processes in a service setting, in: JoSM, vol. 7, 1993, S. 47-61.
Friedrich-Ebert-Stiftung (Hrsg.): Macht der Banken, Dokumentation der Tagung am 4.5.1995, Reihe »Wirtschaftspolitische Diskurse«, Bd. 78, Bonn 1995.
Friedrich-Ebert-Stiftung (Hrsg.): Aufsichtsräte und Banken, Dokumentation der Tagung am 1.10.1996, Reihe »Wirtschaftspolitische Diskurse«, Bd. 99, Bonn 1996.
Friedrich-Ebert-Stiftung (Hrsg.): Ohnmacht der Verbraucher gegenüber Banken und Versicherungen?, Reihe »Wirtschaftspolitische Diskurse«, Bd. 101, Bonn 1997.
Friege, Ch.: Preispolitik für Leistungsverbunde im Business-to-Business-Marketing, Wiesbaden 1995.
Fritz, W./Förster, F./Raffée, H./Silberer, G.: Unternehmensziele in Industrie und Handel, in: DBW, 45. Jg., 1985, S. 375-394.
Frohmüller, K.-P./Klinge, R.: Kapazitätsplanung in Finanzdienstleistungsunternehmen, in: ZfgK, 49. Jg., 1996, S. 56-61.
Frost, P. A.: Banks' demand for excess reserves, in: JoPE, vol. 79, 1971, S. 805-825.
Fry, J. N. et al.: Customer loyalty to banks: a longitudinal study, in: JoB, vol. 46, 1973, S. 517-525.
Fuhrmann, W.: Geld und Kredit. Prinzipien monetärer Makroökonomie, 3. Aufl., München 1994.

Gaddum, J. W.: Ziele und Möglichkeiten deutscher Geldpolitik in Europa, Referat im Kontaktseminar an der Ruhr-Universität Bochum am 25.1.1994, in: SB Nr. 39, WS 1993/94, S. 58-62.
Gahl, A.: Die Konzeption strategischer Allianzen, Berlin 1991.
Gall, L./Feldman, G. D./James, H./Holtfrerich, C.-L./Büschgen, H. E.: Die Deutsche Bank 1870 – 1995, 125 Jahre Deutsche Wirtschafts- und Finanzgeschichte, München 1995.
Gandow, A.: Hilfen für marode Sparkassen treffen in Japan auf scharfe Kritik, in: HB, Nr. 32 v. 14.2.1995, S. 30.

Gebauer, W./Rudolph, B. (Hrsg.): Finanzmärkte und Zentralbankpolitik, Frankfurt/M. 1995.
Gebhardt, G.: Insolvenzprognosen aus aktienrechtlichen Jahresabschlüssen, Wiesbaden 1980.
Geiger, W.: Die bankaufsichtsrechtliche Konsolidierung nach dem neuen KWG, in: Spk, 102. Jg., 1985, S. 140-143.
Gendreau, B. C.: When is the prime rate second choice?, in: Federal Reserve Bank of Philadelphia: Business Review, May/June 1983, S. 13-21.
Gerdsmeier, St./Krob, B.: Kundenindividuelle Bewertung des Ausfallrisikos mit dem Optionspreismodell, in: DBk, Nr. 8/1994, S. 469-475.
Gerhard, St.: Kundenrating – Instrument zur Bonitätsanalyse und zum Controlling, in: BI, 21. Jg., Nr. 7/1995, S. 60-63.
Gerke, W.: Prozeßkostenrechnung im Bankbetrieb, in: H. Schierenbeck/H. Moser (Hrsg.): Handbuch Bankcontrolling, Wiesbaden 1995, S. 393-409.
Gerke, W./Oehler, A.: Die Einstellung der Konsumenten zu POS-Banking, in: DBk, Nr. 2/1988, S. 62-67.
Gerke, W./Pfeufer-Kinnel, G.: Preispolitische Strategien im Privatgiroverkehr, in: BBl, 45. Jg., 1996, S. 543-547.
Gerke, W./Pfeufer-Kinnel, G.: Kosten und Rentabilität des Privatgiroverkehrs, Bd. 12 der Reihe »Wissenschaft für die Praxis«, Hrsg.: Wissenschaftsförderung der Sparkassenorganisation e.V., Stuttgart 1997.
Gerlach, R.: Deutsche Regulierungslust – Segen oder Fluch für das Kreditgewerbe?, in: Spk, 113. Jg., 1996, S. 404-408 und 421f.
Gesellschaft zur Förderung der wissenschaftlichen Forschung über das Spar- und Girowesen (Hrsg.): Akzeptanz und Effizienz der Revision in der Sparkassenorganisation, Bonn 1993.
Gesetz zur Umsetzung von EG-Richtlinien zur Harmonisierung bank- und wertpapieraufsichtsrechtlicher Vorschriften v. 22.10.1997, in: Bundesgesetzblatt v. 28.10.1997, S. 2518-2580.
Geyskens, I. et al.: The effects of trust and interdependence on relationship commitment: A transAtlantic study, in: International Journal of Research in Marketing, vol. 13, 1996, S. 303-317.
Gierl, H./Helbich, G.: Die Kompetenz des Bankberaters, in: DBk, Nr. 9/1997, S. 540-544.
Giokas, D./Vassiloglou, M.: A goal programming model for bank assets and liabilities management, in: European Journal of Operational Research, vol. 50, 1991, S. 48-60.
Gischer, H.: Kreditmärkte, Investitionsentscheidung und Grenzen der Geldpolitik, Baden-Baden 1988.
Gischer, H.: Wirkungsaussichten von Diskontpolitik im Geldmengenkonzept, in: Ch. Hipp et al. (Hrsg.): Geld, Finanzwirtschaft, Banken und Versicherungen, Karlsruhe 1993, S. 173-192.
Gleske, L.: Überlegungen zur Kooperation der Zentralbanken in Europa, Referat im Kontaktseminar an der Ruhr-Universität Bochum am 19.6.1979, in: SB Nr. 10, SS 1979, S. 38f.
Gleske, L.: Die Geldmarktpolitik der Bundesbank. Erfahrungen und Probleme, in: W. Filc/L. Hübl/ R. Pohl (Hrsg.): Herausforderungen an die Wirtschaftspolitik, Festschrift zum 60. Geburtstag von C. Köhler, Berlin 1988, S. 132-146.
Gloystein, P.: Erste Erfahrungen mit einer Direktbank, Referat im Kontaktseminar an der Ruhr-Universität Bochum am 14.1.1997, in: SB Nr. 45, WS 1996/97, S. 41-45.
Gluchowski, P./Gabriel, R./Chamoni, P.: Management Support Systeme, Berlin et al. 1997.
Godschalk, H./Schnurbus, K.: Zahlungsverkehrsgebühren: Das Milliarden-Geschäft?, (I) in: ZfgK, 42. Jg., 1989, S. 512-518 und (II) in: ZfgK, 14. Jg., 1989, S. 564-567.
Goedecke, K.: Bankmarketing für Kapitalanlagen, Frankfurt/M. 1975.
Goedecke, W./Kerl, V.: Die deutschen Hypothekenbanken, 3. Aufl., Frankfurt/M. 1990.
Goldstein, M./Turner, P.: Banking crisis in emerging economies: Origins and policy options, BIS Economic Papers, no. 46, Basel 1996.
Gourvez, J.-Y.: Französische Sparkassen verstärken ihre Präsenz im Kommunalgeschäft, in: Spk, 112. Jg., 1995, S. 570-572.
Greenbaum, St. I./Kanatas, G./Venezia, I.: Equilibrium loan pricing under bank-client relationship, in: JoBF, vol. 13, 1989, S. 221-235.
Greenbaum, St. I./Thakor, A. V.: Contemporary financial intermediation, Fort Worth et al. 1995.
Greenspan, A.: Statement to the Congress, in: Board of Governors of the Federal Reserve System: FRB, vol. 81, 1995, S. 778-783.
Griesche, H.: Interne Revision bei Kreditinstituten – Ergebnisse einer empirischen Untersuchung bei ausgewählten Universalbanken in der Bundesrepublik Deutschland, in: Zeitschrift Interne Revision, 19. Jg., 1984, S. 193-213.

Griesel, H.: Qualitätspolitik im Wettbewerb der Kreditinstitute, Berlin 1978.
Grochla, E.: Unternehmensorganisation, 9. Aufl., Opladen 1983.
Gros, D./Steinherr, A.: Winds of Change. Economic Transition in Central and Eastern Europe, London/New York 1995.
Grosch, U. F.: Modelle der Bankunternehmung, Tübingen 1989.
Grosjean, R. K.: Die deutsche Kreditwirtschaft, 2. Aufl., Frankfurt/M. 1988.
Groß, H./Knippschild, M.: Risikocontrolling in der Deutsche Bank AG, in: B. Rolfes/H. Schierenbeck/St. Schüller (Hrsg.): Risikomanagement in Kreditinstituten, Frankfurt/M. 1995, S. 69-109.
Groth, U./Kammel, A.: Lean Management, Wiesbaden 1994.
Group of Thirty: Global institutions, national supervision and systemic risk, Washington, D.C. 1997.
Grübel, O. J./Kärki, J. P./Reyes, C. G.: Wirtschaftliche Rentabilitätsberechnung von Handelsaktivitäten, in: H. Schierenbeck/H. Moser (Hrsg.): Handbuch Bankcontrolling, Wiesbaden 1995, S. 611-636.
Gruber, A.: Signale, Bubbles und rationale Anlagestrategien auf Kapitalmärkten, Wiesbaden 1988.
Grüger, W.: Strategische Maßnahmen zur Förderung des Image einer Bankengruppe am Beispiel der Kreditgenossenschaften, in: J. Süchting/E. van Hooven (Hrsg.): Handbuch des Bankmarketing, 2. Aufl., Wiesbaden 1991, S. 367-375.
Grün, K.: Amerikas Trennbankensystem wackelt, in: BZ, Nr. 49 v. 10.3.1995, S. 4.
Grün, K.: Fusionsfieber unter Amerikas Banken, in: BZ, Nr. 116 v. 21.6.1995, S. 4.
Grün, K.: Bankers Trust setzt neue Maßstäbe, in: BZ, Nr. 67 v. 9.4.1997, S. 4.
Gruner + Jahr AG & Co. (Hrsg.): Marken Profile 5: Banken, Geldanlagen, Bausparkassen, Hamburg 1993.
Gruson, M.: Neue Aussichten für Bankenreformgesetzgebung in den USA, in: ÖBA, 43. Jg., 1995, S. 306f.
Güde, U.: Die Bank- und Sparkassenkalkulation, Meisenheim am Glan 1967.
Gurley, J. G./Shaw, E. S.: Money in the theory of finance, Washington, D.C. 1960.
Gutenberg, E.: Grundlagen der Betriebswirtschaftslehre, Bd. 1: Die Produktion, 23. Aufl., Berlin et al. 1979.
Gutenberg, E.: Grundlagen der Betriebswirtschaftslehre, Bd. 2: Der Absatz, 17. Auflage, Berlin et al. 1984.
Guttentag, J./Herring, R.: Disclosure policy and international banking, in: JoBF, vol. 10, 1986, S. 75-97.

Haake, M.: Im Spannungsfeld von Kosten und Effizienz, in: BBl, 44. Jg., 1995, S. 3-5.
Häberle, G.: Handbuch der Außenhandelsfinanzierung, München/Wien 1994.
Haferkorn, J.: Einsatz von Personal Computern in Kreditinstituten. Grundlagen und Fallstudien, Wiesbaden 1991.
Hagenmüller, K. F.: Die Bestimmungsfaktoren preispolitischer Autonomie bei Kreditinstituten, in: H. E. Büschgen (Hrsg.): Geld, Kapital und Kredit. Festschrift zum 70. Geburtstag von H. Rittershausen, Stuttgart 1968, S. 158-170.
Hagenmüller, K. F.: Organisation der marktorientierten Bank, in: bum, 5. Jg., Nr. 4/1976, S. 5-13.
Hagenmüller, K. F./Jacob, A.-F.: Der Bankbetrieb, Bd. I, 5. Aufl., Wiesbaden 1987.
Hagenmüller, K. F./Jacob, A.-F.: Der Bankbetrieb, Bd. II, 5. Aufl., Wiesbaden 1987.
Hagenmüller, K. F./Jacob, A.-F.: Der Bankbetrieb, Bd. III, 5. Aufl., Wiesbaden 1988.
Hahl, W.: Verhältnis zwischen Geschäftsbankensystem und Zentralbanksystem in verschiedenen Ländern, Meisenheim am Glan 1962.
Hahn, L. A.: Volkswirtschaftliche Theorie des Bankkredits, 3. Aufl., Tübingen 1930.
Hahn, O.: Die Führung des Bankbetriebes, Stuttgart 1977.
Hahn, O.: Die Bedeutung der menschlichen Qualität innerhalb der Bankleistung, in: DBk, Nr. 2/1982, S. 56-61.
Hakenberg, T.: Elektronische Zahlungsverkehrssysteme im Wettstreit mit dem Bargeld, in: Spk, 113. Jg., 1996, S. 271-274.
Haller, A.: Die Grundlagen der externen Rechnungslegung in den USA, 4. Aufl., Stuttgart 1994.
Hallowell, R.: The relationships of customer satisfaction, customer loyalty, and profitability: an empirical study, in: International Journal of Service Industry Management, vol. 7, no. 4/1996, S. 27-42.

Hammann, P./Erichson, B.: Marktforschung, 3. Aufl., Stuttgart et al. 1994.
Hammer Bank Spadaka eG: Geschäftsbericht und Kreativitätsbilanz 1980.
Hammer, M./Champy, J.: Business Reengineering, Frankfurt/M. 1994.
Hancock, D./Laing, A. J./Wilcox, J. A.: Bank capital shocks: Dynamic effects on securities, loans and capital, in: JoBF, vol. 19, 1995, S. 661-677.
Hanenberg, L.: Zur Verlautbarung über Mindestanforderungen an das Betreiben von Handelsgeschäften der Kreditinstitute des Bundesaufsichtsamtes für das Kreditwesen, in: WPg, 49. Jg., 1996, S. 637-648.
Hannemann, S.: Vertrieb von Finanzdienstleistungen, Wiesbaden 1993.
Härle, D.: Finanzierungsregeln und ihre Problematik, Wiesbaden 1961.
Hartmann, M.: Die Bestimmungsgründe der Zentralbankgeldbeschaffung und der freien Liquiditätsreserven der Kreditinstitute, Berlin 1980.
Hartwig, K.-H./Thieme, H. J. (Hrsg.): Transformationsprozesse in sozialistischen Wirtschaftssystemen, Berlin et al. 1991.
Hartwig, M.: Marketing für Kundenselbstbedienung bei Kreditinstituten, München 1995.
Haubrich, J. G.: Financial intermediation: Delegated monitoring and long-term relationships, in: JoBF, vol. 13, 1989, S. 9-20.
Hedrich, C.-Ch.: Die Privatisierung der Sparkassen, Baden-Baden 1993.
Hein, M.: Einführung in die Bankbetriebslehre, München 1981.
Hein, M.: Struktur des Bankwesens in Großbritannien, 4. Aufl., Frankfurt/M. 1989.
Hein, M. (Hrsg.): Macht der Banken, Heft 21 des Instituts für Bank- und Finanzwirtschaft an der FU Berlin, 1995.
Heinen, E./Dill, P.: Unternehmenskultur – Überlegungen aus betriebswirtschaftlicher Sicht, in: ZfB, 56. Jg., 1986, S. 202-208.
Heinke, E.: Neuronale Netze und quantitative Verfahren, in: BI, 23. Jg., Nr. 2/1997, S. 47-51.
Heitmüller, H.-M.: Zum Stand der Kosten- und Erlösrechnung in den Sparkassen, Referat im Kontaktseminar an der Ruhr-Universität Bochum am 25.6.1991, in: SB Nr. 34, SS 1991, S. 49-53.
Hellmann, N.: Die qualitative Bankenaufsicht, in: BZ, Nr. 168 v. 2.9.1994, S. 10.
Hellmann, N.: Strafregelung für die Marktrisiken, in: BZ, Nr. 151 v. 9.6.1995, S. 1.
Hellmann, N.: Im Zeitalter der Transparenz bleibt noch vieles trüb, in: BZ, Nr. 66 v. 3.4.1996, S. 6.
Hellmann, N.: Baseler Multiplikator verliert seinen Schrecken, in: BZ, Nr. 121 v. 27.6.1996, S. 3.
Hellmann, N.: Zwölf Gebote zum Zinsrisiko, in: BZ, Nr. 13 v. 21.1.1997, S. 1.
Hellmann, N.: Auf dem Weg zu einer »neuen« Universalbank, in: BZ, Nr. 92 v. 16.5.1997, S. 6.
Hempel, G. H./Simonson, D. G./Coleman, A. B.: Bank Management, 4th ed., New York et al. 1994.
Hentschel, R.: Dienstleistungsqualität aus Kundensicht: Vom merkmals- zum ereignisorientierten Ansatz, Wiesbaden 1992.
Hermann, Ch.: Allfinanz ist meistens eine Einbahnstraße, in: BZ, Nr. 250 v. 31.12.1996, S. 35.
Hermann, H./Jahnke, W.: The interest rate policy transmission process in Germany, in: Bank for International Settlements: National differences in interest rate transmission, Basel 1994, S. 107-133.
Herrhausen, A.: Wettbewerb und Regulierung in der Kreditwirtschaft, Referat im Kontaktseminar an der Ruhr-Universität Bochum am 1.2.1983, in: SB Nr. 17, WS 1982/83, S. 42-45.
Herrhausen, A.: Großbanken und Ordnungspolitik, in: DBk, Nr. 3/1988, S. 120-129.
Herrmann, A./Bauer, H. H.: Ein Ansatz zur Preisbündelung auf der Basis der »prospect«-Theorie, in: ZfbF, 48. Jg., 1996, S. 675-695.
Herrmann, A./Jungmann, F.: Nutzenorientierte Konzeption eines Privatgirokontos, in: DBk, Nr. 6/1997, S. 378-381.
Herz, B./Röger, W.: Wechsel des monetären Zwischenziels, in: WD, 68. Jg., 1988, S. 163-168.
Herzog, W.: Zinsänderungsrisiken in Kreditinstituten. Eine Analyse unterschiedlicher Steuerungskonzepte auf der Grundlage eines Simulationsmodells, Wiesbaden 1990.
Hesse, H./Braasch, B.: Zum »optimalen« Instrumentarium der Europäischen Zentralbank, in: B. Gahlen et al. (Hrsg.): Europäische Integrationsprobleme aus wirtschaftswissenschaftlicher Sicht, Tübingen 1994, S. 161-183.
Hester, D. D./Pierce, J. L.: Bank management and portfolio behavior, New Haven/London 1975.
Heydebreck, T. v.: Anlage-Zentren als Centers of Competence im Geschäft mit vermögenden Privatkunden, in: O. Betsch/R. Wiechers (Hrsg.): Handbuch Finanzvertrieb, Frankfurt/M. 1995, S. 216-226.

Hickmann, Th.: Aktuelle Entwicklungen im russischen Bankwesen, in: ZfgK, 48. Jg., 1995, S. 88f.
Hicks, J. R.: Mr. Keynes and the »Classics«. A suggested interpretation, in: Econometrica, 5. Jg., 1937, S. 147-159.
Hicks, J. R.: Value and capital, 2nd ed., Oxford 1946.
Hies, M.: Banken und Multimedia: schrittweise Annäherung, in: bum, 26. Jg., Nr. 3/1996, S. 25-28.
Hilke, W. (Hrsg.): Dienstleistungs-Marketing, Wiesbaden 1989.
Hilke, W.: Grundprobleme und Entwicklungstendenzen im Dienstleistungs-Marketing, in: W. Hilke (Hrsg.): Dienstleistungs-Marketing, Wiesbaden 1989, S. 5-44.
Hill, W./Fehlbaum, R./Ulrich, P.: Organisationslehre, 2 Bde., 4. bzw. 5. Aufl., Bern et al. 1994 bzw. 1992.
Hinterhuber, H. H.: Strategische Unternehmensführung, Bd. I und Bd. II, 6. Aufl., Berlin/New York 1996.
Hintner, O.: Zum Liquiditätsproblem der Geschäftsbanken, in: J. v. Fettel/H. Linhardt (Hrsg.): Der Betrieb in der Unternehmung, Festschrift für W. Rieger, Stuttgart 1963, S. 396-421.
Hirszowicz, C.: Schweizerische Bankpolitik, 4. Aufl., Bern 1996.
Hirte, H./Otte, K.: Die Rechtsentwicklungen im Bankrecht in den Vereinigten Staaten im Jahre 1995, in: ZBB, 8. Jg., 1996, S. 392-394.
Hoch, P.: Zur Steuerung des Zinsänderungsrisikos, Referat im Kontaktseminar an der Ruhr-Universität Bochum am 6.11.1984, in: SB Nr. 21, WS 1984/85, S. 29-31.
Hockmann, H. J.: Individuelle und standardisierte Elemente der Leistungsgestaltung im Asset Management, in: J. Süchting/H.-M. Heitmüller (Hrsg.): Handbuch des Bankmarketing, 3. Aufl., Wiesbaden 1998.
Hodenberg, W. v./Meyer-Horn, Ph.: Erfolgsfaktoren und Marketingstrategien einer Investmentbank bei Fusionen und Übernahmen von Unternehmen, in: J. Süchting/H.-M. Heitmüller (Hrsg.): Handbuch des Bankmarketing, 3. Aufl., Wiesbaden 1998.
Hodgman, D. R.: Commercial bank loan and investment policy, Champaign/Ill. 1963.
Höfer, B./Jütten, H.: Mindestanforderungen an das Betreiben von Handelsgeschäften, in: DBk, Nr. 12/1995, S. 752-756.
Hoffjan, A./Liske, St.: Strategisches Kostenmanagement im Massengeschäft von Kreditinstituten, in: ÖBA, 43. Jg., 1995, S. 680-689.
Hoffmann, H.: Dispositionsregeln zur Solvenzsicherung von Depositenbanken, Diss. Saarbrücken 1967.
Hofmann, R.: Prüfungs-Handbuch: Praxisorientierter Leitfaden einer umfassenden Revisionskonzeption, 2. Aufl., Berlin 1994.
Holmström, B.: Moral hazard and observability, in: Bell Journal of Economics, vol. 10, 1979, S. 74-91.
Hölscher, R.: Risikokosten-Management in Kreditinstituten – Ein integratives Modell zur Messung und erfolgsorientierten Steuerung der bankbetrieblichen Erfolgsrisiken, Frankfurt/M. 1987.
Homölle, S./Pfingsten, A.: Das Eigenhandelsergebnis in den Geschäftsberichten deutscher Kreditinstitute: Mehr Fragen als Antworten, Münster 1997.
Horne, J. C. van: Of financial innovations and excesses, in: JoF, vol. 40, 1985, S. 621-631.
Horowitz, S.: Probe of S & L sparks Depositors' concern, in: The Washington Post, May 11, 1985, S. A9.
Horsch, A.: Konkurssicherungseinrichtungen für Banken und Versicherungen, in: SB Nr. 41, WS 1994/1995, S. 36-48.
Horváth, P. et al.: Prozeßkostenrechnung, Stuttgart 1992.
Horváth, P./Niemand, St./Wolbold, M.: Target Costing – State of the Art, in: P. Horváth (Hrsg.): Target Costing, Stuttgart 1993, S. 1-28.
Hossfeld, Ch.: Das französische Bankensystem im Jahr 1995, in: ZfgK, 50. Jg., 1997, S. 34-37.
House, R.: Second thoughts on the corporate bank, in: II, no. 10/1992, S. 119-125.
Howard, J. A.: Marketing Management, Homewood/Ill. 1963.
Hübner, O.: Die Banken, unveränderter Neudruck der Ausgabe Leipzig 1854, Frankfurt/M. 1968.
Hug, D.: Leistungsmessung in den Produktionsbereichen von Banken, Bern et al. 1989.
Hüls, D.: Früherkennung insolvenzgefährdeter Unternehmen, Düsseldorf 1995.

International Monetary Fund: International Statistics Yearbook 1995, Washington, D.C. 1995.
Ipsen, E.: Asea Brown Boveri´s remarkable risk machine, in: II, no. 7/1991, S. 57-60.

Irsch, N.: Erträge, Eigenkapitalausstattung und Investitionsneigung, in: Konjunkturpolitik, 31. Jg., 1985, S. 319-335.
Issing, O.: Geldpolitik und Kapitalmarkt, Referat im Kontaktseminar an der Ruhr-Universität Bochum am 28.1.1992, in: SB Nr. 35, WS 1991/92, S. 37-40.
Issing, O.: Einführung in die Geldpolitik, 6. Aufl., München 1996.
Issing, O.: Einführung in die Geldtheorie, 10. Aufl., München 1995.

Jackson, B. B.: Build customer relationships that last, in: HBR, vol. 63, no. 6/1985, S. 120-128.
Jackson, B. B.: Winning and keeping industrial customers – the dynamics of customer relationships, Lexington/Mass./Toronto 1985.
Jacob, A.-F.: Prognose- und Planbilanzen – Möglichkeiten und Grenzen ihrer Anwendung in der Praxis, in: J. Süchting (Hrsg.): Der Bankbetrieb zwischen Theorie und Praxis, Festschrift zum 60. Geburtstag von K. F. Hagenmüller, Wiesbaden 1977, S. 17-29.
Jacob, A.-F.: Planung und Steuerung der Zinsspanne in Banken, in: DBW, 38. Jg., 1978, S. 341-350.
Jacob, F.: Produktindividualisierung – Ein Ansatz zur innovativen Leistungsgestaltung im Business-to-Business-Bereich, Wiesbaden 1995.
Jacob, H.-R./May, H. H.: Auch Banken müssen verkaufen, in: DBk, Nr. 2/1996, S. 108-111.
Jäger, W.: Bankenpublizität in Deutschland, Berlin 1976.
Jagtiani, G./Nathan, A./Sick, G.: Scale economies and cost complementarities in commercial banks: On- and off-balance-sheet activities, in: JoBF, vol. 19, 1995, S. 1175-1189.
Jakobs, G.: Cartellieri: Wir müssen die Dinge selbst in die Hand nehmen, in: HB, Nr. 141 v. 25./26.7.1997, S. 25.
James, Ch.: Some evidence on the uniqueness of bank loans, in: JoFE, vol. 19, 1987, S. 217-235.
James, Ch.: The losses realized in bank failures, in: JoF, vol. 46, 1991, S. 1223-1242.
James, Ch.: Relationship-specific assets and the pricing of underwriter services, in: JoF, vol. 47, 1992, S. 1865-1885.
James, Ch./Wier, P.: Borrowing relationships, intermediation, and the cost of issuing public securities, in: JoFE, vol. 28, 1990, S. 149-171.
Jarchow, H.-J.: Theorie und Politik des Geldes, I: Geldtheorie, 9. Aufl., Göttingen 1993; II: Geldmarkt, Bundesbank und geldpolitische Instrumente, 7. Aufl., Göttingen 1995.
Jasny, R.: Testmarktsimulation für Vermögensanlageprodukte, in: DBk, Nr. 6/1996, S. 333-338.
Jensen, M. C./Meckling, W. H.: Theory of the firm: Managerial behaviour, agency costs, and ownership structure, in: JoFE, vol. 3, 1976, S. 305-360.
Jensen, M. C./Meckling, W. H.: Specific and general knowledge, and organizational structure, in: JoACF, vol. 8, no. 2/1995, S. 4-18.
Johanning, L.: Value-at-Risk-Modelle zur Ermittlung der bankaufsichtlichen Eigenkapitalunterlegung beim Marktrisiko im Handelsbereich, in: ZBB, 8. Jg., 1996, S. 287-303.
Johnson, H. Th./Kaplan, R. S.: Relevance lost – the rise and fall of management accounting, Boston 1987.
Jorion, Ph.: Value at Risk, The new benchmark for controlling market risk, Chicago et al. 1997.
Josten, A.: Ein Markstein in der Sparkassengeschichte Großbritanniens, in: Spk, 112. Jg., 1995, S. 580f.
Josten, A.: Schlußakt für die traditionellen Spar- und Hypothekenbanken in den USA?, in: Spk, 112. Jg., 1995, S. 577-579.
Journal of Banking and Finance: Sammelband »Deposit insurance reform«, vol. 15, September 1991.
Journal of Money, Credit, and Banking: Sonderheft »Payment Systems Research and Public Policy: Risk, Efficiency, and Innovation«, vol. 28, 1996, no. 4, part 2.
JP Morgan: Introduction to RiskMetrics, 4th ed., New York 1995.
Juncker, K.: Marketing im Firmenkundengeschäft, Frankfurt/M. 1979.
Juncker, K./Priewasser, E. (Hrsg.): Handbuch Firmenkundengeschäft, Frankfurt/M. 1993.
Jurgeit, L.: Bewertung von Optionen und bonitätsbehafteten Finanztiteln, Wiesbaden 1989.
Jüttner, D. J./Gup, B. E.: Kapitalkosten der Banken, in: Jahrbücher für Nationalökonomie und Statistik, 214. Band, 1995, S. 401-419.

Kaas, K. P.: Kontraktgütermarketing als Kooperation zwischen Prinzipalen und Agenten, in: ZfbF, 44. Jg., 1992, S. 884-901.

Kaas, K. P./Busch, A.: Inspektions-, Erfahrungs- und Vertrauenseigenschaften von Produkten. Theoretische Konzeption und empirische Validierung, in: Marketing ZFP, 18. Jg., 1996, S. 243-252.

Kaminsky, St.: Die Kosten- und Erfolgsrechnung der Kreditinstitute. Eine theoretische, systematische und verfahrenstechnische Untersuchung, Meisenheim am Glan 1955.

Kampmann, St.: Bankkostenrechnung – Neukonzeption unter Einsatz der Prozeßkostenrechnung, Wiesbaden 1995.

Kane, E. J.: De Jure Interstate Banking: Why Only Now ?, in: JoMCB, vol. 28, 1996, S. 141-161.

Kane, E. J./Malkiel, B. G.: Bank portfolio allocation, deposit variability, and the availability doctrine, in: QJoE, vol. 79, 1965, S. 113-134.

Kane, E. J./Yu, M.-T.: Measuring the true profile of taxpayer losses in the S&L insurance mess, in: JoBF, vol. 19, 1995, S. 1459-1477.

Karg, M.: Bedeutsame Abgrenzung des Handelsbuchs, in: BBl, 46. Jg., 1997, S. 391-395.

Karg, M./Lindemann, J. H.: Regierungsentwurf der 6. KWG-Novelle, in: Spk, 114. Jg., 1997, S. 123-132.

Karsten, E.: Die Planung und Umsetzung der Image-Konzeption einer Großbank, Referat im Kontaktseminar an der Ruhr-Universität Bochum am 2.5.1978, in: SB Nr. 8, SS 1978, S. 18-20.

Karsten, E.: Zielgruppenorientierte Produktgestaltung im Bereich des Kreditgeschäfts und der Vermögensanlage, in: J. Süchting/E. van Hooven (Hrsg.): Handbuch des Bankmarketing, 2. Aufl., Wiesbaden 1991, S. 151-166.

Kaufman, G. G. (Ed.): Restructuring the American financial system, Boston/Dordrecht/London 1990.

Kaufman, G. G.: The U.S. financial system – money, markets, and institutions, 5th ed., Englewood Cliffs/N.J. 1992.

Keeton, W. R.: Bank holding companies, cross-bank guarantees, and sources of strength, in: Federal Reserve Bank of Kansas City: Economic Review, vol. 75, 1990, no. 3 (may/june), S. 54-67.

Kehl, W.: Die Universalbank – Diversifikation durch Kredit- und Effektengeschäfte, Wiesbaden 1978.

Keine, F.-M.: Die Risikoposition eines Kreditinstituts. Konzeption einer umfassenden bankaufsichtsrechtlichen Verhaltensnorm, Wiesbaden 1986.

Keine, F.-M.: Überlegungen zur Reform der Einlagensicherung in Deutschland, in: D. Boening/H. J. Hockmann (Hrsg.): Bank- und Finanzmanagement. Marketing – Rechnungswesen – Finanzierung. Reflexionen aus der Praxis, Festschrift für J. Süchting zum 60. Geburtstag, Wiesbaden 1993, S. 81-103.

Keller, Ch.-A.: Strategische Grundlagen zur Einlagensicherung durch den Garantieverbund der deutschen Kreditbanken, Göttingen 1991.

Keller, E.: Entscheidungswirkungen von Bankbilanzen am Aktienmarkt. Eine empirische Untersuchung, Heidelberg 1992.

Kellerer, H./Schaich, E.: Statistische Probleme der Erfassung von Konzentrationsphänomenen, in: H. Arndt (Hrsg.): Die Konzentration in der Wirtschaft. On economic concentration, Bd. I, 2. Aufl., Berlin 1971, S. 41-74.

Kemme, D. M./Rudka, A. (Eds.): Monetary and Banking Reform in Postcommunist Economies, New York/Prag 1992.

Kerschner, B./Grebe, M.: Edifact im Firmenkundengeschäft: Status quo und Zukunft, in: bum, 26. Jg., Nr. 11/1996, S. 32-36.

Keßler, H.: Strukturfragen der Sparkassenorganisation, Referat im Kontaktseminar an der Ruhr-Universität Bochum am 26.4.1988, in: SB Nr. 28, SS 1988, S. 21-23.

Keßler, H.: Betriebsgrößen im Kreditgewerbe, in: bum, 21. Jg., Nr. 3/1992, S. 5-17.

Key, S. J./Brundy, J. M.: Implementation of the International Banking Act, in: Board of Governors of the Federal Reserve System: FRB, vol. 65, 1971, S. 785-796.

Keynes, J. M.: The general theory of employment, interest and money, London 1936, deutsche Übersetzung: Allgemeine Theorie der Beschäftigung, des Zinses und des Geldes, München/Leipzig 1936, Nachdruck Berlin 1955.

Kilgus, E.: Strukturveränderungen im schweizerischen Bankwesen, in: Die Unternehmung, 48. Jg., 1994, Nr. 5, S. 421-426.

King, M.: Do inflation targets work?, in: Bank of England: Quarterly Bulletin, vol. 35, 1995, S. 392-394.

Klages, H.: Indikatoren des Wertewandels, in: L. v. Rosenstiel/H. E. Einsiedler/R. K. Streich (Hrsg.): Wertewandel als Herausforderung für die Unternehmenspolitik, Stuttgart 1987, S. 1-16.

Klau, Th.: Stiefkind Rechnungslegung, in: BZ, Nr. 10 v. 16.1.1997, S. 4.
Klein, D. K. R.: Die Bankensysteme der EG-Länder, Frankfurt/M. 1991.
Klein, M. A.: A theory of the banking firm, in: JoMCB, vol. 3, 1971, S. 205-218.
Kleinaltenkamp, M.: Investitionsgüter-Marketing aus informationsökonomischer Sicht, in: ZfbF, 44. Jg., 1992, S. 809-829.
Kleinaltenkamp, M.: Institutionenökonomische Begründung der Geschäftsbeziehung, in: K. Backhaus/H. Diller (Hrsg.): Dokumentation des 1. Workshops der Arbeitsgruppe »Beziehungsmanagement« der wissenschaftlichen Kommission für Marketing im Verband der Hochschullehrer für Betriebswirtschaftslehre, Münster/Nürnberg 1993, S. 8-39.
Kleinaltenkamp, M.: Marktsegmentierung, in: M. Kleinaltenkamp/W. Plinke (Hrsg.): Technischer Vertrieb – Grundlagen, Berlin et al. 1995, S. 663-702.
Kleinaltenkamp, M./Fließ, S.: Entwicklung einer strategischen Marketing-Konzeption, in: M. Kleinaltenkamp/W. Plinke (Hrsg.): Technischer Vertrieb – Grundlagen, Berlin et al. 1995, S. 947-1021.
Kleinaltenkamp, M./Plinke, W. (Hrsg.): Technischer Vertrieb – Grundlagen, Berlin et al. 1995.
Kleinaltenkamp, M./Plinke, W. (Hrsg.): Geschäftsbeziehungsmanagement, Berlin et al. 1997.
Kleinaltenkamp, M./Plinke, W./Söllner, A.: Drum prüfe, wer sich ewig bindet, in: asw, 39. Jg., 1996, Sonderheft Oktober, S. 152-157.
Klose, S.: Asset-Management von Länderrisiken, Bern et al. 1996.
Klügel, K.: Bankenaufsichtsrecht und Skalenerträge. Vergleich US-amerikanischer Commercial banks und deutscher Genossenschaftsbanken, Wiesbaden 1996.
Knappe, K.: Die Bulis, ein neues geldpolitisches Instrument, in: DBk, Nr. 10/1993, S. 587-589.
Knappe, K.: Instrumente für eine europäische Geldpolitik, in: DBk, Nr. 6/1996, S. 376-380.
Knippschild, M.: Controlling von Zins- und Währungsswaps in Kreditinstituten, Frankfurt/M. 1991.
Knoppe, M.: Strategische Allianzen in der Kreditwirtschaft, München/Wien 1997.
Koch, Th. W.: Bank Management, 3rd ed., Fort Worth et al. 1995.
Köcher, R.: Zur aktuellen Attraktivität der Direktbanken, in: BI, 23. Jg., Nr. 2/1997, S. 4-6.
Köhler, C.: Geldwirtschaft, Bd. 1: Geldversorgung und Kreditpolitik, 2. Aufl., Berlin 1977; Bd. 2: Zahlungsbilanz und Wechselkurs, Berlin 1979.
Köhler, H.: Verantwortung in Gesellschaft und Region, in: Spk, 112. Jg., 1995, S. 253-260.
Köhler, H.: Europäische Wirtschafts- und Währungsunion – Perspektiven, Chancen und Risiken, Referat im Kontaktseminar an der Ruhr-Universität Bochum am 18.2.1997, in: SB Nr. 45, WS 1996/97, S. 50-54.
Köhler, R.: 20 japanische Banken hängen am Tropf der Regierung, in: SZ, Nr. 36 v. 13.2.1997, S. 24.
Kolbeck, R.: Bankbetriebliche Planung, Wiesbaden 1971.
Kolbeck, R.: Geschäftspolitische Auswirkungen der Konsolidierungsvorschriften des Kreditwesengesetzes, in: J. Krumnow/M. Metz (Hrsg.): Rechnungswesen im Dienste der Bankpolitik, Festschrift für K. Mertin, Stuttgart 1987, S. 297-315.
Kole, L. S./Meade, E. E.: German Monetary Targeting, A Retrospective View, in: Board of Governors of the Federal Reserve System: FRB, vol. 81, 1995, S. 927-931.
Köllhofer, D.: Zur Gebührenpolitik der Kreditinstitute, Referat im Kontaktseminar an der Ruhr-Universität Bochum am 22.11.1977, in: SB Nr. 7, WS 1977/78, S. 29-31.
Köllhofer, D.: Stille Reserven nach § 26a KWG in Bankbilanzen: Fragen und Versuch einer Beantwortung, in: DBk, Nr. 11/1986, S. 552-559.
Köllhofer, D.: Moderne Verfahren der Bilanz- und Bonitätsanalyse im Firmenkreditgeschäft der Bayerischen Vereinsbank, in: ZfbF, 41. Jg., 1989, S. 974-981.
Köllhofer, D.: Preispolitik im Zahlungsverkehr, in: J. Süchting/E. van Hooven (Hrsg.): Handbuch des Bankmarketing, 2. Aufl., Wiesbaden 1991, S. 169-188.
Köllhofer, D.: Der Einfluß des Bankbilanzrichtlinie-Gesetzes auf die bilanzpolitischen Spielräume der Banken, in: W. Ballwieser et al. (Hrsg.): Bilanzrecht und Kapitalmarkt, Festschrift für A. Moxter, Düsseldorf 1994, S. 742-768.
Kölner Bank von 1867 eG Volksbank: Geschäftsbericht und Sozialbilanz 1980.
König, M.: Gemeinsamkeiten und Besonderheiten von Bankinsolvenzen – eine Untersuchung am Beispiel der »Herstatt«- und »SMH«-Fallissements, veröffentlichte Diplomarbeit am Lehrstuhl für Finanzierung und Kreditwirtschaft an der Ruhr-Universität Bochum, 1984.
Königs, B.: Plötzlich könnte der Vorhang wieder zu sein, in: HB, Nr. 2 v. 3.1.1995, S. 17.

Konjetzky, H.: Die Neustrukturierung des Finanzplatzes London durch den Big Bang, in: SB Nr. 27, WS 1987/88, S. 59-67.

Kopper, Ch.: Zwischen Marktwirtschaft und Dirigismus: Bankpolitik im »Dritten Reich« 1933-1939, Bonn 1995.

Körner, M.: Unternehmenskultur, Unternehmensidentität und Unternehmensphilosophie – Versuch einer Systematisierung, in: Spk, 105. Jg., 1988, S. 251-256.

Kösters, W.: Europäische Zentralbank und Preisniveaustabilität, in: Hamburger Jahrbuch für Wirtschafts- und Gesellschaftspolitik, 36. Jg., 1991, S. 155-167.

Kösters, W./Belke, A./Kruth, B.-J.: Monetäre Integration in Europa – Grundlagen, Entwicklungen und Perspektiven nach den Maastrichter Beschlüssen, in: Wirtschaftliche Grundbildung, Nr. 2/1992, S. 17-25.

Kotler, Ph.: Marketing management: Analysis, planning, and control, Englewood Cliffs/N.J. 1967.

Kotler, Ph.: Marketing management: Analysis, planning, implementation, and control, 7th ed., Englewood Cliffs/N.J. 1991.

Kottmann, G.: Die Bewertung der Konzentration in der Kreditwirtschaft. Eine Analyse des Wertes der Konzentration unter zielpluralistischen Bedingungen, Frankfurt/M. 1974.

Kövesi-Grafinger, E./Schmoll, A.: Der Weg zum zufriedenen Kunden, in: DBk, Nr. 4/1995, S. 209-215.

KPMG (Hrsg.): Financial Instruments – Einsatzmöglichkeiten, Risikomanagement und Risikocontrolling, Rechnungslegung, Besteuerung, Frankfurt/M. 1995.

Krag, H.: Grundsätze ordnungsmäßiger Bankbilanzierung und Bankbilanzpolitik, Wiesbaden 1971.

Krahnen, J. P.: Kapitalmarkt und Kreditbank, Berlin 1985.

Krämer, H.-P.: Das Zweigstellensystem einer Sparkasse im Konflikt von Expansion und Rationalisierung, Referat im Kontaktseminar an der Ruhr-Universität Bochum am 16.11.1993, in: SB Nr. 39, WS 1993/94, S. 28-32.

Krämer, H.-P.: Effizienzsteigerung in der Werbung durch Kommunikationscontrolling, in: J. Süchting/H.-M. Heitmüller (Hrsg.): Handbuch des Bankmarketing, 3. Aufl., Wiesbaden 1998.

Kreissparkasse Recklinghausen: Mitarbeiterzeitschrift »Online«, Nr. 10/1995.

Kreutzer, R./Jugel, St./Wiedmann, K.-P.: Unternehmensphilosophie und Corporate Identity, Arbeitspapier Nr. 40 des Instituts für Marketing der Universität Mannheim, Mannheim 1986.

Krewerth, B.: Die Kostenrechnung als Steuerungsinstrument im Bankbetrieb, Frankfurt/M. 1981.

Krönung, H.-D.: Chancen und Risiken von Lean Banking, in: DBk, Nr. 6/1994, S. 324-329.

Krönung, H.-D.: Die Bank der Zukunft, Wiesbaden 1996.

Krönung, H.-D.: Die Organisation der Bank im Wandel, Referat im Kontaktseminar an der Ruhr-Universität Bochum am 3.12.1996, in: SB Nr. 45, WS 1996/97, S. 36-40.

Krümmel, H.-J.: Bankzinsen – Untersuchungen über die Preispolitik der Universalbanken, Köln 1964.

Krümmel, H.-J.: Liquiditätssicherung im Bankwesen, (I) in: KuK, 1. Jg., 1968, S. 247-307 und (II) in: KuK, 2. Jg., 1969, S. 60-110.

Krümmel, H.-J.: Marktzinsmethode – Von der Margenkalkulation zum umfassenden Controllingansatz, in: Wissenschaftsförderung der Sparkassenorganisation (Hrsg.): Perspektiven der Marktzinsmethode, Bonn 1994, S. 8-17.

Krumnow, J.: Die Budgetrechnung als Lenkungsinstrument der Geschäftsleitung einer Universalbank, Wiesbaden 1974.

Krumnow, J.: Risikoanalyse im Controlling einer Großbank, in: R. Kolbeck (Hrsg.): Die Finanzmärkte der neunziger Jahre – Perspektiven und Strategien, Frankfurt/M. 1990, S. 93-119.

Krumnow, J.: Wie richtet sich eine Großbank auf die europäischen Normen zur Risikobegrenzung ein?, Referat im Kontaktseminar an der Ruhr-Universität Bochum am 11.6.1991, in: SB Nr. 34, SS 1991, S. 42-46.

Krumnow, J.: Das Betriebsergebnis der Banken – ein aussagefähiger Erfolgsindikator?, in: ZfgK, 46. Jg., 1993, S. 64-68.

Krumnow, J.: Die deutsche Rechnungslegung auf dem Weg ins Abseits?, in: W. Ballwieser et al. (Hrsg.): Bilanzrecht und Kapitalmarkt, Festschrift für A. Moxter, Düsseldorf 1994, S. 679-698.

Krumnow, J.: Der Übergang zur qualitativen Bankenaufsicht, in: BZ, Nr. 147 v. 3.8.1995, S. 7.

Krumnow, J.: Nuancen der Bankenpublizität in der EU-Bankbilanzrichtlinie und nationalen Umsetzung, in: ZfbF, 47. Jg., 1995, S. 891-898.

Krumnow, J.: Quantitative oder qualitative Risikokontrolle der Bankenaufsicht? – Das Beispiel der

Derivate, Referat im Kontaktseminar an der Ruhr-Universität Bochum am 27.6.1995, in: SB Nr. 42, SS 1995, S. 86-89.

Krumnow, J.: Auch in der Bilanzierung Globalität beweisen – International Accounting Standards schaffen erweiterte Transparenz der Rechnungslegung, in: BZ, Nr. 39 v. 24.2.1996, S. 5.

Krumnow, J.: IAS-Rechnungslegung für Banken, in: DBk, Nr. 7/1996, S. 396-403.

Krumnow, J. et al.: Rechnungslegung der Kreditinstitute. Kommentar zum Bankbilanzrichtlinie-Gesetz und zur RechKredV, Stuttgart 1994.

Krumnow, J./Metz, M. (Hrsg.): Rechnungswesen im Dienste der Bankpolitik, Festschrift für K. Mertin, Stuttgart 1987.

Krupp, H.-J.: Zur Entwicklung geldpolitischer Instrumente im Europäischen Währungssystem unter besonderer Berücksichtigung der kleineren Geschäftsbanken, in: Deutsche Bundesbank (Hrsg.): Auszüge aus Presseartikeln, Nr. 33 v. 24.5.1996, S. 8-12.

Kruth, B.-J.: Die Europäische Währungsunion – ausgewählte volkswirtschaftliche Konsequenzen und Auswirkungen auf Banken und Versicherungen, in: SB Nr. 44, SS 1996, S. 3-18.

Kucher, E./Simon, H.: Market Pricing als Grundlage des Target Costing, in: K.-P. Franz/P. Kajüter (Hrsg.): Kostenmanagement – Wettbewerbsvorteile durch systematische Kostensteuerung, Stuttgart 1997, S. 141-162.

Kuckelkorn, D.: Elektronische Geldbörse: Von Großbritannien in die ganze Welt, in: Karten, 6. Jg., Nr. 1/1995, S. 22f.

Küllmer, H.: Bankbetriebliche Programmplanung unter Unsicherheit, Wiesbaden 1975.

Kulturstiftung Dresden der Dresdner Bank: Fünf Jahre Kulturstiftung Dresden, Frankfurt/M. 1996.

Kummer, P./Scholz-Ligma, J.: Bankwerbung zwischen Emotion und Information, in: bum, 26. Jg., Nr. 2/1997, S. 13-18.

Kuntze, W.: Das Eigenkapital im Sicherungssystem für die Kreditinstitute, Referat im Kontaktseminar an der Ruhr-Universität Bochum am 28.1.1986, in: SB Nr. 23, WS 1985/86, S. 56-59.

Kupiec, P. H./O´Brien, J. M.: A pre-commitment approach to capital requirements for market risk, Board of Governors of the Federal Reserve System (Ed.): Finance and Economics Discussion Series, no. 95-36, Washington, D.C., July 1995.

Kupiec, P. H./O´Brien, J. M.: Recent developments in bank capital regulation of market risks, Board of Governors of the Federal Reserve System (Ed.): Finance and Economics Discussion Series, no. 95-51, Washington, D.C., December 1995.

Kürsten, W.: Finanzkontrakte und Risikoanreizproblem, Wiesbaden 1994.

Kurz, H./Starkl, F.: Bankmarketing als Mittel zur Reduktion kognitiver Dissonanzen bei Bankkunden, in: ÖBA, 31. Jg., 1983, S. 464-484.

Kusy, M. J./Ziemba, W. T.: A bank asset and liability management model, in: Operations Research, vol. 34, 1986, S. 356-376.

Küting, K./Bender, J.: Das Ergebnis je Aktie nach DVFA/SG, in: BB, 45. Jg., 1992, Beilage 16 zu Heft 30.

Küting, K./Zink, K. J.: Unternehmerische Zusammenarbeit. Beiträge zu Grundsatzfragen bei Kooperation und Zusammenschluß, Berlin 1983.

Kutscher, G.: Vorstand der Großbank teilt seine Arbeit neu auf, in: BZ, Nr. 32 v. 14.2.1996, S. 37.

Lahnstein, M.: Zum Schulden-Management des Bundes, Referat im Kontaktseminar an der Ruhr-Universität Bochum am 29.1.1980, in: SB Nr. 11, WS 1979/80, S. 44-46.

Laker, M./Markgraf, I.: Automatisierung: Risiken und Nebenwirkungen, in: DBk, Nr. 3/1997, S. 156-158.

Lanbert, R./Graham, G.: The craving for recognition. Citibank´s chairman tells about the US bank´s strategy for becoming a global brand, in: FT v. 24.10.1996, S. 13.

Lane, T. D.: Market Discipline, in: International Monetary Fund (Ed.): Staff Papers, vol. 40, no. 1, March 1993, S. 53-88.

Lang, G./Welzel, P.: Efficiency and technical progress in banking: Empirical results for a panel of German cooperative banks, in: JoBF, vol. 20, 1996, S. 1003-1023.

Langschied, J.: Der Sparkassenverbund, Wiesbaden 1993.

Lehner, F.: Planung und Einsatz neuer Bürotechnologien in Banken, in: ZfbF, 42. Jg., 1990, S. 317-333.

Leland, H. E./Pyle, D. H.: Informational asymmetries, financial structure, and financial intermediation, in: JoF, vol. 32, 1977, S. 371-387.

Lengwiler, Ch.: Kooperation als bankbetriebliche Strategie, Bern/Stuttgart 1988.
Leutheusser-Schnarrenberger, S.: Im Kräftefeld der Interessen: Das Vollmachtstimmrecht der Banken, in: DB, 48. Jg., 1995, S. 2355.
Levitt, Th.: Der Verkaufsabschluß ist erst ein Anfang, in: HM, 7. Jg., Nr. 1/1985, S. 15-21.
Lewis, J.: Cutting out the middle man, in: EM, Nr. 2/1990, S. 62-71.
Lian, T.: The Threat of the Piper, in: Bank Marketing, vol. 13, no. 5/1995, S. 25-31.
Lindner-Lehmann, M./Neuberger, D.: Bankeneinfluß auf Industrieunternehmen – Kritik an der Studie von Perlitz und Seger, in: DBk, Nr. 11/1995, S. 690-692.
Lineisen, A.: Lean Banking. Die Anwendbarkeit des Lean Management bei deutschen Kreditinstituten, Wiesbaden 1995.
Link, R.: Aktienmarketing in deutschen Publikumsgesellschaften, Wiesbaden 1991.
Littmann, A./Schmitz, W.: Konzernfinanzen: Die Zeit der Zocker ist vorbei, in: WiWo, 46. Jg., Nr. 13/1992, S. 136-143.
Lockwood, L. J./Rutherford, R. C./Herrera, M. J.: Wealth effects of asset securitization, in: JoBF, vol. 20, 1996, S. 151-164.
Loderer, C./Trunz, R.: Was misst der Strukturbeitrag? Eine kritische Anmerkung zur Marktzinsmethode, in: Finanzmarkt und Portfolio Management, 9. Jg., 1995, S. 81-95.
Löffler, E.: Der Konzern als Finanzintermediär, Wiesbaden 1991.
Lohmann, F.: Loyalität von Bankkunden, Wiesbaden 1997.
Loos, N.: Die Marktpolitik der Kreditinstitute, Stuttgart 1969.
Love, M.: The BP banking roadshow, in: EM, Nr. 2/1986, S. 32-34.
Lubitz, K. J.: Bankmarketing gegenüber mittelständischen Betrieben, Frankfurt/M. 1984.
Lück, M.: Die Politik der Bank of England: Whitehall entscheidet, in: ZfgK, 47. Jg., 1994, S. 312-317.
Lück, M.: Die Rechtsstellung der Banque de France, in: ZfgK, 47. Jg., 1994, S. 116-118.
Luckett, D. G.: Money and banking, 3rd ed., New York 1984.
Lummer, S. L./McConnell, J. J.: Further evidence on the bank lending process and the capital market response to bank loan agreements, in: JoFE, vol. 25, 1989, S. 99-122.
Lund, M./Blitz, J.: Prozeßkostenmanagement als zentrales Informations- und Steuerungssystem, in: DBk, Nr. 2/1995, S. 106-111.
Lund, M./Pfeufer-Kinnel, G.: Leerkostenmanagement durch flexible Arbeitszeitmodelle, in: DBk, Nr. 2/1997, S. 76-79.
Lunt, P.: What will dominate the home?, in: ABA, vol. 87, no. 6/1995, S. 36-45.
Lunt, P.: Banking without leaving the office, in: ABA, vol. 87, no. 7/1995, S. 50-56.
Lunt, P.: The smart cards are coming! But will they stay?, in: ABA, vol. 87, no. 9/1995, S. 46-54.
Lunt, P.: Welcome to sfnb.com. The paradigm just shifted, in: ABA, vol. 87, no. 12/1995, S. 41f.
Lunt, P.: When your bank is just a voice, in: ABA, vol. 88, no. 5/1996, S. 34-40.
Lunt, P.: E-Cash becomes reality, via Mark Twain and Digicash, in: ABA, vol. 88, no. 12/1996, S. 62-66.
Lutter, M.: Grundsätze ordnungsmäßiger Aufsichtsratstätigkeit, in: DB, 48. Jg., 1995, S. 1925f.
Lutz, F. A.: Das Grundproblem der Geldverfassung, Stuttgart 1936.

Macaulay, F. R.: Some theoretical problems suggested by the movements of interest rates, bond yields and stock prices in the United States since 1856, New York 1938.
Macleod, H. D.: The theory and practice of banking, London 1855/56.
Mankwald, R.: Marketingorientierte Organisation bei Universalbanken, Frankfurt/M. 1975.
Markowitz, H. M.: Portfolio selection: efficient diversification of investments, New York 1959.
Marshall, D./Venkataraman, S.: Bank capital for market risk: A study on incentive-compatible regulation, in: Federal Reserve Bank of Chicago (Ed.): Chicago Fed Letter, no. 104, April 1996, S. 1-3.
Martini, E.: Die Bedeutung von Führungs- und Unternehmenskultur im Rahmen bankstrategischer Überlegungen, Referat im Kontaktseminar an der Ruhr-Universität Bochum am 16.5.1990, in: SB Nr. 32, SS 1990, S. 32-35.
Martini, E.: Vertriebsstrategien im grenzüberschreitenden Bankgeschäft – Osteuropa, in: O. Betsch/ R. Wiechers (Hrsg.): Handbuch Finanzvertrieb, Frankfurt/M. 1995, S. 937-960.
Martini, E.: Die zukünftige Entwicklung der Beschäftigung in einer Filialbank, Referat im Kontaktseminar an der Ruhr-Universität Bochum am 13.5.1996, in: SB Nr. 44, SS 1996, S. 40-44.

Marusev, A. W.: Das Marktzinsmodell in der bankbetrieblichen Einzelgeschäftskalkulation, Frankfurt/M. 1990.
Marusev, A. W./Siewert, K.-J.: Engpaßbezogene Einzelgeschäftskalkulation als LP-Ansatz, in: DBk, Nr. 3/1991, S. 169-171.
Mattern, E.: Kreditkonditionen in den USA, in: DBk, Nr. 12/1984, S. 582-585.
McAllister, P. H./McManus, D.: Resolving the scale efficiency puzzle in banking, in: JoBF, vol. 17, 1993, S. 389-405.
McAllister, P. H./Mingo, J. J.: Bank capital requirements for securitized loan pools, in: JoBF, vol. 20, 1996, S. 1381-1405.
McDonough, W. J.: Remarks on Economic, Supervisory, and Regulatory Issues Facing Foreign Banks Operating in the United States, in: Federal Reserve Bank of New York: Economic Policy Review, vol. 1, no. 10/1995, S. 1-5.
McLaughlin, S.: The Impact of Interstate Banking and Branching Reform: Evidence from the States, in: Federal Reserve Bank of New York: Current Issues in Economics and Finance, vol. 1, 1995, no. 2 (may).
Meeder, C.: Die Bedeutung des deutschen Privatbankiers und seine Zukunftsaussichten, Frankfurt/M. 1989.
Meffert, H.: Unternehmenskultur und Unternehmensführung, Referat im Kontaktseminar an der Ruhr-Universität Bochum am 14.11.1989, in: SB Nr. 31, WS 1989/90, S. 25-28.
Meffert, H.: Marketing, in: B. Tietz/R. Köhler/J. Zentes (Hrsg.): Handwörterbuch des Marketing, Stuttgart 1995, Sp. 1472-1490.
Meffert, H./Bruhn, M.: Dienstleistungsmarketing, 2. Aufl., Wiesbaden 1997.
Meffert, H./Hafner, K.: Die Unternehmenskultur als Bestandteil der marktorientierten Unternehmensführung, in: H. Meffert (Hrsg.): Strategische Unternehmensführung und Marketing – Beiträge zur marktorientierten Unternehmenspolitik, Wiesbaden 1988, S. 336-360.
Meier, H.: Personalentwicklung in Banken, Wiesbaden 1992.
Mengen, A.: Konzeptgestaltung von Dienstleistungen, Stuttgart 1993.
Menkhoff, L.: Geldpolitische Instrumente der Europäischen Zentralbank, Stuttgart 1995.
Menrad, S./Hegedüs, J./Streib, H.: Die Berücksichtigung der Risiken von Finanzterminkontrakten bei der bankaufsichtlichen Begrenzung des Risikopotentials von Kreditinstituten, in: DBW, 51. Jg., 1991, S. 49-63.
Mertin, K.: Die innerbetriebliche Zinsverrechnung als Führungsinstrument in einer Filial(groß)bank, Referat im Kontaktseminar an der Ruhr-Universität Bochum am 19.11.1974, in: SB Nr. 1, WS 1974/75, S. 34f.
Mester, L. J.: Traditional and nontraditional banking: An information-theoretic approach, in: JoBF, vol. 16, 1992, S. 545-566.
Meyer, A.: Dienstleistungs-Marketing, in: DBW, 51. Jg., 1991, S. 195-209.
Meyer, A. (Hrsg.): Handbuch Dienstleistungs-Marketing, 2 Bde., Stuttgart 1998.
Meyer, A./Blümelhuber, Ch.: McDonalds, Aldi, Fielmann, Southwest Airlines, Continental Lite, DAB, comdirect bank: Ist weniger mehr?, in: A. Meyer (Hrsg.): Grundsatzfragen und Herausforderungen des Dienstleistungsmarketing, Wiesbaden 1996, S. 317-334.
Meyer, A./Maier, M.: Alle Banken sind gleich. Was leisten Marken?, in: asw, 40. Jg., 1997, Sonderheft Oktober, S. 102-107.
Meyer, A./Oevermann, D.: Kundenbindung, in: B. Tietz/R. Köhler/J. Zentes (Hrsg.): Handwörterbuch des Marketing, Stuttgart 1995, Sp. 1340-1351.
Meyer, W.: Einlagensicherungssysteme: deutsche Klage abgewiesen, in: WM, 51. Jg., 1997, S. 1171f.
Meyer-Horn, K.: Die Reform der britischen Sparkassen, in: Spk, 104. Jg., 1987, S. 105-115.
Meyer zu Selhausen, H.: Die Optimalplanung von Kapitalbeschaffung und Kapitalverwendung einer Kreditbank mit den Methoden der Unternehmensforschung, Köln 1970.
Meyer zu Selhausen, H.: Quantitative Marketing-Modelle in der Kreditbank, Berlin 1976.
Meyer zu Selhausen, H.: Liquiditätspolitik der Banken und Liquiditätsgrundsätze, in: W. Gerke/M. Steiner (Hrsg.): Handwörterbuch des Bank- und Finanzwesens, 2. Aufl., Stuttgart 1995, Sp. 1388-1398.
Milde, H.: Informationskosten, Selbstselektion und Kreditverträge, in: WiSt, 16. Jg., 1987, S. 321-325.
Milgrom, P./Roberts, J.: Predation, reputation, and entry deterrence, in: JoET, vol. 27, 1982, S. 280-312.

Miller, J. G./Vollmann, Th. E.: Die verborgene Fabrik, in: HM, 8. Jg., Nr. 1/1986, S. 84-89.
Miller, M. H.: Do the M & M propositions apply to banks?, in: JoBF, vol. 19, 1995, S. 483-489.
Miller, M. H./Orr, D.: A model of the demand for money by firms, in: QJoE, vol. 80, 1966, S. 413-435.
Miller, M. H./Orr, D.: An application of control-limit models to the management of corporate cash balances, in: A. A. Robichek (Ed.): Financial research and management decisions, New York 1967, S. 133-147.
Mishkin, F. S.: The Economics of Money, Banking and Financial Markets, 3rd ed., Boston/Toronto 1992.
Monti, M.: Deposit, credit and interest rates determination under alternative bank objective functions, in: G. Szegö/K. Shell (Eds.): Mathematical methods in investment and finance, Amsterdam 1972, S. 430-454.
Moormann, J.: Strategische Planung in Geschäftsbanken: Ergebnis einer Umfrage, in: DBk, Nr. 6/1988, S. 309-315.
Moormann, J./Wölfing, D.: Fertigungstiefe in Banken verringern, in: DBk, Nr. 12/1991, S. 677-680.
Morgen, K.: Technisierung des Bankgeschäfts – Anonymisierung der Kundenbeziehung? Referat im Kontaktseminar an der Ruhr-Universität Bochum am 22.1.1985, in: SB Nr. 21, WS 1984/85, S. 51-54.
Morris, C. S./Sellon, G. H.: Bank Lending and Monetary Policy, Evidence on a Credit Channel, in: Federal Reserve Bank of Kansas City: Economic Review, vol. 80, no. 2/1995, S. 59-75.
Morrison, G. R./Selden, R. T.: Time deposit growth and the employment of bank funds, Chicago/Ill. 1965.
Morschbach, M.: Struktur des Bankwesens in den USA, Frankfurt/M. 1981.
Möschel, W.: Das Wirtschaftsrecht der Banken, Frankfurt/M. 1972.
Möschel, W.: Das Trennsystem in der US-amerikanischen Bankwirtschaft, Baden-Baden 1978.
Moulton, H. G.: Commercial banking and capital formation, in: JoPE, vol. 26, 1918, S. 484-508, 638-663, 705-731, 849-881.
Moxter, A.: Bilanzlehre, Bd. 1: Einführung in die Bilanztheorie, 3. Aufl., Wiesbaden 1984; Bd. 2: Einführung in das neue Bilanzrecht, 3. Aufl., Wiesbaden 1986.
Mülhaupt, L.: Umsatz-, Kosten- und Gewinnplanung einer Kreditbank, in: ZfhF, N. F., 8. Jg., 1956, S. 7-74.
Mülhaupt, L.: Strukturwandlungen im westdeutschen Bankwesen, Wiesbaden 1971.
Mülhaupt, L.: § 12 KWG: Solvabilitäts- und (oder) Finanzierungsregel?, in: ZfgK, 32. Jg., 1979, S. 1086-1094.
Mülhaupt, L.: Einführung in die Betriebswirtschaftslehre der Banken, 3. Aufl., Wiesbaden 1980.
Müller, B.: Die Liquiditätsdisposition in einer Privatbank, Referat im Kontaktseminar an der Ruhr-Universität Bochum am 8.1.1980, in: SB Nr. 11, WS 1979/80, S. 33-35.
Müller, H.: Die Organisationsstruktur des Bankbetriebes. Ein situativ orientierter Gestaltungsansatz, München 1979.
Müller, H.: Finanzmärkte im Transformationsprozeß, Stuttgart 1993.
Müller, H.: Der Prozeß der Übernahme eines britischen Bankhauses durch eine deutsche Großbank, Referat im Kontaktseminar an der Ruhr-Universität Bochum am 12.12.1995, in: SB Nr. 43, WS 1995/96, S. 44-48.
Müller, W. A.: Bankenaufsicht und Einlegerschutz, Baden-Baden 1981.
Müller, W./Riesenbeck, H.-J.: Wie aus zufriedenen Kunden auch anhängliche Kunden werden, in: HM, 13. Jg., Nr. 3/1991, S. 67-79.
Müller-Gebel, K.: Das Management der Personalkosten in einer Großbank, Referat im Kontaktseminar an der Ruhr-Universität Bochum am 23.11.1993, in: SB Nr. 39, WS 1993/94, S. 33-37.
Mullins, H. M./Pyle, D. H.: Liquidation costs and risk-based bank capital, in: JoBF, vol. 18, 1994, S. 113-138.
Münckner, H.-H.: Strukturfragen der deutschen Genossenschaften in den neunziger Jahren, Frankfurt/M. 1991.
Mura, J.: Entwicklungslinien der deutschen Sparkassengeschichte, Stuttgart 1987.
Murphy, N. B.: Costs of banking activities: Interactions between risk and operating costs, a comment, in: JoMCB, vol. 4, 1972, S. 614f.
Murray, K. B.: A test of services marketing theory. Consumer information activities, in: JoM, vol. 55, 1991, S. 10-25.

Murray, K. B./Schlachter, J. L.: The impact of services versus goods on consumer´s assessment of perceived risk and variability, in: Journal of the Academy of Marketing Science, vol. 18, 1990, S. 51-65.

Nader, G./Johnson, M. D./Bühler, W.: Kundenzufriedenheit und Unternehmenserfolg, in: ÖBA, 44. Jg., 1996, S. 702-710.
Nasko, H.: Möglichkeiten der Nutzung von Datenautobahnen, Referat im Kontaktseminar an der Ruhr-Universität Bochum am 23.1.1996, in: SB Nr. 43, WS 1995/96, S. 49-53.
Naumann, Th. K.: Fremdwährungsumrechnung in Bankbilanzen nach neuem Recht, Düsseldorf 1992.
Naumann, Th. K.: Bewertungseinheiten im Gewinnermittlungsrecht der Banken, Düsseldorf 1995.
Naumtschenko, O.: Das russische Banksystem im Wandel, in: ÖBA, 41. Jg., 1993, S. 277-281.
Nelson, Ph.: Information and consumer behaviour, in: JoPE, vol. 78, 1970, S. 311-329.
Neuberger, D.: Kreditvergabe durch Banken, Tübingen 1994.
Neus, W.: Zur Theorie der Finanzierung kleinerer Unternehmungen, Wiesbaden 1995.
Neus, W./Schaber, M.: Nuancen oder grundsätzliche Erwägungen zu bankspezifischen Bewertungswahlrechten, in: ZfbF, 48. Jg., 1996, S. 389-393.
Nguyen-Khac, T. Q.: Wachstumsregion Asien – Potential für deutsche Banken, in: DBk, Nr. 8/ 1995, S. 470-475.
Nierhaus, M.: Sparkassen zwischen öffentlichem Auftrag und Wettbewerbsfunktion, in: Spk, 102. Jg., 1985, S. 12-22.
Niethammer, Th.: Die Ziele der Bankenaufsicht in der Bundesrepublik Deutschland. Das Verhältnis zwischen »Gläubigerschutz« und »Sicherung der Funktionsfähigkeit des Kreditwesens«, Berlin 1990.
Nippel, P.: Reputation auf Kreditmärkten: Ein spieltheoretischer Ansatz, in: ZfbF, 44. Jg., 1992, S. 990-1011.
Nippel, P.: Die Strukturen von Kreditverträgen aus theoretischer Sicht, Wiesbaden 1994.
Niskanen, W. A.: Ein ökonomisches Modell der Bürokratie, in: W. W. Pommerehne/B. S. Frey (Hrsg.): Ökonomische Theorie der Politik, Berlin et al., 1979, S. 349-368.
Nitschke, B.: Bankloyalität und Beziehungsmanagement – ein Vergleich, veröffentlichte Diplomarbeit am Lehrstuhl für Finanzierung und Kreditwirtschaft an der Ruhr-Universität Bochum, 1991.
Nölling, K.: Die Krise der amerikanischen Sparinstitute, Berlin 1994.
Nolte, H.: Die Markentreue im Konsumgüterbereich, Diss. Bochum 1975.
Nolte, M.: Marktwertcontrolling im Währungsportfolio, Bern et al. 1997.
Nolte, W.: Die internationale Kassenhaltung der multinationalen Unternehmung, Frankfurt/M. 1981.
Nonnenmacher, R.: Bilanzpolitik auf der Basis des Bankbilanzrichtlinie-Gesetzes, Manuskript des Vortrages im Rahmen der 2. Banken-Sommer-Akademie der Bankakademie, Bochum 1994.
Nowak, R.: Transaktions-, Informations- und Kommunikationssysteme, in: J. H. v. Stein/J. Terrahe (Hrsg.): Handbuch Bankorganisation, 2. Aufl., Wiesbaden 1995, S. 311-336.

o.V.: The case for hidden reserves, in: TB, vol. 129, no. 11/1979, S. 37-42.
o.V.: Deutsche Bank stärkt Aktionärsbeziehungen, in: BZ, Nr. 131 v. 13.7.1988, S. 5.
o.V.: Shaking up america´s capital markets, in: The Economist v. 21.4.1990, S. 85.
o.V.: Siemens nimmt die Vermögensverwaltung in die eigenen Hände, in: FAZ, Nr. 10 v. 13.1.1993, S. 17.
o.V.: Ein Hauch von Kulturrevolution in der Hypo-Bank, in: SZ, Nr. 261 v. 11.3.1993, S. 26.
o.V.: Mehr Spielraum für WestLB und Sparkassen, in: BZ, Nr. 8 v. 13.1.1994, S. 3.
o.V.: Die Euphorie beim Vertrieb über Banken ist verflogen, in: HB, Nr. 23 v. 2.2.1994, S. 10.
o.V.: Bald werden mehr PC als TV-Geräte verkauft, in: SZ, Nr. 166 v. 21.7.1994, S. 19.
o.V.: Produktinnovationen: ein Vorsprung nur auf kurze Zeit, in: bum, 23. Jg., Nr. 7/1994, S. 5-8.
o.V.: Amerikanischer Kongreß erlaubt jetzt das »Interstate Banking«, in: HB, Nr. 145 v. 29./ 30.7.1994, S. 14.
o.V.: Bundesbank stellt Bulis ein, in: BZ, Nr. 160 v. 20.8.1994, S. 1.
o.V.: Berater der Kreditinstitute durch Videoterminals ersetzt, in: HB, Nr. 206 v. 25.10.1994, S. 22.
o.V.: Rheinische Sparkassen/Regionale Rahmenvereinbarungen: Auslandsgeschäft mit Kooperationen ausbauen, in: HB, Nr. 206 v. 25.10.1994, S. 33.
o.V.: Deutsche Bank strukturiert das Auslandsgeschäft um, in: FAZ, Nr. 255 v. 2.11.1994, S. 18.

o.V.: Alle Berichtslinien führen nach London, in: BZ, Nr. 213 v. 4.11.1994, S. 3.
o.V.: Genossenschaftsbanken: Mit Kooperationen Kurs auf Europa, in: HB, Nr. 216 v. 7.11.1994, S. 41.
o.V.: Die Macht der Banken – Anhörung im Bundestag, in: ZBB, 6. Jg., 1994, S. 69-101.
o.V.: Eine kostspielige Lektion für den Staat und die Finanzbranche, in: HB, Nr. 52 v. 14.3.1995, S. 30.
o.V.: Harmonisierung der europäischen Geldpolitik: Wird der Rediskont »ausgewechselt«?, in: Wirtschaftsdienst der BHF-Bank, Nr. 1792 v. 15.7.1995.
o.V.: Baseler Multiplikator mit prohibitiver Wirkung, in: BZ, Nr. 162 v. 24.8.1995, S. 3.
o.V.: Lehren aus Bankenkrisen in Japan und Paris – IWF: Zu nachsichtige Aufsicht verlängerte die Probleme, in: BZ, Nr. 161 v. 25.8.1995, S. 3.
o.V.: DSW – Vollmachtstimmrecht, in: BZ, Nr. 172 v. 7.9.1995, S. 1.
o.V.: Empfehlungen zum geldpolitischen Instrumentarium der Währungsunion, in: Wirtschaftsdienst der BHF-Bank, Nr. 1798 v. 30.9.1995.
o.V.: Lloyd's TSB Group wird führender britischer Clearer, in: BZ, Nr. 194 v. 10.10.1995, S. 7f.
o.V.: Ein neues Zeitalter der Bankenaufsicht beginnt, in: BZ, Nr. 196 v. 12.10.1995, S. 4.
o.V.: Veba verteidigt des Vollmachtstimmrecht, in: BZ, Nr. 210 v. 1.11.1995, S. 1.
o.V.: Direktbanken haben den Durchbruch geschafft, in: BZ, Nr. 216 v. 9.11.1995, S. 19.
o.V.: Bayerisch will die Vereinsbank nicht mehr sein, in: FAZ, Nr. 276 v. 27.11.1995, S. 28.
o.V.: Erste Sparkasse mit privaten Einlagen, in: HB, Nr. 235 v. 5.12.1995, S. 7.
o.V.: Bankenaufsicht rechtfertigt den Multiplikator, in: BZ, Nr. 239 v. 13.12.1995, S. 3.
o.V.: Kostendruck treibt die Fusionswelle bei Amerikas Banken, in: FAZ, Nr. 291 v. 14.12.1995, S. 23.
o.V.: Dresdner Bank globalisiert Asset Management, in: BZ, Nr. 242 v. 16.12.1995, S. 5.
o.V.: Zahlungsverkehrsfabriken für die Volksbanken, in: BZ, Nr. 243 v. 19.12.1995, S. 11.
o.V.: Aggressive Strategie im Privatkundengeschäft, in: BZ, Nr. 244 v. 20.12.1995, S. 4.
o.V.: Staat beschließt massive Staatshilfe, in: HB, Nr. 246 v. 20.12.1995, S. 3.
o.V.: Tokio legt Plan über »Jusen«-Liquidierung vor, in: BZ, Nr. 245 v. 21.12.1995, S. 5.
o.V.: Zum Bankenbild in der Öffentlichkeit: Ergebnisse aus den Meinungsumfragen, in: ZfgK, 48. Jg., 1995, S. 320-323.
o.V.: Abschied von der Alleskönner-Bank, in: BZ, Nr. 41 v. 28.2.1996, S. 12.
o.V.: Bankenaufsicht konkretisiert Sorgfaltspflicht, in: BZ, Nr. 46 v. 6.3.1996, S. 3.
o.V.: Artopoeus warnt die großen Banken, in: HB, Nr. 51 v. 12.3.1996, S. 39.
o.V.: Bankenaufsicht begrüßt neue Derivatepublizität, in: HB, Nr. 50 v. 12.3.1996, S. 20.
o.V.: Filialgeschäft erweist sich als Sorgenkind, in: HB, Nr. 62 v. 27.3.1996, S. 20.
o.V.: Jetzt spuckt der Automat auch Kredite aus, in: SZ, Nr. 80 v. 4./5.4.1996, S. 23.
o.V.: China: Institute an der Leine des Staates, in: HB, Nr. 71 v. 11.4.1996, S. 26.
o.V.: Banken dringen auf Weisungen für Daimler-Hauptversammlung, in: BZ, Nr. 86 v. 4.5.1996, S. 1.
o.V.: Überweisungen per Mausklick, in: SZ, Nr. 124 v. 31.5.1996, S. 29.
o.V.: Allfinanz stößt an ihre Grenzen, in: BZ, Nr. 106 v. 5.6.1996, S. 4.
o.V.: EWU motiviert Reform der Bundesemissionen, in: BZ, Nr. 112 v. 14.6.1996, S. 3.
o.V.: Gesetzreform jetzt auf der langen Bank, in: HB, Nr. 114 v. 17.6.1996, S. 30.
o.V.: Artopoeus: Amt arbeitet an seiner Kapazitätsgrenze, in: HB, Nr. 122 v. 27.6.1996, S. 35.
o.V.: Der Grundsatz I bekommt ein neues Gesicht, in: BZ, Nr. 121 v. 27.6.1996, S. 3.
o.V.: Verteilungsschlüssel für Jusen-Last, in: BZ, Nr. 125 v. 3.7.1996, S. 4.
o.V.: Bereichsvorstände haben das operative Sagen, in: BZ, Nr. 130 v. 10.7.1996, S. 3.
o.V.: Die Deutsche Bank ordnet ihren Vorstand neu, in: FAZ, Nr. 158 v. 10.7.1996, S. 17.
o.V.: Deutsche Bank geht in die Supermärkte, in: BZ, Nr. 145 v. 31.7.1996, S. 4.
o.V.: Das Internet-Banking wird immer beliebter, in: BZ, Nr. 159 v. 20.8.1996, S. 4.
o.V.: Umzugspläne sorgen für hohe Fluktuation im Berliner Aufsichtsamt, in: FAZ, Nr. 234 v. 8.10.1996, S. 20.
o.V.: Deutsche Bank setzt auf elektronischen Service, in: HB, Nr. 206 v. 24.10.1996, S. 38.
o.V.: Renaissance der Sparkassenidee, in: DSZ, Nr. 83 v. 25.10.1996, S. 1.
o.V.: Die Filiale bleibt dominierender Absatzkanal, in: BZ, Nr. 211 v. 1.11.1996, S. 4.
o.V.: Geldgeschäfte im Supermarkt, in: Westdeutsche Allgemeine Zeitung Nr. 258 v. 1.11.1996, S. 14.

o.V.: Sonderbeilage »Direct Banking«, in: BZ, Nr. 212 v. 2.11.1996, S. 13-18.
o.V.: Deutsche Bank zeigt im Supermarkt Flagge, in: SZ, Nr. 253 v. 2./3.11.1996, S. 34.
o.V.: Deutsche Bank: Regelmäßige Kundenbefragungen, in: HB, Nr. 213 v. 4.11.1996, S. 16.
o.V.: Noch immer keine Einigung im Eigenkapitalstreit, in: BZ, Nr. 217 v. 9.11.1996, S. 5.
o.V.: Ratjen warnt vor Überregulierung, in: BZ, Nr. 225 v. 21.11.1996, S. 15.
o.V.: Direktmarkt fast schon »overbanked«, in: BZ, Nr. 240 v. 12.12.1996, S. 8.
o.V.: Gesetz für befreiende Konzernabschlüsse, in: BZ, Nr. 246 v. 20.12.1996, S. 5.
o.V.: Neue Möglichkeiten für US-Banken, in: HB, Nr. 249 v. 23.12.1996, S. 21.
o.V.: Schweizer Bankenlandschaft ist eine Baustelle, in: BZ, Nr. 250 v. 31.12.1996, S. 37.
o.V.: Direktbanking: pro und contra, in: DBk, Nr. 2/1996, S. 112f.
o.V.: Bilanzen der Großbanken, in: ZfgK, 49. Jg., 1996, S. 374-390.
o.V.: Kundenzufriedenheit ´96: Achtungserfolg für die Banken, in: bum, 27. Jg., Nr. 12/1996, S. 11.
o.V.: Shareholder Value und Aktienkultur – eine Umfrage bei den DAX-Werten, in: ZfgK, 49. Jg., 1996, S. 481-495.
o.V.: Zeitgespräch: Versagen die Aufsichtsräte?, in: WD, 76. Jg., 1996, S. 167-180.
o.V.: Die Filiale ist nur noch für den Kundenservice da, in: BZ, Nr. 5 v. 9.1.1997, S. 4.
o.V.: Bankaufseher nehmen Zinsrisiken aufs Korn, in: BZ, Nr. 14 v. 22.1.1997, S. 3.
o.V.: Verlängerte Schalteröffnung: Dabeisein ist vorerst alles, in: bum, 26. Jg., Nr. 1/1997, S. 5-11.
o.V.: Beilage »Die Bank der Zukunft«, FAZ, Nr. 29 v. 4.2.1997.
o.V.: Beratungsqualität für Direktbanken maßgebend, in: SZ, Nr. 34 v. 11.2.1997, S. 18.
o.V.: »Dukatenesel« electronic cash, in: HB, Nr. 30 v. 12.2.1997, S. 31.
o.V.: Noch ein langer Weg für Rußlands Banken, in: BZ, Nr. 29 v. 12.2.1997, S. 6.
o.V.: »Weniger Regeln, mehr Aufsicht«, in: HB, Nr. 36 v. 20.2.1997, S. 33.
o.V.: Geldpolitische Instrumente in der EWU; weiterhin Klärungsbedarf, in: Wirtschaftsdienst der BHF-Bank, Nr. 1851 v. 1.4.1997.
o.V.: Wertpapier-Allianz unter Genossen, in: SZ, Nr. 77 v. 4.4.1997, S. 25.
o.V.: Tokio plant »Lex Nippon Credit Bank«, in: BZ, Nr. 74 v. 18.4.1997, S. 17.
o.V.: comdirect strebt qualitative Spitzenposition an, in: BZ, Nr. 82 v. 30.4.1997, S. 12.
o.V.: Überweisungen sofort gutzuschreiben, in: BZ, Nr. 86 v. 7.5.1997, S. 4.
o.V.: Erneut Anlauf in Bonn zum aktivischen Unterschiedsbetrag, in: BZ, Nr. 113 v. 18.6.1997, S. 1.
o.V.: Meister: Aufseher müssen Herr des Verfahrens bleiben, in: HB, Nr. 125 v. 3.7.1997, S. 25.
o.V.: Bayerische Bankenhochzeit mit »cleverer« Tauschaktion, in: BZ, Nr. 137 v. 22.7.1997, S. 6.
o.V.: Aktienrechtsreform im Überblick, in: BZ, Nr. 214 v. 7.11.1997, S. 3.
O´Brien, L./Jones, Ch.: Do rewards really create loyalty?, in: HBR, vol. 73, no. 3/1995, S. 75-82.
Obst, G./Hintner, O.: Geld-, Bank- und Börsenwesen, hrsg. v. N. Kloten/J. H. v. Stein, 39. Aufl., Stuttgart 1993.
Oehler, A.: Die Akzeptanz der technikgestützten Selbstbedienung im Privatkundengeschäft von Universalbanken, Stuttgart 1990.
Oehler, A.: Betreuung durch Relationship-Management, in: DBk, Nr. 3/1995, S. 137-142.
Oehler, A.: Eine Analyse des Wettbewerbs im Privatkundengeschäft der Universalbanken, in: Spk, 112. Jg., 1995, S. 125-130.
Olshagen, Chr.: Prozeßkostenrechnung, Wiesbaden 1991.
Orr, B.: How to get your bank on the www, in: ABA, vol. 88, no. 4/1996, S. 22.
Orr, D./Mellon, W. G.: Stochastic reserve losses and expansion of bank credit, in: AER, vol. 51, 1961, S. 614-623.
Osthues-Albrecht, H.: Der Einfluß der Betriebsgröße auf Kosten und Erlöse von Kreditinstituten, Wiesbaden 1979.

Parsley, M.: The rorac revolution, in: EM, no. 10/1995, S. 36-42.
Paul, M.: Preis- und Kostenmanagement für Dienstleistungen im Business-to-Business-Bereich, Wiesbaden 1998.
Paul, M./Paul, St.: Kunden-Illoyalität als strategische Chance im Privatkundengeschäft, in: ÖBA, 45. Jg., 1997, S. 875-890.
Paul, M./Reckenfelderbäumer, M.: Preispolitik und Kostenmanagement – neue Perspektiven unter Berücksichtigung von Immaterialität und Integrativität, in: M. Kleinaltenkamp (Hrsg.): Dienstleistungsmarketing, Wiesbaden 1995, S. 225-260.

Paul, St.: Lenkungssysteme in Filialbanken: Steuerung über Komponenten oder Verrechnungszinsen?, Wiesbaden 1987.
Paul, St.: Bankenintermediation und Verbriefung – Neue Chancen und Risiken für Kreditinstitute durch Asset Backed Securities?, Wiesbaden 1994.
Paul, St.: DVFA-Ergebnis für Banken – Ein Fall für Gentlemen, in: SB Nr. 42, SS 1995, S. 57-62.
Paul, St.: Neue Organisationsstrukturen und die Zukunft des Middle Management in der Kreditwirtschaft, in: SB Nr. 43, WS 1995/96, S. 3-13.
Paul, St./Fehr, P.: Hypothekenpfandbrief versus MBS – Konkurrenz oder Komplementarität?, (I) in: DBk, Nr. 6/1996, S. 351-356 und (II) in: DBk, Nr. 7/1996, S. 404-407.
Paul, St./Siewert, K.-J.: Bank-Controlling I: Ertragsmanagement in Kreditinstituten, 2. Aufl., Frankfurt/M. 1997.
Pauluhn, B.: Die Bank kommt zum Kunden, in: Die Bank der Zukunft, Sonderbeilage der FAZ, Nr. 29 v. 4.2.1997, S. B7.
Pecchioli, M.: Bankenaufsicht in den OECD-Ländern: Entwicklungen und Probleme, Baden-Baden 1989.
Peick, H.: Kooperation zwischen Banken und Versicherungen, Wiesbaden 1978.
Pellens, B./Fülbier, R./Ackermann, U.: International Accounting Standards Committee: Deutscher Einfluß auf Arbeit und Regelungen, in: DB, 49. Jg., 1996, S. 285-291.
Pellens, B. et al.: Internationale Rechnungslegung, 2. Aufl., Stuttgart 1998.
Perlitz, M./Seger, F.: The Role of Universal Banks in German Corporate Governance, in: Business & The Contemporary World, no. 4/1994, S. 49-62.
Perridon, L./Steiner, M.: Finanzwirtschaft der Unternehmung, 9. Aufl., München 1997.
Peters, R.: Mindestreservepolitik und bankbetriebliche Liquiditätsdisposition, Hamburg 1980.
Petersen, M. A./Rajan, R. G.: The benefits of lending relationships. Evidence from small business data, in: JoF, vol. 49, 1994, S. 3-37.
Pfannschmidt, A.: Personelle Verflechtungen über Aufsichtsräte, Wiesbaden 1993.
Pfeiffer, W./Weiß, E.: Philosophie und Elemente des Lean Management, in: H. Corsten/Th. Will (Hrsg.): Lean Production, Berlin et al. 1993, S. 13-45.
Pfingsten, A./Thom, S.: Der Konditionsbeitrags-Barwert in der Gewinn- und Verlustrechnung, in: DBk, Nr. 4/1995, S. 242-245.
Philipp, F. et al.: Zur Bestimmung des »haftenden Eigenkapitals« von Kreditinstituten – Stellungnahme einer Professoren-Arbeitsgruppe zum Bericht der Studienkommission »Grundsatzfragen der Kreditwirtschaft«, Frankfurt/M. 1981.
Picot, A./Reichwald, R./Wigand, R. T.: Die grenzenlose Unternehmung, 2. Aufl., Wiesbaden 1996.
Pischulti, H.: Produktpolitik bei Direktbanken – ein systematischer Überblick, in: bum, 25. Jg., Nr. 5/1996, S. 13-16.
Pitz, K.-H.: Die Anwendungsmöglichkeit der Portfolio Selection Theorie auf die optimale Strukturierung des Banksortiments, Bochum 1976.
Plenk, H./Prellinger, H.: Outsourcing zwischen Tabu und Mode, in: DBk, Nr. 1/1992, S. 48-50.
Plinke, W.: Kapitalsteuerung in Filialbanken, Wiesbaden 1975.
Plinke, W.: Die Geschäftsbeziehung als Investition, in: G. Specht/G. Silberer/W. H. Engelhardt (Hrsg.): Marketing-Schnittstellen, Festschrift für H. Raffée, Stuttgart 1989, S. 305-325.
Plinke, W.: Bedeutende Kunden, in: M. Kleinaltenkamp/W. Plinke (Hrsg.): Geschäftsbeziehungsmanagement, Berlin et al. 1997, S. 113-159.
Plinke, W.: Grundkonzeption des Marketing, in: M. Kleinaltenkamp/W. Plinke (Hrsg.): Technischer Vertrieb – Grundlagen, Berlin et al. 1995, S. 99-134.
Plinke, W.: Grundlagen des Marktprozesses, in: M. Kleinaltenkamp/W. Plinke (Hrsg.): Technischer Vertrieb – Grundlagen, Berlin et al. 1995, S. 3-98.
Plinke, W.: Grundlagen des Geschäftsbeziehungsmanagements, in: M. Kleinaltenkamp/W. Plinke (Hrsg.): Geschäftsbeziehungsmanagement, Berlin et al. 1997, S. 1-62.
Plinke, W./Söllner, A.: Screening von Risiken in Geschäftsbeziehungen, in: K. Backhaus/B. Günter/M. Kleinaltenkamp/W. Plinke/H. Raffée (Hrsg.): Marktleistung und Wettbewerb, Strategische und operative Perspektiven der marktorientierten Leistungsgestaltung, Festschrift für W. H. Engelhardt, Wiesbaden 1997, S. 331-363.
Plötner, O.: Risikohandhabung und Vertrauen des Kunden, Arbeitspapier Nr. 2 der »Berliner Reihe Business-to-Business-Marketing«, hrsg. v. M. Kleinaltenkamp, Berlin 1993.
Plötner, O.: Das Vertrauen des Kunden. Relevanz, Aufbau und Steuerung auf industriellen Märkten, Wiesbaden 1995.

Poeschke, H./Bußmann, J.: Telefonbanking als strategisches Produkt, in: DBk, Nr. 1/1995, S. 30-33.
Pohl, M.: Einführung in die deutsche Bankengeschichte, Frankfurt/M. 1976.
Pohl, M.: Entstehung und Entwicklung des Universalbanksystems. Konzentration und Krise als wichtige Faktoren, Frankfurt/M. 1986.
Polan, R.: Kooperation und Wettbewerb zwischen Banken und Versicherungen, in: SB Nr. 23, WS 1985/86, S. 3-15.
Polan, R.: Ein Meßkonzept für die Bankloyalität, Wiesbaden 1995.
Polleit, Th.: Schlüsselfragen zur europäischen Mindestreserve, in: ZfgK, 49. Jg., 1996, S. 247-252.
Pommerehne, W. W./Frey, B. S. (Hrsg.): Ökonomische Theorie der Politik, Berlin et al. 1979.
Porter, R. C.: A model of bank portfolio selection, in: Yale Economic Essays, vol. 1, 1961, S. 323-360.
Prahl, R.: Die neuen Vorschriften des Handelsgesetzbuches für Kreditinstitute, (I) in: WPg, 44. Jg., 1991, S. 410-409 und (II) in: WPg, 44. Jg., 1991, S. 438-445.
Prahl, R./Naumann, Th. K.: Zur Bilanzierung von portfolio-orientierten Handelsaktivitäten der Kreditinstitute, in: WPg, 44. Jg., 1991, S. 729-739.
Prahl, R./Naumann, Th. K.: Moderne Finanzinstrumente im Spannungsfeld zu traditionellen Rechnungslegungsvorschriften: Barwertansatz, Hedge-Accounting und Portfolio-Approach, in: WPg, 45. Jg., 1992, S. 709-719.
Prahl, R./Naumann, Th. K.: Bankkonzernrechnungslegung nach neuem Recht: Grundsätzliche Konzepte, wichtige Vorschriften zum Übergang und ausgewählte Einzelfragen, in: WPg, 46. Jg., 1993, S. 235-246.
Preece, D. C./Mullineaux, D. J.: Monitoring by financial intermediaries: Banks vs. nonbanks, in: JoFSR, vol. 8, 1994, S. 193-202.
Preß, B.: Kaufverhalten in Geschäftsbeziehungen, in: M. Kleinaltenkamp/W. Plinke (Hrsg.): Geschäftsbeziehungsmanagement, Berlin et al. 1997, S. 63-112.
Priewasser, E.: Die Banken im Jahre 2000, 3. Aufl., Frankfurt/M. 1997.
Prindl, A. R. (Ed.): Banking and Finance in Eastern Europe, New York et al. 1992, Euromoney: The 1996 Guide to Banking Services in Eastern Europe, London 1996.
Pringle, J. J.: A theory of the banking firm – a comment, in: JoMCB, vol. 5, 1973, S. 990-996.
Pringle, J. J.: The capital decision in commercial banks, in: JoF, vol. 29, 1974, S. 779-795.
Prisman, E. Z./Slovin, M. B./Shushka, M. E.: A general model of the banking firm under conditions of monopoly, uncertainty, and recourse, in: JoME, vol. 17, 1986, S. 293-304.
Probson, S.: Identität von Barwert und Finanzbuchhaltung, in: DBk, Nr. 3/1994, S. 180-184.
Professoren-Arbeitsgruppe (Philipp, F. et al.): Die Erfolgswirkungen der Eigenkapitalsurrogate in der Kreditwirtschaft – Versuch einer Quantifizierung, in: DBW, 43. Jg., 1983, S. 27-47.
Professoren-Arbeitsgruppe (Philipp, F. et al.): Bankaufsichtsrechtliche Begrenzung des Risikopotentials von Kreditinstituten, in: DBW, 47. Jg., 1987, S. 285-302.
Pyle, D. H.: On the theory of financial intermediation, in: JoF, vol. 26, 1971, S. 737-747.

Quioc, G.: Neues Zeitalter für Frankreichs Sparkassen, in: BZ, Nr. 78 v. 24.4.1993, S. 18.

Radecki, L. J./Wenninger, J./Orlow, D. K.: Bank Branches in Supermarkets, in: Federal Reserve Bank of New York: Current Issues in Economics and Finance, vol. 2, no. 13, december 1996.
Reckenfelderbäumer, M.: Entwicklungsstand und Perspektiven der Prozeßkostenrechnung, Wiesbaden 1994.
Rehkugler, H./Poddig, Th.: Neuronale Netze im Bankbetrieb, in: DBk, Nr. 7/1992, S. 413-419.
Reifner, U.: Banken und Verbraucherpolitik: Perspektiven einer schwierigen Partnerschaft, in: ZfgK, 48. Jg., 1995, S. 314-319.
Reimann, E.: Kundenbindung in der virtuellen Bankfiliale, in: bum, 26. Jg., Nr. 3/1996, S. 29-32.
Reimers-Mortensen, S./Disterer, G.: Strategische Optionen für Direktbanken, in: DBk, Nr. 3/1997, S. 132-139.
Reischauer, F./Kleinhans J. et al.: Kreditwesengesetz (KWG), Loseblattkommentar, 6. Lieferung, Berlin 1996.
Reither, F.: Mindestreserven und gesamtwirtschaftliche Steuerung, in: WD, 65. Jg., 1985, S. 503-515.
Reither, F./Denning, U.: Finanzinnovationen: Hintergründe und Konsequenzen, in: WD, 66. Jg., 1986, S. 45-52.

Remolona, E. M./Wulfekuhler, K. C.: Finance Companies, Bank Competition, and Niche Markets, in: Federal Reserve Bank of New York: Quarterly Review, vol. 17, no. 2/1992, S. 25-38.
Remsperger, H.: Monetäre Lockerungen und Kreditpolitik der Banken, in: WD, 73. Jg., 1993, S. 466-472.
Remsperger, H.: Die Politik der Deutschen Bundesbank aus der Sicht der Geschäftsbanken, Referat im Kontaktseminar an der Ruhr-Universität Bochum am 24.1.1995, in: SB Nr. 41, WS 1994/95, S. 72-76.
Remsperger, H.: Geldpolitik – Kontrovers, in: W. Gebauer/B. Rudolph (Hrsg.): Finanzmärkte und Zentralbankpolitik, Frankfurt/M. 1995, S. 135-174.
Remsperger, H./Angenendt, U.: Freiwillige Reserven in der Europäischen Währungsunion, in: DBk, Nr. 7/1995, S. 401-406.
Remsperger, H./Angenendt, U.: Zum Instrumentarium des Europäischen Systems der Zentralbanken, in: Diskussionsbeiträge der BHF-Bank, Frankfurt/M. 1995, S. 22.
Reuter, A.: Profundes Kredit-Rating für Firmenkunden, in: BBl, 43. Jg., 1994, S. 343-346.
Reuter, A.: Kredit-Rating und Kreditrisiko-Analyse, in: BBl, 45. Jg., 1996, S. 321-330.
Richard, J.: Privatisierung in Osteuropa am Beispiel der ehemaligen CSFR, in: SB Nr. 40, SS 1994, S. 28-39.
Richard, J.: Voucher-Privatisierung, in: DBW, 54. Jg., 1994, S. 555-558.
Richter, A.: Eine Marketingkonzeption für das Privatkundengeschäft, Referat im Kontaktseminar an der Ruhr-Universität Bochum am 29.6.1982, in: SB Nr. 16, SS 1982, S. 34-36.
Richter, R.: Geldtheorie, 2. Aufl., Berlin et al. 1990.
Riebel, P.: Einzelkosten- und Deckungsbeitragsrechnung, 6. Aufl., Wiesbaden 1990.
Riedesser, A.: Deckungsbeitragsrechnung in Filialbankorganisationen, Wiesbaden 1977.
Riekeberg, M.: Migrationsbedingte Kundenabwanderung bei Sparkassen, Wiesbaden 1995.
Riesser, J.: Die deutschen Großbanken und ihre Konzentration, 4. Aufl., Jena 1912.
Rittershausen, H.: Bankpolitik, Frankfurt/M. 1956.
Rittich, Heinz: Anlegerschutz im Banken- und Lebensversicherungssektor: Ansätze zur Harmonisierung der Solvabilitätsvorschriften, Wiesbaden 1995.
Rixen, H.-H.: EG-Bankbilanzrichtlinie transformiert, in: DBk, Nr. 11/1990, S. 638-642.
Roggemann, G.: Die Kundenbeziehung jenseits der Kontoverbindung – zur Rolle der Relationship im Investment Banking, in: J. Süchting/H.-M. Heitmüller (Hrsg.): Handbuch des Bankmarketing, 3. Aufl., Wiesbaden 1998.
Rohardt, M.: Publizität von »zusätzlichen Angaben« im Jahresabschluß von Kreditinstituten vor dem Hintergrund einer Internationalisierung der Rechnungslegung, in: WPg, 49. Jg., 1996, S. 213-225.
Rohde, A.: Deutsche Bundesbank: Abschied vom Geldmengenziel?, in: WD, 70. Jg., 1990, S. 368-371.
Rohde, A./Simmert, D. B.: Mindestreserven: Ein überflüssiges Instrument der Geldpolitik?, in: WD, 66. Jg., 1986, S. 404-410.
Rolfes, B.: Die Steuerung von Zinsänderungsrisiken in Kreditinstituten, Frankfurt/M. 1985.
Rolfes, B.: Moderne Investitionsrechnung, München/Wien 1992.
Rolfes, B.: Das Zinsergebnis variabel verzinslicher Bankgeschäfte, in: H. Schierenbeck/H. Moser (Hrsg.): Handbuch Bankcontrolling, Wiesbaden 1995, S. 337-356.
Rolfes, B./Hassels, M.: Das Barwertkonzept in der Banksteuerung, in: ÖBA, 42. Jg., 1994, S. 337-349.
Rolfes, B./Schwanitz, J.: Die »Stabilität« von Zinselastizitäten, in: DBk, Nr. 6/1992, S. 334-337.
Röller, W.: Die Rolle der Bankenvertreter in den Aufsichtsräten von Industrieunternehmen, Referat im Kontaktseminar an der Ruhr-Universität Bochum am 20.6.1995, in: SB Nr. 42, SS 1995, S. 82-85.
Rometsch, S.: Ertragsorientiertes Marketing im Firmenkundengeschäft einer Privatbank, (I) in: DBk, Nr. 5/1986, S. 230-234 und (II) in: DBk, Nr. 6/1986, S. 292-297.
Rometsch, S.: Das Firmenkundengeschäft im Zeitalter global vernetzter Kommunikationssysteme, (I) in: DBk, Nr. 10/1996, S. 586-592 und (II) in: DBk, Nr. 11/1996, S. 659-663.
Rometsch, S.: Produktinnovation im Firmenkundengeschäft – Neue Schwerpunkte in der Marketingstrategie einer Privatbank, in: J. Süchting/H.-M. Heitmüller: Handbuch des Bankmarketing, 3. Aufl., Wiesbaden 1998.
Röper, B. (Hrsg.): Wettbewerbsprobleme im Kreditgewerbe, Berlin 1976.

Rosada, M.: Kundendienststrategien im Automobilsektor – Theoretische Fundierung und Umsetzung eines Konzepts zur differenzierten Vermarktung von Sekundärleistungen, Berlin 1990.
Rose, P. S.: The changing structure of American banking, New York 1987.
Ross, St. A.: The theory of agencies: The principal´s problem, in: AER, vol. 63, 1973, S. 134-139.
Roßbach, R./Lersch, C./Styppa, R.: Einsatzmöglichkeiten für Telearbeit in Kreditinstituten, in: Spk, 113. Jg., 1996, S. 310-312.
Roth, H.: Effects of financial deregulation on monetary policy, in: Federal Reserve Bank of Kansas City: Economic Review, March 1985, S. 17-29.
Roth, M.: »Too-Big-To-Fail« and the Stability of the Banking System: Some Insights From Foreign Countries, in: Business Economics, vol. 29, no. 10/1994, S. 43-49.
Rübel, M.: Devisen- und Zinstermingeschäfte in der Bankbilanz, Berlin 1990.
Rudolph, B.: Planungs- und Kontrollrechnungen zur Begrenzung von Zinsänderungsrisiken, in: H. Göppl/R. Henn (Hrsg.): Geld, Banken und Versicherungen, Bd. I, Königstein/Ts. 1981, S. 539-554.
Rudolph, B.: Das effektive Bankeigenkapital. Zur bankaufsichtlichen Beurteilung stiller Neubewertungsreserven, Frankfurt/M. 1991.
Rudolph, B.: Kapitaladäquanzrichtlinie: Zielsetzung und Konsequenzen der bankaufsichtlichen Regulierung im Wertpapierbereich, in: ZBB, 6. Jg., 1994, S. 117-130.
Rudolph, B.: Ansätze zur Kalkulation von Risikokosten für Kreditgeschäfte, in: H. Schierenbeck/H. Moser (Hrsg.): Handbuch Bankcontrolling, Wiesbaden 1995, S. 887-904.
Rudolph, B./Wondrak, B.: Modelle zur Planung von Zinsänderungsrisiken und Zinsänderungschancen, in: Zeitschrift für Wirtschafts- und Sozialwissenschaften, 106. Jg., 1986, S. 337-361.
Rüsberg, L.: Banken-Rating – Rendite, Risiko und Wachstum von Kreditinstituten, Wiesbaden 1992.

Sachenbacher, H. U.: Prospektive Lebensdauerkalkulation in Kreditinstituten, München 1991.
Sachverständigenrat zur Begutachtung der gesamtwirtschaftlichen Entwicklung, Jahresgutachten 1993/94, Bundestags-Drucksache 13/26.
Sandner, K.: Das Unbehagen an der Organisationskultur, in: DBW, 47. Jg., 1987, S. 242-244.
Sandte, H.: Kurzfristige Zinssätze, Kreditkosten und Konjunktur, in: Spk, 111. Jg., 1994, S. 307-311.
Sandvoß, E. O.: Zum Zinsänderungsrisiko in der Kreditwirtschaft, Referat im Kontaktseminar an der Ruhr-Universität Bochum am 28.4.1981, in: SB Nr. 14, SS 1981, S. 32-34.
Santomero, A. M.: Modeling the banking firm, in: JoMCB, vol. 16, 1984, S. 576-712.
Saunders, A.: Financial institutions management. A modern perspective, Illinois 1994.
Saunders, A./Walter, I.: Universal banking in the United States, New York et al. 1994.
Saunders, A./Wilson, B.: Contagious bank runs: Evidence from the 1929-1933 period, in: JoFI, vol. 5, 1996, S. 409-423.
Savelberg, A. H.: Risikomanagement mit Kreditderivaten, in: DBk, Nr. 6/1996, S. 328-332.
Schade, Ch./Schott, E.: Instrumente des Kontraktgütermarketing, in: DBW, 53. Jg., 1993, S. 491-511.
Schäfer, H.: Beziehungsmanagement durch Dialogmarketing. Bankloyalität aus institutionenökonomischer Sicht, in: K. P. Kaas (Hrsg.): Kontrakte, Geschäftsbeziehungen, Netzwerke – Marketing und Neue Institutionenökonomik, ZfbF-Sonderheft Nr. 35, Düsseldorf/Frankfurt/M. 1995, S. 119-138.
Schäfer, H.: Information und Kooperation im Absatz von Bankdienstleistungen, in: ZfbF, 47. Jg., 1995, S. 531-544.
Schäfers, M.: Die Bedeutung des persönlichen Kontaktes in der Kundenberatung der Kreditinstitute – Untersuchung des Kundenverhaltens vor dem Hintergrund alternativer Bild-/Telefonkontakte, unveröffentlichte Diplomarbeit am Lehrstuhl für Finanzierung und Kreditwirtschaft an der Ruhr-Universität Bochum, 1996.
Scharpf, P.: Finanzinnovationen im Jahresabschluß unter Prüfungsgesichtspunkten, in: BFuP, 47. Jg., 1995, S. 166-208.
Scheffler, J.: Hedge-Accounting – Jahresabschlußrisiken in Banken, Wiesbaden 1994.
Schierenbeck, H.: Die Mehrfachbelegung von haftendem Eigenkapital bei Bankkonzernen, in: DBk, Nr. 4/1982, S. 150-158.
Schierenbeck, H.: Genossenschaftliches Zentralbanksystem: Chancen und Risiken der Zweistufigkeit, Wiesbaden 1988.

Schierenbeck, H.: Ertragsorientiertes Bankmanagement, Bd. 1, 5. Aufl., Wiesbaden 1997.
Schierenbeck, H.: Ertragsorientiertes Bankmanagement, Bd. 2, 5. Aufl., Wiesbaden 1997.
Schierenbeck, H./Hölscher, R.: BankAssurance: Institutionelle Grundlagen der Bank- und Versicherungsbetriebslehre, 4. Aufl., Stuttgart 1998.
Schierenbeck, H./Moser, H. (Hrsg.): Handbuch Bankcontrolling, Wiesbaden 1995.
Schierenbeck, H./Rolfes, B.: Entscheidungsorientierte Margenkalkulation, Frankfurt/M. 1988.
Schierenbeck, H./Wiedemann, A.: Das Treasury-Konzept der Marktzinsmethode, (I) in: DBk, Nr. 11/1993, S. 670-676 und (II) in: DBk, Nr. 12/1993, S. 731-737.
Schierenbeck, H./Wiedemann, A.: Marktwertrechnungen im Finanzcontrolling, Stuttgart 1996.
Schildbach, Th.: Rechnungslegungsideale, Bilanzkulturen, Harmonisierung und internationaler Wettbewerb, in: BB, 50. Jg., 1995, S. 2635-2644.
Schildknecht, K.: Steuerung der Bankenliquidität in der Schweiz, in: DBk, Nr. 4/1980, S. 154-159.
Schimann, G.: Bilanzierungsvorschriften für Kreditinstitute, in: WPg, 38. Jg., 1985, S. 157-171.
Schimmelmann, W. v.: Strategische Geschäftsfeldkonzeption bei Banken, in: H.-J. Krümmel/B. Rudolph (Hrsg.): Strategische Bankplanung, Frankfurt/M. 1983, S. 165-207.
Schimmelmann, W. v./Hille, W.: Banksteuerung über ein System von Verrechnungszinsen, in: H. Schierenbeck/H. Wielens (Hrsg.): Bilanzstrukturmanagement in Kreditinstituten, Frankfurt/M. 1984, S. 47-65.
Schlechthaupt, W.-D./Gygax, M.: Frequent Banking Programm – das Bonussystem einer großen Schweizer Bank, in: bum, 23. Jg., Nr. 12/1994, S. 26-29.
Schleußer, H.: Mehr Bewegungsfreiheit für die Sparkassen, in: BZ, Nr. 35 v. 19.2.1994, S. 15f.
Schlott, S.: Aktives Kreditportfoliomanagement mit Kreditderivaten, in: FAZ, Sonderveröffentlichung des International Bankers Forum am 14./15.5.1997, S. III.
Schmalenbach, E.: Kapital, Kredit und Zins in betriebswirtschaftlicher Beleuchtung, 4. Aufl., Köln/Opladen 1961.
Schmid, D. C./Peill, E.: Beschwerdemanagement gehört zum Service, in: DBk, Nr. 4/1994, S. 225-228.
Schmid, F. A.: Banken, Aktionärsstruktur und Unternehmenssteuerung, (I) in: KuK, 29. Jg., 1996, S. 402-427 und (II) in: KuK, 29. Jg., 1996, S. 545-564.
Schmidt, D.: Einlagensicherung im deutschen Kreditgewerbe, Stuttgart 1977.
Schmidt, I.: Wettbewerbspolitik und Kartellrecht, 4. Aufl., Stuttgart et al. 1993.
Schmidt, R.: Neuere Entwicklungen der modellgestützten Gesamtplanung von Banken, in: ZfB, 53. Jg., 1983, S. 304-318.
Schmidt, R. H.: Ein neo-institutionalistischer Ansatz in der Finanzierungstheorie, in: E. Rühli/J.-P. Thommen (Hrsg.): Unternehmensführung aus finanz- und bankwirtschaftlicher Sicht, Stuttgart 1981, S. 135-154.
Schmidt, R. H./Terberger, E.: Grundzüge der Investitions- und Finanzierungstheorie, 4. Aufl., Wiesbaden 1997.
Schmidt-Chiari, G.: Die Rolle der Marktforschung für die Marketingstrategie einer österreichischen Bank auf dem Jugend- und Studentenmarkt, in: J. Süchting/E. van Hooven (Hrsg.): Handbuch des Bankmarketing, 2. Aufl., Wiesbaden 1991, S. 391-403.
Schmidt-Chiari, G.: Zukunftsperspektiven der traditionellen Kernprodukte im Firmenkundengeschäft, in: K. Juncker/E. Priewasser (Hrsg.): Handbuch Firmenkundengeschäft, Frankfurt/M. 1993, S. 640-652.
Schmitt, Th.: Standardeinzelkostenrechnung für Banken, Wiesbaden 1993.
Schmitt, Th.: Autonomie der Notenbank in London kein Thema, in: HB, Nr. 184 v. 22.9.1995, S. 39.
Schmittmann, St./Penzel, H.-G./Gehrke, N.: Integration des Shareholder Value in die Gesamtbanksteuerung, in: DBk, Nr. 11/1996, S. 648-653.
Schmitz, A.: Von der Marktzins- zur Marktpreismethode, in: DBk, Nr. 10/1992, S. 603-606.
Schmitz, G.: Qualitätsmanagement im Privatkundengeschäft von Banken: Konzeption und aufbauorganisatorische Verankerung, Wiesbaden 1996.
Schmoll, A.: Bonitäts- und Risikoklassen – Instrumente für ein effizientes Risikomanagement, in: ÖBA, 40. Jg., 1992, S. 988-1003.
Schneider, D.: Investition, Finanzierung und Besteuerung, 7. Aufl., Wiesbaden 1992.
Schneider, D.: Betriebswirtschaftslehre, Bd. 2: Rechnungswesen, 2. Aufl., München/Wien 1997.
Schneider, D.: Betriebswirtschaftslehre, Bd. 3: Theorie der Unternehmung, München/Wien 1997.

Schneider, E.: Einführung in die Wirtschaftstheorie, III. Teil, Geld, Kredit, Volkseinkommen und Beschäftigung, 8. Aufl., Tübingen 1964.
Schneider, J.: Zur Problematik der stillen Reserven bei Kreditinstituten, Diss. Würzburg 1984.
Schoch, R.: Der Verkaufsvorgang als sozialer Interaktionsprozeß, Winterthur 1969.
Scholtens, L. J.: On the foundations of financial intermediation: A review of the literature, in: KuK, 26. Jg., 1993, S. 112-140.
Scholz, W.: Zinsänderungsrisiken im Jahresabschluß der Kreditinstitute, in: KuK, 12. Jg., 1979, S. 517-544.
Schreyögg, G.: Zu den problematischen Konsequenzen starker Unternehmenskulturen, in: ZfbF, 41. Jg., 1989, S. 94-113.
Schröder, F./Schulte-Mattler, H.: CD-Verfahren als Alternative zum Baseler Backtesting, in: DBk, Nr. 7/1997, S. 420-425.
Schroth, M.: Informationsinstrumente im Privatkundengeschäft, in: DBk, Nr. 10/1997, S. 586-592.
Schübeler, M.: Die Bank und ihre Kunden, Frankfurt/M. 1981.
Schüller, B.: Organisation und Technologie des Wertpapier- und Devisengeschäftes, in:. J. H. v. Stein/J. Terrahe (Hrsg.): Handbuch Bankorganisation, 2. Aufl., Wiesbaden 1995, S. 453-484.
Schüller, St.: Ertragsorientierte Risikopolitik – Changemanagement des Kreditprozesses, in: B. Rolfes/H. Schierenbeck/St. Schüller (Hrsg.): Risikomanagement in Kreditinstituten, Frankfurt/M. 1995, S. 173-190.
Schüller, St.: Stückkostenkalkulation mit Hilfe der prozeßorientierten Standard-Einzelkostenrechnung, in: H. Schierenbeck/H. Moser (Hrsg.): Handbuch Bankcontrolling, Wiesbaden 1995, S. 357-374.
Schulte, M.: Integration der Betriebskosten in das Risikomanagement von Kreditinstituten, Wiesbaden 1994.
Schulte, M.: Bank-Controlling II: Risikopolitik in Kreditinstituten, 2. Aufl., Frankfurt/M. 1997.
Schulte-Mattler, H./Traber, U.: Marktrisiko und Eigenkapital. Bankaufsichtliche Normen für Kredit- und Marktrisiken, 1. Aufl., Wiesbaden 1995 und 2. Aufl. 1997.
Schurig, M.: Schwebende Geschäfte bei Kreditinstituten. Eine risiko- und abbildungstheoretische Analyse am Beispiel der Devisen- und Effektentermingeschäfte, der Kreditzusagen und der Pensionsgeschäfte, Thun/Frankfurt/M. 1981.
Schuster, L.: Deregulierung im schweizerischen Bankwesen, in: DBk, Nr. 2/1988, S. 75-80.
Schuster, L.: Rechtsformüberlegungen im Widerstreit der ökonomischen und politischen Vernunft, in: Spk, 112. Jg., 1995, S. 423-427.
Schütt, H.: Finanzierung und Finanzplanung deutscher Industrieunternehmungen. Eine empirische Untersuchung, Darmstadt 1979.
Schütte, M.: Die Grundlagen einer Unternehmensplanung in einem Kreditinstitut, Referat im Kontaktseminar an der Ruhr-Universität Bochum am 7.11.1989, in: SB Nr. 31, WS 1989/90, S. 22-25.
Schütte, M.: Die Umsetzung einer neuen Organisationskonzeption in einer Filialbank, Referat im Kontaktseminar an der Ruhr-Universität Bochum am 9.5.1995, in: SB Nr. 42, SS 1995, S. 67-70.
Schütte, M./Höfle, K.: Anforderungsprofil und Qualifikationsentwicklung von Privatkundenbetreuern, in: J. Süchting/H.-M. Heitmüller (Hrsg.): Handbuch des Bankmarketing, 3. Aufl., Wiesbaden 1998.
Schütz, P./Krug, H.: Top oder Flop? Kundenbeziehungen profitabel gestalten, in: asw, 39. Jg., 1996, Sonderheft Oktober, S. 188-193.
Schütze, R.: Kundenzufriedenheit – After-Sales-Marketing auf industriellen Märkten, Wiesbaden 1992.
Schwanitz, J.: Elastizitätsorientierte Zinsrisikosteuerung in Banken, Frankfurt/M. 1996.
Schwartze, A.: Deutsche Bankrechnungslegung nach europäischem Recht, Baden-Baden 1991.
Schwarze, A.: Ausweis und Bewertung neuer Finanzierungsinstrumente in der Bankbilanz, Berlin 1989.
Schweizerische Nationalbank: Das schweizerische Bankwesen im Jahre 1995, Zürich 1996.
Schweizerische Nationalbank: Monatsberichte, laufend.
Schwicht, P./Neske, Ch.: CreditMetrics – neues System zur Risikoanalyse, in: DBk, Nr. 8/1997, S. 470-473.
Scott, G. C.: Government Reform in New Zealand, International Monetary Fund (Ed.), Washington, D.C. 1996.

Seger, F.: Banken, Erfolg und Finanzierung. Eine Analyse für deutsche Industrieunternehmen, Wiesbaden 1997.

Seidel, M.: Rechtliche und politische Probleme beim Übergang in die Endstufe der Wirtschafts- und Währungsunion, Referat im Kontaktseminar an der Ruhr-Universität Bochum am 4.6.1996, in: SB Nr. 44, SS 1995, S. 44-49.

Seidenschwarz, W.: Target Costing, München 1993.

Seifert, W. G.: Versicherungen und Banken als Anbieter von Financial Services, in: H.-J. Krümmel/ B. Rudolph (Hrsg.): Bankmanagement für neue Märkte, Frankfurt/M. 1987, S. 63-82.

Seiler, H.: Das neue Insolvenzrecht, in: BI, 23. Jg., Nr. 1/1997, S. 59-62.

Seitz, J.: Die Determinanten der Bankwahl und der Bankloyalität, Diss. Münster 1976.

Seitz, J.: Die Verordnung über den Inhalt der Prüfungsberichte zu den Jahresabschlüssen und Zwischenabschlüssen der Kreditinstitute, in: WPg, 47. Jg., 1994, S. 489-499.

Seitz, J./Stickel, E.: Database Marketing in der Kreditwirtschaft, in: DBk, Nr. 2/1997, S. 94-100.

Selowsky, R.: Bankkonditionen, Referat im Kontaktseminar an der Ruhr-Universität Bochum am 7.6.1977, in: SB Nr. 6, SS 1977, S. 26-30.

Sengera, J.: Relationship Management in der Bank aus organisatorischer Sicht, Referat im Kontaktseminar an der Ruhr-Universität Bochum am 24.4.1990, in: SB Nr. 32, SS 1990, S. 26-29.

Seward, J. K.: Corporate financial policy and the theory of financial intermediation, in: JoF, vol. 45, 1990, S. 351-377.

Sharpe, St. A.: Asymmetric information, bank lending, and implicit contracts: A stylized model of customer relationship, in: JoF, vol. 45, 1990, S. 1069-1087.

Sherman, H. C./Kaen, F. R.: Die deutschen Banken und ihr Einfluß auf Unternehmensentscheidungen, in: ifo-Schnelldienst, 50. Jg., Nr. 23/1997, S. 3-20.

Shirreff, D.: The agony of the global supervisor, in: EM, no. 7/1996, S. 48-52.

Shostak, G. L.: How to design a service, in: European Journal of Marketing, vol. 16, 1982, S. 49-63.

Siebel, U. R.: Eigenkapital und Quasi-Eigenkapital von Kreditinstituten, Frankfurt/M. 1980.

Siebke, J. (Hrsg.): Finanzintermediation, Bankenregulierung und Finanzmarktintegration, Berlin 1991.

Siebke, J./Thieme, H. J. (Hrsg.): Geldpolitik – Zwanzig Jahre Geldmengensteuerung in Deutschland, Baden-Baden 1995.

Silber, W. L.: The Process of Financial Innovation, in: AER, vol. 73, 1983, Supplement: Papers and Proceedings of the Ninety-Fifth Annual Meeting of the American Economic Association, S. 89-95.

Simon, H.: Preismanagement, 2. Aufl., Wiesbaden 1992.

Simon, H./Pohl, A.: Vertrauen wächst mit dem Pricing, in: asw, 39. Jg., 1996, Sonderheft Oktober, S. 168-172.

Simon, H./Homburg, Ch. (Hrsg.): Kundenzufriedenheit, 2. Aufl., Wiesbaden 1997.

Singleton, K. J. (Ed.): Japanese Monetary System, Chicago/London 1993.

Sinkey, J. F. jr.: Commercial bank financial management in the financial services industry, 3rd ed., New York et al. 1989.

Sinn, H. W.: Der Staat im Bankwesen, München 1997.

Skaruppe, M.: Duplizierung von Bankgeschäften im Wertbereich als Kernproblem der Marktzinsmethode, Berlin 1994.

Slevogt, H.: Entscheidungsorientiertes Bankrechnungswesen, in: ÖBA, 31. Jg., 1983, S. 443-463.

Slevogt, H.: Von defizitärem Zahlungsverkehr kann bei korrekter Kalkulation keine Rede sein, in: HB, Nr. 47 v. 7.3.1989, S. 6.

Slovin, M. B./Johnson, S. A./Glasock, J. L.: Firm size and the information content of bank loan announcement, in: JoBF, vol. 16, 1992, S. 1057-1071.

Slovin, M. B./Sushka, M. E./Polonchek, J. A.: The value of bank durability: Borrowers as bank stakeholders, in: JoF, vol. 48, 1993, S. 247-266.

Slovin, M. B./Young, J. E.: Bank lending and initial public offering, in: JoBF, vol. 14, 1990, S. 729-740.

Söllner, A.: Commitment in Geschäftsbeziehungen, Wiesbaden 1993.

Sorg, P.: Der kumulative Beschäftigungsgrad in Kreditinstituten, dargestellt am Beispiel des Kassenbereichs, in: ÖBA, 29. Jg., 1981, S. 118-133.

SPD-Fraktion: Entwurf eines Gesetzes zur Verbesserung von Transparenz und Beschränkung von Machtkonzentrationen in der Wirtschaft vom 31.1.1995, Bundestags-Drucksache 13/367.

Spence, M.: Job market signaling, in: QJoE, vol. 87, 1973, S. 355-374.
Spence, M.: Informational aspects of market structure: An introduction, in: QJoE, vol. 90, 1976, S. 591-597.
Spettmann, Th.: Budgetierung im finanziellen Leistungsbereich der Bank mit Hilfe eines modularen Planungsmodells, München 1979.
Spiegel-Verlag: Soll und Haben, Hamburg, 1: 1980 – 4: 1996.
Spindler, J. v./Becker, W./Starke, O.-E.: Die Deutsche Bundesbank. Grundzüge des Notenbankwesens und Kommentar zum Gesetz über die Deutsche Bundesbank, 4. Aufl., Stuttgart 1973.
Spremann, K.: Reputation, Garantie, Information, in: ZfB, 58. Jg., 1988, S. 613-629.
Spremann, K.: Wirtschaft, Investition und Finanzierung, 5. Aufl., München/Wien 1996.
Staehle, W.: Management, 7. Aufl., München 1994.
Stahlschmidt, D.: Schutzbestimmungen in Kreditverträgen, Wiesbaden 1982.
Stanhouse, B.: Commercial bank portfolio behaviour and endogenous uncertainty, in: JoF, vol. 41, 1986, S. 1103-1114.
Starke, W.: Zu den Bewertungsspielräumen in den Bilanzen der Kreditinstitute, Referat im Kontaktseminar an der Ruhr-Universität Bochum am 4.11.1980, in: SB Nr. 13, WS 1980/81, S. 41f.
Starkl, F. P.: Nachkaufmarketing in Kreditinstituten, Wien 1983.
Staudt, M. v.: Bankmarketing im internationalen Geschäft, Wiesbaden 1980.
Stauss, B.: Augenblicke der Wahrheit, in: asw, 34. Jg., Nr. 6/1991, S. 96-105.
Stauss, B.: Total Quality Management und Marketing, in: Marketing ZFP, 16. Jg., 1994, S. 149-159.
Stauss, B.: Beschwerdemanagement, in: B. Tietz/R. Köhler/J. Zentes (Hrsg.): Handwörterbuch des Marketing, 2. Aufl., Stuttgart 1995, Sp. 226-238.
Stauss, B./Neuhaus, P.: Das Qualitative Zufriedenheitsmodell (QZM), in: H. Diller (Hrsg.): Beziehungsmanagement, Nürnberg 1995, S. 137-165.
Stein, D.: Wettbewerbspolitik und Geschäftsbankensystem, Bochum 1975.
Stein, J. H. v. (Hrsg.): Banken in Japan heute: Kulturelle Besonderheiten und Erfahrungen im japanischen Finanzwesen, Frankfurt/M. 1994.
Stein, J. H. v./Gruber, D.: Das Bankensystem Chinas im Wandel der Reformen, in: Spk, 113. Jg., 1996, S. 123-126.
Stein, J. H. v./Terrahe, J. (Hrsg.): Handbuch Bankorganisation, 2. Aufl., Wiesbaden 1995.
Stein, St.: Beziehungsmanagement im Personalwesen von Banken, Wiesbaden 1997.
Stein, St.: Chancen und Risiken der virtuellen Bank: Internet als Vertriebsweg für Bankleistungen, in: BI, 23. Jg., Nr. 3/1997, S. 18-22.
Steiner, J.: Bankenmacht und Wirtschaftsordnung, Frankfurt/M. 1994.
Steiner, J./Bonus, H./Wagner, H.: Dreistufigkeit im genossenschaftlichen Bankenverbund: Luxus oder Notwendigkeit?, Frankfurt/M. 1988.
Steiner, M./Bruns, Ch.: Wertpapier-Management, 4. Aufl., Stuttgart 1995.
Steiner, M./Tebroke, H.-J./Wallmeier, M.: Konzepte der Rechnungslegung für Finanzderivate, in: WPg, 48. Jg., 1995, S. 533-544.
Stigler, G. J.: The economics of information, in: JoPE, vol. 69, 1961, S. 213-225.
Stiglitz, J. E.: The theory of »screening«, education, and distribution of income, in: AER, vol. 65, 1975, S. 283-300.
Stiglitz, J. E./Weiss, A.: Credit rationing in markets with imperfect information, in: AER, vol. 71, 1981, S. 393-410.
Stopp, U.: Reklamationen als Chance zur Kundenbindung?, in: bum, 23. Jg., Nr. 6/1994, S. 32-35.
Storck, A.: Die Technik- und Beratungs-Bank, Frankfurt/M. et al. 1983.
Strahan, P. E./Weston, J.: Small Business Lending and Bank Consolidation: Is there Cause for Concern?, in: Federal Reserve Bank of New York: Current Issues in Economics and Finance, vol. 2, 1996, no. 3 (march).
Streeter, W. W.: Do banks have an image problem?, in: ABA, vol. 86, no. 3/1994, S. 40-46.
Strothmann, H.: Zur Attraktivität eines Allfinanzangebotes, in: bum, 17. Jg., Nr. 8/1988, S. 5-12.
Strunk, I.: Veränderungen im Sparkassenrecht, in: Spk, 107. Jg., 1990, S. 559-565.
Strutz, E.: Wertmanagement von Banken, Bern et al. 1993.
Stucken, R.: Geld und Kredit, 2. Aufl., Tübingen 1957.
Stützel, W.: Bankpolitik – heute und morgen, 1. Aufl., Frankfurt/M. 1964 und 3. Aufl. 1983.
Süchting, J.: Kalkulation und Preisbildung der Kreditinstitute, Frankfurt/M. 1963.

Süchting, J.: Die Budgetrechnung – ein modernes Führungsinstrument der Bankleitung, in: Bank-Betrieb, 7. Jg., 1967, S. 41-46.

Süchting, J.: Theorie und Politik des Banksortiments – Grundlagen einer Sortimentslehre der Bank, (unveröffentlichte) Habilitationsschrift, Frankfurt/M. 1967.

Süchting, J.: Zur Kontroverse um die Bankkalkulation, in: ZfgK, 20. Jg., 1967, S. 15-20.

Süchting, J.: Bestimmungsfaktoren des Kreditangebots – Ein Beitrag zum Faktorsystem der Bank, in: Blätter für Genossenschaftswesen, 114. Jg., 1968, S. 441-446.

Süchting, J.: Die Einkaufswirtschaftlichkeit für Bankdienstleistungen und die Zweigstellenpolitik, in: Bank-Betrieb, 8. Jg., 1968, S. 277-280.

Süchting, J.: Die Deckungsbeitragsrechnung in Kreditinstituten, in: Neue Betriebswirtschaft, 22. Jg., Nr. 4/1969, S. 15-21.

Süchting, J.: Die Bankloyalität als Grundlage zum Verständnis der Absatzbeziehungen von Kreditinstituten, in: KuK, 5. Jg., 1972, S. 269-300.

Süchting, J.: Das Kreditgeschäft der Banken unter dem Einfluß monetärer Konjunkturpolitik, in: ÖBA, 24. Jg., 1976, S. 40-53.

Süchting, J.: Anwendbarkeit von betriebswirtschaftlichen Modellen bei Kreditinstituten, in: Deutscher Sparkassen- und Giroverband (Hrsg.): Betriebswirtschaftliche Tagung 1977, Stuttgart 1977, S. 99-123.

Süchting, J.: Beziehungen zwischen den gesamtwirtschaftlichen Aufgaben und der Betriebsorganisation von Kreditinstituten, in: ZfO, 47. Jg., 1978, S. 301-305.

Süchting, J.: Zuwachsraten im verteilten Markt, in: Perspektiven, Schriftenreihe der Westdeutschen Genossenschafts-Zentralbank, Nr. II, o.O., 1978.

Süchting, J.: Gleichwertigkeit der Bankenpublizität?, in: BZ, Nr. 59 v. 24.3.1979, S. 14 und 16.

Süchting, J.: Rechtfertigungsfähige Preise im Zahlungsverkehr und Kreditgeschäft, in: DBk, Nr. 12/1980, S. 550-556.

Süchting, J.: Zum Finanzmarketing der Unternehmung, in: D. Hahn (Hrsg.): Führungsprobleme industrieller Unternehmungen, Festschrift für F. Thomée zum 60. Geburtstag, Berlin 1980, S. 217-233.

Süchting, J.: Die aktuelle Eigenkapitalproblematik der Kreditinstitute, in: Das Eigenkapital der Kreditinstitute als historisches und aktuelles Problem, 5. Beiheft zum »Bankhistorischen Archiv«, Zeitschrift zur Bankengeschichte, Frankfurt/M. 1981, S. 31-48.

Süchting, J.: Scheinargumente in der Diskussion um stille Reserven bei Kreditinstituten, in: DBW, 41. Jg., 1981, S. 207-220.

Süchting, J.: Kreativität und Innovation – Grundvoraussetzungen zur Bewältigung künftiger Probleme in der Kreditwirtschaft?, in: Spk, 99. Jg., 1982, S. 372-378.

Süchting, J.: Zum Problem des »angemessenen« Eigenkapitals von Kreditinstituten, in: ZfbF, 34. Jg., 1982, S. 397-415.

Süchting, J.: Wieviel Stufen im genossenschaftlichen Verbund?, in: ZfgK, 37. Jg., 1983, S. 793-796.

Süchting, J.: Nachrangige Verbindlichkeiten in der Kapitalstruktur deutscher Unternehmen?, in: M. Bierich/R. Schmidt (Hrsg.): Finanzierung deutscher Unternehmen heute, Stuttgart 1984, S. 107-116.

Süchting, J.: Chancen und Risiken ausländischer Bausparinstitute, in: SB Nr. 22, SS 1985, S. 28-42.

Süchting, J.: Überlegungen zu einer flexiblen Preispolitik der Kreditinstitute im Firmenkundengeschäft, in: bum, 14. Jg., Nr. 3/1985, S. 5-9.

Süchting, J.: Finanzmarketing auf den Aktienmärkten, in: ZfgK, 39. Jg., 1986, S. 654-659.

Süchting, J.: Bankeinleger sind nicht so dumm, in: BZ, Nr. 102 v. 30.5.1987, S. 17.

Süchting, J.: Überlegungen zur Attraktivität eines Allfinanzangebotes, in: bum, 16. Jg., Nr. 12/1987, S. 7-13.

Süchting, J.: Verrechnungspreise im Bankbetrieb, in: J. Krumnow/M. Metz (Hrsg.): Rechnungswesen im Dienste der Bankpolitik, Festschrift für K. Mertin, Stuttgart 1987, S. 199-208.

Süchting, J.: Strukturwandel erfordert flexible Personalpolitik, in: DBk, Nr. 7/1988, S. 358-365.

Süchting, J.: Noch mehr zur Attraktivität eines Allfinanzangebotes, in: bum, 17. Jg., Nr. 11/1988, S. 23-25.

Süchting, J.: Zur Funktionsfähigkeit des deutschen Kapitalmarktes, in: G. Bruns/K. Häuser (Hrsg.): Strukturwandel am deutschen Kapitalmarkt, Frankfurt/M. 1989, S. 155-171.

Süchting, J.: Strategische Allianzen in der Kreditwirtschaft, in: ZfgK, 43. Jg., 1990, S. 702-704.

Süchting, J.: Die Theorie der Bankloyalität – (noch) eine Basis zum Verständnis der Absatzbeziehungen von Kreditinstituten?, in: J. Süchting/E. van Hooven (Hrsg.): Handbuch des Bankmarketing, 2. Aufl., Wiesbaden 1991, S. 25-43.

Süchting, J.: Eigenkapital im europäischen Bankenwettbewerb, in: ZfgK, 44. Jg., 1991, S. 1083-1086.

Süchting, J.: Financial Communications: Wie müssen Unternehmen kommunizieren, um vom Kapitalmarkt verstanden zu werden?, in: A. Demuth (Hrsg.): Imageprofile '91: Financial Communications, Das Deutsche Image-Jahrbuch, 4. Jg., Düsseldorf 1991, S. 10-18.

Süchting, J.: Wachsen die preispolitischen Spielräume? Anmerkungen zu Banktreue und Beziehungsmanagement, in: bum, 20. Jg., Nr. 5/1991, S. 16-21.

Süchting, J.: Sicherheit, Rendite, Liquidität – Kriterien für den Anlageerfolg, in: SB Nr. 37, WS 1992/93, S. 18-28.

Süchting, J.: Kreditinstitut, in: K. Chmielewicz/M. Schweitzer (Hrsg.): Handwörterbuch des Rechnungswesens, 3. Aufl., Stuttgart 1993, Sp. 1298-1315.

Süchting, J.: Vertrieb von Finanzdienstleistungen auf dem Markt für Privatkunden, in: DBk, Nr. 8/1994, S. 449-457.

Süchting, J.: Banker müssen »Bankunternehmer« werden, in: BZ, Nr. 252 v. 31.12.1994, S. 53.

Süchting, J.: Banken am Pranger – öffentliche Kritik und Reaktionen der Kreditinstitute, in: SB Nr. 41, WS 1994/95, S. 5-13.

Süchting, J.: Bankenrechnungslegung unter Transparenzzwang, in: BZ, Nr. 67 v. 5.4.1995, S. 36.

Süchting, J.: Finanzmanagement. Theorie und Politik der Unternehmensfinanzierung, 6. Aufl., Wiesbaden 1995.

Süchting, J.: Strategische Positionierung von privaten Banken, (I) in: ZfgK, 49. Jg., 1996, S. 263-267 und (II) in: ZfgK, 49. Jg., 1996, S. 309-312.

Süchting, J.: Unternehmenssteuerung in Aktienbanken nach dem Shareholder-Value-Konzept, in: International Bankers Forum e.V. (Hrsg.): Die Banken auf dem Weg ins 21. Jahrhundert: Strategien und Konzepte, Wiesbaden 1996, S. 407-418.

Süchting, J.: Volatilität und Flexibilität – Entwicklungstendenzen im Kreditgeschäft der Banken, in: BI, 23. Jg., Nr. 6/1996, S. 22-24.

Süchting, J.: Public Relations und Relationship Banking im Firmenkundengeschäft, in: K. Backhaus/B. Günter/M. Kleinaltenkamp/W. Plinke/H. Raffée (Hrsg.): Marktleistung und Wettbewerb, Strategische und operative Perspektiven der marktorientierten Leistungsgestaltung, Festschrift für W. H. Engelhardt, Wiesbaden 1997, S. 489-502.

Süchting, J./Boening, D.: Der personale Produktions- und Verkaufsprozeß von Bankleistungen, in: Bank-Betrieb, 11. Jg., 1971, S. 364-370.

Süchting, J./Bonn, J.: Überlegungen zur Aktienkursentwicklung und Eigenkapitalbeschaffung japanischer und deutscher Banken, in: SB Nr. 38, SS 1993, S. 42-71.

Süchting, J./Bonn, J.: Zur Run-Apokalypse – das Beispiel Japans, in: SB Nr. 43, WS 1995/96, S. 33-38.

Süchting, J./Schmitz, G.: Ansätze zur Gestaltung einer bankbezogenen Unternehmensidentität und -kultur, in: SB Nr. 32, SS 1990, S. 3-13.

Süchting, J./Stahlschmidt, D.: Wettbewerb mit Informationsanforderung?, in: ZfgK, 32. Jg., 1979, S. 1081-1086.

Süchting, J./Ullrich, A.: Unterschiede und Gemeinsamkeiten im Bank- und Versicherungsmarketing, in: SB Nr. 29, WS 1988/89, S. 10-18.

Süchting, J./Wünsche, G.: Untersuchungen zur Rentabilität von Sparkassen-Zweigstellen, Stuttgart 1978.

Süchting, J./Heitmüller, H.-M. (Hrsg.): Handbuch des Bankmarketing, 3. Aufl., Wiesbaden 1998.

Süchting, J./van Hooven, E. (Hrsg.): Handbuch des Bankmarketing, 2. Aufl., Wiesbaden 1991.

Suzuki, Y. (Ed.): The Japanese financial system, Oxford 1987.

Sydow, J.: Strategische Netzwerke: Evolution und Organisation, Wiesbaden 1995.

Szallies, R.: Markt- und Unternehmensforschung als Voraussetzung für den optimalen Einsatz des vertriebspolitischen Instrumentariums, in: O. Betsch/R. Wiechers (Hrsg.): Handbuch Finanzvertrieb, Frankfurt/M. 1995, S. 41-60.

Szallies, R.: Vom Bankkunden zum Bankverkäufer, in: asw, 39. Jg., 1996, Sonderheft Oktober, S. 94-101.

Talmor, R.: A normative approach to bank capital adequacy, in: Journal of Financial and Quantitative Analysis, vol. 15, 1980, S. 785-811.

Talwar, R.: Der Auf- und Ausbau einer weltweiten Markenpolitik – einige Überlegungen am Beispiel der Citibank, in: J. Süchting/H.-M. Heitmüller (Hrsg.): Handbuch des Bankmarketing, 3. Aufl., Wiesbaden 1998.

Tatewaki, K.: Banking and Finance in Japan, London/New York 1991.

Taylor, D. V. L./Mehta, B./Wurster, Th.: Die Herausforderung für Kreditinstitute: Online-Banking auf der Datenautobahn, in: J. Süchting/H.-M. Heitmüller (Hrsg.): Handbuch des Bankmarketing, 3. Aufl., Wiesbaden 1998.

Taylor, H.: The discount window and money control, in: Federal Reserve Bank of Philadelphia: Business Review, May/June 1983, S. 3-12.

Tebroke, H.-J.: Größe und Fusionserfolg von Genossenschaftsbanken, Köln 1993.

Terberger, E.: Der Kreditvertrag als Instrument zur Lösung von Anreizproblemen: Fremdfinanzierung als Principal/Agent-Beziehung, Heidelberg 1987.

Terrahe, J.: Das marktorientierte Informationssystem einer Großbank, Referat im Kontaktseminar an der Ruhr-Universität Bochum am 30.1.1979, in: SB Nr. 9, WS 1978/79, S. 42f.

Terrahe, J.: Der überbetriebliche Zahlungsverkehr zwischen Wettbewerb und Standardisierung, Referat im Kontaktseminar an der Ruhr-Universität Bochum am 26.5.1981, in: SB Nr. 14, SS 1981, S. 38-41.

Théodore, J.-F. : Finanzplatz Paris mit völlig neuem Gesicht, in: BZ, Nr. 101 v. 28.5.1994, S. 22.

Theuvsen, L.: Interne Revision: Konzept – Organisation – Effizienz, Wiesbaden 1994.

Theuvsen, L.: Business Reengineering – Möglichkeiten und Grenzen einer prozeßorientierten Gestaltung, in: ZfbF, 48. Jg., 1996, S. 65-82.

Thibaut, J. W./Kelley, H. H.: The Social Psychology of Groups, New York et al. 1959, Reprint 1986.

Thiemann, B.: Genossenschaftliche Idee im Strukturwandel – Herausforderungen und Chancen für das Spitzeninstitut des genossenschaftlichen Finanzverbundes, Referat im Kontaktseminar an der Ruhr-Universität Bochum am 26.1.1993, in: SB Nr. 37, WS 1992/93, S. 54-57.

Thieme, H. J. (Hrsg.): Geldtheorie. Entwicklung, Stand und systemvergleichende Anwendung, 2. Aufl., Baden-Baden 1987.

Thieme, H. J.: Finanzinnovationen und Geldmengensteuerung, in: J. Siebke/H. J. Thieme (Hrsg.): Geldpolitik, Baden-Baden 1995, S. 93-132.

Thießen, F.: Covenants in Kreditverträgen: Alternative Ergänzung zum Insolvenzrecht?, in: ZBB, 8. Jg., 1996, S. 19-37.

Thießen, U.: Finanzsystem, Deregulierung und Geldpolitik in Japan, Baden-Baden 1991.

Thomas, K.: Erkenntnisse aus dem Jahresabschluß für die Bonität von Wirtschaftsunternehmen, in: J. Baetge (Hrsg.): Der Jahresabschluß im Widerstreit der Interessen, Düsseldorf 1983, S. 69-84.

Timewell, St. et al.: Regulatory crisis, in: TB, vol. 145, no. 11/1995, S. 22-27.

Tippelskirch, A. v.: Erfolgsorientierte Steuerung der Firmenkundenbetreuer, in: J. Süchting/H.-M. Heitmüller (Hrsg.): Handbuch des Bankmarketing, 3. Aufl., Wiesbaden 1998.

Tobin, J.: Liquidity preference as behavior towards risk, in: RoES, vol. 25, 1957-1958, S. 65-86.

Toffler, A.: Die Zukunftschance, München 1980.

Trippen, L.: Arbeitsteilung und Wettbewerb im Verbund der Sparkassen und Landesbanken, Referat im Kontaktseminar an der Ruhr-Universität Bochum am 29.5.1979, in: SB Nr. 10, SS 1979, S. 28-30.

Tucker, G.: The theory of money & banks investigated, Boston 1839, Reprint New York 1964.

Uhle, C.: Lean Banking, Köln 1993.

Uhlir, H./Aussenegg, W.: Value-at-Risk (VAR), (I) in: ÖBA, 44. Jg., 1996, S. 831-836 und (II) in: ÖBA, 45. Jg., 1997, S. 273-277.

Uhlir, H./Steiner, P.: Wertpapieranalyse, 3. Aufl., Heidelberg 1994.

Ulrich, H.: Die Unternehmung als produktives soziales System, Bern/Stuttgart 1968.

Ulrich, S.: Die neuen Bankiers, in: mm, 21. Jg., Nr. 3/1991, S. 155-164.

Utzig, P. B.: Kundenorientierung strategischer Geschäftseinheiten. Operationalisierung und Messung, Wiesbaden 1997.

Verband der Auslandsbanken in Deutschland e.V.: Die Auslandsbanken in Deutschland 1996, Frankfurt/M. 1996.

Villiez, Ch. v.: Budgetkontrolle und Abweichungsanalyse in Kreditinstituten, Frankfurt/M. 1989.
Volksbank Hamm eG: Geschäftsbericht für das Jahr 1995.
Vorderstemann, D. P.: Simulation von Rentabilität und Liquidität – Alternative Planungsrechnung und Depot-A-Management als PC-Anwendungen, in: BBl, 36. Jg., 1987, S. 422-426.

Wächter, K.: Chancen und Risiken einer Fusion von Kreditinstituten, Referat im Kontaktseminar an der Ruhr-Universität Bochum am 10.5.1994, in: SB Nr. 40, SS 1994, S. 51-56.
Wagner, A.: Beiträge zur Lehre von den Banken, Leipzig 1857.
Wagner, E.: Theorie der Bankunternehmung, Frankfurt/M./Bern 1982.
Wahrenburg, M.: Risikomodelle ein Teufelszeug?, in: BZ, Nr. 134 v. 16.7.1996, S. 19.
Walgenbach, P.: Mittleres Management: Aufgaben – Funktionen – Arbeitsweisen, Wiesbaden 1994.
Walter, B.: Paßt der Geschäftszweig der »Unternehmensberatung« ins Sortiment einer Großbank?, Referat im Kontaktseminar an der Ruhr-Universität Bochum am 23.1.1990, in: SB Nr. 31, WS 1989/90, S. 38-41.
Walter, B.: Electronic Banking als Erweiterung des Vertriebssystems und Leistungsprogramms, in: J. Süchting/E. van Hooven (Hrsg.): Handbuch des Bankmarketing, 2. Aufl., Wiesbaden 1991, S. 303-328.
Walter, I. (Ed.): Deregulating Wall Street, New York 1985.
Walter, I.: On the stability of the US-Banking-System, Referat im Kontaktseminar an der Ruhr-Universität Bochum am 28.5.1991, in: SB Nr. 34, SS 1991, S. 39-42.
Walter, R.: Portfolio-Bewertung im Risikocontrolling und im Jahresabschluß: die Abbildung derivativer Zinsinstrumente des Handelsbestandes, Wiesbaden 1995.
Waschbusch, G.: Die handelsrechtliche Jahresabschlußpolitik der Universalbanken, Stuttgart 1992.
Waschbusch, G.: Funktion, Inhalt und Aufbau des Anhangs von Kreditinstituten nach den neuen Rechnungslegungsvorschriften, in: DB, 46. Jg., 1993, S. 793-802.
Waschbusch, G.: Die bankspezifische offene Risikovorsorge des § 340g HGB, in: DBk, Nr. 3/1994, S. 166-168.
Waterhouse, J. B.: Japan's banking crisis – towards a solution, James Capel Pacific Ltd. (Ed.), Tokyo 1995.
Waterman, R. H./Gee, R. E.: A new tool for bank management: a mathematical model in banking, in: Bulletin of the Robert Morris Associates, vol. 45, 1963, S. 173-179, wiederabgedruckt in: K. J. Cohen/F. S. Hammer: Analytical methods in banking, Homewood/Ill., 1966, S. 55-62.
Wayne, B. K./Wayne, C. B.: Branches for a small planet, in: ABA, vol. 87, no. 8/1995, S. 43-45.
Weber, A.: Depositenbanken und Spekulationsbanken, 4. Aufl., München/Leipzig 1938.
Weber, A.: Einlagensicherung europaweit, in: DBk, Nr. 8/1994, S. 476-479.
Weber, B.: Produktwerbung und Verkaufsförderung im Privatkundengeschäft, in: J. Süchting/E. van Hooven (Hrsg.): Handbuch des Bankmarketing, 2. Aufl., Wiesbaden 1991, S. 233-250.
Weber, M.: Markenpolitik des Bankbetriebs: Grundlagen und empirische Studien, Wiesbaden 1992.
Webster, F. E./Wind, Y.: Organizational Buying Behavior, Englewood Cliffs/N.J. 1972.
Wehrli, H. P.: Beziehungsmarketing – Ein Konzept, in: der markt, 33. Jg., 1994, S. 191-199.
Wehrli, H. P./Jüttner, U.: Relationship marketing in value generating systems, in: J. N. Sheth/A. Parvatiyar (Eds.): Relationship marketing: Theory, methods and applications. Section I: Paradigm and perspectives, Atlanta 1994.
Weibel, P.: Die Aussagefähigkeit von Kriterien zur Bonitätsbeurteilung im Kreditgeschäft der Banken, Bern 1973.
Weiber, R.: Positionierung von Kaufprozessen im informationsökonomischen Dreieck, in: ZfbF, 47. Jg., 1995, S. 99-123.
Weiber, R./Adler, J.: Informationsökonomisch begründete Typologisierung von Kaufprozessen, in: ZfbF, 47. Jg., 1995, S. 43-65.
Weiber, R./Jacob, F.: Kundenbezogene Informationsgewinnung, in: M. Kleinaltenkamp/W. Plinke (Hrsg.): Technischer Vertrieb – Grundlagen, Berlin et al. 1995, S. 513-596.
Weiershäuser, E.: Die Entwicklung der Risikoposition einer Bank aus ihren Geschäftsfeldrisiken, Referat im Kontaktseminar an der Ruhr-Universität Bochum am 15.11.1988, in: SB Nr. 29, WS 1988/89, S. 22-25.
Weinrich, G.: Kreditwürdigkeitsprognosen – Steuerung des Kreditgeschäfts durch Risikoklassen, Wiesbaden 1978.
Weiss, U.: Marktforschung der Kreditinstitute, Berlin 1966.

Weiss, U.: Compliance-Funktion in einer deutschen Universalbank, in: DBk, Nr. 3/1993, S. 136-139.
Weiss, U.: Unternehmensstruktur, Prozeßorganisation und Mitarbeitermotivation in der Bank, Vortrag am 7.5.1993 an der Ruhr-Universität Bochum aus Anlaß des 60. Geburtstages von J. Süchting, in: SB Nr. 38, SS 1993, S. 10-19.
Weiss, U.: Zur Europa-Strategie der deutschen Banken, in: J. Süchting/H.-M. Heitmüller (Hrsg.): Handbuch des Bankmarketing, 3. Aufl., Wiesbaden 1998.
Weitzel, J. E.: Reformen im chinesischen Banken- und Finanzsystem, in: DBk, Nr. 12/1995, S. 742-747.
Wende, St.: Finanzinnovationen und Geldpolitik. Eine geldtheoretische Problemanalyse anhand ausgewählter Finanzinnovationen, Frankfurt/M. 1990.
Wenger, E.: Kapitalmarktrecht als Resultat deformierter Anreizstrukturen, in: D. Sadowski/H. Czap/H. Wächter (Hrsg.): Regulierung und Unternehmenspolitik, Wiesbaden 1996, S. 419-458.
Werder, A. v. (Hrsg.): Grundsätze ordnungsmäßiger Unternehmungsführung (GoF), ZfbF-Sonderheft 36, Düsseldorf/Frankfurt/M. 1996.
Werner, P.: Privatbanken: Nicht zwei Herren, in: WiWo, 48. Jg., Nr. 25/1994, S. 104-112.
Werner, W.: Späte Reform der amerikanischen Filialgesetzgebung, in: DBk, Nr. 12/1994, S. 712-716.
Wessels, K.-H.: Banken und Öffentlichkeit: Beziehungsstörung, in: BZ, Nr. 175 v. 10.9.1994, S. 13.
WGZ-Bank (Hrsg.): Internet als Vertriebsweg für Bankdienstleistungen, Düsseldorf 1997.
Wieandt, P.: Zur Fusionsproblematik auf den verschiedenen Ebenen des Verbundes öffentlich-rechtlicher Kreditinstitute, Referat im Kontaktseminar an der Ruhr-Universität Bochum am 21.11.1989, in: SB Nr. 31, WS 1989/90, S. 28-31.
Wieandt, P.: Risiko als Faktor für den Ressourcen-Einsatz, in: ZfgK, 46. Jg., 1993, S. 603-610.
Wieck, H. A./Wünsche, G.: Lean Banking für das Filialnetz, in: DBk, Nr. 8/1993, S. 442-446.
Wiedmann, H.: Die Bewertungseinheit im Handelsrecht, in: W. Ballwieser et al. (Hrsg.): Bilanzrecht und Kapitalmarkt, Festschrift für A. Moxter, Düsseldorf 1994, S. 1447-1476.
Wielens, H.: Fragen der Bankorganisation – Führt die verstärkte Marktorganisation der Universalbanken zur Divisionalisierung?, Frankfurt/M. 1977.
Wielens, H.: Möglichkeiten und Grenzen einer marktorientierten Organisationsform von Geschäftsbanken, in: H.-D. Deppe (Hrsg.): Bankbetriebliches Lesebuch, Festschrift für L. Mülhaupt, Stuttgart 1978, S. 561-578.
Wielens, H.: Marktorientierte Bankorganisation, in: J. Süchting/E. van Hooven (Hrsg.): Handbuch des Bankmarketing, 2. Aufl., Wiesbaden 1991, S. 71-99.
Wilhelm, J.: Die Bereitschaft der Banken zur Risikoübernahme im Kreditgeschäft, in: KuK, 15. Jg., 1982, S. 572-601.
Wilson, G.: Getting beyond Glass-Steagall, in: The McKinsey Quarterly, no. 12/1995, S. 109-115.
Wilson, J.: Capital, currency and banking, London 1847.
Wimmer, K.: Bankkalkulation. Neue Konzepte der Kosten- und Erlösrechnung von Kreditinstituten, 2. Aufl., Berlin 1996.
Windmöller, R.: Die bilanzielle Behandlung von Finanzinnovationen bei Banken, in: K. M. Burger (Hrsg.): Finanzinnovationen – Risiken und ihre Bewältigung, Stuttgart 1989, S. 95-105.
Winter, W.: Kantonalbankenszene im Umbruch, in: BZ, Nr. 233 v. 3.12.1994, S. 4.
Wirth, W. P.: Bancassurance – Potentiale der Banken, in: DBk, Nr. 5/1997, S. 280-286.
Wissenschaftlicher Beirat des Instituts für bankhistorische Forschung e.V.: Deutsche Bankengeschichte, Bde. 1-3, Frankfurt/M. 1982 (Bde. 1 und 2) und 1983 (Bd. 3).
Wiswede, G.: Die Psychologie des Markenartikels, in: E. Dichtl/W. Eggers (Hrsg.): Marke und Markenartikel als Instrumente des Wettbewerbs, München 1992, S. 80-87.
Witt, F. J.: Bankloyalität – eine empirische Untersuchung, in: bum, 15. Jg., Nr. 1/1986, S. 20-23.
Witte, E.: Organisation für Innovationsentscheidungen, Göttingen 1973.
Wittrock, C./Jansen, S.: Gesamtbankrisikosteuerung auf der Basis von Value at Risk-Ansätzen, in: ÖBA, 44. Jg., 1996, S. 909-918.
Wittstock, J.: Eine Theorie der Geldpolitik von Kreditinstituten, Berlin 1971.
Woerz, C.: Die Deregulierung der US-amerikanischen Sparkassen, Baden-Baden 1994.
Wohlmannstetter, G.: Finanzplatz Tokio, Frankfurt/M. 1991.
Wolf, H.: 30 Jahre Nachkriegsentwicklung im deutschen Bankwesen, Mainz 1980.
Wolf, H.: Aufbau des Privatkundengeschäfts in den sechziger Jahren, in: DBk, Nr. 7/1993, S. 425-429.

Womack, J. P./Jones, D. P./Roos, D.: Die zweite Revolution in der Automobilindustrie, Frankfurt/ M. 1992.
Woratschek, H.: Die Typologie von Dienstleistungen aus informationsökonomischer Sicht, in: der markt, 35. Jg., 1996, S. 59-71.
Wörner, G.: Wirtschaftlichkeitsanalyse elektronischer Bankvertriebswege, Diss. Regensburg 1997.
Worthy, F.: Japan's smart secret weapon, in: Fortune v. 12.8.1991, S. 48-51.
Wunderer, R.: Mittleres Management – leitend oder leidend?, Zürich 1990.
Wünsche, G.: Zur Aussagefähigkeit der Jahresabschlüsse von Kreditinstituten, in: SB Nr. 10, SS 1979, S. 10-18.
Wünsche, G.: Grundlagen der Bankenwerbung aus verhaltenswissenschaftlicher Sicht, Wiesbaden 1982.
Wünsche, G./Swoboda, U.: Die Bedeutung von Zielgruppen für die fokussierte Universalbank, in: DBk, Nr. 5/1994, S. 275-279.

Yellen, J. L.: Trends in Mergers and Banking Structure, Statement before the Congress, in: Board of Governors of the Federal Reserve System: FRB, vol. 81, 1995, S. 1093-1102.

Zaik, E./Walter, J./Kelling, G./James, Ch.: Raroc at Bank of America: From theory to practice, in: JoACF, vol. 9, no. 2/1996, S. 83-93.
Zaik, E./Walter, J./Kelling, G./James, Ch.: Risk management's final frontier, in: EM, no. 9/1996, S. 74-79.
Zapp, H.: Der Kundenberater im Rahmen des Firmenkunden-Marketing einer Großbank, Referat im Kontaktseminar an der Ruhr-Universität Bochum am 20.11.1984, in: SB Nr. 21, WS 1984/85, S. 37-40.
Zarruk, E. R.: Bank spread with uncertain deposit level and risk aversion, in: JoBF, vol. 13, 1989, S. 797-810.
Zawal-Pfeil, B.: Fünf Jahre Ombudsmann der privaten Banken, in: DBk, Nr. 7/1997, S. 446f.
Zeise, L.: Die Agentin des Bundes, in: BZ, Nr. 112 v. 14.6.1996, S. 1.
Zeithaml, V.: How consumer evaluation processes differ between goods and services, in: C. H. Lovelock (Ed.): Services Marketing, 2nd ed., Englewood Cliffs/N.J. 1991, S. 39-47.
Zeitschrift für das gesamte Kreditwesen: Eigenkapital im europäischen Bankenwettbewerb, Wiedergabe der Vorträge auf der 37. Kreditpolitischen Tagung der ZfgK am 8.11.1991, in: ZfgK, 44. Jg., 1991, S. 1083-1102.
Zeitschrift für das gesamte Kreditwesen: Die Banken und die (Aufsichts-)Bürokratie – Opfer der Regulierungswut?, Wiedergabe der Vorträge auf der 43. Kreditpolitischen Tagung der ZfgK am 7.11.1997, in: ZfgK, 50. Jg., 1997, S. 1152-1176.
Zemke, G.: Bankjahresabschluß als Informationssystem. Ein Beitrag zur informationsgerechten Gestaltung des Jahresabschlusses von Aktienbanken, Göttingen 1995.
Zinken, R.: Die Planung im Bankbetrieb unter besonderer Berücksichtigung operations-analytischer Lösungsversuche zur Optimalplanung des Aktiv- und Passivgeschäfts, Köln 1975.
Zmarzly, St.: Finanzinnovationen und Geldmengensteuerung, Köln 1990.
Zollner, G.: Kundennähe in Dienstleistungsunternehmen. Empirische Analyse von Banken, Wiesbaden 1995.
Zügel, W.: Ist die öffentlich-rechtliche Rechtsform für Sparkassen noch zeitgemäß?, Referat im Kontaktseminar an der Ruhr-Universität Bochum am 13.1.1987, in: SB Nr. 25, WS 1986/87, S. 39-43.

Verzeichnis der Abbildungen und Tabellen

a. Abbildungsverzeichnis

Abb. A. 1:	Elementarfunktionen der Bank	6
Abb. A. 2:	Modell der Universalbank	11
Abb. A. 3:	Neuere Ansätze zur Erklärung der Existenz von Banken	13
Abb. A. 4:	Kapitalnachfrager entsprechend dem Grad der Informationsasymmetrie	24
Abb. B. 1:	Überblick über das Geschäftsbankensystem in der Bundesrepublik Deutschland	32
Abb. B. 2:	Die »doppelte« Disintermediation	53
Abb. B. 3:	Geschäftsprofile deutscher Universalbankengruppen	76
Abb. B. 4:	Verschuldungsbeziehungen im Bankensystem	80
Abb. B. 5:	Struktur des Geldvolumens und Verhältnis zwischen Geschäftsbanken- und Zentralbanksystem	81
Abb. B. 6:	Konzentration innerhalb eines Geschäftsbankensystems	84
Abb. B. 7:	Das schweizerische Bankensystem	86
Abb. B. 8:	Das Bankensystem in Großbritannien	91
Abb. B. 9:	Das Bankensystem in den USA	95
Abb. B. 10:	Das Bankensystem in Japan	108
Abb. B. 11:	Das Bankensystem in Frankreich	113
Abb. B. 12:	Schematisierte Darstellung einer Bank-Industrie-Verflechtung	127
Abb. B. 13:	Struktur des Leitungsgremiums der Deutschen Bundesbank	141
Abb. B. 14:	Entwicklung der Wachstumsraten der Zentralbankgeldmenge und der Geldmenge M_3	149
Abb. B. 15:	Bestimmungsgründe der Höhe und Zusammensetzung von M_3 und der Liquiditätsreserven	157
Abb. B. 16:	Entwicklung der Kredite und Liquiditätsreserven des Bankensystems	168
Abb. B. 17:	Im Rahmen der Offenmarktpolitik getätigte Wertpapierpensionsgeschäfte 1975-1995	171
Abb. B. 18:	Die Steuergröße »Liquiditätsreserven« im System der Zielgrößen	173
Abb. B. 19:	Entwicklung von Zinssätzen am Geldmarkt 1984-1995	175
Abb. B. 20:	Geldmarktsteuerung in der EWS-Krise Herbst 1992	178
Abb. B. 21:	Durchschnittszinssätze und Streubreite der Zinssätze für Kontokorrentkredite von 1 Mio. DM bis unter 5 Mio. DM	179
Abb. B. 22:	Aufbau des Europäischen Systems der Zentralbanken	186
Abb. B. 23:	Zum Instrumentarium der EZB	189
Abb. C. 1:	Das Management als Koalitionsführer unterschiedlicher Interessengruppen unter Performance-Druck	203
Abb. C. 2:	Zielsystem einer Bank	207
Abb. C. 3:	Einordnung der strategischen Planung in die Gesamtplanung	211
Abb. C. 4:	Unternehmensleitsätze der Westdeutschen Genossenschafts-Zentralbank	212
Abb. C. 5:	Strategische Geschäftsfelder einer Bank	214
Abb. C. 6:	Ist-Aufnahme der strategischen Geschäftsfeldkurve	215
Abb. C. 7:	Ist-Portfolio	216
Abb. C. 8:	Soll-Portfolio	217
Abb. C. 9:	Organisation der Budgeterstellung	220

Abb. C. 10:	Dreidimensionale Organisationsform		226
Abb. C. 11:	Eingliederung des volkswirtschaftlichen Bereichs in das Stab-Linien-System einer Bank		231
Abb. C. 12:	Verrichtungsorientierte Aufbauorganisation		232
Abb. C. 13:	Relikte einer verrichtungsorientierten Organisation der Bank		235
Abb. C. 14:	Regionalorientierte Organisation der Bank		235
Abb. C. 15:	Objektorientierte Aufbauorganisation der Bank nach dem Spartenprinzip		238
Abb. C. 16:	Unterschiedliche Leistungsabnahmen der Kundengruppen		240
Abb. C. 17:	Kundengruppenorientierte Organisationsform		241
Abb. C. 18:	Zweidimensionale Matrix		242
Abb. C. 19:	Vorstandsgliederung auf Konzern- und Bereichsebene der Deutsche Bank AG		243
Abb. C. 20:	Vorstandsgliederung der Bayerische Hypotheken- und Wechsel-Bank AG		246
Abb. C. 21:	Modularer Aufbau der Filialen		246
Abb. C. 22:	Geldströme in der spartenorientierten Aufbauorganisation		248
Abb. C. 23:	Geldströme in der kundengruppenorientierten Aufbauorganisation		249
Abb. C. 24:	Gesetzliche Großkreditregelung		252
Abb. C. 25:	Beispiel eines Ist-Blueprint für den Absatz eines Konsumentendarlehens		256
Abb. C. 26:	Beispiel eines Soll-Blueprint für den Absatz eines Konsumentendarlehens		258
Abb. C. 27:	Wartezeitmodell für Bankschalter		260
Abb. C. 28:	Monatliche Beschäftigungsschwankungen in einer Bankfiliale		262
Abb. C. 29:	Aufgaben der Internen Revision		265
Abb. C. 30:	Umsätze auf den Girokonten der Deutschen Bundesbank 1960-1995		270
Abb. C. 31:	Kernelemente des Lean-Banking-Ansatzes		285
Abb. C. 32:	Formblatt für die Bilanz		306
Abb. C. 33:	Die Bilanzierung des Wechselgeschäfts im Jahresabschluß der Bank		310
Abb. C. 34:	Definition der »Wertpapiere« in der Verordnung über die Rechnungslegung der Kreditinstitute		313
Abb. C. 35:	Abgrenzung von »Beteiligungen« und »Anteilen an verbundenen Unternehmen«		315
Abb. C. 36:	Formblatt für die Gewinn- und Verlustrechnung		323
Abb. C. 37:	Die Anwendung des Nettoprinzips in der GuV		326
Abb. C. 38:	Bewertungsvorschriften für Banken		328
Abb. C. 39:	Stille und offene Vorsorgereserven im Vergleich		330
Abb. C. 40:	Zur Währungsumrechnung nach § 340h HGB		332
Abb. C. 41:	Stufenkonzeption der Konzernrechnungslegung		339
Abb. C.42a:	Erstmalige Vollkonsolidierung		342
Abb. C.42b:	Vollkonsolidierung in der Folgeperiode		343
Abb. C. 43:	Erstmalige Konsolidierung mit der Equity-Methode		345
Abb. C. 44:	Einlagenentwicklung bei ertragsschwachen Sparkassen		360
Abb. C. 45:	Einlagenentwicklung bei ertragsschwachen Großbanken		361
Abb. C. 46:	Entwicklung des Ergebnisausweises in den Zwischenabschlüssen der Banken		366
Abb. C. 47:	Gliederung der Konzernbilanz nach IAS		371
Abb. C. 48:	Erstmalige Anwendung der IAS im Konzernabschluß der Deutsche Bank AG		373
Abb. C. 49:	Aufbau der Gewinn- und Verlustrechnung im Konzern nach IAS		374
Abb. C. 50:	Schema der Kapitalflußrechnung nach IAS		376
Abb. C. 51:	Elemente einer Kosten- und Erlösrechnung		383
Abb. C. 52:	Abgrenzung verschiedener Erfolgsbegriffe und ihrer Komponenten		385
Abb. C. 53:	Bankleistungen		387
Abb. C. 54:	Traditionelles System der Kosten- und Erlösrechnung		399
Abb. C. 55:	Betriebsabrechnungsbogen		404
Abb. C. 56:	Schichtung nach dem Rentabilitätsprinzip von der Aktivseite aus		407
Abb. C. 57:	Spartenorientierte Deckungsbeitragsrechnung		410
Abb. C. 58:	Berücksichtigung der Einlagenhöhe in einem Gebührensystem		411
Abb. C. 59:	Grundrechnung		413
Abb. C. 60:	Kalkulatorische Aufspaltung des Zinsüberschusses in den Fristentransformationsbeitrag und den Kundenkonditionsbeitrag		417
Abb. C. 61:	Typologie von Kundengeschäften als Basis für die Auswahl adäquater Opportunitätsgeschäfte		418

Abb. C. 62:	Verlagerung der Zuordnungsproblematik durch die Marktzinsmethode	421
Abb. C. 63:	Die Konstruktion eines zahlungsstromkongruenten Gegengeschäfts	423
Abb. C. 64:	Berechnung von Zerobond-Abzinsfaktoren	425
Abb. C. 65a:	Erfolgsquellenspaltung im Grundmodell der Marktzinsmethode	428
Abb. C. 65b:	Berechnung des Kundenkonditionsbeitrags-Barwerts	428
Abb. C. 65c:	Berechnung des Fristentransformationsbeitrags-Barwerts in t_0	428
Abb. C. 66a:	Berechnung des Fristentransformationsbeitrags-Barwerts in t_1 bei unveränderter Zinsstruktur	430
Abb. C. 66b:	Berechnung des Fristentransformationsbeitrags-Barwerts in t_1 bei veränderter Zinsstruktur	430
Abb. C. 67a:	Symbole für Risikoklassen im langfristigen Rating	434
Abb. C. 67b:	Zusammenhang zwischen Anleiherendite und Ratingklasse	434
Abb. C. 68:	Grundgedanke der Bewertung des Ausfallrisikos mit Hilfe der Optionspreistheorie	436
Abb. C. 69:	Gewinn/Verlust-Profile für Schuldnerunternehmen und Bank	436
Abb. C. 70:	Beispiel für die Berechnung der Risikoprämie	437
Abb. C. 71:	Aufbau der Standard-Einzelkostenrechnung	439
Abb. C. 72:	Vergleich der Kostentrennung in der traditionellen Plan- und der Prozeßkostenrechnung	442
Abb. C. 73:	Berechnung von Gesamtprozeßkostensätzen am Beispiel der Zahlungsverkehrsabteilung	444
Abb. C. 74:	Erfolgsermittlung bei einem Einzelgeschäft	446
Abb. C. 75:	Berechnung einer Preisuntergrenze	447
Abb. C. 76:	ROI-Schema auf Basis des internen Rechnungswesens	448
Abb. C. 77:	Determinanten des Gewinnbedarfs	448
Abb. C. 78:	Bodensatz der Einlagen	462
Abb. C. 79:	Unterschiedliche Vorsorgebedürftigkeit der einzelnen Einlagenkategorien	463
Abb. C. 80:	Unwirtschaftlichkeit dezentraler Kassenhaltung	465
Abb. C. 81:	Erhöhter Bodensatz der Einlagen	468
Abb. C. 82:	Bankaufsichtliche Begrenzung von Risikokomplexen	473
Abb. C. 83:	Verbrauch von Finanzierungsmitteln für die langfristigen (Grundsatz II) sowie kurz- und mittelfristigen (Grundsatz III) Anlagen	475
Abb. C. 84:	Die Liquiditätsrisikoposition einer Bank	477
Abb. C. 85:	Liquiditätssalden als Anhaltspunkt für die Liquiditätsvorsorge	478
Abb. C. 86:	Dichtefunktion einer Standardnormalverteilung	479
Abb. C. 87:	Aufgabenbereiche des Risikomanagements	481
Abb. C. 88:	Die Risikoposition einer Bank im Hinblick auf das Adressenausfallrisiko	482
Abb. C. 89:	Eigenkapitalkomponenten nach § 10 KWG	487
Abb. C. 90:	Systeme der kollektiven Einlagensicherung	491
Abb. C. 91:	Die Risikoklassen des Grundsatzes I	497
Abb. C. 92:	Bonitätsgewichtungsfaktoren des Grundsatzes I	498
Abb. C. 93:	Verbrauch von haftendem Eigenkapital gemäß Grundsatz I in Prozent der Risikoaktiva	499
Abb. C. 94:	Anrechnungsbeispiel für ein außerbilanzielles Geschäft im Grundsatz I	503
Abb. C. 95:	Beispiel für die Eigenmittelunterlegung unter Einbeziehung der Handelsbuchpositionen	512
Abb. C. 96:	Großkreditgrenzen nach der 6. KWG-Novelle	514
Abb. C. 97:	Typisierung nach § 1 KWG	517
Abb. C. 98:	Vergleich von Voll- und Quotenkonsolidierung	519
Abb. C. 99:	Behandlung eines aktivischen Unterschiedsbetrages nach § 10a KWG	521
Abb. C.100:	Ansatzpunkte zur Steuerung des Adressenausfallrisikos	522
Abb. C.101:	Die Verteilungsfunktionen »schlechter« und »guter« Risiken	523
Abb. C.102:	Die graphische Ermittlung der bivariaten Diskriminanzfunktion	525
Abb. C.103:	Modell der ABS-Finanzierung	528
Abb. C.104:	Credit Default Swap	530
Abb. C.105:	Ermittlung der Zinsrisiken im Grundsatz Ia	536
Abb. C.106:	Das System der Eigenkapitalunterlegung des neuen Grundsatzes I	537

Abb. C.107:	Die Risikoposition einer Bank im Hinblick auf Marktpreisrisiken	538
Abb. C.108:	Elastizitätsbilanz	543
Abb. C.109:	Elastizitätsdiagramm	543
Abb. C.110:	Wertverlauf einer Anleihe bei unterschiedlichen Zinsänderungen	544
Abb. C.111:	Zusammenhang zwischen Marktzins und Anleihekurs	547
Abb. C.112:	Dichtefunktion der Normalverteilung unter Aussagesicherheiten von 95% bzw. 99%	549
Abb. C.113:	Qualitative Anforderungen an bankeigene Risikomodelle	560
Abb. C.114:	Die gesamte Risikoposition einer Bank	570
Abb. C.115:	Das optimale Kreditvolumen einer Bank	583
Abb. C.116:	Die optimale Kapitalstruktur einer Bank	586
Abb. C.117:	Mindestreserveübersicht als Grundlage für die kurzfristige Liquiditätsplanung	594
Abb. C.118:	Liquiditätsplanung bei Unsicherheit	596
Abb. C.119:	Die Anpassungsschranken des Kassenbestands	598
Abb. C.120:	Bestimmung der Anpassungsschranken des Kassenbestands	599
Abb. C.121:	Bankleistungen und Modellkonstruktion	614
Abb. C.122:	Leistungsdimensionen und Integrativität des externen Faktors	622
Abb. C.123:	Lernkurve der Bankloyalität	629
Abb. C.124:	Merkmale des Relationship Banking im Vergleich zum Transaction Banking	633
Abb. C.125:	Attraktivität und Abhängigkeit in Beziehungen	638
Abb. C.126:	Kundenklassifizierung auf der Grundlage einer Bankloyalitäts-Kundendeckungsbeitrags-Matrix	641
Abb. C.127:	Der Wirkungszusammenhang des absatzpolitischen Instrumentariums	643
Abb. C.128:	Geldvermögensbildung und Kreditaufnahme der inländischen (nicht-finanziellen) Sektoren	647
Abb. C.129:	Ausschnitt aus den Ergebnissen einer Kundenbefragung	653
Abb. C.130:	Zweigstellenplanung mit Hilfe der Break-Even-Analyse und Kapitalwerten	655
Abb. C.131:	Diversifikationseffekt der Kredit-Wertpapier-Bank	658
Abb. C.132:	Finanzierungsbedarf für ein Exportprojekt	663
Abb. C.133:	Nachfrage nach dem Allfinanzzentrum	667
Abb. C.134:	Der preisautonome Bereich beim Absatz von Bankkrediten	671
Abb. C.135:	Grundsätzliche Funktionsweise des Target Costing	675
Abb. C.136:	Zielkostenkontrolldiagramm	678
Abb. C.137:	Der Kreditpreis unter Berücksichtigung der Kundenbeziehung	680
Abb. C.138:	Austauschmöglichkeiten zwischen Risikoprämie im Zins und Sicherheitsäquivalenten	681
Abb. C.139:	Ermittlung des Gesamtpreises der Kontoführung in Abhängigkeit von Durchschnittsguthaben	687
Abb. C.140:	Die Anwendung unterschiedlicher Preismodelle im Privatgiroverkehr in der Sparkassenorganisation	688
Abb. C.141:	Direkter Vertrieb von Finanzdienstleistungen	691
Abb. C.142:	Indirekter Vertrieb von Finanzdienstleistungen	691
Abb. C.143:	Kontinuum der Bankleistungen	693
Abb. C.144:	Die Nachfrage nach Bündeln von Finanzdienstleistungen in den Phasen des Lebenszyklus'	694
Abb. C.145:	Integrationsprobleme durch Übernahme einer Versicherung	706
Abb. C.146:	Beschwerden als »Spitze des Eisberges«	716
Abb. C.147:	Die Unternehmensphilosophie als Basis der CI-Strategie	722
Abb. C.148:	CI-Strategie und Marketing	723

b. Tabellenverzeichnis

Tab. B.	1:	Entwicklung der Zahl der Institute und Zweigstellen im deutschen Geschäftsbankensystem	35
Tab. B.	2:	Entwicklung des Geschäftsvolumens im deutschen Geschäftsbankensystem	36
Tab. B.	3:	Wesentliche bilanzunwirksame Geschäfte deutscher Banken	43
Tab. B.	4:	Aktiv- und Passivgeschäfte aller Bankengruppen von 1970-1995	45
Tab. B.	5:	Bilanzwirksame Verbriefung in der deutschen Kreditwirtschaft	52
Tab. B.	6:	Aktiv- und Passivgeschäfte der Großbanken von 1970-1995	65
Tab. B.	7:	Aktiv- und Passivgeschäfte der Sparkassen von 1970-1995	69
Tab. B.	8:	Aktiv- und Passivgeschäfte der Kreditgenossenschaften von 1970-1995	73
Tab. B.	9:	Prozentuale Anteile der bedeutendsten Finanzintermediäre an den von ihnen insgesamt gehaltenen Finanzaktiva	101
Tab. B.	10:	Anteilsbesitz der zehn größten privaten Banken an Nichtbanken	123
Tab. B.	11:	Mandate in den Aufsichtsräten der 100 größten deutschen Unternehmen 1993	124
Tab. B.	12:	Stimmrechtsanteile der Kreditinstitute in den Hauptversammlungen der 24 größten deutschen Unternehmen in mehrheitlichem Streubesitz 1992	126
Tab. B.	13a:	Veränderungen in den Aktien-Emissionskonsortien der im DAX 100 enthaltenen Unternehmen gegenüber dem jeweils vorhergehenden Konsortium	129
Tab. B.	13b:	Veränderungen in den DM-Commercial-Paper-Placierungskonsortien bei Aufstockung der Programme	129
Tab. B.	14:	Der vertikale Abhängigkeitsgrad (A_v) im deutschen Bankensystem	142
Tab. B.	15:	Entwicklung der Bargeldquote an der Geldmenge M_1 in der Bundesrepublik Deutschland	145
Tab. B.	16:	Zentralbankgeldbedarf der Banken und liquiditätspolitische Maßnahmen der Deutschen Bundesbank 1991-1995	156
Tab. B.	17:	Refinanzierung der Kreditinstitute bei der Bundesbank 1980-1994	166
Tab. B.	18:	Bilanz der Deutschen Bundesbank zum 31. Dezember 1995	194
Tab. C.	1:	Entwicklung der Eigenkapitalquoten nach Bankengruppen	205
Tab. C.	2:	Financial Leverage	209
Tab. C.	3:	Kriterien bei der Bank-Auswahl	236
Tab. C.	4:	Prozentuale Besetzung des Tarifbereichs in der deutschen Kreditwirtschaft	275
Tab. C.	5:	Bilanzstrukturen westdeutscher Industrieunternehmen	299
Tab. C.	6:	Bilanzstrukturen von Kreditinstituten	300
Tab. C.	7:	Erfolgsstrukturen westdeutscher Industrieunternehmen	301
Tab. C.	8:	Erfolgsstrukturen von Kreditinstituten	302
Tab. C.	9:	Gegenüberstellung von Eigenkapital und Jahresüberschuß nach HGB und US-GAAP bzw. HGB und IAS	369
Tab. C.	10:	Erstmalige Disaggregation der Risikovorsorge in den Notes des Konzernabschlusses der Deutsche Bank AG	375
Tab. C.	11:	Umrechnungsfaktoren nach der Laufzeitmethode	502
Tab. C.	12:	Umrechnungsfaktoren nach der Marktbewertungsmethode	502
Tab. C.	13:	Umrechnungsfaktoren nach der Marktbewertungsmethode nach dem neuen Grundsatz I	504
Tab. C.	14:	Ermittlung des Zuschlags bei sich kongruent deckenden Kontrakten	505
Tab. C.	15:	Eigenkapitalanforderung für das Abwicklungs- bzw. Lieferrisiko	506
Tab. C.	16:	Eigenmittelanforderungen bei Überschreiten der Großkreditgrenze	513
Tab. C.	17:	Erfassung eines Wertpapiertermingeschäftes im Grundsatz Ia	534
Tab. C.	18:	Ermittlung kritischer Zinssätze zum Schließen offener Festzinspositionen	540
Tab. C.	19:	Zinsergebnisse und Rentabilitätseffekte	541
Tab. C.	20:	Zinsänderungsrisiko aus geschlossener Festzinsposition	542
Tab. C.	21:	Zusammenhang von Konfidenzniveau und Wertänderung	548
Tab. C.	22:	Bedingungen für die Positionsverrechnung bei Zinsderivaten	550

Tab. C. 23:	Eigenmittelunterlegung für das Zinsänderungsrisiko nach der Jahresbandmethode	552
Tab. C. 24:	Eigenmittelunterlegung für das Zinsänderungsrisiko nach der Durationsmethode	553
Tab. C. 25:	Berechnung der Eigenmittelunterlegung für das Aktienkursrisiko	555
Tab. C. 26:	Bestimmung der backtestingabhängigen Zuschlagsfaktoren	561
Tab. C. 27:	Genußrechtskapital in der Kapitalstruktur	588
Tab. C. 28:	Kontoführungsgebühren ausgewählter Banken	670
Tab. C. 29:	Leistungsfunktionen und Beitrag der Prozesse zu ihrer Erfüllung	676
Tab. C. 30:	Verteilung der Zielkosten auf die Prozesse	677
Tab. C. 31:	Grundsätzliche Einstellung zum Direktbanking	698
Tab. C. 32:	Positive und negative Eigenschaften von Direktbanken aus Nachfragerperspektive	699

Stichwortverzeichnis

Abhängigkeitsgrad 80
Ablauforganisation 225f., 255ff.
Abrufrisiko 474
Absatzbeziehung in der Zeit 621ff.
Absatzbeziehungen, Gestaltung der 617ff.
Absatzmittler 690, 702ff.
Absatzpolitisches Instrumentarium 643ff.
Abschreibungen 327ff., 539, 603
Abstraktheit (der Bankleistung) 620ff.
Abweichungsanalyse 219f.
Abwicklungs- und Lieferrisiko 505f.
Abzugsverfahren 516ff.
Adressenausfallrisiko (siehe Bonitätsrisiko)
Adressengewichtung (siehe Risikoklassen)
Adverse Selection 13ff., 17ff., 432, 624
Agency-Theorie (siehe Principal-Agent-Theorie)
Aktien (eigene) 314, 317
– -kursrisiko 554ff.
Aktivastruktur, Optimierung der 603ff.
Aktivgeschäft, Begriff des 9
Aktivischer Ausgleichsposten 518ff.
Alleinvertrieb 710
Allfinanz 40, 666ff., 705ff.
Anhang im Jahresabschluß 335ff.
Anlagebuch 472
Anlagevermögen, Begriff des 326f.
Anlagewerte, immaterielle 316
Anpassung an Beschäftigungsschwankungen 259ff., 263ff., 290
Anpassungskosten 589, 598ff.
Anrechnungsbeträge (für Marktrisiken) 550ff.
Anstaltslast 74
Äquivalenzzifferrechnung 405
Arbeitsverrichtung 389
Asset Backed Securities 527ff.
Asset/Liability-Management 416
Asset Management Modelle 603ff.
Assoziierte Unternehmen 344
Asymmetrische Informationsverteilung 13ff., 16ff., 564, 621ff.
Aufbauorganisation 225f., 232ff.
–, kundengruppenorientierte 237ff.

–, regionalorientierte 235ff.
–, spartenorientierte 237ff.
–, verrichtungsorientierte 232ff.
Aufsichtsratsmandate 124
Ausfallrisiko (siehe Bonitätsrisiko)
Ausgleichsforderungen 316
Ausgleichspreisstellung 447, 657, 680
Ausländische Banken (Auslandsbanken), Zweigstellen der 31ff.
Außendienst 691, 696, 702, 708f.
Automated Teller Machines 275

Back up-Linie 500
Back-Hedging 533
Backtesting 561, 565
Bagatellregelung 473, 557
Bank Holding Company 97
Bank of England 90
Bank of Japan 107
Bankbilanzpolitik, Begriff der 346
Bankbilanzrichtlinie-Gesetz 305
Bankchinesisch 729
Bankenaufsicht (Normen der) 104, 455ff., 470ff.
Bankenclubs 712
Bankenintermediation (siehe Finanzintermediation)
Bankenkrisen
– in den USA 99ff.
– in Deutschland 58
– in Großbritannien 93
– in Japan 111ff.
Bankensystem
–, China 120
–, Frankreich 113ff.
–, Großbritannien 90ff.
– in ehemaligen Planwirtschaften 117ff.
–, Japan 107ff.
–, Schweiz 86ff.
–, USA 95ff.
Bankingshops 696, 704
Bankleistung (siehe auch Leistung)
–, Besonderheiten der 10f., 619ff.
–, Erklärungsbedürftigkeit der 621ff.

–, Vertrauensempfindlichkeit der 621ff.
Bankloyalität (Theorie der) 627ff., 640ff., 648, 668
Bankmarketing 617ff.
Bankmodelle 581ff.
Bankpolitik, Begriff der 199
Bankstellendichte 39
Bank-Unternehmer 729
Banque de France 114
Banques d'affaires 115
Banques de crédit à long et moyen terme 115
Banques de Dépôts 115
Banques Mutualistes ou Coopératives 115
Banques Populaires 115
Bardepotpflicht 163
Bargeldkoeffizient 152
Bargeldquote 145
Bargeldsystem 80
Barreserve 309
Barwertkonzept 422ff.
Baseler Ausschuß für Bankenaufsicht 471, 564
Basisentscheidungen, strategische 200ff.
Baukastensystem 700, 705
Bausparkassen 34, 38, 63
Bedarfsspanne 401ff.
Bequemlichkeit (bei der Leistungsabnahme) 496
Beratungsmerkmal 626, 663
Bereitstellungsleistung 622ff.
Beschäftigungsschwankung (siehe auch Anpassung) 259ff.
Beschwerdemanagement 715
Beteiligungen 51, 67, 122ff., 314ff., 340, 476
Betriebs- und Geschäftsausstattung 316
Betriebsabrechnungsbogen 404
Betriebsbereich 322ff.
Betriebsergebnis 365f., 447
Betriebsgröße 16
Bewertungseinheit 331
Bewertungsergebnis 325
Bewertungsprivilegien 341, 349ff., 377
Beziehungen zwischen Systemelementen 224ff.
Beziehungsmanagement 631ff., 665, 701, 713
Bilanz 308ff., 370ff., 402
– -gewinn 321
– -modell 604
–, Planung der 612ff.
– -politik (Window Dressing) 346
– -schichtung 406ff.
– -strukturen 299ff.
– -strukturmanagement 416
– -verlust 318
– von Industrieunternehmen und Kreditinstituten 299ff.

Bildtelefon 640, 701
Blueprinting 255ff.
Bodensatz(theorie) 68, 461ff., 480
Bonitätsgewichte 498ff.
Bonitätsmerkmal 662
Bonitätsrisiko 432ff., 482ff.
Bottom-up/Top-down-Verfahren (Gegenstromverfahren) 222
Brand Loyalty 627
Break-Even-Analyse 654f.
Broker 97
Bruttoprinzip 325
Bruttozinsspanne 401ff.
Bubbles 110
Bu-Bills 170
Buchwertmethode 341
Budgetrechnung 219ff.
Building Societies 93
Bulis 170
Bundesaufsichtsamt für das Kreditwesen 459
Bundesbank 140ff.
– -politik, Ansatzpunkte der 157ff.
Buying Center 652

Caisse d'Epargne 114
Caisse des Dépôts et Consignations 114
Call Center 290
Capital Asset Pricing Model 450
Capital at Risk (siehe Value at Risk)
Cash-Management(-System) 46, 665, 695ff.
Certificates of Deposit 161
Chance/Risiko-Kombination(-Position) 294
Cherry-picking 529
Chipkarte 277
City Banks 109
Clearing Banks 91
Client-Server-Architektur 272
Coaching 288
Commercial Banks 54ff., 96
Commercial Paper 52, 105, 130, 170
Commitment 636ff.
Community Relations 727
Comparison Level 637f.
Compliance 131f.
Comptroller of the Currency 97
Conjoint Measurement 664, 676
Conseil National du Crédit 113
Controller 221
Cooke-Committee 471
Corporate Culture (siehe Unternehmenskultur)
Corporate Identity(-Strategie) 721ff.
Corporate Image (siehe Image)

Crédit Agricole 115
Credit Default Swap 530
Crédit Mutuel 115
Credit Unions 105
Cross Selling 213, 276, 642, 700
Customer Relations 724
Customer Relationship-Konzept 679ff.
Cut off-Rate 639

Data Warehouse 289
Database Marketing 645
Datenverarbeitung 271ff.
Dauervollmacht 124
Deckungsbeitragsrechnung 394ff.
Delegated Monitoring 13ff., 19ff.
Delegation von Verantwortung 229, 251ff.
Deltakoeffizient 532
Depotstimmrecht (siehe Vollmachtstimmrecht)
Deregulation 91, 99
Derivative Finanzgeschäfte 42, 181, 333f., 336, 371, 500, 532, 562
Deterministische Modelle 585
Dezentralisierung (Dezentralisation) 234ff.
Direct Banking 690
Direct Mail 691
Direktbanken 279, 690, 697ff., 704
Discount Broker 697
Discount Houses 93
Disintermediation 53ff., 101, 652
Diskontpolitik 164ff., 176ff., 190
Diskriminanzanalyse 273, 524ff.
Dissonanztheorie 714
Diversifikation 20, 34, 55, 111, 134, 251, 470, 481, 507, 526, 565, 573f., 601f., 659
Divisionalisierung 232
Divisionskalkulation 405
Dotationskapital 70
Drittrangmittel 495f., 511ff., 538f.
Duration(smethode) 544ff., 552ff.
DVFA-Ergebnis 366

Economies of Diversification 20
Economies of Scale and Scope 13ff., 590
EDIFACT 271
Effektivitätsziel 618, 695
Effizienzziel 618, 695
Eigenhandel(sergebnis) 325, 334
Eigenkapital
–, Allokation des 591ff.
–, »angemessenes« 459
– -bedarfsrechnung 449f.
– -belastungsregeln 470ff.

–, Bestandteile des 321, 486ff.
–, Funktionen des 47
– -mittel, Planung der 585ff.
–, optimales 588ff.
– -quote der Kreditinstitute 47, 64, 70, 74
– -rendite 203, 449ff.
– -surrogat 47, 320, 486ff.
– -zinsen, kalkulatorische 400
Eigenmittel 538f.
Einheitspreispolitik 684ff.
Einkaufswirtschaftlichkeit 692ff.
Einlagen 44
– -kreditinstitut 516ff.
– -politik 189
– -sicherungseinrichtungen 358, 490ff.
– -struktur, Optimierung der (siehe auch Passivastruktur) 606f.
Einlegerschutz(bilanz) 458, 464
Einlegerverhalten, irrationales 357ff.
Einsatzfaktoren 581
Einzelkosten 390
Elastizität (siehe Zinselastizität)
Electronic Banking 277ff., 500, 696ff.
Electronic Cash 276
Elemente des Systems Unternehmung 224f.
Emissionskonsortium 129
Equity-Methode 344
Erfahrungseigenschaften 623
Erfolgspotentiale 210ff.
Erfolgsstrukturen von Industrieunternehmen und Kreditinstituten 299ff.
Ergänzungskapital 320, 486ff., 511, 520, 538f.
Erlöse, Begriff der 381
Erlösverbund 249, 392, 409
Euro 184ff.
– -markt 144
– -notes 500
Europäisches System der Zentralbanken 184ff.
Europastrategie 41, 712
Eventualverbindlichkeiten 321, 372, 500, 515
Expertensystem 273
Externer Faktor (siehe Integrativität)

Federal Deposit Insurance Corporation 97, 494
Federal Reserve 96
Feinsteuerung 173
Festzinsrisiko 539ff.
Financial Engineering 500, 663
Finanzanlagen 371ff.
Finanzbereich 322ff.
Finanzdienstleistungsinstitut 516ff.
Finanzdienstleistungsunternehmen 8

Finanzholding-Gruppe 515ff.
Finanzierungspapiere 170
Finanzierungsregeln 470ff., 474ff.
Finanzinnovationen 144, 496ff.
Finanzintermediation (Theorie der) 12ff., 54, 101
Finanzkonglomerate 9, 105
Finanzmarketing 726f.
Finanzunternehmen 8, 516ff.
Finanzzentrum (siehe Allfinanz)
Fire Walls 103
Fixkostendegression 15
Fixkostenproportionalisierung 393, 445
Fonds für allgemeine Bankrisiken 320f.
Förderauftrag 206f.
Forderungen an Kreditinstitute bzw. Kunden 311f.
Formblätter für den Jahresabschluß 306f.
Franchising 702
Fremdwährungsumrechnung 321
Friktionen (im Geldstrom) 4ff.
Fristenablaufrisiko 539
Fristentransformationsbeitrag 416ff., 427ff.
Funktionen der Bank 3ff.
Funktionstrennung 252
Fusion 38f., 102, 710

Garantieverbund 491f.
Gebührenpolitik (im Zahlungsverkehr) 410f., 607f., 684
Geld
– -angebotstheorie 152
– -anschlußrisiko 480
– -ausgabeautomat 275
–, Definition 143
– -disposition 593ff.
– -markt(papiere) 52, 66, 167
– -marktfonds 55, 104
Geldmenge
–, Begriff der 143
– -nsteuerung 155
– -nziel 148
Geldschöpfung (siehe Kreditschöpfung)
Geldstrom 249
Geldvermittlung, Theorie der reinen 4f.
Geldvolumen, Struktur des
– in den USA 106
– in der Schweiz 88
– in Deutschland 142
– in Frankreich 115
– in Großbritannien 94
– in Japan 112

Gemeinerlöse 393ff.
Gemeinkosten 390, 394ff., 440, 611ff.
Gemeinnützigkeitsprinzip 204
Gemeinschaftsunternehmen 344
Gemeinschaftsvertrieb 710
Gemischtes Unternehmen 516ff.
Genauigkeitsschichten 403
Generally Accepted Accounting Principles (GAAP) 368f.
Genußrechtskapital 320, 489, 587
Gesamtbetriebskalkulation 398
Gesamtmodelle (der Bank) 603ff.
Gesamtzinsspannenrechnung 398
Geschäfts- oder Firmenwert 341ff., 372, 520
Geschäftsbankensystem (Entwicklung und Struktur) 34ff.
Geschäftsbericht 337f.
Geschäftsfelder 211, 642
Geschäftsspartenorganisation 237ff.
Geschäftsspartenrechnung 409
Geschäftsvolumen, Begriff des 37
Geschäftszeiten 644
Geschäftszuweisung 662
Gewährträgerhaftung 70
Gewinn- und Verlustrechnung 322ff., 372ff.
Gewinnbedarfsrechnung 447ff.
Gewinnmaximierung 200ff.
Gezeichnetes Kapital 321
Giralgeldsystem 81
Girozentralen 32ff.
Glass-Steagall Act 96
Gleichwertigkeit der Rechnungslegung 349ff.
Globalisierung 41, 55
Goldene Bankregel 460f.
Grenzzinssatz 540f.
Grobsteuerung 173
Großabrufrisiko 477
Großbanken 31ff., 60, 64ff.
– in der Schweiz 86
Größenvorteile 13ff., 289
Großkreditvorschriften 252, 509ff., 537ff.
Grundauftrag 207
Grundkapital 321
Grundkreditanstalten 33ff.
Grundrechnung 412
Grundsätze der Bankenaufsicht 470ff.
– Grundsatz I 482ff., 550ff., 570ff.
– Grundsatz Ia 531ff.
– Grundsätze II und III 474ff.
Grundstücke und Gebäude 316
Guthaben bei Zentralnotenbanken 309

Haftsummenzuschlag 74
Handelsbestand 325f., 371
Handelsbuch 471ff., 505ff., 510ff., 537ff., 550ff., 554ff.
Harmonisierung der Jahresabschlüsse 365ff.
Hausbank(beziehungen) 22, 128, 635ff., 651f.
Hedging 331, 522, 532
Hidden Action 16ff., 625
Hidden Characteristics 624
Hidden Information 16ff.
Hidden Intention 624
High Leveraged Transactions 99
Homebanking 277ff., 696ff.
Homogenitätsthese 364
Human Relations 724f.
Hybrid Banking (siehe Virtuelle Bank)
Hypothekenbanken 33ff., 63

Illoyalität (von Bankkunden) 649f.
Image 718
– -krise der Kreditwirtschaft 728f.
– -strategie 718
Immaterialität (der Bankleistung) 620ff.
Individualleistung 694ff.
Informationskosten 590, 600
Informationsprobleme (auf Finanzmärkten) 16ff.
Inhaberschuldverschreibungen 46
Inhouse Banking 56
Inhouse-Modelle (siehe Interne Risikomodelle)
Insider(informationen) 130ff.
Insolvenzkosten 609
Institut (nach § 1 KWG) 516ff.
Institutsgruppe 515ff.
Integrativität (des externen Faktors) 621ff.
Interbankenbeziehung 64, 68, 74
Interbankenverschuldung 37, 44, 141
Interessengruppen 200ff., 294ff.
International Accounting Standards (IAS) 368
Internationalisierung 38
Interne Risikomodelle 559ff., 575
Internet-Banking 278ff., 697ff.
Interstate Banking 97
Interstate Branching 98
Interventionen der Bundesbank an den Devisenmärkten 158ff.
Investitionen in Beziehungen 634ff.
Investment Banks 54ff.
– in den USA 96
– in Großbritannien 91
Investmentgesellschaften (siehe Kapitalanlagegesellschaften)
Investor Relations 352, 638f., 726f.

Jahresabschluß 305ff.
Jahresbandmethode 551ff.
Jusen 112

Kannibalisierungseffekt 704
Kantonalbanken 87
Kapitaladäquanzrichtlinie 471
Kapitalanlagegesellschaften 34, 55
Kapitalflußrechnung 374
Kapitalmarkt(papiere) 51, 170
Kapitalstruktur, optimale 586
Kapitalwert 541, 655f.
Kassenhaltung(smodell) (siehe auch Liquiditätshaltung, optimale) 464ff., 477ff., 597ff.
Käuferverhaltenstheorien 627ff., 713ff.
Kernkapital 320, 486ff., 511, 520, 538f.
Kettenreaktion 484
Komfortmerkmal 661
Kommunikationspolitik 644, 713ff.
Kommunikationssystem 230
Kompetenz (des Anbieters) 625ff.
Kompetenzen 228ff.
Konfidenzniveau (siehe auch Value at Risk) 548, 560
Konkurrenzumgebung 27ff.
Konsolidierung
–, bankaufsichtsrechtliche 513ff.
–, handelsrechtliche 338ff.
Kontaktfrequenz 693ff.
Kontaktintensität 693ff.
Kontenkalkulation 406ff.
Kontraktformen 25
Kontraktgut 621
Kontrollagent 23
Kontrollkosten 15
Konvergenzkriterien 184
Konvexität 546f.
Konzentration der Kreditinstitute 38
Konzentrationsgrad des Bankensystems (siehe auch Geschäftsbankensystem) 82
– in den USA 106
– in der Schweiz 88
– in Frankreich 115
– in Großbritannien 94
– in Japan 112
Konzernabschluß 338ff.
Kooperation 708
Koordination von Beziehungen 221, 225
Korrelation (siehe auch Diversifikation) 557, 565, 573ff.
Kosten
–, Begriff der 384

- - und Erlösrechnung 381ff.
- -degression 14
- -führerschaft, Strategie der 219
- -management 283ff., 674ff.
- -stellenrechnung 403
- -treiber 441

Kredit- (und Geld-)schöpfung 5, 151ff.
Kreditäquivalenzbetrag 501
Kreditderivate 528
Kreditgenossenschaften 33ff., 60ff., 72
- in den USA (siehe Credit Unions)
- in Japan 110

Kreditinstitute mit Sonderaufgaben 34
Kreditinstitutsgruppe 515
Kreditkarten 276
Kreditplafondierung 153
Kreditrationierung (Theorie der) 590
Kreditscoring-System 273, 523
Kreditversicherung 530
Kreditvolumen, optimales 583
Kreditwürdigkeitsprüfung 523ff., 590
Kundenclubs 682
Kundengruppen
- als Geschäftsfelder 213
- -kalkulation 406ff.
- -organisation 237ff.

Kundenkonditionsbeitrag 416ff.
Kursrisiko (allgemeines und besonderes) 550ff., 554ff.
Kurswertmaximierung 201

Labour Banks 110
Lagebericht 335ff.
Lagerhaltungsansätze 588ff.
Länderrisiko 507
Landesbanken (siehe Girozentralen)
Latente Risiken 328
Laufzeitmethode 501ff.
Lean Banking 282ff.
Lebenszyklus 22
Leistung
-, Begriff der (siehe auch Bankleistung) 384
-, innerbetriebliche 384
-, kontakthäufige bzw. -seltene 693ff.
- -sartenrechnung 398
- -sbündel 387, 611, 694ff.
- -sergebnis 622ff.
- -serstellungsprozeß 622ff.
- -sfertigung, verbundene 393
- -sgarantien 625, 683

Leitungssystem 230
Lernkurveneffekte 14

Lerntheorie 627ff., 715
Leverage-Risiko 208f., 483f., 587f.
Lieferzeiten 644
Lifetime Value 427, 641
Limitsystem 526
Line of visibility 257
Lineare Programmierung 603
Liquide Mittel, Begriff der 8
Liquidität
-, Begriff der 459
- -sausgleichsfunktion 4ff.
- -sgliederungsprinzip 308
- -shaltung, optimale (siehe auch Kassenhaltungsmodell) 593ff.
- -skonsortialbank 490ff.
- -skosten 400
- -slücke 155
- -splan 477, 594

Liquiditätsreserve(n)
-, Bestimmungsfaktoren der 154ff.
-, freie der Geschäftsbanken 154ff.
-, Planung der 593ff.

Liquiditätsrisiko 474ff.
Liquiditätssaldo 477
Liquiditätstheorien 459ff.
Liquiditätsvorsorge(bedürftigkeit) 478
Lock-in-Effekt 22, 635
Lombardpolitik 165, 176ff., 189

Machtmißbrauch 127ff.
Make-or-Buy 286ff.
Management-Informations-System 269
Managementkontrolle 662
Managementrisiko 571
Mark-to-Market-Prinzip 334
Market Pricing (siehe Target Costing)
Marketing-Mix 643ff.
Marktbewertung(smethode) 334f., 371ff., 501ff.
Marktdisziplinierung 569
Marktforschung 612, 644ff.
Markt(preis)risiken 472f., 522, 531ff., 537ff., 550ff., 554ff., 574f.
Marktsegmentierung 210ff., 645
Markttransparenz 650, 669, 681
Marktzinsmethode 415ff.
Maßgeblichkeitsprinzip 319
Matrixorganisation 242
Maximalbelastung(stheorie) 469, 483ff., 495
McFadden Act 97
Mehrfachbelegung (des Eigenkapitals) 570ff.
Mengentender 171
Merchant Banks 91

Middle Management 288ff.
Millionenkredit 296, 513
Mindestanforderungen an das Betreiben von Handelsgeschäften 252f., 266, 562f.
Mindestmarge 447ff.
Mindestreserve 49, 152
–, Planung der 593ff.
– -politik 161, 191f.
Mischgeldsystem 81
Mischpreiskalkulation 612
Mobilisierungspapiere 170
Modified Duration 545ff.
Modulkonzept 246
Monetäre Teilkapazitäten 581
Money at Risk (siehe Value at Risk)
Monitoring 19ff.
Monopolmodelle (der Bank) 606
Moral Hazard 13ff., 18ff., 492, 625
Moral Recourse 529
Moral Suasion 88
More-shop-stopping 666
Mortgage Backed Securities 526
Motivtheorie 715
Multifunktionsterminals 275
Mutual Savings Banks 103

Nachfragebereitschaft 648ff.
Nachfragefähigkeit 646ff.
Nachfrageverbund 392
Nachgeordnetes Unternehmen 516ff.
National Banks 96
Nationalbank, Schweizerische 86
Near Banks 9
Nebenbedingungen (einer Zielfunktion) 591
Need-Philosophie (-Theorie) 107, 165
Netting 504ff.
Nettoaktienposition 554ff.
Nettoaufwand(-ertrag) aus Finanzgeschäften 325
Nettozinsposition 550ff.
Neubewertungsmethode 341
Neubewertungsreserven 336, 489, 520
Neuronale Netze 274
Niederstwertprinzip 328
Non Bank Banks 9, 105
Normensystem der Bankenaufsicht (siehe Grundsätze)
Notenbankinstrumentarium 85, 155ff.
– in den USA 106f.
– in der Schweiz 88f.
– in Frankreich 115
– in Großbritannien 94

– in Japan 112
Notes (im IAS-Abschluß) 372f.

Oberziel 207
Objektfinanzierungen 695, 700ff.
Objektprinzip 237
Off-balance-Sheet-Geschäft 43, 500
Offenmarktpolitik 166ff., 190
Öffentlichkeitsarbeit (siehe Public Relations)
Ombudsmann 729
One-shop-stopping 666
Operations Research 231
Opinion Leader 716
Opportunitätsgeschäfte 418ff.
Opportunitätskonzept (siehe Marktzinsmethode)
Opportunitätskosten 589, 597ff., 609, 674, 680
Optionspreistheorie 433, 531
Organisation
–, Begriff der 224
– -sentwicklung, Theorie der 227
– -skultur (siehe Unternehmenskultur)
Organkredit 296
Osteuropastrategie 42
Outright-Offenmarktgeschäfte 170
Outsourcing 286ff.
Overbanking 43, 689, 705
Overseas Banks 93

Paketbesitz 314
Paketpreise 684
Passivstruktur, Optimierung der (siehe auch Einlagenstruktur) 608f.
Passivgeschäft, Begriff des 9
Pauschalpreise 684
PC-Banking 277ff., 696ff.
Pensionsgeschäft 171, 321, 506
Pensionskassen (-fonds) 55
Periodeneinzel(-gemein)erlöse(-kosten) 403, 421
Personalentwicklung 707ff.
Personalkosten 274ff.
Personalmarketing 725
Personalreserve 259ff.
Pfandbriefe 48
Placierungskraft 129
Planung
–, operative und strategische 210ff.
– -sprozeß, Organisation des 219ff.
Plattformstrategie 289
Point of Sale 713
Poolmethode 408
Portfolio Selection Theorie 470, 507, 581, 658
Portfolio-Analyse 215ff.

793

Portfolio-Bewertung 334
POS-System 276
Potentialgestaltung 623
POZ-System 277
Präferenzen 626ff., 669ff.
Präferenzstrategie 219
Präferenzzone 496
Pre-Commitment Approach 567f.
Preis-Absatz-Funktion 671
Preisautonomer Bereich 635, 669ff.
Preisblasen (siehe Bubbles)
Preisdifferenzierung 684ff.
Preiskalkulation 392, 405f.
Preispolitik 644, 669ff.
– der »kleinen Mittel« 673f.
–, rechtfertigungsfähige 683ff.
Preis/Qualitäts-(-Leistungs-)Verhältnis 650, 692ff.
Preisuntergrenze 447, 674
Presse Relations 727
Primärliquidität(sreserve) (siehe auch Liquiditätsreserven) 49, 459, 474
Principal-Agent-Theorie 18ff., 591
Privatbankiers 31ff., 58
– in der Schweiz 87
Privatisierung 70, 119, 206
Privatplacierungen 56
Problemleistung 693
Problemlösungsfähigkeit (des Anbieters) 632, 665
Produktdifferenzierung 661ff.
Produktinnovation 664ff.
Produktionskosten 608f.
Produktmerkmale 661ff.
Produktpolitik 643, 657ff.
Profit Center 226, 242, 414, 640
Profit-Philosophie (-Theorie) 107, 165
Promotorenkonzept 653
Prosuming 622
Prozeßkostenrechnung 440ff.
Prozeßorientierung 284ff.
Public Relations 338, 721ff.
Publizität 293ff.
Pull-Strategie 708
Push-Strategie 708

Qualität (der Bankleistung) 622ff., 643, 692ff.
Qualitative Bankenaufsicht 559ff.
Qualitative Kreditkontrolle 147, 486
Qualitätsmanagement 255ff., 284ff., 650
Qualitätsunsicherheit 16ff., 624
Quasigeld 143

Quersubventionierung 678, 688
Quotenkonsolidierung 344, 518

Raiffeisenbanken
– in der Schweiz 110
– in Japan 110
RAROC 591ff.
Rating(-Agenturen) 71, 433, 492, 523, 527
Rationalisierung 38
Realkreditinstitute 33ff., 47, 62ff.
Rechnungsabgrenzungsposten 317ff.
Rechnungswesen
–, externes 293ff.
–, internes 381ff.
Rediskontkontingent 164
Reengineering 284ff.
Referenzgruppentheorie 716
Refinanzierungspolitik 164
Refinanzierungsrisiko 474
Regionalbanken 31ff., 59ff.
– in der Schweiz 87
– in Japan 109
Regionalprinzip 32
Regulatory Forbearance 104
Relationship Banking (siehe Beziehungsmanagement)
Relationship Pricing 682f.
Relationshipmanager 640
Reputation 21ff., 188, 529, 625, 639
Reserven, stille 327ff., 349ff., 484, 488ff., 520
Retail Banks 91
Revision, interne 264ff.
Riegle-Neal Act 98
Risikoaktiva 482ff.
Risikoklassen 496ff.
Risikokoeffizient 532
Risikokosten 431ff., 496
Risikomanagement 455ff., 481, 522ff., 563
Risikoposition 476, 482ff., 570ff.
Risikostreuung (siehe Diversifikation)
Risikotheorie 717
Risikoträger 476, 486ff.
Risikoüberwälzung 481, 530
Risikovorsorge 365, 370ff.
RiskMetrics 531, 549
Rohwarenrisiko 556ff.
ROI-Analyse 447f.
RORAC 591ff.
Routineleistung 694ff.
Rücklagen 321
Rückstellungen 49, 319, 372
Run 357ff., 364, 469, 484

Sachanlagen 316, 372
Savings and Loan Associations 103ff.
Schatzanweisungen, unverzinsliche 169
Schichtenbilanz 406ff., 415
Schnelligkeit, Prinzip der 255ff.
Schnelltender 172
Schnittstellenreduktion 290
Scoring-Verfahren 216f., 521
Screening 17ff.
Securitization 51, 64, 181
Segmentberichterstattung 374
Seignorage 172
Sekundärliquidität(sreserve) (siehe auch Liquiditätsreserven) 49, 459, 467, 474
Selbstbedienung 39, 689, 697ff.
Selbstdeklaration 590
Selbstkostenermittlung 398
Selbstregulierung 568f.
Servicebereitschaft 632
Serviceinnovation 664ff.
Shareholder Value 201, 427, 726
Shiftability Theory 466, 475
Shinkin Banks 110
Short Costs 595ff.
Shorthand-Methode 557f.
Sicherheit
–, Prinzip der 255ff.
– -säquivalent 662, 680ff.
Sicherungsreserve 491f.
Sicherungsziele 207
Sichteinlagen 46, 64, 70, 74
Signaling 13ff., 17ff., 625, 702
Simulation 564f.
Slogan 719ff.
Smartcard (siehe Chipkarte)
Sogo Banks 109
Solldeckungsbeitrag 396, 414
Solvabilitätskoeffizient 482ff.
Sonderposten mit Rücklageanteil 319
Sonderstellung der Kreditwirtschaft 349ff., 455ff., 611
Sortierungsmerkmal 662
Sortimentspolitik 38, 657ff.
Sparbriefe 44f., 64, 68, 72
Spareinlagen 44f., 68, 72
Sparkassen 32ff., 60ff., 68
– in der Schweiz 87
– in Großbritannien 92
Special Purpose Vehicle 527
Spezialbank 31ff., 657ff.
Spezialfonds 34
Spezifität 635f.

Sponsoring 728
Springer 263
Stakeholder Value 202
Standard-Einzelkosten(rechnung) 406, 438ff.
Standardabweichung (siehe auch Value at Risk) 478
Standardisierung 289, 700
Standardleistung 694ff.
Standardnormalverteilung (siehe auch Value at Risk) 480
Standardverfahren (zur Quantifizierung von Marktrisiken) 550ff.
Standing 21ff.
Standortpolitik 38, 644
State Banks 96
Stochastische Modelle 585
Strafkosten 595ff., 603ff., 607
Strategische Allianz 40, 711ff.
Strukturbeitrag (siehe Fristentransformationsbeitrag)
Stückleistung 384
– -srechnung 403
Subkulturen 725
Sucheigenschaften 623
Sunk Costs 636
Swapsatzpolitik 159
S.W.I.F.T. 269
Symbolmerkmal 661
Systemtheorie 224
Szenariotechnik 656

TARGET 271
Target Costing 674ff.
Tarifstruktur 275
Technisierung 269ff., 689
Technologisches Risiko 571
Teilbetriebsergebnis 365
Teilpreispolitik 684
Teilzinsspannenrechnung 406ff.
Telearbeit 282
Telefon-Banking 277ff., 696ff.
Terminalisierung 269ff.
Termineinlagen 46, 64, 70, 74, 144
Terminrisiko 474
Thesaurierungsquote 449
Thrift Institutions 103
Tochter(gesellschaft) 314ff., 340
Total Quality Management (siehe Qualitätsmanagement)
Trading Book (siehe Handelsbuch)
Transaction Banking 631ff.
Transaktionsdesign 625f.

Transaktionskosten(theorie) 12ff., 54, 602, 692ff., 698ff.
Transformationslehre 5
Trennbanksystem
–, amerikanisches 97, 103
–, englisches 90
–, japanisches 108
Treuhandforderung (bzw. -verbindlichkeit) 48, 316, 319
Trust Banks 110

Überkreuzkompensation 325
Überschußreserven 598f.
Umlaufvermögen, Begriff des 327
Umsatz in Kreditinstituten 347
Umwidmung, Begriff der 327
Underpricing 20f.
Universalbank(system) 11, 31ff., 94, 108, 121ff., 657ff.
Unternehmen mit bankbezogenen Hilfsdiensten 516ff.
Unternehmensidentität 721ff.
Unternehmenskultur 709, 713, 721ff.
Unternehmensleitsätze 212
Unternehmensphilosophie 210, 722f.

Value at Risk(-Verfahren) 337, 480, 531, 548ff., 558ff., 564f., 589
Varianz-Kovarianz-Modelle 565
Verbindlichkeit(en)
– aus Bürgschaften, Wechsel- und Scheckbürgschaften sowie aus Gewährleistungsverträgen 321
– gegenüber anderen Gläubigern 318
– gegenüber Kreditinstituten 318
–, nachrangige 320, 490, 511
–, verbriefte 318
Verbrauchskoeffizienten (des Eigenkapitals) 499, 506ff.
Verbriefung (siehe Securitization)
Verbund
– der Kreditgenossenschaften und Zentralbanken 33
– der Sparkassen und Landesbanken 33
– -enes Unternehmen 314ff.
– -vorteile 13ff., 289
– -wirkungen 213, 421, 573, 611ff.
Vergleich, zwischenbetrieblicher 405
Vergütungssystem 700ff., 708f.
Verkauf
–, persönlicher 717
– -sförderung 717ff.

Vermögensstatus 646ff.
Vermögensverwaltung 695, 701ff.
Verrechnungsfaktor, interner 83, 602
Verrechnungszins 247, 415
Verrichtungsprinzip 232ff.
Versicherungen (siehe auch Allfinanz) 20, 38ff., 55ff., 314, 571, 619
Versickerungsrate 152, 157
Versteigerungen 56
Verteidigungslinien (gegen Verluste) 496
Vertrauenseigenschaften 623
Vertrauensempfindlichkeit (der Kreditinstitute) 621ff.
Vertrauenswürdigkeit (des Anbieters) 623ff.
Vertrieb
–, indirekter 690, 702ff.
–, mobiler (siehe Außendienst)
– -sformen, ausländische 710ff.
– -smittler (siehe Absatzmittler)
– -spolitik (-system) 689ff.
Verwaltungskosten 322, 590, 609
Vier-Augen-Prinzip 358
Virtuelle Bank 278
Vollkonsolidierung 340ff., 516ff.
Vollkosten- und Erlösrechnung 392ff., 440
Vollmachtstimmrecht 124ff., 132f.
Vorschaltgesellschaft 67
Vorsorgereserven 329ff., 488
Voucher 119

Währungsreserven, Veränderungen der 158ff.
Währungsrisiko 556ff.
Wandlungsbarrieren 288
Wartezeitmodell 260
Wechsel(kredite) 50, 309ff.
Wechselkosten 635ff.
Weighted Average Cost of Capital (WACC) 639
Weltabschlußprinzip 339
Werbung 717ff.
Wertberichtigung 49
–, Einzel- 327, 489
–, Pauschal- 328f., 489
–, Sammel- 328
Werterlös(-kosten) 411
Wertleistung 385
Wertpapiere
–, Begriff der 312ff.
– des Anlagevermögens 327f.
– des Handelsbestandes 325
– der Liquiditätsreserve 325
Wertpapierhandelsunternehmen 516ff.
Wertpapierhäuser 92

Wertstellungsgewinn 400
Wettbewerbsbeeinträchtigung 127ff.
Window Dressing (siehe Bilanzpolitik)
Wirtschaftlichkeit
–, Prinzip der 255ff.
– -skontrolle 389ff.
Working Balances 44, 464

Zahlungsgewohnheiten 81
Zahlungsmittel, gesetzliche 142
Zahlungsverkehr 269ff., 684
Zeitfächermethode 559
Zentralbanken (-kassen) 33ff.
Zentralbankgeldmenge 147
Zentralbankpolitik 27ff.
Zerobond-Abzinsfaktoren 424ff.
Zielduo 188
Zielkostenkontrolldiagramm 678
Zielkostenmanagement (siehe Target Costing)
Zielsystem des Kreditinstituts 200ff., 207
Zinsänderungsrisiko 480, 531ff., 539ff.

Zinsanpassungsprozeß 177
Zinsbindungsbilanz 540
Zinselastizität 419ff., 540
– -sbilanz 542
– -sdiagramm 542
Zinsempfindlichkeit der Wirtschaftssubjekte 182
Zinsgeschäftsposition 534
Zinsgleitklausel 179
Zinskonditionenbeitrag (siehe Kunden-
    konditionsbeitrag)
Zinspolitik 174ff.
Zinssatz, kritischer (siehe Grenzzinssatz)
Zinsspanne 401ff.
Zinsspannenrechnung 299
Zinstender 171
Zuschreibung 328
Zweigstellen
– -politik 695, 704
– -system 39
Zwischenbericht 365
Zwischenziele der Bundesbankpolitik 173

Ihre Meinung zählt!

Um unsere Fachliteratur an Ihren Wünschen auszurichten und weiter zu verbessern, sind wir an Ihrer Meinung interessiert.
Deshalb bitten wir Sie freundlichst um Ihre Mitarbeit. Vielen Dank!

Aus welchem Buch stammt dieser Fragebogen?_____
_____

Welche Erwartungen hatten Sie an das Buch?_____
_____
_____

Wurden Ihre Erwartungen erfüllt?   ❏ ja ❏ nein ❏ teilweise

Wie beurteilen Sie den Inhalt?_____
_____
_____

Wie bewerten Sie die typografische Gestaltung? (Textanordnung, Schriftgröße, Lesbarkeit, Abbildungen)_____
_____
_____

Wie beurteilen Sie den Preis? ❏ sehr preisgünstig ❏ angemessen ❏ zu teuer

Was könnte man besser machen?_____
_____
_____
_____

Sonstiges_____
_____
_____

Und so erreichen Sie uns:
Fax 07 11/21 94-119 • Telefon 07 11/21 94-112
Schäffer-Poeschel Verlag • Joachim Bader • PF 103241 • 70028 Stuttgart
e-mail: bader@schaeffer-poeschel.de • Internet: http://www.schaeffer-poeschel.de

SCHÄFFER POESCHEL